Kohlhammer

Studienreihe Rechtswissenschaften

herausgegeben von
Professor Dr. Winfried Boecken und Professor Dr. Heinrich Wilms

Schuldrecht I
Allgemeiner Teil

von

Dr. Jacob Joussen
ordentlicher Professor
an der Friedrich-Schiller-Universität
Jena

Verlag W. Kohlhammer

Alle Rechte vorbehalten
© 2008 W. Kohlhammer GmbH Stuttgart
Gesamtherstellung: W. Kohlhammer
Druckerei GmbH + Co. KG, Stuttgart
Printed in Germany

ISBN 978-3-17-019563-9

Vorwort

Das Allgemeine Schuldrecht zählt seit jeher zu den zentralen Ausbildungsmaterien im Zivilrecht. Es nimmt auch aufgrund seiner hohen praktischen Relevanz in der universitären Lehre eine besondere Stellung ein. Gerade wegen seiner komplexen Struktur bedarf es dann aber einer sorgfältigen, strukturierten Herangehensweise. Das Allgemeine Schuldrecht lässt sich nicht auf einen ersten Blick verstehen. Vielmehr wird nur der, der die Strukturen dieses Teils des BGB erkennt, mit seinen Normen auch arbeiten und Fallgestaltungen lösen können. Das vorgelegte Lehrbuch versucht genau dies zu leisten: den Studierenden, die zum ersten Mal mit dem Allgemeinen Schuldrecht in Berührung kommen, einen möglichst unmittelbaren Zugang zu dessen Strukturen zu ermöglichen. Aber auch diejenigen, die bereits weiter fortgeschritten sind oder vor ihrem Examen stehen, können mit Hilfe der am Prüfungsaufbau orientierten Darstellungsweise das Allgemeine Schuldrecht (erneut) verstehen. Ich habe mich daher dazu entschieden, den Stoff so darzustellen, wie er auch in der Falllösung relevant wird; auch zu diesem Zweck sind, wo es zweckmäßig ist, Prüfungsübersichten an den Anfang der unterschiedlichen Abschnitte gestellt, an denen sich der Aufbau der Darstellung orientiert. Verweise auf die wichtigste Rechtsprechung, auf Kommentare und sonstige Literatur ermöglichen – wo gewünscht – eine eigene vertiefte Beschäftigung.

Gerade ein Lehrbuch lässt sich nur dann verständlich verfassen, wenn man Gesprächspartner hat, die Verständlichkeit anmahnen, korrigieren und Geschriebenes einer kritischen Überprüfung unterziehen. Mein herzlicher Dank gilt daher meinen Mitarbeiterinnen Daniela Görge, Lydia Huster, Katja Sommerfeld und Jana Rachlock sowie meinen studentischen Mitarbeitern Christian Seifert und Tom Weigel. In den Monaten vor Abgabe des Manuskripts waren alle mit außerordentlich hohem Engagement an der Überarbeitung des Textes, der Erstellung der Schemata sowie der Verzeichnisse beteiligt. Dies gilt ebenfalls für Ramona Bornschein, die in unermüdlichem Fleiß und stets souveräner Art Bänder geschrieben, Formatierungen vorgenommen und Fehler gesehen und beseitigt hat. Auch ihr also ein ganz besonderer Dank!

Jena, im Januar 2008   Jacob Joussen

Inhaltsverzeichnis

Vorwort V
Abkürzungsverzeichnis XX
Literaturverzeichnis XXIII

Teil I: Einführung

§ 1   Der Allgemeine Teil des Schuldrechts im BGB 1
     I.   Grundsätzliches 1
     II. Die Einflüsse des europäischen Rechts:
         Das Verbraucherprivatrecht 2

§ 2   Grundprinzipien und Systematik des Allgemeinen Teils 3
     I.   Vertragsfreiheit und der Grundsatz von Treu und Glauben ... 4
        1. Der Grundsatz der Vertragsfreiheit, § 311 Abs. 1 5
        2. Der Grundsatz von Treu und Glauben, § 242 7
     II. Der Begriff des Schuldverhältnisses 9
        1. Weites und enges Verständnis vom Schuldverhältnis 9
        2. Inhalt: Pflichten und Obliegenheiten 12
           a) Primärpflichten 13
              aa) Hauptleistungspflichten 13
              bb) Nebenleistungspflichten 14
              cc) Sonstige Verhaltenspflichten 14
           b) Sekundärpflichten 15
           b) Obliegenheiten 16

Teil II: Die Entstehung des Schuldverhältnisses

§ 3   Die vereinbarte Entstehung 17
     I.   Vertragliche Einigung 18
        1. Der Grundsatz der Vertragsfreiheit 18
           a) Abschlussfreiheit, aber gewisse Verbote und Gebote ... 20
           b) Inhalts- bzw. Gestaltungsfreiheit 21
           c) Formfreiheit 22
              aa) Die Nichtbeachtung einer Formvorschrift 23
              bb) Die besondere Formvorschrift des § 311b 24
                 (1) Übertragung eines Grundstücks 24
                 (2) Übertragung des ganzen Vermögens 27
                 (3) Übertragung des künftigen Erbes 27

Inhaltsverzeichnis

2. Kontrahierungszwang und Einschränkung der Vertragsfreiheit	28
a) Der Kontrahierungszwang	28
b) Verbraucherverträge und AGB	31
3. Vertragsschluss aus sozialtypischem Verhalten?	32
II. Einseitiger Akt als Entstehungsgrund	33
1. Auslobung	34
2. Vermächtnis	34
3. Nicht: Zusendung unbestellter Ware	35
III. Vorvertragliche Schuldverhältnisse	35
1. Die historische und systematische Einordnung	35
2. Die Entstehung eines vorvertraglichen Schuldverhältnisses	38
a) Der Normalfall: § 311 Abs. 2	38
b) Die Erweiterung in § 311 Abs. 3	40
3. Die Pflichten der Parteien des vorvertraglichen Schuldverhältnisses und entstehende Ansprüche	43
a) Die Pflichten aus dem vorvertraglichen Schuldverhältnis	43
b) Die Rechtsfolgen und die Anspruchsprüfungen: §§ 280 Abs. 1, 311 Abs. 2 oder 3, § 241 Abs. 2	44
IV. Gefälligkeitsverhältnis	46
1. Kategorien	47
2. Rechtsfolgen	50
§ 4 Gesetzliche Entstehung von Schuldverhältnissen	50

Teil III: Leistungspflichten im Schuldverhältnis

§ 5 Der Inhalt der Leistungspflichten	52
I. Der „Normalfall" der Leistungspflichten	52
1. Die Hauptleistungspflichten	53
2. Die Nebenpflichten	56
3. Die Pflichten nach § 241 Abs. 2	57
II. Die Bestimmungen der Leistungspflicht in besonderen Fällen	59
1. Die Bestimmung der Leistungspflicht durch eine Vertragspartei oder einen Dritten, §§ 315–319	60
a) Die Leistungsbestimmung durch eine der beiden Vertragsparteien, §§ 315, 316	60
b) Die Leistungsbestimmung durch einen Dritten, §§ 317–319	64
2. Besondere Gegenstände des Schuldverhältnisses	65
a) Stückschuld	65
b) Gattungsschuld	66
aa) Rechtliche Konsequenzen einer Gattungsschuld	68
bb) Die Konkretisierung, § 243 Abs. 2	69
(1) Voraussetzungen	69
(2) Rechtsfolgen	71

	c) Wahlschuld	72
	d) Ersetzungsbefugnis	74
	e) Geldschuld, Zinsschuld	76
3.	Insbesondere: Die Vereinbarung einer Vertragsstrafe	77

§ 6 Die Bestimmungen der Modalitäten der Leistungspflichterbringung ... 82
   I. Die Art der Leistungserbringung ... 83
      1. Der Umfang der Leistung ... 83
      2. Die Person des Leistenden ... 85
      3. Die Art und Weise der Leistungserbringung nach
         Treu und Glauben gem. § 242 ... 88
         a) § 242 bei der Art und Weise der Leistungserbringung .. 89
         b) Der Einwand unzulässiger Rechtsausübung ... 90
   II. Der Ort der Leistungserbringung ... 93
   III. Die Zeit der Leistungserbringung ... 96
      1. Allgemeine Regelung zur Zeit der Leistungserbringung.... 96
      2. Die Möglichkeit der Zurückbehaltung der Leistung
         durch den Schuldner, §§ 273, 320 ... 98
         a) Das Zurückbehaltungsrecht nach § 273 ... 99
           aa) Voraussetzungen ... 99
           bb) Rechtswirkungen ... 101
         b) Die Einrede des nicht erfüllten Vertrags, § 320 ... 102
           aa) Voraussetzungen ... 103
           bb) Rechtswirkungen ... 104

Teil IV: Störungen im Schuldverhältnis

§ 7 Überblick und Zusammenhänge sowie gemeinsame Prinzipien.... 106
   I. Überblick ... 107
      1. Struktur der verschiedenen Pflichtverletzungen ... 108
         a) Verletzung von Leistungspflichten ... 108
         b) Verletzung der Pflicht zur Rücksichtnahme
           nach § 241 Abs. 2 ... 110
      2. Rechtsfolgen aus einer Pflichtverletzung ... 110
         a) Der Schadensersatz gem. § 280 Abs. 1 ... 111
         b) Das Schicksal des Leistungsanspruchs und des
           Gegenleistungsanspruchs ... 112
         c) Weitere Rechtsfolgen ... 114
         d) Die Störung und der Wegfall der Geschäftsgrundlage .. 115
   II. Verantwortlichkeit ... 115
      1. Haftung für ein eigenes Verschulden nach
         den §§ 276, 277 ... 116
         a) Verschuldensfähigkeit ... 116
         b) Verschulden ... 117
         c) Abweichende Regelung zur Haftung für eigenes
           Verschulden ... 119
         d) Verschärfung der Haftung ... 121

Inhaltsverzeichnis

2. Haftung für fremdes Verschulden gem. § 278	123
a) Voraussetzungen	124
aa) Schuldverhältnis	124
bb) Erfüllungsgehilfe oder gesetzlicher Vertreter	124
cc) Pflichtverletzung des Erfüllungsgehilfen bzw. gesetzlichen Vertreters	126
dd) Verschulden des Erfüllungsgehilfen bzw. gesetzlichen Vertreters	128
b) Rechtsfolge	128
c) Abgrenzung zu § 831	129
§ 8 Die Unmöglichkeit	**130**
I. Überblick	131
II. Voraussetzungen für die Leistungsstörung „Unmöglichkeit"	133
1. Die Unmöglichkeit gem. § 275 Abs. 1	135
a) Der Grundfall: Die Unmöglichkeit bei der Stückschuld	135
b) Die Unmöglichkeit bei der Gattungsschuld	138
c) Die Unmöglichkeit bei besonderen Leistungsverpflichtungen	140
d) Die teilweise Unmöglichkeit	142
e) Die Fixschuld	142
f) Die „vorübergehende" Unmöglichkeit	145
2. Die Unmöglichkeit gem. § 275 Abs. 2 und 3	147
a) Dogmatische Einordnung	147
b) § 275 Abs. 2: Unmöglichkeit bei unverhältnismäßigem Aufwand	148
aa) Das grobe Missverhältnis	149
bb) Die Abgrenzung zu § 313 und der wirtschaftlichen Unmöglichkeit	150
c) § 275 Abs. 3: Die Unzumutbarkeit bei persönlicher Leistungserbringung	152
III. Rechtsfolge I: Im Hinblick auf die Leistungspflicht	153
IV. Rechtsfolge II: Das Schicksal der Gegenleistungspflicht im Synallagma, §§ 275 Abs. 4, 326	154
1. Überblick: Die Situation im gegenseitigen Vertrag	155
2. Grundsatz: Der Untergang der Gegenleistungspflicht gem. § 326 Abs. 1 Satz 1	156
a) Regelfall	157
aa) Voraussetzung 1: Gegenseitiger Vertrag	157
bb) Voraussetzung 2: Unmöglichkeit der Leistungspflicht nach § 275	157
b) Rechtsfolge: Befreiung von der Gegenleistungspflicht	157
c) Besonderheit: Teilunmöglichkeit	158
3. Ausnahmen	158
a) Schuld des Gläubigers, § 326 Abs. 2 Satz 1, 1. Alt.	159
b) Der Annahmeverzug des Gläubigers, § 326 Abs. 2 Satz 1, 2. Alt.	161
c) Gläubiger verlangt Herausgabe des Ersatzes, § 326 Abs. 3	162

		d) Preisgefahr schon übergegangen?...............	163
	4.	Insbesondere: Die beiderseitige Unmöglichkeit – ein Fall des § 326 Abs. 2?......................	163
V.	Rechtsfolgen III: Sekundärleistungsansprüche, § 275 Abs. 4 i. V. m.............................		166
	1.	Überblick..	167
	2.	Schadensersatz statt der Leistung bei anfänglicher Unmöglichkeit, § 311a Abs. 2...................	169
		a) Voraussetzungen...........................	169
		b) Rechtsfolgen...............................	171
	3.	Schadensersatz statt der Leistung bei nachträglicher Unmöglichkeit, §§ 280 Abs. 1 und 3, 283.........	173
	4.	Aufwendungsersatzanspruch, §§ 280 Abs. 1 und 3, 283, 284..	175
		a) Voraussetzungen...........................	177
		b) Rechtsfolge................................	178
	5.	Anspruch auf das Surrogat, § 285.................	179
		a) Voraussetzungen...........................	181
		b) Rechtsfolge................................	183
	6.	Zusätzliche Folgen bei gegenseitigen Verträgen im Hinblick auf die Gegenleistung	183
		a) Voraussetzungen...........................	185
		b) Rechtsfolge................................	186

§ 9 Die Nichtleistung trotz Möglichkeit 187

I.	Überblick...		188
II.	Der Schuldnerverzug, §§ 280 Abs. 1 und 2, 286		190
	1. Überblick und Ziel		190
	2. Voraussetzungen.................................		191
		a) Bestehendes Schuldverhältnis..................	192
		b) Pflichtverletzung – hier: „Schuldnerverzug".....	193
		aa) Fälliger durchsetzbarer Anspruch.............	193
		bb) Nichtleistung trotz Möglichkeit..............	196
		cc) Mahnung................................	196
		(1) Voraussetzungen der Mahnung	196
		(2) Mahnung gegebenenfalls entbehrlich, § 286 Abs. 2?	199
		(3) Mahnung entbehrlich, § 286 Abs. 3?........	202
		c) Vertretenmüssen des Schuldners................	204
	3. Rechtsfolgen.....................................		205
		a) Ersatz des Verzögerungsschadens, §§ 280 Abs. 1 u. 2, 286........................	207
		b) Verzugszinsen, § 288.........................	208
		c) Haftung für Zufall, § 287	209
III.	Die Nichtleistung trotz Möglichkeit und Fälligkeit: Die Leistungsverzögerung............................		210
	1 Überblick und Ziel		210
	2. Schadensersatz statt der Leistung, §§ 280 Abs. 1 u. 3, 281		211

Inhaltsverzeichnis

a) Voraussetzungen	211
aa) Bestehendes Schuldverhältnis	211
bb) Pflichtverletzung: Nichtleistung trotz Möglichkeit und Fälligkeit	212
cc) Erfolglose Bestimmung einer Nachfrist	213
(1) Voraussetzungen, § 281 Abs. 1 Satz 1	214
(2) Nachfristsetzung gegebenenfalls entbehrlich?	216
(a) Aufgrund vertraglicher Vereinbarungen	216
(b) Aufgrund gesetzlicher Bestimmungen	217
(3) Abmahnung statt Nachfristsetzung, § 281 Abs. 3	218
(4) Ablauf der Frist ohne Leistung	219
dd) Vertretenmüssen	220
b) Rechtsfolgen: Nach Wahl des Gläubigers	220
aa) Schadensersatz statt der Leistung	221
bb) Ggf.: Aufwendungsersatzanspruch, § 284	225
3. Rücktritt, § 323	225
a) Voraussetzungen	227
aa) Gegenseitiger Vertrag	227
bb) Nichtleistung trotz Möglichkeit und Fälligkeit	227
cc) Erfolglose Bestimmung der Nachfrist, § 323	229
(1) Leistungsaufforderung	230
(2) Angemessene Nachfrist	230
(3) Nachfristsetzung gegebenenfalls entbehrlich, § 323 Abs. 2?	230
(4) Ablauf der Frist ohne Leistung	231
(5) Nicht: Vertretenmüssen! Aber: Vertragstreue des Gläubigers	231
dd) Rücktritt nicht ausgeschlossen	232
b) Rechtsfolgen: Wahlrecht des Gläubigers; Teilrücktritt	233
§ 10 Die Schlechtleistung	**235**
I. Sonstige Verletzung der Hauptleistungspflicht	237
1. In Verträgen mit einem eigenen Leistungsstörungsrecht	237
2. In Verträgen ohne ein eigenes Leistungsstörungsrecht	238
II. Verletzung von nichtleistungsbezogenen Nebenpflichten aus § 241 Abs. 2	239
1. Schadensersatz gem. § 280 Abs. 1	240
a) Schuldverhältnis	241
b) Pflichtverletzung	241
aa) Verletzung von Aufklärungspflichten	242
bb) Verletzung von Leistungstreuepflichten	244
cc) Verletzung von Schutzpflichten	245
c) Vertretenmüssen	246
d) Schaden	247
e) Rechtsfolge: Schadensersatz gem. § 280 Abs. 1	247
2. Schadensersatz statt der Leistung, §§ 280 Abs. 1 u. 3, 282	247
3. Rücktritt, § 324	249

Inhaltsverzeichnis

§ 11 Der Gläubigerverzug 251
    I. Überblick und Struktur 251
    II. Die Voraussetzungen 252
        1. Erfüllbarer Anspruch 254
        2. Angebot des Schuldners 254
            a) Das tatsächliche Angebot, § 294 255
            b) Gegebenenfalls wörtliches Angebot, § 295 256
            c) Angebot gegebenenfalls entbehrlich, § 296 257
        3. Schuldner leistungsfähig und leistungsbereit, § 297 258
        4. Nichtannahme der Leistung durch den Gläubiger 258
    III. Die Rechtsfolgen 259
        1. Haftungsmilderung, § 300 Abs. 1 260
        2. Übergang der Leistungsgefahr, § 300 Abs. 2 261
        3. Aufwendungsersatzanspruch des Schuldners, § 304 262
        4. Sonstige Rechtsfolgen des Annahmeverzugs 263

§ 12 Die Störung und der Wegfall der Geschäftsgrundlage
      gem. § 313 263
    I. Überblick und Ziel 264
    II. Voraussetzungen 266
        1. Vertrag 266
        2. Anwendbarkeit des § 313 266
        3. Störung der Geschäftsgrundlage 267
            a) „Geschäftsgrundlage" 268
            a) „Störung" 269
                aa) Entscheidende Änderung (§ 313 Abs. 1)
                     oder anfängliches Fehlen (§ 313 Abs. 2) 269
                bb) Kein (derartiger) Vertragsschluss bei
                     vorhersehbarer Änderung 269
                cc) Unzumutbarkeit des Festhaltens am unveränderten
                     Vertrag 270
    III. Rechtsfolgen 270
        1. Primär: Anspruch auf Vertragsanpassung 270
        2. Subsidiär: Rücktritt bzw. Kündigung 271
    IV. Besondere Fallgruppen 271

Teil V: Erlöschen der Schuldverhältnisse

§ 13 Die Erfüllung 273
    I. Überblick und Rechtsnatur 274
    II. Voraussetzungen für das Erlöschen des Schuldverhältnisses
       durch Erfüllung 275
        1. Regelfall: Bewirken der geschuldeten Leistung,
           § 362 Abs. 1 275
        2. Weitere Voraussetzungen erforderlich?
           Die Rechtsnatur der Erfüllung 278
        3. Besonderheit: Leistung durch oder Leistung an Dritte 281

Inhaltsverzeichnis

		a) Leistung durch einen Dritten, § 267	281
		b) Leistung an einen Dritten, § 362 Abs. 2	281
	III.	Rechtsfolgen	282
		1. Hinsichtlich der Schuld, § 362 Abs. 1	282
		2. Pflichten des Gläubigers, §§ 368–371	283
		3. Leistung bei mehreren Forderungen: Die Tilgungsbestimmung, § 366	284
	IV.	Leistung an Erfüllungs statt und Leistung erfüllungshalber	287
		1. Leistung an Erfüllungs statt, § 364 Abs. 1	287
		2. Leistung erfüllungshalber, § 364 Abs. 2	289
		3. Insbesondere: Die Inzahlungnahme eines Gebrauchtwagens	290

§ 14 Die Aufrechnung 292

- I. Überblick 293
- II. Voraussetzungen für das Erlöschen des Schuldverhältnisses durch Aufrechnung 294
    1. Aufrechnungslage 294
        a) Gegenseitigkeit der Forderungen 295
        b) Gleichartigkeit der Forderungen 296
        c) Durchsetzbarkeit der Gegenforderung 298
        d) Erfüllbarkeit der Hauptforderung 299
    2. Kein Ausschluss der Aufrechnung 300
        a) Durch Vertrag 300
        b) Durch Gesetz 300
            aa) Hauptforderung aus Delikt, § 393 301
            bb) Hauptforderung unpfändbar, § 394 301
            cc) Hauptforderung beschlagnahmt, § 392 302
    3. Aufrechnungserklärung, § 388 302
- III. Rechtsfolgen: Die Wirkung der Aufrechnung, § 389 303

§ 15 Der Rücktritt 304

- I. Überblick 305
- II. Voraussetzungen 306
    1. Rücktrittsrecht 306
        a) Vertraglich 306
        b) Gesetzlich 307
    2. Rücktrittserklärung 308
- III. Rechtsfolgen 310
    1. Im Hinblick auf die Leistungsansprüche 311
    2. Die Rückabwicklung des Vertrages 311
        a) Rückgabeansprüche, § 346 Abs. 1, 1. Alt. 311
        b) Wertersatzansprüche, § 346 Abs. 2 u. 3 314
            aa) Grundsatz, § 346 Abs. 2 314
                (1) Rückgewähr nach der Natur des Erlangten ausgeschlossen, § 346 Abs. 2 Satz 1 Nr. 1 314
                (2) Rückgewähr sonst unmöglich, § 346 Abs. 2 Satz 1 Nr. 2 u. 3 315

		(3)	Berechnung des Wertersatzes, § 346 Abs. 2 Satz 2	317

          bb) Ausschluss des Wertersatzes, § 346 Abs. 3 318
              (1) Zeigen des Mangels erst bei Verarbeitung oder Umgestaltung, § 346 Abs. 3 Nr. 1 318
              (2) Verantwortlichkeit des Gläubigers, § 346 Abs. 3 Satz 1 Nr. 2 319
              (3) Im Fall des gesetzlichen Rücktrittsrechts, § 346 Abs. 3 Satz 1 Nr. 3 320
              (4) Aber: Herausgabe der Bereicherung, § 346 Abs. 3 Satz 2 322
        c) Nutzungsersatzansprüche 323
          aa) Im Hinblick auf gezogene Nutzungen, § 346 Abs. 1, 2. Alt........................ 323
          bb) Im Hinblick auf nicht gezogene Nutzungen, § 347 Abs. 1........................... 324
        d) Schadensersatzansprüche....................... 324
        e) Verwendungsersatzansprüche 326

§ 16 Sonstige Erlöschensgründe 328
    I. Die Hinterlegung, §§ 372 ff. 328
    II. Der Erlass und das negative Schuldanerkenntnis, § 397 329
    III. Konfusion 330
    IV. Kündigung..................................... 330

Teil VI: Das Recht des Schadensersatzes

§ 17 Grundlagen.. 332
    I. Funktionen des Schadensersatzanspruchs................ 333
    II. Strukturen und Prinzipien des Schadensrechts 334
        1. Grundstruktur................................. 335
          a) Der haftungsbegründende Tatbestand 335
          b) Der haftungsausfüllende Tatbestand 335
        2. Grundsatz der Totalreparation 337
        3. Prinzip der Naturalrestitution...................... 338

§ 18 Die Verursachung des Schadens als Haftungsgrund 339
    I. Der Kausalitätsbegriff 340
        1. Die Äquivalenztheorie........................... 341
        2. Bedürfnis nach Veränderung: Erweiterungen und Einschränkungen............................... 342
    II. Notwendige Einschränkungen der Verursachung........... 343
        1. Kriterien der objektiven Zurechnung 343
          a) Adäquanztheorie............................. 343
          b) Schutzzweck der Norm 345
              aa) Verletzung einer vertraglichen Pflicht........... 347
              bb) Verletzung im Rahmen eines Delikts........... 348

Inhaltsverzeichnis

2. Weitere Einschränkungsüberlegungen.	351
a) Rechtmäßiges Alternativverhalten.	351
b) Die Problematik der hypothetischen Kausalität.	352
c) Herausforderungsfälle.	356

§ 19 Der ersatzfähige Schaden 357

    I. Die personelle Reichweite: Ersatzberechtigte Personen. 358
    II. Die sachliche Reichweite: Art und Umfang
        des Schadensersatzes 359
        1. Grundsatz: Naturalrestitution, § 249 Abs. 1 359
        2. Ausnahmsweise: Entschädigung in Geld. 360
            a) Bei Verletzung einer Person oder Beschädigung
                einer Sache – Wertersatz, § 249 Abs. 2 361
            b) Der Anspruch auf Geldersatz nach § 250 und § 251. . . 364
                aa) Fristablauf gem. § 250. 364
                bb) Unmöglichkeit der Naturalrestitution,
                     § 251 Abs. 1 364
                cc) Unverhältnismäßigkeit, § 251 Abs. 2. 366
        3. Der Schadensbegriff – Umfang des Schadensersatzes 367
            a) Vermögensschäden 367
            b) Entgangener Gewinn, § 252 369
            c) Vorteilsausgleichung 371
            d) Immaterielle Schäden, § 253 374
                aa) Nichtvermögensschäden in Abgrenzung zu
                    Vermögensschäden. 374
                bb) Schmerzensgeld 375
        4. Problemfelder 378
            a) Verlust von Gebrauchsvorteilen. 378
            b) Urlaub und Freizeit 380
            c) Ersatzfähigkeit von Vorsorgeaufwendungen 381
            d) Fehlgeschlagene Aufwendungen 382
    III. Das Mitverschulden, § 254 383
        1. Voraussetzungen. 385
        2. Insbesondere: Die Verantwortlichkeit für Dritte,
            § 254 Abs. 2 Satz 2 388
        3. Rechtsfolgen. 389

Teil VII: Dritte im Schuldverhältnis

**§ 20 Unterschiedliche Formen der Vertragserweiterungen
bzw. Vertragsänderungen.** 390

    I. Der Vertrag zugunsten Dritter, §§ 328 ff. 392
        1. Überblick 392
        2. Abgrenzungen 394
        3. Der echte Vertrag zugunsten Dritter, § 328. 397
            a) Begrifflichkeiten:
                Die entstehenden Rechtsbeziehungen 398
            b) Voraussetzungen 401

		c) Rechtsfolgen	403
		aa) Einwendungen und Einreden des Versprechenden .	403
		bb) Leistungsstörungen.........................	404
		(1) Durch den Versprechensempfänger	405
		(2) Durch den Versprechenden	405
		(3) Durch den Dritten	407
	II.	Der Vertrag mit Schutzwirkung zugunsten Dritter	407
	1.	Überblick	408
	2.	Voraussetzungen..................................	411
		a) Leistungsnähe	412
		b) Schutzpflicht bzw. Schutzinteresse des Gläubigers	412
		c) Erkennbarkeit der Vertragserweiterung für den Schuldner	414
		d) Schutzbedürftigkeit des begünstigten Dritten..........	415
	3.	Rechtsfolge: Schadensersatzanspruch des Dritten	415
	III.	Die Drittschadensliquidation	417
	1.	Überblick	417
	2.	Voraussetzungen. Fallgruppen........................	418
		a) Voraussetzungen	418
		b) Fallgruppen	418
	3.	Rechtsfolgen	420
	IV.	Wechsel des Vertragspartners...........................	420
	1.	Die Abtretung, §§ 398 bis 413	421
		a) Überblick und Begrifflichkeiten	421
		b) Verfügungsgeschäft	423
		c) Voraussetzungen	424
		aa) Vertrag..................................	424
		bb) Bestehen einer Forderung beim Zedenten........	426
		cc) Übertragbarkeit der Forderung................	427
		dd) Bestimmbarkeit der Forderung................	429
		d) Rechtsfolgen	430
		aa) Übergang der Forderung. Wechsel in der Position des Gläubigers	430
		bb) Schuldnerschutzbestimmungen................	432
		(1) Einwendungen des Schuldners, § 404 f.	432
		(2) Aufrechnung des Schuldners, § 406.........	435
		(a)Fallgruppe 1: Fortwirkung der alten Aufrechnungslage	435
		(b)Fallgruppe 2: Fiktion bei neuer Aufrechnungslage	436
		(3) Erfüllung durch den Schuldner, § 407	437
		d) Typisches Anwendungsgebiet der Abtretung: Die Globalzession	438
	2.	Die Schuldübernahme, §§ 414 ff.	439
		a) Begriff und Abgrenzung..........................	440
		b) Voraussetzungen	442
		aa) Vertrag zwischen Gläubiger und Neuschuldner, § 414	442

                bb) Vertrag zwischen Altschuldner und Neuschuldner,
                    § 415 443
                cc) Übernahme einer Hypothekenschuld, § 416 445
            c) Rechtsfolgen 445
        3. Der Schuldbeitritt 447

§ 21 Mehrheit von Gläubigern und Schuldnern 449
    I. Auf Seiten des Gläubigers 450
        1. Teilgläubigerschaft, § 420 451
        2. Gemeinschaftliche Gläubigerschaft 452
            a) Bruchteilsgläubigerschaft 452
            b) Bei unteilbaren Leistungen, § 432 453
        3. Gesamtgläubigerschaft, §§ 428 ff. 455
    II. Auf Seiten des Schuldners 457
        1. Teilschuldnerschaft, § 420 457
            a) Voraussetzungen 457
            b) Rechtsfolgen 458
        2. Gemeinschaftliche Schuldnerschaft 459
        3. Gesamtschuldnerschaft, §§ 421 ff. 460
            a) Voraussetzungen 461
                aa) Gesetzliche Entstehung 461
                bb) Vertragliche Entstehung, gegebenenfalls
                    nach der Auslegungsregel des § 421 462
                    (1) Die geschriebenen Voraussetzungen
                        des § 421 463
                    (2) Zusätzlich erforderlich: „Gleichstufigkeit" ... 464
            b) Rechtsfolgen 467
                aa) Im Außenverhältnis 467
                    (1) Gesamtwirkende Tatsachen, §§ 422 bis 424 .. 468
                    (2) Einzelwirkende Tatsachen, § 425 470
                bb) Im Innenverhältnis 471
                    (1) Ausgleichsanspruch, § 426 471
                    (2) Gestörte Gesamtschuld 475
                        (a) Vertragliche Privilegierung 475
                        (b) Gesetzliche Privilegierung 477

A. Wichtige Entscheidungen 479

1. Bundesverfassungsgericht 479
2. Bundesgerichtshof 479
3. Bundesarbeitsgericht 481

B. Schemata 482

1. Verschulden bei Vertragsverhandlungen (c.i.c.) 482
2. Die Vertragsstrafe nach § 339 483
3. Das Zurückbehaltungsrecht nach § 273 484
4. Die Einrede des nicht erfüllten Vertrages nach § 320 485
5. Der Untergang der Primärleistungspflicht nach § 275 Abs. 1 486

6. Der Untergang der Gegenleistungspflicht nach § 326 Abs. 1 490
7. Schadensersatz statt der Leistung bei anfänglicher Unmöglichkeit gem. § 311a Abs. 2 491
8. Schadensersatz statt der Leistung bei nachträglicher Unmöglichkeit gem. §§ 280 Abs. 1, Abs. 3, 283 493
9. Schadensersatz statt der Leistung gem. §§ 280 Abs. 1, Abs. 3, 283 bei weit überwiegender Verantwortlichkeit des Gläubigers 493
10. Aufwendungsersatz bei nachträglicher Unmöglichkeit gem. §§ 280 Abs. 1, Abs. 3, 283, 284 495
11. Anspruch auf das Surrogat (stellvertretendes commodum) bei nachträglicher Unmöglichkeit gem. §§ 280 Abs. 1, Abs. 3, 285   495
12. Rücktritt beim gegenseitigen Vertrag im Fall der Unmöglichkeit gem. §§ 326 Abs. 5, 323 Abs. 5 496
13. Der Verzug des Schuldners nach § 280 Abs. 2, §§ 286–291 496
14. Nichtleistung trotz Möglichkeit und Fälligkeit I – Schadensersatz statt der Leistung gem. §§ 280 Abs. 1, Abs. 3, 281 Abs. 1 Satz 1 ... 498
15. Nichtleistung trotz Möglichkeit und Fälligkeit II – Rücktritt vom Vertrag gem. § 323 499
16. Nichtleistung trotz Möglichkeit und Fälligkeit III – Rücktritt vom ganzen Vertrag bei Teilleistung des Schuldners 500
17. Schadensersatz wegen Verletzung einer nichtleistungsbezogenen Nebenpflicht gem. § 280 Abs. 1 501
18. Schadensersatz statt der Leistung bzw. Aufwendungsersatz wegen Verletzung einer nichtleistungsbezogenen Nebenpflicht gem. §§ 280 Abs. 1, Abs. 3, 282, 284 502
19. Rücktritt wegen Verletzung einer nichtleistungsbezogenen Nebenpflicht gem. § 324 503
20. Gläubigerverzug, §§ 293 ff. 503
21. Störung und Wegfall der Geschäftsgrundlage, § 313 505
22. Aufrechnung, §§ 387 ff. 506
23. Rücktritt 507
24. Die Verursachung des Schadens als Haftungsgrund 508
25. Art und Umfang des Schadensersatz, §§ 249 ff. 509
26. Der echte Vertrag zugunsten Dritter, § 328 510
27. Der Vertrag mit Schutzwirkung zugunsten Dritter 511
28. Die Drittschadensliquidation 511
29. Die Abtretung, §§ 398 ff. 512
30. Die Schuldübernahme, §§ 414 ff. 513
31. Der Schuldbeitritt 514
32. Die Gesamtschuldnerschaft, §§ 421 ff. 515

C. Definitionen 517

Sachverzeichnis 531

Abkürzungsverzeichnis

Abs.	Absatz
AcP	Archiv für civilistische Praxis (Zeitschrift: Band, Jahr, Seite)
a.F.	alte Fassung
AGB	Allgemeine Geschäftsbedingung/-en
AGBG	Gesetz zur Regelung der Allgemeinen Geschäftbedingungen – AGB-Gesetz (aufgehoben)
AGG	Allgemeines Gleichbehandlungsgesetz
Alt.	Alternative
arg.	argumentum
BAG	Bundesarbeitsgericht
BB	Der Betriebsberater (Zeitschrift: Jahr, Seite)
BGH	Bundesgerichtshof
BGHZ	Entscheidungen des Bundesgerichtshofs in Zivilsachen
BT-Drucks.	Drucksache des deutschen Bundestags (Wahlperiode, Nummer)
bsp.	beispielsweise
BVerfG	Bundesverfassungsgericht
bzg.	bezüglich
bzw.	beziehungsweise
c.i.c	culpa in contrahendo
DB	Der Betrieb (Zeitschrift: Jahr, Seite)
d. h.	das heißt
EG	Vertrag zur Gründung der Europäischen Gemeinschaft
Einf.	Einführung
EnWG	Energiewirtschaftsgesetz
EU	Europäische Union
evtl.	eventuell
Festschr.	Festschrift für …
Fn.	Fußnote
gem.	Gemäß
GewO	Gewerbeordnung
GG	Grundgesetz für die Bundesrepublik Deutschland
ggf.	gegebenenfalls
GKG	Gerichtskostengesetz
GoA	Geschäftsführung ohne Auftrag

Abkürzungsverzeichnis

GWG	Gesetz über Wettbewerbsbeschränkungen
HausratsVO	Verordnung über die Behandlung der Ehewohnung und des Hausrats
HGB	Handelsgesetzbuch
h.M.	herrschende Meinung
i. d. R.	in der Regel
i. e. S.	Im eigentlichen Sinne
IherJB	Jahrbücher für die Dogmatik des heutigen römischen Rechts und deutschen Privatrechts = Ihrings Jahrbücher der Dogmatik des bürgerlichen Rechts (Zeitschrift: Jahr, Seite)
i. H. v.	in Höhe von
i. S. d.	im Sinne des
i. R.	im Rahmen
i. V. m.	in Verbindung mit
JA	Juristische Arbeitsblätter (Zeitschrift: Jahr, Seite)
JArbSchG	Jugendarbeitsschutzgesetz
JherJB	*siehe* IherJB
JR	Juristische Rundschau (Zeitschrift: Jahr, Seite)
Jura	Jura - Juristische Ausbildung (Zeitschrift: Jahr, Seite)
JZ	Juristenzeitung (Zeitschrift: Jahr, Seite)
LG	Landgericht (... Ort)
lit.	Litera/Buchstabe
Materialien	Die gesamten Materialien zum Bürgerlichen Gesetzbuch für das Deutsche Reich (Band, Seite)
MDR	Monatsschrift für deutsches Recht (Zeitschrift: Jahr, Seite)
Motive	Motive zum Entwurf eines Bürgerlichen Gesetzbuchs für das Deutsche Reich (Band, Seite)
m. w. N.	mit weiteren Nachweisen
NJW	Neue Juristische Wochenschrift (Zeitschrift: Jahr, Seite)
NJW-RR	NJW-Rechtsprechungsreport Zivilrecht (Zeitschrift: Jahr, Seite)
NZA	Neue Zeitschrift für Arbeitsrecht (Zeitschrift: Jahr, Seite)
NZM	Neue Zeitschrift für Miet- und Wohnungsrecht (Zeitschrift: Jahr, Seite)
OLG	Oberlandesgericht (... Ort)
OLGZ	Entscheidungen der Oberlandesgerichte in Zivilsachen einschließlich freiwilliger Gerichtsbarkeit (Jahr, Seite)
PBefG	Personenbeförderungsgesetz
PflVG	Pflichtversicherungsgesetz
Protokolle	Protokolle der Kommission für die zweite Lesung des Entwurfs des Bürgerlichen Gesetzbuchs (Band, Seite)

Abkürzungsverzeichnis

RdA	Recht der Arbeit (Zeitschrift: Jahr, Seite)
RG	Reichsgericht
RGZ	Entscheidungen des Reichsgerichts in Zivilsachen (Band, Seite)
Rn.	Randnummer
Rpfleger	Der Deutsche Rechtpfleger (Zeitschrift: Jahr, Seite)
S.	Seite
s.	siehe
SGB IX	Sozialgesetzbuch Buch IX: Rehabilitation und Teilhabe behinderter Menschen
sog.	so genannt/so genannte(n)
str.	strittig
StVG	Straßenverkehrsgesetz
StVO	Straßenverkehrsordnung
VersR	Versicherungsrecht (Zeitschrift: Jahr, Seite)
Vorb.	Vorbemerkung
VVG	Gesetz über den Versicherungsvertrag
WM	Wertpapier-Mitteilungen (Zeitschrift: Jahr, Seite)
z. B.	zum Beispiel
ZfS	Zeitschrift für Schadensrecht (Zeitschrift: Jahr, Seite)
ZGS	Zeitschrift für das gesamte Schuldrecht (Zeitschrift: Jahr, Seite)
ZIP	Zeitschrift für Wirtschaftsrecht und Insolvenzpraxis (Zeitschrift: Jahr, Seite)
ZMR	Zeitschrift für Miet- und Raumrecht (Zeitschrift: Jahr, Seite)
ZPO	Zivilprozessordnung

Literaturverzeichnis

Bamberger, H. G./Roth, H., Kommentar zum Bürgerlichen Gesetzbuch, 2. Aufl., München 2007 (als Beckscher Onlinekommentar zum Bürgerlichen Gesetzbuch fortlaufend aktualisiert)

Bayer, W., Der Vertrag zugunsten Dritter, Tübingen 1995

Beinert, D., Wesentliche Vertragsverletzung und Rücktritt, Bielefeld 1979

Boecken, W., BGB – Allgemeiner Teil, Stuttgart 2007

Bötticher, E., Gestaltungsrecht und Unterwerfung im Privatrecht, Berlin 1964

Brox, H., Allgemeiner Teil des BGB, 31. Aufl., Köln 2007

Brox, H./Walker, W.-D., Allgemeines Schuldrecht, 32. Aufl., München 2007

Brox, H./Walker, W.-D., Besonderes Schuldrecht, 32. Aufl., München 2007

Brox, H./Walker, W.-D., Erbrecht, 22. Aufl., Köln 2007

Dauner-Lieb, B. (Hg.), Anwaltskommentar zum BGB, Bonn, ab 2005

Dauner-Lieb, B., Das neue Schuldrecht: ein Lehrbuch, Heidelberg 2002

Eckert, J., Schuldrecht. Allgemeiner Teil, 4. Aufl. Baden-Baden 2005

Ehmann, H./Sutschet, H., Modernisiertes Schuldrecht. Lehrbuch der Grundsätze des neuen Rechts und seiner Besonderheiten, München 2002

Emmerich, V., Das Recht der Leistungsstörungen, 6. Aufl., München 2006

Enneccerus, L./Lehmann, H., Recht der Schuldverhältnisse, 15. Aufl., Tübingen 1958

Erman, Kommentar zum BGB, 11. Aufl., Münster 2004

Esser, J./Schmidt, E., Schuldrecht Teilband 1, 7. Aufl., Heidelberg 1992

Fikentscher, W./Heinemann, A., Schuldrecht, 10. Aufl., Berlin 1997

Gernhuber, J., Handbuch des Schuldrechts. Das Schuldverhältnis: Begründung und Änderung, Pflichten und Strukturen, Drittwirkungen, Tübingen 1989

Gernhuber, J., Handbuch des Schuldrechts. Die Erfüllung und ihre Surrogate sowie das Erlöschen der Schuldverhältnisse aus anderen Gründen, 2. Aufl., Tübingen 1989

Heck, P., Grundriss des Schuldrechts, Tübingen 1929

Henssler, M./von Westphalen, F., Praxis der Schuldrechtsreform, 2. Aufl., Recklinghausen, 2003

Herrmann, H., BGB – Allgemeiner Teil, Baden-Baden 1997

Literaturverzeichnis

Heymann, E./Emmerich, V., Handelsgesetzbuch. Kommentar, 2. Aufl., Berlin 1989

Hirsch, C., Allgemeines Schuldrecht, 5. Aufl., Köln 2004

Huber, P., Besonderes Schuldrecht I. Vertragliche Schuldverhältnisse, Heidelberg 2006

Huber, P./Faust, F., Schuldrechtsmodernisierung, München 2002

Huber, U., Leistungsstörungen, Band 1 und 2, Tübingen 1999

Jauernig, O., Bürgerliches Gesetzbuch. Kommentar, 12. Aufl., München 2007

Joussen, J., Schlichtung als Leistungsbestimmung und Vertragsgestaltung durch einen Dritten, München 2005

Lange, H./Schiemann, G., Schadensersatz, 3. Aufl., Tübingen 2003

Larenz, K., Lehrbuch des Schuldrechts. Band I. Allgemeiner Teil, 14. Aufl., München 1987

Larenz, K./Canaris, C.-W., Lehrbuch des Schuldrechts. Band II. Besonderer Teil, 13. Aufl., München 1994

Larenz, K/Wolf, M., Allgemeiner Teil des Bürgerlichen Rechts, 9. Aufl., München 2004

Looschelders, D., Schuldrecht Allgemeiner Teil, 5. Aufl., Köln 2007

Lorenz, S., Lehrbuch zum neuen Schuldrecht, München 2002

Medicus, D., Schuldrecht: Ein Studienbuch. Allgemeiner Teil, 17. Aufl., München 2006

Medicus, D., Bürgerliches Recht: eine nach Anspruchsgrundlagen geordnete Darstellung zur Examensvorbereitung, 21. Aufl., Köln 2007

Münchener Kommentar zum BGB, Band 1, 5. Aufl., München 2007

Münchener Kommentar zum BGB, Band 2, 5. Aufl., München 2007

Palandt, BGB. Kommentar, 67. Aufl., München 2008

Petersen, J., Examensrepetitorium Allgemeines Schuldrecht, 3. Aufl., Heidelberg 2007

Rolfs, C./Giesen, R., Beckscher Onlinekommentar zum Arbeitsrecht, fortlaufend aktualisiert

Rüthers, B./Stadler, A., Allgemeiner Teil des BGB, 15. Aufl., München 2007

Schlechtriem, P., Schuldrecht. Allgemeiner Teil, 6. Aufl., Tübingen 2005

Schulze, R. u. a. (Hg.), Handkommentar BGB, Baden-Baden, 5. Aufl., 2007

Soergel, Kommentar zum BGB, 13. Aufl., Stuttgart 2007

Staudinger, BGB – Eckpfeiler des Zivilrechts, Berlin 2005

Staudinger, Kommentar zum Bürgerlichen Gesetzbuch, Neubearbeitung, Berlin 2007

Teubner, G., Gegenseitige Vertragsuntreue, Tübingen 1975

v. Tuhr, A., Der Allgemeine Teil des deutschen Bürgerlichen Rechts, Band 2, Hälfte 2, München (u.a.) 1918

Vieweg, K./Werner, A., Sachenrecht, 3. Aufl., Köln 2007

Weber, R., Sachenrecht I, Baden-Baden 2005

Westermann, H. P./Bydlinski, P./Weber, R., BGB – Schuldrecht Allgemeiner Teil, 6. Aufl., Heidelberg 2007

Wolf, M., Rechtsgeschäftliche Entscheidungsfreiheit und vertraglicher Interessenausgleich, Tübingen 1970

Teil I: Einführung

§ 1 Der Allgemeine Teil des Schuldrechts im BGB

Literatur: *Aretz, S.*, Das Abstraktionsprinzip – Das einzig Wahre?, JA 1998, 242; *Bülow, P./Artz, M.*, Fernabsatzverträge und Strukturen eines Verbraucherprivatrechts im BGB, NJW 2000, 2049; *Canaris, C.-W.*, Sondertagung Schuldrechtsmodernisierung – Die Reform des Rechts der Leistungsstörungen, JZ 2001, 499; *Grigoleit, C.*, Abstraktion und Willensmängel – Die Anfechtbarkeit des Verfügungsgeschäfts, AcP 199 (1999), 379; *Petersen, J.*, Das Abstraktionsprinzip, Jura 2004, 98; *Schreiber, K./Kreuz, K.*, Das Abstraktionsprinzip – Eine Einführung, Jura 1989, 617.

Der Allgemeine Teil des Schuldrechts im BGB steht neben dem Besonderen Schuldrecht und ist diesem im Wege des **Klammerprinzips** vorangestellt. Die Regelungen im Allgemeinen Teil gelten somit für sämtliche im Besonderen Teil des Schuldrechts enthaltenen Schuldverhältnisse. In einer Vorbemerkung ist einleitend kurz auf grundsätzliche Strukturfragen sowie auf verschiedene Einflüsse des europäischen Rechts einzugehen, die das Allgemeine Schuldrecht des BGB mittlerweile prägen.

I. Grundsätzliches

Das Schuldrecht des BGB besteht aus **zwei Teilen:** Das zweite Buch des Gesetzes beginnt mit einem Allgemeinen Teil, es schließt sich ein Besonderer Teil an. Im Allgemeinen Teil ist der Klammertechnik des BGB zufolge alles zu finden, was für die unterschiedlichen Schuldverhältnisse gilt, die im Besonderen Teil aufgeführt sind. Die Regelungen des Allgemeinen Teils gelten somit gleichermaßen für die gesetzlichen und vertraglichen Schuldverhältnisse des Besonderen Teils. Wie bereits im Verhältnis des Allgemeinen Teils des BGB zu den übrigen vier Büchern[1] gilt also auch hier die **Klammertechnik**.

Bsp.: So finden etwa die Unmöglichkeitsregelungen der § 275 ff. sowohl für den Kauf- als auch für den Werkvertrag Anwendung.

Das Schuldrecht ist dabei eine besondere Rechtsmaterie, die eigenständig neben den weiteren Büchern des BGB steht. Geregelt wird das Recht der Schuldverhältnisse, also derjenigen Rechtsverhältnisse, aufgrund derer ein Schuldner seinem Gläubiger etwas schuldet. Es geht also beim Schuldrecht um **Sonderverbindungen**, aus der sich Pflichten des Schuldners gegenüber dem Gläubiger ergeben.

---

1 S. hierzu *Boecken*, BGB – Allgemeiner Teil, Rn. 49; *Rüthers/Stadler*, Allgemeiner Teil des BGB, Rn. 9.

4 Im Allgemeinen Schuldrecht ist nun, vor die Klammer gezogen, das geregelt, was für sämtliche Schuldverhältnisse gilt. Wie entstehen sie? Wie erlöschen sie wieder? Was ist zu leisten? Welche konkreten Pflichten grundlegender Art bestehen? Was geschieht, wenn Pflichten nicht erbracht werden, wenn es also zu Störungen kommt? All diese **allgemeinen Fragen** sind Gegenstand des Allgemeinen Schuldrechts. Maßgeblich ist dabei stets, dass es um Schuldverhältnisse geht, also um die Sonderverbindungen zwischen einzelnen Personen. Das Allgemeine Schuldrecht regelt somit nur die **relativen Rechte**, welche dem Gläubiger lediglich ein Forderungsrecht gegen seinen Schuldner, d. h. gegen eine bestimmte Person zugestehen.

Im Gegensatz hierzu gewährt das **Sachenrecht** dem Inhaber des Rechts, etwa dem Eigentümer, ein absolutes Recht, welches sich gegen alle richtet und nicht nur gegen einen Einzelnen.[2]

5 Im Verhältnis zwischen Schuld- und Sachenrecht ist von besonderer Bedeutung, dass das **Abstraktionsprinzip** beachtet wird.[3] Das Verpflichtungsgeschäft, also der schuldrechtliche Vertrag, ist stets von dem Verfügungsgeschäft, der sachenrechtlichen Einigung, rechtlich zu trennen und abstrakt hiervon zu beurteilen. Geschieht etwas auf der schuldrechtlichen Ebene, verpflichtet sich jemand beispielsweise das Eigentum zu übertragen, hat diese Verpflichtung keinerlei Auswirkungen auf die Wirksamkeit der sachenrechtlichen Ebene.[4] Denn Schuld- und Sachenrecht sind abstrakt, d. h. losgelöst voneinander zu beurteilen.

Bsp.: A und B vereinbaren einen Kaufvertrag über einen Fernseher. Diese vertragliche Vereinbarung nach § 433 ist darauf gerichtet, dass A dem B einen Fernseher „verschafft" – die Verpflichtung zur sachenrechtlichen Übereignung hat aber noch keinerlei Eigentumsverschiebung zur Konsequenz, diese muss vielmehr eigenständig vereinbart und durchgeführt werden. Die schuldrechtliche Verpflichtung ist allerdings der Rechtsgrund für die spätere sachenrechtliche Verschiebung. Aber eben nur der Rechtsgrund, nicht mehr.

6 II. Die Einflüsse des europäischen Rechts: Das Verbraucherprivatrecht

Obwohl das geltende BGB bereits im Jahre 1900 in Kraft getreten ist, erfreut es sich bis heute einer großen Wertschätzung, was vor allem zwei Umständen geschuldet ist: Zum einen liegt dies an der außerordentlich durchdachten Struktur und Systematik des Gesetzbuches, wodurch es auch unterschiedliche Epochen unbeschadet überstanden hat. Es ist in der Lage, aufgrund seines hohen **Abstraktionsgrades** auch neueste Entwicklungen aufzunehmen und Lösungen für sie bereitzuhalten. Dies stellt insbesondere auch ein Verdienst des Allgemeinen Teils

---

2 S. dazu HK-BGB/*Schulze*, vor §§ 241–853 Rn. 6; *Vieweg/Werner*, Sachenrecht, § 1 Rn. 6; *Weber*, Sachenrecht I, § 4 Rn. 6; *Westermann/Bydlinski/Weber*, BGB – Schuldrecht Allgemeiner Teil, § 1 Rn. 17.
3 Dazu ausführlich *Aretz*, JA 1998, 242 ff.; *Boecken*, BGB – Allgemeiner Teil, Rn. 197; *Grigoleit*, AcP 199 (1999), 379 ff.; s. auch BGH NJW 1967, 1128 (1130); HK-BGB/ *Dörner*, vor §§ 104–185 Rn. 10.
4 Anders beim Vorliegen der sog. „Fehleridentität", dem „Bedingungszusammenhang" i. S. d. § 158 oder der „Geschäftseinheit" i. S. d. § 139: zu diesen Grenzen des Abstraktionsprinzips s. MünchKomm/*Rinne*, BGB, Einl. Sachenrecht, Rn. 17 ff.; *Vieweg/Werner*, Sachenrecht, § 1 Rn. 10.

des Schuldrechts dar, welcher eben nicht auf historisch bedingte Umstände Rücksicht nehmen muss.

Noch ein weiterer Grund ist verantwortlich dafür, dass das BGB auch heute noch Geltung beansprucht: So wurde es im Laufe der Zeit durch **verschiedene Reformen** geprägt, die zu einer Anpassung an neue Entwicklungen führten. Zum einen handelt es sich hierbei um Reformen, die sich innerhalb des nationalen Rahmens bewegt haben, wie etwa die Schuldrechtsreform im Jahre 2002.[5] Diese brachte einen großen Umbruch im Allgemeinen Schuldrecht mit sich. Hier sind sehr viele neue Strukturen eingefügt worden, gleichwohl ist an den Grundprinzipien des Allgemeinen Schuldrechts – auch durch die Schuldrechtsreform – nur an wenigen Stellen gerüttelt worden.

Es ist aber nicht zu verkennen, dass es insbesondere **Einflüsse des europäischen Rechts** gibt, die das BGB, gerade im Allgemeinen Schuldrecht auch stark verändert haben. Hier spielt das so genannte „Verbraucherprivatrecht" eine große Rolle: Der Verbraucher ist aufgrund seiner Schutzbedürftigkeit immer Gegenstand besonderer Regelungen der EU gewesen. Dies hat auch dazu geführt, dass an vielen einzelnen Stellen des BGB besondere Regelungen zum Verbraucherschutz eingefügt worden sind, die unmittelbar auf europäische Vorgaben zurückgehen und von ihnen verlangt worden sind. Das **Verbraucherprivatrecht** nimmt mittlerweile eine besondere Stellung im Privatrecht ein, ist aber unverändert Teil auch des BGB. Verschiedene Regelungen im BGB, gerade im Allgemeinen Teil des Schuldrechts, sind Bestandteil dieses Verbraucherprivatrechts und haben zum Ziel, dem Verbraucher einen besonderen Schutz zukommen zu lassen. Dies gilt beispielsweise für besondere Vertriebsformen, etwa für sog. Haustürgeschäfte, wie sie in § 312 geregelt sind. Hier hat der deutsche Gesetzgeber europäische Vorgaben in das BGB implementiert, um so den Umsetzungsanforderungen des europäischen Rechts gerecht zu werden. Es handelt sich also beispielsweise bei den Regelungen zum Haustürgeschäft, aber auch bei den Regelungen zum Fernabsatzvertrag nach § 312b, nicht um Regelungen, die originär dem deutschen Schuldrecht entstammen, doch haben sie sich in das Gefüge des BGB eingliedern lassen. Gleiches gilt für viele Bestimmungen gerade im Kaufvertragsrecht. Diejenigen Regelungen, die aus europäischen Einflüssen stammend in das deutsche Schuldrecht eingeflossen sind, werden in einem eigenen Band dieser Lehrbuchreihe dargestellt.

§ 2 Grundprinzipien und Systematik des Allgemeinen Teils

Literatur: *Becker, M.*, Vertragsfreiheit, Vertragsgerechtigkeit und Inhaltskontrolle, WM 1999, 709; *Coester-Waltjen, D.*, Die Grundsätze der Vertragsfreiheit, Jura 2006, 436; *dies.*, Schuldverhältnis-Rechtsgeschäft-Vertrag, Jura 2003, 819; *Gernhuber, J.*, § 242 BGB – Funktionen und Tatbestände, JuS 1983, 764; *Dilcher, H.*, Typenfreiheit und inhaltliche Gestaltungsfreiheit bei Verträgen, NJW 1960, 1040; *Hadding, W.*, Leistungspflichten und Leistungsstörungen nach „modernisiertem" Schuldrecht, in: Festschr. für Horst Konzen,

---

5 Gesetz zur Modernisierung des Schuldrechts vom 26.11.2001, in Kraft getreten am 1.1.2002; s. BGBl. I, S. 3138.

2006, S. 193; *Henke, H.-E.,* Der Begriff des „Schuldverhältnisses", JA 1989, 186; *Hohmann, H.,* § 242 BGB und unzulässige Rechtsausübung in der Rechtsprechung des BGH, JA 1982, 112; *Jenal, O./Schimmel, R.,* § 242 – Verwirkung bei Gestaltungsrechten, JA 2002, 619; *Madaus, S.,* Die Abgrenzung der leistungsbezogenen von den nicht leistungsbezogenen Nebenpflichten im neuen Schuldrecht, Jura 2004, 289; *Paulus, C. G./Zenker, W.,* Grenzen der Privatautonomie, JuS 2001, 1; *Reul, A.,* Grundrechte und Vertragsfreiheit im Gesellschaftsrecht, DNotZ 2007, 184; *Ritgen, K.,* Vertragsparität und Vertragsfreiheit, JZ 2002, 114; *Singer, R.,* Wann ist widersprüchliches Verhalten verboten?, NZA 1998, 1309; *Teichmann, A.,* Nebenverpflichtungen aus Treu und Glauben, JA 1984, 545, 709; *ders.,* Venire contra factum proprium – Ein Teilaspekt rechtsmissbräuchlichen Handelns, JA 1985, 497; *Weber, R.,* Entwicklung und Ausdehnung des § 242 BGB zum „königlichen Paragraphen", JuS 1992, 631.
Rechtsprechung: BVerfG NJW 1958, 257 – *Lüthurteil* – (Grundrechte als objektive Wertordnung – Einwirkung über Generalklauseln); **BVerfG NJW 1994, 36** (Richterliche Inhaltskontrolle von Bürgschaftsverträgen bei starkem Übergewicht eines Vertragspartners); **BGH NJW 1983, 109** (Zur Geltung von Treu und Glauben im Rahmen nichtiger Rechtsgeschäfte); **BGH NJW 1983, 563** (Berufung auf Formnichtigkeit als Verstoß gegen Treu und Glauben) **BGH NJW 1989, 1276** (Vertragsfreiheit: Zulässigkeit risikoreicher Geschäfte); **BGH NJW 1990, 1251** (Grundsatz von Treu und Glauben als allgemeiner Rechtsgrundsatz im Steuerrecht).

9 Der Allgemeine Teil des Schuldrechts im BGB ist von **verschiedenen Grundprinzipien** geprägt. Diese werden an späterer Stelle noch ausführlich erläutert, da sie sich ganz konkret in verschiedenen Bereichen auswirken, etwa wenn es um die Entstehung des Schuldverhältnisses oder um die Pflichten der beiden Schuldvertragsparteien geht. Gleichwohl sollen hier vorab zwei der wichtigsten Prinzipien, die das gesamte Schuldrecht in seinem Allgemeinen Teil beherrschen, vorgestellt werden. Gemeint sind die Vertragsfreiheit auf der einen und das Prinzip von Treu und Glauben auf der anderen Seite. Darüber hinaus werden in diesem Abschnitt zentrale Begrifflichkeiten erläutert, die das Schuldrecht des BGB insgesamt prägen und deren Kenntnis für die nachfolgenden Darstellungen unerlässlich ist.

10 I. Vertragsfreiheit und der Grundsatz von Treu und Glauben

Das Schuldrecht wird in seinem Allgemeinen, wie aber auch später in seinem Besonderen Teil von zwei wesentlichen Grundprinzipien beherrscht. Diese spielen auch im Allgemeinen Teil des BGB insgesamt eine Rolle, dort werden sie häufig bereits erläutert und vorgestellt.[6] Eine besondere Bedeutung kommt diesen beiden Prinzipien jedoch im Schuldrecht zu, welches von einer starken Freiheit zugunsten der Parteien geprägt ist. Dies gilt zunächst für den **Grundsatz der Vertragsfreiheit** (§ 311 Abs. 1); in gleicher Weise betrifft dies aber auch den **Grundsatz von Treu und Glauben** (§ 242).

---

6 Vgl. *Boecken,* BGB – Allgemeiner Teil, Rn. 41, 257 ff.; *Larenz/Wolf,* Allgemeiner Teil des Bürgerlichen Rechts, § 16 Rn. 16 ff. und § 34 Rn. 22 ff.

1. Der Grundsatz der Vertragsfreiheit, § 311 Abs. 1

Der **Grundsatz der Vertragsfreiheit**, der an späterer Stelle bei der Entstehung des Schuldverhältnisses, wo er eine besonders große Rolle spielt[7], noch einmal ausführlich erläutert wird, ist in **§ 311 Abs. 1 normiert**.[8] Dieser Vorschrift zufolge ist nämlich zur Begründung eines Schuldverhältnisses durch Rechtsgeschäft sowie zur Änderung des Inhalts eines Schuldverhältnisses ein Vertrag zwischen den Beteiligten erforderlich, soweit nicht das Gesetz ein anderes vorschreibt. Mit dieser Formulierung wird deutlich, dass der Vertrag die Grundlage sämtlicher schuldrechtlicher Beziehungen darstellt und zugleich frei zwischen den Parteien zu vereinbaren ist, sofern ein Gesetz nichts anderes verlangt bzw. zwingend vorgibt. Der Kern der Vertragsfreiheit liegt letztlich darin, dass jeder nach seinem Belieben frei darüber entscheiden kann, „ob" er überhaupt einen Vertrag abschließt und wenn ja, „mit wem" und darüber hinaus auch „welchen Inhalt" er in dem Vertrag vereinbaren möchte.[9] Die Vertragsfreiheit umfasst daher die **Abschlussfreiheit** sowie die **Inhalts- bzw. Gestaltungsfreiheit und die Formfreiheit**. Alle drei Aspekte der Vertragsfreiheit werden noch ausführlich erläutert. Sie spielen insbesondere bei der Entstehung eines Schuldverhältnisses eine große Rolle, da dieses nach der Vorstellung des BGB an den freien Willensentschluss der Vertragsparteien gebunden ist (sofern es nicht um gesetzliche Schuldverhältnisse geht).

Über die Vorschrift des § 311 Abs. 1 hinaus beruht die Vertragsfreiheit auch auf einer **verfassungsrechtlichen Grundlage**. Der Grundsatz der Vertragsfreiheit als Prinzip und Recht des Einzelnen, seine Rechtsbeziehungen mit anderen Rechtssubjekten einverständlich zu regeln, ist der zentrale Bestandteil der Privatautonomie. Diese wiederum hat ihre Grundlage gefunden in **Art. 2 Abs. 1 GG** – man kann diesem Artikel letztlich das Recht auf eine rechtsgeschäftliche Selbstbestimmung entnehmen[10]: Jeder, so die Kernaussage, ist dazu befähigt, sich durch einen freien Entschluss in eine schuldvertragliche Beziehung zu einer anderen Person zu begeben; dies führt dann im Umkehrschluss aber auch dazu, dass jeder, der sich in eine solche vertragliche Bindung begibt, auch die Risiken tragen muss, die sich aus einer derartigen Verbindung ergeben – die Haftung für eine eingegangene schuldvertragliche Verbindung ist also die Kehrseite der Vertragsfreiheit.[11]

Diese Vertragsfreiheit kann jedoch **nicht schrankenlos** gelten. So ist das Gesetz mit seiner Werteordnung nicht nur dem Freiheitsideal verpflichtet, sondern es muss dem Einzelnen auch die Ausübung seiner – ihm zustehenden – Freiheit ermöglicht werden. Das setzt insbesondere voraus, dass bestimmte Ungleichgewichte ausgeglichen werden, denn diejenigen, die nicht in der Lage sind, ihre

---

7 Vgl. unten Rn. 47.
8 Wobei § 311 Abs. 1 das Bestehen der Vertragsfreiheit voraussetzt, nicht jedoch statuiert: HK-BGB/*Schulze*, vor §§ 311–319 Rn. 6; Palandt-*Heinrichs*, BGB, § 311 Rn. 1.
9 S. *Boecken*, BGB-Allgemeiner Teil, Rn. 41, 257 ff.; *Medicus*, Schuldrecht I, Rn. 64 ff.; *Rüthers/Stadler*, Allgemeiner Teil des BGB, § 3 Rn. 4.
10 Vgl. dazu *Brox/Walker*, Allgemeines Schuldrecht, § 4 Rn. 3; *Coester-Waltjen*, Jura 2006, 436 (437); *Eckert*, Schuldrecht Allgemeiner Teil, Rn. 56; BVerfGE 88, 384 (403); 89, 48 (61); 89, 214 (231); 103, 197 (215).
11 Vgl. BGH NJW 1989, 1276 (1278).

Freiheit verantwortet auszuüben, müssen geschützt werden. Dies gilt etwa für die Personengruppen, die überhaupt nicht absehen können, was eine vertragliche Freiheitsausübung mit sich bringt. Das führt letztlich dazu, dass die Rechtsordnung die Vertragsfreiheit **bei Kindern und Jugendlichen** einschränkt, das Gleiche gilt für diejenigen, die **krankheitsbedingt nicht frei und verantwortlich** entscheiden können: Die Regelungen des Allgemeinen Teils des BGB in den §§ 104 ff. haben hier ihre Grundlage.[12]

14 Die **Einschränkung der Vertragsfreiheit** geht jedoch noch sehr viel weiter: Denn auch derjenige, der üblicherweise frei über seine Bindungen und Pflichten entscheiden kann, ist möglicherweise zu schützen. Dies ist insbesondere dann der Fall, wenn zwar prinzipiell zwei von der Vertragsfreiheit begünstigte Privatrechtssubjekte einander gegenübertreten, einer von beiden potentiellen Vertragsparteien jedoch erheblich stärker ist als die andere. In einer solchen Situation greift die Rechtsordnung ein und schützt die (vermeintlich) schwächere Partei: So soll niemand allein aufgrund der Marktmacht des anderen in einen Vertrag gezwungen werden, der eigentlich nicht seiner freien Willensentscheidung entspricht. Dies führt dann dazu, dass beispielsweise bestimmte Regelungen in Verträgen nicht getroffen werden können, etwa wenn sie gegen die guten Sitten verstoßen, wenn also beispielsweise eine der Vertragsparteien eine so starke Macht hat, dass sie den Vertrag komplett selbst diktieren kann, ohne dass die andere Vertragspartei etwas entgegensetzen könnte. Dies ist etwa bei **Monopolisten** durchaus möglich, weil hier die Vertragsparität gestört ist. Der Monopolist wird die Bedingungen diktieren, der Vertragspartner ist jedoch nicht in der Lage, dem etwas entgegenzusetzen. Der Grundsatz der Vertragsfreiheit versagt in diesen Fällen notwendigerweise. In der Regel hat der Vertrag nämlich zum Ziel, ein ausgeglichenes Austauschverhältnis herzustellen. Dies kann er deshalb, weil die Vorstellung vorherrscht, dass bei bestehender Vertragsfreiheit beide Seiten sich auf das einigen werden, was sie zu geben bereit sind, um die Gegenleistung zu erhalten.

Bsp.: Schließen zwei Personen einen Kaufvertrag über ein Auto, so wird der Käufer den Betrag zahlen, den er für „richtig" hält – meint er, das Auto sei zu teuer, wird er zu einem anderen Händler gehen; umgekehrt wird der Verkäufer den Wagen auch nicht billiger anbieten, als er muss.

15 Man geht also davon aus, dass das Prinzip der Vertragsfreiheit zu „gerechten", **richtigen Verträgen** führt.[13] Dies kann aber nur dann funktionieren, wenn in der Tat in etwa gleich starke Parteien aufeinander treffen. Immer dort, wo dies nicht der Fall ist, die Vertragsparität also gestört wird, greifen Schutzmechanismen, um gleichwohl zu richtigen Verträgen zu gelangen. Der Grundsatz der Vertragsfrei-

---

12 *Boecken*, BGB – Allgemeiner Teil, Rn. 322; *Larenz/Wolf*, Allgemeiner Teil des Bürgerlichen Rechts, § 25 Rn. 1 f.; *Rüthers/Stadler*, Allgemeiner Teil des BGB, § 23 Rn. 1 ff.
13 So schon *Schmidt-Rimpler*, AcP 147 (1941), 130 (150 ff.); *ders.*, in: Festschr. für Hans Carl Nipperdey zum 60. Geburtstag, 1955, S. 6 (9); *ders.*, in: Festschr. für Ludwig Raiser zum 70. Geburtstag, 1974, S. 3 (5 ff.); *Larenz/Wolf*, Allgemeiner Teil des Bürgerlichen Rechts, § 32 Rn. 3 und § 42 Rn. 1; kritisch zur positiven „Richtigkeitsgewähr": *Looschelders*, Schuldrecht Allgemeiner Teil, Rn. 51 und Fn. 9; s. auch *Wolf*, Rechtsgeschäftliche Entscheidungsfreiheit und vertraglicher Interessenausgleich, 1970, S. 73 ff., der von der „Richtigkeitschance" des Vertrages spricht.

heit ist somit nicht schrankenlos gewährt, sondern er wird begleitet von Einschränkungen, die das Ziel haben, trotz bestehender Ungleichgewichte faire und gerechte Austauschverhältnisse herbeizuführen. Dies ist der Hintergrund nicht nur der Vorschrift des § 138, sondern insbesondere auch des gesamten AGB-Rechts in den § 307 ff.[14]

Bsp.: Kauft K im Kaufhaus eine Waschmaschine vom Verkäufer V, so wird V regelmäßig AGB anwenden, die dann Bestandteil des Vertrages werden. K wird jedoch durch die §§ 307 ff. geschützt. Denn nach diesen Vorschriften dürfen beispielsweise bestimmte Vereinbarungen in AGB nicht vorgesehen sein – zum Schutz des K als Vertragspartner des AGB-Verwenders.

Der Grundsatz der Vertragsfreiheit in seinen unterschiedlichen Facetten, die die Entstehung des Schuldverhältnisses bei einem vertraglichen Entstehungstatbestand maßgeblich beherrschen, führt in letzter Konsequenz auch dazu, dass im Schuldrecht – viel mehr und anders als im Sachenrecht[15] – eine **nahezu vollständige Typenfreiheit** besteht. Anders als beim sachenrechtlichen Typenzwang gilt insofern, dass die Parteien nicht dazu gezwungen sind, einen Vertragstypus auszuwählen, der im Besonderen Schuldrecht vorgegeben ist. § 311 Abs. 1 eröffnet vielmehr die Möglichkeit, dass die Parteien frei entscheiden können, welchen Inhalt sie ihrer vertraglichen Vereinbarung geben wollen: Das heißt dann aber auch, dass sie sich nicht auf einen Kauf- oder auf einen Werk- oder auf einen Dienstvertrag konzentrieren müssen, sie können vielmehr auch grundsätzlich neue Konstruktionen ersinnen. So ist es den Parteien unbenommen sich unterschiedliche Rechte und Pflichten aus verschiedenen Vertragsmodellen zusammenzusuchen und einen gemischten Vertrag zu vereinbaren; sie sind im Ergebnis keinerlei Beschränkungen unterworfen. **16**

Bsp.: Paradigmatisch sollen hierfür nur der Leasing- und der Factoringvertrag angeführt werden. Es handelt sich dabei um ganz neuartige Verträge, die im BGB so nicht vorgesehen sind. Dies ist aber auch nicht erforderlich, da die Inhaltsfreiheit als eine besondere Ausprägung der Vertragsfreiheit den Parteien im Schuldrecht völlige Freiheit lässt.

2. Der Grundsatz von Treu und Glauben, § 242 **17**

Der **Grundsatz von Treu und Glauben**, der in § 242 niedergelegt ist, stellt – wie der Grundsatz zur Vertragsfreiheit – ein das gesamte Schuldrecht des BGB beherrschendes Prinzip dar. Nach dieser Vorschrift ist der Schuldner verpflichtet, die Leistung so zu erbringen, wie Treu und Glauben es mit Rücksicht auf die Verkehrssitte erfordern. Eng verstanden ist damit lediglich ausgedrückt, auf welche Weise der Schuldner seine Leistung erbringen muss. Man könnte dieser Norm also die Bedeutung entnehmen, als ginge es hier allein um die Modalität der Leistungserbringung. Doch diese Vorstellung, die noch der historische Gesetzgeber präsent hatte[16], ist mittlerweile nicht mehr vorherrschend. Vielmehr beinhaltet § 242 ein

---

14 Ausführlich zu diesen *Boecken*, BGB – Allgemeiner Teil, Rn. 300 ff. und Rn. 444 ff.
15 Wo der Grundsatz des Typenzwangs bzw. „numerus clausus" der Sachenrechte vorherrscht, vgl. hierzu *Weber*, Sachenrecht I, § 4 Rn. 10 f.; *Vieweg/Werner*, Sachenrecht, § 1 Rn. 5.
16 Vgl. dazu MünchKomm/*Roth*, § 242 Rn. 18.

allgemeines Prinzip[17], wonach beide Vertragsparteien, also Schuldner und Gläubiger, verpflichtet sind, nach „Treu und Glauben" zu handeln.[18]

18 Die **einzelne Ausgestaltung** dieses Grundsatzes ist dabei außerordentlich umfangreich und komplex. Im Kern ist dieser Grundsatz wohl darauf zurückzuführen, dass beide Vertragsparteien durch die sie verbindende schuldvertragliche Beziehung verpflichtet sind, auf die berechtigten Interessen des anderen Teils Rücksicht zu nehmen.[19] Dies ist allerdings eine so grundlegende Vorstellung, dass sie nicht nur im Schuldrecht eine Rolle spielt, sondern letztlich **das gesamte Zusammenleben** der Rechtssubjekte prägt, also in gleicher Weise auch im Sachen- oder im Familien- und Erbrecht an Bedeutung gewinnt. Die Vorschrift dient letztlich dazu, so wird sie zumindest mittlerweile verstanden, das Recht auch bestimmten **sozialethischen Wertungen** zu öffnen. Es sollen **Billigkeitserwägungen** möglich werden, die zu einer **Einzelfallgerechtigkeit** führen können.[20] Dies gelingt bei § 242 deshalb, weil es sich um eine Generalklausel handelt, die ohnehin der Auslegung zugänglich ist.[21] Im Einzelnen lassen sich zu dieser Vorschrift und zu der Möglichkeit, mit ihr zu einer solchen Einzelfallgerechtigkeit zu gelangen, Bibliotheken füllen. Dies soll an dieser Stelle nicht geschehen. Es genügt stattdessen hier der Hinweis darauf, dass der Grundsatz von Treu und Glauben an vielen Stellen des Schuldrechts (aber auch des übrigen BGB[22], sogar des öffentlichen Rechts[23]) dazu dient, die angesprochenen sozialethischen Wertungen mit in Entscheidungen einfließen zu lassen. Dies darf dann zwar nicht der Anfang zu einer willkürlichen Rechtskorrektur werden, denn § 242 gibt dem Richter keine Befugnis zu einer sog. Billigkeitsjustiz.[24] Doch ist infolge der Wertung des § 242 immer zu kontrollieren und zu bedenken, ob eine gefundene Rechtsentscheidung auch ausreichend berücksichtigt, ob sich die betroffenen Parteien gemäß den Vorstellungen von Treu und Glauben zueinander verhalten haben.

19 Rechtsprechung und Lehre haben im Laufe der Zeit den Grundsatz von Treu und Glauben im Einzelnen näher ausgefüllt. Es gibt zahlreiche konkrete Stellen, an denen er zum Tragen kommt. Im Ergebnis kann man **verschiedene Fallgruppen** benennen, bei denen die Rechtsprechung und ihr folgend die Lehre mit dem Ver-

---

17 Bereits durch das RG entwickelt, s. RGZ 85, 108 (117); fortgeführt durch BGH in: BGH NJW 1977, 1234 (1235); NJW 1983, 109 (110 f.).
18 Vgl. HK-BGB/*Schulze*, § 242 Rn. 1; Palandt/*Heinrichs*, BGB, § 242 Rn. 1 f.; *Eckert*, Schuldrecht Allgemeiner Teil, Rn. 121; s. auch BGH NJW 1983, 109 (110 f.).
19 *Westermann/Bydlinski/Weber*, BGB-Schuldrecht Allgemeiner Teil, § 4 Rn. 1.
20 S. hierzu *Larenz*, Schuldrecht I – Allgemeiner Teil, S. 126 f.; *Weber*, JuS 1992, 631 (633).
21 Palandt/*Heinrichs*, BGB, § 242 Rn. 2; *Weber*, JuS 1992, 631 (634).
22 Zur Anwendbarkeit auf eine erbvertragliche Heiratsklausel s. BVerfG NJW 2000, 2495 ff.; weitere Nachweise bei Palandt/*Heinrichs*, BGB, § 242 Rn. 16, ebenso bei MünchKomm/*Roth*, BGB, § 242 Rn. 78 ff.
23 Wobei § 242 im öffentlichen Recht nur entsprechend gilt; zur Anwendbarkeit des Grundsatzes von Treu und Glauben im Steuerrecht s. BGH NJW 1990, 1251 ff.; weitere Nachweise bei Palandt/*Heinrichs*, BGB, § 242 Rn. 17; s. auch MünchKomm/*Roth*, BGB, § 242 Rn. 93 ff.
24 S. *Brox/Walker*, Allgemeines Schuldrecht, § 7 Rn. 2; Palandt/*Heinrichs*, BGB, § 242 Rn. 2.

weis auf Treu und Glauben und die ebenfalls in § 242 genannte Verkehrssitte bestimmte Pflichten und Rechte herausgearbeitet haben. Diese werden an den entscheidenden Stellen in der folgenden Darstellung dann im Einzelnen aufgegriffen, verwiesen sei insbesondere auf den Inhalt der Leistungspflicht und die Bestimmung der Modalitäten der Leistungspflichterbringung, die von § 242 maßgeblich geprägt sind.[25]

II. Der Begriff des Schuldverhältnisses

Mit dem auch schon in den vorangegangenen Abschnitten immer wieder verwendeten **Begriff des Schuldverhältnisses** wird vor allem ausgedrückt, dass zwei Parteien zueinander in einer besonderen Beziehung stehen. Dies kann allerdings weiter und enger verstanden werden. Ist ein solches Schuldverhältnis entstanden, haben beispielsweise der F und der J einen Vertrag abgeschlossen, führt dies zu einem bestimmten Inhalt, d. h. insbesondere zu Pflichten und Obliegenheiten des Schuldners. Hier sind verschiedene **Terminologien** auseinander zu halten, die im Folgenden erläutert werden.

1. Weites und enges Verständnis vom Schuldverhältnis

Im zweiten Buch des BGB steht das „**Schuldverhältnis**" im Mittelpunkt der Regelungen. § 241 Abs. 1 als erste Norm des zweiten Buchs macht dabei zugleich deutlich, worin das Besondere im Schuldverhältnis besteht: Kraft des Schuldverhältnisses, so heißt es dort, ist nämlich der Gläubiger berechtigt, von dem Schuldner eine Leistung zu fordern. Das Schuldverhältnis stellt also letztlich eine **Sonderbeziehung**, eine **Sonderverbindung**[26] dar, die zwischen dem Gläubiger auf der einen und dem Schuldner auf der anderen Seite besteht. Der Gläubiger ist aufgrund dieser Sonderverbindung berechtigt, von dem Schuldner eine Leistung zu verlangen, die auch in einem Unterlassen bestehen kann (s. § 241 Abs. 1 Satz 2).

Das Schuldverhältnis wird wesentlich durch eine **Bipolarität, eine Zweiseitigkeit** geprägt, es sind zwei Parteien von dem Schuldverhältnis erfasst, der **Gläubiger** und der **Schuldner**. Dabei schließt diese Formulierung nicht aus, dass auf der einen Seite auch mehrere Personen stehen können. Entscheidend ist vielmehr, dass es sich bei einem Schuldverhältnis immer um eine Beziehung zwischen zwei Seiten handelt, nämlich Gläubiger und Schuldner. Dies ist nur an wenigen Stellen anders, nämlich dann, wenn Dritte am Schuldverhältnis beteiligt werden. Selbst in diesen Fällen[27] bleibt es aber stets dabei, dass auch eine Zweierbeziehung gegeben sein muss. Neben dieser Zweiseitigkeit wird das Schuldverhältnis dadurch geprägt, dass die eine Seite (der Gläubiger) von der anderen Seite (dem Schuldner) etwas, also ein Tun oder Unterlassen, verlangen kann. Dies stellt zugleich einen **Anspruch** i. S. v. § 194 Abs. 1 dar. Der Grund hierfür kann auf verschiedenen Tatbeständen, wie einer vertraglichen oder gesetzlichen Begründung des Schuldverhältnisses, beruhen.

---

25 Dazu später unter Rn. 232 ff.
26 So *Larenz*, Schuldrecht I – Allgemeiner Teil, S. 7; vgl. auch *Medicus*, Schuldrecht Allgemeiner Teil, Rn. 1 ff.
27 Dazu unten Rn. 1142 ff.

23 Eine **vertragliche Begründung** des Schuldverhältnisses setzt voraus, dass sich die Parteien, Gläubiger und Schuldner, darüber geeinigt haben, dass eine solche Sonderverbindung zwischen ihnen bestehen soll.

Bsp.: A und B vereinbaren, dass der A dem B sein Fahrrad verkauft. – Sie vereinbaren einen Kaufvertrag, damit entsteht zwischen ihnen ein (vertragliches) Schuldverhältnis.

24 Hier spielt ganz stark der **Grundsatz der Vertragsfreiheit** mit hinein – denn prinzipiell ist niemand dazu verpflichtet, sich in ein solches enges Verhältnis, also in eine Sonderverbindung zu einem anderen zu begeben. Wer allerdings einen Vertrag abschließt, wird dies wohl nicht ohne Gegenleistung tun. Das hat aber zunächst nichts mit dem Entstehen eines Schuldverhältnisses zu tun, welches hier allein deshalb zustande kommt, weil sich zwei Parteien auf eine solche Sonderverbindung geeinigt haben, aus der heraus der eine, der Gläubiger, von dem anderen, dem Schuldner, etwas verlangen kann.

25 Daneben ist eine Begründung des Schuldverhältnisses auch auf **gesetzlichem Wege möglich**. Das Besondere hieran ist, dass die Parteien sich nicht darüber geeinigt haben, dass eine solche Sonderbeziehung zwischen ihnen bestehen soll, sondern das Gesetz selbst knüpft an ein tatsächliches Geschehen bestimmte Pflichten eines Beteiligten.

Bsp.: A schießt beim Fußballspiel den Ball in das Fenster des B. – Er fügt diesem damit einen Sachschaden zu und verletzt somit das Eigentum des B. In dieser Situation ordnet § 823 Abs. 1 an, dass derjenige, dessen Eigentum verletzt ist, gegen den Schädiger einen Ersatzanspruch hat. Er erhält also einen gesetzlichen Schadensersatzanspruch, infolgedessen besteht zwischen A und B ein gesetzliches Schuldverhältnis.

26 Welchen **Inhalt** ein vertragliches Schuldverhältnis hat, ist vom Gesetz nicht vorgegeben. Hier gilt vielmehr der **Grundsatz der Vertragsfreiheit**. Einigen sich die Parteien auf einen im Gesetz vorgesehenen Vertragstypus, so können subsidiär die dort enthaltenen Regelungen eingreifen, wenn nämlich die Parteien nichts anderes vereinbart haben; gelegentlich gelten hier auch zwingend bestimmte Schutzvorschriften zugunsten einer der Vertragsparteien.

Bsp.: Vereinbaren A und B einen Arbeitsvertrag, nach dem der B für A arbeiten soll, sind zunächst die Regelungen des Vertrages, hilfsweise diejenigen der §§ 611 ff. anwendbar. Jedenfalls gilt etwa § 623, der zwingend zugunsten des B regelt, dass eine Kündigung schriftlich erfolgen muss.[28]

27 Doch prinzipiell ist der Inhalt des Schuldverhältnisses frei, zumindest hinsichtlich der von den Parteien vereinbarten Pflichten und Rechte, dazu gleich noch ausführlicher.[29] Entscheidend ist, dass man dort, wo ein Schuldverhältnis zwischen zwei Parteien besteht, hinreichend differenzieren muss, wenn man vom „**Schuldverhältnis**" spricht. Hier gibt es nämlich unterschiedliche Begrifflichkeiten, die man strikt auseinander halten muss.

---

28 Vgl. dazu ErfK/*Müller-Glöge*, BGB, § 623 Rn. 10.
29 Unten Rn. 55.

So steht auf einer höheren Ebene das sog. **Schuldverhältnis im weiteren Sinne.** **28** Spricht man hiervon, so meint man das Schuldverhältnis als Ganzes, also die vertragliche Vereinbarung zwischen den Parteien, sofern es sich um ein vertragliches Schuldverhältnis handelt. Gemeint ist also das Rechtsverhältnis zwischen Gläubiger und Schuldner in seiner Gänze.[30]

Bsp.: In dem zuvor genannten Beispiel (*unter Rn.* 26) bildet der Arbeitsvertrag die Grundlage für das Arbeitsverhältnis zwischen A und B und damit für das „Schuldverhältnis im weiteren Sinne".

In diesem weiten Verständnis wird der Begriff **auch im BGB** gelegentlich **29** gebraucht, etwa dort, wo es in der Überschrift des zweiten Buchs des BGB heißt: „Recht der Schuldverhältnisse". Auch § 241 Abs. 2, der bestimmte Nebenpflichten begründet, gebraucht den Begriff des Schuldverhältnisses im weiteren Sinne.[31] Dort ist nämlich formuliert, „das Schuldverhältnis" könne nach seinem Inhalt jeden Teil zur Rücksicht auf die Rechte, Rechtsgüter und Interessen des anderen Teils verpflichten – hier ist also gemeint, dass die gesamte Vereinbarung, die zwischen den Parteien besteht, solche Sekundärpflichten hervorrufen kann.

Im Gegensatz dazu findet sich jedoch das **Schuldverhältnis im engeren Sinne.** Dies **30** soll gerade nicht das gesamte Verhältnis zwischen den Parteien beschreiben, sondern nur den konkreten einzelnen Anspruch des Gläubigers gegen den Schuldner.[32] Als Schuldverhältnis im engeren Sinne ist daher das Recht auf eine Leistung zu verstehen, die sich aus § 241 Abs. 1 Satz 1 ergibt, d.h. gemeint ist damit der einzelne, konkrete schuldrechtliche Anspruch, also die Forderung, die der Gläubiger gegen den Schuldner hat. Letztlich geht es also beim Schuldverhältnis im engeren Sinne nur um eine einzelne, konkrete Pflicht, nicht jedoch um die Rechtsbeziehung zwischen den Parteien im Ganzen.

Bsp.: Bei einem Kaufvertrag, den A und B über ein Haus abschließen, bildet dieser die Grundlage für die gesamte Rechtsbeziehung, also das Schuldverhältnis im weiteren Sinne; A hat daraus etwa die Pflicht, den Käufer über bestimmte Umstände aufzuklären, die für den Kauf von Bedeutung sind – bezüglich dieser konkreten Aufklärungspflicht besteht dann ein „Schuldverhältnis im engeren Sinne".

Das **BGB** gebraucht den Begriff des Schuldverhältnisses in der Regel im engeren **31** Sinne. Besonders deutlich wird dies etwa bei § 362, der die Erfüllung behandelt. Ohne bereits hier in die Tiefe zu gehen[33], stellt § 362 einen Untergangstatbestand für eine Leistungspflicht dar: Eine schuldvertragliche Beziehung zwischen Parteien führt ja dazu, dass der Schuldner dem Gläubiger zur Leistung verpflichtet ist. Wenn nun der Schuldner seine Leistung erbringt, wenn etwa der Käufer seinen Kaufpreis bezahlt, so nennt man dies **Erfüllung**. Nach § 362 Abs. 1 führt dies dazu, dass das Schuldverhältnis dadurch erlischt. Bleibt man nun beim Beispiel des Käufers, der seine kaufvertragliche Pflicht zur Kaufpreiszahlung erfüllt, so

---

30 S. *Brox/Walker*, Allgemeines Schuldrecht, § 2 Rn. 1 mit Beispielen; *Looschelders*, Schuldrecht Allgemeiner Teil, Rn. 7 f.
31 Dazu unten Rn. 143.
32 *Brox/Walker*, Allgemeines Schuldrecht, § 2 Rn. 2; *Looschelders*, Schuldrecht Allgemeiner Teil, Rn. 9.
33 Ausführlicher dazu unten Rn. 760.

erlischt hierdurch das Schuldverhältnis – gemeint ist aber vom Gesetz **nur das Schuldverhältnis im engeren Sinne!** Das heißt, es erlischt ausschließlich die Leistungspflicht des Käufers zur Kaufpreiszahlung. Unberührt davon bleibt der Kaufvertrag als solches. Dieser besteht weiter fort, etwa hinsichtlich verschiedener, sich zusätzlich aus dem Kaufvertrag ergebender Pflichten aus § 241 Abs. 2.[34]

32 Wenn also § 362 Abs. 1 das Erlöschen des „Schuldverhältnisses" anordnet, so ist damit **lediglich das Schuldverhältnis im engeren Sinne** gemeint, so dass durch die Kaufpreiszahlung beispielsweise eben nur der konkrete Anspruch des Gläubigers auf die Zahlung des Kaufpreises durch den Schuldner untergeht, nicht jedoch das Schuldverhältnis im weiteren Sinne, nämlich die kaufvertragliche Beziehung zwischen Käufer und Verkäufer. Ohne dass dies terminologisch aus dem BGB hervorgeht, muss man also bei allen Vorschriften, die man im Schuldrecht vorfindet, überlegen, ob es sich hierbei um das Schuldverhältnis im engeren oder im weiteren Sinne handelt. So ist auch Vorsicht geboten bei § 397 Abs. 1, der den Erlass betrifft. Zwar scheint die gesetzliche Formulierung („Das Schuldverhältnis erlischt, wenn der Gläubiger dem Schuldner durch Vertrag die Schuld erlässt.") auf das Schuldverhältnis im weiteren Sinne hinzudeuten. Jedoch ist damit – entgegen der Vermutung, die der Wortlaut nahe legt – nicht gemeint, dass das gesamte Schuldverhältnis untergehen soll.[35] Vielmehr erlöschen nur die aus dem Schuldverhältnis stammenden einzelnen Forderungen, also das Schuldverhältnis im engeren Sinne. Für ein Erlöschen des gesamten Schuldverhältnisses ist daher in der Regel ein Aufhebungsvertrag notwendig.[36]

33 Im **Regelfall** verwendet das BGB im Schuldrecht somit den Begriff des Schuldverhältnisses im engeren Sinne; Ausnahmen gibt es nur wenige, wie etwa §§ 241 Abs. 2[37], 425 Abs. 1.[38] Gleiches gilt für § 273 Abs. 1.[39]

34 2. Inhalt: Pflichten und Obliegenheiten

Ist ein **Schuldverhältnis im weiteren Sinne** begründet, haben also die Parteien sich insbesondere vertraglich darauf geeinigt, dass zwischen ihnen ein schuldvertragliches Band, eine schuldrechtliche Sonderbeziehung bestehen soll, so entstehen hieraus **Rechte und Pflichten; zudem** kann es verschiedene sog. **Obliegenheiten** geben, die aus der schuldvertraglichen Beziehung resultieren. Hinsichtlich der entstandenen Pflichten differenziert man zwischen den sog. Primär- und den Sekundärpflichten.

---

34 S. *Brox/Walker*, Allgemeines Schuldrecht, § 2 Rn. 3; vgl. hierzu auch am Beispiel des Mietvertrages hinsichtlich der Zahlung rückständiger Miete: *Westermann/Bydlinski/Weber*, BGB – Schuldrecht Allgemeiner Teil, § 19 Rn. 1.

35 S. Palandt/*Grüneberg*, BGB, § 397 Rn. 4; MünchKomm/*Schlüter*, BGB, § 397 Rn. 7, 18; *Brox/Walker*, Allgemeines Schuldrecht, § 2 Rn. 3; anderer Auffassung: *Westermann/Bydlinski/Weber*, BGB – Schuldrecht Allgemeiner Teil § 1 Rn. 8.

36 S. *Brox/Walker*, Allgemeines Schuldrecht, § 17 Rn. 1; Palandt/*Grüneberg*, BGB, § 397 Rn. 4; MünchKomm/*Schlüter*, BGB, § 397 Rn. 7, 18.

37 *Westermann/Bydlinski/Weber*, BGB – Schuldrecht Allgemeiner Teil § 1 Rn. 8.

38 MünchKomm/*Kramer*, BGB, Einl. Rn. 13; MünchKomm/*Bydlinski*, BGB, § 425 Rn. 3.

39 MünchKomm/*Kramer*, BGB, Einl. Rn. 13.

a) **Primärpflichten.** Allgemein gesprochen verpflichtet das Schuldverhältnis den Schuldner zu einer Leistung, d. h. zu einem **Tun oder Unterlassen**. Dies folgt aus § 241 Abs. 1. Diese Pflicht des Schuldners korrespondiert mit dem Recht des Gläubigers, von dem Schuldner gerade diese Leistung verlangen zu können. Der genaue Inhalt dessen, was der Schuldner zu leisten hat, ist bei einem vertraglichen Schuldverhältnis von den Parteien eigens geregelt. Welche Pflichten den Schuldner im Einzelnen treffen, kann daher nur dadurch in Erfahrung gebracht werden, dass man die vertragliche Vereinbarung zwischen den Parteien heranzieht. Das Gesetz selbst differenziert hier zwischen sog. Leistungspflichten auf der einen Seite und nicht einklagbaren Obliegenheiten bzw. Schutzpflichten auf der anderen Seite. Innerhalb der Leistungspflichten, die selbstständig einklagbar sind, ist dann noch einmal eine Unterscheidung zu treffen vor allem zwischen den sog. Primär- oder Hauptleistungspflichten auf der einen und den sog. Nebenleistungspflichten auf der anderen Seite.

aa) **Hauptleistungspflichten.** Als **Hauptleistungspflicht** wird diejenige **Leistungspflicht** bezeichnet, die für das konkrete Schuldverhältnis wesentlich ist und es zentral ausmacht. Hauptleistungspflichten bestimmen insofern den gesamten Schuldvertragstypen.

Bsp.: A verkauft dem B sein Boot. – In dem abgeschlossenen Kaufvertrag nach § 433 ist nun die Pflicht des B zur Kaufpreiszahlung ebenso eine Hauptleistungspflicht wie umgekehrt die Pflicht des A zur Übergabe und Eigentumsverschaffung des Bootes. Die jeweiligen Primärpflichten ergeben sich daher bei den vertraglichen Schuldverhältnissen aus der konkreten Vereinbarung der Parteien und gegebenenfalls, wenn die Parteien sich für einen der normierten Vertragstypen des BGB entschieden haben, aus den jeweiligen gesetzlichen Bestimmungen. Eine Hauptleistungspflicht bei einem nicht vorgesehenen Vertragstypus des BGB kann allein aus dem Willen der Beteiligten geschlossen werden. Hauptleistungspflicht ist in einem solchen Vertrag dann stets diejenige Pflicht, der nach den Umständen eine wesentliche Bedeutung beigemessen wird.[40]

In einem **gesetzlichen Schuldverhältnis** ist die Hauptleistungspflicht allein aus dem Gesetz zu entnehmen. Bei einem bereicherungsrechtlichen Anspruch aus § 812 Abs. 1 ist dies etwa die Herausgabe der erlangten Sache.

Bezüglich der primären Leistungspflicht gilt bei einem Schuldverhältnis noch etwas Besonderes, und zwar dann, wenn es sich um ein sog. **synallagmatisches Schuldverhältnis** handelt. In einem **Synallagma** stehen nämlich die Primärpflichten der beiden Parteien in einem **Gegenseitigkeitsverhältnis i. S.d. § 320**. Was bedeutet dies? Am besten lässt sich das an einem bekannten Vertragstypus deutlich machen, etwa am Kaufvertrag: Entsprechend dem soeben genannten Beispielsfall, dem Verkauf des Bootes, ist der Verkäufer dazu verpflichtet, die Kaufsache (das Boot) zu übergeben und das Eigentum an ihr zu verschaffen. Dies ist die Primärpflicht des Verkäufers. Umgekehrt ist der Käufer dazu verpflichtet, den Kaufpreis zu bezahlen und die Kaufsache (das Boot) abzunehmen. Dies ist die Primärpflicht des Käufers. Beide Primärpflichten stehen nun in einem Gegenseitigkeitsverhältnis und sind eng miteinander verknüpft. Jede der beiden Parteien muss ihre Leistung nur deshalb erbringen, weil und damit sich auch die andere Partei zur Leistung

---

40 *Brox/Walker*, Allgemeines Schuldrecht, § 2 Rn. 6.

verpflichtet. Dieses Abhängigkeitsverhältnis der beiden Hauptleistungspflichten voneinander bezeichnet man als **Synallagma**.[41] Jede Partei ist hierbei zugleich Schuldner und Gläubiger der anderen, wenn auch für verschiedene Pflichten: Der Käufer ist Schuldner des Gläubigers, also des Verkäufers, im Hinblick auf die Kaufpreiszahlung. Umgekehrt ist der Verkäufer seinerseits auch Schuldner (und nicht nur Gläubiger der Kaufpreisforderung), nämlich im Hinblick auf die Eigentumsverschaffung und Übergabepflicht an der Kaufsache. Die beiden Primärleistungspflichten in einem solchen Verhältnis sind eng aneinander gebunden, dies folgt aus dem schon genannten § 320: Jeder muss seine Leistungspflicht nur dann erbringen, wenn der andere seine Leistungspflicht erfüllt, es sei denn, es liegt eine anders lautende Parteivereinbarung vor.[42]

39 bb) **Nebenleistungspflichten.** Neben den genannten Hauptleistungspflichten, die eine große Gruppe in den Primärpflichten ausmachen, bestehen weitere Pflichten der Vertragsparteien, die sog. **Nebenleistungspflichten**. Nebenleistungspflichten dienen regelmäßig der Vorbereitung und leichteren Erbringung der Hauptleistungspflicht. Sie ergänzen diese, stellen aber anders als die Hauptleistungspflicht nicht die zentrale Regelungsmaterie der Vereinbarung oder des gesetzlichen Schuldverhältnisses dar. Sie können sich aus verschiedenen Rechtsquellen ergeben, so aus besonderen gesetzlichen Vorschriften oder aus § 242. Darüber hinaus ist auch eine vertragliche Vereinbarung von Nebenleistungspflichten möglich, wenn die Vertragsauslegung (§§ 133, 157) ergibt, dass bestimmte Nebenpflichten wie insbesondere eine Auskunftserteilungspflicht gewollt sind. Die Nebenleistungspflichten sind selbstständig einklagbar[43], sie stehen aber nicht in einem Gegenseitigkeitsverhältnis, § 320 ist also nicht anwendbar (wohl aber § 273).[44]

Bsp.: A beauftragt seinen Bekannten B damit, ein wichtiges Einschreiben zur Post zu bringen. – Die Erfüllung des Auftrags durch B stellt dabei die Hauptleistungspflicht des Auftragsverhältnisses aus § 662 dar. Möchte der A nun von B erfahren, ob alles gut gelaufen ist, ist B dem A zur Auskunft verpflichtet – diese Nebenpflicht folgt beim Auftrag unmittelbar aus § 666.

40 cc) **Sonstige Verhaltenspflichten.** Ebenfalls unter die große Gruppe der Primärpflichten (wobei hier terminologisch sehr viel Unsicherheit besteht!) zählen die **sonstigen Verhaltenspflichten**, die sich insbesondere aus § 241 Abs. 2 ergeben. Diese Pflichten sind anders als die Haupt- und Nebenleistungspflichten nicht auf die konkrete Anspruchserfüllung gerichtet, sie haben also nicht unmittelbar das Ziel, die vom Schuldner zu erbringende Leistung durchzuführen bzw. zu erleichtern oder zu ermöglichen.[45] Vielmehr dienen diese sonstigen Verhaltenspflichten in allererster Linie dem Schutz der Rechte und Rechtsgüter des Vertragspartners; es geht also bei den sonstigen Verhaltens- und Schutzpflichten um das „**Integritätsinteresse**" des anderen. Nach § 241 Abs. 2 steht die Rücksichtnahme auf die Rechte, Rechtsgüter und Interessen des anderen Teils im Mittelpunkt dieser

---

41 Dazu noch ausführlicher unten Rn 137.
42 Näheres dazu in Rn. 264.
43 *Brox/Walker*, Allgemeines Schuldrecht, § 2 Rn. 8.
44 *Looschelders*, Schuldrecht Allgemeiner Teil, Rn. 350; HK-BGB/*Schulze* § 320 Rn. 3.
45 *Mattheus*, JuS 2002, 209 (211), s. auch *Madaus*, Jura 2004, 289 (290 f.) mit kritischen Anmerkungen zu den Abgrenzungskriterien.

Schutzpflichten. Welche Schutzpflichten hier von den Parteien zu beachten sind, ergibt sich allein aus dem Schuldverhältnis (im weiteren Sinne), das zwischen ihnen besteht.[46]

41 Gelegentlich sind einzelne Verhaltenspflichten **gesetzlich normiert,** so beispielsweise für das Mietrecht in § 535 Abs. 1 Satz 2. Oftmals bedarf es jedoch einer (**ergänzenden**) **Vertragsauslegung** der zugrunde liegenden Parteivereinbarung, teilweise ist auch ein Rückgriff auf den Grundsatz von Treu und Glauben gem. § 242 notwendig. Diese Schutzpflichten, die sowohl in den gesetzlichen als auch in den vertraglichen Schuldverhältnissen bestehen, sind insbesondere auf **Rücksichtnahme, Aufklärung, Information, Sicherung und Warnung** ausgerichtet.

Bsp.: Haben A als Vermieter und B als Mieter einen Mietvertrag im Hause des A abgeschlossen, so ist der Vermieter A für das Wohlergehen seines Vertragspartners B verantwortlich. Ihn trifft daher beispielsweise die Nebenpflicht, seinen Hausflur ausreichend zu beleuchten, so dass der B nicht stürzt, wenn er das Haus des Vermieters verlässt.

42 Die **Verhaltenspflichten** sind **nicht einklagbar,** da sie hierfür zu unbestimmt sind. Sie müssen zwar von den Parteien beachtet werden, jedoch ist eine Klage auf Erfüllung der Verhaltenspflichten nicht möglich.[47] Ihnen kommt allerdings dann eine Bedeutung zu, wenn eine Pflichtverletzung im Hinblick auf diese sonstigen Verhaltenspflichten vorliegt. Hieraus kann sich nämlich ein Schadensersatzanspruch aus § 280 Abs. 1 ergeben.[48]

43 b) **Sekundärpflichten.** Neben den zuvor erläuterten Primärpflichten, die sich wie aufgezeigt unterteilen lassen in Hauptleistungs-, Nebenleistungs- und sonstigen Verhaltens- bzw. Schutzpflichten, gibt es auch zusätzlich noch so genannte **Sekundärpflichten.** Diese ergeben sich jedoch nicht unmittelbar aus dem Schuldverhältnis, wie es bei den Primärpflichten der Fall ist. Vielmehr treten sie erst **an die Stelle der Primärpflichten,** wenn diese gestört werden oder gar untergehen. Solche Sekundärpflichten stehen dann entweder neben der ursprünglichen Primärpflicht, denkbar ist aber auch, dass sie diese Primärpflicht ersetzen und an ihre Stelle treten. Näheres folgt aus den Vorschriften des § 280 Abs. 1 bis 3 und wird an späterer Stelle ausführlich erläutert.[49]

Bsp.: V und K haben einen Kaufvertrag über ein Fahrrad abgeschlossen. – Nun hat der K gegen V einen Primäranspruch auf die Lieferung des Fahrrads aus § 433 Abs. 1. Dies ist eine Primärleistungspflicht, sie folgt unmittelbar aus dem Schuldvertrag und ist einklagbar. Ebenfalls Primärpflichten aus diesem Kaufvertrag können Nebenleistungspflichten sein, beispielsweise ist V verpflichtet, das Fahrrad, wenn er es liefern sollte, ordnungsgemäß zu verpacken. Dies ist keine Primärpflicht im Sinne einer Hauptleistungspflicht, sie steht nicht im Synallagma, aber es ist eine einklagbare Pflicht des V gegenüber dem K. Eine Nebenleistungspflicht ist es, weil sie lediglich dazu dient, die Hauptleistungspflicht des V (die Eigentumsverschaffung und Übergabe des Fahrrads) zu erleichtern bzw. zu ermöglichen. Schließlich ebenfalls als Primärpflicht aus diesem Kaufvertrag ist die Pflicht des V anzusehen, dafür zu sorgen, dass der K in den Verkaufsräumlichkeiten nicht zu Schaden kommt, beispielsweise nicht ausrutscht und sich verletzt. Diese Primärpflicht im Sinne einer Verhaltens- bzw.

---

46 Vgl. *Looschelders*, Schuldrecht Allgemeiner Teil, Rn. 21.
47 Vgl. *Brox/Walker*, Allgemeines Schuldrecht, § 2 Rn. 11.
48 Dazu ausführlich unter Rn. 646 ff.
49 Unter Rn. 682 ff.

Schutzpflicht ergibt sich aus der vertraglichen Vereinbarung, aber auch aus § 241 Abs. 2. Diese Primärpflicht ist nicht einklagbar, aber ihre Verletzung kann zu einem Schadensersatzanspruch aus § 280 Abs. 1 führen. Sekundärpflichten bestehen zunächst in diesem Kaufvertragsverhältnis nicht. Erst dann, wenn etwa der V schuldhaft das Fahrrad zerstört, bevor er es liefern kann, tritt ein Ersatzanspruch an die Stelle des ursprünglichen Primäranspruchs des K. K hat nämlich in einer solchen Situation möglicherweise einen Anspruch gegen den V aus dem Umstand, dass dieser die Unmöglichkeit der Leistungserfüllung herbeigeführt hat. Dies ist dann eine Sekundärpflicht des V. Sie kommt jedoch erst an zweiter Stelle – deshalb ist im Prüfungsaufbau immer als erstes zu überlegen, welche Primärpflichten bestehen, bevor dann auf die Sekundärpflichten übergegangen werden kann, sofern beide Pflichten nebeneinander noch denkbar sind.

44 c) **Obliegenheiten.** Eine letzte Gruppe von Verpflichtungen in einem Schuldverhältnis sind die sog. „**Obliegenheiten**". Dies sind jedoch keine Pflichten im Sinne eines Schuldverhältnisses in engem Sinne, also eines Anspruchs. Bei den Obliegenheiten kann nicht der eine etwas von dem anderen verlangen, vielmehr handelt es sich lediglich um „**Pflichten gegen sich selbst**".[50] Diese bestehen ausschließlich im Eigeninteresse und sind daher insbesondere auch nicht einklagbar, also auch nicht Grundlage für einen Sekundäranspruch. Der Gegner einer Schuldvertragspartei kann also keine Erfüllungs- oder Schadensersatzansprüche geltend machen, wenn Obliegenheiten verletzt werden, vielmehr handelt es sich um ein Rechtsgebot im eigenen Interesse des Belasteten. Beachtet er die Obliegenheiten nicht, hat dies für ihn selber Nachteile zur Folge. Das bekannteste Beispiel hierfür ist die Schadensminderungspflicht nach § 254 Abs. 2 Satz 1: Verletzt der Geschädigte seine Schadensabwendungs- und Schadensminderungspflicht, so begeht er eine Obliegenheitsverletzung und verliert seinen Schadensersatzanspruch bzw. erhält nur einen geminderten Anspruch. Der Schädiger selbst hat hieraus gegen den Geschädigten keinen Anspruch.

Bsp.: Weitere Beispiele stellen die Untersuchungs- und Rügeobliegenheit des Kaufmannes nach § 377 Abs. 1 HGB sowie die Annahmeobliegenheit des Gläubigers innerhalb der §§ 293 ff. BGB dar. Daneben spielen die Obliegenheiten besonders im Versicherungsrecht eine Rolle.[51]

---

50 *Brox/Walker*, Allgemeines Schuldrecht, § 2 Rn. 16.
51 Aus der Praxis: s. BGH NJW 1968, 447 ff.

Vertragliche Einigung

Teil II: Die Entstehung des Schuldverhältnisses

§ 3 Die vereinbarte Entstehung

Literatur: *Adomeit, K.*, Die gestörte Vertragsparität ein Trugbild, NJW 1994, 2467; *Bydlinski, F.*, Zu den dogmatischen Grundfragen des Kontrahierungszwanges, AcP 180 (1980), 1; *ders.*, Kontrahierungszwang und Anwendung allgemeinen Zivilrechts, JZ 1980, 378; *Katzenstein, M.*, Die Bedeutung der vertraglichen Bindung für die culpa-Haftung des Vertragsschuldners auf Schadensersatz, Jura 2004, 800 (Teil 1) und Jura 2005, 73 (Teil 2); *Keilmann, A.*, Vorsicht! – Zum Gehalt des § 311 II, III BGB, JA 2005, 500; *Kellermann, M.*, Der deutsche Verbraucherbegriff – eine Würdigung der streitigen Einzelfälle, JA 2005, 546; *Kilian, W.*, Kontrahierungszwang und Zivilrechtssystem, AcP 180 (1980), 47; *Köhler, H.*, Vorvertrag, Optionsvertrag und Festofferte, Jura 1979, 465; *Picker, E.*, Vertragsfreiheit und Schuldrechtsreform, JZ 1988, 339; *Ritzinger, H.*, Der Vorvertrag in der notariellen Praxis, NJW 1990, 1201; *Schmidt, K.*, Verbraucherbegriff und Verbrauchervertrag – Grundlagen des § 13 BGB, JuS 2006, 1; *Schwab, M.*, Grundfälle zu culpa in contrahendo, Sachwalterhaftung und Vertrag mit Schutzwirkung für Dritte nach neuem Schuldrecht, JuS 2002, 773, 872; *Theisen, F.*, Rechtsfolgen eines Schadensersatzanspruches aus culpa in contrahendo, NJW 2006, 3102; *Vykydal, S.*, Der unmittelbare Kontrahierungszwang im deutschen Recht – unter besonderer Berücksichtigung des § 2 StromeinspeisungsG, JA 1996, 81; *Willoweit, D.*, Schuldverhältnis und Gefälligkeit, JuS 1984, 909; *Zöllner, W.*, Regelungsspielräume im Schuldvertragsrecht, AcP 196 (1996), 1.
Rechtsprechung: **BVerfG NJW 1994, 36** (Richterliche Inhaltskontrolle von Bürgschaftsverträgen bei starkem Übergewicht eines Vertragspartners); **BVerfG NJW 1994, 2749** (Richterliche Inhaltskontrolle von Bürgschaftsverträgen bei gestörter Vertragsparität); **BGH NJW 1976, 712** (Haftung aus Verschulden bei Vertragsschluss – Einbeziehung Dritter in den Schutzbereich eines Vertrages); **BGH NJW 1978, 1802** (Zur Haftung der Gemeinde aus culpa in contrahendo bei Abschluss eines Folgelastenvertrages); **BGH NJW 1978, 2145** (Aufklärungspflicht einer Bank bei Finanzierung eines Unternehmens durch Arbeitnehmer); **BGH NJW 1981, 274** (Rechtseinheit von Bauvertrag und Grundstückserwerbsvertrag); **BGH NJW 1983, 566** (Formbedürftigkeit eines Auftrags zur Ersteigerung eines Grundstücks); **BGH NJW 1983, 565** (Darlehen – Grundstücksverkaufsangebot zu Sicherungszwecken – notarielle Beurkundung der Sicherungsabrede erforderlich); **BGH NJW 1992, 498** (Abgrenzung Geschäftsbesorgung und Gefälligkeitsverhältnis bei Nachhausebringen eines Kollegen während der Arbeitszeit); **BGH NJW 1997, 2813** (Haftung aus c.i.c. bei Mietverhältnissen); **BGH NJW 2002, 2559** (Formbedürftigkeit eines Bauvertrages bei einseitiger Abhängigkeit von einem Grundstückskaufvertrag); **BGH NJW-RR 2003, 1035** (Einbeziehung Dritter in den Schutzbereich vorvertraglicher Beratungspflichten); **BGH NJW 2004, 3626** (Grundstückskauf: Verneinung der Heilung eines formunwirksamen Verpflichtungsvertrages bzw. Vorvertrages bei Grundstücksveräußerung an einen Dritten auf Vermittlung des Vertragspartners); **BGH NJW 2006, 3139** (Verletzung von Aufklärungspflichten bei Kaufvertragsverhandlungen).

Das Schuldrecht kann auf verschiedene Weise entstehen, durch Vertrag *(s. unten Rn. 46 ff.)* und Gesetz *(s. unten Rn. 130 ff.)*; hinzu kommt das vorvertragliche Schuldverhältnis. Insbesondere kann das Schuldverhältnis also dadurch begründet werden, dass zwei Parteien sich darüber einigen, dass ein solches entstehen

45

soll. Grundsätzlich wird hierbei durch eine **vertragliche Einigung** ein Zweier-Verhältnis geschaffen: Die beiden Vertragspartner sind unmittelbar durch die Vereinbarung schuldrechtlich miteinander verbunden *(s. dazu unten Rn. 46 ff.)*. Daneben tritt als weiterer Entstehungsgrund für ein Schuldverhältnis ein einseitiger Akt: In Ausnahmefällen genügt nämlich zur Begründung eines Schuldverhältnisses, dass eine Person einseitig tätig wird, wobei dann durch die Reaktion eines anderen ein Schuldverhältnis begründet wird *(s. dazu unten Rn. 85 ff.)*. Als weiterer Bereich der vereinbarten Entstehung eines Schuldverhältnisses kann darüber hinaus die besondere Situation angesehen werden, die man als „vorvertragliches Schuldverhältnis" bezeichnet. Gemeint ist die Konstellation, in der zwei Personen über einen Vertrag verhandeln, sich aber noch nicht geeinigt haben. In dieser Phase der Vertragsanbahnung entstehen bereits besondere Rechte und Pflichten; man kann jedoch noch nicht von einer Vereinbarung sprechen, gleichwohl hat die Rechtsordnung von Beginn des BGB an ein Schuldverhältnis vorvertraglicher Natur angenommen. Bezeichnet wird dieses Verhältnis mit dem lateinischen Begriff der „culpa in contrahendo", die seit der Schuldrechtsreform 2002 in § 311 Abs. 2, § 214 Abs. 2 begründet ist *(s. dazu unten Rn. 90 ff.)*. Einen Grenzfall zwischen der Entstehung eines Schuldverhältnisses und dem bloßen sozialen Umgang miteinander ohne weitere rechtliche Konsequenzen bildet das sog. Gefälligkeitsverhältnis. Hier kann, muss aber kein Schuldverhältnis entstehen. Je nachdem, wie die Situation zu bewerten ist, werden Rechte und Pflichten begründet oder auch nicht *(s. dazu unten Rn. 121)*.

I. Vertragliche Einigung

46 § 311 Abs. 1 stellt die zentrale Vorschrift für die Entstehung eines Schuldverhältnisses aufgrund einer vertraglichen Einigung dar. Danach ist zur Begründung eines Schuldverhältnisses ein Vertrag zwischen den Beteiligten erforderlich. Etwas anderes gilt nur, wenn es gesetzlich vorgeschrieben ist. Schon dieser Grundsatz macht deutlich, dass **regelmäßig zwei Personen** zur Begründung des Schuldverhältnisses erforderlich sind. Das Prinzip der Vertragsfreiheit, auf das sogleich ausführlich eingegangen wird, verhindert eine weitgehende Auslegung dieses Ausnahmetatbestandes: Grundsätzlich soll bzw. kann niemand in ein Schuldverhältnis vertraglicher Natur hineingedrängt werden, sofern er es nicht möchte.

1. Der Grundsatz der Vertragsfreiheit

47 Gemäß der Systematik des BGB und der entsprechenden Klammertechnik gelten für die vertragliche Einigung zur Begründung eines Schuldverhältnisses die Regeln des Allgemeinen Teils, also des 1. Buches, uneingeschränkt. Diese finden sogar bei der Begründung eines vertraglichen Schuldverhältnisses ihre zentrale Anwendung.[1] Neben den Regelungen des Allgemeinen Teils sind für die vertragliche

---

[1] Darüber hinaus spielen sie eine weitere große Rolle im Rahmen der sachenrechtlichen Einigung!

Einigung die allgemeinen Grundsätze des BGB von Bedeutung. Weil durch einen Schuldvertrag regelmäßig jede der beiden Parteien nicht nur Rechte erhält, sondern auch verpflichtet wird, ist von großer Bedeutung, dass niemand gegen seinen Willen zu einem solchen Vertrag gezwungen werden kann.[2] Dieser Grundsatz, von dem es nur wenige Ausnahmen gibt, spiegelt sich wider im Prinzip der **Vertragsfreiheit**.

48 Idealtypischerweise geht die Rechtsordnung davon aus, dass **zwei gleichstarke Vertragsparteien** aufeinander treffen, die sich durch Verhandlungen zu einer Einigung zusammenfinden: Der Vertrag stellt dabei den Ausgleich der beiden widerstreitenden Interessen dar. Die Möglichkeit, eine solche Einigung über entgegenstehende Vorstellungen zu treffen, wird durch die Vertragsfreiheit garantiert. So beabsichtigt etwa der Vermieter einen möglichst hohen Preis für seine Wohnung zu erhalten, wohingegen der Mieter für einen guten Wohnraum so wenig wie möglich zahlen will. Ein Vertrag kommt daher nur dann zustande, wenn beide Parteien sich aus freien Stücken auf eine gemeinsame Linie einigen. Die Vertragsfreiheit garantiert in diesem Zusammenhang, dass – so zumindest die Vorstellung – richtige und gute Verträge zustande kommen. Die Vertragsfreiheit meint dabei Freiheit hinsichtlich des Abschlusses, des Inhalts und der Form der Vereinbarung (*s. dazu sogleich ab Rn. 52*).

49 Eine solche Erzielung von richtigen bzw. guten Einigungsergebnissen ist jedoch dann nicht mehr gewährleistet, wenn etwa die beiden Verhandlungspartner nicht gleichstark in die Verhandlung gehen. Dies ist beispielsweise dann der Fall, wenn auf der einen Seite ein übermächtiger Anbieter steht, der als einziger, oder als einer von ganz wenigen, eine bestimmte Leistung anbietet. In diesen Konstellationen sieht die Rechtsordnung – soweit nicht der wettbewerbsrechtliche Aspekt angesprochen ist – sogar gelegentlich vor, dass die vertragliche Einigung überhaupt nicht mehr freiwillig erfolgen kann, sondern ein **Kontrahierungszwang** besteht. In milderen Fällen, wenn also ein Ungleichgewicht zwischen den Verhandlungspartnern besteht, dies aber noch nicht so erheblich ist, dass man von einem Monopol sprechen kann, schützt die Rechtsordnung gleichwohl eine der beiden Vertragsparteien, nämlich diejenige, die sie als schwächer ansieht. Derartige **Abweichungen von der Freiwilligkeit** (*s. dazu ab Rn. 72*) finden sich insbesondere dort, wo ein **Verbraucher involviert ist (§ 13)**. Dieser wird in verschiedenen Vertragstypen geschützt. Ähnliches gilt, wenn eine der Parteien der anderen in einem Massengeschäft gewisse Vertragsbedingungen gleichsam vorgibt und aufdrängt, also im Fall sog. **allgemeiner Geschäftsbedingungen**. In diesen besonderen Situationen sieht die Rechtsordnung Schutzmechanismen zugunsten der (vermeintlich) schwächeren Vertragspartei vor. Sie dienen dazu, das Prinzip der Vertragsfreiheit zu schützen, insbesondere aber demjenigen, der nicht die Kraft hat, sich auf Augenhöhe mit einer anderen Partei zu einigen.[3]

50 Die **vertragliche Einigung gem. § 311** bildet den Grundfall aller vereinbarten Entstehungsmodalitäten eines Schuldverhältnisses. Von der Rechtsordnung des BGB nicht vorgesehen, gleichwohl immer wieder diskutiert, ist die Fragestellung, ob

---

2 Vgl. *Eckert*, Schuldrecht Allgemeiner Teil, Rn. 56.
3 *Ritgen*, JZ 2002, 114; *Coester-Waltjen*, Jura 2006, 436.

darüber hinaus auch Vertragsverhältnisse allein durch konkretes Verhalten entstehen können; man spricht in diesem Zusammenhang von sog. **faktischen Vertragsverhältnissen**. Anders als bei der vertraglichen Einigung sollen hier nicht zwei Willenserklärungen ein Schuldverhältnis begründen, sondern ein konkretes Verhalten *(s. dazu ab Rn. 82)*.

51 Die **Vertragsfreiheit** ist die Grundlage jeder vertraglichen Einigung, die zur Entstehung eines Schuldverhältnisses führt. Die Reichweite der Vertragsfreiheit erstreckt sich dabei vor allem auf drei Felder: die Abschlussfreiheit, die Inhalts- bzw. Gestaltungsfreiheit sowie die Formfreiheit. Ihre rechtliche Grundlage findet die Vertragsfreiheit auf einfachgesetzlicher Ebene letztlich in § 311. Ihre eigentliche Verankerung liegt jedoch im **Verfassungsrecht**: Sie ist enthalten in dem allgemeinen Grundrecht auf freie Entfaltung der Persönlichkeit, das in Art. 2 Abs. 1 GG verbürgt ist. Denn letztlich setzt das Grundrecht auf freie Entfaltung auch die Vertragsfreiheit notwendig voraus.[4]

52 a) **Abschlussfreiheit, aber gewisse Verbote und Gebote.** Die erste Ausprägung der verfassungsrechtlich garantierten und in § 311 Abs. 1 einfachgesetzlich normierten Vertragsfreiheit stellt die **Abschlussfreiheit** dar: Diese sichert dem Einzelnen zu, dass er frei entscheiden kann, ob er überhaupt, und dann, auf einer zweiten Ebene, mit wem er einen Vertrag abschließen will. Jeder hat also, so die Vorstellung, das Recht frei zu entscheiden, ob er sich durch eine vertragliche Einigung in ein ihn bindendes Schuldverhältnis begeben möchte. Dies ist auch der Inhalt von § 311, wo für die Begründung eines Schuldverhältnisses „ein Vertrag zwischen den Beteiligten erforderlich" ist. Der Vertrag ist nämlich nichts anderes als die freiwillige Einigung und damit die Kodifizierung der Abschlussfreiheit.

Bsp.: A denkt über die Art seiner Fortbewegung nach. Die Abschlussfreiheit garantiert ihm die Freiheit zu entscheiden, ob er ein Auto kaufen bzw. verkaufen möchte. Er hat darüber hinaus die Freiheit, zu entscheiden, an wen er verkaufen will. Insbesondere ist niemand verpflichtet, auf ein Kaufangebot einzugehen.

53 Doch ist entscheidend, dass gerade die Abschlussfreiheit in gewisser Hinsicht auch eingeschränkt sein kann. Dies gilt in erster Linie für die Situationen, in denen die Rechtsordnung einen Kontrahierungszwang vorsieht.[5] Eine **Einschränkung** der Abschlussfreiheit findet jedoch auch in weiteren, sozusagen abgeschwächten Formen statt, nämlich immer dann, wenn die Rechtsordnung einschreitet und den Abschluss bestimmter Verträge verbietet. Davon abzugrenzen ist die ebenfalls zu findende Situation, in dem der Abschluss von Verträgen geboten ist. Bei **Abschlussverboten** handelt es sich um die stärkste Form der negativen Einschränkung der Vertragsfreiheit.[6] Da sie einen massiven Eingriff in die Vertragsfreiheit darstellen, sind sie in der Rechtsordnung relativ selten. Man findet sie insbesondere im Bereich des Arbeitsrechts.

---

4 Vgl. BVerfGE 12, 341 (347); 89, 214 (231); *Brox/Walker*, Allgemeines Schuldrecht, § 4 Rn. 2.
5 Dazu sogleich in Rn. 74.
6 Vgl. *Brox/Walker* Allgemeines Schuldrecht, § 4 Rn. 6 f.

Bsp.: L möchte den 14-jährigen J als Arbeitskraft einstellen. Doch hier sehen §§ 2, 5 und 7 JArbSchG ein Abschlussverbot vor: So dürfen etwa Jugendliche nach diesen Vorschriften nicht mit bestimmten Arbeiten betraut werden. Kommt es gleichwohl zu einer vertraglichen Vereinbarung, so ist sie nichtig, was entweder aus § 134 herzuleiten ist, möglicherweise aber auch unmittelbar aus der Norm selbst.

54 Anders als die Abschlussverbote kennt die Rechtsordnung in positiver Hinsicht auch **Abschlussgebote**. Diese können ebenfalls eine Einschränkung der Vertragsfreiheit beinhalten. Die stärkste Form des Abschlussgebots ist im **Kontrahierungszwang** verankert, der in der Rechtsordnung jedoch nur singulär anzutreffen ist.[7] Neben dem Kontrahierungszwang gibt es jedoch auch noch weitere Einstellungsgebote. Diese sind jedoch keine konkrete Verpflichtung, sondern enthalten eher eine Aufforderung an eine Vertragspartei. Sie finden sich häufig im Arbeitsrecht.

Bsp.: A betreibt ein großes Unternehmen. Gem. § 71 SGB IX hat er nun die Pflicht, in bestimmtem Umfang Schwerbehinderte zu beschäftigen; dabei handelt es sich um eine öffentlich-rechtliche Verpflichtung. Diese führt jedoch nicht zu einem unmittelbaren Einstellungsanspruch eines einzelnen Schwerbehinderten.[8] Stattdessen sieht die Rechtsordnung lediglich Sanktionen zu Lasten des Arbeitgebers vor, der dieser Pflicht nicht nachkommt. Dieser muss nämlich eine Ausgleichsabgabe zahlen und mit einem Bußgeld rechnen.[9]

55 b) **Inhalts- bzw. Gestaltungsfreiheit.** Einen weiteren zentralen Bereich der Vertragsfreiheit stellt die **Inhaltsfreiheit** dar, die häufig auch als **Gestaltungsfreiheit** bezeichnet wird. Darunter versteht man die Ausprägung der Vertragsfreiheit, der zufolge die Vertragsparteien frei darüber entscheiden können, was sie als Inhalt des Vertrages vereinbaren möchten. Die Inhaltsfreiheit ist dabei sehr umfassend zu verstehen. Die Parteien können zunächst frei vereinbaren, welche Verpflichtung sie überhaupt eingehen möchten. Hier herrscht also keine Bindung an Vorgaben, etwa des BGB. Diese umfassende Gestaltungsfreiheit ist jedoch nur im Schuldrecht durchgehalten; gerade das Sachenrecht weicht von dieser Möglichkeit sehr stark ab. Dingliche Rechte können nämlich nur in der Form vereinbart werden, wie sie das BGB in seinem dritten Buch vorsieht. Bedingt ist diese Abweichung gegenüber dem Schuldrecht insbesondere durch die Anforderungen der Rechtssicherheit, die man bei sachenrechtlichen Zuordnungen sehr viel höher einzuschätzen hat als bei schuldrechtlichen Verpflichtungen.[10]

56 Doch abgesehen von diesen Besonderheiten, die sich ähnlich im Familienrecht finden, können die Parteien im schuldvertraglichen Bereich alle ihnen wünschbaren, d. h. **auch alle atypischen Verträge** schließen, ohne hierbei an Vorgaben des BGB gebunden zu sein.[11] Die einzelnen Vertragstypen des Besonderen Schuldrechts, wie sie sich in den §§ 433 ff. finden, sind also mehr gesetzliche Modelle als zwingende Vorgaben. Gleichwohl ist zu berücksichtigen, dass innerhalb dieser

---

7 Dazu Rn. 75.
8 Neumann/Pahlen/Majerski-Pahlen/*Neumann*, Sozialgesetzbuch IX, § 71 Rn. 3.
9 Vgl. §§ 77, 156 Abs. 1 Nr. 1 SGB IX.
10 Zum Verhältnis von Typenzwang und Vertragsfreiheit: *Staudinger*, BGB – Eckpfeiler des Zivilrechts, 2005, S. 888 f.
11 *Coester-Waltjen*, Jura 2006, 436 (440).

Modellvorgaben verschiedene Vorschriften auch zwingenden Charakter haben und von ihnen nicht abgewichen werden kann. Der Regelfall liegt darin, dass die Parteien eine Modellvorstellung des BGB übernehmen, also etwa einen Kaufvertrag schließen, wie er in § 433 geregelt ist. Dann können sie jedoch – soweit das Gesetz dies zulässt – von einzelnen gesetzlichen Vorschlägen vertraglich abweichen. Insoweit geht die Vertragsfreiheit in Form der Inhaltsfreiheit vor.

57 **Einschränkungen** der Inhalts- bzw. Gestaltungsfreiheit ergeben sich jedoch nicht nur hinsichtlich der Wahl, welchen Vertragstypus die Parteien wählen möchten. Vielmehr ergeben sich auch Einschränkungen der Gestaltungsfreiheit im Hinblick auf einzelne Inhalte einer Vereinbarung. Insbesondere im Allgemeinen Teil des BGB finden sich daher Vorschriften, die die Gestaltungsfreiheit einschränken. So sind etwa §§ 134 und 138 als Einschränkungen der Inhaltsfreiheit anzusehen[12]; auch die Bestimmungen zu den allgemeinen Geschäftsbedingungen[13] sowie aus dem AGG beschränken die Freiheit der Parteien, frei den Inhalt ihrer vertraglichen Vereinbarung auszuhandeln. Hier schreibt der Gesetzgeber aus bestimmten Schutzerwägungen heraus vor, dass bestimmte Vertragsinhalte nicht wirksam zwischen den Parteien vereinbart werden können.[14]

Bsp: A betreibt ein großes Warenhaus und verwendet AGB. Darin schließt er prinzipiell jegliche Haftung gegebenenfalls entstehender Körperverletzungen seiner Kunden aus. Dies verstößt jedoch gegen § 308 Nr. 7, der Ausschluss ist daher unwirksam. Auch überraschende Klauseln werden gem. § 305c nicht Vertragsinhalt, so z. B. wenn der Käufer eines Autos verpflichtet wird, dem Verkäufer das Auto alle drei Monate zwecks Wartungsarbeiten zu überlassen.

58 **c) Formfreiheit.** Die **Formfreiheit** kann als eine besondere Ausgestaltung der Inhaltsfreiheit angesehen werden. Sie beherrscht das gesamte Schuldrecht und legt fest, dass die Parteien grundsätzlich dazu berechtigt sind, einen schuldrechtlichen Vertrag formlos abzuschließen. Diesem Prinzip zufolge bedarf also eine Vereinbarung in der Regel keiner Form. Etwas anderes gilt nur dann, wenn das Gesetz eine Form ausdrücklich vorschreibt. Es gilt also ein Regel-Ausnahme-Verhältnis: Danach sind alle Vereinbarungen formlos möglich, es sei denn, der Gesetzgeber schreibt etwas anderes explizit vor. Ausreichend ist daher insbesondere zum wirksamen Abschluss eines Vertrages eine mündliche Vereinbarung. Da die Grundlage jeder Vereinbarung Willenserklärungen sind, genügen darüber hinaus auch konkludente Verhaltensweisen, die eindeutig darauf schließen lassen, dass dadurch ein bestimmter Wille verbindlich mit Erklärungsgehalt geäußert werden soll; dies ist etwa der Fall, wenn eine Partei ein Angebot macht, auf das die andere mit einem bloßen Kopfnicken antwortet: Hier liegen sämtliche Voraussetzungen einer Willenserklärung vor, da Formfreiheit herrscht, können die beiden Erklärungen als Angebot und Annahme zu einem wirksamen Vertrag führen.[15]

---

[12] *Boecken*, BGB – Allgemeiner Teil, Rn. 444 ff.
[13] *Boecken*, BGB – Allgemeiner Teil, Rn. 309 ff.
[14] Dazu *Ring*, ZGS 2006, 371 ff.
[15] *Larenz/Wolf*, Allgemeiner Teil des Bürgerlichen Rechts, § 24 Rn. 17 f.

Vertragliche Einigung

59 Weil ein **prinzipieller Formzwang** mit einer richtig verstandenen Vertragsfreiheit unvereinbar wäre, findet man im Gesetz nirgendwo die Formfreiheit ausdrücklich formuliert. Sie ergibt sich vielmehr unmittelbar aus der Grundkonzeption des BGB selbst.[16]

60 aa) **Die Nichtbeachtung einer Formvorschrift.** Das Prinzip der Formfreiheit führt dazu, dass zwar prinzipiell Verträge ohne Beachtung einer Form geschlossen werden können, umgekehrt kennt das Gesetz jedoch an verschiedenen Stellen eine **ausdrückliche Anordnung der Beachtung einer Form**. Darüber hinaus können die Parteien – auch dies ist Konsequenz aus der Vertragsfreiheit – ihrerseits vertraglich vereinbaren, dass eine Folgevereinbarung der Form unterworfen werden soll. Im letzteren Fall spricht man von einem **gewillkürten Formzwang**.

61 **Gesetzlich vorgesehen** ist für den Abschluss von Verträgen die Beachtung einer Form nur ganz selten. Die meisten typisierten Verträge des BGB enthalten keine Klausel zur Formvorschrift. So stellt der Gesetzgeber in den zentralen Vorschriften zum allgemeinen Kaufvertragsrecht, zum Mietrecht oder zum Werkvertragsrecht die Vereinbarung nicht unter einen gesetzlichen Formzwang. Ausnahmsweise findet sich eine Formvorschrift in § 518 für die Schenkung oder in § 766 bei der Bürgschaft.[17]

62 Die **Nichtbeachtung** einer ausnahmsweise geltenden gesetzlichen Formvorschrift führt zur allgemeinen Regelung des § 125 Satz 1. Danach ist der vereinbarte Vertrag, der eine gesetzlich vorgeschriebene Form nicht eingehalten hat, grundsätzlich nichtig.[18] Etwas anderes gilt nur dann, wenn einzelne Formvorschriften für diesen Formverstoß eine Heilungsmöglichkeit vorsehen. Dies ist insbesondere beim Schenkungsvertrag der Fall, § 518 Abs. 2; Gleiches gilt im Rahmen der Bürgschaft nach § 766 Satz 3.

63 Als Konsequenz der ihnen zustehenden Vertragsfreiheit können die Parteien auch **freiwillig** eine Formvorschrift vereinbaren: Dieser sog. **gewillkürte Formzwang** führt jedoch bei Nichtbeachtung nicht in jedem Fall zur Unwirksamkeit des vereinbarten Rechtsgeschäftes, sondern gem. § 125 Satz 2 nur „im Zweifel". Als Ergebnis der Auslegung des Rechtsgeschäftes kann es daher auch dazu kommen, dass ausnahmsweise die Vereinbarung, die gegen einen gewillkürten Formzwang verstößt, gültig sein soll. Die unterschiedlichen Konsequenzen in der Rechtsfolge zwischen gesetzlichem und gewillkürtem Formzwang spiegeln die unterschiedlichen Intensionen des angeordneten Zwangs wider: Während eine gesetzliche Formvorschrift stets eine Warn-, Klarstellungs- und Belehrungsfunktion enthält, dient die vertraglich vereinbarte Formvorschrift in der Regel nur zu Beweis-

---

16 Vgl. *Eckert*, Schuldrecht Allgemeiner Teil, Rn. 65; *Larenz/Wolf*, Allgemeiner Teil des Bürgerlichen Rechts, § 27 Rn. 3; *Medicus*, Schuldrecht I, Rn. 68; vgl. auch BGH NJW 1983, 1110 f.
17 Weitere Fälle stellen § 1410 für den Ehevertrag und § 2276 für den Erbvertrag dar.
18 S. *Eckert*, Schuldrecht Allgemeiner Teil, Rn. 70, *Westermann/Bydlinski/Weber*, BGB – Schuldrecht Allgemeiner Teil, § 1 Rn. 31, *Brox/Walker*, Allgemeines Schuldrecht, § 4 Rn. 19.

zwecken; hier bedarf es nicht der ausnahmslosen Nichtigkeit, um ihr Ziel zu erreichen.[19]

64 bb) **Die besondere Formvorschrift des § 311b.** Abgesehen von den bereits angesprochenen Fällen der Anordnung einer Form im BGB sieht das Gesetz in seinem § 311b eine besondere Ausnahmeregelung zur Formfreiheit vor, nämlich einen Formzwang in drei dort namentlich aufgeführten Fällen. Dabei handelt es sich um die einzige Formvorschrift des Allgemeinen Teils des Schuldrechts, die sogar weitergehend als eine bloße schriftliche Form die notarielle Beurkundung eines ganzen Vertrages zwingend vorsieht. Die Vorschrift enthält in ihrem Absatz 1 die Anordnung der Pflicht zur notariellen Beurkundung bei einem Vertrag, der zur Veräußerung oder zum Erwerb eines Grundstücks verpflichtet. Nach Absatz 3 gilt dieselbe Formvorschrift für einen Vertrag über die Verpflichtung zur Übertragung des gegenwärtigen Vermögens. Gleiches gilt schließlich nach Absatz 5 Satz 2 für einen Vertrag, der unter künftigen gesetzlichen Erben über den gesetzlichen Erbteil oder den Pflichtteil einer Partei geschlossen wird.

65 (1) **Übertragung eines Grundstücks.** Bei der Anordnung der **Pflicht zur notariellen Beurkundung** nach § 311b Abs. 1 handelt es sich um eine der **wichtigsten Formvorschriften** des BGB überhaupt. Ihr zufolge bedarf ein Vertrag, durch den sich jemand verpflichtet, das Eigentum an einem Grundstück zu übertragen oder zu erwerben, der notariellen Beurkundung. Entscheidend ist zunächst, dass diese Formanordnung **ausschließlich** für das **Verpflichtungsgeschäft** gilt; der Wortlaut ist insoweit eindeutig. Nicht näher bestimmt wird jedoch, um was für ein Geschäft es sich handelt, erfasst werden daher sämtliche schuldrechtlichen Verträge, die eine entsprechende Verpflichtung zur Übereignung oder zum Erwerb eines Grundstücks enthalten.[20] Möglich ist also hier insbesondere der Kauf, aber in gleicher Weise auch der Tausch oder die Schenkung. Wichtig ist nur, dass unter dieser Formvorschrift nicht das Verfügungsgeschäft fällt. Das Abstraktionsprinzip greift hier also voll durch. Für eine Form hinsichtlich der Verfügung über das Grundstück gilt dann ausschließlich das Sachenrecht, also die Formvorschriften des § 873 bzw. § 925.

Bsp.: Schließen A als Verkäufer und B als Käufer einen Kaufvertrag über ein Haus ab, ist dieser ausnahmsweise formbedürftig nach § 311b Abs. 1. Gleiches gilt, wenn A und B einen Tausch vereinbaren: Der A gibt sein Haus, der B seine Motoryacht.

66 Um die **Reichweite** dieser Formvorschrift genau einschätzen zu können, muss man sich klarmachen, welchen Zweck sie verfolgt: Gerade § 311b dient durch die Anordnung der notariellen Beurkundungspflicht in erster Linie dem Schutz der Vertragsparteien[21], vor allem bezweckt sie, eine übereilte Vertragsschließung zu verhindern.[22] Darüber hinaus soll sie eine Sicherungsfunktion ausüben, nämlich

---

19 Vgl. ausführlich hierzu *Boecken*, BGB – Allgemeiner Teil, Rn. 402 ff.
20 Vgl. zur Vorgängerregelung des § 313 a. F.: BGH NJW 1970, 1915 ff. hinsichtlich des Maklervertrages; BGH NJW 1983, 566 ff. bezüglich des Auftrages; sowie BGH NJW 1985, 730 ff. zum Bauherrenmodell.
21 *Brox/Walker*, Allgemeines Schuldrecht, § 4 Rn. 22.
22 *Brox/Walker*, Allgemeines Schuldrecht, § 4 Rn. 21; *Larenz*, Schuldrecht I – Allgemeiner Teil, S. 68.

eine Beweissicherungsfunktion. Das hohe Formerfordernis in diesem Bereich resultiert daraus, dass die Rechtsordnung Grundstücken eine besonders hohe Wertigkeit zuordnet. Deshalb sollen Käufer und Verkäufer bzw. die Vertragsparteien eindrücklich dazu angehalten werden, sich den Vertragsschluss gut zu überlegen; auch die Beweissicherung ist dadurch veranlasst, dass die Rechtsordnung davon ausgeht, dass hinsichtlich des Grundstücksverkehrs besondere Sorgfaltsanforderungen gelten sollen, weil die Grundstückszuweisung eine Sonderstellung einnimmt.[23]

Für die Reichweite der Formvorschrift folgt daraus, dass der Formzwang zur notariellen Beurkundung sich – wie schon gesagt – ausschließlich auf das Verpflichtungsgeschäft erstreckt. Dabei ist jedoch **nur die Verpflichtung zur Übertragung bzw. zum Erwerb von Eigentum** gemeint. Negativ heißt dies zugleich, dass andere Rechtsgeschäfte, die sich auf Grundstücke beziehen, nicht der Formvorschrift des § 311b unterfallen, insbesondere also nicht Mietverträge oder Pachtverträge, auch nicht die Vereinbarung von beschränkten dinglichen Rechten wie der Hypothek oder der Grundschuld. Nicht ohne weiteres aus dem Wortlaut ersichtlich wird jedoch, inwieweit sämtliche mit einem dort genannten Verpflichtungsgeschäft **zusammenhängende Vereinbarungen** auch der Formvorschrift unterliegen. Um dies zu beantworten, bedarf es des Rekurses auf den Sinn und Zweck dieser Vorschrift, d. h. auf die Beweissicherungs- und Übereilungsschutzfunktion: Diese Funktionen kann das Gesetz nur dann erfüllen, wenn es die Formvorschrift umfassend anlegt: Daher vertritt die Rechtsprechung seit jeher, dass die Beweissicherung bzw. die Schutzfunktionen nur dann erzielt werden können, wenn der „ganze Vertrag" von der Beurkundung erfasst ist[24]: Das bedeutet, dass die Erforderlichkeit der notariellen Beurkundung sich nicht nur auf einzelne Vertragsbestandteile erstreckt, sondern für den **gesamten Vertragsinhalt** gilt.[25] Bei dieser umfassenden Auslegung des § 311b Abs. 1 ist sehr streng vorzugehen. Insbesondere führt dies dazu, dass sämtliche Vereinbarungen, aus denen sich das konkrete Verpflichtungsgeschäft entsprechend dem Willen der Vertragsparteien zusammensetzt, der Beurkundungspflicht unterliegen.[26] Das heißt zugleich, dass man in diesem Zusammenhang nicht nach verschiedenen Vertragsbestandteilen unterscheiden kann, insbesondere kann man nicht danach differenzieren, ob eine Regelung, die im Zusammenhang mit einem Verpflichtungsgeschäft über den Erwerb bzw. Veräußerung eines Grundstücks erfolgt, wesentlich oder unwesentlich ist, denn alle Vertragsbestandteile unterliegen der Beurkundungspflicht.[27]

Auch hier gilt jedoch, dass diese sehr strenge Auslegung nicht ganz einheitlich durchgehalten wird. Vielmehr kann es in ganz **seltenen Ausnahmefällen** dazu kommen, dass man auf der Grundlage des beherrschenden Grundsatzes von Treu und Glauben anders entscheidet, ein an sich nach der zuvor vorgestellten Ausle-

---

23 MünchKomm/*Kanzleiter*, BGB, § 311 Rn. 1 f.
24 Vgl. aus der Rechtsprechung: BGH NJW 1983, 565; BGH NJW 1988, 3263.
25 Vgl. *Medicus*, Schuldrecht I, Rn. 99; *Brox/Walker*, Allgemeines Schuldrecht, § 4 Rn. 21; BGH NJW 1979, 915; BGH NJW 1979, (1496).
26 S. dazu auch BGH NJW 1984, 973 f.; BGH NJW 1992, 1037 (1038).
27 *Medicus*, Schuldrecht I, Rn. 99; *Brox/Walker*, Allgemeines Schuldrecht, § 4 Rn. 21.

gungsregel formnichtiger Vertrag also als wirksam anzusehen ist. Zumindest kann es einer der Vertragsparteien verwehrt sein, sich auf die Nichtigkeit zu berufen, insofern kann man hier auch von einer Einrede sprechen.[28] Dies hat die Rechtsprechung insbesondere dann angenommen, wenn dem durch die Nichtigkeit begünstigten Teil im Zusammenhang mit den Vertragsverhandlungen ein grob treuwidriges Verhalten zur Last fällt oder wenn die Nichtigkeit die wirtschaftliche Existenz des anderen Teils in Frage stellt. Doch muss man sich bewusst sein, dass diese Ausnahmen nur sehr selten eingreifen können. Im Prinzip bleibt es dabei, dass die notarielle Beurkundungspflicht außerordentlich weit reicht und umfassend gilt.

69 Liegt ein **Verstoß** gegen diese Pflicht vor, ist also eine einzelne Abrede, die im Zusammenhang mit einem entsprechenden Verpflichtungsgeschäft steht, nicht beurkundet worden, so ist diese Vereinbarung nach § 311b Abs. 1 Satz 1, § 125 **nichtig**. Das führt dann aber auch sogleich dazu, dass die Auslegungsregel des § 139 greift – das bedeutet, dass dann im Zweifel der gesamte Vertrag als nichtig anzusehen ist.[29] Hier wird es Ausnahmen von der Zweifelsregelung kaum geben können, will man nicht das gesamte, zuvor skizzierte System unterlaufen.[30]

70 Eine **Einschränkung** hinsichtlich der Nichtigkeit bietet jedoch § 311b Abs. 1 Satz 2, d. h. die dort enthaltene **Heilungsvorschrift**. Ist ein Vertrag über die Verpflichtung, das Eigentum an einem Grundstück zu übertragen oder zu erwerben, bereits ausgeführt, sind also Auflassung und Eintragung in das Grundbuch erfolgt, so wird dieser eigentlich zunächst formwidrige und damit nichtige Vertrag seinem ganzen Inhalt nach gültig. Hinter dieser Heilungsvorschrift stehen erneut Sinn und Zweck dieser Formvorschrift: Haben die Parteien bei einem formnichtigen Verpflichtungsvertrag die Verpflichtung bereits erfüllt, so ist ein besonderer Schutz vor einer Übereilung nicht mehr erforderlich. Man kann auch sagen, dass die wesentlichen Formzwecke durch die Auflassung, die ja ihrerseits wiederum formbedürftig ist, erfüllt werden.[31] Hinzu kommt eine weitere Überlegung: Ist einmal eine Auflassung erfolgt, sollen die somit vollzogenen und formbedürftigen sachenrechtlichen Veränderungen nicht mehr im Nachhinein unwirksam werden, nur weil das Verpflichtungsgeschäft eine Form nicht beachtet hat. Im Ergebnis schlägt hier die formbedürftige sachenrechtliche Rechtsgeschäftsdurchführung auf das schuldrechtliche Verpflichtungsgeschäft durch. Wichtig ist jedoch, dass die Heilung nach § 311b Abs. 1 Satz 2 dem Wortlaut und auch Sinn der Vorschrift gemäß nur dann eintreten kann, wenn bei dem Verpflichtungsgeschäft die Nichtigkeit auf dem Formmangel beruht. Andere Unwirksamkeitsgründe, etwa eine Geschäftsunfähigkeit einer der Vertragsparteien, werden durch diese Heilungsvorschrift nicht erfasst. Die Heilung tritt ein, sobald Auflassung und Eintragung

---

28 Vgl. BGH NJW 1983, 563 (564); BGH NJW 1985, 1778 (1780).
29 *Looschelders*, Schuldrecht Allgemeiner Teil, Rn. 124.
30 Nur in den gesetzlich explizit angeordneten Fällen, wie beispielsweise § 311b Abs. 1 S. 2, ist eine Heilung möglich; s. Palandt/*Grüneberg*, BGB, § 311b Rn. 45 f.
31 So auch BGH NJW 1960, 525 (526); *Looschelders*, Schuldrecht Allgemeiner Teil, Rn. 137.

im Grundbuch erfolgt sind. Sodann wirkt sie von Beginn an, d. h. *ex tunc*: Anders ist die Formulierung im Gesetz, dass der Vertrag „seinem ganzen Inhalt nach" gültig wird, nicht zu verstehen.[32]

(2) **Übertragung des ganzen Vermögens.** Neben der wichtigen Formvorschrift in § 311b Abs. 1 enthält diese Norm noch **weitere Formvorschriften**, deren Beachtung in bestimmten Fällen zur Wirksamkeit eines Vertrages erforderlich ist. So müssen auch Verträge, in denen sich ein Teil verpflichtet, sein gegenwärtiges Vermögen oder einen Bruchteil seines gegenwärtigen Vermögens zu übertragen, notariell beurkundet werden. Dies folgt aus § 311b Abs. 3. Nach Absatz 2 derselben Vorschrift ist schon von sich aus jeder Vertrag, der auf eine Übertragung des *künftigen* Vermögens gerichtet ist, von vornherein nichtig. Solche Verträge sind überhaupt nicht möglich.[33] Demgegenüber kann das gesamte *gegenwärtige* Vermögen durchaus übertragen werden. Verpflichtet sich jemand zu einer solchen Übertragung hinsichtlich seines gegenwärtigen Vermögens oder zumindest hinsichtlich eines Teils des gegenwärtigen Vermögens, soll er besonders geschützt werden; dieser Schutz ist vom Gesetz durch Anordnung der notariellen Beurkundung vorgesehen, die demjenigen, der sich zu einer Übertragung verpflichtet, vor Übereilung schützen soll.[34] Die Formvorschrift des § 311b Absatzes 3 betrifft wie diejenige des Abs. 1 nur Verpflichtungsgeschäfte. Entscheidend ist jedoch, dass es hier um die Verpflichtung zur Übertragung des Vermögens als Ganzes geht. Sollen hingegen nur einzelne Gegenstände, seien es auch sehr viele, übertragen werden, ist die Beachtung einer besonderen Form wiederum nicht erforderlich, auch nicht hinsichtlich des Verpflichtungsgeschäfts. Dies ist dadurch zu rechtfertigen, dass bei der Übertragung des Vermögens als Ganzes dem sich Verpflichtenden möglicherweise nicht ganz klar ist, was er im Einzelnen überträgt. Davor soll er geschützt werden. Überträgt er hingegen sukzessive oder auch kumulativ alle Gegenstände einzeln, weiß er um den Umfang des Verpflichtungsgeschäfts. Daher bedarf er hier nicht in gleichem Maße eines Schutzes.[35] Anders als die Vorschrift über die Verpflichtung zur Übertragung eines Grundstücks enthält § 311b Abs. 3 keine Heilungsmöglichkeit.

(3) **Übertragung des künftigen Erbes.** § 311b Abs. 5 enthält eine dritte Formvorschrift des Allgemeinen Schuldrechts. Nach dieser bedarf ein Vertrag, der unter **künftigen gesetzlichen Erben** über den gesetzlichen Erbteil oder den Pflichtteil eines von ihnen geschlossen wird, der notariellen Beurkundung. In Abgrenzung zu dem Vertrag, der über den Nachlass eines noch lebenden Dritten abgeschlossen wird und der nach § 311b Abs. 4 nichtig ist, ist also ein solcher Vertrag über den gesetzlichen Erbteil oder Pflichtteil durchaus statthaft. Das ist möglich, denn die gesetzliche Erbenstellung bzw. ersatzweise die Pflichtteilstellung tritt jedenfalls

---

32 Wie hier auch *Larenz*, Schuldrecht I – Allgemeiner Teil, S. 74 f.; anders jedoch Münch-Komm/*Kanzleiter*, BGB, § 311b Rn. 86: Dieser geht von einer ex nunc-Wirkung der Heilung aus.
33 *Medicus*, Schuldrecht I, Rn. 115; *Brox/Walker*, Allgemeines Schuldrecht, § 4 Rn. 26.
34 Vgl. Motive II, S. 188.
35 S. hierzu auch BGHZ 25, 1 (5); vorsichtiger hingegen *Behr*, JA 1986, 517 (522).

ein, dies ist gesetzlich vorgesehen. Daher kann ein solcher Vertrag geschlossen werden, aus Schutzgründen vor Übereilung ist jedoch hier erneut die besondere Formvorschrift vorgesehen.[36]

2. Kontrahierungszwang und Einschränkung der Vertragsfreiheit

73 Wenn auch grundsätzlich im BGB die Vertragsfreiheit eine alles überragende Bedeutung einnimmt und somit die vertragliche Einigung im Zentrum jeder Entstehung eines Schuldverhältnisses steht, gibt es doch ausnahmsweise Situationen, in denen ein Vertrag nicht auf einer freiwilligen Willensentschließung der Parteien beruht, sondern zwingend vorgeschrieben ist. Man spricht in diesen seltenen Situationen von einem **Kontrahierungszwang**, der jedoch wiederum von sog. „**diktierten Verträgen**" abzugrenzen ist. Neben dieser sehr weit reichenden Einschränkung der Vertragsfreiheit gibt es weitere Bereiche, in denen die Parteien nicht völlig frei in ihrer Entscheidung sind, wie sie einen Vertrag gestalten möchten. Solche Einschränkungen, zu denen auch die bereits angesprochenen §§ 134 und 138 gehören[37], finden sich vor allem bei Verträgen, an denen Verbraucher beteiligt sind. Hier geht es um allgemeine Grenzen der Vertragsfreiheit zugunsten der Verbraucher, zudem greifen Einschränkungen immer dann, wenn eine Vertragspartei allgemeine Geschäftsbedingungen verwendet.

74 a) **Der Kontrahierungszwang.** Fälle eines **echten Kontrahierungszwangs** gibt es im Bürgerlichen Recht nur außerordentlich selten. Gemeint sind die Situationen, in denen die Abschlussfreiheit als besondere Erscheinungsform der Vertragsfreiheit, und d. h. die Entscheidung darüber, ob überhaupt ein Vertrag mit einer anderen Partei abgeschlossen werden soll, ausgeschlossen ist. Ein derartiger Ausschluss der Vertragsfreiheit in Form der Abschlussfreiheit kann auf einer besonderen gesetzlichen Regelung beruhen; denkbar ist jedoch darüber hinaus, dass allgemeine Rechtsvorstellungen bzw. Rechtsvorschriften eine Kontrahierung zwingend erfordern. Schließlich kennt das Recht auch sog. diktierte Verträge.

75 Der Kontrahierungszwang, der gesetzlich durch eine besondere Regelung vorgesehen ist, dient in erster Linie dazu, ein öffentliches Interesse, das an einem Vertragsschluss besteht, abzusichern; in gleicher Weise kann er auch dazu dienen zu garantieren, dass überhaupt ein freier Wettbewerb stattfinden kann.[38] Es geht im Regelfall **um bestimmte Massengeschäfte** im öffentlichen Bereich, in denen der einzelne Bürger bzw. Vertragspartner eine Garantie dafür erhalten soll, dass er von einem ihm gegenüberstehenden Anbieter in ein Vertragsverhältnis hinein genommen wird. So enthält etwa § 17 Abs. 1 EnWG die Verpflichtung aller **Energieversorgungsunternehmen**, jedermann zu den allgemeinen Bedingungen an das Versorgungsnetz anzuschließen und zu versorgen. Das Unternehmen muss daher zwingend mit allen Personen, die in seinem Gebiet wohnen, einen Vertrag abschließen. Eine Auswahlfreiheit hinsichtlich des Vertragspartners hat es daher nicht. Gleiches gilt für diejenigen Unternehmen, die entgeltlich oder geschäftsmä-

---

36 *Brox/Walker*, Allgemeines Schuldrecht, § 4 Rn. 27.
37 Vgl. oben Rn. 57.
38 *Coester-Waltjen*, Jura 2006, 436 (439).

Vertragliche Einigung

ßig die Beförderung von Personen übernehmen, wie dies in § 1 PBefG geregelt ist. Erfasst sind also insbesondere die Beförderungsunternehmen der Straßenbahnen, Busse und Taxis. Hier ist in § 22 PBefG unter bestimmten Voraussetzungen eine Pflicht der Unternehmen begründet. Auch der Beförderungsunternehmer hat keine Auswahl, mit wem er einen Vertrag abschließt, er ist vielmehr zum Vertragsschluss gesetzlich verpflichtet. Das Gleiche gilt für die Haftpflichtversicherungen, die nach § 5 Abs. 2 PflVG dazu gezwungen sind, jedem Kraftfahrzeughalter Versicherungsschutz zu gewähren.[39]

Auch aus **wettbewerbsrechtlichen Gründen** kann es ausnahmsweise zu einem Kontrahierungszwang kommen. Hierzu ist ein Rückgriff z. B. auf § 19 Abs. 1, § 4 Nr. 4 GWB (Art. 82 EG) erforderlich, der den Missbrauch einer marktbeherrschenden Stellung von Unternehmen sanktioniert. Ein solcher Missbrauch liegt vor, wenn ein marktbeherrschendes Unternehmen sich weigert, einem anderen Unternehmen Zugang zu wesentlichen Einrichtungen (Stromnetz, Verkehrseinrichtungen wie Flughäfen) zu gewähren und dieses dadurch nicht am Wettbewerb teilnehmen kann. Diese Beeinträchtigung kann nur durch Gewährung des Zugangs behoben werden und führt i. V. m. § 33 GWB im Rahmen eines Beseitigungsanspruchs oder aber eines Schadensersatzanspruches (Naturalrestitution § 249 Abs. 1) zu einem Anspruch auf Abschluss eines Vertrages über Einräumung des (Mit-)Benutzungsrechts.[40]

Gelegentlich wird darüber hinaus ein **allgemeiner Kontrahierungszwang** bejaht, auch ohne dass eine spezielle wettbewerbsrechtliche oder sonstige gesetzliche Regelung vorliegt. In diesen Fällen kann man entweder auf § 826 oder, im Bereich der öffentlichen Daseinsvorsorge, auf das Sozialstaatsprinzip aus Art. 20 Abs. 1, 28 Abs. 1 GG zurückgreifen. Im Hinblick auf den allgemeinen Kontrahierungszwang bei öffentlichen Versorgungsaufgaben ist die Entwicklung noch sehr jung. Gleichwohl hat sich mittlerweile eine Auffassung weit verbreitet, der zufolge sich, unabhängig vom Eingreifen des § 826 oder von wettbewerbsrechtlichen Missbrauchsvorstellungen, ein Kontrahierungszwang ergibt, wenn das Sozialstaatsprinzip einen solchen verlangt. Rechtsdogmatisch behilft man sich damit, dass man in solchen Fällen eine „Gesamtanalogie" zu den gesetzlichen Vorschriften

---

[39] Weitere Beispiele in: MünchKomm/*Kramer,* BGB, vor § 145 Rn. 10; in: Staudinger/*Bork,* Vorbem. zu den §§ 145–156 Rn. 17.
[40] Vgl. BGHZ 163, 296 (303) – *Arealnetz*; daneben kann auch aus § 20 Abs. 1 i. V. m. § 33 GWB ein solcher Abschlusszwang folgen, wenn ein marktbeherrschendes Unternehmen ein anderes Unternehmen gegenüber weiteren gleichartigen Unternehmen z. B. in Form der Liefersperre unbillig behindert bzw. diskriminiert und diese Diskriminierung nicht anders als durch Vertragsabschluss beseitigt werden kann: zur Vorgängerregelung (§ 26 Abs. 2 GWB a. F.) s. BGH NJW 1962, 196 (199) – *Gummistrümpfe*; BGH, NJW-RR 1999, 189 (190 f.) – *Depotkosmetik*; BGH NJW 1968, 400 (402 ff.) – *Jägermeister II*; als Unterlassungsanspruch BGH NJW-RR 1991, 825 (826) – *Zuckerrübenanlieferungsrecht*.

über den Kontrahierungszwang sieht.[41] Eine solche auf Gesamtanalogie beruhende Argumentation kann jedoch nur ausnahmsweise greifen; gemeint sind in diesen Fällen häufig solche Situationen, in denen es um den Zugang zu besonderen im öffentlichen Raum stattfindenden Veranstaltungen etwa aus dem kulturellen oder sportlichen Bereich geht.[42] Ob allerdings tatsächlich ein großer Sportverein dazu verpflichtet ist, jedermann Zutritt zu seinen Fußballspielen zu gestatten, ist unverändert umstritten, denn zum Teil wird entgegen der zuvor zitierten Auffassung auch vertreten, die Rechtsgrundlagen für einen solch weitgehenden Eingriff in die Vertragsfreiheit hin zu einem konkreten Kontrahierungszwang seien zu unbestimmt.[43]

78 Jedenfalls kann ein **allgemeiner Kontrahierungszwang** nach allgemeiner Auffassung in ganz besonderen Fällen auf § 826 gestützt werden. Dann sieht man nämlich eine nach dieser Vorschrift erforderliche **sittenwidrige Schädigung** darin, dass jemand einen Vertragsschluss vorsätzlich ablehnt, obwohl er dazu nach der Rechtsvorstellung aller billig und gerecht Denkenden verpflichtet wäre. Dies macht bereits deutlich, dass ein solch allgemeiner Kontrahierungszwang nur in ganz besonderen Ausnahmefällen bejaht werden kann, etwa dann, wenn der Anspruchsgegner eine Monopolstellung inne hat,[44] die dazu führt, dass derjenige, der einen Vertrag abschließen möchte, dies auf anderem Wege überhaupt nicht oder nur unter erheblichen Nachteilen kann: Das ist etwa der Fall, wenn die einzige vor Ort erscheinende Lokalzeitung das Angebot eines Unternehmens oder einer Familie erhält, eine Anzeige abzudrucken; das kann sie wohl nach § 826 nicht verweigern, sie unterliegt einem Kontrahierungszwang.[45] Eine weitere Fallgestaltung in diesem Zusammenhang, die also zu einem regelrechten Kontrahierungszwang gem. § 826 führt, ist zu bejahen, sofern es um solche Güter bzw. Leistungen geht, die für denjenigen, der den Vertrag erstrebt, von überaus großer Bedeutung sind. Eine derartige Situation wird gemeinhin bejaht, wenn es um das einzige örtliche private Krankenhaus geht: Hier liegt eine Pflicht vor, einen Schwerverletzten aufzunehmen.[46] Es muss jedoch um wirkliche Ausnahmefälle gehen, denn ansonsten würde das Prinzip der Vertragsfreiheit zu stark eingeengt. Daher wird zu Recht überwiegend abgelehnt, dass ein Kontrahierungszwang für eine Spielbank oder für Lebensmittelgeschäfte besteht; das Gleiche gilt für Privatbanken, da regelmäßig – insbesondere im Hinblick auf die ständig voranschreitende Verbreitung des Internets und der Online-Einkaufs- und Bankmöglichkeiten – ausreichend Ausweichmöglichkeiten bestehen.[47]

---

41 Vgl. hierzu MünchKomm/*Kramer*, BGB, vor § 145 Rn. 14; *Bydlinski*, AcP 180 (1980), 1 (37 ff.); ablehnend zu dieser Konstruktion *Eckert*, Schuldrecht Allgemeiner Teil, Rn. 59.
42 Vgl. dazu *Larenz*, Schuldrecht I – Allgemeiner Teil, S. 48.
43 So etwa *Hermann/Armbruster*, vor § 145 Rn. 28.
44 BGHZ 63, 282 ff.
45 Vgl. OLG Karlsruhe, NJW 1988, 341.
46 S. dazu BGH NJW 1990, 761 (763).
47 Zur Ablehnung des Kontrahierungszwangs für eine Spielbank vgl. BGH WM 1994, 1670 f.; zu Lebensmittelgeschäften OLG Celle, OLGZ 1972, 281; Palandt/*Heinrichs*, BGB, Einf. v. § 145 Rn. 10; anders ist dies jedoch dann, wenn es sich um ein staatlich beherrschtes Kreditinstitut handelt, denn dann greifen zusätzlich noch die Vorschriften des öffentlichen Rechts, vgl. BGH NJW 2004, 1031 f. für die Postbank.

79 Vom Abschluss- oder Kontrahierungszwang unterschieden wird schließlich regelmäßig der sog. „diktierte Vertrag": Dieser ist rechtsdogmatisch nicht als ein Fall des Kontrahierungszwangs anzusehen.[48] Zwar hat er eine starke Ähnlichkeit mit diesem aufzuweisen, insbesondere ist auch hier die Vertragsfreiheit dadurch eingeschränkt, dass dem Einzelnen die Freiheit genommen wird, frei über den Inhalt und Abschluss eines Vertrages zu entscheiden.[49] Doch anders als beim Kontrahierungszwang ist beim diktierten Vertrag entscheidend, dass die Parteien nicht mehr von sich aus die Willenserklärung abgeben müssen. Dies ist beim Kontrahierungszwang der Fall: Zwar sind sie zum Vertragsschluss gezwungen, aber sie müssen jedenfalls noch eine Erklärung abgeben. Anders ist es beim diktierten Vertrag: Denn dort bedarf es keines technischen Vertragsschlusses durch die Parteien mehr. Der Vertrag kommt vielmehr unmittelbar durch den entscheidenden, festsetzenden Akt des Dritten zustande.

80 Entscheidend ist also für die **Abgrenzung** zwischen Kontrahierungszwang und diktiertem Vertrag die Art und Weise des Zwangs zur Vertragsbegründung. Auf die mit dem Vertragszwang verfolgten Ziele kommt es nicht an. Solche diktierten Verträge sind in der heutigen Rechtsordnung nur noch außerordentlich selten. Entscheidendes Kriterium ist der ersetzende Hoheitsakt, so dass keine Willenserklärungen mehr erforderlich sind. Bekanntestes Beispiel hierfür ist der sog. diktierte Vertrag nach der Scheidung einer Ehe bzw. der Trennung einer Lebenspartnerschaft: Dann kann nämlich der Richter zugunsten eines der geschiedenen Ehegatten bzw. getrennten Lebenspartner ein Mietverhältnis an der bisherigen Ehewohnung selbstständig begründen, vgl. § 5 HausratsVO.[50]

81 b) **Verbraucherverträge und AGB.** Ohne an dieser Stelle auf die sog. **Verbraucherverträge** einzugehen[51], ist an dieser Stelle darauf hinzuweisen, dass die vereinbarte Entstehung des Schuldverhältnisses, also die vertragliche Einigung, nicht nur durch einen Kontrahierungszwang geradezu vollständig von der Freiwilligkeit befreit werden kann, vielmehr ist es auch möglich, dass die Vertragsfreiheit im Hinblick auf die Inhaltsfreiheit eingeschränkt wird. Bei dieser Einschränkung der Inhaltsfreiheit ist der Gesetzgeber auf unterschiedliche Art und Weise vorgegangen. Zum Teil hat er diese Einschränkungen an die Personen geknüpft, die einen Vertrag schließt – dies ist dann der Fall, wenn es um sog. Verbraucherverträge geht. Zum Teil hat er jedoch die Inhaltsfreiheit in all denjenigen Fällen beschränkt, in denen eine Vertragspartei der anderen bestimmte inhaltliche Vorgaben machen möchte, nämlich durch allgemeine Geschäftsbedingungen. Beide Fälle sind mittlerweile im Allgemeinen Teil des Schuldrechts eigenständig geregelt; die besonderen Vertriebsformen im Rahmen des Verbrauchergeschäftes in den §§ 312–312 f.; die Verträge unter Einbeziehung der allgemeinen Geschäftsbedingungen in den §§ 305–310. Da es sich bei der Frage der Einbeziehung und der Wirksamkeit

---

48 *Fikentscher/Heinemann*, Schuldrecht, Rn. 113.
49 Geprägt wurde der Begriff des diktierten Vertrages insbesondere von *Nipperdey*, vgl. seine Habilitationsschrift, Kontrahierungszwang und diktierter Vertrag, Jena 1920.
50 Ausführlich hierzu *Joussen*, Schlichtung als Leistungsbestimmung, S. 72 ff.
51 Dazu eingehend *Schmidt*, Verbraucherprivatrecht, s. auch *Schmidt*, JuS 2006, 1 ff.

der Einbeziehung von allgemeinen Geschäftsbedingungen um eine Frage des wirksamen Zustandekommens des Vertrages handelt, wird dies meist im Rahmen des Allgemeinen Teils des BGB behandelt.[52] Die Besonderheiten hinsichtlich der Verbraucherverträge, die zu einer Einschränkung der Inhaltsfreiheit führen, werden eigenständig in dem Lehrbuch zum Verbraucherprivatrecht behandelt.

3. Vertragsschluss aus sozialtypischem Verhalten?

82 *Bsp.*: Die Stadt Jena gestattet der Behindertenwerkstatt Thüringen Fleiß-GmbH, den Parkplatz „Neue Mitte" zu bewirtschaften, insbesondere die Bewachung der dort abgestellten Kraftfahrzeuge gegen Entgelt zu übernehmen. K stellt ihren Wagen dort ab und erklärt dem Parkwächter, sie wünsche keine Überwachung und zahle deshalb auch nichts. – Ist ein Vertrag zustande gekommen?

Neben der vertraglichen Begründung eines Schuldverhältnisses durch eine Einigung der Parteien gibt es **besondere Situationen,** in denen eine solche Vereinbarung nicht feststellbar ist, man gleichwohl versucht, einen Vertrag zu konstruieren, um auf diese Weise die entsprechenden Rechtsfolgen zu erreichen. Das vorgestellte Beispiel ist dafür wegweisend: Denn man hat lange überlegt, wie man derartige Fälle dogmatisch erfassen kann. Eine Zeit lang war die sog. **„Lehre vom faktischen Vertrag"** sehr weit verbreitet; diese besagte, dass Verträge auch ohne das Vorhandensein von konkreten Willenserklärungen allein durch sozialtypisches Verhalten zustande kommen könnten. Es entstünden dann nämlich sog. faktische Vertragsverhältnisse. Auf diese Weise wurde die eigentliche vertragsdogmatische Konstruktion umgangen, nämlich das Vorliegen von Angebot und Annahme gem. § 145 ff. Auch ohne Vorliegen von Willenserklärungen konstruierte man so einen rechtsgeschäftlichen Erfolg. Dahinter stand die Vorstellung, dass man nur dann, wenn man eine vertragliche Vereinbarung zumindest fingieren könnte, ausreichend Schutzmechanismen zugunsten der Betroffenen zur Verfügung habe, da die rein deliktische Haftung bzw. die Anwendung der Vorschriften zur ungerechtfertigten Bereicherung bzw. Geschäftsführung ohne Auftrag nicht ausreichten.[53] Ein solcher Rekurs auf ein sozialtypisches Verhalten als Ersatz für die eigentlich erforderlichen Willenserklärungen stellt im Ergebnis den Versuch dar, Massengeschäfte des täglichen Lebens rechtlich einfacher zu handhaben. Die Vorstellung, es sei lebensfremd, dort immer Willenserklärungen anzunehmen, führte im Ergebnis dazu, dass wie im vorliegenden Beispielsfalle ein Vertrag zustande kommt: Die Bereitstellung des Parkplatzes stellt nämlich dann ein Angebot dar, und zwar eine Offerte an einen unbestimmten Personenkreis (*ad incertas personas*[54]). Die erforderliche Annahme war nach dieser Lehre vom faktischen Vertrag ebenfalls gegeben, da K ja tatsächlich den Parkplatz nutzt; daher lag eine Annahme vor, unabhängig davon, was sie sagt.

---

52 Vgl. daher ausführlich *Boecken*, BGB – Allgemeiner Teil, Rn. 302 ff.
53 Vgl. hierzu *Haupt*, Über faktische Vertragsverhältnisse, 1941; *Kellmann*, NJW 1971, 265 ff.; *Lambrecht*, Die Lehre vom faktischen Vertragsverhältnis, 1994; *Lehmann*, NJW 1958, 1 ff.; *Erman*, NJW 1965, 421 ff.; *Esser*, AcP 157 (1959), 86 ff.
54 Palandt/*Heinrichs*, BGB, Einf. v. § 145 Rn. 25; *Boecken*, BGB – Allgemeiner Teil, Rn. 263.

Einseitiger Akt

Diese Vorstellung von einem Vertragsschluss allein **aus sozialtypischem Verhalten**, d. h. die gesamte Lehre vom faktischen Vertrag, wurde jedoch auch von Beginn an heftig bekämpft. Gegen diese Lehre ist zum einen einzuwenden, dass sie keinerlei Stütze im BGB findet.[55] Insbesondere der Allgemeine Teil des BGB kennt diese Form des Vertragsschlusses nicht. Vielmehr ist grundsätzlich davon auszugehen, dass für einen Vertragsschluss – mit Ausnahme des sog. diktierten Vertrages[56] – immer zwei Willenserklärungen erforderlich sind.

Entscheidender ist jedoch, dass diese Lehre vom faktischen Vertrag im Ergebnis auch **nicht erforderlich** ist. Denn die Fälle, die die damalige Lehre mit dieser Konstruktion erklärte, lassen sich sämtlich auch mit den anerkannten Mitteln des Zivilrechts lösen. So ist die Lehre vom faktischen Vertrag im vorgestellten Beispielsfall deshalb nicht notwendig, da man ohnehin davon ausgehen kann, dass der im Einzelfall erklärte Wille des Abnehmers unbeachtlich ist, wenn und weil er mit dem äußeren Verhalten unvereinbar ist: Im Ergebnis ist die Erklärung der K deshalb unbeachtlich, weil sie sich zu ihrem eigenen Verhalten in Widerspruch setzt. Man kann auch formulieren: *protestatio facto contraria*.[57] Eine weitere Möglichkeit mit diesen Situationen rechtlich umzugehen, bildet der Rückgriff auf konkludentes Verhalten. Denn für das Vorliegen einer Willenserklärung ist ja nicht erforderlich, dass die Erklärung explizit nach außen hin erfolgt. Vielmehr ist ohne weiteres anerkannt, dass eine Willenserklärung auch konkludent erfolgen kann.[58] Dies wird insbesondere in den sog. Massengeschäften des täglichen Lebens der Fall sein. Wer beispielsweise einen Bus benutzt oder in eine U-Bahn steigt, wird konkludent damit zu verstehen geben, dass er einen Transportvertrag abschließen möchte. Etwas anderes kann er dann nicht geltend machen, weil gemeinhin bekannt ist, dass eine solche Beförderung nicht in einem rechtsfreien Raum stattfindet, so dass jeder, der einen Bus oder eine U-Bahn betritt und nutzt, weiß, dass damit eine Willenserklärung auf Abschluss eines Transportvertrages erfolgt. Nicht anders kann nämlich auch der Empfänger eine solche Verhaltensweise verstehen, und die Sicht des Empfängers ist gem. §§ 133, 157 entscheidend. Die Konstruktion des faktischen Vertrages ist also in jeder Hinsicht entbehrlich und mangels Einbindung in das System des Allgemeinen Schuldrechts abzulehnen.[59]

II. Einseitiger Akt als Entstehungsgrund

Wenn auch die Entstehung des Schuldverhältnisses außerhalb der gesetzlichen Entstehung in aller Regel durch die Vereinbarung zwischen zwei Parteien entsteht, also durch eine vertragliche Einigung, kann ausnahmsweise auch das Schuldverhältnis durch ein **einseitiges Rechtsgeschäft** begründet werden. Entscheidend ist hier jedoch, dass das Schuldverhältnis auch in diesen Situationen aus zwei Parteien

---

55 *Larenz/Wolf*, Allgemeiner Teil des Bürgerlichen Rechts, § 30 Rn. 25 f.
56 Vgl. oben Rn. 79.
57 *Brox/Walker*, Allgemeines Schuldrecht, § 4 Rn. 74.
58 *Brox/Walker*, Allgemeines Schuldrecht, § 4 Rn. 73.
59 Vgl. zu dem vorgestellten Beispiel, der Nutzung eines gebührenpflichtigen Parkplatzes, BGH NJW 1956, 1475.

besteht. Die Abgrenzung zum Entstehungstatbestand der vertraglichen Einigung liegt darin, dass nur eine der beiden Parteien eine rechtsgeschäftliche Willenserklärung abgegeben hat; die andere Partei wird demgegenüber auf andere Weise in das Schuldverhältnis einbezogen. Diese seltene und von der Regel abweichende Entstehungsmöglichkeit für ein Schuldverhältnis findet sich im BGB bei der Auslobung (§ 657) sowie beim Vermächtnis (§ 1939). Keine einseitige Entstehung eines Schuldverhältnisses erfolgt jedoch – und dies ist der maßgebliche Fall – dadurch, dass ein Unternehmer einem Verbraucher unbestellt Ware liefert oder Leistung erbringt, ohne dass er dazu beauftragt war (vgl. § 241a).

1. Auslobung

86 Bei der **Auslobung**, die in § 657 geregelt ist, verpflichtet sich jemand, der durch öffentliche Bekanntmachung eine Belohnung für die Vornahme einer Handlung, insbesondere für die Herbeiführung eines Erfolgs aussetzt, dazu, die Belohnung demjenigen zu entrichten, der die Handlung vorgenommen hat. Am Anfang eines entsprechenden Schuldverhältnisses steht also ein rechtsgeschäftlicher Erklärungsakt des Auslobenden. Sobald nunmehr ein anderer diese Handlung vornimmt, kommt ein Schuldverhältnis zustande. Dieses Schuldverhältnis entsteht vor allem explizit auch dann, so die Regelung in § 657 am Ende, wenn der die Handlung Vornehmende nicht mit Rücksicht auf die Auslobung gehandelt hat. Das heißt, das Schuldverhältnis entsteht einseitig durch die Vornahme der Auslobung sowie die sich daran anschließende Handlung desjenigen, der durch die Handlung zum Vertragspartner wird.

2. Vermächtnis

87 Ähnlich ist dies beim **Vermächtnis**. Nach § 1939 kann der Erblasser durch ein Testament einem anderen einen Vermögensvorteil zuwenden, ohne ihn gleich als Erben einzusetzen. Das ist etwa der Fall, wenn derjenige, der ein Testament aufsetzt, einem alten Freund einen bestimmten Gegenstand überlassen möchte.

Bsp.: A überlegt, wie er sein Vermögen nach dem Tod aufteilen möchte. Sein Freund X soll als Pianist das Klavier bekommen. Dies wird A im Testament so formulieren: „X soll das Klavier erhalten." In dieser Situation hat der X dann durch dieses Vermächtnis das Recht erlangt, von dem eigentlichen Erben die Leistung des Klaviers zu fordern; dies folgt aus § 2174: Denn durch das Vermächtnis wird für den Bedachten das Recht begründet, von dem Beschwerten, also dem Erben, die Leistung des vermachten Gegenstandes – hier also das Klavier – zu fordern.

88 Allein durch die einseitige Erklärung und Vorgehensweise des Erblassers bzw. Testamentaufsetzers und seinen anschließenden Tod entsteht ein **Schuldverhältnis** zwischen dem Rechtsnachfolger des Verstorbenen und demjenigen, der durch das Vermächtnis bedacht ist. Der durch das Vermächtnis Bedachte muss sich nicht erklären, er muss sich nicht einmal irgendwie verhalten: Der Anspruch entsteht durch den einseitigen Akt, das Schuldverhältnis.[60]

---

[60] Näher hierzu *Brox*, Erbrecht, Rn. 403 ff.

3. Nicht: Zusendung unbestellter Ware

Im Unterschied zu den beiden zuvor genannten Situationen ist deutlich diejenige zu nennen, in der ein Unternehmer einem Verbraucher **unbestellt Ware** liefert oder Leistungen ihm gegenüber erbringt, ohne dass dieser dazu bestellt worden war. In diesen Fällen liegt nämlich nach richtiger Ansicht kein Vertrag vor, kann es auch gar nicht: Denn es fehlt die Erklärung des Empfängers. Es liegt dann zwar noch ein Angebot vor, nämlich dasjenige des Unternehmers, § 145. Doch es fehlt an einer Annahme, die jedenfalls zur Begründung des vertraglichen Schuldverhältnisses erforderlich wäre.[61] Diese schon immer vertretene Auffassung ist nunmehr in § 241a ausdrücklich formuliert: **Denn durch die Lieferung unbestellter Sachen oder durch die Erbringung unbestellter sonstiger Leistungen durch einen Unternehmer an einen Verbraucher wird**, wie in Absatz 1 formuliert, **ein Anspruch gegen diesen nicht begründet**. Die eigentliche Funktion des § 241a dürfte darin zu sehen sein, dass er über die vertraglichen Ansprüche hinaus sogar gesetzliche Ansprüche ausschließt.[62] Insbesondere ist der Verbraucher nämlich nicht zur Herausgabe der Sache nach den §§ 985, 812 verpflichtet[63]; dies folgt aus einem Umkehrschluss zu § 241a Abs. 2.

III. Vorvertragliche Schuldverhältnisse

Neben der Entstehung eines Schuldverhältnisses durch Vertrag und Gesetz[64] gibt es eine weitere Kategorie, die sich inhaltlich zwischen diese beiden Entstehungstatbestände schiebt. Gemeint ist das Schuldverhältnis, das bereits im **vorvertraglichen Raum** zwischen denjenigen Parteien entstehen kann, die die Absicht haben, ein Schuldverhältnis zu vereinbaren. Es kann also schon allein der vorvertragliche Kontakt dazu führen, dass ein Schuldverhältnis mit Pflichten und Rechten der beteiligten Parteien entsteht. Die Besonderheit dieses Schuldverhältnisses liegt darin, dass hier weder eine Einigung (bereits) vorliegt noch ist eine Situation wie beim gesetzlichen Schuldverhältnis gegeben, in der eine Einigung überhaupt nicht intendiert ist. Vielmehr ist eine Einigung beabsichtigt, es ist jedoch nur noch nicht zu dieser gekommen. Gleichwohl kann es hier bereits eine Situation geben, die so nah an einer Einigung liegt, dass man bereits gewisse Schutzpflichten bzw. vertragsähnliche Pflichten als gegeben ansieht.

1. Die historische und systematische Einordnung

Die Vorstellung, dass im Vorfeld eines Vertragsschlusses zwischen den beiden sich über einen Vertrag unterhaltenden Parteien Rechtsbeziehungen bestehen, ist bereits sehr alt. Schon kurz nach Erlass des BGB war anerkannt, dass bereits im Anbahnungsstadium eines Vertrages bestimmte Rechtspflichten zwischen den

---

61 *Brox/Walker*, Allgemeines Schuldrecht, § 3 Rn. 7.
62 *Brox/Walker*, Allgemeines Schuldrecht, § 3 Rn. 9.
63 *Westermann/Bydlinski/Weber*, BGB – Schuldrecht Allgemeiner Teil, § 2 Rn. 36; *Medicus*, Schuldrecht I, Rn. 104.
64 Zu letzterer § 4 (s. Rn. 130 f.)

Partnern gegeben sind, man sprach daher von Beginn an – dies der lateinische Terminus – von der „culpa in contrahendo", abgekürzt wurde dies regelmäßig mit den Buchstaben „c.i.c.". Schnell entwickelte sich diese Vorstellung zu einem allgemein anerkannten, zentralen Rechtsinstitut des Allgemeinen Schuldrechts. *Rudolf von Ihering* hatte das vorvertragliche Schuldverhältnis bereits viel früher entwickelt, nämlich schon im Jahre 1860.[65] Grundlage war eine Gesamtanalogie zu den §§ 122, 179, 307 BGB a.F., also Vorschriften zum Ersatz des Vertrauensschadens, sie war schnell so breit rezipiert, dass sie gewohnheitsrechtlich anerkannt wurde.[66]

92 Das **Bedürfnis** für ein vorvertragliches Schuldverhältnis wird sehr deutlich, wenn man sich eine **Leitentscheidung** des RG vor Augen führt: Dieses hatte zu entscheiden, ob einem Kunden eines Baumarkts ein Schadensersatzanspruch gegen den Baumarkt zusteht. Er war in das Geschäft getreten und kurz darauf von einer Linoleumrolle verletzt worden, die der ansonsten immer sehr gewissenhafte Angestellte des Baumarktinhabers infolge einer Unachtsamkeit umgestoßen hatte.[67] Das RG hatte nun darüber zu befinden, ob der Kunde einen Schadensersatzanspruch geltend machen kann. Ein vertraglicher Anspruch war erkennbar ausgeschlossen, denn bislang hatten der Kunde und das Warenhaus noch keinerlei Vertrag geschlossen. Denkbar war allenfalls ein deliktischer Anspruch. Dieser wäre hier aus § 831 herzuleiten, da der Angestellte des Warenhausbesitzers als dessen Verrichtungsgehilfe im Sinne dieser Norm anzusehen ist. Dieser Anspruch führte jedoch ebenfalls nicht zum Ziel, da sich der Eigentümer des Warenhauses – wie meist – exkulpieren konnte, § 831 Abs. 1 Satz 2. Folglich half dem Kunden auch dieser Anspruch nicht weiter; ein Anspruch aus § 823 Abs. 1 im Zusammenhang mit einem Organisationsverschulden war ebenfalls der damaligen Rechtsprechung und Rechtssystematik nicht bekannt, sondern ist eine Entwicklung der späteren Zeit. Im Ergebnis wäre also der Kunde in dieser Fallgestaltung leer ausgegangen. Dies befriedigte deshalb nicht, weil dem Kunden ersichtlich Unrecht geschehen ist. Seine Haftung gegen den Angestellten selbst, die sich aus § 823 unmittelbar ergeben könnte, wird regelmäßig nicht zu realisieren sein, da der Angestellte im Zweifelsfalle keine ausreichenden Mittel zur Verfügung haben wird.

93 Das RG folgte in diesem grundlegenden Fall der von *Jhering* entwickelten Konstruktion, der so genannten **„culpa in contrahendo":** Es nahm also bereits in dieser **vorvertraglichen Situation** ein **Schuldverhältnis** zwischen dem Kunden und dem Warenhausbesitzer an. In diesem Schuldverhältnis bestehen vor allem Pflichten beider Partner, sorgsam mit den Rechtsgütern des anderen umzugehen. Wird diese Pflicht verletzt, entstehen Ersatzansprüche. Eine Verletzung kann in diesem Fall aber nicht nur durch die beiden Partner selbst geschehen, sondern möglicherweise

---

65 *Jhering*, Culpa in contrahendo, in: Jahrbücher für die Dogmatik des heutigen römischen und deutschen Rechts (Jhering-Jahrbuch), 4. Bd., 1860, Abhandlung I, S. 1, 23 ff.
66 Vgl. nur *Brox/Walker*, Allgemeines Schuldrecht, § 5 Rn. 1; *Larenz*, Schuldrecht I – Allgemeiner Teil, S. 108 f.
67 Der Originalfall des RG findet sich in RGZ 78, 239 ff.

auch durch andere, sofern dann eine Zurechnungsnorm besteht. Hier liegt der entscheidende Punkt: Denn der Warenhausbesitzer muss sich, da es sich um ein bestehendes Schuldverhältnis handelt, nunmehr das Verhalten seines Angestellten zurechnen lassen, da insofern § 278 greift.[68] Der Angestellte ist nämlich sein Erfüllungsgehilfe bei der Beachtung der Sorgfaltspflichten, die er aus dem vorvertraglichen Schuldverhältnis gegenüber dem Kunden wahrzunehmen hat. Auf diese Weise fand das Reichsgericht die überzeugende Lösung für die Problematik, die zuvor skizziert worden war: Dem Kunden konnte geholfen werden, indem ihm ein vorvertraglicher Anspruch gegen den Eigentümer des Warenhauses zugebilligt wurde, die Exkulpationsmöglichkeit aus § 831 Abs. 1 Satz 2 war überwunden.

94 Ob man diese Vorgehensweise billigt, die ja letztlich die Grundwertung des BGB überlistet (denn schließlich gab es für den Kunden durchaus einen Anspruchsgegner, nämlich den Angestellten aus § 823, allein war dieser nicht solvent), mag hier dahinstehen. Denn die **Anerkennung** eines solchen vorvertraglichen Schuldverhältnisses stand bereits zu Beginn des 20. Jahrhunderts im Ergebnis außer Frage. Rechtsdogmatisch kann man neben der Begründung über die Gesamtanalogie zu den §§ 122, 179, 307 BGB a.F. immer noch auf die grundlegende Vertrauensbeziehung rekurrieren, die zwischen denjenigen besteht, die planen, ein vertragliches Schuldverhältnis miteinander einzugehen. Weil sie darauf vertrauen, dass sie miteinander vertraglich verbunden werden, ist es auch berechtigt, ihnen besondere Pflichten aufzuerlegen, auch wenn dies im Gesetz lange Zeit nicht verankert war. Schon diese Begründungsüberlegungen machen deutlich, dass in einem vorvertraglichen Schuldverhältnis nicht alle Schäden zu ersetzen sind. Zudem wird deutlich, dass man sehr genau eingrenzen muss, wann man von einem solchen vorvertraglichen Schuldverhältnis ausgehen kann: Weil das Vertrauen die zentrale Basis für einen Anspruch ist, werden auch nur solche Schäden zu ersetzen sein, die auf dem enttäuschten Vertrauen (auf das Zustandekommen eines Vertrages) begründet werden; darüber hinaus muss es bereits in eine Phase gekommen sein, in der ein solches Vertrauen auch berechtigt ist.

95 Die lange Zeit gewohnheitsrechtlich anerkannter Anwendung des vorvertraglichen Schuldverhältnisses wurde mit der Schuldrechtsreform im Jahre 2002 – endlich – kodifiziert. Die „culpa in contrahendo" wurde vom Gesetzgeber in das BGB aufgenommen und dort als eigenständige Figur gesetzlich geregelt. Voraussetzungen und Rechtsfolgen sind also nunmehr nicht bloß gewohnheitsrechtlich anerkannt, sondern haben eine **eigenständige gesetzliche Grundlage**, nämlich in § 311 Abs. 2. Aus systematischer Sicht findet sich hierin die **Anspruchsgrundlage.** Der Inhalt der entsprechenden Pflichten, die für die Parteien dieses besonderen Schuldverhältnisses bestehen, wird durch eine Verweisung auf § 241 Abs. 2 festgelegt. Wie für alle Pflichtverletzungen gilt auch hier als zentrale Anspruchsnorm § 280 Abs. 1.

---

68 Zu dieser „Zurechnungsbrücke" später ausführlich, Rn. 322 ff.

2. Die Entstehung eines vorvertraglichen Schuldverhältnisses

96 Schon aus dem zuvor Gesagten wurde deutlich, dass ein vorvertragliches Schuldverhältnis mit Rechten und Pflichten der Beteiligten **nur in bestimmten Situationen** entstehen kann. Diese sind geregelt in § 311 Abs. 2; ausnahmsweise kommt darüber hinaus eine besondere vorvertragliche Situation dann zustande, wenn die Voraussetzungen des § 311 Abs. 3 vorliegen.

97 a) **Der Normalfall: § 311 Abs. 2.** In § 311 Abs. 2 ist geregelt, unter welchen **Voraussetzungen** regelmäßig ein vorvertragliches Schuldverhältnis entsteht. Die Grundvorstellungen in § 311 Abs. 2 lässt sich dahin verstehen, dass nicht jeder soziale Kontakt zwischen zwei Menschen bereits zu einem vorvertraglichen Schuldverhältnis führt, denn es geht ja entscheidend darum, dass im Ergebnis schon eine Vertrauenssituation zwischen den Beteiligten begründet sein muss. Nur in diesen Fällen ist es gerechtfertigt, bereits in einem solch frühen – vorvertraglichen – Stadium verbindliche Pflichten zu begründen. Seit der Kodifizierung der „culpa in contrahendo" im BGB im Jahre 2002 sieht § 311 in seinem Absatz 2 nunmehr drei Situationen vor, in denen eine vorvertraglich relevante Situation besteht, die bereits zu rechtlichen Pflichten führen kann.

98 Eine Situation, die ein vorvertragliches Schuldverhältnis begründet, liegt zunächst dann vor, wenn **Vertragsverhandlungen** aufgenommen werden (§ 311 Abs. 2 Nr. 1). Es müssen also bestimmte rechtsgeschäftliche Kontakte zwischen den Parteien bestehen, die den Abschluss eines Vertrages zwischen ihnen zum Ziel haben.[69] Nicht erforderlich ist hingegen, dass die Verhandlungen auch erfolgreich geführt werden. Das Rechtsverhältnis kommt demzufolge allein dadurch zustande, dass Verhandlungen zwischen den Parteien begonnen worden sind. Sie dürfen lediglich noch nicht beendet worden sein, denn mit dem Ende der Verhandlungen (oder dem Vertragsschluss) endet auch diese vorvertragliche, ein Schuldverhältnis begründende Situation.[70]

Bsp.: Setzt der V eine Anzeige in die Zeitung, mit der er eine Mietwohnung anbietet, und meldet sich der M daraufhin, so kommt das vorvertragliche Schuldverhältnis spätestens dann zustande, wenn M sich zu V begibt und beide über einen Mietvertrag sprechen bzw. verhandeln.

99 In § 311 Abs. 2 Nr. 2 ist eine weitere Situation geregelt, in der ein vorvertragliches Schuldverhältnis zustande kommt: Gemeint ist diejenige der **Anbahnung eines Vertrages,** bei der der eine Teil im Hinblick auf eine etwaige rechtsgeschäftliche Beziehung dem anderen Teil die Möglichkeit zur Einwirkung auf seine Rechte, Rechtsgüter und Interessen gewährt oder diese ihm anvertraut. Anders als in der Nr. 1 geht es hier um eine noch etwas weniger rechtlich relevante Situation, es müssen nämlich nicht bereits konkrete Verhandlungen um einen Vertrag geführt werden, vielmehr genügt, dass eine Vertragsanbahnung vorgesehen ist. Entscheidend und ausreichend hierfür ist, dass eine Partei der anderen die Anbahnung eines Vertragsverhältnisses ermöglicht; gemeint ist insbesondere der Fall, dass ein

---

69 Vgl. Erman/*Kindl*, BGB, § 311 Rn. 20.
70 Vgl. Palandt/*Grüneberg*, BGB, § 311 Rn. 25.

Unternehmer seine Geschäftsräumlichkeiten für den Publikumsverkehr öffnet, um (das ist allerdings entscheidend) potentiellen Kunden die Möglichkeit zu geben, mit ihm Kontakt aufzunehmen und gegebenenfalls auch einen Vertrag zu schließen.[71]

Hier ist es berechtigt, eine rechtlich relevante vorvertragliche Situation zu sehen: Wenn ein Unternehmer sein Ladenlokal öffnet, um Kunden anzusprechen, begründet er damit sogleich auch einen Vertrauenstatbestand bei den potentiellen Kunden. Diese sollen nämlich davon ausgehen, dass sie ohne Gefahr für Leib, Leben und ihre Rechtsgüter Informationen darüber einholen können, ob für sie Vertragsverhandlungen von Interesse sind. Dies legt umgekehrt aber auch wiederum nahe, wo § 311 Abs. 2 Nr. 2 nicht eingreifen kann: Es muss stets um **Vertragsanbahnung** gehen. Das ist aber nur dann der Fall, wenn überhaupt der Vertragsschluss von beiden Parteien potentiell ins Auge gefasst wird. Im zuvor skizzierten Fall des Reichsgerichts war dies der Fall, denn der Kunde wollte sich ja darüber informieren, was für Produkte der Verkäufer anbietet. Anders ist dies hingegen, wenn der Kunde nur deshalb in das Geschäft geht, um sich aufzuwärmen oder etwa die Toiletten aufzusuchen. Hier wird man (abgesehen natürlich von der Beweislage) keine Vertragsanbahnung im Hintergrund sehen können, so dass eine vorvertragliche Schuldverhältnissituation i. S.v. § 311 Abs. 2 Nr. 2 ausscheidet. Dies ist deshalb richtig, weil ja eben die Herstellung allein eines sozialen Kontaktes nicht genügt, um eine rechtsgeschäftliche vorvertragliche Situation zu begründen.[72]

100

Schließlich sieht § 311 Abs. 2 Nr. 3 eine rechtlich relevante vorvertragliche Situation auch dann als gegeben an, wenn „ähnliche geschäftliche Kontakte" zwischen den Parteien bestehen. Hier ist davon auszugehen, dass eine Auffangnorm vorliegt. Es sollen nämlich alle vorvertraglichen Situationen, die nicht bereits von Nr. 1 oder Nr. 2 erfasst werden, sofern nur die Kontaktaufnahme zwischen den Parteien das Ziel hat, irgendwie geschäftlich mit dem anderen Teil zu verkehren, ohne dass zwingend ein Vertrag am Schluss stehen soll. Entscheidend für eine rechtlich relevante Situation ist allein, dass durch diesen ähnlichen geschäftlichen Kontakt eine erhöhte Einwirkungsmöglichkeit auf die Rechtsgüter, Rechte und Interessen der jeweils anderen Partei begründet wird. Hohe Anforderungen sind an dieses Erfordernis jedoch nicht zu stellen, es genügt vielmehr, wenn sich die Einwirkungsmöglichkeit überhaupt ergibt.[73] Im Ganzen gilt § 311 Abs. 2 Nr. 3 hinsichtlich der ähnlichen geschäftlichen Kontakte wohl auch dann, wenn ein Vertrag nichtig ist. Liegt also kein wirksames Schuldverhältnis zwischen den Parteien vor, weil ihre Einigung nichtig bzw. unwirksam ist (etwa wegen Sittenwidrigkeit gem. § 138), so bestehen doch zwischen ihnen „ähnliche geschäftliche Kontakte", so dass man jedenfalls ein vorvertragliches Schuldverhältnis hierin sehen muss.[74] Es führt dazu, dass selbst bei einem nichtigen Vertrag zwischen den

101

---

71 Vgl. Erman/*Kindl*, BGB, § 311 Rn. 21.
72 BGH NJW 1976, 712; Palandt/*Grüneberg*, § 311 Rn. 24.
73 Bamberger/Roth/*Gehrlein*/*Grüneberg*/*Sutschet*, BGB, § 311 Rn. 47.
74 Vgl. BGH NJW 2005, 3208 (3209).

102 b) **Die Erweiterung in § 311 Abs. 3.** Im zuvor vorgestellten Normalfall kommt ein vorvertragliches Schuldverhältnis zwischen denjenigen zustande, die in die Vertragsverhandlungen eingestiegen sind bzw. zwischen denen ein Vertrag angebahnt werden soll oder zwischen denen ähnliche geschäftliche Kontakte bestehen. **Ausnahmsweise** sieht jedoch die Rechtsordnung in bestimmten Situationen vor, dass auch zwischen anderen als diesen beiden Parteien Rechtspflichten begründet werden können. Nach § 311 Abs. 3 kann nämlich ein vorvertragliches Schuldverhältnis mit den entsprechenden Schutzpflichten auch denjenigen gegenüber entstehen, die gar nicht selbst Vertragspartei werden sollen.

Bsp.: A möchte ein Haus kaufen und sucht auf dem Markt nach einem passenden Objekt. Zudem spricht er den Makler M an, der ihm unter anderem das Haus des B zeigt – dieses Haus wird später auch Gegenstand eines Kaufvertrages zwischen A und B.

103 Die Situation ist also folgende: Zwar beabsichtigen zwei Personen miteinander einen Vertrag zu schließen, doch ist in dieses Gefüge eine weitere Person integriert, etwa als Makler oder sonstiger Vermittler. Nunmehr kann ausnahmsweise auch zu diesem Dritten ein vorvertragliches Verhältnis entstehen. Das ist deshalb besonders, weil ja am Ende dieser Dritte überhaupt nicht mit dem Vertrag befasst ist, hier passt also der Ausdruck „vorvertraglich" im Grunde genommen nicht ganz. Gleichwohl kann man mit diesem Ausdruck arbeiten, da ja auch zu diesem Dritten ein Schuldverhältnis in einer vorvertraglichen Situation entsteht.

104 Das Gesetz sieht in § 311 Abs. 3 zunächst nur ganz allgemein vor, dass eine solche besondere **Dreieckskonstellation** zur Entstehung auch von vorvertraglichen Pflichten zu dem Dritten denkbar ist. Genaueres enthält die Norm nicht, vielmehr wird man hier auf bereits vor der Schuldrechtsreform anerkannte Fallgruppen zurückgreifen können.[75] Eine von diesen hat die Norm dann jedoch sogar selber aufgeführt, nämlich in § 311 Abs. 3 Satz 2: Danach entsteht nämlich ein solches Schuldverhältnis zu diesen Dritten insbesondere dann (es ist also nur eine beispielhafte, nicht abschließende Aufzählung), wenn dieser Dritte in besonderem Maße Vertrauen für sich in Anspruch nimmt und dadurch die Vertragsverhandlungen oder den Vertragsschluss erheblich beeinflusst.

Bsp.: Dies kann in dem vorangehenden Beispiel etwa der Fall sein, wenn der Makler entsprechend auftritt.

105 Schon am Gesetzeswortlaut wird deutlich, warum der Gesetzgeber eine solche Situation als rechtlich relevant einstuft, auch hier geht es nämlich um die **Inanspruchnahme von Vertrauen,** die zum Entstehen von entsprechenden Schutzpflichten führen soll.[76] § 311 Abs. 3 nimmt also letztlich eine schon seit langem,

---

75 Vgl. BGH NJW-RR 2005, 1137 (1138).
76 *Medicus*, Schuldrecht I, Rn. 110; *Westermann/Bydlinski/Weber*, BGB – Schuldrecht Allgemeiner Teil, § 11 Rn. 14.

d. h. vor der Schuldrechtsreform anerkannte Auffassung auf, dass auch ein Dritter in den vorvertraglichen Bereich derart mit einbezogen sein kann, dass der Dritte sowohl berechtigt als auch verpflichtet ist. Dabei handelt es sich nicht um einen Vertrag zugunsten Dritter[77], vielmehr geht es allein darum, in diesem besonderen vorvertraglichen Stadium bereits dem Dritten eine bestimmte Rechtsstellung mit entsprechenden Pflichten aufzuerlegen, was jedoch nur dann berechtigt ist, wenn dieser in besonderer Weise in den Vorgang involviert ist.[78]

106 Wann aber ist nun von einer solchen vorvertraglich relevanten Involvierung des Dritten auszugehen, so dass auch zu diesem Dritten ein vorvertragliches Schuldverhältnis entsteht, obwohl ein Vertrag mit ihm nicht Ziel der Verhandlung ist? § 311 Abs. 3 Satz 2 nennt nur **exemplarisch** einen möglichen Fall, der bereits vor der Kodifizierung anerkannt war. Gemeint ist die Situation, dass der Dritte in besonderem Maße Vertrauen bei der Vertragsanbahnung für sich in Anspruch nimmt und auf diese Weise die Vertragsverhandlungen oder den Vertragsschluss erheblich beeinflusst.[79] Es reicht in dieser Situation nicht aus, dass der Vertreter bloß den Eindruck **eigener besonderer Sachkunde** erweckt; vielmehr kommt eine Eigenhaftung hier nur in Betracht, wenn er **zusätzliche, besondere Merkmale** aufweist, die zu einer besonderen Vertrauenssituation ihm gegenüber führen. Hier hilft letztlich nur eine gewisse **Kasuistik** seitens der Rechtsprechung und Kommentarliteratur weiter.

Bsp.: So ist etwa die Haftung dieses Dritten aufgrund der Inanspruchnahme besonderen persönlichen Vertrauens i. S. v. § 311 Abs. 3 Satz 2 dann bejaht worden, wenn es sich um einen Gebrauchtwagenhändler handelt, der das Fahrzeug im Namen des Vorbesitzers verkauft. Tritt er also nur als Vermittler oder Vertreter des Eigentümers auf, haftet er dem Käufer, wenn dieser wegen der besonderen Fachkenntnisse des Händlers auf dessen Angaben und Beratung vertraut.[80] Ähnlich ist dies auch dann, wenn ein Unternehmenssanierer auftritt, denn dieser nimmt üblicherweise besondere unternehmerische Fähigkeiten und eine besondere persönliche Zuverlässigkeit für sich in Anspruch.[81]

107 Ausnahmsweise kann man eine Inanspruchnahme persönlichen Vertrauens dann bejahen, wenn der Dritte eine **ganz außergewöhnliche, selten vorhandene Sachkunde** aufweist, sofern er in das in Aussicht genommene Vertragswerk zwischen den eigentlichen Schuldvertragsparteien auch persönlich eingebunden werden sollte.[82]

108 Zu beachten ist, dass die Rechtsprechung hier im Ergebnis **sehr streng** vorgeht, zu Recht: Denn im Ergebnis steht der Dritte ja gerade außerhalb der Vertragsstruktur. Er tritt nur als Mittler, Berater oder Außenstehender auf, er soll später nicht Partei des Vertrages sein, so dass man ihm gegenüber nur dann eine rechtlich relevante vorvertragliche Situation annehmen kann, wenn eben besondere

---

77 Dazu ausführlich unter Rn. 1146 ff.
78 Vgl. *Brox/Walker,* Allgemeines Schuldrecht, § 5 Rn. 9 ff.; Palandt/*Grüneberg,* BGB, § 311 Rn. 60.
79 S. etwa aus der Rechtsprechung zur Zeit vor der Kodifikation BGH NJW 1954, 1925 (1927); BGH NJW 1981, 922 f.
80 BGH NJW 1981, 922 (923).
81 BGH WM 1990, 966.
82 BGH NJW-RR 1990, 614 (615).

Umstände hinzukommen. Dieses einschränkende Verständnis, was letztlich ein Regel-Ausnahme-Verhältnis begründet, dem zufolge regelmäßig der Dritte außerhalb der vorvertraglichen Situation steht und nur ausnahmsweise von einer Einbeziehung in die vorvertragliche Situation ausgegangen werden kann, führt dazu, dass die Rechtsprechung weitaus häufiger eine Einbeziehung des Dritten ablehnt. So reicht allein eine besondere Sachkunde des Dritten nicht aus.[83] Insbesondere Vertreter von Versicherungen bieten regelmäßig in diesem Zusammenhang keine über das übliche Verhandlungsvertrauen hinausgehende Gewähr für die Erfüllung des Vertrages.[84] Insgesamt spricht man in diesem Zusammenhang bei § 311 Abs. 3 Satz 2 von der sog. „**Sachwalterhaftung**": Es geht also stets um solche Dritte, die als Sachverständige oder sonstige Auskunftspersonen ohne Eigeninteresse am Vertragsschluss allein durch ihr besonderes Auftreten Vertrauen erwecken und somit die Verhandlungen maßgeblich beeinflussen.[85]

109 Neben dieser besonderen Sachwalterhaftung des § 311 Abs. 3 Satz 2 ist eine weitere Situation anerkannt, in der ein Dritter in die vorvertragliche Schuldvertragskonstruktion mit einbezogen ist. Dies ist deshalb möglich, weil § 311 Abs. 2 ja nur eine beispielhafte Nennung einer Situation enthält (vgl. den Wortlaut: insbesondere). Daher entsteht entsprechend der auch bereits vor der Kodifikation vertretenen Auffassung gem. § 311 Abs. 3 Satz 1 ein vorvertragliches Schuldverhältnis auch zu einem Dritten, der nicht selbst Vertragspartei werden soll, wenn dieser Dritte ein besonderes **Eigeninteresse wirtschaftlicher Natur** am Vertragsschluss hat.[86] Dies ist beispielsweise der Fall, wenn der Dritte als Stellvertreter für eine der beiden späteren Vertragsparteien oder als Makler den Vertrag mit zustande bringen soll und dabei zwar kein besonderes Vertrauen in Anspruch nimmt, doch selber ein nicht unerhebliches Eigeninteresse am Vertragsschluss hat. Hier geht es also um einen Dritten, der vor allem als Vertreter einer der Parteien in die Vertragsverhandlung mit eingebunden ist; hat er in dieser Situation bei einer rein wirtschaftlichen Betrachtungsweise ein Interesse am Vertragsschluss, ist er dabei zudem in eine so enge Beziehung zum Gegenstand der Vertragsverhandlung gebunden, dass er wirtschaftlich gleichsam in eigener Sache beteiligt ist, so ist er nach § 311 Abs. 3 Satz 1 in das vorvertragliche Schuldverhältnis einbezogen, für ihn entstehen dann auch Rechte und Pflichten.[87]

110 Diese **Fallgruppe** des sog. „**wirtschaftlichen Eigeninteresses**" hat die Rechtsprechung seit langem bejaht, sie ist auch auf Situationen seit der Kodifizierung nahtlos zu übertragen. Ein entsprechend wirtschaftliches Eigeninteresse sieht die Rechtsprechung etwa beim Ehegatten, der das Geschäft des anderen Ehegatten wie sein eigenes führt.[88] Denkbar ist dies auch bei einem Gebrauchtwagenhändler, der ein in Zahlung genommenes Fahrzeug für eigene Rechnung veräußert.[89] Auch hier ist die Rechtsprechung erneut sehr streng. Als Eigeninteresse des Dritten, das

---

83 BGH WM 1993, 295 (298).
84 Palandt/*Grüneberg*, BGB, § 311 Rn. 62; s. auch BGH NJW-RR 1991, 1241 (1242).
85 BT-Drucks. 14/6040, S. 163.
86 Vgl. hierzu BGH ZIP 1988, 505 (506).
87 Vgl. etwa BGH ZIP 2002, 1771; Palandt/*Grüneberg*, BGB, § 311 Rn. 61.
88 BGH NJW 1954, 1925 (1927).
89 BGH NJW 1983, 2192 (2193).

eine vorvertragliche Einbeziehung dieses Dritten rechtfertigen würde, genügt daher nicht, dass der Dritte an dem Geschäft ein bloßes Provisionsinteresse hat. Vielmehr muss ein wirtschaftliches Interesse über die reine Provisionsgewinnung hinausgehen, er muss nämlich „gleichsam in eigener Sache" tätig werden.[90] Das Provisionsinteresse insbesondere des Handelsvertreters genügt also nicht, um ein wirtschaftliches Eigeninteresse i. S.v. § 311 Abs. 3 Satz 1 zu bejahen.[91]

3. Die Pflichten der Parteien des vorvertraglichen Schuldverhältnisses und entstehende Ansprüche

Das vorvertragliche Schuldverhältnis entsteht nach dem zuvor Gesagten also dann, wenn entweder der Normalfall des § 311 Abs. 2 vorliegt oder ausnahmsweise eine Situation, in der ein Dritter in ein solches vorvertragliches Verhältnis mit einer Person eingebunden ist. Es bedarf hier also noch nicht einer Willenserklärung oder eines Vertragsschlusses; sobald jedoch ein solches vorvertragliches Schuldverhältnis allein durch die entsprechenden beschriebenen Situationen entstanden ist, liegt wie bei einer Vereinbarung ein Pflichtengefüge vor, an das sich die Parteien dieses vorvertraglichen Schuldverhältnisses halten müssen.

a) **Die Pflichten aus dem vorvertraglichen Schuldverhältnis.** Der Wortlaut des § 311 Abs. 2 ist der einzige Hinweis darauf, welchen **Inhalt das Schuldverhältnis im vorvertraglichen Stadium** annehmen kann: Die von den Parteien zu beachtenden Pflichten ergeben sich danach aus § 241 Abs. 2. Ohne dass dieser Verweis wesentlich weiterhilft, weiß man so zumindest, dass sie zur Rücksicht auf die Rechte, Rechtsgüter und Interessen des anderen Teils verpflichtet sind. Das heißt, eine solche Rücksichtnahmepflicht besteht in der Fallsituation des § 311 Abs. 2 für die beiden Parteien, die später einen Vertrag schließen wollen oder sich in der entsprechenden Anbahnungssituation befinden; dieselben Rücksichtnahme- und Schutzpflichten bestehen aber auch zwischen denjenigen, die in Vertragsverhandlungen stehen, denen gegenüber aber ein Dritter i. S.v. § 311 Abs. 3 aufgetreten ist: Auch dieser muss also die entsprechenden Pflichten des § 241 Abs. 2 gegenüber den beiden anderen wahren. Der Wortlaut und der Inhalt des § 241 Abs. 2 sind zwar nicht sehr ergiebig, gleichwohl machen sie eines deutlich: Es entstehen in einem solchen vorvertraglichen Schuldverhältnis keinerlei Leistungspflichten, wie sie § 241 Abs. 1 formuliert. Dies ist deshalb richtig, weil die Parteien sich ja (noch) nicht auf irgendwelche Leistungen geeinigt haben. Der Grund für das besondere Schuldverhältnis in dem vorvertraglichen Bereich liegt nicht in einer freiwilligen Entscheidung der Parteien, sondern in der besonderen Vertrauenssituation. Weil nur das Vertrauen geschützt werden soll, das die Parteien auf einen zukünftigen Vertragsschluss haben, wäre es nicht gerechtfertigt, hier besondere **Leistungspflichten** zu konstruieren; diese entstehen vielmehr erst nach dem Vertragsschluss. Inhalt der vorvertraglichen Pflicht der Beteiligten ist daher allein, besondere Schutzpflichten dem anderen Teil gegenüber zu beachten. Weil vorliegend keine Leistungspflichten gegeben sind, ist die zu beachtende Pflichtenkategorie beschränkt auf sog. Schutzpflichten. Erfasst davon sind vor allem Aufklä-

---

90 S. BGH NJW-RR 1991, 1241 (1242).
91 BGH NJW-RR 1992, 605 f.

rungspflichten, darüber hinaus auch sonstige Sorgfaltspflichten: Es geht also zum einen darum, die sonstigen Rechte und Rechtsgüter wie Leben, Gesundheit und Eigentum des anderen Teils vor Schäden zu bewahren; darüber hinaus ist auch das Vermögen als solches von § 241 Abs. 2 erfasst: Letztlich geht es also darum, dass der Verpflichtete gehalten ist, den anderen ausreichend aufzuklären bzw. zu beraten. Anders als bei § 823 Abs. 1 wird also auch das „bloße Vermögen" geschützt.

Bsp.: Der Staubsaugervertreter hat bei einer häuslichen Verkaufsvorführung dafür Sorge zu tragen, dass nicht durch eine Fehlfunktion des Staubsaugers Schäden am Teppich des potentiellen Kunden entstehen, der Fahrzeughändler für die Verkehrssicherheit des Fahrzeugs bei einer Probefahrt.

113 b) **Die Rechtsfolgen und die Anspruchsprüfungen**: §§ 280 Abs. 1, 311 Abs. 2 oder 3, § 241 Abs. 2. Da in dem vorvertraglichen Schuldverhältnis **keine Leistungspflichten** entstehen, kann insofern auch kein Schaden ersetzt werden. Fraglich ist jedoch, in welcher Höhe ein entstandener Schaden dann überhaupt ersetzt wird. Im Ergebnis geht es, da ein vorvertragliches Schuldverhältnis ein Schuldverhältnis i.S.d. § 280 ist, um einen Anspruch aus dieser Norm. Durch einen Schadensersatzanspruch in dieser Situation ist daher auch im vorvertraglichen Bereich der Verletzte so zu stellen, wie er stünde, wäre die entscheidende Pflicht beachtet worden.[92] Welchen Schaden hat der Beklagte also gerade durch sein vorgenommenes rechtswidriges und schuldhaftes Verhalten verursacht? Dies muss die Prüfungsreihenfolge prägen.

Bsp.: Wenn zwischen M und V über einen Mietvertrag verhandelt wird und der M beim Verlassen der Wohnung des V aufgrund mangelnder Beleuchtung im Treppenhaus des V stürzt, erleidet er einen Schaden: Er muss für seine Genesung Geld aufwenden.

114 Die **Anspruchsgrundlage** für einen Schadensersatzanspruch aus einer Pflichtverletzung im Rahmen einer „culpa in contrahendo" liegt also in den Normen der §§ 280 Abs. 1, 311 Abs. 2 oder 3, 241 Abs. 2. Als erstes ist wie stets ein Schuldverhältnis zu prüfen; dieses liegt in einer solchen Situation in dem vorvertraglichen Schuldverhältnis: insofern greift die Verweisung in § 311 Abs. 2 oder 3 auf § 241 Abs. 2. Im Rahmen dieses Schuldverhältnisses müsste eine Pflicht verletzt sein; eine Pflichtverletzung liegt dann in einer Verletzung der zuvor vorgestellten Pflichten des Beteiligten im Rahmen dieses vorvertraglichen Schuldverhältnisses, also etwa darin, dass man den Körper, die Gesundheit oder das Eigentum des Gegenüber nicht ausreichend geschützt hat. Kehrt man auf den Ausgangsfall der Rechtsprechung des RG zurück, liegt die Pflichtverletzung in diesem Zusammenhang darin, dass der Angestellte (§ 278!) nicht sorgfältig mit der Gesundheit des Kunden umgegangen ist, sondern eine Linoleumrolle infolge von Unachtsamkeit umgeschmissen und den Kunden verletzt hat. Das Verschulden, das im Rahmen von § 280 Abs. 1 erforderlich ist, richtet sich wie stets nach § 276: Vorsatz oder Fahrlässigkeit müssen gegeben sein, wobei die Zurechnungsnorm des § 278 zu beachten ist. Gegebenenfalls hilft insofern die Beweislastregel des § 280 Abs. 1 Satz 2.

---

92 *Westermann/Bydlinski/Weber*, BGB – Schuldrecht Allgemeiner Teil, § 11 Rn. 24.

115 Schließlich müsste ein **Schaden** entstanden sein. Dieser wäre dann zu ersetzen. Da es vorliegend nicht um primäre Pflichten geht, sondern nur Schutzpflichten eingreifen *(vgl. oben)*, wird einhellig vertreten, dass die schuldhafte Verletzung vorvertraglicher Pflichten zur Haftung allein auf das negative Interesse, also auf den Vertrauensschaden führt.[93] Der Anspruch richtet sich also grundsätzlich allein auf das Vertrauensinteresse.[94] Der Verletzte ist demnach so zu stellen, wie er ohne diese Pflichtverletzung gestanden hätte.[95] Insofern ist etwa im Ausgangsfall des RG der Schaden zu ersetzen, den der Kunde durch die Linoleumrolle erlitten hat, also etwa sein Gesundheitsschaden. Denn er hat darauf vertraut, dass er in dem Geschäft, das er betreten hat, nicht in der Integrität seiner Rechtsgüter verletzt wird, dass er also insbesondere keine Gesundheitsverletzung erleiden würde. Dieses Vertrauen wurde enttäuscht, infolgedessen steht eine Ersatzpflicht im Hinblick auf die Gesundheitsverletzung. Entsprechendes gilt für den Fall einer Eigentumsverletzung. Gleiches gilt für den M im vorangegangenen Beispiel.

116 Etwas differenzierter muss man die Situation beurteilen, in der das **Vermögen als solches** betroffen ist. Dies ist insbesondere der Fall, wenn Aufklärungs- und Beratungspflichten verletzt werden. In dieser Situation kann nämlich zunächst der Nachteil für den Verletzten darin liegen, dass ein günstiger Vertrag nicht zustande kommt.

Bsp.: A wird vom Anlageberater seiner Bank falsch und schlecht beraten und investiert daher in Aktien, die er bei korrekter Beratung nicht erworben hätte.

117 Der Schädiger muss dann den Geschädigten so stellen, als wäre dessen Vertrauen auf eine **richtige Aufklärung und Beratung** erfüllt. Bei den Fällen des reinen Vermögensschadens, die ja nicht über deliktische Anspruchsgrundlagen ersetzt werden können[96], muss man im Ergebnis differenzieren Eine Schadensersatzpflicht aus der „culpa in contrahendo" kann dabei nämlich in zwei Fällen entstehen: Sie ist denkbar dann, wenn tatsächlich kein wirksamer Vertrag zustande kommen sollte. Andererseits kann ein Schaden aber auch dadurch entstehen, dass es zwar später zu einem Vertragsschluss kommt, dieser jedoch nichtig ist.

118 Ein Schadensersatzanspruch kann in diesem Zusammenhang auch dadurch begründet sein, dass eine der Parteien **Vertragsverhandlungen abbricht**.

Bsp.: A möchte von B ein wertvolles Gemälde erwerben. Da der Kaufpreis sehr hoch sein wird, zögert A, sich für das Bild zu entscheiden. Es werden langwierige Verhandlungen geführt, wobei A aber immer zu erkennen gibt, dass er das Bild unbedingt haben möchte. Plötzlich lässt er den B wissen, er sei nicht mehr interessiert. B ärgert sich, weil er im Hinblick auf die Verhandlungen mit A einen für ihn sehr günstigen Verkauf an C unterlassen hat.

---

93 Vgl. instruktiv etwa *Katzenstein*, Jura 2004, 800 ff.; Jura 2005, 73, (76).
94 *Westermann/Bydlinski/Weber*, BGB – Schuldrecht Allgemeiner Teil, § 11 Rn. 5.
95 *Westermann/Bydlinski/Weber*, BGB – Schuldrecht Allgemeiner Teil, § 11 Rn. 24; Palandt/*Grüneberg*, BGB, § 311 Rn. 54.
96 *Brox/Walker*, Besonderes Schuldrecht, § 41 Rn. 9.

119 In dieser Situation ist durchaus ein vorvertragliches Schuldverhältnis gegeben, denn es liegt die Anbahnungssituation oder sogar Verhandlungssituation gem. § 311 Abs. 2 vor. Es müsste auch eine Pflichtverletzung gegeben sein. Eine solche Pflichtverletzung wird dann, wenn grundlos Vertragsverhandlungen abgebrochen werden, darin gesehen, dass man das Integritätsinteresse des anderen an seinem Vermögen bzw. Eigentum schützen muss. Diese Schutzpflicht wird verletzt, wenn man grundlos die Verhandlung abbricht.[97] Es liegt auf der Hand, dass hier nur eine sehr eng geführte Fallgruppe vorliegen kann, denn sie kollidiert offensichtlich mit dem Grundsatz der Vertragsfreiheit: Prinzipiell ist es jedem unbenommen, einen Vertrag zu schließen, d. h. jeder kann auch Vertragsverhandlungen wieder abbrechen. Man muss also nicht zu einem Vertrag und zu einer Einigung kommen. Andererseits ist jedoch auch zu berücksichtigen, dass jeder, der mit einem Anderen Verhandlungen über eine Einigung aufnimmt, ein gewisses Vertrauen darin setzt, dass die Verhandlung zumindest nicht zum Schein geführt wird. Er vertraut darauf, dass prinzipiell eine Einigung möglich ist, unabhängig davon, ob man sich später tatsächlich einigt. Daher ist zwar regelmäßig ein Abbruch der Verhandlung möglich, etwas anderes gilt aber dann, wenn ein Beteiligter die Vertragsverhandlungen ohne triftigen Grund abbricht, nachdem er zunächst das Vertrauen des anderen Teils geweckt oder genährt hatte, der Vertrag werde später mit Sicherheit zustande kommen.[98] In diesen Fällen liegt in der Tat eine Schutzpflichtverletzung vor.[99] Scheitert dann später der Vertragsschluss, entsteht möglicherweise der Partei, die vertraut hat, ein Schaden. Bei einem grundlosen Abbruch der Vertragsverhandlungen, bei dem zuvor ein entsprechender Vertrauenstatbestand begründet wurde, ist also der Schaden entsprechend zu ersetzen, der darin besteht, dass der Vertrag nunmehr nicht zustande kommt.[100]

120 Keine Fallgruppe in dieser Hinsicht stellt die Situation dar, in der ein **Vertrag unwirksam** ist, es also um einen nichtigen Vertrag geht. Erkennt dies eine der Parteien nicht und erleidet dadurch einen Schaden, so handelt es sich hier nicht um eine Pflichtverletzung gem. § 280 Abs. 1, vielmehr sind Fälle dieser Art in den §§ 122, 179 geregelt.[101]

IV. Gefälligkeitsverhältnis

121 Eine besondere tatsächliche Situation im Hinblick auf die vertragliche Entstehung eines Schuldverhältnisses ist dann gegeben, wenn es inhaltlich um sog. **Gefälligkeiten** gehen soll. In dieser Situation ist nämlich häufig von den Betroffenen überhaupt nicht intendiert, eine rechtlich relevante Beziehung einzugehen; es stellt sich daher die Frage, ob das, was zwischen den Betroffenen besteht, rechtlich als „Gefälligkeits*vertrag*" zu werten ist oder nicht vielmehr als eine reine Gefälligkeit ohne jeden rechtsverbindlichen Charakter. Schließlich gibt es auch noch die Möglichkeit, dass in einem solchen besonderen Kontakt ein sog. Gefälligkeitsverhält-

---

[97] S. *Westermann/Bydlinski/Weber*, BGB – Schuldrecht Allgemeiner Teil, § 11 Rn. 10.
[98] Vgl. etwa BGH ZIP 1988, 89; BGH NJW 1996, 1884 (1885).
[99] *Looschelders*, Schuldrecht Allgemeiner Teil, Rn. 188 und 191.
[100] *Westermann/Bydlinski/Weber*, BGB – Schuldrecht Allgemeiner Teil, § 11 Rn. 28.
[101] Vgl. *Medicus*, Schuldrecht I, Rn. 108.

nis eigener Art begründet wird, in dem zwar keine primären Leistungspflichten, wohl aber Sekundärpflichten gegeben sind.

1. Kategorien

Bei sämtlichen Situationen, in denen der Austausch von Gefälligkeiten oder Freundschaftsdiensten im Mittelpunkt steht, ist in rechtlicher Hinsicht zu unterscheiden, welcher Kategorie dieser Vorgang zuzuordnen ist. Im Ergebnis unterscheidet man drei Kategorien, abhängig davon, was die Parteien im Einzelnen gewollt haben. Denkbar ist *zunächst*, dass es sich um eine sog. reine, alltägliche Gefälligkeit handelt. Es geht im Ergebnis darum, einen sozialen Kontakt zu pflegen, man verabredet sich, man hilft einander, irgendwelche rechtlichen Verbindungen möchte man in dieser Situation nicht begründen. Als Beispiel dient etwa die Situation, in der jemand seine Freunde abends einlädt, um gemeinsam mit ihnen ein Fußballspiel im Fernsehen anzusehen. Wenn nun einer der Freunde sich bereit erklärt, zu dem Abend einen Kasten Bier mitzubringen, wird man dies als reine Gefälligkeit ansehen müssen, er wird sich rechtlich nicht binden wollen: D. h. im Ergebnis kommt hier deshalb keine schuldvertragliche Verbindung über das Mitbringen eines Kasten Biers zustande, weil den Parteien der Rechtsbindungswille bei der Willenserklärung fehlt. Das bedeutet, bei einer derartigen alltäglichen Gefälligkeit, in der sich die Parteien aushelfen oder ihre sozialen Kontakte pflegen (sie laden sich ein, sie versprechen, ein Getränk mitzubringen), existiert kein Vertrag, da kein Rechtsbindungswille in dem Verhalten zu erkennen ist.[102] Daraus folgt dann auch konsequenterweise, dass bei einer alltäglichen Gefälligkeit keinerlei Pflichten entstehen.[103]

Zu prüfen ist dies im **Prüfungsaufbau** dort, wo es um das Tatbestandsmerkmal „Vertrag" geht: Macht etwa im Beispiel der Gastgeber geltend, der andere habe doch einen Kasten Bier mitbringen wollen, nun müsse er selber für viel Geld einen an der Tankstelle kaufen und erleide einen Schaden, so wird die Anspruchsgrundlage in § 280 Abs. 1 zu suchen sein – der hierzu erforderliche Vertrag scheitert jedoch daran, dass der Rechtsbindungswille zum Abschluss eines Vertrages (über die Lieferung eines Kasten Biers etwa) fehlt. In diesem rein alltäglichen Gefälligkeitsverhältnis entstehen daher keine Primärpflichten. Es entstehen aber auch keine Sekundärpflichten: Die Parteien bewegen sich in einem vertragsfreien Raum, lediglich deliktische Ansprüche – etwa bei Beschädigung des Sofas des Gastgebers – kommen in Betracht.[104]

Als *zweite* Kategorie ist ebenfalls denkbar, dass die Parteien sich hinsichtlich der Gefälligkeit sehr wohl vertraglich binden wollten. Man spricht dann von Gefälligkeitsverträgen. Hier liegt in der Willenserklärung, die zum Abschluss eines solchen **Gefälligkeitsvertrages** erforderlich ist, der Rechtsbindungswille vor. Ein solcher Vertrag ist auf der Grundlage der Vertragsfreiheit möglich. Inhalt der Willenserklärung ist der Abschluss eines Vertrages, der eine Gefälligkeit zum

---

102 Vgl. *Brox/Walker*, Allgemeines Schuldrecht, § 2 Rn. 28.
103 *Eckert*, Schuldrecht Allgemeiner Teil, Rn. 26.
104 S. hierzu *Brox/Walker*, Allgemeines Schuldrecht, § 2 Rn. 30.

Gegenstand hat, die jedoch über die bloße reine Gefälligkeit im sozialen Umgang hinausgeht. Ob ein solcher Gefälligkeitsvertrag gewollt ist (oder nicht vielmehr eine reine Gefälligkeit), ist im Einzelnen durch Auslegung zu ermitteln. Hier gelten die allgemeinen Grundsätze der Auslegungslehre im Hinblick auf Willenserklärungen, d. h. §§ 133, 157. Vorrangig ist zunächst, was die Parteien geäußert haben; dies wird sich jedoch häufig nicht explizit festlegen lassen. Entscheidend ist daher, wie das konkludente Handeln auszulegen ist und auf welchen inhaltlichen Willen dieses schließen lässt, und zwar des Erklärungsempfängers. Dazu wird man unterschiedliche Kriterien heranziehen müssen. Entscheidend hierbei sind etwa die Art des Geschäfts, insbesondere die Risiken, die mit der Übernahme des Geschäfts verbunden sind, die Bedeutung des Geschäfts für eine der Vertragsparteien usw.[105] Anhand dieser Kriterien muss man dann überlegen, ob eine reine, alltägliche Gefälligkeit oder nicht doch ein Gefälligkeitsvertrag gewollt ist. Weitere Anhaltspunkte sind etwa der Grund und Zweck sowie die Umstände, unter denen die Gefälligkeit erbracht worden ist. Auch der Wert einer Sache, die anvertraut wird, ist Anhaltspunkt bei der Auslegung.

Bsp.: Bittet etwa der D seinen Nachbarn E während seines Urlaubs auf seine Katzen aufzupassen, so kann in diesem Vorgang sowohl eine reine Gefälligkeit als auch die Bitte um den Abschluss eines Gefälligkeitsvertrages liegen: Handelt es sich etwa um gewöhnliche Straßenkatzen, wird man eher von einem bloßen Gefälligkeitsverhältnis ausgehen müssen. Anders ist dies jedoch zu beurteilen, wenn es um sehr wertvolle und teure Siamkatzen geht. Dann ist es für D entscheidend und wichtig, dass die Pflege schon aufgrund des Wertes der Katzen sehr sorgfältig und gewissenhaft durchgeführt wird. Dies wird auch der E erkennen, so dass in dieser Situation wohl ein Gefälligkeitsvertrag anzunehmen ist.

125 **Kein Kriterium** in dem Zusammenhang ist hingegen die Unentgeltlichkeit: Denn gerade die Unentgeltlichkeit ist häufig vertragstypisch – man denke nur an die Schenkung, die stets unentgeltlich erfolgt, aber unzweifelhaft einen Vertrag darstellt.

126 In einem bekannten Beispiel, anhand dessen der BGH die Differenzierung zwischen Gefälligkeitsverhältnis und Gefälligkeitsvertrag herausgearbeitet hat, gab eine **Lottotippgemeinschaft** wöchentlich Lottotipps ab[106]; dazu zahlte jeder einen geringen Betrag in eine gemeinsame Kasse, die jeweils von einem der Mitglieder der Gemeinschaft zur Annahmestelle gebracht wurde. An einem Tag vergaß einer der Mitspieler, den Lottoschein abzugeben, auf diesen Schein entfiel jedoch ein großer Gewinn. Die anderen Gemeinschaftsmitglieder verlangten nun von dem vergesslichen Mitglied einen Schadensersatz. Dieser wäre heute auf § 280 Abs. 1 zu stützen. Dazu bedürfte es jedoch zunächst eines Schuldverhältnisses. Dieses könnte in dem gemeinsamen Lottospielen, also in der Abrede liegen, gemeinsam wöchentlich den Tippschein abzugeben. Fraglich ist, ob darin bereits ein Vertrag oder nicht vielmehr eine reine Gefälligkeit zu sehen ist. Dies hängt davon ab, ob die Parteien diese Gemeinschaft mit einem Rechtsbindungswillen betrieben haben. Wenn man die oben genannten Kriterien zugrunde legt, wird man jedoch davon ausgehen müssen, dass hier keine vertragliche Bindung gewollt war: Denn das Risiko, einmal die Abgabe zu vergessen und dadurch den Gewinn zu verspie-

---

105 S. *Eckert*, Schuldrecht Allgemeiner Teil, Rn. 28; lehrreich auch BGHZ 21, 102 ff.
106 BGH NJW 1974, 1705 ff.

len, ist erkennbar und wird von keiner der Parteien übernommen werden wollen. Daher hat der BGH zu Recht in dieser Situation entschieden, dass der vergessliche Mitspieler angesichts dieses hohen Haftungsrisikos keine rechtsgeschäftliche Verpflichtung eingehen wollte – es liegt also kein Gefälligkeitsvertrag vor.[107]

127 Ein weiterer wichtiger Bereich in dem Zusammenhang ist die Situation der **Auskunftserteilung**: § 675 Abs. 2 macht nämlich in dem Zusammenhang deutlich, dass die Erteilung einer bloßen Auskunft allein nicht genügt, um einen stillschweigenden Vertragsschluss anzunehmen; die Unentgeltlichkeit einer Auskunft hilft in dem Zusammenhang auch nicht sofort weiter. Gerade bei der Auskunftserteilung ist also entscheidend, inwiefern die Parteien besondere Kriterien anlegen können, um deutlich zu machen, dass sie einen Vertragsschluss wünschen. Dies wird dann der Fall sein, wenn die Auskunft gerade aufgrund der Sachkunde[108] des anderen erbeten wird oder wenn es um für beide Seiten ersichtlich hohe Wertgüter geht: Dann kann man von einem Auskunftsvertrag sprechen. Bei der bloßen Auskunft, die man auf der Straße nach einem Weg erbittet, wäre es jedoch fernliegend, eine vertragliche Bindung anzunehmen, stattdessen wird man von einer reinen Gefälligkeit auszugehen haben (wenn nicht wiederum besondere Anhaltspunkte erkennbar sind, dass es bei dieser Auskunft sozusagen um Leben und Tod geht).

128 Neben diesen beiden genannten Kategorien der reinen Gefälligkeit und des Gefälligkeitsvertrages hat sich eine *dritte* Kategorie, in der Mitte, herausgebildet, nämlich das sog. **Gefälligkeitsverhältnis:** Die Begrifflichkeit geht hier sehr durcheinander, gemeint ist jedoch eine Gefälligkeit, in der keine primären Leistungspflichten bestehen, also kein Gefälligkeitsvertrag abzuschließen war, gleichwohl mehr als eine reine Gefälligkeit gegeben ist. Man kann hier auch von einer Gefälligkeit besonderer Art sprechen, die zumindest rechtsgeschäftsähnlich ist und somit Sekundärpflichten, d. h. Schutzpflichten gem. § 241 Abs. 2 begründet. Im Ergebnis ist diese Situation ähnlich und vergleichbar mit derjenigen der vorvertraglichen Situation bei der „culpa in contrahendo". Wann eine solche besondere Gefälligkeit mit rechtsgeschäftlichem Charakter vorliegt, die zu Sekundärpflichten und Verbindungen gem. § 311 Abs. 2 i. V. m. § 241 Abs. 2 führt, ist nicht ganz klar. Denn man muss sich in diesem Zusammenhang immer vor Augen führen, dass prinzipiell ja stets auch deliktische Ansprüche bestehen. Darstellen lässt sich diese Problematik gut an der Situation, in der sich einer bereit erklärt, einen anderen in seinem Auto mitzunehmen.

Bsp: Bietet der A etwa morgens früh seinem Kollegen K an, ihn im Auto zur Arbeit mitzunehmen, kann man hierin eine reine Gefälligkeit sehen – angesichts der Gefährlichkeit des Straßenverkehrs und des Risikos, etwa aufgrund der schlechten Fahrweise des Fahrers einen Unfall zu erleiden oder zu spät zu kommen, ist jedoch auch denkbar, hier einen rechtsgeschäftlichen Gehalt anzunehmen. Doch eine Gefälligkeit im Sinne eines Transports- oder Mitnahmevertrages wäre auch wieder unrealistisch: Dies dürfte kaum im Sinne der Parteien sein, ein Rechtsbindungswille im Hinblick auf diese besondere Kategorie eines Vertrages mit hohen Anforderungen und Rechtsfolgen ist praxisfern. Daher stellt sich die Frage, was

---

107 BGH NJW 1974, 1705.
108 Vgl. hierzu und zu weiteren Kriterien MünchKomm/*Heermann*, BGB, § 675 Rn. 122; zu den strengen Anforderungen an einen Auskunftsvertrag vgl. auch BGH, BB 2007, 1247 – Tätigwerden eines entfernten Familienangehörigen bei Aktienanlage.

passiert, wenn tatsächlich eine Verletzung des Beifahrers eintritt: Bleibt man bei der reinen Gefälligkeit, stehen dem Verletzten Ansprüche aus Deliktsrecht zu. Konstruiert man – praxisfern – einen Gefälligkeitsvertrag, bestünden auch Primärleistungspflichten. Nach der überwiegenden Auffassung kann man jedoch ausnahmsweise auch von einer Mittelkategorie ausgehen, d. h. einem sog. Gefälligkeitsverhältnis: Hier entstehen also Schadensersatzansprüche wegen einer Schutzpflichtverletzung; infolgedessen hat der Beifahrer auch vertragsähnliche Ansprüche auf Schadensersatz. Die Konsequenz dieser Auffassung liegt vor allem darin, dass auf diese Weise auch (für den Fall des Falles) § 278 anwendbar wäre; darüber hinaus ist zusätzlich auch die Ersatzfähigkeit reiner Vermögensschäden möglich, was ja bei allein deliktischen Ansprüchen ausgeschlossen ist.[109]

2. Rechtsfolgen

129 **Rechtsfolgen** aus einer Gefälligkeit ergeben sich also entsprechend der oben vorgestellten Kategorien je nachdem danach, was vorliegt: Besteht eine reine Gefälligkeit, entsteht keinerlei Anspruch: weder auf Erfüllung noch auf Schadensersatzansprüche infolge einer wie auch immer gearteten Schutzpflichtverletzung. Liegt ein Gefälligkeitsvertrag vor, kann der Vertragspartner Erfüllung verlangen. Er hat einen Anspruch darauf; darüber hinaus bestehen die üblichen Nebenpflichten des Vertrages. Liegt schließlich ein Gefälligkeitsverhältnis rechtsähnlicher Natur vor, besteht zwar kein Erfüllungsanspruch (der eine kann vom anderen nicht verlangen, dass er ihn im Auto auch am nächsten Morgen mitnimmt), doch es bestehen besondere Schutzpflichten, die sich letztlich aus § 241 Abs. 2 ergeben.

§ 4 Gesetzliche Entstehung von Schuldverhältnissen

130 Neben den zuvor geschilderten Möglichkeiten des Zustandekommens eines Vertrages, die auf der Willensentschließung der Parteien beruhen, kennt das BGB darüber hinaus eine **zweite Entstehungsmöglichkeit** für Schuldverhältnisse, nämlich diejenige kraft Gesetzes. Entscheidend in diesen Fällen ist, dass für die Entstehung keine Willensäußerung und kein rechtsgeschäftliches Handeln der Parteien erforderlich sind, vielmehr kommt das Schuldverhältnis bereits unmittelbar kraft Gesetzes allein dadurch zustande, dass eine bestimmte Situation eintritt. Das BGB selbst kennt verschiedene Gruppen derartiger gesetzlicher Schuldverhältnisse, drei sind von ihnen explizit im Gesetz geregelt – eine vierte kann man ebenfalls hierunter fassen, nämlich das vorvertragliche Schuldverhältnis, welches letztlich die Zwischenstellung zwischen vertraglicher und gesetzlicher Entstehung einnimmt.[110]

131 Abgesehen von diesem besonderen Fall wird ein solches gesetzliches Schuldverhältnis zunächst dann begründet, wenn eine **unerlaubte Handlung** begangen wird: Die §§ 823 ff. enthalten dazu bestimmte Regelungen. Sobald eine Person einem anderen gegenüber ein Delikt begeht, d. h. eine unerlaubte Handlung, entstehen zugunsten des Betroffenen Ansprüche: Dieser kann sich an den Schädiger halten,

---

109 So die ganz überwiegende Auffassung: Vgl. etwa *Esser/Schmidt*, Schuldrecht AT/1, § 10 I Satz 2; Palandt/*Heinrichs*, BGB, Einl. v. § 241 Rn. 8 f.
110 Vgl. oben bei Rn. 90 ff.

der zum Ersatz der Schäden verpflichtet ist. Es entsteht also ein Schuldverhältnis zwischen den beiden Parteien, dieses ist geprägt durch die Primärleistungspflicht des Schadensersatzes.

Eine zweite wichtige Fallgruppe für gesetzliche Schuldverhältnisse ist die **Geschäftsführung ohne Auftrag,** die in den §§ 677 ff. geregelt ist. Auch hier liegen keine Willenserklärungen oder rechtsgeschäftliche Handlungen vor, vielmehr dient diese Fallgruppe dazu, die Situation aufzufangen, in der jemand für einen anderen tätig wird, ohne von diesem beauftragt oder sonst hierzu berechtigt zu sein. Weil und soweit eben kein Rechtsgeschäft im Sinne eines Auftrags vorliegt, tritt an dessen Stelle das gesetzliche Schuldverhältnis der Geschäftsführung ohne Auftrag: Ähnlich wie beim Auftrag entstehen dann Primär- und Sekundärpflichten beider Beteiligten, gebunden ist die Entstehung dieser Pflichten daran, wie die Auftragsdurchführung rechtlich einzuordnen ist. **132**

Schließlich ist auch die **ungerechtfertigte Bereicherung** in den §§ 812 ff. ein Beispiel für ein gesetzliches Schuldverhältnis. Hier hat jemand auf Kosten eines anderen ohne Rechtsgrund einen Vermögensvorteil erlangt. Die Rechtsordnung sieht in diesen Fällen vor, dass derjenige, der den Vermögensvorteil erlangt hat, diesen auch wieder herausgeben muss. Auf die Herausgabe erhält der Benachteiligte einen Anspruch. Es entsteht also ein Schuldverhältnis, das auf die Rückgängigmachung der Vermögensverschiebung ausgelegt ist. **133**

Neben diesen gesetzlichen Schuldverhältnissen aus dem Besonderen Schuldrecht kennt das BGB **auch in den weiteren Büchern** noch **gesetzliche Schuldverhältnisse,** insbesondere im Sachenrecht (vgl. etwa § 965 ff.). Ähnliches gilt für das Familien- und Erbrecht. **134**

Teil III: Leistungspflichten im Schuldverhältnis

§ 5 Der Inhalt der Leistungspflichten

Literatur: *Canaris, C.-W.,* Der Zinsbegriff und seine rechtliche Bedeutung, NJW 1978, 1891; *ders.,* Die Bedeutung des Überganges der Gegenleistungsgefahr im Rahmen von § 243 II BGB und § 275 II BGB, JuS 2007, 793; *Faust, F.,* Grenzen des Anspruchs auf Ersatzlieferung bei der Gattungsschuld, ZGS 2004, 252; *Gruber, U. P.,* Das drohende Ende der Stückschuld, JZ 2005, 707; *Joussen, J.,* Das Gestaltungsrecht des Dritten nach § 317 BGB, AcP 203 (2003), 429; *Käbler, L.,* Zur Entmythisierung der Geldschuld, AcP 206 (2006), 805; *Leßmann, H.,* Grundprobleme der Gattungsschuld, JA 1982, 280; *Leder, T./Morgenroth, S.,* Die Vertragsstrafe im Formulararbeitsvertrag, NZA 2002, 952; *Lorenz, S.,* Gattungskauf, Konkretisierung und Gefahrtragung beim Verbrauchsgüterkauf nach neuem Schuldrecht, ZGS 2003, 421; *Medicus, D.,* Die konkretisierte Gattungsschuld, JuS 1966, 297; *Nesemann, T.,* Vertragsstrafen in Sponsoringverträgen im Zusammenhang mit Doping, NJW 2007, 2083; *Nodoushani, M.,* Die „verdeckte" Vertragsstrafe – Zur Abgrenzung von Schadensersatzpauschale und Vertragsstrafe, ZGS 2005, 330; *Reim, U.,* Wirksamkeit von Vertragsklauseln in Formulararbeitsverträgen, JuS 2006, 120; *Rüfner, T.,* Zum Vertragsschluss bei Internetauktionen und zur Abgrenzung zwischen Gattungskauf und Spezieskauf, JZ 2001, 768; *Tilp, H.,* Das Recht der Vertragsstrafe, Jura 2001, 441; *Wensing, H.-H./Niemann, J.-M.,* Vertragsstrafen in Formulararbeitsverträgen: § 307 BGB neben § 343 BGB?, NJW 2007, 401.

Rechtsprechung: BGH NJW 1971, 653 (Unwirksamkeit der Vereinbarung der Entscheidung eines Sachverständigen); BGH NJW 1971, 1126 (Rechtsmissbräuchliche Geltendmachung der Vertragsstrafe); BGH NJW 1985, 191 (Beseitigung der Wiederholungsgefahr durch Vertragsstrafeversprechen bis zu einem Höchstbetrag – Vertragsstrafe bis zu ...); BGH NJW 1985, 1895 (Kein Bestimmungsrecht des Immobilienmaklers über Höhe der Provision); BGH NJW-RR 1990, 270 (Bestimmtheitsanforderungen an vertragliche Vereinbarung einer Leistung); BGH NJW 2007, 2332 (Pflicht zum Hinweis auf gegenstandswertabhängige Rechtsanwaltsgebühren); BGH NJW 2007, 3057 (Aufklärungspflicht des Verkäufers über Erfordernis von Fachkenntnissen bei Selbstmontage einer Heizungsanlage); BAG BB 2006, 720 (unzulässige Vertragsstrafenabrede in einem Formulararbeitsvertrag wegen unangemessener Übersicherung zugunsten des Klauselverwenders).

I. Der „Normalfall" der Leistungspflichten

135 Ist das Schuldverhältnis einmal durch rechtsgeschäftliche Vereinbarungen begründet worden, entstehen dadurch unmittelbar für beide Vertragsparteien Rechte und Pflichten. Da die Entstehung des Schuldverhältnisses in diesem Modus an die rechtsgeschäftliche Einigung gebunden ist, muss diese wirksam sein und insbesondere die wesentlichen Vertragsbestandteile für die Einigung enthalten. Der **Inhalt der Leistungspflichten** ergibt sich somit, zumindest im Hinblick auf die **Primärpflichten**, unmittelbar aus der Einigung, denn diese muss die sog. „**essentialia negotii**"[1] enthalten, also die beiden Vertragsparteien, die Leistung sowie die

Gegenleistung. Lassen sich auf diese Weise die Hauptleistungspflichten gut bestimmen, ergeben sich zusätzlich bei einem Schuldverhältnis weitere Pflichten: Diese kann man unterteilen in solche, die zwar nicht die Hauptleistungen betreffen, aber sich als Nebenpflichten insofern charakterisieren lassen, als sie in einer bestimmten Abhängigkeit oder Beziehung zu den Hauptleistungspflichten stehen. Man spricht dann auch von Nebenleistungspflichten. Darüber hinaus ergeben sich in jedem Schuldverhältnis zusätzlich Pflichten, unabhängig von dem Gegenstand der Hauptleistungspflichten – diesbezüglich spricht man von Nebenpflichten im weiteren Sinne oder von besonderen Schutzpflichten oder Rücksichtnahmepflichten, gesetzlich geregelt sind sie in § 241 Abs. 2.

1. Die Hauptleistungspflichten

136

Die **Hauptleistungspflichten** des Schuldvertrages nennt man auch Primärpflichten. Sie ergeben sich unmittelbar aus der Einigung der Parteien oder gegebenenfalls auch subsidiär aus einer entsprechenden gesetzlichen Regelung. Das **Prinzip der Vertragsfreiheit** eröffnet den Parteien die Möglichkeit, die wesentlichen Vertragsbestandteile eigenständig festzulegen. Sie sind insbesondere nicht daran gebunden, sich an einen Vertragstypus zu halten, der exemplarisch im BGB aufgelistet ist, also etwa an einen Kaufvertrag gem. § 433 oder an einen Dienstvertrag gem. § 611. Stattdessen können die Parteien inhaltlich völlig frei vereinbaren, was Gegenstand ihrer schuldrechtlichen Beziehung sein soll. Hier müssen sie lediglich diejenigen Grenzen beachten, die der Vertragsfreiheit insgesamt entgegenstehen, also etwa solche aus §§ 138 oder 134.[2] Doch abgesehen davon herrscht im Schuldrecht der Grundsatz der Typenfreiheit, so dass die Vertragsparteien selbständig vereinbaren können, welche Hauptleistungspflichten für ihren Vertrag gelten sollen. Die Parteien können sich jedoch auch darauf beschränken, sich auf einen Typus des Schuldrechts zu beziehen.

Bsp.: Wenn A von B einen PC kauft, vereinbaren beide einen Kaufvertrag; in diesem Fall werden die Hauptleistungspflichten durch das Gesetz vorgesehen: So legt § 433 in seinem Absatz 1 fest, dass B durch die vertragliche Einigung dazu verpflichtet wird, dem A den Rechner zu übergeben und das Eigentum an ihm frei von Sach- und Rechtsmängeln zu verschaffen. Umgekehrt ist A seinerseits dazu verpflichtet, dem B den vereinbarten Kaufpreis zu zahlen und den PC abzunehmen. Die gesetzliche Bestimmung in § 433 gibt somit ein Grundgerüst für die die beiden Parteien betreffenden Hauptleistungspflichten: Den Verkäufer B trifft die Verschaffungspflicht, den Käufer A die Pflicht, zu zahlen und abzunehmen. Nun müssen die Parteien ihrerseits für die Ausfüllung des Vertrages lediglich die nähere Konkretisierung dieser Pflichten vornehmen, also bestimmen, was Gegenstand der Leistungspflicht des B und was umgekehrt die Höhe der Gegenleistungspflicht des A sein soll.

In einem solchermaßen „gegenseitigen Vertrag" stehen die beiden Hauptleistungspflichten in einem untrennbaren Zusammenhang. Beide Vertragsparteien verpflichten sich allein deshalb zur Erbringung ihrer Leistungspflicht, weil sie auf diese Weise in den Genuss der Pflichterbringung durch den anderen Vertragsteil kommen. Die Hauptleistungspflichten stehen also zueinander in einer besonderen Nähe. Man spricht insofern von einem Synallagma.[3] Bei den Hauptleistungs-

137

---

1 Bamberger/Roth/*Eckert*, BGB, § 145 Rn. 3.
2 Vgl. oben Rn. 15.
3 S. dazu bereits oben Rn. 37.

pflichten in dem auf Gegenseitigkeit angelegten Vertrag mit einer jeweils wechselseitigen Zweckbindung spricht man insofern von einer synallagmatischen Verknüpfung.[4] Dies ist deshalb von Bedeutung, weil bestimmte Rechtsfolgen sich nur dann ergeben, wenn die Leistungspflicht, um die es geht, in diesem Synallagma steht. Die Hauptleistungspflicht des Käufers nach § 433 Abs. 2, also die Erbringung der Kaufpreiszahlung, steht in solch einer engen Verbindung zu der in § 433 Abs. 1 beschriebenen Verschaffungspflicht des Verkäufers; andere Pflichten, die den Verkäufer treffen, also Nebenleistungspflichten oder die Pflichten zur Rücksichtnahme, entstehen zwar auch im Rahmen des Schuldverhältnis, sind aber nicht derart eng mit der Pflicht des Käufers verbunden, dass sie in einem Synallagma stehen. Daher ist deren Schicksal insbesondere nicht aneinander geknüpft.

138 Was in einem solchen schuldrechtlichen Vertrag zueinander im Synallagma steht, ist dann einfach zu bestimmen, wenn es sich um einen der Typenverträge des BGB handelt. So stehen die Hauptpflichten des Käufers und Verkäufers in dem beschriebenen **engen Zusammenhang**; in gleichem Maße sind auch die wesentlichen Vertragsaufgaben des Werkunternehmers und des Bestellers zu sehen. Schwieriger wird die **Bestimmung der Hauptleistungspflichten** indes, wenn die Parteien nicht auf einen der verschiedenen Vertragstypen des BGB zurückgreifen, sondern einen atypischen Vertrag abschließen.

Bsp.: Zu denken ist etwa an einen gemischten Vertrag im Bewirtungssektor: Betritt etwa G das Restaurant des W, setzt sich dort an einen Tisch, hängt zuvor seinen Mantel auf, bestellt ein Essen und ein Getränk und schwingt er anschließend auch noch das Tanzbein, weil es sich um eine Tanzveranstaltung handelt, ist nicht klar ersichtlich, was die Hauptleistungspflichten der Vertragsparteien, insbesondere des W sind: Ist es die Zurverfügungstellung des Tisches? Ist es die Bewachung des Mantels an der Garderobe oder die Ermöglichung des Tanzens mit Musik? All dies kann Hauptleistungspflicht des W sein. Im Einzelnen wird es entscheidend sein, darauf zu achten, was die Parteien wollten. Durchaus vorstellbar ist in diesem Zusammenhang, dass alle einzelnen Vertragsbestandteile Gegenstand der Hauptleistungspflicht des Wirtes sind; andererseits ist aber auch gut möglich, dass Hauptpflichten des Wirtes, für die der Gast Geld entrichtet, ausschließlich die Verpflegung sowie die Zurverfügungstellung von Musik sind; demgegenüber könnte die Zurverfügungstellung eines Tisches sowie die Überwachung der Garderobe als bloße Nebenpflicht zum Hauptleistungspflichtenprogramm des W anzusehen sein. Entweder liegt in diesen Fällen dann ein zusammengesetzter Vertrag vor, der in dem dargestellten Beispiel in erster Linie ein gemischter Vertrag aus einer Bewirtung sowie der Erbringung der Tanzmusik sein dürfte. Andererseits kann man in diesen Fällen aber auch versuchen, einen atypischen Vertrag als gegeben anzusehen, der aus unterschiedlichen Bestandteilen besteht. Entscheidend ist der Wille der Vertragsparteien; da dieser häufig nicht dezidiert zum Ausdruck kommt, wird man insofern auf die Umstände des Einzelfalles und die Gegebenheiten vor Ort Rücksicht zu nehmen haben.

139 Da die Hauptleistungspflichten zu den *essentialia negotii* gehören, ist es von entscheidender Bedeutung, dass allein anhand der Vereinbarung der Inhalt der einzelnen Leistungspflichten beider Vertragsparteien festgestellt werden kann. Infolgedessen gilt auch im Bereich des Schuldverhältnisses prinzipiell der Grundsatz der **Bestimmtheit der Leistung**: Daraus folgt, dass bei jedem vertraglichen Schuldverhältnis die Leistungsinhalte beider Parteien im Hinblick auf die zu erbringende

---

4 *Brox/Walker*, Allgemeines Schuldrecht, § 13 Rn. 14; *Looschelders*, Schuldrecht Allgemeiner Teil, Rn. 347.

Primärleistungspflicht genau bestimmt sein müssen; denn nur dann weiß der jeweilige Schuldner der einzelnen Leistung, was er zu tun hat. Anders als im Sachenrecht, wo der **Bestimmtheitsgrundsatz** eine überragende Bedeutung einnimmt[5], wird jedoch im Bereich des Schuldrechts der Bestimmtheitsgrundsatz in vielerlei Hinsicht nicht ganz so strikt eingehalten. Häufig sind die schuldrechtlichen Hauptleistungspflichten der Vertragsparteien gerade nicht in allen Einzelheiten schon durch die vertragliche Einigung bestimmt. Es können vielmehr sogar genauere Einzelheiten zu den vertraglichen *essentialia negotii* fehlen. In diesem Fall ist jedoch noch nicht sofort der Vertrag unwirksam, insbesondere liegt in diesen Fällen nicht unwillkürlich ein Dissens oder eine fehlende Einigung vor[6], vielmehr kann es in diesem Zusammenhang auch gelingen, den Inhalt der Hauptleistungspflichten auf andere Weise zu ermitteln.

Eine solche Ermittlung läuft in verschiedenen Schritten ab. Zunächst hat man festzustellen und zu prüfen, ob die Parteien nicht doch eine Vereinbarung über den Inhalt der Verpflichtung getroffen haben; fehlt eine solche ausdrückliche Vereinbarung, kann sie auch **konkludent** erfolgt sein. Hier greifen die bekannten Regeln des Vertragsschlusses.

Bsp.: Kauft beispielsweise A vier Tage hintereinander zwei Brötchen bei seinem Bäcker und formuliert dies auch explizit, schweigt er hingegen am 5. Tag und legt stattdessen nur 50 Cent auf die Theke, kommt gleichwohl ein Vertrag mit den Hauptleistungspflichten „zwei Brötchen, 50 Cent" zustande – die konkludente Einigung genügt für die Bestimmtheit der Leistungspflicht in jedem Fall.

Ist jedoch auch konkludent keine nähere Bestimmung über die Hauptleistungspflicht auf diese Weise möglich, helfen gegebenenfalls **gesetzliche Auslegungsregelungen**. Dies gilt insbesondere auch im Hinblick auf die Modalitäten der Leistungserbringung, also auf die Frage, wann und wo die Leistungspflicht zu erbringen ist – haben sich die Parteien also hierüber nicht geeinigt, berührt dies die Wirksamkeit der Vereinbarungen nicht. Insbesondere ist hiervon nicht das Vorhandensein der *essentialia negotii* betroffen – denn sofern diese beiden benannt sind, kann sich alles Übrige aus dem Gesetz ergeben: So ergibt sich der Ort der Erbringung aus § 269, hinsichtlich der Leistungszeit gilt § 271.[7] Eine weitere Auslegungsregel hinsichtlich der Leistungserbringung findet sich darüber hinaus in § 311c: Danach gilt, dass jemand, der sich zur Veräußerung oder Belastung einer Sache verpflichtet, damit zugleich „im Zweifel" dazu verpflichtet wird, auch das Zubehör dieser Sache mit zu veräußern bzw. mit zu belasten.

Bsp.: Verkauft etwa der S dem T sein Grundstück und ist nicht näher vereinbart, was hinsichtlich der Traktoren geschehen soll, die auf dem Grundstück stehen, ist gem. § 311c davon auszugehen, dass diese im Zweifel mit verkauft sein sollen – denn diese sind als Zubehör des Grundstücks anzusehen, wie sich aus § 94 ergibt.[8]

---

5 Vgl. *Weber*, Sachenrecht I, § 4 Rn. 8.
6 Dazu näher *Brox/Walker*, Allgemeines Schuldrecht, § 6 Rn. 1; *Larenz*, Schuldrecht I – Allgemeiner Teil, S. 76 ff.
7 Dazu unten in Rn. 254.
8 Nach h.M. gilt die Auslegungsregel sogar entsprechend bei der Vereinbarung einer Gebrauchsüberlassung, also etwa bei der Vermietung, vgl. HK-BGB/*Schulze*, § 312c Rn. 1.

142 Im Schuldrecht kann es sogar noch weitergehende Fallgestaltungen geben, in denen nicht nur die Modalitäten der Leistungserbringung, sondern sogar die **Gegenleistungspflicht nicht genau bestimmt** ist. Dies ist zwar im Kaufrecht nicht der Fall, wo die Parteien den Inhalt der Gegenleistungspflicht festlegen müssen, bzw. eine Vereinbarung darüber treffen müssen, dass ausnahmsweise ein Dritter oder eine der Vertragsparteien diese Bestimmung trifft. Dies ist in den §§ 315–319 geregelt.[9] Zusätzlich gibt es jedoch auch Vertragstypen, in denen die Parteien sich über die Gegenleistungspflicht zwar nicht explizit einigen, aber üblicherweise die Erbringung einer besonderen Leistung nur gegen Vergütung zu erwarten ist: Diese Vorschrift kennzeichnet insbesondere das Dienstleistungsrecht, also auch das Arbeitsvertragsrecht: § 612 Abs. 2 enthält eine besondere Vorschrift für den Fall, dass die Höhe der Vergütung nicht bestimmt ist.[10] Denn ist eine Vergütungshöhe nicht explizit vereinbart, greift hilfsweise gem. § 612 Abs. 2 in diesen Fällen eine Auslegungsregel, der zufolge im Notfall die übliche Vergütung als vereinbart anzusehen ist. Hier wird die Bestimmbarkeit der Vergütungshöhe im Ergebnis über eine Fiktion konkretisiert. Ähnliche Vorstellungen finden sich im Werkvertragsrecht in § 632 Abs. 2 oder auch im Maklervertrag gem. § 653 Abs. 2.

2. Die Nebenpflichten

143 Neben den genannten Hauptleistungspflichten entstehen bei der Vereinbarung eines Schuldverhältnisses zusätzlich **Nebenpflichten**. Diese Nebenpflichten lassen sich in der angesprochenen Weise kategorisieren, es entstehen also zunächst Nebenpflichten, die **auf die Hauptleistung bezogen** sind: Hierunter versteht man solche Pflichten der Vertragsparteien, die zur **Vorbereitung, Durchführung und Sicherung der eigentlichen Hauptleistungspflicht des Vertragspartners dienen**.[11] Diese Nebenleistungspflichten stehen nicht im Synallagma. Sie haben zwar einen direkten Bezug auf die Hauptleistung, auf ihre Einhaltung besteht auch ein Erfüllungsanspruch, sie sind also insbesondere selbstständig einforderbar und einklagbar. Doch hängen sie nicht so eng an der Hauptleistung, dass sie mit dieser als wechselseitig verwoben angesehen werden können. Dies hat insbesondere Auswirkungen auf die Frage, welche Folgen aus einer Störung bei der Erbringung dieser Nebenpflichten erwachsen. Denn das Leistungsstörungsrecht differenziert an verschiedenen Stellen maßgeblich danach, ob eine synallagmatische Hauptpflicht oder hingegen eine Nebenpflicht verletzt worden ist – dazu an späterer Stelle ausführlich.[12] Die leistungsbezogenen Nebenpflichten werden von den Parteien regelmäßig nicht explizit vereinbart, obwohl auch dies entsprechend dem Grundsatz der Vertragsfreiheit immer möglich ist. Doch zumindest dann, wenn die Parteien auf einen Vertragstypus des BGB zurückgreifen, also etwa auf den Kaufvertrag oder den Werkvertrag, sieht schon das Gesetz eine Reihe von jeweiligen spezifischen Nebenpflichten vor. Zu denken ist etwa an die Pflicht des Verkäufers, in bestimmten Fällen die Kostentragung zu übernehmen, § 448 Abs. 1. Derartige Nebenpflichten stehen zu der Hauptleistungspflicht in einem ergänzen-

---

9 Dazu später in Rn. 153.
10 Vgl. näher BeckOK-ArbR/*Joussen*, BGB, § 612 Rn. 29 ff.
11 Palandt/*Heinrichs*, BGB, § 241 Rn. 5.
12 Unten ab Rn. 290 ff.

den oder dienenden Zusammenhang; dienend in dem Sinne, dass sie der Durchführung und Sicherung des Hauptleistungszwecks dienen sollen.

3. Die Pflichten nach § 241 Abs. 2

Neben den Nebenpflichten, die in einer besonderen Beziehung zu den Hauptleistungspflichten stehen, treffen die Parteien des Schuldverhältnisses schließlich auch noch weitere Nebenpflichten. Diese zusätzlichen Pflichten sind dadurch ausgezeichnet, dass sie jedes Schuldverhältnis begleiten, aber nicht als Leistungspflichten anzusehen sind, insbesondere besteht hier kein einklagbarer Einspruch. Gemeint sind vor allem die Pflichten, die sich aus § 241 Abs. 2 ergeben: Danach ist jede Vertragspartei zur Rücksicht auf die Rechte, Rechtsgüter und Interessen des anderen Teils verpflichtet.[13] Diese Pflicht entsteht unmittelbar mit Begründung des Schuldverhältnisses. Man kann diese Pflichten als **Pflichten zur Rücksichtnahme** zusammenfassen, sie aber auch als Schutzpflichten oder weitere Verhaltenspflichten bezeichnen. Auf die Erbringung dieser Pflichten besteht zwar kein Erfüllungsanspruch, der eingeklagt werden kann; umgekehrt gilt jedoch, dass dann, wenn eine Partei diese Pflicht nicht beachtet, sie sich wegen einer Nebenpflichtverletzung einem Schadensersatzanspruch aus § 280 Abs. 1 aussetzen kann.

Bsp.: A kauft bei B einen Anhänger. Als er auf dem Hof des B parkt, wird der Wagen des A aus Unachtsamkeit des B beschädigt. Nunmehr kann A von B Schadensersatz verlangen und dies auf § 280 Abs. 1 gründen.

Solche nicht leistungsbezogenen Nebenpflichten sind zwar in **§ 241 Abs. 2 umschrieben,** dort allerdings nicht abschließend geregelt. Allen derartigen Schutzpflichten gemeinsam ist, dass sie losgelöst von der Hauptleistungspflicht zu betrachten sind; insbesondere dann, wenn der Schuldvertragspartner seine Leistungspflicht zwar fehlerfrei erbringt, dabei aber Rechtsgüter des Vertragspartners verletzt, wird deutlich, dass gegen ihn Ansprüche entstehen können. Diese ergeben sich aus der Anspruchsgrundlage des § 280 Abs. 1:

Bsp.: U kauft bei V ein Trimmrad. Hat V zwar das (mangelfreie) Rad ordnungsgemäß geliefert, bei der Lieferung jedoch die Tür des Käufers beschädigt, dann hat er eine Pflichtverletzung begangen: Eine Verletzung der Hauptleistungspflicht ist nicht gegeben, denn diese bestand lediglich in der Verschaffung des Eigentums an dem Rad. Die Pflichtverletzung war auch keine Pflichtverletzung einer Nebenpflicht, die der Hauptleistungspflicht zu dienen bestimmt war, hier der Lieferung. Vielmehr handelte es sich um eine Pflichtverletzung, die eine Schutzpflicht im klassischen Sinne betraf. Denn jede Vertragspartei hat, so ist es in § 241 Abs. 2 sogar explizit aufgeführt, die Pflicht, auf die Rechtsgüter und Rechte seines Vertragspartners Rücksicht zu nehmen. Dies heißt insbesondere, man ist verpflichtet, auf die Integritätsinteressen des Vertragspartners hinsichtlich seiner Güter zu achten. V hat diese Pflicht verletzt, es kommt daher ein Anspruch aus § 280 Abs. 1 in Betracht.

Die unterschiedlichen, in § 241 Abs. 2 nur rudimentär geregelten, nicht hauptleistungsbezogenen Neben- oder Schutzpflichten lassen sich in unterschiedliche Kategorien einteilen. Hier haben Rechtsprechung und Lehre seit jeher mit verschiedenen **Fallgruppen** gearbeitet:

---

13 Palandt/*Heinrichs*, BGB, § 241 Rn. 6 f.; vgl. auch schon oben Rn. 40.

147 Aus § 241 Abs. 2 noch selbst unmittelbar deutlich wird die Schutzpflicht hinsichtlich der Rechte und Rechtsgüter des Vertragspartners: Die Parteien müssen sich so verhalten, dass die Rechtsgüter und Rechte des anderen Teils des Schuldverhältnisses nicht verletzt werden.[14] Andere derartige Nebenpflichten sind sog. **Aufklärungs- und Hinweispflichten:** So hat, obwohl in § 241 Abs. 2 nicht explizit erwähnt, jede Partei die Pflicht, die andere Vertragspartei aufzuklären und auf alle Umstände hinzuweisen, die zur Erreichung des Vertragszwecks wesentlich sind. Beide Vertragsparteien sind also dazu verpflichtet, schon im Rahmen des Vertragsschlusses, aber auch danach im Rahmen der Vertragsababwicklung, die andere Partei auf besonders eklatante Umstände hinzuweisen.[15] Diese Pflicht besteht vor allem im Anbahnungsverhältnis, wie bereits angesprochen wurde.[16]

Bsp.: So ist etwa der A, der den B zum Vorstellungsgespräch eingeladen hat, dazu verpflichtet, diesen darauf hinzuweisen, dass die zukünftige Auszahlung der Gehälter nicht gesichert ist, da sich das Unternehmen in einer wirtschaftlich schwierigen Situation befindet. Diese Aufklärungspflicht muss der Arbeitgeber erfüllen, will er sich nicht einem Schadensersatzanspruch gem. § 280 Abs. 1 aussetzen.[17]

148 Eine weitere derartige Nebenpflicht ist die sog. **Leistungstreuepflicht:** Diese ist darauf gerichtet, dass beide Vertragsparteien die Wirksamkeit und die Durchführung und Durchführbarkeit des Vertrages nicht gefährden dürfen; sie müssen alles unterlassen, was die Erreichung des Vertragszwecks im Ergebnis beeinträchtigen oder gefährden könnte.[18]

149 Die Vielzahl der unterschiedlichen **nicht hauptleistungsorientierten Nebenpflichten,** also der Schutzpflichten, die zum Teil in § 241 Abs. 2 geregelt sind, aber weit darüber hinausgehen, lässt deutlich werden, dass man letztlich darauf angewiesen ist, hier einer gewissen **Kasuistik** zu folgen, die sich im Laufe der Zeit entwickelt hat. Man wird in der Regel versuchen müssen, eine bestimmte Fallgruppe, die im Sachverhalt auftritt, einer der bekannten, bereits entwickelten und anerkannten Fallgruppen zuzuordnen. Daher sind die verschiedenen Kategorien, die zuvor genannt wurden (Schutzpflicht, Aufklärungspflicht und Leistungstreuepflicht) als erste Hilfestellung durchaus geeignet. Im Zweifelsfalle wird man jedoch in Kommentaren und in der Rechtsprechung danach suchen müssen, ob eine bestimmte Verhaltensweise einer der Vertragsparteien eine Verletzung einer insofern relevanten Pflicht im Schuldverhältnis darstellt. Maßgeblich für eine Unterscheidung der unterschiedlichen Nebenpflichtengruppen ist das Kriterium der Einklagbarkeit. So kann auf Erfüllung der Nebenpflichten, die der Hauptleistungspflicht zu dienen bestimmt sind, geklagt werden; demgegenüber sind die Pflichten der Schutzkategorie gem. § 241 Abs. 2 zwar zu beachten, jedoch unselbstständig: Diese Pflichten

---

14 *Looschelders,* Schuldrecht Allgemeiner Teil, Rn. 21; HK-BGB/*Schulze,* § 241 Rn. 5.
15 BGH NJW 1971, 1795 (1799); BGH NJW 2007, 2759; BGH NJW 2007, 3057; Besonderheiten gelten aber bspw. beim Erwerb von Immobilienfondsanteilen, s. hierzu BGH NJW 2007, 3272 (3273).
16 Vgl. oben Rn. 111.
17 BAG NZA 2005, 1298 ff.; BeckOK-ArbR/*Joussen,* BGB, § 611 Rn. 10, 15.
18 Vgl. aus der Rechtsprechung BGH NJW-RR 1995, 1241 (1242); BGH JZ 1973, 366 (368).

können also nicht eigenständig eingeklagt werden, sie führen nur in negativer Hinsicht dann zu einem Anspruch, wenn sie verletzt worden sind.[19]

Bsp.: Der Arbeitgeber A beschäftigt in seinem Betrieb den B. Er beauftragt ihn damit, die Mauer des Betriebsgebäudes mit einer bestimmten Lackfarbe zu streichen. Dabei vergisst er, den B darauf hinzuweisen, dass diese Farbe giftige Gase ausstößt und der B daher eine Gasmaske tragen muss. Als der B ohne Maske die Mauer streicht, wird ihm so übel, dass er aufgrund einer Vergiftungserscheinung mehrere Tage nicht arbeiten kann und sich diverse Medikamente kaufen muss, die er von seiner Krankenkasse nicht ersetzt bekommt. – Besteht ein Anspruch des B gegen den A? Hier kommt – neben deliktischen Ansprüchen – vor allem ein Anspruch aus § 280 Abs. 1 in Betracht: Dazu müsste der Schuldner, hier der A, eine Pflicht aus dem Schuldverhältnis verletzt haben, denn dann könnte der Gläubiger, hier B, Schadensersatz verlangen. Zunächst bedürfte es eines Schuldverhältnisses: Dies ist in dem Arbeitsvertrag zwischen A und B gem. § 611 gegeben. Als zweite Voraussetzung bedürfte es dann einer Pflichtverletzung aus dem Schuldverhältnis: Hier sind unterschiedliche Pflichtenkategorien denkbar. Es kommt die Verletzung einer Schutzpflicht i.S.v. § 241 Abs. 2 in Betracht: Diese Schutzpflicht hinsichtlich der Rechtsgüter des B trifft den A, der insofern Schuldner dieser Pflicht ist. Er hätte die Pflicht gehabt, den B zum Tragen der Maske anzuhalten. Es bestanden genau genommen also zwei Pflichten: Zum einen eine Schutzpflicht des A, der die Rechtsgüter des Gläubigers B bewahren muss; zudem eine Aufklärungspflicht des A, der dazu verpflichtet gewesen wäre, den B über erhebliche Umstände aufzuklären, nämlich über die Gefahrenumstände aus dieser Arbeit. Beides hat er unterlassen. Folglich liegt die Pflichtverletzung vor. Sofern diese dann auch noch schuldhaft gem. § 276 gewesen ist, ist er zum Schadensersatz (i.H.d. Kosten für die Medikamente) verpflichtet.

II. Die Bestimmungen der Leistungspflicht in besonderen Fällen

Die zuvor geschilderten Situationen, insbesondere im Hinblick auf die Hauptleistungspflichten, lassen sich durchaus als der „**Normalfall**" verstehen. Was ist damit gemeint? Gemeint sind damit die Fälle, in denen die Hauptleistungspflichten durch die Parteien beim Vertragsschluss festgelegt werden und damit auch in diesem Moment bestimmt sind. Ausnahmsweise, dies war schon deutlich geworden, genügt sogar, dass die Parteien sich nur auf die Grundzüge einigen oder eine Vereinbarung nur konkludent erfolgt, jedenfalls ist im Zeitpunkt des Vertragsschlusses schon eindeutig bestimmt oder bestimmbar, welche Hauptleistungspflicht jede Vertragspartei erbringen muss.

Von diesem **Grundmodell abweichend** gibt es jedoch auch verschiedene weitere Fälle, in denen die Bestimmung der Leistungspflicht des Synallagmas nicht in gleicher Weise von vornherein möglich ist. So ist zunächst denkbar, dass die Vertragsparteien festlegen, dass der genaue Inhalt der Leistungspflicht erst zu einem späteren Zeitpunkt durch eine der Vertragsparteien oder durch einen Dritten erfolgen soll. Dies ist geregelt in den §§ 315–319. Ebenfalls eine Besonderheit stellen diejenigen Situationen dar, in denen der genaue Inhalt der Leistungspflicht nicht spezifiziert wird, sondern erst noch genauer konkretisiert werden muss, wie dies bei einer Gattungs- oder Wahlschuld der Fall ist. Gesetzliche Besonderheiten gelten darüber hinaus für den Fall, dass eine Geld- oder Zinsschuld Hauptleistungspflicht ist. Schließlich enthält das Gesetz Besonderheiten für die Fälle, dass

---

19 Dazu jedoch auch kritisch *Madaus*, Jura 2004, 289 ff.

der Inhalt der Hauptleistungspflicht auf den Ersatz von Aufwendungen gerichtet ist, oder auf die Leistung einer Vertragsstrafe.

1. Die Bestimmung der Leistungspflicht durch eine Vertragspartei oder einen Dritten, §§ 315–319

152 In Abkehr bzw. in Ergänzung des prinzipiell bestehenden Bestimmtheitsgrundsatzes hinsichtlich der Hauptleistungspflichten können die Vertragsparteien bei Vereinbarung ihres Schuldverhältnisses festlegen, dass der Leistungsgegenstand bzw. die Leistungsgegenstände nicht von ihnen gemeinsam festgelegt werden sollen, sondern von einer der beiden Vertragsparteien alleine oder von einem Dritten. An §§ 315 ff. sieht man besonders deutlich, wie weit das **Bestimmtheitsgebot** im Schuldrecht **aufgeweicht** ist. Den Parteien steht es insofern frei, im Rahmen ihrer Vereinbarung eine Bestimmung der *essentialia negotii* selbst offen zu lassen und allein das „Dass" der Leistungsbestimmung festzulegen, nicht hingegen das „Wie". Der gesetzliche Leitgedanke dahinter liegt darin, im Rahmen der Vertragsfreiheit müsse es den Parteien möglich sein zu vereinbaren, sich der inhaltlichen Gestaltung nur einer der beiden Vertragsparteien oder sogar eines Dritten zu unterwerfen.[20] Prinzipiell steht es den Vertragsparteien im Zuge ihrer Vertragsfreiheit offen, die Maßstäbe festzulegen, anhand derer die spätere Leistungsbestimmung erfolgen soll. Lassen sie diese Maßstäbe offen, richtet sich der Rahmen, an denen sich der die Leistung bestimmende Vertragspartner oder Dritte halten muss, nach den hilfsweise geltenden gesetzlichen Vorgaben in § 315 und § 317: Die die Leistungspflicht betreffende Bestimmung durch eine Partei oder durch einen Dritten ist nämlich dann im Zweifel nach „billigem Ermessen" zu treffen.

153 a) **Die Leistungsbestimmung durch eine der beiden Vertragsparteien, §§ 315, 316.** Die Leistungsbestimmung durch eine der beiden Vertragsparteien ist die eine Möglichkeit, bei der der konkrete Inhalt der Leistungspflicht noch nicht bei Vertragsschluss feststeht, sondern erst später festgelegt wird.

Bsp.: A verkauft dem B sein Grundstück; da B nicht weiß, wie viel dieses Grundstück wert ist, er aber dem A vertraut, soll A den genauen Preis für das Grundstück festsetzen.

154 Die Möglichkeit dazu ist eine Konsequenz aus dem Grundsatz der Vertragsfreiheit, der es eben auch eröffnet, noch nicht zu Beginn alle Vertragsbestandteile genau zu bestimmen, sondern die spätere Bestimmung durch eine der beiden Vertragsparteien zu ermöglichen. Nach § 315 können die Vertragspartner festlegen, dass sowohl der Gläubiger als auch der Schuldner die Möglichkeit haben soll, später den genauen Inhalt der Leistungspflicht festzulegen. Hilfsweise enthält § 316 zudem eine **Auslegungsregel**, die § 315 ergänzt: Dass nämlich, wenn bei einem gegenseitigen Vertrag – wie etwa dem Kaufvertrag – die Gegenleistung nicht bestimmt ist und keine Vereinbarung darüber vorliegt, wer die Gegenleistung bestimmen soll, zur Bestimmung nur derjenige berechtigt ist, der das Entgelt zu fordern hat. Aber hier handelt es sich eben nur um eine Auslegungsregel: Die Parteien können auch etwas anderes vereinbaren.

---

20 Zum Begriff der Unterwerfung s. insbesondere *Bötticher*, Gestaltungsrecht und Unterwerfung im Privatrecht, Berlin 1964.

155 Das **Leistungsbestimmungsrecht** einer der beiden Vertragsparteien **setzt** zunächst **voraus**, dass die Parteien einen wirksamen Vertrag geschlossen haben. Da die *essentialia negotii* noch nicht eindeutig bestimmt sind, muss zumindest verlangt werden, dass die Parteien sich insoweit geeinigt haben, dass sie einen Vertrag schließen wollen und dass die Leistung, die noch nicht bestimmt ist, bestimmbar ist und von einer der beiden Parteien bestimmt werden soll. Die wesentliche weitere Voraussetzung neben dem wirksamen Vertrag ist also, dass die Parteien noch keine Leistungsbestimmung getroffen haben. Das hört sich einfacher an als es ist: Wenn nämlich § 315 die Unbestimmtheit des Leistungsinhalts voraussetzt, heißt dies zugleich, dass die Vorschrift nicht eingreift, wenn die Parteien bereits in irgendeiner Weise Inhalt und Umfang der Leistungspflicht festgelegt haben, sei es ausdrücklich oder konkludent. Es genügt vor allem, dass bereits in der Einigung objektive Beurteilungsmaßstäbe vorhanden sind, anhand derer die Leistungsbestimmung schon erfolgen kann, ohne dass noch Raum dafür ist, dass eine der Vertragsparteien tätig wird.[21] Das bedeutet, dass eine Leistungsbestimmung durch eine der Vertragsparteien nicht mehr möglich wird, wenn schon im Vertrag selbst eine bestimmte Leistung explizit festgelegt ist oder eine Leistung so bestimmbar ist, dass der andere Vertragspartner nicht mehr bestimmend tätig werden kann.[22]

Bsp.: Wenn A den B als Arbeitnehmer beschäftigt, geht man davon aus, dass der Arbeitgeber A die genauen Modalitäten und Ausführungsinhalte der vertraglichen Schuld des Arbeitnehmers festlegen kann; früher ergab sich dies aus § 315 BGB, heute aus dem insofern identischen § 106 GewO. Dieses Leistungsbestimmungsrecht hat seinen faktischen Ursprung darin, dass der Inhalt der Arbeitsleistung in all seinen Nuancen im Regelfall arbeitsvertraglich nicht genauer festgelegt ist und sein kann, sondern allenfalls die Art der zu leistenden Arbeit. Bestehen daher arbeitsvertraglich keine näheren Eingrenzungen, darf der A auch einen Wechsel in der Art der Beschäftigung herbeiführen oder den Arbeitsbereich verkleinern.[23] Dies gilt aber dann nicht, wenn genau diese Art der Beschäftigung schon Vertragsinhalt ist oder geworden ist, denn dann begrenzt die vertragliche Abmachung, der Arbeitsvertrag, das Direktionsrecht. Demnach kann der Arbeitgeber als Vertragspartei den Inhalt der arbeitsvertraglichen Pflicht des Arbeitnehmers nicht näher ausgestalten, wenn eine bestimmte Beschäftigungsart Gegenstand der Vereinbarung ist oder durch die sog. Konkretisierung Vertragsgegenstand geworden ist. Hat etwa der B über einen langen Zeitraum immer wieder die gleiche Tätigkeit durchgeführt, kann das Arbeitsverhältnis auf diese bestimmte vertragliche Tätigkeit konkretisiert sein. Dann ist für eine einseitige Leistungsbestimmung durch den Arbeitgeber kein Raum mehr.[24]

156 Schließlich ist Voraussetzung für ein **Leistungsbestimmungsrecht** nach § 315 eine ausdrückliche oder konkludente Vereinbarung der Parteien, dass eine von ihnen im späteren Verlauf die Leistungspflicht der anderen bestimmen soll. Haben die Parteien hinsichtlich dessen, der die Leistung bestimmen soll, keine Regelung getroffen, kann § 316 helfen.[25]

---

21 Palandt/*Grüneberg*, BGB, § 315 Rn. 6.
22 *Brox/Walker*, Allgemeines Schuldrecht, § 6 Rn. 1; *Looschelders*, Schuldrecht Allgemeiner Teil, Rn. 240.
23 BAG 27.03.1980 AP Nr. 26 zu § 611 BGB Direktionsrecht.
24 BeckOK-ArbR/*Joussen*, BGB, § 611 Rn. 303 ff.
25 Dazu MünchKomm/*Gottwald*, BGB, § 316 Rn. 1 ff.

157 Steht nach diesen Voraussetzungen einer der beiden Parteien die Leistungsbestimmung zu, erfolgt diese durch eine **rechtsgestaltende Willenserklärung** der berechtigten Partei. Da es sich um eine Rechtsgestaltung handelt, ist sie wie alle rechtsgestaltenden Willenserklärungen (vgl. etwa die Kündigung oder den Rücktritt) bedingungsfeindlich[26], zudem ist sie unwiderruflich: Denn durch die Abgabe der rechtsgestaltenden Erklärung ist die Rechtslage endgültig gestaltet: Ein „Zurück" gibt es nicht mehr.[27] Eine Formvorschrift gilt in diesem Zusammenhang nicht.[28] Die Vornahme der Leistungsbestimmung kann von den Parteien schon vorab näher eingegrenzt sein. Fehlt eine nähere Eingrenzung, die etwa die von einem der beiden auszuübende Bestimmung an bestimmte äußere Umstände bindet, wie eine bestimmte Spannbreite, hat die Leistungsbestimmung gem. § 315 Abs. 1 im Zweifel nach billigem Ermessen zu erfolgen.

Bsp: In dem oben genannten Beispiel *(bei Rn. 153)* über den Grundstückskauf können etwa die Parteien auch vereinbaren, dass der A den Preis festlegen und einen Wert zwischen 250.000 und 275.000 € nennen soll.

158 Was genau unter dem „billigen Ermessen" zu verstehen ist, ist nicht einheitlich zu bestimmen. Gemeint ist letztlich, dass die Vertragspartei, die den Inhalt der Leistungspflicht bestimmen kann, dies nicht willkürlich oder allein danach tun darf, was zu ihrem Vorteil ist. Vielmehr muss sie einen Ausgleich herstellen zwischen den Interessen beider Vertragsparteien, der so gestaltet ist, dass man im Ergebnis sagen kann, es sei ein billiger Ausgleich, d. h. ein gerechter. Letztlich räumt das billige Ermessen der bestimmenden Partei einen Entscheidungsspielraum ein. Hat die Partei, die zur Leistungsbestimmung berechtigt ist, diese nicht nach billigem Ermessen vorgenommen, ist sie für den Vertragspartner nicht verbindlich.[29] Dies folgt aus § 315 Abs. 3 Satz 1. In einem solchen Fall, so Satz 2 dieser Vorschrift, muss die Bestimmung dann ersatzweise durch ein Urteil getroffen werden. Gleiches gilt dann, wenn die zur Leistungsbestimmung berechtigte Partei die Bestimmung verzögert. Das Gericht kann hier jedoch nur tätig werden, wenn die Entscheidung, die die eine Vertragspartei getroffen hat, nicht mehr als billig angesehen werden kann. Entsprechend dem zuvor Ausgeführten kann es dabei jedoch nicht bloß ein einziges Ergebnis geben, was als billig und richtig angesehen werden kann; vielmehr steht dem die Leistung Bestimmenden eine Bandbreite an Entscheidungsmöglichkeiten zur Verfügung, dies ist dem Begriff des „billigen" schon immanent. Und auch nur dann, wenn die Grenzen dieser Spannweite überschritten sind, kann die Entscheidung durch ein Gericht ersetzt werden.[30]

Bsp: V und W einigen sich zwar über einen Kaufvertrag für den gebrauchten Pkw des V, überlassen aber die genaue Preisbestimmung dem V, nähere Einzelheiten finden sich nicht. Nun kann der V die Preisbestimmung „nach billigem Ermessen" vornehmen – in der Regel wird er „ungefähr" das verlangen können, was der Pkw wert ist, etwa nach einer anerkannten Gebrauchtwagenliste. Verlangt er viel zu viel, ist die Bestimmung nicht bindend.

---

26 *Looschelders*, Schuldrecht Allgemeiner Teil, Rn. 244; MünchKomm/*Gottwald*, BGB, § 315 Rn. 34 f.
27 BGH NJW 1985, 143 ff.
28 *Brox/Walker*, Allgemeines Schuldrecht, § 6 Rn. 5.
29 *Looschelders*, Schuldrecht Allgemeiner Teil, Rn. 243.
30 BGH NJW-RR 1991, 1248 (1249).

Besondere Fälle

159 Unklar ist, ob der Vertragspartner, der ein Leistungsbestimmungsrecht hat, damit zugleich auch **verpflichtet** ist, diese Leistungsbestimmung auszuüben.[31] Im Ergebnis wird man davon auszugehen haben, dass eine dem Recht entsprechende äquivalente Pflicht besteht; denn die Gegenseite hat ja meist im Vertrauen auf die später zu erfolgende Leistungsbestimmung eigene Vermögensdispositionen getroffen und ist dann in ihrem Interesse an der Ausübung der Leistungsbestimmung durch den Vertragspartner zu schützen. Der Vertragspartner hat sich nicht einfach so an den anderen gebunden und diesem die Leistungsbestimmung überlassen, sondern vielmehr wird er an der Vertragsabwicklung regelmäßig interessiert sein und auf die Vertragsabwicklung vertrauen. Diese Vertrauensstellung des Vertragspartners ist schützenswert.[32]

160 Zu berücksichtigen ist in diesem Zusammenhang zusätzlich, dass § 315 nur dann gilt, wenn die Leistungsbestimmung allgemein einer der Vertragsparteien überantwortet war, ohne dass eine nähere Festlegung in der Hinsicht vereinbart wurde, dass diese Vertragspartei nach „freiem Ermessen" tätig werden soll. § 315 wird dann durch die speziellere vertragliche Vereinbarung des **freien Ermessens** ausgeschlossen: Denn das freie Ermessen ist sehr viel weitergehend als das billige Ermessen. Bei der Entscheidungsmöglichkeit nach freiem Ermessen hat die Vertragspartei, die entscheiden darf, völlig freie Hand. Sie kann „nach Belieben" die Leistung bestimmen.[33] Hier kann höchstens fraglich sein, ob sich die Vertragsparteien überhaupt im Sinne der *essentialia negotii* ausreichend geeinigt haben, ob also überhaupt ein wirksamer Vertrag vorliegt.

161 In Ergänzung zu § 315 ist die **Auslegungsnorm** des § 316 zu sehen. § 316 gilt für den Fall, dass der Umfang der versprochenen Gegenleistung für eine Leistung nicht bestimmt ist: Dann ist im Zweifel davon auszugehen, dass derjenige zur Leistungsbestimmung berechtigt sein soll, der die Gegenleistung fordern darf. Daraus folgt, dass bei einem gegenseitigen Vertrag, bei dem die Leistung der einen Seite zwar bestimmt ist, der Umfang der Gegenleistung, die die andere Seite vorzunehmen hat, hingegen nicht, und bei der auch keine Einigung darüber erfolgt ist, wer die Gegenleistung bestimmen soll, Folgendes gilt: Der, der Anspruch auf die Gegenleistung hat, darf dann auch die Inhalte der Gegenleistung festlegen, aber auch hier gilt wieder, dass diese Leistungsbestimmung entsprechend der Grundregel des § 315 nach billigem Ermessen zu erfolgen hat.

Bsp.: Haben die Parteien eines Kaufvertrages nur festgelegt, dass eine Waschmaschine verkauft werden soll, aber nicht die Höhe des Preises vereinbart, und haben sie auch nicht festgelegt, wer die Leistungsbestimmung vornehmen soll, so steht dieses Recht im Zweifel

---

31 S. dazu MünchKomm/*Gottwaldt*, BGB, § 315 Rn. 39 f.; Palandt/*Grüneberg*, BGB, § 315 Rn. 12 f.; Bamberger/Roth/*Gehrlein*, BGB, § 315 Rn. 8; Erman/*Hager*, BGB, § 315 Rn. 16.
32 Wegen der Schutzwürdigkeit des Vertragspartners gerät der Gläubiger in Annahmeverzug, wenn ihm das Bestimmungsrecht zusteht und er die Bestimmung nicht trifft; bei einem Schuldner, der das Bestimmungsrecht trotz Verpflichtung nicht rechtzeitig ausübt, liegt Schuldnerverzug vor, s. Palandt/*Grüneberg*, BGB, § 315 Rn. 12 f.; *Westermann/Bydlinski/Weber*, BGB – Schuldrecht Allgemeiner Teil, § 2 Rn. 53.
33 Zu diesem Entscheidungsmaßstab *Joussen*, Schlichtung als Leistungsbestimmung und Vertragsgestaltung durch einen Dritten, München 2005, S. 378 ff.

– d. h. wenn nichts anderes ersichtlich oder durch Auslegung zu ermitteln ist – dem Verkäufer zu, denn er hat Anspruch auf diese Gegenleistung, d. h. auf die Kaufpreiszahlung. Der Verkäufer darf dann jedoch nicht willkürlich eine utopische Summe festsetzen, sondern ist hier an das „billige Ermessen" des § 315 gebunden, er muss also einen Preis festlegen, der realistisch für derartige Güter ist und gemeinhin auf dem Markt ungefähr bezahlt wird.

162 b) **Die Leistungsbestimmung durch einen Dritten, §§ 317–319.** Neben der zuvor geschilderten Möglichkeit der Vereinbarung, dass eine der Vertragsparteien die Leistung später bestimmen soll, besteht zusätzlich die Möglichkeit, dass die Leistung zu einem späteren Zeitpunkt **durch einen Dritten** bestimmt werden soll. Auch diese Möglichkeit ist unmittelbare Konsequenz aus der den Vertragsparteien zustehenden Vertragsfreiheit. Der eigentliche Anwendungsbereich des § 317 ist dort zu sehen, wo die Parteien entweder eine Vereinbarung noch nicht treffen wollen oder sie noch nicht treffen können, etwa weil ihnen die entsprechende Sachkunde fehlt. Gehen die Parteien dann davon aus, dass eine neutrale Person besonders vertrauenswürdig ist, so dass sie den Inhalt der Leistungspflicht ausgewogen bestimmen wird, können sie diese mit der Vertragsausgestaltung, d. h. mit der Bestimmung der zu erbringenden Leistung beauftragen. Hier gelten ähnliche Überlegungen wie bei der Leistungsbestimmung durch eine der Vertragsparteien. Allerdings trägt der Gesetzgeber dem Umstand Rechnung, dass ein Unabhängiger tätig wird. Daher ist eine Bindung an die Leistungsbestimmung nur dann ausgeschlossen, wenn die Leistungsbestimmung „offenbar" unbillig ist.[34] Demgegenüber ist für § 315 ausreichend, dass die Leistungsbestimmung bloß der Billigkeit nicht entspricht, um unverbindlich zu werden.

163 **Voraussetzung** für eine wirksame Leistungsbestimmung durch einen Dritten ist zunächst ein Vertrag, der vor allem auch die Abrede enthält, dass das Bestimmungsrecht über die Leistung einem Dritten übertragen wird. Die Parteien müssen sich also über alles andere geeinigt haben, zusätzlich über die Person des Dritten. Aufgrund der weiten Formulierung des § 317 können die Parteien – entsprechend ihrer Vertragsfreiheit – nicht nur vereinbaren, dass der Dritte die Bestimmung der gesamten Leistung vornimmt, sondern auch, dass er die Bestimmung nur einer Leistungsmodalität, etwa der Leistungszeit, festsetzt.[35] Liegt eine solche Bestimmung vor, hat der Dritte das Recht, die Leistungsbestimmung durch Willenserklärung vorzunehmen. Diese Willenserklärung ist gem. § 318 Abs. 1 gegenüber dem Vertragschließenden abzugeben. Auch hier liegt also eine einseitige, empfangsbedürftige und unwiderrufliche Willenserklärung vor, diesmal des Dritten gegenüber einer der Vertragsparteien.[36] Da es sich hier um eine Willenserklärung des Dritten handelt, greifen die Regeln des Allgemeinen Teils des BGB ein: Die Erklärung des Dritten ist insbesondere anfechtbar, etwa wegen Irrtums, Drohung oder arglistiger Täuschung. In diesem Fall sieht § 318 Abs. 2 jedoch vor, dass die Anfechtung

---

34 *Looschelders*, Schuldrecht Allgemeiner Teil, Rn. 248; *Brox/Walker*, Allgemeines Schuldrecht, § 7 Rn. 13; für Näheres zum Kriterium „offenbar unbillig" s. BGH NJW 1991, 2761 ff.
35 Palandt/*Grüneberg*, BGB, § 317 Rn. 3.
36 Palandt/*Grüneberg*, BGB, § 318 Rn. 1.

Besondere Fälle

allein dem Vertragschließenden zusteht, wobei der Anfechtungsgegner der andere Vertragsteil ist.[37] Umgekehrt kann der Dritte die Leistungsbestimmung nicht anfechten, denn er hat an der Anfechtung auch kein Interesse. Diese Situation kann dann eintreten, wenn die beiden Vertragsparteien die Leistungsbestimmung durch einen Dritten vereinbaren und der Dritte noch auf Informationen angewiesen ist, die er von einer der beiden Vertragsparteien erhält. Sind diese Informationen dann falsch, ist zwar eine Anfechtung der Vertragsbestimmung möglich, aber nur durch die andere Vertragspartei, nicht durch den Dritten – obwohl dieser getäuscht worden ist.

164 Wie auch im Fall der Leistungsbestimmung durch eine der beiden Parteien ist der Dritte bei der Bestimmung des Leistungsinhalts im Zweifel an das „billige Ermessen" gebunden, dies folgt aus § 317 Abs. 1. Seine Bestimmung ist jedoch nur dann für die Leistungsverpflichteten unverbindlich, wenn sie „offenbar" unbillig ist, § 319 Abs. 1; die Bestimmung erfolgt in diesem Falle durch das Gericht.[38]

165 Die §§ 317–319 bilden im Ergebnis das Gerüst des BGB für die Tätigkeit eines **Schiedsgutachters**. Auf eine Vereinbarung eines Schiedsgutachtens sind daher die §§ 317 ff. entsprechend anwendbar, also in einer Situation, wo der Dritte als Schiedsgutachter berufen wird, wenn die Parteien als Kaufpreis eine bestimmte Marge festgelegt haben und nun wissen möchten, welche genaue Bestimmung gelten soll.[39]

2. Besondere Gegenstände des Schuldverhältnisses

166 Das vereinbarte Schuldverhältnis kann über **besondere Gegenstände** abgeschlossen werden. In Betracht kommen insbesondere die Stückschuld, die Gattungsschuld, die Wahlschuld und die Ersetzungsbefugnis durch eine der Parteien. Schließlich ist als ein besonderer Gegenstand des Schuldverhältnisses auch die Geldschuld zu nennen.

167 a) **Stückschuld.** Der Leistungsgegenstand kann zunächst als eine **Stückschuld** vereinbart werden. Eine solche liegt vor, wenn die geschuldete Sache nach individuellen Merkmalen konkret bestimmt ist. Man spricht in diesem Zusammenhang auch von einer **Speziesschuld**.

Bsp.: Eine solche nach Sondermerkmalen bestimmbare geschuldete Sache liegt etwa vor, wenn es um ein bestimmtes Gemälde geht oder der Vertrag über eine bestimmte, konkrete Ferienwohnung abgeschlossen wird.

168 In diesen Fällen ist die **Leistungspflicht** des Schuldners **allein auf diesen konkreten Gegenstand** bezogen. Die Parteien haben schon bei Abschluss des Vertragsschlusses entschieden, dass der Schuldner seine Leistungspflicht nur durch die Erbrin-

---

37 Palandt/*Grüneberg*, BGB, § 318 Rn. 2; *Looschelders*, Schuldrecht Allgemeiner Teil, Rn. 248.
38 *Brox/Walker*, Allgemeines Schuldrecht, § 7 Rn. 13; *Larenz*, Schuldrecht I – Allgemeiner Teil, S. 83 f.
39 S. Palandt/*Grüneberg*, BGB, § 317 Rn. 6 mit weiteren Beispielen.

gung dieser konkreten Stückschuld erfüllen kann. Die Stückschuld ist vom BGB als Regelfall angesehen[40] – sämtliche Regelungen sind prinzipiell auf die Stückschuld ausgerichtet, insbesondere hinsichtlich der Leistungsstörungen.[41] Dies sieht man besonders gut anhand der Unmöglichkeit: Schuldet etwa der Verkäufer dem Käufer die Lieferung eines gebrauchten, gemeinsam ausgesuchten Autos, liegt eine Stückschuld vor. Wird dieses Auto durch einen Brand vernichtet, ist die Leistung nicht mehr möglich, es tritt unwillkürlich Unmöglichkeit gem. § 275 Abs. 1 ein: Denn allein mit der Lieferung des konkret vereinbarten Autos, dieser Speziesschuld, konnte der Leistungserfolg herbeigeführt werden.

169 b) **Gattungsschuld.** Anders ist die Situation, die zuvor geschildert wurde, wenn die Parteien nicht eine Stückschuld, sondern eine **Gattungsschuld** vereinbart haben. Eine solche liegt dann vor, wenn die geschuldete Leistung nicht konkret, sondern nur nach generellen, allgemeinen Merkmalen bestimmt ist, also etwa nach der Sorte, dem Gewicht, der Herkunft oder dem Typ.[42] Ist eine solche Gattungsschuld vereinbart, kann der Schuldner seine Leistungspflicht dadurch erbringen, dass er irgendeinen Gegenstand aus der Gattung liefert, sofern dieser Gegenstand gem. § 243 eine mittlere Art und Güte aufweist.

Bsp.: A bestellt bei dem Landwirt L „ein Kilo Äpfel". Genauere Vereinbarungen finden sich nicht. – Hier wird der Schuldner L von der Leistungspflicht befreit (weil er sie ausreichend erbracht hat), wenn er ein Kilo Äpfel liefert; welche Sorte Äpfel er liefert, ist unerheblich, sofern die Parteien nichts Näheres vereinbart haben und die gelieferten Äpfel von mittlerer Art und Güte sind.

170 Der Schuldner kann insofern **frei auswählen.** Die Auswahlmöglichkeit wird dabei jedoch immer geringer, je mehr Merkmale die Parteien vorher festlegen: Denn die Merkmale der Gattung, aus der geleistet werden muss, regeln sich allein nach der Parteivereinbarung. Daraus folgt: Je mehr Merkmale von den Parteien vertraglich vereinbart worden sind, desto stärker wird die Auswahlmöglichkeit des Schuldners eingeschränkt.

Bsp.: Haben die Parteien im voran genannten Beispiel (*unter Rn. 169*) festgelegt, dass der Schuldner nicht bloß ein Kilo Äpfel liefern soll, sondern ein Kilo Äpfel der Sorte „Jonagold", kann der Schuldner sich nur dadurch von seiner Leistungspflicht befreien, dass er ein Kilo genau dieser Sorte liefert. Liefert er stattdessen eine andere Apfelsorte, hat er seine schuldvertragliche Hauptleistungspflicht nicht erfüllt.

171 Die **entscheidende Leistungserbringungspflicht** ist, wie bereits angedeutet, gekoppelt an die Vorschrift des **§ 243 Abs. 1:** Daraus folgt, dass der Schuldner, auch wenn er die richtige Gattung ausgewählt hat, seine Leistungspflicht nur dann ordnungsgemäß erfüllt, wenn er die Sache „von mittlerer Art und Güte" leistet. Ist, um in dem Beispiel zu bleiben, der Schuldner verpflichtet, ein Kilogramm „Jonagold" zu liefern, wird er nur dann von seiner Leistungspflicht befreit, wenn er ein Kilogramm Äpfel dieser Sorte liefert, die eine durchschnittliche Größe und eine durchschnittliche Qualität aufweisen: Handelt es sich um unbrauchbare

---

[40] *Looschelders*, Schuldrecht Allgemeiner Teil, Rn. 281.
[41] *Westermann/Bydlinski/Weber*, BGB – Schuldrecht Allgemeiner Teil, § 3 Rn. 1.
[42] *Looschelders*, Schuldrecht Allgemeiner Teil, Rn. 282; *Brox/Walker*, Allgemeines Schuldrecht, § 8 Rn. 1.

Äpfel, etwa weil sie verfault sind oder Druckstellen haben, liegt keine Leistung nach mittlerer Art und Güte vor, d. h.: Eine ausreichende Erbringung der Hauptleistungspflicht liegt hier nicht vor.

172 Von der **Parteivereinbarung** hängt nicht nur ab, wie groß und wie beschaffen die Gattung ist, es hängt davon auch entscheidend ab, ob überhaupt eine Gattungs- oder nicht doch eine Stückschuld vereinbart wurde. Die Vertragsfreiheit eröffnet daher den Parteien die Entscheidung darüber, welche Art von Schuld vereinbart ist. Daraus resultiert dann auch, auf welche Art von „Sachen" die Gattungsschuld gerichtet ist. Im Regelfall ist sie auf vertretbare Sachen gem. § 91 ausgerichtet. D.h., die Parteien vereinbaren eine Gattungsschuld, die sich aus beweglichen Sachen zusammensetzt, wenn sie nach der Verkehrsauffassung nicht durch individuelle Merkmale geprägt und daher ohne weiteres austauschbar sind.[43] Als Faustformel wird man sich merken können, dass im Regelfall vertretbare Sachen Gattungsschulden sind, unvertretbare Sachen hingegen Stückschulden. Diese Faustformel gilt weitgehend, aber nicht ausnahmslos.

Bsp.: Bestellt der A beim P einen „neuen Peugeot 207", so handelt es sich regelmäßig um eine Gattungsschuld; sie wird aber zur Stückschuld, wenn sich die Parteien im Autohaus bereits einen bestimmten Neuwagen ausgesucht und die vertragliche Vereinbarung über dieses konkrete, im Autohaus stehende Modell vereinbart haben.

173 Da die Parteien es in der Hand haben, den Umfang der Gattung zu bestimmen, können sie die **Gattungsschuld** selbst auch insoweit beschränken, dass sie den Leistungsinhalt des Schuldners auf nur einen bestimmten Vorrat beschränken, man spricht dann von einer **Vorratsschuld**.[44] Hier handelt es sich also um eine besondere Situation der Gattungsschuld: Gemeint ist letztlich eine beschränkte Gattungsschuld, die vorliegt, wenn der Umfang der Gattung, aus der der Schuldner seine Leistungspflicht erbringen muss, auf nur eine bestimmte Teilmenge beschränkt ist. Eine solche Beschränkung wird man regelmäßig dann annehmen, wenn der Schuldner daran interessiert ist, nur aus seinen eigenen Besitzständen zu liefern; dies ist vor allem dann der Fall, wenn der Schuldner selbst Ware produziert bzw. herstellt oder im Besitz eines sehr großen Vorrats ist.[45] Dann muss der Schuldner nämlich, sofern die Beschränkung auf diesen Vorrat erfolgt ist, nur aus diesem Vorrat liefern. Er muss sich in besonderen Fällen nicht darum bemühen, die geschuldete Ware anderswoher zu erhalten. Haben daher die Parteien die Leistungspflicht auf diesen Teil der Gattung bzw. des Vorrats beschränkt, ist die Gattungsschuld insgesamt dadurch zu erbringen, dass der Schuldner aus diesem Vorrat leistet.[46]

Bsp.: S bestellt bei X ein Kilo Bananen aus dessen Lager. Brennt nun das Lager des X ab, kann der X nicht mehr leisten – denn vereinbart war allein eine Leistung aus seinem Vorrat. Ist der Vorrat insgesamt untergegangen, muss der X nicht, etwa auf dem Großmarkt, Ersatz besorgen.

---

43 *Looschelders*, Schuldrecht Allgemeiner Teil, Rn. 283.
44 *Looschelders*, Schuldrecht Allgemeiner Teil, Rn. 289; HK-BGB/*Schulze*, § 243 Rn. 6.
45 Palandt/*Heinrichs*, BGB, § 243 Rn. 3; *Westermann/Bydlinski/Weber*, BGB – Schuldrecht Allgemeiner Teil, § 3 Rn. 3.
46 MünchKomm/*Emmerich*, BGB, § 243 Rn. 11.

174 aa) **Rechtliche Konsequenzen einer Gattungsschuld.** Die Gattungsschuld hat in rechtlicher Hinsicht vor allem eine bestimmte **Auswirkung**: Der Schuldner ist bei dieser, anders als bei der Stückschuld, nicht verpflichtet, einen ganz bestimmten Gegenstand zu liefern. Vielmehr hat er gem. § 243 Abs. 1 allein die Pflicht, Sachen der mittleren Art und Güte auszusuchen. Er muss also insbesondere nicht besonders gute Sachen ausliefern, umgekehrt darf er jedoch dem Gläubiger auch nicht besonders schlechte anbieten. Die **Erfüllung** der Hauptleistungspflicht liegt also in der Lieferung einer mittleren Qualität. In der Lieferung minderwertiger Güter dieser Gattung liegt dann umgekehrt keine Erfüllung, die die Hauptleistungspflicht zum Untergang bringen könnte. Vielmehr kann dann der Gläubiger unverändert weiter Erfüllung verlangen.[47]

175 Relevant ist die Gattungsschuld vor allem in den Fällen, in denen es um die Frage geht, ob eine Leistung noch **möglich oder ob sie schon unmöglich** geworden ist. Wie bereits angesprochen, hat der Schuldner, der eine Stückschuld erbringen muss, in den Fällen keine Pflicht mehr, diese zu erbringen, wenn die vereinbarte Stückschuld untergegangen ist.

> *Bsp.*: Der Verkäufer eines bestimmten gebrauchten Autos, über das sich die Vertragsparteien verständigt haben, muss dieses Auto nicht mehr liefern, wenn das Auto nicht mehr vorhanden ist, etwa weil es zerstört wurde: Nach § 275 Abs. 1 wird nämlich dann die Leistungspflicht unmöglich, der Schuldner wird von seiner Verpflichtung befreit.[48]

176 Dies ist bei der Gattungsschuld so nicht möglich, denn zunächst gilt ja, dass der Schuldner verpflichtet ist, Sachen aus der vereinbarten Gattung zu liefern, die mittlere Art und Güte haben. Daher ist unerheblich, ob der Schuldner selbst noch über die Gattung verfügt. Anders ist dies nur, wenn die gesamte Gattung, die vereinbart worden ist, nicht mehr existiert, wenn also die **Gattung als solche untergegangen** ist. Dies ist allerdings in den seltensten Fällen der Fall. Denn irgendwo wird es unverändert eine Sache aus dieser Gattung geben. Gegebenenfalls muss der Schuldner sich dann eben ersatzweise die Sache besorgen, um damit seine Verpflichtung erfüllen zu können.

177 Hier wird auch deutlich, warum gerade die **Vorratsschuld** als beschränkte Gattungsschuld von großem Reiz für den Schuldner ist. Denn dann ist bereits in der Situation, in der dieser Vorrat aufgebraucht oder untergegangen ist, eine Leistungsbefreiung möglich. Denn ist die Gattung auf diesen Vorrat beschränkt und der Vorrat nicht mehr vorhanden, so kann der Schuldner nicht mehr leisten, er wird gem. § 275 Abs. 1 von seiner Leistungspflicht befreit. Ansonsten wird der Unmöglichkeitstatbestand des § 275 Abs. 1 bei einer Gattungsschuld so lange nicht greifen können, wie überhaupt noch irgendwo eine Sache aus dieser Gattung vorhanden ist. Auch § 275 Abs. 2 hilft hier nicht weiter, denn dem Schuldner ist es immer zumutbar, dafür einzustehen, dass er die Sache aus der vereinbarten Gattung herbeischaffen kann.[49]

---

[47] *Brox/Walker*, Allgemeines Schuldrecht, § 8 Rn. 4.
[48] Im Einzelnen zur Unmöglichkeit ausführlich unter Rn. 343 ff.
[49] *Looschelders*, Schuldrecht Allgemeiner Teil, Rn. 287; Palandt/*Heinrichs*, BGB, § 243 Rn. 3.

Bsp.: Haben also beispielsweise A und B vereinbart, dass bei einem Kaufvertrag der A dem B einen Fernseher der Marke „Philipps", Modell XY, liefern soll, so handelt es sich um eine Gattungsschuld: Der A wird dann nicht von der Leistungspflicht befreit, wenn sein Lager ausgeraubt wird, denn er wird sich an anderer Stelle einen entsprechenden Fernseher dieser Marke besorgen können. Anders ist dies nur, wenn vereinbart worden ist, dass allein der Vorrat des A die entsprechende (beschränkte) Gattung darstellt. In diesem Fall tritt Unmöglichkeit nach § 275 Abs. 1 ein. Denn dann ist die gesamte Gattung, d. h. die gesamte vereinbarte Gattung, nämlich die Vorratsschuld, untergegangen. Dann muss A nicht mehr liefern.

178 bb) **Die Konkretisierung, § 243 Abs. 2.** Die vorausgegangene Schilderung der Konsequenzen der Gattungsschuld in rechtlicher Hinsicht in Bezug auf die **Unmöglichkeit** muss **erweitert** werden.

Bsp.: T bestellt bei U ein Kilo Orangen und möchte sie später abholen. U legt das Kilo bereits zur Seite.

179 Eine Gattungsschuld kann **auch im Nachhinein** durch bestimmte Umstände auf einen ganz bestimmten Gegenstand beschränkt werden. Man spricht dann von **Konkretisierung.** Ist diese erfolgt, was sich aus § 243 Abs. 2 ergibt, ist das Schuldverhältnis nur noch auf einen bestimmten Gegenstand beschränkt. Dann kann auch wieder die Unmöglichkeit eingreifen, § 275 Abs. 1. Geht also dieser Gegenstand unter, wird er etwa gestohlen oder verbrennt er, wird der Schuldner von seiner Leistungspflicht frei, weil dann eine Lieferung genau dieses Gegenstandes nicht mehr möglich ist.[50] Dann ist unerheblich, ob es noch andere Sachen dieser Gattung auf dem Markt gibt. Die Gattungsschuld besteht nicht mehr, es gilt nur noch die Beschränkung auf eine Sache, die nicht mehr vorhanden ist.

Bsp.: Ist also in dem vorangegangenen Beispiel *(unter Rn. 178)* gerade das zur Seite gelegte Kilo Orangen von einem Ladendieb gestohlen worden, ist U nicht mehr zur Lieferung eines neuen Kilos verpflichtet.[51]

180 Die **Konkretisierung** meint also, dass ein bestimmtes Stadium im Rahmen der Gattungsschuld erreicht wird. Die Parteien vereinbaren zwar eine Gattungsschuld, so dass sich die Hauptleistungspflicht des Schuldners auf die gesamte Gattung bezieht; doch im Laufe des Schuldverhältnisses wandelt sich die Gattungsschuld in eine Stückschuld, nämlich dann, wenn der Schuldner gem. § 243 Abs. 2 „das zur Leistung einer solchen Sache seinerseits Erforderliche getan" hat. Die Leistungspflicht wird enger und konkret gerichtet auf eine einzige, nämlich die ausgewählte Sache aus der Gattung.

181 (1) **Voraussetzungen.** Damit eine solche **Konkretisierung** eintritt, müssen also gem. § 243 bestimmte **Voraussetzungen** vorliegen. Die Gesetzesformulierung ist eindeutig. Eine Konkretisierung, d. h. eine Einengung der Leistungspflicht des Schuldners auf nur noch eine Sache aus der gesamten Gattung ist dann gegeben, wenn der Schuldner das „zur Leistung einer solchen Sache seinerseits Erforderliche getan hat". Der Schuldner muss also das bereits erbracht haben, was zum

---

50 Vgl. *Brox/Walker*, Allgemeines Schuldrecht, § 8 Rn. 1 und 6.
51 Damit ist freilich noch nichts dazu gesagt, ob T auch bezahlen muss! Zur sog. „Gegenleistungspflicht" später in § 7 ff. (Rn. 290 ff.) noch ausführlich.

Eintritt des Leistungserfolgs von ihm zu erbringen ist.[52] Hat er es getan, hängt nämlich der Eintritt des konkreten Leistungserfolgs nicht mehr von ihm ab, daher soll er auch nicht mehr die Gefahr tragen müssen, dass möglicherweise eine bestimmte Sache untergeht. Er soll nicht noch einmal leisten und auswählen müssen. Irgendwann, so die Vorstellung der Rechtsordnung, hat er alles (nämlich alles Erforderliche) getan, um die Verpflichtung aus seinem Schuldverhältnis zu erfüllen.[53]

182 Die Frage ist dann natürlich, was der Schuldner denn im Einzelnen tun muss, um diese Voraussetzung des § 243 Abs. 2 zu erfüllen. **Was ist „das zur Leistung seinerseits Erforderliche"?** Dies kann nicht generell beantwortet werden, sondern hängt allein davon ab, welche Art der Verpflichtung die Parteien vereinbart haben. Zunächst muss der Schuldner – gem. § 243 Abs. 1– aus der gesamten Gattung eine Sache von mittlerer Art und Güte auswählen. Das ist der erste von ihm zu erbringende Schritt. Sodann muss er diese ausgewählte Sache entsprechend aussondern: Als Grundvoraussetzung für eine Konkretisierung kann man daher Auswahl und Aussonderung einer Sache von mittlerer Art und Güte auffassen.[54]

183 Doch genügt dies nicht, denn der Schuldner muss regelmäßig auch dafür Sorge tragen, dass der Gläubiger die Sache erhält. Nun ist allerdings fraglich, was der Schuldner hier noch **zusätzlich**, d.h. über Auswahl und Aussonderung hinaus, leisten muss. Das hängt wiederum davon ab, ob der Schuldner nach der Vereinbarung, die zwischen ihm und dem Gläubiger getroffen ist, die Pflicht hat, die Sache nur zur Abholung bereitzustellen, ob er verpflichtet ist, die Sache an den Gläubiger zu schicken oder der Gläubiger sogar verlangen kann, dass der Schuldner ihm die Sache bringt.

Bsp.: In dem Orangenbeispiel von vorhin *(unter Rn. 178)* ist also entscheidend, was U und T vereinbart haben – soll U die Orangen dem T bringen? Oder schicken? Oder hat T zugesagt, die Orangen bei U abzuholen?

184 Ausschlaggebend ist also, was für eine Art von Schuld vorliegt: Handelt es sich um eine **Holschuld**, um eine **Schickschuld** oder um eine **Bringschuld**? Dies ist letztlich eine Frage der Art der Leistung, auf die später noch zurückzukommen ist.[55] Hier muss daher ein kurzer Hinweis darauf genügen: Entscheidend in dem Zusammenhang ist die Vereinbarung zwischen den Parteien. Haben sie eine Holschuld vereinbart, muss der Gläubiger zum Schuldner kommen, und die vom Schuldner ausgewählte und ausgesonderte Sache mittlerer Art und Güte nach Benachrichtigung durch den Schuldner bei diesem abholen.[56] Haben die Parteien hingegen den umgekehrten Fall vereinbart, nämlich eine Bringschuld, so hat der Schuldner noch über die Aussonderung und Auswahl hinausgehend die Pflicht, dem Gläubiger die Sache an dessen Wohnort tatsächlich anzubieten, er muss also zum Gläubiger hingehen und ihm die Sache anbieten können und auch schon

---

52 *Brox/Walker*, Allgemeines Schuldrecht, § 8 Rn. 6; Palandt/*Heinrichs*, BGB, § 243 Rn. 5.
53 Vgl. *Westermann/Bydlinski/Weber*, BGB – Schuldrecht Allgemeiner Teil, § 3 Rn. 7.
54 Palandt/*Heinrichs*, BGB, § 243 Rn. 5.
55 Unten in Rn. 244 ff.
56 *Looschelders*, Schuldrecht Allgemeiner Teil, Rn. 291.

anbieten dürfen. Bei einer Schickschuld schließlich vereinbaren die Parteien, dass der Schuldner die ausgewählte und ausgesonderte Sache von mittlerer Art und Güte in ausreichender Weise an eine bestimmte Transportperson aushändigt.[57]

Was nun auch im Einzelnen die **Parteien vereinbart** haben, davon hängt ab, ob der Schuldner das zur Leistung einer solchen Sache **seinerseits Erforderliche** getan hat. Hat er also, bei Vereinbarung einer Holschuld, die Sache aus der Gattung ausgewählt und ausgesondert und den Gläubiger hiervon benachrichtigt[58], so hat er alles getan, was erforderlich ist: Damit ist eine Konkretisierung nach § 243 Abs. 2 eingetreten. War hingegen vereinbart, dass er die Sache bringt, muss er dies auch tun, er muss zum Gläubiger hingehen und erst dann, wenn er sie dem Gläubiger vor Ort anbietet und anbieten darf, ist alles seinerseits Erforderliche geschehen, erst dann ist eine Konkretisierung eingetreten. Das heißt aber auch: Wenn unterwegs die ausgewählte und ausgesonderte Sache untergeht, hat der Schuldner noch nicht alles seinerseits Erforderliche getan – die Leistung wird also nicht unmöglich, denn es sind ja weiterhin Sachen aus der Gattung vorhanden. Eine Unmöglichkeit tritt erst dann ein, wenn das Anbieten der Ware erfolgt ist. Hier treten besondere Probleme auf, wenn der Gläubiger sich in einem Annahmeverzug befindet: Hätte er nämlich die Ware schon annehmen müssen, war aber z. B. nicht zu Hause, kann dem Schuldner nicht mehr zugemutet werden, gegebenenfalls noch einmal zu leisten, obwohl er alles Erforderliche getan hat, was von ihm verlangt war. Daher liegt eine Konkretisierung in diesem Zeitpunkt bereits vor.

185

(2) **Rechtsfolgen.** Ist eine Konkretisierung in dem oben geschilderten Maß erfolgt, bindet sie auch den Schuldner. D.h. insbesondere, die erfolgte Konkretisierung führt dazu, dass das Schuldverhältnis auf diese eine Sache beschränkt ist. Der Schuldner kann die Konkretisierung daher auch nicht wieder **rückgängig** machen.[59]

186

Bsp.: In dem Orangenbeispiel *(unter Rn. 178)* bedeutet dies, dass der U, der die Ware aussortiert hat, nun auch seinerseits an diese Aussortierung gebunden ist.

Dies ist jedoch **nicht unumstritten**. Zum Teil wird auch vertreten, weil § 243 Abs. 2 eine Schutzvorschrift für den Schuldner sei, müsse es ihm auch freistehen, die Konkretisierung wieder rückgängig zu machen und dem Gläubiger später eine andere Sache zu liefern.[60] Dies ist vor allem dann bedeutsam, wenn der Schuldner

187

---

57 *Looschelders*, Schuldrecht Allgemeiner Teil, Rn. 292.
58 Str. ist, ob diese Benachrichtigung von der Aussonderung vorliegen muss oder ob schon eine Aufforderung zur Abholung über eine Konkretisierung der Holschuld ausreichend ist bzw. beide Voraussetzungen kumulativ gefordert werden, s. hierzu *Medicus*, Schuldrecht I, Rn. 183 sowie *Larenz*, Schuldrecht I – Allgemeiner Teil, S. 153 und Fn. 5; str. ist darüber hinaus auch, ob eine Übergabe der Sache erforderlich ist, s. dazu Münch-Komm/*Emmerich*, BGB, § 243 Rn. 31 sowie *Westermann/Bydlinski/Weber*, BGB – Schuldrecht Allgemeiner Teil, § 3 Rn. 9.
59 BGH NJW 1982, 873; Materialien II 12, S. 74.
60 Vgl. etwa *Fikentscher/Heinemann*, Schuldrecht, Rn. 249; *Larenz*, Schuldrecht I – Allgemeiner Teil, S. 153 f.; *Faust*, ZGS 2004, 252 (257); *Looschelders*, Schuldrecht Allgemeiner Teil, Rn. 296 f.

die bestellte Ware beim Gläubiger abliefern möchte und diesen nicht antrifft. So ist zwar in diesem Zeitpunkt die Konkretisierung eingetreten, wenn nämlich eine Bringschuld vorlag; fraglich ist aber, ob der Gläubiger dann einen Anspruch auf diese ausgewählte Ware hat, oder ob der Schuldner nicht im Nachhinein die Ware wieder mitnehmen und an einen anderen Kunden weiterveräußern kann. Die überwiegende Auffassung bejaht in dieser Situation die grundsätzliche Bindung der Konkretisierung für den Schuldner. Es ist also nur noch die ausgewählte, ausgesonderte und mitgebrachte Ware Gegenstand der Leistung.[61] Dies ist auch zutreffend, denn anders wären Sinn und Zweck des § 243 Abs. 2 nicht ausreichend umzusetzen, der ja dem Schuldner keine Erschwernisse in den Weg legen, sondern ihn vor unendlichen Anforderungen und Ansprüchen des Gläubigers bewahren soll. Man kann im Einzelfall jedoch dem Gläubiger verwehren, eine gleichwertige Ersatzsache in späterer Zeit zurückzuweisen. Bringt also der Schuldner in dem Beispiel später eine vergleichbare, gleichwertige Ersatzsache mit, weil er die ursprünglich konkretisierte Sache anderweitig veräußert hat, darf der Gläubiger sie nach Treu und Glauben gem. § 242 dann nicht zurückweisen.[62]

188 Neben dieser **Bindung** kommt als wesentliche Rechtsfolge der Konkretisierung die Auswirkung auf die **Verteilung der Leistungsgefahr** hinzu. Gemeint ist, wen die Folgen treffen sollen, wenn die ausgewählte und ausgesonderte Sache untergeht, also nicht mehr geleistet werden kann. Zuvor ist dies schon angesprochen worden. Bis zur Konkretisierung, also bis zu dem Zeitpunkt, an dem der Schuldner alles Erforderliche getan hat, ist er verpflichtet, dem Gläubiger die Hauptleistungspflicht zu erbringen, und zwar auch unabhängig davon, ob irgendwelche Unglücksfälle einen Teil der Gattung haben untergehen lassen. Erst dann, wenn der Schuldner eine Konkretisierung auf eine bestimmte Sache aus der Gattung herbeigeführt hat, trifft die Gefahr des Untergangs den Gläubiger. Erst dann hat nämlich der Schuldner alles zur Leistung Erforderliche getan. Kommt dann eine Leistung nicht mehr in Betracht, weil sie unmöglich i. S. v. § 275 Abs. 1 geworden ist, muss der Schuldner nicht mehr leisten.[63] Er wird dann auch von der Pflicht frei, sich anderswoher Ersatz zu beschaffen. Denn nach der Konkretisierung trägt der Gläubiger die sog. Leistungsgefahr. Er trägt also das Risiko, dass nach Konkretisierung die Sache nicht mehr geleistet werden kann.[64] Dies ist die Konsequenz daraus, dass sich gem. § 243 Abs. 2 das Schuldverhältnis nach der Konkretisierung auf einen bestimmten Gegenstand beschränkt, d. h. dass die Gattungsschuld dann, durch diesen Akt, zu einer Speziesschuld geworden ist.

189 c) **Wahlschuld.** Der Gattungsschuld nicht unähnlich ist die Wahlschuld, die in § 262 geregelt ist. Auch hier ist eine besondere Situation hinsichtlich des Leistungsgegenstands gegeben. Doch anders als bei der Gattungsschuld geht es hier nicht um die zu einer Gattung zugehörigen Sachen. Vielmehr liegt eine Wahlschuld

---

61 BGH NJW 1982, 873; *Brox/Walker*, Allgemeines Schuldrecht, § 8 Rn. 7.; Münch Komm/*Emmerich*, BGB, § 243 Rn. 34; *Looschelders*, Schuldrecht Allgemeiner Teil, Rn. 297; gegen eine Bindung des Schuldners, *Medicus*, Bürgerliches Recht, Rn. 262.
62 *Brox/Walker*, Allgemeines Schuldrecht, § 8 Rn. 7; *Looschelders*, Schuldrecht Allgemeiner Teil, Rn. 296.
63 Vgl. BGH ZGS 2003, 438 (439); *Looschelders*, Schuldrecht Allgemeiner Teil, Rn. 294.
64 Palandt/*Heinrichs*, BGB, § 243 Rn. 7 und § 275 Rn. 33.

vor, wenn von Anfang an mehrere verschiedene Leistungen in der Weise geschuldet werden, dass nur die eine oder die andere zu bewirken ist.[65] Anders als die Gattungsschuld, die sich auf mehrere gleichartige Leistungsmöglichkeiten bezieht, ist bei der Wahlschuld also eine Auswahl aus individuell geprägten, verschiedenartigen Gegenständen Inhalt der Leistungspflicht.

Bsp.: Eine Wahlschuld liegt vor, wenn der S verpflichtet ist, entweder das Bild „Schlafendes Känguru" oder das Bild „Hüpfende Maus" dem K zu verschaffen.

190 Zwar liegt wie bei der Gattungsschuld auch hier die Situation vor, dass von mehreren Sachen nur eine geschuldet wird. Doch ist bei der **Wahlschuld entscheidend**, dass von mehreren ungleichartigen Sachen **alternativ** nur eine erbracht werden muss, die von einer der beiden Parteien auszuwählen ist.[66] Wer die Auswahl treffen darf, richtet sich nach der Parteivereinbarung; liegt keine entsprechende Vereinbarung vor, ist im Zweifel der Schuldner berechtigt, die Wahl zu treffen, welchen Gegenstand er leisten möchte.[67] Etwas anderes gilt nur dann, wenn die Parteivereinbarungen und Sinn und Zweck des Vertrages eine andere Auslegung nahe legen. Zum Teil wird sogar vermutet, dass die Vermutungsregel des § 262 verfehlt sei, vielmehr müssen regelmäßig dem Gläubiger das Wahlrecht zugebilligt werden.[68]

191 Ist geklärt, wem das Wahlrecht zusteht, also im Zweifel dem Schuldner nach der gesetzlichen Grundentscheidung, so kann dieser sein **Wahlrecht ausüben**: Dabei handelt es sich um ein Gestaltungsrecht[69], gem. § 263 Abs. 1 erfolgt die Wahl durch die Erklärung gegenüber dem anderen Teil, es handelt sich also um eine empfangsbedürftige Willenserklärung[70], die die Auswahl des Wahlberechtigten nicht einschränkt. Entscheidend ist, vor allem auch in Abgrenzung zu § 243 und der dort geregelten Gattungsschuld, dass der Wahlberechtigte nicht eingeschränkt ist: Er muss also nicht eine Auswahl gemäß der mittleren Art und Güte vornehmen, sondern kann frei entscheiden, ob er die eine oder andere Leistung wählt.

192 Hat der Berechtigte einmal das Wahlrecht **ausgeübt**, gilt gem. § 263 Abs. 2 die gewählte Leistung als die von Anfang an allein geschuldete Leistung.

Bsp.: Ist im Beispiel *(oben unter Rn. 189)* der S zur Auswahl berechtigt, kann er entscheiden, ob er dem K das Bild „Maus" oder das Bild „Känguru" verschafft.

193 Hat er das Recht jedoch **noch nicht ausgeübt**, können sich ebenfalls bestimmte Rechtsfolgen ergeben: Weil eine Wahlrechtsausübung nicht verpflichtend vorge-

---

65 *Looschelders*, Schuldrecht Allgemeiner Teil, Rn. 298; *Brox/Walker*, Allgemeines Schuldrecht, § 8 Rn. 8.
66 Zum Wahlrecht s. *Brox/Walker*, Allgemeines Schuldrecht, § 8 Rn. 9; *Looschelders*, Schuldrecht Allgemeiner Teil, Rn. 300 f.
67 HK-BGB/*Schulze*, § 262 Rn. 1.
68 So vor allem Soergel/*Wolf*, BGB, § 262 Rn. 26; *Looschelders*, Schuldrecht Allgemeiner Teil, Rn. 300.
69 Palandt/*Heinrichs*, BGB, § 262 Rn. 2.
70 Palandt/*Heinrichs*, BGB, § 263 Rn. 1.

sehen ist[71], kann er dazu auch nicht auf gerichtliche Art und Weise verpflichtet oder gezwungen werden.[72] Der wahlberechtigte Schuldner verliert insbesondere durch Nichtausübung sein Wahlrecht nicht.[73] Gleichwohl sieht das Gesetz in § 264 eine Vorschrift vor, die die Situation auffangen soll, dass der wahlberechtigte Schuldner die Wahl nicht rechtzeitig vornimmt. Verzögert sich nämlich die Ausübung des Wahlrechts, so kann der Gläubiger nach seiner Wahl die Zwangsvollstreckung auf die eine oder andere Leistung richten.

194 Auch bei der **Unmöglichkeit** gelten Besonderheiten: Werden sämtliche Leistungen, zwischen denen eine Wahl besteht, unmöglich, so muss der Schuldner überhaupt nicht mehr leisten: § 275 Abs. 1 befreit ihn von der Leistungspflicht in jeder Hinsicht.[74] Betrifft aber andererseits die Unmöglichkeit nur eine der zur Auswahl stehenden Leistungen, hat § 265 eine Regelung vorgesehen: In dieser Situation beschränkt sich nämlich das Schuldverhältnis auf die übrigen Leistungen. D.h., der Gläubiger kann dann nicht mehr die unmöglich gewordene Leistung verlangen oder in dieser Hinsicht Schadensersatz geltend machen, sondern er ist dazu verpflichtet, eine andere der noch möglichen Leistungen annehmen zu müssen.[75] Etwas anderes gilt dann nur, wenn die Leistung infolge eines Umstands unmöglich wird, den der nicht wahlberechtigte Teil zu vertreten hat. Dann ist eine Beschränkung auf die übrigen, noch möglichen Leistungen nach § 265 Satz 2 ausgeschlossen. Der unmöglich gewordene Teil bleibt in diesem Falle somit unverändert Bestandteil des Schuldverhältnisses, obwohl die Hauptleistungspflicht gem. § 275 Abs. 1 tatsächlich unmöglich geworden ist. Der Gläubiger kann jedoch Schadensersatz wegen Unmöglichkeit verlangen.[76]

Bsp.: Hat also im vorherigen Beispiel *(unter Rn. 189)* der S die Beschaffung des Bildes „Hüpfende Maus" oder „Schlafendes Känguru" zu leisten und wird nun das Bild „Maus" zerstört, so ist zunächst nach § 265 Satz 1 davon auszugehen, dass K nur noch das Bild „Känguru" verlangen kann. Denn auf dieses Bild hat sich das Schuldverhältnis konkretisiert. Ist hingegen der S selbst für den Untergang des Bildes verantwortlich und hätte der K das Bild frei wählen dürfen, so tritt diese Verengung auf das Bild „Känguru" nicht ein: Der K kann also unverändert die Leistung des Bildes „Maus" verlangen. Diese Leistung ist S natürlich nunmehr unmöglich; dann kann K stattdessen Schadensersatz wegen Nichterbringung der Leistung verlangen. Dieser folgt dann aus den §§ 280 Abs. 1, Abs. 3, 283.[77]

195 d) **Ersetzungsbefugnis.** Während die Wahlschuld in der Rechtswirklichkeit kaum vorkommt, ist dies bei einer weiteren Gestaltung des Gegenstands des Schuldverhältnisses gemeint. Gemeint ist die **Ersetzungsbefugnis**, die eine erheblich größere praktische Relevanz als die Wahlschuld einnimmt. Es geht um die Situation der sog. „alternativen Ermächtigung", die auch als *facultas alternativa* bezeichnet wird. Diese ist gegeben, wenn zwar nur eine Leistung geschuldet wird,

---

71 S. etwa MünchKomm/*Krüger*, BGB, § 264 Rn. 1; *Brox/Walker*, Allgemeines Schuldrecht, § 8 Rn. 11.
72 Vgl. hierzu den Beispielsfall bei *Brox/Walker*, Allgemeines Schuldrecht, § 8 Rn. 12.
73 *Looschelders*, Schuldrecht Allgemeiner Teil, Rn. 303.
74 *Looschelders*, Schuldrecht Allgemeiner Teil, Rn. 304.
75 *Medicus*, Schuldrecht I, Rn. 187.
76 *Looschelders*, Schuldrecht Allgemeiner Teil, Rn. 304.
77 Dazu näher in Rn. 462.

jedoch andererseits der Schuldner gleichwohl berechtigt ist, an deren Stelle eine andere Leistung zu erbringen.[78] Dann verfügt er nämlich über eine Ersetzungsbefugnis. In gleicher Weise liegt diese Situation vor, wenn der Gläubiger stattdessen berechtigt ist, eine andere Leistung zu verlangen – man spricht dann von der Ersetzungsbefugnis des Gläubigers.[79]

Bsp.: A und B vereinbaren, dass A dem B seine wertvolle Halberstadt-Bibel verkauft. Alternativ kann A aber auch einen ebenfalls wertvollen Mekka-Koran übereignen. Umgekehrt ist die Situation, wenn B statt der Bibel den Koran verlangen kann.

Diese Situation **unterscheidet** sich grundlegend **von der Wahlschuld**. Während dort nämlich das Schuldverhältnis von Anfang an auf alternativ verschiedene Leistungen gerichtet ist, von denen eine ausgewählt werden kann, steht im Rahmen der Ersetzungsbefugnis des Schuldners diesem nur zu, anstelle des eigentlich geschuldeten Leistungsgegenstandes eine andere Leistung zu erbringen.[80] Er kann also ohne Zustimmung des Gläubigers eine andere als die eigentlich geschuldete und vereinbarte Leistungspflicht an Erfüllungs statt erbringen. Damit erfüllt er dann auch seine Verbindlichkeit aus dem Schuldverhältnis und wird von der Leistungspflicht befreit. **196**

Die **Vorschriften** über die **Wahlschuld** können **keine Anwendung** finden, denn diese setzen ja gerade voraus, dass mehrere verschiedene Gegenstände zur Wahl stehen. Dies ist bei der Ersetzungsbefugnis jedoch nicht der Fall. Hier gibt es eine primäre Leistungspflicht, gegebenenfalls kann der Schuldner gleichwohl, sofern dies vereinbart ist, etwas anderes leisten oder der Gläubiger kann, sofern dies vereinbart ist, etwas anderes als das eigentlich Verlangte fordern.[81] **197**

Möglich ist eine solche Ersetzungsbefugnis auf der Grundlage der **Vertragsfreiheit**. Den Parteien steht es schließlich frei zu vereinbaren, ob sie auch eine andere als die eigentlich vereinbarte Leistungsverpflichtung annehmen möchten. Weil die Vorschriften der Wahlschuld hierauf keine Anwendung finden, gilt insbesondere nicht § 265. Wird also die eigentlich geschuldete Leistung unmöglich, beschränkt sich die Leistungspflicht nicht auf die andere, die zur Ersetzung bereitsteht.[82] Mit Unmöglichkeit der geschuldeten Leistungspflicht tritt vielmehr gem. § 275 Abs. 1 Befreiung des Schuldners ein. Dies gilt insbesondere auch dann, wenn er die zur Ersetzung anstehende Ersatzleistung noch erbringen könnte, denn die Leistungspflicht ist untergegangen, eine Wahlmöglichkeit liegt gerade nicht vor. **198**

Bsp.: Ist in dem genannten Beispiel *(unter Rn. 195)* die Halberstadt-Bibel bei A gestohlen worden, muss er nun nicht ersatzeshalber den Mekka-Koran liefern.

---

78 Palandt/*Heinrichs*, BGB, § 262 Rn. 8; *Looschelders*, Schuldrecht Allgemeiner Teil, Rn. 305.
79 Palandt/*Heinrichs*, BGB, § 262 Rn. 9.
80 Zur Abgrenzung s. *Brox/Walker*, Allgemeines Schuldrecht, § 8 Rn. 14.
81 Vgl. Palandt/*Heinrichs*, BGB, § 262 Rn. 8 f.
82 S. *Looschelders*, Schuldrecht Allgemeiner Teil, Rn. 307.

199 Neben der Möglichkeit der Vereinbarung einer Ersetzungsbefugnis, bei der jedoch im Rahmen von allgemeinen Geschäftsbedingungen § 308 Nr. 4 zu beachten ist, sieht das BGB an einigen wenigen Stellen auch eine **gesetzliche Ersetzungsbefugnis** vor, nämlich in §§ 244 Abs. 1, 251 Abs. 2 und § 775 Abs. 2.[83] Die bekannteste Ersetzungsbefugnis des Gläubigers findet sich in § 249 Abs. 2 Satz 1: Im Bereich des Schadensersatzes kann nämlich der Gläubiger statt der Herstellung des ursprünglichen Zustandes vom Schuldner den dazu erforderlichen Geldbetrag verlangen. Er soll nicht darauf angewiesen sein, dass der Schuldner, der ihn verletzt hat, eine Heilbehandlung an ihm vornimmt – stattdessen kann er aufgrund der Ersetzungsbefugnis den hierzu erforderlichen Geldbetrag verlangen.[84]

200 e) **Geldschuld, Zinsschuld.** Eine besondere Stellung nimmt die **Geldschuld** ein. Obwohl sie einen überaus großen praktischen Anwendungsbereich hat und in der gesamten Wirtschaftsordnung eine immense Bedeutung einnimmt, ist sie in der Welt des BGB nur in wenigen Vorschriften eigenständig geregelt: So befassen sich nur die Vorschriften der §§ 244–248, 253, 270 sowie §§ 288–291 mit Geldschulden. Eine eigenständige Definition existiert jedoch nicht. Dies ist umso bedauerlicher, da das Geld den praktisch wichtigsten Leistungsgegenstand überhaupt darstellt. Bei fast allen gegenseitigen Verträgen des BGB wie dem Kauf-, dem Miet-, dem Dienst- oder Werkvertrag bildet es den Gegenleistungsinhalt. Bei unerlaubten Handlungen richtet sich auch der Schadensersatzanspruch im Allgemeinen auf Geld. Daher ist es überraschend, dass das Gesetz so nachlässig mit ihm umgeht.

201 So bleibt unklar, in welche **Kategorie** die Geldschuld einzuordnen ist. Um eine Stückschuld handelt es sich sicher nicht, ob sie hingegen als eine Gattungsschuld anzusehen ist, ist umstritten. Zum Teil wird dies vertreten: Die Geldschuld soll nach dieser Ansicht eine besondere Form der Gattungsschuld sein. Doch passen die Vorschriften für die Gattungsschuld auf Geldschulden nicht.[85] § 243 Abs. 1 etwa, der die Auswahlvorschrift für die Gattungsschuld in Bezug auf die mittlere Art und Güte festlegt, ist für Geld völlig unbrauchbar. Hier stellt sich kein Auswahlproblem! Gleichwohl hält die Rechtsprechung immer noch daran fest, dass es sich hier um eine besondere Gattungsschuld handelt.[86] Doch wird man stattdessen davon ausgehen müssen, dass vielmehr eine Wertverschaffungsschuld vorliegt: Der Schuldner muss nämlich dem Gläubiger nicht eine mittlere Art und Güte von Geld verschaffen, sondern er muss dem Gläubiger das durch den Nennbetrag der Schuld ausgedrückte Mengenverhältnis erbringen. Geld kann also nur in Form einer Summe, nicht in einer Qualitätsform verschafft werden.[87]

202 Gleichwohl werden bestimmte Vorstellungen auch hier eingreifen, die ansonsten die Gattungsschuld beherrschen. Insbesondere gilt dies im Hinblick auf die **Unmöglichkeit.** Wie bei der Gattungsschuld kann sich nämlich der Schuldner bei der Geldschuld grundsätzlich nicht auf die Unmöglichkeit gem. § 275 berufen.

---

83 Vgl. Palandt/*Heinrichs*, BGB, § 262 Rn. 8.
84 Dazu ausführlich unten Rn. 1048 ff.
85 S. etwa *Larenz*, Schuldrecht I – Allgemeiner Teil, S. 167 f.; Palandt/*Heinrichs*, BGB, § 245 Rn. 12.
86 BGH NJW 1982, 1585 (1586).
87 Vgl. Palandt/*Heinrichs*, BGB, § 245 Rn. 12.

Wenn man nämlich die Geld- als eine Wertverschaffungsschuld ansieht, hat der Schuldner die Pflicht, dem Gläubiger einen bestimmten Wert zu verschaffen, dies ist völlig unabhängig davon, ob er selber über diesen Wert verfügt – hieraus resultiert letztlich auch der Spruch „Geld muss man haben." Eine Befreiung von der Verschaffungsschuld im Hinblick auf den entsprechenden Nennbetrag kann nicht eintreten, denn er ist unabhängig von dem, was der Schuldner selber zur Verfügung hat. Man kann also sagen, dass der Schuldner für seine finanzielle Leistungsfähigkeit ohne Verschulden stets einzustehen hat.[88]

203 Die Form der Erbringung von Geldschulden ist vom BGB als **Bargeldverschaffung** verstanden worden.[89] Es wird also davon ausgegangen, dass die Geldschulden regelmäßig durch die Übereignung von Bargeld stattfinden, was sich nach den §§ 929 ff. richtet. Dies ist mittlerweile freilich in vielen Fällen durch die Zahlung in Buchgeld abgelöst worden, d. h. durch die Überweisung oder die Abbuchungsermächtigung oder durch die bargeldlose Bezahlung. Hier gelten also andere Mechanismen als diejenigen des Sachenrechts.

204 Ein besonderer Fall der Geldschuld sind schließlich die **Zinsschulden**. Für diese enthalten die §§ 246–248 besondere Vorschriften. Dabei ist unter Zinsen diejenige Vergütung zu verstehen, die der Schuldner für die Überlassung eines in Geld bestehenden Kapitals zahlen muss.[90] Die Höhe der jeweiligen Vergütung ist dabei regelmäßig nach der Dauer, d. h. der Laufzeit der Überlassung zu berechnen. Meist sind sie in einem bestimmten Prozentsatz des Kapitals ausgedrückt.[91] Eine Zinsschuld entsteht regelmäßig aufgrund rechtsgeschäftlicher Begründung, genauso kann das Gesetz Entstehungstatbestand sein. Das BGB kennt zwar keinen allgemeinen Zinsanspruch, es gibt jedoch zahlreiche Einzelbestimmungen, die vorsehen, dass eine Zinsschuld entsteht, vor allem beim Verzug nach § 288 sowie im Rahmen eines Prozesses ab Rechtshängigkeit der Klage nach § 291. In diesen Fällen kommt jedenfalls der gesetzliche Zinssatz zum Tragen, der sich gem. § 246 auf 4 % beläuft. Etwas anderes gilt nur, wenn besondere Bestimmungen die Höhe anderweitig festlegen. Dies kann beim Handelsgeschäft nach § 352 HGB der Fall sein, wo 5 % vorgesehen sind. Beim Verzug sieht § 288 für den Verzugszins ebenfalls eine Sonderregelung vor. Danach beträgt der Zinssatz für das Jahr 5 bzw. 8 % über dem Basiszinssatz, der wiederum eigenständig in § 247 geregelt ist.

3. Insbesondere: Die Vereinbarung einer Vertragsstrafe

205 Das BGB kennt an unterschiedlichen Stellen noch besondere Einzelvorschriften für den Inhalt von Schuldverhältnissen. So enthält etwa § 256 zusammen mit § 257 eine Einzelregelung zur Gestaltung des Schuldverhältnisses über **Aufwendungen**. Die Aufwendungen entstehen in ganz unterschiedlichen Schuldverhält-

---

88 S. *Looschelders*, Schuldrecht Allgemeiner Teil, Rn. 311 und 540; *Brox/Walker*, Allgemeines Schuldrecht, § 9 Rn. 9.
89 *Looschelders*, Schuldrecht Allgemeiner Teil, Rn. 312.
90 Vgl. HK-BGB/*Schulze*, § 246 Rn. 3; *Medicus*, Schuldrecht I, Rn. 162; *Looschelders*, Schuldrecht Allgemeiner Teil, Rn. 315.
91 Vgl. dazu näher BGH NJW 1979, 540 ff.; *Larenz*, Schuldrecht I – Allgemeiner Teil, S. 180; *Canaris*, NJW 1978, 1891 ff.; *Looschelders*, Allgemeines Schuldrecht, Rn. 315.

nissen als besondere Inhalte. Hinsichtlich ihrer Entstehung enthält § 256 eine allgemeine Regelung. Näheres zu den Aufwendungen findet sich dann jedoch in den entsprechenden Abschnitten des Besonderen Schuldrechts, auf die hier verwiesen wird. Besondere Regelungen enthält der Allgemeine Teil des Schuldrechts zusätzlich im Hinblick auf die **Vertragsstrafe**, die in den §§ 339–345 geregelt ist.

206 Mit der **Vertragsstrafenabrede** ist ein typischer, im Allgemeinen Teil geregelter Vertragsinhalt bestimmt. Auch hier geben die Vorschriften des BGB wieder nur Leitlinien vor, sie sind im Wege der **Vertragsfreiheit** auch von den Vertragsparteien abänderbar; bei der Nutzung allgemeiner Geschäftsbedingungen greift dann jedoch vor allem § 309 Nr. 6.[92] Doch abgesehen davon können die Parteien eines Vertrages darüber Einigkeit erzielen, dass der Schuldner bei Nichterfüllung seiner eigentlichen Hauptleistungspflicht, genauso bei der nicht rechtzeitigen Erfüllung oder auch bei einer sonstigen Pflichtverletzung, eine bestimmte Geldsumme an den Gläubiger zu zahlen hat, § 339. Darüber hinaus können die beiden Parteien vereinbaren, dass eine andere Strafe als eine Geldstrafe geleistet wird. So sieht § 342 diesbezüglich eine analoge Anwendung der eigentlich auf die Geldstrafe ausgerichteten Vorschriften der §§ 339–341 vor. Die Idee hinter der Möglichkeit, eine Vertragsstrafe zu vereinbaren, liegt auf der Hand: Zwar hat der Gläubiger grundsätzlich für die typischen, von einer Vertragsstrafe betroffenen Bereiche (der Schuldner leistet überhaupt nicht oder er leistet zu spät oder fehlerhaft) Druckmittel in der Hand, nämlich die Schadensersatzregelungen zur Unmöglichkeit bzw. zum Verzug oder zur Schlechtleistung. Doch eröffnet dem Gläubiger die Vereinbarung einer Vertragsstrafe noch weitergehende Möglichkeiten. Je nach Vereinbarung kann daher der Druck auf den Schuldner sehr stark wachsen, rechtzeitig oder überhaupt und fehlerfrei zu leisten.[93] Zudem ist als Vorteil der Vertragsstrafe zugunsten des Gläubigers anzunehmen, dass mit einer entsprechenden Vereinbarung im Vertrag der Gläubiger nicht mehr im Einzelnen darlegen und beweisen muss, in welcher Höhe er einen Schaden erlitten hat.[94] Vielmehr kann er bei der Vereinbarung einer Vertragsstrafe in jedem Fall die Vertragsstrafe als Mindeststrafe verlangen; dies folgt aus § 341 sowie aus § 340 Abs. 2.[95]

207 Bei der Vertragsstrafe nach § 339, die gelegentlich auch als **Konventionalstrafe** bezeichnet wird, geht es um eine zwischen Gläubiger und Schuldner vereinbarte bedingte Schuld: Die Bedingung liegt in der Nichterfüllung oder Schlechterfüllung einer anderen, der eigentlichen Hauptleistungsschuld.

Bsp.: A soll bei B eine Garage errichten. Sie vereinbaren, dass die Garage pünktlich zum Winterbeginn am 23.12.2007 erstellt sein soll; verspätet sich die Fertigstellung, muss A jeden Tag 150 € Vertragsstrafe an B zahlen.

---

92 Zur Zulässigkeit einer Vertragsstrafe in einem Formulararbeitsvertrag, s. BAG NZA 2005, 1053 ff.; BAG NZA 2006, 34 ff.
93 Vgl. *Brox/Walker*, Allgemeines Schuldrecht, § 11 Rn. 1; BGH NJW 1968, 149 (150).
94 S. *Medicus*, Schuldrecht I, Rn. 461 f.; *Looschelders*, Schuldrecht Allgemeiner Teil, Rn. 808.
95 *Looschelders*, Schuldrecht Allgemeiner Teil, Rn. 822.

Besondere Fälle

208 Wenn die **Bedingung** eintritt, wird die Vertragsstrafe fällig: Der Schuldner ist zu ihrer Leistung verpflichtet; nähere Bezifferungen hinsichtlich des Schadens sind vom Gläubiger nicht zu erbringen. Die Vertragsstrafe ist infolgedessen aufgrund ihrer eigentlichen Anlage akzessorisch zur Hauptleistungsschuld geworden.[96] Dies unterscheidet sie auch maßgeblich von einem ebenfalls möglichen „selbstständigen Strafversprechen". Dieses hängt nämlich nicht akzessorisch von einer Hauptverbindlichkeit ab; angesprochen ist dieses selbstständige Vertragsversprechen in § 343 Abs. 2.[97]

209 Um einen Anspruch auf Vertragsstrafenzahlung geltend zu machen, müssen die **Voraussetzungen** vorliegen, die zwischen den Parteien diesbezüglich vereinbart worden sind. Ein entsprechender Anspruch entsteht, wenn die Vertragsstrafe **verwirkt** ist. Diese Verwirkung setzt nach § 339 voraus, dass zum einen eine wirksame Vertragsstrafenvereinbarung vorliegt; zudem muss eine gültige Hauptverbindlichkeit gegeben sein. Die Wirksamkeit der Vertragsstrafenvereinbarung ist im Rahmen von allgemeinen Geschäftsbedingungen insbesondere an § 309 Nr. 6 zu messen.[98] Darüber hinaus ist die Nichtigkeit der Vertragsstrafenvereinbarung auch aus den sonstigen Unwirksamkeitsgründen des Allgemeinen Teils des BGB denkbar, also vor allem aus § 138.[99] Doch muss nicht nur die Vertragsstrafenabrede selbst wirksam sein, sondern zudem ist erforderlich, dass auch die Verbindlichkeitsvereinbarung selbst in der Welt ist, denn ansonsten gibt es keine entsprechend erforderliche Hauptverbindlichkeit. Fehlt sie, ist aufgrund der Akzessorietät der Vertragsstrafenabrede auch die Vereinbarung über das Strafversprechen selbst unwirksam. Dies folgt nicht zuletzt auch aus § 344.

210 Neben den beiden genannten Voraussetzungen (Vereinbarung einer Vertragsstrafe und wirksame Vereinbarung einer Hauptschuld) ist **dritte Voraussetzung**, dass der Schuldner gegen die der Vertragsstrafe zugrunde liegende Pflicht verstoßen hat. Wann dies der Fall ist, ist entscheidend davon abhängig, ob es sich bei der von der Vertragsstrafe begleiteten Hauptverbindlichkeit um ein **positives Tun** oder um ein Unterlassen handelt. Geht es um ein positives Tun, wird also eine Handlungspflicht des Schuldners von diesem nicht oder in nicht ordnungsgemäßer Weise erfüllt, tritt nach § 339 Satz 1 eine Verwirkung erst dann ein, wenn der Schuldner mit seiner Leistung in Verzug kommt. Erforderlich ist also, dass der Schuldner die entsprechende Leistung nicht erbringt, obwohl sie fällig ist und eine Mahnung vorliegt; die Entbehrlichkeitsvorschriften der Mahnung gelten hier ohne Abweichung, § 286 Abs. 2, Abs. 3.[100] Erforderlich ist also vor allem ein Verschulden des Schuldners. Doch ist hier zu beachten, dass gerade dieses Erfordernis des Verschuldens nach ganz überwiegender Auffassung dispositiv ist. D. h.,

---

96 Palandt/*Grüneberg*, BGB, § 339 Rn. 13; HK-BGB/*Schulze*, § 339 Rn. 3.
97 Zur Abgrenzung s. auch BGH NJW 1982, 759 f. und Palandt/*Grüneberg*, BGB, § 339 Rn. 3.
98 *Looschelders*, Schuldrecht Allgemeiner Teil, Rn. 814; Palandt/*Grüneberg*, BGB, § 339 Rn. 11.
99 Palandt/*Grüneberg*, BGB, § 339 Rn. 12.
100 Dies ergibt sich automatisch durch den gesetzlichen Verweis auf den Verzug in § 339 Satz 1; vgl. HK-BGB/*Schulze* § 339 Rn. 11; s. auch *Brox/Walker*, Allgemeines Schuldrecht, § 11 Rn. 10.

die Parteien können vor allem durch Individualvertrag etwas anderes vereinbaren und eine Vertragsstrafe auch dann eintreten lassen, wenn der Schuldner nicht schuldhaft gehandelt hat.[101] Ist eine solche Vereinbarung gegeben, ist eine Vertragsstrafenabrede letztlich nichts anderes als eine mit Sanktionen bewährte Garantiehaftung.[102] Eine Vereinbarung in den AGB, der zufolge eine Vertragsstrafe auch ohne Verschulden des Schuldners greifen soll, ist indes nach Ansicht des BGH unwirksam, da insofern ein Verstoß gegen § 307 Abs. 2 Nr. 1 vorliegt, weil eine solche Verabredung mit dem wesentlichen Grundgedanken der gesetzlichen Regelung, von der abgewichen wird, nicht zu vereinbaren ist.[103]

211 Anders ist die Lage zu beurteilen, wenn die geschuldete Leistung, also die eigentliche Hauptverpflichtung in einem **Unterlassen** liegt: Dann ist als weitere Voraussetzung nämlich gem. § 339 Satz 2 für die Verwirkung lediglich erforderlich, dass der Schuldner eine entsprechende Zuwiderhandlung begangen hat; er verwirkt also die Strafe, wenn er die Handlung, die er entsprechend der Hauptvereinbarung unterlassen sollte, entgegen der Vereinbarung doch begeht.[104] Anders als in Satz 1 ist in dieser Alternative im Gesetzeswortlaut nicht ersichtlich, dass auch hier ein Verschulden erforderlich ist. Daraus wird zum Teil abgeleitet, dass bei einem Unterlassen im Rahmen der Vertragsstrafe ein Verschulden nicht vorausgesetzt ist.[105] Dem kann jedoch nicht gefolgt werden. Vielmehr muss man auch hier davon ausgehen, dass eine Verwirkung – vorbehaltlich einer anderen Vereinbarung zwischen den Parteien – zwingend voraussetzt, dass der Schuldner schuldhaft der Unterlassungsverpflichtung zuwidergehandelt hat. Denn es ist nicht ersichtlich, warum die Verletzung von Unterlassungspflichten strenger behandelt werden sollte, als der Fall, in dem die Hauptleistungspflichten positiv verletzt werden. Systematisch ist daher davon auszugehen, dass die Vertragsstrafe auch hier nur dann verwirkt ist, wenn der Schuldner seine Unterlassung, d. h. die Zuwiderhandlung, gem. den §§ 276, 278 zu vertreten hat.[106]

212 **Letzte Voraussetzung** ist schließlich über den Gesetzestext hinaus die **eigene Vertragstreue des Gläubigers**. Dieser soll also nur dann die vereinbarte und verwirkte Vertragsstrafe reklamieren können, wenn er selbst vertragstreu gehandelt hat[107]; dies folgt letztlich aus dem Grundsatz von Treu und Glauben, d. h. aus § 242. Denn der Gläubiger würde rechtsmissbräuchlich handeln, wenn er selbst eine Pflichtverletzung des Schuldners, etwa durch einen eigenen Vertragsbruch, provoziert hat, danach jedoch seinerseits die Vertragsstrafe verlangt.[108]

---

101 *Looschelders,* Schuldrecht Allgemeiner Teil, Rn. 818; BGH NJW-RR 1997, 686 (688).
102 S. dazu auch BGH NJW-RR 1997, 686 (688); Palandt/*Grüneberg*, BGB, § 339 Rn. 15; anders jedoch: Staudinger/*Rieble* (2004), BGB, § 339 Rn. 160.
103 BGH NJW 1997, 135; Jauernig/*Stadler*, § 339 Rn. 19.
104 *Looschelders,* Schuldrecht Allgemeiner Teil, Rn. 817.
105 So zumindest *Brox/Walker*, Allgemeines Schuldrecht, § 11 Rn. 11 mit Verweis auf die Entstehungsgeschichte, Motive II, S. 278.
106 So auch BGH NJW 1985, 191; Palandt/*Grüneberg*, BGB, § 339 Rn. 15; *Larenz*, Schuldrecht I – Allgemeiner Teil, S. 377 f. und Fn. 52; Jauernig/*Stadler*, BGB, § 339 Rn. 19.
107 Palandt/*Grüneberg*, BGB, § 339 Rn. 16.
108 S. dazu schon BGH NJW 1971, 1126; BGH NJW 1984, 919 (920); MünchKomm/*Gottwald*, BGB, § 339 Rn. 45.

Besondere Fälle 213–215

Liegen die genannten Voraussetzungen vor, hat der Gläubiger einen **Anspruch auf** **213** **die vereinbarte Vertragsstrafe**. Eine nähere Bezifferung des konkret eingetretenen Schadens ist wie angesprochen **nicht erforderlich**.[109] Die Höhe der vom Schuldner zu leistenden Strafe richtet sich daher ausschließlich nach der Parteivereinbarung. Nur dann, wenn die verwirkte Strafe unverhältnismäßig hoch ist, kann sie auf Antrag des Schuldners durch Urteil auf den angemessenen Betrag herabgesetzt werden; dies folgt aus der Anordnung des § 343 Abs. 1 Satz 1. Bei der Beurteilung hinsichtlich der Angemessenheit ist dann jedes berechtigte Interesse des Gläubigers in Betracht zu ziehen, d. h. insbesondere, dass nicht bloß das Vermögensinteresse eine Rolle spielt.[110] Dies sieht das Gesetz in § 343 Abs. 1 Satz 2 ausdrücklich vor. Hat der Schuldner die Vertragsstrafe bereits geleistet, ist eine Herabsetzung im Nachhinein ausgeschlossen.[111] Die Vorschrift des § 343 Abs. 1 mit Blick auf die Möglichkeit der Herabsetzung ist nicht abdingbar, im Handelsrecht gilt aber § 348 HGB, wonach der Schuldner eine Herabsetzung dann nicht verlangen kann, wenn er Kaufmann ist.[112] Von Bedeutung in dem Zusammenhang ist, dass die nach § 343 ausnahmsweise mögliche Herabsetzung der Vertragsstrafe im Hinblick auf die Höhe zwingend voraussetzt, dass überhaupt eine wirksame Vertragsstrafe vorlag. Eine Herabsetzung durch den Richter kommt also insbesondere dann nicht in Betracht, wenn die vereinbarte Höhe der Vertragsstrafe schon selbst dazu geführt hat, dass die Vertragsstrafenvereinbarung etwa gem. § 138 Abs. 1 oder § 307 unwirksam war.[113]

Sind die Voraussetzungen, unter denen dem Gläubiger ein Anspruch auf die Vertragsstrafe zusteht, dergestalt geklärt, so bleibt offen, **wie sich die Ansprüche auf** **214** **Erfüllung, Schadensersatz und Vertragsstrafe zueinander verhalten**. Nach den Regelungen in § 340 und § 341 hängt dies davon ab, wofür die Vertragsstrafe geschuldet ist, also ob die Strafe für den Fall der Nichterfüllung oder für denjenigen der nicht ordnungsgemäßen Erfüllung vereinbart worden ist.

Bsp.: In dem zuvor genannten Beispiel *(unter Rn. 207)* wäre also zu klären, ob dann, wenn A sich verspätet, er nur die Vertragsstrafe zu zahlen hat oder ob er etwa dem B auch noch den Schaden an seinem Pkw ersetzen muss, der dadurch entstanden ist, dass der B seinen Wagen am 24.12. nicht unterstellen konnte, als ein heftiger Wintereinbruch den Wagen beschädigt hat.

Ist die Vertragsstrafe für die Nichterfüllung durch den Schuldner vereinbart, dann **215** legt § 340 Abs. 1 Satz 1 fest, dass der Gläubiger **die verwirkte Strafe statt der Erfüllung** verlangen kann. Er kann sie nicht nebeneinander verlangen, d. h. nach dieser Vorschrift muss er entscheiden, welchen der beiden Ansprüche er geltend macht. Erklärt er nämlich, dass er die Strafe verlangt, ist nach § 340 Abs. 1 Satz 2 der Erfüllungsanspruch ausgeschlossen.[114] Dies ist auch konsequent, denn das

---

109 *Brox/Walker*, Allgemeines Schuldrecht, § 11 Rn. 13.
110 *Medicus*, Schuldrecht I, Rn. 466.
111 *Looschelders*, Schuldrecht Allgemeiner Teil, Rn. 824.
112 *Brox/Walker*, Allgemeines Schuldrecht, § 11 Rn. 16; *Looschelders*, Schuldrecht Allgemeiner Teil, Rn. 825.
113 BAG NZA 2004, 727 (734).
114 Zum Verhältnis von Vertragsstrafe und Erfüllungsanspruch s. *Looschelders*, Schuldrecht Allgemeiner Teil, Rn. 820.

Geltendmachen der vereinbarten Strafe ist im Ergebnis ja nichts anderes als ein vereinfachter Weg, seinen Schaden geltend zu machen. Wie immer schließen sich aber Schadensersatz wegen Nichterfüllung und Erfüllung aus.[115] Zu beachten ist jedoch, dass in § 340 Abs. 2 die besondere Situation angesprochen ist, dass der Gläubiger einen höheren Schaden erlitten hat als ihm nach der Vertragsstrafenvereinbarung zusteht. Zwar kann der Gläubiger dann nicht neben der Vertragsstrafe Ersatz des ganzen Schadens verlangen, doch kann er die verwirkte Strafe zumindest als Mindestbetrag des Schadens verlangen. Dann ist die Geltendmachung auch eines weiteren Schadens nicht ausgeschlossen. Der Gläubiger kann also dann unter Beachtung der allgemeinen Voraussetzungen eines Schadensersatzanspruches etwa aus § 280 Abs. 1 auch höher eingetretene Schäden geltend machen.

216 Anders sieht die Abgrenzung dann aus, wenn es um eine **Strafe für eine gehörige Erfüllung** geht, wenn also der Schuldner nur verspätet oder schlecht leistet. In diesem Fall kann gem. § 341 Abs. 1 die Vertragsstrafe auch neben der Erfüllung geltend gemacht werden, denn auch hier kann man letztlich auf das Allgemeine Schuldrecht zurückgreifen: Dann tritt nämlich die Strafe nicht an die Stelle der Erfüllung, vielmehr geht es bei dieser Vereinbarung allein darum, die Ordnungsgemäßheit der Erfüllung der Hauptleistungspflicht abzusichern.[116] Eine kleine Einschränkung sieht nur noch § 341 Abs. 3 vor. Hat der Gläubiger in diesem Fall die Hauptleistungspflicht als erfüllt angenommen, so kann er die Strafe nur verlangen, wenn er sich das Recht dazu bei der Annahme der Hauptleistung vorbehalten hat.[117]

§ 6 Die Bestimmungen der Modalitäten der Leistungspflichterbringung

Literatur: *Gernhuber, J.*, § 242 BGB – Funktionen und Tatbestände, JuS 1983, 764; *Hohmann, H.*, § 242 BGB und unzulässige Rechtsausübung in der Rechtsprechung des BGH, JA 1982, 112; *Heiderhoff, B./Skamel, F.*, Teilleistungen im Kaufrecht, JZ 2006, 383; *Hellfeier, M.*, Die Leistungszeit im Arbeitsverhältnis, Diss., Universität Gießen 2003; *Henkel, A.*, Der Ausschluss des Zurückbehaltungsrechts (§ 273 BGB) nach Beendigung des Arbeitsverhältnisses, ZGS 2004, 170; *Herresthal, C.*, Die Rechtzeitigkeit der Leistungshandlung bei der Erfüllung von Geldschulden, ZGS 2007, 48; *Hüttemann, R./Jacobs, T.*, Zurückbehaltungsrecht bei unterlassener oder fehlerhafter Rechnungsausstellung, MDR 2007, 1229; *Jenal, O./Schimmel, R.*, § 242 – Verwirkung bei Gestaltungsrechten, JA 2002, 619; *Keller, R.*, Das Zurückbehaltungsrecht nach § 273 BGB, JuS 1982, 665; *Nastelski, K.*, Die Zeit als Bestandteil des Leistungsinhalts, JuS 1962, 289; *Rother, W.*, Zur Zulässigkeit von Teilleistungen, NJW 1965, 1749; *Schur, W.*, Die Verknüpfung wechselseitiger Leistungen, JuS 2006, 673; *Singer, R.*, Wann ist widersprüchliches Verhalten verboten?, NZA 1998, 1309; *Teichmann, A.*, Venire contra factum proprium – Ein Teilaspekt rechtsmissbräuchlichen Handelns, JA 1985, 497; *Thomä, V.*, Tilgung fremder Schuld durch irrtümliche Eigenleistung?, JZ 1962, 623; *Weber, R.*, Entwicklung und Ausdehnung des § 242 BGB zum „königlichen Paragraphen", JuS 1992, 631; *Ziegler, T.*, Die Teilleistung beim Architektenvertrag, ZfbR 2006, 424.

---

115 Jauernig/*Stadler*, BGB, § 340 Rn. 5; *Brox/Walker*, Allgemeines Schuldrecht, § 11 Rn. 12.
116 *Looschelders*, Schuldrecht Allgemeiner Teil, Rn. 820.
117 Palandt/*Grüneberg*, BGB, § 341 Rn. 2.

Art der Erbringung 217–219

Rechtsprechung: **BGH NJW 1967, 1902** (Begründung eines Zurückbehaltungsrechts durch verjährte Ansprüche des Schuldners); **BGH NJW 1979, 1203** (Verurteilung des Verpfänders Zug um Zug gegen Rückgabe der Pfandsache); **BGH NJW 1983, 563** (Berufung auf Formnichtigkeit als Verstoß gegen Treu und Glauben); **BGH NJW 1990, 1289** (Missbräuchliches Herausgabebegehren betreffend Geschäftsunterlagen) – *Marder*; **BGH NJW 1992, 556** (Zurückbehaltungsrecht des Schuldners und Einrede des nichterfüllten Vertrages im Prozess); **BGH NJW-RR 2003, 1318** (Kein Schuldnerverzug bei Zurückbehaltungsrecht); **BGH NJW 2004, 3484** (Treuwidrige Geltendmachung eines Zurückbehaltungsrechts); **BGH NJW 2006, 219** (Verwirkung des Anspruchs auf Miete durch Hinnahme der Minderung); **BGH NJW 2007, 2183** (Verwirkung des Herausgabeanspruchs des eingetragenen Eigentümers eines Grundstücks); **BGH NJW 2007, 2474** (Außerordentliche fristlose Kündigung des Mieters: Fristsetzung und Androhung einer anderen Maßnahme); **BGH MDR 2007, 1419** (Rechtsmissbräuchliche Inanspruchnahme des gesamtschuldnerisch mit dem Bauunternehmer wegen Bauaufsichtsfehlern haftenden Architekten; rechtsmissbräuchliche Versagung der Zustimmung zur Parteierweiterung durch einen in der Berufungsinstanz erstmals mit einer Widerklage überzogenen Architekten); **BAG NJW 1997, 274** (Kündigung und Ausübung eines Zurückbehaltungsrechts); **BAG NZA 2007, 396** (Unwirksamkeit einer Versetzung – Verwirkung).

217 Das Schuldverhältnis verbindet zwei Parteien in obligatorischer Weise miteinander. Durch die bestehende schuldvertragliche Verbindung ist die eine Seite des Schuldverhältnisses verpflichtet, ihre Schuld gegenüber der anderen Seite zu erbringen: Dies gilt hinsichtlich der Hauptleistungspflicht des Schuldners. Bei einem gegenseitigen Vertrag ist zusätzlich zu beachten, dass beide Parteien jeweils Schuldner und Gläubiger des anderen sind. In der Vereinbarung zwischen den Parteien kann genau festgelegt werden, auf welche Art und Weise, vor allem aber wo und wie die Schuld zu leisten ist. Einigen sich die Parteien nicht ausdrücklich auf die unterschiedlichen Modalitäten, kann hilfsweise ergänzend die jeweilige Regelung aus dem Allgemeinen Teil des Schuldrechts eingreifen. Diese Bestimmungen können zunächst die Art der Erbringung der Schuld betreffen, also insbesondere auch die Frage, wer die konkrete Leistungspflicht zu erbringen hat. Darüber hinaus enthält insbesondere § 242 Näheres dazu, wie die Leistung erbracht werden muss, nämlich nach Treu und Glauben. Zudem existieren dispositive Regelungen zum Ort der Leistungserbringung, § 269 und § 270. Schließlich enthält das BGB auch Regelungen zur Frage der Leistungszeit, sofern sich die Parteien hierüber nicht abweichend geeinigt haben, nämlich in § 271.

I. Die Art der Leistungserbringung

218 Eine erste Regelungsmaterie betrifft die Fragen, **wie** die Leistungserbringung durch den Schuldner zu erfolgen hat. Dies meint sowohl den Aspekt des Umfangs der Leistung als auch der Möglichkeit einer Teilung der Leistung. Darüber hinaus ist bedeutsam, wer konkret zu leisten hat. Schließlich geht es um die Art und Weise der Leistungserbringung nach Treu und Glauben gem. § 242.

1. Der Umfang der Leistung

219 Das BGB geht in seiner Grundregelung in § 266 davon aus, sofern die Parteien nicht explizit oder konkludent etwas anderes vereinbart haben, dass der Schuldner prinzipiell nicht dazu berechtigt ist, die von ihm geschuldete **Leistung in Teilen** zu erbringen. Ob eine Teilleistung überhaupt denkbar ist, ist dabei davon abhängig, um welche Natur es bei der Leistung geht. Denn die Frage, ob die Leistung geteilt werden kann, ist davon abhängig, ob sie ohne Minderung in ihrem Wert und vor allem ohne Beeinträchtigung des Leistungszwecks geteilt werden kann.[118]

220 Die prinzipielle Ablehnung des BGB in seiner dispositiven Regelung in § 266, der vorsieht, dass der Schuldner zu **Teilleistungen** nicht berechtigt ist, hat besonders den **Schutz des Gläubigers** im Blick. Dieser soll nämlich davor geschützt werden, dass der Schuldner immer wieder versucht, einzelne Teilleistungen zu erbringen, um auf diese Weise den Gläubiger dazu zu zwingen, ständig einen Teil annehmen zu müssen.[119] Weil der Schuldner nicht zur Teilleistung berechtigt ist, kann daher der Gläubiger ihre Annahme auch verweigern, ohne dadurch in Annahmeverzug zu geraten: Denn er ist nur verpflichtet, das anzunehmen, was vom Schuldner auch erbracht werden darf.[120] Wenn aber der Schuldner Teilleistungen nicht erbringen darf, muss der Gläubiger sie auf der anderen Seite auch nicht annehmen.

Bsp.: Aus einem Kaufvertrag schuldet der A dem B noch 100 €. – Prinzipiell kann der A dem B nun nicht erst 20 €, dann 30 €, dann noch einmal 10 € und später 40 € zahlen; derartige „Stückelungen" muss B nicht akzeptieren.

221 Etwas **anderes** gilt in dieser Situation nur dann, wenn die Parteien – was ja möglich ist – anderes vereinbart haben. Das häufigste Beispiel in dem Zusammenhang ist die Vereinbarung der Parteien über die Möglichkeit des Schuldners, seine Geldschuld in Raten zu bezahlen. Die Ratenvereinbarung ist letztlich das Standardbeispiel für die Vereinbarung der Parteien über die Teilbarkeit der Leistung in Abweichung zu § 266. Vereinbaren die Parteien eine solche Ratenzahlung, ist daher die Zahlung einer jeden einzelnen Rate eine vollständige Erfüllung des jeweiligen Einzelanspruches, nämlich dieser Rate. § 266 greift insofern nicht.[121]

222 **Umgekehrt** ist in diesem Zusammenhang zu beachten, dass der Gläubiger seinerseits, der durch § 266 in dem angegebenen Maße geschützt werden soll, nicht durch diese Vorschrift daran gehindert wird, **nur Teile der Leistung zu fordern**.[122] Insbesondere kann er auch lediglich Teilleistungen verlangen und auch teilweise Leistungen einklagen, etwa um Gerichts- und Anwaltskosten zu sparen.[123] Der Gläubiger wird also durch die Vorschrift des § 266 sehr umfassend geschützt. Vereinbaren die Parteien nichts anderes, darf er nach dem zuvor Gesagten nicht nur Teilleistungen ablehnen, ohne in Annahmeverzug mit den entsprechenden Folgen zu geraten; sondern er kann darüber hinaus auch vom Schuldner, der seine Leistungspflicht nicht ausreichend erfüllt, weil er eben nur eine unzulässige Teilleistung angeboten hat, einen Schadensersatz, etwa wegen Verzugs der ganzen Leistung verlangen. Darüber hinaus kann der Gläubiger auch frei entscheiden, ob

---

118 Vgl. HK-BGB/*Schulze*, § 266 Rn. 4.
119 *Looschelders*, Schuldrecht Allgemeiner Teil, Rn. 258; *Brox/Walker*, Allgemeines Schuldrecht, § 12 Rn. 9.
120 Palandt/*Heinrichs*, BGB, § 294 Rn. 4.
121 *Looschelders*, Schuldrecht Allgemeiner Teil, Rn. 258; HK-BGB/*Schulze*, § 266 Rn. 5.
122 Palandt/*Heinrichs*, BGB, § 266 Rn. 11.
123 Vgl. Jauernig/*Stadler*, BGB, § 266 Rn. 4.

er eine Teilleistung annehmen möchte und dadurch im Nachhinein § 266 abbedingt, oder ob er nur eine Teilleistung einklagt.

2. Die Person des Leistenden

223 Ebenfalls im Allgemeinen Teil des Schuldrechts geregelt ist die Frage, ob die Leistung, die vom Schuldner zu erbringen ist, von diesem höchstpersönlich erbracht werden muss oder ob er auch die Möglichkeit hat, die **Leistungserbringung durch einen anderen** durchführen zu lassen. Hier sieht § 267 für den Fall, dass die Schuldvertragsparteien nichts anderes vereinbart hatten[124], vor, dass der Schuldner prinzipiell berechtigt ist, die Leistung auch von einem Dritten bewirken zu lassen. Hierbei gilt die Richtschnur des § 267, der zufolge in all den Fällen, in denen der Schuldner nicht in Person zu leisten hat, die Leistungsbewirkung auch durch einen Dritten erfolgen kann.

Bsp.: Bei A ist der Abfluss des Waschbeckens verstopft. Daher ruft er das Rohrreinigungsunternehmen R an und spricht dort mit dem Inhaber R, der verspricht, gleich vorbeizukommen. Statt des R erscheint nun dessen Geselle G – auch dieser kann nach der Grundregel des § 267 nun die Arbeiten ausführen, so dass die Pflicht des R gegenüber dem A erfüllt wird.

224 Es gilt ein **Regel-Ausnahme-Verhältnis**: Regelmäßig ist der Schuldner berechtigt, die Leistungserbringung durch einen Dritten durchführen zu lassen. Diese Verteilung von Regel und Ausnahme ist interessengerecht, denn der Gläubiger hat ganz häufig kein Interesse daran, dass genau der Schuldner, der mit ihm vertraglich verbunden ist, die Leistung erbringt. Ihm wird es vielmehr darauf ankommen, dass die Leistung überhaupt erbracht wird.[125] Etwas anderes gilt nur dann, wenn entweder vertraglich vereinbart ist oder sich aus dem konkreten Schuldverhältnis ergibt, dass der **Schuldner in Person leisten** muss. Dies kann direkt zwischen den Parteien vereinbart werden, etwa dann, wenn es dem Gläubiger gerade auf den konkreten Schuldner (etwa wegen seiner Fachkunde) ankommt; manche Schuldvertragstypen des BGB sehen darüber hinaus eine prinzipielle höchstpersönliche Leistungspflicht vor, insbesondere im Dienst- bzw. Arbeitsvertrag. Nach § 613 ist nämlich bei einem Dienstvertrag, d. h. auch beim Arbeitsvertrag, im Zweifel anzunehmen, dass die Leistung durch den Vertragspartner erfolgen muss.

Bsp.: Der Arbeitnehmer kann also, wenn nichts anderes vereinbart ist, nicht seinen Bruder schicken, um die Arbeitsleistung erbringen zu lassen. Tut er dies gleichwohl, erbringt der Schuldner nicht die ordnungsgemäße Leistung, weil der falsche Schuldner leistet. Der Gläubiger muss die Leistung dann nicht annehmen.[126]

225 In allen anderen Fällen aber, vor allem wenn ansonsten nichts Konkretes vereinbart ist, kann der Schuldner die **Leistungsbewirkung auch durch einen anderen** vornehmen lassen. Dazu ist nicht einmal, wie § 267 Abs. 1 Satz 2 deutlich macht, die Einwilligung des Gläubigers erforderlich. Die **Voraussetzungen** für die schuldbefreiende Wirkung des Leistenden zugunsten des Schuldners sind vielmehr durch

---

124 Zur Dispositivität des § 267 vgl. *Medicus,* Schuldrecht I, Rn. 139 f.; *Gernhuber,* Die Erfüllung und ihre Surrogate, S. 453.
125 *Brox/Walker,* Allgemeines Schuldrecht, § 12 Rn. 3.
126 BeckOK-ArbR/*Joussen,* BGB, § 613 Rn. 5.

§ 267 relativ eng gefasst. Voraussetzung ist letztlich allein, dass keine höchstpersönliche Leistungspflicht besteht. Darüber hinaus ist jedoch zusätzlich erforderlich, dass der Dritte, der die Leistung erbringt, auf eine fremde Schuld leistet.[127] Er darf also durch die Leistung nicht seine eigene Schuld erbringen wollen. Dies ist dann der Fall, wenn er etwa als Bürge oder Gesamtschuldner leistet.

Bsp.: Der B haftet als Bürge für das Darlehen, das der A bei der C-Bank aufgenommen hat. Kann A nun die Schuld nicht zurückzahlen, wird sich die C-Bank an B halten; dieser tilgt daraufhin durch Zahlung das Darlehen.

226 Schließlich gehen Rechtsprechung und Literatur auch noch davon aus, dass der Dritte mit einem **Fremdtilgungswillen** handelt und dies auch explizit zum Ausdruck bringen muss. Nur dann also, wenn der Dritte für den anderen handeln möchte, kommt eine Schuldbefreiung zugunsten des Schuldners in Betracht. Entscheidend ist hierbei nicht der innere Wille, sondern wie der Gläubiger sein Verhalten verstehen durfte.[128] Möchte der Dritte mit der Leistung jedoch eine vermeintlich von ihm selbst zu erbringende Schuld tilgen, dann kommt es nicht zu einer Schuldbefreiung zugunsten des Schuldners – vielmehr kann der Dritte dann vom Gläubiger die Leistung gem. § 812 Abs. 1 Satz 1 wieder herausverlangen.[129]

227 Sind diese Voraussetzungen gegeben (also Leistung durch einen Dritten, der auf eine fremde Schuld leisten möchte, und der erforderliche Fremdtilgungswille vor), tritt eine **Erfüllung** der Schuld zugunsten des Schuldners ein. Die Forderung des Gläubigers gegen den Schuldner erlischt in diesem Zusammenhang nämlich gem. § 362. Als Folge kommt es auch nicht zu einem Anspruch des leistenden Dritten gegenüber dem Schuldner; dies zumindest nicht aus dem konkreten Leistungsvorgang selbst. Eine solche Regressforderung kann sich aber aus allgemeinen gesetzlichen Grundsätzen ergeben, etwa aus der Geschäftsführung ohne Auftrag.[130]

228 Leistet der Dritte anstelle des Schuldners auf die Forderung des Gläubigers, wird der **Gläubiger** meist nichts einzuwenden haben. Denn er ist ja in der Regel allein daran interessiert, die Leistung zu erhalten. Gleichwohl sieht § 267 Abs. 2 vor, dass der Gläubiger ausnahmsweise die Leistung des Dritten ablehnen kann. Dieses **Ablehnungsrecht** steht ihm dann zu, wenn der Schuldner widerspricht.

Bsp.: Der A muss dem B noch einen Kaufpreis zahlen; nun möchte der C diese Schuld des A dadurch tilgen, dass er direkt an B zahlt. A widerspricht. – In dieser Situation kann dann auch B die Annahme der Zahlung durch den C verweigern.

229 Doch ist dies **kein Zwang** für den Gläubiger: Er kann die Leistung des Dritten bei einem vorliegenden Widerspruch des Schuldners ablehnen, muss dies aber nicht. Dass dem Gläubiger eine so starke Stellung eingeräumt wird, liegt daran, dass es

---

127 *Medicus*, Schuldrecht I, Rn. 140; Palandt/*Heinrichs*, BGB, § 267 Rn. 2.
128 S. BGH NJW 1979, 157; BGH NJW 1998, 377 (379).
129 S. dazu BGH NJW 1998, 377 (379); Palandt/*Heinrichs*, BGB, § 267 Rn. 8.
130 Zum Rückgriffsrecht des Dritten s. Palandt/*Heinrichs*, BGB, § 267 Rn. 7; *Medicus*, Schuldrecht I, Rn. 140.

hier in erster Linie um seinen Schutz geht.[131] Er kann also entscheiden, ob er das Ablehnungsrecht bei einem vorliegenden Widerspruch des Schuldners geltend macht oder nicht. Macht er es nicht geltend und liegen die zuvor genannten Voraussetzungen des § 267 vor, tritt Erfüllung ein.[132] Dies gilt zumindest dann, wenn der Dritte die Leistung effektiv bewirkt hat, d. h. etwa bei einer Geldschuld die Zahlung vorgenommen hat – nicht ausreichend ist hier, dass der Dritte die Leistung etwa durch Hinterlegung oder Aufrechnung vorgenommen hat, wie sich aus einem Schluss aus § 268 Abs. 2 ergibt.[133]

Die Möglichkeit eines Dritten, die Leistung mit schuldbefreiender Wirkung vorzunehmen, wird in § 268 noch eigenständig geregelt für den Fall, in dem der **Dritte ein eigenes Interesse** an der Leistung hat.

Bsp.: F hat dem G vor langer Zeit zugesichert, er könne „dereinst" sein Haus günstig kaufen. Nun ist F überschuldet und es droht die Zwangsversteigerung seines Hauses auf Betreiben des H. G, der das günstige Schnäppchen bedroht sieht, möchte nun die Schuld des F bei H begleichen.

In diesen besonderen Situationen besteht ein sog. „**Ablösungsrecht**" des Dritten: Voraussetzung dafür ist dann, dass der Gläubiger die Zwangsvollstreckung in eine Sache betreibt, die dem Schuldner gehört, und dass dem Dritten ein dingliches Recht an dieser zusteht, etwa eine Hypothek oder ein Pfandrecht. Muss der Dritte nun befürchten, durch die Zwangsvollstreckung ein Recht an der Sache zu verlieren, hat er nach § 268 Abs. 1 ein Recht daran, den Schuldner abzulösen – d. h. im Ergebnis, dass der Schuldner hier nicht mehr widersprechen kann, der Gläubiger muss die Leistung des Dritten jedenfalls annehmen, anders als noch im Bereich des § 267.[134] Zusätzlich wird der Dritte in dieser besonderen Situation noch dadurch abgesichert, dass anders als im Rahmen des § 267 hier die Forderung nicht erlischt, wenn der Dritte erfüllt. Vielmehr sieht § 268 Abs. 3 eine *cessio legis,* also einen Forderungsübergang kraft Gesetzes (§ 412) vor: Soweit nämlich der Dritte den Gläubiger befriedigt, der Dritte dem Gläubiger also das zahlt, was dieser eigentlich vom Schuldner verlangen könnte, geht die Forderung des Gläubigers auf ihn selbst über.[135] Nun kann also der Dritte vom Schuldner die Leistung verlangen. Dies ist insbesondere dann von Bedeutung, wenn der Gläubiger eine Geldforderung gegen den Schuldner hat, auf die der Schuldner nicht geleistet hat. Hat nun der Gläubiger die Zwangsvollstreckung eingeleitet, die einen Gegenstand betrifft, an welchem dem Dritten ein Pfandrecht zusteht, so kann der Dritte den Gläubiger durch Zahlung befriedigen; zugleich erhält er dann die Forderung des Gläubigers in voller Höhe und kann sie nunmehr selbst dem Schuldner gegenüber geltend machen.[136] Für ihn hat dies den Vorteil, dass die Sache, an der er ein Pfandrecht hatte, nun nicht abhanden gekommen ist, sondern er sich vielmehr unverändert an den Schuldner halten kann.

---

131 Zum Ablehnungsrecht des Gläubigers s. Palandt/*Heinrichs*, BGB, § 267 Rn. 5.
132 Palandt/*Heinrichs*, BGB, § 267 Rn. 6.
133 S. etwa MünchKomm/*Krüger*, BGB, § 267 Rn. 14; Palandt/*Heinrichs*, BGB, § 267 Rn. 4; *Brox/Walker*, Allgemeines Schuldrecht, § 12 Rn. 4.
134 Vgl. soeben Rn. 223.
135 Palandt/*Heinrichs*, BGB, § 268 Rn. 6.
136 Vgl. *Medicus,* Schuldrecht I, Rn. 141.

3. Die Art und Weise der Leistungserbringung nach Treu und Glauben gem. § 242

232 § 242 stellt eine der bedeutendsten **Generalklauseln** im Schuldrecht des BGB dar. Nach dieser Bestimmung ist der Schuldner verpflichtet, die Leistung so zu bewirken, wie **Treu und Glauben** es mit Rücksicht auf die **Verkehrssitte** erfordern. § 242 grenzt also näher die Art und Weise der Leistungserbringung durch den Schuldner ein. Doch ist die Auslegung der Norm nicht darauf beschränkt. Vielmehr ist man sich darüber einig, dass § 242 einen allgemeinen Rechtsgedanken formuliert, der nicht allein für den Schuldner gilt, sondern in gleicher Weise auch den Gläubiger trifft.[137] Diese über den Wortlaut der Norm hinausgehende Auslegung ist so gefestigt[138], dass man hier keine weitergehenden Überlegungen dazu anstellen muss. Der Grundsatz von Treu und Glauben beherrscht infolgedessen das gesamte Rechtsleben, er gewinnt über das Schuldrecht hinaus Bedeutung: Im Kern verpflichtet dieses Prinzip daher jede Partei dazu, also Gläubiger und Schuldner, bei der Ausübung ihrer Rechte auf den anderen Teil und dessen berechtigtes Interesse Rücksicht zu nehmen. Damit soll gesichert werden, dass sich die Vertragsparteien bei der Art und Weise der Leistungserbringung oder der Leistungsannahme so verhalten, dass man hier im Zweifel von der Beachtung eines gewissen **rechtsethischen Minimums** oder von **Billigkeitserwägungen** ausgehen kann, die der Rechtsordnung zugrunde liegen. Insofern ist § 242 eine Grundnorm des rechtsstaatlichen Zusammenlebens.

233 Mit dieser weiten und grundlegenden Auslegung dieser Norm ist nicht verbunden, dass der Richter nunmehr im Wege einer umfassenden **Vertrags- und Gerechtigkeitskontrolle** überlegen kann, wie eine Leistungsbewirkung zu erfolgen hat. Er ist nicht völlig frei in seiner Entscheidung, ob eine Leistung von ihm als billig und gerecht angesehen werden kann. Vielmehr muss er bei der Abwägung, ob die Leistungserbringung den Vorschriften des § 242 genügt, auch die Verkehrssitte berücksichtigen. Der Richter kann hier also keine womöglich willkürliche Einzelentscheidung treffen. Vielmehr muss er sich dann, wenn er zu beurteilen hat, ob sich eine Leistungserbringung durch den Schuldner oder eine Verhaltensweise des Gläubigers ausreichend an § 242 orientiert, danach richten, was die Rechtsordnung aus dieser allgemeinen Generalklausel des § 242 herleitet.

234 Der Grundsatz von Treu und Glauben bedarf daher zunächst einer **Konkretisierung**; im Laufe der Zeit haben sich deshalb einzelne **Anwendungsfälle** entwickelt, in denen man übereinstimmend davon ausgeht, dass auf diese Weise die Art der Leistungserbringung konkretisiert worden ist. Die Wertung des § 242 gilt aber nur subsidiär. Je mehr die Parteien im Einzelnen nämlich bestimmen, wie eine Leistung zu erbringen ist, umso mehr grenzen sie auch den Grundsatz von Treu und Glauben ein. Denn dort, wo eine konkrete, einzelne Regelung hinsichtlich der Leistungserbringung zwischen den Parteien getroffen ist, die sich im Rahmen der

---

137 Vgl. HK-BGB/*Schulze*, § 242 Rn. 1; *Brox/Walker*, Allgemeines Schuldrecht, § 7 Rn. 1; *Eckert*, Schuldrecht Allgemeiner Teil, Rn. 121; *Looschelders*, Schuldrecht Allgemeiner Teil, Rn. 60; s. auch BAG NJW 2005, 775 (778).
138 Palandt/*Heinrichs*, BGB, § 242 Rn. 1.

Rechtsordnung hält (insbesondere etwa im Rahmen des § 138), bleibt umso weniger Raum für die Maßstäbe des § 242. Der Interessenausgleich über § 242 kann im Ergebnis nur als *ultima ratio* dienen – nur dann, wenn man anhand der schon angesprochenen entwickelten Anwendungsgrundsätze des § 242 zum Ergebnis gelangt, dass eine Leistungserbringung oder ein Ergebnis bzgl. der umstrittenen Leistungserbringung nicht billig und gerecht ist, kann eine Korrektur über § 242 erfolgen. Insoweit ist es zutreffend, dem Grundsatz von Treu und Glauben eine nur subsidiäre Bedeutung zuzumessen.[139]

Ob man dann bei der Prüfung im Einzelfall die einzelnen Interessen und Wertungskriterien **ausdifferenziert**, man also Treu und Glauben auf der einen Seite und die Verkehrssitte auf der anderen Seite einzeln definieren und subsumieren sollte, ist fraglich. Nimmt man eine **Differenzierung** vor, dann wäre das Prinzip von Treu und Glauben als ein erster Schritt zu beachten, welches der Gewährleistung eines gerechten Interessenausgleichs dienen soll. Als zweites Kriterium kann dann die Verkehrssitte genannt werden. Hierbei handelt es sich nicht um ein normatives Kriterium, vielmehr ist in die Wertung des Interessenausgleichs einzubeziehen, was bestimmte Verkehrskreise als nennenswert ansehen.[140] Hier können beispielsweise auch verschiedene Handelsbräuche einfließen.[141] Doch im Ergebnis kommt es weniger auf eine genaue Differenzierung zwischen diesen beiden Wertungskriterien an, vielmehr ist für die konkrete Falllösung entscheidend, ob man bestimmte Fragestellungen einer der von Rechtsprechung und Lehre im Laufe der Zeit entwickelten Fallgruppen zuordnen kann. Ist dies der Fall, kann in bestimmten Fragestellungen hinsichtlich der Art der Leistungserbringung an der jeweils zutreffenden Stelle der Falllösung auf die Wertung des § 242 zurückgegriffen werden.

a) **§ 242 bei der Art und Weise der Leistungserbringung.** Die **Art und Weise der Leistungserbringung** durch den Schuldner ist zwar regelmäßig sehr genau durch die Parteien vereinbart worden, hilfsweise kann jedoch auch auf die subsidiären Normen des BGB zurückgegriffen werden.[142] Doch für die konkrete einzelne Ausführung der Leistung ist selbst dann, wenn keine vertragliche Vereinbarung vorliegt, für den Schuldner unerlässlich, die Leistungserbringung nach Treu und Glauben mit Rücksicht auf die Verkehrssitte zu erbringen. Das bedeutet, dass er in diesen Fällen möglicherweise, etwa bei der fehlenden Vereinbarung über eine Leistungszeit, seine Leistung doch nicht, wie in § 271 vorgesehen, „sofort" bewirken kann. Zwar ist dies eine subsidiäre Regelung, die prinzipiell eingreift, doch mag es sein, dass dem Gläubiger eine Annahme zu jeder Zeit unzumutbar ist.

Bsp.: Y kauft bei X eine Waschmaschine, ohne dass eine Lieferzeit vereinbart wird. Dann kann die Maschine sofort geliefert werden, wie sich aus § 271 BGB ergibt. – Nun vereinbaren die Parteien, dass die Maschine am 10.6. vormittags geliefert werden soll. Ist nun etwa der Y aufgrund des Todes seiner Ehefrau an diesem Vormittag nicht in der Lage, die Leistung

---

139 So etwa *Brox/Walker*, Allgemeines Schuldrecht, § 7 Rn. 4.
140 Palandt/*Heinrichs/Ellenberger*, BGB, § 133 Rn. 21.
141 *Brox/Walker*, Allgemeines Schuldrecht, § 7 Rn. 5.
142 Bezüglich Ort und Zeit sogleich Rn. 244 und 254.

anzunehmen, wird man das Anbieten der Leistung zu diesem Zeitpunkt nicht als ordnungsgemäßes Anbieten ansehen können, es liegt ein Anbieten „zur Unzeit" vor. Y kommt also insbesondere nicht in Annahmeverzug, wenn er sich weigert, die Leistungen anzunehmen, weil dies mit unzumutbaren Belastungen für ihn in dieser besonderen Situation verbunden wäre.

237 Mit anderen Worten: Die sog. **Leistung zur Unzeit ist ein Leistungsangebot, das gem. § 242 deshalb nicht ordnungsgemäß ist, weil es nicht gemäß den Vorstellungen von Treu und Glauben mit Rücksicht auf die Verkehrssitte erfolgt**. Der Gläubiger muss zwar sofort mit der Leistungserbringung rechnen, aber es wäre treuwidrig, dem Schuldner eine Leistung auch dann zu ermöglichen, wenn dies dem Gläubiger nicht zumutbar ist, etwa weil es mitten in der Nacht ist oder, wie in dem angesprochenen Beispiel, der Gläubiger gerade seine Frau verloren hat.[143] **Der Gläubiger kann sich in diesen Fällen auf § 242 berufen – ein Annahmeverzug tritt dann nicht ein.**

238 Geht es um besondere Pflichten im Schuldverhältnis, so ist auch die **Art und Weise der Leistungserbringung** durch § 242 betroffen.[144] Hier hat die Schuldrechtsreform in § 241 mittlerweile besondere Regelungen getroffen. Im Ergebnis geht es darum, dass jede Partei bei der Vertragsabwicklung dazu verpflichtet ist, Rücksicht auf die Güter des Vertragspartners zu nehmen – dies ist mittlerweile ausdrücklich in § 241 Abs. 2 geregelt. Jedoch sind Inhalt und Grenzen dieser Rücksichtspflichten an den Maßstäben, die die Rechtsprechung zu § 242 entwickelt hat, zu messen.[145] Dies gilt gleichermaßen hinsichtlich der Rücksichts-, Obhuts- und Anzeigepflichten sowohl im eigentlichen Schuldverhältnis als auch im vorvertraglichen Schuldverhältnis, bei letzterem über § 311 Abs. 2.[146]

239 b) **Der Einwand unzulässiger Rechtsausübung.** Über den Einfluss des Grundsatzes von Treu und Glauben auf die Art und Weise der Leistungserbringung hinaus hat sich die Vorstellung durchgesetzt, dass eine **Rechtsausübung**, die gegen die genannten Wertungsmaßstäbe verstößt, gem. § 242 **unzulässig** ist. Dem Gläubiger steht in diesen Fällen zwar eine formale Rechtsstellung zu, es ist ihm jedoch verwehrt, dieses Recht auch durchzusetzen. Ansonsten verstieße er gegen Treu und Glauben und die Verkehrssitte. An dieser Stelle ist nochmals zu betonen, dass sich hier im Wesentlichen allgemeine Auffassungen kasuistisch durchgesetzt haben. An dem Wortlaut der Norm des § 242 lässt sich dies heute kaum noch festmachen. Vielmehr geht es darum, besondere Fallsituationen zu erkennen und diese Fallsituationen dann in die Systematik des § 242 einzuordnen.

240 Unter Berücksichtigung dessen ist der sog. **Einwand unzulässiger Rechtsausübung** in verschiedenen Fallsituationen denkbar. Zum einen darf ein Gläubiger ein ihm

---

143 Höhere Anforderungen für eine Leistung zur Unzeit gelten im Arbeitsrecht; hinsichtlich der Kündigung einer Arbeitnehmerin trotz Tod des Lebensgefährten s. BAG BB 2001, 1905 (1906); für weitere Beispiele s. MünchKomm/*Roth*, BGB, § 242 Rn. 157.
144 S. hierzu Palandt/*Heinrichs*, BGB, § 242 Rn. 22.
145 S. hierzu Palandt/*Heinrichs*, BGB, § 242 Rn. 23 und § 241 Rn. 7: Ebenso haben die Verkehrssitte und der Vertragszweck Einfluss auf den Inhalt und Umfang der Rücksichtspflichten.
146 S. hierzu Palandt/*Heinrichs*, BGB, § 242 Rn. 26.

Art der Erbringung

zustehendes Recht dann nicht ausüben, wenn er damit dieses Recht zweckwidrig missbrauchen würde.[147] Dieser Einwand des Rechtsmissbrauchs lässt sich besonders gut an dem Verbot des § 266, also an dem Verbot der Teilleistungen erkennen.

Bsp.: Zwar ist der Gläubiger nach dieser Vorschrift wie dargestellt berechtigt, Teilleistungen abzulehnen. Doch selbst dann, wenn die Parteien hier nichts anderes vereinbart haben, wäre es rechtsmissbräuchlich, würde er dem Schuldner, der von einem Betrag von 99 Euro 100 leistet, diese Teilleistung verwehren und sich dabei auf § 266 berufen: Denn ihm steht zwar formell dieses Recht zu, doch würde man hier gem. § 242 einen Rechtsmissbrauch erkennen, denn es ist nicht ersichtlich, warum ihm nicht zugemutet werden kann, auf den einen Euro zunächst zu verzichten. Soweit sollte der Gläubigerschutz ersichtlich nicht gehen. Man würde also in der Falllösung grundsätzlich ein Recht des Gläubigers auf Ablehnung der Leistung bejahen, diesem aber die Berufung auf dieses Recht und damit die Rechtsdurchsetzung ausnahmsweise versagen, da die Geltendmachung gegen § 242 und den Einwand des Rechtsmissbrauchs verstieße.[148]

Ebenfalls stellt eine Fallgruppe des § 242 die Situation dar, in der ein Gläubiger ein Recht deshalb nicht geltend machen darf, weil er sich dadurch in einen Widerspruch zu seinem früheren Verhalten setzen würde: Gemeint sind die Verhaltensweisen, die man lateinisch als **„venire contra factum proprium"** bezeichnet.[149] Durch sein früheres Verhalten hat der Gläubiger beim Schuldner eine Vertrauenssituation geschaffen, der zufolge dieser davon ausgehen durfte, dass der Vertragspartner sich nicht plötzlich anders verhält, als er zuvor angekündigt hat. Dies wird besonders deutlich beim schon angesprochenen „sozialtypischen Verhalten".[150]

Bsp.: Es ging darum, ob der A, der einen bewirtschafteten Parkplatz nutzt und diesen Parkplatz mit seinem Auto befährt, dann aber laut verkündet, er wolle keinen Vertrag abschließen, in dieser Situation gleichwohl schuldvertraglich gebunden ist. Heute vertritt man nicht mehr die Lehre vom „sozialtypischen Verhalten", sondern geht davon aus, dass durchaus ein Vertrag über die Parkplatznutzung zustande gekommen ist. Ein Angebot seitens des Parkplatzbetreibers liegt vor. Eine Annahme des A scheint zwar nicht gegeben. Doch kann sich dieser später nicht darauf berufen, er habe keinen Vertrag begründen wollen, weil er damit gegen § 242 und die entsprechende Fallgruppe des widersprüchlichen Verhaltens verstoßen würde. Denn wenn er auf den Parkplatz fährt und ihn nutzt, schafft er bei dem anderen Vertragspartner das Vertrauen, dass er einen solchen Parkplatznutzungsvertrag abschließen möchte.[151] Er kann sich dann später nicht darauf berufen, dass er es gar nicht habe tun wollen – ein solches Berufen auf seine frühere Äußerung würde seinem tatsächlichen Handeln widersprechen, es läge ein „venire contra factum proprium" vor.

---

147 *Brox/Walker*, Allgemeines Schuldrecht, § 7 Rn. 15.
148 S. Palandt/*Heinrichs*, BGB, § 266 Rn. 8.
149 Palandt/*Heinrichs*, BGB, § 242 Rn. 55; *Brox/Walker*, Allgemeines Schuldrecht, § 7 Rn. 16.
150 Vgl. oben Rn. 82.
151 Zum Originalfall s. BGH NJW 1956, (1475), zum Problemkreis s. auch *Brox/Walker*, Allgemeines Schuldrecht, § 4 Rn. 73.

242 Ebenfalls kann der Gläubiger die Leistung dann nicht verlangen, wenn er diese dem Schuldner aus einem anderen Grund unmittelbar wieder zurückzuerstatten hätte. Hier heißt es „dolo agit, qui petit, quod statim redditurus est". Kurz gesprochen bezeichnet man diese besondere Situation auch als die „dolo agit"-Einrede.[152] Der Schuldner muss also in diesen Fällen die Leistung, zu der er eigentlich verpflichtet wäre, nicht erbringen.

Bsp.: Der wegen Tierquälerei vorbestrafte A kauft beim Züchter B einen Neufundländerwelpen. A täuscht den B jedoch, der immer großen Wert auf tierliebe Käufer legt und dies zu einer Bedingung des Kaufes macht, über seine nicht vorhandene Tierliebe. Macht nun der A einen Übereignungsanspruch aus dem Kaufvertrag geltend, obwohl schon feststeht, dass der Kaufvertrag scheitern wird – weil B nämlich erfolgreich gem. § 119 Abs. 2 anfechten kann –, so ist der B nicht verpflichtet, die Übereignung durchzuführen. Vielmehr kann er dem Übereignungsanspruch des A die „dolo-agit"-Einrede entgegensetzen. Denn A müsste den Hund ja ohnehin unmittelbar nach Erhalt aufgrund des Herausgabeanspruches des B aus § 985 bzw. § 812 wieder zurückübereignen. Dies wäre jedoch sinnlos. Daher kann der B die Übereignung auf der Grundlage des § 242 verweigern.[153]

243 Schließlich ist hier, ohne den Anspruch auf Vollständigkeit erheben zu wollen, eine weitere Fallgruppe zu nennen, nämlich diejenige der **Verwirkung von Rechten**. Gemeint sind Situationen, in denen der Anspruchsinhaber die Geltendmachung eines ihm zustehenden Anspruchs über einen langen Zeitraum unterlässt, obwohl er dazu in der Lage wäre (sog. „Zeitmoment"). Auf diese Weise schafft er nämlich bei dem anderen möglicherweise einen **Vertrauenstatbestand**, der darauf ausgerichtet ist, dass er dieses Recht auch in Zukunft nicht geltend machen wird (sog. „Umstandsmoment").[154] Wenn der Gläubiger nun doch die Leistung fordert, kann sich der Schuldner darauf berufen, er sei davon ausgegangen, dass diese Geltendmachung nicht mehr erfolge. Solange man sich in diesem Zusammenhang noch nicht im Bereich der Verjährung befindet, kann die Verfolgung des Anspruchs durch den Gläubiger gegen dessen Pflichten aus § 242 verstoßen, nämlich darauf, auf seinen Vertragspartner Rücksicht zu nehmen. Ein Verstoß gegen Treu und Glauben liegt also vor, wenn der Vertragspartner aus dem Verhalten des Anspruchsinhabers schließen konnte, dass dieser sein Recht dauerhaft nicht ausüben werde und er sich entsprechend darauf eingestellt hat.[155]

Bsp.: Eine solche Situation kann insbesondere im Arbeitsrecht gegeben sein. Hat etwa der Arbeitgeber über längere Zeit ein Verhalten des Arbeitnehmers nicht zu einer Kündigung genutzt, kann er dieses Recht möglicherweise nicht mehr ausüben, wenn er in Kenntnis des Kündigungsgrundes untätig bleibt. Denn irgendwann wird der Arbeitnehmer darauf vertrauen können, dass der Arbeitgeber sein Verhalten nicht als kündigungswert ansieht.[156]

---

152 S. auch BGH NJW 1990, 1289 (1290) – *Marder*; Bamberger/Roth/*Grüneberg*/*Sutschet*, BGB, § 242 Rn. 84; Palandt/*Heinrichs*, BGB, § 242 Rn. 52 mit weiteren Beispielen.
153 Vgl. hierzu auch das Beispiel in: *Brox/Walker*, Allgemeines Schuldrecht, § 7 Rn. 18.
154 Palandt/*Heinrichs*, BGB, § 242 Rn. 87.
155 Vgl. BGH NJW 2006, 219 f.
156 Vgl. zur Verwirkung bei einer Versetzung des Arbeitnehmers BAG NZA 2007, 396 ff.

II. Der Ort der Leistungserbringung

Die Parteien haben es grundsätzlich in der Hand, im Einzelnen festzulegen, wo die Leistung vom Schuldner erbracht werden soll.[157] Nur dann, wenn sie sich darüber nicht einigen, d. h. wenn sie keine entsprechende Einigung bezüglich des **Leistungsortes** treffen, greift hilfsweise das BGB ein. In den §§ 269 und 270 sind nähere Einzelheiten zum Leistungsort geregelt. Wichtig ist dies, da der Schuldner die Leistung nur am richtigen Ort auch *rechtswirksam* erbringen kann. Insoweit gehört der richtige Leistungsort zum zentralen **Erfüllungstatbestand**: Der Schuldner wird nur dann von seiner Leistungspflicht befreit, wenn er die Leistung (dem richtigen Schuldner, zur richtigen Zeit und in der richtigen Art und Weise) am richtigen Ort erbringt.[158] Der Gläubiger kommt umgekehrt nur dann in Annahmeverzug, wenn er die Leistung, die am richtigen Ort erbracht worden ist, nicht annimmt. Wird die Leistung hingegen vom Schuldner an einem falschen Ort erbracht oder angeboten, tritt ein Annahmeverzug nicht ein. Umgekehrt kann jedoch der Schuldner nun in Schuldnerverzug geraten, denn er hat ja nicht die richtige Leistung am richtigen Ort erbracht.

244

Wo die Leistung zu erbringen ist, ist Frage des Leistungsortes[159]; das Gesetz spricht gelegentlich auch vom **Erfüllungsort**, was das Gleiche ist (etwa in §§ 447, 644 Abs. 2).[160] Es geht also stets um die Frage, wo der Ort ist, an dem der Schuldner seine Leistungshandlung vornehmen muss. Wo sich dieser Ort befindet, hängt davon ab, was die Parteien miteinander vereinbart haben. Dabei differenziert man nach unterschiedlichen Vereinbarungstypen.

245

So können die Parteien vereinbaren, dass der Gläubiger die Leistung beim Schuldner abholen muss. In dieser Situation muss der Schuldner nichts anderes tun, als die Leistung für den Gläubiger bereitzuhalten. Da es sich um eine **Holschuld** handelt, muss der Schuldner die Sache lediglich zur Abholung bereitstellen und den Gläubiger über die Möglichkeit seiner Leistungserbringung benachrichtigen.[161] Der Leistungsort befindet sich daher am Wohnsitz des Schuldners. Das Gleiche gilt für den sog. Erfolgsort, also den Ort, an dem der Leistungserfolg eintritt. Sie treffen zusammen. Am Wohnsitz des Schuldners liegt bei der Holschuld sowohl der Leistungsort, an dem die Leistungshandlung durch den Schuldner vorzunehmen ist, als auch der Ort, an dem der Leistungserfolg eintritt.[162]

246

Umgekehrt ist die Situation, wenn es sich um eine **Bringschuld** handelt. In dieser Situation muss der Schuldner nämlich dem Gläubiger die Leistung bringen. Zwar greifen hier erneut Leistungs- und Erfolgsort ineinander, doch befinden sie sich

247

---

157 *Looschelders*, Schuldrecht Allgemeiner Teil, Rn. 271.
158 *Brox/Walker*, Allgemeines Schuldrecht, § 12 Rn. 11.
159 Zu den einzelnen unterschiedlichen Möglichkeiten mit Beispielen vgl. schon oben Rn. 184.
160 *Brox/Walker*, Allgemeines Schuldrecht, § 12 Rn. 11; *Looschelders*, Schuldrecht Allgemeiner Teil, Rn. 269; *Gernhuber*, Die Erfüllung und ihre Surrogate, S. 9; s. auch Palandt/*Heinrichs*, BGB, § 269 Rn. 1.
161 *Looschelders*, Schuldrecht Allgemeiner Teil, Rn. 270.
162 *Medicus*, Schuldrecht I, Rn. 142.

diesmal am Wohnsitz des Gläubigers.[163] Dort findet die Leistungshandlung statt und eben dort tritt dann auch der Leistungserfolg ein. Hier muss also der Schuldner die Leistungshandlung beim Gläubiger vornehmen.

248 Eine dritte Möglichkeit, den Leistungsort festzulegen, liegt bei der sog. **Schickschuld** vor. Hier muss der Schuldner dem Gläubiger die Leistung schicken, infolgedessen fallen Leistungs- und Erfolgsort auseinander.[164] Der Leistungsort, also derjenige, an dem der Schuldner seine Leistungshandlung erbringen muss, liegt am Wohnsitz des Schuldners. Von hier aus muss er die Ware oder die Leistungshandlung absenden. Der Leistungserfolg, etwa der Besitz- und Eigentumserwerb an einer Kaufsache, tritt jedoch erst beim Gläubiger ein, also wenn die Ware bei diesem eintrifft.[165] Dort am Wohnsitz des Gläubigers ist also der Erfolgsort. Dies spielt vor allem bei der Geldschuld eine Rolle, wie sich aus § 270 ergibt.

249 Welche Schuld vereinbart ist, wo also die Leistung konkret erbracht werden soll, ist in erster Linie von der **Parteivereinbarung** abhängig. Dies wird implizit schon aus der Formulierung des § 269 Abs. 1 am Anfang deutlich, wenn dieser als 1. Alt. festlegt: „ist ein Ort für die Leistung weder bestimmt". Vorrangig ist stets die Vereinbarung der Vertragsparteien, ob danach also eine Hol-, Bring- oder eine Schickschuld vorliegen soll.[166] Wenn dies nicht weiterführt, greift hilfsweise schon nach der Bestimmung in § 269 Abs. 1 eine Auslegungsregel: Möglicherweise kann sich nämlich aus den Umständen, insbesondere aus der Natur des Schuldverhältnisses, ergeben, wo die Leistung zu erbringen ist. Dabei soll die Natur des Schuldverhältnisses in den Mittelpunkt rücken, es geht aber im Wesentlichen um die Berücksichtigung der Verkehrssitte[167]: Kann man stillschweigend eine Parteivereinbarung aus der Natur des Schuldverhältnisses ziehen, ohne dass eine explizite Vereinbarung vorliegt? Dies hat eine große Bedeutung, bei der Auslegung muss daher insbesondere auf die Verkehrssitte oder auf Handelsbräuche und örtliche Gepflogenheiten zurückgegriffen werden.[168]

Bsp.: Soll etwa ein Werkunternehmer ein Werk beim Besteller vornehmen, oder der Gärtner die Gartenanlage beim Besteller neu errichten, liegt nahe und zwingend auf der Hand, dass dies nur beim Gläubiger möglich ist. So kann also schon die Natur des Vertragsverhältnisses eine Bringschuld vorsehen, denn der Leistungsort liegt beim Gläubiger.

250 Nur dann, wenn die vom Gesetz selbst vorgesehene ergänzende Vertragsauslegung nicht zum Ziel führt, greift hilfsweise die Regelung des § 269 Abs. 1 ein: Ist nämlich ein Ort für die Leistung weder bestimmt noch aus den Umständen entnehmbar, so soll die Leistung an dem Ort erfolgen, an welchem der Schuldner zur Zeit des Schuldverhältnisses seinen Wohnsitz hat.[169] **Der Regelfall für den Leistungsort ist also nach der Vorstellung des Gesetzes der Wohnsitz des Schuldners.**

---

163 *Looschelders*, Schuldrecht Allgemeiner Teil, Rn. 270.
164 *Eckert*, Schuldrecht Allgemeiner Teil, Rn. 143.
165 *Medicus*, Schuldrecht I, Rn. 142.
166 *Medicus*, Schuldrecht I, Rn. 143; *Brox/Walker*, Allgemeines Schuldrecht, § 12 Rn. 15.
167 Palandt/*Heinrichs*, § 269 Rn. 12; *Brox/Walker*, Allgemeines Schuldrecht, § 12 Rn. 15; *Looschelders*, Schuldrecht Allgemeiner Teil, Rn. 271.
168 *Eckert*, Schuldrecht Allgemeiner Teil, Rn. 144.
169 *Eckert*, Schuldrecht Allgemeiner Teil, Rn. 144.

Dies gilt aber für die Holschuld ebenso wie für die Schickschuld, denn in diesen Fällen ist die Leistungshandlung jeweils am Wohnsitz des Schuldners vorzunehmen. Mithin besagt diese gesetzliche Regelung für den Zweifelsfall lediglich, dass keine Bringschuld vorliegt.[170] Da jedoch der Schuldner durch diese Regelung so wenig wie möglich belastet werden soll, sieht § 269 Abs. 1 letztlich die Holschuld als Regelfall an.[171] Der Schuldner muss seine Leistung also an seinem Wohnsitz erbringen und der Gläubiger diese auch abholen. Somit ist der Wohnsitz des Schuldners oder, hilfsweise nach Absatz 2 des § 269, die Niederlassung bei einem gewerblichen Schuldner, der regelmäßige Erfolgs- und Leistungsort für die zu erbringende Hauptleistungsschuld.[172] Dies bleibt auch dann der Fall, wenn der Wohnort vom Schuldner später gewechselt wird.[173] Unabhängig davon ist die Vertragsfreiheit der Parteien auch im Laufe des Schuldverhältnisses unbeschränkt – sie können insbesondere auch im Laufe des Schuldverhältnisses den Leistungsort nachträglich anders als zu Beginn vereinbaren.

251 **Abweichend von der Grundregel** des § 269 und somit einer **Holschuld** können die Parteien etwas anderes bestimmen. Dies muss jedoch explizit vereinbart werden. So ist insbesondere eine Bringschuld nur dann zu vermuten, wenn eine entsprechende ausdrückliche oder stillschweigende Vereinbarung zwischen den Parteien gegeben ist. Dabei enthält § 269 Abs. 3 eine Auslegungsregel für den Fall, dass zumindest eine explizite Vereinbarung nicht vorliegt. Danach kann eine Versendung des Leistungsgegenstands unter Übernahme der Versendungskosten allein nicht die Vermutung rechtfertigen, dass es sich um eine Bringschuld handeln soll. Vielmehr bleibt es in diesem Fall bei der Grundregel des § 269 Abs. 1, d. h. dabei, dass der Leistungsort beim Wohnort des Schuldners liegt. Da jedoch dann, wenn eine Versendung vereinbart worden ist, der Erfolgsort am Wohnsitz des Gläubigers liegt, handelt es sich in derartigen Fällen regelmäßig um eine Schickschuld.[174] Mit anderen Worten führt somit allein die Kostenübernahme für die Versendung nicht zu einer Bringschuld, vielmehr ist eine Schickschuld anzunehmen. Der Schuldner ist also verpflichtet, dem Gläubiger die Leistung zu schicken, hat jedoch mit dem Absenden der Leistung dann die ihm obliegende Leistungspflicht erfüllt.

252 Bei **gegenseitigen Verträgen** ist indessen zu beachten, dass § 269 für jede einzelne Schuld gilt, d. h., dass die Leistungsorte für beide zu erbringenden Hauptleistungspflichten auseinanderfallen können, denn jede Schuld ist hier unabhängig von der anderen zu beurteilen.[175]

Bsp.: Kauft der P aus Paderborn bei J aus Duisburg einen Hamster, bestehen zwei Hauptleistungspflichten: Ist nichts anderes vereinbart, gilt dann für die Eigentumsverschaffungspflicht als Leistungsort Duisburg, für die Kaufpreiszahlungspflicht hingegen Paderborn.

---

170 So auch *Eckert*, Schuldrecht Allgemeiner Teil, Rn. 144.
171 *Medicus*, Schuldrecht I, Rn. 144; *Looschelders*, Schuldrecht Allgemeiner Teil, Rn. 272; *Westermann/Bydlinski/Weber*, BGB – Schuldrecht Allgemeiner Teil, § 3 Rn. 30.
172 *Medicus*, Schuldrecht I, Rn. 144.
173 Vgl. BGH NJW 1962, 109 (110).
174 *Looschelders*, Schuldrecht Allgemeiner Teil, Rn. 273.
175 S. *Medicus*, Schuldrecht I, Rn. 146.

253 § 270 enthält in diesem Zusammenhang eine Sonderregelung für **Geldschulden**: Hier können zwar die Parteien etwas anderes vereinbaren, denn auch insofern gilt die Vertragsfreiheit uneingeschränkt. Wenn nichts anderes vereinbart ist, werden Geldschulden im Zweifel als Schickschulden angesehen.[176] Denn § 270 Abs. 1 bestimmt, dass der Schuldner im Zweifel Geld auf seine Gefahr und seine Kosten dem Gläubiger an dessen Wohnsitz zu übermitteln hat. Dies ist die Umschreibung für eine Schickschuld. Das Geld reist also sozusagen auf Gefahr des Schuldners. Kommt es nicht an, muss der Schuldner im Zweifelsfalle noch einmal leisten.[177] Denn der Erfolgsort liegt beim Gläubiger, nur der Leistungsort beim Schuldner. Eine Besonderheit ist hier insofern zu sehen, als der auf dem Weg stattfindende Untergang des Geldes nicht zur Befreiung des Schuldners von der Leistungspflicht führt. Dies ist der Fall, obwohl eigentlich eine Konkretisierung gem. § 243 Abs. 2 eingetreten ist. Doch spricht man insofern von einer **qualifizierten Schickschuld**. D.h. der Schuldner wird nicht von seiner Leistungspflicht befreit, obwohl die Konkretisierung schon eingetreten ist und damit eigentlich Unmöglichkeit nach § 275 Abs. 1 vorläge – doch der Grundsatz „Geld muss man haben" greift hier in vollem Umfang. Erst mit Ankunft des Geldes beim Wohnsitz des Gläubigers und dem damit eintretenden Leistungserfolg kann Befreiung des Schuldners eintreten. Jedoch ist § 270 Abs. 1 auf das Verspätungsrisiko nicht anwendbar. Daher trifft dieses Risiko uneingeschränkt den Gläubiger. Der Schuldner muss lediglich seine Leistungshandlung rechtzeitig vornehmen und haftet nicht für den verspäteten Eintritt des Leistungserfolgs.[178]

III. Die Zeit der Leistungserbringung

1. Allgemeine Regelung zur Zeit der Leistungserbringung

254 Wie bei dem Leistungsort ist auch hinsichtlich der **Leistungszeit** zunächst allein maßgeblich, was die Parteien vereinbaren. Dabei versteht man unter dem Begriff der Leistungszeit denjenigen Zeitpunkt, in dem der Schuldner zum einen die Leistung erbringen darf, zum anderen auch spätestens erbringen muss, also wann die Leistung fällig ist.[179] Es ist also zwischen zwei Zeitpunkten zu differenzieren. Auf der einen Seite meint Leistungszeit die Fälligkeit der Leistung, auf der anderen Seite ihre Erfüllbarkeit. Dabei bezeichnet man als Fälligkeit denjenigen Zeitpunkt, ab wann der Gläubiger die Leistung vom Schuldner verlangen kann[180]; dies wird insbesondere dann wichtig, wenn es um die Frage des Schuldnerverzugs geht.[181] Umgekehrt meint Erfüllbarkeit denjenigen Zeitpunkt, an dem der Schuldner seine

---

176 *Looschelders*, Schuldrecht Allgemeiner Teil, Rn. 274; s. *Medicus*, Schuldrecht I, Rn. 145.
177 Vgl. Palandt/*Heinrichs*, BGB, § 270 Rn. 10; s. auch *Medicus*, Schuldrecht I, Rn. 147.
178 S. dazu *Looschelders*, Allgemeines Schuldrecht, Rn. 275; *Medicus*, Schuldrecht I, Rn. 148.
179 *Medicus*, Schuldrecht I, Rn. 151.
180 Palandt/*Heinrichs*, BGB, § 271 Rn. 1;
181 S. *Looschelders*, Allgemeines Schuldrecht, Rn. 276.

Leistung konkret erbringen, der Gläubiger sie umgekehrt also nicht mehr zurückweisen darf.[182] Dies spielt in entsprechend umgekehrter Situation dann eine Rolle, wenn es darum geht, ob der Gläubiger in Annahmeverzug gerät.[183] Fälligkeit und Erfüllbarkeit hängen dabei zusammen. Denn immer dann, wenn eine Leistung fällig wird, liegt zugleich auch deren Erfüllbarkeit vor. Im Zweifel kann der Schuldner die Leistung jedoch schon dann erbringen, wenn sie nur erfüllbar, aber noch nicht fällig ist.

Bsp.: K bezieht Waren für seinen Krämerladen von L. Die Parteien einigen sich darauf, dass die Leistung des K (Kaufpreiszahlung) spätestens 30 Tage nach Zugang der Rechnung erfolgen soll. Mit Lieferung der Waren erhält K auch die Rechnung. Er kann sofort bezahlen, da die Leistung (Kaufpreiszahlung) erfüllbar ist. Spätestens am 30. Tag nach Erhalt der Rechnung (vgl. §§ 187 Abs. 1, 188 Abs. 1) wird die Leistung jedoch fällig, d. h. er muss bezahlen, will er nicht in Schuldnerverzug geraten.[184]

Falls keine (vorrangige) Einigung der Parteien über die Leistungszeit vorliegt, greift die **Auslegungsnorm** des § 271 ein. Nach dessen Absatz 1 kann der Gläubiger, wenn für eine Leistung die Zeit weder bestimmt noch aus den Umständen zu entnehmen ist, die Leistung sofort verlangen, der Schuldner seinerseits sie sofort bewirken. Ist also keine vertragliche Einigung gegeben und zudem keine Auslegung aus den Umständen möglich, so gilt die „**Sofortregel**"[185]: Der Gläubiger kann sofort die Leistung verlangen. Sie ist also sofort fällig. Umgekehrt kann der Schuldner sie auch sofort bewirken, sie ist also sofort erfüllbar.[186] Vereinbaren die Parteien nichts anderes und ist auch aus den Umständen nichts anderes zu entnehmen, können beide Parteien mit sofortiger Wirkung befreiend leisten bzw. fordern. Es kommt also sofort, bei Vorliegen der jeweiligen Voraussetzungen, zu einem Annahme- bzw. Schuldnerverzug.

§ 271 Abs. 2 enthält darüber hinausgehend eine **weitere Auslegungsregel**: Ist nämlich ein Zeitpunkt für die Leistung bestimmt, dann kann der Gläubiger sie im Zweifelsfalle „**nicht früher**" verlangen.[187]

Bsp.: Haben sich die Parteien darüber geeinigt, dass der Schuldner seine Leistung am 27. Juni zu erbringen hat, kann der Gläubiger sie nicht bereits am 25. Juni verlangen. Umgekehrt gilt jedoch, dass der Schuldner sehr wohl bereits früher leisten kann, zumindest im Zweifel (so § 271 Abs. 2): Er kann also seine Leistung bereits am 25. Juni erbringen, wenn sich die Umstände nicht anders verstehen lassen. Denn der Gläubiger hat in dieser Situation kein Schutzinteresse, was er geltend machen kann. Er ist ohnehin regelmäßig an der Leistung interessiert: Doch gilt diese Regel eben nur, wenn sich aus den Umständen nichts anderes ergibt – denn sie gilt nur „im Zweifel".[188]

---

182 *Eckert*, Schuldrecht Allgemeiner Teil, Rn. 146.
183 HK-BGB/*Schulze*, § 271 Rn. 2.
184 Für weitere Beispiele zur Fälligkeit s. Palandt/*Heinrichs*, BGB, § 271 Rn. 5.
185 Zur Definition des „sofort" s. HK-BGB/*Schulze*, § 271 Rn. 9 und Palandt/*Heinrichs*, BGB, § 271 Rn. 10.
186 Vgl. *Brox/Walker*, Allgemeines Schuldrecht, § 12 Rn. 21.
187 Vgl. *Looschelders*, Schuldrecht Allgemeiner Teil, Rn. 277.
188 Dazu näher HK-BGB/*Schulze*, § 271 Rn. 10.

257 § 271 ist also eine deutliche **Regelung zugunsten des Schuldners**[189]: Im Zweifel kann er sofort leisten, der Gläubiger kann die Leistung jedoch bei § 271 Abs. 2 nicht vorzeitig verlangen. Doch kann sich durchaus auch etwas anderes ergeben, eine Zeitbestimmung kann nämlich durch die Parteien etwa ausschließlich im Gläubigerinteresse vereinbart werden, so dass er die Leistung schon vorher fordern darf, sie aber nicht zuvor anzunehmen braucht – dies ist etwa die Situation bei der Hinterlegung. Nach § 695 kann nämlich die hinterlegte Sache jederzeit vom Verwahrer zurückgefordert werden, und zwar auch dann, wenn die Parteien für die Aufbewahrung eine bestimmte Zeit vereinbart hatten. Neben der Beeinträchtigung berechtigter Gläubigerinteressen ist die Regelung des § 271 Abs. 2 auch dann ausgeschlossen, wenn durch die Vorleistung des Schuldners der Gläubiger ein vertragliches Recht verlieren würde.[190]

2. Die Möglichkeit der Zurückbehaltung der Leistung durch den Schuldner, §§ 273, 320

258 Im weiteren Sinne mit der Leistungszeit, nämlich insbesondere mit der Fälligkeit, hat die Situation zu tun, in der dem Schuldner ein **Zurückbehaltungsrecht** zusteht. Auch wenn er eigentlich zur Leistung verpflichtet ist, sie also insbesondere fällig ist, kann er möglicherweise seine Leistung zurückhalten, wenn er seinerseits einen Anspruch gegen den Gläubiger hat. In diesen besonderen Fällen sieht das Gesetz an unterschiedlichen Stellen ein **Leistungsverweigerungsrecht** vor. Hier kommt es also zu einer Verknüpfung von Leistungspflichten, und zwar dann, wenn dem Schuldner und dem Gläubiger jeweils wechselseitig Forderungen aus derselben Rechtsbeziehung zustehen. Auch hier könnte man letztlich auf den bereits skizzierten Grundsatz von Treu und Glauben gem. § 242 zurückgreifen und es dem Gläubiger dann verwehren, seinen Leistungsanspruch durchzusetzen, wenn er selbst seine eigene Leistung aus diesem Rechtsverhältnis noch nicht erbracht hat.[191] Doch sieht das BGB für diese Fälle besondere Vorschriften vor, die § 242 und dem dort enthaltenen Gedanken eigenständig Ausdruck verleihen. Gemeint sind die Zurückbehaltungsrechte, die sich an unterschiedlicher Stelle finden. Im Ergebnis geht es hier stets um die Situation, dass zwar ein Anspruch des Gläubigers gegen den Schuldner in einem Schuldverhältnis entstanden, also etwa durch Vertrag wirksam begründet worden ist. Der Anspruch ist auch nicht untergegangen, insbesondere ist beispielsweise keine Erfüllung eingetreten. Gleichwohl kann der Gläubiger seinen Anspruch, obwohl er ihm grundsätzlich zusteht, nicht durchsetzen, zumindest zurzeit noch nicht, denn es fehlt an der nötigen Durchsetzbarkeit. Die beiden wichtigsten Leistungsverweigerungsrechte des Schuldners finden sich im Schuldrecht des BGB in § 273 sowie § 320.[192]

---

[189] Zum Schutz des Schuldners durch § 271 Abs. 2 s. HK-BGB/*Schulze*, § 271 Rn. 10.
[190] S. hierzu Palandt/*Heinrichs*, BGB, § 271 Rn. 11 mit Beispielen.
[191] Dazu näher HK-BGB/*Schulze*, § 273 Rn. 1.
[192] Darüber hinaus gibt es weitere Zurückbehaltungsrechte in anderen Gebieten des Bürgerlichen Rechts, etwa das kaufmännische Zurückbehaltungsrecht nach § 369 ff. HGB oder das Zurückbehaltungsrecht des Besitzers gegenüber dem Eigentümer im Hinblick auf Verwendungen gem. § 1000.

a) **Das Zurückbehaltungsrecht nach § 273.** § 273 Abs. 1 enthält ein erstes **259** Zurückbehaltungsrecht. Zugleich wird dort der Begriff des **Zurückbehaltungsrechts** legal definiert – danach hat der Schuldner, sofern er aus demselben rechtlichen Verhältnis, auf dem seine Verpflichtung beruht, einen fälligen Anspruch gegen den Gläubiger hat, das Recht, die geschuldete Leistung zu verweigern, bis die ihm gebührende Leistung bewirkt wird, sofern nicht aus der Vereinbarung zwischen den Parteien etwas anderes folgt. Rechtstechnisch handelt es sich bei diesem Zurückbehaltungsrecht um eine Einrede: Das bedeutet, dass in einem eventuell zu führenden Prozess das Zurückbehaltungsrecht nicht von Amts wegen berücksichtigt wird. Vielmehr muss sich der Schuldner ausdrücklich auf diese Einrede berufen.[193] So muss er also vorbringen, dass er einen eigenen Anspruch gegen den Gläubiger hat, und er deshalb zunächst so lange nicht leisten möchte, bis dieser Anspruch selbst erfüllt ist. Macht er das Zurückbehaltungsrecht geltend, wird der Schuldner zur Leistung „**Zug um Zug**" gegen Empfang der ihm gebührenden Leistung verurteilt. Dies folgt aus § 274 Abs. 1.

aa) **Voraussetzungen.** Das Zurückbehaltungsrecht des Schuldners nach § 273 **260** Abs. 1 ist an **vier Voraussetzungen** gebunden. Zunächst müssen die beiden Ansprüche zwischen Schuldner und Gläubiger in einem Gegenseitigkeitsverhältnis stehen: D.h. jede der beiden beteiligten Parteien muss einen Anspruch gegen die jeweils andere haben. Unerheblich ist dabei der Grund des Anspruchs, er kann sich also aus unterschiedlichen Quellen, aus Vertrag oder Gesetz, aus dem Schuld- oder dem Sachenrecht ergeben. § 273 ist jedoch im Verhältnis zu § 320 zu sehen: Er findet daher keine Anwendung, wenn die beiden Ansprüche aus den synallagmatischen Verpflichtungen bei einem gegenseitigen Vertrag herrühren. § 273 gilt daher nicht für die beiden Leistungen, die in einem gegenseitigen Vertrag im unmittelbaren Austauschverhältnis stehen – hier geht § 320 als *lex specialis* vor.

Bsp.: Stehen A und B in laufender Geschäftsbeziehung und verlangt A Lieferung einer Sache, die er am 1.4. gekauft hat, dann kann B dem A das Zurückbehaltungsrecht aus § 273 entgegenhalten, wenn A dem B noch die Kaufpreiszahlung aus einem früheren Kaufvertrag (vom 1.3.) schuldet.

Gegenseitigkeit meint zudem nicht Gleichartigkeit der Ansprüche, diese ist nicht **261** erforderlich.[194] Zu berücksichtigen ist jedoch, dass bei einer gleichartigen Anspruchskonstellation, wenn sich etwa zwei Geldforderungen gegenüberstehen, nicht ein Zurückbehaltungsrecht greift. Vielmehr geht dann die Aufrechnung nach § 387 vor, weil sie den Anspruch, den der Schuldner gegen den Gläubiger hat, zu erfüllen vermag und damit zur Durchführung des gesamten Schuldverhältnisses führen kann.[195]

---

[193] Zum Unterschied von Einwendung und Einrede s. *Larenz/Wolf*, Allgemeiner Teil des Bürgerlichen Rechts, § 18 Rn. 47 und Rn. 55.
[194] Vgl. dazu das Beispiel (Fall a) bei *Brox/Walker*, Allgemeines Schuldrecht, § 13 Rn. 1 und 3; *Keller*, JuS 1982, 665 (667); kritisch zum Begriff der Gegenseitigkeit: *Medicus*, Schuldrecht I, Rn. 209.
[195] Dazu vgl. später in § 14 (Rn. 825 ff.).

262 Als weitere Voraussetzung sieht § 273 Abs. 1 vor, dass der **Anspruch**, den der Schuldner selbst gegen den Gläubiger geltend macht, **fällig** sein muss. Dies ist aus der Logik des Schuldverhältnisses konsequent, denn ansonsten könnte der Gläubiger seinen eigenen Anspruch nur dann durchsetzen, wenn er den Gegenanspruch bereits vor der Fälligkeit erfüllen würde. Dazu ist er jedoch gerade nicht verpflichtet. Denn der Gläubiger, der eine Leistungspflicht gegenüber dem Schuldner hat, ist insofern ja Schuldner und muss wie stets entsprechend den Regelungen zur Leistungszeit erst dann leisten, wenn die entsprechende Leistungszeit erreicht ist. Solange dies also nicht der Fall ist, solange der Anspruch, den der Schuldner ins Feld führt, eben nicht fällig ist, kann der Schuldner auch nicht das Zurückbehaltungsrecht geltend machen. Hier ist die Rechtsprechung jedoch relativ großzügig: Nach Ansicht des BGH genügt es für die Fälligkeit des Gegenanspruches, dass dieser erst mit der Erfüllung des Anspruchs durch den Schuldner fällig wird. Er muss also nicht bereits im Vorfeld fällig gewesen sein, damit der Schuldner sein Zurückbehaltungsrecht geltend machen kann.[196]

263 Als dritte Voraussetzung verlangt § 273 Abs. 1, dass es sich um **dasselbe rechtliche Verhältnis** handelt, auf dem die Verpflichtung beruht. Es müssen also der Anspruch des Gläubigers und der Gegenanspruch des Schuldners auf demselben rechtlichen Verhältnis beruhen – man spricht insofern von einer **Konnexität der Ansprüche**.[197] Nur die beiden Ansprüche sollen also miteinander in Verbindung gebracht werden und der Schuldner soll nur dann ein Zurückbehaltungsrecht geltend machen können, wenn eine gewisse Verbindung zwischen den Ansprüchen besteht. Ein Zurückbehaltungsrecht soll nämlich ausgeschlossen sein, wenn der eine mit dem anderen Anspruch nichts zu tun hat.[198] Doch ist die Rechtsprechung auch in diesem Zusammenhang sehr großzügig. Im Wege einer weiten Auslegung des Tatbestandsmerkmals „aus demselben rechtlichen Verhältnis" folgt allein, dass ein **innerlich zusammenhängendes, einheitliches Lebensverhältnis** erforderlich ist.[199] „Dasselbe Rechtsverhältnis" meint also nicht, dass auch ein und dasselbe Rechtsgeschäft zu verlangen ist. Vielmehr können die beiden Ansprüche auch aus verschiedenen Rechtsgeschäften stammen, sofern sie nur in einem natürlichen, inhaltlichen oder zumindest wirtschaftlichen Zusammenhang stehen[200] – auch hier steht wieder die Grundüberlegung Pate, dass das Zurückbehaltungsrecht letztlich nichts anderes als eine besondere Ausformung des Grundsatzes von Treu und Glauben darstellt: Man muss sich also stets fragen, ob es gegen Treu und Glauben verstoßen würde, wenn der eine Anspruch ohne Rücksicht auf den Gegenanspruch durchgesetzt werden könnte.[201] Im Ergebnis ist man also recht großzügig, nur die beiden Ansprüche im Rahmen eines gegenseitigen Vertrages (Leistungs- und Gegenleistungsanspruch, die im Synallagma stehen) fallen nicht unter § 273, denn insofern geht, wie angesprochen, § 320 vor. § 273

---

196 BGH NJW 1979, 1203 (1204); BGH NJW 1992, 556 (557).
197 Zur Konnexität s. Palandt/*Heinrichs*, BGB, § 273 Rn. 9 f.; *Brox/Walker*, Allgemeines Schuldrecht, § 13 Rn. 5.
198 Vgl. dazu die Beispiele bei *Medicus*, Schuldrecht I, Rn. 210.
199 BGH NJW 1985, 189 (190); BGH NJW 1991, 2645 (2646).
200 HK-BGB/*Schulze*, § 273 Rn. 7.
201 BGH NJW 1975, 1121 (1122); BGH NJW 2004, 3484 (3485); *Looschelders*, Schuldrecht Allgemeiner Teil, Rn. 337; HK-BGB/*Schulze*, § 273 Rn. 7.

Abs. 2 führt im Ergebnis zu einer gewissen Erläuterung des Tatbestandsmerkmals „aus demselben rechtlichen Verhältnis": Insofern sieht nämlich diese Vorschrift die Konnexität bei Herausgabeansprüchen als vorhanden an, wenn dem Schuldner ein fälliger Gegenanspruch wegen der Verwendung auf den Gegenstand zusteht oder wenn zumindest eine Verwendung wegen eines durch den Gegenstand verursachten Schadens gegeben sind.

Bsp.: A findet die entlaufene Perserkatze „Mimi" des B. A verpflegt das Kätzchen und wendet daher Fütterungskosten i.H.v. 30 € auf. – B steht ein Anspruch auf Herausgabe der Katze aus § 985 gegen A zu. A kann demgegenüber gegen B einen Anspruch auf Ersatz der Fütterungskosten aus § 970 und somit ein Zurückbehaltungsrecht aus § 273 Abs. 2 geltend machen. Eine Prüfung der Konnexität entfällt, da diese wegen der Verwendung (Fütterungskosten) auf die Sache („Mimi") kraft Gesetzes vorausgesetzt wird.

Als letzte Voraussetzung ist schließlich negativ zu verlangen, dass das Zurückbehaltungsrecht **nicht ausgeschlossen** sein darf. Ein solcher Ausschluss kann sich vor allem aus der Vereinbarung der Parteien ergeben, darauf deutet § 273 sogar explizit hin; insofern wird hier der Grundsatz der Vertragsfreiheit noch einmal ausdrücklich betont. Eine solche Abrede der Parteien ist also möglich, doch ist im Rahmen der AGB § 309 Nr. 2 lit. b zu berücksichtigen. Danach kann das Zurückbehaltungsrecht nicht wirksam ausgeschlossen oder eingeschränkt werden, soweit der Gegenanspruch auf demselben Vertragsverhältnis wie der Anspruch des Gläubigers beruht. Abgesehen von derartigen vereinbarten Ausschlüssen des Zurückbehaltungsrechts kann sich ein Ausschluss auch noch aus anderen Ursachen ergeben; insbesondere ist ein gesetzlicher Ausschluss des Zurückbehaltungsrechts möglich, wie er etwa ausdrücklich in § 175 im Hinblick auf die Rückgabe der Vollmachtsurkunde vorgesehen ist. Zudem geht man davon aus, dass dann, wenn die Ausübung des Zurückbehaltungsrechts einen Erfolg zeitigt, der einer Aufrechnung gleichkommt, die Ausübung des Zurückbehaltungsrechts ausgeschlossen ist, wenn in einer solchen Situation auch die Aufrechnung unzulässig wäre.[202] Insofern wendet man § 393 analog an, also insbesondere dann, wenn das Zurückbehaltungsrecht gegen Ansprüche aus vorsätzlichen unerlaubten Handlungen geltend gemacht werden soll.[203] Ebenfalls können sich Ausschlüsse des Zurückbehaltungsrechts aus der Grundvorstellung ergeben, die dem Zurückbehaltungsrecht insgesamt zugrunde liegen. Gemeint ist der Grundsatz von Treu und Glauben gem. § 242, wenn etwa die Geltendmachung des Zurückbehaltungsrechts nicht als ein geeignetes oder angemessenes Mittel angesehen werden kann, um den eigenen Anspruch zu sichern, da etwa der Gegenanspruch des Schuldners schon anderweitig ausreichend gesichert ist.[204]

bb) Rechtswirkungen. Sind die zuvor skizzierten Voraussetzungen gegeben, sieht § 273 als zentrale **Rechtswirkung** vor, dass der Schuldner seine eigene Leistung verweigern kann, und zwar solange, bis die ihm gebührende Leistung bewirkt wird.

---

202 *Eckert*, Schuldrecht Allgemeiner Teil, Rn. 871; zum Verhältnis von Zurückbehaltungsrecht und Aufrechnungsverbot s. HK-BGB/*Schulze*, § 273 Rn. 10.
203 So etwa MünchKomm/*Schlüter*, BGB, § 393 Rn. 1; *Brox/Walker*, Allgemeines Schuldrecht, § 13 Rn. 8; *Keller*, JuS 1982, 665 (667).
204 BAG NJW 1997, 274 (276); Palandt/*Heinrichs*, BGB, § 273 Rn. 17.

Bsp.: Beauftragt der A den B, ihm bei X einen Gebrauchtwagen zu besorgen, so hat A gegen B einen Anspruch auf Herausgabe des aus der Geschäftsführung Erlangten (§ 667), also des Gebrauchtwagens. B steht demgegenüber ein Anspruch gegen A auf Ersatz seiner Aufwendungen (§ 670) zu. Beide Ansprüche beruhen auf demselben rechtlichen Verhältnis, stehen aber nicht im Synallagma, so dass § 273 und nicht § 320 Anwendung findet. B kann also dem Herausgabeanspruch des A sein Zurückbehaltungsrecht aus § 273 entgegenhalten, bis ihm A seine Aufwendungen ersetzt.

266 Anders als bei der Erfüllung oder anderen zum Untergang des Anspruchs führenden Handlungen ist hier jedoch lediglich eine aufschiebende Einrede gegeben. Dies folgt aus § 274, dessen Absatz 1 zufolge die Geltendmachung des Zurückbehaltungsrechts allein die Wirkung hat, dass der Schuldner zur Leistung gegen Empfang der ihm gebührenden Leistung zu verurteilen ist – legal definiert heißt das: Er wird zur Erfüllung **Zug um Zug** verurteilt. Der Richter berücksichtigt also das Zurückbehaltungsrecht, aber nur dann, wenn es vom Schuldner ausdrücklich oder zumindest stillschweigend geltend gemacht wird.[205] Insofern wird die Klage des Gläubigers auf Leistung durch den Schuldner zwar nicht abgewiesen, doch kann der Gläubiger nur insofern gewinnen, als dass ihm der Anspruch nur Zug um Zug gegen die Leistung dessen zugesprochen wird, was er seinerseits dem Schuldner zu leisten hat. Mit anderen Worten: Macht der Gläubiger in der Klage einen Leistungsanspruch gegen den Schuldner geltend und beruft sich der Schuldner erfolgreich gem. § 273 Abs. 1 auf ein Zurückbehaltungsrecht, wird der Richter in seinem Urteil die Klage des Gläubigers nicht abweisen, sondern er wird dem Gläubiger den Anspruch zusprechen, diesen Anspruch jedoch unter die Voraussetzung stellen, dass der Gläubiger Zug um Zug seine eigene Leistung gegen den Schuldner erbringt. Das Urteil lautet dann: „Der Beklagte wird verurteilt, das Fahrrad mit der Rahmennummer 123 an den Kläger Zug um Zug gegen Zahlung von 25 € herauszugeben." Der Gläubiger kann dann – dies ist die entscheidende Wirkung – seinen „Zug um Zug" zugesprochenen Anspruch nur dann vollstrecken, wenn er zeitgleich dem Schuldner die ihm obliegende Leistung, die im Urteil ebenfalls festgehalten ist, anbietet, und zwar „Zug um Zug".

267 b) **Die Einrede des nicht erfüllten Vertrages, § 320.** Gilt das zuvor erläuterte Zurückbehaltungsrecht für die dort genannten Fälle, sieht § 320 für die Situation des **gegenseitigen Vertrages** ein besonderes Leistungsverweigerungsrecht vor. In den §§ 320–322 regelt das BGB die Einrede des nicht erfüllten Vertrages und trägt damit dem Umstand Rechnung, dass bei gegenseitigen Verträgen zwischen den Hauptleistungspflichten ein besonders enger Zusammenhang besteht. Weil dort eine derart enge Abhängigkeit von Leistung und Gegenleistung gegeben ist, soll, so der Grundgedanke des § 320, garantiert sein, dass letztlich keine der beiden Parteien ihre Leistung erbringen muss, ohne dass die andere Partei ebenfalls ihre Leistung erbringt. Anders als im Rahmen des § 273 Abs. 3 ist konsequenterweise bei § 320 nicht vorgesehen, dass das Zurückbehaltungsrecht durch den Gläubiger im Wege einer Sicherheitsleistung abgewendet werden kann. § 320 Abs. 1 Satz 3 schließt § 273 Abs. 3 explizit aus. Das bedeutet, beim gegenseitigen Vertrag ist

---

[205] Bei einer bloß stillschweigenden Geltendmachung des Zurückbehaltungsrechtes ist es schon wegen der Abwendungsbefugnis des Gläubigers nach § 273 Abs. 3 notwendig, dass der Wille des Schuldners, das Zurückbehaltungsrecht geltend zu machen, deutlich wird; s. dazu BGH NJW 1967, 1275 (1278) und *Keller*, JuS 1982, 665 (667).

das Zurückbehaltungsrecht bzw. die Einrede des nicht erfüllten Vertrages noch enger ausgestaltet.

aa) Voraussetzungen. Die **Voraussetzungen** für die Einrede des nicht erfüllten Vertrages sind ähnlich denen des Zurückbehaltungsrechts nach § 273. Es bedarf aber eines **gegenseitigen Vertrages. Ist ein solcher nicht gegeben, kommt allein § 273 in Betracht, § 320 ist dann jedoch ausgeschlossen.**

Als weitere Voraussetzungen des Leistungsverweigerungsrechts verlangt § 320, dass die beiden geschuldeten Leistungen gerade **im Gegenseitigkeitsverhältnis** zueinander stehen. Es muss sich also um die beiden **synallagmatischen Leistungsverpflichtungen** handeln. Dies ist nur dann der Fall, wenn dem Willen der beiden Parteien entsprechend die Leistung des einen und die Gegenleistung des anderen unmittelbar miteinander verknüpft sein sollen. Der eine gibt seine Leistung nur, weil auch der andere eine entsprechende Gegenleistung erbringt. Ein solches synallagmatisches Gegenseitigkeitsverhältnis besteht nur bei den Hauptleistungspflichten der Parteien. Bei Nebenleistungs- und Schutzpflichten kommt demgegenüber eine entsprechende synallagmatische Verknüpfung und damit die Anwendung des § 320 grundsätzlich nicht in Betracht.[206]

Bsp.: In einem Kaufvertrag sind daher nur die Ansprüche auf die Leistung der Kaufsache sowie auf die Zahlung des Entgelts die synallagmatischen Verpflichtungen, d. h. nur diese beiden Ansprüche stehen im Gegenseitigkeitsverhältnis.[207] Demgegenüber sind die die beiden Vertragsparteien darüber hinaus treffenden Pflichten, wie Schutzpflichten oder die Abnahmepflicht des Käufers gem. § 433 Abs. 2 hinsichtlich der Sache, keine synallagmatischen Pflichten. Hier kommt also keine Zurückbehaltung nach § 320 in Betracht, da es sich um bloße Nebenpflichten handelt, die mit der Pflicht des Verkäufers aus § 433 Abs. 1 synallagmatisch nicht verknüpft sind.[208]

Die **Gegenforderung**, dies ist die dritte Voraussetzung, **muss fällig** sein – hier tritt die Nähe zu § 273 wieder offen zutage. Ihre Verjährung schließt jedoch das Recht des Schuldners nicht aus. Auch hier ist § 273 Abs. 1 ähnlich angelegt: Ist nämlich der Gegenanspruch zwar fällig, aber mittlerweile verjährt, wird dadurch, so die Rechtsprechung, zumindest ein Zurückbehaltungsrecht nicht ausgeschlossen, sofern die Verjährung noch nicht eingetreten war, als der Anspruch des Gläubigers entstand.[209]

Schließlich darf das Leistungsverweigerungsrecht des Schuldners, also die **Einrede** des nicht erfüllten Vertrages, **nicht ausgeschlossen** sein. Ein solcher Ausschluss kann sich zunächst gem. § 320 Abs. 1 Satz 1 am Ende daraus ergeben, dass der Schuldner zur Vorleistung verpflichtet war. Bei einer entsprechenden Vorleistungspflicht, die insbesondere explizit vereinbart sein kann, ist das Recht des Schuldners aus § 320 Abs. 1 verständlicherweise ausgeschlossen. Hat sich näm-

---

[206] Jauernig/*Stadler*, BGB, § 320 Rn. 7.
[207] Dies betrifft neben der Übergabe und Übereignung auch die Mangelfreiheit der Kaufsache (§ 433 Abs. 1 Satz 1 und 2), diese stehen mit der Kaufpreiszahlungspflicht (§ 433 Abs. 2) im Synallagma; s. dazu Palandt/*Weidenkaff*, BGB, § 433 Rn. 2, 16 und 21.
[208] Palandt/*Weidenkaff*, BGB, § 433 Rn. 44.
[209] Vgl. BGH NJW 1967, 1902 f. in Analogie zu § 390 Satz 2.

lich der Schuldner dazu verpflichtet, im Voraus als Erster zu leisten, ohne dass er bereits seinen eigenen Anspruch geltend gemacht und durchgesetzt hat, wäre es sinnwidrig, ihm entgegen dieser Vereinbarung ein Zurückbehaltungsrecht zuzubilligen.[210] Eine solche Vorleistungspflicht ist etwa dann vereinbart, wenn die Parteien in dem Vertrag die Klausel „zahlbar nach Erhalt der Ware" vereinbaren. Auch gesetzlich kann eine solche Vorleistungspflicht ausnahmsweise gegeben sein, so etwa die Vorleistungspflicht des Vermieters gem. § 579 oder diejenige des zur Dienstleistung Verpflichteten gem. § 614. Ein derartiger Ausschluss der Möglichkeit, eine Einrede des nicht erfüllten Vertrages geltend zu machen, die in der Vorleistungspflicht des Schuldners begründet ist, stellt den Schuldner jedoch nicht völlig schutzlos. Vielmehr sieht § 321 eine sog. „Unsicherheitseinrede" bei Vorleistungspflicht vor: Hat nämlich der Vertragspartner im Rahmen eines gegenseitigen Vertrages eine Vorleistungspflicht übernommen und ist deshalb § 320 zu seinen Gunsten nicht anwendbar, wird dem Schuldner ein Leistungsverweigerungsrecht ausnahmsweise zugebilligt, wenn nach Abschluss des Vertrages erkennbar wird, dass in den Vermögensverhältnissen des anderen eine Verschlechterung eingetreten ist, die den Gegenleistungsanspruch gefährdet. Damit wird in solchen Ausnahmesituationen gleichwohl ein Leistungsverweigerungsrecht angeordnet. Dieses Leistungsverweigerungsrecht gilt aber nur solange, bis die Gegenleistung bewirkt ist oder für diese eine Sicherheit geleistet wird.

272 Ebenfalls kann das Zurückbehaltungsrecht nach § 320 aus den **Grundüberlegungen von Treu und Glauben** ausgeschlossen sein. Dies sieht das Gesetz in § 320 Abs. 2 sogar vor, wenn es anordnet, dass die Gegenleistung insoweit nicht verweigert werden kann, als die Verweigerung nach den Umständen, insbesondere wegen verhältnismäßiger Geringfügigkeit des rückständigen Teils, gegen Treu und Glauben verstoßen würde. Bei besonders geringfügigen Gegenleistungsansprüchen scheidet die Einrede des nicht erfüllten Vertrages daher aus.[211] Darüber hinaus kann auch dann das Leistungsverweigerungsrecht ausgeschlossen sein, wenn ein Vertragspartner die Leistung des anderen endgültig ablehnt. Dann muss er nämlich eine endgültige Regelung des Vertragsverhältnisses herbeiführen, also beispielsweise von seinem Rücktrittsrecht und/oder dem Schadensersatzrecht Gebrauch machen, ein Leistungsverweigerungsrecht wäre jedoch nicht zielführend.[212]

273 bb) **Rechtswirkungen.** Ähnlich wie bei § 273 gestaltet sich die **Rechtsfolge** bei der Einrede des nicht erfüllten Vertrages gem. § 320 Abs. 1. Die **Klage** wird zwar **nicht abgewiesen**, doch wird der Schuldner allein dazu verurteilt, den Anspruch des Gläubigers **Zug um Zug** gegen Erhalt der Gegenleistung zu erfüllen (§ 322). Das Leistungsverweigerungsrecht hat also die gleiche Wirkung wie das Verweigerungsrecht aus § 273: Wird die Einrede erhoben, kommt es zur Verurteilung Zug um Zug; eine Abwendung dieser Wirkung durch die Erbringung einer Sicherheits-

---

210 Zur Vorleistungspflicht s. Palandt/*Grüneberg*, BGB, § 320 Rn. 15 ff.
211 Palandt/*Grüneberg*, BGB, § 320 Rn. 10.
212 Vgl. BGH NJW 2002, 3541 (3542 f.); einen weiteren Anwendungsfall für einen Ausschluss des Zurückbehaltungsrechtes stellt der Schuldnerverzug dar; s. BGH NJW-RR 1995, 564 (565).

leistung wie bei § 273 Abs. 3 scheidet indes, wie angesprochen, aus.²¹³ Kann der Schuldner eine Einrede des nicht erfüllten Vertrages geltend machen, führt dies materiellrechtlich dazu, dass der Schuldner so lange nicht in Schuldnerverzug gerät, wie das Leistungsverweigerungsrecht besteht. Anders als im Rahmen des § 273 und im Hinblick auf die prozessuale Einrede führt die Einrede des nicht erfüllten Vertrages ohne Geltendmachung materiellrechtlich zu einer Verhinderung des Schuldnerverzuges.²¹⁴ Dies sieht zumindest die ganz überwiegende Ansicht so, weil nur so der engen Verknüpfung von Leistung und Gegenleistung ausreichend Rechnung getragen werden kann.²¹⁵ Hier laufen also prozessrechtliche und materiellrechtliche Wertungen auseinander: Prozessual muss im Rechtsstreit die Einrede geltend gemacht werden, damit sie eine entsprechende Zug um Zug-Verurteilung herbeiführen kann; materiellrechtlich treten jedoch die verzugshemmenden Wirkungen ein, ohne dass die Geltendmachung notwendig ist. Verzug wird also erst dann bewirkt, wenn der Gläubiger eine Mahnung ausspricht und selbst zur Erbringung seiner Leistung bereit und imstande ist.²¹⁶

---

213 Palandt/*Heinrichs*, BGB, § 273 Rn. 24.
214 BGH NJW-RR 2003, 1318 f.; HK-BGB/*Schulze*, § 320 Rn. 10.
215 *Brox/Walker*, Allgemeines Schuldrecht, § 13 Rn. 20; *Looschelders*, Schuldrecht Allgemeiner Teil, Rn. 349 und 490.
216 So die Rechtsprechung schon seit RGZ 126, 280; BGH NJW 1966, 200; Palandt/*Grüneberg*, BGB, § 320 Rn. 12.

Teil IV: Störungen im Schuldverhältnis

§ 7 Überblick und Zusammenhänge sowie gemeinsame Prinzipien

Literatur: *Armbrüster, C.*, Grundfälle zum Schadensrecht, JuS 2007, 411; *ders.*, Grundfälle zum Schadensrecht, JuS 2007, 508; *ders.*, Grundfälle zum Schadensrecht, JuS 2007, 605; *Keilmann, A.*, Oft unterschätzt: Allgemeines Schadensrecht, JA 2005, 700; *Lehmann, M./ Zschache, S.*, Das stellvertretende commodum, JuS 2006, 502; *Löhnig, M.*, Schuldrechtsreform – Update 1 – Die Systematik des neuen Pflichtverletzungsrechts, JA 2002, 31; *ders.*, Schuldrechtsreform – Update 2 – Unmöglichkeit, JA 2002, 126; *ders.*, Schuldrechtsreform – Update 3 – Verzögerung der Leistung, JA 2002, 206; *ders.*, Schuldrechtsreform – Update 4 – Allgemeiner Pflichtverletzungstatbestand (pFV, cic), JA 2002, 291; *ders.*, Schuldrechtsreform – Update 5 – Geschäftsgrundlagenstörung; Kündigung von Dauerschuldverhältnissen, JA 2002, 381; *ders.*, Schuldrechtsreform – Update 6 – Rücktrittsfolgen, JA 2002, 470; *ders.*, Schuldrechtsreform – Update 8 – Verjährungsrecht, JA 2002, 654; *Lorenz, S.*, Grundwissen – Zivilrecht: Was ist eine Pflichtverletzung (§ 280 I BGB)?, JuS 2007, 213; *ders.*, Grundwissen – Zivilrecht: Vertretenmüssen (§ 276 BGB)?, JuS 2007, 611; *ders.*, Grundwissen – Zivilrecht: Haftung für den Erfüllungsgehilfen (§ 278 BGB), JuS 2007, 983; *Mattheus, D.*, Schuldrechtsmodernisierung 2001/2002 – Die Neuordnung des allgemeinen Leistungsstörungsrechts, JuS 2002, 209; *Medicus, D.*, Die Leistungsstörungen im neuen Schuldrecht, JuS 2003, 521; *Mückl, P.*, Unmöglichkeit und Pflichtverletzung – Zum Begriff der „Pflichtverletzung" im Leistungsstörungsrecht des BGB, JA 2004, 928; *Reischl, K.*, Grundfälle zum neuen Schuldrecht, JuS 2003, 40; *ders.*, Grundfälle zum neuen Schuldrecht, JuS 2003, 250; *ders.*, Grundfälle zum neuen Schuldrecht, JuS 2003, 453; *ders.*, Grundfälle zum neuen Schuldrecht, JuS 2003, 667; *Schäfer, C.*, Zum Begriff der Pflichtverletzung in § 280 I 1 BGB, JA 2003, 600; *Schroeder, K.-P.*, Pflichtverletzungen im Schuldverhältnis – Die Anspruchs- und Rechtsgrundlagen des neuen Schuldrechts, JuS 2002, Beil. Heft 1; *Schulze, R./Ebers, M.*, Streitfragen im neuen Schuldrecht, JuS 2004, 265; *dies.*, Streitfragen im neuen Schuldrecht, JuS 2004, 366; *Schur, W.*, Die Verknüpfung wechselseitiger Leistungen, JuS 2006, 673; *Senne, P.*, Das Recht der Leistungsstörungen nach dem Schuldrechtsmodernisierungsgesetz, JA 2002, 424; *Zieglmeier, C.*, Die neuen „Spielregeln" des § 280 I 2 BGB, JuS 2007, 701.

Rechtsprechung: BGH NJW 1960, 669 (Haftung des Meisters für den Lehrling „wie für eigenes Verschulden"; § 278 BGB); **BGH NJW 1972, 150** (Zur Haftung eines Kaufhauses bei Beschädigung eines in der Tiefgarage abgestellten Kraftfahrzeuges); **BGH NJW 1974, 692** (Notar als Erfüllungsgehilfe i. S.d. § 278 BGB); **BGH NJW 1984, 801** (Verkehrssicherungspflicht des Veranstalters eines Eishockey-Bundesligaspiels); **BGH NJW 1985, 134** (Schadensersatz wegen vorsätzlicher Zweckentfremdung von Baugeld); **BGH NJW 1986, 182** (Entschädigung wegen rechtswidriger Ordnungsverfügung; Vorsatz); **BGH NJW 1991, 2414** (Unwirksamkeit der uneingeschränkten Überbürdung des Schadensrisikos aus eintretendem Mangel der eigenen Geschäftsfähigkeit auf den Bankkunden); **BGH NJW 1992, 2014** (Zwangsvollstreckung in Sicherungseigentum eines weiteren Gläubigers; Vorsatztheorie); **BGH NJW 1992, 2474** (Tierhalterhaftung bei Überlassung eines Reitpferds aus Gefälligkeit; Erläuterung der Haftungseinschränkung bei leichter Fahrlässigkeit); **BGH NJW 1992, 3158** (Unwirksame AGB in Veranstaltungsverträgen zur Bereitstellung ausländischer Ferienunterkünfte; Abbedingen des haftungsrechtlichen Verschuldensprinzips); **BGH NJW 1993, 1704** (Haftung des Beauftragten: Gestattung der Ausführungsübertragung an Dritten; Beweislastverteilung bei Verletzung von Mitteilungs-, Auskunfts- und Rechenschaftspflichten); **BGH NJW 1994, 2232** (Verkehrssicherungspflicht des Eigentümers bei gefährlicher Verglasung im Mehrfamilienhaus); **BGH NJW 1994, 3344** (Haftung für Boten als Erfüllungsgehilfen bei Fälschung von Überweisungsverträgen); **BGH NJW 1995, 518** (Zusicherung von Eigenschaften beim Neuwagenkauf; Umfang des großen Schadensersatzes; hier: Verrechnung des Altfahrzeuges); **BGH NJW 1996, 464** (Haftung des Notars für fehlerhafte Grundbucheinsicht seiner Gehilfen); **BGH NJW 1997, 1360 / BGH ZIP 1997, 444** (Positive Vertragsverletzung: Haftung des Geschäftsherrn für weisungswidrige Übermittlung von Aufträgen an ausländische Broker); **BGH NJW 2000, 3130** (Stillschweigende Eigenschaftszusicherung beim Gebrauchtwarenkauf); **BGH NJW 2001, 358** (Zurechnung der arglistigen Täuschung eines selbstständigen Vermittlers eines Bausparkassendarlehens); **BGH NJW-RR 2002, 1175** (Bauvertrag: Zurechnung von Pflichtverletzungen des Architekten bei der Bauaufsicht); **BGHZ 24, 21** (Beweislast bei Anwendung des § 831 BGB für Schäden im Straßen- oder Eisenbahnverkehr; rechtswidriges Verhalten); **BGHZ 13, 111** (Erfüllungsgehilfe); **BGHZ 23, 319** (Unterlassung durch Erfüllungsgehilfen); **BGHZ 48, 118** (Erfüllungsgehilfe des Werklieferers – Zusicherung einer Eigenschaft durch Werbung); **BGH ZIP 2000, 146** (Grobe Fahrlässigkeit beim Erwerb beweglicher Sachen, die einem gerichtlichen Verfügungsverbot unterliegen).

Im Verlauf eines Schuldverhältnisses können sich in unterschiedlicher Hinsicht **Probleme** ergeben. Durch diese kann die Leistungserbringung einer der beiden Vertragsparteien entweder ganz unmöglich oder zumindest verhindert werden sowie auf eine Art und Weise erfolgen, so dass der Gläubiger mit der Leistung durch den Schuldner nicht zufrieden sein kann. Insgesamt handelt es sich hier um den Bereich der sog. Leistungsstörungen. Damit gemeint ist im weitesten Sinne die Verletzung derjenigen schuldrechtlichen Pflichten, die der Schuldner gegenüber dem Gläubiger beachten bzw. erfüllen muss. Diese Leistungsstörungen sind äußerst vielschichtig, daher soll zunächst ein Überblick gegeben werden. Dadurch wird verständlich, worum es im Folgenden geht *(s. unten Rn. 275 ff.)*. Das Leistungsstörungsrecht wird wesentlich dadurch geprägt, dass der Schuldner nur dann Konsequenzen aus der Pflichtverletzung tragen muss, wenn er sie verschuldet, also für sie verantwortlich ist. Die Grundsätze der Verantwortlichkeit im Schuldverhältnis werden im Anschluss behandelt, sie gelten dann für alle im Anschluss vorgestellten unterschiedlichen Leistungsstörungen *(s. unten Rn. 301 ff.)*. **274**

I. Überblick

Zunächst soll es darum gehen, einen **ersten Überblick über das System der Leistungsstörungen** im Schuldvertrag zu gewinnen. Dieser ist erforderlich, um überhaupt zu verstehen, was der Gesetzgeber im Bereich der Verletzung schuldvertraglicher Pflichten geregelt hat. Zum klaren Verständnis ist es unerlässlich, systematisch einen Überblick darüber zu erhalten, wo die verschiedenen Typen der Leistungsstörungen geregelt werden. Schon in diesem ersten Überblick soll deutlich werden, dass die Störungen der schuldrechtlichen Verpflichtungen **Auswirkungen in unterschiedlicher Hinsicht** haben können, nämlich sowohl auf die Pflicht selbst (dies ist dann in den §§ 275–292 geregelt), als auch auf eine andere Pflicht, nämlich dann, wenn ein Synallagma vorliegt: Die Störung einer der beiden Pflichten hat also Auswirkungen auf die mit ihr verbundene andere Pflicht. Diesem besonderen Umstand trägt das BGB dadurch Rechnung, dass es hinsichtlich des Schicksals der sog. Gegenleistungspflicht eigenständige Regelungen für den Fall der Leistungsstörungen vorsieht, nämlich in den §§ 323–326. **275**

Bsp.: A kauft bei B ein Fahrrad und sagt, er wolle es am Abend abholen kommen. Nun wird das Rad am Nachmittag bei B gestohlen. – Hier stellen sich zwei Fragen: Wie ist es erstens zu beurteilen, dass B nun nicht mehr seine kaufvertragliche Pflicht, dem A das Eigentum an dem Fahrrad zu verschaffen, erfüllen kann? Und zweitens: Was geschieht mit der Pflicht des A, den Kaufpreis zu zahlen? Wird diese Pflicht durch den Diebstahl berührt? Während das Schicksal der ersten Pflicht (also des B) in § 275 geregelt ist, findet sich die Regelung zur (mit dieser synallagmatisch verbundenen) Pflicht des A in §§ 323 ff.

1. Struktur der verschiedenen Pflichtverletzungen

276 Es ist schon deutlich geworden, dass es im Schuldverhältnis zwischen den beiden Parteien zahlreiche Pflichten gibt. Zu unterscheiden ist zwischen den **Hauptleistungspflichten** auf der einen Seite und den verschiedenen **Nebenleistungspflichten** auf der anderen Seite. Eine besondere Rolle spielt darüber hinaus die Pflicht zur Rücksichtnahme, die sich aus § 241 Abs. 2 ergibt. Aufgrund des Umstands, dass verschiedene Pflichten existieren, gibt es auch unterschiedliche Möglichkeiten der Pflichtverletzung.

277 a) **Verletzung von Leistungspflichten.** Das Schuldverhältnis konstituiert Leistungspflichten. § 241 Abs. 1 macht deutlich, dass kraft des Schuldverhältnisses der Gläubiger berechtigt ist, von dem Schuldner eine Leistung zu fordern. Unterteilt werden die verschiedenen Leistungstypen in die eigentliche Hauptleistungspflicht auf der einen Seite sowie die verschiedenen Nebenpflichten auf der anderen Seite.[1] Nun kann dem Schuldner in verschiedener Hinsicht vorgeworfen werden, er habe seine dem Gläubiger gegenüber obliegende Pflicht nicht so erfüllt, dass man von einer **ordnungsgemäßen Pflichterfüllung** sprechen kann. Verletzt der Schuldner eine der ihn treffenden Pflichten aus dem Schuldverhältnis, tritt eine **Leistungsstörung** ein. Eine solche Leistungsstörung kann sich in verschiedenen Formen ergeben. Zunächst ist denkbar, dass die Störung der Leistungsverpflichtung darin liegt, dass sie überhaupt nicht mehr zu erbringen ist. Es ist dem Schuldner im wörtlichen Sinne „unmöglich", das zu tun, was der Gläubiger von ihm aus dem Schuldverhältnis berechtigterweise verlangt.

Bsp.: Verpflichtet sich z. B. der V, dem K sein Haus zu verkaufen, wird das Haus jedoch vor der Eigentumsübergabe von einer Gasexplosion völlig zerstört, so ist leicht verständlich, dass V seine Pflicht nicht mehr erfüllen kann: Zwar war ursprünglich nach § 241 Abs. 1 Satz 1 von ihm verlangt, dass er dem Vertragspartner (also dem K, d. h. hier dem Gläubiger) die versprochene Leistung erbringt, also laut dem Kaufvertrag das Eigentum an dem Haus verschafft. Doch wenn das Haus nicht mehr vorhanden ist, ist dem Schuldner die Pflichterfüllung nicht mehr möglich.

278 Man spricht daher von der **Unmöglichkeit** – sie ist geregelt in § 275 Abs. 1. Die weiteren Absätze dieser Vorschrift, Absatz 2 und Absatz 3 des § 275, regeln Situationen, in denen zwar keine Unmöglichkeit wie in dem Beispiel gegeben ist, jedoch eine Situation eintritt, die der zuvor geschilderten Unmöglichkeit gleichgestellt wird; dies ist dann der Fall, wenn die Leistungserbringung dem Schuldner einen unzumutbaren Aufwand abverlangen würde (§ 275 Abs. 2) bzw. die persönliche Leistungserbringung dem Schuldner unzumutbar ist (§ 275 Abs. 3). All

---

1 Dazu schon ausführlich oben Rn. 35 ff.

Überblick

diese Fälle bilden die erste Gruppe von Leistungsstörungen: Es bestand ursprünglich eine Pflicht des Schuldners, seine Leistung zu erbringen. Doch die Pflichterfüllung ist ihm (nunmehr) unmöglich (geworden).

Bsp.: Ohne eigenes Verschulden wurde K ein wertvolles Gemälde gestohlen, welches er tags zuvor an S verkauft hatte. Mangels konkreter Hinweise wäre zur Wiederbeschaffung des Gemäldes eine extrem kostenintensive Suche rund um den Erdball anzustrengen, bei geringsten Erfolgsaussichten – hier wird man eine „Unmöglichkeit" nach § 275 Abs. 2 annehmen können. Wenn hingegen die alleinerziehende Mutter M ihren Auftritt als Hauptrolle in dem Musical „Phantom der Oper" absagt, weil am Spieltag ihr Kleinkind K kurzfristig schwer erkrankt ist, ist § 275 Abs. 3 einschlägig. Beide Situationen werden also der „richtigen" Unmöglichkeit i. S. v. § 275 Abs. 1 gleichgestellt.

279 Eine weitere Fallgruppe der Pflichtverletzung ist darin zu sehen, dass der Schuldner seine ihm obliegende **Pflicht nicht erbringt, obwohl sie fällig** ist. Dies ergibt sich von selbst: Denn wenn der Schuldner verpflichtet ist, zu einem bestimmten Zeitpunkt eine Leistung zu erbringen, erbringt er sie aber nicht, verletzt er seine ihn treffende Pflicht.

Bsp.: G verpflichtet sich, dem H am 27.6. Wasser für seinen Pool zu liefern, kommt aber an dem vereinbarten Tag nicht.

280 Allein hieran knüpft das BGB jedoch noch keine Rechtsfolge, obwohl eine Leistungsstörung unzweifelhaft vorliegt. Doch geben die Regelungen des Allgemeinen Schuldrechts dem Schuldner stets noch eine „zweite Chance". Das führt dazu, dass die bloße Nichtleistung trotz vorliegender Fälligkeit nur dann zu Rechtsfolgen führt, wenn es sich um eine **endgültige Nichtleistung** handelt. Diese ist gegeben, wenn eine erfolglose Fristsetzung durch den Gläubiger vorgenommen wurde bzw. diese entbehrlich ist – diese Kategorie der Pflichtverletzung, also die bloße Nichtleistung nach einer erfolgten Fristsetzung ist im BGB geregelt in den §§ 280 Abs. 1 und 3 sowie 281.

281 Ähnlich wie die zuvor beschriebene Fallgruppe ist in Abgrenzung dazu diejenige des **Verzugs**: Auch hier liegt eine besondere Situation der Nichtleistung vor, nämlich die nicht rechtzeitige Leistung: Die Verletzung der schuldvertraglichen Pflicht, also die Leistungsstörung, liegt darin, dass der Schuldner zwar verpflichtet ist, zu einem bestimmten Zeitpunkt zu leisten, er diesen Zeitpunkt jedoch verstreichen lässt – er gerät dann in Verzug, wenn der Gläubiger ihn zur Leistungserbringung noch einmal eindrücklich auffordert, er also ihm gegenüber eine „Mahnung" ausspricht. Diese Leistungsstörung, die ganz eigene Rechtsfolgen nach sich zieht, ist eigenständig geregelt in § 286 Abs. 1 Satz 1.

Bsp.: U beauftragt den X damit, bei ihm morgens früh den Schnee auf dem Gehweg zu räumen. Beim ersten Wintereinbruch kommt X zur vereinbarten Stunde nicht. U ruft den X an und fordert ihn auf, endlich seine Pflicht zu tun. Als X eine Stunde später immer noch nicht da ist, beauftragt U den Y und muss dafür eine hohe „Schnellleistungsgebühr" zahlen.

282 Schließlich gibt es noch **viele weitere Pflichtverletzungen**, sowohl der eigentlichen Hauptleistungspflicht als auch der weiteren Nebenpflichten des Schuldners. Jede zuvor nicht eigens aufgeführte Pflichtverletzung kann stets einen **Schadensersatzanspruch nach § 280 Abs. 1** verursachen: Bei dieser Norm handelt es sich nämlich um die Generalnorm für alle Schadensersatzansprüche, die sich aus einer Pflichtverletzung ergeben. Daher formuliert § 280 Abs. 1 Satz 1 auch ausdrücklich, dass der Schuldner, wenn er eine Pflicht aus dem Schuldverhältnis verletzt, dem Gläubiger zum Ersatz des hierdurch entstandenen Schadens verpflichtet ist. Auf diese Weise hat der Gesetzgeber durch die Schuldrechtsreform in § 280 Abs. 1 eine Grundnorm für sämtliche Pflichtverletzungen geschaffen.

283 Führt man sich die unterschiedlichen Pflichtverletzungen vor Augen, sieht man ganz **unterschiedliche Fallgruppen**. Im Ergebnis führen alle darauf hinaus, dass der Schuldner dem Gläubiger den Schaden, der durch die Pflichtverletzung, also durch die Leistungsstörung entstanden ist, ersetzen muss. Dies läuft dann stets über § 280 Abs. 1; je nach Art der Pflichtverletzung ist jedoch nach Vorstellung des Allgemeinen Schuldrechts noch die eine oder andere zusätzliche Voraussetzung zu erfüllen. Doch das Prinzip ist immer gleich: Alle Pflichtverletzungen im Rahmen eines Schuldverhältnisses bündeln sich in der Grundnorm des § 280 Abs. 1, was die Rechtsfolge angeht; doch dazu später ausführlich mehr.

284 b) Verletzung der Pflicht zur Rücksichtnahme nach § 241 Abs. 2. In § 241 Abs. 2 hat der Gesetzgeber ausdrücklich die besondere **Nebenpflicht** festgeschrieben, der zufolge das Schuldverhältnis nach seinem Inhalt jeden Teil zur **Rücksicht** auf die Rechte, Rechtsgüter und Interessen des anderen Teils verpflichten kann.[2] Diese besondere Nebenpflicht kann ebenfalls gestört werden, auch diesbezüglich kann eine Pflichtverletzung eintreten. Die Verletzung in dieser Fallgruppe bei Vorliegen der entsprechenden Voraussetzungen führt wie die Verletzung aller schuldvertraglichen Pflichten zu einem Anspruch aus § 280 Abs. 1. Darüber hinaus sind zusätzliche Folgen möglich, wenn besondere Voraussetzungen vorliegen, dies ergibt sich aus § 280 Abs. 1 und 3 sowie § 282.

Bsp.: R bringt sein Auto zur Reparatur der Auspuffanlage in die Werkstatt des W. Bei Durchführung der Arbeiten bemerkt W einen weiteren Defekt an den Bremsen. Diesen repariert er jedoch nicht und unterlässt es zudem, R diesbezüglich zu unterrichten. Auf der Heimfahrt wird R mangels Kenntnis von der verminderten Bremskraft aus einer Kurve getragen und sein Fahrzeug erheblich beschädigt.

2. Rechtsfolgen aus einer Pflichtverletzung

285 Schon im vorangegangenen Abschnitt wurde deutlich, dass die Verletzung einer schuldvertraglichen Pflicht zu Rechtsfolgen führt. Diese unterschiedlichen Rechtsfolgen, die sich ergeben können, hat das BGB im Allgemeinen Schuldrecht in nicht ganz einfacher Weise geregelt. Doch die **Struktur** ist, wenn man sie sich einmal vor Augen geführt hat, klar erkennbar: Die **Grundnorm für alle Rechtsfolgen**, die sich aus der Verletzung einer schuldvertraglichen Pflicht ergeben, ist **immer § 280 Abs. 1**: Das bedeutet, dass jede Pflichtverletzung immer zu einem Schadensersatzanspruch führen kann. Doch ist die Schadensersatzpflicht nicht die einzige Rechtsfolge. Es stellt sich auch die Frage, was mit der Leistungspflicht selbst geschieht, und zudem, welche Folgen sich aus der Verletzung einer schuldvertraglichen Pflicht im Hinblick auf die mit dieser Pflicht verbundenen Pflicht des Gläubigers

---

2 Dazu ausführlich bereits in Rn. 144.

Überblick

im synallagmatischen Schuldverhältnis ergeben. Schließlich können weitere Ansprüche aus der Verletzung einer schuldvertraglichen Pflicht erwachsen.

Deutlich wird schon an dieser Stelle, warum das Bewusstsein um die unterschiedlichen Rechtsfolgen wichtig ist. Da es bei der Falllösung um die Suche nach Ansprüchen geht, steht **primär der Schadensersatzanspruch nach § 280 Abs. 1** im Vordergrund, ebenso die zuvor genannten **weiteren Rechtsfolgen**. Doch wird man implizit immer auch darüber nachzudenken haben, was mit dem Leistungsanspruch passiert, ob er etwa erlischt. Die näheren Einzelheiten zum Aufbau im Hinblick auf die unterschiedlichen Leistungsstörungen folgen an späterer Stelle, wenn die einzelnen Leistungsstörungen ausführlich erläutert werden. **286**

a) **Der Schadensersatz gem. § 280 Abs. 1.** Für alle zuvor genannten Pflichtverletzungen durch den Schuldner ist prinzipiell **eine einheitliche Rechtsfolge** vorgesehen: Diese befindet sich in **§ 280 Abs. 1**. Verletzt also der Schuldner eine ihm gegenüber dem Gläubiger obliegende Pflicht, unabhängig davon, welcher Art diese Pflicht ist, so ist er unter den in § 280 Abs. 1 dem Grundsatz nach vorgesehenen Voraussetzungen zum Ersatz des daraus entstehenden Schadens verpflichtet. Hier hat der Gesetzgeber versucht, eine **Generalnorm** zu schaffen: Man sollte eher von einem **Grundtatbestand** hinsichtlich der Pflichtverletzungen und der sich daraus ergebenden Schadensersatzansprüche sprechen. Der Schuldner soll, wenn er eine Leistungsstörung verursacht hat, den sich daraus ergebenden Schaden ersetzen. Dabei ist zu beachten, dass der Schadensersatzanspruch des Gläubigers aus § 280 Abs. 1 noch keinerlei Hinweise darauf gibt, welches Schicksal die Leistungspflicht selbst erleidet. Auch sagt der Schadensersatzanspruch nichts darüber, ob der Gläubiger dauerhaft selbst noch leisten muss – also auch das Schicksal des Gegenleistungsanspruchs wird vom Schadensersatzanspruch zunächst nicht berührt. Doch unabhängig davon, welche Schicksale die einzelnen Leistungspflichten treffen, sieht § 280 Abs. 1 jedenfalls vor, dass ein entstandener Schaden zu ersetzen ist. **287**

Bsp.: Wenn A bei D ein neues Aquarium für seine wertvollen Fische bestellt und D trotz Lieferzusage nicht liefert, können sich verschiedene Rechtsfolgen ergeben: Die Fische des A könnten verenden, weil D nicht rechtzeitig liefert; A könnte gezwungen sein, bei E dasselbe Aquarium zu einem höheren Preis zu kaufen; möglicherweise muss er die Fische vorübergehend in einem Tierpensionat „zwischenlagern" – all dies verursacht Kosten und Schäden, für die § 280 Abs. 1, gegebenenfalls zusammen mit weiteren Vorschriften, die Anspruchsgrundlage bildet. Damit ist aber noch nicht geklärt, ob A noch zahlen muss, wenn D doch noch später liefert. Oder was geschieht, wenn das Aquarium zwar schon bei D steht, bei diesem aber vor der Lieferung zerstört wird.

Doch auch wenn hier der Grundtatbestand des gesamten Leistungsstörungsrechts im Hinblick auf den Schadensersatzanspruch des Gläubigers geregelt ist, ist diese Grundnorm nicht in dem Sinne allumfassend, dass in ihr sämtliche Voraussetzungen für Ansprüche enthalten wären. Vielmehr ist in vielen Fällen der Leistungsstörung erforderlich, **weitere Voraussetzungen** aus anderen Normen zusätzlich heranzuziehen. Das bedeutet, dass § 280 Abs. 1 nur dann als ausreichendes Prüfungsprogramm gelten kann, wenn es um allgemeine Pflichtverletzungen geht, die nicht, wie schon erläutert, der Fallgruppe der Unmöglichkeit, des Verzugs oder der bloßen Nichtleistung unterliegen. Dann verlangt § 280 Abs. 1 als Grundlage für einen Schadensersatzanspruch vier Voraussetzungen: Es muss ein Schuldver- **288** hältnis gegeben sein. Als zweite Voraussetzung wird verlangt, dass der Schuldner eine Pflicht aus diesem Schuldverhältnis verletzt hat. Des Weiteren muss diese Pflichtverletzung, dies ist dem Umkehrschluss aus § 280 Abs. 1 Satz 2 zu entnehmen, vom Schuldner zu verantworten, d. h. zu vertreten sein. Schließlich muss – viertens – dem Gläubiger ein Schaden entstanden sein.

Bsp.: § 280 Abs. 1 greift also nur dann ein, wenn im vorherigen Beispiel *(unter Rn. 287)* der D das Aquarium (rechtzeitig) liefert, dabei aber aus Versehen die Ledercouch des A mit dem scharfen Glas ramponiert: Das Schuldverhältnis liegt in dem Kaufvertrag, die Pflichtverletzung darin, dass D das Integritätsinteresse des A nicht beachtet hat; zudem handelt er fahrlässig und der Schaden besteht in der beschädigten Couch.

289 Hier wird nun aber die Systematik des Gesetzes zwar sehr stringent, doch auf den ersten Blick unübersichtlich. Denn immer dann, wenn eine der genannten besonderen Fallgruppen (also vor allem Unmöglichkeit und Verzug) vorliegen, werden die vier genannten Tatbestandsvoraussetzungen des § 280 Abs. 1 noch **um weitere Voraussetzungen erweitert**: In all diesen Fällen müssen also weitere Normen in den Anspruchsaufbau mit hineingelesen werden. Welche dies im Einzelnen sind, wird an späterer Stelle bei der jeweiligen Leistungspflichtverletzung vorgestellt. An dieser Stelle genügt es jedoch, sich vor Augen zu führen, dass die Verletzung von Leistungspflichten, die nicht in der Unmöglichkeit, nicht im Verzug und nicht in der bloßen Nichtleistung nach einer Fristsetzung liegt, als allgemeine Pflichtverletzung von § 280 Abs. 1 im Hinblick auf den Schadensersatz erfasst wird. Dann genügen die genannten vier Voraussetzungen.

290 b) **Das Schicksal des Leistungsanspruchs und des Gegenleistungsanspruchs.** Als eine weitere Konsequenz aus der Leistungsstörung, also aus der Verletzung einer schuldrechtlichen Pflicht, kann sich möglicherweise ergeben, dass der **konkrete Leistungsanspruch des Gläubigers dadurch erlischt.**

Bsp.: K kauft von V ein Haus; vor der Übereignung wird dieses jedoch durch einen Brand zerstört. – V kann nun schlechterdings kein Haus mehr übereignen, der Leistungsanspruch des K geht unter, § 275 Abs. 1 BGB.

291 § 275 Abs. 1 ordnet also an, dass die Leistungspflicht erlischt: Das Gesetz formuliert, der Anspruch auf Leistung sei „ausgeschlossen". Hier handelt es sich um eine unmittelbare Folge aus der besonderen Fallgruppe der Leistungsstörungen, die man **Unmöglichkeit** nennt. Diese Konsequenz tritt ein, ohne dass ein weiteres Zutun einer der beiden Vertragsparteien erforderlich ist – die Unmöglichkeit führt zum Untergang des Leistungsanspruchs.

292 Damit ist jedoch noch nichts darüber ausgesagt, ob zusätzlich ein **Schadensersatzanspruch** des Gläubigers besteht. Dies ist deshalb verständlich, weil in diesem Fall, wie stets, noch weitere Voraussetzungen hinzukommen müssen. Denn man stelle sich in dem skizzierten Beispiel die Situation vor, dass die Gasexplosion von niemandem verschuldet war, sondern sich aufgrund der Verkettung unglücklicher Umstände ergeben hat, ohne dass man dies jemandem vorwerfen könnte. Dann wäre es geradezu abwegig, dem Gläubiger für diesen Vorgang einen Schadensersatzanspruch zuzusprechen. Dies macht nur dann Sinn, wenn der Schuldner, hier also V, die Unmöglichkeit, d. h. diese Leistungsstörung, zu vertreten, also verursacht und verschuldet hat.

Überblick

Bsp.: In dem genannten Beispiel *(unter Rn. 290)* können sich also – über den Untergang der Leistungspflicht (Übereignung des Hauses) gem. § 275 Abs. 1 hinaus – verschiedene Rechtsfolgen ergeben. Es kann zusätzlich ein Schadensersatzanspruch des K entstehen – dies setzt jedoch dann wie immer voraus, dass die zusätzlichen Voraussetzungen vorliegen, die § 280 Abs. 1 i. V. m. den weiteren Voraussetzungen für die Unmöglichkeit (dazu später) vorsieht. Hier muss man also die unterschiedlichen Rechtsfolgen sauber voneinander trennen, man darf insbesondere nicht dem Gedanken erliegen, es gäbe nur eine Rechtsfolge. Es können sich stets verschiedene Rechtsfolgen kumulativ aus einer Leistungsstörung ergeben.

§ 275 Abs. 1 (und auch dessen Absätze 2 und 3) regeln also ausschließlich das Schicksal der konkreten Schuld des Schuldners: Bei der **Unmöglichkeit bzw. Unzumutbarkeit muss der Schuldner nicht mehr leisten.** Doch ist damit weder etwas darüber gesagt, ob der Gläubiger statt der Leistung, die er erwarten durfte, nun einen Schadensersatzanspruch hat; genauso wenig ist innerhalb der Rechtsfolge des § 275 Abs. 1 bis 3 geregelt, was mit dem **Gegenleistungsanspruch** passiert, sofern es sich um ein synallagmatisches Verhältnis handelt. **293**

Bsp.: Bleibt man bei dem Beispiel des durch eine Gasexplosion zerstörten Hauses *(unter Rn. 290)*, stellt sich doch die Frage, was nun geschehen soll: V muss (wegen § 275 Abs. 1) nicht mehr übereignen. Was ist aber mit der Kaufpreiszahlung durch K? Muss er unverändert leisten? § 275 Abs. 1 gibt hier überhaupt keine Auskunft, denn diese Norm hat nur eine Regelung dazu vorgesehen, was mit der Leistungspflicht des Schuldners passiert; der Gegenleistungsanspruch, nämlich die Pflicht des Käufers, den Kaufpreis zu bezahlen, ist sicher nicht unmöglich geworden – denn er könnte natürlich unverändert zahlen. Es liegt auf der Hand, dass dies unbillig wäre. Daher müssen hierzu noch eigenständige Regelungen erfolgen.

Wichtig ist also zu verstehen, dass § 275 als Rechtsfolge für eine Schuldverletzung, also als Rechtsfolge für die besondere Leistungsstörung der Unmöglichkeit, ausschließlich und allein regelt, welches Schicksal die unmöglich gewordene Leistungsverpflichtung nimmt. Keinerlei **Regelung** ist jedoch darüber enthalten, was mit der dazu im **Synallagma stehenden Gegenleistungspflicht** geschehen soll. Dazu enthält das Gesetz in den §§ 323 bis 326 eigenständige Vorschriften. § 326 beispielsweise regelt ausdrücklich, was im Fall der Unmöglichkeit der Leistungspflicht geschieht: Dann muss der Gläubiger seine Leistungspflicht grundsätzlich nicht erbringen, denn der Anspruch auf die Gegenleistung entfällt. § 323 sieht wiederum eine besondere Rechtsfolge vor, wenn die Leistungsstörung nicht in einer Unmöglichkeit, sondern in einer Nichterfüllung der fälligen Leistung liegt – dann entfällt zwar der Gegenleistungsanspruch nicht automatisch, doch kann der Gläubiger dann vom Vertrag zurücktreten, sofern die in § 323 geregelten Voraussetzungen gegeben sind. **294**

Man muss also dieses **Grundprinzip** verstehen, dass immer zwischen den unterschiedlichen Ansprüchen von Schuldner und Gläubiger zu unterscheiden ist, sofern es um ein gegenseitiges Schuldverhältnis geht. Man muss sich stets die Frage stellen, **um welchen Anspruch es konkret geht:** Geht es um den Anspruch, der von der Leistungsstörung unmittelbar betroffen ist (also der etwa unmöglich geworden ist oder mit dessen Erfüllung der Schuldner in Verzug gerät)? Oder geht es umgekehrt um den Anspruch, der von der anderen Vertragspartei zu erfüllen wäre und der im Gegenseitigkeitsverhältnis mit der von der Leistungsstörung betroffenen Schuld steht? Von der richtigen Differenzierung dieser beiden Ansprüche **295** hängt die Auswahl der zutreffenden Anspruchsgrundlage und der zutreffenden Norm meist entscheidend ab.

296 c) **Weitere Rechtsfolgen.** Neben den bereits genannten beiden Rechtsfolgen können sich aus einer Leistungsstörung, je nach ihrer Art und Weise, zusätzliche Ansprüche ergeben. So sieht § 284 etwa vor, dass der Gläubiger, der bei einer Leistungsstörung eigentlich einen Schadensersatz statt der Leistung stattdessen auch den **Ersatz der Aufwendungen** verlangen kann, die er im Vertrauen auf den Erhalt der Leistung gemacht hat und billigerweise machen durfte. Hier hat der Gläubiger also ein Wahlrecht – er kann entscheiden, ob er Schadensersatz statt der Leistung verlangt oder den Aufwendungsersatzanspruch nach § 284 geltend macht. Dies ist immer dann der Fall, wenn primär eigentlich dem Gläubiger ein Schadensersatzanspruch statt der Leistung zusteht, also insbesondere dann, wenn es um die Fallgruppe der Unmöglichkeit bzw. diejenige der Nichtleistung nach einer Fristsetzung geht.

297 Eine weitere Rechtsfolge einer Pflichtverletzung kann gem. § 285 im Fall der Unmöglichkeit zudem sein, dass der Gläubiger einen **Herausgabeanspruch** gegen den Schuldner erhält, nämlich ein Anspruch auf Herausgabe desjenigen, was der Schuldner infolge der Unmöglichkeit selbst erlangt hat. Gemeint ist hier insbesondere ein Versicherungsanspruch.

> *Bsp.*: Bleibt man in dem zuvor schon geschilderten Beispiel *(unter Rn. 290)*, ist etwa denkbar, dass der V für das durch die Gasexplosion zerstörte Haus einen Anspruch gegen seine Versicherung erhält. Diesen Anspruch kann nun der K gegebenenfalls vom V nach § 285 herausverlangen.

298 Eine weitere Rechtsfolge der Pflichtverletzung kann sich aus § 287 ergeben, also in dem Fall, in dem die Pflichtverletzung nicht in der Unmöglichkeit, sondern im Verzug liegt. Dann hat nämlich der Schuldner allein aufgrund des Umstandes, dass er die Leistungsstörung herbeigeführt hat, **zusätzliche Verantwortlichkeiten hinsichtlich des Leistungsgegenstandes**. Er muss in dieser Situation sehr viel mehr verantworten, als er sonst verantworten müsste. Man spricht hier von einer Haftungsverschärfung, deren Einzelheiten an späterer Stelle noch näher erläutert werden.

299 Abschließend sei auf eine weitere besondere Rechtsfolge einer Leistungsstörung hingewiesen: Neben dem Erlöschenstatbestand des § 275 Abs. 1 können die Leistungsansprüche auch dann noch erlöschen, wenn infolge der schuldvertraglichen Leistungspflichtverletzung der Vertrag von einem **Rücktritt** betroffen ist – unter bestimmten Voraussetzungen kann sich nämlich der Gläubiger bei einer Leistungsstörung seitens des Schuldners vom Vertrag wieder lossagen und die Rückabwicklung der schuldvertraglichen Verpflichtungen und Verbindlichkeiten fordern. Ist ein Recht zum Rücktritt gegeben und wird dieses ausgeübt, tritt als indirekte Rechtsfolge der Leistungsstörung das Erlöschen der bisherigen Leistungspflicht ein, sofern sie überhaupt noch bestanden hat. Diese Rückabwicklungssystematik und das Erlöschen der Leistungsansprüche werden übergeordnet in den §§ 346 ff. geregelt.

d) **Die Störung und der Wegfall der Geschäftsgrundlage.** Nicht so recht einzuordnen in den bisher geschilderten Bereich der Verletzung schuldrechtlicher Pflichten, gleichwohl aber in den Gesamtzusammenhang der Störungen der schuldvertraglichen Pflichtensystematik, ist die besondere Situation des **Wegfalls der Geschäftsgrundlage,** die in § 313 geregelt ist. Man kann hier nicht von Leistungsstörungen sprechen, weil sich die Einflüsse auf das schuldvertragliche Gerüst in diesem Fall von außen ergeben. Gleichwohl haben bestimmte Veränderungen des Schuldverhältnisses konkrete Auswirkungen auf die Leistungsansprüche beider Vertragsparteien. Haben sich nämlich die Umstände so radikal geändert, dass die eigentliche Grundlage des Austauschverhältnisses in Mitleidenschaft gezogen worden ist, hat dies unmittelbare Auswirkungen auf die Vertragspflichten der Parteien. Möglicherweise führt dies sogar zum Untergang des Schuldverhältnisses, wenn eine Anpassung der Vertragspflichten nicht möglich ist.

II. Verantwortlichkeit

Bei allen Leistungsstörungen, die eine Pflichtverletzung des Schuldners darstellen, ist es für die aus dieser Verletzung folgenden Konsequenzen von Bedeutung, ob und inwieweit der Schuldner für diese Störung **verantwortlich** ist, ob er also diese Leistungsstörung bzw. Pflichtverletzung zu vertreten hat oder nicht. Weil diese Frage in allen unterschiedlichen Formen der Leistungsstörung von Bedeutung ist, soll sie an dieser Stelle vorweg übergreifend behandelt werden. Im Prüfungsaufbau ist das Vertretenmüssen bzw. die Verantwortlichkeit des Schuldners in aller Regel ein eigener Prüfungspunkt, etwa bei einem Schadensersatzanspruch nach § 280 Abs. 1: Denn für die Begründung eines Schadensersatzanspruchs genügt es nicht, dass der Schuldner eine Pflichtverletzung begangen hat; stattdessen ist darüber hinaus notwendig, dass er für die Pflichtverletzung verantwortlich ist. Dies entspricht der alten deutschen Rechtstradition, der zufolge die vertragliche Haftung prinzipiell vom Verschulden abhängt.[3] Dieses Prinzip von der Verschuldensabhängigkeit der vertraglichen Haftung wird auch nicht dadurch verlassen, dass in einigen Fällen eine Beweislastumkehr stattfindet, so etwa in § 280 Abs. 1 Satz 2– denn auch hier ist das Verschulden des Schuldners für die Leistungsstörung erforderlich, es wird allerdings vermutet. Diese Vermutung ändert aber nichts daran, dass das Verschulden gegeben sein muss.

Das **Verschuldensprinzip**, das das deutsche Zivilrecht beherrscht und dazu führt, dass die vertraglichen Ersatzansprüche in aller Regel an das Verschulden geknüpft sind, verlangt eine eigenständige Regelung der Verantwortlichkeit des Schuldners. Diese findet sich in den §§ 276–278. Gem. §§ 276 und 277 ist der Schuldner für eigenes Verschulden, welches auf unterschiedlicher Ebene liegen kann, verantwortlich; § 278 erweitert diese Grundregel für das **Vetretenmüssen**: In dieser Norm ist insofern eine Einstandspflicht für fremdes Verschulden vorgesehen.

---

3 S. dazu Staudinger/*Löwisch*, BGB, § 276 Rn. 1 ff.

1. Haftung für ein eigenes Verschulden nach den §§ 276, 277

303 Die §§ 276 und 277 regeln die **Verantwortlichkeit** bzw. das Vertretenmüssen des Schuldners **für ein eigenes Verhalten**. Nach § 276 Abs. 1 Satz 1 Halbsatz 1 hat der Schuldner i. d.R. Vorsatz und Fahrlässigkeit zu vertreten. Um überhaupt eine Verantwortlichkeit des Schuldners in einer der unterschiedlichen Verschuldensformen bejahen zu können, ist jedoch zunächst Grundvoraussetzung dafür, dass der Schuldner überhaupt verschuldensfähig ist. Schließlich können abweichende Regelungen zur Haftung für eigenes Verschulden vertraglich vereinbart werden und sind zum Teil gesetzlich vorgesehen.

304 a) **Verschuldensfähigkeit.** Die **Verschuldens-** oder auch **Verantwortungsfähigkeit** ist Grundvoraussetzung dafür, dass der Schuldner überhaupt für eine von ihm verursachte Pflichtverletzung bzw. Leistungsstörung einstehen muss. Zu diesem Zweck enthält § 276 als Grundnorm der Verantwortlichkeit des Schuldners in Abs. 1 Satz 2 einen Verweis auf die Vorschriften der §§ 827 und 828, die demzufolge entsprechend Anwendung finden. Eine Verweisung ist deshalb erforderlich, weil die beiden Vorschriften unmittelbar nur für die deliktische Haftung gelten, nicht jedoch für die Schuldfähigkeit schlechthin.[4] Systematisch ist in diesem Zusammenhang davon auszugehen, dass prinzipiell alle Personen verschuldensfähig sind, es sei denn, in den §§ 827 und 828 findet sich eine davon abweichende Regelung.

305 Von diesem Grundsatz sind jedoch **zwei Ausnahmen** zu machen. Zunächst gibt es eine Gruppe von **verschuldensunfähigen Personen**. Nach § 828 Abs. 1 sind Kinder bis zur Vollendung des siebenten Lebensjahres für die von ihnen verursachten Schäden nicht verantwortlich. Sie sind verschuldensunfähig; das Gleiche gilt für denjenigen, der im Zustand der Bewusstlosigkeit oder in einem die freie Willensbestimmung ausschließenden Zustand krankhafter Störung der Geistestätigkeit gehandelt hat; dies folgt aus § 827 Satz 1. Relevant sind diese Einschränkungen der Verschuldensfähigkeit bzw. deren Nichtvorlage im vertraglichen Bereich jedoch kaum, denn gerade Kinder unter sieben Jahren werden in vertraglichen Bereichen in aller Regel nicht auftreten. Ausnahmsweise kann dies nur dann der Fall sein, wenn eine entsprechende Einwilligung der Eltern über §§ 107 oder 110 vorliegt.[5]

306 Eine größere Relevanz der **Verschuldensunfähigkeit** liegt daher eindeutig im Bereich der **deliktischen Haftung** nach § 823. Etwas näher an der vertraglichen Haftung könnte die beschränkte Verschuldensfähigkeit sein, die § 828 Abs. 3 regelt: Dieser Vorschrift zufolge sind diejenigen Personen, die das siebente, aber noch nicht das 18. Lebensjahr vollendet haben, beschränkt verschuldensfähig. Dies bedeutet, dass die Verantwortlichkeit, die eine solche Person für einen Schaden übernehmen muss, davon abhängig ist, ob der Betreffende bei der Pflichtverletzung die zur Erkenntnis der Verantwortlichkeit erforderliche Einsicht hatte. Hier ist in der Tat eine größere Relevanz auch im schuldvertraglichen Bereich zu bejahen, denn Jugendliche unter 18 Jahren sind im Geschäftsverkehr aufgrund

---

4 *Brox/Walker*, Allgemeines Schuldrecht, § 20 Rn. 4.
5 Palandt/*Heinrichs*, BGB, § 107 Rn. 1, § 110 Rn. 1.

der häufiger vorliegenden Einwilligung seitens der Eltern durchaus anzutreffen. Hier kommt es also auf den Einzelfall an, ob der Jugendliche als verschuldensfähig angesehen werden kann.⁶

b) Verschulden: Vorsatz und Fahrlässigkeit. Schon die Motive zum Erlass des BGB haben unter dem Begriff des Verschuldens die beiden **Verschuldensformen** zusammengefasst, nämlich **Vorsatz und Fahrlässigkeit.** Beides hat der Schuldner regelmäßig zu vertreten.⁷ Ist also eine Verschuldensfähigkeit entsprechend der zuvor geschilderten Grundsätze gegeben, und hat der Schuldner im Rahmen des Schuldverhältnisses eine Pflichtverletzung welcher Art auch immer begangen, so hängt gegebenenfalls die Rechtsfolge (etwa der Schadensersatz gem. § 280 Abs. 1) entscheidend davon ab, ob der verschuldensfähige Schuldner eine bestimmte Schuldform erfüllt hat, mit anderen Worten: ob er mit Vorsatz oder Fahrlässigkeit gehandelt hat. Diese beiden Maßstäbe füllen das Verschuldensprinzip des deutschen BGB entscheidend aus.

Nach § 276 Abs. 1 Satz 1 muss der Schuldner zunächst **Vorsatz** vertreten. Was heißt das? Dies bedeutet, dass der Schuldner, der eine Pflichtverletzung im Vertrag begeht, dafür jedenfalls dann einzustehen hat, wenn er diese mit Vorsatz begangen hat. Als Vorsatz wird, da das Gesetz diesen Begriff nicht definiert, nach der ganz überwiegenden Auffassung in Rechtsprechung und Lehre das „Wissen und Wollen" des Erfolges und das Bewusstsein der Rechtswidrigkeit verstanden.⁸ Der Vorsatz, der vorliegen muss, setzt also drei Elemente voraus. In der Prüfung werden jedoch meist Wissen und Wollen zusammengefasst. Hinsichtlich des Vorliegens von Wissen und Wollen sind üblicherweise zwei Möglichkeiten denkbar: Zum einen kann der Schuldner mit einem direkten Vorsatz gehandelt haben. Dieser „dolus directus" liegt dann vor, wenn der Schuldner sichere Kenntnis von den relevanten Tatsachen hat und den Erfolg als notwendige Folge seines Handelns voraussieht und den Erfolg auch will.⁹ In gleicher Weise als Vorsatz wird der sog. bedingte Vorsatz oder Eventualvorsatz angesehen (**dolus eventualis**): Dieser liegt vor, wenn der Täter den Erfolg als möglich ansieht und diesen Erfolg auch als Folge seines Handelns als möglich in Kauf nimmt.¹⁰ Da beide Vorsatzformen von der Norm des § 276 Abs. 1 Satz 1 erfasst sind und beide dazu führen, dass der Schuldner für sein Handeln einstehen muss, ist eine Differenzierung weder erforderlich noch geboten.¹¹ Es genügt vielmehr, entsprechend der oben genannten Definition das Vorliegen des Vorsatzes zu bejahen. Zusätzlich erforderlich ist jedoch nach der im Zivilrecht mittlerweile vorherrschenden Vorsatztheorie¹², dass der Schuldner ein Bewusstsein hinsichtlich der Rechtswidrigkeit hat, denn dieses gehört ebenfalls – so die Vorsatztheorie – zum Vorsatz selbst. Der Schuldner, dem

---

6 Palandt/*Sprau*, BGB, § 828 Rn. 6.
7 So Motive I, S. 281.
8 Jauernig/*Stadler*, BGB, § 276 Rn. 15; Palandt/*Heinrichs*, BGB, § 276 Rn. 10; *Brox/Walker*, Allgemeines Schuldrecht, § 20 Rn. 7; *Westermann/Bydlinski/Weber*, BGB – Schuldrecht Allgemeiner Teil, § 6 Rn. 3.
9 Palandt/*Heinrichs*, BGB, § 276 Rn. 10.
10 BGH NJW 1984, 801; BGH NJW 1986, 182.
11 *Westermann/Bydlinski/Weber*, BGB – Schuldrecht Allgemeiner Teil, § 6 Rn. 4.
12 BGH NJW 1985, 134 (135); BGH NJW 1992, 2014.

eine Leistungsstörung vorgeworfen wird, muss also das Wissen gehabt haben, dass er mit seiner Handlung gegen die ihm vertraglich (bzw. gesetzlich) obliegende Pflicht verstoßen hat.¹³ Als Konsequenz gilt daraus, dass ein Irrtum über die Rechtswidrigkeit den Vorsatz im Zivilrecht ausschließt. Scheidet nach diesem Element deshalb, weil der Schuldner die Rechtswidrigkeit eines Handelns nicht kennt, ein Vertretenmüssen aufgrund mangelnden Vorsatzes aus, kommt eine Haftung wegen Fahrlässigkeit in Betracht.

Bsp.: Zerstört der A bewusst ein Buch, das er von dem B geliehen hatte, von dem er jedoch ausging, dass es sein eigenes war, dann mangelt es ihm an dem Bewusstsein der Rechtswidrigkeit. Ihm kann daher im zivilrechtlichen Sinne kein Vorsatzvorwurf gemacht werden. Ein Ersatzanspruch gem. § 823 Abs. 1 aus einer vorsätzlichen Handlung kommt daher nicht in Betracht. Unberührt bleibt selbstverständlich, ob er nicht hätte wissen müssen, dass das Buch, das er zerstört hat, nicht sein eigenes ist: Denkbar ist daher unverändert eine Haftung aus § 823 Abs. 1 wegen fahrlässiger Begehung. Darüber hinaus ist zu bedenken, dass die strafrechtliche Haftungsfrage hiervon deutlich zu unterscheiden ist!

309 Nach § 276 Abs. 1 Satz 1 ist der Schuldner in gleicher Weise wie für Vorsatz auch für **Fahrlässigkeit** verantwortlich. Hier hat das Gesetz in Absatz 2 des § 276 eine Legaldefinition vorgesehen: Danach handelt fahrlässig, wer die im Verkehr erforderliche Sorgfalt außer Acht lässt. Dabei gilt nach ganz überwiegender Auffassung im Zivilrecht ein objektivierter Fahrlässigkeitsmaßstab. Ein Verstoß gegen das in § 276 Abs. 1, Abs. 2 geregelte Sorgfaltsgebot liegt dann vor, wenn nach einem objektivierten Beurteilungsmaßstab der handelnde Schuldner in seiner konkreten Lage den drohenden Erfolg seines Verhaltens voraussehen und ihn dann auch hätte vermeiden können.¹⁴ Ob also eine Außerachtlassung der im Verkehr erforderlichen Sorgfalt im Einzelfall vorliegt, muss anhand eines objektiv-abstrakten Maßstabs beurteilt werden.¹⁵ Dabei erfolgt die Typisierung nach Verkehrskreisen, deren speziellen Anschauungen und Bedürfnissen entsprechend Rechnung zu tragen ist: Das bedeutet, dass die Sorgfaltsanforderungen sich danach unterscheiden, wohin der Schuldner einzuordnen ist.¹⁶ Ist er etwa ein Arzt, werden für ihn andere Sorgfaltsmaßstäbe bei der Behandlung eines Unfallopfers gelten als für denjenigen, der nur zufällig bei einem Unfall vorbeikommt und einem Opfer hilft. Generell ist jedoch entscheidend, dass es für den Schuldvorwurf der Fahrlässigkeit nicht auf die konkreten persönlichen Fähigkeiten des Einzelnen ankommt. Vielmehr ist entscheidend, dass der Schuldner sich – „objektiviert" – so verhält, dass man es als „ausreichend sorgfältig" ansehen kann. Entscheidend ist auch, was nach dem Inhalt des Schuldverhältnisses, um das es geht, zur Vermeidung von Schäden des Gläubigers verlangt wird.¹⁷

310 Vom Grundsatz her sieht § 276 **keine unterschiedlichen Stufungen für die Fahrlässigkeit** vor. D.h., der Schuldner muss für jede Außerachtlassung der im Verkehr erforderlichen Sorgfalt einstehen, sei sie auch noch so gering. Lediglich in einigen

---

13 BGH NJW 1985, 134 (135); Palandt/*Heinrichs*, BGB, § 276 Rn 11.
14 So etwa BGHZ 24, 21 (27); BGH NJW 1994, 2232 (2233); MünchKomm/*Grundmann*, BGB, § 276 Rn. 54 f.; *Medicus*, Schuldrecht I, Rn. 309.
15 Palandt/*Heinrichs*, BGB, § 276 Rn. 15.
16 BGH NJW 1972, 150 (151).
17 Palandt/*Heinrichs*, BGB, § 276 Rn. 27.

Vorschriften des BGB wird dieser Fahrlässigkeitsmaßstab eingeschränkt, häufig findet man dann, dass für eine Haftung eine **„grobe Fahrlässigkeit"** erforderlich ist; dies ist etwa in § 300 Abs. 1, § 932 Abs. 2 der Fall. Auch hier existiert (wie beim Vorsatz) keine eigenständige Definition, doch ist man sich darüber einig, dass eine grobe Fahrlässigkeit vorliegt, wenn die im Verkehr erforderliche Sorgfalt in besonders ungewöhnlichem, hohem Maße verletzt wurde, wenn also das unbeachtet geblieben ist, was sich im konkreten Fall jedem hätte aufdrängen müssen.[18]

Bsp.: V verkauft dem K ein Fahrrad, dass K später abholen möchte. Indem V nun das Fahrrad längere Zeit unabgeschlossen vor seine Tür stellt, obwohl er weiß, dass in seiner Straße ständig Fahrräder geklaut werden, handelt er grob fahrlässig.

c) **Abweichende Regelung zur Haftung für eigenes Verschulden.** Die zuvor genannten Grundsätze gelten nur in der Regel: Das bedeutet, dass der **Sorgfaltsmaßstab** auch auf verschiedene Weise **eingeschränkt** werden kann, nämlich durch Vertrag oder auch durch Gesetz bzw. durch eine Rechtsfortentwicklung seitens der Rechtsprechung. Dies ist schon in § 276 selbst angelegt, sofern dessen Abs. 1 Satz 1 vorsieht, dass zwar prinzipiell Vorsatz und Fahrlässigkeit vom Schuldner zu vertreten sind, dies aber nur gilt, wenn eine strengere oder mildere Haftung weder bestimmt noch aus dem sonstigen Inhalt des Schuldverhältnisses zu entnehmen ist.

Zunächst können die **Parteien** also **vertraglich vereinbaren**, dass der Sorgfaltsmaßstab **eingeschränkt** wird. Dies gilt jedoch nur, soweit die Grenze des § 276 Abs. 3 nicht erreicht ist. Die Haftung wegen Vorsatzes kann dieser Bestimmung zufolge dem Schuldner nicht im Voraus erlassen werden. Schon daraus ergibt sich im Umkehrschluss, dass in allen anderen Fällen eine Einschränkung des Sorgfaltsmaßstabs sehr wohl möglich ist.[19] Etwas anderes gilt dann wiederum in allgemeinen Geschäftsbedingungen: Danach ist nämlich ein Haftungsausschluss für fahrlässig herbeigeführte Schäden hinsichtlich der Verletzung des Lebens, des Körpers oder der Gesundheit zugunsten des Verwenders nach § 309 Nr. 7 lit. a unwirksam.[20] Auch ein Haftungsausschluss für die grob fahrlässige Verursachung sonstiger Schäden ist nach § 309 Nr. 7 lit. b unwirksam.[21] Individualvertraglich sind außer den genannten sonst keine Einschränkungen zu beachten. Eine vertragliche Einschränkung des Sorgfaltsmaßstabs kann sowohl ausdrücklich als auch konkludent erfolgen. Eine solche stillschweigende Einschränkung der Haftung für Leistungsstörungen durch den Schuldner ist insbesondere in den Fällen denkbar, in denen es um eine Gefälligkeit geht.[22] Doch muss man hier sehr vorsichtig sein. Ob man tatsächlich eine generelle, konkludent vereinbarte Haftungsmilderung vermutet, ist eine Frage des Einzelfalls.

Bsp.: Übernimmt etwa der A während der Urlaubszeit des B die Bewässerung seiner Blumen, werden sich die Beteiligten bei einer reinen Gefälligkeit überhaupt keine Gedanken gemacht haben, rechtsgeschäftlich miteinander in Verbindung zu treten. Daher ist in diesen Fällen schon gar keine vertragliche Haftung möglich. Doch selbst wenn man – etwa wegen des

---

18 BGH ZIP 2000, 146.
19 *Brox/Walker*, Allgemeines Schuldrecht, § 20 Rn. 17.
20 Palandt/*Grüneberg*, BGB, § 309 Rn. 40.
21 Palandt/*Grüneberg*, BGB, § 309 Rn. 43.
22 *Looschelders*, Schuldrecht Allgemeiner Teil, Rn. 523.

besonderen Werts der Blumen – hier eine Gefälligkeit mit rechtlichem Gehalt annimmt[23], ist es fraglich, ob konkludent ein Haftungsausschluss vereinbart ist. Generell wird man ihn nicht annehmen können, d. h. nicht für jegliches Verhalten. Doch die Rechtsprechung neigt dazu, in Ausnahmefällen einen Ausschluss zumindest für leichte Fahrlässigkeit anzunehmen: Das bedeutet, dass der Schuldner dann, wenn er leicht fahrlässig etwa eine sehr wertvolle Blume eingehen lässt, eine Haftung für diese Pflichtverletzung, die sich prinzipiell aus § 280 Abs. 1 ergeben würde, nicht übernehmen müsste.[24] Neben der vertraglichen Einschränkung ist in bestimmten Fällen vom **Gesetz** eine **mildere Haftung** vorgesehen, wie in § 276 Abs. 1 Satz 1 Halbsatz 2. Häufig muss der Schuldner dann nur für „grobe Fahrlässigkeit" haften oder sogar nur für die Verletzung der eigenüblichen Sorgfalt. Unbeschadet bleibt dabei immer die Haftung für Vorsatz, die schon vertraglich nicht ausgeschlossen werden kann.

313 Eine solche Beschränkung der Haftung durch Gesetz ist insbesondere dort vorgesehen, wo Geschäfte **unentgeltlich** abgewickelt werden, also etwa bei der Schenkung und der Leihe: Dort ist die Haftung auf Vorsatz und grobe Fahrlässigkeit begrenzt, wie sich aus den §§ 521 und 599 ergibt.

Bsp.: Verleiht A dem B unentgeltlich seine Hose und beschädigt der B diese beim Tragen, so muss er diese Pflichtverletzung, die gem. § 280 Abs. 1 zu einem Schadensersatzanspruch führen kann, nur dann vertreten, d. h. er muss ihr den entstandenen Schaden ersetzen, wenn ihm grobe Fahrlässigkeit *(s. oben Rn. 307 ff.)* oder Vorsatz vorgeworfen werden kann. Handelt er hingegen nur leicht fahrlässig, sind die Voraussetzungen für einen Schadensersatzanspruch nicht gegeben. Denn dann liegt zwar eine Pflichtverletzung vor, nämlich auf die empfangenen Güter des Vertragspartners ausreichend Rücksicht zu nehmen, doch kann man dem Schuldner diese Pflichtverletzung nicht vorwerfen, da das Gesetz hier eine Einschränkung der Vorwerfbarkeit vorgenommen hat.

314 Systematisch sieht das Gesetz, wie angesprochen, eine solche **Beschränkung** regelmäßig dort vor, wo jemand unentgeltlich oder besonders im Interesse eines anderen tätig wird – doch gilt diese Einschränkung nicht für den Fall des Auftrags gem. § 662: Denn obwohl der Auftragnehmer unentgeltlich handelt, sind die Einschränkungen in den §§ 521 und 599 hier nicht entsprechend anzuwenden.[25]

315 Eine weitere Haftungseinschränkung sieht das Gesetz gelegentlich vor, wenn es die Verantwortlichkeit des Schuldners auf die sog. **eigenübliche Sorgfalt** beschränkt. Es geht also um die Fälle, in denen das Gesetz vorsieht, dass der Schuldner nur für diejenige Sorgfalt zu haften hat, die er in eigenen Angelegenheiten anzuwenden pflegt (man spricht dann von einer **diligentia quam in suis**). § 277 enthält dazu eine eigene Regelung, der zufolge derjenige, der nur für diejenige Sorgfalt einzustehen hat, welche er in eigenen Angelegenheiten anzuwenden pflegt, von der Haftung wegen grober Fahrlässigkeit nicht befreit ist. Aus dieser Vorschrift kann man im Umkehrschluss folgern, dass die Haftung für normale Fahrlässigkeit und leichte Fahrlässigkeit nicht gegeben ist. Lediglich bei grober Fahrlässigkeit (oder Vorsatz) muss der Schuldner haften. Der Unterschied zu den anderen Sorgfaltsmaßstäben liegt jedoch darin, dass es nicht auf eine objektive Sorgfaltspflichtverletzung ankommt; stattdessen ist der Maßstab, an dem man

---

23 Dazu s. oben Rn. 124.
24 S. etwa BGH NJW 1992, 2474.
25 So auch Palandt/*Sprau*, BGB, § 662 Rn. 11; aA jedoch Erman/*Ehmann*, BGB, § 662 Rn. 21.

den Schuldvorwurf anzulegen hat, allein das individuelle Verhalten des konkreten Schuldners. Es werden die persönlichen Eigenheiten und Qualifikationen des Schuldners berücksichtigt, ohne dass dies jedoch dazu führen kann, dass die Haftung für grobe Fahrlässigkeit ausgeschlossen ist. Dieser besondere Maßstab der eigenüblichen Sorgfalt findet sich in einigen Vorschriften im Bereich des Familienrechts (etwa unter Ehegatten gem. § 1359 oder für die Haftung der Eltern gegenüber ihren Kindern gem. § 1664), auch für die Haftung zwischen Gesellschaftern gem. § 708 ist dieser besondere Sorgfaltsmaßstab festgelegt. Schließlich findet sich dann, wenn ein gesetzliches Rücktrittsrecht ausgeübt worden ist, für die Wertersatzpflicht des Rücktrittsberechtigten in § 346 Abs. 3 Nr. 3 eine entsprechende Beschränkung.

Neben diesen gesetzlichen Beschränkungen kann sich die Beschränkung des Haftungsmaßstabes auch aus dem „sonstigen Inhalt des Schuldverhältnisses" ergeben, wie § 276 Abs. 1 Satz 1 formuliert. Insbesondere im Arbeitsrecht führt dies dazu, dass der Arbeitnehmer für Schäden, die er bei seinem Arbeitgeber verursacht, nur eingeschränkt haftet. Es gilt die Vorstellung, dass bei einer betrieblich veranlassten Tätigkeit der Schuldner nur für Vorsatz und grobe Fahrlässigkeit haftet, nicht jedoch für leichteste Fahrlässigkeit. Bei Fällen normaler Fahrlässigkeit haftet der Schuldner, also der Arbeitnehmer nur anteilig.[26]

316

Bsp.: Arbeitnehmer A verschüttet beim Aufräumen verschiedener Akten seinen vollen Kaffeebecher. Dabei wird der PC seines Arbeitgebers erheblich beschädigt, so dass eine kostspielige Rekonstruktion der auf dem PC gespeicherten Dateien notwendig wurde. Trotz des fahrlässigen Verhaltens des A kommt allenfalls eine anteilige Haftung in Betracht.

d) **Verschärfung der Haftung.** Neben den zuvor geschilderten Einschränkungen der Haftung, die prinzipiell durch Vertrag und Gesetz möglich bzw. vorgesehen sind, kann auch **ausnahmsweise eine strengere Haftung** als diejenige möglich sein, die gesetzlich vorgesehen ist. Das bedeutet, dass eine strengere Haftung durchaus vereinbart werden kann. Sie kann auch gesetzlich denkbar sein.

317

Vertragliche Vereinbarungen einer schärferen, etwa einer verschuldensunabhängigen Haftung sind individualvertraglich prinzipiell möglich. Dies folgt unmittelbar aus dem Grundsatz der Vertragsfreiheit.[27] Man kann also individualvertraglich vereinbaren, dass der Schuldner, der eigentlich gem. § 276 Abs. 1 nur Vorsatz und Fahrlässigkeit zu vertreten hat, also nur für den Fall des Verschuldens haftet, auch in allen anderen Fällen haftet, obwohl er kein Verschulden zu verantworten hat. Man spricht dann davon, dass ihn eine strengere Haftung trifft, im Rahmen derer es also auf ein Verschulden nicht ankommt – er ist verschuldensunabhängig für die eintretende Leistungsstörung verantwortlich. Eine solche Haftung kann individualvertraglich in den Grenzen der allgemeinen Bestimmungen auf der Grundlage der Vertragsfreiheit vereinbart werden. Die entscheidende Grenze, die hier zu ziehen ist, ergibt sich aus § 138: D.h. derartige vertragliche Verschärfungen

318

---

26 Dazu ausführlich *Joussen*, Der persönliche Anwendungsbereich der Arbeitnehmerhaftung, RdA 2006, 129.
27 BGH NJW 1991, 2414 (2415); BGH NJW 1992, 3158 (3161); HK-BGB/*Schulze*, § 276 Rn. 22.

der Haftung sind bis zur Grenze der Sittenwidrigkeit möglich und wirksam.[28] Anders als individualvertraglich ist die Vereinbarung einer verschuldensunabhängigen Haftung des Schuldners in allgemeinen Geschäftsbedingungen grds. nicht möglich. Sie ist vielmehr gem. § 307 Abs. 2 Nr. 1 ausgeschlossen.[29]

319 Nach der Vorstellung des § 276 Abs. 1 Satz 1 kann sich eine schärfere Haftung auch aus dem „sonstigen Inhalt des Schuldverhältnisses" ergeben. Das Gesetz führt sogar näher aus, woran es denkt: nämlich insbesondere aus der Übernahme einer Garantie oder eines Beschaffungsrisikos. Diese beiden Fälle sind also vom Gesetz als Beispielsfälle für eine vertragliche Haftungsverschärfung, also die Übernahme einer verschuldensunabhängigen Haftung vorgesehen. Wird durch den Schuldner eine Garantie für die Erbringung der Leistung übernommen, wie es die 1. Alt. in § 276 Abs. 1 Satz 1 am Ende vorsieht, wird damit in der Regel konkludent eine verschuldensunabhängige Haftung begründet. Übernimmt der Schuldner eine Garantie dafür, die Leistung ordnungsgemäß zu erbringen und für die mit dem Eintritt oder dem Ausbleiben eines bestimmten Umstandes verbundenen Folgen in jedem Fall einzustehen, ist dies die Grundlage für eine **verschuldensunabhängige Haftung**. Weil es sich hierbei um eine sehr weitreichende Konsequenz handelt, sind regelmäßig an eine solche (eben auch konkludent mögliche) Übernahme hohe Anforderungen zu stellen.[30] Im Einzelnen kann man sich daran orientieren, dass es wohl nicht ausreicht, wenn der Schuldner lediglich irgendwie zu erkennen gibt, dass er in jedem Fall für die ordnungsgemäße Leistungserbringung einstehen möchte. Weniger Schwierigkeiten bereitet naturgemäß die ausdrückliche Garantieübernahme durch den Schuldner. Doch möglich bleibt die Vermutung einer stillschweigenden bzw. konkludenten Garantieübernahme, wenngleich die Auslegung in diesen Fällen besonders schwierig sein wird.[31] Maßgeblich ist jedenfalls, dass der Schuldner aus der Sicht des Gläubigers erkennbar unabhängig vom Verschulden dafür einstehen möchte, für diejenigen Umstände haften zu wollen, die er in der Garantie zusagt.

320 Zweites Beispiel, bei dem sich aus dem Inhalt des Schuldverhältnisses eine Verschärfung der Haftung ergibt, ist die Übernahme eines Beschaffungsrisikos. Damit zielt der Gesetzgeber auf die besondere Situation der Gattungsschuld: Er geht sogar noch weiter. Der Schuldner kann mittels Vereinbarung übernehmen, dass er in jedem Fall zur Leistung in der Lage sein wird. Diese besondere Fallgruppe hat bei der Gattungssache ihren eigentlichen Anwendungsbereich: Denn dort verspricht der Schuldner regelmäßig die Beschaffung einer aus einer bestimmten Gattung stammenden Sache, daher soll er auch das Risiko dafür tragen, dass ihm dies gelingt.

321 Schließlich ist auch möglich, dass das **Gesetz** selbst die Verantwortlichkeit des Schuldners **verschärft**. Doch ist dies nur in wenigen Fällen der Fall, die explizit gesetzlich geregelt sein müssen. Der bedeutsamste Fall aus dem Allgemeinen

---

28 S. dazu BGH NJW 1991, 2414 (2415); BGH NJW 1992, 3158 (3161).
29 Dazu die vorangegangenen Entscheidungen, also BGH NJW 1991, 2414; BGH NJW 1992, 3158.
30 BGH NJW 1995, 518; BGH NJW 2000, 3130 (3131).
31 Palandt/*Heinrichs*, BGB, § 276 Rn. 29.

Schuldrecht ist die Haftung für eine zufällige Leistungsstörung, die während des Schuldnerverzuges eintritt und die aus § 287 Satz 2 folgt.

2. Haftung für fremdes Verschulden gem. § 278

322 Neben den Möglichkeiten, denen zufolge der Schuldner für eine von ihm verursachte Leistungsstörung aufgrund eigenen Verschuldens oder sogar ohne jegliches Verschulden eintreten muss, sieht § 278 eine weitere Möglichkeit vor, in der der Schuldner die Verletzung einer Pflicht aus dem Schuldverhältnis zu verantworten hat. Diese Vorschrift regelt die **Haftung für ein fremdes Verschulden**. Es handelt sich bei § 278 nicht um eine eigenständige Anspruchsgrundlage. Die Regelung beinhaltet, dass der Schuldner ausnahmsweise auch in Situationen geraten kann, in denen er für ein Verschulden verantwortlich ist, das nicht von ihm ausgeht, sondern von einem anderen. Dieser andere muss nach der Vorschrift des § 278 der gesetzliche Vertreter oder aber eine Person sein, derer er sich zur Erfüllung seiner Verbindlichkeit bedient – man spricht hier von einem „Erfüllungsgehilfen".[32] Gerade um die Letztgenannten geht es in der Regel. Welche Situation ist hier bedeutsam? Es geht um die Fallgestaltung, in der der Schuldner nicht selbst tätig wird, um seine Verbindlichkeiten gegenüber dem Gläubiger zu erbringen, sondern in denen er sich einer weiteren Person bedient. Dies ist nach dem Schuldverhältnis in vielen Fällen möglich – nämlich immer dann, wenn nicht eine höchstpersönliche Leistung verlangt ist, die allein der Schuldner selbst erbringen muss. Es geht also darum, dass der Schuldner seine Verbindlichkeiten und Verpflichtungen dem Gläubiger gegenüber auch durch Dritte wahrnehmen lassen kann.

Bsp.: Man denke nur an den Vertrag, den ein Handwerker, etwa ein Anstreicher, mit einem Wohnungseigentümer schließt. Möchte der Wohnungseigentümer seine Wohnung streichen lassen, beauftragt er den Maler. Dieser wird jedoch in der Regel nicht selbst kommen, sondern seine ihn treffende Verpflichtung, etwa das Streichen der Wohnung, von seinem Gesellen ausüben lassen. Verursacht der Geselle dann in der Wohnung des Wohnungseigentümers einen Schaden, wäre zwar ein Anspruch aus § 280 Abs. 1 denkbar, aber gegen wen sollte er sich richten? Gegen den Gesellen kann ein Schadensersatzanspruch schon von vornherein aus dieser Grundlage nicht bezogen werden, denn es besteht kein Vertrag zwischen dem Wohnungseigentümer und dem Gesellen. Umgekehrt besteht zwar ein Vertrag zwischen dem Wohnungseigentümer und dem Malermeister, doch hat der Maler sich kein Verschulden zurechnen zu lassen, er war ja überhaupt nicht in der Wohnung. Folglich scheidet eine Haftung auf dieser Grundlage zunächst aus.

323 Hier hilft dann § 278 als **Zurechnungsnorm**, sozusagen als Brücke in die Verantwortlichkeit des Schuldners für das Verhalten Dritter. Beauftragt also der Schuldner einen Dritten mit der Ausübung der vertraglichen Pflicht, muss er unter den in § 278 genannten Voraussetzungen das Verhalten, insbesondere aber das Verschulden des Dritten, dessen er sich bedient, verantworten. Er muss also für dessen Verschulden eintreten. Insofern stellt § 278 eine Ausgleichsregelung dar: Zwar erlaubt es das Schuldrecht, dass der Schuldner nicht selbst tätig wird, um seine Verpflichtung zu erfüllen. Doch wälzt er die Verpflichtung auf einen anderen ab bzw. lässt einen anderen für sich tätig werden, ist es nur billig und gerecht, wenn er dann auch dafür eintreten muss, dass dieser Dritte sorgfältig und verantwortlich

---

[32] Dazu sogleich Rn. 323 ff.

tätig wird. Gegebenenfalls muss er dann eben für das Verschulden des Dritten eintreten. Genau dies bewirkt § 278.

324 a) **Voraussetzungen.** Damit eine solche Zurechnung fremden Verschuldens stattfinden kann, verlangt § 278 **vier Voraussetzungen**: Es muss zunächst ein Schuldverhältnis vorliegen; in diesem Schuldverhältnis muss für den Schuldner ein Dritter hinsichtlich der Erfüllung der vertraglichen Pflichten eintreten. Dieser Dritte muss entweder ein Erfüllungsgehilfe oder der gesetzliche Vertreter sein. Des Weiteren muss der Erfüllungsgehilfe bei der Wahrnehmung der den Schuldner treffenden Pflicht eine Pflichtverletzung begehen. Schließlich muss der Erfüllungsgehilfe bzw. gesetzliche Vertreter die Pflichtverletzung schuldhaft begangen haben.

325 aa) **Schuldverhältnis.** § 278 verlangt, dass sich der Schuldner eines Dritten „zur Erfüllung seiner Verbindlichkeiten bedient". Aus diesem Tatbestandsmerkmal wird deutlich, dass § 278 als erstes voraussetzt, dass ein **Schuldverhältnis** besteht, innerhalb dessen der Schuldner einen Dritten heranzieht. Es kommt also zu einer **Dreierkonstellation**: Ein Schuldverhältnis muss bestehen zwischen dem Schuldner und dem Gläubiger. In diesem Schuldverhältnis muss sich der Schuldner einer dritten Person bedienen (Erfüllungsgehilfe oder gesetzlicher Vertreter, dazu sogleich). Die allgemeine Formulierung, die § 278 für dieses Tatbestandsmerkmal heranzieht, macht es möglich, dass als Schuldverhältnis jede Pflichten begründende Zweierbeziehung in Betracht kommt: Es ist also insbesondere möglich, dass ein vertragliches Schuldverhältnis gem. § 311 Abs. 2 gemeint ist; darüber hinaus ist auch ein gesetzliches Schuldverhältnis von § 278 erfasst, sofern es bereits besteht. Wichtig ist also, dass das in Betracht kommende Schuldverhältnis zum Zeitpunkt der Pflichtverletzung bereits existiert. Ausgeschlossen ist die Situation, in der das Schuldverhältnis gerade durch die schädigende Handlung überhaupt erst entstehen soll, wenn also hier eine deliktische Situation gerade durch das Verhalten des Dritten entsteht.

326 bb) **Erfüllungsgehilfe oder gesetzlicher Vertreter.** Der Schuldner, der sich nicht selbst um die Erfüllung der Verbindlichkeit kümmert, sondern der einen Dritten dazu heranzieht, kann sich nach dem Wortlaut des § 278 entweder eines **gesetzlichen Vertreters** oder eines sog. **Erfüllungsgehilfen** bedienen.

327 Der Begriff des **gesetzlichen Vertreters** ist derjenige, der im ganzen BGB üblich ist. Gemeint sind also vor allem die Vertreter natürlicher Personen, also etwa die Eltern für ihre Kinder, der Betreuer für die von ihm betreute Person oder ein Pfleger. Die überwiegende Auffassung ist zudem der Ansicht, dass der gesetzliche Vertreter in diesem Zusammenhang auch insofern weit zu verstehen ist, als darunter zusätzlich der Insolvenzverwalter, Testamentsvollstrecker und diesen gleichzustellende Personen erfasst werden. Diese sind zwar, dies ist zuzugeben, nicht gesetzliche Vertreter im eigentlichen Sinne. Doch ist bei ihnen davon auszugehen, dass sie aufgrund des ihnen übertragenen Amtes in vergleichbarer Weise unmittelbar Rechte und Pflichten für einen anderen begründen können. Daher ist es gerechtfertigt, sie den eigentlichen gesetzlichen Vertretern gleichzustellen.[33]

---

33 Palandt/*Heinrichs*, BGB, § 278 Rn. 5.

328 Sehr viel wichtiger als der gesetzliche Vertreter ist die zweite Gruppe, für die der Schuldner einzutreten hat, nämlich die Gruppe der Personen, „**derer er sich zur Erfüllung seiner Verbindlichkeit bedient**". Diese von der Norm etwas umständlich umschriebene Gruppe wird allgemein als „**Erfüllungsgehilfen**" bezeichnet. Nach der weithin gebräuchlichen Definition ist ein Erfüllungsgehilfe, wer nach den tatsächlichen Gegebenheiten des Falles mit Willen des Schuldners bei der Erfüllung der diesem obliegenden Pflichten als seine Hilfsperson tätig wird.[34] Damit also auch eine dritte Person ein Erfüllungsgehilfe des Schuldners ist, muss diese nicht nur die Verbindlichkeiten übernehmen, die eigentlich dem Schuldner obliegen, sondern sie muss auch mit dem Willen des Schuldners bei der Erfüllung der Verbindlichkeiten tätig werden. Es sind also im Ergebnis zwei Tatbestandsmerkmale für diesen Bereich erforderlich: Es muss zum einen um das Tätigwerden bei der Erfüllung der dem Schuldner obliegenden Verpflichtung gehen, zum anderen muss dieses Tätigwerden mit dem Willen des Schuldners geschehen.

329 Für die Frage, ob jemand als Erfüllungsgehilfe bei der Erfüllung der dem Schuldner obliegenden Verpflichtung tätig wird, ist der genaue **Einzelfall** zu betrachten.[35] Es muss sich stets um eine **konkrete Pflicht** handeln, die eigentlich dem **Pflichtenkreis des Schuldners** zuzurechnen ist. Es kommt entscheidend darauf an, ob die verletzte Pflicht vom Schuldner zu erbringen wäre oder nicht. Es kommt hingegen nicht darauf an, in welcher rechtlichen Beziehung der Dritte, der als Erfüllungsgehilfe auftritt, zum Schuldner steht.[36] Er muss insbesondere nicht in irgendeiner sozialen Abhängigkeit zu ihm stehen, sondern kann auch als Selbstständiger tätig werden.[37] Es geht allein darum, ob der Erfüllungsgehilfe im Rechtskreis des Schuldners tätig wird, auf welcher Grundlage dies geschieht, ist unerheblich. Es ist nicht einmal erforderlich, dass der Erfüllungsgehilfe weiß, dass er eine Verpflichtung des Schuldners erfüllt.

330 Daran wird deutlich, wie locker die Verbindung zwischen Erfüllungsgehilfe und Schuldner sein kann. **Entscheidungserheblich** ist **allein das Tätigwerden bei Erfüllung** der Verbindlichkeit, unabhängig davon, welche Grundlagen hierzu vorhanden sind. Dies führt dazu, dass nur derjenige als Erfüllungsgehilfe ausgeschlossen ist, der ausschließlich eine eigene Verpflichtung gegenüber dem Schuldner erbringt, kein Ausschlussgrund ist hingegen die Selbstständigkeit der Hilfsperson.

Bsp.: Beauftragt etwa ein Autoeigentümer E eine Werkstatt mit der Reparatur seines Wagens und lässt das Auto auf dem Gelände des Betriebes stehen, haftet der Vertragspartner des Autoeigentümers, also der Werkstatteigentümer W, für Schäden, die am Fahrzeug des Autoeigentümers entstehen. Er haftet sowohl hinsichtlich der Verursachung durch seine Angestellten als auch bezüglich der Verursachung durch einen Dritten, der als Selbstständiger auf dem Werksgelände tätig war und dort das Auto beschädigte, etwa während er als Subunternehmer die Fensterscheiben auswechselte. Denn in all diesen Fällen ist zwar W der Vertragspartner des E. Die tätigen Personen sind aber stets Erfüllungsgehilfen bei der Beachtung

---

34 S. so schon BGHZ 13, 111 (113); Palandt/*Heinrichs*, BGB, § 278 Rn. 7; *Looschelders*, Schuldrecht Allgemeiner Teil, Rn. 542.
35 Beispiele für Zweifelsfälle: BGHZ 23, 319 (322); BGHZ 48, 118 (120); BGH NJW 1974, 692 (693); BGH ZIP 1997, 444; *Medicus*, Schuldrecht I, Rn 326 f.; Münch Komm/*Grundmann*, BGB, § 278 Rn 44.
36 BGH NJW 2001, 358.
37 *Looschelders*, Schuldrecht Allgemeiner Teil, Rn. 542.

der Pflichten, die W hinsichtlich der Güter des E treffen, also auch bei der Beachtung von Obhutspflichten.

331 Hieran wird deutlich, dass es für die Frage, ob jemand Erfüllungsgehilfe ist, auch maßgeblich darauf ankommt, welche **Pflicht gerade betroffen** ist. Je nach Art der Pflicht – Hauptleistungspflicht oder Nebenpflicht – kann eine Person Erfüllungsgehilfe sein, muss es aber nicht.

Bsp.: In einer Entscheidung des BGH, die dies verdeutlicht, ist ein Architekt zwar ein Erfüllungsgehilfe des Bauherrn, sofern es um die den Bauherrn treffende Verpflichtung geht, dem Bauunternehmer Baupläne zur Verfügung zu stellen. Da aber den Bauherrn auf der anderen Seite keine Pflicht trifft, die Bauaufsicht durchzuführen, ist der Architekt in dieser Hinsicht wiederum nicht als Erfüllungsgehilfe anzusehen.[38]

332 Als weitere wichtige Grundlage für eine Zurechnung nach § 278 muss die Hilfsperson **mit Willen des Schuldners** in dessen Rechtskreis handeln. Der Schuldner muss also wollen, dass der andere tätig wird. Dadurch wird vermieden, dass dem Schuldner gegen seinen Willen etwas aufgedrängt wird.

333 Zusammengefasst ist also hinsichtlich des Erfüllungsgehilfen **zweierlei bedeutsam**: Zum einen muss entscheidend darauf abgestellt werden, **in welcher Pflichtenkonstellation** der Dritte tätig wird, und ob mit Willen des Schuldners. Zum anderen ist es nicht von Interesse, in welcher rechtlichen Konstellation Erfüllungsgehilfe und Schuldner zueinander stehen. Insbesondere wird keine soziale Abhängigkeit verlangt, vielmehr kann auch ein Selbstständiger Erfüllungsgehilfe sein. Darüber hinaus ist der **Erfüllungsgehilfenbegriff** in der Hinsicht weit zu verstehen, dass der Schuldner nicht nur für seine unmittelbaren Erfüllungsgehilfen verantwortlich ist, sondern § 278 auch die Konstellation des mittelbaren Erfüllungsgehilfen erfasst, in der der eigentliche Erfüllungsgehilfe seinerseits wieder Gehilfen anstellt und beschäftigt. Dies ist insbesondere in Konstellationen relevant, in der mehrere Subunternehmer auf einer Baustelle hintereinander geschaltet tätig werden.

334 cc) **Pflichtverletzung des Erfüllungsgehilfen bzw. gesetzlichen Vertreters.** Ist somit geklärt, für wen der Schuldner überhaupt eintreten muss, ist die weitere zentrale Voraussetzung des § 278 und der darin enthaltenen Zurechnung, dass der Dritte, also der Erfüllungsgehilfe bzw. der gesetzliche Vertreter, entsprechend dem Wortlaut der Vorschrift **in Erfüllung einer Verbindlichkeit** des Schuldners gegenüber dem Gläubiger tätig geworden ist. Der Erfüllungsgehilfe bzw. gesetzliche Vertreter muss also eine Pflicht verletzt haben, die der Schuldner in dem ihn mit dem Gläubiger verbindenden Schuldverhältnis hätte beachten müssen. Man muss also konkret auch hier die schuldvertragliche Pflicht benennen, die eigentlich der Schuldner hätte erfüllen müssen, die der Dritte jedoch verletzt hat.[39] Dahinter steht die Vorstellung, dass der Schuldner dann, wenn er sich des Dritten bedient, sich grundsätzlich so behandeln lassen muss, als hätte er die zur Pflichterfüllung erforderliche Handlung selbst vorgenommen.[40] Man muss also stets fragen und

---

38 BGH NJW-RR 2002, 1175.
39 Palandt/*Heinrichs*, BGB, § 278 Rn. 12.
40 *Westermann/Bydlinski/Weber*, BGB – Schuldrecht Allgemeiner Teil, § 6 Rn. 21.

darauf Antwort geben, um welche Pflicht es im Einzelnen geht. Weiterhin ist erforderlich, dass dann der Dritte genau diese Pflicht verletzt hat.

Die Pflichtverletzung des Erfüllungsgehilfen bzw. gesetzlichen Vertreters muss jedoch, insoweit wird dies noch überwiegend vertreten, **in einem sachlichen Zusammenhang** mit der der Hilfsperson übertragenen Tätigkeit stehen. Umgekehrt heißt dies, dass der Schuldner nur für solche Pflichtverletzungen des Erfüllungsgehilfen bzw. gesetzlichen Vertreters einzustehen hat, die durch die Hilfsperson nicht lediglich „bei Gelegenheit" der Erfüllung einer Verbindlichkeit verursacht wurden. Vielmehr muss das Fehlverhalten der Hilfsperson gerade „in Ausübung" der ihr übertragenen Hilfstätigkeit erfolgt sein.[41] Es geht konkret um die Situation, in der der Dritte während der Ausübung der ihm übertragenen Pflichterfüllung bei dem Gläubiger eine Straftat begeht. **335**

Bsp.: Stiehlt etwa der in der Wohnung des E tätige Geselle des M bei Gelegenheit seiner Malerarbeiten ein Portemonnaie des E, das in der Wohnung liegt, so wird er nicht in Erfüllung der Verbindlichkeit tätig. Es handelt sich insofern nicht um eine Verletzung einer Schuldnerpflicht durch den Gehilfen, die deshalb dem Schuldner zuzurechnen wäre. Vielmehr wird der Gehilfe nur bei Gelegenheit der Pflichterfüllung tätig.

Dies genügt nach noch überwiegender Auffassung nicht, um dem Schuldner diese Pflichtverletzung zuzurechnen. § 278 soll nämlich nur dann eingreifen, wenn der Dritte gerade zur Pflichterfüllung tätig wird und dabei eine Pflichtverletzung begeht. § 278 soll hingegen den Gläubiger nicht von dem allgemeinen Lebensrisiko befreien, Opfer einer schädigenden Handlung zu werden, auch wenn sie anlässlich eines Schuldvertrags und dessen Erfüllung begangen wurde.[42] Die **entscheidende Differenzierung** wird hier also anhand der Begrifflichkeiten „bei Gelegenheit" (dann keine Zurechnung) und „in Ausübung" (dann Zurechnung) getroffen. Für eine solche Sichtweise ist insbesondere anzuführen, dass nicht nur der Wortlaut („in Erfüllung") von einer solchen Verbindung ausgeht, sondern auch der zuvor schon angesprochene Gedanke, dass § 278 nicht vor allgemeinen Lebensrisiken schützen soll.[43] Gleichwohl lässt eine immer stärker im Vordringen befindliche Meinung in der Literatur für die Haftung des Schuldners im Wege der Zurechnung mit Recht genügen, dass dem Erfüllungsgehilfen bzw. gesetzlichen Vertreter die Schädigung durch die übertragene Tätigkeit erheblich erleichtert worden ist.[44] Dies würde in dem angesprochenen Beispiel wohl zu einer Zurechnung führen, denn dem Gesellen ist es durch die Tätigkeit bei dem Wohnungseigentümer sehr wohl erleichtert worden, das Portemonnaie an sich zu nehmen, insofern würde man hier eine Zurechnung nach dieser Ansicht bejahen. In erster Linie wird von dieser neueren Auffassung zutreffend betont, dass die herrschende Auffassung die Leistungspflicht des Schuldners zu stark in den Vordergrund rücke; § 241 Abs. 2 mache klar, dass das Schuldverhältnis auch zur allgemeinen Rücksichtnahme auf die Rechtsgüter und Interessen des Gläubigers verpflichte; **336**

---

41 Vgl. dazu BGH NJW 1993, 1704 (1705); BGH NJW 1994, 3344 (3345); BGH NJW 1997, 1360 (1361).
42 BGH NJW 1993, 1704 (1705).
43 BGH NJW 1996, 464 (465); HK-BGB/*Schulze*, § 278 Rn. 1.
44 So etwa *Looschelders*, Schuldrecht Allgemeiner Teil, Rn. 546; *Medicus*, Schuldrecht I, Rn. 333.

gerade diese vertragliche Nebenpflicht werde auch dann verletzt, wenn der Gehilfe den Diebstahl nur bei Gelegenheit begehe, ihn der Diebstahl jedoch gerade durch die Tätigkeit im Rahmen der schuldvertraglichen Verpflichtungen des Schuldners gegebenenfalls erheblich erleichtert werde.

337 dd) **Verschulden des Erfüllungsgehilfen bzw. gesetzlichen Vertreters.** Die letzte Voraussetzung für eine Zurechnung ist schließlich, dass der für den Schuldner tätige **Dritte schuldhaft** gehandelt hat. Denn der Schuldner muss im gleichen Umfang dessen Verschulden vertreten wie ein eigenes Verschulden. Genau genommen ist die Formulierung des § 278 nicht ganz korrekt: Denn der gesetzliche Vertreter und der Erfüllungsgehilfe müssen eigentlich überhaupt nichts vertreten, d.h. sie trifft ohnehin kein Verschulden bei einer Pflichtverletzung – denn sie erfüllen ja keine eigene Pflicht. Doch muss man § 278 so verstehen, wie er gemeint ist. Man muss sich also fragen, ob die Handlung des Dritten, hätte sie der Schuldner selbst vorgenommen, als pflichtwidrig und schuldhaft anzusehen wäre.[45] Ist dies der Fall, muss der Schuldner für dieses Verschulden eintreten. Im Ergebnis geht es also darum, ob der Dritte bei der Tätigkeit für den Schuldner schuldhaft i. S.v. § 276, also vorsätzlich oder fahrlässig gehandelt hat. Etwas anderes gilt nur dann, wenn die Haftung vertraglich oder gesetzlich auf eine grobe Fahrlässigkeit beschränkt ist, denn dann ist die Beschränkung, die zugunsten des Schuldners eingriffe, auch hier zu beachten. D.h., auch die maßgebliche Schuldform bestimmt sich nach der Person des Schuldners.[46] Dies gilt zumindest insofern, als der Schuldner die Haftung für vorsätzliches Verhalten des Dritten im Voraus vertraglich ausschließen kann – dies kann er bei eigenem Vorsatz nicht, wie aus § 276 Abs. 3 folgt. Genau diese Vorschrift ist jedoch nach § 278 Satz 2 nicht anwendbar.

338 Wenn auch die maßgebliche Schuldform die des Schuldners ist, ist doch die Frage, welcher **Fahrlässigkeitsmaßstab** konkret anzuwenden ist. Bestimmt sich der Sorgfaltsmaßstab nach der Person des Schuldners oder nicht doch nach der des Dritten? Dies ist deshalb entscheidend, weil ja ein objektiver Maßstab anzulegen ist, es ist also bedeutsam, auf welche Gruppe konkret zurückzugreifen ist. Ganz überwiegend wird hier auf den für den Schuldner maßgeblichen Standard abgestellt, also nicht auf denjenigen, der für den Dritten gilt. Dies wird damit begründet, dass der Schuldner das Verschulden des Gehilfen „wie eigenes Verschulden" zu vertreten hat.[47]

339 b) **Rechtsfolge.** Sind die vier Voraussetzungen des § 278 erfüllt, ist die **Rechtsfolge**, die diese Vorschrift vorsieht, schon angesprochen worden: Der Schuldner muss in diesem Fall das Fehlverhalten des von ihm in Anspruch genommenen Dritten vertreten. D.h. er wird verantwortlich für fremdes Verschulden, ohne dass er selbst etwas dazu getan hat. Diese Verlagerung der Verantwortlichkeit ist berechtigt, denn wenn sich der Schuldner zur Erfüllung seiner Pflichten eines Dritten bedient, soll er auch für dessen Fehler einstehen.

---

45 *Medicus*, Schuldrecht I, Rn. 334.
46 *Brox/Walker*, Allgemeines Schuldrecht, § 20 Rn. 35.
47 BGH NJW 1960, 669 (671); *Larenz*, Schuldrecht I – Allgemeiner Teil, S. 304, *Medicus*, Schuldrecht I, Rn. 334; anderer Auffassung *Looschelders*, Schuldrecht Allgemeiner Teil, § 25 Rn. 548.

c) **Abgrenzung zu § 831.** Die Zurechnung des Verschuldens eines Dritten nach **340** § 278 ist nicht die einzige Möglichkeit, die das Schuldrecht für die **Zurechnung fremden Verschuldens** vorsieht.

Bsp.: In dem vorangehenden Beispiel *(unter Rn. 322)* hat der E, der durch den Gesellen seines Vertragspartners geschädigt worden ist, zwar gegen den Gesellen keinen Anspruch aus § 280, da kein Vertrag vorliegt, doch ist es ihm zumindest möglich, gegen den Gesellen unmittelbar nach § 823 vorzugehen: Denn der Geselle hat bei seinem Aufenthalt in der Wohnung das Eigentum des Wohnungseigentümers vorsätzlich und rechtswidrig beschädigt, so dass ein Ersatzanspruch in Betracht kommt. Nun ist jedoch zu bedenken, dass möglicherweise der Wohnungseigentümer vom Gesellen mangels Vermögens bei diesem keinen Ersatz bekommt. Daher kann man weiter überlegen, ob nicht auch der Malermeister als derjenige, der seinen Gesellen einsetzt, deliktisch haftbar zu machen ist.

Dies ist möglich gem. § 831: Diese Norm enthält, ähnlich wie § 278, eine **Zurech- 341 nungsbrücke** für die Fälle, dass ein anderer für jemanden tätig wird. Gemeint sind deliktische Situationen: Immer dann, wenn jemand einen anderen für sich tätig werden lässt, soll er unter bestimmten Voraussetzungen auch dafür haften, dass dieser andere eine deliktische Rechtsgutverletzung begeht. Voraussetzung dafür ist, dass dieser andere ein sog. „**Verrichtungsgehilfe**" ist. Doch bietet § 831 dem Geschäftsherrn, also hier dem Malermeister, eine sehr gute Möglichkeit, sich von der Haftung zu befreien: Begeht nämlich der Verrichtungsgehilfe eine deliktische Tat, hat aber der Geschäftsherr, also der Malermeister, den Verrichtungsgehilfen sorgfältig ausgesucht und beaufsichtigt und trifft ihn hinsichtlich der Auswahl und Beaufsichtigung kein eigenes Verschulden, so kann er sich gem. § 831 Abs. 1 Satz 2 von der Haftung befreien. Man spricht hier von einer Exkulpationsmöglichkeit.[48]

Bsp.: In dem hier vorgestellten Fall *(unter Rn. 335)* könnte der Malermeister sich darauf berufen, dass er den Gesellen ordentlich ausgewählt und stets überwacht habe, noch nie habe er sich etwas zu Schulden kommen lassen. Ist dies tatsächlich der Fall, bestünde für den Wohnungseigentümer kein Anspruch gegen den Geschäftsherrn aus § 831.

Genau diese Exkulpationsmöglichkeit sieht § 278 nicht vor. Hier kann sich also **342** der Malermeister nicht darauf zurückziehen, er habe den Gesellen immer sorgfältig beobachtet und ausgewählt. Infolgedessen ist § 278 eine sehr viel stärkere Zurechnungsnorm. Der entscheidende dogmatische Unterschied zwischen diesen beiden Normen liegt darin, dass § 278 die Haftung für ein fremdes Verschulden konstruiert, nämlich ein Verschulden der Hilfsperson im Pflichtenkreis des Schuldners.[49] Demgegenüber stellt § 831 eine Norm dar, in der jemand für ein eigenes Verschulden haftet: Zwar muss ein anderer tätig werden, doch der Vorwurf, den man erhebt, ist derjenige, dass der Schuldner schuldhaft eine ordnungsgemäße Auswahl und Überwachung unterlassen hat.[50] Dies ist der zentrale Unterschied zu § 278. Daraus folgt dann auch, dass § 831 als eigene Anspruchsgrundlage fungiert (entsprechend ist zu formulieren: Es könnte ein Anspruch des Wohnungseigentümers gegen den Malermeister aus § 831 bestehen); demgegen-

---

48 *Brox/Walker*, Allgemeines Schuldrecht, § 20 Rn. 42.
49 *Brox/Walker*, Allgemeines Schuldrecht, § 20 Rn. 41.
50 Palandt/*Heinrichs*, BGB, § 278 Rn. 1.

über ist § 278 keine eigene Anspruchsgrundlage, sondern eben nur eine reine Zurechnungsnorm – um hier eine Haftung zu konstruieren, bedarf es einer eigenen Anspruchsgrundlage, innerhalb derer dann eine Zurechnung für das fremde Verschulden über § 278 konstruierbar ist.

§ 8 Die Unmöglichkeit

Literatur: *Annuß, G.*, Die Folgen des Rücktritts (§§ 346 ff. BGB), JA 2006, 184; *Canaris, C.-W.*, Die Bedeutung des Übergangs der Gegenleistungsgefahr im Rahmen von § 243 Abs. 2 BGB und § 275 Abs. 2 BGB, JuS 2007, 793; *Feldhahn, P.*, Die Störung der Geschäftsgrundlage im System des reformierten Schuldrechts, NJW 2005, 3381; *Gruber, U. P.*, Schuldrechtsmodernisierung 2001/2002 – Die beiderseits zu vertretende Unmöglichkeit, JuS 2002, 1066; *Hanau, H.*, Der Schuldner in der Hand des Gläubigers? – Beendigung der Schwebelage nach Ablauf einer gem. § 323 BGB gesetzten Frist, NJW 2007, 2806; *Lorenz, S.*, Zur Abgrenzung von Teilleistung, teilweiser Unmöglichkeit und teilweiser Schlechtleistung im neuen Schuldrecht, NJW 2003, 3097; *Löwisch, M.*, Herausgabe von Ersatzverdienst – Zur Anwendbarkeit von § 285 BGB auf Dienst- und Arbeitsverträge, NJW 2003, 2049; *Mückl, P.*, Unmöglichkeit und Pflichtverletzung – Zum Begriff der „Pflichtverletzung" im Leistungsstörungsrecht des BGB, JA 2004, 928; *Penner, A./Gärtner, V.*, Unmöglichkeit nach Angebotsabgabe, JA 2003, 940; *Reim, U.*, Der Ersatz vergeblicher Aufwendungen nach § 284 BGB, NJW 2003, 3662; *Riesenhuber, K./Domröse, R.*, Der Tatbestand der Geschäftsgrundlagenstörung in § 313 BGB – Dogmatik und Falllösungstechnik, JuS 2006, 208; *Rösler, H.*, Grundfälle zur Störung der Geschäftsgrundlage, JuS 2004, 1058; *ders.*, Grundfälle zur Störung der Geschäftsgrundlage, JuS 2005, 27; *Schmidt-Kessel, M./ Baldus, C.*, Prozessuale Behandlung des Wegfalls der Geschäftsgrundlage nach neuem Recht, NJW 2002, 2076; *Schulze, R./Ebers, M.*, Streitfragen im neuen Schuldrecht, JuS 2004, 265; *Sutschet, H.*, Haftung für anfängliches Unvermögen, NJW 2005, 1404; *Yushkova, O./Stolz, G.*, Der Wegfall der Geschäftsgrundlage vor und nach der Schuldrechtsmodernisierung des Jahres 2001, JA 2003, 70.
Rechtsprechung: BGH NJW 1967, 622 (Zur Frage der Identität zwischen geschuldetem und ersetztem Gegenstand bei Ersatzherausgabe nach § 281 BGB; Beweislast bei Verschuldensabwägung); **BGH NJW 1980, 178** (Anwendung des § 281 BGB bei verschärfter Bereicherungshaftung); **BGH NJW 1980, 700** (Grundstückskaufvertrag: Zum Kaufpreisanspruch bei endgültiger Versagung der Bodenverkehrsgenehmigung); **BGH NJW 1983, 929** (Grundstückskaufvertrag und Rücktrittsrecht); **BGH NJW 1983, 2873** (Keine Nichtigkeit eines Kaufvertrages wegen Verstoß gegen deutsche Einfuhrvorschriften, wenn Einfuhr als solche nicht Gegenstand der Vertragsleistung ist); **BGH NJW 1984, 2282** (Schadensersatzanspruch bei Zerstörung eines Unikats); **BGH NJW 1987, 50** (Nutzungsentschädigung für vorübergehenden Verlust des Wohngebrauchs); **BGH NJW 1987, 831** (Rücktrittsklausel in Mietvertrag über Stadthalle: Auslegung; bei Vertragsschluss erkennbarer Rücktrittsgrund; wegen Nichterfüllung nutzlos gewordene Aufwendungen für ideelle Zwecke kein ersatzfähiger Vermögensschaden); **BGH NJW 1989, 766** (Ersatzfähigkeit des Zeitaufwands für vermehrte elterliche Zuwendung im Rahmen des materiellen Schadensersatzanspruches eines Kindes wegen Körper- oder Gesundheitsverletzung; Abgrenzung zu ersatzfähigem Betreuungsaufwand); **BGH NJW 1990, 2065** (Formularmäßige Verjährungsverlängerung kaufrechtlicher Gewährleistungsansprüche auf drei Jahre und formularmäßige Bestimmung eines Fixhandelskaufs); **BGH NJW 1992, 1036** (Wiederaufbaupflicht durch den Verpächter bei teilweiser Zerstörung durch Brand bei fehlendem Verschulden des Verpächters und nicht auszuschließendem Verschulden des Pächters); **BGH NJW 1997, 2316** (Rückgabe der Pachtsache: Herausgabeanspruch des Verpächters auf die durch den Pächter für sein Pachtgrundstück beantragte Milchaufgabevergütung; Verjährungsfrist); **BGH NJW 2000, 2342** (Berechnung des Schadensersatzanspruches des Mieters nach fristloser Kündigung eines Mietvertrages

für eine Arztpraxis wegen Vertragsverletzung des Vermieters); **BGH NJW 2001, 2878** (Fixgeschäft; Verzugseintritt; Interessewegfall – Musikproduktionsvertrag); **BGH NJW 2002, 595** (Konkludente Übernahme des Risikos eines Leistungshindernisses durch den Gläubiger bei einem Dienstvertrag); **BGH NJW 2003, 1600** (Werkvertrag: Schadensersatzanspruch vor Eintritt der Fälligkeit, wenn ein vertraglich bestimmter Termin zur Erfüllung nicht eingehalten werden kann); **BGH NJW 2005, 2848** (Rückabwicklung eines Kaufvertrages über einen mangelhaften Neuwagen); **BGH WM 1976, 640** (Keine Wiederaufbaupflicht bei vollständiger Zerstörung der Pachtsache bzw. Mietsache); **BGH WM 1977, 400** (Pflichten des Verpächters bei unverschuldeter Zerstörung der Pachtsache); **BGH WM 2005, 1232** (Grundeigentum in der ehemaligen DDR); **BGHZ 107, 325** (Kein gesetzlicher Übergang des Schadensersatzanspruches des Angestellten wegen Verdienstausfalls auf den gehaltsfortzahlenden Arbeitgeber); **OLG Dresden NJW-RR 1998, 373** (Pflicht des Subunternehmers, Versicherungsleistungen seiner Haftpflicht an seinen Vertragspartner weiterzuleiten); **OLG Frankfurt NJW-RR 1995, 435** (Nachträgliche Umwandlung einer Gattungs- in eine Speziesschuld; Schadensermittlung beim Mitverschulden des Gläubigers an der nachträglichen Unmöglichkeit der Leistung des Schuldners; konkludente Vertragsaufhebung bei Kontaktabbruch); **OLG Köln VersR 1997, 850** (Baumängel; Pflicht des Unternehmers zur Information in der Fachpresse); **OLG Saarbrücken NJW 1998, 2912** (Schadensersatzansprüche gegen einen Gaststättenbetreiber wegen einer ausgefallenen Hochzeitsfeier: Schmerzensgeldanspruch der Braut; Anspruch auf Kostenersatz für eine Ersatz-Hochzeitsfeier); **RGZ 57, 116** (Untergang einer Gattung); **RGZ 71, 187** (Verschulden bei Unmöglichkeit der Beschaffungspflicht); **RGZ 120, 347** (Anspruch auf Herausgabe des Ersatzes gegen einen Bankier); **RGZ 138, 45** (Herausgabe des durch Weiterveräußerung der Kaufsache an einen gutgläubigen Dritten erlangten Kaufpreises bei erfolgreicher Anfechtung wegen arglistiger Täuschung).

I. Überblick

Treten im Schuldverhältnis Störungen auf, die dadurch bedingt sind, dass der Schuldner die ihm obliegende Leistungsverpflichtung nicht so erfüllt, wie er es nach der Vereinbarung eigentlich tun müsste, spricht man allgemein von „**Leistungsstörungen**". Eine erste Möglichkeit für eine derartige Verletzung einer schuldvertraglichen Pflicht liegt darin, dass die Erbringung der Leistung dem Schuldner nicht oder nicht mehr möglich ist. Daher nennt man diese Form der Leistungsstörung generell gesprochen auch „Unmöglichkeit" *(s. Übersicht 1).*

Zunächst soll im Überblick geklärt werden, **wann** eine Leistung in diesem Sinne „unmöglich" wird. In § 275 sind die Voraussetzungen für die Leistungsstörung „Unmöglichkeit" normiert. In den drei Absätzen dieser Vorschrift finden sich die Einzelheiten, die im Folgenden unter *Rn. 349 ff.* erläutert werden. Die Unmöglichkeit lässt sich als **Leistungsstörungstatbestand** in eine **Voraussetzungsseite** sowie in eine **Rechtsfolgenseite** aufteilen. § 275 enthält zusätzlich noch eine erste hier sog. **Rechtsfolge I**: Sie bestimmt, was im Falle der Unmöglichkeit mit der Leistungspflicht selbst geschieht: Sie muss nicht mehr geleistet werden.

Bsp.: K kauft von V mit notariellem Kaufvertrag ein Einfamilienhaus. Nach Abschluss des Kaufvertrags und vor der Übereignung des Hauses wird dieses durch einen Brand völlig zerstört. Eine erste Rechtsfolge ergibt sich automatisch aus § 275 Abs. 1: V muss kein Einfamilienhaus mehr leisten.

Übersicht 1:

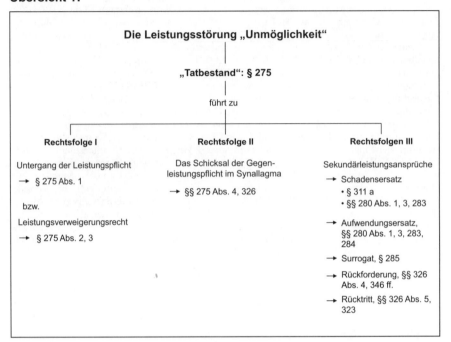

345 Doch die Unmöglichkeit als Leistungsstörung hat neben der **Auswirkung** auf die Leistungspflicht des Schuldners selbst, die unmöglich geworden ist, **weitere Rechtsfolgen**. Diese werden im Anschluss dargestellt. So stellt sich die Frage nach dem **Schicksal der Gegenleistungspflicht** in einer synallagmatischen Leistungsbeziehung, wenn die Leistungspflicht des Schuldners gem. § 275 unmöglich wird. Dies wird hier als **Rechtsfolge II** bezeichnet.

346 Dabei verschränken sich die Vorschriften zum Schicksal der Gegenleistungspflicht mit der Norm des § 275: Dies ist die erste wichtige systematische Weichenstellung, die man nachvollziehen muss. Während in § 275 ausschließlich das Schicksal der von der Unmöglichkeit getroffenen Leistungsschuld geregelt ist (und das, was „Unmöglichkeit" heißt), enthält diese Vorschrift keinerlei Aussagen darüber, was mit einer möglichen Gegenleistungspflicht geschieht. Das ist erst in § 326 angesprochen.

Bsp.: Wird gefragt, welches Schicksal die Gegenleistungspflicht nimmt, also beispielsweise, ob der K in dem vorhergehenden Beispiel *(unter Rn. 344)* den Kaufpreis für das Haus noch zahlen muss, obwohl der V das Haus ja deshalb nicht mehr übereignen muss, weil ihm dies aufgrund der Zerstörung unmöglich geworden ist, muss man § 326 zur Lösung heranziehen: Denn allein diese Vorschrift beantwortet die Frage nach dem Schicksal der Gegenleistungspflicht. Dann wird man jedoch im Rahmen dieser Vorschrift inzident zu prüfen haben, ob die Leistungspflicht (hier diejenige des V) gem. § 275 unmöglich geworden ist. Es wird also deutlich, dass im Rahmen der hier sog. Rechtsfolge II zu prüfen ist, welche Voraussetzungen für die Leistungsstörungen „Unmöglichkeit" bestehen.

Voraussetzungen

347 Schließlich gibt es eine **weitere Gruppe** von Rechtsfolgen, die hier sog. **Rechtsfolge III**: Wenn der Gläubiger schon keine Leistung mehr erhält, dann soll er zumindest (unter bestimmten Voraussetzungen, vor allem, wenn der Schuldner die Unmöglichkeit zu vertreten hat) einen Ausgleich erhalten. Es sind in dieser Hinsicht unterschiedliche sog. Sekundärleistungsansprüche vorgesehen: Dabei handelt es sich zumeist um Schadensersatzansprüche, die dem Gläubiger vor allem gem. § 280 Abs. 1 zustehen. Weiterhin kommen Ansprüche auf Ersatz möglicherweise entstandener Aufwendungen in Betracht, oder auf ein Surrogat, welches der Schuldner dafür erhält, dass sein Leistungsgegenstand nicht mehr vorhanden ist. Zudem sind Rückforderungs- bzw. Rücktrittsrechte des Gläubigers vorgesehen.

Bsp.: Hat der V in dem Beispiel *(unter Rn. 344)* für sein zerstörtes Haus von seiner Feuerschutzversicherung eine Entschädigung (Surrogat) erhalten, kann möglicherweise K diese für sich geltend machen. Ist sogar der V für den Brand verantwortlich und hat K durch den Brand weitere Schäden erlitten, wird er sich ebenfalls an V halten können.

348 Schon an dieser Stelle muss also der **strukturelle Zusammenhang** der zur Unmöglichkeit vorhandenen Vorschriften gesehen und verstanden werden: Auf der einen Seite gibt es eine zentrale Norm, die die Voraussetzungen für die Leistungsstörung „Unmöglichkeit" enthält und zugleich eine erste (verschuldensunabhängige) Rechtsfolge, nämlich § 275. Daneben steht eine zweite Rechtsfolge, hinsichtlich des Schicksals der Gegenleistungspflicht im Synallagma, § 326. Schließlich regeln weitere Normen, ob der Gläubiger wegen der Unmöglichkeit der Leistungspflicht seines Schuldners Ausgleichs- oder Ersatzansprüche hat. Diese werden aber regelmäßig an ein Verschulden des Schuldners zu knüpfen sein. Für die Lösung eines Sachverhalts und die Bearbeitung einer Klausur kommt es dann immer darauf an, die zutreffende Fallgruppe zu erkennen und entsprechend der hier vorgestellten Anspruchsgrundlagen eine Lösung zu suchen. Dazu helfen die Prüfungsgliederungen, die im Folgenden allen Voraussetzungen bzw. jeder Rechtsfolge beigefügt wurden.

II. Voraussetzungen für die Leistungsstörung „Unmöglichkeit"

349 Nach § 275 Abs. 1 ist der Anspruch auf Leistung ausgeschlossen, soweit diese für den Schuldner oder für jedermann unmöglich ist. **§ 275 Abs. 1** nimmt damit eine **zentrale Rolle** im Bereich der Leistungsstörung „Unmöglichkeit" ein: Auf der einen Seite beschreibt § 275 Abs. 1 (und auch Abs. 2 und 3), wann Unmöglichkeit vorliegt. Zudem muss berücksichtigt werden, dass § 275 in seinen verschiedenen Absätzen im Prüfungsaufbau dann herangezogen werden muss, wenn es um die Rechtsfolgen geht: Dann muss man die Frage, ob die Leistungspflicht des Schuldners unmöglich geworden ist, inzident dort ansprechen, wo die Unmöglichkeit zentrale Tatbestandsvoraussetzung für einen Anspruch des Gläubigers ist.

Bsp.: Verpflichtet sich etwa der A, sein Auto dem B zu verkaufen, und wird das Auto nach Abschluss des Kaufvertrages zerstört, ist nach § 275 Abs. 1 (Rechtsfolge I) der Anspruch des B auf Übergabe und Eigentumsverschaffung an dem Auto unmöglich geworden. Zweitens ist zu überlegen, ob er seinerseits noch die Kaufpreiszahlung erbringen muss, dies bestimmt sich nach § 326 (Rechtsfolge II). Im Rahmen des § 326 ist dann auch die Unmöglichkeit nach § 275 Abs. 1 zu prüfen.

Übersicht 2:

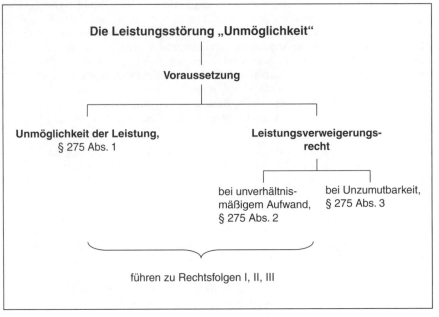

350 Die verschiedenen Absätze des § 275 sind, wie in der vorstehenden *Übersicht 2* deutlich wird, voneinander zu trennen: § 275 Abs. 1 erfasst die sog. **echte Unmöglichkeit**, die *„ipso iure"* schon zum Ausschluss des Leistungsanspruches führt. Ohne dass der Schuldner hier irgendetwas tun oder erklären muss, ist allein durch den Umstand, dass die Leistung unmöglich ist bzw. unmöglich geworden ist, der Leistungsanspruch des Gläubigers untergegangen. § 275 Abs. 1 wirkt ohne weiteres Zutun des Schuldners. Daher ist auch in der Fallbearbeitung bei Fragen der Unmöglichkeit stets mit § 275 Abs. 1 zu beginnen. Demgegenüber macht der Wortlaut des § 275 Abs. 2 und Abs. 3 deutlich, dass dort eine Einrede formuliert ist: Denn der Schuldner „kann die Leistung verweigern", wenn die genannten Voraussetzungen der besonderen Formen der Unmöglichkeit gegeben sind, nämlich der sog. **wirtschaftlichen Unmöglichkeit** und der sog. **moralischen Unmöglichkeit**.[51] Hier führt also das Vorliegen der besonderen Form der Unmöglichkeit nicht unwillkürlich zu einer Rechtsfolge, vielmehr muss sich der Schuldner auf diese Formen der Unmöglichkeit berufen, es handelt sich also um Leistungsverweigerungsrechte, d. h. um Einreden.[52] Die Folge ist, dass der Anspruch des Gläubigers nicht ohne weiteres untergeht, sondern der Schuldner kann die Erfüllung des Anspruchs lediglich verweigern. Wie sich dies auf die Prüfungsstruktur im Einzelnen auswirkt, wird an späterer Stelle noch erläutert.

---

51 Vgl. zu diesen Begriffen *Petersen*, Allgemeines Schuldrecht, Rn. 253.
52 Palandt/*Heinrichs*, BGB, § 275 Rn. 32.

1. Die Unmöglichkeit gem. § 275 Abs. 1

§ 275 Abs. 1 regelt die Fälle der sog. „echten" Unmöglichkeit. Es geht um die Situation, in der der Schuldner die Leistung unter keinen Umständen erbringen kann.[53] In dem Fall ist ein Leistungshindernis aufgetreten, das für den Schuldner nicht überwindbar ist. Dieses kann sich in unterschiedlicher Hinsicht ergeben. Das macht die Formulierung „für den Schuldner oder für jedermann unmöglich" deutlich, durch die sowohl die subjektive als auch die objektive Unmöglichkeit erfasst sind.[54] § 275 Abs. 1 regelt zum einen den Fall, dass überhaupt niemand die konkrete Leistung erbringen könnte, und zum anderen denjenigen, in dem die Leistungserbringung jedenfalls dem Schuldner unmöglich ist.

Bsp.: P verkauft dem I ein Auto. Hier ist § 275 Abs. 1 sowohl dann betroffen, wenn das Auto, das P übereignen müsste, vollständig zerstört ist (objektive Unmöglichkeit), als auch dann, wenn P das Auto gestohlen wurde und er somit ebenfalls nicht mehr in der Lage ist, seine kaufvertragliche Pflicht zu erfüllen (subjektive Unmöglichkeit), meist auch „Unvermögen" genannt.

a) **Der Grundfall: Die Unmöglichkeit bei der Stückschuld.** § 275 verlangt eine Unmöglichkeit der Leistung; auszugehen ist hier zunächst von dem Grundfall einer Leistungsverpflichtung bezüglich einer **Stückschuld**. Unmöglichkeit ist dort vor allem dann gegeben, wenn der Leistungsgegenstand selbst nicht mehr erbracht werden kann, dies sind die Fälle, in denen der Leistungsgegenstand beispielsweise zerstört wird oder überhaupt nicht mehr vorhanden ist. Doch ist dies nicht die einzige Situation, die als Unmöglichkeit zu verstehen ist. Im Ergebnis soll es immer darum gehen, dass dem Schuldner die Leistungserbringung nicht mehr zugemutet werden kann, wenn er die Leistung auch bei allen ihm möglichen Anstrengungen nicht mehr erbringen kann: Die Aufrechterhaltung der Leistungspflicht macht in diesen Fällen nämlich keinen Sinn mehr.[55] Deswegen entfällt sie ja auch schon kraft Gesetzes gem. § 275 Abs. 1 – lateinisch formuliert heißt dies dann: *„impossibilium nulla est obligatio"*: Das Unmögliche stellt keine Leistungspflicht dar.

Das bedeutet dann konsequenterweise, dass die Unmöglichkeit im Sinne dieser Vorschrift auch darauf beruhen kann, dass der Gegenstand, an dem die Leistung zu erbringen ist, **untergegangen** ist, also das sog. **Leistungssubstrat**.[56]

Bsp.: Dies ist etwa der Fall, wenn der A den B beauftragt, bei ihm im Garten einen Baum zu beschneiden. Kommt der B nun zum Garten des A, ist jedoch durch einen Sturm der Baum entwurzelt worden und umgefallen, kann die Leistung durch den B nicht mehr erbracht werden, folglich ist auch hier von Unmöglichkeit auszugehen.

Ebenfalls unmöglich ist die Leistungserbringung, wenn der **Leistungserfolg anderweitig eingetreten** ist.[57]

---

53 *Brox/Walker*, Allgemeines Schuldrecht, § 22 Rn. 3.
54 *Brox/Walker*, Allgemeines Schuldrecht, § 22 Rn. 4.
55 *Looschelders*, Schuldrecht Allgemeiner Teil, Rn. 456.
56 Staudinger/*Löwisch*, BGB, § 275 Rn. 20–30.
57 MünchKomm/*Ernst*, BGB, § 326 Rn. 151.

Bsp.: A bestellt einen Installateur zu sich, weil ein Wasserhahn tropft. Kommt nun der Installateur, hat das Tropfen jedoch bereits von allein aufgehört, ist der Leistungserfolg anderweitig eingetreten – die Leistung durch den Schuldner (den Installateur) ist damit unmöglich. Ob der Installateur gleichwohl einen Vergütungsanspruch hinsichtlich seiner Arbeitszeit hat, die er schon mit der Fahrt aufwendete, ist im Rahmen des § 275 nicht beantwortet – dies ist eine Frage der Gegenleistung, also der Rechtsfolge II!

355 Schon aus dem zuvor Gesagten ist deutlich geworden, dass der **Unmöglichkeitsbegriff**, wie er in § 275 Abs. 1 gebraucht wird, **umfassend zu verstehen** ist. Von ihm werden alle Situationen erfasst, in denen die Leistung unter keinen Umständen mehr erbracht werden kann.[58] Durch die umfassende Formulierung in dieser Vorschrift wird jedoch ein großer Bereich zugleich ausgeklammert: Ist nämlich die Leistung zumindest noch theoretisch irgendwie möglich, kommt § 275 Abs. 1 nicht in Betracht, stattdessen kann aber möglicherweise ein Leistungsverweigerungsrecht aus § 275 Abs. 2 oder Abs. 3 eingreifen.

356 Doch die weite Formulierung in § 275 Abs. 1 hat dazu geführt, dass seit ihrer Aufnahme in das BGB im Wege der Schuldrechtsreform im Jahre 2002 von diesem Tatbestand der Leistungsstörung **sämtliche**, früher differenziert zu betrachtende **Formen der Unmöglichkeit** erfasst werden: D.h. die objektive und subjektive Unmöglichkeit fallen in gleicher Weise unter diesen Tatbestand der Leistungsstörung wie auch die anfängliche und nachträgliche Unmöglichkeit.

357 In Ergänzung zu dem zuvor Gesagten lassen sich unter die **objektive Unmöglichkeit** alle Fälle fassen, in denen die Leistung für jedermann, also objektiv unmöglich geworden ist. Die Leistung kann in diesem Fall von niemandem mehr erbracht werden.[59]

Bsp.: Dies ist der Fall, wenn das zu liefernde Auto durch einen Brand völlig zerstört wurde.

358 Hierunter fällt gleichermaßen die Situation, in der nicht eine solche tatsächliche Unmöglichkeit gegeben ist, sondern eine sog. „**rechtliche**" **Unmöglichkeit**: Hier kann die Leistungserbringung durch den Schuldner aufgrund rechtlicher Gegebenheiten unmöglich sein.[60]

Bsp.: Dies ist etwa der Fall, wenn die Erfüllung der Arbeitspflicht gesetzlich verboten ist, beispielsweise weil die erforderliche Erlaubnis der Ausländerbehörde fehlt. Ebenfalls unter die rechtliche Unmöglichkeit fällt der Fall, dass ein Werkunternehmer sich dazu verpflichtet, ein Haus zu bauen, das jedoch nach baurechtlichen Vorschriften nicht genehmigungsfähig ist.[61] Ähnliches gilt, wenn der Verkäufer die Ware, die er laut Kaufvertrag dem Gläubiger zu liefern schuldet, nur unter Verletzung eines Einfuhrverbots erhalten würde.[62]

359 Hier greift also die Vorstellung der echten Unmöglichkeit gem. § 275 Abs. 1, so dass die **Leistungspflicht des Schuldners ausgeschlossen** ist. Dabei ist jedoch zu beachten, dass möglicherweise schon kein Schuldvertrag wirksam zustande

---

58 MünchKomm/*Ernst*, BGB, § 275 Rn. 10.
59 *Brox/Walker*, Allgemeines Schuldrecht, § 22 Rn. 4.
60 *Looschelders*, Schuldrecht Allgemeiner Teil, Rn. 462.
61 OLG Köln VersR 1997, 850.
62 BGH NJW 1983, 2873; Palandt/*Heinrichs*, BGB, § 275 Rn. 16.

Voraussetzungen

gekommen ist. Umstritten ist, ob auch bei Nichtigkeit des Vertrages nach den §§ 134 oder 138 Raum für die Anwendung des § 275 ist.[63] Die Frage wurde von der Praxis bisher überwiegend bejaht.[64] Bei nachträglichen gesetzlichen oder behördlichen Verboten kommt hinzu, dass hier meistens die Anwendbarkeit des § 134 verneint wird, so dass von vornherein allein Raum für die Anwendung des § 275 ist.[65]

Neben dieser objektiven Unmöglichkeit, die wie skizziert auf tatsächlichen wie auf rechtlichen Gründen beruhen kann, erfasst § 275 Abs. 1 auch, wie bereits angesprochen, die **subjektive Unmöglichkeit**, also das sog. „Unvermögen".[66] Es genügt hier, dass der Schuldner außerstande ist, die (einem Dritten noch mögliche) Leistung zu erbringen.[67] Auch hier ist jedoch bedeutsam, dass § 275 Abs. 1 nur dann eingreift, wenn der Schuldner das Leistungshindernis nicht einmal theoretisch beseitigen kann.[68] **360**

Bsp.: D verkauft dem B ein Auto. Übereignet wurde es noch nicht. Nun wird es aber dem D gestohlen. Die Übereignung ist allein dem D unmöglich, denn der Dieb könnte ja übereignen; infolgedessen liegt hier eine subjektive Unmöglichkeit hinsichtlich der Eigentumsverschaffungspflicht vor.

In diesem Zusammenhang bedeutsam ist, dass eine **subjektive Unmöglichkeit** in Bezug auf **Geldschulden** nicht vorliegen kann. Denn das finanzielle Unvermögen, seine Schuld zu erbringen, befreit den Schuldner deshalb nicht von seiner Leistungspflicht, weil insofern die Regel greift, die man weithin kennt unter dem Sprichwort „Geld muss man haben".[69] Dies ist letztlich eine Formulierung, die dem Umstand geschuldet ist, dass Geldschulden gemeinhin als Gattungsschulden gelten und eine Gattungsschuld nur dann unmöglich wird, wenn die gesamte Gattung nicht mehr vorhanden ist.[70] **361**

Ebenfalls wurde vor der Schuldrechtsreform zwischen **anfänglicher und nachträglicher Unmöglichkeit** differenziert. Dies hat heute zwar im Hinblick auf Sekundärleistungspflichten unverändert Bedeutung[71], doch für die Frage der Voraussetzung dieser Leistungsstörung spielt es keine Rolle, wann die Unmöglichkeit eintritt. Dies ergibt sich aus der Formulierung „unmöglich ist" in § 275 Abs. 1.[72] Da es jedoch im Hinblick auf die späteren Rechtsfolgen von Bedeutung wird, lohnt eine Differenzierung im Hinblick darauf unverändert: Eine anfängliche, gelegentlich auch „ursprünglich" genannte Unmöglichkeit liegt in diesem Zusammenhang vor, wenn diese Art der Leistungsstörung bereits bei der Entstehung des **362**

---

63 MünchKomm/*Ernst*, BGB, § 275 Rn. 44.
64 BGH NJW 1983, 2873; OLG Düsseldorf ZMR 1987, 734.
65 Zu dieser Problematik vgl. *Huber,* Leistungsstörungen, S. 706 ff.
66 *Emmerich*, Das Recht der Leistungsstörungen, § 3 Rn. 31.
67 *Looschelders*, Schuldrecht Allgemeiner Teil, Rn. 465.
68 Palandt/*Heinrichs*, BGB, § 275 Rn. 23 f.
69 *Brox/Walker*, Allgemeines Schuldrecht, § 22 Rn. 8.
70 Vgl. schon oben Rn. 169.
71 Dazu unten Rn. 443.
72 *Looschelders*, Schuldrecht Allgemeiner Teil, Rn. 467.

Schuldverhältnisses vorhanden war. Das Leistungshindernis muss also bereits bei Vertragsschluss vorgelegen haben.[73]

Bsp.: Einigen sich A und B über den Verkauf eines Wochenendhauses und war dieses bereits zu diesem Zeitpunkt (Vertragsschluss) durch einen Erdrutsch völlig zerstört, ist es für A von Anfang an unmöglich, dem B das Haus zu übereignen: Es handelt sich also um eine anfängliche Unmöglichkeit.

363 Eine **nachträgliche Unmöglichkeit** wäre in dieser Fallsituation gegeben, wenn der Kaufvertrag zwischen den beiden Parteien geschlossen wird und das Haus zu diesem Zeitpunkt noch existiert. Bevor es jedoch zur Übereignung des Wochenendhauses kommt, findet der Erdrutsch statt. Nunmehr ist die Leistungspflicht des Schuldners aufgrund der Zerstörung des Leistungsobjektes im Wege der nachträglichen Unmöglichkeit ausgeschlossen.

364 Die **Rechtsfolgen,** die sich hieraus ergeben, also sowohl aus der anfänglichen als auch der nachträglichen Unmöglichkeit, sind zum Teil gleich, zum Teil unterscheiden sie sich: Die Rechtsfolge I im Hinblick auf die Leistungspflicht ist unverändert dieselbe: In jedem Fall wird die Leistungspflicht unmöglich bzw. ist unmöglich geworden. Sie ist also ausgeschlossen gem. § 275 Abs. 1[74]; im Hinblick auf die Rechtsfolgen II bzw. III (also das Schicksal der Gegenleistungspflicht und der Sekundärleistungsansprüche) ist entsprechend der späteren Ausführungen zu differenzieren.

365 b) **Die Unmöglichkeit bei der Gattungsschuld.** Besonderheiten ergeben sich, wenn zwischen den Vertragsparteien eine **Gattungsschuld** vereinbart war. In dem Fall war der Schuldner verpflichtet, eine Sache aus einer bestimmten Gattung zu erbringen. Wie sich aus § 243 Abs. 1 ergibt[75], muss der Schuldner eine Sache von mittlerer Art und Güte dieser Gattung leisten. Solange noch Sachen aus dieser Gattung irgendwo verfügbar sind, tritt entsprechend keine Unmöglichkeit ein, denn die Verpflichtung ist ja nur auf eine Sache von mittlerer Art und Güte gerichtet. Hier ist also das Problem der Unmöglichkeit besonders zu untersuchen.

366 Wenn man sich bewusst macht, was der Schuldner bei einer Gattungsschuld leistet, ist konsequent, dass eine **Unmöglichkeit in diesen Fällen** zunächst überhaupt erst dann als gegeben angesehen werden kann, wenn die gesamte Gattung untergegangen ist.[76] Solange kann der Schuldner ja ohne weiteres noch das tun, wozu er verpflichtet ist, nämlich eine Sache (dieser Gattung) von mittlerer Art und Güte zu leisten. Doch ist diese Situation, in der die gesamte Gattung untergeht, nicht die einzige, in der es zu einer Unmöglichkeit kommt, denn ansonsten würde der Schuldner ja nur dann von seiner Leistungspflicht freiwerden können, wenn die gesamte Gattung, aus der heraus er eine Sache schuldet, auf dem Markt nicht mehr verfügbar ist.[77]

---

73 *Brox/Walker*, Allgemeines Schuldrecht, § 22 Rn. 66.
74 *Looschelders*, Schuldrecht Allgemeiner Teil, Rn. 467.
75 S. oben Rn. 169.
76 *Lorenz/Riehm*, Lehrbuch zum neuen Schuldrecht, Rn. 313.
77 Palandt/*Heinrichs*, BGB, § 243 Rn. 3.

Voraussetzungen 367, 368

367 Vielmehr ist entsprechend der Systematik der Gattungsschuld von einer Besonderheit für eine Unmöglichkeit auszugehen, wenn es sich um eine „**beschränkte Gattungsschuld**" handelt – diese war dann vereinbart[78], wenn der Schuldner verpflichtet ist, die von ihm geschuldete Leistung oder Sache nur aus einem bestimmten Teil der Gattung zu erbringen, etwa aus seinem eigenen Vorrat. In dieser Situation muss nicht die gesamte Gattung untergegangen sein, sondern es genügt, dass der Untergang seines Vorrats, also dieses beschränkten Teils der Gattung, erfolgt ist. Im Zweifelsfalle muss man die Vereinbarung auslegen, um zu ermitteln, ob eine beschränkte oder unbeschränkte Gattungsschuld vereinbart ist. Dies hat entscheidende Auswirkungen auf die Frage der Unmöglichkeit: Denn nur bei der beschränkten Gattungsschuld führt bereits der Untergang des eigenen Vorrats zu einer Unmöglichkeit. Geht also der Vorrat unter, so ist die Leistungspflicht nach § 275 Abs. 1 ausgeschlossen.[79] Ist hingegen zwischen den Vertragsparteien eine unbeschränkte Gattungsschuld vereinbart, muss der Schuldner wegen seines Beschaffungsrisikos dafür sorgen, dass er seiner Beschaffungsschuld nachkommt.

Bsp.: Vereinbaren Bauer B und Molkerei M, dass B der M 1.000 Liter Milch verkauft, kann es sich hier zunächst um eine beschränkte Gattungsschuld handeln: Dies bedeutet dann, dass B verpflichtet ist, 1.000 Liter aus seinem Betrieb (Vorrat) an M zu liefern. Wird nun etwa der Wagen, in dem die 1.000 Liter transportiert werden sollen, gestohlen und hat B auch sonst keine weiteren Milchvorräte, wird die Leistung unmöglich. Die gesamte beschränkte Gattung, also sein gesamter Vorrat ist nicht mehr vorhanden, sondern aufgebraucht – auf diese Weise ist bei dieser beschränkten Gattungsschuld Unmöglichkeit eingetreten, § 275 Abs. 1. Muss man hingegen die Vereinbarung zwischen B und M so verstehen, dass B 1.000 Liter Milch liefern soll, dabei jedoch nicht auf seine eigenen Vorräte beschränkt ist, bleibt die Leistungsverpflichtung bestehen, wenn der Wagen mit den 1.000 Litern gestohlen wird. Dann gibt es nämlich weiterhin Milch, die B sich anderswoher beschaffen müsste, um sie an M zu liefern. Es gäbe zunächst keine Unmöglichkeit, weil B seine Beschaffungsschuld unverändert erbringen könnte. Was nun konkret zwischen B und M vereinbart war, also eine beschränkte oder unbeschränkte Gattungsschuld, hat demzufolge entscheidende Auswirkungen darauf, ob Unmöglichkeit vorliegt oder nicht.

368 Häufig ergibt sich die Beschränkung auf den eigenen Vorrat oder die eigene Produktion des Schuldners durch Auslegung:[80] Es bedarf also **der Vertragsauslegung** nach den §§ 133, 157. Möglicherweise wird man in einer solchen Verkaufssituation davon auszugehen haben, dass nach Treu und Glauben sowie der Verkehrssitte und bei fehlenden anderen Anhaltspunkten sich der B nur dazu verpflichten wollte, die Milchlieferverpflichtung aus seinem eigenen Vorrat zu bestreiten. Dies müsste der M auch deutlich geworden sein. Sofern also keine anderen Anhaltspunkte in der Vereinbarung ersichtlich sind, wird hier auch ohne entsprechende Parteiabrede eine solche Begrenzung gewöhnlich anzunehmen sein[81], so dass bei Untergang des Vorrats eine Leistungsbefreiung gem. § 275 Abs. 1 aufgrund einer eingetretenen Unmöglichkeit erfolgt.[82]

---

78 Vgl. oben Rn. 173.
79 *Looschelders*, Schuldrecht Allgemeiner Teil, Rn. 289.
80 *Medicus*, Schuldrecht I, Rn. 180.
81 *Westermann/Bydlinski/Weber*, BGB – Schuldrecht Allgemeiner Teil, § 3 Rn. 3.
82 Zu dieser Problematik vgl. MünchKomm/*Emmerich*, BGB, § 243 Rn. 14; Palandt/*Heinrichs*, BGB, § 243 Rn. 3.

369 Eine weitere besondere Situation, in der die Gattungsschuld unmöglich werden kann, ist dann gegeben, wenn sich der Gläubiger im **Annahmeverzug** befindet. Ohne schon genau zu wissen, was darunter zu verstehen ist[83], kann in dem Fall nach § 300 Abs. 2 auch eine Unmöglichkeit bei einer Gattungsschuld eintreten, weil die Leistungsgefahr durch Annahmeverzug des Gläubigers übergegangen ist.[84]

370 Schließlich tritt bei der vereinbarten Gattungsschuld eine Unmöglichkeit auch dann ein, wenn bereits eine **Konkretisierung** gem. § 243 Abs. 2 erfolgt ist, so dass der Schuldner, der ursprünglich aus einer Gattung zu leisten verpflichtet war, nunmehr nur noch den konkretisierten Gegenstand leisten muss.[85] Geht dieser unter, wird der Schuldner von seiner Leistungspflicht frei; mit der Konkretisierung beschränkt sich nämlich die Forderung auf das ausgesuchte Stück.[86] Hier kann also Unmöglichkeit als Leistungsstörung eintreten. Wann eine Konkretisierung eintritt, ist bereits geschildert worden. Es kommt entscheidend darauf an, dass der Schuldner das zur Leistung des entsprechenden Gegenstandes seinerseits Erforderliche getan hat. Dies hängt wiederum entscheidend davon ab, ob es sich bei der Vereinbarung um eine Holschuld, eine Bringschuld oder ein Schickschuld handelt.[87]

371 c) **Die Unmöglichkeit bei besonderen Leistungsverpflichtungen.** Neben der Gattungsschuld ist die Unmöglichkeit darüber hinaus auch bei **weiteren Konstellationen** nicht ohne weiteres sofort erkennbar. Insbesondere zwei Situationen bedürfen hinsichtlich der Leistungsstörung in dieser Form einer zusätzlichen Erörterung: nämlich die Unmöglichkeit bei der Verpflichtung zur Erbringung einer höchstpersönlichen Pflicht sowie diejenige, in der der zu leistende Gegenstand einem Dritten gehört.

372 Die Vertragsparteien können aufgrund des Grundsatzes der Privatautonomie die **höchstpersönliche Leistungspflicht** der Partner des Schuldverhältnisses vereinbaren und damit Drittleistungen ausschließen.[88] Ist dies in der Vereinbarung deutlich erkennbar und verabredet, ist eine Unmöglichkeit dann gegeben, wenn der Schuldner diese persönlich geschuldete Tätigkeit bzw. dieses persönlich geschuldete Werk aus Gründen nicht erbringen kann, die in seiner Person liegen. Es besteht mit anderen Worten eine objektive Unmöglichkeit, wenn der Schuldner aufgrund irgendeines Umstandes außer Stande ist, selbst die Leistung zu erbringen. Ohne weiteres findet in diesen Fällen § 275 Abs. 1 Anwendung[89]; § 275 Abs. 3 ist demgegenüber subsidiär.[90] Im Fall des § 275 Abs. 3 geht es nämlich darum, ob dem Schuldner die Leistung aus bestimmten Gründen unzumutbar ist (dazu sogleich). In den hier gemeinten Fällen ist jedoch die Leistungserbringung

---

83 S. unten Rn. 696.
84 Dazu aber ausführlich später Rn. 726.
85 Dazu oben Rn. 174.
86 *Medicus*, Schuldrecht I, Rn. 184.
87 Vgl. oben Rn. 246 ff.
88 *Westermann/Bydlinski/Weber*, BGB – Schuldrecht Allgemeiner Teil, § 3 Rn. 36.
89 *Emmerich*, Das Recht der Leistungsstörungen, § 3 Rn. 78.
90 *Emmerich*, Das Recht der Leistungsstörungen, § 3 Rn. 76.

durch den Schuldner aus tatsächlichen oder rechtlichen Gründen nicht möglich. Eine solche höchstpersönliche Leistungsverpflichtung kann der gesetzliche Normalfall sein, nämlich etwa im Arbeitsverhältnis.

Bsp.: Ist der Arbeitnehmer arbeitsunfähig erkrankt, so wird die Arbeitsleistung dadurch unmöglich, jemand anderes kann die Leistung nämlich nicht erbringen (vgl. § 613 Satz 1). In dieser Situation der höchstpersönlichen Verpflichtung zur Leistung ist also aufgrund der Erkrankung des Arbeitnehmers eine Unmöglichkeit allein aus diesem Grund gegeben.

Ob eine Leistungsverpflichtung höchstpersönlicher Natur ist, richtet sich nach der vertraglichen Vereinbarung der Parteien. Bei einer Arbeitsverpflichtung folgt dies bereits aus dem genannten § 613. Bei einer Werkleistung ist dies nicht ohne weiteres der Fall. Hier wird man die vertragliche Vereinbarung auslegen müssen. **373**

Bsp. (1): Ist beispielsweise zwischen einem Künstler und dem Auftraggeber vereinbart, dass der Künstler den Auftraggeber porträtieren soll, wird es im Zweifelsfalle darum gehen, dass der Künstler selbst tätig wird und nicht einen Gehilfen schickt. – Wird nun der Künstler so krank, dass er den Pinsel nicht mehr halten kann, wird ihm die Arbeitsleistung unmöglich. Damit wird die gesamte Leistungsverpflichtung gem. § 275 Abs. 1 ebenfalls unmöglich.

Bsp. (2): Etwas anderes wird man in der Situation eines Werkvertrages annehmen müssen, wenn der Auftraggeber nicht einen Künstler mit einer Porträtierung, sondern einen Maler mit der Renovierung der Wohnung beauftragt: Wird nun der Maler krank, kann er immer noch einen Gesellen schicken, denn das Renovieren einer Wohnung wird regelmäßig nicht als eine höchstpersönliche Leistung anzusehen sein. Dies kann natürlich dann der Fall sein, wenn beide dies explizit vereinbaren. In der Regel ist eine solche Leistung aber nicht als höchstpersönlich anzusehen, denn dem Auftraggeber wird es in diesem Zusammenhang gleich sein, wer konkret den Pinsel betätigt, ihm ist entscheidend wichtig, dass die Wohnung ausreichend gestrichen ist. In diesem Zusammenhang kommt es gerade nicht auf die entscheidende, besondere Fähigkeit des Auftragnehmers an, wie dies bei dem Künstler im Fall der Porträtierung anzunehmen war.[91]

Schon angesprochen wurde, dass die **Unmöglichkeit sich auch aus rechtlichen Erwägungen** ergeben kann, nämlich dann, wenn der Leistungserbringung durch den Schuldner rechtliche Schranken im Wege stehen, so dass er die Leistung nicht vornehmen darf – so der Ausländer, der nicht über die erforderliche Erlaubnis verfügt. Besonders schwierig sind diejenigen Situationen, in der der Gegenstand, der von dem Schuldner zu leisten ist, sich nicht bei ihm, sondern bei einem anderen befindet. Hier kann es gegebenenfalls zu einer Unmöglichkeit kommen, nämlich dann, wenn der Dritte endgültig erklärt hat, er sei zur Herausgabe nicht bereit. In diesen Fällen ist davon auszugehen, dass der Schuldner die Leistung nicht erbringen kann, infolgedessen liegt Unmöglichkeit vor, so dass der Anspruch des Gläubigers auf die Sache ausgeschlossen ist, § 275 Abs. 1. Hier bleibt dem Gläubiger dann lediglich der Rückgriff auf Sekundäransprüche, also auf einen Schadensersatzanspruch. Ist umgekehrt derjenige, der den Gegenstand hat, zur Herausgabe grundsätzlich bereit, ist hier keine Unmöglichkeit gegeben, denn dann kann der Schuldner dem Gläubiger die Sache durchaus verschaffen. Infolgedessen kann **374**

---

91 Vgl. Staudinger/*Peters*, BGB, § 633 Rn. 55; *Wertenbruch*, ZGS 2003, 53 (54) – dieser zu der Frage, ob der Auftragnehmer nicht nur einen eigenen Angestellten, sondern sogar einen Subunternehmer mit der Durchführung der Arbeiten beauftragen kann; dies wird von der herrschenden Auffassung abgelehnt bzw. an die Zustimmung des Bestellers geknüpft.

auch der Gläubiger darauf bestehen, dass der Schuldner seine Leistungsverpflichtung erfüllt. Hier kann jedoch gegebenenfalls für den Schuldner die Leistungserbringung unzumutbar werden, nämlich dann, wenn derjenige, der die Sache hat, einen sehr hohen Preis verlangt, so dass möglicherweise § 275 Abs. 2 eingreifen kann.

375 d) **Die teilweise Unmöglichkeit.** Die Unmöglichkeit kann, was der Regelfall sein dürfte, auf die gesamte Leistungserbringung gerichtet sein, die Leistungsstörung wirkt sich also auf die ganze vom Schuldner zu erbringende Schuld aus. Doch betrifft § 275 Abs. 1 nicht nur diesen Fall der sog. vollständigen Unmöglichkeit, vielmehr ist diese Vorschrift auch auf den Fall ausgerichtet, dass die **Unmöglichkeit nur für einen Teil der Leistungsverpflichtung** eintritt. Dies lässt sich eindeutig aus der Formulierung „soweit" entnehmen, die deutlich macht, dass § 275 Abs. 1 auch die teilweise Unmöglichkeit erfasst.[92] Eine **teilweise Unmöglichkeit** kann jedoch nur dann in Betracht kommen, wenn die Leistung selbst teilbar ist.[93]

Bsp.: Schuldet etwa der V dem K die Lieferung zweier Hunde und entläuft einer der Hunde vor der Lieferung, so tritt die Unmöglichkeit nicht vollständig ein, sondern nur teilweise: Denn der Schuldner, also der V, kann unverändert den einen der beiden Hunde liefern, nur der andere steht nicht mehr zur Verfügung.

376 Daraus folgt als Rechtsfolge, dass die Leistungsverpflichtung **nicht vollständig untergeht**. Nach § 275 Abs. 1 führt die teilweise Unmöglichkeit dazu, dass die Leistungsverpflichtung des Schuldners nur „insoweit" untergeht[94]; im Übrigen bleibt sie bestehen.[95] Für die unmöglich gewordene Teilleistung kann der Schuldner Sekundäransprüche geltend machen, die sich aus den §§ 280 ff. ergeben. Hinsichtlich des Umfangs des vom Gläubiger noch zu Leistenden, also hinsichtlich der Rechtsfolge II, gelten dann ebenfalls Besonderheiten, die sich aus § 326 Abs. 5 ergeben können.[96]

377 e) **Die Fixschuld.** Eine weitere besondere Situation kann bezüglich der Leistungsstörung „Unmöglichkeit" eintreten, wenn allein der Zeitablauf, der für eine bestimmte Leistungsverpflichtung vereinbart war, dazu führt, dass diese Leistungserbringung unmöglich wird. Ausnahmsweise kann es nämlich so sein, dass der Zeitfaktor, der bezüglich einer Leistungserbringung zwischen den Parteien vereinbart worden ist, so entscheidend für den Inhalt der Leistungspflicht ist, dass eine Verzögerung der Leistung über den meist kurz bemessenen Erfüllungszeitraum hinaus Unmöglichkeit der Leistung bedeutet.[97] Dies ist nur dann zu vermuten, wenn die Leistung selbst durch den Zeitablauf nicht mehr nachzuholen ist. Man spricht dann von einem **absoluten Fixgeschäft**: Ein absolutes Fixgeschäft

---

[92] MünchKomm/*Emmerich*, BGB, § 275 Rn. 120.
[93] Palandt/*Heinrichs*, BGB, § 275 Rn. 7, *Looschelders*, Schuldrecht Allgemeiner Teil, Rn. 469.
[94] Zur Voraussetzung der Teilbarkeit für die teilweise Unmöglichkeit BGH NJW 1992, 1036 (1037).
[95] *Looschelders*, Schuldrecht Allgemeiner Teil, Rn. 468.
[96] Dazu unten Rn. 487.
[97] MünchKomm/*Ernst*, BGB, § 275 Rn. 46; anders *Beinert*, Vertragsverletzung, S. 159 ff.; *Krückmann*, JherJb. 59 (1911), 233 (348 ff.).

liegt dann vor, wenn die Einhaltung der Leistungszeit so wesentlich ist, dass die verspätete Leistung keine Erfüllung mehr darstellt.[98] Es muss also die Leistungserbringung zu dem vereinbarten Zeitpunkt gerade deshalb erfolgen, weil eine spätere Leistungserbringung die Leistung völlig sinnlos machen würde.[99] Man muss sich darüber bewusst sein, dass es hier um eine Wertungsfrage geht. Entscheidend ist, ob die Leistungserbringung mit dem vereinbarten Zeitpunkt geradezu „steht und fällt".[100] Denn nur dann, wenn man so eine strikte Verbindung zwischen Leistungszeit und Leistungsinhalt herstellen kann, führt die nicht rechtzeitige, zum vereinbarten Zeitpunkt erfolgte Leistung auch zu einer Unmöglichkeit.

In allen anderen Fällen, man spricht dann von einer **relativen Fixschuld**, ist nämlich denkbar, dass zwar eine Leistungszeit vereinbart ist, doch durchaus auch noch eine spätere Leistung erfolgen kann, auch wenn sie für den Gläubiger dann nicht mehr den gleichen Sinn hat wie vorher. Die Anforderungen an die Annahme einer absoluten Fixschuld sind also sehr hoch. Dies hängt damit zusammen, dass im Regelfall dem Gläubiger noch zugemutet wird, an dem einmal vereinbarten vertraglichen Austauschverhältnis festzuhalten. Nur unter besonderen Voraussetzungen (vgl. nämlich § 323 Abs. 2 Nr. 2) soll er sich bei einer Terminsüberschreitung von dem Vertrag lösen können.[101] Dieser Normalfall einer Terminsvereinbarung ist also als relatives Fixgeschäft anzusehen. Nur dann, wenn besondere Umstände dazu führen, dass man auch die Terminsvereinbarung als einen zentralen Bestandteil des synallagmatischen Austauschverhältnisses anzusehen hat, kann die Nichteinhaltung der terminlichen Festlegung auch zur Unmöglichkeit der Leistung selbst führen.[102]

378

Das häufig gefundene **Beispiel für eine absolute Fixschuld** macht diese enge Sicht verständlich: Dies betrifft den Fall, dass ein Balkon eines Wohnhauses zu einer einmalig stattfindenden Prozession vermietet wird. Hier ist die Terminsvereinbarung, nämlich der Tag der Prozession, entscheidend für den Inhalt der Leistungspflicht. Stellt der Schuldner den Balkon erst einen Tag später zur Verfügung, macht dies für den Inhalt der Leistungsverpflichtung keinen Sinn mehr, denn die Leistung – das Anschauen der Prozession vom Balkon aus – macht überhaupt nur Sinn, wenn die Prozession gerade stattfindet; zu einem anderen Zeitpunkt ist eine Leistungserfüllung schlechterdings nicht möglich. Es handelt sich hierbei um eine absolute Fixschuld. Ähnlich wird man urteilen müssen, wenn jemand ein Taxi bestellt, das ihn zu einer bestimmten Zeit zum Flughafen bringen soll. Kommt das Taxi nun eine halbe Stunde zu spät, so dass der Flug verpasst wird, liegt hier keine Leistungserfüllung mehr vor. Auch eine bloße Leistungsverzögerung ist nicht

379

---

98 BGH NJW 2001, 2878; vgl. *Larenz*, Schuldrecht I – Allgemeiner Teil, S. 306; *Medicus*, Schuldrecht I, Rn. 381; *Looschelders*, Schuldrecht Allgemeiner Teil, Rn. 471.
99 *Emmerich*, Das Recht der Leistungsstörungen, § 4 Rn. 5.
100 BGH NJW 1990, 2065 (2067).
101 *Emmerich*, Das Recht der Leistungsstörungen, § 4 Rn. 8; Palandt/*Heinrichs*, BGB, § 323 Rn. 19 ff.
102 BGH NJW 2003, 1600; *Emmerich*, JuS 1997, 98 (99 f.).

gegeben, so dass § 323 Abs. 2 in Betracht käme. Es kam vielmehr gerade auf den exakten Zeitpunkt an. Wenn dies zwischen den Parteien auch vereinbart war, dann wird die Leistungserbringung mit Zeitablauf unmöglich.[103]

380 Auch in **Dauerschuldverhältnissen kann die Unmöglichkeit durch Zeitablauf** eine große Rolle spielen. So geht man im Arbeitsrecht unverändert davon aus, dass die Erbringung der Arbeitsleistung durch den Schuldner eine absolute Fixschuld darstellt. Denn der Arbeitnehmer vereinbart mit dem Arbeitgeber, seine Arbeitsleistung jeden Tag neu zu erbringen. Läuft nun dieser Tag ab, oder läuft auch nur eine Stunde oder Minute ab, und hat der Schuldner seine Leistung, nämlich die Arbeitsleistung, zu diesem Zeitpunkt nicht erbracht, wird dadurch die Arbeitsleistung unmöglich – denn man geht zumeist von einer absoluten Fixschuld aus, die im Arbeitsvertrag vereinbart ist. Allein durch Zeitablauf tritt daher schon Unmöglichkeit ein.[104]

381 Deutlich wurde, dass im **Regelfall bei Terminsvereinbarungen** allenfalls von einer **relativen Fixschuld** auszugehen ist. Daher führt die verspätete Erfüllung einer Leistungserbringung nicht sofort zur Unmöglichkeit – vielmehr stellt sie einen Schuldnerverzug dar, der den Gläubiger nicht unwillkürlich zu einem Rücktritt berechtigt, sondern nur unter bestimmten Voraussetzungen.[105] Das relative Fixgeschäft, das seine Regelung in § 323 Abs. 2 Nr. 2 findet, ist dann gegeben, wenn im Rahmen eines gegenseitigen Vertrages eine Fristvereinbarung getroffen wird, die zum Inhalt hat, dass das Geschäft mit der Einhaltung der Frist sehr eng verbunden ist.[106]

382 Problematisch und schwierig wird die **Abgrenzung zwischen relativem und absolutem Fixgeschäft** deshalb, weil man auch beim relativen Fixgeschäft häufig die Formulierung findet, dass die Terminsvereinbarung und Einhaltung der Frist so entscheidend sei, dass das Geschäft mit ihr stehe und falle. Entscheidend ist jedoch, dass die Leistungserbringung bei einem relativen Fixgeschäft trotz Terminsablauf grundsätzlich noch möglich wäre.[107] Man kann jedoch auch hier davon sprechen, dass das Geschäft mit der Einhaltung der Frist steht und fällt, weil den Parteien die Leistungszeit doch so wichtig war, dass sie sie eigens in das Schuldverhältnis mit aufgenommen haben. Darauf deuten ausdrückliche Klauseln wie „genau, fix, präzise" hin, die zum Ausdruck bringen, dass den Parteien die Terminierung von großer Bedeutung war.[108] Es geht also beim relativen Fixgeschäft darum, dass die Leistung prinzipiell nachgeholt werden kann, der Gläubiger jedoch – beispielsweise durch eine der genannten Klauseln – im Vertrag zum Ausdruck gebracht hat, dass er auf die Einhaltung einer bestimmten Leistungszeit besonderen Wert legt.[109]

---

103 Vgl. MünchKomm/*Ernst*, BGB, § 275 Rn. 46.
104 Dazu näher BeckOK-ArbR/*Joussen*, BGB, § 615 Rn. 5.
105 Dazu unten in Rn. 611.
106 BGH NJW 1990, 2065 (2067); MünchKomm/*Ernst*, BGB, § 323 Rn. 111.
107 Heymann-Kötter/*Emmerich*, HGB, § 376 Rn. 4 ff.
108 Palandt/*Heinrichs*, BGB, § 323 Rn. 20.
109 *Looschelders*, Schuldrecht Allgemeiner Teil, Rn. 472.

Bsp.: Dies ist etwa denkbar, wenn der Käufer K beim Verkäufer V ein bestimmtes Warensortiment bestellt, welches er gerne anlässlich einer bestimmten Messe weiterverkaufen möchte. K hat darüber hinaus auch noch die Möglichkeit, die Ware zu einem späteren Zeitpunkt bei anderen Messeveranstaltungen zu veräußern. Hier wird K im Vertrag besonderen Wert darauf legen, dass die Leistung fix zu einem bestimmten Zeitpunkt, nämlich dem Termin der ersten Messe erfolgt. Kommt nun V seiner Lieferfrist nicht nach, so wird dadurch die Leistung nicht unmöglich, denn es macht ja durchaus Sinn, die Ware noch zu einem späteren Zeitpunkt zu liefern. Zwar kann K die Ware nun nicht zum Zeitpunkt der ersten Messe veräußern, doch durchaus noch später bei den folgenden Messeveranstaltungen. In dieser Situation ist daher davon auszugehen, dass keine absolute Fixschuld vorliegt, sondern lediglich eine relative.

Die **Konsequenz** ist, dass die Leistungsverpflichtung des Schuldners, also des V, **383** **nicht unmöglich** wird, wenn er zum vereinbarten Termin nicht liefert, vielmehr kommt er mit seiner Leistungsverpflichtung in Verzug – es handelt sich hier also um eine andere Fallgestaltung der Leistungsstörung. Die Vereinbarung einer solchen relativen Fixschuld macht jedoch für den Gläubiger Sinn, da er gem. § 323 Abs. 2 Nr. 2 unter erleichterten Voraussetzungen von dem gesamten Vertrag zurücktreten kann: Er muss nämlich dann keine Frist setzen[110], was er sonst regelmäßig tun müsste.

f) **Die „vorübergehende" Unmöglichkeit.** Eine besondere Fallgestaltung ist **384** schließlich dann anzunehmen, wenn die **Unmöglichkeit** (zunächst) **nur vorübergehender Natur** ist, also dann, wenn zu dem Zeitpunkt, in dem die Leistung eigentlich erbracht werden soll, eine Leistungsstörung i. S.v. § 275 Abs. 1 vorliegt. Entscheidend ist, dass zwar zu diesem Zeitpunkt ein Hindernis der Leistungserbringung entgegensteht, man jedoch damit rechnen kann, dass dieses Hindernis später wieder entfällt. Für diese Fallgestaltung der „vorübergehenden" Unmöglichkeit fehlt eine ausdrückliche gesetzliche Regelung. Teilweise geht man zu Recht davon aus, dass die Unmöglichkeitsregelung des § 275 Abs. 1 für diese Fälle insoweit eingreift, als das Hindernis besteht.[111] Es erscheint auch interessengerecht, dass jedenfalls für den Zeitraum, in dem eine Leistungserbringung unmöglich ist, auch ein entsprechender Anspruch des Gläubigers nicht besteht.[112] Zum Teil wird davon gesprochen, die Durchsetzung der Leistungspflicht sei in diesem Zusammenhang gehemmt, solange das Leistungshindernis bestehe.[113]

Bsp.: Dies ist etwa dann der Fall, wenn der A dem B eine Maschine verkauft, für deren Aufbau jedoch noch Teile aus einem Land erforderlich sind, das zu der Zeit mit einer Importsperre belegt ist. Für den Zeitraum, in dem ungewiss ist, ob und wann A die Teile aus diesem Land erhält, ist die Leistung für ihn unmöglich. Insofern greift dann § 275 Abs. 1.

---

110 Palandt/*Heinrichs*, BGB, § 323 Rn. 20.
111 Vgl. RGZ 117, 127 (130); AnwK-BGB/*Dauner-Lieb*, § 275 Rn. 23.
112 *Faust*, in: Huber/Faust, Schuldrechtsmodernisierung, Kap. 8 Rn. 6 ff. (16).
113 So die Begr.; BT-Drucks. 14/6040, S. 129 (l. Sp.), S. 189 (l. Sp. o.).

385 Dies hat zur **Konsequenz**, dass der Anspruch auf Erfüllung für den Zeitraum, in dem die Leistung (vorübergehend) unmöglich ist, nicht durchsetzbar ist, er ist für diesen Zeitraum gehemmt – es entsteht also ein **Schwebezustand**.[114] Diese Vorstellung ist deshalb interessengerecht, weil man auf diese Weise die Interessen des Gläubigers ausreichend berücksichtigen kann: Da man in diesen Fällen von einer – vorübergehenden – Unmöglichkeit ausgeht, greifen zugunsten des Gläubigers die Rechtsfolgen II und III. Für seinen Gegenleistungsanspruch gilt nämlich dann § 326. Darüber hinaus hat der Gläubiger, wenn der Schuldner die vorübergehende Unmöglichkeit zu vertreten hat, gegebenenfalls Schadensersatzansprüche gemäß den §§ 280 Abs. 1 ff.[115]

386 Dieser Auffassung, der zufolge auch bei vorübergehender Unmöglichkeit § 275 eingreift[116], wird jedoch auch widersprochen. **Zum Teil wird** nämlich bei der vorübergehenden Unmöglichkeit **§ 275 für unanwendbar gehalten**. Das Argument wird dahingehend vorgebracht, dass die Regelung des § 275 eine dauernde oder zumindest eine der dauernden gleichzustellenden vorübergehenden Unmöglichkeit verlange.[117] Genau diese sei jedoch bei nur vorübergehenden Leistungshindernissen nicht gegeben. Daher könnten allenfalls Regelungen des Verzugs, also der Leistungsverzögerung, eingreifen. Die Fälle der vorübergehenden Unmöglichkeit sind deshalb grundsätzlich nach den Regeln der Leistungsverzögerung zu behandeln.[118] Zum Teil wird aber zusätzlich vertreten, dass der Rechtsgedanke des § 275 Abs. 1 ergänzend zu berücksichtigen sei.[119] Hier ist der oben genannten Auffassung zu folgen, denn die Situationen sind grundverschieden: Bei der Leistungsverzögerung liegt die Ursache im Regelfall beim Schuldner, bei der vorübergehenden Leistungsunmöglichkeit ist jedoch eher davon auszugehen, dass der Schuldner die Leistung überhaupt nicht erbringen kann, wenn auch nur vorübergehend nicht.

387 Es kann jedoch ausnahmsweise Situationen geben, in denen von der vorübergehenden Unmöglichkeit nicht mehr ausgegangen werden kann, sondern stattdessen ein **Übergang zu einer dauernden Unmöglichkeit** erfolgt ist. Dies ist im Einzelfall eigens zu prüfen. Denn die vorübergehende Unmöglichkeit wird man der endgültigen Unmöglichkeit dann gleichstellen müssen, wenn die Erreichung des Vertragszwecks selbst durch diese Form der Leistungsstörung unsicher geworden ist

---

114 So etwa *Canaris*, JZ 2001, 499 (500); *Katzenstein*, Jura 2005, 217 (220); *Brox/Walker*, Allgemeines Schuldrecht, § 22 Rn. 16.
115 *Schulze/Ebers*, JuS 2004, 265 (267).
116 S. des Weiteren zusätzlich: Staudinger/*Löwisch*, BGB, § 275 Rn. 42; MünchKomm/*Ernst*, BGB, § 275 Rn. 134; Palandt/*Heinrichs*, BGB, § 275 Rn. 10; *Arnold*, JZ 2002, 866 (868); *Schulze/Ebers*, JuS 2004, 265 (267).
117 So etwa Jauernig/*Stadler*, BGB, § 275 Rn. 10; Erman/*Westermann*, BGB, § 275 Rn. 12.
118 *Schulze/Ebers*, JuS 2004, 265 (267).
119 Für diese Kombinationslösung: *Arnold*, JZ 2002, 866; Palandt/*Heinrichs*, BGB, § 275 Rn. 10; *Medicus*, Schuldrecht I, Rn. 383; *Dedek*, in: Hensssler/v. Westphalen, BGB, § 275 Rn. 6.

und dies dazu führt, dass man dem Vertragspartner die Einhaltung des Vertrags nicht mehr zumuten kann.[120] Für besondere Fallgestaltung mag dies zutreffen; dies führt dazu, dass § 275 Abs. 1 direkt anwendbar ist und die Leistungsverpflichtung des Schuldners mit Übergang zur endgültigen Unmöglichkeit dauerhaft erlischt. Es folgen dann die üblichen weiteren Rechtsfolgen II und III zugunsten des Gläubigers. Weil in einer solchen besonderen Situation die Leistungspflicht als dauerhaft unmöglich angesehen wird, führt auch ein späteres Wiederaufleben der Möglichkeit der Leistungserbringung nicht dazu, dass eine entsprechende Pflicht des Schuldners besteht – denn wurde einmal die Leistungspflicht als dauerhaft unmöglich angesehen, ist ein Aufleben im Nachhinein nicht mehr möglich.[121]

2. Die Unmöglichkeit gem. § 275 Abs. 2 und 3

Neben der Form der Leistungsstörung, die als Unmöglichkeit in § 275 Abs. 1 geregelt ist, sieht diese Vorschrift noch zwei weitere Tatbestände vor, nämlich die Situation, in der dem Schuldner die Erbringung der Leistung nur bei unverhältnismäßigem Aufwand möglich wäre, sowie diejenige, in der die Leistungserbringung unzumutbar ist. Beide Fälle unterscheiden sich in ihrer Einordnung von der Regelung in Absatz 1. Untereinander unterscheiden sich die beiden Fälle dann hinsichtlich ihrer Voraussetzungen.

a) **Dogmatische Einordnung.** Die Absätze 2 und 3 des § 275 unterscheiden sich zentral von der Regelung in Absatz 1 derselben Vorschrift. Inhaltlich sind sie auf **zwei besondere Situationen** ausgerichtet: zum einen darauf, dass die Leistungserbringung dem Schuldner zwar prinzipiell noch möglich ist, jedoch nur mit unverhältnismäßig großem Aufwand, zum anderen darauf, dass die Leistungserbringung dem Schuldner ansonsten irgendwie unzumutbar ist. In diesen besonderen Fällen sieht die Regelung in den Absätzen 2 und 3 vor, dass der Schuldner sich auf diese besonderen, ihm zur Verfügung stehenden Einreden berufen kann, obwohl die Leistungserbringung nicht unwillkürlich unmöglich ist: Macht der Schuldner geltend, dass die Leistungserbringung nur mit unverhältnismäßigem Aufwand möglich oder ihm sonst unzumutbar ist, wird er von seiner Leistungspflicht frei.[122] Damit ist jedoch schon angesprochen, wo der entscheidende dogmatische Unterschied liegt: Auf der einen Seite, nämlich bei § 275 Abs. 1, wird die Leistungserbringung unmöglich und führt unwillkürlich zu einem Erlöschen des Anspruchs des Gläubigers. In den Absätzen 2 und 3 hingegen muss der Schuldner sich auf die eingetretenen, zu seinen Gunsten möglichen Einwendungen berufen.

Die identischen **Rechtsfolgen** der beiden Bestimmungen in Absätzen 2 und 3 liegen darin, dass der **Schuldner die Leistung**, die er eigentlich zu erbringen hätte und die zu erbringen ihm tatsächlich auch möglich wäre, **verweigern kann**. Er muss sich jedoch auf diese Leistungsverweigerungsrechte berufen, nur dann, wenn er

---

120 S. dazu BGH WM 2005, 1232 (1233); MünchKomm/*Ernst*, BGB, § 275 Rn. 139.
121 Palandt/*Heinrichs*, BGB, § 275 Rn. 12.
122 *Hirsch*, Allgemeines Schuldrecht, Rn. 649.

dies tut, werden sie berücksichtigt.[123] Umgekehrt bedeutet dies, dass der Schuldner nicht dazu verpflichtet ist, sich auf sie zu berufen. Möchte er vielmehr trotz eines unverhältnismäßig großen Aufwandes oder trotz einer Unzumutbarkeit der Leistungsverpflichtung gleichwohl leisten, möchte er also eine überobligatorische Leistungsanstrengung vornehmen, so ist ihm dies nicht verwehrt: Er kann vielmehr unverändert seine Leistung erbringen. Der Gläubiger hat in dem Fall, dass der Schuldner sich nicht auf sein Leistungsverweigerungsrecht aus den Absätzen 2 oder 3 beruft, unverändert einen Anspruch auf die Leistung, muss dann seinerseits aber auch die Gegenleistung erbringen.[124]

Bsp.: A verkauft dem B auf einem Schiff einen Ring und lässt diesen bei der Übergabe ins Wasser fallen: Er kann sich auf § 275 Abs. 2 berufen und wird von der Leistungsverpflichtung frei – er kann aber auch darauf bestehen, den Ring zu bergen und dem B zu übereignen.

391 Auch wenn hier eine Konstruktion vorliegt, die von derjenigen des Absatzes 1 abweicht, ist die rechtliche **Konsequenz** eindeutig: Auch in den Absätzen 2 und 3 des § 275 geht es um die **Unmöglichkeit**, d. h. um diese besondere Form der Leistungsstörung. So ist nach dem Wortlaut des § 326 Abs. 1, der das Schicksal der Gegenleistungspflicht regelt, eindeutig geregelt, dass die Gegenleistungspflicht des Gläubigers dann entfällt, wenn der Schuldner nach „§ 275 Abs. 1 bis 3" nicht zu leisten braucht. Die Leistungspflicht des Schuldners wird also im Sinne der Vorschrift unmöglich. Doch aufgrund des Umstandes, dass die Konstruktionen unterschiedlich sind, Absatz 1 auf der einen, Absätze 2 und 3 auf der anderen Seite, ist umstritten, ob der Erfüllungsanspruch nach Erhebung der Einrede noch als einredebehafteter Anspruch bestehen bleibt oder erlischt. Dieser Streit ist im Ergebnis jedoch nicht sehr gravierend – zwar werden in der Literatur gelegentlich die Leistungsverweigerungsrechte des Schuldners aus Absatz 2 und 3 des § 275 als Einreden angesehen, die lediglich die Durchsetzbarkeit hindern.[125] Doch wird überwiegend vertreten, dass die Geltendmachung der Rechte aus § 275 Abs. 2 und 3 – wie auch die Situation in Absatz 1 – zu einem Erlöschen des Erfüllungsanspruchs selbst führen. Man kann insofern von einer „rechtsvernichtenden Einrede" sprechen.[126] Wenn man hier auch unterschiedlicher Auffassung sein kann, so ist doch in der Falllösung für den Regelfall davon auszugehen, dass dann, wenn der Schuldner sich auf eines der beiden Rechte aus Absatz 2 oder 3 des § 275 beruft, dies in gleicher Weise zu den Folgen der Unmöglichkeit führt, wie dies bei Absatz 1 der Fall ist: Die Rechtsfolgen I, II und III treten in gleicher Weise ein. Ein Unterschied besteht dann in der Praxis nicht mehr.

392 **b) § 275 Abs. 2: Unmöglichkeit bei unverhältnismäßigem Aufwand.** Der **erste Fall**, der zu einer Unmöglichkeit als Leistungsstörung führt und der als Einrede gestaltet ist, ist in § 275 Abs. 2 geregelt: Hier geht es also, genauso wie bei Absatz 3, darum, dass die Leistung zwar **rein tatsächlich noch möglich** ist, von der Rechtsordnung jedoch **gleichwohl eine Unmöglichkeit fingiert bzw. angenom-**

---

123 Palandt/*Heinrichs*, BGB, § 275 Rn. 32.
124 Vgl. dazu *Reischel*, JuS 2003, 250 (256).
125 MünchKomm/*Ernst*, BGB, § 275 Rn. 96.
126 Palandt/*Heinrichs*, BGB, § 275 Rn. 26; Bamberger/Roth/*Grüneberg*, BGB, § 275 Rn. 36; *Looschelders*, Allgemeines Schuldrecht, Rn. 483; *Medicus*, Schuldrecht I, Rn. 376.

men wird, **weil** die Leistungserbringung von dem Schuldner einen **unverhältnismäßig hohen Aufwand** erfordert. In dieser Situation kann der Schuldner die Leistung verweigern, soweit diese einen Aufwand erfordert, der unter Beachtung des Inhalts des Schuldverhältnisses und der Gebote von Treu und Glauben in einem groben Missverhältnis zu dem Leistungsinteresse des Gläubigers steht. Mit dieser Umschreibung umfasst die Vorschrift die Situation der sog. faktischen Unmöglichkeit, die gelegentlich auch als praktische Unmöglichkeit bezeichnet wird.[127] Damit es hier zu einer Leistungsstörung im Sinne der Unmöglichkeit kommt, damit also der Schuldner sich darauf berufen kann, dass seine Leistung unmöglich geworden ist, muss ein grobes Missverhältnis zwischen dem Aufwand bestehen, den der Schuldner für die Leistung erbringen müsste, sowie dem Interesse, das der Gläubiger an der Leistungserbringung noch hat. Weil es sich hier um eine besondere Ausnahmesituation handelt, in der von dem eigentlich herrschenden Grundsatz der Leistungstreue abgewichen werden soll, muss diese Vorschrift auf Extremsituationen beschränkt bleiben, d. h. die Auslegung muss entsprechend streng vorgehen.[128] Zudem ist zu beachten, dass unter § 275 Abs. 2 nicht die Fälle fallen, in denen wirtschaftliche Unmöglichkeit vorliegt, da diese in § 313 eine eigene Regelung gefunden haben.

aa) **Das grobe Missverhältnis.** Es müsste ein **grobes Missverhältnis** zwischen den beiden schon genannten Parametern „Aufwand für den Schuldner" sowie „Leistungsinteresse des Gläubigers" bestehen. Aufgrund des angesprochenen Ausnahmecharakters dieser Regelung muss die Verhältnismäßigkeitsprüfung, die hier vorzunehmen ist, sehr strengen Anforderungen genügen.[129] Es muss also der Aufwand, der vom Schuldner betrieben werden müsste, um die geschuldete Leistung zu erbringen, geradezu von einem unerträglichen Ausmaß sein.[130] Dieser Aufwand müsste völlig unvernünftig sein, um die Leistungsansprüche des Gläubigers erfüllen zu können. Man wird hier nur sehr wenige Beispiele finden können, in der eine solche Unverhältnismäßigkeit wirklich gegeben ist. Für die Bestimmung der Verhältnismäßigkeit sieht § 275 Abs. 1 Satz 2 zudem noch vor, dass auch zu berücksichtigen ist, ob der Schuldner das Leistungshindernis zu vertreten hat. Hier fließt also das Vertretenmüssen des Schuldners in die Abwägungen mit hinein.

Bsp.: Der Gesetzgeber hat als Beispiel für einen völlig unvernünftigen Aufwand angesehen, dass der Schuldner einen Ring verkauft hat, den er noch dem Käufer als Gläubiger übergeben muss. Wenn ihm der Ring bei der Übergabe ins Meer fällt und auf dessen Grund sinkt, ist zwar die Übergabe dem Schuldner grundsätzlich noch möglich, denn er könnte den Ring ja bergen lassen. Doch je nach Tiefe der Meeresstelle ist dieses Bergen nur unter völlig unverhältnismäßigem Aufwand möglich. Dies gilt insbesondere dann, wenn es sich um eine sehr tiefe Meeresstelle handelt – hier wird man trotz der bestehenden unveränderten technischen Möglichkeiten zur Leistung und Leistungserbringung davon ausgehen müssen, dass diese gem. § 275 Abs. 2 unmöglich geworden ist, sofern sich der Schuldner darauf beruft.[131]

---

127 *Medicus*, Schuldrecht I, Rn. 369; *Emmerich,* Das Recht der Leistungsstörungen, § 3 Rn. 46.
128 Ebenso *Canaris*, in: E. Lorenz, Karlsruher Forum 2002, 2003, S. 5 (11 ff.).
129 *Hirsch*, Allgemeines Schuldrecht, Rn. 647.
130 *Brox/Walker*, Allgemeines Schuldrecht, § 22 Rn. 19.
131 So BT-Drucks. 14/6040, S. 129; zum Teil wird jedoch hier sogar von einer Unmöglichkeit i. S.d. Absatzes 1 ausgegangen, vgl. *Otto*, Jura 2002, 1 (3).

394 Gegeneinander **abzuwägen** sind also immer der **Aufwand**, den der Schuldner auf seiner Seite erbringen müsste, um die Leistung zu erfüllen, **und das Interesse des Gläubigers an** eben dieser **Leistungserbringung**, welches in der Regel in der Höhe des Wertes einer vergleichbaren Sache liegen wird.[132] Für die Bestimmung des groben Missverhältnisses müssen jedoch nicht nur der Wert und der Aufwand in Bezug gesetzt werden, sondern nach der Gesetzesvorschrift soll auch ausdrücklich die Berücksichtigung von Treu und Glauben sowie das bereits angesprochene eventuelle Vertretenmüssen des Leistungshindernisses durch den Schuldner hinzukommen. Ob in diesen Fällen – darauf ist noch einmal ausdrücklich hinzuweisen – tatsächlich eine der Unmöglichkeit gleichzustellende Situation vorliegt, kann in der Regel nur für Extremfälle bejaht werden, denn eigentlich muss der Schuldner sich an seiner Leistungsverpflichtung festhalten lassen. Es muss also letztlich um ein unmöglichkeitsähnliches Ausmaß des Aufwandes gehen.[133]

395 **Besonderheiten** ergeben sich in diesem Zusammenhang, wenn der Schuldner eine Leistungsverpflichtung hinsichtlich einer **Gattungsschuld** eingegangen ist. Denn bei Vorliegen einer Gattungsschuld muss davon ausgegangen werden, dass der Schuldner ein „Beschaffungsrisiko" übernommen hat: Er will ja gerade dafür einstehen, dass er aus einer näher zu bestimmenden Gattung lediglich ein bestimmtes Stück nach mittlerer Art und Güte leisten soll.[134] Weil er aber hier ein generelles Beschaffungsrisiko übernommen hat, muss die Abwägung nach § 275 Abs. 2 besonders zurückhaltend angewendet werden; prinzipiell muss er also jeden Aufwand betreiben, um seine Verpflichtung zu erbringen – gleichwohl kann es auch im Rahmen der Gattungsschuld dazu kommen, dass eine praktische Unmöglichkeit vorliegt, dass also der Beschaffungsaufwand auch für den Gattungsschuldner so unverhältnismäßig groß wird, dass er sich auf die Unmöglichkeitsregelung des § 275 Abs. 2 berufen kann.[135]

396 bb) **Die Abgrenzung zu § 313 und der wirtschaftlichen Unmöglichkeit.** Eine besondere Fallgestaltung, die der zuvor skizzierten sehr ähnlich ist, wird üblicherweise als **„wirtschaftliche Unmöglichkeit"** bezeichnet. Hier muss man sehr genau differenzieren: Es geht um die Situationen, in denen zwar ebenfalls keine tatsächliche Unmöglichkeit gegeben ist, jedoch die Leistungserbringung dem Schuldner deshalb nicht zumutbar ist, weil hier das Äquivalenzverhältnis von Leistung und Gegenleistung gestört ist.[136] Für diese Fallgestaltung findet sich in § 313 eine besondere Regelung zur Störung der Geschäftsgrundlage. Es geht also um die Situationen, in der der Leistung derartige Schwierigkeiten entgegenstehen, dass sie dem Schuldner deshalb nicht mehr zugemutet werden kann, weil durch die Leistung seine „Opfergrenze" überschritten würde.[137]

---

132 Palandt/*Heinrichs*, BGB, § 275 Rn. 28.
133 S. etwa zu dem Beispiel, dass eine vermietete Scheune abgebrannt ist: BGH WM 1976, 640; 1977, 400 (401).
134 *Emmerich*, Das Recht der Leistungsstörungen, § 3 Rn. 2.
135 RGZ 57, 116; *Canaris*, JZ 2001, 499 (502).
136 *Brox/Walker*, Allgemeines Schuldrecht, § 22 Rn. 21.
137 Palandt/*Heinrichs*, BGB, § 275 Rn. 21; *Canaris*, JZ 2001, 499 (501).

397 Die **genaue Abgrenzung** dieser wirtschaftlichen Unmöglichkeit zu anderen Fällen des § 275 Abs. 2 ist nicht einfach. Entscheidend ist, dass es bei dieser Fallgruppe um eine „Äquivalenzstörung" geht: Es ist also nicht allein der Blickwinkel des Schuldners einzunehmen, ob also seine Leistung aufgrund des entstehenden Aufwandes für ihn unverhältnismäßig wird. Vielmehr müssen sowohl die Leistungsverpflichtung des Schuldners als auch diejenige des Gläubigers in die Beurteilung einbezogen werden. Bei der wirtschaftlichen Unmöglichkeit wird die Leistungsverpflichtung des Schuldners deshalb unverhältnismäßig, weil die Gegenleistung, oft der Kaufpreis, aufgrund wirtschaftlicher Entwicklung nicht mehr ein Äquivalent zur Leistung des Schuldners bildet.[138] Diese wirtschaftliche Unmöglichkeit war vor allem in den Zwischenkriegszeiten für die Fälle entwickelt worden, in denen es zu einer erheblichen Geldinflation gekommen ist.[139]

398 Immer dann, wenn die **Unzumutbarkeit für den Schuldner daraus resultiert, dass er für seine Leistung nur noch sehr viel weniger Wert erhält als ursprünglich geplant**, greift nicht mehr § 275 Abs. 2 ein, sondern § 313. So hat es jedenfalls der Gesetzgeber gesehen, der entsprechend der Begründung in den Materialien davon ausgeht, dass vom § 275 Abs. 2 diese Form der **Äquivalenzstörung**, also die früher sog. wirtschaftliche Unmöglichkeit, gerade nicht erfasst ist.[140] Dieser Ausgangslage entsprechend hat sich die ganz überwiegende Auffassung ebenfalls dazu entschieden, die sog. wirtschaftliche Unmöglichkeit als nicht von § 275 Abs. 2 erfasst anzusehen. Stattdessen soll **für diese besondere Äquivalenzstörung nicht das Unmöglichkeitsrecht** einschlägig sein, **sondern** allein die Regelung über die **Störung der Geschäftsgrundlage** gem. § 313 eingreifen.[141] Dies bedeutet, dass die Fälle der wirtschaftlichen Unmöglichkeit daher allein im Rahmen des § 313 gelöst werden, § 275 Abs. 2 kann hier nicht herangezogen werden. Es tritt also keine Leistungsstörung im Sinne einer Unmöglichkeit ein, auf die sich der Schuldner gemäß dieser Vorschrift berufen könnte.

399 Diese Ansicht ist jedoch **nicht unumstritten**. Vielmehr wird zum Teil auch vertreten, dass § 275 Abs. 2 bei dieser besonderen Fallgestaltung der wirtschaftlichen Unmöglichkeit § 313 vorgehe.[142] Nach dieser Auffassung führt die besondere Situation der Äquivalenzstörung in ihrer extremen Form regelmäßig zur Unmöglichkeit gem. § 275 Abs. 2, sofern sich der Schuldner darauf beruft. Nur dann, wenn man nicht von einem entsprechend erforderlichen „groben Missverhältnis" ausgehen kann, kann es nach dieser Ansicht zu einer Vertragsanpassung gem. § 313 kommen.[143] Diese Ansicht vermag jedoch nicht zu überzeugen, denn sie wird nicht hinreichend dem Umstand gerecht, dass die Regelung in § 275 Abs. 2 gerade nicht auf das Verhältnis zwischen den beiden im Synallagma stehenden

---

138 *Schlechtriem/Schmidt-Kessel*, Schuldrecht Allgemeiner Teil, Rn. 115.
139 MünchKomm/*Roth*, BGB, § 313, Rn. 140, 152.
140 BT-Drucks. 14/6040, S. 130.
141 So etwa Palandt/*Heinrichs*, BGB, § 275 Rn. 29; Palandt/*Grüneberg*, BGB, § 313 Rn. 13; Bamberger/Roth/*Grüneberg*, BGB, § 275 Rn. 33; MünchKomm/*Roth*, BGB, § 313 Rn. 140; *Looschelders*, Allgemeines Schuldrecht, Rn. 479.
142 So etwa *Schulze/Ebers*, JuS 2004, 265 (266); *Eidenmüller*, Jura 2001, 824 (832); *Schlüter*, ZGS 2003, 346; *Lorenz/Riehm*, Lehrbuch zum neuen Schuldrecht, Rn. 408.
143 Zum Vorgehen bei § 313 s. später Rn. 752.

Ansprüchen Bezug nimmt, sondern allein den unverhältnismäßigen Aufwand des Schuldners betrachtet. Dies ist jedoch nicht die Situation, um die es bei der wirtschaftlichen Unmöglichkeit geht – denn dort kann es nur dann zu einer Rechtsfolge (nämlich i. S.d. § 313) kommen, wenn gerade *beide* Leistungen *gemeinsam* nicht mehr als äquivalent angesehen werden können. § 275 Abs. 2 berücksichtigt das Interesse des Schuldners an seiner eigenen Leistung, das bei der wirtschaftlichen Unmöglichkeit jedoch gerade entscheidend ist, nicht.[144]

Bsp.: Wird also nach Abschluss eines Kaufvertrages durch eine für niemanden vorhersehbare außerordentlich hohe Inflation eine Kaufpreisvereinbarung für den Verkäufer nahezu wertlos, etwa weil die vereinbarten 10.000 € für einen Gebraucht-Pkw innerhalb weniger Tage nur noch den Gegenwert für ein Brot darstellen, so läge hierin keine Unmöglichkeit i.S.d. § 275 Abs. 2; vielmehr wäre diese Situation von der Vorschrift des § 313 erfasst. Der Käufer könnte sich also hier nicht auf den Unmöglichkeitstatbestand des § 275 Abs. 2 berufen – vielmehr liegt eine Störung des Äquivalenzinteresses vor, so dass von einer Störung der Geschäftsgrundlage gem. § 313 auszugehen ist.[145]

400 c) **§ 275 Abs. 3: Die Unzumutbarkeit bei persönlicher Leistungserbringung.** Ein letzter Fall, in dem die Leistung, die der Schuldner zu erbringen hat, unmöglich wird, ist das **Leistungsverweigerungsrecht gem. § 275 Abs. 3**: Diese Vorschrift enthält eine eigenständige Regelung für die besondere Situation, in der der Schuldner die Leistung, die von ihm verlangt ist, persönlich erbringen muss. § 275 Abs. 3 regelt also die sog. „persönliche Unmöglichkeit".[146]

401 Schon der Wortlaut der Vorschrift macht deutlich, dass § 275 Abs. 3 nur einen **sehr engen Anwendungsbereich** hat: Erforderlich ist jedenfalls, dass der Schuldner entsprechend der Leistungsvereinbarung die von ihm zu erbringende Schuld persönlich leisten muss; in erster Linie ist infolgedessen hier an die Leistung in Dienst- und Arbeitsverhältnissen durch den Dienst- bzw. Arbeitnehmer zu denken. Gem. § 613 Satz 1 ist hier im Regelfall von einer persönlichen Leistungserbringungspflicht auszugehen.[147] Darüber hinaus können jedoch die Parteien auch in allen anderen Verträgen vereinbaren, dass die Leistungserbringung persönlich erfolgen soll. Insoweit können sie ihre Vertragsfreiheit ausschöpfen. Ist eine solche persönliche Leistungserbringung vorgesehen, sollen nicht nur objektive Umstände dazu führen können, dass die Leistungserbringung unmöglich wird; vielmehr soll gerade aufgrund der persönlichen Pflicht des Schuldners auch Berücksichtigung finden, dass persönliche Umstände und Interessen des Schuldners dazu führen können, dass ihm die Leistungserbringung nicht mehr möglich, weil unzumutbar ist. § 275 Abs. 3 enthält also ein Leistungsverweigerungsrecht auf der Grundlage persönlicher Umstände und Interessen des Schuldners.

---

144 So auch BT-Drucks. 14/6040, S. 130; *Brox/Walker*, Allgemeines Schuldrecht, § 22 Rn. 21.
145 Zum Teil wird zusätzlich die Ansicht vertreten, dass im Konkurrenzfall die beiden genannten Vorschriften des § 275 Abs. 2 und des § 313 nebeneinander anwendbar sind und der Schuldner ein Wahlrecht habe, auf welche Norm er sich berufen möchte – so etwa *Schwarze*, Jura 2002, 73 (78); *Feldhahn*, NJW 2005, 3381 (3382); *Mückl*, Jura 2005, 809 (811).
146 *Looschelders*, Schuldrecht Allgemeiner Teil, Rn. 480.
147 BeckOK-ArbR/*Joussen*, BGB, § 613 Rn. 5.

402 Machen ihm diese die Leistungserbringung unzumutbar, wird sie, wenn der Schuldner sich darauf beruft, zugleich auch gem. § 275 Abs. 3 unmöglich. Weil es sich bei § 275 Abs. 3 aber wie auch beim Abs. 2 wieder nur um eine **Ausnahmeregelung** zum Grundsatz handelt, dass die einmal übernommene Leistungsverpflichtung eigentlich zu erbringen ist, muss man auch hier wieder davon ausgehen, dass die Unmöglichkeit als Leistungsstörung nur in Extremsituationen in Betracht kommen kann.[148] Denn man muss sich des Umstandes bewusst sein, dass gerade auch bei § 275 Abs. 3 eigentlich die Leistungserbringung dem Schuldner unverändert tatsächlich möglich ist – die Rechtsordnung sieht nur davon ab, sie dem Schuldner auch zuzumuten, weil eben besondere persönliche Umstände ihm die ihm obliegende persönliche Leistungserbringung „unmöglich" werden lassen.

403 **Voraussetzung** für die Einrede der Unmöglichkeit gem. § 275 Abs. 3 ist daher neben der erforderlichen persönlichen Leistungspflicht vor allem, dass die Leistung dem Schuldner aus persönlichen Gründen nicht zumutbar ist. Auch hier ist wieder eine Abwägung erforderlich: Die Unzumutbarkeit folgt in diesen Fällen daraus, dass das Gewicht des Leistungshindernisses das Leistungsinteresse des Gläubigers erheblich überwiegt.

Bsp. (1): In der Gesetzesbegründung werden für die erforderliche Extremsituation einige, bereits zuvor in der Rechtslehre diskutierte Beispiele genannt: So ist insbesondere an § 275 Abs. 3 zu denken, wenn eine Sängerin sich weigert, im Konzert aufzutreten, weil ihr Kind lebensgefährlich erkrankt ist. Hier wird der Mechanismus des § 275 Abs. 3 besonders deutlich. Denn es steht außer Zweifel, dass die Sängerin singen könnte, d. h. eine Unmöglichkeit gem. § 275 Abs. 1 ist nicht gegeben. Doch wird man die von ihr verlangte persönliche Leistungserbringung schlechterdings deshalb nicht einfordern können, weil es ihr unzumutbar ist, ihr Kind allein zu lassen. Würde der Gläubiger hier auf der Leistungserbringung bestehen, wäre dies geradezu rechtsmissbräuchlich; daher kann die Sängerin auf § 275 Abs. 3 zurückgreifen: Dann tritt Unmöglichkeit dieser Leistungsverpflichtung ein.[149]

Bsp. (2): Ein weiteres Beispiel findet sich in den Gesetzesmaterialien und betrifft den Arbeitnehmer, der sich auf § 275 Abs. 3 berufen kann, so dass er seine Arbeitsleistung nicht erbringen muss, wenn er nämlich in seinem Heimatstaat zum Wehrdienst einberufen worden ist und mit der Todesstrafe rechnen muss, wenn er dieser Einberufung nicht nachkommt.[150]

III. Rechtsfolge I: Im Hinblick auf die Leistungspflicht

404 Schon in den vorangegangenen Ausführungen wurde deutlich, welche **erste Rechtsfolge** an die unterschiedlichen Tatbestände des § 275 anknüpft: Unabhängig davon, wie die rechtliche Konstruktion gebildet ist (in Absatz 1 im Unterschied zu den Absätzen 2 und 3), führt die Unmöglichkeit in ihren unterschiedlichen Gestalten immer zu einer ersten Rechtsfolge, die allein die Leistungspflicht selbst betrifft: Die Leistungspflicht wird unmöglich. Der Anspruch auf die Leistung, so kann man aus der anderen Perspektive formulieren, ist ausgeschlossen. Lateinisch findet man insofern die Formulierung: *„impossibilium nulla est obligatio"*: Das Unmögliche ist keine Verpflichtung. Was bedeutet dies? Die erste Rechtsfolge aus

---

148 *Brox/Walker*, Allgemeines Schuldrecht, § 22 Rn. 22.
149 BT-Drucks. 14/6040, S. 130.
150 BT-Drucks. 14/6040, S. 130.

einer Unmöglichkeit bzgl. der Leistungspflicht bezieht sich auf die Leistungspflicht selbst: Der Gläubiger kann die Leistung in Natur nicht mehr verlangen.[151] Weil das Unmögliche von niemandem verlangt werden kann, geht die Leistungspflicht unter, sie kann nicht mehr Gegenstand einer Leistungsbeziehung sein.

405 Mit dieser grundlegenden ersten Rechtsfolge ist zwar Bedeutendes erreicht, doch muss man sich bewusst sein, dass damit auch zugleich **vieles nicht geregelt** ist: Zum einen ist keine Aussage darüber getroffen, welches Schicksal in einer synallagmatischen Verpflichtung nunmehr die Gegenleistung hat. Nur weil der Schuldner von seiner Leistungsverpflichtung freigeworden ist, heißt dies nicht unmittelbar, dass auch der Gläubiger nicht mehr leisten muss. Zum anderen ist nicht geregelt, ob dem Gläubiger andere Ansprüche (etwa auf Aufwendungsersatz) zustehen.

Bsp.: Nur weil der Verkäufer die Kaufsache nicht mehr überbringen muss, etwa weil sie zerstört und untergegangen ist, heißt dies nicht zugleich, dass auch der Käufer von seiner vertraglichen Verpflichtung, nämlich den Kaufpreis zu zahlen, ebenfalls frei geworden ist. Denn die Unmöglichkeit der Lieferung der Kaufsache hat zunächst keine Auswirkung auf die Verpflichtung zur Kaufpreiszahlung. Zumindest lässt sich diese Konsequenz nicht aus § 275 entnehmen! Hierfür bedarf es einer besonderen Regelung – diese findet sich dann in § 326.

406 Wichtig ist also: Zwar wird die Leistungsverpflichtung des Schuldners unmöglich, doch das Schuldverhältnis im weiteren Sinne bleibt davon unberührt: Der Vertrag bleibt wirksam, auch wenn eine der beiden Leistungsverpflichtungen unmöglich geworden ist.[152] Schuldner und Gläubiger sind also unverändert miteinander verbunden.

IV. Rechtsfolge II: Das Schicksal der Gegenleistungspflicht im Synallagma, §§ 275 Abs. 4, 326

407 Die zuvor dargestellte Rechtsfolge I bezog sich allein auf die Frage, welches Schicksal die Leistungspflicht nimmt, wenn sie selbst unmöglich wird. § 275 enthält aber kein Aussage darüber, welche Wirkung die Unmöglichkeit der Leistungspflicht des Schuldners auf die zu dieser Leistungspflicht **im Gegenseitigkeitsverhältnis stehende Leistungspflicht** des Gläubigers haben soll. Mit dieser Frage und der Antwort hierauf beschäftigt sich die „**Rechtsfolge II**": Es geht also um das Schicksal der Gegenleistungspflicht im Synallagma. Dabei wird zunächst die Situation im gegenseitigen Vertrag kurz skizziert, daran schließt sich die Darstellung der Grundregel an, die sich in § 326 Abs. 1 Satz 1 findet. Von diesem Grundsatz gibt es Ausnahmen, die im Folgenden ebenfalls geschildert werden; schließlich ist zu überlegen, welches Schicksal die Gegenleistungspflicht nimmt, wenn der Gläubiger für die Unmöglichkeit der Leistungspflichterbringung durch den Schuldner verantwortlich ist.

---

151 *Brox/Walker*, Allgemeines Schuldrecht, § 22 Rn. 3.
152 *Emmerich*, Das Recht der Leistungsstörungen, § 5 Rn. 1; Palandt/*Heinrichs*, BGB, § 275 Rn. 31.

1. Überblick: Die Situation im gegenseitigen Vertrag

Im **gegenseitigen Vertrag** leisten beide Vertragsparteien nur deshalb, weil sie im Gegenzug von der anderen Vertragspartei ebenfalls eine Leistung erhalten. Die Leistungspflicht wird nicht um ihrer selbst willen erbracht. Der Gläubiger verspricht seine Gegenleistung nur deshalb, weil auch der Schuldner seinerseits sich zu einer Leistung verpflichtet.[153] Auch im gegenseitigen Vertrag gilt das Leistungsstörungsrecht, also § 275 uneingeschränkt. Hinsichtlich des Schicksals der konkreten Leistungspflicht des Schuldners sind keine Besonderheiten zu beachten. Für das Schicksal der Gegenleistungspflicht sieht § 275 Abs. 4 vor, dass die Rechte des Gläubigers sich – insbesondere – nach § 326 richten. Über diese Verweisungsnorm gelangt man also zu der Zentralnorm hinsichtlich der hier sog. „Rechtsfolge II". § 326 regelt in seinen unterschiedlichen Absätzen infolgedessen, ob die Unmöglichkeit der Leistungspflicht des Schuldners überhaupt keine Folgen für die im Gegenseitigkeitsverhältnis stehende Leistungspflicht des Gläubigers hat, oder ob sie sogar zu deren Untergang führt, ohne dass der Schuldner hier etwas dazu beitragen muss.

Man muss also die **Grundsystematik** verstehen: § 326 enthält im Ergebnis einen Erlöschenstatbestand für eine Leistungspflicht. In einer bestimmten Fallkonstellation geht der Anspruch auf Gegenleistung, den der Schuldner eigentlich hat, unter. Man könnte also § 326 systematisch auch in dem Teil dieses Lehrbuchs behandeln, der sich mit den Erlöschensgründen für Ansprüche befasst, also etwa mit der Erfüllung. Denn § 326 Abs. 1 stellt einen eigenen Erlöschenstatbestand dar, der in der Prüfungsreihe „Anspruch entstanden? – Anspruch untergegangen? – Anspruch noch durchsetzbar?" an zweiter Stelle zu prüfen ist. Hat man nämlich einmal das Bestehen bzw. Entstehen eines Anspruchs bejaht, könnte dieser ja immer noch untergegangen sein. Ein solcher Untergangstatbestand ist – etwa neben § 362 Abs. 1 – auch die Norm des § 326 Abs. 1.

Bsp.: A verkauft dem B sein Auto für 10.000 €. Der Anspruch des A auf Zahlung des Kaufpreises durch B, der durch den Abschluss des Kaufvertrages entstanden ist, geht nach § 326 Abs. 1 Satz 1 dann unter, wenn der A nach § 275 Abs. 1 deshalb nicht zu leisten braucht, weil das Auto gestohlen wurde.

Diese **Grundregel** ergibt sich eigentlich schon **von selbst**: Muss in einem gegenseitigen Vertrag nämlich der eine nicht leisten, ist nahezu selbstverständlich, dass auch der andere seine Leistung nicht erbringen muss. Dies ist die Kernaussage der hier sog. Rechtsfolge II: Die Gegenleistungspflicht ist eng an das Schicksal der Leistungspflicht gekettet, sie geht mit ihr unter, wenn keine Besonderheiten vorliegen.

Eine solche **Besonderheit** ist jedoch insbesondere dann zu bejahen, wenn der Gläubiger selbst die Unmöglichkeit der Leistungserbringung durch den Schuldner verursacht hat.

---

153 *Brox/Walker*, Allgemeines Schuldrecht, § 22 Rn. 30.

Bsp.: Hat im vorangegangenen Beispiel *(unter Rn. 409)* der B als Schuldner der Kaufpreiszahlung selbst den Kaufgegenstand zerstört und kann der A als Schuldner der Übereignungspflicht aus § 433 Abs. 1 das Auto deshalb nicht übereignen, ist es nahe liegend, dass der B dann nicht von seiner Verpflichtung frei wird, den Kaufpreis zu zahlen – dies regelt letztlich § 326 Abs. 2: Wenn der Käufer für den Umstand, aufgrund dessen der Verkäufer nach § 275 Abs. 1 nicht zu leisten braucht, allein verantwortlich ist, behält der Verkäufer seinen Anspruch auf die Kaufpreiszahlung.

412 Man darf sich **durch** die verschiedenen **Konstruktionen nicht verwirren lassen**: § 326 regelt logisch, was mit dem Anspruch „der anderen Seite" geschieht. Wenn man dieses Prinzip einmal verstanden hat, ist es auch nicht schwer, das Schicksal des Leistungsanspruchs auf der einen Seite und das des Gegenleistungsanspruchs auf der anderen Seite den einzelnen Normen zuzuordnen.

2. Grundsatz: Der Untergang der Gegenleistungspflicht gem. § 326 Abs. 1 Satz 1

413 Die **grundsätzliche Regelung** zum **Untergang der Gegenleistungspflicht** enthält also § 326 Abs. 1 Satz 1. Diese Norm stellt den Regelfall dar. Sie kommt zur Anwendung, wenn keine Ausnahmefälle vorliegen, die später gesondert angesprochen werden.

Übersicht 3:

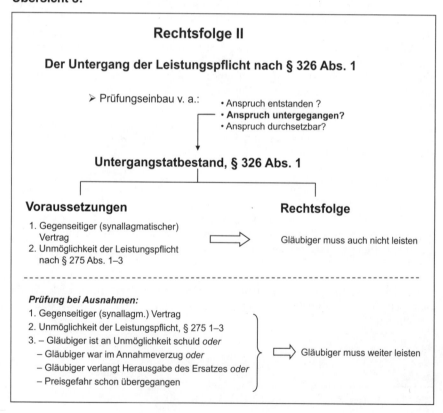

a) **Regelfall.** Der Regelfall des § 326 Abs. 1 ist in dessen Satz 1 enthalten: **414** Danach entfällt der Anspruch auf die Gegenleistung in den Fällen **kraft Gesetzes**, in denen der Schuldner selbst aufgrund der Unmöglichkeit seiner eigenen Leistungspflicht nach § 275 nicht mehr zu leisten braucht. Diese Grundregel zum Untergang der Gegenleistungspflicht bei Unmöglichkeit der Leistungspflicht ist an **zwei Voraussetzungen** gebunden: Es muss ein gegenseitiger Vertrag vorliegen, zudem muss die Leistungspflicht nach § 275 unmöglich geworden sein.

aa) **Voraussetzung 1: Gegenseitiger Vertrag.** Es muss zunächst ein **gegenseitiger** **415** **Vertrag** vorliegen. Dies lässt sich schon aus der gesetzlichen Überschrift dieser Norm entnehmen, die von der „Befreiung von der Gegenleistung" spricht. Gegenseitige Verträge sind solche, bei denen sich Leistung und Gegenleistung in der Weise miteinander verweben und einander gegenüberstehen, dass die Leistung selbst allein deshalb erbracht wird, weil für sie eine Gegenleistung erfolgt.[154] Als gegenseitige Austauschverträge gelten vor allem der Kaufvertrag, der Werkvertrag, ebenso der Miet- und Pachtvertrag, der Dienstvertrag sowie der Vertrag über eine entgeltliche Geschäftsbesorgung.

Mangels Vorliegen eines „gegenseitigen Vertrags" greift § 326 Abs. 1 daher **nicht** **416** bei gesetzlichen Schuldverhältnissen. Gleiches gilt für einseitige oder sog. unvollkommen zweiseitig verpflichtende Rechtsverhältnisse. Darunter versteht man insbesondere die Schenkung gem. § 516, die Bürgschaft gem. § 765; ähnlich sind auch die Leihe oder der Auftrag sowie die unentgeltliche Verwahrung keine gegenseitigen Verträge.

bb) **Voraussetzung 2: Unmöglichkeit der Leistungspflicht nach § 275.** Für den **417** Untergangstatbestand des § 326 Abs. 1 Satz 1 ist **zweitens die Unmöglichkeit der Leistungspflicht** erforderlich; dies bestimmt sich wiederum nach § 275. Es geht also darum, dass der Schuldner die Leistung nicht mehr erbringen muss, weil sie nach dem Absatz 1, 2 oder 3 des § 275 unmöglich geworden ist. Dabei muss gerade die im Gegenseitigkeitsverhältnis stehende Schuld unmöglich geworden sein.[155] Hier machen sich auch Sinn und Zweck der Vorschrift am besten bemerkbar: Wenn nämlich der Schuldner seinerseits nicht mehr leisten muss, weil er aufgrund der Unmöglichkeit auch gar nicht mehr leisten kann, ist es nahe liegend, dass der Gläubiger seinerseits auch nicht mehr leisten muss.

b) **Rechtsfolge: Befreiung von der Gegenleistungspflicht.** Liegen die Voraussetzungen des § 326 Abs. 1 Satz 1 vor, **muss auch der Gläubiger seine Leistung nicht** **418** **mehr erbringen.** Da nach § 275 Abs. 1 der Schuldner die Leistung nicht mehr erbringen muss, also frei wird, besteht kein Anlass, den Gläubiger an seiner Leistungspflicht festzuhalten, da er ja selbst keinen Anspruch mehr auf die Leistung hat.[156]

---

154 BGH NJW 1954, 1883 (1884); Staudinger/*Otto*, BGB, Vorbemerkung zu §§ 320–326, Rn. 1.
155 *Hirsch*, Allgemeines Schuldrecht, Rn. 690.
156 *Hirsch*, Allgemeines Schuldrecht, Rn. 694.

Bsp.: A kauft bei L ein Gemälde, das vor der Übereignung durch einen Wasserschaden zerstört wird. Weil und soweit L aufgrund der Zerstörung das Gemälde nicht mehr übereignen kann und muss, wird er als Schuldner von dieser Übereignungspflicht nach § 275 frei. Gläubiger genau dieser Leistungspflicht des L ist A. Er ist zugleich aber auch Schuldner der Gegenleistungspflicht, nämlich der Zahlung des Kaufpreises. Da die beiden Voraussetzungen des § 326 Abs. 1 Satz 1 vorliegen, muss nun auch der A als Schuldner der Kaufpreiszahlungspflicht nicht mehr leisten: Denn der Anspruch des L auf die Gegenleistung (also die Kaufpreiszahlung) entfällt nach dieser Vorschrift.

419 c) **Besonderheit: Teilunmöglichkeit.** § 326 Abs. 1 ist zunächst für den Fall geschaffen, dass die Leistungspflicht des Schuldners vollständig unmöglich wird, sie also nach § 275 entfällt. Möglich ist jedoch auch, dass der Schuldner nur teilweise von der Leistungspflicht befreit wird, also ein Fall der sog. **teilweisen Unmöglichkeit** vorliegt.[157] In diesem besonderen Fall entfällt der Anspruch auf die Gegenleistung dann auch nur anteilig. Dies folgt unmittelbar aus dem Wortlaut des § 326 Abs. 1 Satz 1 Halbsatz 2: Demzufolge findet nämlich bei einer Teilleistung § 441 Abs. 3 entsprechende Anwendung. Das bedeutet, dass die Gegenleistung in dem Verhältnis zu mindern ist, in dem zur Zeit des Vertragsschlusses der Wert der vollständigen Leistung zum Wert der noch möglichen Teilleistung bestanden hat.[158] Im Ergebnis verweist hier also die Regelung des § 326 auf das Recht der Minderung einer Kaufsache. Der Anspruch auf die Gegenleistung wird um soviel herabgesetzt, wie auch die Leistungspflicht selbst infolge der Teilmöglichkeit gemindert worden ist.

Bsp.: D verkauft dem H zwei Neufundländer für zusammen 1.000 €; vor der Übereignung verstirbt eines der Jungtiere. – D muss nur noch den einen lebenden Hund übereignen, hinsichtlich des anderen wird er von der Leistungspflicht frei. Dann muss H aber seinerseits nur noch 500 € zahlen – dies folgt aus § 326 Abs. 1 Satz 1 Halbsatz 2.

420 3. **Ausnahmen**

Die zuvor geschilderte Rechtsfolge II des Untergangs der Gegenleistungspflicht in dem Fall, in dem die im Synallagma stehende Leistungspflicht unmöglich geworden ist, stellt lediglich den Regelfall dar. Nun lassen sich zahlreiche Situationen denken, in denen diese Rechtsfolge II nicht passend erscheint. In solchen **Ausnahmesituationen** weicht die Rechtsordnung von dem oben skizzierten Regelfall ab. In diesen Fällen kommt es also gerade nicht zur Befreiung von der Gegenleistungspflicht. Diese geht nicht unter, sondern bleibt bestehen.

421 Dies ist deshalb adäquat, man kann auch sagen „gerecht", weil in den sogleich zu skizzierenden Ausnahmesituationen immer noch eine **zusätzliche Komponente** hinzukommt, die dazu führt, dass man an der eigentlichen Leistungspflicht hinsichtlich der Gegenleistung festhalten muss. Besonders anschaulich wird dies in dem Fall des § 326 Abs. 2: Ist nämlich etwa der Gläubiger selbst der Verursacher der Unmöglichkeit, wäre es nicht einsichtig, ihm seine Pflicht zu erlassen. Daneben finden sich noch weitere Situationen, in denen die Rechtsordnung ausnahmsweise die Leistungspflicht, die der Gläubiger seinerseits zu erbringen hat, unverändert bestehen lässt, obwohl der Schuldner von seiner Leistungspflicht wegen Unmög-

---

157 Dazu oben Rn. 375.
158 *Looschelders*, Schuldrecht Allgemeiner Teil, Rn. 720.

lichkeit derselben frei geworden ist. Insgesamt gibt es vier Ausnahmefälle, die im Folgenden vorgestellt werden. Allen gemeinsam ist die Rechtsfolge: Die Gegenleistungspflicht geht in diesen Ausnahmesituationen nicht unter.

Der **Prüfungsaufbau** ist immer gleich: Ein Anspruch, etwa auf eine Kaufpreiszahlung, ist entstanden. Er könnte gem. § 326 Abs. 1 Satz 1 untergegangen sein, weil der Verkäufer wegen Unmöglichkeit nicht mehr leisten muss. Ausnahmsweise liegt aber kein Untergang vor, wenn § 326 Abs. 2 oder eine weitere Ausnahmebestimmung eingreift. **422**

a) **Schuld des Gläubigers, § 326 Abs. 2 Satz 1, 1. Alt.** Ein erstes Beispiel dafür, dass ausnahmsweise die Gegenleistungspflicht trotz der Unmöglichkeit der Leistungspflicht für den Schuldner erhalten bleibt, ist in § 326 Abs. 2 geregelt. Es geht um die sehr nahe liegende Konstellation, dass der Gläubiger selbst derjenige ist, der für den Umstand, aufgrund dessen der Schuldner wegen der Unmöglichkeit nicht zu leisten braucht, allein oder weit überwiegend verantwortlich ist. Welche Situation ist gemeint? **423**

Bsp.: V ist verpflichtet, K das verkaufte Buch zu übergeben. Folglich ist V Schuldner dieser Eigentumsverschaffungspflicht. Zerstört nun der K als Gläubiger genau dieser Eigentumsverschaffungspflicht das Buch, das noch beim V liegt, so stellt sich die Frage nach den Folgen dieses Vorgangs: Aus § 275 Abs. 1 folgt wie dargelegt, dass der V als Schuldner der Eigentumsverschaffungspflicht von seiner Leistungspflicht frei wird. Für die Gegenleistungspflicht des K gilt zunächst § 326 Abs. 1 Satz 1: Es besteht ein gegenseitiger synallagmatischer Vertrag (der Kaufvertrag). Die Leistungspflicht des Verkäufers zur Eigentumsverschaffung ist gem. § 275 Abs. 1 unmöglich geworden. Konsequenterweise entfällt damit auch der Anspruch des V auf die Gegenleistung (also auf die Kaufpreiszahlung). Doch liegt hier eine Ausnahmesituation vor: Denn der Gläubiger, also der K, hat die Unmöglichkeit verursacht. Das bedeutet, dass gem. § 326 Abs. 2 Satz 1, 1. Alt. der V als Schuldner der Eigentumsverschaffungspflicht seinen Anspruch auf die Gegenleistung behält! Er kann also, obwohl er selbst nicht mehr leisten muss, gleichwohl die Kaufpreisforderung erheben. Dieser Anspruch ist – ausnahmsweise – gerade nicht untergegangen.

Mit diesem Grundbeispiel vor Augen kann man nun die genauen **Voraussetzungen für diese Ausnahmesituation** bestimmen, die in § 326 Abs. 2 Satz 1 enthalten sind. Entscheidend ist dafür, dass der Gläubiger – in unserem Beispiel also der Käufer – für den Umstand, aufgrund dessen der Schuldner nicht zu leisten braucht, „**allein oder weit überwiegend verantwortlich**" ist. Was bedeutet dies nun? Ein vorschneller Griff auf § 276 hilft zunächst nicht weiter – dort ist zwar etwas zur Verantwortlichkeit geregelt, scheinbar passt diese Vorschrift also, insofern sie den Begriff „verantwortlich" definiert, auch wenn diese Norm nur die Verantwortlichkeit des Schuldners betrifft.[159] Dies ergibt sich schon aus der gesetzlichen Überschrift der Norm. Doch man ist sich bewusst, dass der Verweis auf § 276 bzw. auf die §§ 276–278 **nicht direkt** weiterhilft.[160] Stattdessen hat sich in Rechtsprechung und Lehre für das, wofür der Gläubiger gem. § 326 Abs. 2 Satz 1 „verantwortlich" ist, eine umfangreichere Auslegung des Tatbestands herauskristallisiert. Überwiegend geht man davon aus, dass der Gläubiger den Umstand, der das **424**

---

159 *Brox/Walker*, Allgemeines Schuldrecht, § 22 Rn. 38.
160 So auch *Hirsch*, Allgemeines Schuldrecht, Rn. 718.

Leistungshindernis verursachte, zu verantworten hat, wenn er erstens eine Verhaltenspflicht verletzt hat, die ihm dem Schuldner gegenüber obliegt; zweitens muss der Gläubiger den Umstand verantworten, wenn ihm eine Obliegenheitsverletzung vorgeworfen werden kann; drittens ist eine Verantwortung auch dann zu bejahen, wenn er das Risiko für diesen Umstand vertraglich ausdrücklich übernommen hat.[161]

425 Der Begriff der **Verantwortlichkeit** ist also anders zu verstehen als ein bloßer Rückgriff auf die Bezeichnungen Vorsatz und Fahrlässigkeit. Doch darf er andererseits nicht so weit verstanden werden, dass eine bloße Kausalität genügen würde. Zum Teil wird sogar von einer entsprechenden Anwendung des § 276 gesprochen.[162] Entscheidend ist im Ergebnis, dass es um eine Zuordnung der Risikoverteilung geht. Ist dem Gläubiger vorzuwerfen, er habe sich nicht so verhalten, dass der Schuldner seine Leistungspflicht erbringen konnte? Das ist die entscheidende **Leitfrage**. Wenn man sich dies bewusst gemacht hat und zudem bedenkt, dass § 276 prinzipiell nur die Verantwortlichkeit des Schuldners regelt, kann man wohl durchaus von einer vergleichbaren Anwendung, dann auch von einer analogen Anwendung dieser Vorschriften ausgehen.

426 Man muss sich nur bewusst sein, dass es hier nicht um die Verletzung einer dem Gläubiger obliegenden Schuld geht. Es geht vielmehr um eine **Obliegenheit**: Was hat der Gläubiger beachten müssen, damit der Schuldner unverändert seine Schuld erbringen kann? Hat man dies verstanden, ist nahe liegend, als Verantwortlichkeit des Gläubigers das anzusehen, was von ihm im Rahmen des Schuldverhältnisses verlangt werden kann – er muss also die dem Gläubiger obliegende Verhaltenspflicht beachten. Verletzt er sie, etwa dadurch, dass er die Kaufsache zerstört, ist er verantwortlich für die Unmöglichkeit. Er muss also insbesondere mit den Leistungsgegenständen vorsichtig umgehen; verletzt er die ihm obliegenden Vorsichtsmaßnahmen, wäre es ein widersprüchliches Verhalten, wenn der Gläubiger gleichwohl noch seinen Anspruch gegen den Schuldner durchsetzen würde.[163]

427 Entscheidend ist nach der Bestimmung des § 326 Abs. 2 Satz 1, dass der Gläubiger für das Leistungshindernis **weit überwiegend** oder sogar allein verantwortlich ist. Wann diese Schwelle des „weit überwiegend" erreicht ist, muss im Einzelfall entschieden werden. Dem Gesetzgeber ging es ersichtlich darum, hier einen sehr hohen Maßstab aufzustellen.[164] Damit wollte er ausdrücken, dass die Fälle erfasst werden sollen, bei denen auch im Rahmen des Mitverschuldens gem. § 254 eine weit überwiegende Verantwortlichkeit gegeben ist. Nur dann, wenn man diese weit überwiegende Verantwortlichkeit (oder natürlich die alleinige Verantwortlichkeit) feststellen kann, greift die Ausnahmevorschrift des § 326 Abs. 2 Satz 1 ein. § 326 Abs. 2 Satz 1 betrifft also nur den Fall, dass der Gläubiger allein oder weit überwiegend für die Unmöglichkeit verantwortlich ist.[165] Ist also der Gläu-

---

161 Vgl. etwa hierzu BGH NJW 2002, 595; Bamberger/Roth/*Grothe*, BGB, § 326 Rn. 14; Palandt/*Grüneberg*, BGB, § 326 Rn. 9.
162 So etwa *Brox/Walker*, Allgemeines Schuldrecht, § 22 Rn. 39.
163 Staudinger/*Otto*, BGB, § 326 Rn. 11.
164 BT-Drucks. 14/6040, S. 187, dort zu § 323 Abs. 5.
165 *Looschelders*, Schuldrecht Allgemeiner Teil, Rn. 729.

biger für die Unmöglichkeit „nur" mitverantwortlich, wird man hinsichtlich eines eintretenden Schadens mit der Regelung des § 254 arbeiten müssen.[166]

Eine **Verantwortlichkeit** des Gläubigers ist insbesondere dann **zu bejahen**, wenn er das Risiko dafür ausdrücklich übernommen hat, dass die Unmöglichkeit nicht eintreten wird. Dies kann er durch die Vertragsfreiheit natürlich tun. Hat er ein solches Risiko übernommen, muss er die Verantwortlichkeit entsprechend tragen – d. h. in diesen Fällen muss er dann auch jedenfalls seine Leistungspflicht erbringen, auch wenn die Leistungspflicht des Schuldners wegen Unmöglichkeit ausfällt.[167]

428

Die Rechtsfolge des § 326 Abs. 2 Satz 1 ist schon angesprochen worden. Der Schuldner behält den Anspruch auf die Gegenleistung, auch wenn er selbst nicht leisten muss. Möglicherweise erspart er jedoch durch die Befreiung von seiner eigenen Leistungspflicht etwas – denn die ist ja gem. § 275 unmöglich geworden. Erspart er tatsächlich eine Aufwendung, muss er sich diese auf die vom Gläubiger noch zu erbringende Leistung anrechnen lassen, dies folgt aus § 326 Abs. 2 Satz 2. Dahinter steht der Gedanke der Vorteilsausgleichung.

429

Bsp.: Bleibt man bei dem zuvor genannten Beispiel *(unter Rn. 423)*, entfallen für V dadurch, dass er das Buch nicht mehr überbringen muss, die Versandkosten, die er eigentlich übernehmen wollte. Nun hat er zwar unverändert einen Anspruch auf die Gegenleistung, sofern der K an der Unmöglichkeit schuld war. Doch spart V ja nunmehr die Aufwendung für die Versendung – diese ersparten Kosten sind von dem Gegenleistungsanspruch, der dem V unverändert zusteht, abzuziehen.

b) **Der Annahmeverzug des Gläubigers, § 326 Abs. 2 Satz 1, 2. Alt.** Eine **zweite Ausnahmesituation**, in der der Gegenleistungsanspruch des Schuldners ausnahmsweise bestehen bleibt, obwohl er selbst seine Leistungspflicht wegen der Unmöglichkeit nicht mehr erbringen muss, findet sich in § 326 Abs. 2 Satz 1, dort in der 2. Alt.: Gemeint ist die Situation des **Annahmeverzugs des Gläubigers**. Auch diese Ausnahmeregelung folgt konsequent der Logik des Gesetzes. Sie greift in denjenigen Situationen ein, in denen sich der Gläubiger bei Eintritt der Unmöglichkeit im Annahmeverzug befindet.

430

Wann dies im Einzelnen der Fall ist, ist eine Frage des § 293.[168] Hier soll als Hinweis genügen, dass die Situation gemeint ist, in der der Gläubiger die Leistung des Schuldners noch nicht angenommen hat, obwohl der Schuldner sie ihm ordnungsgemäß, insbesondere zum rechten Zeitpunkt, angeboten hat. Unterlässt der Gläubiger die ihm obliegende Annahme der Leistung, gerät er unter den in § 293 normierten Voraussetzungen in den sog. **„Annahmeverzug"**. Hat nun der Schuldner seinerseits den zur Unmöglichkeit führenden Umstand auch nicht zu verantworten, so bleibt sein Anspruch auf die Gegenleistung entgegen der Grundregel des § 326 Abs. 1 bestehen, obwohl der Schuldner selbst seine Leistung nicht mehr zu erbringen braucht.

431

---

166 So auch *Brox/Walker*, Allgemeines Schuldrecht, § 22 Rn. 41.
167 Vgl. als Beispiel BGH NJW 1980, 700.
168 Dazu später ausführlich in § 10 (Rn. 645 ff.).

Bsp.: V verkauft dem K einen Fernseher. K als Gläubiger der Eigentumsverschaffungspflicht des V verweigert bei der Lieferung die Annahme des Geräts. Dieses wird nun, während es unverändert bei V steht, zerstört. – Gem. § 275 Abs. 1 muss nun V den Fernseher nicht mehr übereignen. Kann er aber den Kaufpreis, also seinen Anspruch auf die Gegenleistung verlangen? Entstanden ist dieser Anspruch aus § 433 Abs. 2 mit Vertragsschluss. Doch könnte er untergegangen sein. Der Untergangstatbestand des § 326 Abs. 2 Satz 1 ist zwar prinzipiell gegeben: Gegenseitiger Vertrag und Unmöglichkeit der Leistungspflicht liegen vor. Doch ist von einer Ausnahme von dem Grundtatbestand des § 326 Abs. 1 Satz 1 insofern auszugehen, als der Gläubiger im Annahmeverzug war: Weil K als Gläubiger der Eigentumsverschaffungspflicht des V die Leistung nicht angenommen hat, ist er in Annahmeverzug geraten. Daher greift die Ausnahmeregelung in § 326 Abs. 2 Satz 1, 2. Alt. Die Rechtsfolge ist dort eindeutig normiert, denn der V bleibt als Schuldner (der Eigentumsverschaffungspflicht, die unmöglich geworden ist) unverändert Inhaber seines Gegenleistungsanspruchs, K muss also den Kaufpreis zahlen.

432 Diese **Rechtsfolge** gilt gem. § 326 Abs. 2 Satz 1, 2. Alt. allerdings **nur dann**, wenn der Schuldner den Umstand, der zur Unmöglichkeit führt, nicht zu verantworten hat. Auch im Annahmeverzug des Gläubigers greift für die Verantwortlichkeit § 276 ein[169], doch ist zu beachten, dass der Schuldner während des Annahmeverzugs enger als in der Grundnorm des § 276 Abs. 1 nur Vorsatz und grobe Fahrlässigkeit zu vertreten hat – dies folgt aus § 300 Abs. 1.[170]

433 c) **Gläubiger verlangt Herausgabe des Ersatzes, § 326 Abs. 3.** In einer weiteren Situation bleibt der Gläubiger zur Gegenleistung verpflichtet, obwohl der Schuldner wegen der Unmöglichkeit seiner Leistungspflicht nicht mehr zu leisten braucht. Nach § 326 Abs. 3 ist dies dann der Fall, wenn der Schuldner für den geschuldeten Gegenstand einen **Ersatz oder einen Ersatzanspruch** erlangt hat. Dann kann der Gläubiger wählen: Er kann entweder nach § 285 Herausgabe des Ersatzes bzw. die Abtretung des Ersatzanspruches verlangen, oder er kann sich nach § 326 Abs. 1 Satz 1 auf den Wegfall der Gegenleistungspflicht berufen.[171] Je nach Entscheidung des Gläubigers hat dies Auswirkungen auf die Gegenleistungspflicht: Entscheidet er sich für die Geltendmachung des Ersatzes, also für das sog. *stellvertretende commodum*, bleibt er konsequenterweise zur Gegenleistung verpflichtet, wie § 326 Abs. 3 festlegt.

Bsp.: Hat etwa der Verkäufer eines Hauses, das durch einen Brand zerstört worden ist, einen Anspruch gegen seine Feuerversicherungsgesellschaft, so kann er zwar seine Leistung, das Haus zu übereignen, nicht mehr erbringen, sie ist unmöglich geworden. Doch kann der Käufer nach § 285[172] seinerseits verlangen, dass der Verkäufer ihm statt der nicht mehr möglichen Hausübereignung den Anspruch gegen die Feuerversicherung abtritt. Wählt der Käufer als Gläubiger des Eigentumsverschaffungsanspruchs hinsichtlich des Hauses diesen Weg, dann ist nur konsequent, dass er unverändert seine Gegenleistung erbringen, d. h. den Kaufpreis zahlen muss. Nichts anderes regelt § 326 Abs. 3 mit seiner Abweichung vom Grundsatz des § 326 Abs. 1.

---

169 *Schlechtriem/Schmidt-Kessel*, Schuldrecht Allgemeiner Teil, Rn. 582.
170 Vgl. unten Rn. 723.
171 *Looschelders*, Allgemeines Schuldrecht, Rn. 739.
172 Ausführlich hierzu Rn. 477.

Eine Besonderheit findet sich noch, wenn der Wert des Ersatzes, also des stellvertretenden commodum, hinter dem Wert der geschuldeten Leistung zurückbleibt – dann, so § 326 Abs. 3 Satz 2 i. V. m. § 441 Abs. 3, **mindert** sich der Gegenleistungsanspruch entsprechend.

d) Preisgefahr schon übergegangen? In § 326 sind nicht alle Ausnahmen von dem Grundsatz seines Absatzes 1 enthalten. Vielmehr kennt gerade das besondere Schuldrecht zahlreiche Konstellationen, in denen ebenfalls der Gegenleistungsanspruch des Schuldners bestehen bleibt, obwohl seine eigene Leistung unmöglich geworden ist. In diesen Fällen spricht man regelmäßig von den Ausnahmen (vor allem im Kauf-, Dienst- und Werkvertragsrecht), die dadurch bedingt sind, dass die **Preisgefahr** übergegangen ist.[173] Welche Situationen sind hier angesprochen? Es geht darum, dass der Anspruch auf die Gegenleistung bestehen bleibt, weil nach den Regelungen des Besonderen Schuldrechts der Gläubiger schon die Preisgefahr trägt.

Bsp.: Hat der V die von K gekaufte Vase diesem bereits übergeben, ohne dass der K schon gezahlt hat, geht nach § 446 die Preisgefahr über. Was bedeutet dies? Nimmt der K die Vase mit nach Hause, fällt sie dort jedoch durch ein kurzes Erdbeben vom Tisch und wird zerstört, fragt sich, ob V gleichwohl noch den Kaufpreis verlangen kann. Der Anspruch ist sicher entstanden gem. § 433 Abs. 2, doch könnte der Zahlungsanspruch des Verkäufers untergegangen sein. Der Untergangstatbestand richtet sich nach der Grundnorm des § 326 Abs. 1 Satz 1: Denn es liegt ein gegenseitiger Vertrag vor, und die Leistungspflicht – die Eigentumsverschaffung – ist nicht mehr möglich. Bislang hatte der Verkäufer die Vase ja lediglich übergeben, aber noch nicht das Eigentum an ihr verschafft. Dieses sollte erst bei Kaufpreiszahlung übergehen. Infolgedessen wäre eigentlich, da keine der Parteien an der Unmöglichkeit schuld ist, auch der Anspruch des Verkäufers auf die Gegenleistung untergegangen, wie § 326 Abs. 1 Satz 1 vorsieht. Anders ist dies jedoch durch die Regelung des § 446: Dort ist normiert, dass mit der Übergabe der verkauften Sache die Gefahr des zufälligen Untergangs auf den Käufer übergeht. Das bedeutet, dass dann, wenn die Sache in den Herrschaftsbereich des K übergegangen ist, ihm auch das Risiko des zufälligen Untergangs auferlegt wird, weil er auf die Sache aufpassen und für sie sorgen kann. Geht die Sache ausnahmsweise unter, ohne dass dies in die Verantwortlichkeit irgendeiner der beiden Parteien fällt, muss K als Gläubiger des Eigentumsverschaffungsanspruchs dieses Risiko tragen: Er muss also unverändert auch den Anspruch des Verkäufers erfüllen, weil § 326 Abs. 1 Satz 1 durch § 446 abgelöst ist.

Das **Gleiche** gilt nach § 447, wenn der Verkäufer bei einem Versendungskauf die Ware an eine Versandperson übergeben hat. Ähnliche Vorschriften finden sich im Werkvertragsrecht (in § 644 und § 645), zudem wird § 645 in verschiedenen Fallgruppen auch analog angewandt.

4. Insbesondere: Die beiderseitige Unmöglichkeit – ein Fall des § 326 Abs. 2?

Eine besondere Schwierigkeit stellt sich im Hinblick auf die Folgen der Unmöglichkeit einer Leistung in den Fällen, in denen nicht nur eine, sondern beide Vertragsparteien die Unmöglichkeit zu verantworten haben. Die sog. **„beiderseitig zu vertretende Unmöglichkeit"** ist eine besonders schwierige Fallgestaltung, die

---

173 *Medicus*, Schuldrecht I, Rn. 503c.

infolgedessen auch besonders prüfungsrelevant ist. Es ist aufbautechnisch außerordentlich schwierig, sie darzustellen und in eine Falllösung zu bringen. Dies hängt maßgeblich davon ab, wie man die Fälle der von beiden Seiten zu vertretenden Unmöglichkeit rechtlich zu lösen versucht.

Bsp. (1): V verkauft dem K einen antiken Schrank zu einem Preis von 1.200 € am 24. Mai. Abholtermin und Termin der vereinbarten Zahlung ist der 1. Juni. An diesem Tag erscheint der K jedoch nicht, weil er spontan entschieden hat, eine Woche in den Urlaub zu fahren, und die Abholung als nicht so dringend ansah. So steht der Schrank am 2. Juni unverändert bei V, der grob fahrlässig mit seinem Gabelstapler gegen den Schrank fährt und diesen zerstört. – Nun stellt sich die Frage, ob der V vom K unverändert den Kaufpreis verlangen kann. Der Anspruch ist durch den Kaufvertrag am 24. Mai gem. § 433 Abs. 2 entstanden. Er könnte untergegangen sein, § 326 Abs. 1 Satz 1, dessen Voraussetzungen liegen vor (synallagmatischer Vertrag, Unmöglichkeit der Leistung gem. § 275 Abs. 1). Möglicherweise greift die Ausnahme des § 326 Abs. 2 ein: Einschlägig scheint Abs. 2 Satz 1, 2. Alt. zu sein, denn K befindet sich als Gläubiger der Eigentumsverschaffungspflicht im Annahmeverzug. V hätte also unverändert einen Kaufpreisanspruch. Bleibt man jedoch bei diesem Ergebnis, würde man übersehen, dass auch V als Schuldner der Eigentumsverschaffungspflicht seinerseits schuldhaft gehandelt hat: Er hat ja grob fahrlässig den Schrank mit seinem Gabelstapler zerstört. Es fragt sich nun, wie man mit diesem Umstand, dass nicht nur K im Annahmeverzug war, sondern auch V die Unmöglichkeit mit zu verschulden hat, umgeht.

Bsp. (2): Unverändert bleibt es bei dem oben genannten Kaufvertrag. Nun kommt zwar K pünktlich am 1. Juni und will den Schrank abholen, doch dabei passiert ein Unglück: V hat den Schrank auf einer Empore abgestellt; als K ihn dort herunterholen möchte, bricht die Empore durch eine Ungeschicklichkeit des K zusammen. Dabei wird der Schrank zerstört. Es wird anschließend festgestellt, dass die Empore von V schlecht zusammengebaut war; im Ergebnis trägt dieser Umstand dazu bei, dass den V an dem Zusammenbruch und der Zerstörung des Schranks zwei Drittel der Schuld trifft, K hingegen muss die Zerstörung durch seine Ungeschicklichkeit zu einem Drittel verantworten. – Hat V unverändert einen Kaufpreisanspruch gegen K? Wie oben ist der Anspruch entstanden, § 326 Abs. 1 gilt ebenfalls. Doch könnte dem Untergang des Anspruchs § 326 Abs. 2 Satz 1, nunmehr in der 1. Alt., entgegenstehen: Dann müsste V als Gläubiger des Kaufpreisanspruchs die Unmöglichkeit der Leistungserbringung, also der Eigentumsverschaffung, allein oder weit überwiegend zu verantworten haben. Zwar trägt V im vorliegenden Sachverhalt zu zwei Dritteln die Verantwortung, doch kann man dies nicht als überwiegende Verantwortung sehen, schon gar nicht als alleinige Verantwortung. Denn „weit überwiegend" verlangt wie im Rahmen des § 254 eine so starke Verantwortlichkeit, dass sie einer Alleinverantwortlichkeit gleichzustellen ist.[174] Eine so starke Verantwortlichkeit des V ist allerdings bei zwei Dritteln nicht zu vermuten. Dies führt dazu, dass in dieser Variante § 326 Abs. 2 Satz 1, 1. Alt. nicht zum Tragen kommt – dementsprechend ist mangels Anwendbarkeit des Absatzes 2 der Grundfall des § 326 Abs. 1 einschlägig: D.h., der V würde seinen Anspruch auf Kaufpreiszahlung vollständig verlieren. Dies erscheint unbefriedigend, weil auch K, wenn auch nur zu einem Drittel, die Unmöglichkeit mit zu verantworten hat. Auch hier stellt sich also die Frage, wie man mit einer solchen beiderseitig zu vertretenden Unmöglichkeit umzugehen hat.

437 Wie löst man also diese Fälle? Zunächst muss man sich darüber klar werden, dass mit der Formulierung der „weit überwiegenden Verantwortlichkeit" wohl nicht die Konstellation der beiderseits zu vertretenden Unmöglichkeit geregelt werden

---

174 Vgl. oben Rn. 424; *Canaris*, JZ 2001, 499 (511).

sollte.[175] Stattdessen geht die ganz überwiegende Ansicht davon aus, dass die von beiden Seiten zu vertretende Unmöglichkeit – wie bereits vor der Schuldrechtsreform – **auch jetzt nicht vom Gesetz geregelt** ist, d. h. insbesondere nicht von § 326 Abs. 2 Satz 1, 1. Alt.[176] Denn diese Norm erfasst im Ergebnis, so die systematische Konzeption des Gesetzes, ausschließlich den Fall der alleinigen oder der dieser gleichzustellenden weit überwiegenden Verantwortlichkeit des Gläubigers.

Demgegenüber ist bei der Frage der von beiden Seiten zu vertretenden Unmöglichkeit eine Konstellation gemeint, in denen **beide Seiten in gleicher Weise** oder zumindest annähernd gleicher Weise für das Leistungshindernis die Verantwortung tragen.[177] Weil man also davon auszugehen hat, dass das Gesetz selbst eine Lösung für diese Fragestellung nicht vorsieht, ist in Rechtsprechung und Literatur heftig umstritten, wie die zuvor geschilderten Beispiele zu lösen sind. Man muss sich bei jeder Lösung darüber im Klaren sein, dass es hier um eine Wertungsfrage geht. Zwar scheint § 326 Abs. 2 auf den ersten Blick jeweils einschlägig zu sein, doch wird die bloße Anwendung dieser Norm (oder diejenige des Absatzes 1) dem Umstand nicht gerecht, dass in diesen Situationen, wie auch in den dargestellten Beispielen, auch der Käufer für die Unmöglichkeit mit verantwortlich ist. Wie man diese Wertung in eine Lösung überführt, ist wie angesprochen sehr umstritten. **438**

Zum einen findet man die Ansicht, dass dann, wenn beide Seiten die Unmöglichkeit zu vertreten haben, **§ 326 Abs. 2 Anwendung finden soll**, zumindest entsprechend.[178] Diese Ansicht ist eine Fortentwicklung der schon zum früheren Recht entwickelten Auffassung, die zu einer gerechten Wertung führte. Doch bleibt es nach den Vertretern dieser Ansicht nicht allein bei einem Anspruch auf die Kaufpreiszahlung, der nach § 326 Abs. 2 in voller Höhe bestehen bleibt. Vielmehr sei diesem nicht reduzierten Gegenleistungsanspruch des Verkäufers sogleich ein Schadensersatzanspruch des Käufers (also des Gläubigers der unmöglich gewordenen Verschaffungspflicht) entgegenzuhalten, der sich dann aus den §§ 280 Abs. 1, Abs. 3, 283 ergebe. Nach dieser Auffassung stehen sich also zwei Ansprüche gegenüber, die sich im Ergebnis miteinander verrechnen lassen; bei dem Anspruch des Gläubigers aus der Unmöglichkeit ist darüber hinaus an eine Kürzung nach § 254 zu denken. **439**

Nach einer anderen Auffassung, die an dem Wortlaut und an einer **engen Auslegung** des Begriffs „weit überwiegend" festhält, kann **§ 326 Abs. 2 Satz 1 keine Anwendung** finden. Vielmehr, so diese Ansicht, erlischt auch bei der von beiden Seiten zu vertretenden Unmöglichkeit der Anspruch des Verkäufers auf die Gegenleistung, d. h. auf die noch ausstehende Kaufpreiszahlung; es kommt also unge- **440**

---

175 So auch *Schwarze*, Jura 2002, 73 (82); *Stoppel*, Jura 2003, 224.
176 Palandt/*Grüneberg*, BGB, § 326 Rn. 8, 15; *Medicus*, Schuldrecht I, Rn. 503g; *Baumann-Hauth*, JuS 1983, 133; *Gruber*, JuS 2002, 1066; *Stoppel*, Jura 2003, 224; *Canaris*, in: Festschr. für Egon Lorenz, 2004, S. 147.
177 So auch *Eckert*, Schuldrecht, Allgemeiner Teil, Rn. 415.
178 S. etwa *Lorenz/Riehm*, Lehrbuch zum neuen Schuldrecht, Rn. 350 ff.; *Teubner*, Gegenseitige Vertragsuntreue, 1975, S. 61; Staudinger/*Otto*, BGB, § 326 Rn. C 73; *Stoppel*, Jura 2003, 224 (227).

schmälert zunächst § 326 Abs. 1 zum Tragen.[179] Diese Ansicht überzeugt gegenüber der zuerst genannten Auffassung deshalb, weil § 326 Abs. 2 vom Wortlaut her nicht eingreifen kann. Vielmehr enthält letztlich § 326 Abs. 1, auch wenn er nicht auf den ersten Blick zu passen scheint, doch eine Regelung, die hier heranzuziehen ist, denn § 326 Abs. 1 stellt den Grundfall dar. Greift keine Ausnahme, also auch nicht die Ausnahme nach Abs. 2, kommt aus systematischen Gründen nur die Anwendung des Absatzes 1 als Grundfall in Betracht. Doch bleibt diese Ansicht mit Recht nicht an diesem Punkt stehen, demzufolge der Kaufpreisanspruch nach § 326 Abs. 1 Satz 1 erloschen ist. Vielmehr denkt sie weiter und billigt stattdessen beiden Vertragsparteien einen Schadensersatzanspruch aus dem Vorgang zu, der zur Unmöglichkeit geführt hat. So erhält der Käufer in der oben dargestellten zweiten Variante des Beispiels einen Anspruch gegen den Verkäufer aus §§ 280 Abs. 1, 283. Denn der Verkäufer kann seine Leistungspflicht, den Schrank zu übereignen, nicht mehr erfüllen; demgegenüber kann der Käufer vom Verkäufer einen Schadensersatzanspruch wegen einer Sorgfaltspflichtverletzung nach §§ 280 Abs. 1, 241 geltend machen. Bei den Schadensersatzansprüchen ist jeweils ein Mitverschulden der anderen Seite nach § 254 zu beachten. Zudem werden sie miteinander verrechnet.[180] Nach dieser Auffassung werden also die um das jeweilige Mitverschulden gekürzten Schadensersatzansprüche des Gläubigers und des Schuldners gegeneinander saldiert.

441 Wie man im Ergebnis mit einer solchen Situation umgeht, ist also davon abhängig, welcher Auffassung man folgen möchte. Das beeinflusst auch maßgeblich den Prüfungsaufbau. Der Grundansatz bleibt dabei aber immer gleich: **Es geht immer um die Frage, ob ein Ausnahmefall des Untergangstatbestands des Absatzes 1 des § 326 eingreift oder nicht.** An dieser Stelle kann man sich dann auch für eine der unterschiedlichen Auffassungen entscheiden. Die **Rechtsprechung** wählt insofern einen etwas unübersichtlichen (dritten) Weg: Sie geht von dem Anspruch desjenigen aus, der den geringeren Verschuldensanteil hat; in den zuvor genannten Beispielen würde sie also einen Anspruch des K aus § 280 bejahen, diesen aber um die entsprechend abzuziehenden Mitverschuldensanteile des V kürzen. Die Rechtsprechung stellt also im Ergebnis eine umfassende Gewichtung des Verschuldens an und kürzt den Anspruch anschließend allein nach § 254.[181] Entscheidend ist aber auch dabei, dass letztlich auch die Rechtsprechung die Ansicht verfolgt, dass § 326 Abs. 1 insofern zu einer hier gültigen Aussage führt, dass ein Kaufpreisanspruch des Verkäufers nicht mehr gegeben ist.

V. Rechtsfolgen III: Sekundärleistungsansprüche, § 275 Abs. 4 i. V. m.

442 Neben den beiden zuvor geschilderten unterschiedlichen Rechtsfolgentypen folgt aus der Unmöglichkeit noch eine **dritte Gruppe von Rechtsfolgen**, die man üblicherweise als **Sekundärleistungsansprüche** bezeichnet. § 275 Abs. 4 stellt dies aus-

---

179 So etwa MünchKomm/*Ernst*, BGB, § 326 Rn. 79; Palandt/*Heinrichs*, BGB, § 326 Rn. 15; Jauernig/*Stadler*, BGB, § 326 Rn. 22; *Medicus*, Schuldrecht I, Rn. 503g.
180 Vgl. etwa *Schulze/Ebers*, JuS 2004, 366 (368); *Rauscher*, ZGS 2002, 333 (336).
181 Vgl. RGZ 71, 187 (191); OLG Frankfurt NJW-RR 1995, 435 (436 f.).

führlich klar, dem zufolge sich die Rechte des Gläubigers nach den §§ 280, 283–285, 311a und 326 bestimmen. Anders als zuvor geht es nun um die Frage, ob der Gläubiger, der seine von ihm ja erwartete und ihm zugesicherte Leistung aufgrund der Unmöglichkeit der Leistungserbringung nicht mehr erhält, stattdessen einen anderen, an die Stelle des Primäranspruchs tretenden Sekundärleistungsanspruch erhält.

1. Überblick

In den Rechtsfolgen I und II ging es darum, was mit dem Leistungsanspruch an sich passiert (er geht unter, § 275) bzw. welches Schicksal die in einem Synallagma stehende Gegenleistungsforderung nimmt (das kommt darauf an, wer die Verantwortung für die Unmöglichkeit der Leistung trägt, § 326 Abs. 1 bis 4). Einer ganz anderen Fragestellung gehen die nun hier als sog. **Rechtsfolgen III** bezeichneten Anspruchsgrundlagen nach: Es geht um Sekundärleistungsansprüche, die gerade als Folge einer Pflichtverletzung, nämlich als Folge der Unmöglichkeit entstehen. Es geht also darum, wie der Gläubiger dafür zu entschädigen ist, dass er die ihm vertraglich zugesicherte Leistung nun nicht mehr verlangen kann. Im Bereich der Unmöglichkeit sind unterschiedliche Sekundärleistungsansprüche, die der Gläubiger geltend machen kann, geregelt: Welche in Frage kommen, hängt vor allem davon ab, um welche Form der Unmöglichkeit es geht. Danach muss als erstes differenziert werden: Geht es um eine Situation der anfänglichen oder um eine solche der nachträglichen Unmöglichkeit?

Übersicht 4:

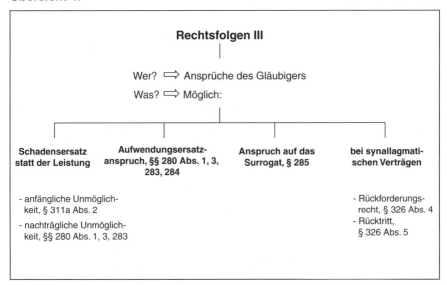

War die Leistung **schon bei Vertragsschluss unmöglich**, bestimmen sich mögliche Sekundärleistungsansprüche des Gläubigers, die an die Stelle der nicht erfüllbaren, weil unmöglichen Hauptleistungspflicht treten, nach der Vorschrift des § 311a Abs. 2. Der Gläubiger kann wählen, ob er einen Schadensersatz statt der

Leistung verlangt oder ob er stattdessen, wie es § 284 näher beschreibt, Ersatz für die von ihm getätigten Aufwendungen verlangt *(dazu sogleich unter Rn. 449 ff.)*.

445 Anders ist die Rechtslage, wenn die Unmöglichkeit **erst nach Vertragsschluss** eintritt. Dies ist gerechtfertigt, denn hier konnte der Schuldner ja ursprünglich davon ausgehen, leisten zu können. Auch hier hat der Gläubiger bei Vorliegen entsprechender Voraussetzungen ein Wahlrecht: Er kann nämlich einerseits ebenfalls Schadensersatz statt der Leistung verlangen, jedoch unter anderen Voraussetzungen als bei der anfänglichen Unmöglichkeit – sie ergeben sich hier aus den §§ 280 Abs. 1 und 3, 283. Alternativ kann der Gläubiger einen Aufwendungsersatzanspruch wählen, der sich aus den Vorschriften der §§ 280 Abs. 1 und 3, 283, 284 ergibt. Der zentrale Unterschied liegt darin, dass die Anforderungen bezüglich dessen, was der Schuldner wissen bzw. vertreten muss, differieren *(dazu sogleich unter Rn. 462 ff.)*.

446 Ein weiterer Anspruch ist in § 285 geregelt. Der Gläubiger kann einen Anspruch auf das sog. **stellvertretende commodum** erheben, d. h. einen Anspruch auf Herausgabe dessen, was der Schuldner infolge der Unmöglichkeit der Leistungserbringung von einem Dritten erhalten hat *(dazu sogleich unter Rn. 466 ff.)*.

447 Eine letzte Regelung zu den Sekundärleistungsansprüchen ergibt sich für den **gegenseitigen Vertrag**: Zum einen kann der Gläubiger das, was er bereits geleistet hat, nach § 326 Abs. 4 BGB zurückverlangen; zudem kann er unter bestimmten Umständen vom gesamten Vertrag zurücktreten, was sich aus § 326 Abs. 5 ergibt *(dazu sogleich unter Rn. 477 ff.)*.

448 Dieser Überblick erscheint **zunächst noch etwas verwirrend**. Doch muss man sich bewusst machen, dass die Unmöglichkeit der Leistungspflicht des Schuldners eine Leistungsstörung darstellt. Sie führt dazu, dass der Schuldner nicht das erbringen kann, wozu er eigentlich verpflichtet ist – deshalb ist in aller Regel § 280 Abs. 1 die Ausgangsnorm für den Anspruch des Gläubigers auf eine Sekundärleistung (nur für die anfängliche Unmöglichkeit gilt gem. § 311a etwas anderes). Im Ergebnis sind **bei allen Rechtsfolgen III zunächst identische Überlegungen** anzustellen: Es muss immer ein Schuldverhältnis bestehen; die Pflichtverletzung besteht immer in der Unmöglichkeit, sei es, dass sie von Anfang an besteht, sei es, dass sie erst im Nachhinein entstanden ist. Diese Unmöglichkeit muss vom Schuldner zu vertreten sein – dies ergibt sich bei § 280 unmittelbar aus dem Wortlaut der Norm in Verbindung mit den §§ 276–278. Bei der anfänglichen Unmöglichkeit ist dies ähnlich. Schließlich muss immer ein Schaden entstanden sein. Ist er entstanden, kann der Gläubiger einen Anspruch auf die Sekundärleistung geltend machen, wie auch immer dieser genau ausgestaltet sein mag. Wenn man sich **diese gleiche Struktur** vor Augen geführt hat, ist die Verwirrung schon nicht mehr ganz so groß. Dass es schließlich zusätzliche Folgen bei gegenseitigen Verträgen im Hinblick auf die Gegenleistung gibt, ist deshalb plausibel, weil ja hier die besondere Situation besteht, dass die eine Leistung nur um der anderen willen erbracht wird – deshalb muss es hier auch eigenständige Bestimmungen bezüglich der Sekundärleistungsansprüche geben.

2. Schadensersatz statt der Leistung bei anfänglicher Unmöglichkeit, § 311a Abs. 2

Eine erste Fallgruppe für einen Sekundäranspruch betrifft den **Schadensersatz statt der Leistung bei einer anfänglichen Unmöglichkeit**. Sie ergibt sich aus § 311a Abs. 2. Nach Abs. 1 dieser Norm bleibt die Wirksamkeit eines Vertrages davon unberührt, dass der Schuldner sich zu einer von Anfang an unmöglichen Leistung verpflichtet hat.[182] Doch liegt auf der Hand, dass der Schuldner seine Leistung nicht erbringen muss: Dies folgt schon aus § 275. Der Gläubiger kann in dieser Situation jedoch nach § 311a Abs. 2 einen Sekundäranspruch anstelle der ihm nicht zu erbringenden Leistung geltend machen.

Übersicht 5:

Rechtsfolge III/1

Schadensersatz statt der Leistung bei anfänglicher Unmöglichkeit

Anspruchsgrundlage: § 311a Abs. 2

Voraussetzungen

1. Bestehendes Schuldverhältniss: Vertrag
2. Leistungsstörung: – Unmöglichkeit der Leistungserbringung, § 275 Abs. 1–3
   – (schon) bei Vertragsschluss
3. Kein Ausschluss des Anspruchs, § 311a Abs. 2 Satz 2

Rechtsfolge

⇩

Wahlrecht des Gläubigers

| Schadensersatz statt der Leistung, § 311a Abs. 2 Satz 1, 1. Alt. | oder | Ersatz der Aufwendungen, § 311a Abs. 2 Satz 1, 2. Alt. |

---

a) **Voraussetzungen.** Die erste **Voraussetzung** für diesen Anspruch ist ein bestehender Schuldvertrag zwischen den Parteien. Des Weiteren ist erforderlich, dass der Schuldner nach § 275 Abs. 1 bis 3 eine Leistung nicht erbringen muss, weil

---

[182] *Brox/Walker*, Allgemeines Schuldrecht, § 22 Rn. 11; *Palandt/Heinrichs*, BGB, § 311a Rn. 5; *Hirsch*, Allgemeines Schuldrecht, Rn. 652; anders noch zu der Zeit vor der Schuldrechtsreform, als § 306 a.F. die Nichtigkeit eines solchen Vertrags anordnete.

sie unmöglich im Sinne dieser Vorschrift ist. Diese Unmöglichkeit muss als dritte Voraussetzung, die sich aus § 311a Abs. 2 ergibt, von Anfang an gegeben sein, d. h. sie muss schon bei Vertragsschluss vorgelegen haben. Dies ist dann der Fall, wenn schon bei Vertragsschluss beispielsweise die dem Käufer vom Verkäufer verkaufte Sache untergegangen, sie also bereits zerstört war, als die Parteien den Vertrag abgeschlossen haben.

451 Zu diesen drei positiven Voraussetzungen des § 311a Abs. 2 kommt **eine weitere** hinzu: Der Anspruch des Gläubigers entsteht nämlich dann nicht, wenn der Schuldner das Leistungshindernis bei Vertragsschluss nicht kannte und seine Unkenntnis auch nicht zu vertreten hat. Dies ist in § 311a Abs. 2 Satz 2 bestimmt. Hier regelt das BGB wieder etwas sehr Plausibles: Der Schuldner, der seine Leistungspflicht nicht erbringen muss, weil sie unmöglich ist, soll dem Gläubiger nur dann haften, wenn ihn zumindest „irgendeine Schuld" trifft.[183] Hier kommt es aber nicht auf eine Schuld bei der Verletzung von Leistungspflichten an, sondern allein darauf, dass der Schuldner sich über seine Leistungsfähigkeit nicht informiert hat.[184] Genau dies kann man nämlich dem Schuldner vorwerfen. Jeder, der einen Vertrag abschließt, soll sich vor Vertragsschluss darüber informieren, ob er die von ihm verlangte Leistung auch erbringen kann. Der Schuldner hat also eine **Informationspflicht über seine Leistungsfähigkeit**[185]; verletzt er diese, so ist es auch gerechtfertigt, dass er dann möglicherweise daraus entstehende Schäden ersetzt.

452 Die Formulierung des Satzes 2 in Absatz 2 („dies gilt nicht") macht dabei deutlich, dass den Schuldner in dieser Situation die **Darlegungs- und Beweislast** für seine Unkenntnis und das fehlende Verschulden trifft. Denn üblicherweise geht die Rechtsordnung davon aus, dass jedermann weiß, was er zu leisten in der Lage ist. Die Formulierung macht zudem deutlich, dass dem Schuldner hier nicht nur die positive Kenntnis hinsichtlich seines Leistungshindernisses angelastet wird, er muss auch für eine fahrlässige Unkenntnis die Verantwortung übernehmen. Maßgeblich ist daher, ob der Schuldner bei ordnungsgemäßem, d. h. pflichtgemäßem Verhalten das Leistungshindernis hätte erkennen können bzw. sogar erkennen müssen.[186] Ist dies der Fall, hat er seine Unkenntnis dem Gläubiger gegenüber zu vertreten, so dass diese weitere Voraussetzung erfüllt ist.

453 Nicht ganz klar ist dabei jedoch, **was der Schuldner im Einzelnen unternehmen muss**, um die Grenzen seiner Leistungsfähigkeit zu kennen: Muss er vor Vertragsschluss stets umfangreiche Nachforschungspflichten über den Bestand seiner Güter anstellen, die er veräußern möchte? Muss er sich, mit anderen Worten, auch ohne konkreten Anlass immerfort über den Fortbestand seiner Leistungsfähigkeit informieren? Hier wird man die Anforderungen nicht zu hoch hängen dürfen,

---

183 Palandt/*Grüneberg*, BGB, § 311a Rn. 2.
184 *Brox/Walker*, Allgemeines Schuldrecht, § 22 Rn. 67.
185 *Emmerich*, Das Recht der Leistungsstörungen, § 5 Rn. 16.
186 *Looschelders*, Schuldrecht Allgemeiner Teil, Rn. 728.

denn sofern für den Schuldner keine Anhaltspunkte dafür bestehen, dass sich seine Leistungsfähigkeit verschlechtert hat, kann ihm insofern auch kein Vorwurf gemacht werden, der ihn zum Schadensersatz verpflichten würde. Die an den Schuldner zu stellenden Sorgfaltsanforderungen hängen also von den Umständen des Einzelfalles ab.[187]

b) Rechtsfolgen. Liegen die genannten Voraussetzungen vor, hat der Gläubiger nach § 311a Abs. 2 Satz 1 ein **Wahlrecht**. Er kann einen Aufwendungsersatzanspruch gem. § 284 geltend machen[188]; darüber hinaus kann er jedoch auch einen „Schadensersatz statt der Leistung" verlangen. **454**

Wählt der Gläubiger diesen Anspruch, so besteht der Schadensersatzanspruch in Form des „positiven Interesses" (**Erfüllungsinteresse**): Der Anspruch ist demnach auf den Ersatz des Erfüllungsinteresses gerichtet; der Gläubiger ist also so zu stellen, wie er stünde, wenn der Schuldner hätte leisten können. Dabei ist der Marktwert der ausgebliebenen Leistung ersatzfähig.[189] Weil es um das Erfüllungsinteresse geht, kommen zudem auch eventuell höhere Kosten hinzu, die für eine erforderlich gewordene Ersatzbeschaffung anfallen[190]; ebenso fällt hierunter ein möglicherweise entgangener Gewinn, der dem Gläubiger aus einer geplanten Weiterveräußerung zugewachsen wäre.[191] Letztlich soll der Gläubiger (bei einem Kaufvertrag also hinsichtlich der zu liefernden Ware der Käufer) auch dann, wenn er bloß diesen Sekundäranspruch geltend machen kann, doch so gestellt werden, dass er die Vorteile aus dem von ihm geschlossenen Vertrag trotz der Unmöglichkeit genießen kann. **455**

Bsp.: Ist bei einem Kaufvertrag zwischen K und V der verkaufte antike Schrank schon vor Abschluss des Vertrages zerstört worden, kann K von V – sofern die Voraussetzungen vorliegen – nach § 311a Abs. 2 den Schadensersatz statt der Leistung verlangen: Er kann also den Wert des Schrankes von V herausverlangen. Wollte er den Schrank weiterverkaufen und hätte er einen Gewinn i.H.v. 500 € erlangt, kann er auch diesen ersetzt verlangen; kostet die Ersatzbeschaffung 200 €, sind diese ebenfalls vom Schadensersatzanspruch erfasst.

Für die Abwicklung des Schadensersatzanspruches bieten sich nun **zwei verschiedene Wege an**; im Ergebnis geht es immer darum, dass der Gläubiger vom Schuldner so gestellt wird, wie er ohne die Pflichtverletzung bei ordnungsgemäßer Vertragserfüllung stünde. Dabei ist zu berücksichtigen, dass zwar der Gläubiger einen Schaden erlitten hat. Doch § 311a enthält ausdrücklich die Regelung, dass das Schuldverhältnis als solches trotz Unmöglichkeit, also auch trotz anfänglicher Unmöglichkeit, wirksam bleibt.[192] Dies führt dazu, dass auch dann, wenn der Gläubiger einen Schadensersatzanspruch wegen der Unmöglichkeit geltend macht, er unverändert selbst zur Leistung verpflichtet ist. Im gegenseitigen Vertrag **456**

---

187 Palandt/*Grüneberg*, BGB, § 311a, Rn. 9.
188 Dazu im Folgenden unter Rn. 466.
189 BGH NJW 1984, 2282; BGH NJW 1987, 50; BGH NJW 1989, 766.
190 MünchKomm/*Oetker*, BGB, § 249 Rn. 313 ff.
191 Palandt/*Heinrichs*, BGB, § 252, Rn. 1.
192 *Westermann/Bydlinski/Weber*, BGB – Schuldrecht Allgemeiner Teil, § 7 Rn. 78.

hat dies zur Konsequenz, dass sich für die Abwicklung des Ersatzanspruchs verschiedene Wege anbieten. Die Rechtsprechung ist dabei seit langem der Ansicht, dass der Gläubiger wählen kann, welchen Weg er geht: Ob er nämlich seinen Schaden nach der Differenztheorie oder aber nach der Austausch-, d. h. nach der sog. Surrogationstheorie berechnen möchte.[193]

457 Bei der sog. **Austausch- bzw. Surrogationstheorie** geht man davon aus, dass die Leistung und die Gegenleistung unverändert auszutauschen sind, auch wenn eine der beiden Leistungen unmöglich geworden ist.[194] Unabhängig von der Gegenleistung tritt also allein der vom Schuldner zu erbringende Schadensersatzanspruch an die Stelle seiner unmöglich gewordenen eigentlichen Leistung. Das heißt, es kommt unverändert zum Austausch zweier Leistungen: Der Schuldner leistet nunmehr den Schadensersatz, der Gläubiger hingegen ist unverändert berechtigt und verpflichtet, seine Gegenleistung zu erbringen. In Fällen, in denen die Gegenleistung in Geld besteht, kann dann aufgerechnet werden.

458 Bei der Anwendung der **Differenztheorie** hingegen verfolgt man einen anderen Weg: Hier tritt nämlich der Schadensersatz an die Stelle von Leistung und Gegenleistung. Man geht also nicht von den beiden Einzelleistungen aus, sondern stattdessen von einer vertraglichen Einheit. Der Gläubiger hat in dieser Situation nur noch eine einseitige Geldforderung, die sich auf die Höhe der Differenz zwischen Leistung und Gegenleistung beläuft. Das führt dazu, dass im Ergebnis der Wert derjenigen Leistung, die unmöglich ist bzw. geworden ist, und der Wert der Gegenleistung, die nun nicht mehr erbracht werden muss, zu bloßen Rechnungsposten eines einzigen, dem Gläubiger zustehenden Schadensersatzanspruches werden.

Die unterschiedlichen Theorien führen häufig zu **gleichen Ergebnissen**, jedenfalls dort, wo es um eine Leistung gegen Geld geht.

Bsp.: Hat A vom B ein Buch für 50 € gekauft, das in Wahrheit 70 € wert war, und war dieses Buch (was dem B bekannt war) von Anfang an nicht mehr vorhanden, so steht dem A ein Schadensersatzanspruch nach § 311a Abs. 2 zu: Unabhängig davon, welche Methode er wählt, läuft die Berechnung darauf hinaus, dass der A von B 20 € verlangen kann, sowohl nach der Differenz- als auch nach der Austauschmethode steht am Ende des Berechnungsvorgangs diese Summe: Sei es, dass der A direkt von B die 20 € verlangt (Differenzmethode), sei es, dass der A dem B zunächst den Kaufpreis i.H.v. 50 € zahlt und im Gegenzug von B den Wert des Buches i.H.v. 70 € herausverlangt (Austauschtheorie).

459 Die Unterschiede zwischen den Theorien werden aber deutlich, wenn es etwa um einen **Tauschvertrag** geht, bei dem die **Gegenleistung nicht in Geld liegt**.

Bsp.: Vereinbaren etwa A und B in einem Tauschvertrag, dass der A ein ihm gehörendes Buch im Wert von 50 € gegen einen Tisch des B tauscht, der 70 € wert ist, und wusste der B schon beim Vertragsschluss, dass sein Tisch vor einigen Wochen gestohlen worden war, kann der A den ihm zustehenden Schadensersatzanspruch nach § 311a Abs. 2 auf unter-

---

193 S. dazu schon BGH NJW 1956, 1233.
194 MünchKomm/*Emmerich*, BGB, vor § 281 Rn. 28.

schiedlichen Wegen berechnen: Wählt er die Differenztheorie, so behält er sein Buch, zugleich kann er gegenüber B einen Schadensersatzanspruch i.H.v. 20 € geltend machen; er kann jedoch auch die Austauschvariante wählen: Dann liefert er unverändert das Buch an den B, er kann von B jedoch nach wie vor die ihm zustehende Gegenleistung, d. h. nunmehr 70 €, herausverlangen. Welchen Weg er geht, ist nach ganz überwiegender Auffassung dem A freigestellt, er hat die freie Wahl der Berechnungsmethode.[195]

Unabhängig davon, welche Methode man wählt, können **weitere Ansprüche** (wie der entgangene Gewinn) zusätzlich geltend gemacht werden.[196] **460**

§ 311a Abs. 2 Satz 3 enthält zusätzlich eine Regelung für den Fall, dass der Schuldner nur **wegen eines Teils der Leistung** nach § 275 von seiner Leistungspflicht freigeworden ist – dort findet man also, was zu tun ist, wenn die Nichtleistung nur einen Teil der Leistungsschuld betrifft. In diesen Fällen kann der Gläubiger Schadensersatz nur für denjenigen Teil der Leistung verlangen, den der Schuldner nach § 275 nicht mehr erbringen muss (sog. kleiner Schadensersatz)[197]; hat der Gläubiger aufgrund dieser Teilunmöglichkeit kein Interesse mehr an der gesamten Leistung (dies ist der Sinn des Hinweises auf § 281 Abs. 1 Satz 2), so kann er auch auf die Teilleistung verzichten und dann Schadensersatz statt der ganzen Leistung verlangen.[198] **461**

3. Schadensersatz statt der Leistung bei nachträglicher Unmöglichkeit, §§ 280 Abs. 1 und 3, 283

Ist die vom Schuldner zu erbringende Leistung nicht von Anfang an unmöglich, sondern wird sie dies erst nach Vertragsschluss, liegt eine **nachträgliche Unmöglichkeit** vor. Auch hier kann dem Gläubiger unter bestimmten Voraussetzungen ein Schadensersatzanspruch statt der Leistung zustehen. Dies ergibt sich aus den §§ 280 Abs. 1 und 3, 283 Satz 1. Da es sich bei der nachträglichen Unmöglichkeit um eine Leistungsstörung handelt, kommt auch hier wieder die Anspruchsgrundlage zum Tragen, die als Generalnorm für sämtliche Leistungsstörungen gilt, nämlich § 280 Abs. 1. Diese wird jedoch durch die Vorschriften der §§ 280 Abs. 3, 283 Satz 1 ergänzt. Im Ergebnis geht es hier darum, dass der Schuldner eine Ersatzpflicht zu erfüllen hat, weil und soweit er die Pflichtverletzung in Form der Leistungsstörung „Unmöglichkeit" zu vertreten hat. **462**

---

195 MünchKomm/*Emmerich*, BGB, vor § 281 Rn. 26; *Lorenz/Riehm*, Lehrbuch zum neuen Schuldrecht, Rn. 211.
196 *Emmerich*, Das Recht der Leistungsstörungen, § 5 Rn. 21; *Lorenz/Riehm*, Lehrbuch zum neuen Schuldrecht, Rn. 331 ff.
197 *Brox/Walker*, Allgemeines Schuldrecht, § 22 Rn. 70.
198 *Looschelders*, Allgemeines Schuldrecht, Rn. 664.

Übersicht 6:

Rechtsfolge III/2

Schadensersatz statt der Leistung bei nachträglicher Unmöglichkeit

Anspruchsgrundlage: §§ 280 Abs. 1, 3, 281, 283

Voraussetzungen

1. Bestehendes Schuldverhältnis
2. Pflichtverletzung: Leistungsstörung: – Unmöglichkeit gemäß § 275 Abs. 1–3
   = Leistungsbefreiung
   – Eintritt **nach** Vertragsschluss
3. Vertretenmüssen der Leistungsstörung durch den Schuldner, §§ 276–278; Beweislast: § 280 Abs. 1 Satz 2
4. Schaden

Rechtsfolge
⇩
Schadensersatz statt der Leistung

---

463 Als erste **Voraussetzung** muss wieder ein wirksames Schuldverhältnis zwischen den Parteien bestehen, hier gilt das Gleiche wie etwa im Rahmen des § 311a Abs. 2. Im Rahmen dieses wirksam bestehenden Schuldverhältnisses, das sowohl rechtsgeschäftlicher als auch gesetzlicher Natur sein kann, muss der Schuldner nun eine Pflichtverletzung begangen haben: Diese liegt hier darin, dass die geschuldete Leistung nicht mehr erbracht werden kann, sie also unmöglich geworden ist; und für diese Unmöglichkeit muss der Schuldner zudem verantwortlich sein.

464 Im Einzelnen ist umstritten, was hier genau als **Pflichtverletzung** anzusehen ist, ob etwa schon allein die Unmöglichkeit der Leistungserbringung die Pflichtverletzung darstellt, oder ob nicht darüber hinaus zu verlangen ist, dass der Schuldner die zur Unmöglichkeit führenden Umstände herbeigeführt hat.[199] Im Ergebnis ist jedoch eindeutig, dass die Pflichtverletzung darin zu sehen ist, dass die Leistung für den Gläubiger nicht mehr erbracht wird.[200]

---

[199] Zu den Einzelheiten der unterschiedlichen Ansichten vgl. etwa *Canaris*, JZ 2001, 499 (512).
[200] MünchKomm/*Ernst*, BGB, § 280 Rn. 17; *Lorenz/Riehm*, Lehrbuch zum neuen Schuldrecht, Rn. 181 ff.; *Wilhelm*, JZ 2004, 1055.

464a Zusätzlich ist erforderlich, dass der Schuldner diese Pflichtverletzung (also Unmöglichkeit) **zu vertreten hat**.[201] Man kann also mit der ganz überwiegenden Auffassung davon ausgehen, dass die erforderliche Pflichtverletzung allein schon in der endgültigen vom Schuldner zu vertretenden Nichtleistung aufgrund eines nachträglich aufgetretenen Leistungshindernisses zu sehen ist.[202] Der Schuldner muss also die nachträgliche Unmöglichkeit vorsätzlich oder fahrlässig herbeigeführt haben; durch die Formulierung in § 280 Abs. 1 Satz 2 wird zudem deutlich, dass der Schuldner für das Nichtvertretenmüssen die Darlegungs- und Beweislast trägt; d. h. er muss gegebenenfalls deutlich machen, dass er nicht vorsätzlich bzw. fahrlässig die Unmöglichkeit der Leistungserbringung verursacht hat.[203]

465 Liegen diese Voraussetzungen vor, hat der Gläubiger dann zwar keinen Anspruch mehr auf die Leistungserbringung. Doch kann er nunmehr anstelle der ihm zustehenden Leistung einen **Schadensersatzanspruch statt der Leistung** geltend machen; dies folgt aus §§ 280 Abs. 1 und 3, 283. Wie schon im Rahmen des § 311a Abs. 2 hat auch hier der Gläubiger grundsätzlich ein **Wahlrecht**, in welcher Form er den Schadensersatz geltend macht. Darüber hinaus kann er auch insofern wählen, ob er **statt** eines Schadensersatzanspruches einen Aufwendungsersatzanspruch geltend machen will.[204] Macht der Gläubiger jedoch für die nicht mehr mögliche Leistung durch den Schuldner einen Schadensersatzanspruch geltend, so ist dieser wiederum auf das **positive Interesse** gerichtet, der Gläubiger ist daher so zu stellen, wie er bei ordnungsgemäßer Erfüllung seitens des Schuldners stehen würde.[205] Hier ist also wieder die **Austausch- bzw. Differenztheorie** anwendbar[206]; zudem muss der Schuldner dem Gläubiger zusätzlich einen beispielsweise entgangenen Gewinn ersetzen. Hier ergeben sich keinerlei Unterschiede zu den Rechtsfolgen aus einer anfänglichen Unmöglichkeit.

4. Aufwendungsersatzanspruch, §§ 280 Abs. 1 und 3, 283, 284

466 Der Anspruch auf **Aufwendungsersatz** in § 284 ist eine weitere Rechtsfolge, die auf einen Sekundäranspruch gerichtet ist. Weil auch er aus der Unmöglichkeit der Leistungsverpflichtung herrührt, ist § 284 nicht die einzige zu nennende Anspruchsgrundlage, vielmehr muss man auch hier die Brücke über §§ 280 Abs. 1 und 3, 283 gehen, um den Anspruch auf eine tragfähige Grundlage zu stellen. Inhaltlich geht es bei diesem Anspruch darum, dass der Gläubiger anstelle des Schadensersatzes statt der Leistung auch den Ersatz derjenigen Aufwendungen verlangen kann, die er im Vertrauen auf den Erhalt der Leistung gemacht hat und billigerweise machen durfte. Doch stellt sich die Frage, welche Ansprüche er nach

---

[201] MünchKomm/*Ernst*, BGB, § 280 Rn. 20.
[202] So etwa auch MünchKomm/*Ernst*, BGB, § 283 Rn. 11; Jauernig/*Stadler*, BGB, § 283 Rn. 5; Staudinger/*Otto*, BGB, § 283 Rn. 13; *Reichenbach*, Jura 2003, 512 (515); *Mückl*, JA 2004, 928.
[203] Palandt/*Heinrichs*, BGB, § 280, Rn. 34.
[204] Dazu vgl. Rn. 466.
[205] *Brox/Walker*, Allgemeines Schuldrecht, § 22 Rn. 57; MünchKomm/*Oetker*, BGB, § 249 Rn. 122 f.
[206] *Brox/Walker*, Allgemeines Schuldrecht, § 22 Rn. 58.

§ 284 geltend machen kann, die nicht bereits vom Schadensersatzanspruch erfasst sind. Denn beide Ansprüche stehen alternativ nebeneinander.[207] Der Gläubiger kann wählen, welchen von beiden Ansprüchen er geltend machen möchte.

467 Was unterscheidet aber nun den Aufwendungsersatzanspruch vom Schadensersatzanspruch statt der Leistung? Dies erklärt sich, wenn man sich die Situation ansieht, die vor der Schuldrechtsreform galt: Danach war die Rechtsprechung der Auffassung, dass der Gläubiger, der aufgrund einer unmöglichen Leistungserbringung seitens des Schuldners einen Schadensersatzanspruch geltend machen kann, für bestimmte Aufwendungen keinen Ersatz erlangen konnte, nämlich für solche, die bei ordnungsgemäßer Erfüllung **nicht rentabel** gewesen wären.[208] Insbesondere ging die Rechtsprechung davon aus, dass eine widerlegbare Vermutung dafür sprach, dass die Aufwendungen bei ordnungsgemäßer Erfüllung rentabel gewesen wären (**Rentabilitätsvermutung**).[209] Diese Aufwendungen waren nach altem Recht durchaus als zu ersetzender Schaden angesehen worden; der Schaden wurde aber nicht in den Aufwendungen selbst gesehen, sondern lag darin, dass die bei Vertragserfüllung bestehende Kompensationsmöglichkeit verloren ging.[210]

468 In dieser Situation, in der der Gläubiger solche Aufwendungen im Hinblick auf eine ordnungsgemäße Erfüllung gemacht hatte, gelangte man über den Schadensersatz gut zum Ziel. Dies war jedoch anders bei Aufwendungen, die zu rein ideellen Zwecken getätigt wurden, aber gleichwohl im Hinblick auf die ordnungsgemäße Erfüllung vom Gläubiger vorgenommen wurden. Denn derartige zu ideellen Zwecken getätigte Aufwendungen konnten deshalb nach früherer Ansicht nicht ersetzt werden, weil es sich dabei um **immaterielle Schäden** handelte, die nach § 253 Abs. 1 grundsätzlich nicht zu ersetzen sind.[211]

Bsp.: Die G-GmbH vermietete an eine Vereinigung V eine Halle für eine politische Veranstaltung; die Werbung für die stattfindende Veranstaltung kostete V rund 15.000 €. Als die G-GmbH nun kurz vor Beginn der Veranstaltung die Vermietung der Halle und die Überlassung an V verweigerte, weil ihr die politische Ausrichtung von V nicht behagte, klagte V gegen die G-GmbH; V machte dabei einen Schadensersatzanspruch aus den Regeln der Unmöglichkeit geltend. – Nach Ansicht der Rechtsprechung konnte V die Werbekosten i.H.v. 15.000 € jedoch nicht ersetzt verlangen – denn hier lag insofern kein Schaden vor: Vielmehr handelte es sich um Aufwendungen, die nur einen ideellen Zweck hatten. Solche fielen jedoch nicht unter den Schadensersatzanspruch.[212]

469 Vor diesem Hintergrund sah sich der Gesetzgeber bei der Schuldrechtsreform vor die Aufgabe gestellt, auch solche „Schäden", die im Zuge der Unmöglichkeit einer Leistungserbringung entstehen, von einem Ersatzanspruch zu erfassen. Dies ist die Grundlage für § 284: Denn diese Vorschrift lässt es nicht darauf ankommen, ob der Gläubiger mit dem Vertrag rentable oder nur ideelle Zwecke verfolgt hat.[213] Im Ergebnis versucht § 284 über den Aufwendungsersatzanspruch den Grundsatz

---

207 *Looschelders*, Allgemeines Schuldrecht, Rn. 682.
208 BGH NJW 1987, 831 (834).
209 Vgl. etwa BGH NJW 2000, 2342 (2343).
210 BGH NJW 1987, 831 (834).
211 *Looschelders*, Allgemeines Schuldrecht, Rn. 677.
212 OLG Saarbrücken NJW 1998, 2912 (2913).
213 BT-Drucks. 14/6040, S. 143.

des fehlenden Ersatzes eines bloß immateriellen Schadens aus § 253 zu überspielen.²¹⁴ Daraus folgt, dass § 284 insbesondere auch die **vergeblichen Aufwendungen** ersetzt, und zwar als besonderen Teil des sog. „negativen Interesses", d. h. des Vertrauensschadens: Macht der Gläubiger Aufwendungen, um seinerseits die vom Schuldner zu erbringende Leistung zu erhalten und wird die Leistung des Schuldners unmöglich, dann sind die vom Gläubiger gemachten Aufwendungen letztlich nutzlos. Diese Aufwendungen, die man auch als „frustrierte Aufwendungen" bezeichnet²¹⁵, wären zwar auch bei ordnungsgemäßer Vertragserfüllung angefallen – deshalb können sie auch nicht als ein Schadensersatz statt der Leistung geltend gemacht werden. Doch sollen sie dem Gläubiger vom Schuldner ersetzt werden: Anspruchsgrundlage ist § 284.

Übersicht 7:

Aufwendungsersatzanspruch

Anspruchsgrundlage: §§ 280 Abs. 1, 3, 283, 284

Voraussetzungen

1. Bestehendes Schuldverhältnis: Vertrag
2. Pflichtverletzung: Leistungsstörung: – Unmöglichkeit gemäß § 275 Abs. 1–3
   = Leistungsbefreiung
   – Eintritt **nach** Vertragsschluss
3. Vertretenmüssen der Leistungsstörung durch den Schuldner, §§ 276–278; Beweislast: § 280 Abs. 1 Satz 2
4. Schaden

Rechtsfolge
⇩
Aufwendungsersatzanspruch
➤ Aufwendung
➤ im Vertrauen auf Erhalt der Leistung
➤ Zweckverfehlung allein wegen der Leistungsstörung

---

a) **Voraussetzungen.** Die **Voraussetzungen** für einen Aufwendungsersatzanspruch sind dieselben, wie diejenigen für den Schadensersatzanspruch statt der Leistung bei der Unmöglichkeit. Der Anspruch setzt also zunächst ein Schuldverhältnis voraus, das zwischen den Parteien besteht. Entscheidend ist, dass die Anwendung des § 284 nicht auf gegenseitige Verträge beschränkt ist; vielmehr erfasst dieser Anspruch auch alle anderen Pflichtverletzungen, etwa in außervertraglichen oder einseitigen Schuldverhältnissen.²¹⁶ Es muss weiterhin eine Befrei-

---

214 *Canaris*, DB 2001, 1815 (1820); HK-BGB/*Schulze*, § 284 Rn. 2.
215 BGH NJW 2005, 2848 (2850).
216 Vgl. BT-Drucks. 14/6040, S. 143.

ung des Schuldners von seiner Leistungspflicht wegen einer Unmöglichkeit gem. § 275 nach Vertragsschluss eingetreten sein; hierfür müsste der Schuldner zudem die Verantwortung tragen. Darin ist dann auch die Pflichtverletzung des Schuldners zu sehen.

471 b) **Rechtsfolge.** Anstelle des Schadensersatzanspruchs statt der Leistung kann der Gläubiger nunmehr auch § 284 wählen, d. h. den dort geregelten **Aufwendungsersatzanspruch.** Er kann vom Schuldner den Ersatz derjenigen Aufwendungen verlangen, die er im Vertrauen auf den Erhalt der Leistung gemacht hat, sofern die Zweckverfehlung allein infolge der Pflichtverletzung eingetreten ist.[217]

472 Der Gläubiger müsste also zunächst **Aufwendungen** gemacht haben. Aufwendungen sind „freiwillige Vermögensopfer".[218] Die Rechtsprechung geht dabei von einem weiten Begriff aus, es ist also nicht nur die Eingehung von Verbindlichkeiten jedweder Art erfasst, sondern auch die Erbringung eigener Arbeitsleistung des Gläubigers.[219]

Bsp.: Erfasst werden prinzipiell Vertragskosten[220], d. h. Kosten, die für die Übergabe entstehen oder für die Versendung der Ware, ebenso Kosten, die für eine Begutachtung und Beratung anfallen, die der Gläubiger hinsichtlich des Kaufgegenstandes durchgeführt hat.[221]

473 Der Gläubiger kann jedoch nur solche Aufwendungen ersetzt verlangen, die er **im Vertrauen** auf den Erhalt der Leistung gemacht hat. Das führt dazu, dass von § 284 solche Aufwendungen nicht erfasst werden, die der Gläubiger bereits getätigt hat, bevor der Anspruch entstanden ist.[222] Gerade die Kosten für die Vertragsverhandlungen fallen also nicht unter diese Anspruchsgrundlage.[223] Demgegenüber sind sämtliche Vertragsschlusskosten sowie Kosten, die zur Vertragserfüllung anfallen, ersatzfähig, sofern sie den Zweck haben, die konkrete Durchführung des Vertrages zu ermöglichen oder abzusichern.

474 Der Gläubiger kann zudem gem. § 284 nur den Ersatz solcher Aufwendungen verlangen, die er „**billigerweise machen durfte**" – es kommt also ein Wertungselement hinzu: Ersatzfähig sind nur Aufwendungen, die nach Art und Umfang in einer vernünftigen Relation zur erwarteten Leistung stehen.[224] Das führt dazu, dass der Gläubiger keine voreiligen Aufwendungen machen und ersetzt verlangen kann, wenn er bereits ahnen musste, dass der geschlossene Vertrag scheitern würde.[225]

---

217 *Looschelders*, Allgemeines Schuldrecht, Rn. 681.
218 *Emmerich*, Das Recht der Leistungsstörungen, § 13 Rn. 56.
219 Palandt/*Heinrichs*, BGB, § 284 Rn. 5.
220 BGH NJW 2005, 2848 (2850).
221 Zur Frage, ob die eigenen Arbeitsleistungen des Gläubigers als Aufwendung zu sehen sind, vgl. AnwK-BGB/*Dauner-Lieb*, § 284 Rn. 9; Palandt/*Heinrichs*, BGB, § 284 Rn. 6.
222 *Althammer*, NZM 2003, 129 (133).
223 *Emmerich*, Das Recht der Leistungsstörungen, § 13 Rn. 57.
224 *Schlechtriem/Schmidt-Kessel*, Schuldrecht Allgemeiner Teil, Rn. 648.
225 *Canaris*, JZ 2001, 499 (517); Jauernig/*Stadler*, BGB, § 284 Rn. 6.

Rechtsfolgen III

475 Eine weitere Voraussetzung für die Ersatzmöglichkeit von nutzlos gewordenen Aufwendungen ist darin zu sehen, dass nach § 284 Satz 2 die Nichterfüllung des Vertrages für die Vergeblichkeit der Aufwendung **ursächlich** sein muss. Aufwendungen, die auch bei einer ordnungsgemäßen Erfüllung durch den Schuldner vergeblich gewesen wären, sind also nicht ersatzfähig: Wäre der Zweck der Aufwendungen auch bei einer vertragsgemäßen Erfüllung nicht erreicht worden, ist ein Aufwendungsersatzanspruch nicht gegeben.[226] Dadurch sind Aufwendungen nicht ersatzfähig, die ihren Zweck jedenfalls verfehlt hätten, d. h. auch ohne dass der Schuldner seine Pflicht (in Form der Unmöglichkeit) verletzt hätte.

Bsp.: Gemeint sind etwa Kosten, die für die Anmietung eines Ladenlokals entstehen, sofern es ausschließlich um den Verkauf ohnehin unverkäuflicher Kunstwerke geht.[227]

476 Auf diese Weise soll **verhindert werden**, dass die Pflichtverletzung des Schuldners für den Gläubiger zu einem willkommenen „Glücksfall" wird, nämlich insofern, als er auf diese Weise Aufwendungen, die auch bei einer pflichtgemäßen Leistungserbringung durch den Schuldner verfehlt gewesen wären, auf diesen abwälzen kann.[228]

Bsp.: Weigert sich die G-GmbH im obigen Beispiel *(unter Rn. 475)*, den Saal an die V zu überlassen, kann diese nach geltendem Recht einen Ersatzanspruch hinsichtlich vergeblicher Aufwendungen aus §§ 280 Abs. 1, Abs. 3, 283, 284 geltend machen: Die Voraussetzungen liegen vor; wählt V den Aufwendungsersatzanspruch anstelle des Schadensersatzanspruches, hat er nach § 284 Anspruch auf Ersatz vergeblicher Aufwendungen, insbesondere für die Werbung für die Veranstaltung. Hier kann nur dann etwas anderes gelten, wenn die G-GmbH darlegt und beweist, dass die Veranstaltung ohnehin wegen fehlenden Interesses der Mitglieder abgesagt worden wäre, wenn also ohnehin niemand gekommen wäre.[229]

5. Anspruch auf das Surrogat, § 285

477 Eine weitere Rechtsfolge III enthält § 285: Dort ist als weiterer Anspruch des Gläubigers derjenige auf die Herausgabe des Ersatzes geregelt, also auf die Herausgabe des sog. „**stellvertretenden commodum**". Dieses bezeichnet man auch als Surrogat. Dieser Anspruch ist für eine ganz bestimmte Situation vorgesehen. Gemeint ist der Fall, in dem der Schuldner seine Leistungsverpflichtung deshalb nicht mehr erbringen kann, weil sie unmöglich wird; er erhält jedoch von einer anderen Seite einen Ersatz für den Gegenstand, den er eigentlich an den Gläubiger leisten müsste.

Bsp.: V hat dem K sein Auto verkauft. Vor der Übereignung wird das Auto durch einen Brand zerstört. – V ist die Eigentumsverschaffungspflicht unmöglich geworden, § 275 Abs. 1. Er hat jedoch, sofern er brandschutzversichert ist, durch diesen Vorgang einen Anspruch gegen seine Versicherung erworben. Kann nun K als Gläubiger der Eigentumsverschaffungspflicht von V die Abtretung des Anspruchs gegen die Versicherung verlangen? Oder kann K alternativ von V die Auszahlung der durch die Versicherung geleisteten Ersatzsumme verlangen?

---

226 *Brox/Walker*, Allgemeines Schuldrecht, § 22 Rn. 79.
227 Vgl. BT-Drucks. 14/6040, S. 144.
228 BT-Drucks. 14/6040, S. 143.
229 S. auch BT-Drucks. 14/6040, S. 144; *Canaris*, JZ 2001, 499 (516).

478 § 285 Abs. 1 bestimmt hierzu, dass der Gläubiger **statt der eigentlichen Leistung** dasjenige herausverlangen kann, was der Schuldner als Ersatz für den untergegangenen Gegenstand empfangen hat; zudem ist geregelt, dass der Gläubiger die Abtretung eines Ersatzanspruches verlangen kann, sofern der Schuldner für die unmöglich gewordene Leistung einen solchen Ersatzanspruch gegen einen Dritten erhalten hat.

Systematisch handelt es sich hierbei nicht um einen Anspruch auf Schadensersatz; der Gläubiger muss also keinen Schaden haben. Vielmehr geht es um einen **Surrogatsanspruch**: Der Gläubiger kann das Surrogat herausverlangen, unabhängig davon, ob er einen Schaden erlitten hat, und vor allem auch unabhängig davon, ob der Schuldner die Pflichtverletzung zu vertreten hat.[230] Es handelt sich um eine eigenständige Rechtsgrundlage, die selbstständig neben der ansonsten als Grundnorm für die Sekundärleistungsansprüche geltenden Anspruchsgrundlage des § 280 Abs. 1 steht: § 285 ist unabhängig von dieser Grundnorm.

Übersicht 8:

Rechtsfolge III/4

Anspruch auf das Surrogat (stellvertretendes commodum)

Anspruchsgrundlage: § 285

Voraussetzungen

1. Bestehendes Schuldverhältnis: Vertrag
2. Leistungsanspruch des Gläubigers auf einen Gegenstand
3. Leistungsbefreiung des Schuldners (unabhängig vom Vertretenmüssen)
4. Erlangung eines Surrogats: – = Ersatz oder Ersatzanspruch
   – sowohl commodum ex re als auch ex negatione
5. Identität von geschuldetem und ersetztem Gegenstand

Rechtsfolge
⇩
Anspruch auf Herausgabe   *oder*   Abtretung des Ersatzanspruchs

Aber: § 285 Abs. 2 beachten

---

[230] Vgl. *Brox/Walker*, Allgemeines Schuldrecht, § 22 Rn. 26.

a) **Voraussetzungen.** Die **Voraussetzungen** für den Anspruch auf das **stellvertretende commodum** finden sich ausschließlich in § 285, ein Rückgriff auf andere Normen ist nicht erforderlich. Entsprechend des Absatzes 1 der Vorschrift bedarf es zunächst eines Schuldverhältnisses.[231] Aus diesem muss ein Leistungsanspruch des Gläubigers resultieren, der gemäß dem Wortlaut des § 285 Abs. 1 auf einen „Gegenstand" gerichtet sein muss. § 285 gilt infolgedessen nicht für alle vertraglichen Leistungsverpflichtungen, sondern nur für die Leistung eines Gegenstands.[232] Dabei wird dieser Begriff nicht eng ausgelegt; erfasst werden sowohl körperliche Gegenstände, also Sachen i. S.d. § 90, als auch Rechte einschließlich Immaterialgüterrechte.[233] Umgekehrt kann man aus dem Tatbestand des § 285 sämtliche Gattungsschulden ausschließen: Denn hier ist der Gegenstand nicht konkret genug, zumindest vor der Konkretisierung. Vor der Konkretisierung steht nämlich nicht fest, dass gerade die Sachen geschuldet waren, für die der Schuldner den Ersatz erlangt hat.[234] Ist eine Konkretisierung gem. § 243 Abs. 2 erfolgt, bezieht sich die Verpflichtung des Schuldners auf einen bestimmten Gegenstand, so dass auch § 285 anwendbar ist.[235] Ebenfalls nicht von der Anspruchsgrundlage erfasst sind Handlungen: Daher fallen alle Dienst- bzw. Werkverträge nicht unter § 285, sofern nicht eine andere Vertragsauslegung ausnahmsweise insofern etwas anderes ergibt.[236]

Wie bei allen Anspruchsgrundlagen in der Rechtsfolge III muss auch bei dem Anspruch aus § 285 die Leistungspflicht des Schuldners unmöglich geworden sein. Der Anspruch ist unabhängig davon, zu welchem Zeitpunkt die Unmöglichkeit eintritt, ob es also um eine anfängliche oder nachträgliche Unmöglichkeit geht.[237] Er verlangt kein Vertretenmüssen seitens des Schuldners.[238] Insofern § 285 allgemein auf § 275 verweist, ist zu beachten, dass nur bei § 275 Abs. 1 die Unmöglichkeit und Leistungsbefreiung des Schuldners ohne weiteres eintreten; bei den Absätzen 2 und 3 des § 275 besteht ja lediglich eine Einrede, die der Schuldner erhoben haben muss, damit es zu einer Leistungsbefreiung kommt – erst zu diesem Zeitpunkt kann § 285 eingreifen.[239] Wählt der Schuldner die Leistungsbefreiung nach dem § 275 Abs. 2 und 3, kann der Gläubiger seinerseits nach § 285 das Surrogat herausverlangen; der Schuldner kann aber umgekehrt auch auf den Befreiungstatbestand verzichten und auf diese Weise das für ihn gegebenenfalls ja im Einzelfall wertvollere Surrogat behalten.[240]

Als **vierte Voraussetzung** muss der Schuldner für den Gegenstand ein **Surrogat** erlangt haben. Gemeint ist damit entweder ein konkreter Ersatz oder ein Ersatzanspruch. Mit dieser Formulierung wird jeder Vermögensvorteil erfasst, der wirt-

---

231 Palandt/*Heinrichs*, BGB, § 285 Rn. 3; HK-BGB/*Schulze*, § 285 Rn. 2.
232 *Looschelders*, Allgemeines Schuldrecht, Rn. 684.
233 Vgl. MünchKomm/*Emmerich*, BGB, § 285 Rn. 4.
234 Staudinger/*Löwisch*, BGB, § 285 Rn. 26.
235 Palandt/*Heinrichs*, BGB, § 285 Rn. 5.
236 Dazu bspw. OLG Dresden NJW-RR 1998, 373.
237 S. *von Ohlshausen*, ZGS 2002, 194 (196).
238 *Medicus*, JuS 2003, 521 (523).
239 *Schlechtriem/Schmidt-Kessel*, Schuldrecht Allgemeiner Teil, Rn. 489.
240 Vgl. für diese Idee BT-Drucks. 14/6040, S. 145.

schaftlich im Vermögen des Schuldners anstelle der unmöglich gewordenen Leistung, also des an sich geschuldeten Gegenstands tritt.[241]

Bsp.: Damit ist beispielsweise der Anspruch des Verkäufers gegen seine Brandschutzversicherung gemeint, wenn der verkaufte Gegenstand vor der Übergabe durch einen Brand zerstört worden ist. Möglicherweise hat der Verkäufer für den verkauften Gegenstand auch von einer anderen Seite einen Ersatz erhalten, etwa von seinem Lieferanten; auch diesen muss er dann wegen des Anspruchs des Gläubigers gem. § 285 Abs. 1 diesem als Surrogat zur Verfügung stellen. Auch dies ist also ein erlangtes Surrogat i. S. d. § 285 Abs. 1.[242]

482 Während diese Surrogate, sowohl der Ersatzgegenstand als auch ein Ersatzanspruch, unproblematisch erfasst sind und als sog. „**commodum ex re**" bezeichnet werden, ist zusätzlich eine Erweiterung vorzunehmen, die sich scheinbar nicht unmittelbar aus dem Gesetz ergibt, gleichwohl aber von ihm erfasst ist: Gemeint sind solche Vermögenswerte, die der Schuldner infolge eines Rechtsgeschäfts als Entgelt erzielt, also das sog. „**commodum ex negotiatione**". Welche Situation ist damit gemeint?

Bsp.: Ist etwa ein Kaufvertrag über einen bestimmten Gegenstand geschlossen worden und hat der Verkäufer diesen Gegenstand vor der Übereignung an den Käufer einem Dritten verkauft und übereignet, so hat er weder einen bestimmten Gegenstand als Ersatz erhalten noch einen Anspruch – vielmehr ist in seinem Vermögen lediglich noch der wirtschaftliche Vorteil aus dem zweiten Kaufvertrag vorhanden, nämlich der erhaltene Kaufpreis.

483 Sinn der Vorschrift ist es, Vermögenswerte demjenigen zuzuführen, dem sie wirtschaftlich zustehen.[243] Deshalb ist es konsequent, wenn auch durch einige Stimmen in der Literatur kritisiert, dem erlangten Surrogat nicht nur das Erlangte zuzuordnen, das anstelle der zerstörten oder gestohlenen Sache getreten ist, sondern auch all das, was der Schuldner als Veräußerungserlös und Veräußerungsgewinn erhalten hat.[244] Dies führt dazu, dass der Gläubiger gegebenenfalls sogar mehr als den konkreten Sachwert verlangen kann. Dies ist konsequent, denn dieser Mehrwert steht wie der Sachwert selbst nach wirtschaftlicher Betrachtungsweise eher dem Gläubiger als dem Schuldner zu.[245] Der Gläubiger kann also vom Schuldner den Kaufpreis herausverlangen, den der Schuldner durch den vertragswidrigen Weiterverkauf erlangt hat.[246]

484 Als letzte Voraussetzung verlangt der Wortlaut des § 285 – allerdings etwas versteckt – eine Identität von geschuldetem und ersetztem Gegenstand: Üblicherweise liest man dies aus der Formulierung „**infolge**": Gemeint ist, dass das Surrogat, das Gegenstand des Herausgabeanspruchs ist, gerade für denjenigen Gegenstand erlangt worden ist, der nach der ursprünglichen Vereinbarung eigentlich hätte geleistet werden müssen; damit umschreibt man nichts anderes als eine Identität

---

241 S. *Westermann/Bydlinski/Weber*, BGB – Schuldrecht Allgemeiner Teil, § 7 Rn. 48.
242 BGH NJW 1997, 2316.
243 RGZ 120, 347; *Brox/Walker*, Allgemeines Schuldrecht, § 22 Rn. 27; *Medicus*, Allgemeines Schuldrecht, Rn. 390.
244 BGH NJW 1983, 929; Palandt/*Heinrichs*, BGB, § 285 Rn. 7; *Ebert*, ZIP 2002, 2296 aA; Staudinger/*Löwisch*, BGB, § 285 Rn. 42; *Stoll*, in: Festschr. für Peter Schlechtriem, S. 677 (694 ff.).
245 S. so schon RGZ 138, 45 (48); später auch BGH NJW 1980, 178.
246 S. auch BGH NJW 1983, 929 (930).

zwischen geschuldetem und ersetztem Gegenstand.[247] Diese Voraussetzung ist letztlich auf eine ganz bestimmte Situation gemünzt.

Bsp.: Ist eine vermietete oder verpachtete Sache untergegangen, etwa die Mietwohnung zerstört worden, muss – so die ganz überwiegende Auffassung[248] – der Vermieter dem Mieter dann nicht die wegen der Zerstörung von einer Versicherung erhaltene Versicherungssumme herausgeben. Denn der Mietvertrag führt hier allein dazu, dass der Mieter einen Anspruch auf die Besitzüberlassung hat, der Vermieter erhält hingegen das Geld aus der Versicherung allein aufgrund seines Eigentums an der Wohnung, nicht in Bezug auf den Besitz.[249] Das bedeutet, dass ein Surrogat für das Eigentum nur dann herauszugeben ist, wenn vertraglich auch die Eigentumsverschaffung geschuldet war, und nicht lediglich die Besitzverschaffung oder sogar nur die Gebrauchsüberlassung.

b) **Rechtsfolge.** Liegen die Voraussetzungen des § 285 vor, hat der Gläubiger einen Anspruch auf die Herausgabe des erlangten Surrogats bzw. entsprechend auf Abtretung des adäquat vom Schuldner erlangten Ersatzanspruchs. Der Gläubiger dieser Rechtsfolge kann jedoch stets noch § 285 Abs. 2 zur Anwendung bringen: § 285 und der dort enthaltene Anspruch auf das Surrogat kann mit einem Schadensersatzanspruch aus den §§ 280 Abs. 1, Abs. 3, 283 **kombiniert** werden. Beide Ansprüche können nebeneinander geltend gemacht werden. **485**

Wählt der Gläubiger den Anspruch auf Herausgabe des Surrogats, führt dies also nicht zum Ausschluss des Schadensersatzanspruches statt der Leistung. Jedoch **vermindert** sich sein Anspruch aus § 311a Abs. 2 bzw. §§ 280 Abs. 1, Abs. 3, 283 um den Wert des erlangten Ersatzes. Dies ist konsequent, denn der Gläubiger soll ja nicht mehr erhalten, als ihm zusteht. Im Ergebnis bildet die Anrechnung nach § 285 Abs. 2 damit eine besondere gesetzliche Ausprägung des allgemeinen Gedankens der Vorteilsausgleichung. Der Wert des stellvertretenden commodums ist also auf den konkreten Schadensersatzanspruch anzurechnen.[250] **486**

6. Zusätzliche Folgen bei gegenseitigen Verträgen im Hinblick auf die Gegenleistung

Eine **letzte Rechtsfolge** aus der Unmöglichkeit der Leistungserbringungspflicht des Schuldners findet sich in § 326 Abs. 5: Schon der Fundort dieser Rechtsfolge, § 326, macht deutlich, um welche Situation es geht. Einschlägig ist diese Rechtsfolge nur im Rahmen des gegenseitigen Vertrages. Schon zuvor waren die konkreten Auswirkungen auf die Gegenleistungspflicht als Rechtsfolge II angesprochen worden. Nunmehr geht es um eine letzte Fragestellung – kann sich aus der Unmöglichkeit der Leistungspflicht des Schuldners sogar zusätzlich eine Auswirkung auf den gesamten Vertrag ergeben? **487**

---

247 So schon BGH NJW 1957, 1514 (1515); BGH NJW 1967, 622 (623); *Looschelders*, Schuldrecht Allgemeiner Teil, Rn. 689.
248 BGH NJW 1957, 1514 (1515); Palandt/*Heinrichs*, BGB, § 285 Rn. 8; HK-BGB/*Schulze*, § 285 Rn.7; Staudinger/*Löwisch*, BGB, § 285 Rn. 45; *Looschelders*, Allgemeines Schuldrecht, Rn. 689.
249 So schon BGH NJW 1967, 622 (624); HK-BGB/*Schulze*, § 285 Rn. 7; Palandt/*Heinrichs*, BGB, § 285 Rn. 9.
250 *Schlechtriem/Schmidt-Kessel*, Schuldrecht Allgemeiner Teil, Rn. 491.

488 § 326 Abs. 5 gibt hier die Richtung vor: Denn dort ist ein **Rücktrittsrecht** für solche Fälle vorgesehen, in denen der Schuldner von seiner Leistungspflicht gem. § 275 befreit ist. Hier geht es also systematisch nicht um die Frage des Schicksals der einzelnen Gegenleistungspflicht im Falle der Unmöglichkeit der Leistungsverpflichtung. Stattdessen enthält § 326 Abs. 5 die Möglichkeit für den Gläubiger, im Falle des Unmöglichwerdens der Leistungsverpflichtung des Schuldners den gesamten Vertrag zu verlassen.

489 Man kann sich durchaus die Frage stellen, inwiefern diese Vorschrift überhaupt noch **erforderlich** ist. Denn wie bereits deutlich geworden ist, erlischt doch der Anspruch auf die Gegenleistung in den Fällen des § 326 Abs. 1 Satz 1 ohnehin kraft Gesetzes; zudem enthält § 326 Abs. 4 eine zusätzliche Regelung, nach der der Gläubiger möglicherweise schon erbrachte Gegenleistungen zurückverlangen kann, ohne dass er explizit vom Vertrag zurücktreten müsste. Gleichwohl enthält § 326 Abs. 5 nun ein besonderes Rücktrittsrecht. Dieses hat vor allem dann eine **eigenständige Bedeutung**, wenn der Anspruch des Schuldners auf die Gegenleistung nicht gem. § 326 Abs. 1 erlischt oder doch zumindest nicht in vollem Umfang; besonders ist dies der Fall, wenn es um eine **Teilunmöglichkeit** der Leistung geht – denn wie bereits deutlich geworden ist, kommt es dann nach § 326 Abs. 1 Satz 1 Halbsatz 2 nur zu einem anteiligen Erlöschen des Anspruchs auf die Gegenleistung. Hier soll dem Gläubiger jedoch dann, wenn er infolge der Teilunmöglichkeit sein Leistungsinteresse verliert, die Möglichkeit eingeräumt werden, vom gesamten Vertrag zurückzutreten.[251] Dies geschieht über § 326 Abs. 5 (der auf § 323 Abs. 5 verweist).

490 Darüber hinaus gibt es **weitere Fallgestaltungen**, in denen es dem Gläubiger eingeräumt werden soll, bei einer Unmöglichkeit der Leistungsverpflichtung des Schuldners vom gesamten Vertrag zurückzutreten. Dies ist vor allem der Fall bei einer nichtvertragsgemäßen Leistung, bei der der Anspruch auf Nacherfüllung ausgeschlossen ist (nach §§ 437 Nr. 1, 439 beispielsweise): In diesen Situationen ist nämlich § 326 Abs. 1 Satz 1 nach dessen Satz 2 nicht anwendbar, so dass der Gläubiger grundsätzlich trotz des nichtbehebbaren Leistungsmangels die volle Gegenleistung schuldet – dann kann er sich durch Rücktritt gem. § 326 Abs. 5 von seiner Leistungspflicht befreien; schließlich soll diese Vorschrift den Gläubigern gerade in den Fällen einen Rücktritt ermöglichen, in denen sie überhaupt nicht wissen, warum der Schuldner nicht leistet, ob die Nichtleistung also auf einer Unmöglichkeit oder auf einer bloßen Verzögerung beruht. Auch hier ist ein Rücktritt nach § 326 Abs. 5 ein möglicher Weg für den Gläubiger, aus dem Vertrag wieder herauszukommen.

491 Die Rücktrittsvariante über § 326 Abs. 5, die **ausschließlich im gegenseitigen Vertrag** greift, besitzt gegenüber allen anderen Rücktrittsgründen, die in § 326 Abs. 1 zusammengefasst sind, die Besonderheit, dass der Gläubiger keine Fristsetzung mehr durchführen muss; dies ist konsequent, weil im Falle der Unmöglichkeit der Schuldner seine Leistung ohnehin nicht erbringen kann; hier wäre also eine Fristsetzung eine sinnlose Formangelegenheit.[252]

---

251 *Brox/Walker*, Allgemeines Schuldrecht, § 22 Rn. 84.
252 Zu den genauen Rücktrittsvoraussetzungen bei § 323 Abs. 1 s. unten Rn. 616.

Übersicht 9:

Rechtsfolge III/5

Rücktritt beim gegenseitigen Vertrag

Voraussetzungen

1. Rücktrittserklärung, § 349
2. Rücktrittsgrund: §§ 326 Abs. 5, 323
   a) Gegenseitiger Vertrag
   b) Befreiung des Schuldners von einer Leistungspflicht gem. § 275 Abs. 1–3
   c) Bei Teilunmöglichkeit: §§ 326 Abs. 5, 323 Abs. 5
   d) Kein Ausschluss des Rücktrittsrechts
      aa) § 323 Abs. 6
      bb) § 218 Abs. 1

Rechtsfolge

§§ 346 ff.

---

a) **Voraussetzungen.** Damit der Gläubiger im Falle der Unmöglichkeit der vom Schuldner zu erbringenden Leistung vom Vertrag zurücktreten kann, bedarf es zunächst wie stets bei einem Rücktritt einer **Rücktrittserklärung** gem. § 349. Des Weiteren muss ein **Rücktrittsgrund** gegeben sein, dieser liegt dann in §§ 326 Abs. 5, 323. Dafür muss zunächst ein gegenseitiger Vertrag gegeben sein. Zudem muss der Schuldner von einer Leistungspflicht befreit sein, und zwar aufgrund der Unmöglichkeit gem. § 275 Abs. 1 bis 3. Wichtig ist, dass § 326 Abs. 5 nicht verlangt, dass es um die synallagmatische Pflicht selbst geht. Es genügt vielmehr, dass es um irgendeine Pflicht aus einem gegenseitigen Vertrag geht, d. h. auch die Unmöglichkeit der Abnahmepflicht des Käufers kann gem. § 433 Abs. 2 als Leistungspflicht, von der der Schuldner wegen Unmöglichkeit befreit wird, ausreichend sein.[253]

Für die besondere Fallgruppe der Teilunmöglichkeit ist zudem entscheidend, dass der Gläubiger wegen der **Teilunmöglichkeit** am gesamten Vertrag kein Interesse mehr hat. § 326 Abs. 5 verweist diesbezüglich auf § 323 Abs. 5.

---

[253] So schon die Gesetzesbegründung BT-Drucks. 14/6040, S. 183.

Bsp.: Verkauft etwa V eine dreiteilige Sofakombination, von der ein Teil zerstört wird, wird die Leistung teilweise unmöglich. – In diesem Fall kann K als Gläubiger der Eigentumsverschaffungspflicht vom gesamten Vertrag gem. § 326 Abs. 5 zurücktreten, sofern er an der gesamten Leistung kein Interesse mehr hat. Dies dürfte hier der Fall sein, weil er mit einem Teil der Sofakombination nichts anfangen kann.

494 Durch die Formulierung in § 323 Abs. 5 Satz 1 wird dabei deutlich, dass eine **gesetzliche Vermutung** dafür spricht, dass der Gläubiger regelmäßig auch ein Interesse an der Teilleistung hat. Daher muss er den Interessenfortfall darlegen und im Fall des Bestreitens auch beweisen.[254]

495 Schließlich darf der **Rücktritt nicht ausgeschlossen** sein. Dabei kommt zunächst ein Ausschluss nach § 326 Abs. 5 i. V. m. § 323 Abs. 6 in Betracht. Danach ist der Rücktritt ausgeschlossen, wenn der Gläubiger selbst für den Umstand allein oder weit überwiegend verantwortlich ist, der die Unmöglichkeit der Leistungserbringung durch den Schuldner verursacht hat. Gleiches gilt, wenn die Unmöglichkeit während des Annahmeverzugs des Gläubigers eintritt – hier ist das deutlich wiederzuerkennen, was bereits zu § 326 Abs. 2 Satz 1 geregelt ist, auf die dortige Darstellung kann daher verwiesen werden.[255] Ein Rücktrittsausschluss kann sich auch aus den Regelungen zur Verjährung ergeben, nämlich aus § 218 Abs. 1.[256] Grundsätzlich unterliegt der Rücktritt als Gestaltungsrecht zwar nicht der Verjährung; doch lässt § 218 Abs. 1 die Verjährungsregeln auch auf den Rücktritt Anwendung finden, wenn der Erfüllungsanspruch verjährt ist und sich der Schuldner darauf beruft. Dies bedeutet, dass dadurch der Rücktritt letztlich den Verjährungsregeln unterliegt.

496 b) **Rechtsfolge.** Liegen also die beiden Voraussetzungen Rücktrittserklärung und Rücktrittsgrund nach § 326 Abs. 5 vor, ist der **Rücktritt** des Gläubigers **wirksam**; die Rechtsfolgen des erklärten und begründeten Rücktritts sind dann in den §§ 346 ff. geregelt. Dies folgt aus der grundlegenden Systematik des Allgemeinen Schuldrechts, der zufolge die Rücktrittsfolgen gebündelt in § 346 gesammelt sind. Es kommt zu einem Rückgewährschuldverhältnis, dessen Einzelheiten später vorgestellt werden.[257] Kern der dortigen Vorschriften ist, dass vor allem die noch nicht erfüllten Leistungspflichten der Vertragsparteien durch den Rücktritt erlöschen, zudem können bereits gewährte Ansprüche und Leistungen zurückverlangt werden.

---

254 MünchKomm/*Ernst*, BGB, § 323 Rn. 205.
255 Vgl. oben Rn. 423.
256 *Westermann/Bydlinski/Weber*, BGB – Schuldrecht Allgemeiner Teil, § 10 Rn. 11 Fn. 2.
257 Vgl. dazu § 15 (Rn. 868 ff.).

§ 9 Die Nichtleistung trotz Möglichkeit

Literatur: *Braun, J.*, Zahlungsansprüche des Käufers bei Schlechtleistung des Verkäufers, ZGS 2004, 423; *Canaris, C.-W.*, Schadensersatz wegen Pflichtverletzung, anfängliche Unmöglichkeit und Aufwendungsersatz im Entwurf des Schuldrechtsmodernisierungsgesetzes, DB 2001, 1815; *Coester-Waltjen, D.*, Neuregelungen im Schuldnerverzug, Jura 2000, 443; *Diederichsen, U.*, Der Schuldnerverzug („mora debitoris"), JuS 1985, 825; *Ernst, W./ Gsell, B.*, Kritisches zum Stand der Schuldrechtsmodernisierung – Beispiele fragwürdiger Richtlinienumsetzung, ZIP 2001, 1389; *Fabis, H.*, Das Gesetz zur Beschleunigung fälliger Zahlungen – Inhalt und Auswirkungen, ZIP 2000, 865; *Gernhuber, J.*, Die endgültige Erfüllungsverweigerung, in: Festschr. für Dieter Medicus, 1999, S. 145 ff.; *Heinrichs, H.*, EG-Richtlinie zur Bekämpfung von Zahlungsverzug im Geschäftsverkehr und Reform des Verzugsrechts nach dem Entwurf eines Schuldrechtsmodernisierungsgesetzes, BB 2001, 157; *Huber, U.*, Das Gesetz zur Beschleunigung fälliger Zahlungen und die europäische Richtlinie zur Bekämpfung von Zahlungsverzug im Geschäftsverkehr, JZ 2000, 957; *Krause, R.*, Die Leistungsverzögerung im neuen Schuldrecht (Teil I), Jura 2002, 217; *ders.*, Die Leistungsverzögerung im neuen Schuldrecht (Teil II), Jura 2002, 299; *Lehmann, M.*, Just in time – Handels- und AGB-rechtliche Probleme – Verlagerung der Wareneingangskontrolle und Öffnung der Qualitätsdatenverarbeitung, BB 1990, 1849; *Oeppen, K.*, Probleme des modernisierten Verzugstatbestands, ZGS 2002, 349; *Pressmar, H.*, Zum Inhalt einer Mahnung, JA 1999, 593; *Ramming, K.*, Vorzeitiges Rücktrittsrecht und Schadensersatz statt der Leistung, ZGS 2002, 412; *Schimmel, R./Buhlmann, D.*, Schuldnerverzug nach der Schuldrechtsmodernisierung – Tatbestandsvoraussetzungen und Rechtsfolgen, MDR 2002, 609.
Rechtsprechung: RGZ 50, 138 (Teilweise Erfüllung und Rücktrittsrecht); RGZ 106, 89 (Ablehnung der Annahme einer Teilleistung durch den Käufer innerhalb einer angemessenen, aber nach Ablauf einer zu kurz gesetzten Frist zur Nacherfüllung); **BGH NJW 1963, 1823** (Verzug des Unternehmers beim Werkvertrag); **BGH NJW 1973, 456** (Rücktritt gemäß § 636 I 2 BGB in entsprechender Anwendung von §§ 325, 326 BGB); **BGH NJW 1982, 1279** (Zum Wahlrecht des Gläubigers zwischen Rücktritt und Schadensersatz wegen Nichterfüllung nach Ablauf der Nachfrist); **BGH NJW 1983, 2318** (Verzug und Mahnung bei Unterhaltsansprüchen); **BGH NJW 1985, 320** (AGB-Klauseln im Möbelhandel); **BGH NJW 1985, 2640** (Schuldnerverzug und Angemessenheit der Nachfrist); **BGH NJW 1986, 842** (Ausschluß der Nachfristsetzung in AGB des kaufmännischen Verkehrs); **BGH NJW 1988, 251** (Zum Schadensersatz wegen Vorenthaltung einer vertraglich eingeräumten Gebrauchsmöglichkeit); **BGH NJW 1989, 1215** (Verzugsschadensersatzanspruch des mit den Mehrkosten aus dem Deckungskauf seines Abnehmers belasteten Käufers gegen den Verkäufer – vgl. OLG München BB 1995, 328); **BGH NJW 1990, 2065** (AGB: "Die vereinbarten Liefertermine und Lieferfristen gelten fix"); **BGH NJW 1993, 2674** (VOB-Vertrag und Verzug); **BGH NJW 1994, 2480** (Nichterfüllungsschaden bei Verzug des Grundstückskäufers mit der Kaufpreiszahlung); **BGH NJW 1996, 923** (Annahmeverzug im Leasingvertrag und Andienungsrecht); **BGH NJW 1996, 1814** (Wirksamkeit einer vor Verzugseintritt gesetzten Nachfrist; Heilung bei gleichzeitigem Zugang); **BGH NJW 1997, 581** (Annahmeverzug des Schuldners auf wörtliches Angebot bei Zug-um-Zug-Leistung); **BGH NJW 1998, 2132** (Inhaltliche Anforderungen an eine verzugsbegründende Mahnung); **BGH NJW 2003, 1600** (Werkvertrag: Schadensersatzanspruch vor Eintritt der Fälligkeit); **BGH NJW 2006, 51** (Nichteintritt von Verzug bzgl. der Mietzahlungen während der Ungewissheit über die Person des Mietgläubigers nach dem Tod des Vermieters); **BGH NJW 2006, 769** Werkvertrag: Unwirksamkeit von Mahnungen bezüglich Zuvielforderungen); **BGH WM 1996, 1598** (Verzugseintritt bei Bestimmung einer Kalenderwoche als Liefertermin); **OLG Köln WM 1985, 1369** (Betriebliche Altersversorgung: Schadensersatzanspruch wegen verspätet vorgenommener Rentenanpassung); **OLG Naumburg NJW 2004, 2022** (Rücktritt vom Grundstückskaufvertrag).

I. Überblick

497 Nachdem in *Rn. 343 ff.* die Unmöglichkeit beschrieben wurde, geht es nun um eine weitere Form der Leistungsstörung. Anders als bei der Unmöglichkeit geht es nun darum, dass zwar eine Störung vorliegt, die Leistung aber grundsätzlich noch erbracht werden könnte – sie ist nicht durch irgendwelche Umstände „unmöglich" geworden. Stattdessen erfüllt der Schuldner seine Leistungspflicht nicht zu dem Zeitpunkt, der vertraglich bestimmt war. Hier wird also die **Leistungszeit** entscheidend.[258]

Bsp.: Vereinbaren die Vertragsparteien eines Kaufvertrages, dass der V die gekaufte Waschmaschine am 27. Juni liefern soll, schafft er dies jedoch nicht und liefert die Maschine nicht zu dem vereinbarten Zeitpunkt, so verletzt er seine Leistungsverpflichtung. Denn es war vereinbart, am 27. Juni zu liefern. V tut dies aber nicht, obwohl er eine entsprechende Verpflichtung hat, folglich liegt eine Leistungsstörung in Form einer Pflichtverletzung vor.

498 Anders als bei der Unmöglichkeit **besteht** die **Leistungspflicht fort**, denn der Verkäufer als Schuldner der Lieferpflicht kann ja einen Tag oder eine Woche später noch liefern – das ist zwar zu spät, aber möglich ist die Leistung noch. Die Leistungsstörung liegt also darin, dass der Schuldner nicht zu dem Zeitpunkt leistet, der vertraglich bestimmt war (also zum Zeitpunkt der Fälligkeit), obwohl ihm die Leistung möglich ist. Es tritt eine Leistungsverzögerung ein, die zu unterschiedlichen Rechtsfolgen führt, aber nicht dazu, dass der Schuldner allein durch diese Verzögerung von seiner Leistungspflicht befreit würde. Hier unterscheidet sich diese Form der Leistungsstörung zentral von derjenigen der Unmöglichkeit: Die Leistungsverzögerung, in welcher Form auch immer, führt nicht unwillkürlich zur Leistungsbefreiung. Dies wäre auch nicht gerechtfertigt, denn der Schuldner kann ja unverändert leisten.

499 Stattdessen sind im Allgemeinen Schuldrecht andere Konsequenzen für diesen Fall vorgesehen. Nahe liegend muss zunächst eine Regelung darüber existieren, dass Schäden des Gläubigers zu ersetzen sind, die allein durch die Verzögerung entstehen, man spricht insofern von **Verzögerungsschäden**. Doch reicht dies nicht aus – denn es kann ja nicht nur ein Schaden allein durch die Verzögerung entstehen, sondern möglich sind weitergehende Schäden an anderen Rechtsgütern oder dem Vermögen des Gläubigers. Daher kann unter bestimmten Voraussetzungen der Gläubiger auch bei dieser Leistungsstörung einen **Schadensersatzanspruch statt der Leistung** geltend machen. Hier finden sich einige Parallelen zum Schadensersatzanspruch bei der Unmöglichkeit, doch gerade die Voraussetzungen unterscheiden sich teilweise erheblich. Schließlich muss man auch hier – wie bei der Unmöglichkeit – beachten, dass der Gläubiger infolge der Leistungsstörung möglicherweise kein Interesse mehr an der Gesamtabwicklung des Vertrages hat. Dann kann er vom gesamten Vertrag zurücktreten.

500 Die folgende Übersicht verdeutlicht, welche **unterschiedlichen Rechtsfolgen** sich aus der „Nichtleistung trotz Möglichkeit" ergeben können.

---

258 Vgl. dazu Rn. 254.

Überblick

Übersicht 10:

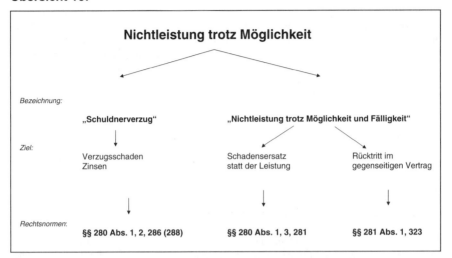

Das Problem, das sich bei der Behandlung der vorliegenden Thematik häufig stellt, **501** besteht darin, dass die **Terminologie** im Zusammenhang mit dieser Leistungsstörung sehr weit auseinander geht. Im Ergebnis meinen zwar alle Kommentatoren und Autoren dasselbe, gleichwohl findet sich[259] eine Vielzahl von Bezeichnungen für identische Tatbestände. Geht man strikt von den Regelungen des BGB aus, so lässt sich die Form der Leistungsstörung „Nichtleistung trotz Möglichkeit" in **zwei Gruppen** aufteilen; wichtig ist aber, dass beide Gruppen in ihren Tatbeständen nicht wesentlich auseinanderfallen.

Als erste Fallgruppe ist der „**Schuldnerverzug**" zu nennen: § 286 lautet konsequenterweise in seiner gesetzlichen Überschrift explizit „Verzug des Schuldners". **502** Diese eine Form dieser Leistungsstörung betrifft die Situation, in der der Schuldner die Leistung nicht zu dem vereinbarten Zeitpunkt erbringt, obwohl es ihm möglich ist. Dadurch entsteht dem Gläubiger ein reiner Verzögerungsschaden. Er hat dann einen Anspruch auf Schadensersatz gemäß den Vorschriften der §§ 280 Abs. 1, Abs. 2, 286.

Bsp.: In dem zuvor genannten Beispiel *(unter Rn. 497)* benötigte der K am 28.6. unbedingt ein sauberes Hemd – da die Waschmaschine nicht wie vereinbart am 27.6. geliefert wurde, musste er sein Hemd nun zur Reinigung bringen, wodurch ihm Kosten i.H.v. 3,50 € entstanden sind.

Die zweite Gruppe innerhalb dieser Leistungsstörung zuzüglich der entsprechenden Ansprüche in diesem Zusammenhang lässt sich mit der Überschrift „**Nicht- 503 leistung trotz Möglichkeit und Fälligkeit**" charakterisieren. Die genaue Abgrenzung zum „Schuldnerverzug" scheint schwierig; und in der Tat unterscheiden viele

---

259 Insbesondere infolge der Traditionen aus dem alten Schuldrecht.

Autoren hier nicht weiter, sondern differenzieren allein anhand der verschiedenen Rechtsfolgen. Man muss zugeben, dass das Verständnis von zwei unterschiedlichen Gruppen innerhalb dieser Leistungsstörung schwer fällt, da auch beim Schuldnerverzug eine „Nichtleistung" trotz Möglichkeit und Fälligkeit vorliegt. Gleichwohl ist es berechtigt, hier eine zweite Fallgruppe neben dem Schuldnerverzug zu sehen. Denn das Gesetz selbst geht in dieser systematischen Weise vor. Im Ergebnis liegt dieselbe Situation vor wie beim Schuldnerverzug: Auch hier erbringt der Schuldner seine Leistung nicht, obwohl sie ihm möglich und fällig ist. Der Gläubiger verfolgt jedoch ein anderes Interesse: Er möchte nicht den Verzögerungsschaden, sondern einen weitergehenden Schaden geltend machen, nämlich einen Anspruch statt der Leistung: In dem Fall kann er einen solchen Schadensersatz gem. §§ 280 Abs. 1, Abs. 3, 281 verlangen – oder sogar vom Vertrag zurücktreten.

Bsp.: Liefert der V in dem zuvor genannten Beispiel *(unter Rn. 497)* die Waschmaschine auch nach Wochen nicht, verschwindet für den K irgendwann das Interesse an dem Vertrag mit V. Stattdessen möchte er nun eine Maschine bei X kaufen.

504 **Beide Fallgruppen** sind im Ergebnis nichts anderes als die Ausprägung der gleichen Leistungsstörung „Nichtleistung trotz Möglichkeit". Entscheidend ist, was der Gläubiger möchte: Verlangt er die Erstattung eines reinen Verzögerungsschadens, findet die Fallgruppe des „Schuldnerverzugs" Anwendung. Oder möchte er Schadensersatz statt der Leistung, dann heißt diese Form der Leistungsstörung allgemeiner gesprochen „Nichtleistung trotz Möglichkeit und Fälligkeit". Man muss sich dabei immer fragen, **was der Gläubiger geltend macht.** Führt man sich diese zentrale Ausgangsfragestellung vor Augen, ist es recht einfach, die richtige Anspruchsgrundlage herauszufinden und dementsprechend die Voraussetzungen der jeweiligen Leistungsstörung sowie der daraus resultierenden Ansprüche zu benennen bzw. zu prüfen.

II. Der Schuldnerverzug, §§ 280 Abs. 1 und 2, 286

505 Die **erste Fallvariante** der Leistungsstörung in der Gruppe „Nichtleistung trotz Möglichkeit" wird hier nun als **„Schuldnerverzug"** bezeichnet. Dies ist also eine Situation, in der der Schuldner seine Leistung nicht rechtzeitig bringt, obwohl es ihm möglich ist. Als Rechtsfolge kann es dann zu einem Ersatzanspruch des vergeblich wartenden Gläubigers kommen.

1. Überblick und Ziel

506 Der Gläubiger hat in dieser besonderen Situation ein bestimmtes Ziel: Häufig führt nämlich allein der Umstand, dass der Schuldner seine Leistung zu spät erbringt, bereits zu einem Schaden. Allein die verzögerte Leistungserbringung selbst führt also zur Verursachung eines Schadens. Damit ist noch nichts darüber ausgesagt, ob der Gläubiger möglicherweise auch das Interesse an der Leistung zukünftig verliert, ob er also einen Schadensersatzanspruch statt dieser Leistung in Anspruch nehmen möchte oder vom Vertrag zurücktreten will. **Ziel** eines

Anspruches aus dem Schuldnerverzug ist also Ersatz des sog. Verzugsschadens, auch Verzögerungsschaden genannt.[260]

Schon hier ist systematisch Folgendes zu beachten: Der Gesetzgeber hätte es sich leicht machen und eine **Pflichtverletzung** allein darin sehen können, dass der Schuldner die fällige Leistung nicht zum Fälligkeitszeitpunkt erbringt. Dies liegt eigentlich auch nahe: Denn eine fällige Leistung muss erbracht werden. Wird sie nicht erbracht und entsteht dadurch ein Schaden, so sollte man annehmen, dass der Schuldner wegen der verzögerten Erbringung haften muss. Prinzipiell ist dies auch richtig: § 280 Abs. 1 scheint dies auch auf den ersten Blick in der Weise zu regeln. Denn es liegt ein Schuldverhältnis vor, und der Schuldner erbringt seine Leistungspflicht nicht (rechtzeitig); ist dies auch noch schuldhaft geschehen, muss er den entstandenen Schaden doch ersetzen! 507

Jedoch wird in der Konzeption des BGB gerade hier ein **eigener Weg** verfolgt: Obwohl bereits die Leistungspflicht allein durch die nicht rechtzeitige Leistungserbringung verletzt ist, knüpft das Allgemeine Schuldrecht einen Schadensersatzanspruch hinsichtlich eines bloßen Verzögerungsschadens noch an eine weitere Voraussetzung. Der Gläubiger soll nicht allein durch Zeitablauf in den Genuss eines Schadensersatzes kommen; vielmehr soll und muss er dem Schuldner prinzipiell noch einmal eine Mahnung erteilen: Er muss ihn auffordern, die Leistung „jetzt aber endlich" zu erbringen, um anschließend, sollte unverändert nicht geleistet werden, einen Schadensersatz geltend machen zu können. 508

Noch einmal: Dies ist überhaupt **nicht selbstverständlich**! Der Gesetzgeber hätte genauso gut die bloße Nichtleistung bei Fälligkeit als ausreichende Störung ansehen können, die zu einem Ersatzanspruch nach § 280 Abs. 1 führen würde. Doch anhand § 280 Abs. 2 wird diese (man könnte sagen: dem Schuldner gegenüber großzügige) zusätzliche Voraussetzung deutlich. Dort ist nämlich geregelt, dass der Gläubiger vom Schuldner einen Schadensersatz wegen Verzögerung der Leistung nur unter den zusätzlichen Voraussetzungen des § 286 verlangen kann. Möchte also der Gläubiger einen Verzugsschaden geltend machen und verlangt er zudem unverändert vom Schuldner die Erbringung der primären Leistungspflicht, so kann er dies nach §§ 280 Abs. 1, Abs. 2, 286. Handelt es sich hinsichtlich der Leistungspflicht des Schuldners um eine Geldschuld, so kann der Gläubiger auch Verzugszinsen geltend machen. Dies ergibt sich aus §§ 280 Abs. 1, Abs. 2, 288 Abs. 1. 509

2. Voraussetzungen

Um zusätzlich zu dem bestehen bleibenden Leistungsanspruch auch einen Anspruch auf den Verzögerungsschaden gegen den Schuldner geltend machen zu können, müssen die Voraussetzungen der entsprechenden Anspruchsgrundlagen gegeben sein, also der §§ 280 Abs. 1, Abs. 2, 286. Hier wird besonders deutlich, dass man sich im Leistungsstörungsrecht befindet, denn man kann die bekannte Struktur des Anspruches aus § 280 Abs. 1 mit den bekannten **Voraussetzungen** 510

---

260 Vgl. zuvor das Beispiel in Rn. 502.

eines bestehenden Schuldverhältnisses, einer Pflichtverletzung sowie des Vertretenmüssens ohne Probleme übernehmen, die schließlich zu einem Schaden (hier einem Verzögerungsschaden) geführt haben. Bei der Darstellung der Pflichtverletzung muss deutlich werden, worin sie besteht: nämlich darin, dass der Schuldner einen fälligen, durchsetzbaren Anspruch nicht erfüllt, obwohl er (dies ist der Zusatz aus § 286) vom Gläubiger entsprechend zur Erbringung der Leistung aufgefordert, also gemahnt wurde. Im Ergebnis kommt es also zu einer Prüfung des § 280 Abs. 1, der „etwas" erweitert wird.

Übersicht 11:

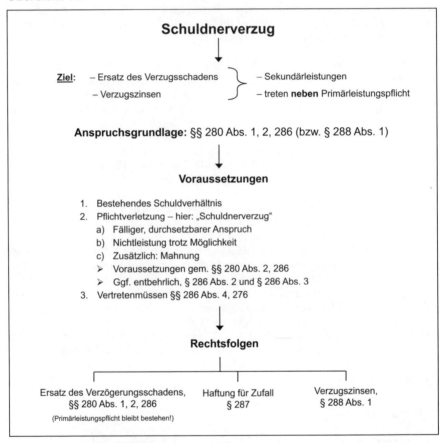

511 a) **Bestehendes Schuldverhältnis.** Die erste Voraussetzung ist wie stets bei § 280 Abs. 1 ein Schuldverhältnis zwischen den Parteien. Da es sich um den bloßen Verzögerungsschaden handelt, ist jedoch kein synallagmatisches, auf Gegenseitigkeit beruhendes Schuldverhältnis erforderlich.[261] Vielmehr genügt es, dass zwi-

---

261 *Brox/Walker*, Allgemeines Schuldrecht, § 22 Rn. 50.

schen dem Anspruchsteller und dem Anspruchsgegner überhaupt ein vertragliches oder gesetzliches Schuldverhältnis besteht.[262]

b) Pflichtverletzung – hier: „Schuldnerverzug". Da es sich um einen Anspruch aus einer Leistungsstörung handelt, bedarf es zudem einer **Pflichtverletzung**, dies ist der eigentliche Kern der Prüfung. Bei dem hier zu untersuchenden Anspruch auf einen Verzögerungsschaden besteht die Pflichtverletzung darin, dass der Schuldner in den sog. „Schuldnerverzug" geraten ist.[263] Allgemein definiert kann man sagen, dass ein **Schuldnerverzug vorliegt, wenn der Schuldner einen fälligen und durchsetzbaren Anspruch, der ihm möglich ist, nicht rechtzeitig erfüllt,** obwohl er dazu vom Gläubiger gemahnt worden ist.[264] Verzug setzt daher gem. § 286 Abs. 1 Satz 1 einen fälligen und durchsetzbaren Anspruch sowie darüber hinaus prinzipiell eine Mahnung voraus. **512**

aa) Fälliger durchsetzbarer Anspruch. Es bedarf zunächst eines **fälligen durchsetzbaren Anspruchs,** den der Schuldner nicht (d. h. zu spät) erfüllt hat. Hierbei kann es sich um jede wirksame Leistungspflicht i. S. d. § 241 Abs. 1 handeln.[265] Dabei gilt, dass bei einem vertraglichen Erfüllungsanspruch die Verzugsregeln uneingeschränkt anwendbar sind; für gesetzliche Ansprüche gilt dies in gleicher Weise, wenn nicht ausnahmsweise Sonderregelungen bestehen.[266] Besondere Regelungen sehen etwa das Bereicherungsrecht sowie das Recht aus dem Eigentümer-Besitzer-Verhältnis nach § 990 Abs. 2 vor. Der Anspruch kann sogar aus dinglichen Rechtsverhältnissen stammen, denn auf dingliche Ansprüche sind die Verzugsregelungen prinzipiell analog anwendbar – soweit nicht das Sachenrecht Sonderregelungen vorsieht.[267] **513**

Der im Mittelpunkt der Pflichtverletzung stehende Anspruch, der vom Schuldner nicht (rechtzeitig) erfüllt worden ist, muss zunächst **fällig** sein. Dies ist konsequent, denn wenn er noch nicht fällig ist, musste der Schuldner auch noch gar nicht erfüllen. Die Fälligkeit des Anspruchs ergibt sich nun eher aus den allgemeinen Regelungen, wie sie unter Rn. 217 ff. zur Zeit der Leistungserbringung näher erläutert worden sind. Fälligkeit liegt vor, wenn der Gläubiger berechtigt ist, die Leistung zu fordern – dies ergibt sich regelmäßig aus dem, was die Parteien vereinbart haben. Im Zweifel ist die Leistung, wie § 271 bestimmt, sofort fällig.[268] **514**

Bsp.: V und K haben im Ausgangsbeispiel *(unter Rn. 497)* vereinbart, dass V die Waschmaschine am 27.6. liefern soll – damit ist die Fälligkeit mit diesem Tag gegeben. Verzug kann also frühestens zu diesem Zeitpunkt eintreten.

---

262 Die Einzelheiten, wann dies der Fall ist, ergeben sich aus den Ausführungen in § 3 (unter Rn. 46 ff.).
263 *Emmerich,* Das Recht der Leistungsstörungen, § 16 Rn. 1.
264 *Looschelders,* Schuldrecht Allgemeiner Teil, Rn. 580.
265 *Brox/Walker,* Allgemeines Schuldrecht, § 23 Rn. 3.
266 Vgl. dazu Palandt/*Heinrichs,* BGB, § 286 Rn. 7.
267 BGHZ 49, 263 (264); MünchKomm/*Ernst,* BGB, § 286 Rn. 6.
268 Vgl. eingehend oben Rn. 255.

515 Der Anspruch muss auch **durchsetzbar** sein.[269] **Durchsetzbar** ist der Anspruch, wenn keine dauernden oder hemmenden Einreden für den Schuldner bestehen, die ihn dazu berechtigen, die **Leistung zu verweigern.**[270] Bei den dauernden Einreden handelt es sich beispielsweise um die Verjährung, bei den hemmenden etwa um eine vorliegende Stundung oder ein Zurückbehaltungsrecht. Auch wenn § 286 Abs. 1 den Begriff „durchsetzbar" nicht erwähnt, leuchtet dies ein: Denn nur dann, wenn der Gläubiger überhaupt die Leistung verlangen kann, wenn also der Schuldner nicht seinerseits die Leistung mit Recht verweigern darf, kann es zu einer Pflichtverletzung im Sinne eines Schuldnerverzugs kommen: Muss der Schuldner nämlich nicht leisten (ist der Anspruch also nicht durchsetzbar), kann dem Schuldner auch nicht vorgeworfen werden, er habe zu spät oder gar nicht geleistet. Steht also dem Anspruch eine Einrede oder eine Einwendung entgegen, kann der Gläubiger nicht darauf setzen, dass der Schuldner seinen Anspruch auch erfüllt. Fehlt die Durchsetzbarkeit, liegt auch keine Pflichtverletzung in Form des Schuldnerverzugs vor.

Bsp. (1): Haben V und K vereinbart, dass K den Kaufpreis nicht am Tag des Kaufes, sondern erst zum Ende des Jahres zahlen muss, kann V als Gläubiger der Kaufpreiszahlung diese nicht vor Jahresende verlangen. K als Schuldner der Kaufpreiszahlung kann daher vor Jahresende nicht in Verzug geraten, weil in dieser Situation noch kein durchsetzbarer Anspruch besteht. Denn V hat dem K ja eine Stundung gewährt – es liegt also eine hemmende Einrede vor.

Bsp. (2): Hat V jahrelang vergessen, den Kaufpreis einzufordern, ist dieser verjährt. Auch dann ist Verzug als Pflichtverletzung schon deshalb nicht mehr möglich, weil es an einem durchsetzbaren Anspruch fehlt: K als Schuldner der Kaufpreiszahlung kann V die Verjährung entgegenhalten, so dass eine Pflichtverletzung in Form des Schuldnerverzugs ausgeschlossen ist.

516 In aller Regel schließt dabei schon das **bloße Bestehen des Einrederechts** den Eintritt des Schuldnerverzugs aus.[271] Der Schuldner muss sich also nicht eigens auf diese Einrede berufen, damit der Schuldnerverzug ausgeschlossen ist. Dies gilt etwa für die Mängeleinrede nach § 438 Abs. 4 Satz 2, für die Einrede der Verjährung gem. § 214 Abs. 1, die Einrede der Arglist gem. § 853 oder die Einrede der ungerechtfertigten Bereicherung nach § 821.[272] Hier genügt das bloße Bestehen, denn der Schuldner, der durch seine Einrede den Anspruch hemmen kann, darf auch dessen Erfüllung unterlassen.[273] Aber auch wenn der Schuldner diese Einrede nicht erheben muss, um den Verzug zu verhindern, muss er sie gleichwohl in einem späteren Prozess geltend machen, d. h. „erheben": Denn das Gericht ist nicht dazu verpflichtet, sie von Amts wegen zu berücksichtigen; unterlässt der Schuldner die Erhebung im Prozess, muss er sich dann konsequenterweise so behandeln lassen, als sei er tatsächlich in Schuldnerverzug geraten.[274]

---

269 *Hirsch*, Allgemeines Schuldrecht, Rn. 498.
270 BGH NJW 2001, 3535 (3536).
271 *Brox/Walker*, Allgemeines Schuldrecht, § 23 Rn. 6.
272 *Emmerich*, Das Recht der Leistungsstörungen, § 16 Rn. 8.
273 *Eckert*, Schuldrecht Allgemeiner Teil, Rn. 467.
274 *Brox/Walker*, Schuldrecht Allgemeiner Teil, § 23 Rn. 6; HK-BGB/*Schulze*, § 286 Rn. 6; BGH NJW 1961, 1011; BGH NJW 1991, 1048 (1049); MünchKomm/*Ernst*, BGB, § 286 Rn. 12.

Hinsichtlich der Durchsetzbarkeit bestehen jedoch in zwei Fällen **Besonderheiten**. 517
Hier ist die Rechtslage umstritten, nämlich bei den Zurückbehaltungsrechten, die dem Schuldner gem. §§ 273 und 320 zustehen können. Beim Zurückbehaltungsrecht nach § 273[275] gilt nach überwiegender Auffassung eine Ausnahme von dem zuvor erläuterten Grundsatz: Allein das Bestehen der Einrede des Zurückbehaltungsrechts nach § 273 schließt den Eintritt des Verzugs nicht aus. Hier geht man nämlich davon aus, dass der Gläubiger nicht in jedem Fall damit rechnen muss, dass der Schuldner von seinem Zurückbehaltungsrecht auch tatsächlich Gebrauch macht.[276] Deshalb schließt das Zurückbehaltungsrecht aus § 273 (im Übrigen genauso dasjenige aus § 1000) den Schuldnerverzug nur dann aus, wenn es vom Schuldner bereits zum Zeitpunkt des Verzugseintritts geltend gemacht wird.[277] Umgekehrt bedeutet dies, dass der Schuldner, solange er sich noch nicht auf sein Zurückbehaltungsrecht berufen hat, unverändert und uneingeschränkt seine Leistung schuldet. Dann kann er auch (sofern eine Mahnung vorliegt) in Verzug geraten. Diese Ausnahme lässt sich auch damit begründen, dass der Gläubiger das Zurückbehaltungsrecht gem. § 273 Abs. 3 durch eine Sicherheitsleistung abwenden kann.[278] Das bedeutet dann aber auch, dass die Hemmungswirkung erst eintreten kann, wenn sich der Schuldner auf das Zurückbehaltungsrecht tatsächlich beruft. Der Gläubiger hat dann auch seinerseits erst die Gelegenheit, die Ausübung des Zurückbehaltungsrechts infolge der Regelung des § 273 Abs. 3 abzuwenden.

Anders ist die Situation im Rahmen des § 320, d.h. bei der **Einrede des nicht** 518
erfüllten Vertrages.[279] Hier besteht eine gegenseitige Abhängigkeit von Leistung und Gegenleistung; diese synallagmatische Beziehung führt dazu, dass schon das bloße objektive Bestehen der Einrede aus § 320 die Durchsetzbarkeit des Anspruchs ausschließt, damit auch den Schuldnerverzug.[280] Auch wenn es sich also bei der Einrede des nicht erfüllten Vertrages aus § 320 wie bei § 273 um ein Zurückbehaltungsrecht handelt, so besteht doch ein zentraler Unterschied: Denn anders als im Fall des § 273 Abs. 3 ist die Einrede aus § 320 nicht abwendbar, was sich aus § 320 Abs. 1 Satz 3 ergibt. Daraus schließt die ganz überwiegende Auffassung, dass bereits das bloße Bestehen der Einrede aus § 320 den Schuldnerverzug ausschließt.[281] Könnte also der Schuldner die Einrede nach § 320 erheben, fehlt es an einem durchsetzbaren Anspruch. Mangels Durchsetzbarkeit kommt daher auch keine Pflichtverletzung im Sinne eines Schuldnerverzugs in Betracht.

---

275 Vgl. oben Rn. 259.
276 *Hirsch,* Allgemeines Schuldrecht, Rn. 159.
277 So schon RGZ 77, 436 (438); BGH WM 1971, 1020 (1021); Palandt/*Heinrichs,* BGB, § 286 Rn. 13; Bamberger/Roth/*Grüneberg,* BGB, § 286 Rn. 14; *Medicus,* Schuldrecht Allgemeiner Teil, Rn. 397.
278 Vgl. oben Rn. 267.
279 Vgl. oben Rn. 268.
280 BGH NJW 1996, 923.
281 BGH NJW 1982, 2242; BGH NJW 1992, 556 (557); Staudinger/*Löwisch,* § 284 Rn. 24; MünchKomm/*Ernst,* BGB, § 286 Rn. 23.

519 bb) **Nichtleistung trotz Möglichkeit.** Der Schuldner darf seine Leistung **nicht erbracht** haben. Dazu muss ihm die Leistungserbringung aber grundsätzlich noch möglich gewesen sein.[282] Die Voraussetzung „**trotz Möglichkeit**" macht den zentralen Unterschied zum Unmöglichkeitsrecht bewusst: Nur dann, wenn der Schuldner überhaupt noch in der Lage ist, die Leistung zu erbringen, kann es zum Verzug kommen; in Abgrenzung dazu stehen die Regelungen der Unmöglichkeit: Bei einer unmöglichen Leistung besteht kein Sinn darin, den Schuldner darauf zu drängen, noch zu leisten, denn er ist ja von seiner Leistungspflicht gem. § 275 frei geworden.

520 Der Schuldner darf **nicht geleistet** haben. Dabei geht es nur um die Leistungshandlung. Denn der Schuldner ist lediglich verpflichtet, die Leistungshandlung rechtzeitig vorzunehmen, der Eintritt des Leistungserfolges ist in der Regel kein Maßstab. Entscheidend ist, dass der Schuldner die Leistungshandlung nicht zu dem Zeitpunkt vorgenommen hat, zu dem sie hätte vorgenommen werden müssen. Bei Schickschulden reicht etwa die unverzügliche Versendung.[283] Leistung und ihre Rechtzeitigkeit sind vom Schuldner darzulegen und zu beweisen.[284]

521 cc) **Mahnung.** Schließlich muss grundsätzlich eine **Mahnung** vorliegen. Der Schuldnerverzug tritt nur ein, wenn der Gläubiger den Schuldner eigens noch einmal gemahnt hat. Nur durch die Mahnung des Gläubigers kommt der Schuldner in Schuldnerverzug, wie sich aus § 286 Abs. 1 Satz 1 ergibt. Weil die Verzugsfolgen den Schuldner erheblich belasten können, soll er vor Eintritt des Verzugs noch einmal gewarnt werden.[285] Von diesem Grundsatz der Erforderlichkeit einer Mahnung kann nur in seltenen Fällen abgewichen werden; § 286 Abs. 2 führt daher bestimmte Fälle auf, in denen die Mahnung ausnahmsweise entbehrlich ist. Umgekehrt kann der Verzug sogar unabhängig von einer Mahnung eintreten; dies ergibt sich aus § 286 Abs. 3.

522 (1) **Voraussetzungen der Mahnung.** § 286 Abs. 1 Satz 1 verlangt eine Mahnung des Gläubigers. Das **Ziel** dieser Mahnung ist schon angesprochen worden: Obwohl bereits Fälligkeit eingetreten ist und der Schuldner daher weiß, dass er eigentlich leisten müsste, soll aufgrund der weit reichenden Rechtsfolgen im Falle weiterer Nichtleistung zu Lasten des Schuldners dieser noch einmal besonders **gewarnt** werden.[286]

523 Die Mahnung ist eine einseitige empfangsbedürftige, an den Schuldner gerichtete **Aufforderung**, die Leistung zu erbringen. Sie muss eindeutig und bestimmt sein.[287] Der Gebrauch des Begriffs „Mahnung" ist nicht erforderlich. Genauso wenig muss eine bestimmte Form beachtet werden.[288] Letztlich ist entscheidend, dass für den Schuldner unmissverständlich ersichtlich ist, dass die bestimmte, von ihm

---

282 *Medicus*, Schuldrecht I, Rn. 393.
283 BGH NJW 1969, 875.
284 Palandt/*Heinrichs*, BGB, § 286 Rn. 38; BGH NJW 1969, 875.
285 Vgl. etwa Erman/*Hager*, BGB, § 286 Rn. 28.
286 *Medicus*, Schuldrecht I, Rn. 399.
287 BGH NJW 1998, 2132 (2133); Palandt/*Heinrichs*, BGB, § 286 Rn. 17.
288 Für eine konkludente Mahnung s. BGH NJW 1998, 2132.

Schuldnerverzug

geschuldete Leistung durch den Gläubiger noch einmal angefordert wird. Der Gläubiger muss deutlich machen, dass die bisherige Nichtleistung durch den Schuldner einen Vertragsverstoß darstellt und bei einer fortdauernden Nichtleistung die Rechtsfolgen der §§ 280, 286 drohen. Da keine bestimmte Form vorgeschrieben ist, kann die Mahnung auch konkludent erfolgen.[289] Gerade bei der schlüssigen Vornahme einer Mahnung ist aber darauf zu achten, dass sie für den Schuldner eindeutig bestimmt und hinreichend verständlich ist. Grundsätzlich ist bei Geldforderungen der geschuldete Betrag noch einmal zu beziffern.[290] Es genügen jedoch meist Formulierungen wie „Erinnerung", „Zweite Rechnung" oder Ähnliches.[291] In Zweifelsfragen muss man also stets im Blick haben, dass durch die vorgenommene Mahnung deren Warnfunktion zum Tragen kommen muss.

524 Rechtlich handelt es sich bei der Mahnung nicht um eine Willenserklärung, sie wird meist als eine **geschäftsähnliche Handlung** angesehen.[292] Sie ist deshalb keine Willenserklärung, weil der Verzugseintritt und die Verzugsfolgen nicht durch die Erklärung eintreten, sondern durch das Gesetz bestimmt werden. Anders als bei der Willenserklärung führt die Erklärung nicht zu einer Änderung in der Rechtswirklichkeit, vielmehr sind die Verzugsfolgen gesetzlich bestimmt. Inhaltlich ist diese Unterscheidung aber unerheblich, da nach einhelliger Ansicht die Regeln der Willenserklärung auf die Mahnung analog anwendbar sind.[293] Das bedeutet insbesondere, dass auch die Mahnung eines Minderjährigen analog § 107 wirksam ist. Demgegenüber ist die Mahnung eines Geschäftsunfähigen entsprechend § 105 nichtig; wirksam wird die Mahnung nach § 130 analog mit dem Zugang beim Schuldner.

525 Damit der Schuldnerverzug eine Pflichtverletzung darstellt, muss eine Mahnung als Grundvoraussetzung erfolgen. Da der Schuldnerverzug jedoch gleichzeitig eine fällige Leistungspflicht voraussetzt, stellt sich die Frage, in welchem **Verhältnis Mahnung und Fälligkeit** zueinander stehen. Hier hat sich eine eindeutige Rechtsprechung entwickelt. Danach kann die Mahnung grundsätzlich erst nach Fälligkeitseintritt wirksam erklärt werden. Das bedeutet zugleich, dass eine Mahnung, die vor der Fälligkeit erklärt worden ist, wirkungslos ist. Sie erlangt auch später, d. h. nach Fälligkeitseintritt, keine Wirkung mehr.[294] Dies ist konsequent, denn der Wortlaut des § 286 Abs. 1 Satz 1 ist insofern eindeutig: Danach muss nämlich die Mahnung „nach Eintritt der Fälligkeit" erfolgen.

526 Diese strenge Voraussetzung hindert jedoch die ganz überwiegende Auffassung nicht daran, in einer Hinsicht eine gewisse Lockerung für den Zeitpunkt der Mahnung vorzusehen. So kann die Mahnung nämlich mit der Handlung verbunden werden, die die Fälligkeit selbst begründet: **Mahnung und die die Fälligkeit**

---

289 Palandt/*Heinrichs*, BGB, § 286 Rn. 18.
290 Westermann/Bydlinski/Weber, BGB – Schuldrecht Allgemeiner Teil, § 8 Rn. 15.
291 Im Überblick: *Pressmar*, JA 1999, 593 ff.
292 BGH NJW 1967, 1800 (1802); BGH NJW 1987, 1546 (1547).
293 S. nur BGH NJW 1987, 1546 (1547); Palandt/*Heinrichs*, BGB, § 286 Rn. 16; Münch Komm/*Ernst*, BGB, § 286 Rn. 46.
294 BGH NJW 1992, 1956; BGH NJW-RR 1997, 622 (623); Palandt/*Heinrichs*, BGB, § 286 Rn. 16.

begründende Handlung können **zeitlich zusammenfallen**.²⁹⁵ So kann etwa der Abruf einer Leistung selbst schon als Mahnung formuliert werden. Dies stellt allerdings eine sehr wohlwollende Auslegung des Wortlauts des § 286 Abs. 1 Satz 1 dar: Denn auf diese Weise muss man dem Ausdruck „nach Eintritt der Fälligkeit" eine bloße Darstellungsfunktion dahingehend beilegen, dass eine „vor dem Eintritt der Fälligkeit ausgesprochene Mahnung" unwirksam ist, eine gleichzeitig ausgesprochene hingegen nicht.²⁹⁶

527 Nach § 286 Abs. 1 Satz 2 steht der Mahnung die **Erhebung der Klage** auf Leistung durch den Gläubiger gleich. Gleiches gilt für die Zustellung des Mahnbescheids im Mahnverfahren nach § 693 ZPO.

528 Des Weiteren ist zu beachten, dass der Gläubiger prinzipiell den Schuldner zur Erbringung **genau derjenigen Leistung** auffordern muss, die tatsächlich geschuldet ist. Die mahnende Aufforderung muss auf die „geschuldete" Leistung gerichtet sein, also auf die Leistung im richtigen Umfang, am richtigen Ort sowie in der richtigen Art und Weise. **Mahnt** der Gläubiger in seiner Erinnerung **zu wenig** an, führt dies nicht zu einer Unwirksamkeit der Mahnung, doch kann der Verzug dann nur im Hinblick auf die tatsächlich angemahnte Leistung eintreten.²⁹⁷

529 Anders ist die Situation zu beurteilen, wenn der Gläubiger nicht zu wenig anmahnt, sondern **zu viel** oder **etwas ganz anderes** als das, was der Schuldner zu leisten hätte. Hier wird man differenzieren müssen. Entscheidend ist, wie die **Zuvielforderung** durch den Schuldner zu verstehen ist. Denn entsprechend dem zuvor Gesagten muss die Mahnung auch in dieser Situation gemäß den §§ 133, 157 analog ausgelegt werden. Hat daher insbesondere der Gläubiger nur unwesentlich zu viel verlangt, kann der Schuldner dies nicht anders verstehen, als dass er zur tatsächlichen Leistung aufgefordert worden ist. Das führt dann aber auch dazu, dass die Mahnung wirksam ist.²⁹⁸ Der Schuldner muss sie als Aufforderung zur Erbringung der tatsächlich geschuldeten Leistung verstehen und der Gläubiger seinerseits zur Annahme der tatsächlich ausstehenden Leistung auch bereit sein.²⁹⁹ Davon wird man aber nicht mehr ausgehen können, wenn es sich um eine unverhältnismäßig hohe Zuvielforderung handelt. Dann steht die tatsächlich vom Gläubiger angemahnte Leistung so im Vordergrund, dass der Schuldner mit Recht davon ausgehen kann, nicht wirksam gemahnt worden zu sein.³⁰⁰

---

295 Vgl. etwa MünchKomm/*Ernst*, BGB, § 286 Rn. 52; Palandt/*Heinrichs*, BGB, § 286 Rn. 16; *Brox/Walker*, Schuldrecht Allgemeiner Teil, § 23 Rn. 13.
296 So auch *Looschelders*, Schuldrecht Allgemeiner Teil, Rn. 581; kritisch dazu jedoch *Westermann/Bydlinski/Weber*, BGB – Schuldrecht Allgemeiner Teil, § 8 Rn. 18.
297 BGH NJW 1982, 1983 (1985); Palandt/*Heinrichs*, BGB, § 286 Rn. 20; MünchKomm/ *Ernst*, BGB, § 286 Rn. 50.
298 S. BGH NJW 2006, 769 (771); MünchKomm/*Ernst*, BGB, § 286 Rn. 50.
299 Vgl. OLG Zweibrücken WM 1996, 621 (624); HK-BGB/*Schulze*, § 286 Rn. 11.
300 Bamberger/Roth/*Grüneberg*, BGB, § 286 Rn. 27.

530 Da die Mahnung zu erheblichen Rechtsnachteilen für den Schuldner führen kann, enthält § 309 Nr. 4 eine besondere Schutzregelung zugunsten des Vertragspartners eines **AGB-Verwenders**: Durch AGB kann der Verwender nicht von der Mahnung freigestellt werden. Einzelvertraglich ist dies indes möglich.

531 (2) **Mahnung gegebenenfalls entbehrlich, § 286 Abs. 2?** Weil und soweit die Mahnung allein das Ziel verfolgt, den Schuldner noch einmal zu warnen und dringend aufzufordern, die von ihm geschuldete Leistung zu erbringen, kann es Situationen geben, in denen dieses Ziel entweder überhaupt nicht erreicht werden kann oder doch zumindest eine Mahnung sinnlos und überflüssig ist – zumal der Schuldner ja weiß, dass er leisten muss. Möglicherweise tritt das Interesse des Schuldners daran, noch einmal gemahnt zu werden, hinter das Interesse des Gläubigers zurück. Dann ist die **Mahnung entbehrlich**. Diese Fälle sind in § 286 Abs. 2 zusammengefasst. Zwar ist diese Bestimmung insofern abschließend, als sie nicht lediglich beispielhaft Fälle aufzählt – es fehlt nämlich das Wort „insbesondere". Doch muss man zum einen beachten, dass Abs. 2 Nr. 4 einen Auffangtatbestand vorsieht; zum anderen ist daran zu denken, dass die Parteien individualvertraglich[301] vereinbaren können, dass eine Mahnung überhaupt nicht erforderlich ist, denn § 286 Abs. 1 ist im Hinblick auf die Mahnung dispositiv.

532 Nach § 286 Abs. 2 Nr. 1 ist eine Mahnung entbehrlich, wenn für die Leistung eine Zeit nach dem Kalender bestimmt ist. Lateinisch formuliert ist dies in dem Satz: *„Dies interpellat pro homine"*. Hier ist eine Mahnung überflüssig, weil der Schuldner genau weiß, dass er zu einem festgesetzten Termin leisten muss. Die Parteien haben schon bewusst einen Termin ausgesucht, zu dem die Leistung erfolgen soll, daher mutet man dem Gläubiger nicht noch einmal eine Mahnung zu. Eine solche kalendermäßige Bestimmung liegt zum einen dann vor, wenn ein Kalendertag für die Leistung vereinbart worden ist – also zum Beispiel „Leistung am 27.6.". Es genügt jedoch auch, dass nicht ein exaktes Datum, sondern lediglich ein Leistungszeitraum festgelegt worden ist, also beispielsweise Ende Juni oder in der 15. Kalenderwoche.[302] Wichtig ist, dass der Leistungszeitpunkt nach dem Kalender tatsächlich bestimmt ist – dies bedeutet dann aber auch, dass für § 286 Abs. 2 Nr. 1 eine bloße Berechenbarkeit nicht genügt, insbesondere dann nicht, wenn die Berechenbarkeit an einem ungewissen Zeitpunkt hängt, wie dies etwa bei der Formulierung „zwei Wochen nach Lieferung" der Fall ist: In diesen Fällen ist eine Mahnung nicht nach dieser Vorschrift entbehrlich, sondern muss noch einmal erfolgen.[303]

533 Die Mahnung ist des Weiteren nach § 286 Abs. 2 Nr. 2 entbehrlich, wenn der Leistung ein **Ereignis vorauszugehen** hat und **eine angemessene Zeit** für die Leistung in der Weise bestimmbar ist, dass sie sich von dem Ereignis an nach dem Kalender berechnen lässt. Dies ist etwas kompliziert formuliert, doch inhaltlich

---

301 *Diederichsen*, JuS 1985, 825 (833); beachte: nur durch Individualvereinbarung, nicht durch AGB, § 309 Nr. 4, vgl. zuvor Rn. 530.
302 BGH WM 1996, 1598 (1599); BGH NJW 1982, 1279.
303 BGH NJW 2001, 365 (366).

ist diese Ausnahmebestimmung hinsichtlich der Erforderlichkeit der Mahnung gut verständlich. Als Ereignis, an das hier angeknüpft werden kann, ist letztlich jeder Vorgang denkbar, also etwa die Kaufpreiszahlung oder die Lieferung. Wenn dieses feststeht, wird die Mahnung dann entbehrlich, wenn eine Frist an dieses Ereignis anknüpft und diese Frist abgelaufen ist.

Bsp.: So ist eine Mahnung entbehrlich, wenn die Parteien vereinbaren, dass die Leistung „sieben Tage nach Abruf" fällig sein soll. Hier gibt es einen fest bestimmten Termin, also ein Ereignis. Von diesem Ereignis an ist die Leistungszeit nach dem Kalender berechenbar, nämlich sieben Tage nach dem Ereignis.

534 Unter dem **Ereignis** ist jeder künftige Umstand zu verstehen, der für die Leistungszeit maßgeblich ist, zu denken ist insbesondere an eine Kündigung, die Lieferung oder den Zugang einer Rechnung bzw. die Fertigstellung einer Sache.[304] Ausgeschlossen ist allein eine einseitige Bestimmung durch eine Partei, diese soll hier nicht genügen.[305]

535 Entsprechend dem Gesetzeswortlaut ist zusätzlich erforderlich, dass der Zeitraum zwischen dem Ereignis und der Leistung „angemessen" ist. Dabei bestimmt sich die Angemessenheit wie stets nach den Umständen des Einzelfalls. Durch diese Voraussetzung soll verhindert werden, dass die Frist, nach deren Ablauf der Verzug eintritt, zu kurz bemessen oder gar auf Null reduziert wird.[306]

Bsp.: Die Mahnung wäre also nicht entbehrlich, wenn man vereinbarte, dass die Lieferung „eine Stunde nach Abruf" erfolgen müsse. Denn der Zeitraum zwischen Ereignis und Leistungsverpflichtung (eine Stunde) wäre in keiner Weise angemessen.[307]

536 Nicht ganz klar ist schließlich, wie man die Situation zu beurteilen hat, dass eine **Leistungsbestimmung ohne Frist** festgelegt wird, also etwa in der Klausel „Zahlung sofort nach Lieferung". Führt auch eine solche Vereinbarung zum Eintritt des Verzugs ohne Mahnung gem. § 286 Abs. 2 Nr. 2? Zum Teil wird nicht ausgeschlossen, dass auch das Fehlen einer Frist angemessen sein kann; dies wird insbesondere mit einer europarechtskonformen Auslegung begründet, da auch die zugrunde liegende europäische Richtlinie eine solche Frist zwischen Ereignis und Leistungszeitpunkt nicht verlange.[308] Die Gesetzesbegründung selbst und die überwiegende Ansicht in der Literatur sind jedoch mit Recht der Ansicht, dass derartige Klauseln ohne eine explizite Frist nicht i. S. v. § 286 Abs. 2 Nr. 2 gewertet werden können, vielmehr enthalten sie reine Fälligkeitsbestimmungen.[309]

---

304 S. *Eckert*, Schuldrecht Allgemeiner Teil, Rn. 475.
305 BT-Drucks. 14/6040, S. 145; Staudinger/*Löwisch*, BGB, § 284 Rn. 64.
306 BT-Drucks. 14/6040, S. 146.
307 Zur Problematik, inwiefern dieses zusätzliche Erfordernis mit der der Vorschrift zugrunde liegenden europäischen Richtlinie 2000/35/EG vereinbar ist, vgl. AnwK/*Schulte-Nölke*, BGB, § 286 Rn. 32.
308 Vgl. etwa *Henssler/von Westphalen/Gedeck*, BGB, § 286 Rn. 6; *Huber*, JZ 2000, 957 (960); *Gsell*, ZIP 2001, 1389 (1390 f.).
309 S. etwa BT-Drucks. 14/6040, S. 146; Palandt/*Heinrichs*, BGB, § 286 Rn. 23; *Heinrichs*, BB 2001, 157 (158); *Oepen*, ZGS 2002, 349 (352).

Unter einem etwas anderen Aspekt ist die Mahnung nach § 286 Abs. 2 Nr. 3 **537** entbehrlich. Nach dieser Vorschrift gerät der Schuldner ohne Mahnung in Verzug, wenn er die **Leistung ernsthaft und endgültig verweigert**. Hier wäre eine erneute Aufforderung seitens des Gläubigers sinnlos. Will nämlich der Schuldner erkennbar und endgültig nicht mehr leisten, braucht der Gläubiger nicht mehr mit einer sinnlosen Mahnung belastet werden.[310] Weil der Schuldner auf diese Weise seinen mit der Mahnung bezweckten Schutz verliert, sind an eine „ernsthafte und endgültige Leistungsverweigerung" hohe Anforderungen zu stellen.[311] Das bedeutet insbesondere, dass bloßes Schweigen auf Leistungsanfragen, die der Gläubiger stellt, nicht genügt.[312] Vielmehr muss der Schuldner unmissverständlich, eindeutig und klar erkennbar zum Ausdruck bringen, dass er die Leistung sicher nicht mehr erbringen wird. Dies ist nicht geschehen, wenn der Schuldner lediglich Unsicherheiten darüber zum Ausdruck bringt, ob er überhaupt eine Leistungspflicht hat. In den Fällen der ernsthaften und endgültigen Leistungsverweigerung beginnt der Verzug schon ohne Mahnung, d. h. direkt mit der Leistungsverweigerung selbst.[313]

§ 286 Abs. 2 Nr. 4 enthält schließlich eine „**salvatorische Klausel**", d. h. eine Auffangklausel, nach der es einer Mahnung ausnahmsweise aus besonderen Gründen dann nicht mehr bedarf, wenn unter Abwägung der beiderseitigen Interessen der sofortige Eintritt des Verzugs gerechtfertigt ist. Unter diesen **Auffangtatbestand** sind nach dem Willen des Gesetzgebers diejenigen Fälle zu zählen, in denen man dem Gläubiger letztlich nicht mehr zumuten kann, den Schuldner noch einmal zur Leistung aufzufordern. Im Ergebnis sind davon diejenigen Fälle erfasst, in denen die besondere Eilbedürftigkeit der Leistung offensichtlich ist, etwa dadurch, dass sich die besondere Dringlichkeit aus dem Inhalt des Vertrages selbst ergibt.[314] Ebenfalls unter Nr. 4 fallen die Fälle, in denen sich der Schuldner der Mahnung durch ständig erneuerte Leistungsversprechen entzieht, also dem Gläubiger immer wieder zu verstehen gibt, er werde schon in der nächsten Zeit leisten, so dass der Gläubiger die Mahnung unterlässt. Gleiches gilt für Situationen, in denen der Schuldner ständig seinen Wohnsitz wechselt, so dass er für eine Mahnung und eine Leistung nicht erreichbar ist. Schließlich wird von diesem Auffangtatbestand auch die Situation erfasst, in der der Schuldner weiß, dass er zwar eine Leistung erbracht hat, dass dies jedoch eine andere als die geschuldete war, und er gleichwohl die geschuldete Leistung nicht erbringt.[315] Letztlich ist dieser Auffangtatbestand eine besondere Ausprägung von § 242.[316] Die Mahnung ist daher nach **538**

---

310 So auch BGH NJW 1951, 918; BGH NJW 1963, 1823 (1824); BGH NJW-RR 1992, 1227.
311 Vgl. näher *Gernhuber*, in: Festschr. für Dieter Medicus, 1999, S. 145 ff.
312 BGH NJW 1992, 1956 (1957).
313 Auch § 281 Abs. 2, 1. Alt. und § 323 Abs. 2 Nr. 1 kennen diese Sondervorschrift der ernsthaften und endgültigen Leistungsverweigerung: Hier finden sich die engsten Parallelen zwischen den unterschiedlichen Fallgruppen der Nichtleistung trotz Möglichkeit.
314 BGH NJW 1963, 1823 (1824).
315 BGH NJW 1985, 2526; vgl. OLG Köln NJW-RR 1999, 4 (5).
316 *Westermann/Bydlinski/Weber*, BGB – Schuldrecht Allgemeiner Teil, § 8 Rn. 27.

dieser Vorschrift nur dann entbehrlich, wenn der Schuldner entsprechend dem Grundsatz nach Treu und Glauben nicht mehr mit ihr rechnen musste.

Bsp.: Der Schuldner kündigt die Leistung ständig zu einem bestimmten Termin an, um so die Mahnung seitens des Gläubigers zu verhindern, leistet dann aber nicht (Selbstmahnung). Dann wäre es ungerechtfertigt, dem Gläubiger noch die Pflicht zur Mahnung aufzuerlegen.[317]

539 (3) **Mahnung entbehrlich gem. § 286 Abs. 3?** Neben den Bestimmungen in § 286 Abs. 2, die eine Mahnung des Gläubigers in Ausnahmefällen aus den genannten Gründen entbehrlich machen, enthält § 286 Abs. 3 eine weitere **Ausnahmebestimmung**, die dazu führt, dass der Schuldnerverzug eintreten kann, ohne dass eine Mahnung erfolgt. Diese Sonderregelung gilt ausschließlich für **Entgeltforderungen**. Nach dieser Vorschrift kommt der Schuldner einer solchen Entgeltforderung auch ohne Mahnung spätestens dann in Verzug, wenn er nicht innerhalb von 30 Tagen nach Fälligkeit und Zugang einer Rechnung oder einer gleichwertigen Zahlungsaufstellung leistet. Gerade bei der Bezahlung einer Leistung treten besonders häufig Verzögerungen auf. Angesichts der geringen Zahlungsmoral hielt man es für erforderlich, hier eine Verzugssituation auch ohne Mahnung allein dadurch herzustellen, dass eine bestimmte Frist, nämlich von 30 Tagen abläuft. Damit diese besondere Verzugsregelung eingreifen kann, sind dem Tatbestand des § 286 Abs. 3 entsprechend **drei Voraussetzungen** erforderlich:

540 Es muss sich *erstens* um eine **Entgeltforderung** handeln, die vom Schuldner zu leisten ist. Darunter ist jede Geldforderung zu verstehen, die eine Gegenleistung für eine Leistung des Gläubigers darstellt.[318] § 286 Abs. 3 gilt also nur für solche Forderungen, mit denen der Gläubiger das Entgelt für eine aufgrund eines gegenseitigen Vertrages erbrachte Leistung verlangt. Umgekehrt kann man allerdings nicht sagen, dass alle Geldforderungen sogleich auch Entgeltforderungen sind. Keine Anwendung findet § 286 Abs. 3 etwa auf gesetzliche Ansprüche wie Schadensersatz- oder Bereicherungsansprüche, ferner auf Aufwendungsersatzansprüche, auf Ansprüche aus Auszahlung oder auf Rückzahlung eines Darlehens, ebenso wenig auf Ansprüche aus Versicherungsleistungen sowie auf Forderungen aus einem Schenkungsvertrag.[319] Beispielsweise zielt der Anspruch des Verletzten aus § 823 Abs. 1 auf Geld, zumindest subsidiär nach § 249 Abs. 2: Hierbei handelt es sich aber nicht um eine Entgeltforderung.[320] Von der Sondervorschrift des § 286 Abs. 3 erfasst sind daher vor allem Ansprüche des Verkäufers auf Zahlung des Kaufpreises gem. § 433 Abs. 2, des Vermieters auf Zahlung der Miete gem. § 535 Abs. 2, der Anspruch auf Zahlung des Dienstlohnes gem. § 611 Abs. 1 bzw. des Werklohns aus § 631 Abs. 1.

---

317 Mit diesem Beispiel BT-Drucks. 14/6040, S. 146; BGH NJW-RR 1997, 622 (623); OLG Köln NJW-RR 2000, 73; Palandt/*Heinrichs*, BGB, § 286 Rn. 25.
318 *Brox/Walker*, Allgemeines Schuldrecht, § 23 Rn. 20.
319 Bamberger/Roth/*Grüneberg*, BGB, § 286 Rn. 39 f.; Palandt/*Heinrichs*, BGB, § 286 Rn. 27; *Krause*, Jura 2002, 217 (220); *Schimmel/Buhlmann*, MDR 2002, 609 (612).
320 In diesem Sinne auch *Westermann/Bydlinski/Weber*, BGB – Schuldrecht Allgemeiner Teil, § 8 Rn. 28; HK-BGB/*Schulze*, § 286 Rn. 22.

541 Als *zweite* Voraussetzung verlangt die Vorschrift, dass dem Schuldner eine Rechnung oder eine gleichwertige Zahlungsaufstellung zugegangen sein muss. Unter dem Begriff der Rechnung versteht man eine gegliederte Aufstellung über eine Entgeltforderung für eine Warenlieferung oder sonstige Leistung.[321] Ziel und Zweck einer solchen Rechnung ist es, dass der Schuldner auf ihrer Grundlage die Nachprüfung des Anspruchs durchführen kann.[322] Der Gläubiger muss dem Schuldner eine textliche Fixierung bieten, also etwa in Form einer schriftlichen Rechnung oder einer Rechnung per E-Mail.[323] Anders als bei der Mahnung genügt eine mündliche Rechnungsstellung hier nicht. Ähnlich wie bei der Mahnung muss jedoch auch aus der Rechnung nachvollziehbar der Schluss gezogen werden können, für welche Leistungen die Geldsumme konkret gefordert wird.[324] Zu hoch dürfen die Anforderungen aber nicht geschraubt werden – insbesondere bedeutet das Erfordernis einer schriftlichen Fixierung nicht, dass eine gesetzliche Schriftform, etwa nach § 126, gewahrt werden müsste, insbesondere ist keine Unterschrift des Gläubigers erforderlich.[325] Statt der Rechnung genügt nach dem Wortlaut des § 286 Abs. 3 auch eine „gleichwertige Zahlungsaufstellung": Damit wird sichergestellt, dass eine Rechnung letztlich nicht verlangt ist, ausreichend ist auch eine bloße Aufstellung dessen, was vom Schuldner zu leisten ist.[326] Infolgedessen genügt etwa auch ein bloßes Anwaltschreiben oder eine Mitteilung, dass die Leistung nun fällig ist, für das Vorliegen des Tatbestands des § 286 Abs. 3.

542 Den Zeitpunkt des Zugangs der Rechnung betreffend ist der Wortlaut der Vorschrift richtig auszulegen: Zwar steht dort „**nach Fälligkeit und Zugang**", doch anders als bei der Mahnung i.S.d. Absatzes 1 derselben Vorschrift ist in dem Fall unumstritten, dass die Rechnung auch bereits vor Fälligkeit zugehen kann. Dies wird bei einem Umkehrschluss aus § 286 Abs. 1 deutlich.[327] Die im Gesetzestext des Absatzes 3 enthaltene Formulierung „nach" bedeutet also keine zeitliche Reihenfolge von Fälligkeit und Rechnungszugang. Vielmehr deutet dies allein darauf hin, dass beides gegeben sein muss, sowohl der Rechnungszugang als auch die Fälligkeit; die 30-Tage-Frist beginnt jedoch erst mit der Fälligkeit der Entgeltforderung – ansonsten würden die üblichen Voraussetzungen des Verzugs unterlaufen.[328] Für den Fall, dass der Zeitpunkt des Zugangs der Rechnung unsicher ist, enthält § 286 Abs. 3 Satz 2 schließlich noch eine gesetzliche Vermutung, dass die Rechnung gleichzeitig mit der Gegenleistung zugegangen ist. Diese Vorschrift enthält also eine Regelung zur Beweislastverteilung.

543 Die *dritte* Voraussetzung ist der Ablauf der **30-Tage-Frist**: Bei Geldforderungen tritt der Verzug erst 30 Tage nach Fälligkeit und Zugang der Rechnung bzw. einer vergleichbaren Zahlungsaufstellung ein. Die Fristberechnung selbst erfolgt nach

---

321 S. etwa Palandt/*Heinrichs*, BGB, § 286 Rn. 29.
322 *Brox/Walker*, Allgemeines Schuldrecht, § 23 Rn. 23.
323 Vgl. etwa *Coester-Waltjen*, Jura 2000, 443 (445).
324 *Fabis*, ZIP 2000, 865 (867).
325 Palandt/*Heinrichs*, BGB, § 286 Rn. 29; Staudinger/*Löwisch*, BGB, § 286 Rn. 99.
326 Bamberger/Roth/*Grüneberg*, BGB, § 286 Rn. 44.
327 Palandt/*Heinrichs*, BGB, § 286 Rn. 30; MünchKomm/*Ernst*, BGB, § 286 Rn. 86; Bamberger/Roth/*Grüneberg*, BGB, § 286 Rn. 45.
328 *Brox/Walker*, Allgemeines Schuldrecht, § 23 Rn. 25.

den §§ 187 Abs. 1, 188 Abs. 1.³²⁹ Dabei ist jedoch zu beachten, dass der Ablauf der Frist jedenfalls erst mit dem Tag der Fälligkeit der Forderung beginnt, zudem muss dem Schuldner die Rechnung oder gleichwertige Zahlungsaufstellung zugegangen sein. Entscheidend ist also stets der spätere der beiden Zeitpunkte.³³⁰

544 Gem. § 286 Abs. 3 Satz 1 Halbsatz 2 gilt Satz 1 der Vorschrift bei **Verbrauchern** nur dann, wenn sie auf diese besonderen Folgen in der Rechnung oder Zahlungsaufstellung eigens hingewiesen wurden.³³¹ Erfolgt der Hinweis, tritt auch ihnen gegenüber der Verzug unwillkürlich mit Ablauf der 30-Tage-Frist ein, ohne dass es eines weiteren Handelns des Gläubigers bedarf.

545 c) **Vertretenmüssen des Schuldners.** § 286 Abs. 4 macht schließlich deutlich, dass der Schuldner nicht in Verzug kommt, solange die Leistung infolge eines Umstands unterbleibt, den er **nicht zu vertreten** hat. Damit ist klargestellt, dass der Eintritt des Schuldnerverzugs und dessen Folgen zwingend an ein Verschulden des Schuldners gebunden sind. Hier greifen die §§ 286 und 280 ineinander: Das Verschulden, das für § 280 stets erforderlich ist, ist schon für den Verzugstatbestand zwingend zu verlangen. § 286 Abs. 4 kehrt zusätzlich die Beweislastverteilung um, denn durch diese Vorschrift wird die Verantwortlichkeit des Schuldners für die Leistungsverzögerung schon vermutet. Anderes muss der Schuldner darlegen und notfalls auch beweisen.

546 Inhaltlich weist die Formulierung des § 286 Abs. 4 auf § 276 Abs. 1 hin. Der Schuldner hat also Vorsatz und Fahrlässigkeit zu vertreten, gegebenenfalls muss er für ein Verschulden seines Erfüllungsgehilfen gem. § 278 einstehen. Eine Verzugshaftung kommt also dann nicht in Betracht, wenn die Leistung aufgrund unverschuldeter tatsächlicher oder rechtlicher Hindernisse nicht möglich ist, oder der Schuldner sich unverschuldet in einem Irrtum über seine Leistungsverpflichtung befindet.³³²

547 Der Schuldner kann also, um der Verantwortlichkeit für den Verzug, und damit der Pflichtverletzung (Schuldnerverzug) zu entgehen, vorbringen, dass ihn **unverschuldete tatsächliche oder rechtliche Leistungshindernisse** an der Erbringung der von ihm verlangten Leistung gehindert haben. Damit erfüllt er die Voraussetzungen des § 286 Abs. 4 und lässt zugleich die wesentliche Voraussetzung für den Schuldnerverzug und für den Anspruch aus § 280 Abs. 1 entfallen.

Bsp.: Unverschuldete Leistungshindernisse sind etwa eine schwere Erkrankung des Schuldners, Einfuhrbeschränkungen oder Unsicherheiten über Umstände, die den Gläubiger betreffen, wie die Unkenntnis seiner neuen Anschrift oder über die Person seines Rechtsnachfolgers.³³³ *Unvorhergesehene rechtliche Leistungshindernisse* sind beispielsweise unerwartet auftauchende befristete Bauverbote, die Verzögerung von Einfuhrgenehmigungen oder

---

329 *Brox/Walker*, Allgemeines Schuldrecht, § 23 Rn. 27.
330 So auch Palandt/*Heinrichs*, BGB, § 286 Rn. 30.
331 So auch ausdrücklich BT-Drucks. 14/6040, S. 148.
332 *Emmerich*, Das Recht der Leistungsstörungen, § 16 Rn. 63 f.
333 BGH NJW 2006, 51 (52).

Beschränkungen im internationalen Zahlungsverkehr.[334] Es muss sich aber um tatsächliche oder rechtliche Hindernisse handeln, die der Leistung entgegenstehen. *Bloße Schwierigkeiten*, die bei der Beschaffung der zu liefernden Ware auftauchen, genügen regelmäßig nicht, da der Schuldner grundsätzlich vom Beginn des Schuldverhältnisses an alles ihm Mögliche und Zumutbare tun muss, um bei Fälligkeit die Leistung zu ermöglichen.[335]

548 Das Vertretenmüssen des Schuldners i. S.v. § 286 Abs. 4 ist auch dann nicht gegeben, wenn sich der Schuldner in einem **unverschuldeten Rechtsirrtum** befindet, was insbesondere dann der Fall ist, wenn die Rechtsauffassung des Schuldners der bisherigen höchstrichterlichen Rechtsprechung entsprach und sich diese erst zu einem späteren Zeitpunkt gewandelt hat.[336] Das verlangt aber, dass der Schuldner sich sorgfältig informiert und über die bisherige Rechtslage eine Auskunft eingeholt hat.[337] Hier wird eine sorgfältige Einzelfallprüfung erforderlich sein.[338] Ähnlich wie beim Rechtsirrtum ist ein Vertretenmüssen des Schuldners für den Verzug nicht gegeben, wenn er schuldlos über die tatsächlichen Voraussetzungen seiner Leistungspflicht irrt, sich also in einem **Tatsachenirrtum** befindet, etwa wenn er über Einzelheiten des Sachverhalts nicht informiert ist. Entsprechend der Grundwertung des BGB ist aber zu bedenken, dass der Schuldner für seine Leistungspflicht einzustehen hat und sich über die Sachlage informieren muss. Unverschuldete Tatsachenirrtümer können daher eigentlich grundsätzlich nicht dazu führen, dass kein Verzug eintritt. Die Rechtsprechung erkennt jedoch Ausnahmesituationen an, in denen der Tatsachenirrtum den Verzug ausschließt.[339]

3. Rechtsfolgen

549 Sind die Voraussetzungen für einen Schuldnerverzug als Leistungsstörung gegeben, treten **verschiedene Rechtsfolgen** ein. Primär hat der Gläubiger einen Anspruch auf Ersatz des Verzögerungsschadens. Dies ergibt sich unmittelbar aus §§ 280 Abs. 1, Abs. 2, 286. Er kann zudem die Verzugszinsen nach § 288 Abs. 1 geltend machen. Schließlich tritt als dritte Rechtsfolge nach § 287 eine Haftungsverschärfung ein. Der Schuldner haftet ab sofort auch für Zufall.

550 Diesen drei Rechtsfolgen **gemeinsam** ist der **Umstand**, dass sie *neben* die **Primärleistungspflicht** treten. Diese bleibt also bestehen, der Schuldner bleibt unverändert zur Erbringung seiner eigentlichen Leistung verpflichtet. Sie geht nicht etwa unter, er wird von ihr auch nicht befreit – er muss unverändert leisten. Die Befreiung von der Pflicht kann nur eintreten, wenn sich der Gläubiger auf die andere Fallgruppe der Nichtleistung trotz Möglichkeit beruft und dort entweder einen Schadensersatz statt der Leistung nach §§ 280 Abs. 1, Abs. 3, 281 oder einen

---

334 MünchKomm/*Ernst*, BGB, § 286 Rn. 105.
335 *Emmerich*, Das Recht der Leistungsstörungen, § 9 Rn. 19.
336 BGH NJW 1972, 1045 (1046).
337 BGH NJW 1983, 2318 (2320); OLG Köln WM 1985, 1369 (1370).
338 BGH NJW 1975, 1220 (1223).
339 Vgl. insbesondere BGH BB 1954, 614; ähnlich Staudinger/*Löwisch*, BGB, § 285 Rn. 16.

Rücktritt im gegenseitigen Vertrag nach §§ 281 Abs. 1, 323 geltend macht.[340] Hier muss man sich also erneut die Systematik vor Augen führen: Entweder geht es dem Anspruchsteller um den Ersatz des Verzögerungsschadens bzw. der Zinsen – dann muss er die Anspruchsgrundlage der §§ 280 Abs. 1, Abs. 2, 286 wählen. Der Schuldner bleibt unverändert zur Leistung verpflichtet. Oder es geht ihm um eine Abkehr von der ursprünglichen Primärleistungspflicht, dann ist die Nichtleistung trotz Möglichkeit und Fälligkeit einschlägig.

551 Zur Geltendmachung des Ersatzes des Verzögerungsschadens bzw. der Verzugszinsen ist wie für die Haftungsverschärfung für Zufall nach § 287 erforderlich, dass der **Verzug noch nicht beendet** ist. Er endet in dem Augenblick, in dem eine seiner Voraussetzungen entfällt, also insbesondere dadurch, dass der Schuldner doch noch seine Leistung erbringt oder die Leistung unmöglich wird.[341] Ein Ende des Verzugs tritt darüber hinaus auch dann ein, wenn der Schuldner nachträglich Einreden geltend macht, denn dann fehlt es an einem durchsetzbaren Anspruch. An einem fälligen Anspruch fehlt es darüber hinaus, wenn der Gläubiger zu einer Stundung bereit ist.[342]

552 Umstritten ist, ob der **Verzug** auch dadurch **endet**, dass der Schuldner dem Gläubiger die Leistung in einer den **Annahmeverzug begründenden Weise** anbietet. Nach zutreffender Rechtsprechung ist davon auszugehen, dass Schuldner- und Annahmeverzug einander ausschließen.[343] Das bedeutet, dass der Verzug dann endet, wenn der Schuldner dem Gläubiger die Leistung in der Weise anbietet, zu der er verpflichtet ist, und wenn der Gläubiger sie dann nicht annimmt.

553 Umstritten ist in diesem Zusammenhang allerdings, **wie** das **Angebot** des Schuldners an den Gläubiger **aussehen muss**, damit der Schuldnerverzug endet: Muss der Schuldner bei seinem Angebot auch den möglicherweise schon eingetretenen Verzögerungsschaden nach §§ 280 Abs. 1, Abs. 2, 286 sowie die Verzugszinsen nach § 288 zusätzlich anbieten? Hier gehen die Meinungen auseinander: Zum Teil wird vertreten, beide Ansprüche seien voneinander zu trennen, d. h. der Anspruch des Gläubigers auf die primäre Leistung sowie der Anspruch des Gläubigers auf einen möglicherweise eingetretenen Verzögerungsschaden. Weil sie zu trennen seien, müsse auch der Schuldner den Verzugsschaden nicht gleich mit anbieten, § 266 finde keine Anwendung. Dies sei auch deshalb gerechtfertigt, da der Schuldner die Höhe des Schadens regelmäßig überhaupt nicht kenne.[344] Demgegenüber bejaht die wohl überwiegende Auffassung zu Recht, dass auch der Verzögerungsschaden mit angeboten werden muss, damit der Schuldnerverzug beendet wird. Denn ansonsten liegt ja nur ein Angebot einer Teilleistung vor, dazu ist der Schuld-

---

340 Dazu sogleich noch ausführlich ab Rn. 612.
341 BGH NJW-RR 1997, 622 (623).
342 BGH NJW-RR 1991, 822.
343 BGH NJW 1969, 875; BGH NJW 1997, 581; BGH NJW 2000, 506 (508).
344 So insbesondere Palandt/*Heinrichs*, BGB, § 286 Rn. 34; MünchKomm/*Ernst*, BGB, § 286 Rn. 96.

ner aber nach § 266 gerade nicht berechtigt.[345] Jedoch darf man vom Schuldner diesbezüglich nicht zu viel verlangen: Er muss diese Leistungserbringung zwar grundsätzlich anbieten, mangels genauer Kenntnis der Höhe des Schadens wird man von ihm aber nicht verlangen können, diesen genau zu beziffern. Ist der Schuldner allerdings ersichtlich bereit, auch den Verzögerungsschaden schon mit zu ersetzen, endet der Verzug.

a) **Ersatz des Verzögerungsschadens, §§ 280 Abs. 1 u. 2, 286.** § 280 Abs. 2 bringt die erste Rechtsfolge selbst zum Ausdruck. Neben der unverändert geschuldeten Primärleistungspflicht des Schuldners ist dieser dem Gläubiger zum **Schadensersatz „wegen Verzögerung der Leistung"** verpflichtet. Der Ersatz des Verzögerungsschadens ist die erste mögliche Rechtsfolge aus dieser Fallgruppe der Nichtleistung trotz Möglichkeit. Charakteristisches Kennzeichen ist hier – anders als bei dem in der anderen Fallgruppe geregelten Schadensersatz statt der Leistung – gerade dieses Nebeneinander von Primär- und Sekundäranspruch: Der Schadensersatz wegen der Verzögerung besteht neben dem Erfüllungsanspruch, er tritt nicht an dessen Stelle.

Mit dem Schadensersatzanspruch „wegen Verzögerung der Leistung" sind diejenigen Schäden gemeint, die vom Schuldner **gerade durch die verspätete Leistung verursacht** worden sind. Der Gläubiger ist durch diesen Ersatzanspruch so zu stellen, wie er bei rechtzeitiger Leistung des Schuldners stünde.[346] Im Ergebnis umfasst der Verzögerungsschaden diejenigen Vermögensnachteile, die gerade dadurch entstehen, dass der Schuldner nicht rechtzeitig, sondern verspätet erfüllt.[347] Daraus folgt, dass zwischen dem Verzug der Leistungserbringung auf der einen und dem Schaden auf der anderen Seite ein **adäquater Kausalzusammenhang** bestehen muss. Man muss sich also fragen, ob der Schaden, den der Gläubiger erlitten hat, gerade durch die Verzögerung der Leistung entstanden ist.

Regelmäßig werden für die ersatzfähigen Verzögerungsschäden unterschiedliche **Inhalte** genannt: So gehören besondere Aufwendungen, die der Gläubiger machen muss, um die Leistung zu erhalten, zu den Verzögerungsschäden, insbesondere die Kosten der außergerichtlichen Rechtsverfolgung durch einen Anwalt oder ein Inkassobüro.[348] Die Kosten der Rechtsverfolgung gehören, sofern sie nach Eintritt des Verzugs entstanden sind, stets zu den Verzögerungsschäden. Dabei ist jedoch zu beachten, dass die Kosten für die den Verzug begründende Mahnung selbst nicht zu den Verzögerungsschäden gehören, denn zu diesem Zeitpunkt bestand noch kein Verzug.[349]

---

345 So auch Staudinger/*Löwisch*, BGB, § 286 Rn. 122; *Larenz*, Schuldrecht I – Allgemeiner Teil, S. 352.
346 Vgl. etwa so Bamberger/Roth/*Grüneberg*, BGB, § 286 Rn. 66; *Westermann/Bydlinski/Weber*, BGB – Schuldrecht Allgemeiner Teil, § 8 Rn. 37.
347 RGZ 156, 150 (155).
348 Palandt/*Heinrichs*, BGB, § 286 Rn. 47, 49.
349 So auch Bamberger/Roth/*Grüneberg*, BGB, § 286 Rn. 73; Staudinger/*Löwisch*, BGB, § 286 Rn. 212.

557 Zu den ersatzfähigen Verzögerungsschäden gehört darüber hinaus auch der **entgangene Gewinn**, nämlich dann, wenn der gewinnbringende Weiterverkauf gerade wegen der Verspätung scheitert.[350] Ebenfalls zum Verzögerungsschaden ist der Schadensersatz zu zählen, den der Gläubiger seinerseits an einen Käufer gem. §§ 280 Abs. 1, Abs. 3, 281 leisten muss. Der Gläubiger kann dann Regress bei seinem Schuldner nehmen und diesen Schaden als Verzugsschaden vom Schuldner ersetzt verlangen.[351] Ähnlich ist dem Gläubiger auch die Vertragsstrafe, die er an seinen Abnehmer zu entrichten hat, als Verzugsschaden vom Schuldner zu ersetzen.[352]

558 Problematisch ist, ob auch **entgangene Nutzungsmöglichkeiten** als Verzögerungsschaden anerkannt werden. Die Frage der Ersatzfähigkeit ist selbst in der Rechtsprechung immer wieder unterschiedlich beantwortet worden.[353] Mittlerweile steht jedoch fest, dass die entgangene Nutzungsmöglichkeit infolge des Verzugs des Schuldners mit der Herausgabe oder Leistung derjenigen Sachen, die Wirtschaftsgüter von allgemein zentraler Bedeutung betreffen, als Schaden anerkannt wird.[354]

559 **Kein Verzögerungsschaden** ist der Schaden, der als Nichterfüllungsschaden an die Stelle der Leistung tritt; schwierig ist die Situation nämlich dann, wenn die Erbringung der geschuldeten Leistung während des Verzugs unmöglich wird. Dann tritt der Nichterfüllungsschaden nicht neben, sondern an die Stelle der Leistung. Anspruchsgrundlage sind dann aber nicht mehr §§ 280 Abs. 1, Abs. 2, 286, sondern die §§ 281, 283. Hier geht es also im Ergebnis nur noch um einen Anspruch auf den Schadensersatz statt der Leistung aus einer Unmöglichkeit. Dies ist konsequent, denn der Ersatzanspruch aus §§ 280 Abs. 1, Abs. 2, 286 setzt voraus, dass der Verzug noch besteht, dieser wird jedoch durch eine eintretende Unmöglichkeit beendet.

Bsp.: Die Situation ist etwa gegeben, wenn der V eine geschuldete Kaufsache nicht termingerecht liefert; will nun der K durch seinen Anwalt dem V eine Mahnung mit Nachfrist setzen, stellt sich die Frage, was passiert, wenn die Sache nunmehr untergeht. In dieser Situation richtet sich der Schadensersatzanspruch nicht mehr nach den Verzugsregeln, sondern nach Unmöglichkeitsregeln, dies gilt dann auch für den Verzögerungsschaden.[355]

560 b) **Verzugszinsen, § 288.** Eine weitere Rechtsfolge, die sich unmittelbar aus den zuvor geschilderten Voraussetzungen des Schuldnerverzugs, also aus § 280 Abs. 1 i. V. m. § 286 ergibt, folgt aus § 288: Danach ist nämlich eine **Geldschuld** während des Verzugs **zu verzinsen**. Der Gläubiger kann also vom Schuldner ab Verzugseintritt als unwiderlegbar vermuteten Mindestschaden Verzugszinsen i.H.v. 5 % über dem jeweiligen Basiszinssatz verlangen. Dass es sich hierbei um einen

---

350 Bamberger/Roth/*Grüneberg*, BGB, § 286 Rn. 70; BGH ZIP 2002, 895 (896).
351 BGH NJW 1989, 1215.
352 BGH NJW 1998, 1493.
353 Vgl. Palandt/*Heinrichs*, BGB, Vorb. v. § 286 Rn. 20–31; Soergel/*Wiedemann*, BGB, § 286 Rn. 14 f.
354 BGH NJW 1988, 251 (252); BGH NJW 1993, 2674 (2675).
355 Vgl. dazu OLG München BB 1995, 328; *Brox/Walker*, Allgemeines Schuldrecht, § 23 Rn. 31.

Schuldnerverzug

unwiderlegbar vermuteten Schaden handelt, folgt aus § 288 Abs. 1 Satz 2. Der Gläubiger muss also keinen Nachweis führen, es muss ihm nicht einmal ein Zinsverlust in dieser Höhe tatsächlich entstanden sein – sobald der Schuldner in Verzug geraten ist, muss er eine entsprechende Geldsumme in dieser Höhe verzinsen bzw. dem Gläubiger eine entsprechende Zinsleistung erbringen.[356]

Nach Absatz 4 des § 288 bleibt jedoch weder die Geltendmachung eines weiteren Schadens ausgeschlossen, noch ist der Gläubiger daran gehindert, aus einem anderen Rechtsgrund höhere Zinsen zu verlangen. Die in Absatz 1 genannten 5-%-Punkte sind also nur ein **Mindestschaden**, der dem Gläubiger pauschaliert gem. § 288 Abs. 1 zugesprochen wird.[357] Insbesondere kann der Gläubiger dem Schuldner gem. §§ 280 Abs. 1, Abs. 2, 286 eine höhere Zinsbelastung in Rechnung stellen, die ihm etwa durch die Inanspruchnahme von höheren Bankkrediten entsteht. Im Bereich des Handelsrechts ist darüber hinaus zu beachten, dass dieser Zinsanspruch schon von Fälligkeit an entsteht, ein Verzug ist nicht eigens erforderlich. Dies ergibt sich aus § 353 HGB.

c) **Haftung für Zufall, § 287.** Eine letzte Rechtsfolge aus einem bestehenden Schuldnerverzug findet sich in § 287. Danach hat der Schuldner **während des Verzugs jede Fahrlässigkeit zu vertreten.** § 287 fällt also aus der zuvor geschilderten Struktur insoweit heraus, dass es nicht mehr um eine konkrete Anspruchsgrundlage geht. Stattdessen enthält § 287 eine Regelung zur erweiterten Haftung. Der Schuldner, der mit seiner Leistung in Verzug gerät, soll sich nicht so verhalten dürfen, wie es dem Schuldner einer Leistung unter ungestörten Umständen zustünde: Er soll nämlich dafür haften, dass während der Zeit, in der er pflichtwidrig seine Leistung nicht erbringt, etwas mit dem Leistungsgegenstand passiert. Die Haftungsverschärfung erfolgt dabei in zwei Schritten:

Zunächst ist in § 287 Satz 1 geregelt, dass der Schuldner während des Verzugs **jede Fahrlässigkeit** zu vertreten hat. Dies gilt für die Fälle, in denen sonst von der gesetzlichen Wertung ausgehend eine Haftungserleichterung bestünde, also insbesondere in den Fällen der §§ 521, 690 und 708.

Bsp.: Der Verwahrer, der eine Sache, die ihm in Verwahrung gegeben wurde, dem Verwahrungsgeber nicht rechtzeitig zurückgibt, haftet grundsätzlich nach § 690 nur für diejenige Sorgfalt, welche er in eigenen Angelegenheiten anzuwenden pflegt. Da er jedoch mit der Rückgewährverpflichtung in Verzug ist, wird die Haftung gem. § 287 verschärft: Nunmehr hat er jede Fahrlässigkeit zu vertreten. Geht also die Sache aufgrund einer leichten Fahrlässigkeit des Verwahrers unter, ist er dafür verantwortlich.

§ 287 Satz 2 führt diese Haftungsverschärfung sogar noch weiter: Danach haftet der Schuldner nämlich während des Verzugs **auch für Zufall**. Etwas anderes gilt nur dann, wenn der Schaden auch bei einer rechtzeitigen Leistung eingetreten wäre.[358]

---

356 *Emmerich*, Das Recht der Leistungsstörungen, § 17 Rn. 18.
357 *Emmerich*, Das Recht der Leistungsstörungen, § 17 Rn. 23.
358 *Emmerich*, Das Recht der Leistungsstörungen, § 17 Rn. 35.

III. Die Nichtleistung trotz Möglichkeit und Fälligkeit: Die Leistungsverzögerung

565 Wie auch beim Schuldnerverzug, der eine Untergruppe der Leistungsstörung „Nichtleistung trotz Möglichkeit" bildet, geht es bei der zweiten Gruppe, der „**Nichtleistung trotz Möglichkeit und Fälligkeit**", um die gleiche Situation: Der Schuldner leistet nicht, obwohl ihm dies möglich und die Leistungspflicht fällig ist. Doch im Unterschied zum Schuldnerverzug geht es um andere Ziele, die der Gläubiger verfolgt. Es geht ihm nicht mehr um den Verzögerungsschaden bei unveränderter Beibehaltung seines Anspruchs auf die Primärleistung. Stattdessen hat für ihn die eigentliche Primärleistung keinen Wert mehr, er möchte etwas anderes: einen Schadensersatz statt der (Primär-)Leistung oder sogar, sofern es sich um einen gegenseitigen Vertrag handelt, zurücktreten.

566 **1. Überblick und Ziel**

Die **Ausgangssituation** bei der Nichtleistung trotz Möglichkeit und Fälligkeit entspricht derjenigen beim Schuldnerverzug. Die identische Situation führt verbreitet in den Darstellungen auch dazu, überhaupt nicht zwischen den unterschiedlichen Fallgruppen der Nichtleistung trotz Möglichkeit zu differenzieren. Häufig findet man allein eine Überschrift mit Darstellungen zum „Verzug", unter die dann die unterschiedlichen Rechtsfolgen im Anschluss an die Darstellung des § 286 geordnet werden. Hier jedoch soll der Struktur des BGB in besonderer Weise durch die Darstellung entsprochen werden. Entscheidend ist, dass bei identischer Ausgangssituation (der Schuldner leistet nicht zum fälligen Termin, obwohl er dies kann) die Interessen des Gläubigers bei der „Nichtleistung trotz Möglichkeit und Fälligkeit" andere sind als beim „Schuldnerverzug": Deswegen greift hier auch nicht mehr die Anspruchsgrundlage des § 280 Abs. 1 i. V. m. Abs. 2– sondern es kommt Absatz 3 dieser Vorschrift zum Tragen, der auf § 281 verweist.

567 Weil es um ein neues Ziel des Gläubigers geht, **beginnt die Fallprüfung** nicht mehr mit dem Anspruch aus §§ 280 Abs. 1, Abs. 2, 286, sondern sie ist auszurichten an den §§ 280 Abs. 1, Abs. 3, 281. Dies ist zumindest dann der Fall, wenn der Gläubiger wegen der Situation (in der er ja eigentlich auch den bloßen Verzögerungsschaden verlangen kann) Schadensersatz statt der Leistung möchte. Auch hier muss also eine Pflichtverletzung vorliegen, es greift daher § 280 Abs. 1. Hat der Gläubiger aufgrund der Verzögerung nicht bloß einen Verzögerungsschaden, sondern auch sein Interesse an der Leistung insgesamt verloren, kann er sogar einen Schadensersatz (deswegen § 280 Abs. 1) statt der Leistung verlangen, wenn die zusätzlichen Voraussetzungen des § 281 vorliegen. In dieser Situation verzichtet er aber auf die primär geschuldete Leistung (dies ist ein wesentlicher Unterschied zu dem Anspruch aus Schuldnerverzug), stattdessen macht der Gläubiger allein sein positives Interesse geltend. Weil dies zu einer anderen Rechtsfolge führt, sind die Voraussetzungen im Vergleich zu dem Anspruch aus dem Schuldnerverzug – geringfügig – anders: Statt einer Mahnung bedarf es, wie gem. § 281 deutlich wird, der erfolglosen Bestimmung einer Nachfrist. Im Ergebnis unterscheiden sich diese beiden Voraussetzungen nicht wesentlich. Aufgrund der anderen Zielrichtung des Gläubigers hält man aber eine Mahnung nicht für das adäquate Mittel, sondern verlangt stattdessen die Nachfristsetzung.

568 Liegt ein **gegenseitiger Vertrag** vor, hat der Gläubiger möglicherweise kein Interesse an einem Schadensersatz, sondern möchte sich vielmehr vom Vertrag lösen, weil er den Eindruck hat, der Schuldner würde ohnehin nicht mehr leisten. Daher gibt es auch hier ein Rücktrittsrecht, welches aus § 323 folgt. Das Rücktrittsrecht aus § 323 ist dabei in seinen Voraussetzungen nahezu mit denen des Schadensersatzanspruches statt der Leistung gem. §§ 280 Abs. 1, Abs. 3, 281 identisch.

569 Schließlich kann der Gläubiger auch bei der Nichtleistung trotz Möglichkeit und Fälligkeit anstelle des Schadensersatzes statt der Leistung gem. § 284 einen **Aufwendungsersatzanspruch** geltend machen. Dies ergibt sich aus der bewusst offenen Gesetzesformulierung: Denn der Wortlaut „Schadensersatz statt der Leistung" verweist auf § 283 (für die Unmöglichkeit) und auch auf § 281, also die Situation der Nichtleistung trotz Möglichkeit und Fälligkeit.

2. Schadensersatz statt der Leistung, §§ 280 Abs. 1 u. 3, 281

570 Die Nichtleistung trotz Möglichkeit und Fälligkeit kann zunächst dazu führen, dass der Gläubiger, der die Leistung durch den Schuldner nicht (rechtzeitig) erhält, statt dieser Leistung einen **Schadensersatz statt der Leistung** beanspruchen möchte (vgl. *Übersicht 12*). Da es sich auch hier wieder um einen Schadensersatzanspruch aus einer Pflichtverletzung handelt, ist die zentrale Anspruchsgrundlage § 280 Abs. 1. Doch besteht die Pflichtverletzung in einer „Nichtleistung trotz Möglichkeit und Fälligkeit", daher sind die Voraussetzungen des § 280 Abs. 1 zu modifizieren: Die Pflichtverletzung, die in der Nichtleistung liegt, führt nämlich nur dann zu einem Schadensersatzanspruch, wenn die besonderen, in **§§ 280 Abs. 3, 281** genannten Voraussetzungen erfüllt sind: Neben dem bestehenden Schuldverhältnis und neben der Pflichtverletzung, die hier in der vom Schuldner zu vertretenden Leistungsverzögerung liegt, bedarf es zusätzlich einer erfolglosen Bestimmung einer Nachfrist. Diese Nachfristsetzung ist der beim Schuldnerverzug erforderlichen Mahnung sehr ähnlich. Sie ist jedoch in einigen Punkten noch strenger und setzt höhere Anforderungen. Wählt der Gläubiger einen Schadensersatz statt der Leistung (erste Rechtsfolge), erlöschen zugleich gem. § 281 Abs. 4 die Primäransprüche – anders als beim Anspruch auf den Verzögerungsschaden, der neben den Primäranspruch tritt.

571 a) **Voraussetzungen.** Aus dem Grundgerüst der zentralen Anspruchsnorm des § 280 Abs. 1 ergeben sich vier Voraussetzungen: ein bestehendes Schuldverhältnis, die Pflichtverletzung, die in der Nichtleistung trotz Möglichkeit und Fälligkeit liegt, die erfolglose Bestimmung einer Nachfrist sowie das Vertretenmüssen seitens des Schuldners.

572 aa) **Bestehendes Schuldverhältnis.** Der Anspruch aus §§ 280 Abs. 1, Abs. 3, 281 setzt wie alle im Rahmen der Leistungsstörung möglichen Anspruchsgrundlagen zunächst ein **(wirksames) Schuldverhältnis** zwischen den beiden Anspruchsparteien voraus. Dabei muss es sich aber nicht um einen gegenseitigen Vertrag handeln.[359] Es genügt jedes vertragliche, beispielsweise aus einem Kauf- oder Werkvertrag herrührende Schuldverhältnis und auch jedes gesetzliche Schuldverhältnis, also etwa nach §§ 812 ff. oder § 823.

---

[359] Palandt/*Heinrichs*, BGB, § 280 Rn. 6.

Übersicht 12:

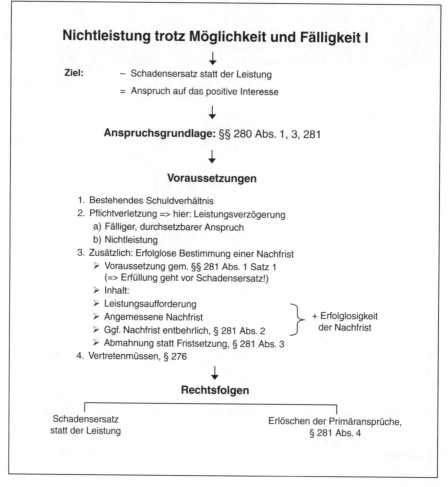

573 bb) **Pflichtverletzung: Nichtleistung trotz Möglichkeit und Fälligkeit.** Weiterhin muss eine **Pflichtverletzung** gegeben sein. Wie auch beim Anspruch auf den Verzögerungsschaden liegt diese darin, dass der Schuldner seine Leistung nicht erbringt, obwohl sie ihm möglich und fällig ist. Hier gilt also das, was bereits zum Anspruch aus §§ 280 Abs. 1, Abs. 2, 286 gesagt wurde.[360] Hinsichtlich der Fälligkeit und der Durchsetzbarkeit ergeben sich nur geringfügige Abweichungen.

574 Prinzipiell setzt § 281 als Grundlage für den Schadensersatzanspruch eine fällige Leistung voraus. In seltenen Ausnahmefällen kann jedoch auch schon **vor Fälligkeit** der Leistung ein Anspruch aus §§ 280 Abs. 1, Abs. 3, 281 bestehen: Dies ist

---

360 Vgl. oben ab Rn. 512.

zum einen dann der Fall, wenn der Schuldner seine Erfüllungsleistung **ernsthaft und endgültig verweigert.** § 281 Abs. 2 sieht zwar in diesem Fall nur vor, dass dann die Fristsetzung entbehrlich ist. Doch macht es in der Situation, in der der Schuldner schon vor Fälligkeit dauerhaft und endgültig signalisiert, er werde ganz sicher nicht leisten, keinen Sinn, den Gläubiger für die Geltendmachung eines Schadensersatzanspruches darauf zu verweisen, er müsse erst die Fälligkeit abwarten. Daher wird man bei der endgültigen und ernsthaften Erfüllungsverweigerung seitens des Schuldners auch darauf verzichten können, den Fälligkeitszeitpunkt abzuwarten. Es ist also schon vor Fälligkeit ein Schadensersatzanspruch möglich.[361]

Bsp.: K bestellt bei V am 24.5. eine DVD, die am 31.5. vorrätig sein soll. Am 27.5. teilt V dem K mit, er sehe sich leider außer Stande, die DVD zu besorgen, er werde dies auch nicht tun, der Film verstoße gegen seine ethischen Grundüberzeugungen. – Zwar ist die Leistung des D erst am 31.5. fällig, doch liegt eine ernsthafte und endgültige Verweigerung des D vor, so dass schon ab dem 27.5. ein Schadensersatz möglich ist.

575 Zudem soll nach verbreiteter Auffassung mit Recht wie beim Rücktritt nach § 323 Abs. 4 auch bezüglich des Schadensersatzanspruches gelten, dass dieser ausnahmsweise auch schon vor Fälligkeit gegeben sein kann, und zwar immer dann, wenn die Voraussetzungen eines Schadensersatzanspruches statt der Leistung **offensichtlich eintreten** werden.[362]

576 Auch im Hinblick auf die **Durchsetzbarkeit** ist gegenüber dem Anspruch aus §§ 280 Abs. 1, Abs. 2, 286 Besonderes zu beachten: Denn § 281 verlangt die Durchsetzbarkeit des Anspruchs nicht explizit. Jedoch ist schon aus systematischen Gründen unstreitig, dass gleichwohl auch § 281 die Durchsetzbarkeit der Forderung voraussetzt. Denn ist die Forderung seines Gläubigers überhaupt nicht durchsetzbar, kann der Schuldner auch nicht unter Verletzung seiner Pflichten in eine Leistungsverzögerung geraten.[363]

577 cc) **Erfolglose Bestimmung einer Nachfrist.** Ähnlich wie beim Anspruch auf den Verzögerungsschaden nach §§ 280 Abs. 1, Abs. 2, 286 muss auch hier der Schuldner noch einmal dahingehend gewarnt werden, dass es für ihn gravierende Nachteile nach sich zieht, wenn er seine Leistung nicht erbringt. Verlangt der Anspruch auf einen Verzögerungsschaden eine Mahnung, ist beim Schadensersatzanspruch statt der Leistung eine vergleichbare, doch in einigen Punkten etwas differenziertere Voraussetzung vorgesehen. An die Stelle der Mahnung tritt die erfolglose **Bestimmung einer Nachfrist.**

---

361 In diesem Sinne auch Bamberger/Roth/*Unberath*, BGB, § 281 Rn. 22; Jauernig/*Stadler*, BGB, § 281 Rn. 9; MünchKomm/*Ernst*, BGB, § 281 Rn. 62, dort ist zumindest die entsprechende Anwendung des § 281 Abs. 1, Abs. 2 vorgesehen; *Krause*, Jura 2002, 299 (300).
362 BGH NJW 2003, 1600 (1601); *Ramming*, ZGS 2002, 412 (416).
363 So schon BT-Drucks. 14/6857, S. 47; MünchKomm/*Ernst*, BGB, § 281 Rn. 19; Palandt/*Heinrichs*, BGB, § 281 Rn. 8.

578 Die Nachfristsetzung hat eine doppelte **Zielrichtung**. Zum einen soll der Schuldner noch einmal letztmalig dazu gebracht werden, doch noch seine Leistungspflicht zu erbringen bzw. zu erfüllen.[364] Wie bei der Mahnung soll dem Schuldner auch hier noch einmal die Möglichkeit eingeräumt werden, von seiner Pflichtverletzung abzurücken und seine Pflicht zu erbringen. Darüber hinaus hat der Gesetzgeber durch die Nachfristsetzung bei behebbaren Mängeln eine Grundentscheidung getroffen: Der Erfüllungsanspruch erhält durch diese Voraussetzung den Vorrang gegenüber einem Schadensersatzanspruch statt der Leistung. Der Gläubiger soll, solange es möglich ist, vom Schuldner zunächst die Primärpflicht einfordern. Ist diese nicht mehr möglich und die Pflicht also unmöglich, ist eine Nachfristsetzung sinnlos, daher ist sie im Rahmen der §§ 280, 283 auch nicht verlangt.[365] Doch immer dann, wenn die Pflichtverletzung entweder darin liegt, dass der Schuldner seine Leistungspflicht nicht erbringt, obwohl sie ihm möglich ist, oder darin, dass er seine Leistungspflicht nicht so erbringt, wie sie geschuldet ist, ist es systematisch sinnvoll, eine Nachfristsetzung vor der Entstehung eines Schadensersatzanspruches zu verlangen.[366]

579 **(1) Voraussetzungen, § 281 Abs. 1 Satz 1.** Wie auch die Mahnung im Rahmen des § 286 stellt die **Nachfristsetzung** gem. § 281 Abs. 1 Satz 1 keine Willenserklärung dar, sie ist vielmehr eine **rechtsgeschäftsähnliche Handlung**.[367] Inhaltlich muss sie eine Aufforderung zur Leistung enthalten, der zugleich eine Frist hinzugefügt ist. Da es sich auch hier um eine rechtsgeschäftsähnliche Handlung handelt, sind die Vorschriften über Willenserklärungen zwar nicht direkt, aber analog anwendbar.[368]

580 Die Nachfristsetzung muss aus **zwei Teilen** bestehen, aus einer Leistungsaufforderung sowie der Setzung einer angemessenen Frist. Die **Leistungsaufforderung** muss wie die Mahnung bestimmt und eindeutig formuliert sein: Aus ihr muss unmissverständlich deutlich werden, dass der Gläubiger vom Schuldner nunmehr die Erbringung der geschuldeten Leistung verlangt.[369] Zudem muss für den Schuldner erkennbar sein, welche konkrete Leistung der Gläubiger einfordert. Da es bei der Leistungsaufforderung um eine letzte Warnung geht, genügt es für § 281 Abs. 1 nicht, den Schuldner zu der Erklärung aufzufordern, dass er leistungsbereit sei.[370] Wie bei der Mahnung können hinsichtlich der Leistungsaufforderung Probleme in Bezug auf eine „Zuviel"-Forderung oder eine „Zuwenig"-Forderung bestehen. Hier gilt das zur Mahnung Gesagte entsprechend. Insbesondere ist eine geringfügige „Zuviel"-Forderung unschädlich; im Übrigen muss der Schuldner die Leistungsaufforderung des Gläubigers auslegen, wobei er seiner Auslegung die Grundsätze von Treu und Glauben zugrunde zu legen hat.[371]

---

364 *Looschelders*, Schuldrecht Allgemeiner Teil, Rn. 611.
365 Dazu oben Rn. 463.
366 *Emmerich*, Das Recht der Leistungsstörungen, § 18 Rn. 8.
367 Palandt/*Heinrichs*, BGB, § 280 Rn. 9.
368 Vgl. oben Rn. 524.
369 Bamberger/Roth/*Unberath*, BGB, § 281 Rn. 14.
370 BGH NJW 1999, 2884 (2886).
371 S. etwa BGH NJW 2006, 769 (771); vgl. im Einzelnen zu diesem Grundsatz oben Rn. 17.

581 Der zweite Teil der nach § 281 Abs. 1 Satz 1 erforderlichen Handlung des Gläubigers besteht in der Fristsetzung: Der Gläubiger muss dem Schuldner eine **angemessene Nachfrist** zur Leistung bestimmen. Für diese Fristbestimmung hat sich weithin der Begriff der „Nachfrist" eingebürgert, auch wenn es hier um eine erste Fristsetzung geht; jedoch ist dieser Begriff berechtigt, denn der Schuldner hat schon durch die Fälligkeitsregelung im Vertrag eine erste „Frist" erhalten. Das Kernproblem bei der Fristsetzung nach § 281 Abs. 1 Satz 1 liegt darin, dass die Frist, die dem Schuldner vom Gläubiger zur Leistungserbringung gesetzt wird, „angemessen" sein muss. Da das Gesetz insofern keine Hinweise enthält, bestimmt sich die Angemessenheit nach den Umständen des konkreten Vertrags; dabei müssen die Interessen beider Vertragsparteien genauso berücksichtigt werden, wie die einzelnen Umstände der Vertragsgestaltung und Vertragserfüllung.[372] Dahinter steht die Vorstellung, dass der Gläubiger ein großes Interesse daran hat, möglichst schnell Klarheit über das Schicksal der Primärleistungspflicht zu erhalten. Nimmt man die gesetzliche Intention ernst, muss auf der anderen Seite der Schuldner immer noch eine ausreichende Frist erhalten, um seine primäre Leistungspflicht doch noch rechtzeitig (so wie geschuldet) zu erbringen. Im Ergebnis muss die Frist so bemessen sein, dass der Schuldner zumindest in der Lage ist, noch zu erfüllen[373]; umgekehrt muss jedoch die Frist auch nicht solange sein, dass der Schuldner, der ja eigentlich schon längst hätte erfüllen müssen, jetzt erst mit der Leistungsvorbereitung beginnt.[374]

582 Ist unter Zugrundelegung dieser Erwägung eine **Frist zu kurz** bemessen, stellt sich die Frage, welche Folgen dies hat. Nach ganz überwiegender Ansicht ist eine zu kurz bemessene Frist nicht als wirkungslos anzusehen; sie setzt vielmehr ihrerseits eine angemessene Frist in Lauf.[375] Deren Länge muss dann im Prozessfall das Gericht eigens feststellen.[376] Doch muss noch einmal auf die Wertungs- und Abwägungsgrundsätze hingewiesen werden: Regelmäßig wird die Nachfrist kurz sein können, denn der Schuldner wusste ja schon bereits vorher, wann er leisten muss. Dies gilt besonders bei Zahlungsfristen, weil hier die weitere Wertung zu berücksichtigen ist, dass der Schuldner im Hinblick auf finanzielle Verpflichtungen stets leistungsfähig zu sein hat.[377]

583 Die Fristsetzung ist prinzipiell **erst nach der Fälligkeit** möglich: Denn nur dann, wenn der Schuldner die fällige Leistung nicht wie geschuldet erbringt, kann der Gläubiger unter Fristsetzung die Leistung erneut verlangen. Eigentlich enthält also § 281 Abs. 1 die Vorstellung, dass erst nach Fälligkeit eine Fristsetzung möglich ist. Gleichwohl ist **umstritten**, ob die Fristsetzung nicht bereits auch vor der Fälligkeit der Leistung erfolgen kann.

---

372 BGH NJW 1973, 456; *Emmerich*, Das Recht der Leistungsstörungen, § 18 Rn. 31.
373 BT-Drucks. 14/6040, S. 138; BGH NJW 1982, 1280.
374 BGH NJW 1985, 320 (323); OLG Düsseldorf NJW-RR 1992, 951; Palandt/*Heinrichs*, BGB, § 281 Rn. 10.
375 So auch die Vorstellung des Gesetzgebers: BT-Drucks. 14/6040, S. 138; vgl. zur früheren Rechtslage in gleicher Weise auch BGH NJW 1985, 2640.
376 Vgl. schon RGZ 106, 89 (90).
377 BGH NJW 1985, 2640.

584 Um dem Schuldner seine „letzte Chance" zur Leistung vor dem Anspruch auf Schadensersatz statt der Leistung zu wahren, genügt es **einer Ansicht** zufolge, wenn die verbleibende Frist des Schuldners zwischen Fälligkeit und Ablauf der gesetzten Nachfrist angemessen sei – die Nachfristsetzung selbst könne auch schon vor der Fälligkeit erfolgen.[378] Dafür wird angeführt, dass es nicht erforderlich sei zu verlangen, die Nachfristsetzung könne erst nach Fälligkeit erfolgen: Dies gehe nämlich über das Ziel hinaus. Es spiele letztlich keine Rolle, wann die Frist gesetzt werde, entscheidend sei allein, ob die Setzung einer angemessenen Frist überhaupt erfolge, und vor allem, ob die Frist angemessen sei.[379] Diese Auffassung kann jedoch nicht überzeugen. Sie wird insbesondere dem Wortlaut und der Systematik des Gesetzes nicht gerecht. Schon die Warnfunktion der Fristsetzung würde auf diese Weise unterlaufen. Denn der Schuldner muss gerade nicht damit rechnen, dass allein das Verstreichenlassen der ihm gesetzten Frist Konsequenzen hat, wenn er die Leistung mangels Fälligkeit noch gar nicht zu erbringen braucht. Man würde den beiden unterschiedlichen Funktionen von Fälligkeit auf der einen und Fristsetzung auf der anderen Seite nicht gerecht, ermöglichte man auch eine Fristsetzung schon vor der Fälligkeit. Daher verlangt die **überwiegende Auffassung** zu Recht, die Fristsetzung müsse nach Fälligkeit der Leistung erfolgen.[380] Dies hindert allerdings nicht daran, dass sie mit der die Fälligkeit begründenden Handlung selbst verbunden werden kann. Denn auch auf diese Weise wird die Warnfunktion der Fristsetzung ausreichend erfüllt.[381]

585 **(2) Nachfristsetzung gegebenenfalls entbehrlich?** Eine Fristsetzung macht jedoch in einigen Situationen keinen Sinn mehr: Denn sie soll den Schuldner mahnen und warnen. Diese Funktion kann gelegentlich nicht mehr erreicht werden. Daher sieht das Gesetz selbst in einigen Fällen eine Nachfristsetzung als **entbehrlich** an; zudem kann dies auch aufgrund einer vertraglichen Vereinbarung der Fall sein.

586 **(a) Aufgrund vertraglicher Vereinbarungen.** Zunächst können die Parteien infolge der ihnen zustehenden Vertragsfreiheit vereinbaren, dass eine Fristsetzung nicht erforderlich sein soll. Doch ist eine solche vertragliche Vereinbarung **nur individualvertraglich** möglich. Diese muss den eindeutigen, dem Schuldner erkennbaren Inhalt haben, dass der Gläubiger einen Schadensersatz statt der Leistung schon dann verlangen kann, wenn der Schuldner die Leistung verspätet erbringt – also auch ohne dass noch eine Fristsetzung durch den Gläubiger erfolgen muss.[382] Nach § 309 Nr. 4 ist **in AGB** der Ausschluss der Fristsetzung **unwirksam,** jedenfalls dann, wenn der Vertragspartner des Verwenders kein Unternehmer

---

378 So etwa *Brox/Walker*, Allgemeines Schuldrecht, § 23 Rn. 38.
379 So auch *Westermann/Bydlinski/Weber*, BGB – Schuldrecht Allgemeiner Teil, § 8 Rn. 52.
380 *Emmerich*, Das Recht der Leistungsstörungen, § 18 Rn. 28; MünchKomm/*Ernst*, BGB, § 281 Rn. 18; BGH NJW 1996, 1814 (zu § 326 a. F.); *Looschelders*, Schuldrecht Allgemeiner Teil, Rn. 614.
381 So auch *Huber/Faust*, Schuldrechtsmodernisierung, § 3 Rn. 127, 133; AnwK-BGB/ *Dauner-Lieb*, § 281 Rn. 14; Erman/*Westermann*, BGB, § 281 Rn. 11; MünchKomm/ *Ernst*, BGB, § 281 Rn. 27; *Eckert*, Schuldrecht Allgemeiner Teil, Rn. 524.
382 Staudinger/*Otto*, BGB, § 281 Rn. B 133, B 177.

ist. Darüber hinaus geht die Rechtsprechung noch weiter und hält eine allgemeine Vertragsbedingung, die die Fristsetzung nach § 281 ausschließt, auch dann für unwirksam, wenn die AGB gegenüber einem Unternehmer verwendet werden; die Unwirksamkeit folge dann, so der BGH, aus § 307 Abs. 1.[383]

(b) Aufgrund gesetzlicher Bestimmungen. Auch das **Gesetz** sieht in mehreren Bestimmungen vor, dass eine Fristsetzung **nicht erforderlich** ist. Neben den besonderen Regelungen im Kauf- und Werkvertragsrecht, denen zufolge die Fristsetzung entbehrlich ist, wenn die Nacherfüllung wegen unverhältnismäßiger Kosten verweigert wird, fehlschlägt oder dem Berechtigten unzumutbar ist (vgl. §§ 437 Nr. 3, 440 sowie §§ 634 Nr. 4, 636), enthält § 281 in seinem Absatz 2 besondere Entbehrlichkeitsregelungen. **587**

Zunächst ist dies in **§ 281 Abs. 2, 1. Alt.** der Fall: Danach ist die Fristsetzung entbehrlich, wenn der Schuldner die Leistung **ernsthaft und endgültig verweigert.** Hier liegt der Sinn der Regelung auf der Hand: Denn es macht keinen Sinn, dem Schuldner noch einmal eine Möglichkeit zur Leistung zu geben und ihm eine entsprechende Frist zu setzen, wenn er schon deutlich zu erkennen gegeben hat, dass er ohnehin nicht leisten wird.[384] Weil hier eine Fristsetzung durch den Gläubiger sinnlos wäre, hält das Gesetz sie von vornherein für entbehrlich und verzichtet daher auf dieses Erfordernis. Da die Konsequenzen für den Schuldner beträchtlich sind, ist die Rechtsprechung hinsichtlich der Voraussetzungen für eine ernsthafte und endgültige Erfüllungsverweigerung streng. Sie soll daher mit Recht nur dann vorliegen, wenn der Schuldner unmissverständlich zum Ausdruck bringt, dass er seine Leistungspflicht nicht erbringen möchte; dem Gläubiger muss es infolge der Weigerung als vollkommen ausgeschlossen erscheinen, den Schuldner mit einer Fristsetzung noch einmal umstimmen zu können.[385] Aus der Weigerung des Schuldners muss zu entnehmen sein, dass dieser für den Fall, dass er vor die Wahl gestellt würde, noch seine primäre Leistungspflicht zu erbringen oder den Schadensersatz in Kauf zu nehmen, er sich für die zweite Möglichkeit entscheiden würde.[386] **588**

§ 281 Abs. 2, 2. Alt. sieht eine weitere Situation vor, in der die Fristsetzung entbehrlich ist: nämlich dann, wenn **besondere Umstände** vorliegen, die unter Abwägung der beiderseitigen Interessen die sofortige Geltendmachung des Schadensersatzanspruchs rechtfertigen. Was als solche besonderen Umstände angesehen werden kann, ist eine Frage der Auslegung. Der Gesetzgeber wollte insbesondere die sog. **„Just–in–time–Verträge"** erfassen.[387] Bei diesen muss die eine Vertragspartei der anderen zu einem besonderen, eigens bestimmten Zeitpunkt liefern, damit deren Produktion ordnungsgemäß betrieben werden kann. Wenn in einer **589**

---

383 So noch zu § 9 AGBG: BGH NJW 1990, 2065 (2067); BGH NJW 1986, 842 (843); *Brox/Walker*, Schuldrecht Allgemeiner Teil, § 23 Rn. 45.
384 *Looschelders*, Schuldrecht Allgemeiner, Rn. 619.
385 *Brox/Walker*, Allgemeines Schuldrecht, § 23 Rn. 42; BGH NJW 1986, 842 (1779).
386 So BGH NJW 1988, 1778 (1779); BGH NJW 1991, 1822 (1823); BGH NJW-RR 1999, 560; Palandt/*Heinrichs*, BGB, § 281 Rn. 14.
387 So die Gesetzesbegründung in BT-Drucks. 14/6040, S. 140.

solchen Leistungsvereinbarung die Lieferung ganz oder teilweise ausbleibt, soll und muss der Gläubiger die Möglichkeit haben, sofort eine Ersatzbeschaffung anzuordnen; letztlich geht es hier also um relative Fixgeschäfte.[388] Bei diesen ist eine sofortige Geltendmachung des Schadensersatzanspruches gerechtfertigt.[389]

590 Hinsichtlich der „besonderen Umstände" wird also stets ein besonderes Zeitmoment relevant, das in die Vereinbarung mit hineinspielt; so kann ein Schadensersatzanspruch statt der Leistung auch ohne erforderliche Fristsetzung dann gerechtfertigt sein, wenn es um Saisonartikel geht, die allein durch die Überschreitung der Leistungszeit schon unverkäuflich werden. Dabei ist jedoch stets zu beachten, dass es sich nicht um absolute Fixgeschäfte handelt: Denn bei diesen führt ja bereits die Überschreitung der Leistungszeit zu einer Unmöglichkeit, so dass ohnehin kein Schadensersatzanspruch nach § 281 mit einer umständlichen Fristsetzung in Betracht kommt, sondern schon ein solcher nach § 283.[390] Insgesamt sind an den Interessenfortfall hohe Anforderungen zu stellen, denn das Gesetz sieht prinzipiell die Fristsetzung vor – nur in Ausnahmefällen soll sie nicht erforderlich sein; weil es sich hierbei um eine Ausnahmevorschrift zur Grundregel handelt, müssen die Voraussetzungen in systematischer Hinsicht sehr eng gefasst sein.

591 (3) **Abmahnung statt Nachfristsetzung, § 281 Abs. 3.** Schließlich kann die Fristsetzung auch deshalb entbehrlich sein, weil sie nach Art der Pflichtverletzung überhaupt nicht in Betracht kommt. Dazu enthält § 281 Abs. 3 eine Sonderregelung, der zufolge an die Stelle der Fristsetzung eine **Abmahnung** tritt. Diese Vorschrift ist insbesondere auf Unterlassungspflichten ausgerichtet: Hier macht es keinen Sinn, eine Frist zu setzen.

Bsp.: Haben sich A und B darauf verständigt, dass B dazu verpflichtet ist, keine Konkurrenztätigkeit aufzunehmen, so macht eine Fristsetzung für den Fall, dass der Schuldner doch eine Konkurrenztätigkeit aufnimmt, keinen Sinn – stattdessen ist dann anstelle der Fristsetzung eine Abmahnung erforderlich.

592 Als **Abmahnung** ist in diesem Zusammenhang die ernsthafte Aufforderung an den Schuldner zu verstehen, eine weitere Zuwiderhandlung gegen seine vertragliche Verpflichtung zu unterlassen.[391] Die Abmahnung soll den Schuldner also wie die Fristsetzung dazu anhalten, seine vertragliche Verpflichtung einzuhalten. Daher muss sie deutlich und unmissverständlich sein. Der Schuldner muss erkennen können, dass er bei einer weiteren Zuwiderhandlung mit einer Schadensersatzforderung rechnen muss. Einzige Voraussetzung für eine Abmahnung ist, dass der Schuldner bereits einen Verstoß gegen die Unterlassungspflicht begangen hat; ansonsten kann eine Abmahnung nicht warnend in diesem Sinne wirken.

---

388 MünchKomm/*Westermann*, BGB, Vorb. zu § 433 Rn. 13; *Lehmann*, BB 1990, 1849.
389 Vgl. Palandt/*Heinrichs*, BGB, § 281 Rn. 15; Bamberger/Roth/*Unberath*, BGB, § 281 Rn. 26.
390 Vgl. oben bei Rn. 462.
391 Palandt/*Heinrichs*, BGB, § 281 Rn. 13.

Leistungsverzögerung

593 Die Entbehrlichkeitsregelung des § 281 Abs. 3 basiert zwar auf praktischen Überlegungen.[392] Sinn und Anwendungsbereich des § 281 Abs. 3 sind jedoch insgesamt unklar.[393] Im Rahmen des § 281 kann eine Abmahnung, wie eben schon erwähnt, nur dann an die Stelle der Fristsetzung treten, wenn die dem Gläubiger zukommende Vertragsleistung in einem Unterlassen des Schuldners besteht. Dann liegt jedoch hinsichtlich der Zuwiderhandlung i. d.R. eine bereits von §§ 283, 326 erfasste Teilunmöglichkeit vor.[394]

594 **(4) Ablauf der Frist ohne Leistung.** Als letzte Voraussetzung muss die Frist **erfolglos abgelaufen** sein. Diese Voraussetzung ist erfüllt, wenn die Leistungshandlung innerhalb der Frist nicht oder nicht wie geschuldet vorgenommen wurde.[395] Ausreichend ist dabei, dass die Leistungshandlung innerhalb der Frist erfolgt ist, sofern nichts anderes vereinbart ist. Es muss also insbesondere nicht der Leistungserfolg eingetreten sein.[396] Umstritten und unklar ist dabei, ob der Schuldner die Fristwahrung dadurch erreicht, dass er innerhalb der ihm vom Gläubiger gesetzten Frist die Leistung zwar nicht vollständig, aber doch zumindest teilweise oder zwar nicht wie geschuldet, aber immerhin „mangelhaft" erbringt.

Bsp.: V verkauft dem K zwei gebrauchte Pkw. Innerhalb der vereinbarten Frist liefert er dem K jedoch nur eines der beiden Autos. – Dann hat er innerhalb der gesetzten Frist gem. § 281 Abs. 1 seine ihm obliegende Leistungs- und Eigentumsverschaffungspflicht nur hinsichtlich eines Teils erfüllt. Fraglich ist, ob auf diese Weise ein Schadensersatzanspruch des K als Gläubiger der Leistungs- bzw. Eigentumsverschaffungspflicht möglich ist.

595 Letztlich kann man diese Frage anhand des Gesetzestextes **eindeutig beantworten**: Nach § 281 Abs. 1 Satz 1 entsteht der Schadensersatzanspruch statt der Leistung, soweit der Schuldner die fällige Leistung nicht oder nicht wie geschuldet erbringt. Diese Formulierung hat auch Konsequenzen für die Situation, in der der Schuldner innerhalb der Nachfrist nur teilweise leistet: Denn dann läuft die Frist ebenfalls erfolglos ab. Daraus folgt, dass der Gläubiger in dieser Situation auch wegen des noch ausstehenden Teils der Leistung nicht noch einmal eine weitere Frist setzen muss; stattdessen kann er diesbezüglich sofort Schadensersatz statt der Leistung verlangen[397], jedoch nur für den noch ausstehenden Teil. Dies ergibt sich aus der Formulierung „soweit" in § 281 Abs. 1 Satz 1. Man spricht auch vom sog. „kleinen Schadensersatz". Sollte der Gläubiger doch Schadensersatz statt der ganzen Leistung (sog. „großer Schadensersatz") beanspruchen, muss er Folgendes beachten: In Konsequenz des Umstands, dass immerhin eine Teilleistung erfolgte, ist nunmehr nur noch § 281 Abs. 1 Satz 2 anwendbar, der Gläubiger kann also Schadensersatz statt der ganzen Leistung nur noch dann verlangen, wenn er an der Teilleistung kein Interesse mehr hat.[398] Entscheidend in dem Zusammenhang ist

---

392 So auch BT-Drucks. 14/7052, S. 185.
393 *Brox/Walker*, Schuldrecht Allgemeiner Teil, § 23 Rn. 46.
394 MünchKomm/*Ernst*, BGB, § 281 Rn. 41.
395 *Brox/Walker*, Schuldrecht Allgemeiner Teil, § 23 Rn. 47, 48.
396 So auch MünchKomm/*Ernst*, BGB, § 281 Rn. 45; AnwK-BGB/*Dauner-Lieb*, § 281 Rn. 25.
397 *Looschelders*, Schuldrecht Allgemeiner Teil, Rn. 625.
398 Dazu vgl. später Rn. 605.

aber, dass gerade in den wichtigsten Fällen des Kauf- und Werkvertragsrechts ohnehin Spezialregelungen eingreifen: Dort fallen nämlich Teillieferungen regelmäßig unter den Begriff des Sachmangels (vgl. etwa § 434 Abs. 3): Das führt dazu, dass in dieser Situation die Gewährleistungsregeln des Kauf- bzw. Werkvertragsrechts als Spezialregelungen der allgemeinen Bestimmung in § 281 ohnehin vorgehen.

596 Ähnlich ist die Situation, in der der Schuldner innerhalb der Frist zwar eine Leistungserbringung durchführt, diese jedoch mangelhaft ist.

Bsp.: Hat in dem zuvor genannten Beispiel *(unter Rn. 594)* der V innerhalb der vom K gesetzten Frist zwar beide Autos geliefert, sind diese jedoch mangelhaft, stellt sich die Frage, ob K nun nochmals eine Frist zur Nacherfüllung setzen muss.

597 Auch dies ist eine Frage des Kaufvertragsrechts – ein Anspruch kann sich hier aus den §§ 434, 437 Nr. 3 ergeben, die auf die §§ 280 Abs. 1, Abs. 3, 281 verweisen. Ob in dieser Situation eine **nochmalige Fristsetzung erforderlich** ist, ist **umstritten**. Denn es ist bereits einmal eine Frist gesetzt worden, innerhalb derer der Verkäufer dann allerdings eine mangelhafte Lieferung erbracht hat. **Zum Teil** wird **vertreten**, eine nochmalige Fristsetzung sei in dieser Situation entbehrlich.[399] Begründen lässt sich diese Auffassung damit, dass der Verkäufer als Schuldner die Sache ohnehin gem. § 434 frei von Sach- und Rechtsmängeln liefern muss. Daher sei auch die gesetzte Frist „erfolglos" abgelaufen, so dass unmittelbar aus § 281 ein Schadensersatz statt der Leistung verlangt werden könnte. Nach der **überwiegend vertretenen anderen Auffassung** ist jedoch dann, wenn innerhalb einer schon gesetzten Frist eine Schlechtleistung erfolgt, grundsätzlich eine nochmalige Fristsetzung zur Nacherfüllung erforderlich. Dies folge aus der Grundsystematik des § 437, der eben auf § 281 verweise. Daher sei eine nochmalige Fristsetzung zur Nacherfüllung nur dann nicht erforderlich, wenn sie gem. § 281 Abs. 2 aufgrund besonderer Umstände entbehrlich sei.[400] Dies ist auch überzeugend, weil die beiden Fristen hier auf unterschiedlichen Gründen beruhen – die mangelhafte Leistung während einer wegen einer Nichtleistung gesetzten Frist ist eine andere Leistungsstörung, so dass hier auch eine erneute Fristsetzung erforderlich ist.

598 dd) Vertretenmüssen. Wie stets im Rahmen des § 280 Abs. 1 BGB muss auch hier der Schuldner die Pflichtverletzung **zu vertreten haben**: Es muss also der Schuldner dafür verantwortlich sein, dass er bis zum Ablauf der Frist nicht geleistet bzw. nicht so wie geschuldet geleistet hat. Der Schuldner muss Vorsatz und Fahrlässigkeit vertreten, gegebenenfalls greift § 278 ein. Hinsichtlich der Darlegungs- und Beweislast gilt auch hier wieder § 280 Abs. 1 Satz 2: Das Vertretenmüssen des Schuldners wird also gemäß dieser Vorschrift vermutet.

599 b) **Rechtsfolgen: Nach Wahl des Gläubigers.** Ist die Frist abgelaufen, ist allein dadurch noch keine Rechtsfolge eingetreten: Dies kann man aus § 281 Abs. 4

---

[399] So etwa AnwK-BGB/*Dauner-Lieb*, § 281 Rn. 28; *Canaris*, DB 2001, 1815 (1816); *Braun*, ZGS 2004, 423 (424).
[400] So MünchKomm/*Ernst*, BGB, § 323 Rn. 88; Palandt/*Heinrichs*, BGB, § 281 Rn. 12; Jauernig/*Stadler*, BGB, § 281 Rn. 7.

herauslesen: Danach ist nämlich der Anspruch auf Leistung – nur – ausgeschlossen, sobald der Gläubiger statt der Leistung Schadensersatz *verlangt hat*. Diese Vorschrift macht deutlich, dass der Gläubiger nach Fristablauf ein **Wahlrecht** hat: Entweder bleibt er bei seinem Anspruch auf die Primärleistung, dann hat er diesen auch unverändert; er kann in dieser Situation natürlich seinen Verzögerungsschaden gem. §§ 280 Abs. 1, Abs. 2, 286 geltend machen, jedoch keinen Schadensersatz statt der Leistung. Dieser Anspruch entsteht erst dann, wenn der Gläubiger ihn anstatt des Anspruchs auf die Primärleistung wählt: Sobald er ihn aber wählt, geht der Anspruch auf die Leistung, d. h. auf die Primärleistung, unter. Dies ist Kern der Aussage aus § 281 Abs. 4. Voraussetzung dafür ist stets, dass der Gläubiger sich selbst vertragstreu verhalten hat. An die Stelle eines Schadensersatzanspruches statt der Leistung kann auch hier wieder – wie bei der Unmöglichkeit – ein anderer Ersatzanspruch treten, nämlich der Aufwendungsersatzanspruch nach § 284.

aa) Schadensersatz statt der Leistung. Entsprechend seinem Wahlrecht kann der Gläubiger zunächst **Schadensersatz statt der Leistung** geltend machen, wie aus §§ 280 Abs. 1, Abs. 3, 281 Abs. 1 Satz 1 folgt. Dann geht nicht nur der Primäranspruch unter, sondern der Schuldner hat dem Gläubiger auch das „positive Interesse" zu ersetzen. Der Schuldner muss den Gläubiger so stellen, wie dieser ohne eine Verzögerung der Leistungserbringung bei ordnungsgemäßer Erfüllung der Leistungspflicht stünde. Es soll also der durch die Nichterfüllung entstandene Schaden ersetzt werden; dies ist im Ergebnis die Umschreibung dessen, was mit den Begriffen „positives Interesse" oder auch „Nichterfüllungsschaden" gemeint ist. Einige Besonderheiten gegenüber dem „positiven Interesse" bei der Unmöglichkeit[401] sind hier jedoch zu beachten.

Für den Schadensersatz statt der Leistung ist ein **Gesamtvermögensvergleich** zwischen der tatsächlichen, gegenwärtigen Vermögenssituation des Gläubigers auf der einen und der hypothetischen Vermögenslage auf der anderen Seite vorzunehmen – hypothetisch in dem Sinne, dass der Schuldner ordnungsgemäß, d. h. vor allem rechtzeitig geleistet hätte. Dem Gläubiger ist das zu ersetzen, was er in der aktuellen Lage weniger hat. D.h. er erhält den Schaden ersetzt, der dadurch entstanden ist, dass die Leistung ausgeblieben ist. Für die Berechnung gelten hier, wie schon bei der Unmöglichkeit, verschiedene Möglichkeiten. So kann auch hier wieder die Berechnung des Schadens entweder nach der Surrogations- oder nach der Differenztheorie erfolgen.[402] Wählt der Gläubiger den Schadensersatz statt der Leistung, stellt sich sogleich noch die Frage, welches Schicksal die Gegenleistung nimmt. Hier ist man sich darüber einig, dass der Anspruch auf die Gegenleistung im Rahmen von gegenseitigen Verträgen aufgrund der synallagmatischen Verknüpfung mit dem Anspruch auf die Leistung ebenfalls untergeht.[403] Daraus folgt, dass der Gläubiger nicht zusätzlich noch den Rücktritt erklären muss, möchte er sich von seiner Gegenleistungspflicht befreien.

---

401 Vgl. oben Rn. 455.
402 Vgl. oben Rn. 457.
403 S. etwa Palandt/*Heinrichs*, BGB, § 281 Rn. 52.

602 Die Geltendmachung eines Anspruchs auf Schadensersatz setzt – neben den zuvor genannten Voraussetzungen der §§ 280 Abs. 1, Abs. 2, 281 – zusätzlich voraus, dass der **Gläubiger** sich selbst **vertragstreu** verhalten hat. Dies könnte man auch als eigenständige Voraussetzung im Rahmen des § 281 ansprechen; wenn dies hier nicht erfolgt ist, so aus der Überlegung heraus, dass sich diese Voraussetzung nicht unmittelbar aus der genannten Norm ergibt. Die Vertragstreue des Gläubigers ist eine Besonderheit, die sich aus der synallagmatischen Verknüpfung verschiedener Leistungen ergibt. Bei gegenseitigen Verträgen muss der Gläubiger selbst vertragstreu sein, um einen Sekundäranspruch geltend machen zu können. Denn der Gläubiger verhielte sich treuwidrig, wenn er seinerseits vom Vertragspartner, d. h. dem Schuldner, ein vertragsgemäßes Verhalten verlangen würde. Wo man dies anspricht, ist eine Frage der Situation: Häufig wird schon der Tatbestand der §§ 280 Abs. 1, Abs. 3, 281 nicht gegeben sein, etwa dann, wenn dem Schuldner eine Einrede nach § 320 aufgrund des Verhaltens des Gläubigers zusteht: Dann liegt schon kein durchsetzbarer Anspruch vor, der aber gegeben sein muss, um den Schadensersatzanspruch zu rechtfertigen. Letztlich versucht die Rechtsprechung hier für besonders extreme Fälle des treuwidrigen Verhaltens des Gläubigers eine Grenze zu ziehen.

Bsp.: Dies ist etwa der Fall, wenn der Gläubiger ersichtlich zu viel vom Schuldner verlangt, also im Fall der extremen Zuvielforderung, oder wenn der Gläubiger eine Anfechtung erklärt, die völlig grundlos und unberechtigt ist.[404] Ähnlich ist es, wenn der Gläubiger die verkaufte Sache nicht mehr in seinem Eigentum, sondern schon an einen Dritten verkauft und übereignet hat, so dass er sicher seine eigenen Pflichten nicht mehr wird erfüllen können.[405]

603 Inhaltlich wird der **gesamte Nichterfüllungsschaden ersetzt**. Voraussetzung ist daher, wie bei der Unmöglichkeit, dass zwischen der Nichtleistung innerhalb der gesetzten Frist auf der einen und dem Schaden auf der anderen Seite ein adäquater Kausalzusammenhang besteht. Es gelten hier die §§ 249–255. Vom Schadensersatzanspruch umfasst ist insbesondere auch der entgangene Gewinn, den der Gläubiger durch die Weiterveräußerung einer gekauften Sache hätte erzielen können, wenn sie pünktlich geliefert worden wäre. Dasselbe gilt für Haftungsschäden, die dem Gläubiger gegenüber potentiellen Abnehmern entstanden sind, die er wegen der zu späten Lieferung nicht mehr befriedigen kann. Ebenfalls gehören die Mehrkosten eines Deckungskaufes hierzu, wenn er durch die Lieferverzögerung verursacht worden ist.[406]

Bsp.: Bestellt der Landwirt L bei V Futter für sein Vieh, das am 12.10. geliefert werden soll, liefert V jedoch bis in den November schuldhaft nicht und setzt L ihm dann erfolglos eine Frist, kann er als Schaden geltend machen, dass er sich nun bei X mit Futter habe eindecken müssen, das allerdings 245 € mehr gekostet habe.

604 Nicht eindeutig geklärt ist, ob mit dem Schadensersatzanspruch statt der Leistung auch **zugleich die Verzögerungsschäden** und sonstigen Schäden ersetzt werden können oder ob der Gläubiger nicht vielmehr hier eigenständig den Anspruch aus §§ 280 Abs. 1, Abs. 2, 286 geltend machen muss. **Zum Teil** wird **vertreten**, der

---

404 BGH NJW 1999, 352.
405 BGH NJW 1994, 2480 (2481).
406 S. auch BGH NJW 1998, 2901 (2903).

Anspruch sei umfassend; der Gläubiger könne also verlangen, wirtschaftlich so gestellt zu werden, wie er stünde, wenn der Schuldner den Vertrag ordnungsgemäß, also bei Fälligkeit erfüllt hätte. Im Falle einer ordnungsgemäßen Leistung wäre kein Verspätungsschaden entstanden, daher könne der Gläubiger, wenn er dies möchte, in den Schadensersatzanspruch statt der Leistung auch denjenigen auf die Verzögerungsschäden mit einbeziehen.[407] Dies wird jedoch **zum Teil abgelehnt**: Der Verzögerungsschaden könne vielmehr nur unter den besonderen Voraussetzungen der §§ 280 Abs. 1, Abs. 2, 286 geltend gemacht werden.[408] Dafür spricht die Systematik des Gesetzes: Wenn schon unterschiedliche Ansprüche entstehen können und das Gesetz hier auch unterschiedliche Voraussetzungen postuliert, wäre es inkonsequent, den Verzögerungsschadensersatzanspruch gleichsam vom Schadensersatzanspruch statt der Leistung als konsumiert anzusehen.

Besonderheiten ergeben sich schließlich in der Situation, in der der Schuldner die Leistung **nur teilweise** erbracht hat. Die Grundregel des § 281 Abs. 1 Satz 1 sieht hier vor, dass der Gläubiger nur „so weit" Schadensersatz verlangen kann, wie der Schuldner nicht oder nicht wie geschuldet die Leistung erbracht hat. **605**

Bsp.: V schuldet dem K die Lieferung zweier gebrauchter Pkw, kann aber nur einen Wagen innerhalb der gesetzten Frist liefern, den anderen jedoch nicht.

Nach dem **Wortlaut** des § 281 Abs. 1 Satz 1 könnte nun der Gläubiger für die nicht gelieferte Ware einen Schadensersatzanspruch geltend machen; der Umfang ist allerdings beschränkt, denn er kann nur „so weit" einen Anspruch geltend machen, wie eine Teilleistung vorliegt. Dies ist letztlich eine Konsequenz daraus, dass der Gläubiger nur das positive Interesse geltend machen kann; das Gesetz hat sich insoweit, wie schon angedeutet[409], für den sog. „**kleinen Schadensersatz**" entschieden – der Ersatzanspruch bezieht sich also nur auf die Menge, die von der Teilleistung des Schuldners nicht erfasst ist.[410] **606**

Dieser **kleine Schadensersatz** ist jedoch nicht für alle Fälle interessengerecht. Er entspricht immer nur dann der Interessenslage, wenn der Gläubiger trotz der teilweisen Verzögerung der Leistung überhaupt noch ein Interesse an der gesamten Leistung hat. Es ist aber auch vorstellbar, dass das Interesse an der gesamten Leistung durch die Verzögerung der Teilleistung entfällt. Im Normalfall muss sich der Gläubiger aber in diesen Situationen mit einem teilweisen Schadensersatzanspruch statt der Leistung zufrieden geben; so die Grundregel zumindest des § 281 Abs. 1 Satz 1. Doch hat das Gesetz die **Ausnahmesituation** durchaus gesehen, in der die Teilleistung dazu führen kann, dass der Gläubiger kein Interesse mehr an der gesamten Leistung hat: Daher sieht § 281 Abs. 1 Satz 2 eine besondere Regelung für den Fall vor, dass der Schuldner zwar nur eine Teilleistung bewirkt hat, der Gläubiger jedoch an der Teilleistung selbst kein Interesse hat: Dann kann der Gläubiger nämlich **Schadensersatz statt der ganzen Leistung** verlangen. **607**

---

407 Vgl. etwa Bamberger/Roth/*Unberath*, BGB, § 281 Rn. 35; MünchKomm/*Emmerich*, BGB, vor § 281 Rn. 21.
408 So etwa Palandt/*Heinrichs*, BGB, § 281 Rn. 17; Jauernig/*Stadler*, BGB, § 281 Rn. 16.
409 Vgl. oben Rn. 595.
410 *Looschelders*, Schuldrecht Allgemeiner Teil, Rn. 625.

Bsp.: V ist im oben genannten Beispiel *(unter Rn. 605)* durchaus in der Lage, eines der beiden Autos innerhalb der gesetzten Frist zu liefern. Hat K jedoch kein Interesse mehr an der gesamten Leistung, kann er trotz der Teillieferungsmöglichkeit einen Schadensersatz statt der gesamten Leistung verlangen.

608 Dies setzt allerdings nach § 281 Abs. 1 Satz 2 voraus, dass der Gäubiger an der Teilleistung kein Interesse hat. Diese besonders weit reichende Rechtsfolge zugunsten des Gläubigers setzt eine enge Auslegung des Begriffes „kein Interesse" voraus: Wenn nämlich hier eine Ausnahme zur Grundregel in Satz 1 formuliert ist, liegt nahe, dass sie nur dann als gegeben angesehen werden kann, wenn ein Interessenfortfall des Gläubigers so stark zu gewichten ist, dass die potentielle Teilleistungsmöglichkeit des Schuldners dahinter zurückstehen muss. § 281 Abs. 1 Satz 2 verlangt in diesem Zusammenhang, dass der Gläubiger objektiv kein Interesse mehr an der Teilleistung hat, wobei vor allem auf den Zweck des Schuldverhältnisses abzustellen ist, wie er von den Parteien bestimmt wurde.[411] Dies ist etwa der Fall, wenn der Gläubiger mit der einzelnen Teilleistung konkret nichts mehr anfangen kann.[412]

Bsp. (1): G hat bei H ein ganzes Set einer Warengruppe bestellt, so dass ein Teil des Sets für ihn uninteressant ist. Ist G beispielsweise ein Sammler, der alle vier Modelle einer bestimmten Plastik haben möchte, so ist es für ihn nicht mehr von Interesse, nur drei von den vier Modellen angeboten zu bekommen. In dieser Situation ist sein Interesse durch die nur teilweise erfolgte Lieferung innerhalb der Frist fortgefallen, so dass er einen Schadensersatzanspruch statt der ganzen Leistung geltend machen kann.

Bsp. (2): In dem Beispiel *(unter Rn. 605)* mit den Autos wird es davon abhängen, inwieweit die Parteien in ihrem Vertrag vereinbart haben, dass V nur durch die Leistung beider Pkw von der Leistungspflicht freiwerden kann. Dies ist etwa möglich, wenn K zu verstehen gab, dass er die beiden Autos nur deshalb gemeinsam kauft, weil er einen Abnehmer hat, der gerade diese beiden Pkw zusammen erwerben möchte.

609 Der **Gläubiger** hat in der Situation, in der der Schuldner nur eine Teilleistung erbringt, nach § 281 Abs. 1 Satz 2 ein **Wahlrecht**: Ihm ist unbenommen, auch die Teilleistung des Schuldners anzunehmen und nur einen Schadensersatz statt der Leistung im Hinblick auf die ausgebliebene Leistungspflichterfüllung geltend zu machen; er kann aber stattdessen auch Schadensersatz statt der ganzen Leistung verlangen, wenn er an der Teilleistung kein Interesse hat. Dann kann er aber die Teilleistung auch nicht mehr beanspruchen. Im Kauf- und Werkvertragsrecht gelten hinsichtlich Teilleistungen Sonderregelungen, nämlich § 434 Abs. 3 und § 633 Abs. 2 Satz 3, in denen eine Teilleistung dem Sachmangel gleichgestellt ist.[413] Verlangt entsprechend seinem Wahlrecht der Gläubiger nun einen Schadensersatz statt der ganzen Leistung, hat aber der Schuldner die Teilleistung schon erbracht, so kann der Schuldner diese vom Gläubiger zurückverlangen. Dies folgt aus § 281 Abs. 5 i. V. m. den §§ 346–348.

---

411 MünchKomm/*Ernst*, BGB, § 281 Rn. 137.
412 RGZ 50, 138 (143).
413 Dazu *Huber*, Besonderes Schuldrecht/1, Rn. 59 und 336.

610 Eine Besonderheit hinsichtlich des Schadensersatzanspruches nach § 281 Abs. 1 enthält schließlich dessen Satz 3: Hat der Schuldner nämlich die Leistung „nicht wie geschuldet" bewirkt, so kann der Gläubiger einen Schadensersatzanspruch statt der ganzen Leistung dann nicht verlangen, wenn die **Pflichtverletzung unerheblich** ist. Dies spielt allerdings nur eine Rolle im Rahmen des Kauf- und Werkvertragsrechts: Da dort die Zuweniglieferung einen Sachmangel darstellt, finden die Regeln über Sachmängel vorrangig Anwendung, infolgedessen ist die Regelung des § 281 Abs. 1 Satz 2 unanwendbar – der Interessenfortfall ist daher für diese Fälle des Sachmangelrechts nicht relevant, vielmehr kann es allein nach § 281 Abs. 1 Satz 3 darauf ankommen, dass die Abweichung nicht unerheblich ist.[414]

611 bb) Gegebenenfalls: **Aufwendungsersatzanspruch, § 284.** Da § 284 sehr offen formuliert wurde, ist der Anspruch auf **Ersatz vergeblicher Aufwendungen** nicht nur im Bereich des Unmöglichkeitsrechts von Bedeutung, sondern anstelle des Schadensersatzes statt der Leistung hat der Gläubiger auch im Rahmen der Nichtleistung trotz Möglichkeit und Fälligkeit einen entsprechenden Aufwendungsersatzanspruch. Weil die Voraussetzungen und die Inhalte dieses Ersatzanspruches denjenigen des Anspruchs nach §§ 280 Abs. 1, Abs. 3, 283, 284 gleichen[415], kann auf eine erneute Darstellung verzichtet werden. Zunächst muss also ein Schadensersatzanspruch statt der Leistung bestehen; der Gläubiger muss vergebliche Aufwendungen gemacht haben, und zwar im Vertrauen auf den Erhalt der Leistung, und sie billigerweise gemacht haben dürfen. Schließlich darf der Aufwendungsersatzanspruch auch nicht nach § 284 ausgeschlossen sein.

3. Rücktritt, § 323

612 Wie stets bei den Leistungsstörungen muss auch im Rahmen der Leistungsstörung der Kategorie „Nichtleistung trotz Möglichkeit und Fälligkeit" die Situation des **gegenseitigen Vertrages** besonders in den Blick genommen werden. Auch im Rahmen der Leistungsstörung „Nichtleistung trotz Möglichkeit und Fälligkeit" wirkt es sich aus, dass beide Leistungen eng miteinander verbunden sind. Ist dies der Fall, erhält der Gläubiger, der von dieser Leistungsstörung betroffen ist, die Möglichkeit, sich vom Vertrag zu lösen, um so seine eigene Verpflichtung nicht mehr erbringen zu müssen *(vgl. Übersicht 13)*.

613 Prinzipiell könnte man in diesem Zusammenhang schlicht darauf verweisen, dass man diese Befreiung von der eigenen Leistungspflicht doch auch **viel einfacher** haben könnte: Denn das Ergebnis, dass der Gläubiger sich von seiner eigenen Leistungspflicht befreien kann, lässt sich auch durch die Geltendmachung des positiven Interesses im Wege der Differenztheorie erreichen. Jedoch sieht das Allgemeine Schuldrecht gleichwohl eine eigenständige Regelung für den Rücktritt und somit für die Befreiung von dem Vertrag zugunsten des Gläubigers vor; der

---

414 Zu der durchaus umstrittenen Rechtslage im Kaufrecht eingehend MünchKomm/*Westermann*, BGB, § 434 Rn. 43; Bamberger/Roth/*Faust*, BGB, § 434 Rn. 113.
415 Vgl. oben Rn. 466.

große Vorteil liegt nämlich bei dieser Vorschrift darin, dass hier das Nichtleisten durch den Schuldner, also die Leistungsstörung, nicht mehr an ein Vertretenmüssen seitens des Schuldners gebunden ist. Vielmehr erwirkt der Gläubiger das Rücktrittsrecht nach § 323, auch ohne dass der Schuldner die Nichtleistung in irgendeiner Form zu vertreten hat.

614 Abgesehen von dieser Voraussetzung sind dann aber die Voraussetzungen für den Rücktritt im Wesentlichen mit denjenigen des **§ 281** vergleichbar *(vgl. Übersicht 13)*. Sie sind einander **sehr ähnlich**, was auch systematisch nahe liegt, da sie aus der gleichen Situation herrühren und letztlich dem Gläubiger ein sehr ähnliches Recht verschaffen wollen. Für den Rücktritt nach § 323 gilt daher prinzipiell Folgendes: Wie stets bei einem Gestaltungsrecht ist auch beim Rücktritt nach § 323 eine Rücktrittserklärung erforderlich; darüber hinaus bedarf es eines Rücktrittsgrundes. Diese Voraussetzungen sollten **im Prüfungsaufbau** bei der

Übersicht 13:

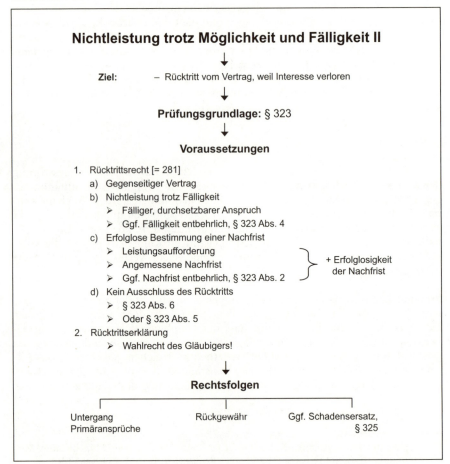

Falllösung bzw. in der Fallbearbeitung separat auftauchen. Der Rücktrittsgrund liegt in § 323. Es muss ein **gegenseitiger Vertrag** vorliegen, eine **Leistungsstörung als Nichtleistung trotz Möglichkeit und Fälligkeit** muss gegeben sein; darüber hinaus muss erfolglos eine Nachfrist bestimmt worden sein, wie § 323 verlangt – hier sind die Parallelen zu § 281 am auffälligsten. Dies gilt auch für die Entbehrlichkeit der Nachfristsetzung. Schließlich darf der Rücktritt nicht ausnahmsweise ausgeschlossen sein.

Wichtig ist an dieser Stelle: Der Rücktritt ist eine weitere Reaktionsmöglichkeit des Gläubigers auf die Leistungsstörung durch den Schuldner. Er ähnelt in seinen Voraussetzungen weitgehend denen des Schadensersatzanspruches statt der Leistung gem. § 281. Er hat diesem gegenüber aber den entscheidenden Vorteil, dass ein **Verschulden des Schuldners nicht erforderlich ist**. Was zu prüfen ist, ein Anspruch auf Schadensersatz gem. §§ 280 Abs. 1, Abs. 3, 281 oder die Ausübung eines Rücktrittsrechts, hängt entscheidend von der Fallfrage ab: Was möchte der Gläubiger? Will er sich vom Vertrag lösen, weil er das Interesse an seiner Durchführung verloren hat, kommt als Prüfungsgrundlage nur § 323 in Betracht. Dann gehen die Primäransprüche unter, stattdessen kommt es zu einem Rückgewährschuldverhältnis, sofern schon Leistungen ausgetauscht worden sind. Möglicherweise kann der Gläubiger darüber hinaus nach § 325 Schadensersatz geltend machen. Das setzt dann wiederum ein Verschulden seitens des Schuldners voraus.

a) **Voraussetzungen.** Die Voraussetzungen für ein Rücktrittsrecht des Gläubigers ähneln denen, die für den Schadensersatzanspruch statt der Leistung in der gleichen Situation der Leistungsstörung gelten. Weitgehend kann daher auf die vorherigen Ausführungen verwiesen werden; Besonderheiten ergeben sich jedoch dadurch, dass das Rücktrittsrecht aus weiteren Gründen noch zusätzlich ausgeschlossen sein kann.

aa) **Gegenseitiger Vertrag.** Es muss zunächst ein **gegenseitiger Vertrag** vorliegen, anders als bei sämtlichen bisher besprochenen Sekundärleistungsansprüchen, die an § 280 Abs. 1 anknüpfen und für die lediglich ein Schuldverhältnis erforderlich war.[416] Durch diese Voraussetzungen sind vor allem einseitig verpflichtende Verträge wie der Auftrag oder die Bürgschaft aus dem Anwendungsbereich des § 323 herausgenommen. Ein Missverständnis muss schon hier angesprochen werden: Wenn auch ein gegenseitiger Vertrag Grundvoraussetzung für das Rücktrittsrecht nach § 323 ist, bedeutet dies nicht, dass gerade die im Gegenseitigkeitsverhältnis stehende Pflicht von der Nichtleistung trotz Möglichkeit und Fälligkeit betroffen ist: Die vom Schuldner verletzte Pflicht muss also nicht diejenige sein, die im Synallagma steht.[417]

bb) **Nichtleistung trotz Möglichkeit und Fälligkeit.** Innerhalb des gegenseitigen Vertrages muss der Schuldner eine ihm **obliegende Leistungsverpflichtung nicht bzw. nicht rechtzeitig erbracht** haben, obwohl ihm dies möglich war und die Leistung auch fällig ist. Wie im Rahmen des § 281 muss also auch hier dem Gläubiger ein fälliger und durchsetzbarer Leistungsanspruch zustehen. Um wel-

---

416 Palandt/*Grüneberg*, BGB, § 323 Rn. 10; MünchKomm/*Ernst*, BGB, § 323 Rn. 8.
417 So schon die Gesetzesbegründung in BT-Drucks. 14/6040, S. 183.

chen Anspruch es sich handelt, ist gleichgültig: Der Anspruch des Gläubigers, der Gegenstand der Pflichtverletzung des Schuldners ist, muss gerade nicht im Gegenseitigkeitsverhältnis stehen, § 323 lässt eine solche enge Auslegung nicht zu.[418] Insbesondere auch die Nichterfüllung von Ansprüchen, die nicht im Gegenseitigkeitsverhältnis stehen, kann ein Rücktrittsrecht des Gläubigers begründen, sofern überhaupt nur ein gegenseitiger Vertrag zwischen den Parteien besteht. Doch ist zu beachten, dass zwar jede vertragliche *Leistungspflicht* genügt, aber um eine „*Leistungs*"-Pflicht muss es sich schon handeln.[419] Nicht ausreichend ist daher für einen Rücktritt gem. § 323 die Nichtbeachtung bzw. Nichterfüllung einer bloßen Schutzpflicht i. S.v. § 241 Abs. 2; hier ist § 324 als *lex specialis* anzusehen.[420]

619 Der betroffene Anspruch, der vom Schuldner trotz Möglichkeit nicht geleistet wird, muss **fällig und** auch **durchsetzbar** sein. Im Wesentlichen gilt hier das zu § 281 Gesagte entsprechend. Eine Besonderheit gilt dann, wenn die Leistung nach § 275 Abs. 2 bzw. Abs. 3 unmöglich ist, der Schuldner also ein Leistungsverweigerungsrecht hat: Dann gilt § 323 nicht unmittelbar, denn die Leistungspflicht ist in diesem Zusammenhang gar nicht mehr wirksam. Daher kann das Rücktrittsrecht, welches gleichwohl besteht, nur über die Brücke des § 326 Abs. 5 erreicht werden, der auf § 323 verweist.

620 Dass die Leistung **fällig** sein muss, ergibt sich aus dem Wortlaut des § 323 Abs. 1 unmittelbar. Solange der Schuldner überhaupt noch nicht leisten muss, kann ihm die Nichtleistung trotz Möglichkeit auch nicht vorgehalten werden. Doch enthält § 323 eine eigenständige Regelung für den Fall, dass der Schuldner sich ernsthaft und endgültig weigert, die Leistung zu erbringen. In dieser Situation muss nämlich nicht der Fälligkeitstermin selbst noch abgewartet werden: § 323 Abs. 4 ermöglicht vielmehr dem Gläubiger bereits vor dem Eintritt der Fälligkeit der Leistung, vom Vertrag zurückzutreten. Dafür ist notwendig, dass die Voraussetzungen des Rücktritts offensichtlich eintreten werden. Die Gesetzesbegründung selbst spricht hier vor allem die Fälle der ernsthaften und endgültigen Erfüllungsverweigerung an.[421] Inhaltlich gelten hier die gleichen Überlegungen wie im Rahmen des § 281.[422]

621 Man muss allerdings eine **systematische Besonderheit** beachten: Nach § 323 Abs. 2 Nr. 1 macht das Verhalten des Schuldners, der die Leistung ernsthaft und endgültig verweigert, eigentlich nur die Fristsetzung entbehrlich. Damit ist noch nichts darüber ausgesagt, ob der Gläubiger die Fälligkeit abwarten muss. Doch ergibt sich dies, also dass er nicht noch auf die Fälligkeit warten muss, aus dem Sinn und Zweck der Vorschrift: Es wäre unzumutbar für den Gläubiger, wenn er

---

418 MünchKomm/*Ernst*, BGB, § 323 Rn. 12.
419 MünchKomm/*Ernst*, BGB, § 323 Rn. 11.
420 Dazu ausführlich unten Rn. 691.
421 Vgl. BT-Drucks. 14/6040, S. 186.
422 Dazu oben Rn. 588.

trotz der ernsthaften und endgültigen Weigerung des Schuldners erst noch die Fälligkeit abwarten müsste, um sich von dem Vertrag zu lösen. Er soll sich also nicht nur die Fristsetzung ersparen können, vielmehr bestimmt § 323 Abs. 4 noch zusätzlich, dass er nicht einmal die Fälligkeit abwarten muss. Unerheblich ist, welche Gründe der Schuldner für seine ernsthafte und endgültige Leistungsverweigerung angibt. Es genügt, dass er unmissverständlich zum Ausdruck bringt, er werde auch in Zukunft die Leistung nicht erbringen. Dann hat der Gläubiger nach § 323 Abs. 4 ein sofortiges Rücktrittsrecht; die Fälligkeit der Leistung, die Voraussetzung für diese Form der Leistungsstörung ist, ist überwunden. Sie ist – in diesem Ausnahmefall – nicht mehr erforderlich.

Die Nichtleistung des Schuldners muss erfolgen, obwohl er zu der Leistung imstande gewesen wäre: Die Leistungsstörung heißt auch hier „Nichtleistung trotz Möglichkeit" – es muss also immer eigens festgehalten sein, dass der **Schuldner zur Leistung imstande** wäre; ist er nämlich aufgrund Unmöglichkeit nicht dazu imstande, kann § 323 keine Anwendung finden; stattdessen handelt es sich dann um einen Fall der Unmöglichkeit, so dass § 326 eingreift. Doch § 326 Abs. 5 verweist dann wiederum entsprechend auf § 323. Dies mag etwas überreguliert wirken, doch ist entscheidend, dass man beachtet, über welchen Weg man die Rechtsfolge des § 323, also das Rücktrittsrecht, erreicht. Nur so kann man hinreichend deutlich machen, dass man den Unterschied zwischen Unmöglichkeit auf der einen und Nichtleistung trotz Möglichkeit und Fälligkeit auf der anderen Seite verstanden hat. Und nur dann wird man ausreichend dem Umstand gerecht, dass bei § 326, also bei der Unmöglichkeit der Leistung, die Fristsetzung ohnehin immer ausgeschlossen ist, weil sie sinnlos wäre.

622

cc) **Erfolglose Bestimmung der Nachfrist, § 323.** § 323 ähnelt § 281 besonders in der Voraussetzung, dass auch der Rücktritt nach § 323 erst dann möglich ist, wenn der Gläubiger dem Schuldner erfolglos eine **Frist zur Leistung oder Nacherfüllung** bestimmt hat. Erst nach erfolglosem Fristablauf kann der Gläubiger vom Vertrag zurücktreten. Inhaltlich steht auch hier wieder die Überlegung im Hintergrund, dass zwar der Schuldner schon durch die Fälligkeit gehalten ist, die Leistung zu erbringen; doch soll sich der Gläubiger nicht sofort, d. h. allein bei Fälligkeit und Nichtleistung, vom Vertrag lösen können, vielmehr soll er – wie beim Schadensersatz statt der Leistung – dem Schuldner noch einmal, zumindest im Regelfall, eine letzte Chance geben.[423] So versucht das Gesetz, die Interessen von Schuldner und Gläubiger auszugleichen: Der Schuldner soll noch einmal eine Möglichkeit und letzte Aufforderung erhalten, der Gläubiger hingegen nicht ewig darauf warten müssen, Rechtsklarheit über das Schicksal des gegenseitigen Vertrages zu erhalten.[424] Dies führt dazu, dass in § 323 genauso wie bei § 281 vorausgesetzt ist, dass der Gläubiger den Schuldner zur Leistung aufgefordert und ihm darüber hinaus eine angemessene Frist zur Bewirkung der Leistung gesetzt hat.

623

---

423 Dazu oben Rn. 578.
424 MünchKomm/*Ernst*, BGB, § 323 Rn. 59.

624 (1) **Leistungsaufforderung.** Auch hier sind zwei Bestandteile zu differenzieren: Es muss zunächst eine **Leistungsaufforderung** vom Gläubiger an den Schuldner gehen. Hier gilt das zu § 281 Gesagte entsprechend.[425]

625 (2) **Angemessene Nachfrist.** Darüber hinaus muss auch im Rahmen des Rücktrittrechts nach § 323 geprüft werden, ob die Frist, die der Gläubiger dem Schuldner zur Leistung gesetzt hat, **angemessen** ist. Auch hier gelten die gleichen Überlegungen wie im Rahmen des Schadensersatzanspruches nach § 281.

626 (3) **Nachfristsetzung gegebenenfalls entbehrlich, § 323 Abs. 2?** Gegebenenfalls kann die Fristsetzung **entbehrlich** sein. In diesen Fällen, die das Gesetz einzeln in § 323 Abs. 2 auflistet, ist eine Nachfristsetzung nicht erforderlich, weil sie entweder ihre Funktion nicht erfüllen kann oder weil sie aus sonstigen Umständen dem Gläubiger nicht mehr zugemutet werden kann.[426] Es muss sich also um Situationen handeln, die systematisch dazu führen, dass das Interesse des Gläubigers an einer sofortigen Rücktrittsmöglichkeit ohne zusätzliche Fristsetzung so stark ist, dass das Interesse des Schuldners an einer nochmaligen letzten Chance demgegenüber eindeutig in den Hintergrund treten muss.[427] Das Gesetz nimmt ausdrücklich drei Tatbestände auf, bei denen eine Nachfristsetzung durch den Gläubiger entbehrlich ist. Diese finden sich in § 323 Abs. 2.

627 Nach dessen **Nr. 1** ist eine Nachfristsetzung zunächst entbehrlich, wenn der Schuldner die Leistung **ernsthaft und endgültig verweigert**. Inhaltlich gilt das zu § 281 Gesagte hier entsprechend.[428] Noch einmal sei darauf hingewiesen, dass in dieser Situation nach § 323 Abs. 4 der Gläubiger nicht nur auf die Nachfristsetzung verzichten kann, er kann darüber hinaus bereits vor dem Eintritt der Fälligkeit der Leistung seinen Rücktritt erklären; die ernsthafte und endgültige Leistungsverweigerung durch den Schuldner hat also in dem Prüfungsaufbau bei § 323 an zwei Stellen seine Berechtigung.

628 Nach § 323 Abs. 2 **Nr. 2** ist eine Fristsetzung ferner in den Fällen entbehrlich, in denen der Schuldner die **Leistung** zu einem im Vertrag **bestimmten Termin** oder **innerhalb einer bestimmten Frist nicht bewirkt** hat und der Gläubiger im Vertrag den Fortbestand seines Leistungsinteresses an die Rechtzeitigkeit der Leistung gebunden hat. Damit greift der Gesetzgeber explizit auf die Situationen zurück, in denen die Vertragsparteien eine relative Fixschuld vereinbart haben.[429] Das Verstreichenlassen des Leistungstermins führt hier zwar noch nicht zu einer Unmöglichkeit (das ist nur bei der absoluten Fixschuld der Fall[430]), doch ist der Leistungstermin für die Parteien so wichtig gewesen, dass sie eine besondere Rechtsfolge implizit schon regeln wollten: Der Gläubiger soll nämlich, wenn eine solche relative Fixschuld vereinbart ist, ohne zusätzliche Fristsetzung vom Vertrag

---

425 Vgl. oben Rn. 580.
426 *Schlechtriem/Schmidt-Kessel*, Schuldrecht Allgemeiner Teil, Rn. 519.
427 OLG Naumburg NJW 2004, 2022 (2024).
428 Vgl. oben Rn. 588.
429 *Emmerich*, Das Recht der Leistungsstörungen, § 19 Rn. 13 f.
430 Vgl. oben Rn. 377.

zurücktreten können. Eine verspätete Leistung im Rahmen des relativen Fixgeschäfts hat also die Konsequenz, dass der Gläubiger hier nicht noch zusätzlich eine Frist für die erneute Leistungserbringung setzen muss.[431] Das macht auch deshalb Sinn, weil er schon im Vertrag bestimmt hat, dass er gerade die Leistung zu dem bestimmten Termin erwartet und verlangt. Ihm dann noch einmal eine Fristsetzung aufzubürden, würde seinen Interessen nicht gerecht. Daher verzichtet § 323 Abs. 2 Nr. 2 auf die zusätzliche Fristsetzung. Voraussetzung ist aber, dass die Parteien einen bestimmten Termin oder eine bestimmte Leistungsfrist vereinbart haben und die Einhaltung dieses Termins bzw. dieser Leistungszeit so wesentlich war, dass das Geschäft mit ihr „stehen und fallen" soll.[432]

Schließlich ist eine Fristsetzung nach § 323 Abs. 2 **Nr. 3** auch dann entbehrlich, wenn **besondere Umstände** vorliegen, die unter Abwägung der beiderseitigen Interessen den sofortigen Rücktritt rechtfertigen. Hier kann auf die entsprechende Formulierung in § 281 Abs. 2, 2. Alt. verwiesen werden; die Auslegung ist hier wie dort identisch.[433] **629**

Entbehrlich ist die Nachfristsetzung darüber hinaus, wenn sie **vertraglich ausgeschlossen** worden ist. Dies ist für § 323 wie auch im Rahmen des § 281 nur individualvertraglich möglich; im Rahmen von allgemeinen Geschäftsbedingungen ist ein Ausschluss der Nachfristsetzung zugunsten des Verwenders hier wie im Rahmen des § 281 auch unzulässig.[434] **630**

Wie auch im Rahmen des § 281 Abs. 3 tritt beim Rücktritt gem. § 323 Abs. 3 an die Stelle der Fristsetzung eine **Abmahnung**, wenn nach Art der Pflichtverletzung eine Fristsetzung nicht in Betracht kommt. Hier wird wieder, wie bei § 281, auf eine Unterlassungspflicht abgestellt. **631**

(4) **Ablauf der Frist ohne Leistung.** Die Frist muss **erfolglos abgelaufen** sein. Wie bei § 286 und § 281 ist auch hier entscheidend, dass die Leistungshandlung nicht innerhalb der Zeit vorgenommen worden ist, der Leistungserfolg ist erneut nicht entscheidend.[435] Eine weitere Parallele zu § 281 ist darin zu sehen, dass die Frist auch im Rahmen des § 323 erfolglos abgelaufen ist, wenn der Schuldner innerhalb der Frist nur teilweise geleistet hat. In diesen Fällen muss der Gläubiger hinsichtlich des noch ausstehenden Leistungsteils nicht wiederum eine Frist setzen, vielmehr kann er dann sofort vom Vertrag zurücktreten.[436] **632**

(5) **Nicht: Vertretenmüssen! Aber: Vertragstreue des Gläubigers.** Noch einmal sei darauf hingewiesen, dass es für einen Rücktritt des Gläubigers **nicht** darauf ankommt, ob der Schuldner die Nichtleistung trotz Möglichkeit und Fälligkeit **zu** **633**

---

431 MünchKomm/*Ernst*, BGB, § 323 Rn. 111.
432 Vgl. BGH NJW 1990, 2065 (2067); zur Differenzierung zwischen relativem und absolutem Fixgeschäft s. oben Rn. 382.
433 Vgl. oben Rn. 589.
434 *Emmerich*, Das Recht der Leistungsstörungen, § 18 Rn. 38.
435 Palandt/*Grüneberg*, BGB, § 323 Rn. 16.
436 Hinsichtlich eines möglichen Teilrücktritts vgl. unten Rn. 642.

vertreten hat. Das Vertretenmüssen spielt nur beim Schadensersatzanspruch eine Rolle, der Rücktritt des Gläubigers ist daran nicht gebunden; daher ist das Vertretenmüssen des Schuldners hier auch nicht anzusprechen.

634 Demgegenüber ist aber auch hier wie beim Schadensersatzanspruch entscheidend, dass der Gläubiger, der vom Vertrag zurücktreten möchte, sich **selbst vertragstreu** verhalten hat. Eine eigene Vertragsuntreue seitens des Gläubigers kann sich wie bei § 281 dahingehend auswirken, dass der Rücktritt nach § 323 ausgeschlossen ist.[437]

635 dd) **Rücktritt nicht ausgeschlossen.** Da es sich bei dieser Rechtsfolge der Leistungsstörung „Nichtleistung trotz Möglichkeit und Fälligkeit" um ein Rücktrittsrecht handelt, und zwangsläufig ein gegenseitiger Vertrag betroffen ist, enthält § 323 in seinen Absätzen 5 und 6 noch einige Besonderheiten, die den Rücktritt **zusätzlich ausschließen.**

636 Ein erster Ausschlussgrund für den Rücktritt liegt bei einer **Teilleistung** vor, § 326 Abs. 5; hier ist der Rücktritt vom gesamten Vertrag ausgeschlossen, wenn der Gläubiger an der Teilleistung noch ein Interesse hat. Dies ist aber eine Frage der Reichweite des Rücktrittsrechts, also der Reichweite der Rechtsfolge; dazu folgt an späterer Stelle mehr.[438]

637 § 323 Abs. 6 enthält zwei Ausschlussgründe: Zunächst ist der Rücktritt ausgeschlossen, wenn der **Gläubiger** für den **Umstand,** der ihn zum Rücktritt berechtigen würde, **allein oder weit überwiegend verantwortlich** ist. Wenn der Gläubiger derjenige ist, der **für die Leistungsstörung im Ergebnis verantwortlich ist,** die ihn eigentlich zum Rücktritt berechtigen sollte, wäre es ungerechtfertigt, ihm diesen Rücktritt zuzubilligen.[439] Dann könnte er sowohl die Leistungsstörung verursachen als auch sich aus dem Vertrag herausziehen. Das erscheint nicht gerechtfertigt. Daher versagt § 323 Abs. 6, 1. Alt. dem Gläubiger diese Möglichkeit. Auch hier besteht letztlich eine Übereinstimmung mit dem Schadensersatzanspruch aus den §§ 280 Abs. 1, Abs. 3, 281, es gelten vor allem die gleichen Überlegungen wie bei § 326.[440]

Bsp.: Ein Rücktritt ist ausgeschlossen, wenn K selbst den Umstand herbeigeführt hat, dass V die verkauften Pkw *(s. Beispiel unter Rn. 605)* erst später liefern kann als verabredet, etwa dadurch, dass er schuldhaft die erforderlichen Papiere nicht rechtzeitig beibringt. In dieser Situation wäre es ungerechtfertigt, dem K die Möglichkeit einzuräumen, vom Vertrag zurückzutreten. Dies ist ihm konsequenterweise nach § 323 Abs. 6, 1. Alt. versagt.

638 Darüber hinaus versagt § 323 Abs. 6, 2. Alt. eine Rücktrittsmöglichkeit auch dann, wenn der vom **Schuldner** nicht zu vertretende Umstand zu einer Zeit eintritt, zu welcher der **Gläubiger** im **Verzug der Annahme** ist.

---

437 Vgl. etwa OLG Celle ZGS 2004, 74; *Eckert*, Schuldrecht Allgemeiner Teil, Rn. 561.
438 Vgl. Rn. 642.
439 *Medicus*, Schuldrecht I, Rn. 503.
440 Dazu oben Rn. 423.

Bsp.: Hätte also K schon längst die gekauften Pkw *(s. Beispiel unter Rn. 605)* annehmen müssen, hat dies aber nicht getan, soll er sich nicht mehr aus dem Vertrag herausziehen können, wenn während dieser Zeit der Umstand eintritt, der dazu führt, dass V nicht (rechtzeitig) liefern kann.

b) Rechtsfolgen: Wahlrecht des Gläubigers; Teilrücktritt. Hat der Gläubiger die Rücktrittserklärung ausgesprochen und liegen die Voraussetzungen für den Rücktrittsgrund nach § 323 vor, so hat der Gläubiger auf diese Weise mit Berechtigung sein **Gestaltungsrecht** ausgeübt. Zu beachten ist auch hier, wie schon bei § 281, dass allein der Ablauf der vom Gläubiger gesetzten Frist noch nicht zu einer Rechtsfolge führt. Wie beim Schadensersatzanspruch entsteht durch den Fristablauf vielmehr zunächst ein **Schwebezustand**[441]: Erst wenn der Gläubiger tatsächlich die Rücktrittserklärung ausspricht, nimmt er sein ihm zustehendes Wahlrecht wahr. Gezwungen ist er auch nach Fristablauf nicht dazu, vom Vertrag tatsächlich zurückzutreten. Er kann stattdessen das Vertragsverhältnis auch unberührt lassen und sich dazu entscheiden, einen Schadensersatz statt der Leistung gem. § 281 geltend zu machen. Hier macht sich bemerkbar, dass die Voraussetzungen der beiden Rechtsfolgen der Nichtleistung trotz Möglichkeit und Fälligkeit[442] nahezu identisch sind. Der Gläubiger kann sogar darüber hinausgehend Rücktritt und einen Schadensersatzanspruch miteinander kombinieren, § 325 lässt ihm dies ausdrücklich offen. Was der Gläubiger nun gewollt hat, also Schadensersatz statt der Leistung, Rücktritt oder eine Kombination, muss sich aus der Erklärung des Gläubigers ergeben. Diese ist Ausgangspunkt der entsprechenden Ausübung des Wahlrechts durch den Gläubiger. Die entsprechende Erklärung des Gläubigers muss daher gegebenenfalls gem. §§ 133, 157 ausgelegt werden.[443]

639

Hat der Gläubiger den Rücktritt gewählt, entsteht durch die Ausübung dieses Gestaltungsrechts ein **Rückabwicklungsschuldverhältnis**, dessen Einzelheiten sich nach den §§ 346 ff. bestimmen, die den Rücktritt für alle unterschiedlichen Rücktrittssituationen gemeinschaftlich regeln.[444]

640

Unabhängig von den einzelnen Rückgewährpflichten, die nun Gläubiger und Schuldner treffen, ist zunächst Konsequenz, dass die **Primäransprüche beider Seiten untergehen**. Der Rücktritt ist nämlich einer der **Erlöschensgründe** für die ursprünglichen Ansprüche beider Seiten. Voraussetzung für dieses Rückgewähren und für die entsprechende Pflichtrückgewährung ist aber, dies sei noch einmal betont, eine erfolgte Rücktrittserklärung gem. § 349, bei der es sich um eine einseitige, empfangsbedürftige Willenserklärung gegenüber dem Schuldner handelt.[445] Sind bereits Leistungen ausgetauscht worden, müssen diese zurückgewährt werden. Die Einzelheiten ergeben sich aus den § 346 ff.

641

---

441 *Emmerich*, Das Recht der Leistungsstörungen, § 19 Rn. 23.
442 Schadensersatzanspruch auf der einen und Rücktrittsmöglichkeit auf der anderen Seite.
443 *Brox/Walker*, Schuldrecht Allgemeiner Teil, § 23 Rn. 69.
444 Dazu später ausführlich in § 15 (Rn. 868 ff.).
445 Palandt/*Grüneberg*, BGB, § 349 Rn. 1.

642 Besonderheiten hinsichtlich der Möglichkeit des Rücktritts und hinsichtlich seiner Folgen ergeben sich, wenn der Schuldner zu einer teilbaren Leistung verpflichtet war und der Schuldner dieser teilbaren Leistung bei Fristablauf nur hinsichtlich eines **Teils der Leistung** seine Pflicht nicht erfüllt hat, mit einem Teil hingegen seiner Leistungsverpflichtung nachgekommen ist. In dieser Situation kann der Gläubiger gem. § 323 Abs. 1 nur angesichts desjenigen Teils der Leistung zurücktreten, der ausgeblieben ist.[446] Dies folgt aus § 323 Abs. 5 Satz 1: Wird nämlich dieser Vorschrift zufolge die Leistung nur teilweise nicht erbracht, kann der Gläubiger in dieser Situation vom ganzen Vertrag nur dann zurücktreten, wenn er an der Teilleistung kein Interesse mehr hat.

643 Im Ergebnis ist die **Wertung** hier vergleichbar mit derjenigen gem. § 281 Abs. 1 Satz 2. Man wird daher die dortigen Überlegungen entsprechend heranziehen können. Prinzipiell muss es bei der Ausgangsüberlegung bleiben, dass bei einer teilbaren Leistung der Gläubiger nur hinsichtlich der nicht (pflichtgemäß) erfolgten Leistungsbestandteile zurücktreten soll. Nur in Ausnahmefällen, die dann von ihm darzulegen und gegebenenfalls zu beweisen sind, steht ihm das Recht offen, von dem gesamten Vertrag zurückzutreten.[447] Wie in § 281 sind auch hier unter Teilleistungen alle Leistungen zu verstehen, die nach objektiver Betrachtung gegenüber der geschuldeten Leistung unvollständig sind.[448] Wann ein Interessenfortfall vorliegt, ist letztlich nur durch eine Wertung im Einzelfall zu ermitteln; er dürfte dann vorliegen, wenn der Gläubiger mit der Teilleistung allein nichts anfangen kann, die Leistung also im Ergebnis unteilbar ist.

Bsp.: Dies ist etwa der Fall, wenn der Vermieter eines Computers den dazugehörigen Monitor nicht bis zum Fristablauf zur Verfügung stellt.

644 Schließlich besteht für den Gläubiger neben der genannten Möglichkeit, vom Vertrag zurückzutreten oder alternativ einen Schadensersatzanspruch gem. § 281 geltend zu machen, eine **Kombinationsmöglichkeit**. Diese ist ausdrücklich in § 325 angesprochen: Das Recht, bei einem gegenseitigen Vertrag Schadensersatz zu verlangen, wird durch den Rücktritt gerade nicht ausgeschlossen. Nach dieser Vorschrift kann also der Gläubiger **Rücktritt und Schadensersatz miteinander verbinden**. Voraussetzung ist dann natürlich, dass die Tatbestände beider Anspruchsgrundlagen erfüllt sind, der Gläubiger muss also sowohl ein Rücktrittsrecht haben als auch zugleich einen Schadensersatzanspruch, vor allem etwa nach §§ 280 Abs. 1, Abs. 3, 281. Da die jeweiligen Voraussetzungen vergleichbar sind, wird die Situation öfter eintreten. Dann kann der Gläubiger die von ihm bereits erbrachte Gegenleistung, wenn er zurückgetreten ist, gem. § 323 zurückfordern, zugleich kann er die noch nicht erbrachte Gegenleistung einbehalten. Er kann umgekehrt, wenn er noch ein Interesse an der Erbringung der Gegenleistung hat, diese dem Schuldner als Erfüllung überlassen, daneben kann er dann Schadensersatz statt der Leistung verlangen.[449] Wichtig ist in dieser Situation aber, darauf zu

---

446 *Emmerich*, Das Recht der Leistungsstörungen, § 19 Rn. 18.
447 Vgl. auch BT-Drucks. 14/6040, S. 186 f.
448 HK-BGB/*Schulze*, § 323 Rn. 13.
449 Vgl. *Eckert*, Schuldrecht Allgemeiner Teil, Rn. 569.

achten, dass der Gläubiger nicht doppelt „kassiert": Er darf also nicht sowohl Schadensersatz verlangen und zugleich nach der Surrogationstheorie den gleichen Anspruch noch einmal geltend machen. In dieser Situation der Kombination des Anspruchs auf Schadensersatz auf der einen und der Möglichkeit des Rücktritts auf der anderen Seite muss man daher die Berechnung des Schadens auf die Differenzmethode beschränken.[450]

Bsp.: V will seinen alten BGB-Kommentar zum Preis von 150 €, der dem tatsächlichen Wert des Bandes entsprach, verkaufen. Er besprach sein Vorhaben mit seinem Freund F und gestattete auch diesem, den BGB-Kommentar an einen Interessenten zum Preis von 150 € zu verkaufen, falls sich eine Gelegenheit böte. Zwei Tage darauf tat dies der F. V erfuhr nichts davon, da er sich nicht erkundigte und F vergaß, dem V Bescheid zu sagen. Eine Woche später verkauft nun V seinerseits nach zähen Verhandlungen den BGB-Kommentar an K, jedoch nur für 100 €. Als sich der Sachverhalt herausstellte, das Buch jedoch nicht mehr auffindbar ist, erklärt K, er trete vom Vertrag zurück und verlange Schadensersatz. – Gegenüberzustellen sind nun der Wert des Buches von 150 € und der vereinbarte Kaufpreis von 100 €, woraus sich eine **Differenz** von 50 € ergibt. Um diesen Betrag wäre das Vermögen des K bei ordnungsgemäßer Erfüllung erhöht gewesen. K kann also von V 50 € Schadensersatz verlangen, zusätzlich dazu, dass er vom Vertrag zurückgetreten ist.

§ 10 Die Schlechtleistung

Literatur: *Armbrüster, C.*, Grundfälle zum Schadensrecht, JuS 2007, 411; *ders.*, Grundfälle zum Schadensrecht, JuS 2007, 508; *ders.*, Grundfälle zum Schadensrecht, JuS 2007, 605; *Dedek, H.*, Entwertung von Aufwendungen durch Schlechterfüllung im Kaufvertrag, ZGS 2005, 409; *Gieseler, D.*, Die Strukturen der Schlechterfüllung im Leistungsstörungsrecht, ZGS 2003, 408; *Grundmann, S.*, Der Schadensersatzanspruch aus Vertrag, AcP 204 (2004), 569; *Harke, J.*, Schadensersatz und Nacherfüllung, ZGS 2006, 9; *Homann, S.*, Typische Probleme des Schadensersatzrechts und ihre systematische Einordnung, JuS 2002, 554; *Lorenz, S.*, Grundwissen – Zivilrecht: Was ist eine Pflichtverletzung (§ 280 I BGB), JuS 2007, 213; *Mayerhöfer, A.*, Integration der positiven Forderungsverletzung in das BGB, MDR 2002, 549; *Mertens, B.*, Die Rechtsfolgen einer Haftung aus culpa in contrahendo beim zustande gekommenen Vertrag nach neuem Recht, ZGS 2004, 67; *Münch, J.*, Die „nicht wie geschuldet" erbrachte Leistung und sonstige Pflichtverletzungen, Jura 2002, 361; *Recker, W.*, Schadensersatz statt der Leistung – oder: Mangelschaden und Mangelfolgeschaden, NJW 2002, 1247; *Schulze, R./Ebers, M.*, Streitfragen im neuen Schuldrecht, JuS 2004, 265; *dies.*, Streitfragen im neuen Schuldrecht, JuS 2004, 366; *dies.*, Streitfragen im neuen Schuldrecht, JuS 2004, 462; *Schünemann, W.*, Die positive Vertragsverletzung – eine kritische Bestandsaufnahme, JuS 1987, 1; *Schur, W.*, Der Anspruch des Käufers auf Schadensersatz wegen eines Sachmangels, ZGS 2002, 243; *Wertheimer, F./Eschbach, M.*, Positive Vertragsverletzung im Bürgerlichen Recht und im Arbeitsrecht, JuS 1997, 605; *Willhelm, J.*, Die Pflichtverletzung nach dem neuen Schuldrecht; *v. Wilmowsky, P.*, Pflichtverletzungen im Schuldverhältnis, JuS 2002, Beilage zu Heft 1.
Rechtsprechung: BGH NJW 1978, 260 (Schadensersatzanspruch statt der Leistung wegen Nebenpflichtverletzung setzt vorherige Abmahnung voraus; Zur Frage der Unzumutbarkeit); **BGH NJW 1981, 2182** (Zusammenhang zwischen Mangel und Mangelfolgeschaden); **BGH NJW 1985, 794** (Keine Haftungsmilderung nach § 521 BGB, wenn Schutzpflichten nicht im Zusammenhang mit dem Gegenstand der Schenkung stehen); **BGH NJW 1997,**

---

[450] So auch HK-BGB/*Schulze*, § 325 Rn. 2; *Brox/Walker*, Allgemeines Schuldrecht, § 23 Rn. 72.

3304 („Benetton I"; Leistungstreuepflicht); **OLG Düsseldorf NJW-RR 2000, 165** (Verletzung von Aufklärungs- und Hinweispflichten); **BGH NJW 2004, 2736** (Aufklärungspflicht der Bank); **BGH NJW-RR 2004, 1350** (Zum Mangelfolgeschaden); **BGH NJW 2005, 1348** (Vorrang der Nacherfüllung im Kaufrecht); **BGH NJW 2006, 362** (Schutzpflichten der Spielbank nach Annahme eines Antrags auf Eigensperre); **AG Frankfurt a. M. NJW-Spezial 2006, 575** (Falsche Informationen eines Anwaltssuchdienstes über anwaltliche Gebühren; Rücktritt nach § 324 BGB und Unzumutbarkeit); **BGH NJW 2006, 830** (Vorvertragliches Schuldverhältnis und Nebenpflicht); **BGH NJW 2006, 1198** (Zur elektiven Konkurrenz im Kaufrecht); **OLG Düsseldorf NJOZ 2006, 3675** (Schadensersatz nach unbegründeter Anfechtung, Leistungstreuepflicht); **BGH NJW 2007, 3057** (Aufklärungspflicht des Verkäufers über Erfordernis von Fachkenntnissen bei Selbstmontage einer Heizungsanlage).

645 Neben den schon angesprochenen Leistungsstörungen gibt es Situationen, in denen der Schuldner seine Leistung zwar erbringt, jedoch nicht so, wie es von ihm verlangt ist. Hier geht die Terminologie zum Teil weit auseinander, man kann diese Störung zusammenfassend als **„Schlechtleistung"** bezeichnen. Darunter lassen sich unterschiedliche Situationen subsumieren: Zum einen fallen „sonstige" Verletzungen der Hauptleistungspflicht hierunter, also Verletzungen, die nicht bereits unter die anderen Formen der Leistungsstörung subsumierbar sind. Zum anderen sind hiervon auch sämtliche Verletzungen nichtleistungsbezogener Nebenpflichten erfasst, also solcher Nebenpflichten, die dem Schuldner nach § 241 Abs. 2 obliegen. Auch hierbei können Schäden entstehen, die den Gläubiger zum Schadensersatz, dann nach §§ 280 Abs. 1 und 3, 282, berechtigen. Die Verletzung kann sogar derart große Folgen haben, dass ein Schadensersatzanspruch die Interessen des Gläubigers nicht befriedigt. Dann kann er sogar möglicherweise vom Vertrag zurücktreten, wie aus § 324 folgt.

Übersicht 14:

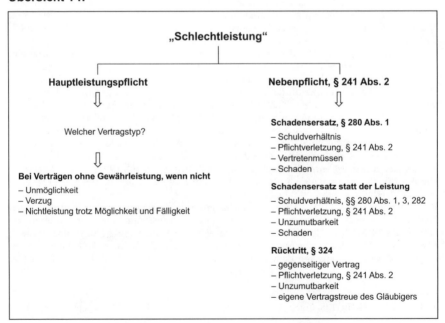

I. Sonstige Verletzung der Hauptleistungspflicht

Sofern es um die **Verletzung** einer **Hauptleistungspflicht** geht, die nicht in einem Verzug, in einer Nichtleistung trotz Möglichkeit und Fälligkeit oder in der Unmöglichkeit der Leistungspflicht liegt, kann der Gläubiger vom Schuldner einen Schaden aus § 280 Abs. 1 ersetzt verlangen. Dies hängt aber davon ab, **welchen Vertrag** die Parteien vereinbart haben: Ist ein Vertrag geschlossen, der ein eigenes Leistungsstörungsrecht enthält, also vor allem ein Kauf- oder ein Werkvertrag? Oder handelt es sich um einen Vertrag, der nicht über ein eigenes Leistungsstörungsrecht verfügt, wie dies etwa beim Dienst- oder Arbeitsvertrag der Fall ist?

1. In Verträgen mit einem eigenen Leistungsstörungsrecht

Besonders der Kauf-, aber auch der Miet- oder Werkvertrag verfügen über ein eigenes Leistungsstörungsrecht; man spricht in diesen Fällen von der sog. **Gewährleistung.** Der Kaufvertrag beispielsweise verfügt in § 437 Nr. 3 über eine Norm, die dem Käufer bei Mängeln einen Schadensersatz nach § 280 zuspricht. Doch kann dieser Schadensersatzanspruch, den der Käufer verlangt, erst zum Tragen kommen, wenn der Verkäufer vorrangig eine Nacherfüllung versucht hat. Denn im Gewährleistungsrecht des Kaufrechts steht zunächst die primäre Pflicht des Verkäufers, eine Nacherfüllung zu leisten.[451] Nur dann, wenn der Nacherfüllungsanspruch ebenfalls nicht weiterführt, kann an seine Stelle ein Schadensersatzanspruch treten. Dieser ist dann darauf bezogen, dass der Gläubiger, also der Käufer, den „Mangelschaden" ersetzt bekommt.[452] Es geht also um einen Schaden an der mangelhaften Kaufsache selbst.

Bsp.: Hat K von V ein mangelhaftes, weil defektes, Motorrad gekauft, so hat er zunächst gegen V lediglich einen Anspruch auf Nacherfüllung. Erst dann, wenn diese scheitert, kommt gem. § 437 Nr. 3 i. V. m. § 280 ein Anspruch auf einen Schadensersatz in Betracht.

Hier handelt es sich um **Fragen des Kaufrechts**, die im Besonderen Schuldrecht eigens behandelt werden. An dieser Stelle genügt der Hinweis, dass in solchen Fällen häufig eine Brücke zu § 280 Abs. 1 geschlagen wird. Doch gehen die Gewährleistungsrechte als spezielle gesetzliche Regelungen den Bestimmungen stets des § 280 Abs. 1 vor.[453]

Auch in Verträgen mit einem eigenen Leistungsstörungsrecht, auf die hier deshalb nicht weiter eingegangen wird, weil sie im Besonderen Schuldrecht eigens besprochen werden, kann es über diese sog. „Mangelschäden", die direkt an der Kaufsache oder durch die Kaufsache entstehen, hinaus **weitere Schäden** geben. Welche Situationen sind gemeint?

Bsp.: Kauft K vom V ein mangelhaftes, defektes Motorrad, und fährt mit diesem Motorrad ungebremst in seine Gartenlaube, erleidet er einen Schaden an seinen weiteren Rechtsgütern.

---

451 Palandt/*Weidenkaff*, BGB, § 437 Rn. 4; BGH NJW 2005, 1348.
452 *Medicus*, Bürgerliches Recht, Rn. 295 ff.
453 Bamberger/Roth/*Grüneberg*, BGB, § 280 Rn. 15.

650 In dieser Situation sprach man früher und spricht man auch häufig heute noch von sog. „**Mangelfolgeschäden**". Der Käufer hat als Gläubiger der Eigentumsverschaffungspflicht des Verkäufers ein Interesse daran, dass durch die ihm gelieferte Sache keine Schäden an seinen sonstigen Gütern entstehen.[454] Diese Schäden sind mittlerweile auch im Besonderen Schuldrecht eigenständig geregelt: Gem. §§ 434, 437 Nr. 3, § 280 Abs. 1 sind diese Mangelfolgeschäden ersatzfähig. Es geht also um Schäden an anderen Rechtsgütern als der Kaufsache selbst. Beruhen diese Schäden daher nicht auf einer Verzögerung der Nacherfüllung, kommt über die genannte Verweisungskette letztlich § 280 Abs. 1 zur Anwendung. Doch gilt auch hinsichtlich dieser Schäden, dass es im Ergebnis um eine kaufvertragliche Sonderregelung geht.[455] Hier stehen also die Vorschriften des Besonderen Schuldrechts eindeutig im Vordergrund, so dass an dieser Stelle auf die dort erfolgenden Ausführungen verwiesen wird. Wichtig ist lediglich zu sehen, dass die sonstige Verletzung der Hauptleistungspflichten in Verträgen, die ein eigenes Leistungsstörungsrecht haben, auf dem Wege von Verweisungen meist zu § 280 Abs. 1 führt. Doch kann man diese Vorschrift nicht direkt anwenden, da sie durch das jeweilige speziellere Leistungsstörungsrecht verdrängt ist.

2. In Verträgen ohne ein eigenes Leistungsstörungsrecht

651 Anders ist die Situation dann, wenn es sich um Verträge handelt, die kein eigenständiges Leistungsstörungsrecht, also kein eigenes Gewährleistungsrecht haben. Dies ist insbesondere im Bereich des Dienst- bzw. Arbeitsvertrages der Fall; Gleiches gilt für Dienstverträge mit einem Geschäftsbesorgungscharakter, wie sie sich aus § 675 ergeben. Hier steht also keine eigene Regelung zur Schlechtleistung zur Verfügung.

Bsp.: Der Arbeitnehmer A, der mit seinem Arbeitgeber B einen Arbeitsvertrag nach § 611 geschlossen hat, beschädigt durch eine Unaufmerksamkeit den Schreibtisch seines Arbeitgebers. – Lässt man die Grundsätze der Arbeitnehmerhaftung außer Betracht[456], stellt sich die Frage, welcher Ersatzanspruch dem B in dieser Situation zur Verfügung steht. Unmöglichkeit liegt nicht vor, auch ein Verzug bzw. Nichtleistung trotz Möglichkeit und Fälligkeit ist nicht gegeben, denn A arbeitet ja. Gleichwohl ist eine Schlechtleistung der Hauptleistungspflicht eingetreten: Denn A hat zwar seine Leistung erbracht, er hat sie jedoch in dem Sinne schlecht erbracht, als er zugleich noch einen Vermögensgegenstand des B verletzt hat.

652 Nun kann in dieser Situation der Arbeitgeber zwar aus § 823 Abs. 1 gegen den Arbeitnehmer einen Schaden geltend machen, doch ist darüber hinaus auch eine **vertragliche Anspruchsgrundlage** denkbar: Da sich im Arbeits- bzw. Dienstvertragsrecht kein eigenes Leistungsstörungsrecht findet, muss man in dieser Situation auf die allgemeine Leistungsstörungsnorm des § **280 Abs. 1** zurückgreifen. Sie greift auch ein: Denn der Schuldner, hier der Arbeitnehmer, hat eine Pflicht aus dem Schuldverhältnis verletzt, nämlich die Pflicht, die Rechtsgüter des Ver-

---

[454] *Medicus*, Bürgerliches Recht, Rn. 238.
[455] Die sich übrigens ähnlich auch im Werkvertrag findet, vgl. §§ 633, 634 Nr. 4, § 280 Abs. 1.
[456] Vgl. zu dieser Thematik: *Waltermann*, Risikozuweisung nach den Grundsätzen der beschränkten Arbeitnehmerhaftung, RdA, 2005, 98; *Joussen*, Der persönliche Anwendungsbereich der Arbeitnehmerhaftung, RdA 2006, 129.

tragspartners zu schützen und nicht zu beschädigen. Daher kann der Gläubiger, sofern das vermutete Verschulden seitens des Schuldners nicht entkräftet wird, Ersatz des hierdurch entstehenden Schadens verlangen. Letztlich ist in dieser Situation, also bei der Schlechtleistung in Verträgen ohne ein eigenes Leistungsstörungsrecht, die Norm des § 280 Abs. 1 unmittelbar anwendbar.[457]

In diesen Vertragstypen ohne ein eigenes Leistungsstörungsrecht kann die Schlechtleistung der Hauptleistungspflicht gar nicht anders vertraglich eingefangen werden, nur der Rückgriff auf § 280 ermöglicht einen vertragsinternen Ausgleich entstehender Schäden. Zu berücksichtigen ist dabei, dass die vier Voraussetzungen des § 280 Abs. 1 (vertragliches Schuldverhältnis, Pflichtverletzung, Verschulden, Schaden) jeweils eigens **geprüft** und bejaht werden müssen, soll ein Schadensersatzanspruch des Gläubigers gegen den Schuldner bestehen. Die Einzelheiten, wann eine Schlechtleistung eines solchen Vertrages vorliegt, insbesondere die genauere Umschreibung der Pflichten, die vom Schuldner hier verletzt werden können, sind im Bereich derjenigen Verträge zu besprechen, um die es geht, also im Besonderen Schuldrecht. Man wird in diesen Fällen dann häufig versuchen müssen, die genaue Pflicht, die vom Schuldner verletzt worden ist, näher einzugrenzen. Dafür haben sich zahlreiche konkrete **Pflichtengruppen** herausgebildet, was auch erforderlich ist, um diesen sehr weit gefassten Tatbestand des § 280 Abs. 1 nicht ausufern zu lassen.

II. Verletzung von nichtleistungsbezogenen Nebenpflichten aus § 241 Abs. 2

Unter den **Begriff der Schlechtleistung** kann man schließlich auch noch diejenige Situation subsumieren, in der der Schuldner nicht seine Hauptleistungspflicht schlecht oder gar nicht oder zu spät erbringt, sondern Nebenpflichten verletzt, die sich nicht direkt auf die Leistung selbst beziehen. Diese Nebenpflichten finden sich gesetzlich normiert in § 241 Abs. 2.

Wie bereits dargestellt[458], handelt es sich hier um Pflichten, die vom Gläubiger zwar nicht einklagbar sind, die jedoch zum Inhalt des Schuldverhältnisses gehören. Denn das Schuldverhältnis kann, wie es in § 241 Abs. 2 heißt, nach seinem Inhalt jeden Teil zur Rücksicht auf die Rechte, Rechtsgüter und Interessen des anderen Teils verpflichten. Das Schuldverhältnis ist also über die primäre Leistungspflicht des Schuldners hinaus auch durch sonstige nichtleistungsbezogene Nebenpflichten geprägt. Wenn auch der Gläubiger diese Nebenpflichten nicht einklagen kann, muss der Schuldner gleichwohl diese nichtleistungsbezogenen Nebenpflichten beachten, er darf dem Gläubiger nicht durch die Missachtung dieser Nebenpflichten einen Schaden zufügen.

---

457 Nicht übersehen darf man jedoch gerade im Arbeitsrecht, dass hier eine Haftungserleichterung zugunsten der Arbeitnehmer eingreift, die sog. Haftungsprivilegierung.
458 Vgl. oben Rn. 42.

656 Geschieht dies gleichwohl, können sich für den Gläubiger unterschiedliche **Konsequenzen** daraus ergeben: Zum einen kann er einen Schadensersatz geltend machen, der unmittelbar auf § 280 Abs. 1 beruht. Darüber hinaus kann der Schaden, der vom Schuldner verursacht wird, derart gravierend sein, dass man dem Gläubiger nicht mehr zumuten kann, überhaupt noch am gesamten Vertrag festzuhalten. Daher räumt § 324 dem Gläubiger sogar ein eigenständiges Rücktrittsrecht ein, welches in einem gegenseitigen Vertrag dann zur Geltung kommen kann, wenn der Schuldner eine Pflicht nach § 241 Abs. 2 verletzt. Schließlich ist auch denkbar, dass die Verletzung einer Nebenpflicht, die sich nicht unmittelbar auf die primäre Leistungspflicht bezieht, dazu führt, dass der Gläubiger nicht nur einen Schaden erleidet, den er ohnehin gem. § 280 Abs. 1 ersetzt verlangen könnte; er kann stattdessen möglicherweise auch einen Schadensersatz statt der Leistung geltend machen, der dann in den §§ 280 Abs. 1, Abs. 3, 282 geregelt ist: In dieser Situation tritt also der Schadensersatzanspruch, der auf das positive Interesse gerichtet ist, an die Stelle des ursprünglichen Leistungsanspruchs.

657 Diese besonderen vertraglichen Rechte aus einer Schutzpflichtverletzung nach § 241 Abs. 2 finden insbesondere Anwendung, wenn der Vertrag schon geschlossen ist. Es ist jedoch auch denkbar, dass es sich lediglich um eine **vorvertragliche Situation** handelt. Doch wie bereits dargelegt[459], konzentrieren sich dort die Ansprüche des Gläubigers in der Regel auf einen Anspruch aus § 280 Abs. 1. Demgegenüber kommt ein Rücktritt bzw. Schadensersatz statt der Leistung nur ganz ausnahmsweise in Betracht, wenn nämlich die Parteien einen Vertrag nach der Schutzpflichtverletzung abschließen und die Pflichtverletzung erst nach dem Vertragsschluss entdecken. Dies ist jedoch eine seltene Ausnahme.[460]

1. Schadensersatz gem. § 280 Abs. 1

658 Verletzt der Schuldner die sich aus § 241 Abs. 2 ergebenden Schutzpflichten, stellt sich die Frage, auf welcher Grundlage der Gläubiger einen Schadensersatz geltend machen kann. Die **zentrale Anspruchsnorm** liegt in § 280 Abs. 1: Der Gläubiger kann danach den Ersatz des Schadens verlangen, den er infolge der Pflichtverletzung seitens des Schuldners erlitten hat; der Schadensersatzanspruch beläuft sich auf das negative Interesse.

Bsp.: Der Hauseigentümer H beauftragt den Gärtner G mit der Pflege des Rasens. G kommt dieser Pflicht auch nach, doch fährt er aus Versehen mit dem Rasenmäher über einen Gartenzwerg, der im Garten des H steht, und beschädigt diesen Gartenzwerg. – Nun stellt sich die Frage nach einem Schadensersatzanspruch des H.

659 Solche nichtleistungsbezogenen Nebenpflichten bestehen jedoch nicht nur bezüglich des Integritätsinteresses des Gläubigers, sonder auch im Hinblick auf bestimmte Aufklärungspflichten sowie auf Pflichten zur Leistungstreue.[461] Alle

---

459 Vgl. oben Rn. 113.
460 Vgl. auch *Eckert*, Schuldrecht Allgemeiner Teil, Rn. 597; *Brox/Walker*, Allgemeines Schuldrecht, § 25 Rn. 11 ff.; *Looschelders*, Schuldrecht Allgemeiner Teil, Rn. 193 ff.
461 Vgl. ausführlich zu den Pflichten aus § 241 oben Rn. 41.

verschiedenen **Pflichtverletzungsmöglichkeiten** können zu einem Schadensersatzanspruch des Gläubigers aus § 280 Abs. 1 führen.

a) **Schuldverhältnis.** Es bedarf zunächst des Vorliegens eines **Schuldverhältnisses**; gleichgültig ist, ob dieses Schuldverhältnis auf einer vertraglichen oder einer gesetzlichen Grundlage beruht.[462] Regelmäßig werden zwar vertraglich begründete Pflichten im Mittelpunkt der Fälle stehen, doch kann auch ein gesetzliches Schuldverhältnis Grundlage eines Schadensersatzanspruches aus § 280 sein; dies gilt insbesondere für einen Schadensersatzanspruch, der im Rahmen einer berechtigten Geschäftsführung ohne Auftrag gem. den §§ 677, 683 entsteht.[463]

660

Besondere Bedeutung nimmt für die Verletzung von nichtleistungsbezogenen Nebenpflichten das **vorvertragliche Schuldverhältnis** ein. Dieses vorvertragliche Schuldverhältnis ist, wie § 311 Abs. 2 BGB deutlich macht, ein Schuldverhältnis, in dessen Rahmen ein Schadensersatzanspruch durch die Pflichtverletzung einer Pflicht aus § 241 Abs. 2 möglich ist. Auch ein vorvertragliches Schuldverhältnis genügt also als Voraussetzung für das Tatbestandsmerkmal „aus dem Schuldverhältnis" i. S.d. § 280 Abs. 1.[464]

661

b) **Pflichtverletzung.** Im Rahmen des Schuldverhältnisses müsste der Schuldner nun eine **Pflicht verletzt** haben; dabei muss es sich um eine Pflicht handeln, die gerade gegenüber dem Anspruchsteller bestand, zudem muss es sich um eine Pflicht handeln, die gerade nicht die eigentliche Leistungspflicht des Schuldners darstellt; denn es geht ja hier um die Verletzung von nichtleistungsbezogenen Nebenpflichten. Entscheidend für die Falllösung ist, genau festzulegen, um welche Pflicht es geht, die vom Schuldner verletzt worden ist.

662

Rechtsprechung und Lehre haben im Laufe der Zeit unterschiedliche **Fallgruppen** von Nebenpflichten herausgearbeitet, die im Rahmen des § 280 Abs. 1 (i. V.m. § 241 Abs. 2) in Betracht kommen. Auf die bereits erfolgten Ausführungen in Rn. 135–216 kann insofern verwiesen werden. Im Ergebnis zählen zu diesen Pflichten, deren Verletzung zu einem Schadensersatzanspruch führen kann, sämtliche Pflichten, die dem Schuldner obliegen, um einen Schaden bei seinem Vertragspartner, dem Gläubiger, zu vermeiden. Dazu zählen vor allem drei Gruppen von Pflichten: Aufklärungspflichten, sog. „Leistungstreuepflichten" sowie Schutzpflichten hinsichtlich des Integritätsinteresses des Vertragspartners.

663

In der **Falllösung** geht es primär darum herauszuarbeiten, welche Pflicht betroffen und in welcher Art und Weise sie vom Schuldner verletzt worden ist. Dazu hilft die Fallgruppenbildung weiter, wenn man nämlich die Pflicht einer dieser Fallgruppen zuordnen kann. Doch ist diese Fallgruppenbildung nicht abschließend, vielmehr sind sämtliche Pflichten von § 280 Abs. 1 erfasst, die dem Schuldner

664

---

462 Palandt/*Heinrichs*, BGB, § 280 Rn. 5 ff.; MünchKomm/*Ernst*, BGB, § 280 Rn. 6.
463 So auch BGH DB 1972, 722.
464 Palandt/*Grüneberg*, BGB, § 311 Rn. 27; *Brox/Walker*, Allgemeines Schuldrecht, § 2 Rn. 11.

gegenüber seinem Gläubiger obliegen und die den Schuldner dazu anhalten, das Integritäts- und Schutzinteresse des Vertragspartners zu wahren, also nicht zu verletzen und ihm somit einen Schaden zuzufügen.[465]

665 aa) **Verletzung von Aufklärungspflichten.** Eine erste Fallgruppe, die im Rahmen des § 280 Abs. 1 bei der Verletzung nichtleistungsbezogener Nebenpflichten eine große Bedeutung einnimmt, bilden die **Aufklärungspflichten**. Bei deren Verletzung ist insbesondere danach zu differenzieren, in welchem Stadium hier eine Pflichtverletzung erfolgt. Denn gerade diese Gruppe ist im vorvertraglichen Schuldverhältnis bedeutsam. Hier treffen die Vertragsparteien in besonderem Maße Aufklärungspflichten; daher sind sie auch bereits im Rahmen des vorvertraglichen Schuldverhältnisses eigenständig angesprochen worden.[466] Doch treffen die Vertragsparteien auch während des Laufes des Schuldverhältnisses selbst, d. h. nach Vertragsschluss, unverändert bestimmte Pflichten zur Aufklärung und Auskunftserteilung, deren Verletzung bei Vorliegen der weiteren Voraussetzungen zu einem Schadensersatzanspruch nach § 280 Abs. 1 führen können.

666 Im Ergebnis geht es hier darum, dass der Schuldner zwar eine Auskunft oder eine Aufklärung erteilt, doch die erteilte **Auskunft** bzw. **Aufklärung** ist in irgendeiner Form **fehlerhaft** oder so **lückenhaft**, dass sie letztlich einer unterbliebenen Auskunft gleichzustellen ist. Führt dies dann zu einem Schaden, kommt ein Anspruch nach § 280 Abs. 1 in Betracht.[467]

667 Prinzipiell besteht keine Verpflichtung dazu, im Vorfeld eines Vertragsschlusses den potentiellen Vertragspartner über alle Umstände aufzuklären, die einmal für die Vertragsdurchführung von Bedeutung sein könnten.[468] Denn jeder, der einen Vertrag abschließt, ist grundsätzlich selbst dafür verantwortlich, darüber zu entscheiden, ob er bestimmte Informationen haben möchte oder nicht und ob er das Risiko eingehen möchte, mit der ihm gegenüberstehenden Person einen Vertrag zu schließen. Doch gibt es bestimmte Situationen, in der der **Interessenwiderstreit** zwischen den beiden potentiellen Vertragspartnern im vorvertraglichen Schuldverhältnis durch die Festlegung bestimmter Aufklärungs- und Informationspflichten beeinflusst wird. Der Interessenwiderstreit liegt darin begründet, dass auf der einen Seite jeder, der einen Vertrag abschließen möchte, sich selbst ein Urteil darüber bilden muss, inwieweit Risiken durch den Vertragsschluss auf ihn zukommen; andererseits besteht aber auch ein Vertrauen darauf, dass der künftige Vertragspartner Information und Auskunft geben wird, sofern besondere Umstände den Vertragsablauf und die Vertragsdurchführung gefährden können.[469] In diesen Interessenwiderstreit greifen nun die von Rechtsprechung und Lehre entwickelten besonderen **Aufklärungspflichten** gerade im vorvertraglichen System.

---

465 *Westermann/Bydlinski/Weber*, BGB – Schuldrecht Allgemeiner Teil, § 11 Rn. 6.
466 Vgl. oben Rn. 117.
467 OLG Düsseldorf NJW-RR 2000, 165; MünchKomm/*Ernst*, BGB, § 280 Rn. 96.
468 Bamberger/Roth/*Gehrlein/Grüneberg/Sutschet*, BGB, § 311 Rn. 70; BGH NJW 1989, 764; BAG NZA 2005, 1298.
469 NJW 1970, 653 (655); NJW 1993, 2107.

668 Ist der Ersatzanspruch nach § 280 Abs. 1 in diesen Situationen nicht ausgeschlossen⁴⁷⁰, gibt es prinzipiell entsprechend der zuvor dargestellten Abwägungsentscheidung in der Interessenkollision nach der Vorstellung von Rechtsprechung und Lehre eine **Aufklärungspflicht** des Schuldners, die aber einzugrenzen ist. Prinzipiell muss jeder Vertragsteil dem potentiellen Vertragspartner diejenigen Informationen mitteilen und über diejenigen Umstände aufklären, die den Vertragszweck vereiteln könnten und die daher für den Entschluss des anderen Vertragsteils von erheblicher, von wesentlicher Bedeutung sein können.⁴⁷¹ Dies ist zumindest dann der Fall, wenn der andere die Mitteilung nach den Gepflogenheiten der Verkehrsauffassung erwarten durfte.⁴⁷² Eine Aufklärungspflicht besteht in dieser Situation also immer dann, wenn wegen besonderer Umstände des Einzelfalls davon auszugehen ist, dass der künftige Vertragspartner über besondere, vertragsrelevante Umstände nicht ausreichend informiert ist.

669 **Besondere Umstände**, die im Ergebnis zu einer Aufklärungspflicht führen können, sind stets einzelfallabhängig und können nicht pauschal definiert werden. Nach entsprechenden Leitlinien der Rechtsprechung gelten als Umstände, die eine Informationspflicht im Rahmen insbesondere eines Kaufvertrags herbeiführen können, die offenkundig drohende finanzielle Überforderung des anderen Vertragsteils durch den Vertragsabschluss, wenn zumindest ersichtlich ist, dass dies der andere Vertragsteil nicht abschätzen kann.⁴⁷³ Ebenfalls liegen besondere Aufklärungspflichten des Verkäufers vor, wenn dieser erkennen kann, dass der andere Vertragsteil ersichtlich mit dem Kaufgegenstand und dessen Bedienung völlig überfordert ist.⁴⁷⁴

670 Auch **während des eigentlichen Schuldverhältnisses** bestehen unverändert Pflichten beider Seiten, die jeweils andere Vertragspartei über für diese relevante Umstände aufzuklären und zu informieren. Dies ist etwa der Fall, wenn die eine Vertragspartei einen derartigen Informationsvorsprung vor der anderen hat, dass es unbillig wäre, wenn hier keine Informationspflicht bestünde, wenn etwa eine Partei sieht, dass die Schutzgüter der anderen in Gefahr sind.⁴⁷⁵

Bsp.: Gibt E sein Auto zu einer Waschanlage, wo es außen und innen gereinigt werden soll, und stellt der Betreiber B der Waschanlage in diesem Zusammenhang fest, dass ein Schaden an den Bremsen des Fahrzeugs besteht, so hat er eine Aufklärungspflicht über den Schaden an den Bremsen. Denn er erhält in Zusammenhang mit der Abwicklung des Vertrages eine Information, die für den Fahrzeuginhaber von erheblicher Bedeutung ist, und den Betreiber der Waschanlage trifft infolgedessen eine Pflicht, dem Fahrzeuginhaber über diese Mängel aufzuklären, um so zu verhindern, dass der Fahrzeuginhaber Schäden erleidet. Verletzt der B schuldhaft seine Pflicht, ist er dem E zum Schadensersatz aus § 280 Abs. 1 verpflichtet.

---

470 Was möglich ist, wenn besondere Regelungen, insbesondere des Gewährleistungsrechts etwa beim Kaufvertrag, vorrangig eingreifen, dazu *Brox/Walker*, Besonderes Schuldrecht, § 4 Rn. 34; Jauernig/*Berger*, BGB, § 444 Rn. 11; Bamberger/Roth/*Gehrlein/Grüneberg/Sutschet*, BGB, § 311 Rn. 75.
471 BGH NJW-RR 1990, 78 (79); NJW-RR 1988, 394.
472 Vgl. BGH NJW 2001, 2021.
473 Vgl. etwa BGH NJW 2001, 2021.
474 BGHZ 47, 312.
475 Bamberger/Roth/*Gehrlein/Grüneberg/Sutschet*, BGB, § 311 Rn. 72; grundlegend hierzu *Zugehör*, Beraterhaftung nach der Schuldrechtsreform, 2002.

671 Die **ständige Rechtsprechung** in diesem Zusammenhang legt insofern fest, beide Vertragsparteien dürften nach Treu und Glauben unter Berücksichtigung der Verkehrsauffassung davon ausgehen, dass sie jeweils über diejenigen Umstände informiert und aufgeklärt werden, die ihnen unbekannt sind, die aber für die Vertragsabwicklung von Bedeutung sind, insbesondere sofern es um die zweckentsprechende Nutzung des Vertragsgegenstandes geht.[476]

672 bb) Verletzung von Leistungstreuepflichten. Eine zweite Nebenpflichtengruppe, die im Rahmen des § 280 Abs. 1 von Interesse ist, wird üblicherweise als diejenige der „**Leistungstreuepflichten**" bezeichnet. Jede Vertragspartei hat die Verpflichtung, den Vertragszweck und den Leistungserfolg weder zu gefährden noch zu vereiteln oder sonst zu beeinträchtigen.[477] Mit dieser sehr weiten und als Auffangfallgruppe konzipierten Pflichtengruppe sollen beide Vertragsparteien auf der Grundlage des § 241 Abs. 2 dazu verpflichtet werden, dafür Sorge zu tragen, dass das Schuldverhältnis so abgewickelt werden kann, wie es von den Parteien beabsichtigt und vereinbart worden ist.

673 Diese besonderen Leistungstreuepflichten finden in den Falllösungen **relativ selten** Berücksichtigung, schon allein deshalb, weil sie letztlich nur sehr unscharf konturiert sind. Zu ihnen gehört jedoch unstreitig auch die Verpflichtung beider Seiten des Vertrages, die Leistung nicht unberechtigt zu verweigern oder von Forderungen abhängig zu machen, die ersichtlich unberechtigt und zusätzlich gestellt werden.[478] In diesen Fällen spricht man von einer unberechtigten Erfüllungsverweigerung oder Vertragsaufgabe; wird eine solche festgestellt, so liegt hierin die Verletzung einer Leistungstreuepflicht aus § 241 Abs. 2, die bei Vorliegen der übrigen Voraussetzungen zu einem Schadensersatzanspruch nach § 280 Abs. 1 führen kann, und zwar unabhängig davon, ob die Leistung ansonsten fällig ist oder nicht.[479]

674 Neben diesen Fällen der Erfüllungsverweigerung oder der Vertragsaufgabe fallen unter die Leistungstreuepflichten sämtliche Verhaltensweisen, die dazu führen könnten, dass der gemeinsam verfolgte Vertragszweck beeinträchtigt oder vereitelt wird.[480] Doch wird man hier nur in sehr seltenen Fällen eine konkrete Pflichtverletzung konstruieren können. Von Bedeutung ist allerdings, dass derartige Leistungstreuepflichten beide Seiten nicht nur während des Vertragsablaufs treffen, sondern sogar darüber hinaus. Die Sorgfaltspflichten, und hier wird es tatsächlich noch einmal relevanter, treffen nämlich die Parteien auch noch nach Erfüllung und Erlöschen der eigentlichen Leistungsverpflichtung. In diesem Zusammenhang spricht man dann von der Konstruktion der „**culpa post pactum finitum**" oder auch von der „**culpa post pactum perfectum**".[481] Es geht also um die Situationen, in denen die Vertragsbeziehungen beendet sind, weil die jeweili-

---

476 So auch BGHZ 47, 312 (315); BGH NJW 1996, 1537.
477 MünchKomm/*Roth*, BGB; § 241 Rn. 67; BGH NJW 1983, 998; NJW-RR 1989, 1393.
478 Palandt/*Heinrichs*, BGB, § 280 Rn. 25.
479 Vgl. näher zu solchen Fällen BGH NJW 1977, 580 (581); BGHZ 99, 189.
480 Bamberger/Roth/*Gehrlein/Grüneberg/Sutschet*, BGB, § 241 Rn. 46.
481 S. etwa MünchKomm/*Ernst*, BGB, § 280 Rn. 109 ff.

gen Vertragspflichten, insbesondere durch Erfüllung, erloschen sind. Gleichwohl gibt es noch bestimmte nachwirkende Pflichten, die eben auch nach Vertragsabwicklung noch bestehen. Dies sind insbesondere diese Leistungstreuepflichten.

Bsp. (1): So trifft etwa, wenn nicht etwas spezialgesetzlich geregelt bzw. vertraglich vereinbart worden ist, beide Vertragsparteien auch nach Vertragsabwicklung noch die Pflicht, den anderen Vertragsteil nicht durch eine unberechtigte Konkurrenztätigkeit in Schwierigkeiten zu bringen. Sollte ein vertragliches Konkurrenzverbot nicht vereinbart sein, dürfen hier nicht besonders intensive Konkurrenztätigkeiten entwickelt werden, die letztlich zu einer Verletzung einer Leistungstreuepflicht führen könnten.

Bsp. (2): Ist das Mietverhältnis zwischen V und dem Anwalt A beendet, so kann unverändert eine Pflicht des V bestehen, ein Kanzleischild am Hauseingang hängen zu lassen, das über die neue Adresse aufklärt. Hier besteht kein Vertrag mehr zwischen den Parteien, doch das nachvertragliche Schuldverhältnis, das für einen Anspruch aus § 280 Abs. 1 ausreicht, legt den ehemaligen Vertragsparteien Nebenpflichten auf, nämlich Leistungstreuepflichten i. S. v. § 241 Abs. 2: Das Schuldverhältnis ist hier das nachvertragliche Schuldverhältnis. Die Leistungstreuepflicht besteht darin, dass V dem A nach Ablauf der Mietzeit ein gewisses Nutzungsrecht an der Hauswand für ein Informationsschild über die neue Adresse gewährt. Verweigert V eine solche Informationsmöglichkeit oder nimmt er das entsprechende Schild ab, verletzt er seine Leistungstreuepflicht aus dem nachvertraglichen Schuldverhältnis, es liegt eine „culpa post pactum finitum" vor; muss V dies vertreten und entsteht dem A hierdurch ein Schaden, kann dieser einen Schadensersatz gem. § 280 Abs. 1 geltend machen.

675 cc) **Verletzung von Schutzpflichten.** Schließlich wird unter die Pflichtverletzung einer nichtleistungsbezogenen Nebenpflicht gem. § 241 Abs. 2 eine dritte Fallgruppe eingeordnet, nämlich diejenige der Verletzung von Schutzpflichten. Jede Vertragspartei ist allein durch den Vorgang der Vertragsabwicklung in der Lage, in gewisser Weise auf die Rechtsgüter der anderen Partei einzuwirken und diese auch zu beschädigen. Weil hier eine Nähe zu den Rechtsgütern der anderen Vertragsseite automatisch besteht, wurde hieraus eine besondere Schutzpflicht entwickelt: Nach dieser haben beide Vertragsparteien eine Fürsorge- und Obhutspflicht im Hinblick auf das Leben, den Körper, die Gesundheit, die Freiheit und vor allem das Eigentum der anderen Vertragsseite.[482] Diese Pflicht zum Schutz des Integritätsinteresses der anderen Vertragsseite treffen die Vertragsparteien von Beginn ihres Kontaktes an bis zum Ende. Gerade die Schutzpflichten sind zentrale Pflichten schon im Rahmen des vorvertraglichen Schuldverhältnisses, die Figur der „culpa in contrahendo" hat hier ihren Ursprung – die ursprüngliche Fallgestaltung und die entsprechenden Erwägungen sind bereits geschildert worden.[483]

676 Entscheidend ist, dass die Verletzung einer entsprechenden Nebenpflicht zu einem Anspruch aus § 280 Abs. 1 führen kann. **Zwar** besteht meist **auch ein deliktischer Anspruch**, doch führt dieser, vor allem bei Einschaltung einer Hilfsperson, wegen der Exkulpationsmöglichkeit in § 831 häufig nicht zu Ziel. § 278 ist hier sehr viel effektiver.[484]

---

482 *Looschelders*, Schuldrecht Allgemeiner Teil, Rn. 189; Soergel/*Teichmann*, BGB, § 242 Rn. 178.
483 Vgl. ausführlich dazu bereits oben in Rn. 90 ff.
484 Vgl. ausführlich dazu bereits oben in Rn. 340.

Bsp.: Kommt man auf das Eingangsbeispiel *(unter Rn. 658)* des Gärtners G zurück, der zwar ordentlich den Rasen des H schneidet, dabei aber den Gartenzwerg beschädigt, könnte H ein Ersatzanspruch aus § 280 Abs. 1 zustehen. Ein Schuldverhältnis liegt vor; eine Pflichtverletzung auch, denn G hätte auf das Eigentum des H achten müssen. Handelte G nun noch zumindest fahrlässig, muss er dem H den entstandenen Schaden ersetzen.

677 c) **Vertretenmüssen.** Wie stets im Rahmen des § 280 Abs. 1 ist zusätzliche Anspruchsvoraussetzung, dass der Schuldner seine Pflichtverletzung **vertreten muss**. Die Verantwortlichkeit richtet sich wie immer nach § 276 Abs. 1; gegebenenfalls kann hier auch § 278 eingreifen, wenn dessen Voraussetzungen vorliegen, wenn also ein Dritter bei der Erfüllung der vertraglichen nichtleistungsbezogenen Nebenpflicht eingeschaltet war.

Bsp.: Hat G *(unter Rn. 658)* nicht selber den Rasen bei H geschnitten, sondern seine Aushilfe A geschickt, muss er sich dessen Pflichtverletzung und Verschulden über § 278 zurechnen lassen (und kann sich, anders als bei § 831, nicht exkulpieren!).

678 Das **Verschulden** des Schuldners muss sich in diesem Zusammenhang nicht allein **auf den Schaden,** sondern vor allem **auch auf die Pflichtverletzung** selbst beziehen.[485] Gegebenenfalls kann hier eine Besonderheit insofern eingreifen, als der Schuldner nicht nur für Vorsatz und Fahrlässigkeit zu haften hat, sondern dass das erforderliche Maß des Verschuldens gesetzlich oder auch vertraglich beschränkt worden ist.[486] Dies ist insbesondere vertraglich nach § 278 Abs. 3 möglich; eine gesetzliche Haftungsveränderung kennen insbesondere die Vorschriften der §§ 300 Abs. 1 oder 680 oder 521.

679 Hinsichtlich des Vertretenmüssens gilt nach § 280 Abs. 1 Satz 2 eine Besonderheit hinsichtlich der **Darlegungs- und Beweislast.** Grundsätzlich wird entsprechend dieser Vorschrift vermutet, dass der Schuldner die Pflichtwidrigkeit und den eingetretenen Schaden zu vertreten hat. Der Gläubiger muss also nur die objektive Pflichtverletzung und den dadurch entstandenen Schaden darlegen und gegebenenfalls beweisen. Nach der Formulierung des § 280 Abs. 1 Satz 2 muss dann umgekehrt der Schuldner seinerseits darlegen und beweisen, dass er die Pflichtverletzung gerade nicht zu vertreten hat.[487] Er muss also darlegen, dass er weder vorsätzlich noch fahrlässig die Pflicht, die ihn nach § 241 Abs. 2 trifft, verletzt hat. Von diesem Grundsatz gibt es nur wenige Ausnahmen, insbesondere im Arbeitsrecht gilt § 619a, der die Beweislastumkehr des § 280 Abs. 1 Satz 2 im Arbeitsvertrag außer Kraft setzt.

Bsp.: Daher muss der Arbeitgeber, der vom Arbeitnehmer einen Schadensersatz wegen der Verletzung arbeitsvertraglicher Pflichten geltend macht, nicht nur die Pflichtverletzung und den Schaden darlegen und beweisen, sondern gem. § 619a auch das Vertretenmüssen des Arbeitnehmers hinsichtlich der Pflichtverletzung.

---

485 *Brox/Walker,* Allgemeines Schuldrecht, § 25 Rn. 3.
486 *Looschelders,* Schuldrecht Allgemeiner Teil, Rn. 508.
487 Palandt/*Heinrichs,* BGB, § 280 Rn. 34; MünchKomm/*Ernst,* BGB, § 280 Rn. 141 ff.

Darüber hinaus kennen verschiedene Rechtsgebiete weitere **Beweislastumkehren** hinsichtlich Kausalität, insbesondere bei einer schuldhaften groben Verletzung von Berufspflichten, wie es im Rahmen von Behandlungsfehlern von Ärzten der Fall ist.[488]

680

d) **Schaden.** Als vierte Voraussetzung muss dem Gläubiger durch die Pflichtverletzung **adäquat kausal** ein **Schaden** entstanden sein. Hier greifen die Grundregeln zur Schadenshaftung: Es bedarf der Kausalität, darüber hinaus muss der eingetretene Schaden adäquat zur eingetretenen Pflichtverletzung sein, d. h. die Pflichtverletzung darf einen nicht völlig unvorhergesehenen und abwegigen Kausalverlauf genommen haben, der zu einem Schaden geführt hätte, der letztlich dem Schuldner nicht mehr zuzurechnen ist.[489]

681

e) **Rechtsfolge: Schadensersatz gem. § 280 Abs. 1.** Die **Rechtsfolge** einer Verletzung nichtleistungsbezogener Nebenpflicht gem. § 241 Abs. 2 ist ein Anspruch auf Ersatz des entstandenen Schadens gem. § 280 Abs. 1. Zur Ermittlung des eingetretenen Schadens sind wie immer die §§ 249 ff. heranzuziehen, es ist also entsprechend der anzuwendenden Differenzhypothese zu vergleichen, wie die tatsächliche Vermögenslage jetzt ist und wie sie wäre, wenn keine Pflichtverletzung eingetreten wäre.[490] Der Schuldner ist daher auch hier dazu verpflichtet, denjenigen Zustand wieder herzustellen, der bestünde, wenn die Pflichtverletzung entgegen § 241 Abs. 2 nicht erfolgt wäre. Der Schadensersatzanspruch geht daher in der Regel auf das negative Interesse.

682

Bsp.: Der Gärtner G, der im Eingangsbeispiel eine *(unter Rn. 658)* Schutzpflicht verletzt hat, nämlich diejenige, das Integritätsinteresse seines Vertragspartners zu achten, muss nun den Schaden insofern beseitigen, als er dem H die Reparaturkosten für den Gartenzwerg ersetzen oder sogar einen neuen anschaffen muss.

In seltenen Fällen kann sogar ein **Anspruch auf das positive Interesse** bestehen, d. h. auf das Erfüllungsinteresse: Dies ist dann denkbar, wenn der Vertrag – und hier bewegt man sich in der Regel im vorvertraglichen Bereich – ohne die Pflichtverletzung wirksam zustande gekommen wäre.[491] Prinzipiell besteht der Schadensersatzanspruch, der aus § 280 Abs. 1 folgt, hier neben dem Erfüllungsanspruch.[492]

683

2. Schadensersatz statt der Leistung, §§ 280 Abs. 1 u. 3, 282

Neben der Schadensersatzpflicht des Schuldners sind weitere Rechtsfolgen denkbar. Ausnahmsweise kann der Gläubiger über den Anspruch nach § 280 Abs. 1 hinaus, der neben den Erfüllungsanspruch tritt, noch **Schadensersatzanspruch statt der Leistung** gem. §§ 280 Abs. 1, Abs. 3, 282 geltend machen.

684

---

488 Vgl. hierzu näher BGHZ 61, 120.
489 *Looschelders*, Schuldrecht Allgemeiner Teil, Rn. 890 ff.
490 *Brox/Walker*, Allgemeines Schuldrecht, § 29 Rn. 2; *Medicus*, Schuldrecht I, Rn. 595.
491 Vgl. hierzu BGH NJW 1965, 812; *Brox/Walker*, Schuldrecht Allgemeiner Teil, § 25 Rn. 16.
492 BGHZ 11, 84.

685 Dieser Anspruch ist an bestimmte **Voraussetzungen** gebunden, die sich systematisch eng an die Grundnorm des § 280 Abs. 1 anlehnen: Es muss zunächst ein Schuldverhältnis bestehen, wobei gleichgültig ist, ob es sich um ein vertragliches oder gesetzliches Schuldverhältnis handelt. Innerhalb dieses Schuldverhältnisses muss der Schuldner eine objektive Pflichtverletzung begangen haben – hier gelten dieselben Überlegungen, die schon im Rahmen des Anspruchs aus § 280 Abs. 1 angestellt worden sind, d. h. es geht in erster Linie um die Verletzung von Aufklärungs-, Leistungstreue- und Schutzpflichten, also um die Verletzung einer nichtleistungsbezogenen Nebenpflicht aus § 241 Abs. 2. Besonderheiten gegenüber dem zuvor geschilderten Anspruch bestehen nicht.

686 § 282 enthält dann die entscheidende **weitere Voraussetzung**: Dem Gläubiger ist ein Anspruch auf Schadensersatz statt der Leistung möglich, wenn ihm die Leistung durch den Schuldner nicht mehr zuzumuten ist. Es muss also eine Unzumutbarkeit für den Gläubiger bestehen, die gerade durch die Pflichtverletzung verursacht worden ist.[493] Es handelt sich um eine reine Wertungsfrage, bei der es auf sämtliche Umstände des Einzelfalls ankommt.[494] Man muss überlegen, ob die Pflichtverletzung, die ja „nur" aus einer Nebenpflichtverletzung herrührt, so gravierend ist, dass es für den Gläubiger in der Tat unzumutbar ist, die Leistung durch den Schuldner, um die es eigentlich geht, unverändert anzunehmen. Hier sind sehr hohe Anforderungen an die Unzumutbarkeit zu stellen, was dadurch bedingt ist, dass die Pflichtverletzung, die dem Schuldner vorgeworfen wird, ja mit dem eigentlichen Leistungsvorgang zunächst primär nichts zu tun hat. Weil der Schuldner nur eine Nebenpflicht verletzt, soll prinzipiell der Gläubiger sich deshalb nicht aus dem Vertrag lösen können.[495]

687 Das ist die Ursache dafür, dass Rechtsprechung und Lehre sehr streng sind. Eine **Unzumutbarkeit** liegt erst dann vor, wenn man eine Pflichtverletzung feststellen kann, die ein ganz besonderes Gewicht einnimmt. Es müssen durch die Pflichtverletzung vom Schuldner Begleitumstände verursacht worden sein, die die eigentlich primäre Leistungserbringung für den selbst vertragstreuen Gläubiger geradezu unerträglich machen.[496] Dabei muss die Pflichtverletzung das Verhältnis der Parteien derart stark beeinträchtigen, dass dem Gläubiger nach Treu und Glauben das Festhalten am Vertrag schlechthin nicht mehr zugemutet werden kann. Insbesondere das Ausmaß des Schadens sowie die Häufigkeit der Pflichtverletzung sind zu berücksichtigen, auch die Verschuldensform kann ein Indiz sein.[497]

---

493 *Brox/Walker*, Schuldrecht Allgemeiner Teil, § 25 Rn. 5; MünchKomm/*Ernst*, BGB, § 282 Rn. 2.
494 AnwK-BGB/*Dauner-Lieb*, § 282 Rn. 7; Bamberger/Roth/*Unberath*, BGB, § 282 Rn. 3.
495 Vgl. zum Kriterium der Unzumutbarkeit MünchKomm/*Ernst*, BGB, § 282 Rn. 5 und *Zimmer*, Das neue Recht der Leistungsstörungen, NJW 2002, 1.
496 So etwa AnwK-BGB/*Dauner-Lieb*, § 282 Rn. 7; *Eckert*, Schuldrecht Allgemeiner Teil, Rn. 621.
497 So etwa HK-BGB/*Schulze*, § 282 Rn. 3.

Bsp.: Typische Fälle einer solch schwerwiegenden Pflichtverletzung bei Vertragsabwicklung sind Beleidigungen oder schwere Kränkungen des Gläubigers[498], ähnlich auch gravierende Verletzungen von Eigentum oder Person des Bestellers bei Werkverträgen.[499]

688 Häufig wird man hier statt des Schadensersatzanspruches statt der Leistung zugunsten des Gläubigers vorab verlangen müssen, dass der Gläubiger den Schuldner bei einem weniger schwerwiegenden Pflichtverstoß zunächst abmahnt.[500] Denn eine **Abmahnung** ist immer noch milder als gleich einen Schadensersatzanspruch statt der Leistung zu gewähren; wenn aber eine Abmahnung noch Sinn machen kann, dann ist auch die Leistungserbringung der eigentlich vom Schuldner zu erbringenden Pflicht meist noch nicht unzumutbar.

689 Schließlich muss der Schuldner, um einem Schadensersatz statt der Leistung ausgesetzt zu sein, gem. § 280 Abs. 1 die Pflichtverletzung **zu vertreten** haben.

690 Als Rechtsfolge kann der Gläubiger **Schadensersatz statt der Leistung** verlangen. Das ist deshalb überraschend, weil der Schuldner keine primäre Leistungspflicht verletzt hat, sondern ihm nur die Verletzung einer nichtleistungsbezogenen Nebenpflicht gem. § 241 Abs. 2 vorgeworfen werden kann. Gleichwohl geht der Anspruch des Gläubigers auf einen Schadensersatz statt der Leistung; gleichermaßen kann er – wie stets – statt dieses Schadensersatzanspruches nach § 284 auch **Aufwendungsersatz** verlangen. Hinsichtlich des Umfangs des Schadensersatzanspruches gelten die gleichen Erwägungen, die schon zum entsprechenden Anspruch nach § 281 gemacht worden sind.[501]

3. Rücktritt, § 324

691 Schließlich kann sich eine dritte Rechtsfolge ergeben, wenn der Schuldner eine nichtleistungsbezogene Nebenpflicht aus § 241 Abs. 2 verletzt. Diese Rechtsfolge spielt allein dann eine Rolle, wenn die Pflichtverletzung innerhalb eines gegenseitigen Vertrages erfolgt. Die Voraussetzungen für den **Rücktritt** ähneln dabei stark denjenigen des Schadensersatzanspruches statt der Leistung. Die Situation ist dadurch gekennzeichnet, dass man dem Gläubiger, dem das Festhalten an den gesamten Vertrag wegen der Nebenpflichtverletzung nicht mehr zuzumuten ist, die Möglichkeit eröffnen möchte, aus diesem Vertrag herauszukommen.

692 Das kann er grundsätzlich, doch muss man auch hier wieder bei der Wertung, was „unzumutbar" für den Gläubiger ist, berücksichtigen, dass die relevante **Pflichtverletzung** immer nur eine **Nebenpflicht** betrifft. Der Regelfall wird daher derjenige sein, dass der Gläubiger sich wegen dieser bloßen Nebenpflichtverletzung nicht aus dem Vertrag verabschieden kann. Nur in außergewöhnlichen Fällen, bei

---

498 RGZ 140, 385.
499 Vgl. schon BT-Drucks. 14/7052, S. 186.
500 Palandt/*Heinrichs*, BGB, § 282 Rn. 4; BGH NJW 1978, 260; aA MünchKomm/*Ernst*, BGB, § 282 Rn. 6.
501 Vgl. oben bei Rn. 600.

Vorliegen ganz besonderer Umstände, wird man ihm ein Rücktrittsrecht i. S.v. § 324 einräumen müssen.⁵⁰²

693 Die Voraussetzungen für diesen Rücktritt ergeben sich dabei unmittelbar aus § 324. Es bedarf zunächst eines wirksamen, **gegenseitigen Vertrages**. Nur dann, wenn also ein synallagmatisches Vertragsverhältnis zwischen den Parteien besteht, kommt ein Rücktritt überhaupt in Betracht. Des Weiteren muss eine Pflichtverletzung erfolgt sein; diese Pflichtverletzung kann sich jedoch nur auf eine Pflicht aus § 241 Abs. 2 beziehen. Es geht gerade nicht um die Verletzung einer synallagmatischen Pflicht, denn dann kommt ja ohnehin nur § 323 in Betracht.⁵⁰³ Es geht vielmehr um Pflichten, die sich aus § 241 Abs. 2 zusätzlich zur eigentlichen Hauptleistungspflicht den Vertragsparteien stellen. § 323 macht hier schon deshalb keinen Sinn, weil man diese Pflichten ja nicht einklagen oder sonst einfordern kann, so dass auch eine Fristsetzung in diesem Zusammenhang ins Leere liefe. Stattdessen muss bei Vorliegen einer derartigen Pflichtverletzung festgestellt werden, ob diese Verletzung einer Pflicht aus § 241 Abs. 2 durch den Schuldner dazu führt, dass es für den Gläubiger unzumutbar ist, weiterhin am Vertrag festzuhalten.

694 Hinsichtlich dieser Unzumutbarkeitsüberlegungen gilt im Wesentlichen das Gleiche, was zum Schadensersatzanspruch statt der Leistung gem. §§ 280 Abs. 1, Abs. 3, 282 gesagt worden ist. Man wird hier einen sehr **hohen Maßstab** anlegen müssen, um dem Gläubiger ein Herausgehen aus dem Vertrag zuzubilligen.⁵⁰⁴ Schließlich wird man vom Gläubiger verlangen müssen, dass er sich selbst vertragstreu verhält; denn tut er dies nicht, ist es nicht gerechtfertigt, ihm in diesem Zusammenhang ein Löserecht zuzubilligen.

695 Liegen die Voraussetzungen für einen Rücktritt vor, und hat der Gläubiger einen Rücktritt wegen der Verletzung einer nichtleistungsbezogenen Nebenpflicht aus § 241 Abs. 2 erklärt, greifen die **Rücktrittsfolgen**: Die Rücktrittserklärung löst das Gestaltungsrecht des Gläubigers aus, es kommt zu einem Rückgewährschuldverhältnis; die einzelnen Rechtsfolgen des Rücktritts gem. § 324 entsprechen dabei denjenigen aus § 323.⁵⁰⁵ Schließlich gilt diese Übereinstimmung auch so weitgehend, dass das Rücktrittsrecht aus § 324 mit dem Schadensersatzanspruch statt der Leistung aus §§ 280 Abs. 1, Abs. 3, 282 kombiniert werden kann. Dies folgt aus § 325, der auf das Rücktrittsrecht nach § 324 in gleicher Weise anwendbar ist wie auf das nach § 323. Der Gläubiger kann insbesondere bei Wahrnehmung seines Rücktrittsrechts auch denjenigen Schaden ersetzt verlangen, der ihm durch die vorzeitige Vertragsauflösung entsteht. Der Nichterfüllungsschaden ist gemäß den Vorschriften der §§ 280 Abs. 1, Abs. 3, 282 auch dann durchsetzbar, wenn der Gläubiger sich aus dem Vertrag löst, wie ihn § 324 eröffnet.⁵⁰⁶

---

502 AnwK-BGB/*Dauner-Lieb*, § 282 Rn. 7; Beispiele zur Unzumutbarkeit bei Münch Komm/*Ernst*, BGB, § 324 Rn. 11.
503 Vgl. oben Rn. 617.
504 AnwK-BGB/*Dauner-Lieb*, § 282 Rn. 7.
505 Vgl. oben Rn. 639.
506 Vgl. etwa BGHZ 61, 192; BGHZ 95, 49; BGHZ 104, 341.

§ 11 Der Gläubigerverzug

Literatur: *Brehm, W.*, Grundfälle zum Recht der Leistungsstörungen, JuS 1989, 548; *Derleder, P.*, Schadensersatzansprüche der Banken bei Nichtabnahme der Darlehensvaluta, JZ 1989, 165; *ders./Hoolmans, F.*, Vom Schuldnerverzug zum Gläubigerverzug und zurück, NJW 2004, 2787; *Feuerborn, A.*, Der Verzug des Gläubigers – Allgemeine Grundzüge und Besonderheiten im Arbeitsverhältnis, JR 2003, 177; *Hönn, G.*, Zur Dogmatik der Risikotragung im Gläubigerverzug bei Gattungsschulden, AcP 177 (1977), 385; *Hüffer, U.*, Leistungsstörungen durch Gläubigerhandeln, 1976; *Kreuzer, K./Stehle, H.-J.*, Grundprobleme des Gläubigerverzugs, JA 1984, 69; *Picker, E.*, Fristlose Kündigung und Unmöglichkeit, Annahmeverzug und Vergütungsgefahr im Dienstvertragsrecht, JZ 1985, 641; *Schwerdtner, P.*, Rechtsprobleme des Annahme-(Gläubiger-)verzuges, Jura 1988, 419; *Stephan, M.*, Die Entwicklung der Rechtsprechung des BAG zum Annahmeverzug des Arbeitgebers, NZA 1992, 585; *Wertheimer, F.*, Der Gläubigerverzug im System der Leistungsstörungen.
Rechtsprechung: BGH NJW 1957, 989 (Annahmeverzug des Dienstberechtigten); BGH NJW-RR 1991, 914 (Annahmeverzug bei Schweigen des Subunternehmers auf Bitte des Hauptunternehmers um Einverständnis zur Gesamtabnahme); BGH ZfBR 1992, 31 (Mitwirkungspflicht des Bestellers beim Transport von Schlamm auf Mülldeponie: Annahmeverzug bei verweigerter Entgegennahme durch Deponieverwaltung); BGH NJW-RR 1994, 958 (Annahmeverzug beim Softwareentwicklungsvertrag); BGH NJW 1996, 923 (Herbeiführung eines Annahmeverzuges des Leasingnehmers bei Beendigung der Leasingzeit durch Ausübung des Andienungsrechts unter Besitzentziehung); BGH NJW 1996, 1464 (Zum Ersatz von Mehraufwendungen nach § 304 BGB); BGH NJW 1997, 581 (Annahmeverzug des Schuldners auf wörtliches Angebot bei Zug-um-Zug-Leistung); BAG NZA 1999, 925 (Annahmeverzug des Arbeitgebers); BGH NJW 2001, 287 (Gehaltsanspruch nach Widerruf einer GmbH-Geschäftsführerbestellung: Fortzahlungsanspruch des ersetzten Geschäftsführers trotz fehlenden Dienstleistungsangebots); BGH NJW 2007, 2761 (Werkvertrag: Angemessenheit einer Fristsetzung zur Mängelbeseitigung bei vorangegangenem Annahmeverzug des Bestellers).

Eine weitere Situation kann zu einer Störung des Schuldverhältnisses führen. Dabei handelt es sich jedoch nicht um eine Leistungsstörung im engeren Sinne. Vielmehr ist es der Gläubiger, der sich nicht so verhält, wie er müsste. Ihn trifft zwar keine konkrete Leistungspflicht, aber die **Obliegenheit, die ihm angebotene Leistung auch tatsächlich anzunehmen**.[507] Weil es sich hierbei nicht um eine Anspruchssituation handelt, der Schuldner also nicht vom Gläubiger verlangen kann, dass er die Leistung annimmt, handelt es sich hier nicht um eine Leistungsstörung im engeren Sinne. Gleichwohl wird das Schuldverhältnis gestört, weil der Gläubiger eine ihn treffende Obliegenheit nicht erfüllt.

I. Überblick und Struktur

Der Gläubiger ist nämlich in der Regel nicht dazu verpflichtet, an dem Leistungserfolg mitzuwirken; prinzipiell kann der Schuldner gegen den Gläubiger keinen klagbaren Anspruch auf Mitwirkung bei der Erfüllungshandlung geltend machen.[508] Die **Verletzung dieser Obliegenheit** durch den Gläubiger kann umgekehrt auch nicht dazu führen, dass der Schuldner einen Schadensersatzanspruch

---

507 Zur Unterscheidung zwischen Schuld und Obliegenheit vgl. oben Rn. 44.
508 Anders ist dies, wenn ausnahmsweise eine entsprechende Pflicht des Gläubigers besteht, etwa zur Abnahme der Kaufsache nach § 433 Abs. 2.

hätte. Weil den Gläubiger grundsätzlich keine einklagbare Pflicht trifft, an der Leistungshandlung mitzuwirken, hat der Schuldner bei Verletzung dieser Obliegenheit durch den Gläubiger auch keinen spiegelbildlichen Schadensersatzanspruch. Auch wird der Schuldner durch das Nichtmitwirken seitens des Gläubigers nicht von seiner Leistungspflicht befreit. Er muss vielmehr unverändert leisten.

698 Doch liegt es auf der Hand, dass die Obliegenheitsverletzung durch den Gläubiger Rechtsfolgen haben muss. Man spricht in dieser Situation vom **Gläubiger- oder Annahmeverzug**. Ansprüche des Schuldners entstehen hier in der Regel nicht, abgesehen von § 304. Man muss daher auch regelmäßig keine Ansprüche im Rahmen des Gläubigerverzugs prüfen. Zumeist ist der Gläubigerverzug nur inzident zu prüfen, wenn es auf eine seiner unterschiedlichen Rechtsfolgen ankommt, insbesondere auf die Haftungsmilderung nach § 300.

699 Der Gläubigerverzug ist also regelmäßig **keine** Quelle für einen **Ersatzanspruch** des Schuldners; deshalb ist für den Gläubigerverzug auch kein Vertretenmüssen seitens des Gläubigers erforderlich. Stattdessen führt der Gläubigerverzug zu einer Vielzahl von Rechtsfolgen, die das Schuldverhältnis insgesamt beeinflussen, insbesondere die Verhaltensanforderungen an den Schuldner. Das ergibt sich daraus, dass der Gläubiger in der Regel zur Annahme der Leistung nur berechtigt nicht jedoch verpflichtet ist.[509]

700 Die **Voraussetzungen** des Gläubigerverzugs finden sich geregelt in den §§ 293–299; die Rechtsfolgen finden sich dann in den anschließenden §§ 300–304 sowie an einigen weiteren, im Gesetz verstreuten Stellen *(vgl. Übersicht 15)*.

II. Die Voraussetzungen

701 § 293 stellt die **Grundnorm** des Annahmeverzugs dar: Nach dieser kommt der Gläubiger in Verzug, wenn er die ihm angebotene Leistung nicht annimmt. Im Kern setzt ein Annahmeverzug immer voraus, dass der Gläubiger die Annahme der Leistung oder eine andere Mitwirkungshandlung nicht vornimmt bzw. verweigert.

702 Bevor man zur Prüfung der Voraussetzungen des Annahmeverzugs kommt, muss man sich klar machen, dass die Annahme der Leistung durch den Gläubiger auch eine **Verpflichtung** darstellen stellen kann; dann bedeutet dies aber sogleich, dass der Gläubiger in solchen Fällen durch die unterlassene Abnahme nicht nur in Gläubigerverzug kommt; vielmehr kann dann zugleich auch gem. § 286 ein Schuldnerverzug eintreten – hier können also beide Voraussetzungen parallel vorliegen. Dies gilt insbesondere für die **Abnahmeverpflichtung des Käufers**, denn nach § 433 Abs. 2 ist der Käufer verpflichtet, die ihm vom Gläubiger angebotene Kaufsache auch abzunehmen. Welche konkreten Auswirkungen hat diese Doppelung?

---

509 *Brox/Walker*, Allgemeines Schuldrecht, § 26 Rn. 2; BGH NJW-RR 1988, 1266.

Voraussetzungen

Übersicht 15:

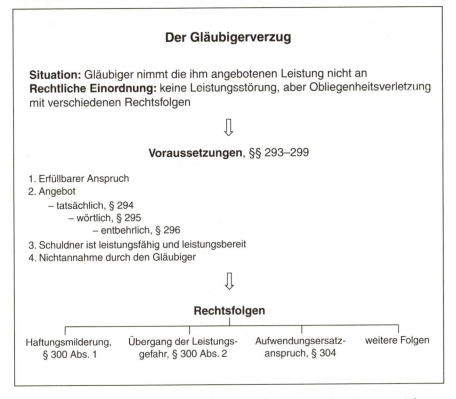

Bsp.: Weigert sich der K, der von V einen Pkw gekauft hat, diesen dem V zum vereinbarten Zeitpunkt abzunehmen, so können sich verschiedene Rechtsfolgen anknüpfen: Zum einen kann K als Gläubiger der Eigentumsverschaffungs- und Übergabepflicht des V in einen Annahmeverzug geraten, wenn die zugleich noch vorzustellende Voraussetzungen vorliegen. Dies hätte vor allem die Folge, dass daraufhin ein zufälliger Untergang der Kaufsache nicht mehr zulasten des V gehen würde, denn dann griffe § 300 Abs. 1 als Konsequenz des Gläubigerverzugs ein. Darüber hinaus ist jedoch K zugleich auch gem. § 433 Abs. 2 verpflichtet, den gekauften Pkw abzunehmen. Hier besteht also eine schuldrechtliche Pflicht des Käufers; kommt er dieser Leistungsverpflichtung (zur Abnahme des Pkw) nicht rechtzeitig nach, gerät er gem. § 286 in einen Schuldnerverzug. Dies führt dann nicht nur zu den Folgen des § 287, sondern kann darüber hinaus gegebenenfalls auch zu einem Schadensersatzanspruch des V führen. Hier wird also deutlich, dass die Voraussetzungen des Gläubigerverzugs separat von denjenigen des Schuldnerverzugs zu betrachten sind, sofern die Annahmeobliegenheit des Gläubigers sich sogleich auch als Leistungspflicht darstellt (wenn nämlich der Gläubiger zugleich auch Schuldner ist).

Betrachtet man jedoch nun die **Voraussetzungen** des Gläubigerverzugs, so bedarf es zunächst eines erfüllbaren Anspruchs, zudem muss der Schuldner die Leistung in ordnungsgemäßer Weise angeboten haben, darüber hinaus muss der Schuldner auch leistungsfähig und leistungsbereit sein sowie der Gläubiger die Leistung nicht angenommen haben.

1. Erfüllbarer Anspruch

704 Aus § 293 wird deutlich, dass ein Verzug zunächst eine „**Leistung**" voraussetzt. Gemeint ist damit, dass ein erfüllbarer Anspruch des Gläubigers bestehen muss. Der Schuldner muss zur Leistung auch tatsächlich berechtigt sein. Dies ist gem. § 271 Abs. 1– sofern nichts anderes vereinbart ist – sofort der Fall, denn nach dieser Vorschrift ist eine Schuld grundsätzlich sofort erfüllbar.[510] Nach der Auslegungsvorschrift des § 271 Abs. 2 ist dies sogar dann der Fall, wenn die Leistungsverpflichtung noch nicht fällig ist. Entscheidend ist jedoch, dass auch insofern eine andere Parteivereinbarung möglich ist.

705 Sofern § 293 von einer „Leistung" spricht, reicht für den Gläubigerverzug grundsätzlich jede vertragliche oder auch gesetzliche Leistungspflicht des Schuldners aus, sofern es nur zur Pflichterfüllung durch den Schuldner einer wie auch immer gearteten Mitwirkung durch den Gläubiger bedarf.[511] Das führt dazu, dass eine bloße Schutzpflicht i. S. v. § 241 Abs. 2 nicht Gegenstand des Gläubigerverzugs sein kann – denn bei diesen kommt es nicht auf eine Annahmehandlung des Gläubigers an, vielmehr handelt es sich bei diesen um nichtleistungsbezogene Nebenpflichten, bei deren Erfüllung der Gläubiger nicht aktiv sein muss.[512]

706 Der Leistungsanspruch des Gläubigers muss sowohl **möglich als auch erfüllbar** sein. Ein Gläubigerverzug ist daher schon von vornherein ausgeschlossen, wenn eine Unmöglichkeit gem. § 275 eingetreten ist.[513] Dies lässt sich auch aus einem Umkehrschluss aus § 297 schließen. Bezüglich der Erfüllbarkeit ist in § 299 noch eine Besonderheit geregelt. Dort sind nämlich die Fälle angesprochen, in denen die Leistungszeit unbestimmt ist. In diesen Fällen kommt ein Gläubigerverzug nur dann in Betracht, wenn der Schuldner die Leistung überhaupt eine angemessene Zeit vorher angekündigt hat.

2. Angebot des Schuldners

707 Im Mittelpunkt des Gläubigerverzugs und seiner Tatbestandsvoraussetzungen steht das **Angebot** des Schuldners: Nach § 293 muss der Schuldner dem Gläubiger die Leistung „angeboten" haben. Was unter Angebot in diesem Zusammenhang zu verstehen ist, ergibt sich aus den folgenden Vorschriften, d. h. aus den §§ 294–296. Dabei ist ein Stufenverhältnis entscheidend: Prinzipiell muss, wie sich aus der Gesetzessystematik ergibt, das Angebot vom Schuldner an den Gläubiger tatsächlich erfolgt sein. Nach den darauf folgenden Vorschriften kann jedoch von diesem Erfordernis gegebenenfalls abgesehen werden. So genügt nach § 295 unter Umständen ein wörtliches Angebot durch den Schuldner. Schließlich kann sogar nach § 296 jegliches Angebot entbehrlich sein.

---

510 Vgl. oben Rn. 255.
511 Bamberger/Roth/*Grüneberg*, BGB, § 293 Rn. 3; Palandt/*Heinrichs*, BGB, § 293 Rn. 1.
512 *Westermann/Bydlinski/Weber*, BGB – Schuldrecht Allgemeiner Teil, § 8 Rn. 80.
513 Staudinger/*Löwisch*, BGB, § 293 Rn. 13; MünchKomm/*Ernst*, BGB, § 293 Rn. 6; BGHZ 24, 96.

a) **Das tatsächliche Angebot, § 294.** Nach dem Grundsatz des § 294 muss der Schuldner dem Gläubiger die Leistung tatsächlich so anbieten, wie sie zu bewirken ist. Diese Formulierung ist ganz wörtlich zu nehmen. Es geht um ein **tatsächliches Anbieten**.[514] Der Schuldner muss die Leistung dem Gläubiger so offerieren, dass dieser nichts mehr anderes tun muss, als die Leistung anzunehmen. Die Rechtsprechung formuliert sehr griffig, dass der Schuldner die Leistung dem Gläubiger so anbieten muss, dass er „nichts weiter zu tun hat als zuzugreifen".[515]

Der Schuldner muss die Leistung also **so bewirken, wie sie zu bewirken** ist: D.h. er muss sie zur rechten Zeit, am rechten Ort und in der rechten Weise, d.h. insbesondere vollständig gem. § 266 anbieten.[516] Nur wenn dies geschieht, muss der Gläubiger tatsächlich nichts weiter tun, als zuzugreifen. Wie dann das tatsächliche Angebot im Einzelnen auszusehen hat, bestimmt sich in erster Linie danach, was geschuldet war, d.h. nach der Art der zu erbringenden Leistungsschuld. Ist eine **Bringschuld** vereinbart, ist der Schuldner dazu verpflichtet, die geschuldete Sache dem Gläubiger tatsächlich so wie geschuldet anzubieten, und zwar an dessen Wohnsitz bzw. an seinem Niederlassungsort. Liegt hingegen eine **Schickschuld** vor, muss die eingeschaltete Transportperson ihrerseits die Sache dem Gläubiger anbieten. In diesem Zusammenhang ist zu Recht davon auszugehen, dass die bloße Absendung nicht genügen kann.[517] Denn wenn man die zutreffende Definition der Rechtsprechung zugrunde legt, kann der Gläubiger zu diesem Zeitpunkt noch nicht auf die Kaufsache zugreifen und sie somit nicht annehmen. Das bedeutet, dass zwar bei einer Schickschuld mit der Übergabe an die Transportperson der Gefahrübergang nach § 447 stattfindet, aber ein tatsächliches Angebot i.S.d. § 294 ist zu diesem Zeitpunkt noch nicht gegeben.[518]

Beim tatsächlichen Angebot handelt es sich nicht um eine Willenserklärung, sondern um einen **Realakt**.[519] Die Vorschriften über die Willenserklärung finden daher keine Anwendung. Dies gilt insbesondere für § 130 und den Zugang. Fraglich ist allenfalls, ob der Gläubiger vom tatsächlichen Angebot Kenntnis erlangen muss. Dies wird man für den Fall verneinen müssen, in dem ein fester Leistungstermin vereinbart war. Der Gläubiger kommt daher in dieser Situation auch dann in Annahmeverzug, wenn er keine Kenntnis von dem tatsächlichen Angebot

---

514 *Medicus*, Schuldrecht I, Rn. 430; *Westermann/Bydlinski/Weber*, BGB – Schuldrecht Allgemeiner Teil, § 8 Rn. 86; *Looschelders*, Schuldrecht Allgemeiner Teil, Rn. 750.
515 BGHZ 90, 354 (359); in der Folge dann auch die Literatur entsprechend, s. etwa Palandt/*Heinrichs*, BGB, § 294 Rn. 2; Bamberger/Roth/*Unberath*, BGB, § 294 Rn. 2; *Wertheimer*, JuS 1993, 646 (649).
516 *Looschelders*, Schuldrecht Allgemeiner Teil, Rn. 750; *Brox/Walker*, Allgemeines Schuldrecht, § 26 Rn. 5; *Westermann/Bydlinski/Weber*, BGB – Schuldrecht Allgemeiner Teil, § 8 Rn. 86.
517 Bamberger/Roth/*Unberath*, BGB, § 294 Rn. 3.
518 So auch Palandt/*Heinrichs*, BGB, § 294 Rn. 2; MünchKomm/*Ernst*, BGB, § 294 Rn. 3; Staudinger/*Löwisch*, BGB, § 294 Rn. 14; Erman/*Hager*, BGB, § 294 Rn. 3; RGZ 106, 294 (297).
519 Bamberger/Roth/*Unberath*, BGB, § 294 Rn. 2; Palandt/*Heinrichs*, BGB, § 294 Rn. 2.

erlangt, er selbst aber den entsprechenden Abnahmetermin vergessen hat. Dies ist letztlich die Konsequenz daraus, dass § 130 nicht anwendbar ist.[520]

711 b) **Gegebenenfalls wörtliches Angebot, § 295.** In vielen Situationen wird es zu umständlich sein, den Schuldner zu verpflichten, dem Gläubiger die Leistung tatsächlich anzubieten. Zwar ist dies die Grundregel, doch sieht das Gesetz selbst Ausnahmen vor. Prüfungstechnisch führt dies dazu, dass man zwar zunächst feststellen muss, dass ein tatsächliches, grundsätzlich ja nach § 294 erforderliches Angebot nicht vorliegt; dies sollte man auch so festhalten. Doch in einem weiteren Schritt kann man dann formulieren, dass ausnahmsweise ein tatsächliches Angebot auch nicht erforderlich ist. Dies ist zunächst dann der Fall, wenn ausnahmsweise nach § 295 ein wörtliches Angebot genügt. Dies ist nach dieser Vorschrift in zwei Fällen gegeben.

712 Zunächst genügt nach § 295 ein **wörtliches Angebot**, wenn der Gläubiger dem Schuldner erklärt hat, dass er die Leistung nicht annehmen werde. Diese Situation ist durchaus vergleichbar mit derjenigen beim Schuldnerverzug, wie sie sich etwa aus § 286 Abs. 2 Nr. 3 ergibt. Es muss also die Situation vorliegen, dass der Gläubiger dem Schuldner eindeutig bestimmt und unmissverständlich zu verstehen gegeben hat, er werde das Angebot des Schuldners ohnehin nicht annehmen.[521] Dies muss auch vor dem wörtlichen Angebot des Schuldners erfolgt sein. Mit dieser Regelung verhindert § 295, dass der Schuldner letztlich eine völlig überflüssige Handlung vornimmt; sie erspart ihm damit ein konkretes Hingehen zum Gläubiger.

713 Nach der ganz überwiegenden, zu Recht vertretenen Auffassung kann man sogar noch einen Schritt weitergehen. Ist nämlich unmissverständlich erkennbar, dass der Gläubiger auch fortan bei seiner Ablehnung bleiben wird und nicht bereit ist, die Leistungshandlung des Schuldners anzunehmen, wäre sogar das bloße wörtliche Angebot schon übertrieben und sinnlos. Daher geht die ganz überwiegende Auffassung – zum Teil unter Rückgriff auf § 242 – davon aus, dass ein Angebot sogar vollständig entbehrlich ist. Weil auch ein wörtliches Angebot keinerlei Aussicht auf Erfolg hat, ist es entbehrlich, wenn der Gläubiger offenkundig auf der Annahmeverweigerung beharrt und das wörtliche Angebot infolgedessen lediglich noch als sinnlose Formalität erschiene.[522] Dies verstieße nicht nur gegen § 242, sondern ergibt sich auch aus der Parallelwertung zu § 286 Abs. 2 Nr. 3. Demgegenüber wird eingewandt, dass gerade das Fehlen einer solchen Regelung im Bereich des Annahmeverzugs dafür sprechen könnte, im Allgemeinen auch insoweit am Erfordernis eines wörtlichen Angebots festzuhalten.[523] Überzeugender ist

---

520 In diesem Sinne auch *Brox/Walker*, Schuldrecht Allgemeiner Teil, § 26 Rn. 5; *Westermann/Bydlinski/Weber*, BGB – Schuldrecht Allgemeiner Teil, § 8 Rn. 87.
521 *Brox/Walker*, Allgemeines Schuldrecht, § 26 Rn. 6; *Medicus*, Schuldrecht I, Rn. 431; *Schlechtriem/Schmidt-Kessel*, Schuldrecht Allgemeiner Teil, Rn. 692.
522 So im Ergebnis MünchKomm/*Ernst*, BGB, § 295 Rn. 6; Palandt/*Heinrichs*, BGB, § 295 Rn. 4; BGH NJW 2001, 287 (288); *Peters*, JR 1998, 186.
523 So auch BGH NJW 1997, 581 (582); Staudinger/*Löwisch*, BGB, § 295 Rn. 2; Bamberger/Roth/*Unberath*, BGB, § 295 Rn. 3; *Westermann/Bydlinski/Weber*, BGB – Schuldrecht Allgemeiner Teil, § 8 Rn. 89.

die erstgenannte Auffassung. Denn in der Tat macht es keinen Sinn, dem Schuldner zuzumuten, auch nur ein wörtliches Angebot abzugeben, wenn von vornherein erkennbar ist, dass der Gläubiger nicht gewillt ist, die Leistung anzunehmen. Dies muss allerdings auch tatsächlich feststehen.

Eine zweite Situation, in der das wörtliche Angebot ausnahmsweise genügt, ist in § 295 Satz 1, 2. Alt. geregelt: Danach ist das wörtliche Angebot des Schuldners auch ausreichend, wenn zur Wirkung der Leistung eine Handlung des Gläubigers erforderlich ist, insbesondere dieser die geschuldete Sache abzuholen hat. Wann dies der Fall ist, ob also eine solche Pflicht des Gläubigers besteht, ist eine Frage der Auslegung der Vertragsvereinbarung. Gedacht ist hier von der Gesetzesformulierung her eindeutig an die Situation der Holschuld.[524] **714**

Anders als beim tatsächlichen Angebot ist das wörtliche Angebot nicht lediglich ein Realakt; vielmehr handelt es sich bei ihm um eine geschäftsähnliche Handlung.[525] Daraus folgt, dass das wörtliche Angebot sowohl ausdrücklich als auch konkludent erklärt werden kann; inhaltlich muss es auf die (tatsächlich) geschuldete Leistung gerichtet sein; die §§ 104 ff. sind entsprechend anwendbar, dies gilt insbesondere auch für den Zugang i. S.d. § 130.[526] Das Wort „Angebot" muss nicht verwendet werden; ausreichend ist, dass die Erklärung des Schuldners deutlich werden lässt, dass er bzw. ein leistungsbereiter Dritter die geschuldete Leistung erbringen möchte oder die Voraussetzung zur Vornahme der erforderlichen Mitwirkungshandlung des Gläubigers jetzt geschaffen hat.[527] **715**

c) **Angebot gegebenenfalls entbehrlich, § 296.** Schließlich kann das **Angebot** gem. § 296 sogar vollständig **entbehrlich** sein. Dies ist der Fall, wenn für die vom Gläubiger vorzunehmende Handlung eine Zeit nach dem Kalender bestimmt ist. Dann bedarf es des Angebots nur, wenn der Gläubiger die Handlung rechtzeitig vornimmt. Es geht also darum, dass der Gläubiger eine konkrete Handlung vorzunehmen hat, etwa die Ware abzuholen oder bei einem Werkvertrag die Ware vorbeizubringen, an der das Werk ausgeführt werden soll; wenn für diese Handlung des Gläubigers ein bestimmter, kalendermäßig auszurechnender und vorgegebener Zeitpunkt vereinbart worden ist, wäre es völlig überflüssig, dass der Schuldner dann noch seinerseits ein Angebot macht. Dies führt dazu, dass das Gesetz für diese besondere Situation ein Angebot vollständig für entbehrlich hält. **716**

Bsp.: Haben die Parteien eines Vertrages vereinbart, dass der Gläubiger an einem bestimmten Tag, etwa dem 27.6., die Ware vorbeibringt, an der der Werkunternehmer eine Leistung vornehmen soll, so wäre es überflüssig, wenn der Werkunternehmer dem Gläubiger hier noch ein Angebot unterbreiten müsste. Denn der Leistungstermin ist ja eindeutig nach dem Kalender bestimmt.

---

524 Bamberger/Roth/*Unberath*, BGB, § 295 Rn. 4; *Medicus*, Schuldrecht I, Rn. 431; Schlechtriem/Schmidt-Kessel, Schuldrecht Allgemeiner Teil, Rn. 692.
525 *Looschelders*, Schuldrecht Allgemeiner Teil, Rn. 752; Palandt/*Heinrichs*, BGB, § 295 Rn. 1; Staudinger/*Löwisch*, BGB, § 295 Rn. 23.
526 So auch Erman/*Hager*, BGB, § 295 Rn. 2; Bamberger/Roth/*Unberath*, BGB, § 295 Rn. 6; HK-BGB/*Schulze*, § 295 Rn. 5.
527 S. auch BGH NJW 2003, 1602.

717 Nach § 296 Satz 2 gilt das Gleiche, wenn der Handlung ein Ereignis vorauszugehen hat und eine angemessene Zeit für die Handlung in der Weise bestimmt ist, dass sie sich von dem Ereignis an nach dem Kalender berechnen lässt. Mit dieser Regelung liegt eine Vorschrift vor, die an § 286 Abs. 2 Nr. 1 und 2 erinnert. Entscheidend ist, dass für die Mitwirkungshandlung des Gläubigers irgendein Ereignis vorauszugehen hat.

Bsp.: Denkbar ist, dass ein Architekt gegenüber dem Bauunternehmer die Verpflichtung übernommen hat, die Abzäunung eines Baugrundstücks zu besorgen. Dabei sei vereinbart, dass der Architekt die Einzäunung drei Wochen nach Erteilung der Baugenehmigung auf der Baustelle durchführen lassen soll. Hier ist das Ereignis die Erteilung der Baugenehmigung, die vereinbarte Zeit sind die drei Wochen. In dieser Situation ist es überflüssig, dem Schuldner noch einmal ein Angebot zuzumuten, es ist also nach § 296 Satz 2 entbehrlich.

3. Schuldner leistungsfähig und leistungsbereit, § 297

718 Nach § 297 muss der Schuldner zur Zeit des Angebots leistungsfähig und leistungsbereit sein. Wichtig ist dies vor allem im Rahmen des wörtlichen und entbehrlichen Angebots. Denn beim tatsächlichen Angebot ist die Leistungsbereitschaft des Schuldners ja offenkundig. Gerade beim entbehrlichen oder wörtlichen Angebot folgt jedoch aus § 297, dass ein Annahmeverzug seitens des Gläubigers ausgeschlossen ist, wenn der Schuldner zum Zeitpunkt der durch den Gläubiger erforderlichen Abnahme- oder Mitwirkungshandlung nicht zur Leistung bereit oder nicht in der Lage ist. Diese Vorschrift ist ein Hinweis darauf, dass wegen derselben Leistung niemals zugleich Gläubigerverzug und Unmöglichkeit vorliegen können. Ist nämlich die Leistungserbringung durch den Schuldner gem. § 275 unmöglich (geworden), kann es keinen Gläubigerverzug geben. Dafür wäre nicht einmal § 297 erforderlich, dennoch verdeutlicht er diese Grundaussage. Wichtig ist diese Bestimmung gleichwohl. Denn ihren eigentlichen Regelungscharakter entfaltet sie bei der vorübergehenden Unmöglichkeit. Diese führt nicht zur Anwendung der §§ 275 ff.[528] Gleichwohl ist der Schuldner in dieser Situation nicht zur Leistung in der Lage. Dementsprechend bestimmt § 297 konsequenterweise, dass der Gläubiger dann auch nicht in Verzug kommen kann.

Bsp.: A nimmt bei B jeden Mittwoch um 17.00 Uhr Klavierunterricht. Eines Mittwochs geht A lieber um 17.00 Uhr mit seiner neuen Freundin ins Freizeitbad. B selbst war jedoch krank und hätte die Klavierstunde ohnehin nicht abhalten können. In dieser Konstellation scheidet ein Annahmeverzug des A wegen § 297 aus. B hätte die von ihr geschuldete Leistung in dem nach § 296 Satz 1 maßgeblichen Zeitpunkt auch nicht erbringen können, wenn A nicht ins Freizeitbad gegangen wäre. Es liegt im Ergebnis daher kein Gläubigerverzug des A vor und B hat keinen Anspruch auf die Vergütung (§§ 611, 615 Satz 1 i. V. m. § 296) für die ausgefallene Klavierstunde.

4. Nichtannahme der Leistung durch den Gläubiger

719 Die letzte Voraussetzung für den Gläubigerverzug ist die Nichtannahme der Leistung durch den Gläubiger. Der Gläubiger muss sich geweigert haben, die ihm vom

---

528 So auch MünchKomm/*Ernst*, BGB, § 297 Rn. 1; Palandt/*Heinrichs*, BGB, § 297 Rn. 1.

Schuldner tatsächlich bzw. wörtlich angebotene Leistung anzunehmen; ist das Angebot nach § 296 sogar entbehrlich, muss er die Mitwirkungshandlung, die von ihm geplant war, unterlassen haben. Unerheblich für den Eintritt des Gläubigerverzugs ist der Grund der Nichtannahme. Ebenfalls unerheblich ist, ob der Gläubiger diese Nichtannahme zu vertreten hat oder nicht – denn ein Vertretenmüssen ist keine Tatbestandsvoraussetzung für einen eintretenden Gläubigerverzug.

Besonderheiten sind lediglich dann zu beachten, wenn es um sog. „Zug-um-Zug-Leistungen" geht. Hierfür trifft § 298 eine besondere Regelung. Danach gerät der Gläubiger auch dann in Annahmeverzug, wenn er die ihm angebotene Leistung zwar annehmen möchte, die verlangte Gegenleistung aber seinerseits nicht anbietet. Dies ist logisch: Denn wenn beide Seiten zu geben und zu nehmen verpflichtet sind, weil es sich um einen gegenseitigen Vertrag handelt, liegt es nahe, dass ein Annahmeverzug eintreten muss, wenn der Gläubiger zwar seinerseits zur Annahme bereit ist, er aber die ihn selber treffende Leistungsverpflichtung nicht erbringen möchte. Dann würde er nämlich die Gegenseitigkeit des Vertrages letztlich aushebeln, was § 298 verhindern soll. **720**

Auch § 299 führt dazu, dass ein Gläubigerverzug trotz der Nichtannahme der Leistung ausnahmsweise nicht eintritt. Danach bewirkt eine **vorübergehende Annahmeverhinderung** keinen Gläubigerverzug. Dies ist zum einen dann der Fall, wenn eine Leistungszeit nicht bestimmt ist und der Schuldner ohne Vorankündigung seine Leistung erbringen möchte; zum anderen, wenn zwar eine Leistungszeit bestimmt ist, der Schuldner aber gem. § 271 Abs. 2 berechtigt ist, vor der bestimmten Zeit zu leisten und dann ohne Vorankündigung seine Leistung erbringt. Aufgrund der Verschuldensunabhängigkeit des Annahmeverzugs wäre es unbillig, den Gläubiger mit den Annahmeverzugsfolgen zu belasten, denn er müsste in solch einer Situation ständig annahmebereit sein. Dies wäre ihm aber nicht zuzumuten.[529] **721**

III. Die Rechtsfolgen

Die **Rechtsfolgen** des Annahmeverzugs sind deutlich von denen der übrigen Leistungsstörungen zu unterscheiden. Der Annahmeverzug kann insbesondere keine Schadensersatzpflicht des Gläubigers begründen. Unverändert bleibt zudem der Schuldner zur Leistung verpflichtet.[530] Konsequenterweise gehört zu den Rechtsfolgen des Gläubigerverzugs daher weder ein Schadensersatzanspruch (allerdings gegebenenfalls ein Aufwendungsersatzanspruch nach § 304) noch ein Recht zum Rücktritt oder zur Vertragsauflösung. Dies würde nicht zur Charakterisierung der Annahme als bloße Obliegenheit passen. Stattdessen findet sich vor allem eine Haftungsmilderung. **722**

---

529 *Medicus*, Schuldrecht I, Rn. 428; Bamberger/Roth/*Unberath*, BGB, § 299 Rn. 1.
530 Es sei denn, es findet sich eine andere gesetzliche Regelung, wie etwa in § 615.

723 **1. Haftungsmilderung, § 300 Abs. 1**

Eine erste Rechtsfolge des Annahmeverzugs findet sich in § 300 Abs. 1: Danach hat der Schuldner während des Verzugs des Gläubigers **nur Vorsatz und grobe Fahrlässigkeit zu vertreten**. Die erste Folge eines Annahmeverzugs liegt also in einer Haftungsmilderung; statt der ansonsten gem. § 276 Abs. 1 Satz 1 geltenden Regel, der zufolge der Schuldner Vorsatz und Fahrlässigkeit zu vertreten hat, findet sich hier eine „andere Bestimmung" gem. § 276 Abs. 1 Satz 1 Halbsatz 2. Durch den Gläubigerverzug wird der Schuldner günstiger gestellt als sonst. Weil er nämlich länger die Gefahr trägt, leisten zu müssen (Denn der Gläubigerverzug führt ja nicht zu einer Befreiung von der Leistungspflicht!) und weil er auf diese Weise unverändert das Risiko dafür trägt, überhaupt leisten zu können, ordnet § 300 Abs. 1 die dort enthaltene Haftungserleichterung an. Der Schuldner muss also nun nur noch für Vorsatz und grobe Fahrlässigkeit einstehen, sofern es um die Haftung für den Leistungsgegenstand geht, dieser also beispielsweise beschädigt oder zerstört wird.[531]

724 Geht es daher nicht um die Haftung für die Verletzung sonstiger Pflichten aus dem Schuldverhältnis, bei der es bei der grundsätzlichen Schadenshaftung für jedes Verschulden gem. § 276 Abs. 1 Satz 1 Halbsatz 1 verbleibt, muss der Schuldner, wenn etwa während des Gläubigerverzugs der geschuldete Gegenstand untergeht, diesen Untergang nur noch dann vertreten, wenn ihm **grobe Fahrlässigkeit oder Vorsatz** vorgeworfen werden kann.

725 Verschuldet der Schuldner in der Zeit des Annahmeverzugs infolge leichter Fahrlässigkeit den Untergang des geschuldeten Gegenstands und wird er dadurch von seiner Leistungspflicht gem. § 275 Abs. 1 befreit, geht dadurch zudem nicht zugleich auch sein eigener **Anspruch auf Gegenleistung** unter; stattdessen behält er ihn gem. § 326 Abs. 2 Satz 1, 1. Alt.: Denn er muss den Untergang des Gegenstands und damit die Unmöglichkeit nicht vertreten, weil ihm eben nur leichte Fahrlässigkeit vorgeworfen werden kann; er hat aber während des Annahmeverzugs entsprechend der Bestimmung in § 300 Abs. 1 nur grobe Fahrlässigkeit und Vorsatz zu vertreten.

Bsp.: Verkauft F dem J ein Auto und möchte dieses Auto wie vereinbart am 27.6. übergeben und übereignen, ist J jedoch an diesem Tag nicht zu Hause, gerät J ab diesem Zeitpunkt in einen Annahmeverzug. Geht das verkaufte Auto, das sich unverändert bei F befindet, während der Phase des Annahmeverzugs infolge leichter Fahrlässigkeit des F unter, wird es etwa durch einen Brand zerstört, so stellt sich die Frage, ob F gleichwohl unverändert Anspruch auf die Kaufpreiszahlung hat. Entstanden ist der Anspruch sicher gem. § 433 Abs. 2. Der Anspruch könnte jedoch untergegangen sein gem. § 326 Abs. 1. Dies ist jedoch nicht der Fall, denn § 326 Abs. 2 sieht vor, dass der Anspruch auf die Kaufpreiszahlung unverändert bestehen bleibt, wenn der Untergang der Leistungssache und damit die Unmöglichkeit in einem Zeitpunkt eintreten, zu welchem der Gläubiger im Verzug der Annahme ist. Ein Anspruch auf die Kaufpreiszahlung ergibt sich folglich aus § 433 Abs. 1.

---

531 Palandt/*Heinrichs*, BGB, § 300 Rn. 2; *Medicus*, Schuldrecht I, Rn. 436; *Westermann/Bydlinski/Weber*, BGB – Schuldrecht Allgemeiner Teil, § 8 Rn. 98.

Fraglich ist, ob dem J umgekehrt ein Anspruch auf Schadensersatz gem. § 280 Abs. 1, Abs. 3 und § 283 zusteht, denn die Leistungspflicht des F ist ja durch den Untergang des Autos untergegangen. Ein Schuldverhältnis zwischen den Parteien liegt vor. Die Verpflichtung des F, das Auto zu übergeben und zu übereignen, ist gem. § 275 Abs. 1 auch unmöglich geworden, denn das Auto ist durch den Brand zerstört. Dieser Umstand der Unmöglichkeit, d. h. diese Pflichtverletzung der Unmöglichkeit, müsste von F auch zu vertreten sein. Zu vertreten hat er grundsätzlich gem. § 276 Abs. 1 Satz 1 Vorsatz und Fahrlässigkeit. Etwas anderes gilt nur dann, wenn gemäß dieser Vorschrift in ihrer zweiten Alternative etwas anderes gesetzlich geregelt ist. Hier ist etwas anderes geregelt, denn § 300 Abs. 1 beschränkt die Haftung in diesem Zusammenhang auf die Situation, dass der Schuldner Vorsatz oder grobe Fahrlässigkeit an den Tag gelegt hat, denn J hat sich in einem Annahmeverzug befunden, so dass § 300 Abs. 1 eingreift. Demzufolge muss F den Untergang des Fahrzeugs und damit die Unmöglichkeit seiner Leistungsverpflichtung nicht vertreten, also hat J auch keinen Anspruch auf Schadensersatz gem. den §§ 280 Abs. 1, Abs. 3, 283.

2. Übergang der Leistungsgefahr, § 300 Abs. 2

726 Eine weitere Rechtsfolge aus dem Annahmeverzug des Gläubigers findet sich in § 300 Abs. 2, der jedoch nur für die Situation des Gattungskaufs von Bedeutung ist: Während eines **Gattungskaufs** geht die Gefahr mit dem Zeitpunkt auf den Gläubiger über, in dem er dadurch in Verzug kommt, dass er die angebotene Sache nicht annimmt. Grundsätzlich muss der Schuldner einer Gattungsschuld so lange aus der Gattung leisten, wie überhaupt noch ein Stück aus der gesamten Gattung vorhanden, die Gesamtgattung also noch nicht untergegangen ist.[532] Erst nach einer Konkretisierung gem. § 243 Abs. 2 beschränkt sich die Schuld auf eine ganz bestimmte Sache.[533]

727 Dies ist aber nur die eine Möglichkeit, in der eine Beschränkung der Schuld erfolgt, die andere findet sich hier in § 300 Abs. 2: In der Situation des **Annahmeverzugs** geht nämlich, ohne dass der Schuldner das seinerseits Erforderliche getan hätte, die Leistungsgefahr auf den Gläubiger über. Inhaltlich hat die Vorschrift nur einen sehr **schmalen Anwendungsbereich:** Denn man muss sich immer vor Augen halten, dass in der Regel dann, wenn der Schuldner dem Gläubiger die Leistung anbietet, auch schon eine Konkretisierung erfolgt ist, so dass die Leistungsgefahr bereits nach § 243 Abs. 2 übergegangen ist. Daher hat diese Ausnahmevorschrift nur in sehr wenigen Fällen eine konkrete Relevanz. Meist wird sie nur dann von Bedeutung werden, wenn der Gläubiger in Gläubigerverzug gerät, ohne dass zuvor eine Konkretisierung eingetreten ist. Dies kann allein in den Fällen des § 295 der Fall sein, wenn also bereits ein wörtliches Angebot zur Begründung des Gläubigerverzugs genügt oder sogar ein Angebot nach § 296 vollständig entbehrlich ist. Hat in dieser Situation der Schuldner seine Erfüllungshandlung noch nicht vorgenommen, ist konsequenterweise auch noch keine Konkretisierung eingetreten; dann tritt der Annahmeverzug des Gläubigers mit dem wörtlichen bzw. im

---

532 Palandt/*Heinrichs*, BGB, § 243 Rn. 3.
533 Vgl. oben Rn. 186.

Zeitpunkt des entbehrlichen Angebots ein, so dass dann auch bei einer Gattungsschuld der Schuldner nicht mehr Träger der Leistungsgefahr ist.[534]

728 Neben dieser Situation kann § 300 Abs. 2 bei **Geldschulden** eine Rolle spielen, denn bei diesen trägt der Schuldner nach § 270 die Leistungsgefahr bis zur Entgegennahme des Geldbetrags durch den Gläubiger; weigert sich der Gläubiger, das ihm angebotene Geld entgegenzunehmen und gerät er dadurch in Annahmeverzug, geht dann aber der Geldbetrag während des Rücktransports unter oder verloren, greift § 300 Abs. 2 ein. In diesem Fall wird also der Schuldner von seiner Rückzahlungspflicht gem. §§ 293, 300 Abs. 2 frei.

3. Aufwendungsersatzanspruch des Schuldners, § 304

729 Der Annahmeverzug des Gläubigers führt nur in einer ganz bestimmten Konstellation zu einer selbstständigen Anspruchsgrundlage. Dies ist die Ausnahme, da der Gläubigerverzug eigentlich wegen des bloßen Obliegenheitscharakters der Annahmeverpflichtung regelmäßig nicht zu Ansprüchen des Schuldners führt. Anders ist dies, wenn der Schuldner für das Angebot Aufwendungen machen musste, die nun nutzlos sind; auf diesen Mehraufwendungen soll der Schuldner nicht sitzen bleiben. Daher sieht § 304 einen **Anspruch** des Schuldners **für den Ersatz von Mehraufwendungen** vor. Der Schuldner kann bei vorliegendem Annahmeverzug des Gläubigers Ersatz derjenigen Mehraufwendungen verlangen, die er für das erfolglose Angebot sowie für die Aufbewahrung und Erhaltung des geschuldeten Gegenstands machen musste.

730 Die **Voraussetzungen** für die Anspruchsgrundlage sind klar benannt: Es muss ein Annahmeverzug des Gläubigers vorliegen; hier sind die oben genannten Voraussetzungen im Einzelnen anzusprechen und zu prüfen. Liegt ein Annahmeverzug vor, kommt der Anspruch für den Ersatz von Mehraufwendungen zum Tragen. Der Schuldner muss also dann nur noch entsprechend darlegen, dass er solche Mehraufwendungen gehabt hat[535]; dazu zählen insbesondere zusätzliche Reisen, Transport und Lagerkosten, und hinzukommen können auch solche Kosten, die dadurch entstehen, dass der Schuldner die Sache, die sich unverändert in seinem Besitz befindet, weiterhin versichern muss.[536] Nicht von § 304 umfasst wird hingegen ein durch den Annahmeverzug entgangener Gewinn. Denn bei diesem handelt es sich nicht um Mehraufwendungen. Möchte der Schuldner diesen ersetzt bekommen, kann er dies nur dann, wenn die Annahmepflicht des Gläubigers ausnahmsweise mehr als eine Obliegenheit war, es sich bei ihr also um eine wirkliche Leistungspflicht des Gläubigers handelte: Dann kann der Schuldner vom Gläubiger gem. §§ 280 Abs. 1, Abs. 2, 286 diesen Ersatz verlangen – so ist es etwa

---

534 Vgl. etwa *Looschelders*, Schuldrecht Allgemeiner Teil, Rn. 762; Bamberger/Roth/*Unberath*, BGB, § 300 Rn. 5; Erman/*Hager*, BGB, § 300 Rn. 6.
535 BGH NJW 1996, 1464.
536 Erman/*Hager*, BGB, § 304 Rn. 2, MünchKomm/*Ernst*, BGB, § 304 Rn. 2; Soergel/*Wiedemann*, BGB, § 304 Rn 2.

im Kaufvertragsrecht, denn dort ist, wie angesprochen, der Gläubiger wegen § 433 Abs. 2 zugleich mit der schuldrechtlich relevanten Abnahmepflicht belastet.[537]

4. Sonstige Rechtsfolgen des Annahmeverzugs

Neben diesen genannten drei wichtigen Folgen des Annahmeverzugs sieht das Gesetz an verschiedenen Stellen noch **weitere Rechtsfolgen** vor. So geht nach § 326 Abs. 2 Satz 1 die Preisgefahr beim gegenseitigen Vertrag durch den Annahmeverzug auf den Gläubiger über, wenn er die Leistung nicht ordnungsgemäß annimmt und die Leistung während des Annahmeverzugs untergeht. Darüber hinaus hat der Annahmeverzug Konsequenzen für das Rücktrittsrecht: Tritt nämlich während des Gläubigerverzugs ein Umstand ein, der grundsätzlich den Gläubiger zum Rücktritt berechtigen würde, ist sein Rücktritt gem. § 323 Abs. 6, 2. Alt. ausgeschlossen, solange der Schuldner diesen Umstand nicht seinerseits zu vertreten hat.[538] **731**

Weitere nicht zentrale Rechtsfolgen des Annahmeverzugs sind darüber hinaus in den §§ 301–303 geregelt; sie betreffen insbesondere die **Zinszahlungspflicht** während des Gläubigerverzugs, die Beschränkung der Pflicht des Schuldners zur Herausgabe tatsächlich gezogener Nutzungen sowie das Recht des Schuldners, der zur Herausgabe unbeweglicher Sachen verpflichtet ist, nach vorheriger Androhung den Besitz aufzugeben. **732**

§ 12 Die Störung und der Wegfall der Geschäftsgrundlage gem. § 313

Literatur: *Dauner-Lieb, B./Dötsch, W.*, Prozessuale Fragen rund um § 313 BGB, NJW 2003, 921; *Eidenmüller, H.*, Der Spinnerei-Fall: Die Lehre von der Geschäftsgrundlage nach der Rechtsprechung des Reichsgerichts und im Lichte der Schuldrechtsmodernisierung, Jura 2001, 824; *Feldhahn, P.*, Die Störung der Geschäftsgrundlage im System des reformierten Schuldrechts, NJW 2005, 3381; *Heinrichs, H.*, Vertragsanpassung bei Störung der Geschäftsgrundlage – eine Skizze der Anspruchslösung des § 313 BGB, in: Festschr. für Andreas Heldrich, 2005, S. 185; *Lettl, T.*, Die Anpassung von Verträgen des Privatrechts, JuS 2001, 144; *ders.*, Die Anpassung von Verträgen des Privatrechts, JuS 2001, 248; *ders.*, Die Anpassung von Verträgen des Privatrechts, JuS 2001, 347; *ders.*, Die Anpassung von Verträgen des Privatrechts, JuS 2001, 456; *ders.*, Die Anpassung von Verträgen des Privatrechts, JuS 2001, 559; *ders.*, Die Anpassung von Verträgen des Privatrechts, JuS 2001, 660; *Riesenhuber, K.*, Vertragsanpassung wegen Geschäftsgrundlagenstörung – Dogmatik, Gestaltung und Vergleich, BB 2004, 2967; *Rösler, H.*, Grundfälle zur Störung der Geschäftsgrundlage, JuS 2004, 1058; *ders.*, Grundfälle zur Störung der Geschäftsgrundlage, JuS 2005, 27; *ders.*, Grundfälle zur Störung der Geschäftsgrundlage, JuS 2005, 120; *Wieling, H.*, Entwicklung und Dogmatik der Lehre von der Geschäftsgrundlage, Jura 1985, 505; *Wieser, E.*, Der Anspruch auf Vertragsanpassung wegen Störung der Geschäftsgrundlage, JZ 2004, 654.

---

537 S. so schon RGZ 45, 300 (301).
538 *Looschelders*, Schuldrecht Allgemeiner Teil, Rn. 764; *Westermann/Bydlinski/Weber*, BGB – Schuldrecht Allgemeiner Teil, § 8 Rn. 105.

Rechtsprechung: BGH NJW 1978, 695 (Erforderlichkeit einer ergänzenden Vertragsauslegung); BGH NJW 1980, 1746 (Erhöhung des Erbbauzinses bei fehlender Anpassungsklausel); BGH NJW 1984, 1746 (Lieferung von Dosenbier in den Iran und Wegfall der Geschäftsgrundlage); BGH NJW 1985, 796 (Zur Geschäftsgrundlage beim Leasing-Vertrag); BGH NJW 1990, 314 (Zur Geschäftsgrundlage beim Leasing-Vertrag); OLG Karlsruhe NJW 1992, 3176 (Engagement von Musikern für eine Faschingsveranstaltung, die wegen des Golfkrieges abgesagt wurde); BGH NJW-RR 1993, 272 (Sinken der Kaufkraft des Geldes); BGH NJW 1994, 2688 (Anpassung von Nutzungsverträgen); BGH NJW 1996, 990 (Zum Begriff der Geschäftsgrundlage); BAG NJW 2003, 3005 (Anpassung einer Ruhestandsvereinbarung an geänderte sozialrechtliche Umstände); OLG Schleswig NJW-RR 2004, 223 (Änderung einer Unterhaltsvereinbarung wegen neuer BGH-Rechtsprechung); BGH NJW 2004, 58 (gemeinsamer Erwerb einer Immobilie durch nichteheliche Lebensgefährten als Alterssitz); BGH NJW 2005, 2069 (Anpassung eines Behandlungsvertrages bei Fehlen der Geschäftsgrundlage); OLG Hamm NJW-RR 2006, 530 (Zum Verhältnis Anfechtung/Störung der Geschäftsgrundlage); BGH NJW 2006, 899 (Zum Risiko des gewerblichen Mieters, wenn die von ihm gemietete Fläche nicht den erwarteten Kundenzustrom erhält).

733 Gelegentlich wird eine letzte Fallsituation unter die Leistungsstörung subsumiert. Gemeint ist § 313: die sog. **„Störung der Geschäftsgrundlage"**. Es geht darum, dass geschlossene Verträge wegen einer Veränderung der Gesamtumstände nicht mehr so weiter bestehen sollen wie ursprünglich verabredet. Stattdessen soll die Gelegenheit gegeben werden, die Anpassung des Vertrags auf die veränderten Umstände zu verlangen oder sogar vom abgeschlossenen Vertrag zurückzutreten bzw. ihn zu kündigen. Dies kann – sehr selten – der Fall sein, wenn die Geschäftsgrundlage, wie es das Gesetz formuliert, gestört wird.

I. Überblick und Ziel

734 Das gesamte Schuldrecht wird von dem Grundsatz getragen, dass einmal abgeschlossene Verträge gehalten werden müssen. Die Vertragsparteien sind, sobald sie sich einmal inhaltlich geeinigt haben, regelmäßig an ihre vertragliche Vereinbarung gebunden: *„pacta sunt servanda"*. Dieser Grundsatz wird in nur äußerst seltenen Fällen durchbrochen. Eine Fallgestaltung ist mittlerweile in § 313 geregelt.[539]

735 § 313 enthält eine sehr weitreichende **Durchbrechung des Grundsatzes der Bindung an die Vertragsvereinbarung**. Aus Gründen der Vertragsgerechtigkeit lässt man den Grundsatz der Vertragstreue ausnahmsweise zurücktreten. Weil dies ein entscheidender Einschnitt in die Systematik des Allgemeinen Schuldrechts darstellt, bedarf es einer ganz besonderen Situation, die diesen tiefen Einschnitt erlaubt und rechtfertigt. Das Gesetz reagiert mit der „Störung der Geschäftsgrundlage" auf schwerwiegende Veränderungen grundlegender Vertragsumstände, etwa infolge eines Krieges oder infolge unvorhergesehener Naturkatastrophen. Treten sie ein und stören sie die vereinbarte Vertragssystematik und

---

[539] Vor der Schuldrechtsreform hatte diese Fallgruppe ihre Grundlage allein in § 242 und war Richterrecht; in § 313 hat der Gesetzgeber letztlich das Richterrecht kodifiziert.

Überblick

736

insbesondere das Austauschverhältnis derart, dass seine unveränderte Durchführung für eine der Parteien nicht mehr gerechtfertigt und zumutbar erscheint, greift § 313.

Bsp.: Haben etwa die Parteien für einen Kaufvertrag über ein Auto einen Kaufpreis i. H. v. 8.000 € vereinbart, und die Durchführung des Vertrages auf einen Zeitpunkt in etwa einem Jahr festgelegt, so steht dem zunächst nichts entgegen. Anders ist es hingegen, wenn im Laufe dieses Jahres eine unvorhergesehene Inflation eintritt, der zufolge der vereinbarte Kaufpreis gerade dazu dienen kann, ein Pfund Brot zu kaufen. Hier ist das Äquivalenzinteresse des Vertrages massiv beeinträchtigt. Die Parteien haben eine derartige extreme Entwicklung nicht vorhersehen können. Nun wäre es unzumutbar, würde man den Verkäufer an den Vertrag binden. Denn dann müsste er das Auto für ein Stück Brot veräußern, was sicherlich nicht der Intention des Vertrages entspricht.

Diese extremen Situationen, die insbesondere nach dem Ersten Weltkrieg im Zeitalter der großen Inflation eine Rolle spielten, haben dazu geführt, dass man ausnahmsweise bei besonders schwerwiegenden Veränderungen grundlegender Umstände eine Lösung vom Vertrag außerhalb des Vertragsrechtssystems des BGB entwickelt hat. Solche extremen Situationen sind heute nicht mehr relevant, gleichwohl muss man sich immer bewusst sein, dass es nur um ganz besondere, **außergewöhnliche Situationen** gehen kann, in denen diese Durchbrechung der Grundsätze des BGB in Betracht kommen kann.

736

Übersicht 16:

Störung der Geschäftsgrundlage, § 313

Ziel: Vertragsanpassung, ggf. Lösung vom Vertrag
Situation: unvorhergesehene Störung des Vertrages

Voraussetzungen

1. Vertrag
2. Anwendbarkeit des § 313
3. Störung der Geschäftsgrundlage
   a) Geschäftsgrundlage
   b) „Störung"
      aa) Entscheidende Änderung (§ 313 Abs. 1) oder anfängliches Fehlen (§ 313 Abs. 2)
      bb) Kein (derartiger) Vertragsschluss bei Vorhersehen der Änderung
      cc) Unzumutbarkeit des Festhaltens am unveränderten Vertrag

Rechtsfolge

  ➢ primär: Anspruch auf Vertragsanpassung
  ➢ sekundär: Rücktritt bzw. Kündigung

II. Voraussetzungen

737 Für die **Rechtsfolgen** muss § 313 zunächst anwendbar sein. Meist muss diese Vorschrift gegenüber anderen Regelungen zurücktreten. Des Weiteren bedarf es eines Vertrages. Darüber hinaus muss man sich darüber klar werden, was Geschäftsgrundlage des Vertrages war; diese müsste gestört sein. Ein derartiger Vertragsschluss dürfte bei Vorhersehen der Änderung nicht stattgefunden haben. Schließlich darf es der benachteiligten Partei nicht zumutbar sein, am unveränderten Vertrag festzuhalten.

1. Vertrag

738 Zwischen den Parteien muss ein **Vertrag** bestehen. § 313 ist ausschließlich auf vertragliche Schuldverhältnisse anwendbar, dies ist deutlich in § 313 Abs. 1 formuliert.[540] § 313 bezieht sich also nicht auf gesetzliche Schuldverhältnisse. Zudem hat die Rechtsprechung seit jeher anerkannt, dass eine Geschäftsgrundlage überhaupt nur Verpflichtungsverträge erfasse, nur auf sie ist also § 313 anwendbar, nicht hingegen auf dingliche Verfügungen.[541]

2. Anwendbarkeit des § 313

739 Weil es sich bei § 313 um eine Ausnahmevorschrift handelt, haben andere Vorschriften Vorrang. Die Regelungen zur Störung der Geschäftsgrundlage sind **subsidiär** gegenüber sämtlichen gesetzlichen Sonderregelungen der Geschäftsgrundlage, die sich verteilt über das gesamte BGB finden.[542] Zu denken ist etwa an die Bestimmungen in §§ 314, 321, 490, 519 etc. Doch nicht nur solche besonderen gesetzlichen Bestimmungen gehen vor, auch ist stets der Vorrang der vertraglichen Vereinbarung zu beachten. So muss zunächst durch Auslegung versucht werden, den genauen Vertragsinhalt zu ermitteln.[543] Denn dieser ist nicht die Geschäftsgrundlage. Insbesondere wenn im Vertrag bereits Anpassungs- und Auflösungsregelungen enthalten sind, gehen diese § 313 vor. Die Parteien können nämlich aufgrund der ihnen zustehenden Vertragsfreiheit die veränderten Umstände schon durch eine Vereinbarung, möglicherweise auch durch eine Anpassungsklausel oder eine Garantie, selber geregelt haben.

740 Ebenfalls vorrangig ist die Regelung zur **Unmöglichkeit** der Leistung. Ist nämlich der Schuldner nach § 275 überhaupt nicht dazu verpflichtet, die Leistung zu erbringen, stellt sich die Frage der Anpassung des Vertrages nicht mehr. Besonders

---

540 *Westermann/Bydlinski/Weber*, BGB – Schuldrecht Allgemeiner Teil, § 12 Rn. 6; Bamberger/Roth/*Unberath*, BGB, § 313 Rn. 8.
541 BGHZ 25, 293; BGHZ 96, 371.
542 *Looschelders*, Schuldrecht Allgemeiner Teil, Rn. 772 f.; *Westermann/Bydlinski/Weber*, BGB – Schuldrecht Allgemeiner Teil, § 12 Rn. 22; vgl. auch BT-Drucks. 14/6040, S. 175.
543 *Brox/Walker*, Allgemeines Schuldrecht, § 27 Rn. 13; BGH NJW 1984, 1177; BGH NJW-RR 1990, 601 (602).

bedeutend ist dies im Rahmen von § 275 Abs. 2 bei den Fällen der faktischen oder auch praktischen Unmöglichkeit. Hier sind ja diejenigen Fälle geregelt, bei denen die Beseitigung des Leistungshindernisses noch theoretisch möglich wäre, dies aber keinem vernünftigen Gläubiger ernsthaft zugemutet werden kann. Dann kommt eine Anwendung des § 313 nicht mehr in Betracht, weil § 275 insofern vorrangig ist. Eine Anpassung des Vertrags oder gar ein Rücktritt kann sich also immer nur dann ergeben, wenn der Schuldner nicht bereits nach § 275 von seiner Leistungspflicht befreit worden ist.[544]

Liegt ein Vertragstypus vor, der **Gewährleistungsregeln** wegen eines Sach- oder Rechtsmangels enthält, so gehen diese Regelungen dem § 313 immer vor. **741**

Umstritten ist, wie sich das **Anfechtungsrecht** gegenüber § 313 verhält. Problematisch wird dies im Hinblick auf § 313 Abs. 2, dem zufolge eine Störung der Geschäftsgrundlage auch dann vorliegt, wenn sich wesentliche Vorstellungen, die Grundlage des Vertrages geworden sind, als falsch herausstellen. Hier ist also eine Irrtumskonstellation gegeben, so dass man auch daran denken kann, ob nicht § 119 vorrangig gelten kann. Grundsätzlich stellt das Recht der Irrtumsanfechtung eine Spezialregelung dar, sie geht daher auch § 313 vor.[545] Doch kann man mit der überwiegend vertretenen Auffassung in diesem Zusammenhang davon ausgehen, dass § 119 Abs. 2 nur den einseitigen Irrtum regelt, eine *lex specialis* also nur hinsichtlich des einseitigen Irrtums ist.[546] Beim Doppelirrtum, wenn beide Parteien einem Irrtum über eine verkehrswesentliche Eigenschaft unterliegen, wird man hingegen davon auszugehen haben, dass § 119 Abs. 2 diese Situation nicht im Blick hat, stattdessen greift hier § 313 Abs. 2. Dies ist deshalb mit Recht so zu sehen, weil beim Doppelirrtum die Schadensersatzpflicht desjenigen, der zuerst anficht, ungerechtfertigt ist, denn es hängt allein vom Zufall ab, wer zuerst die Anfechtung erklärt und sich damit einem Schadensersatzanspruch aus § 122 aussetzt. Darüber hinaus ist zu berücksichtigen, dass allein § 313 Abs. 2 eine Vertragsanpassung ermöglicht, nicht bloß eine Beseitigung, wie es Rechtsfolge des § 119 Abs. 2 ist. Daher wird man mit Recht davon ausgehen können, dass dann, wenn sich beide Parteien über eine verkehrswesentliche Eigenschaft irren, nicht § 119 Abs. 2, sondern § 313 einschlägig ist.[547] **742**

3. Störung der Geschäftsgrundlage

Ist § 313 anwendbar, müsste eine **Störung der Geschäftsgrundlage** eingetreten sein. **743**

---

544 Vgl. *Eckert*, Schuldrecht Allgemeiner Teil, Rn. 633; *Schulze/Ebers*, JuS 2004, 266.
545 MünchKomm/*Roth*, BGB, § 313 Rn. 137.
546 S. etwa *Brox/Walker*, Allgemeines Schuldrecht, § 27 Rn. 5; *Rösler*, JuS 2005, (120) 122.
547 *Eckert*, Allgemeines Schuldrecht, Rn. 634; Palandt/*Grüneberg*, § 313 Rn. 38; *Looschelders*, Allgemeines Schuldrecht, Rn. 793; OLG Hamm NJW-RR 2006, 530; aA, der zufolge § 119 Abs. 2 auch hier vorrangig ist: etwa *Medicus*, Bürgerliches Recht, Rn. 162.

744 a) „**Geschäftsgrundlage**". Zunächst müsste überhaupt die **Geschäftsgrundlage** betroffen sein. Was eine Geschäftsgrundlage ist, ist vor allem gegenüber dem bloßen Vertragsinhalt abzugrenzen. Als Geschäftsgrundlage versteht man die nicht zum eigentlichen Vertragsinhalt erhobenen, aber beim Abschluss des Vertrages offensichtlichen gemeinschaftlichen Vorstellungen beider Vertragsparteien[548]; in gleicher Weise gehören hier hinzu die dem Geschäftsgegner erkennbaren und von ihm nicht beanstandeten Vorstellungen der anderen Vertragspartei vom Vorhandensein, künftigen Eintritt oder Fortbestand gewisser vertragswesentlicher Umstände, auf denen der Geschäftswille der Parteien beruht.[549] Im Einzelnen hilft diese Definition, da sie letztlich sehr global ist, kaum weiter. Hinzu kommt, dass die Einzelheiten zur Begrifflichkeit umstritten sind. Zum Teil geht man subjektiv vor; danach ist die Geschäftsgrundlage vor allem in den Vorstellungen zu suchen, die eine Partei oder beide Parteien über das Vorhandensein bestimmter Umstände haben und auf denen ihr Geschäftswille aufbaut.[550] Diese Vorstellungen werden dann zur Geschäftsgrundlage, wenn sie dem anderen erkennbar werden, ohne dass sie jedoch schon wiederum selbst konkreter Vertragsinhalt sind.[551] Objektiv wiederum wird vertreten, Geschäftsgrundlage sei jeder Umstand, dessen Vorhandensein oder Fortdauer objektiv erforderlich sei, damit der Vertrag im Sinne der Absichten beider Vertragsparteien noch als sinnvolle Regelung betrachtet werden könne.[552]

745 Letztlich wird man als Geschäftsgrundlage sowohl **objektive als auch subjektive Umstände** ansehen können. Hierzu gehören beispielhaft grundlegende politische, wirtschaftliche, soziale und natürliche Gegebenheiten, deren Veränderung sich auf die Vertragsverhältnisse auswirken kann. Dies ist etwa bei tief greifenden politischen Veränderungen, wie etwa bei der Wiedervereinigung Deutschlands, der Fall, ebenso bei schweren Wirtschaftskrisen und Inflation oder Revolution.[553] Ähnliches gilt für den Fall von Kriegen, Natur- und Umweltkatastrophen und sonstigen von den Parteien nicht vorhersehbaren Veränderungen in den äußeren Gegebenheiten.[554] Wichtig ist, dass es sich gerade dann, wenn man den subjektiven Geschäftsgrundlagenbegriff betont, um beiderseitige Fehlvorstellungen handeln muss. Es genügt nicht eine bloße einseitige Fehlvorstellung einer Partei, solange sie nicht in die gemeinsamen Grundlagen mit eingeflossen ist.[555] Es ist nämlich das einseitige Motiv einer Vertragspartei nicht ausreichend, vielmehr muss

---

548 Palandt/*Grüneberg*, BGB, § 313 Rn. 2 ff.; *Looschelders*, Schuldrecht Allgemeiner Teil, Rn. 776; BGH NJW 1996, 990 (991).
549 RGZ 103, 328 (332); BGHZ 128, 230 (236); Jauernig/*Vollkommer*, BGB, § 313 Rn. 3; HK-BGB/*Schulze*, § 313 Rn. 2.
550 BGH NJW 1995, 592 (593); BGH NJW 2001, 1204; BGH NJW-RR 2006, 1037 (1038).
551 BGH NJW 2002, 3697; BGHZ 135, 338.
552 Jauernig/*Vollkommer*, BGB, § 313 Rn. 4; Palandt/*Grüneberg*, BGB, § 313 Rn. 4.
553 BGH NJW 1984, 1747; BGHZ 133, 293.
554 HK-BGB/*Schulze*, § 313 Rn. 3; BGH JR 1979, 60.
555 Vgl. den umfassenden Überblick zum Vorstellungsbild der Parteien bei MünchKomm/ *Roth*, BGB, § 313 Rn. 54 ff.

gewährleistet sein, dass beide Seiten davon ausgehen, dass eine bestimmte Situation oder ein bestimmter Umstand die Grundlage ihres gemeinsamen Vertragsschlusses darstellen soll.[556]

b) „Störung". Diese Geschäftsgrundlage muss nun **gestört** sein. Sie ist es entsprechend dem § 313 Abs. 1 und Abs. 2, wenn drei eigenständige Voraussetzungen gegeben sind.

aa) Entscheidende Änderung (§ 313 Abs. 1) oder anfängliches Fehlen (§ 313 Abs. 2). Die **Umstände**, die Geschäftsgrundlage des Vertrages geworden sind, müssen sich entweder **entscheidend geändert** haben, wie aus § 313 Abs. 1 folgt, **oder** sie müssen sogar **von Anfang an gefehlt** haben, wie § 313 Abs. 2 regelt. Nicht jede Änderung ist hier von Bedeutung. Vielmehr muss es sich um eine schwerwiegende Veränderung handeln, wie der Wortlaut des Absatzes 1 deutlich macht. Ähnlich muss es in Absatz 2 um die Unrichtigkeit „wesentlicher Vorstellungen" gehen. Ob eine solche entscheidende Änderung vorliegt, muss man anhand des hypothetischen Parteiwillens zu ermitteln versuchen. Die Störung der Geschäftsgrundlage beruht dabei meist auf der **Änderung oder irrtümlichen Annahme von Umständen**, die gerade für den jeweiligen Vertrag relevant sind.

Bsp.: So liegt eine solche Änderung etwa vor, wenn wie im Beispielsfall *(unter Rn. 735)* die Inflation dazu führt, dass die vereinbarte Gegenleistung letztlich völlig wertlos ist. – Ähnliches kann der Fall sein, wenn eine Genehmigung für den Bau einer Fabrik, die für beide Vertragsparteien völlig selbstverständlich zu erwarten war, nicht erteilt wird, so dass der Verkauf des Grundstückes zum Bau dieser Fabrik letztlich sinnlos ist. Auch hier hat sich eine entscheidende Änderung in der Geschäftsgrundlage ergeben. – Ebenso kann eine solche Änderung vorliegen, wenn ein Grundstück verkauft wird, bei dem beide Parteien davon ausgehen, dass es sich nicht um Bauland handelt und sich im Nachhinein herausstellt, dass das Grundstück gleichwohl als Bauland ausgewiesen ist. Im Ergebnis liegt dann der Wert erheblich über dem vereinbarten Kaufpreis; gem. § 313 Abs. 2 ist deshalb von einem anfänglichen Fehlen wesentlicher gemeinsamer Vorstellungen auszugehen. Infolgedessen ist die erste Voraussetzung für einen Anspruch aus § 313 gegeben.[557]

bb) Kein (derartiger) Vertragsschluss bei vorhersehbarer Änderung. Die Parteien müssten, dies ist ein schwerer **hypothetischer Abwägungsakt**, darauf verzichtet haben, einen Vertrag oder diesen Vertrag abzuschließen, wenn sie die entscheidende Änderung vorhergesehen hätten.[558] Der Umstand, der sich verändert hat oder der fehlt, muss also derart bedeutend sein, dass zumindest eine der beiden Parteien eine absichernde vertragliche Klausel vereinbart hätte, wenn sie diese Veränderung bedacht hätte. Hier muss also der hypothetische Parteiwille ermittelt und festgestellt werden, was die Parteien vereinbart hätten, hätten sie diese konkrete neue Situation gekannt oder vorhergesehen.[559]

---

556 Palandt/*Grüneberg*, BGB, § 313 Rn. 44.
557 Vgl. zu diesem Fall BGH NJW 1972, 152.
558 *Brox/Walker*, Allgemeines Schuldrecht, § 27 Rn. 7; MünchKomm/*Roth*, BGB, § 313 Rn. 4.
559 Henssler/*v. Westphalen-Muthers*, BGB, § 313 Rn. 18.

749 cc) **Unzumutbarkeit des Festhaltens am unveränderten Vertrag.** Schließlich muss, dies ist die letzte Voraussetzung, das **Festhalten am unveränderten Vertrag** im konkreten Fall einer Vertragspartei **nicht zumutbar** sein, wenn man sämtliche Umstände des Einzelfalls, insbesondere der vertraglichen und gesetzlichen Risikoverteilung berücksichtigt.[560] Hier muss deutlich im Vordergrund stehen, dass jede Partei für das Gelingen des Vertrages und für das entsprechende Austauschverhältnis und die Gerechtigkeit in diesem Austauschverhältnis verantwortlich ist. Nur in ganz besonderen Fällen kann hiervon abgewichen werden. Grundsätzlich bleibt es aber dabei, dass der Schuldner jeweils das Beschaffungs- und der Gläubiger das Verwendungsrisiko trägt.[561] Daher sind allgemein Kaufkraftverluste, auch Preis- oder Materialkostensteigerungen hinzunehmen. Nur bei besonders extremen Missverhältnissen zwischen Leistung und ursprünglich versprochener Gegenleistung kann die Zumutbarkeit überschritten sein.[562]

750 Zentral ist also immer von der **vertraglichen Risikoverteilung** auszugehen. Man muss sich überlegen, ob es ausnahmsweise gerechtfertigt ist, von ihr abzuweichen und die Vertragstreue für überwindbar zu halten. Die Unzumutbarkeit wird man immer dann verneinen müssen, wenn der fragliche, sich ändernde Umstand in den ausschließlichen Risikobereich der benachteiligten Vertragspartei fällt.[563] Man muss also immer überlegen, ob nicht die Partei, die sich hier benachteiligt fühlt, vertraglich genau dieses Risiko übernommen hat.[564] Nur dann, wenn dies nicht der Fall ist, kann man eine relevante Störung der Geschäftsgrundlage annehmen.

III. Rechtsfolgen

751 Liegen die Voraussetzungen vor, sind gem. § 313 **zwei Rechtsfolgen** möglich, die in einem Stufenverhältnis zueinander stehen: Primär hat die benachteiligte Vertragspartei einen Anspruch auf Vertragsanpassung; subsidiär kommt ein Rücktritt bzw. Kündigung in Betracht.

1. Primär: Anspruch auf Vertragsanpassung

752 In erster Linie kann die benachteiligte Partei einen Anspruch auf **Anpassung des Vertrages** an die geänderten Umstände geltend machen. Zu denken ist insbesondere daran, dass bei einer Äquivalenzstörung der Kaufpreis herauf- bzw. herabgesetzt wird. Entscheidend ist, dass die Parteien zunächst selber über die Anpassung verhandeln sollen. Gegebenenfalls muss ein Gericht den veränderten Vertrag

---

[560] *Looschelders*, Schuldrecht Allgemeiner Teil, Rn. 781; *Brox/Walker*, Allgemeines Schuldrecht, § 27 Rn. 8; BGH NJW 1995, 48; zur fehlenden Unzumutbarkeit: BGH NJW-RR 1993, 272; BGH NJW 1995, 48.
[561] AnwK-BGB/*Krebs*, § 313 Rn. 46; Jauernig/*Stadler*, BGB, § 313 Rn. 22.
[562] Vgl. etwa das Beispiel in BGH NJW 1973, 1599.
[563] BGH NJW 1992, 2690; *Medicus*, Bürgerliches Recht, Rn. 164.
[564] *Looschelders*, Schuldrecht Allgemeiner Teil, Rn. 782.

festlegen, wenn sich die Parteien nicht über eine Anpassung einigen können. Dann kann der Anspruch auf Anpassung in einem Prozess durch eine Klage geltend gemacht werden, die unmittelbar auf die angepasste Leistung gerichtet ist.[565]

2. Subsidiär: Rücktritt bzw. Kündigung

Nur dann, wenn eine Anpassung des Vertrags an die neuen Verhältnisse nicht möglich oder für einen Teil unzumutbar ist, kann der benachteiligte Teil dann sogar vom Vertrag zurücktreten. § 313 Abs. 3 Satz 1 enthält insofern ein **Rücktrittsrecht**; dieses ist für ein Dauerschuldverhältnis gem. § 313 Abs. 3 Satz 2 als Kündigungsrecht ausgestaltet. Kommt es zu einem Rücktritt, wird ein Rückabwicklungsschuldverhältnis in Kraft gesetzt; bereits ausgetauschte Leistungen sind zurückzugewähren, die Rückabwicklung erfolgt nach §§ 346 ff.

IV. Besondere Fallgruppen

Die Störung der Geschäftsgrundlage ist von Anfang an für bestimmte Fallgruppen von der Rechtsprechung entwickelt worden. Wie bereits dargelegt, war sie zunächst für die besonderen Fälle der Geldentwertung geschaffen worden. Diese „**Äquivalenzstörung**" stellt nach wie vor eine besonders wichtige Fallgruppe des § 313 dar. Wenn infolge wesentlicher Veränderungen der Verhältnisse ein offenbares, nicht vorhersehbares Missverhältnis zwischen Leistung und Gegenleistung eintritt, kann es gem. § 313 gerechtfertigt sein, von den Grundlagen der Vertragstreue abzuweichen und den Vertrag den veränderten Verhältnissen anzupassen oder sogar aufzulösen.[566] Diese Fälle sind dadurch geprägt, dass die Umstandsänderung dazu führt, dass der allgemeine Gerechtigkeitsgedanke der Gleichwertigkeit von Leistung und Gegenleistung nachhaltig gestört ist.[567] Ist eine solche erhebliche und unvorhersehbare Störung der Äquivalenz gegeben, stellt dies eine erste Fallgruppe der Störung der Geschäftsgrundlage dar. Sie ist die historische Ausgangsfallgruppe.[568]

Eine weitere Fallgruppe sind die sog. **Zweckstörungen**. Diese liegen vor, wenn der Leistungserfolg zwar noch herbeigeführt werden kann, der Gläubiger an dieser jedoch kein Interesse mehr hat, weil sich die grundlegenden Verhältnisse geändert haben. Hier liegt kein Fall der Zweckerreichung oder des Zweckfortfalls vor, stattdessen ist die Zweckerreichung gestört; doch muss auch hier beachtet werden, dass prinzipiell die Möglichkeit, die Leistung zu gebrauchen, in den Risikobereich des Gläubigers fällt. Hier muss also explizit von den Parteien der Verwendungszweck vereinbart worden sein, er muss zur Geschäftsgrundlage geworden sein, so dass nur in diesen Fällen die Anwendung des § 313 möglich wird.[569]

---

565 So schon BT-Drucks. 14/6040, S. 176; Palandt/*Grüneberg*, BGB, § 313 Rn. 29; *Lorenz/Riehm*, Lehrbuch zum neuen Schuldrecht, Rn. 397.
566 Palandt/*Grüneberg*, BGB, § 313 Rn. 33; *Medicus*, Bürgerliches Recht, Rn. 161.
567 *Looschelders*, Schuldrecht Allgemeiner Teil, Rn. 788.
568 S. Beispielsfall RGZ 103, 328.
569 Vgl. den Leitfall OLG Karlsruhe NJW 1992, 3176.

756 Eine dritte typische Fallgruppe für die Störung der Geschäftsgrundlage ist der bereits angesprochene Doppelirrtum. Hier geht § 313 nach zutreffender und überwiegender Ansicht § 119 Abs. 2 BGB vor. Insbesondere gilt § 313 auch in den Fällen, in denen sich die Parteien über den Eintritt bzw. Nichteintritt künftiger Ereignisse irren, hier greift nämlich § 313 Abs. 1 ein.[570]

---

570 Palandt/*Grüneberg*, BGB, § 313 Rn. 38; *Looschelders*, Schuldrecht Allgemeiner Teil, Rn. 793; BGH NJW 1976, 565.

Teil V: Erlöschen der Schuldverhältnisse

Nachdem zuvor erläutert wurde, auf welche Weise Schuldverhältnisse entstehen bzw. welche Entwicklungen sich während des Bestehens eines Schuldverhältnisses ergeben können, rückt nun in den Mittelpunkt, **wie** ein einmal entstandenes **Schuldverhältnis** wieder **beendet** werden kann. Dabei ist zu differenzieren: Auf der einen Seite kann es um das Schuldverhältnis im weiteren Sinne gehen, das untergeht. Es kann jedoch auch das einzelne Forderungsverhältnis zwischen Schuldner und Gläubiger untergehen, also „erlöschen". Darum geht es in diesem Teil im Wesentlichen. **757**

Der Regelfall für das **Erlöschen** einer konkreten Schuld ist die „Erfüllung" gem. § 362 BGB. Damit ist die Situation gemeint, in der der Schuldner seine Leistungsverpflichtung (ordnungsgemäß) erfüllt *(s. unter Rn. 760 ff.).* Ein weiterer wichtiger Erlöschenstatbestand stellt die Aufrechnung dar. Haben Schuldner und Gläubiger gegenseitig gleichartige Forderungen, so kann die Abwicklung durch eine „Verrechnung" vereinfacht werden *(s. unter Rn. 825 ff.).* Ein dritter Weg der Beendigung ist die Möglichkeit des Rücktritts, welcher in den §§ 346 ff. geregelt wird *(s. unter Rn. 868 ff.).* Weitere, nicht so bedeutsame Erlöschensgründe sind *unter Rn. 956 ff.* erläutert. **758**

Das Erlöschen eines Schuldverhältnisses ist im **Prüfungsaufbau** in einem zweiten Schritt zu prüfen. Erstens fragt man, ob der Anspruch entstanden ist. Hier geht es um die Begründung des Schuldverhältnisses. Ist der Anspruch einmal wirksam entstanden, ist in einem zweiten Schritt zu prüfen, ob dieser Anspruch möglicherweise wieder untergegangen, also erloschen ist, beispielsweise durch Erfüllung, Aufrechnung oder durch den Rücktritt des Anspruchsgegners. Nun geht es also um den zweiten Teil einer Anspruchsprüfung: Anspruch erloschen?[1] **759**

§ 13 Die Erfüllung

Literatur: *Binder, J.-H.,* Die Inzahlungnahme gebrauchter Sachen vor und nach der Schuldrechtsreform am Beispiel des Autokaufs „Alt gegen Neu", NJW 2003, 393; *Bülow, P.,* Grundfragen der Erfüllung und ihre Surrogate, JuS 1991, 529 ff.; *Ehricke, U.,* Die Anfechtung einer Tilgungsbestimmung gem. § 366 Abs. 1 BGB wegen Irrtums, JZ 1999, 1075; *Gernhuber, J.,* Die Erfüllung und ihre Surrogate sowie das Erlöschen des Schuldverhältnisses

---

1 Ist der Anspruch nicht untergegangen, geht es im dritten Teil der Prüfung darum, ob der Anspruch auch durchsetzbar ist – dann muss man untersuchen, inwieweit der Schuldner dem Gläubiger Rechte entgegenhalten kann, die ihn dazu berechtigen, die Leistung zurückzuhalten. Insbesondere sind hier die Zurückbehaltungsrechte der §§ 273 und 320 zu nennen *(dazu vgl. oben Rn. 258 ff.).*

aus anderen Gründen, in: Handbuch des Schuldrechts, 2. Aufl., 1994; *Honsell, H.*, Sachmängelproblem beim Neuwagenkauf mit Inzahlungnahme eines Gebrauchtwagens, Jura 1983, 523; *Muscheler, K./Bloch, W. E.*, Erfüllung und Erfüllungssurrogate, JuS 2000, 729; *Schreiber, K.*, Leistungen an Erfüllungs statt und erfüllungshalber, Jura 1996, 328; *ders.*, Erfüllung durch Leistung an Minderjährigem, Jura 1993, 666; *von Dücker, H.-G.*, Die Erfüllung einer Geldschuld durch Banküberweisung, WM 1999, 1257.

Rechtsprechung: **BGH NJW 1983, 1605** (Geldzahlung auf Notaranderkonto – Rechtswirkung); **BGH NJW 1984, 429** (Inzahlunggabe eines Gebrauchtwagens – Wandelung – Rückabwicklung); **BGH NJW 1989, 1792** (Irrtumsanfechtung der Tilgungsbestimmung); **BGH NJW 1991, 2629** (Tilgungsreihenfolge bei Zahlungen des Bestellers auf die an den Vorbehaltslieferanten teilweise vorausabgetretene Werklohnforderung des Unternehmers; Rangabrede bei Vorbehaltskauf); **BGH NJW 1992, 683** (Kfz-Leasingvertrag: Abtretung der Rechte aus der Vollkaskoversicherung erfüllungshalber); **BGH NJW 1993, 1704** (Gestattung der Ausführungsübertragung an Dritte; Beweislastverteilung); **BGH NJW 2001, 3781** (Leistung der Stammeinlage für eine GmbH: Erfüllung durch Leistung eines bestimmten, der Einlageschuld als einer von mehreren offenen Verbindlichkeiten zuzuordnenden Betrags auch ohne ausdrückliche Tilgungsbestimmung); **BGH NJW-RR 1995, 1257** (Maßgebliche – auch stillschweigende – Tilgungsbestimmung bei Verwertung einer mehrere Forderungen gegen mehrere Schuldner sichernden Grundschuld); **BGH WM 1967, 228** (Rechtsnatur der Inzahlungnahme eines Gebrauchtwagens); **OLG Nürnberg MDR 1999, 858** (Auslegung eines Prozessvergleichs: Teilerlass einer Forderung für den Fall der Zahlung bis zu einem bestimmten Zeitpunkt und Rechtzeitigkeit der Zahlung); **OLG Oldenburg NJW-RR 1995, 689** (Wandlung eines Neuwagenverkaufs unter Inzahlungnahme eines Gebrauchtfahrzeuges).

760 Die **Erfüllung** ist der **Regelfall** des Erlöschens eines Schuldverhältnisses und in den §§ 362–371 geregelt. Sie setzt voraus, dass der Schuldner seine Leistung ordnungsgemäß erbringt. Im Folgenden wird die Erfüllung zunächst in einem Überblick dargestellt, sodann werden ihre Voraussetzungen, im Anschluss daran die Rechtsfolgen erläutert. Schließlich werden zwei besondere Situationen vorgestellt, die der Erfüllung vergleichbar sind, nämlich die Leistung an Erfüllungs statt bzw. eine Leistung erfüllungshalber.

I. Überblick und Rechtsnatur

761 Verläuft das Schuldverhältnis so, wie es sich die beiden Parteien, Schuldner und Gläubiger, von Anfang an vorgestellt haben, kann der Schuldner seine Leistung an den Gläubiger erbringen und seine ihm obliegende Pflicht „erfüllen". Die Leistungspflicht des Schuldners erlischt bei einem regulären Verlauf des Schuldverhältnisses durch Erfüllung.[2] Diese Form der Beendigung des konkreten Schuldverhältnisses zwischen Schuldner und Gläubiger ist geregelt in § 362 Abs. 1. Erbringt der Schuldner das, wozu er sich verpflichtet hat, hat der Gläubiger fortan keinerlei Anspruch mehr aus diesem konkreten Schuldverhältnis gegen den Schuldner. Der Schuldner wird hier also von seiner Leistungspflicht dadurch befreit, dass er sie ordnungsgemäß erbracht hat.

762 Besonderheiten ergeben sich in dieser Situation immer dann, wenn nicht der Schuldner selbst der Leistungserbringer ist, oder wenn er umgekehrt nicht an

---

2 *Looschelders*, Schuldrecht Allgemeiner Teil, Rn. 383.

seinen Vertragspartner leistet. Beides ist möglich, d. h. auf beiden Seiten können **Dritte** tätig werden, dies hindert die Erfüllungswirkung nicht, wie aus § 362 Abs. 2 deutlich wird.

763 Ist die Erfüllung den Voraussetzungen gemäß erfolgt, führt dies zum Erlöschen der Schuld. Doch ist dies nicht die einzige **Rechtsfolge**. Vielmehr treffen den Gläubiger in dieser Situation neue Pflichten, die sich aus den §§ 370, 371 ergeben. Fraglich ist schließlich, wie zu verfahren ist, wenn der Schuldner dem Gläubiger gegenüber mehrere Forderungen zu erfüllen hat – besonders dann, wenn er mehrere Geldforderungen schuldet. Dann ist zu klären, wie man bestimmen kann, auf welche Forderung er geleistet hat. Hier rückt der Begriff der „Tilgungsbestimmung" in den Mittelpunkt, dazu enthält § 366 eine eigene Regelung. Schließlich kennt das BGB auch die Möglichkeit, die konkrete Erfüllung durch ähnliche Handlungen des Schuldners zu ersetzen. Diese sind in § 364 geregelt.

764 Die **Rechtsnatur** der Erfüllung stellt ein besonderes Problem dar, das man grundsätzlich bereits vorweg in diesem Überblick darstellen könnte: Handelt es sich bei ihr allein um einen tatsächlichen Akt? Oder bedarf es zu einer wirksamen Erfüllung neben der Vornahme der Leistungsbewirkung noch eines „Erfüllungsvertrages"? Dies berührt die Frage der Rechtsnatur der Erfüllung, die jedoch nicht abstrakt vorgestellt werden soll, sondern dort, wo sie auch im Prüfungsaufbau relevant wird.[3]

II. Voraussetzungen für das Erlöschen des Schuldverhältnisses durch Erfüllung

765 Damit das Schuldverhältnis durch die Erfüllung erlischt, ist gem. § 362 Abs. 1 die geschuldete Leistung zu bewirken *(s. unter Rn. 766)*. Ob noch ein weiteres Element, nämlich eine Einigung, hinzukommen muss, ist umstritten *(dazu Rn. 774)*. Schließlich kann bei der Erfüllung auch ein Dritter involviert sein *(dazu Rn. 785)*.

1. Regelfall: Bewirken der geschuldeten Leistung, § 362 Abs. 1

766 Die Regelung in § 362 Abs. 1 sieht vor, dass das Schuldverhältnis erlischt, wenn die geschuldete Leistung an den Gläubiger bewirkt wird. Auf diese Weise wird das Erlöschen des Schuldverhältnisses letztlich nur an **eine Voraussetzung** geknüpft: an das **Bewirken** der geschuldeten Leistung.

Bsp.: K kauft bei V eine Flasche Sekt. Dieser übergibt und übereignet sie ihm und hat folglich das getan, wozu er nach § 433 verpflichtet war. Die Schuld ist erloschen.

767 Die zentrale Frage geht nun dahin, wann dieses Bewirken der geschuldeten Leistung vorliegt. Es genügt nicht, dass der Schuldner bloß alles Erforderliche getan hat, damit der Leistungserfolg eintreten kann.[4] Es kommt also nicht auf die konkrete Handlung an, etwa bei einer Schickschuld auf das Abschicken der Ware

---
3 Vgl. unten Rn. 774.
4 *Looschelders*, Schuldrecht Allgemeiner Teil, Rn. 384; *Medicus*, Schuldrecht I, Rn. 229.

durch den Verkäufer an den Käufer. Entscheidend ist vielmehr, dass der geschuldete **Leistungserfolg** auch tatsächlich beim Gläubiger **eintritt**.⁵ Auch nicht ausreichend ist ein bloß zufälliger Leistungseintritt.⁶

Bsp.: J aus Jena verkauft dem F aus Düsseldorf einen PC und verspricht, dem F den PC zu schicken. – Hier wird die geschuldete Leistung (die Übereignung des PC) nur dadurch bewirkt, dass der Leistungserfolg eintritt, dass also J den Besitz und vor allem das Eigentum am PC erlangt. Denn nur wenn der Leistungserfolg auch tatsächlich eingetreten ist, sind die Interessen des Gläubigers befriedigt, was aber noch nicht der Fall ist, wenn der Schuldner lediglich alles ihm zur Leistungserbringung Obliegende getan hat.⁷

768 Anders kann dies nur sein, wenn sich die Leistungsverpflichtung nicht auf einen Erfolg richtet, sondern **allein** in einer **Leistungshandlung** besteht. In diesen Fällen ist die nach § 362 Abs. 1 erforderliche Bewirkungshandlung in der Vornahme der konkreten Leistungsverpflichtung selbst zu sehen⁸; diese Besonderheiten gelten insbesondere bei solchen Verträgen, die keinen Leistungserfolg schulden, also in denen die Leistungshandlung im Mittelpunkt steht wie bei der Vornahme einer Dienstleistung. Hier schuldet der Diensterbringer nicht einen konkreten Erfolg, sondern die Vornahme der Leistungshandlung.

Bsp.: Der Arzt schuldet keinen Erfolg, sondern er schuldet die ihm obliegende Leistung, die Behandlung des Patienten ordnungsgemäß durchzuführen – hier ist also nicht der Leistungserfolg entscheidend, sondern die Vornahme der Leistungshandlung.

769 Weil somit regelmäßig der Leistungserfolg und nicht die Leistungshandlung für die Erfüllung entscheidend ist, kommt es auch auf die **Mitwirkungshandlung** des Gläubigers an. Weigert sich der Gläubiger, diese zu erbringen, kann die Erfüllung nicht eintreten. Dies ist für den Schuldner sehr misslich. Doch hilft das BGB hier mit den Regelungen des „Gläubigerverzugs", welche den Interessen des Schuldners auf verschiedene Weise Rechnung tragen.⁹

770 Trotz Maßgeblichkeit der Erfüllung für den Leistungserfolg ist jedoch zu berücksichtigen, dass es für die Frage der **Rechtzeitigkeit einer Leistungshandlung** nicht auf den Erfolg, sondern auf die Leistungshandlung ankommt. Dies ist insbesondere bei Schickschulden von Bedeutung, und hat in diesem Zusammenhang Auswirkungen auf den Schuldnerverzug. Hier muss man also zwischen Leistungszeitpunkt auf der einen Seite und Erfüllungswirkung auf der anderen Seite differenzieren.

Bsp.: J aus Jena kauft bei F aus Düsseldorf einen PC, dieser sagt die Versendung am 27.6. zu. – Bringt er den PC nun am 27.6. zur Post, gerät er nicht in Verzug, weil er die Leistungshandlung rechtzeitig vorgenommen hat. In diesem Moment ist aber noch nicht die Erfüllung eingetreten, die kann vielmehr nach § 362 Abs. 1 erst dann eintreten, wenn der PC bei J angekommen ist, unabhängig davon, wann dies der Fall ist.¹⁰

---

5 *Medicus,* Schuldrecht I, Rn. 229.
6 *Medicus,* Bürgerliches Recht, Rn. 754.
7 So etwa BGH NJW 1983, 1605 (1606): Die vertraglich vereinbarte Überweisung auf ein Treuhandkonto des Notars führt nicht zur Erfüllung.
8 *Westermann/Bydlinski/Weber,* BGB – Schuldrecht Allgemeiner Teil, § 19 Rn. 4.
9 Vgl. dazu im Einzelnen die Ausführungen zum Gläubigerverzug *(Rn. 696 ff.).*
10 S. dazu auch OLG Nürnberg MDR 1999, 858.

771 Doch was versteht man nun unter „**Bewirken der geschuldeten Leistung**"? Entscheidend ist, welchen Umfang der reale Tilgungsakt hat, was also der Schuldner für die Erfüllung tun muss. Im Einzelnen richtet sich dies nach der Art der vom Schuldner zu erbringenden Leistungsverpflichtung. Allgemein kann man formulieren, dass eine Erfüllung durch die Bewirkung der geschuldeten Leistung nur dann eintritt, wenn der richtige Schuldner die richtige Leistung zur richtigen Zeit am richtigen Ort und an den richtigen Gläubiger erbringt.[11] Es muss genau das vom Schuldner vorgenommen werden, was vereinbart ist; dies ist nur dann der Fall, wenn alle Parameter des Schuldverhältnisses richtig berücksichtigt werden. Dafür ist nun wiederum entscheidend, was zwischen den Parteien im Einzelnen vereinbart war. Wenn keine Vereinbarung vorliegt, müssen die gesetzlichen Auslegungsregeln eingreifen.

Bsp.: Haben die Vertragsparteien vereinbart, dass V die gekaufte Waschmaschine erst am 27.6. liefern kann, tritt keine Erfüllung ein, wenn der Verkäufer die Maschine bereits am 25.6. liefert. Dann ist die Erfüllung nicht so bewirkt, wie sie geschuldet war, nämlich nicht zur richtigen Zeit, mögen auch alle anderen Parameter (richtiger Schuldner, richtige Leistung, richtiger Ort, richtiger Gläubiger) gegeben sein. Der Schuldner, hier also V, kann demzufolge die Leistungserbringung nur dann mit Erfüllungswirkung erbringen, wenn er die richtige Zeit wählt: Er kann also erst am 27.6. schuldbefreiend liefern. Liefert er vorher und nimmt der Käufer als Gläubiger die Leistung zu diesem Zeitpunkt an, so liegt in dieser Situation zwar eine Erfüllung – doch muss man sich bewusst sein, dass in diesem Vorgang (zumindest konkludent) eine Abänderung der Leistungszeitvereinbarung liegt.

772 Ist aber nun überhaupt **keine Leistungszeit** vereinbart, ist eine Erfüllung gleichwohl möglich. Dann greift das ein, was zuvor in *Rn. 254 ff.* näher erläutert wurde, nämlich die Auslegungsregelung zur Leistungszeit, § 271. Wenn eine Zeit für die Leistung weder bestimmt noch aus den Umständen zu entnehmen ist, kann der Gläubiger die Leistung danach sofort verlangen und der Schuldner kann sie sofort bewirken.

Bsp.: Daraus folgt, dass in dem vorherigen Beispiel *(unter Rn. 771)*, wäre keine Leistungszeit vereinbart, V die Waschmaschine sofort liefern könnte, mit der Folge, dass er sie auch zur „richtigen Zeit" geliefert hätte. Dann wäre er, wenn auch die anderen Parameter erfüllt sind, in diesem Moment durch seine Erfüllungshandlung von seiner Leistungsverpflichtung befreit (sofern K die Leistung annimmt, denn dies ist, wie dargestellt, stets zur Erfüllung erforderlich).

773 Von den zuvor genannten Parametern (Schuldner, Leistung, Zeit, Ort, Gläubiger), die alle „richtig" gegeben sein müssen, sieht das Gesetz selbst in zwei Fällen **Abweichungen** vor: Zum einen kann auch ein Dritter anstelle des richtigen Schuldners leisten; zum anderen kann ausnahmsweise auch an einen anderen anstelle des „richtigen" Gläubigers geleistet werden; beide Besonderheiten werden sogleich noch gesondert angesprochen.[12]

---

11 *Brox/Walker*, Allgemeines Schuldrecht, § 12 Rn. 1.
12 Vgl. Rn. 785.

2. Weitere Voraussetzungen erforderlich? Die Rechtsnatur der Erfüllung

774 Fraglich ist, ob neben den genannten Umständen der Tilgungshandlung, also neben der realen Bewirkung der Leistungsverpflichtung noch Weiteres hinzukommen muss, damit die Erfüllungswirkung eintreten kann. Im Gesetzeswortlaut findet sich hierzu nichts. Dort ist von einer **weiteren Voraussetzung** nicht die Rede. Ob man sie gleichwohl für erforderlich hält, hängt davon ab, welche Rechtsnatur man der Erfüllung zubilligt.[13]

> *Bsp.*: Der 15-jährige A verkauft mit der entsprechenden Genehmigung seiner Eltern sein Fahrrad an den volljährigen B. Als nun A von B die Bezahlung verlangt, möchte B wissen, ob er durch die Zahlung des vereinbarten Kaufpreises an A von seiner Verpflichtung befreit wird.

775 Dieses Beispiel macht die **erste Fallgruppe** deutlich, in der der Streit um die Rechtsnatur der Erfüllung virulent wird: die Annahme einer Leistung durch Personen, die in ihrer Geschäftsfähigkeit beschränkt sind, also insbesondere durch Minderjährige. Darüber hinaus gibt es weitere Situationen, in denen die unterschiedlichen Erfüllungstheorien bedeutsam werden: Dies ist zum einen der Fall, wenn ein tatsächliches Verhalten geschuldet wird, also insbesondere eine Dienstleistung; zum anderen dann, wenn Unklarheiten über die Zweckbestimmung einer Leistung bestehen.

776 Im Ergebnis ist der **Meinungsstreit heute weitgehend entschieden**. Dennoch sollten die unterschiedlichen Meinungen bekannt sein und dort, wo es darauf ankommt, also in den genannten Beispielen, auch angesprochen werden (aber nur dort!).

777 Früher wurde häufig die sog. „Vertragstheorie" vertreten. Danach verlangt die Erfüllung nach § 362 Abs. 1 nicht nur die reale Leistungsbewirkung, sondern es sei in jedem Fall zusätzlich noch ein Erfüllungsvertrag erforderlich, d. h. eine Einigung darüber, dass die Leistung, die erbracht wird, als Erfüllung erfolge.[14] Nach dieser Ansicht ist die Erfüllung also ein Rechtsgeschäft, es bedarf einer Einigung. In dem obigen Beispiel *(unter Rn. 774)* tritt eine Erfüllung somit nicht ein: Zwar könnte B seine Leistung entsprechend der genannten Parameter richtig erbringen, sogar an den richtigen Gläubiger; da jedoch zusätzlich ein Vertrag, nämlich ein Erfüllungsvertrag, erforderlich ist, kann die Erfüllungswirkung nicht eintreten, da A minderjährig ist.

778 Diese Vertragstheorie wird in ihrer reinen Form heute zwar nicht mehr vertreten, doch findet man unverändert eine Modifikation, man spricht auch von der **beschränkten Vertragstheorie**. Auch sie verlangt einen auf Aufhebung des Schuldverhältnisses gerichteten Vertrag, den beispielsweise der Minderjährige nur mit

---

[13] Dabei handelt es sich nicht einmal um eine unbewusste Regelungslücke im Gesetz, vielmehr hat es der Gesetzgeber selbst der Wissenschaft überlassen, die Frage nach der Rechtsnatur der Erfüllung zu beantworten; vgl. Motive II, S. 81.
[14] So etwa *von Tuhr*, AT II/2, § 72 III, S. 82, mit Nachw. zum Streitstand im älteren Schrifttum in Fn. 128; *Weitnauer*, NJW 1974, 1729 (1730); *Brox/Walker*, Allgemeines Schuldrecht, § 14 Rn. 3.

Voraussetzungen

Zustimmung seines gesetzlichen Vertreters abschließen kann.[15] Die Modifikation dieser Theorie liegt im Gegensatz zu der früher vertretenen reinen Vertragstheorie darin, dass ein entsprechender Erfüllungsvertrag nur erforderlich sein soll, soweit die Leistungsbewirkung nicht in einem rein tatsächlichen Verhalten besteht, sondern wenn zur Herbeiführung des Leistungserfolgs ein Vertrag erforderlich ist. Dies ist insbesondere der Fall, wenn es bei dem Leistungserfolg um einen Übereignungsvertrag zwischen den Parteien geht, also zur Erfüllung eines Kaufvertrages etwa. Sobald ein solcher Vertrag erforderlich ist, kann auch nach der beschränkten Vertragstheorie etwa im obigen Beispiel mit der Übereignung des Geldes durch B an A ohne Mitwirkung des gesetzlichen Vertreters des A keine Erfüllung eintreten.

Beide Formen der Vertragstheorie leiden jedoch darunter, dass schon der Wortlaut des § 362 Abs. 1 nichts für sie hergibt. Dagegen mag man jedoch einwenden, dass der Gesetzgeber hier ja bewusst eine Unklarheit in Kauf genommen hat. Doch ist auch systematisch gegen diese Konstruktion einzuwenden, dass § 366 Abs. 1 deutlich macht, dass für die Erfüllung kein Vertrag erforderlich sein soll. Denn auch dort ist die Erfüllung nicht von einer Einigung der Parteien abhängig, vielmehr erlischt bei mehreren Forderungen die Schuld, die der Schuldner bezeichnet hat, auch dann, wenn der Gläubiger sie anders anrechnen möchte.[16] Die **Vertragstheorie** vermag daher im Ergebnis **nicht zu überzeugen**.

Nach einer weiteren Ansicht wird vertreten, dass über die bloße reale Leistungsbewirkung hinaus noch eine Einigung über den Zweck der Leistung zu verlangen sei.[17] Zur realen Leistungsbewirkung muss also nach dieser Ansicht noch die **Zweckbestimmung** des Leistenden hinzukommen oder konkret vereinbart werden. Hier gelten jedoch dieselben Einwendungen wie gegen die Vertragstheorie. Insbesondere ist auch hier § 366 als Gegenargument anzugeben, denn die Erfüllung tritt nach dieser Vorschrift in jedem Fall ein, unabhängig von einer Zweckbestimmung.

Mit Recht hat sich daher die sog. „Theorie der realen Leistungsbewirkung" durchgesetzt. Nach dieser ist die Erfüllung ein realer Tilgungsakt. Allein die Herbeiführung des Leistungserfolgs ist erforderlich, damit die Erfüllungswirkung entsteht.[18] Die Erfüllung ist nicht rechtsgeschäftlich zu verstehen, es geht allein darum, ob die vom Schuldner zu erbringende, geschuldete Leistung tatsächlich erbracht wurde.[19] Diese Auffassung hat insbesondere für sich, dass sie nicht nur

---

15 So heute noch etwa *Fikentscher/Heinemann*, Schuldrecht, Rn. 271; *Enneccerus/Lehmann*, Recht der Schuldverhältnisse, § 60 II 2.
16 *Eckert*, Schuldrecht Allgemeiner Teil, Rn. 673.
17 So etwa *Gernhuber*, Die Erfüllung und ihre Surrogate, in: Handbuch des Schuldrechts, S. 110 ff.; *Bülow*, JuS 1991, 529 (531).
18 *Larenz*, Schuldrecht I – Allgemeiner Teil, S. 238; MünchKomm/*Wenzel*, BGB, § 362 Rn. 10; Staudinger/*Olzen*, BGB, Vorbem. zu § 362 ff. Rn. 10, 14; BGH NJW 1991, 1294 (1295); BGH NJW 1992, 2698 (2699).
19 So die herrschende Auffassung, vgl. etwa BGH NJW 1991, 1294 (1295); NJW 1992, 2698 (2699); MünchKomm/*Wenzel*, BGB, § 362 Rn. 10; Staudinger/*Olzen*, BGB, Vorbem. zu § 362 Rn. 10 ff.; *Larenz*, Schuldrecht I – Allgemeiner Teil, S. 235; *Medicus*, Schuldrecht I, Rn. 235.

im Einklang mit dem Wortlaut des § 362 Abs. 1 steht, der eine zusätzliche Einigung nicht für erforderlich hält, sondern dass dieser Ansatz auch der Bestimmung in § 366 gerecht wird. Daher ist eine Erfüllung ohne weitere Voraussetzungen mit der konkreten Handlungsvornahme und dem Eintritt des Leistungserfolgs beim richtigen Gläubiger eingetreten. Nur in wenigen Fällen ist auch nach der Theorie der realen Leistungsbewirkung ein weiteres subjektives Tatbestandselement zu verlangen. Dies ist der Fall, wenn der Schuldner bei mehreren Forderungen eine Tilgungsbestimmung trifft (wobei jedoch, wie angedeutet, § 366 Abs. 2 eine Erfüllung auch abweichend zulässt), oder wenn eine Vorausleistung durch den Schuldner erfolgen soll.

782 Die Theorie der realen Leistungsbewirkung gilt jedoch hinsichtlich des Umstandes, dass sie in der Regel einen realen Tilgungsakt für ausreichend hält, nicht uneingeschränkt; vielmehr verneint diese Theorie ebenfalls den Eintritt der **Erfüllungswirkung gegenüber einem Minderjährigen**. Auch diese Theorie würde bei dem genannten Beispiel *(unter Rn. 774)* dazu führen, dass der B an den A nicht mit Erfüllungswirkung leisten kann. Dem Minderjährigen fehlt nämlich die **Empfangszuständigkeit** für die Leistung. Daher erlischt die Forderung in dieser Situation tatsächlich nicht, da der Minderjährige für den Forderungserhalt keine Empfangszuständigkeit besitzt; anderes kann nur dann gelten, wenn eine entsprechende Einwilligung der Eltern vorliegt bzw. diese die Leistungsannahme ausdrücklich oder konkludent genehmigt haben.[20]

783 Auf diese Weise soll der Geschäftsunfähige oder beschränkt Geschäftsfähige geschützt werden, und zwar dadurch, dass die Person, an die die Leistung bewirkt wird, zur Annahme der Leistung auch tatsächlich befugt sein muss – gemeint ist die „Empfangszuständigkeit".[21] Für diese sollen dieselben Grundsätze gelten wie bei der Verfügungsmacht: Insbesondere fehlt sie dem Minderjährigen.[22] Auf diese Weise kommt die Theorie der realen Leistungsbewirkung zu überzeugenden Ergebnissen.

784 In den oben genannten **verschiedenen Fallgruppen**, in denen die Frage nach einer zusätzlichen Voraussetzung also problematisch werden kann, sind nach der zuvor beschriebenen Theorie regelmäßig die bloße Leistungsbewirkung und der Eintritt des Leistungserfolges ausreichend. Nur wenn es um die Fallgruppe des Minderjährigen geht, ist zusätzlich zu bedenken, dass zwar vom Schuldner eine Erfüllungshandlung vorgenommen werden kann, doch der Minderjährige als Gläubiger nicht empfangszuständig ist. Dann kann die Forderung des Minderjährigen nicht untergehen. Geht es jedoch um ein tatsächliches Verhalten, bedarf es – dies ist im Kern die Aussage der Theorie der realen Leistungsbewirkung – keiner zusätzlichen vertraglichen Einigung über die Erfüllung. Die Erfüllung tritt allein mit der Bewirkung der Leistung ein.

---

20 So zu Recht MünchKomm/*Wenzel*, BGB, § 362 Rn. 15; aA Soergel/*Zeiss*, BGB, vor § 263 Rn. 8.
21 *Westermann/Bydlinski/Weber*, BGB – Schuldrecht Allgemeiner Teil, § 19 Rn. 7.
22 So etwa *Larenz*, Schuldrecht I – Allgemeiner Teil, S. 238; *Medicus*, Bürgerliches Recht, Rn. 171 – gesetzlich ist die Empfangszuständigkeit in der Tat an verschiedenen Stellen aufzufinden, etwa in den §§ 18, 112, 1813 BGB; ähnlich in den §§ 80, 81 InsO.

3. Besonderheit: Leistung durch oder Leistung an Dritte

Bei der Erfüllung kann auch ein **Dritter** mitwirken, sowohl an der Stelle des Schuldners bei der Vornahme der Leistungshandlung als auch auf Seiten des Gläubigers bei ihrer Annahme. Letzteres ist in § 362 Abs. 2 ausdrücklich angesprochen.

a) **Leistung durch einen Dritten, § 267.** Das Gesetz sieht in § 267 die Möglichkeit vor, dass die **Leistung durch Dritte** erfolgen kann. Dann muss auch im Rahmen des § 362 Abs. 1 berücksichtigt werden, dass die Befreiung von der Leistungspflicht eintreten kann, wenn ein Dritter die richtige Leistung zur richtigen Zeit am richtigen Ort und an den richtigen Gläubiger erbringt. Dies ist zumindest dann möglich, wenn die Voraussetzungen des § 267 gegeben sind.[23] Liegen diese vor, ist ausnahmsweise ein Dritter zur Leistung berechtigt. Eine Erfüllung und damit ein Erlöschen des Schuldverhältnisses können hiernach auch eintreten, wenn nicht der richtige Schuldner leistet, sondern der entsprechende Dritte.[24]

b) **Leistung an einen Dritten, § 362 Abs. 2.** Anders ist die Situation, wenn zwar der richtige Schuldner die richtige Leistung zur richtigen Zeit am richtigen Ort erbringt, diese jedoch nicht an den richtigen Gläubiger, sondern **an einen Dritten**. Ob auch in diesem Fall eine Erfüllungswirkung, d. h. das Erlöschen des Schuldverhältnisses eintreten kann, ist davon abhängig, ob die Voraussetzungen des § 362 Abs. 2 vorliegen. Prinzipiell fehlt einer der erforderlichen Parameter zur Erfüllung. Jedoch sieht § 362 Abs. 2 vor, dass eine Erfüllungswirkung auch in diesem Fall eintreten kann: Wird nämlich, so § 362 Abs. 2, an einen Dritten zum Zwecke der Erfüllung geleistet, dann findet die Vorschrift des § 185 Anwendung.

Im Ergebnis kommt es auch hier wieder zu der Frage, ob der Dritte, der an der Stelle des Gläubigers die Leistung annimmt, **empfangszuständig** ist.[25] Die Empfangszuständigkeit ist gemeint, wenn die genannte Vorschrift auf § 185 verweist: Auf diese Weise wird die Verknüpfung zu der dort geregelten Verfügungsmacht hergestellt. Die Leistung an einen Dritten hat Erfüllungswirkung, wenn der Dritte zur Leistungsannahme berechtigt ist und wenn der Gläubiger darüber hinaus auch befugt war, nicht nur die Leistung anzunehmen, sondern die Leistungsannahme auch an einen Dritten zu delegieren. Der Schuldner wird gem. § 362 Abs. 2 i. V. m. § 185 von seiner Leistungsverpflichtung frei, d. h. sie erlischt im Wege der Erfüllung, wenn er die geschuldete Leistung unter Zustimmung des Gläubigers an einen Dritten erbracht hat.[26] Entscheidend ist aber, dass der Gläubiger selbst empfangszuständig war und die Verfügungsmacht hinsichtlich der Entgegennahme der Leistung besaß. Leistet der Schuldner an einen Dritten, ohne dass dieser von dem Gläubiger zum Empfang ermächtigt wurde, kann der Gläubiger die Schuldnerleistung im Nachhinein genehmigen, wie sich aus § 185 Abs. 2 ergibt.[27] Dann tritt die Erfüllungswirkung im Nachhinein ein, der Schuldner wird von seiner Leis-

---

[23] Dazu eingehend oben Rn. 223.
[24] *Hirsch*, Allgemeines Schuldrecht, Rn. 217.
[25] *Medicus*, Schuldrecht I, Rn. 226.
[26] *Westermann/Bydlinski/Weber*, BGB – Schuldrecht Allgemeiner Teil, § 19 Rn. 12.
[27] *Medicus*, Schuldrecht I, Rn. 226.

tungspflicht frei. Auswirkung hat dies insbesondere im Hinblick auf § 816 Abs. 2.[28]

III. Rechtsfolgen

789 Die primäre **Rechtsfolge** der Erfüllung ergibt sich unmittelbar aus § 362 Abs. 1: Das Schuldverhältnis erlischt. Der Eintritt des Leistungserfolges führt zu einer Tilgung der Schuld, sie ist erloschen und nicht mehr vorhanden. Doch ist dies nicht die einzige Rechtsfolge; vielmehr ergeben sich weitere Rechtsfolgen, insbesondere im Hinblick auf den Gläubiger. Besonderheiten ergeben sich zudem, wenn eine Leistung durch den Schuldner erfolgt, der dem Gläubiger gegenüber mehrere Leistungsverpflichtungen zu erfüllen hat, es geht dann um die sog. Tilgungsbestimmungen nach § 366.

1. Hinsichtlich der Schuld, § 362 Abs. 1

790 Die entscheidende Rechtsfolge ergibt sich aus § 362 Abs. 1 und ist darin zu sehen, dass der einzelne **Anspruch** durch Erfüllung **erlischt**. Dies hat keine Aussagekraft für die Frage des Schuldverhältnisses im weiteren Sinne. Denn das Erlöschen gilt ja nur für den einzelnen Anspruch, d. h. für das Schuldverhältnis im konkreten oder engeren Sinne. Das weitere Schuldverhältnis bleibt demgegenüber bestehen, erst wenn es endgültig hinsichtlich sämtlicher zwischen den Parteien bestehender Haupt- und Nebenpflichten erfüllt oder in anderer Hinsicht erloschen ist, ist auch dieses untergegangen.

791 Ist die Schuld erfüllt und ist auf diese Weise gem. § 362 Abs. 1 der Leistungsanspruch des Gläubigers erloschen, kann der Schuldner bei einer erneuten Leistungsaufforderung durch den Gläubiger die **Erfüllung als rechtsvernichtende Einwendung** geltend machen.[29] Sie ist im Prozess, da es sich nicht bloß um eine Einrede, sondern um eine Einwendung handelt, von Amts wegen zu beachten.[30] Der Schuldner muss sich also nicht, wie beispielsweise beim Zurückbehaltungsrecht gem. § 273, ausdrücklich auf sie berufen.[31]

792 Besonderheiten ergeben sich hinsichtlich der Erfüllung in Bezug auf die **Beweislast**. Regelmäßig muss der Schuldner darlegen und im Streitfall auch beweisen, dass er (ordnungsgemäß) erfüllt hat.[32] Denn die Erfüllung ist ein ihm günstiger Umstand, wenn es darum geht, dass der Gläubiger einen Anspruch gegen ihn geltend macht. Für den Bereich der Erfüllung sieht § 362 eine besondere Beweislastregelung vor. Sie enthält eine Beweislastumkehr für den Fall, dass der Gläubiger die Leistung als Erfüllung angenommen hat. Dann muss der Schuldner in einem Prozess nicht mehr beweisen, dass er die Leistung „wie geschuldet"

---

28 Vgl. dazu etwa MünchKomm/*Lieb*, BGB, § 816 Rn. 60.
29 *Bülow*, JuS 1991, 529 (532).
30 Bamberger/Roth/*Dennhardt*, BGB, § 362, Rn. 3.
31 Vgl. dazu oben Rn. 259.
32 BGH NJW 1993, 1704 (1706).

erbracht hat. Stattdessen verschiebt sich die Beweislast und dreht sich um, so dass nunmehr der Gläubiger den Nachweis erbringen muss, dass die Leistung gerade nicht vertragsgemäß oder nur unvollständig erbracht worden ist.[33] Sobald also der Gläubiger sein Einverständnis mit der Leistung erklärt hat, ist es nunmehr an ihm darzulegen und gegebenenfalls zu beweisen, dass die Leistung nicht wie geschuldet bewirkt worden ist. In allgemeinen Geschäftsbedingungen des Schuldners ist diese Beweislastverteilung nicht wirksam zu Lasten des Gläubigers veränderbar.[34]

2. Pflichten des Gläubigers, §§ 368–371

793 Das Schuldverhältnis im weiteren Sinne geht durch die Erfüllung einer konkreten Leistungsverpflichtung nicht unter. Dies ist am besten anhand der Bestimmungen der §§ 368–371 erkennbar. Denn diese machen deutlich, dass zwischen Gläubiger und Schuldner auch noch nach Erfüllung einer konkreten Leistungspflicht unverändert ein Schuldverhältnis (nämlich im weiteren Sinne) besteht: Den Gläubiger treffen nunmehr **bestimmte Verpflichtungen**; es entstehen neue Pflichten zwischen den beiden Vertragsparteien.

794 Der Gläubiger hat zunächst, wie in § 368 Satz 1 bestimmt ist, auf Verlangen des Schuldners eine Quittung zu erteilen. Der Schuldner hat nach der Erfüllungshandlung seinerseits einen Anspruch gegen den Gläubiger, nämlich auf Erteilung einer Quittung. Sinn und Zweck dieser Regelung ist eine Beweiserleichterung für den Schuldner[35]: Denn mit der Quittung kann er, falls erforderlich, die Erfüllung später beweisen. Durch die Quittung wird nämlich insbesondere deutlich, dass der Gläubiger die Leistung als Erfüllung angenommen hat. Hierbei handelt es sich um einen Anspruch des Schuldners; weil der Gläubiger die Quittung jedoch nur „auf Verlangen" ausstellen muss, spricht man gelegentlich auch von einem „verhaltenen Anspruch": Damit soll ausgedrückt werden, dass der Gläubiger seine Pflicht nur bei ausdrücklichem Verlangen durch den Schuldner, d. h. insbesondere nicht unaufgefordert erfüllen muss, was ansonsten für einen Anspruch charakteristisch ist.[36]

795 Die **Form** der Quittung ist unerheblich, sie kann in jeder beweistauglichen Form ausgestellt werden. § 368 Satz 1 verlangt nur ein „schriftliches Empfangsbekenntnis", welches letztlich auch die Legaldefinition des Begriffs Quittung darstellt. Nur wenn der Schuldner ein rechtliches Interesse an einer ganz besonderen Form hat, besteht zugleich auch seinerseits das Recht, vom Gläubiger die Erteilung in dieser Form zu verlangen. Dies folgt aus § 368 Satz 2. Zu denken ist hier etwa an eine löschungsfähige Quittung für Grundbucheintragungen, die aus den §§ 1144, 1167, § 29 GBO folgt.[37] Die Kosten für die Quittung hat der Schuldner zu tragen, § 369. Weil der Schuldner einen Anspruch auf die Quittung hat, steht ihm aus

---

33 MünchKomm/*Wenzel*, BGB, § 363 Rn. 2.
34 *Eckert*, Schuldrecht Allgemeiner Teil, Rn. 683.
35 Vgl. MünchKomm/*Wenzel*, BGB, § 368 Rn. 1.
36 Vgl. etwa MünchKomm/*Wenzel*, BGB, § 368 Rn. 9; *Looschelders*, Schuldrecht Allgemeiner Teil, Rn. 392.
37 MünchKomm/*Wenzel*, BGB, § 368 Rn. 4.

§ 273 ein Zurückbehaltungsrecht für eigene Leistungen zu, wenn der Gläubiger dem Verlangen des Schuldners nach einer Quittungserteilung nicht nachkommt.[38]

796 Die Quittung ist keine Willenserklärung, sie stellt stattdessen eine **Wissenserklärung** darüber dar, dass die geschuldete Leistung vom Gläubiger empfangen wurde. Aus dieser Rechtsnatur folgt, dass die Quittung keinen rechtsgeschäftlichen Charakter hat – insbesondere sind die §§ 104 ff. nicht anwendbar. Gleichwohl ist aber auch hier der Minderjährigenschutz zu beachten: Dies führt dazu, dass § 370 zu Lasten eines Minderjährigen nicht eingreift, da insofern der Minderjährigenschutz vorgeht.[39]

797 Ähnlich wie der Anspruch auf eine Quittung ist eine weitere Pflicht des Gläubigers vorgesehen: Gem. § 371 ist er verpflichtet, dem Schuldner den **Schuldschein** zurückzugeben, wenn über die Forderung ein solcher ausgestellt wurde. Dies dient dem Schuldnerschutz, da der Besitz des Schuldscheins stets Indiz für das Bestehen einer Schuld ist.[40] Ist diese Schuld erloschen, soll der Gläubiger ein solches Indiz nicht mehr in der Hand haben.

3. Leistung bei mehreren Forderungen: Die Tilgungsbestimmung, § 366

798 Eine besondere Situation ergibt sich, wenn der Schuldner dem Gläubiger gegenüber **mehrere Forderungen** zu erfüllen hat, und besonders dann, wenn der Schuldner dem Gläubiger aus mehreren Schuldverhältnissen zu gleichartigen Leistungen verpflichtet ist.

Bsp.: Der Hauseigentümer H schuldet dem Anstreicher A, der verschiedene Räumlichkeiten, anschließend die Außenwände und schließlich das Gartenhaus gestrichen hat, noch nicht die Bezahlung sämtlicher Rechnungen. – Erbringt nun H eine Leistung, zahlt er beispielsweise einen bestimmten Geldbetrag und reicht dieser Geldbetrag nicht zur vollständigen Befriedigung des A aus, muss die von H konkret erbrachte Leistung einer der Forderungen zugeordnet werden. Nur so kann deutlich werden, welche der entsprechenden Leistungen durch die Erfüllungshandlung erloschen sein sollen.

799 Für diese Situation sieht § 366 Abs. 1 vor, dass der Schuldner das Recht hat, bei der Leistung einseitig die zu tilgende Forderung zu bestimmen. Der Schuldner hat also ein **Wahlrecht**[41]: Die Voraussetzungen des § 366 Abs. 1 sind schon genannt, es muss sich um gleichartige Leistungen handeln (etwa Geldleistungen), die der Schuldner dem Gläubiger aus mehreren Schuldverhältnissen schuldet (wie im zuvor geschilderten Beispiel die verschiedenen Rechnungen, die aus den unterschiedlichen Malerarbeiten resultieren). Sind diese Voraussetzungen gegeben und reicht die vom Schuldner geleistete Summe nicht aus, um sämtliche Forderungen zu erfüllen, hat der Schuldner das Wahlrecht. Demzufolge kann er bestimmen, welche der Leistungsverpflichtungen er mit seiner Leistung erfüllen möchte. Der Schuldner hat ein Leistungsbestimmungsrecht.

---

38 Vgl. HK-BGB/*Schulze*, § 268 Rn. 4; *Larenz*, Schuldrecht I – Allgemeiner Teil, S. 246.
39 Vgl. MünchKomm/*Wenzel*, BGB, § 370 Rn. 3.
40 *Gernhuber*, Die Erfüllung und ihre Surrogate, in: Handbuch des Schuldrechts, S. 519.
41 MünchKomm/*Wenzel*, BGB, § 366 Rn. 8.

800 Dieses **Leistungsbestimmungsrecht** muss der Schuldner grundsätzlich bei der Leistung selbst ausüben. Da keine Form vorgeschrieben ist, kann dies auch konkludent geschehen; eine konkludente Leistungsbestimmung wird man insbesondere darin zu sehen haben, dass der Schuldner einen bestimmten Geldbetrag leistet, der exakt einer der unterschiedlichen Forderungen entspricht.[42]

801 Das Leistungsbestimmungsrecht des Schuldners in § 366 Abs. 1 ist nicht zwingend; vielmehr ist dieses **Wahlrecht** auch **abdingbar**.[43] Ausgeübt wird das Bestimmungsrecht durch einseitige empfangsbedürftige Erklärung an den Gläubiger, aus der hervorgehen soll, in welcher Reihenfolge die Forderungen getilgt werden sollen bzw. auf welche Forderungen der Schuldner mit seiner Leistung erfüllend reagieren möchte.[44] Auch kann vom Grundsatz, dass die Leistungsbestimmung bei der Leistung selbst schon vorliegen muss, abgewichen werden. Die Parteien können eine nachträgliche Leistungsbestimmung vereinbaren.[45]

802 Ob die Leistungsbestimmung, die der Schuldner nach § 366 Abs. 1 vornehmen kann, eine **Willenserklärung** ist, **oder** ob es sich nur um eine **rechtsgeschäftsähnliche Handlung** handelt, ist umstritten. Überwiegend wird allerdings davon ausgegangen, dass es sich um eine Willenserklärung handelt.[46] Inhaltlich gehen die Meinungen jedoch nicht weit auseinander, da auch diejenigen, die von einer lediglich rechtsgeschäftsähnlichen Handlung ausgehen, die Vorschriften über die Willenserklärung zumindest entsprechend anwenden. Dies führt insbesondere dazu, dass die Tilgungsbestimmung, die der Schuldner vorgenommen hat, im Nachhinein von diesem angefochten werden kann. Denn das Anfechtungsrecht ist auf die Tilgungsbestimmung anwendbar.[47] Im Fall der Anfechtung der Tilgungsbestimmung wird diese gem. § 142 rückwirkend beseitigt; dies kann zur Folge haben, dass keine eindeutige Erfüllungshandlung mehr erkennbar ist. Dann kann auch die Erfüllungswirkung nicht eingetreten sein. Dies ist insbesondere denkbar, wenn der Schuldner eine Irrtumsanfechtung nach § 119 (analog) erklärt.[48] Da in solchen Situationen keine Erfüllungswirkung mehr eingetreten ist, kann der Schuldner nunmehr die Tilgungsbestimmung nachholen.[49]

---

42 BGH NJW 2001, 3781.
43 MünchKomm/*Wenzel*, BGB, § 366 Rn. 7.
44 Zur konkludenten Ausübung vgl. BGH NJW-RR 1991, 562 (565); BGH NJW-RR 1995, 1257 (1258).
45 BGHZ 51, 157 (160); BGH NJW 1991, 1604 (1605).
46 Vgl. beispielsweise Palandt/*Grüneberg*, BGB, § 366 Rn. 4a; HK-BGB/*Schulze*, § 366 Rn. 3; Soergel/*Zeiss*, BGB, § 366 Rn. 7; aA (rechtsgeschäftsähnliche Handlung) MünchKomm/*Wenzel*, BGB, § 366 Rn. 9.
47 Palandt/*Heinrichs*, BGB, § 362 Rn. 7.
48 Vgl. dazu BGH NJW 1989, 1792.
49 Ob mit ex nunc- oder ex tunc-Wirkung ist jedoch umstritten; s. Staudinger/*Olzen*, BGB, § 366 Rn. 34, der für eine ex tunc-Wirkung spricht; *Ehricke*, JZ 1999, 1075 (1078); MünchKomm/*Wenzel*, BGB, § 366 Rn. 9, die für eine ex nunc-Wirkung plädieren; wiederum anders Palandt/*Grüneberg*, BGB, § 366 Rn. 4a: statt einer Beseitigung soll die gesetzliche Reihenfolge des Absatzes 2 greifen; dies ist jedoch dogmatisch kaum erklärbar.

803 Liegt weder eine Bestimmung des Schuldners vor, noch ist aus den Umständen erkennbar, auf welche der ihn treffenden mehreren Forderungen er leisten wollte, ist eine eindeutige Zuordnung nicht möglich. Für diesen Fall sieht § 366 Abs. 2 eine eigenständige Regelung vor, die als **Auslegungshilfe** zu verstehen ist[50]: Nach den dort genannten Kriterien ist dann zu bestimmen, welche Schuld vom Schuldner getilgt werden sollte. Nach der Rangfolge des Gesetzes erfolgt die Anrechnung dann in folgender Reihenfolge: **Zunächst** wird diejenige Schuld beglichen, die **fällig** ist. Ist also nur eine der drei im Beispiel *(unter Rn. 798)* genannten Schulden (Innenanstrich, Außenanstrich, Gartenhausanstrich) fällig, die anderen jedoch noch nicht, so ist die Leistung, die der Schuldner ohne nähere Bestimmung vornimmt, auf die fällige Schuld anzurechnen.

804 Sind mehrere Leistungen fällig, dann ist die Anrechnung gemäß dem **zweiten Auslegungsschritt** auf diejenige Schuld zu konzentrieren, die dem Gläubiger **geringere Sicherheit** bietet. Die größere Sicherheit kann sich dabei etwa durch eine Mithaftung weiterer Personen ergeben, etwa wenn eine Gesamtschuldnerschaft vorliegt.[51] Gleiches kann gelten, wenn der Gläubiger bereits einen vollstreckbaren Titel über die Leistung hat oder die Verjährung einer Schuld später eintritt als diejenige einer anderen.

805 Sind auch hier keine Unterschiede festzustellen, so ist die **nächste Stufe der Auslegungsregel** in § 366 Abs. 2 darauf gerichtet, welche Leistungserbringung dem Schuldner **lästiger** ist; dies kann etwa auf der Höhe einer bestehenden Zinspflicht oder auf einer drohenden Vertragsstrafe beruhen.[52] Sind auch hier keine Unterschiede auszumachen, ist auf das **Alter** der Forderungen abzustellen: Dann wird durch die Leistung des Schuldners diejenige Forderung erfüllt, die am ältesten ist, dabei bestimmt sich das Alter allein nach der Entstehungszeit der Forderung, nicht nach dem Zeitpunkt der Fälligkeit.[53]

806 Mit dieser Auslegungsregel versucht das Gesetz, dem vermuteten Willen der Parteien Rechnung zu tragen; wird jedoch etwas anderes erkennbar, haben die Parteien also Indizien dafür geschaffen, dass sie eine andere Tilgungsreihenfolge in dieser Situation vorsehen wollten, so geht diese vor – denn es handelt sich bei § 366 Abs. 2 allein um eine **Auslegungsregel**.[54] Greift keine Stufe, bleibt nach der genannten Vorschrift als **letzte Auslegungsstufe** zur Tilgung diejenige Möglichkeit offen, die jede Schuld verhältnismäßig als getilgt ansieht. Dann werden alle Forderungen nur zum Teil getilgt, entsprechend ihrem Umfang.

807 Schließlich ist anhand von § 367 eine Vorschrift vorgesehen, die dem Anwendungsbereich des § 366 entspricht; dort geht es nämlich um das **Tilgungsverhältnis zwischen einer bestehenden Hauptforderung und den** aus dieser resultierenden **Nebenforderungen**, wie beispielsweise Zinsen oder Kosten. Diese Vorschrift regelt

---

50 Vgl. etwa *Brox/Walker*, Allgemeines Schuldrecht, § 14 Rn. 11; *Medicus*, Schuldrecht I, Rn. 234.
51 BGH NJW 1993, 322 (324).
52 *Medicus*, Schuldrecht I, Rn. 234.
53 So mit Recht BGH NJW 1991, 2629 (2630).
54 BGH NJW 1969, 1845 (1846); BGH JZ 1978, 313 (314).

also Tilgungsreihenfolgen in den Fällen, in denen unterschiedliche Schulden des Schuldners gegenüber dem Gläubiger bestehen. Hier spielt der Wille des Schuldners keine Rolle mehr; stattdessen wird eine Tilgung zunächst auf die Kosten, dann auf die Zinsen und schließlich erst – zum Schluss – auf die eigentliche Hauptleistung angerechnet. Es besteht also kein einseitiges Leistungsbestimmungsrecht des Schuldners mehr, lediglich beide Parteien gemeinsam können etwas anderes vereinbaren.[55] Die Konsequenz aus der Regelung in § 367 Abs. 1 findet sich vor allem in Absatz 2: Hat nämlich der Schuldner eine andere als die gesetzlich vorgesehene Anrechnung vorgesehen, kann der Gläubiger die Annahme der Leistung ablehnen, er gerät dadurch nicht in Gläubigerverzug. Anderes gilt nur, wenn § 367, was möglich ist, abbedungen wurde.[56]

IV. Leistung an Erfüllungs statt und Leistung erfüllungshalber

An die Stelle der konkreten Erfüllung können auch sog. **Erfüllungssurrogate** treten. Das Gläubigerinteresse lässt sich möglicherweise auch durch eine andere als die eigentlich geschuldete Leistung befriedigen. Zwei Möglichkeiten der Surrogation kennt das BGB: zum einen die Leistung an Erfüllungs statt in § 364 Abs. 1; auf der anderen Seite die Leistung erfüllungshalber in § 364 Abs. 2.

1. Leistung an Erfüllungs statt, § 364 Abs. 1

Ein erstes Erfüllungssurrogat nennt man die „**Leistung an Erfüllungs statt**". Bei dieser nimmt der Gläubiger eine andere als die geschuldete Leistung (an Erfüllungs statt) an. Diese Entscheidung beruht auf dem freien Willen des Gläubigers: Er muss nicht verlangen, was ihm zusteht, vielmehr kann er auch das annehmen, was er möchte, und dadurch den gleichen Erfolg herbeiführen, als hätte er die eigentlich geschuldete Leistung angenommen. Geschieht dies, erlischt das Schuldverhältnis.

Das Gesetz vollzieht damit eine **Willensentscheidung** des Gläubigers nach: Warum sollte der Gläubiger nicht frei bestimmen können, ob er anstatt der Leistung, die ihm eigentlich zusteht, eine andere akzeptiert? Im **Prüfungsaufbau** muss man dann zunächst fragen, ob ein Anspruch entstanden ist; der entstandene Anspruch könnte jedoch untergegangen sein; dieser Untergang könnte in der Erfüllung liegen. Man stellt dann fest, dass der Schuldner eine andere Leistung als diejenige erbracht hat, die verlangt war. Gleichwohl könnte diese andere Leistung zum Erlöschen der ursprünglichen Schuld geführt haben, wenn nämlich, wie § 364 Abs. 1 verlangt, der Gläubiger diese andere Leistung anstelle der eigentlich geschuldeten Leistung (an Erfüllungs statt) angenommen hat.

---

55 Vgl. MünchKomm/*Wenzel*, BGB, § 367 Rn. 1, Palandt/*Grüneberg*, BGB, § 367 Rn. 2.
56 HK-BGB/*Schulze*, § 367 Rn. 1.

811 Damit hier eine entsprechende „Anrechnung" stattfinden kann, bedarf es eines **Erfüllungsvertrages**[57]; in diesem müssen sich die Parteien darüber einigen, dass die erbrachte Leistung an die Stelle der eigentlich geschuldeten Leistung treten soll.[58] Es genügt also nicht, dass der Schuldner lediglich seine andere Leistung bewirkt hat. Die tatsächliche reale Leistungserbringung reicht also nicht aus. Vielmehr bedarf es einer vertraglichen Vereinbarung darüber, dass die vom Schuldner erbrachte andere Leistung an Erfüllungs statt gegeben und angenommen wird.[59] Diesbezüglich gelten die allgemeinen Bestimmungen des BGB, insbesondere die §§ 104 ff., beide Parteien müssen also geschäftsfähig sein.[60] Der Vertrag muss nicht ausdrücklich geschlossen worden sein, es genügt auch eine konkludente Vereinbarung; etwa dadurch, dass die Ersatzleistung angenommen wird.[61]

Bsp.: Hat A dem B einen gebrauchten Fiat Punto verkauft, übereignet er ihm jedoch, weil ihm der Punto abhanden gekommen ist, einen Peugeot 207, kann der B diese Leistung zurückweisen; er kann sie jedoch auch an Erfüllungs statt annehmen: Tut er dies, und wird hierüber (möglicherweise konkludent) ein entsprechender Erfüllungsvertrag geschlossen, erlischt das konkrete Schuldverhältnis über den eigentlich vorgesehenen Fiat Punto. B als Gläubiger der Eigentumsverschaffungspflicht verzichtet auf die ursprüngliche Schuld, er nimmt die Leistung eines anderen Gegenstandes als Erfüllung an, die Leistung des A erfolgt somit an Erfüllungs statt und der Schuldner A wird von seiner Leistungspflicht (nämlich den Fiat Punto zu übergeben und zu übereignen) durch Erlöschen frei.

812 Weil der Gläubiger eine andere Leistung annimmt und dadurch die eigentliche Schuld des Schuldners erfüllt wird, stellt sich die Frage, was geschieht, wenn die nunmehr tatsächlich angenommene **Leistung mangelhaft** ist. Dazu sieht § 365 vor, dass der Schuldner für einen Mangel der an Erfüllungs statt geleisteten Sache oder Forderung wie ein Verkäufer gewährleisten muss. Er haftet also dafür, dass die an Erfüllungs statt geleistete Leistung mangelfrei ist, ansonsten greifen über § 365 die Vorschriften der §§ 434 ff., 439 ein. Der Gläubiger hat dann diejenigen Rechte, die sonst ein Käufer hat. Das bedeutet in erster Linie, dass der Gläubiger jetzt Nacherfüllung verlangen kann, gegebenenfalls kann er nach der erfolglosen Bestimmung einer Nachfrist vom Vertrag zurücktreten oder Schadensersatz verlangen, wie sich aus § 437 ergibt.[62] Wenn der Gläubiger Schadensersatz statt der Leistung verlangt und vom Vertrag zurücktritt, muss der Schuldner gem. § 249 Satz 1 die ursprüngliche Forderung wieder begründen.[63]

Bsp.: Ist im oben genannten Beispiel *(unter Rn. 811)* der Peugeot 207 mangelhaft, kann B entsprechend der Voraussetzungen der §§ 437 Nr. 2, 440, 323 Abs. 1, § 326 Abs. 5, § 346 vom Vertrag zurücktreten. Dann muss A die ursprüngliche Forderung auf den Fiat Punto wieder begründen; B kann aber, so zumindest die Rechtsprechung, schon aus taktischen Gründen auch unmittelbar auf Zahlung klagen.[64]

---

57 *Muscheler/Bloch*, JuS 2000, 729 (740).
58 BGH NJW 1984, 429 (430).
59 S. auch Soergel/*Zeiss*, BGB, § 364 Rn. 1.
60 *Larenz*, Schuldrecht I – Allgemeiner Teil, S. 247.
61 *Schreiber*, Jura 1996, 328 (330).
62 Dazu näher *Huber*, Besonderes Schuldrecht, ab Rn. 131, 160.
63 BGH WM 1967, 228; Palandt/*Heinrichs*, BGB, § 365 Rn. 2.
64 BGH NJW 1967, 553 (554).

Der genaue **Anwendungsbereich** des § 365 ist **umstritten**. Nach seinem Wortlaut sollen alle Leistungen an Erfüllungs statt erfasst sein; doch wird zum Teil vertreten, dass die Anwendung der kaufrechtlichen Mängelhaftung dann nicht gerechtfertigt sei, wenn der Schuldner für die ursprüngliche Forderung nur eingeschränkt einstehen müsste – dies ist insbesondere beim Schenkungsvertrag der Fall, bei dem der Schuldner gem. §§ 523, 524 nur bei Arglist für Mängel haftet. Würde man hier die Gewährleistungsregelung des Kaufrechts uneingeschränkt anwenden, wäre seine Haftung plötzlich deutlich verschärft. Daher wird der Anwendungsbereich des § 365 zum Teil reduziert, die kaufrechtlichen Vorschriften sollen nur bei entgeltlichen Verträgen Anwendung finden, bei unentgeltlichen Verträgen soll es demgegenüber beim eingeschränkten Haftungsmaßstab bleiben.[65] Doch wird demgegenüber auch der klare Wortlaut des § 365 hervorgehoben, zudem machen die Gesetzesmaterialien deutlich, dass eine uneingeschränkte Anwendung auf unentgeltliche Situationen stattfinden soll. Dies spricht gegen die Möglichkeit einer teleologischen Reduktion.[66]

2. Leistung erfüllungshalber, § 364 Abs. 2

Von der **Leistung** an Erfüllungs statt nach § 364 Abs. 1 ist diejenige **erfüllungshalber** zu unterscheiden. Hierbei handelt es sich um ein anderes Erfüllungssurrogat: Hier übernimmt der Schuldner gegenüber dem Gläubiger „neben" der bereits bestehenden Verbindlichkeit noch zusätzlich eine neue Verbindlichkeit. Ist dies der Fall, so bleibt nach § 364 Abs. 2 im Zweifel die bisherige Verbindlichkeit bestehen. Dies unterscheidet diese Konstruktion entscheidend von der Leistung an Erfüllungs statt: Dort war die neue, vom Schuldner übernommene Leistungspflicht, die der Gläubiger angenommen hat, an die Stelle der vorherigen Leistungspflicht getreten. Dies ist hier nicht der Fall: Die ursprüngliche Forderung bleibt bestehen, die neue Verbindlichkeit tritt aber an ihre Seite.[67] Erst wenn der Gläubiger aus der zweiten Forderung befriedigt wird, erlischt die erste Schuld; eine Erfüllung tritt also nur dann ein, wenn die zweite Forderung erfüllt worden ist. Wird sie nicht erfüllt, kann der Gläubiger, weil die erste Forderung unverändert besteht, auch Befriedigung aus dieser verlangen.

Der **Hauptanwendungsfall** des § 364 Abs. 2 ist die **Hingabe eines Wechsels oder Schecks** für eine Zahlungspflicht, beispielsweise aus einem Kaufvertrag[68]: Wird mit einem Scheck eine Kaufsumme gezahlt, so ist dies im Zweifelsfalle nicht als Leistung an Erfüllungs statt, sondern nur als Leistung erfüllungshalber zu verstehen. Der Gläubiger, also der Verkäufer, kann versuchen, aus dem Scheck seine Kaufpreisforderung zu erfüllen und sich daraus zu befriedigen. Gelingt dies nicht, kann er wieder auf die ursprüngliche Schuld, nämlich die Kaufpreiszahlungspflicht, zurückgreifen.

---

65 Palandt/*Grüneberg*, BGB, § 365 Rn. 1; MünchKomm/*Wenzel*, BGB, § 365 Rn. 1; *Medicus*, Schuldrecht I, Rn. 248.
66 S. dazu *Brox/Walker*, Schuldrecht Allgemeiner Teil, § 14 Rn. 6; Staudinger/*Olzen*, BGB, § 365 Rn. 9 ff.; Erman/*Westermann*, BGB, § 365 Rn. 1.
67 *Medicus*, Schuldrecht I, Rn. 245.
68 *Westermann/Bydlinski/Weber*, BGB – Schuldrecht Allgemeiner Teil, § 19 Rn. 17.

816 **Inhalt** der Vereinbarung über eine Leistung erfüllungshalber nach § 364 Abs. 2 ist nicht nur die Möglichkeit, dass der Gläubiger nun eine zweite Befriedigungsmöglichkeit hat. Zugleich gibt er dem Schuldner dadurch auch zu erkennen, dass er die erste Forderung nicht verfolgen wird, solange er versucht, die zweite Forderung einzulösen. Es liegt also zugleich eine **Stundung** hinsichtlich der ersten Forderung vor.[69] Diese Stundung kann der Schuldner dem Gläubiger entgegenhalten, solange der Gläubiger noch den Scheck in der Hand hält.

817 Bei der Leistung erfüllungshalber verpflichtet sich der Gläubiger zugleich dazu, dass er sich mit der im Verkehr erforderlichen Sorgfalt **vorrangig** um die **Verwertung** des erfüllungshalber überlassenen Gegenstands (also meist des Schecks) bemüht.[70] Nur wenn dem Gläubiger die Befriedigung durch die Verwertung des erfüllungshalber geleisteten Gegenstands gelingt, erlischt auch die ursprüngliche Forderung.

818 Im Einzelnen ist durch **Auslegung** zu ermitteln, ob eine Leistung an Erfüllungs statt oder aber eine Leistung erfüllungshalber gewollt ist, §§ 133, 157. Dabei steht die Parteivereinbarung im Mittelpunkt.[71] Eine Auslegungsregel enthält § 364 Abs. 2 – im Zweifel ist immer von einer Leistung erfüllungshalber auszugehen, wenn der Schuldner zur Befriedigung des Gläubigers diesem gegenüber eine neue Verbindlichkeit übernimmt. Im Ergebnis geht es stets darum, wer das Verwertungsrisiko tragen soll. Soll dies eher beim Gläubiger liegen, so ist von einer Leistung an Erfüllungs statt auszugehen, denn der Gläubiger hat ja nur noch eine Forderung in der Hand. Soll hingegen das Verwertungsrisiko eher beim Schuldner angesiedelt sein, wird man von einer Leistung erfüllungshalber auszugehen haben, denn bei Fehlschlagen dieser zweiten Option lebt die alte Forderung wieder auf.[72]

3. Insbesondere: Die Inzahlungnahme eines Gebrauchtwagens

819 Besondere Probleme treten auf, wenn beim Kauf eines neuen Kraftfahrzeugs das bisherige, gebrauchte Fahrzeug des Käufers vom Verkäufer **in Zahlung genommen** wird. Diese Konstruktion wird sehr häufig gewählt, beide Seiten profitieren meist davon. Fraglich ist jedoch, wie die rechtliche Situation in diesem Fall zu bewerten ist. Das hängt davon ab, wie die genaue Konstruktion erfolgt.

Bsp.: A kauft beim Autohändler B einen Neuwagen; um diesen billiger zu erhalten, gibt er seinen alten Wagen „in Zahlung".

820 Zum einen ist möglich, dass **zwei voneinander unabhängige** Verträge geschlossen werden: ein Kaufvertrag über den Neuwagen und ein Vertrag über das gebrauchte Fahrzeug des Käufers, der als **Agenturvertrag** ausgestaltet ist. Der Händler hat lediglich den Weiterverkauf für den Kunden zu vermitteln; zugleich übernimmt

---

[69] BGH NJW 1986, 424 (426); BGH NJW 1992, 683 (684).
[70] BGH NJW 1986, 424 (426); Erman/*Westermann*, BGB, § 364 Rn. 10.
[71] *Medicus*, Schuldrecht I, Rn. 244.
[72] Vgl. MünchKomm/*Wenzel*, BGB, § 364 Rn. 13.

er regelmäßig das Risiko, dass ein bestimmter Mindestpreis für den Gebrauchtwagen erzielt wird; auch stundet er dem Käufer in dieser Mindesthöhe den Kaufpreis für den Neuwagen; diese Konstruktion wird verbunden mit einer Aufrechnungsabrede.

Derartige Konstruktionen sind jedoch nicht der Regelfall. Vielmehr findet häufig eine bloße Inzahlungnahme statt, die dann in rechtlicher Hinsicht nicht mehr ganz so eindeutig ist. Liegt nämlich keine Vereinbarung eines Agenturvertrages vor[73], so ist die rechtliche Konstruktion umstritten; besonders problematisch ist die Situation, wenn das in Zahlung gegebene gebrauchte Auto mangelhaft ist. **821**

Bsp.: Hat A beim Autohändler B einen Neuwagen gekauft, und hat B die Inzahlungnahme zugesichert, so stellt sich die Frage, was geschieht, wenn nach Abwicklung des Geschäfts deutlich wird, dass der Gebrauchtwagen des A mangelhaft ist. B macht meist geltend, dass er den Vertrag rückabwickeln möchte, zudem verlangt er die Nachzahlung in Höhe des noch ausstehenden, nunmehr nicht mehr vom Gebrauchtwagen abgedeckten Restbetrages.[74]

Die entscheidende Frage ist, ob der Händler überhaupt rückabwickeln kann – dies kann er nur dann, wenn § 365 anwendbar ist, wenn also die Inzahlungnahme eines gebrauchten Pkw hier als Leistung an Erfüllungs statt zu werten ist. Ob dies der Fall ist, ist umstritten. Die herrschende Lehre nimmt in dieser Situation einen **gemischten Kauf- und Tauschvertrag** an; dieser Vertrag ist ergänzt um die Befugnis des Käufers, statt des Gebrauchtwagens Geld zu leisten. Ein Kaufvertrag liegt hier im Hinblick auf die noch zu erbringende Restzahlung durch den Käufer vor, hinsichtlich der ausgetauschten Pkws (alt gegen neu) ist ein Tauschvertrag nach § 480 gegeben.[75] Ist der Gebrauchtwagen mangelhaft, kann der Verkäufer vom Vertrag zurücktreten; da es sich insoweit um einen Tauschvertrag handelt, finden die §§ 480, 437 Nr. 2, §§ 440, 346 Anwendung. Dann ist aber auch der Käufer nicht mehr zur Abnahme des Neuwagens verpflichtet. Stattdessen ist der gesamte Vertrag nach § 139 nichtig und rückabzuwickeln. **822**

Anders geht der **BGH** in dieser Situation vor: Er sieht nämlich in der Inzahlungnahme i. d.R. eine vertraglich vereinbarte **Ersetzungsbefugnis** des Neuwagenverkäufers in Höhe des Verrechnungsvertrages. Es liege ein einheitlicher Kaufvertrag mit einer Ersetzungsbefugnis des Käufers vor. Er kann entscheiden, ob er den Gebrauchtwagen übereignen will oder stattdessen den Kaufpreis des Neuwagens voll zahlen möchte. Wählt der Käufer entsprechend seiner Ersetzungsbefugnis die Übereignung des Gebrauchtwagens, kommt es zu einer Annahme des Gebrauchtwagens durch den Händler an Erfüllungs statt, § 364 Abs. 1 findet Anwendung.[76] Dies führt dazu, dass bei einem Mangel des Gebrauchtwagens der Käufer nach **823**

---

[73] Was in letzter Zeit wieder häufiger der Fall ist, weil sie ihre ursprüngliche steuerrechtliche Attraktivität nicht mehr hat, vgl. Jauernig/*Stürner*, BGB, §§ 364, 365 Rn. 2; möglicherweise wird sie jedoch in Zukunft wieder attraktiver, weil durch diese Konstruktion der Haftungsausschluss gemäß den §§ 425, 444 umgangen werden kann, so *Eckert*, Schuldrecht Allgemeiner Teil, Rn. 689.
[74] Vgl. dazu die Fallgestaltung im BGHZ 46, 338.
[75] So etwa *Medicus*, Bürgerliches Recht, Rn. 756; im Überblick: *Binder*, NJW 2003, 393.
[76] BGHZ 46, 338 (341); BGH NJW 1984, 429 (430); *Bülow*, JuS 1991, 529 (534).

§ 365 wie ein Verkäufer gewährleisten muss. Kann der Verkäufer demzufolge von der Vereinbarung über den Gebrauchtwagen gem. §§ 365, 437 Nr. 2, § 323 Abs. 1 zurücktreten, hat er unverändert einen Anspruch auf den vollen Kaufpreis in Geld für den Neuwagen.[77]

824 Die **Folge** dieser Konstruktion ist also, dass der Käufer den ganzen Kaufpreis zahlen muss, wenn seine Leistung an Erfüllungs statt fehlschlägt, also insbesondere dann, wenn der Gebrauchtwagen fehlerhaft ist und der Verkäufer über § 365 vom Kaufvertrag zurückgetreten ist. Dieser Weg des BGH hat Kritik erfahren, da der Kfz-Händler zu Unrecht bevorzugt wird, denn er kann einen Neuwagen auf diese Weise verkaufen, ohne noch den mangelhaften Gebrauchtwagen des Käufers abnehmen zu müssen; dies wird oft als ungerecht empfunden, da der Käufer in den meisten Fällen aus finanziellen Gründen einen Neuwagenkauf nur deshalb in Betracht gezogen hat, weil er seinen Gebrauchtwagen in Zahlung geben konnte. Daher vertritt ein Großteil der Literatur die zuvor genannte Konstruktion eines gemischten Vertrages mit Elementen aus Kauf und Tausch, in welcher der Käufer seine vertragliche Verpflichtung von vornherein zum Teil durch die Übergabe des Gebrauchtwagens erfüllt. Dann kommt auch nur ein Rücktritt hinsichtlich des gesamten Vertrages in Betracht.[78]

§ 14 Die Aufrechnung

Literatur: *Buß, T.,* Prozessaufrechnung und materielles Recht, JuS 1994, 147; *Berger, K.,* Der Aufrechnungsvertrag: Aufrechnung durch Vertrag/Vertrag über Aufrechnung (1996); *Bydlinski, P.,* Die Aufrechnung mit verjährten Forderungen: Wirklich kein Änderungsbedarf?, AcP 196 (1996), 276; *Coester-Waltjen, D.,* Die Aufrechnung, Jura 2003, 246; *Deutsch, E.,* Einschränkung des Aufrechnungsverbots bei vorsätzlich begangener unerlaubter Handlung, NJW 1981, 735; *Fehrenbacher, O.,* Der praktische Fall – Bürgerliches Recht: Nichts als Ärger mit dem Auto, JuS 2002, 1186; *v. Feldmann, B.,* Die Aufrechnung – ein Überblick, JuS 1983, 357; *Habermeier, S.,* Grundfragen der Aufrechnung, JuS 1997, 1057; *Höhn, W./Kaufmann, C.,* Die Aufrechnung in der Insolvenz, JuS 2003, 751; *Musielak, H. J.,* Die Aufrechnung des Beklagten im Zivilprozess, JuS 1994, 817; *Schreiber, K.,* Grundprobleme der Prozessaufrechnung, JA 1980, 344; *Schur, W.,* Die Verknüpfung wechselseitiger Leistungen, JuS 2006, 673; *Schwarz, G.,* Zum Schuldnerschutz bei der Aufrechnung abgetretener Forderungen, AcP 203 (2003), 241; *Weber, R.,* Die Aufrechnung, JuS Lernbogen 9/1999, L 65.
Rechtsprechung: **BGH NJW 1985, 2409** (Aufrechnungsvertrag); **BGH NJW 1989, 124** (Aufrechnungsausschlussvereinbarung); **BGH NJW 1989, 2386** (Ausnahme vom Erfordernis der Wechselseitigkeit wegen § 242 BGB); **BGH NJW 1992, 435** (Aufrechnungslage; Gegenseitigkeit der Forderungen); **BVerfG NJW-RR 1993, 764** (Aufrechnungserklärung; Erkennbarkeit des Aufrechnungswillens); **BGH NJW 1993, 2753** (Erfordernis der Gleichartigkeit setzt keine Konnexität voraus); **BGH NJW 1994, 252** (Aufrechnungsverbot gem. § 393 BGB); **BGH NJW 1996, 1056** (Zum Aufrechnungsausschlusstatbestand des § 406

---

[77] So auch *Binder*, NJW 2003, 393 (397).
[78] So auch *Westermann/Bydlinski/Weber*, BGB – Schuldrecht Allgemeiner Teil, § 19 Rn. 21, *Honsell*, Jura 1983, 523; so auch aus der Rechtsprechung OLG Oldenburg NJW-RR 1995, 689.

BGB); **BGH NJW 1998, 979** (Zur Wirksamkeit eines Aufrechnungsvertrags); **BGH NJW 1999, 55** (Aufrechnungsverbot als unzulässige Rechtsausübung); **BGH NJW 1999, 1179** (Eventualaufrechnung im Prozess); **BGH NJW 2000, 278** (Aufrechnung mit der Forderung eines Dritten); **BGH NJW-RR 2004, 1561** (Keine Aufrechnung bei Abhängigkeit der Aufrechnungslage von rechtsgeschäftlicher Erklärung); **BGH NJW 2004, 3185** (Zur Vereinbarung einer „Konzernverrechnungsklausel"); **BGH NJW-RR 2005, 375** (Keine Aufrechnung eines Miterben mit Zugewinnausgleichsforderung des Erblassers).

Mit der „Aufrechnung" ergibt sich für den Schuldner eine weitere Möglichkeit, das Schuldverhältnis zum Erlöschen zu bringen, wenn er nämlich seinerseits eine eigene Forderung gegen den Gläubiger hat. Aus Vereinfachungsgründen können die beiden Forderungen, die einander gegenüberstehen, gemäß den §§ 387 ff. miteinander verrechnet werden. Nach einem Überblick *(s. unter Rn. 826 ff.)* werden im Folgenden die Voraussetzungen für die Aufrechnung beschrieben *(s. unter Rn. 831 ff.)*; anschließend erfolgt die Darstellung der Rechtsfolgen *(s. unter Rn. 864 ff.)*. **825**

I. Überblick

Die Aufrechnung ist daran gebunden, dass der Schuldner, der dem Gläubiger gegenüber zu einer Leistung verpflichtet ist, seinerseits eine eigene, gleichartige Forderung gegen seinen Gläubiger hat. Die Verwendung des Begriffes „gleichartig" ist dabei von entscheidender Bedeutung: Die Aufrechnung kann nämlich nur dann greifen, wenn sich die einander gegenüberstehenden Forderungen „gleichen". **826**

Bsp.: Der A schuldet dem B aus einem Kaufvertrag eine Summe von 500 €. Diese müsste er, um seine leistungsvertragliche Pflicht zu erfüllen, an B zahlen. Tut er dies bei Beachtung der richtigen Leistungszeit und des richtigen Leistungsortes, erlischt die Forderung durch Erfüllung gem. § 362. Hat aber nun seinerseits A gegen den B ebenfalls eine Forderung i.H.v. 500 € inne, hat etwa A kurz zuvor B selbst etwas verkauft, wäre es umständlich, wenn erst A dem B die 500 € zahlen müsste, und wenn anschließend B dem A die 500 € aus dem früheren Kaufvertrag zahlen würde.

Was hier schon das bloße Bauchgefühl nahe legt, hat das BGB in § 387 ff. normiert: Beide Forderungen können gegeneinander **aufgerechnet**, d. h. umgangssprachlich **verrechnet** werden. Bei dieser Möglichkeit, eine eigene Schuld zum Erlöschen zu bringen, geht es also in erster Linie um eine Vereinfachung. Denn hier genügt nach § 388 eine bloße Erklärung gegenüber dem anderen. **827**

Bsp.: A müsste also B gegenüber lediglich die Aufrechnung erklären; liegen dann die Voraussetzungen vor, erlöschen infolge dieser einen Erklärung unmittelbar beide Forderungen, also sowohl die Forderung des B gegen den A als auch diejenige des A gegen den B. Auf diese Weise stellt die Aufrechnung einen Erlöschenstatbestand dar; er beruht auf einer rechtsgestaltenden Erklärung einer der beiden Schuldverhältnisparteien.

Diese Vereinfachungsfunktion der Aufrechnung, die nur das umsetzt, was jedermann ohnehin für nahe liegend erachtet, kann man noch differenzierter sehen. So wird der Aufrechnung regelmäßig eine „**Doppelfunktion**" zugebilligt. Sie nimmt zum einen die soeben beschriebene **Tilgungsfunktion**, zum anderen auch eine **Durchsetzungsfunktion** wahr.[79] Die Tilgungsfunktion der Aufrechnung ist es, die **828**

293

die Aufrechnung zu einer Möglichkeit des Erlöschens der Leistungsverpflichtung macht; auf diese Weise wird sie zu einem Erfüllungssurrogat.

829 Die **Durchsetzungs- bzw. Vollstreckungsfunktion** meint hingegen die Seite der Aufrechnung, die dem aufrechnenden Schuldner hilft, seine eigene Forderung durchzusetzen.

Bsp.: Wenn im Beispiel *(unter Rn. 826)* A die Aufrechnung erklärt, erreicht er nicht nur, dass die 500 €, die er zu zahlen hat, getilgt werden, er sie also nicht mehr zahlen muss, sondern sogleich sichert er sich auf diese Weise auch, dass er die 500 €, die er von B aus dem früheren Kaufvertrag zu erhalten hat, auch wirklich erhält. Er muss nun also nicht mehr gegen B vorgehen; hat sich B beispielsweise lange Zeit geweigert, seine kaufvertragliche Pflicht dem A gegenüber zu bezahlen, so müsste A eigentlich gegen B klagen und ihn auf Zahlung in Anspruch nehmen. Durch die Aufrechnung ist dies nun nicht mehr erforderlich – denn die Aufrechnung führt auch dazu, dass A im Hinblick auf die ihm zustehende Forderung befriedigt wird.

830 Der Erklärende kann also mit Hilfe der Aufrechnung, so der **Inhalt der Vollstreckungsfunktion**, seine eigene Forderung durchsetzen. Von besonderer Bedeutung ist dies dann, wenn die Leistungsfähigkeit des Aufrechnungsgegners unsicher ist; zudem ist zu berücksichtigen, dass dann, wenn die eigene Forderung des Erklärenden zwischenzeitlich verjährt ist, eine Aufrechnung für ihn von besonderem Reiz ist.

II. Voraussetzungen für das Erlöschen des Schuldverhältnisses durch Aufrechnung

831 **Drei Voraussetzungen** sind für eine wirksame Aufrechnung erforderlich: Es bedarf einer Aufrechnungslage *(s. unter Rn. 832 ff.)*, die Aufrechnung darf nicht ausgeschlossen sein *(s. unter Rn. 849 ff.)* und schließlich muss die Aufrechnung erklärt werden *(s. unter Rn. 860 ff.)*.

832 **1. Aufrechnungslage**

Unter einer Aufrechnungslage versteht man das, was § 387 formuliert. Im Einzelnen sind, wie man der Norm entnehmen kann, **vier Tatbestandsmerkmale** erforderlich. Die Aufrechnungslage bezeichnet also das, was zwischen den beiden betroffenen Parteien bestehen muss. Verlangt ist die Gegenseitigkeit der Forderungen *(s. unter Rn. 834 ff.)*, zum anderen müssen die Forderungen gleichartig sein *(s. unter Rn. 837 ff.)*, des Weiteren muss die sog. Gegenforderung durchsetzbar sein *(s. unter Rn. 843 ff.)*. Schließlich muss die Hauptforderung erfüllbar sein *(s. unter Rn. 848 ff.)*.

833 Schon an dieser Stelle ist eine **Erläuterung** der zentralen Begrifflichkeiten hilfreich, die das Verständnis der Aufrechnung deshalb schwierig machen, weil stets beide Parteien jeweils Schuldner und Gläubiger sein müssen.

---

79 Vgl. etwa *Höhn/Kaufmann*, JuS 2003, 751; *Gernhuber*, Erfüllung, § 12 I 3.

Voraussetzungen

Übersicht 17:

Bsp.: Im obigen Beispiel *(unter Rn. 826)* hat zunächst A gegen B einen Anspruch aus einem früheren Kaufvertrag. Dieser alte Anspruch wird als **„Gegenforderung"** oder auch **„Aktivforderung"** bezeichnet; umgekehrt ist der Anspruch, der den A trifft, die sog. **„Hauptforderung"** oder **„Passivforderung"**. Als Gegenforderung wird also immer diejenige Forderung des Aufrechnenden angesehen. Hauptforderung wiederum ist die Forderung, gegen die aufgerechnet wird – hier also die Forderung des B gegen A.

a) **Gegenseitigkeit der Forderungen.** Die erste Voraussetzung, die sich aus § 387 entnehmen lässt, ist diejenige, dass die Forderungen gegenseitig sind. So lässt sich die Formulierung „schulden zwei Personen einander Leistungen" verstehen: Die beiden Forderungen, die aufgerechnet werden sollen, müssen zwischen denselben Parteien bestehen. Jeder der beiden Beteiligten muss also sogleich Gläubiger und Schuldner des anderen sein. Zwischen den von der Aufrechnung betroffenen Personen ist eine strenge Identität verlangt.[80] Jeder von beiden muss also sogleich Gläubiger und Schuldner des anderen sein.

---

[80] *Brox/Walker*, Allgemeines Schuldrecht, § 16 Rn. 4; *Looschelders*, Schuldrecht Allgemeiner Teil, Rn. 415; *Westermann/Bydlinski/Weber*, BGB – Schuldrecht Allgemeiner Teil, § 19 Rn. 25.

Bsp.: Im Beispielsfall *(unter Rn. 826)* ist dies erfüllt: Denn A ist Schuldner des aktuellen Kaufvertrages, hier ist B der Gläubiger; umgekehrt führt der frühere Kaufvertrag zugleich dazu, dass A Gläubiger aus diesem alten Kaufvertrag ist, dort ist B der Schuldner. Erklärt also A die Aufrechnung, ist seine eigene Forderung gegen B die Gegenforderung. Das, was A zum Erlöschen bringen möchte, ist die Hauptforderung. Der Aufrechnende, hier also A, muss demzufolge Gläubiger der Gegenforderung und zugleich Schuldner der Hauptforderung sein; umgekehrt muss der Aufrechnungsgegner Schuldner der Gegenforderung und Gläubiger der Hauptforderung sein.

835 Der Grundsatz der Gegenseitigkeit der Forderung führt dazu, dass die **Aufrechnung mit** einer **fremden Forderung** regelmäßig **nicht möglich** ist.[81] Dies gilt auch dann, wenn der Dritte seine Zustimmung gem. § 185 erteilt. Der Schuldner kann nicht mit einer Gegenforderung aufrechnen, die ihm gegenüber einem Dritten zusteht. Dieser Grundsatz bedeutet also, dass die Aktivforderung dem Erklärenden selber zustehen muss, mit der Forderung eines Dritten kann daher nicht aufgerechnet werden. Die Rechtsprechung lässt allerdings eine abweichende Vereinbarung zwischen mehreren Gläubigern und Schuldnern an dieser Stelle zu.[82]

836 Die Voraussetzung von der **Gegenseitigkeit** der Forderung ist im BGB an einigen Stellen **durchbrochen**; dies gilt besonders bei der Abtretung: § 406 ist hier die Norm, die ausnahmsweise ein Abweichen zulässt, wenn eine Forderung an einen Dritten abgetreten worden ist: Dann darf trotz fehlender Gegenseitigkeit gegebenenfalls aufgerechnet werden.[83]

837 b) **Gleichartigkeit der Forderungen.** Nach § 387 ist zudem erforderlich, dass die beiden Leistungen, die gegeneinander aufgerechnet werden sollen, „ihrem Gegenstand nach **gleichartig** sind". Diese Voraussetzung ist unmittelbar darauf zurückzuführen, dass es bei der Aufrechnung um eine Vereinfachung geht. Mit der Voraussetzung der Gleichartigkeit soll sichergestellt werden, dass tatsächlich nur das miteinander aufgerechnet wird, was nicht völlig verschieden ist, wo also eine Vereinfachung auch Sinn macht. Gleichartig sind letztlich nur Forderungen auf Geld bzw. Forderungen bei Gattungsschulden, wenn es um dieselbe Gattung geht. Ihren eigentlichen Anwendungsbereich hat die Aufrechnung durch diese Voraussetzung letztlich bei Geldschulden. Um sie geht es bei der Aufrechnung eigentlich immer.

Bsp.: Im obigen Beispiel *(unter Rn. 826)* ist dies der Fall, denn A schuldet dem B aus einem aktuellen Kaufvertrag, der B hingegen dem A aus einem früheren Kaufvertrag die Zahlung des Kaufpreises. Dies sind gleichartige Forderungen, denn es geht in beiden Fällen um eine Geldschuld.

---

[81] *Looschelders*, Schuldrecht Allgemeiner Teil, Rn. 415; Bamberger/Roth/*Dennhardt*, BGB, § 387 Rn. 19.

[82] Staudinger/*Gursky*, BGB, vor § 387 Rn. 90; BGHZ 94, 132 (135); BGH NJW 1985, 2409.

[83] Vgl. dazu unten in Rn. 1289.

Doch kann es – zumindest in der Theorie – auch dann zur Aufrechnung kommen, **838** wenn eine **Gattungsschuld** gegen eine andere steht, sofern nur die Gattung die gleiche ist; denkbar ist also Aufrechnung bei dem Tauschgeschäft, wenn der Tausch auf dieselbe Gattung, etwa auf dieselbe Weizengattung gerichtet ist. Doch im Ergebnis geht es, hier kann man es wirklich einmal sagen, immer ums Geld. Fehlt die Gleichartigkeit, kommt eine Aufrechnung nicht in Betracht; stattdessen kann dann der Schuldner, da er die Forderung nicht durch Aufrechnung zum Erlöschen bringen kann, sich allein etwa auf ein Zurückbehaltungsrecht aus § 273 BGB berufen.

Anders als bei § 273 ist bei der Aufrechnung nicht erforderlich, dass die beiden **839** Forderungen aus einem einheitlichen Lebensverhältnis stammen; eine **Konnexität** wie im Rahmen des Zurückbehaltungsrechts[84] **ist nicht verlangt**.[85] Dies folgt daraus, dass anders als beim Zurückbehaltungsrecht nach § 273 die Formulierung „aus demselben rechtlichen Verhältnis" nicht genannt ist. Daher können die Forderungen aus unterschiedlichen Rechtsverhältnissen stammen, wie dies auch in dem eingangs vorgestellten Beispiel *(unter Rn. 826)* der Fall ist. Ein Zusammenhang irgendwelcher Art ist nicht notwendig. Da der Rechtsgrund der Forderungen unterschiedlich sein kann[86], ist sogar möglich, dass ein privatrechtlicher Anspruch mit einem öffentlich-rechtlichen Anspruch aufgerechnet werden kann; auch kann ein Anspruch aus einer vertraglichen Verbindung mit einem solchen aufgerechnet werden, der aus einer GoA stammt – solange beide auf Geld gerichtet sind, sind sie gleichartig und damit aufrechenbar.[87]

Eine Gleichartigkeit entfällt nicht dadurch, dass die gegeneinander stehenden **For-** **840** **derungen unterschiedlich hoch** sind.[88] Ist dies der Fall, dann erlischt vielmehr die niedrigere Forderung vollständig, die andere, höhere Forderung hingegen erlischt bis zur Höhe der niedrigeren Forderung.

Bsp.: Hätte A dem B nur 300 € geschuldet, B dem A jedoch 500 €, so wäre bei einer Aufrechnung durch A seine Zahlungspflicht i.H.v. 300 € erloschen, die des B gegenüber A hingegen reduziert sich auf nunmehr nur noch 200 €. Diesem teilweisen Erlöschen steht insbesondere auch nicht § 266 entgegen, d.h. auch diese Vorschrift verhindert nicht, dass eine Aufrechnung mit einer niedrigeren Forderung als der Hauptforderung möglich ist. Insoweit ist nämlich § 389 als *lex specialis* zu § 366 anzusehen.[89]

Genauso wenig wie eine gleiche Höhe der Forderung verlangt das Tatbestands- **841** merkmal „Gleichartigkeit" auch **nicht** die **Identität des Leistungs- oder Ablieferungsortes**. Dies wird aus § 391 Abs. 1 deutlich. Auch die Verschiedenheit sonstiger Leistungsmodalitäten, etwa der Leistungszeit, schließt die Gleichartigkeit nicht aus. Schließlich verhindert auch der Umstand, dass es inhaltlich bei der Geldschuld um **unterschiedliche Schuldarten** geht, nicht die Gleichartigkeit.

---

[84] Vgl. oben Rn. 263.
[85] MünchKomm/*Schlüter*, BGB, § 387 Rn. 29; BGH NJW 1993, 2753 (2754).
[86] Soergel/*Weiss*, BGB, § 387 Rn. 5.
[87] BGHZ 16, 124 (127).
[88] *Looschelders*, Schuldrecht Allgemeiner Teil, Rn. 416; *Brox/Walker*, Allgemeines Schuldrecht, § 16 Rn. 6.
[89] So schon Motive II, S. 108; MünchKomm/*Schlüter*, BGB, § 389 Rn. 5.

Sobald beide Schulden Geldschulden sind, ist eine Aufrechnung möglich. Dies ist auch dann der Fall, wenn eine sog. Geldsummenschuld, also etwa eine Kaufpreiszahlungspflicht aus § 433 Abs. 2, gegen eine sog. „Geldwertschuld" aufgerechnet werden soll, also z. B. gegen eine Schuld aus einem Schadensersatzanspruch.[90]

842 Eine **Gleichartigkeit fehlt** jedoch, zumindest nach der Rechtsprechung, bei Zahlungs- und Schuldbefreiungsansprüchen: Der BGH hat die Aufrechnung eines Befreiungsanspruchs gegen einen Zahlungsanspruch wegen einer Ungleichartigkeit regelmäßig nicht zugelassen.[91]

843 c) **Durchsetzbarkeit der Gegenforderung.** § 387 verlangt zusätzlich, dass die Gegenforderung **durchsetzbar** ist: Der Schuldner kann nämlich nach § 387 nur dann aufrechnen, wenn er „die ihm gebührende Leistung fordern" kann. Damit ist zum Ausdruck gebracht, dass die Gegenforderung durchsetzbar sein muss. Dies ist verständlich: Denn nur wenn der Schuldner die ihm zustehende Forderung (gegen die er aufrechnen möchte) überhaupt verlangen kann, darf sie in die Verrechnung mit einbezogen werden.

Bsp.: Könnte A nämlich eine nicht durchsetzbare Forderung in die Aufrechnung mit hineinziehen, würde damit B gezwungen, etwas zu leisten, was er überhaupt nicht zu leisten braucht.

844 Mit dem Ausdruck „Durchsetzbarkeit der Gegenforderung" ist also gemeint, dass die Gegenforderung des Aufrechnenden, mit der aufgerechnet wird, **bestehen muss**, zudem muss sie **fällig** und **einredefrei** sein. Die Gegenforderung, so kann man auch formulieren, muss voll wirksam und fällig (gem. § 271) sein.[92]

845 Die Forderung des Aufrechnenden muss also zunächst **fällig** sein. Hier macht sich die Konsequenz des Tatbestandsmerkmals „Durchsetzbarkeit" besonders bemerkbar: Wenn die Aufrechnung vor allem der Vereinfachung dient, wäre es unlogisch, dass der, der seine eigene Forderung mangels Fälligkeit nicht etwa mittels Klage durchsetzen kann, dann über die Aufrechnung zum Erfolg käme.

Bsp.: A kann also dann keine Aufrechnung erklären, wenn die Forderung, die er gegen B hat, überhaupt noch nicht fällig ist. Ob sie fällig ist, bestimmt sich wie stets nach der Parteivereinbarung oder hilfsweise nach § 271. Auf diese Weise wird verhindert, dass der Gläubiger einer noch nicht fälligen Forderung seine Forderung über den Umweg der Aufrechnung schon zu einer Zeit geltend macht, zu der sie noch nicht erfüllt zu werden braucht.[93]

846 Die Gegenforderung muss zudem **voll wirksam** sein. Das bedeutet zunächst, dass die Gegenforderung bestehen muss. Ist sie nicht entstanden oder etwa durch Anfechtung untergegangen, ist eine Aufrechnung nahe liegender Weise nicht möglich. Doch muss die Gegenforderung nicht nur bestehen, sie muss auch erzwingbar

---

90 So die überwiegende Auffassung: Vgl. nur *Westermann/Bydlinski/Weber*, BGB – Schuldrecht Allgemeiner Teil, § 19 Rn. 26; *Eckert*, Schuldrecht Allgemeiner Teil, Rn. 702.
91 BGHZ 12, 136 (144); BGH NJW 1999, 1182 (1184); *Schmidt*, JuS 1999, 818.
92 So etwa Jauernig/*Stürner*, BGB, § 387 Rn. 7; HK-BGB/*Schulze*, § 387 Rn. 9.
93 *Brox/Walker*, Schuldrecht Allgemeiner Teil, § 16 Rn. 9.

Voraussetzungen

und einredefrei sein. § 390 macht dies ganz deutlich: Mit einer einredebehafteten Forderung kann nicht aufgerechnet werden. Dabei genügt nach ganz überwiegender Auffassung, dass die Einrede besteht, sie muss nicht eigens geltend gemacht worden sein.[94] Das Bestehen einer Einrede allein hindert also schon die Durchsetzbarkeit und damit die Aufrechenbarkeit insgesamt, ohne dass die Einrede selbst geltend gemacht zu werden braucht.

Bsp.: Hat B ein Zurückbehaltungsrecht nach § 273 oder kann er die Einrede des nicht erfüllten Vertrages nach § 320 geltend machen, so genügt dies, um die Aufrechenbarkeit für A zu verhindern, und zwar auch, ohne dass sich B auf sein Zurückbehaltungsrecht berufen würde. Allein das Bestehen verhindert die Durchsetzbarkeit und damit die Aufrechnungslage.[95]

Anders ist dies nur bei der besonderen **Einrede der Verjährung:** Hier sieht nämlich § 215 eine eigenständige Regelung vor, der zufolge die Aufrechnung möglich bleibt, wenn die Gegenforderung bei Eintritt der Aufrechnungslage noch nicht verjährt war. Das bedeutet im Ergebnis, dass die einmal bestehende Aufrechnungsmöglichkeit nicht dadurch verloren geht, dass zwischenzeitlich Verjährung eintritt. § 215 verhindert also das Eingreifen des § 390 in der Situation der Verjährung: Nach § 215 schließt nämlich die Verjährung der Gegenforderung die Aufrechnung dann nicht aus, wenn die verjährte Forderung in dem Zeitpunkt, in dem sie gegen die andere Forderung aufgerechnet werden konnte, noch nicht verjährt war. In dieser besonderen Situation stellt das Gesetz also ausnahmsweise nicht auf den Zeitpunkt der Aufrechnungserklärung, sondern auf den der Aufrechnungslage ab. Man muss also stets danach schauen, ob die Gegenforderung in dem Zeitpunkt, in dem sie erstmals gegen die Hauptforderung hätte aufgerechnet werden können, bereits verjährt war. War sie es nicht, bleibt die Aufrechenbarkeit bestehen.

d) **Erfüllbarkeit der Hauptforderung.** Die Aufrechnungslage setzt zudem voraus, dass der Aufrechnende „die ihm obliegende Leistung bewirken kann": Dies ist nur dann der Fall, wenn die **Hauptforderung wirksam und erfüllbar ist.** Letztlich ist damit nur gemeint, dass der Aufrechnende berechtigt sein muss, die Hauptforderung schon jetzt zu erfüllen. Dies bestimmt sich nach § 271. Nach dessen Absatz 2 ist eine Erfüllung aber bereits vor Fälligkeit möglich. Letztlich genügt also hinsichtlich der Hauptforderung, dass sie zumindest entstanden ist.[96] Anders als bei der Gegenforderung ist hier aber nicht auch noch zusätzlich eine Einredefreiheit erforderlich – das folgt aus der Überlegung, dass der Schuldner auch sonst nicht daran gehindert ist, eine einredebehaftete Forderung auch zu erfüllen. Er muss sich ja nicht auf die Einrede berufen. Das führt dazu, dass die Aufrechnung auch gegen eine Forderung erklärt werden kann, die schon vor Eintritt der Aufrechnungslage verjährt war.[97]

---

[94] S. etwa BGH NJW 2001, 287 (288); Palandt/*Grüneberg*, BGB, § 390 Rn. 1; Münch Komm/*Schlüter*, BGB, § 390 Rn. 1.
[95] Jauernig/*Stürner*, BGB, § 390 Rn. 1; Palandt/*Grüneberg*, BGB, § 390 Rn. 2.
[96] BGHZ 103, 362 (367).
[97] *Looschelders*, Schuldrecht Allgemeiner Teil, Rn. 418.

2. Kein Ausschluss der Aufrechnung

849 Neben den genannten positiven Voraussetzungen, die gegeben sein müssen, um eine Aufrechnung zulässig zu machen, darf in einem zweiten Schritt zudem die Aufrechnung auch **nicht ausgeschlossen** sein. Ein Ausschluss der Aufrechnung kann sich aus Vertrag oder aus Gesetz ergeben.

850 a) **Durch Vertrag.** Die Aufrechnung kann zunächst **vertraglich** ausgeschlossen worden sein. Insofern steht den Parteien auf der Grundlage ihrer Vertragsfreiheit die Möglichkeit offen, eine Aufrechnung vertraglich auszuschließen.[98] Das kann sowohl individualvertraglich als auch im Wege von AGB erfolgen. Bei der formularmäßigen Vereinbarung sieht § 309 Nr. 3 eine Unwirksamkeit vor, wenn das Aufrechnungsverbot auch unbestrittene oder rechtskräftig festgestellte Forderungen erfasst. Darüber hinaus ist beim Aufrechnungsverbot das Benachteiligungsverbot aus § 307 zu beachten.[99]

851 Ist ein Aufrechnungsverbot vereinbart worden, ist daran zu denken, dass ein Aufrechnungsverbot im Einzelfall zwar wirksam sein kann, der Aufrechnungsgegner jedoch nach Treu und Glauben gem. § 242 BGB daran gehindert sein kann, sich auf das Verbot zu berufen. Dies ist etwa dann möglich, wenn sich nach Abschluss der Vereinbarung über den Aufrechnungsausschluss die Vermögensverhältnisse des Aufrechnungsgegners so erheblich verschlechtert haben, dass der Aufrechnende Sorge haben muss, die Gegenforderung dauerhaft nicht durchsetzen zu können.[100]

852 Im Rahmen eines vertraglichen Aufrechnungsausschlusses kann schließlich die **Auslegungsregel des § 391 Abs. 2** greifen: Danach ist im Zweifel die Aufrechnung ausgeschlossen, wenn die Parteien vereinbart haben, dass die Leistung zu einer bestimmten Zeit an einem bestimmten Ort erfolgen soll und wenn für die Gegenforderung ein anderer Leistungsort besteht. Eine solche besondere Parteivereinbarung ist also im Wege der Auslegungsregel des § 391 Abs. 2 im Zweifel als Aufrechnungsausschluss auszulegen. Dies ist konsequent, weil dann, wenn eine solche vertragliche Vereinbarung über Leistungszeit und Leistungsort vorliegt, der Schuldner die Möglichkeit hätte, die Leistung nicht zu der vereinbarten Zeit am vereinbarten Ort zu leisten, was der vertraglichen Vereinbarung widersprechen würde.[101]

853 b) **Durch Gesetz.** Neben einem vertraglichen Aufrechnungsausschluss kann auch ein **gesetzlicher Aufrechnungsausschluss** eingreifen. Die gesetzlichen Ausschlussgründe finden sich in den §§ 392–394. Die Ausschlusswirkung kann sich dabei sowohl aus Gründen ergeben, die die Hauptforderung betreffen, als auch aus solchen, die sich auf die Gegenforderung beziehen.

---

98 Heute allg. M.: Vgl. nur BGH NJW 1984, 357 (358).
99 S. BGHZ 92, 312 (316); BGH NJW 2002, 2779; Palandt/*Grüneberg*, BGB, § 309 Rn. 21.
100 Staudinger/*Looschelders/Olzen*, BGB, § 242 Rn. 706; *Westermann/Bydlinski/Weber*, Schuldrecht Allgemeiner Teil, § 19 Rn. 35.
101 S. für einen besonderen Fall Staudinger/*Gursky*, BGB, § 391 Rn. 12.

aa) **Hauptforderung aus Delikt, § 393.** Ein erster Ausschlussgrund für die Aufrechnung findet sich in § 393: Die Hauptforderung darf nicht aus einer **vorsätzlich begangenen unerlaubten Handlung** stammen.

Bsp.: Hätte im Ausgangsbeispiel *(unter Rn. 826)* der aufrechnende A dem B nicht einen Kaufpreis zu zahlen, sondern hätte er dem B früher einmal sein Auto beschädigt und schuldete ihm deshalb noch einen Schadensersatzanspruch aus § 823 Abs. 1, ist ihm die Aufrechnung verwehrt. Denn die Hauptforderung stammt aus Delikt, und wer vorsätzlich eine unerlaubte Handlung begangen hat, soll nicht noch zusätzlich in den Genuss der Vereinfachungsmöglichkeit der Aufrechnung kommen. Vielmehr soll sichergestellt sein, dass er Schadensersatz leistet.

Umstritten ist jedoch, ob § 393 mit seinem Ausschluss der Aufrechnung auch in den Fällen gilt, wenn **auch die Gegenforderung** auf einer **vorsätzlich begangenen unerlaubten Handlung** beruht.

Bsp.: Haben A und B einander Eigentumsschäden zugefügt und somit beide gegen den jeweils anderen einen Anspruch aus § 823 Abs. 1, ist umstritten, ob die Aufrechnungserklärung beispielsweise des A gegen den B wirksam ist oder ob sie nicht nach § 393 ausgeschlossen sein muss.

Zum Teil wird vertreten, dass § 393 **jegliche Aufrechnung** gegen eine Forderung aus einer **vorsätzlich begangenen unerlaubten Handlung ausschließt**. Die Wertung und die Wertentscheidung des Gesetzes müssten unbedingt beachtet werden, unabhängig davon, ob auch die Gegenforderung aus einem Delikt stamme oder nicht.[102] Nach **anderer Auffassung soll** in diesen Fällen § 393 mit seinem **Aufrechnungsverbot nicht greifen**; vielmehr soll eine Aufrechnung möglich sein, wenn beide Ansprüche aus vorsätzlich unerlaubter Handlung entstanden sind, zumindest dann, wenn sie auf einem **einheitlichen Lebensvorgang** beruhen, also beispielsweise aus einer Schlägerei.[103] Dieser Auffassung wird auch zuzustimmen sein, denn der Aufrechnungsausschuss soll vor allem verhindern, dass jemand um seinen Schadensersatzanspruch gebracht wird, indem der Schuldner diesen Anspruch aufrechnet. Doch wenn beide in gleicher Weise schuldhaft ein Delikt begangen haben, ist nicht verständlich, wieso dann die Aufrechnung noch ausgeschlossen sein soll.

bb) **Hauptforderung unpfändbar, § 394.** Ein weiterer Aufrechnungsausschluss findet sich in § 394, der kompliziert formuliert ist. Ihm zufolge soll gegen eine **unpfändbare Hauptforderung** nicht aufgerechnet werden können. Hier ist daher grundsätzlich eine Aufrechnung ausgeschlossen, jedenfalls soweit die Unpfändbarkeit reicht. Auf diese Weise soll der **Aufrechnungsgegner besonders geschützt** werden. Ihm soll zumindest ein Grundgeldbetrag stets zur Verfügung stehen, ohne dass hier die Aufrechnung eine Forderung zum Erlöschen bringen kann.

---

[102] So RGZ 123, 6; OLG Celle NJW 1981, 766; *Haase*, JR 1972, 137; MünchKomm/*v. Feldmann*, BGB, § 393 Rn. 3; Palandt/*Grüneberg*, BGB, § 393 Rn. 4.
[103] LG Stade MDR 1958, 99; Erman/*Westermann*, BGB § 393 Rn. 2; Bamberger/Roth/*Dennhardt*, BGB, § 393 Rn. 7.

858 Wann eine Forderung unpfändbar ist, ergibt sich über die Verweisung in § 851 ZPO aus § 399 BGB: **Unpfändbar sind Forderungen**, soweit sie nicht abtretbar sind. Hier geht es, wie aus den §§ 850 ff. ZPO deutlich wird, vor allem um diejenigen Fälle, die besonders soziale Gesichtspunkte berühren. Insbesondere unpfändbar, weil nicht abtretbar, sind Lohn- und Unterhaltsforderungen. Diese können damit auch nicht Gegenstand einer Aufrechnung werden. Sinn der Pfändungs- und damit Abtretungs- und Aufrechnungsverbote ist es, dem Gläubiger einer solchen Forderung und seiner Familie das Existenzminimum zu erhalten.

859 cc) **Hauptforderung beschlagnahmt, § 392.** Schließlich ist eine Aufrechnung ausgeschlossen, wenn die **Hauptforderung beschlagnahmt**, d. h. gepfändet ist. Dann kann der Schuldner gegen sie gem. § 392 nicht aufrechnen. Auch diese Anordnung ist konsequent: Ist nämlich eine Forderung gepfändet, darf der Schuldner diese Forderung nicht erfüllen. Dann muss auch eine Aufrechnung ausscheiden.

3. Aufrechnungserklärung, § 388

860 Die dritte Voraussetzung ist die **Aufrechnungserklärung**. Die Wirkung der Aufrechnung tritt nur ein, wenn sie erklärt worden ist. Dies ist in § 388 normiert.

861 Die Aufrechnung verlangt eine Erklärung gegenüber dem anderen Teil. Es handelt sich also um eine empfangsbedürftige Willenserklärung.[104] Da die Erklärung die Rechtslage umgestaltet, handelt es sich um eine Gestaltungserklärung, durch die die gegenseitig bestehenden Forderungen erlöschen. Als Willenserklärung verlangt die Aufrechnungserklärung die entsprechenden Tatbestandsvoraussetzungen zu ihrer Wirksamkeit, insbesondere ist eine volle Geschäftsfähigkeit erforderlich; der beschränkt Geschäftsfähige kann demgegenüber nicht aufrechnen, sofern er nicht über eine entsprechende Genehmigung seitens seines gesetzlichen Vertreters verfügt. Denn die Aufrechnung bringt dem Minderjährigen nicht lediglich einen rechtlichen Vorteil, da er durch die Aufrechnung ja seine Gegenforderung verliert.[105] Da es sich um ein einseitiges Rechtsgeschäft handelt, ist die Aufrechnungserklärung ohne Einwilligung des gesetzlichen Vertreters unwirksam, § 111 Satz 1. Dann kann sie auch die Genehmigung des gesetzlichen Vertreters im Nachhinein nicht mehr wirksam machen.

862 Als Gestaltungserklärung ist die Aufrechnungserklärung bedingungsfeindlich: Daher kann sie gem. § 388 Satz 2 nicht unter einer Bedingung oder einer Zeitbestimmung abgegeben werden. Dies ist deshalb mit Recht so geregelt, weil die

---

104 *Brox/Walker*, Allgemeines Schuldrecht, § 16 Rn. 10; *Looschelders*, Schuldrecht Allgemeiner Teil, Rn. 419.
105 Palandt/*Heinrichs/Ellenberger*, BGB, § 107 Rn. 2; MünchKomm/*Schmitt*, BGB, § 107 Rn. 48.

Aufrechnung besonders im Interesse des Erklärungsempfängers klare Verhältnisse schaffen soll.[106] Er soll nicht im Unklaren darüber sein, welches Schicksal die beiden Forderungen noch haben könnten. Er soll vielmehr wissen, woran er ist.

Die Bedingungsfeindlichkeit der Aufrechnungserklärung ist jedoch nicht in dem Sinne überzuinterpretieren, als dass jede Bedingung unzulässig wäre. Zulässig bleibt nämlich diejenige Bedingung, die der Gegner im Hinblick auf ihren Eintritt beeinflussen kann.[107] D.h. durch § 388 Satz 2 ist die sog. „Eventualaufrechnung" nicht ausgeschlossen. Dies spielt besonders im Prozess eine Rolle, in dem die Eventualaufrechnung nicht nur zulässig, sondern sehr häufig ist: Dies liegt daran, dass es sich hierbei nicht um eine Bedingung im eigentlichen Sinne gem. § 185 handelt. Es liegt nämlich keine eigentliche Bedingung vor, sondern die Aufrechnung erfolgt nur unter der zur Entscheidung stehenden Voraussetzung hin, dass die Klageforderung überhaupt besteht.[108] Man kann hier auch von einer sog. Rechtsbedingung sprechen, die allein daran geknüpft ist, ob das Gericht das Bestehen oder Nichtbestehen des Anspruchs feststellt.[109]

Bsp.: F hat den C auf die Zahlung eines Kaufpreises i.H.v. 43 € verklagt. C bestreitet den Anspruch des F, hilfsweise rechnet er mit einer Gegenforderung auf.

III. Rechtsfolgen: Die Wirkung der Aufrechnung, § 389

Ist die Aufrechnung wirksam erklärt, kann die Aufrechnung ihre **Wirkung** entfalten: Nach § 389 BGB bewirkt sie, dass die Forderungen, soweit sie sich decken, als in dem Zeitpunkt erloschen gelten, in welchem sie zur Aufrechnung geeignet einander gegenüber getreten sind. Das bedeutet, dass die Forderungen in der Höhe, in der sie übereinstimmen, erlöschen, und zwar rückwirkend zu dem Zeitpunkt, in dem sie sich erstmals gegenüber gestanden haben.[110]

Das Gesetz hat dadurch eine Grundentscheidung getroffen: Relevant ist nicht der **Zeitpunkt** der Erklärung, sondern derjenige der **Aufrechnungslage**. Es kommt also zu einer Rückwirkung, die in wirtschaftlicher Hinsicht dadurch gerechtfertigt ist, dass ja die Forderungen schon seinerzeit hätten verrechnet werden können. Das führt dann darüber hinaus auch dazu, dass zwischenzeitlich eingetretene Rechtsfolgen wie etwa ein Verzug oder eine Verzinsung oder Vertragsstrafe mit der Aufrechnung entfallen.[111]

---

106 Bamberger/Roth/*Dennhardt*, BGB, § 388 Rn. 4; *Brox/Walker*, Allgemeines Schuldrecht, § 16 Rn. 11; *Medicus*, Schuldrecht I, Rn. 277.
107 *Medicus*, Schuldrecht I, Rn. 277; *Looschelders*, Schuldrecht Allgemeiner Teil, Rn. 419; *Brox/Walker*, Allgemeines Schuldrecht, § 16 Rn. 11.
108 Staudinger/*Gursky*, BGB, § 388 Rn. 28; Palandt/*Grüneberg*, BGB, § 388 Rn. 3.
109 Auch das Gesetz selbst erkennt die Möglichkeit einer solchen Hilfsaufrechnung im Prozess ausdrücklich an, vgl. Motive II, S. 108; s. auch § 19 Abs. 3 GKG; s. auch BGHZ 80, 97 (99).
110 *Brox/Walker*, Allgemeines Schuldrecht, § 16 Rn. 12; *Medicus*, Schuldrecht I, Rn. 278.
111 Palandt/*Heinrichs*, BGB, § 389 Rn. 2; Bamberger/Roth/*Dennhardt*, BGB, § 389 Rn. 3.

866 Für die **Prüfung** einer Aufrechnung hat die genannte Rechtswirkung der Aufrechnung zur Folge, dass sie als Surrogat der Erfüllung in dem zweiten Prüfungsschritt (Anspruch untergegangen?) zu prüfen ist. Ist ein Anspruch einmal entstanden, kann er durch Aufrechnung untergegangen sein; dies setzt die Aufrechnungslage, Aufrechnungserklärung sowie den fehlenden Ausschluss der Aufrechnung voraus.

867 Grundsätzlich kann dabei der Aufrechnende selber bestimmen, **welche Forderungen** in die Aufrechnung mit einzubeziehen sind, § 396 Abs. 1 Satz 1. Hier gilt das Gleiche wie bei der Erfüllung, die die vergleichbare Vorschrift des § 366 Abs. 2 kennt, auf die § 396 verweist. Auch § 367 wird gem. § 396 Abs. 2 entsprechend angewandt.

§ 15 Der Rücktritt

Literatur: *Annuß, G.*, Die Folgen des Rücktritts (§§ 346 ff. BGB), JA 2006, 184; *Arnold, A.*, Das neue Recht der Rücktrittsfolgen, Jura 2002, 154; *ders.*, Rücktritt und Schadensersatz, ZGS 2003, 427; *Benicke, C.*, Pflicht zum Wertersatz im neuen Rücktrittsrecht bei Verbrauch und Veräußerung, ZGS 2002, 369; *Hager, J.*, Der Wert- und Schadensersatzanspruch beim Rücktritt, in: Festschr. für Hans Joachim Musielak, 2004, S. 195; *Henne, T./Zeller, C.*, Übungsklausur Bürgerliches Recht: Aufrechnung oder sofortige Saldierung? Rechtsfolgen der Privilegierung des § 346 III Nr. 3 BGB, JuS 2006, 981; *Herresthal, C.*, Der Ersatz des Verzugsschadens beim Rücktritt vom Vertrag, JuS 2007, 798; *Jenal, O./Schimmel, R.*, § 242 BGB: Verwirkung bei Gestaltungsrechten – Rücktrittsfrist, JA 2002, 619; *Kamanabrou, S.*, Haftung des Rücktrittsberechtigten bei Untergang der empfangenen Leistung, NJW 2003, 30; *Kellermann, M.*, § 323 I BGB: Verlust des Rücktrittsrechts durch Erfüllungsverlangen, JA 2006, 562; *Kohler, J.*, Schadensersatzhaftung beim Rücktritt, ZGS 2005, 386; *ders.*, Die rücktrittsrechtlichen Haftungsrisiken zwischen Schuld- und Sachenrecht, JuS 2003, 667; *Löhning, M.*, Schuldrechtsreform – Update 6 – Rücktrittsfolgen, JA 2002, 470; *Schwab, M./Wippler, A.*, Übungsklausur Bürgerliches Recht: Recht der Rücktrittsfolgen, JuS 2004, 404.

Rechtsprechung: BGH NJW 1958, 1628 (Zur Zulässigkeit des Rücktritts beim vertraglichen Rücktrittsrecht); BGH NJW 1974, 36 (Zur eigenen Vertragstreue des Gläubigers); BGH NJW-RR 1989, 625 (Rücktritt ist grundsätzlich nicht fristgebunden); BGH NJW 1990, 315 (Inhalt des Rückgewährschuldverhältnisses; kein automatischer Übergang von Sicherheiten); BGH NJW 1995, 320 (Angemessenheit der Frist zur Nacherfüllung, § 323 Abs. 1 BGB); OLG Hamm NJW-RR 1995, 503 (Inlaufsetzen einer angemessenen Frist bei einer zu kurzen Frist gilt nicht, wenn eine Frist in AGB´s bestimmt ist); BGH NJW 1996, 250 (Wertersatz für Nutzungen; Bemessung); BGH NJW 1996, 921 (Notwendige Verwendungen); BGH NJW 1997, 3164 (Der gekaufte PKW wird beim Käufer polizeilich beschlagnahmt; Verantwortlichkeit des Gläubigers für den Schaden); BGH NJW 1998, 3268 (Zum Rückgewährschuldverhältnis); OLG Köln NJW-RR 1998, 926 (Anwendbarkeit des § 308 Nr. 3 BGB im unternehmerischen Verkehr); BGH NJW-RR 1998, 1489 (Zur Entbehrlichkeit der Fristsetzung nach § 323 Abs. 2 Nr. 3 BGB); BGH NJW-RR 1999, 560 (Zur Entbehrlichkeit der Fristsetzung nach § 323 Abs. 2 Nr. 1 BGB); BGH ZIP 1999, 367 (Zur eigenen Vertragstreue des Gläubigers); BGH NJW 2001, 2878 (Zur Entbehrlichkeit der Fristsetzung nach § 323 Abs. 2 Nr. 2 BGB); OLG Düsseldorf MDR 2001, 206 (Zur eigenen Vertragstreue des Gläubigers); BGH NJW 2006, 1960 (Erheblichkeit der Pflichtverletzung bei Schlechtleistung; vorvertragliche Pflichten).

868 Der **Rücktritt** findet seine Regelung in den §§ 346 ff. Bei ihm handelt es sich auch um einen Erlöschensgrund für ein Schuldverhältnis, auch wenn das Erlöschen als Rechtswirkung in den Vorschriften nicht angesprochen ist. Gleichwohl ist unbe-

stritten, dass ein Rücktritt vom Vertrag insbesondere auch diese Folge nach sich zieht, dass nämlich noch nicht ausgetauschte Leistungen nicht mehr erbracht werden müssen und erlöschen. Dies hat der Gesetzgeber nicht eigens geregelt, weil er dies als selbstverständlich zugrunde gelegt hat.[112] Primär geht es in den §§ 346 ff. um die Rechtsfolgen, die sich für bereits ausgetauschte Leistungen aus einem Rücktritt ergeben.

I. Überblick

Der Rücktritt stellt eine Möglichkeit für die Vertragsparteien dar, das Schuldverhältnis durch eine empfangsbedürftige Willenserklärung, nämlich die sog. „Rücktrittserklärung", in ein **Rückabwicklungsschuldverhältnis** umzuwandeln. Das ist die Kernaussage des § 346. Die Parteien sind zwar durch ein Schuldverhältnis miteinander verbunden, aber es besteht die Möglichkeit, durch eine entsprechende Erklärung dieses Schuldverhältnis zu beenden und in seinen Wirkungen untergehen zu lassen. Das setzt neben der **Rücktrittserklärung** immer einen **Rücktrittsgrund** voraus, der sich sowohl aus einem Vertrag als auch aus gesetzlichen Vorschriften ergeben kann.

In den §§ 346 ff. ist geregelt, welche **Konsequenzen** sich aus einem ausgeübten Rücktritt ergeben. Nicht enthalten ist in den §§ 346 ff. hingegen der Grund für einen Rücktritt. Die Rücktrittsgründe, vertraglich oder gesetzlich, finden sich an anderer Stelle: Entweder sie finden sich in einem Vertrag oder in unterschiedlichen Vorschriften des BGB, wenn es sich um einen gesetzlichen Rücktrittsgrund handelt, etwa im Rahmen des Verzugsrechts oder als Folge der Unmöglichkeit. Wird etwa eine Leistung unmöglich, kann dem Gläubiger ein Rücktrittsrecht hieraus entstehen. Übt er es aus, wandelt sich durch die Rücktrittserklärung das bisherige Schuldverhältnis in ein Rückgewährschuldverhältnis um. Die §§ 346 ff. enthalten nun die Einzelheiten dazu, wie die Rückabwicklung konkret stattzufinden hat. Die bereits ausgetauschten Leistungen müssen zurückgewährt werden. Wenn eine Rückgabe aus verschiedenen Gründen nicht möglich ist, etwa weil sie untergegangen ist, ist Wertersatz zu leisten. Darüber hinaus ist geregelt, ob der Inhaber der Sache, der sie zwischenzeitlich genutzt hat, dafür ein Entgelt zu leisten hat, es finden sich also Regelungen zu Nutzungsersatzansprüchen. Des Weiteren kann möglicherweise die Rückgewähr nicht mehr erfolgen, dann kann es zu Schadensersatzansprüchen kommen. Schließlich sind Verwendungsersatzansprüche denkbar, wenn nämlich derjenige, der eine Sache erhalten und nun wieder zurückgewähren muss, auf die Sache Verwendungen geleistet hat.

Die §§ 346 ff. enthalten demzufolge eine Reihe von **Anspruchsgrundlagen**. Auf diese hin werden Fallkonstruktionen ausgerichtet sein, sofern es um einen Rücktritt geht. Wenn es hingegen um den Rücktrittsgrund geht, ist Anknüpfungspunkt ein anderer.

Bsp.: Ist gefragt, ob der A vom Kaufvertrag, den er mit B abgeschlossen hat, zurücktreten kann, muss man nach dem Rücktrittsgrund suchen. Dieser kann etwa in den Vorschriften

---

112 BT-Drucks. 14/6040, S. 194.

zur Nichtleistung trotz Möglichkeit und Fälligkeit begründet liegen, also in § 323. Dann spielen die Rechtsfolgen für den Rücktritt selber keine Rolle. Ist hingegen gefragt, ob A nach einem Rücktritt dafür, dass er die ihm überlassene Sache nicht mehr zurückgewähren kann, ein Schadensersatzanspruch zahlen muss, finden sich die Einzelheiten hierzu in den Vorschriften der §§ 346 ff.

II. Voraussetzungen

872 Der Rücktritt ist ein **Gestaltungsrecht**. Durch die Erklärung wird die Rechtslage bei Vorliegen der Voraussetzungen unmittelbar geändert. Ein wirksamer Rücktritt setzt stets zweierlei voraus: Es muss erstens ein Rücktrittsrecht (auch Rücktrittsgrund genannt) bestehen *(s. dazu Rn. 873 ff.)*; zweitens muss eine wirksame Rücktrittserklärung abgegeben worden sein *(s. dazu Rn. 883 ff.)*.

1. Rücktrittsrecht

873 Es bedarf zunächst eines **Rücktrittsrechts** bzw. **Rücktrittsgrunds**. Dieser kann sich entweder aus einem Vertrag oder aus dem Gesetz ergeben. Die §§ 346 ff. sind für beide Rücktrittsrechte gleichermaßen angelegt.[113] Bis auf eine Ausnahme in § 350 macht es keinen Unterschied, ob es sich um einen vertraglichen oder gesetzlichen Rücktrittsgrund handelt. Der Regelfall ist ein gesetzlicher Rücktrittsgrund, doch aufgrund der Vertragsfreiheit ist auch eine Vereinbarung eines entsprechenden Rücktrittsrechts zwischen den Parteien möglich.

874 a) **Vertraglich.** Die Parteien können **aufgrund der Vertragsfreiheit vereinbaren**, dass von ihnen abgeschlossene Schuldverhältnis nicht in jedem Fall durchzuführen; stattdessen kann die Möglichkeit vereinbart werden, von dem Grundsatz, dass geschlossene Verträge gehalten und durchgeführt werden müssen, ausnahmsweise auch abzuweichen. Die Parteien können vertraglich vereinbaren, dass ihnen beiden oder einer Vertragspartei für einen bestimmten Fall ein Rücktrittsrecht zustehen soll.[114]

875 Das vertragliche Rücktrittsrecht benötigt eine **entsprechende Parteivereinbarung**. Die Parteien haben daher völlige Freiheit darüber, für welche Fallgestaltung sie ein solches Rücktrittsrecht vereinbaren wollen.[115] Sie müssen auch keinen konkreten Grund nennen; es genügt vielmehr, dass sie sich ausdrücklich oder auch konkludent darüber einig sind, dass ein Rücktrittsrecht für eine oder für beide Vertragsparteien bestehen soll.

---

113 *Brox/Walker*, Allgemeines Schuldrecht, § 18 Rn. 7; Palandt/*Grüneberg*, BGB, § 346 Rn. 2 f.; *Westermann/Bydlinski/Weber*, BGB – Schuldrecht Allgemeiner Teil, § 10 Rn. 2 f.
114 *Looschelders*, Schuldrecht Allgemeiner Teil, Rn. 827.
115 Vgl. die Beispiele für ein vertraglich vereinbartes Rücktrittsrecht bei MünchKomm/*Gaier*, BGB, § 346 Rn. 5.

Voraussetzungen

876 Eine **konkludente** Rücktrittsvereinbarung ist etwa darin zu sehen, dass der Schuldner bei Nichterfüllung seine Rechte aus dem Vertrag verlieren soll – dies wird regelmäßig, so auch die Auslegungsregel in § 354, als eine Rücktrittsvereinbarung angesehen.[116]

877 An verschiedenen Stellen im Gesetz ist zudem angesprochen, dass die Parteien vertraglich ein Rücktrittsrecht vereinbaren können. Der wichtigste Fall ist in dem Zahlungsverzug des Eigentumsvorbehaltskäufers zu sehen: Hier vereinbaren die Parteien regelmäßig ein Rücktrittsrechts des Vorbehaltsverkäufers; dies ist in §§ 449 Abs. 2, 323 explizit geregelt.

878 Das Rücktrittsrecht, das durch einen Vertrag vereinbart wird, muss aber **wirksam verabredet** worden sein: Da es hierüber einer vertraglichen Einigung bedarf, müssen für diese Einigung die allgemeinen Regeln über Verträge und Willenserklärungen beachtet werden. Insbesondere müssen die Parteien geschäftsfähig sein. Auch darf das Rücktrittsrecht nicht sittenwidrig sein.[117] Da die §§ 346 ff. dispositiv sind, kann in der vertraglichen Vereinbarung des Rücktrittsrechts zusätzlich vereinbart werden, dass die Rückabwicklungsregelungen ganz oder teilweise nicht anwendbar sein sollen. Dies ist dann im Einzelnen durch Auslegung der Vereinbarung zu ermitteln.[118]

879 Bei der **formularmäßigen Vereinbarung** einer Rücktrittsklausel ist § 308 Nr. 3 zu beachten: Dieser Vorschrift zufolge sind formularmäßige Rücktrittsklauseln außerhalb von Dauerschuldverhältnissen unwirksam, wenn der Verwender sich danach ohne sachlich gerechtfertigten und im Vertrag angegebenen Grund von der Leistungspflicht lösen kann.[119] Auch wenn diese Vorschrift im unternehmerischen Verkehr nicht anwendbar ist, zieht die Rechtsprechung ihren Rechtsgedanken über § 307 Abs. 2 Nr. 1 auch für diese Art von Geschäften heran.[120]

880 b) **Gesetzlich.** Der eigentliche Anwendungsfall für die Rückabwicklungsvorschriften in den §§ 346 ist das **gesetzliche Rücktrittsrecht**. Dieses findet seine Grundlage in den unterschiedlichen Bereichen des Schuldrechts des BGB. Insbesondere kommt es zum Tragen bei der Störung der Geschäftsgrundlage nach § 313 Abs. 3, im Rahmen des Verzugs bzw. der Nichtleistung trotz Möglichkeit und Fälligkeit nach § 323 Abs. 1, bei der Unmöglichkeit im gegenseitigen Schuldverhältnis nach § 326 Abs. 5 und bei der Mängelgewährleistung im Kauf nach § 437 Nr. 2 bzw. im Werkvertrag nach § 634 Nr. 3.

881 In all diesen Fällen ordnen diese Vorschriften an, dass die Vertragspartei, die von der Leistungsstörung oder Pflichtverletzung der anderen betroffen ist, neben oder statt einem Schadensersatz vom Vertrag zurücktreten kann. Dann sind die jeweils erforderlichen Voraussetzungen eigenständig zu prüfen; man muss also etwa im

---

116 *Brox/Walker*, Allgemeines Schuldrecht, § 18 Rn. 7.
117 BGH NJW 1975, 119.
118 Palandt/*Grüneberg*, BGB, § 346 Rn. 2.
119 MünchKomm/*Gaier*, BGB, § 346 Rn. 9; BGH NJW 1985, 2271 (2272).
120 Vgl. beispielsweise OLG Köln, NJW-RR 1998, 926; Palandt/*Grüneberg*, BGB, § 308 Rn. 21.

Rahmen des § 323 BGB prüfen, ob der Schuldner trotz Möglichkeit und Fälligkeit und trotz erfolgter Fristsetzung nicht innerhalb der Zeit geleistet hat, die ihm genannt war. Wenn dies der Fall ist, liegt der gesetzliche Rücktrittsgrund vor, dann ist diese Voraussetzung für einen Rücktritt auch gegeben.

882 Für den **Prüfungsaufbau** hat dies zur Konsequenz, dass im Rahmen einer Rücktrittsprüfung an dieser Stelle möglicherweise insgesamt eine bestimmte, zu einem Rücktritt berechtigende Leistungsstörung vollständig inzident zu prüfen ist.

2. Rücktrittserklärung

883 Als zweite Voraussetzung für einen wirksamen Rücktritt bedarf es einer wirksamen **Rücktrittserklärung**. Wie alle Gestaltungsrechte[121] setzt auch der wirksame Rücktritt eine diesbezügliche Erklärung der berechtigten Person voraus. Bei der Rücktrittserklärung handelt es sich um eine einseitige, empfangsbedürftige Willenserklärung.[122] Die Rücktrittserklärung ist grundsätzlich bedingungs- und befristungsfeindlich. So soll verhindert werden, dass der Gestaltungsrechtsgegner unsicher darüber sein muss, wie die konkrete Rechtslage nun ist.

884 Weil und soweit es sich um eine **Willenserklärung** handelt, finden auf die Rücktrittserklärung die Vorschriften des Allgemeinen Teils des BGB Anwendung.[123] Dies gilt vor allem für die Regelungen zur Wirksamkeit, also etwa zur Geschäftsfähigkeit; dies gilt aber auch im Hinblick auf die Auslegungsnormen der §§ 133, 157. Denn es kann gegebenenfalls unsicher sein, ob der Erklärende tatsächlich einen Rücktritt oder nicht etwas anderes erklären wollte. Nicht erforderlich ist nämlich der Gebrauch des Worts „Rücktritt". Da es sich um eine Willenserklärung handelt und besondere Formvorschriften nicht vorgesehen sind, kann die Rücktrittserklärung nicht nur ausdrücklich, sondern auch konkludent erfolgen.[124] Dann bedarf sie jedoch gegebenenfalls einer Auslegung, um herauszufinden, was derjenige, der das Gestaltungsrecht ausgeübt hat, tatsächlich wollte.

885 Vom Rücktritt sind insbesondere ähnliche Gestaltungsrechte wie die Anfechtung und die Kündigung **zu unterscheiden**. Während die Unterscheidung zur Anfechtung wegen des dort erforderlichen Anfechtungsgrundes nach §§ 119 ff. nicht sehr schwer ist, wird die Unterscheidung zur Kündigung gegebenenfalls schwieriger. Auch die Kündigung ist eine empfangsbedürftige Willenserklärung; doch anders als der Rücktritt soll die Kündigung das Schuldverhältnis nur für die Zukunft auflösen – kein Ziel bei der Kündigung ist hingegen die Rückabwicklung. Entscheidend ist also das Ziel des Erklärenden: Möchte er eine Rückabwicklung, so erklärt er einen Rücktritt; geht es ihm hingegen primär darum, sich für die Zukunft vom Vertragsverhältnis zu lösen, ohne zugleich eine Rückabwicklung

---

121 Insbesondere auch die Anfechtung oder Kündigung.
122 *Medicus*, Grundwissen, Rn. 123; HK-BGB/*Schulze*, § 349 Rn. 1.
123 *Westermann/Bydlinski/Weber*, BGB – Schuldrecht Allgemeiner Teil, § 10 Rn. 10.
124 Palandt/*Grüneberg*, BGB, § 349 Rn. 1.

durchführen zu wollen, dürfte die Erklärung regelmäßig als Kündigung auszulegen sein.[125] Im Regelfall handelt es sich bei Beendigung eines Dauerschuldverhältnisses um eine Kündigung; so ist etwa bei der Miete ein Rücktritt mit der entsprechenden Rückabwicklung im Regelfall schon aus praktischen Gründen nur sehr schwierig vorstellbar, daher ist dort die Kündigung zur Beendigung dieses Dauerschuldverhältnisses vorgesehen, wie sich aus §§ 542, 568 ergibt. Das Gleiche gilt für das Arbeitsverhältnis gem. §§ 620 ff.

886 Die Rücktrittserklärung ist nicht an eine **Form** gebunden. Sie ist auch nicht an die Einhaltung einer bestimmten **Frist** geknüpft.[126] Dies gilt jedoch nur im Regelfall. Das Gesetz hat nämlich regelmäßig keine Ausschlussfristen für die Erklärung des Rücktritts vorgesehen.[127] Anders ist dies, wenn die Parteien eine solche Frist vereinbart haben. Beim vertraglichen Rücktrittsrecht können sie nämlich eine Frist vorsehen, innerhalb derer der zum Rücktritt Berechtigte seine Rücktrittserklärung abgeben muss. Lässt er die Frist verstreichen, so kann das Rücktrittsrecht von ihm nicht mehr wirksam ausgeübt werden.[128]

887 § 350 sieht zusätzlich eine **Möglichkeit des Erlöschens** des Rücktrittsrechts vor, wenn nämlich bei einem vertraglichen Rücktrittsrecht für dessen Ausübung eine Frist nicht vereinbart ist. Dann hat der Rücktrittsgegner ein großes Interesse daran, möglichst bald zu erfahren, ob sich die andere Vertragspartei vom Vertrag lösen will, indem sie ihr Rücktrittsrecht ausübt. Um dem Interesse des Rücktrittsgegners gerecht zu werden, sieht § 350 Satz 1 vor, dass der Rücktrittsgegner dem Rücktrittsberechtigten für die Ausübung des Rücktrittsrechts eine „**angemessene**" **Frist** bestimmen kann. Nimmt der Rücktrittsberechtigte innerhalb dieser Frist sein Rücktrittsrecht nicht wahr, erlischt sein Rücktrittsrecht nach § 350 Satz 2. Entscheidend ist die Frage, welche Frist als angemessen anzusehen ist. Dies kann man nicht generell sagen, vielmehr bestimmt sich die Angemessenheit einer Frist nach Treu und Glauben unter Berücksichtigung der Verkehrssitte und der Umstände des Einzelfalls.[129]

888 Eine solche Fristsetzung gilt jedoch nur für das vertragliche Rücktrittsrecht. Bei einem **gesetzlichen Rücktrittsrecht** ist zu beachten, dass eine Verjährung nicht eintreten kann, weil es sich beim Rücktritt um ein Gestaltungsrecht handelt. Denn § 194 Abs. 1 sieht eine Verjährung allein von „Ansprüchen" vor, ein Gestaltungsrecht kann nicht verjähren.[130] Gleichwohl ist auch beim gesetzlichen Rücktritt das Interesse des Rücktrittsgegners nicht unberücksichtigt zu lassen, es muss auch hier eine Gewähr dafür bestehen, dass ein gesetzliches Rücktrittsrecht nicht zeitlich unbegrenzt geltend gemacht werden kann. Zum Teil wird diese Problematik über § 218 Abs. 1 gelöst, der den Rücktritt für unwirksam erklärt, wenn es sich um

---

125 *Brox/Walker*, Allgemeines Schuldrecht, § 17 Rn. 18.
126 BGH NJW-RR 1989, 625.
127 Palandt/*Grüneberg*, BGB, § 349 Rn. 1.
128 *Looschelders*, Schuldrecht Allgemeiner Teil, Rn. 829.
129 Vgl. näher zu den Voraussetzungen der Fristsetzung BGH NJW-RR 1989, 26.
130 *Looschelders*, Schuldrecht Allgemeiner Teil, Rn. 828; Palandt/*Heinrichs*, BGB, § 194 Rn. 3.

eine nicht vertragsgemäß erbrachte Leistung handelt und der ersatzweise geltend zu machende Anspruch auf Leistung oder Nacherfüllung verjährt ist.[131] Dann wirkt die Verjährung hinsichtlich des subsidiären Anspruchs auch auf die Möglichkeit zum Rücktritt ein.

889 Der Rücktritt ist zwar **bedingungsfeindlich**, dies gilt aber nicht, wenn durch die Bedingung für den Erklärungsempfänger keine unzumutbare Ungewissheit über den neuen Rechtsstand eintritt.[132] Daraus folgt, dass ein Rücktritt unter eine Bedingung gestellt werden kann, wenn der Eintritt der Bedingung vom Willen des Rücktrittsgegners abhängt.

Bsp.: Daher ist eine Bedingung möglich, wenn der Verkäufer bei einem vertraglich vereinbarten Rücktrittsrecht unter der Bedingung zurücktritt, dass der Käufer nicht bis zum 27. Juni den Kaufpreis zahlt.

890 Die Erklärung des Rücktritts ist als empfangsbedürftige Willenserklärung nur wirksam, wenn sie dem Rücktrittsgegner zugeht. Besonderheiten ergeben sich, wenn bei einem Vertrag auf der einen oder anderen Seite mehrere beteiligt sind. Dafür sieht § 351 vor, dass das Rücktrittsrecht nur von allen und gegen alle, also einheitlich ausgeübt werden kann. Als Gestaltungsrecht wirkt es mit dem Zugang der Erklärung und gestaltet in diesem Moment die Rechtslage um. Ein Widerruf ist nicht möglich, es sei denn, ein solcher wäre ausnahmsweise vereinbart oder es handelt sich um einen Fall des § 130 Abs. 1 Satz 2, dem zufolge eine Erklärung nicht wirksam wird, wenn der Widerruf vorher oder gleichzeitig zugeht.[133]

III. Rechtsfolgen

891 Die Rechtsfolgen sind im Wesentlichen in den §§ 346 ff. geregelt. Das Gesetz ordnet hier lediglich an, welche einzelnen Rechtsfolgen sich aus der wirksamen Rücktrittserklärung ergeben; keine Regelung enthält es darüber, **wie** sich der **Rücktritt auf** das **gesamte Vertragsverhältnis auswirkt**. Dies war auch schon unter Geltung des alten Schuldrechts nicht eindeutig. Früher wurde daher insbesondere von der Rechtsprechung vertreten, der Rücktritt führe dazu, dass das gesamte Schuldverhältnis *ex tunc* beseitigt werde.[134] Statt des alten Schuldverhältnisses entstehe von Anfang an ein Rückabwicklungsverhältnis als ein gesetzliches Schuldverhältnis. Von dieser Vorstellung ist die heutige Dogmatik abgerückt. Heute geht man davon aus, dass mit dem wirksam erklärten Rücktritt das Schuldverhältnis umgewandelt wird; es entsteht durch den Rücktritt *ex nunc* ein Rückgewährschuldverhältnis.[135]

---

[131] *Westermann/Bydlinski/Weber*, BGB – Schuldrecht Allgemeiner Teil, § 10 Rn. 11.
[132] S. dazu BGHZ 97, 263.
[133] Vgl. Staudinger/*Kaiser*, BGB, § 349 Rn. 23.
[134] So etwa RGZ 50, 266; RGZ 75, 201.
[135] BGH NJW 1998, 3268; Palandt/*Grüneberg*, BGB, vor § 346 Rn. 6; *Medicus*, Grundwissen, Rn. 117.

Rechtsfolgen

892 Unabhängig von diesem Streit, was durch die Rücktrittserklärung geschieht, sehen die §§ 346 ff. **einzelne konkrete Rechtsfolgen** im Hinblick auf die Leistungspflichten der beiden Vertragsparteien vor. Dies gilt allerdings nicht im Hinblick auf die Leistungsansprüche, die, sofern sie noch nicht geleistet sind, ein eigenständiges Schicksal erleiden *(s. dazu Rn. 893 ff.).* Gegenstand der Regelungen sind primär diejenigen Konsequenzen, die sich durch die Rückabwicklung des Vertrages ergeben, d. h. insbesondere Rückgabeansprüche *(s. dazu Rn. 896 ff.),* Wertersatzansprüche *(s. dazu Rn. 906 ff.),* Nutzungsersatzansprüche *(s. dazu Rn. 939 ff.),* Schadensersatzansprüche *(s. dazu Rn. 944 ff.)* sowie Verwendungsersatzansprüche *(s. dazu Rn. 950 ff.).*

1. Im Hinblick auf die Leistungsansprüche

893 In den §§ 346 ff. nicht geregelt sind die Rechtsfolgen, die sich im Hinblick auf noch nicht ausgetauschte Leistungsansprüche ergeben. Dies hat der Gesetzgeber für so selbstverständlich gehalten, dass er hierzu keine nähere Regelung getroffen hat. Soweit die Leistungen zwischen den Parteien noch nicht erbracht worden sind, führt der wirksam erklärte Rücktritt dazu, dass die Ansprüche untergehen. In Konsequenz dazu sind nach einem wirksam erklärten Rücktritt keine Ansprüche mehr auf die bisherigen Leistungen zwischen den Parteien vorhanden. Der Gläubiger kann nichts mehr verlangen, der Schuldner muss nicht mehr leisten.[136]

894 Diese Rechtsfolge führt aber nicht dazu, dass das gesamte Schuldverhältnis erlischt. Vielmehr gehen nur die einzelnen zwischen den Parteien bestehenden Leistungsansprüche unter, nur sie erlöschen. Demgegenüber bleibt das Schuldverhältnis im weiteren Sinne bestehen, wenn auch nicht unverändert, es wird zu einem **Rückgewährschuldverhältnis**, und zwar von dem Zeitpunkt an, in dem der Rücktritt wirksam erklärt worden ist.[137]

2. Die Rückabwicklung des Vertrages

895 Sind jedoch bereits Leistungspflichten ausgetauscht, haben also die beiden Vertragsparteien beide schon, oder zumindest eine von beiden, ihre Leistungsverpflichtung erfüllt, so führt dies dazu, dass durch den erfolgten Rücktritt und aufgrund des nunmehr bestehenden Rückgewährschuldverhältnisses **Regelungen** vorgesehen sein müssen, wie die **Rückabwicklung** des Vertrages stattzufinden hat. Diese Regelungen finden sich in den §§ 346 ff.

896 a) **Rückgabeansprüche, § 346 Abs. 1, 1. Alt.** § 346 Abs. 1 enthält die Grundnorm für die zentrale Rechtsfolge aus einem Rücktritt: Sind die Vertragspflichten bereits erfüllt, sieht § 346 Abs. 1 vor, dass bei einem erfolgten Rücktritt die empfangenen Leistungen zurückzugewähren sind. Diese Rückgewährleistungspflicht ist darauf gerichtet, dass die Parteien die empfangene Leistung in derselben Art

---

[136] So auch BT-Drucks. 14/6040, S. 194.
[137] Vgl. BGH NJW 1998, 3268.

und Weise zurückzugewähren haben, wie sie auch erbracht wurden.[138] Es handelt sich um eine Leistungspflicht, die auf die **Leistungen „in natura"** gerichtet sind. Was im Einzelnen zurückzugewähren ist, hängt entscheidend davon ab, was der Rückgewährschuldner konkret empfangen hat.

Bsp.: A hat von B einen Pkw gekauft. Nun kommt es zu einem Rücktritt. Hat A bislang lediglich den Besitz an dem Auto erhalten, muss er diesen zurück übertragen, A ist schuldrechtlich verpflichtet, B als seinem Rückgewährgläubiger gem. § 854 die tatsächliche Sachherrschaft am Pkw wieder zu beschaffen. Hat B hingegen dem A bereits das Eigentum verschafft, ist A gem. § 346 Abs. 1 dazu verpflichtet, nach dem Rücktritt die erworbene Eigentümerstellung rückzugewähren. A muss also das Eigentum in natura herausgeben, d. h. er muss dem B die Sache nach §§ 929 ff. wieder zurückübereignen.

897 Hier wird deutlich, dass durch den ausgeübten Rücktritt **keine dingliche Rechtsänderung** eintritt, vielmehr kommt es eben allein zu einem Rückgewährschuldverhältnis. Daraus folgt, dass der Rücktritt nicht dazu führt, dass die Eigentumsverhältnisse sich ändern; der Rücktritt hat also insofern keine Auswirkungen auf die dingliche Rechtslage.[139] Es ist ein kardinaler Fehler, eine Eigentumsverschiebung mit den §§ 346 ff. zu begründen. Dies wäre ein grober Verstoß gegen das Trennungs- und Abstraktionsprinzip, dem zufolge die schuldrechtlichen und sachenrechtlichen Vorgänge deutlich voneinander zu trennen und in ihrer Wirkung voneinander unabhängig zu beurteilen sind.[140] Der ausgeübte wirksame Rücktritt ist allein ein schuldrechtlicher Vorgang. Es entsteht durch den Rücktritt eine neue Leistungspflicht; der Schuldner dieser Leistungspflicht ist verpflichtet, empfangene Leistungen zurückzugewähren – rückgewährt sind sie damit jedoch noch nicht!

898 Sind bereits beide Leistungen von den Parteien ausgetauscht worden, müssen beide Seiten die jeweils empfangenen Leistungen zurückgewähren. Dabei hat die Rückgabe der Leistung gem. § 348 Satz 1 **Zug um Zug** zu erfolgen. Das bedeutet, dass i. V. m. § 320 Abs. 1 Satz 1 jede Partei die ihr obliegende Rückgabe solange verweigern kann, bis auch die Gegenpartei ihrerseits die Rückgabe der empfangenen Leistung anbietet.[141] Diese Verknüpfung der beiden Leistungen durch § 348 gilt nicht nur für die originären Rückgewähransprüche; vielmehr gilt sie auch dann, wenn der Rückgewähranspruch selbst durch einen anderen Anspruch ersetzt wird, also durch einen Wertersatzanspruch.[142]

899 Nicht geregelt im Gesetz ist die Frage, wo die Rückabwicklung jeweils zu erfolgen hat, also der jeweilige **Erfüllungsort** der sich aus dem Rückgewährschuldverhältnis ergebenden Leistungsverpflichtungen. Da keine Regelung vorgesehen ist, kommt im Zweifel die gesetzliche Auslegungsregel des § 269 Abs. 1 zum Tragen: Danach ist daher der Leistungs- oder Erfüllungsort im Zweifel der Wohn- oder

---

138 *Westermann/Bydlinski/Weber*, BGB – Schuldrecht Allgemeiner Teil, § 10 Rn. 15; *Looschelders*, Schuldrecht Allgemeiner Teil, Rn. 837.
139 *Brox/Walker*, Allgemeines Schuldrecht, § 18 Rn. 17.
140 Vgl. zu dieser Thematik: *Petersen*, Das Abstraktionsprinzip, Jura 2004, 98 und *Böttcher*, Abschied von der „Gesamtbetrachtung" – Sieg des Abstraktionsprinzips!, Rpfleger 2006, 293.
141 *Westermann/Bydlinski/Weber*, BGB – Schuldrecht Allgemeiner Teil, § 10 Rn. 15.
142 Dazu sogleich Rn. 906.

Geschäftssitz des Schuldners. Bei einem Rückabwicklungsschuldverhältnis führt dies dazu, dass die vorzunehmende Leistung in der Regel an dem Ort zu erfolgen hat, an dem sich der herauszugebende Gegenstand vertragsgemäß befindet; infolgedessen erfolgt die Rückabwicklung regelmäßig auf Kosten des Rückgewährgläubigers, der den Gegenstand abzuholen hat.[143]

900 Zu beachten ist, dass es sich bei den Pflichten, die die Parteien nunmehr zur Rückgewähr treffen, um **schuldvertragliche Pflichten** handelt. Denn es besteht zwischen den Parteien unverändert ein Schuldverhältnis mit eigenständigen Pflichten der beiden betroffenen Partner. Dies führt dazu, dass hinsichtlich der Rückgewähr bzw. der Herausgabepflichten auch die allgemeinen schuldrechtlichen Bestimmungen Anwendung finden. § 346 Abs. 4 hat dies noch einmal explizit deutlich gemacht und klargestellt, obwohl dies letztlich nicht eigenständig erforderlich wäre.

901 Verletzt der Schuldner seine Rückgewähr- oder Herausgabepflicht, die ihn gem. § 346 Abs. 1 *nach* einem wirksam erfolgten Rücktritt trifft, kann der Gläubiger entsprechend den Vorschriften der §§ 280–283 insbesondere **Schadensersatz** verlangen. Hier ist zu differenzieren: Die §§ 280 ff. können in diesem Zusammenhang überhaupt erst dann eingreifen, wenn ein Rückgewährschuldverhältnis bereits besteht.

Bsp.: A verkauft dem B einen Pkw; A verschafft dem B das Eigentum. Nun kommt es zu einem Rücktritt. Vor der Rückübereignung geht das Auto bei B unter.

902 Ist ein Rücktritt wirksam erklärt worden, entstehen in diesem Moment das Rückgewährschuldverhältnis und die Rückgewährleistungspflichten. Wird **ab diesem Zeitpunkt** die Rückgewährleistungspflicht dadurch unmöglich, dass der zur Rückgewähr Verpflichtete (hier der B) die Sache schuldhaft zerstört, können §§ 280 Abs. 1, Abs. 3, 283 eingreifen: Dann haftet er also auf Schadensersatz. Denn es bestand ein Schuldverhältnis (das Rückgewährschuldverhältnis), der B hat seine Leistungspflicht unmöglich werden lassen, und damit eine Leistungsstörung, nämlich die Unmöglichkeit, schuldhaft herbeigeführt. Infolgedessen muss er Schadensersatz leisten.

903 Gleiches gilt, wenn der zur Rückgewähr Verpflichtete die Rückgewähr **schuldhaft verzögert** oder sie nicht leistet, obwohl ihm dies möglich wäre – dann kommen die §§ 280 Abs. 1, Abs. 3, 281 mit seinem Schadensersatzanspruch zum Tragen, ebenfalls möglich ist ein Ersatzanspruch wegen des Verzögerungsschadens nach §§ 280 Abs. 1, Abs. 2, 286.

904 Entscheidend anders ist dies jedoch, wenn *vor* Erklärung des Rücktritts die Sache untergeht. Denn in diesem Moment muss noch keiner mit einer später stattfindenden Rückgewähr rechnen. Deshalb greift nicht § 280 Abs. 1 ein; stattdessen kann aber § 346 Abs. 2 zum Tragen kommen.

---

143 In diesem Sinne auch MünchKomm/*Gaier*, BGB, § 346 Rn. 31; *Ehmann/Sutschet*, Schuldrecht, § 5 II 9; *Westermann/Bydlinski/Weber*, BGB – Schuldrecht Allgemeiner Teil, § 10 Rn. 16.

Bsp.: A verkauft dem B einen Pkw; A verschafft dem B das Eigentum. Nun geht das Auto bei B unter. Dann kommt es zu einem Rücktritt.

905 Hier muss der Schuldner B, der die Sache nicht mehr herausgeben kann, weil sie schon vor der Erklärung des Rücktritts untergegangen ist, **möglicherweise statt der Sache Wertersatz** leisten.[144] Dies ist ein entscheidender Unterschied, denn die Wertersatzpflicht kann nach § 346 Abs. 3 entfallen; der Schadensersatzanspruch, der aus einem Vorgang resultiert, der *nach* Rücktrittserklärung stattgefunden hat, ist jedoch jedenfalls zu leisten, eine Befreiung ist in diesem Fall nicht möglich.

906 b) **Wertersatzansprüche, § 346 Abs. 2 u. 3.** Soeben angesprochen wurde schon die Fallkonstellation, die für § 346 Abs. 2 maßgeblich ist: Wenn nämlich die Parteien nach einem wirksamen Rücktritt verpflichtet sind, bereits erhaltene Leistungen zurückzugewähren, stellt sich die Frage, was geschehen soll, wenn eine solche **Rückgewähr** aus welchen Gründen auch immer **nicht möglich** ist. Was soll im vorherigen Beispiel *(unter Rn. 904)* passieren, wenn der B den Pkw nach einem Rücktritt des A nicht mehr zurückgewähren kann, wenn und weil die Sache zwischenzeitlich untergegangen ist? Dann kann B seinen Rückgewährleistungsverpflichtungen nicht mehr nachkommen.

907 Dies ist eigentlich ein Fall der Unmöglichkeit; gleichwohl sieht § 346 Abs. 2 eine eigenständige Regelung vor, die bis zur Rücktrittserklärung den Unmöglichkeitsregelungen vorgeht (nach Rücktrittserklärung findet dann ja § 280 ff. Anwendung, wie soeben erläutert). Es kommt dann zu Wertersatzansprüchen *(s. dazu sogleich Rn. 908)*, die nur in wenigen Fällen, die in § 346 Abs. 3 enthalten sind, ausgeschlossen sind *(s. dazu Rn. 921)*.

908 aa) **Grundsatz, § 346 Abs. 2.** Der **Grundsatz** für die Situation, dass die Rückgewähr oder Herausgabe dem Schuldner nicht möglich ist, enthält **§ 346 Abs. 2**. Erfasst ist sowohl, dass die zurückzugewährende Sache gar nicht mehr vorhanden ist, als auch, dass eine Rückgewähr in natura aufgrund der Beschaffenheit des Erlangten nicht möglich ist, etwa wenn es sich um eine erlangte Dienstleistung handelt.

909 (1) **Rückgewähr nach der Natur des Erlangten ausgeschlossen, § 346 Abs. 2 Satz 1 Nr. 1.** In § 346 Abs. 2 findet sich zunächst eine Bestimmung darüber, dass der Wertersatz dann an die Stelle der Rückgewähr tritt, wenn die Rückgewähr nach der „Natur des Erlangten" ausgeschlossen ist. Dies ist auf diejenigen Austauschverhältnisse gerichtet, in denen nicht die gegenständliche Leistung ausgetauscht werden, sondern insbesondere um körperliche Dienst- bzw. Werkleistungen.

Bsp.: Betroffen sind also vor allem Austauschverhältnisse über die Erbringung einer Handwerkerleistung, eine ärztlichen Behandlung oder die Durchführung eines Unterrichts oder einer Reise.

---

144 Ob dies im Einzelnen der Fall ist, dazu unten Rn. 911.

Rechtsfolgen

In all diesen Fällen[145] kann eine **Rückgewähr nicht mehr in natura** erfolgen. Die ärztliche Behandlung kann nicht rückabgewickelt werden, auch kann der erteilte Unterricht im Nachhinein nicht mehr rückgewährt werden, das Gleiche gilt für ein Konzert, das besucht worden ist. Auch hier kann im Nachhinein nicht das Konzert rückabgewickelt oder herausgegeben werden. Stattdessen ist nach § 346 Abs. 2 Satz 1 Nr. 1 Wertersatz zu leisten. Zu beachten ist dabei, dass die Vorschrift des § 346 Abs. 2 zwar ähnlich konstruiert ist wie die bereicherungsrechtlichen Vorschriften, insbesondere wie § 818 Abs. 2. Doch weil unverändert ein Schuldverhältnis besteht, kommen die bereicherungsrechtlichen Vorschriften nicht zum Tragen. Stattdessen greift § 346 Abs. 2 ein.[146]

910

(2) Rückgewähr sonst unmöglich, § 346 Abs. 2 Satz 1 Nr. 2 u. 3. Daneben kann die **Rückgewähr der Sache deshalb nicht möglich** sein, weil der empfangene Gegenstand nicht mehr im Vermögen des Rückgewährschuldners vorhanden ist. Dies ist in den Nrn. 2 und 3 des § 346 Abs. 2 Satz 1 für verschiedene Fälle geregelt.

911

Nach der **Nr. 2** besteht eine Wertersatzpflicht des Rückgewährschuldners auch dann, wenn er den im Zuge des ursprünglichen Austauschverhältnisses empfangenen Gegenstand verbraucht, veräußert, belastet, **verarbeitet oder umgestaltet** hat. Die Wertersatzpflicht beruht dann darauf, dass der Schuldner den empfangenen Gegenstand so verändert hat, dass er ihn deshalb nicht in seiner ursprünglichen Form zurückgeben kann.[147] Der Leistungsgegenstand ist in seiner ursprünglichen Form beim Rückgewährschuldner nicht mehr vorhanden. Der Wortlaut der Vorschrift dürfte indes zu weit sein: Denn nach diesem soll die Ersatzpflicht immer eintreten, also auch dann, wenn der Schuldner die Umgestaltung, die er vorgenommen hat, ohne weiteres wieder rückgängig machen könnte. Kann er dies, so wird man keine Wertersatzpflicht, sondern die primäre Rückgewährschuldpflicht aus § 346 Abs. 1 einschlägig halten müssen. Mit Recht wird daher der Wertersatzanspruch aus Nr. 2 einschränkend dahingehend angewandt, dass die Wertersatzpflicht nur zum Tragen kommt, wenn der ursprüngliche Zustand vom Schuldner tatsächlich nicht wieder hergestellt werden kann. Kann er sie wieder herstellen, bleibt es bei der Pflicht zur Rückgewähr nach § 346 Abs. 1.[148]

912

Bsp.: A hat dem B Eisenstangen und später Draht verkauft. B stellt daraus einen Zaun her. Dann kommt es zu einem Rücktritt hinsichtlich des Kaufvertrages über die Stangen, die mittlerweile untrennbar mit dem Draht verbunden sind.

---

145 Vgl. dazu auch näher HK-BGB/*Schulze*, § 346 Rn. 14.
146 Vgl. die Ausführungen zum Rückgewährschuldverhältnis unter Rn. 891.
147 *Brox/Walker*, Allgemeines Schuldrecht, § 18 Rn. 23; *Westermann/Bydlinski/Weber*, BGB – Schuldrecht Allgemeiner Teil, § 10 Rn. 24.
148 So die überwiegende Auffassung; man kann hier auch von einer teleologischen Reduktion der Nr. 2 sprechen, die erforderlich ist; s. etwa Palandt/*Grüneberg*, BGB, § 346 Rn. 3a; MünchKomm/*Gaier*, BGB, § 346 Rn. 39; *Looschelders*, Schuldrecht Allgemeiner Teil, Rn. 840; *Arnold*, Jura 2002, 154 (157); *Ehmann/Sutschet*, Schuldrecht, § 5 II 5 b; anderer Auffassung (Wahlrecht des Rückgewährschuldners, ob Wertersatz oder Rückgabe) Erman/*Bezzenberger*, BGB, § 346 Rn. 7; Staudinger/*Kaiser*, BGB, § 346 Rn. 154.

913 Schließlich hat der Schuldner nach § 346 Abs. 2 Satz 1 **Nr. 3** auch dann Wertersatz zu leisten, wenn sich der empfangene Gegenstand **verschlechtert hat oder untergegangen ist.** Dabei ist jedoch schon im Halbsatz 2 dieser Vorschrift eine entscheidende Einschränkung gemacht: Denn die durch die bestimmungsgemäße Ingebrauchnahme entstandene Verschlechterung bleibt für diese Bestimmung außer Betracht. Sofern die Verschlechterung allein darauf beruht, dass der Schuldner die Sache bestimmungsgemäß in Gebrauch genommen hat, verbleibt es beim Rückgewähranspruch aus § 346 Abs. 1; ein Wertersatz kommt dann nicht in Betracht.[149] Im Ergebnis stellen nämlich durch die Anordnung in Nr. 3 Halbsatz 2 der bestimmungsgemäße Gebrauch und der dadurch resultierende Wertverlust keine Verschlechterung im Sinne dieser Vorschrift dar.[150]

914 Durch die **Nr. 3** gilt also Folgendes: Ist der Gegenstand, den der Rückgewährschuldner empfangen hat, vor Rücktrittserklärung (nachher gilt ja § 280 Abs. 1!) untergegangen oder ist er verschlechtert, trifft den Rückgewährschuldner **keine Rückgewährpflicht** aus Absatz 1, sondern lediglich eine Wertersatzpflicht nach Absatz 2. Dies gilt aber dann nicht, wenn die Verschlechterung allein darauf beruht, dass der Schuldner die Sache in Gebrauch genommen, sie also genutzt hat. Dies stand ihm ja auch zu, weil er davon ausgehen durfte, dass er die Sache dauerhaft erhalten hat. Er musste nicht mit einem Rücktritt rechnen. Daher bleiben die gewöhnliche Ingebrauchnahme und die dadurch entstehenden Wertverluste bzw. Verschlechterungen außer Betracht. Dabei können diese zum Teil erheblich sein: Insbesondere bei Autos ist allein die Erstzulassung bereits mit einem Wertverlust i.H.v. 20 % zu veranschlagen.[151]

915 Wichtig ist, dass im Rahmen des § 346 Abs. 2 Nrn. 2 und 3 **kein Verschulden** hinsichtlich der Unmöglichkeit und der Verschlechterung seitens des Schuldners erforderlich ist. Das führt dazu, dass das Risiko des zufälligen, unverschuldeten Untergangs des ausgetauschten Gegenstands beim Rückgewährschuldner angesiedelt ist.[152]

916 Schließlich ist zu beachten, dass der Wortlaut der Nr. 3 weit auszulegen ist: Der Begriff „untergegangen" wird regelmäßig mit Recht so verstanden, dass von dieser Vorschrift alle Fälle der Unmöglichkeit der Herausgabe erfasst sind. Zwar wird dies nicht durch den Begriff „untergegangen" selbst erreicht, doch ist die Nr. 3 auf alle sonstigen Fälle der Unmöglichkeit analog anzuwenden; insbesondere auf den Diebstahl: Zwar ist die gestohlene Sache nicht untergegangen, gleichwohl

---

149 *Westermann/Bydlinski/Weber*, BGB – Schuldrecht Allgemeiner Teil, § 10 Rn. 27.
150 BT-Drucks. 14/6040, S. 196; *Kaiser*, JZ 2001, 1057 (1061); *Arnold*, Jura 2002, 154 (157).
151 Vgl. BT-Drucks. 14/6040, S. 200; *Looschelders*, Schuldrecht Allgemeiner Teil, Rn. 841.
152 So auch BT-Drucks. 14/6040, S. 194.

Rechtsfolgen

(3) Berechnung des Wertersatzes, § 346 Abs. 2 Satz 2. Für die **Berechnung des Wertersatzes**, der an die Stelle der Rückgewährpflicht tritt, sieht § 346 Abs. 2 Satz 2 eine eigene Vorschrift vor. Nach dessen Halbsatz 1 ist bei der Berechnung dann, wenn im Vertrag eine Gegenleistung bestimmt ist, in erster Linie auf diese abzustellen. Auf diese Weise soll garantiert werden, dass das vereinbarte Austauschverhältnis auch im Rahmen des Rückgewährschuldverhältnisses maßgeblich bleibt. Durch die Anknüpfung an die Preisvereinbarung soll also auch beim Wertersatz dem Rücktrittsgegner ein etwaiger Gewinn trotz des eingetretenen Rücktritts erhalten bleiben.[154] Diese gesetzliche Anordnung wird zum Teil als unsachgemäß kritisiert.

Bsp.: A kauft vom B ein gebrauchtes Auto im Wert von 5.000 €, der Kaufpreis beträgt aber 6.000 €. Die Parteien haben ein Rücktrittsrecht vereinbart; bevor A sein Rücktrittsrecht ausübt, wird das bei ihm stehende und ihm noch gehörende Auto durch einen Brand zerstört. – Aufgrund des ausgeübten Rücktritts kann er gem. § 346 Abs. 1 von B die gezahlten 6.000 € herausverlangen; B hat gegen den A seinerseits einen Anspruch auf Rückgewähr nach § 346 Abs. 1. Dieser Anspruch ist jedoch nicht zu realisieren, weil das Auto zerstört ist. Daher muss A dem B Wertersatz leisten. Dieser soll sich nach § 346 Abs. 2 Satz 2 an der Höhe der Gegenleistung orientieren. Das führt dazu, dass auch A dem B 6.000 € Wertersatz leisten müsste. Im Ergebnis kommt es also dazu, dass rechnerisch eine Nullsumme herauskommt, beide müssten einander 6.000 € leisten. Auf diese Weise wird das Verhandlungsgeschick des B jedoch unterlaufen: Denn er hatte ja ursprünglich 1.000 € mehr herausgeschlagen, weil er das Auto, das nur 5.000 € wert war, für 6.000 € verkaufen konnte. Könnte nun A das Auto noch zurückgewähren, wenn es nicht zerstört worden wäre, wird deutlich, dass die Regelung in Satz 2 nicht schlüssig ist: Denn nun würde A nach § 346 Abs. 1 das Auto im Wert von 5.000 € zurückgewähren, B müsste ihm 6.000 € zurückzahlen, dann würde A so gestellt, als sei der Vertrag überhaupt nicht geschlossen worden. Nur der Umstand des Untergangs des Autos führt also zu einer Verschiebung der Wertverhältnisse.

Dies kann **nicht überzeugen**. Doch ist die gesetzliche Regelung insofern eindeutig. Im Ergebnis wird der Rückgewährgläubiger also nur an einem Wertverlust, nicht aber an einer Wertsteigerung beteiligt.[155]

Fehlt – ausnahmsweise – eine **vertragliche Bestimmung** der Gegenleistung, kann eine Anknüpfung hieran auch nicht erfolgen. In diesem Fall soll, so die Gesetzesbegründung, der objektive Wert der Sache für die Höhe des Wertersatzes zugrunde gelegt werden.[156]

---

153 So auch die nahezu einhellige Auffassung; Erman/*Bezzenberger*, BGB, § 346 Rn. 8; MünchKomm/*Gaier*, BGB, § 346 Rn. 43; AnwK-BGB/*Hager*, § 346 Rn. 40; Palandt/*Grüneberg*, BGB, § 346 Rn. 9; *Arnold*, Jura 2002, 154 (157).
154 Erman/*Bezzenberger*, BGB, § 346 Rn. 11; Bamberger/Roth/*Grothe*, BGB, § 346 Rn. 23; *Lorenz*, NJW 2005, 1889 (1893).
155 Ähnlich kritisch *Brox/Walker*, Allgemeines Schuldrecht, § 18 Rn. 29; Westermann/*Bydlinski/Weber*, BGB – Schuldrecht Allgemeiner Teil, § 10 Rn. 41.
156 BT-Drucks. 14/6040, S. 196.

920 In beiden Fällen entscheidend ist, dass die vereinbarte Gegenleistung und der objektive Wert nur dann maßgeblich sein können, wenn das Äquivalenzverhältnis ungestört ist. Ist es gestört, etwa weil der geleistete Gegenstand mangelhaft war, muss auch im Rückgewährschuldverhältnis diese Störung auftauchen; es ist daher in gleicher Weise zu korrigieren, wie dies ursprünglich im Vertragsverhältnis der Fall wäre, d. h. durch eine Minderung der Gegenleistung gem. § 441 Abs. 3 analog. Dann muss Wertersatz nur in Höhe der geminderten Gegenleistung gezahlt werden.[157]

921 bb) **Ausschluss des Wertersatzes, § 346 Abs. 3.** Diese Wertersatzpflicht gilt aber nicht uneingeschränkt. Auch wenn sie anhand der vorangehenden Überlegungen zunächst festgestellt worden ist, kann sie gleichwohl **ausgeschlossen** sein. Dies ist nahe liegend, wenn man sich die Situation noch einmal vor Augen führt.

Bsp.: A kauft von B eine Waschmaschine. Nun hat schon der Leistungsaustausch stattgefunden. A als Empfänger der Waschmaschine muss sich zunächst keine Gedanken darüber machen, dass er die Sache möglicherweise später wieder zurückgewähren müsste. Dies gilt jedenfalls bei einem gesetzlichen Rücktrittsrecht. Denn dann musste B nicht davon ausgehen, dass das Vertragsverhältnis später wieder rückabgewickelt würde. B nutzt also die gekaufte Maschine, dabei kann es, auch bei Beachtung der üblichen Sorgfalt, dazu kommen, dass die Waschmaschine zerstört wird. Kommt es nun zu einem Rücktritt, hätte nach § 346 Abs. 1 eine Rückgewähr keine Grundlage, sie wäre nicht möglich, stattdessen müsste B für die zerstörte Waschmaschine einen Wertersatz leisten. Doch dies ist dann unangemessen, wenn er die Zerstörung der Waschmaschine überhaupt nicht zu verantworten hat oder die Maschine deshalb zerstört wird, weil A bestimmte Instruktionshinweise nicht gegeben hat, also A an dem Untergang der Maschine Schuld wäre.

922 All diese besonderen Situationen müssen bei der Frage, ob der Rückgewährschuldner für die nicht mögliche Rückgewähr stattdessen einen Wertersatz zu leisten hat, berücksichtigt werden. Das Gesetz hat dies in § 346 Abs. 3 getan. Nach dieser Vorschrift ist nämlich die Pflicht zum **Wertersatz in** den dort genannten **drei Fällen ausgeschlossen**. Der Schuldner muss dann einen Wertersatz nicht leisten, stattdessen kann er allein seine Rückgewähransprüche geltend machen, ohne selber zum Wertersatz noch verpflichtet zu sein. Zum Ausgleich sieht § 346 Abs. 3 Satz 2 dann allenfalls noch vor, dass eine verbleibende Bereicherung herauszugeben ist.

923 Die **Situation** des § 346 Abs. 3 ist also folgende: Ein Wertersatzanspruch nach Satz 2 ist grundsätzlich gegeben, doch ist er ausnahmsweise ausgeschlossen, weil eine der Ausschlussgründe des Abs. 3 Satz 1 Nrn. 1–3 vorliegt.

924 (1) **Zeigen des Mangels erst bei Verarbeitung oder Umgestaltung, § 346 Abs. 3 Nr. 1.** Eine erste Situation, in der der üblicherweise vom Rückgewährschuldner zu leistende Wertersatz nach § 346 Abs. 2 ausgeschlossen ist, findet sich in Abs. 3 Nr. 1. Danach ist die Wertersatzpflicht ausgeschlossen, wenn sich der zum Rücktritt berechtigende **Mangel** erst **während** der **Verarbeitung oder Umgestaltung** des Gegenstands gezeigt hat. Mit dieser Formulierung knüpft dieser Ausschlusstatbestand eng an die Wertersatzpflichtregelung in § 346 Abs. 2 Nr. 2 an. Es geht also

---

[157] So auch Erman/*Bezzenberger*, BGB, § 346 Rn. 11; Bamberger/Roth/*Grothe*, BGB, § 346 Rn. 23; *Arnold*, Jura 2002, 154 (157); *Ehmann/Sutschet*, Schuldrecht, § 5 II 6.

auch hier wieder um die Situation, in der derjenige, der im Rahmen des Austauschverhältnisses einen Gegenstand erhalten hat, diesen bearbeitet bzw. umgestaltet. Dies führt hier eigentlich nach der Grundregel des Abs. 2 Nr. 2 zu einem Ausschluss der Rückgewähr und stattdessen zu einer Wertersatzpflicht.

Bsp.: Hat etwa der Käufer einer Sandmischung diese zu Mörtel verarbeitet, kann der Sand nicht wieder zurückerstattet werden, so dass bei einem eintretenden Rückgewährschuldverhältnis eine Rückgabepflicht des Käufers nach § 346 Abs. 1 ausgeschlossen ist, stattdessen müsste der Käufer grundsätzlich nach Absatz 2 Wertersatz leisten.

Von dieser Grundregel weicht nun Abs. 3 Nr. 1 dann ab, wenn der Rücktritt zum einen **gerade auf dem Mangel** des Sandes beruht (Wenn also ein Sachmangel gem. § 437 vorliegt!) und wenn zum anderen sich gerade dieser Mangel erst in dem Moment gezeigt hat, als der Käufer den Sand zu Mörtel verarbeitet bzw. umgestaltet hat. Dies ist konsequent und eine logische Einschränkung der Wertersatzpflicht: Denn wenn der Rücktritt allein auf diesen Mangel beruht, der Käufer also nur sein ihm zustehendes Sachmängelgewährleistungsrecht wahrgenommen hat, wäre es unsinnig und wertungswidersprüchlich, wenn man ihm in dieser Situation gleichwohl eine Wertersatzpflicht auferlegen würde. Deshalb muss er von dieser im Wege des Abs. 3 Satz 1 Nr. 1 befreit werden. Der Rückgewährschuldner muss dann in diesem besonderen Fall keinen Wertersatz leisten. **925**

Auch wenn der Wortlaut der Vorschrift eine Wertersatzpflicht nur für den Fall vorsieht, dass der Mangel während der Verarbeitung oder Umgestaltung des Gegenstands auftritt, dürfte der Ansicht zu folgen sein, die den Ausschluss der Wertersatzpflicht **auch** für den Fall vorsieht, **wenn der Mangel bei einem bestimmungsgemäßen Verbrauch entdeckt wird.** Dann ist § 346 Abs. 3 Satz 1 Nr. 1 analog anzuwenden.[158] **926**

(2) **Verantwortlichkeit des Gläubigers, § 346 Abs. 3 Satz 1 Nr. 2.** Die Wertersatzpflicht ist nach Abs. 3 Nr. 2 sodann ebenfalls ausgeschlossen, soweit der **Gläubiger die Verschlechterung oder den Untergang zu vertreten** hat oder der Schaden bei ihm gleichfalls eingetreten wäre. Mit dieser Formulierung knüpft der Ausschlusstatbestand eng an die Wertersatzpflichtbegründung in Abs. 2 Nr. 3 an. Und auch hier ist wieder leicht einsichtig, warum die den Rückgewährschuldner regelmäßig treffende Wertersatzpflicht nicht eintreten soll. Ist nämlich nicht er, sondern der Rückgewährgläubiger der Verursacher und der Verantwortliche für die Verschlechterung oder den Untergang, wäre es unerklärlich, im Ergebnis dafür den Rückgewährschuldner haften zu lassen. Entscheidend für den Ausschluss der Wertersatzpflicht ist damit die Verantwortlichkeit des Gläubigers für die Verschlechterung oder den Untergang (des Gegenstands nach Erklärung des Rücktritts). Verantwortlichkeit des Gläubigers meint dabei analog der §§ 276, 278 Vorsatz und Fahrlässigkeit. Im Ergebnis ist hier eine gleiche Wertung vorzunehmen wie im Rahmen der §§ 323 Abs. 6 und 326 Abs. 2, 1. Alt.[159] **927**

---

158 So etwa Palandt/*Grüneberg*, BGB, § 346 Rn. 11; AnwK-BGB/*Hager*, § 346 Rn. 50; *Jauch*, JuS 1990, 706.
159 Vgl. oben Rn. 423, 637; so auch AnwK-BGB/*Hager*, § 346 Rn. 53.

Bsp.: A kauft vom Teppichhändler T einen Teppich, bei welchem es sich um ein Einzelstück handelt. Wenig später besucht T den A in dessen Haus, um sich anzuschauen, wie der Teppich dort zur Geltung kommt. Hierbei lässt er eine Zigarette fallen und im Teppich entsteht ein Brandloch. Einige Tage später erklärt A den Rücktritt, weil sich herausstellt, dass sich der Teppich aus minderwertigen Materialien zusammensetzt.

928 Über diese Situation hinaus, dass also der Gläubiger den Untergang oder die Verschlechterung der Sache zu vertreten hat, ist diese Ausschlussregelung für die Wertersatzpflicht auch dann anzuwenden, wenn die Verschlechterung oder der Untergang der Sache **gerade auf demjenigen Mangel beruht, der zum Rücktritt berechtigt**. Denn insofern ist eine gleiche bzw. vergleichbare Situation gegeben, sie verlangt eine ähnliche Bewertung. Denn wie bei der Verantwortlichkeit des Gläubigers wäre auch hier eine Wertersatzpflicht des Rückgewährschuldners aus der Regel des Abs. 2 Satz 1 Nr. 3 unangemessen.[160]

929 Zusätzlich ist in § 346 Abs. 3 Satz 1 Nr. 2 angeordnet, dass die Wertersatzpflicht nicht eintritt, wenn der Untergang oder die Verschlechterung **auch beim Rückgewährgläubiger eingetreten** wäre, wenn es also völlig unerheblich ist, wo sich der Gegenstand bei Verschlechterung oder Untergang befunden hat; dies ist beispielsweise der Fall, wenn die Unmöglichkeit der Rückgewähr auf einer polizeilichen Beschlagnahme beruht, die unabhängig davon stattfindet, wo sich der gekaufte Gegenstand befindet.[161]

930 (3) **Im Fall des gesetzlichen Rücktrittsrechts, § 346 Abs. 3 Satz 1 Nr. 3.** Eine letzte Regelung enthält § 346 Abs. 3 Satz 1 in der Ziffer 3. Dabei handelt es sich um eine besondere Privilegierung des zum Rücktritt Berechtigten für den Fall, dass dieser ein gesetzliches Rücktrittsrecht wahrnimmt. Diese Privilegierung gründet auf einer nahe liegenden Überlegung: Das gesetzliche Rücktrittsrecht, etwa bei der Mangelhaftigkeit der Sache nach dem § 437 Nr. 2, beruht regelmäßig auf einer Pflichtverletzung, die vom Rücktrittsgegner zu verantworten ist. In dieser Situation muss derjenige, der von seinem Rücktrittsrecht Gebrauch macht, bis zum Rücktritt regelmäßig nicht davon ausgehen, dass es später zu einem Rückgewährschuldverhältnis kommen würde.

Bsp.: Hat A von B einen Pkw gekauft und ist dieser Pkw aufgrund eines Bremsdefekts mangelhaft, so musste A bis zur Feststellung der Mangelhaftigkeit nicht davon ausgehen, dass er einmal das Fahrzeug wieder würde zurückgeben müssen. Damit muss er vielmehr erst dann rechnen, wenn er den Mangel feststellt; dann kann er nach § 437 Nr. 2 unter den dort genannten Voraussetzungen vom Vertrag zurücktreten; verantwortlich für diesen Rücktritt ist aber letztlich der Verkäufer, d. h. der Rücktrittsgegner. Denn er hat seine Pflicht, ein mangelfreies Fahrzeug zu liefern, verletzt.

931 Weil in dieser Situation Auslöser und Verursacher für den Rücktritt und somit für das Rückgewährschuldverhältnis nicht der Rücktrittserklärende, sondern der Rücktrittsgegner ist (hier B), ist es berechtigt und geboten, das Vertrauen des

---

160 HK-BGB/*Schulze*, § 346 Rn. 14; Palandt/*Grüneberg*, BGB, § 346 Rn. 12; *Brox/Walker*, Allgemeines Schuldrecht, § 18 Rn. 26; Erman/*Bezzenberger*, BGB, § 346 Rn. 16; Staudinger/*Kaiser*, BGB, § 346 Rn. 170.
161 BGH NJW 1997, 3164 (3165); AnwK-BGB/*Hager*, § 346 Rn. 54; Palandt/*Grüneberg*, BGB, § 346 Rn. 12.

Zurücktretenden (des A) zumindest bis zur Kenntnis von seinem Rücktrittsgrund dadurch zu schützen, dass man ihn privilegiert. Diese **Privilegierung** nimmt Abs. 3 Satz 1 Nr. 3 vor.

932 Ist nämlich der Leistungsgegenstand, also in unserem Beispiel das Fahrzeug, beim zum Rücktritt Berechtigten (also beim Käufer A) untergegangen, oder hat er sich dort verschlechtert, entfällt die in § 346 Abs. 2 Satz 1 Nr. 3 vorgesehene Wertersatzpflicht bei ausgeübtem Rücktritt und Unmöglichkeit der Rückgewähr, wenn die Verschlechterung oder der Untergang bei dem zum Rücktritt berechtigten A eingetreten ist, obwohl dieser diejenige Sorgfalt hat walten lassen, die er in eigenen Angelegenheiten anzuwenden pflegt. Das bedeutet, dass der Rücktrittsberechtigte beim gesetzlichen Rücktrittsrecht letztlich nur die eigenübliche Sorgfalt zu beachten hat.[162] Er wird also von der ihn eigentlich treffenden Wertersatzpflicht trotz der Verschlechterung oder des Untergangs des Gegenstands frei, wenn er diese **eigenübliche Sorgfalt** – die in § 277 geregelt ist! – beachtet hat. Entscheidend ist hier ein subjektiver Maßstab, zugrunde gelegt werden das gewohnheitsmäßige Verhalten und die Veranlagung des Verpflichteten bis hin zur Grenze der groben Fahrlässigkeit.[163]

933 Fraglich und umstritten ist, inwieweit der in § 346 Abs. 3 Satz 1 Nr. 3 vorgesehene Wertersatzausschluss auch dann greifen soll, wenn der Schaden an dem zurückzugewährenden Gegenstand erst zu einem Zeitpunkt eintritt, in dem der zum Rücktritt Berechtigte zwar schon Kenntnis vom Rücktrittsgrund hat, aber ein Rücktritt noch nicht erfolgt ist.

Bsp.: So wäre zu fragen, ob der Ausschluss der Wertersatzpflicht des Käufers A auch dann noch greift, wenn er zwar schon von der Mangelhaftigkeit nach § 434 wusste und damit auch wusste, dass er nach § 437 Nr. 2 vom Kaufvertrag würde zurücktreten können, aber vor Erklärung des Rücktritts ein Schaden an dem Fahrzeug eintritt. Ist in einer solchen Situation immer noch an der Privilegierung festzuhalten, lässt sich hier unverändert die Reduzierung des Sorgfaltsmaßstabs legitimieren?

934 Geht man von der Begründung für die Privilegierung aus, liegt es nahe, hier keine Privilegierung mehr zu sehen, denn der Berechtigte wusste von der Rücktrittsmöglichkeit, weil er den Mangel kannte – dann ist auch nicht mehr geboten oder gar legitimiert, seinen Sorgfaltsanspruch abzusenken, denn er durfte ja ohnehin nicht mehr auf die Endgültigkeit des Erwerbs vertrauen. Dies führt dazu, dass man die Vorschrift des § 346 Abs. 3 Satz 1 Nr. 3 teleologisch auslegen muss: In dieser Situation ist die Privilegierung nicht mehr berechtigt. Der Berechtigte muss vielmehr (im Wege der teleologischen Reduktion) für jede Fahrlässigkeit einstehen.[164]

---

162 *Westermann/Bydlinski/Weber*, BGB – Schuldrecht Allgemeiner Teil, § 10 Rn. 35; *Brox/Walker*, Allgemeines Schuldrecht, § 18 Rn. 26.
163 *Jauernig/Vollkommer*, BGB, § 277 Rn. 3.
164 So auch AnwK-BGB/*Hager*, § 346 Rn. 57; *Looschelders*, Schuldrecht Allgemeiner Teil, Rn. 850; *Westermann/Bydlinski/Weber*, BGB – Schuldrecht Allgemeiner Teil, § 10 Rn. 37.

935 Gleichwohl sieht die wohl **überwiegende Auffassung** dies anders. Sie hält nämlich an dem Wortlaut des § 346 Abs. 3 Nr. 3 fest und verweist darauf, dass der Gesetzgeber die Privilegierung des Rücktrittsberechtigten bewusst nicht bis zur Kenntniserlangung vom Rücktrittsgrund begrenzt und eine Schadensersatzpflicht erst ab der Rücktrittserklärung vorgesehen habe. Daher sei in dieser Zeitphase von der Privilegierung unverändert auszugehen; für den besonderen Zeitraum zwischen Kenntniserlangung vom Rücktrittsgrund und Rücktrittserklärung könne man stattdessen, so etwa auch die Gesetzesbegründung[165], mit einer Pflicht zum sorgfältigen Umgang mit der Sache weiterkommen, deren Verletzung dann zu einer Schadensersatzpflicht nach § 280 Abs. 1 führe.[166]

936 Dies erscheint jedoch außerordentlich kompliziert; und mit der zutreffenden teleologischen Auslegung ist eine **interessengerechtere Handhabung** dieser Vorschrift möglich. Unverändert bleibt es jedoch dabei, dass der Rücktrittsgegner jedenfalls die Gefahr des zufälligen Untergangs trägt.[167] Auch für den Ausschlustatbestand in Abs. 3 Satz 1 Nr. 3 ist von Bedeutung, dass der Wortlaut nicht zu eng in der Hinsicht zu verstehen ist, dass er sich nur auf den Untergang oder die Verschlechterung des Leistungsgegenstands bezöge. Beruht nämlich die Unmöglichkeit der Rückgewähr auf einem anderen Grund, etwa auf einem Diebstahl oder auf einer Umgestaltung, Veräußerung oder Verbrauch, so ist dann eine entsprechende Anwendung der Ausschlussbestimmung in Abs. 3 Satz 1 Nr. 3 angezeigt.[168]

937 (4) Aber: Herausgabe der Bereicherung, § 346 Abs. 3 Satz 2. Liegt eine der zuvor genannten Ausschlussgründe für die **Wertersatzpflicht** vor, ist diese regelmäßig **ausgeschlossen**. Der Rückgewährschuldner hat keine entsprechende Pflicht mehr, der Rückgewährgläubiger kann umgekehrt weder die Rückgabe noch den Wertersatz verlangen. Doch soll dieser Ausschluss nicht so weit reichen, dass der Rückgewährschuldner nunmehr von jeglichen Pflichten befreit wäre; vielmehr muss verhindert werden, dass es infolge des Rückgewährschuldverhältnisses im Ergebnis zu einer ungerechten Verteilung der Leistungen und Gegenstände kommt.

938 Diesem Zwecke dient die Regelung in § 346 Abs. 3 Satz 2: In dieser Rechtsfolgenverweisung[169] ist bestimmt, dass eine verbleibende Bereicherung (auf jeden Fall) herauszugeben ist. Das bedeutet, dass dann, wenn der Schuldner zwar keinen Wertersatz leisten muss, er aber auch in seinem Vermögen nicht weiter die Leistung oder den Gegenstand behalten soll, der nicht mehr zurückzugewähren ist. Er muss daher, soweit der Wertersatzanspruch ausgeschlossen ist, die ihm noch verbleibende Bereicherung herausgeben.[170] Da auf diese Weise die Bereicherungs-

---

165 BT-Drucks. 14/7052, S. 194.
166 So etwa Bamberger/Roth/*Grothe*, BGB, § 346 Rn. 30; Staudinger/*Kaiser*, BGB, § 346 Rn. 188; *Lorenz*, NJW 2005, 1889 (1893); s. auch *Kamanabrou*, NJW 2003, 3031.
167 So auch *Arnold*, ZGS 2003, 427 (434); aA indes *Schwab*, JuS 2002, 631 (636).
168 So auch HK-BGB/*Schulze*, § 346 Rn. 16; AnwK-BGB/*Hager*, § 346 Rn. 60; *Looschelders*, Schuldrecht Allgemeiner Teil, Rn. 851.
169 So ausdrücklich BT-Drucks. 14/6040, S. 196.
170 HK-BGB/*Schulze*, § 346 Rn. 17.

vorschriften hinsichtlich ihrer Rechtsfolgen zur Anwendung kommen, kann der Rückgewährschuldner nach § 818 Abs. 3 den Wegfall der Bereicherung geltend machen. Dies ist ihm nur dann nicht möglich, wenn er gem. § 819 Abs. 1 den Rücktrittsgrund kennt.[171] Inhaltlich zielt dieser bereicherungsrechtliche Anspruch darauf, dass der Rückgewährgläubiger zumindest den Leistungsgegenstand selbst herausverlangen kann, wenn er etwa so schwer beschädigt ist, dass eine Rückgewähr selbst i. S.v. § 346 Abs. 1 nicht in Betracht kommt; die Herausgabepflicht erstreckt sich aber auch auf Surrogate wie Versicherungsleistungen oder einen Verkaufserlös; dies folgt aus der Vorschrift des § 818 Abs. 1.

c) **Nutzungsersatzansprüche.** Das Rückgewährschuldverhältnis verpflichtet die beiden durch das Verhältnis miteinander verbundenen Parteien über die genannten Pflichten hinaus zur Herausgabe gezogener **Nutzungen** (s. Rn. 940 f.) sowie zu einer Ersatzpflicht im Hinblick auf nicht gezogene Nutzungen, § 347 Abs. 1 (s. Rn. 942 f.).

aa) **Im Hinblick auf gezogene Nutzungen, § 346 Abs. 1, 2. Alt.** Der Rückgewährschuldner hat nach § 346 Abs. 1, 2. Alt. **tatsächlich gezogene Nutzungen** herauszugeben. Unter Nutzungen sind entsprechend der Legaldefinition in § 100 Früchte und Gebrauchsvorteile zu verstehen. Gebrauchsvorteile sind insbesondere diejenigen Vorteile, die durch die tatsächliche Nutzung der Sache entstehen.[172]

Bsp.: Der Käufer eines Fahrzeugs, der bis zum Rücktritt vom Kaufvertrag mit dem Fahrzeug fährt, hat einen Gebrauchsvorteil dadurch, dass er das Fahrzeug nutzen kann.

Während Früchte regelmäßig *in natura* herausgegeben werden können, ist dies bei den Gebrauchsvorteilen nicht der Fall. Daher gilt für diese, dass der Schuldner nach § 346 Abs. 2 Satz 1 Nr. 1 **Wertersatz** leisten muss, weil er sie nicht *in natura* herausgeben kann. Die Wertersatzvorschriften gelten also auch für die Nutzung (wie für den empfangenen Gegenstand bzw. die empfangene Leistung selbst). Der Ersatz richtet sich nach dieser Vorschrift, wenn die Einräumung der Nutzungsmöglichkeit Gegenstand des Vertrages war. Gelegentlich findet man die Auffassung, dass die Verpflichtung auf Nutzungsersatz nicht auf § 346 Abs. 2 Nr. 1, sondern unmittelbar auf § 346 Abs. 1 zu stützen ist, wenn die Nutzung aufgrund eines anderen Vertrages gezogen wird, also etwa der Käufer die gekaufte Sache nutzt.[173] Dies macht aber keinen Unterschied, entscheidend ist, dass den Rückgewährschuldner eine Nutzungsersatzpflicht trifft. Hinsichtlich der Höhe muss primär auf die vereinbarte Gegenleistung abgestellt werden. Ist diese nicht vereinbart, gilt ein objektiver Maßstab.[174]

---

[171] MünchKomm/*Gaier*, BGB, § 346 Rn. 60; AnwK-BGB/*Hager*, § 346 Rn. 65; anders jedoch *Arnold*, Jura 2002, 154 (158), der § 819 ausschließt.
[172] *Looschelders*, Schuldrecht Allgemeiner Teil, Rn. 852.
[173] *Lorenz/Riehm*, Schuldrecht, Rn. 422; AnwK-BGB/*Hager*, § 346 Rn. 30.
[174] MünchKomm/*Gaier*, BGB, § 346 Rn. 22.

942 bb) **Im Hinblick auf nicht gezogene Nutzungen, § 347 Abs. 1.** Der Rückgewährschuldner ist dem Gläubiger gegebenenfalls weitergehend zum **Wertersatz** verpflichtet, wenn er **Nutzungen** entgegen den Regeln einer ordnungsgemäßen Wirtschaft **nicht zieht**, obwohl ihm das möglich gewesen wäre. Dann besteht ein Wertersatzanspruch des Gläubigers aus § 347 Abs. 1. Ein Verschulden ist in diesem Zusammenhang nicht erforderlich[175]; doch muss der Schuldner das tun, was im Rahmen einer ordnungsgemäßen Wirtschaft notwendig ist, dies ist der Verantwortungsgrad seitens des Rückgewährschuldners.

Bsp.: Ist ein Kaufvertrag über ein landwirtschaftliches Grundstück abgeschlossen worden und lässt der Käufer das wirtschaftliche Nutzland brachliegen, obwohl es ihm möglich wäre, hier entsprechende Nutzungen zu ziehen, kann der Gläubiger nach § 347 Abs. 1 möglicherweise Wertersatz verlangen.

943 Entscheidend ist jedoch, dass in Abs. 1 Satz 2 eine Einschränkung beim **gesetzlichen Rücktrittsrecht** vorgenommen wird; wie bereits bei § 346 Abs. 3 Satz 1 Nr. 3 kommt es aus den gleichen Gründen[176] zu einer **Privilegierung**. Daher muss auch hier eine teleologische Reduktion stattfinden.[177] Als Maßstab für eine ordnungsgemäße Wirtschaft kann im Regelfall nur der geschlossene Vertrag dienen; ist dies nicht möglich, auch nicht im Wege der Auslegung, sind die „Regeln einer ordnungsgemäßen Wirtschaft" aus den Lebensumständen des jeweiligen Vertrages heraus zu entwickeln.[178]

944 d) **Schadensersatzansprüche.** Nicht eigens geregelt ist die Frage, ob der Rückgewährgläubiger auch einen **Schadensersatzanspruch** gegen den Rückgewährschuldner geltend machen kann. Im Wesentlichen verweist § 346 Abs. 4 allgemein darauf, dass der Gläubiger wegen einer Verletzung einer Pflicht aus Absatz 1 nach Maßgabe der §§ 280–283 Schadensersatz verlangen kann. Damit ist Selbstverständliches ausgedrückt: Denn da sich die Rückgewährpflicht als eine Pflicht aus einem Rückgewährschuldverhältnis darstellt, ist es konsequent, dass die Verletzung dieser schuldvertraglichen Pflichten zu Rechtsfolgen gem. §§ 280–283 führen kann.

945 Insbesondere die **Unmöglichkeits-** und **Verzugsregelungen** sowie die Regelungen zur Nichterfüllung trotz Möglichkeit und Fälligkeit können zum Tragen kommen. Ist nämlich ein Rückgewährschuldverhältnis durch wirksam erklärten Rücktritt entstanden, ist der Rückgewährschuldner verpflichtet, die empfangene Leistung bzw. den empfangenen Gegenstand nach § 346 Abs. 1 herauszugeben. Verletzt er diese Pflicht, macht er sich wegen dieser Leistungsstörung schadensersatzpflichtig. Diese Schadensersatzpflicht richtet sich dann nach den allgemeinen Bestimmun-

---

175 *Looschelders*, Schuldrecht Allgemeiner Teil, Rn. 853; *Westermann/Bydlinski/Weber*, BGB – Schuldrecht Allgemeiner Teil, § 10 Rn. 43.
176 Vgl. oben Rn. 925.
177 So auch AnwK-BGB/*Hager*, § 347 Rn. 4; *Schwab*, JuS 2002, 631 (637).
178 Zu der vergleichbaren Situation im Eigentümer-Besitzer-Verhältnis vgl. Palandt/*Bassenge*, BGB, § 987 Rn. 8.

Rechtsfolgen

gen der §§ 280 ff. Diese sind im Einzelnen zu prüfen und hinsichtlich ihrer Voraussetzungen zu untersuchen.

946 Bedeutsam ist, dass Schadensersatzansprüche beim Rückgewährschuldverhältnis nur dann anzuwenden sind, wenn die **Pflichtverletzung** *nach* dem Zeitpunkt des Zugangs der Rücktrittserklärung eintritt. § 346 Abs. 4 greift demgegenüber **nicht ein**, soweit es um Störungen geht, die zwar nach Kenntnis vom Rücktrittsgrund, aber *vor* Rücktrittserklärung auftreten.

947 Die Diskussion verläuft hier ähnlich wie bei § 346 Abs. 3 Satz 1 Nr. 3. Auch dort war ja entscheidend danach zu differenzieren, in welcher Phase beim gesetzlichen Rücktrittsrecht die Verschlechterung oder der Untergang eintritt.[179] Auch beim Schadensersatzanspruch muss man daher bei Pflichtverletzungen, die nach Kenntnis von Rücktrittsgrund, aber vor Rücktrittserklärung auftreten, **unterscheiden**. Dies gilt jedoch nur für das gesetzliche Rücktrittsrecht. Beim vertraglich vereinbarten Rücktrittsrecht bedarf es hingegen keiner Differenzierung. Denn bei diesem müssen ja beide Vertragsparteien stets mit einer Rückabwicklung rechnen; zudem bestehen dann ohnehin die Pflichten aus § 346 Abs. 1.

948 Vor Erklärung des Rücktritts besteht nämlich noch keine Rückgewährpflicht. Daher kann für einen Anspruch nach § 346 Abs. 1 nicht an eine Pflichtverletzung nach § 280 angeknüpft werden. Stattdessen wird man eine Pflichtverletzung grundsätzlich zwar zu bejahen haben, doch anhand einer anderen Vorschrift, nämlich gem. § 241 Abs. 2. Kennt der Rücktrittsberechtigte den Rücktrittsgrund und ist nur noch nicht der Rücktritt erklärt, hat er nämlich **Sorgfaltspflichten gem. § 241 Abs. 2** zu wahren; verletzt er diese, kann sich für den anderen Teil ein Schadensersatzanspruch ergeben, nämlich aus § 280 Abs. 1. Man kann hier von „vorwirkenden Schutzpflichten" sprechen.[180] Dies gilt jedenfalls dann, wenn der Rücktrittsberechtigte den Rücktrittsgrund positiv kennt. Darüber hinaus wird mit Recht vertreten, dass eine Schadensersatzpflicht aus derartigen vorwirkenden Schutzpflichten auch gegeben sein kann, wenn der Rücktrittsberechtigte den Rücktrittsgrund zwar nicht kennt, aber kennen muss.[181]

Bsp.: K erwirbt bei V ein neues Skateboard. Kurze Zeit später stellt K fest, dass dieses einen Schaden an der Rollenverankerung aufweist. K verlangt von V ein neues Skateboard, dieser weist das Nacherfüllungsverlangen jedoch endgültig zurück. Nunmehr beschmiert K aus lauter Wut hierüber das Skateboard mit wasserfester Farbe.

949 Als **Verschuldensmaßstab** kann für die Zeit nach Kenntnis vom Rücktrittsgrund nichts anderes gelten als das, was für jeden Schuldner gilt: Der Rückgewährschuldner muss sorgfältig mit den von ihm noch zurückzugewährenden Leistun-

---

[179] Vgl. oben Rn. 924.
[180] So die überwiegende Ansicht, etwa MünchKomm/*Gaier*, BGB, § 346 Rn. 61; Staudinger/*Kaiser*, BGB, § 346 Rn. 195; Bamberger/Roth/*Grothe*, BGB, § 346 Rn. 35; *Ehmann/Sutschet*, Schuldrecht § 5 II 3.
[181] So etwa Jauernig/*Stadler*, BGB, § 346 Rn. 9; Palandt/*Grüneberg*, BGB, § 346 Rn. 18; HK-BGB/*Schulze*, § 346 Rn. 18; aA indes *Arnold*, ZGS 2003, 427 (437); *Schwab*, JuS 2002, 631 (636); *Looschelders*, Schuldrecht Allgemeiner Teil, Rn. 862.

gen und Gegenständen umgehen. Er haftet daher nach § 276 für Vorsatz und jede Fahrlässigkeit.[182]

950 e) **Verwendungsersatzansprüche.** Eine letzte Rechtsfolge aus einem Rückgewährschuldverhältnis sind „Verwendungsersatzansprüche". Anders als die zuvor genannten Ansprüche stehen diese jedoch nicht dem Rückgewährgläubiger, sondern dem Rückgewährschuldner zu. Hat nämlich der Schuldner während der Zeit, in der er den Leistungsgegenstand hatte und über ihn verfügen konnte, auf diesen Verwendungen gemacht, und muss er nun den Leistungsgegenstand nach § 346 Abs. 1 zurückgewähren, stellt sich die Frage nach einem Anspruch auf Verwendungsersatz.

951 Nach § 347 Abs. 2 steht dem Rückgewährschuldner ein Anspruch auf Ersatz seiner „notwendigen Verwendung" in drei Fällen zu: sofern er den Gegenstand zurückgibt, Wertersatz nach § 346 Abs. 2 leistet oder wenn seine Wertersatzpflicht nach § 346 Abs. 3 Nr. 1 oder 2 ausgeschlossen ist. Erforderlich ist, dass der Rückgewährschuldner „notwendige Verwendungen" auf die Sache gemacht hat. Was darunter zu verstehen ist, ist nicht näher erläutert. Regelmäßig wird dieser Begriff systematisch so ausgelegt wie in § 994 Abs. 1 Satz 1. Danach sind notwendig solche Verwendungen, die zur Erhaltung oder ordnungsgemäßen Bewirtschaftung der Sache objektiv erforderlich sind und die dem Rückgewährgläubiger infolgedessen eigene Aufwendungen ersparen.[183] Entscheidend ist also, dass der Rückgewährgläubiger genau diese Aufwendungen im Ergebnis auch hätte vornehmen müssen und sie nicht allein zu Sonderzwecken des (vorübergehenden) Besitzers, d. h. des Rückgewährschuldners, gedient haben.[184] Verwendungen sind „Vermögensaufwendungen", die auch der Sache zugute kommen, indem sie ihrer Wiederherstellung, Erhaltung oder Verbesserung dienen.[185] Unter Verwendungen fallen also insbesondere die Kosten für Reparaturen oder Aufbewahrung des auszutauschenden Gegenstands, die Verbesserung wesentlicher Bestandteile etc.[186]

Bsp.: Hat A von B einen Kleiderschrank gekauft und ihn auch mitgenommen, so kann es zu einem Verwendungsersatzanspruch kommen, wenn A den Schrank repariert, weil etwa ein Bein des Schranks zu kurz war; lässt nun A ein Schrankbein von der richtigen Länge anbringen, kommt es aber danach zu einer Rückabwicklung, etwa weil der Schrank von einem Holzwurm befallen und somit mangelhaft ist, ist A nach § 346 Abs. 1 zur Rückgewähr des Schranks verpflichtet. Er kann jedoch von B den Ersatz der Verwendung verlangen, die er auf den Schrank gemacht hat, d. h. den Ersatz der Reparaturkosten für die Verlängerung des Beins des Schranks, denn hierbei handelte es sich um notwendige Verwendungen. Die Anspruchsgrundlage für diesen Anspruch ist dann § 347 Abs. 2 Satz 1.

952 Wenn eine Wertersatzpflicht nach § 346 Abs. 3 Satz 1 Nr. 3 **ausgeschlossen** ist, entfällt ein Verwendungsersatzanspruch. Denn der Schuldner ist bereits so stark

---

[182] So auch Bamberger/Roth/*Grothe*, BGB, § 346 Rn. 30; MünchKomm/*Gaier*, BGB, § 346 Rn. 61; *Westermann/Bydlinski/Weber*, BGB – Schuldrecht Allgemeiner Teil, § 10 Rn. 51; *Kaiser*, JZ 2001, 1057 (1064).
[183] S. etwa BGHZ 64, 333 (339); BGHZ 131, 220; BGH NJW 1996, 921.
[184] BGH NJW-RR 1996, 336.
[185] *Eckert*, Schuldrecht Allgemeiner Teil, Rn. 736.
[186] Vgl. im Einzelnen hierzu auch BGH NJW 1996, 921; HK-BGB/*Schulze*, § 347 Rn. 4.

privilegiert, dass es nicht gerechtfertigt erscheint, ihm auch noch einen Verwendungsersatzanspruch zuzubilligen.[187]

953 Auch die **gewöhnlichen Erhaltungskosten** sind vom Begriff der notwendigen Verwendung erfasst.[188] Der Rückgewährgläubiger muss dem Rückgewährschuldner also auch Kosten etwa für die regelmäßige Inspektion eines Fahrzeugs oder für die Fütterung eines Tiers ersetzen. Hier unterscheidet sich der Verwendungsersatzanspruch aus § 347 Abs. 1 von demjenigen des § 994 Abs. 1 Satz 2; denn der Rückgewährschuldner muss die Nutzung herausgeben und auch vergüten.

954 **Andere** als notwendige **Verwendungen** können nicht nach § 347 Abs. 2 Satz 1 ersetzt werden, gegebenenfalls aber nach § 347 Abs. 2 Satz 2: Danach sind andere Aufwendungen nur insoweit zu ersetzen, wie der Gläubiger durch diese bereichert wird. Inhaltlich ist mit dieser Vorschrift eine Rechtsfolgenverweisung normiert, die auf das Bereicherungsrecht nach dem § 812 zielt. Dies ist von Bedeutung insbesondere für lediglich nützliche Verwendungen, die nicht notwendig sind, sondern nur dazu dienen, den Sachwert zu steigern oder ihre Gebrauchstauglichkeit zu erhöhen.[189] Der Schuldner kann die Erstattung solcher Aufwendungen, also sämtlicher freiwilliger Vermögensopfer[190] nur verlangen, soweit der Gläubiger insofern bereichert ist. Entscheidend ist bei dieser Verweisung auf das Bereicherungsrecht, dass insbesondere die Grundsätze der aufgedrängten Bereicherung Anwendung finden.

Bsp.: Hat A in dem vorherigen Beispiel *(unter Rn. 951)* nicht nur eine notwendige Reparatur vorgenommen, sondern auch noch den Schrank lila gestrichen; und tritt er später wegen eines Mangels des Schranks vom Kaufvertrag zurück, kann er einen Anspruch gegen B auf Ersatz der Kosten für die Lackierung und für den Anstrich nicht aus § 347 Abs. 2 Satz 1 geltend machen, sondern allenfalls aus § 347 Abs. 2 Satz 2. Dann müsste B insofern bereichert sein.

955 Fraglich ist, ob es ausreicht, dass das Vermögen des Rückgewährgläubigers objektiv erhöht ist oder ob darüber hinaus auch **zusätzlich** ein **subjektiver Nutzen** für den Rückgewährgläubiger hinzukommen muss. Dies ist im Ergebnis eine Frage der aufgedrängten Bereicherung.[191] Der BGH sowie die ganz überwiegende Ansicht vertreten hier, dass bei einer subjektiven Unverwertbarkeit der objektiv vorhandenen Werterhöhung für den Rückgewährgläubiger die Grundsätze der aufgedrängten Bereicherung eingreifen können.[192] Entscheidend ist dann, dass schon der Wert des Erlangten nach § 818 Abs. 2 nach einem subjektiven Maßstab zu begrenzen ist. Das Vermögen des Bereicherungsschuldners ist also nur insoweit vermehrt, als dieser (d. h. hier der B) sich den Verwendungserfolg auch wirklich zunutze macht.[193]

---

187 S. dazu Palandt/*Grüneberg*, BGB, § 347 Rn. 4; Staudinger/*Kaiser*, BGB, § 347 Rn. 43.
188 *Looschelders*, Schuldrecht Allgemeiner Teil, Rn. 856; Palandt/*Grüneberg*, BGB, § 347 Rn. 3.
189 BT-Drucks. 14/6040, S. 197; HK-BGB/*Schulze*, § 347 Rn. 4.
190 Jauernig/*Vollkommer*, BGB, §§ 256, 257 Rn. 2.
191 AnwK-BGB/*Hager*, § 347 Rn. 10; MünchKomm/*Gaier*, BGB, § 347 Rn. 21.
192 MünchKomm/*Gaier*, BGB, § 347 Rn. 21; Erman/*Bezzenberger*, BGB, § 347 Rn. 4; Staudinger/*Kaiser*, BGB, § 347 Rn. 49.
193 Erman/*Bezzenberger*, BGB, § 347 Rn. 4; *Medicus*, Bürgerliches Recht, Rn. 899.

§ 16 Sonstige Erlöschensgründe

Literatur: *Bülow, P.*, Grundfragen der Erfüllung und ihrer Surrogate, JuS 1991, 529; *Gernhuber, J.*, Die Erfüllung und ihre Surrogate sowie das Erlöschen des Schuldverhältnisses aus anderen Gründen, S. 335 ff. (Hinterlegung), S. 367 ff. (Erlass), S. 416 ff. (Konfusion); *Löhnig, M.*, Schuldrechtsreform – Update 5 – Geschäftsgrundlagenstörung; Kündigung von Dauerschuldverhältnissen, JA 2002, 381; *Kohler, J.*, Die anfängliche Einheit von Gläubiger und Schuldner, JZ 1983, 13; *Kollhosser, H./Jansen, C.*, Konfusion, JA 1988, 305; *Schwerdtner, P.*, Beendigung von Dauerschuldverhältnissen, Jura 1985, 207; *von Randow, P.*, Die Erlassfalle, ZIP 1995, 445.

Rechtsprechung: BGH NJW 1953, 19 (Ostenteignung – Hinterlegung); BGH NJW 1967, 2399 (Rechtsfolgen der Vereinigung von Forderung und Schuld beim Erbfall); BGH NJW 2003, 1809 (Zu den Voraussetzungen einer als Erfüllung wirkenden Hinterlegung); BGH NJW-RR 2004, 656 (Voraussetzungen der Wirksamkeit einer Hinterlegung wegen Ungewissheit über die Person des Gläubigers); BGH NJW-RR 2005, 712 (Hinterlegung eines Grundstückskaufpreises – Behandlung der Benennung einer als Gläubigerin nicht in Betracht kommenden Person); KG NJW 1957, 754 (Hinterlegung einer Vollmachtsurkunde).

956 Neben der Erfüllung, der Aufrechnung und dem Rücktritt kennt das Allgemeine Schuldrecht **weitere Erlöschensgründe**. Diese haben jedoch bei weitem nicht die Bedeutung der bereits vorgestellten. Daher sollen sie im Folgenden nur im Überblick dargestellt werden. Es geht dabei um die Hinterlegung *(s. Rn. 957 ff.)*, den Erlass *(s. Rn. 962 ff.)*, die Konfusion *(s. Rn. 965)* sowie die Kündigung *(s. Rn. 966 f.)*.

I. Die Hinterlegung, §§ 372 ff.

957 Die **Hinterlegung** ist in den §§ 372 ff. geregelt. Sie ist für die Situation gedacht, in der der Schuldner nicht die Möglichkeit hat, seine Leistungsverpflichtung zu erfüllen, weil der Leistungserbringung Gründe entgegenstehen, die im Risikobereich des Gläubigers angesiedelt sind. Dann können nach § 372 Geld, Wertpapiere und sonstige Urkunden sowie Kostbarkeiten durch den Schuldner bei einer dazu bestimmten öffentlichen Stelle für den Gläubiger hinterlegt werden.

958 Durch die Hinterlegung kommt ein öffentlich-rechtliches Verwahrungsverhältnis zustande.[194] Einzelheiten über dieses Verwahrungsverhältnis finden sich in der Hinterlegungsordnung. Für eine Hinterlegung ist **Voraussetzung**, dass ein Hinterlegungsgrund besteht. Dieser liegt gem. § 372 vor, wenn sich der Gläubiger im Verzug der Annahme befindet oder der Schuldner aus einem anderen, in der Person des Gläubigers liegenden Grund seine Verbindlichkeit nicht (mit Sicherheit) erfüllen kann. Das Gleiche gilt, wenn die Ungewissheit über die Person des Gläubigers nicht auf Fahrlässigkeit des Schuldners zurückzuführen ist. Des Weiteren muss die Sache auch hinterlegungsfähig sein. Denn die Hinterlegung kann nur bei den bereits angesprochenen Leistungsgegenständen erfolgen, also bei Geld, Wertpapieren oder sonstigen Urkunden sowie Kostbarkeiten.[195]

---

[194] Palandt/*Grüneberg*, BGB, Einf. v. § 372 Rn. 8; Bamberger/Roth/*Dennhardt*, BGB, § 372 Rn. 5.
[195] *Brox/Walker*, Allgemeines Schuldrecht, § 15 Rn. 3; *Medicus*, Schuldrecht I, Rn. 253.

Erlass und negatives Schuldanerkenntnis

Privatrechtlich treten mit der Hinterlegung die **Wirkungen** ein, die in den §§ 372 ff. geregelt sind. Sie hängen davon ab, ob der Hinterlegende noch ein Rücknahmerecht hat. Ist dies gem. § 376 Abs. 1 noch der Fall, kommt es durch die Hinterlegung nicht zur Tilgung der Schuld, doch kann der Schuldner den Gläubiger auf die hinterlegte Sache verweisen. Dies stellt eine Einrede dar, die sich aus § 379 Abs. 1 ergibt.[196]

959

Denkbar ist aber auch, dass der Schuldner **kein Rücknahmerecht** hinsichtlich der hinterlegten Sache hat. Nach § 376 Abs. 2 besteht ein Rücknahmerecht nicht mehr, wenn der Schuldner auf das Rücknahmerecht gegenüber der Hinterlegungsstelle verzichtet oder der Gläubiger die Annahme erklärt oder der Hinterlegungsstelle ein rechtskräftiges Urteil vorgelegt wird, dass die Hinterlegung für rechtmäßig erklärt. Dann wirkt die Hinterlegung als Erfüllungssurrogat, sie ist also wie die Erfüllung selbst schuldbefreiend, § 378.

960

Da die Hinterlegung nur für die angesprochenen Leistungen und Gegenstände in Betracht kommt, sieht § 383 **ersatzweise die Möglichkeit des Selbsthilfeverkaufs** vor. Ist die geschuldete bewegliche Sache nicht hinterlegungsfähig, kann der Schuldner im Falle des Annahmeverzugs des Gläubigers nach der genannten Vorschrift einen Selbsthilfeverkauf durchführen. Der dabei erzielte Erlös kann hinterlegt werden, § 383 Abs. 1 Satz 1. Voraussetzung für einen rechtmäßigen Selbsthilfeverkauf ist zum einen, dass sämtliche Hinterlegungsvoraussetzungen gegeben sein müssen. Darüber hinaus ist eine Androhung der Versteigerung erforderlich, § 384 Abs. 1. Sind beim Selbsthilfeverkauf dann die genannten zwingenden Vorschriften beachtet, treten die Wirkungen der Hinterlegung ein, sobald der entsprechende aus dem Selbsthilfeverkauf erlangte Erlös hinterlegt wird. Der Erlös kann entweder im Wege der öffentlichen Versteigerung erzielt werden oder durch freihändigen Verkauf. Die Einzelheiten ergeben sich aus §§ 383, 384 sowie § 385.

961

II. Der Erlass und das negative Schuldanerkenntnis, § 397

Selten als Erlöschensgrund für eine schuldvertragliche Leistungspflicht ist der **Erlass**. Dieser ist in § 397 Abs. 1 geregelt. Dabei verzichtet der Gläubiger auf die Erbringung der Leistungspflicht, er erlässt sie dem Schuldner. Dazu bedarf es eines Vertrages zwischen den beiden Parteien über die Aufhebung der Forderung.[197] Insofern ist die Anordnung in § 397 Abs. 1 eindeutig, die einen Vertrag zwischen Gläubiger und Schuldner verlangt. Daraus folgt, dass der Gläubiger nicht einseitig auf einen schuldrechtlichen Anspruch verzichten kann.[198] Der Erlassvertrag selbst ist kein Verpflichtungs-, sondern ein Verfügungsvertrag. Er ist daher insbesondere von dem zugrunde liegenden Kausalgeschäft zu trennen und hinsichtlich seiner Wirkung abstrakt zu beurteilen.[199] Zugrundeliegen wird in der Regel ein Schenkungsvertrag. Wenn dieser auch formbedürftig ist, so ist doch der Abschluss des

962

---

196 *Medicus*, Schuldrecht I, Rn. 255; *Larenz*, Schuldrecht I – Allgemeiner Teil, S. 254.
197 *Medicus*, Schuldrecht I, Rn. 280; *Brox/Walker*, Allgemeines Schuldrecht, § 17 Rn. 1.
198 Vgl. dazu *Larenz*, Schuldrecht I – Allgemeiner Teil, S. 267; HK-BGB/*Schulze*, § 397 Rn. 2.
199 *Medicus*, Schuldrecht I, Rn. 282; Palandt/*Grüneberg*, BGB, § 397 Rn. 2 u. 8.

Erlassvertrages formfrei. Das führt dazu, dass man regelmäßig im Schweigen des Schuldners auf ein Erlassangebot des Gläubigers eine Annahmeerklärung sehen kann.[200] Dann kommt hier auch ein Vertrag zustande.

963 Die **Wirkung** des Erlassvertrages ist die gleiche wie bei der Erfüllung: Das Schuldverhältnis erlischt. Eine Leistungsverpflichtung des Schuldners besteht nicht mehr, sobald der Erlassvertrag wirksam geschlossen worden ist. Dabei bezieht sich das Erlöschen wie stets nur auf die infrage stehende Forderung, also auf das Schuldverhältnis im engeren Sinne.

964 Dem Erlassvertrag verwandt, aber anders konstruiert[201], ist das **„negative Schuldanerkenntnis"** nach § 397 Abs. 2: Nach dieser Vorschrift erlischt die Forderung in gleicher Weise wie beim Erlassvertrag, wenn der Gläubiger – wiederum durch Vertrag! – anerkennt, dass die Forderung nicht besteht. Auch das formfrei mögliche negative Schuldanerkenntnis stellt ein Erfüllungssurrogat dar: Die konkrete Forderung erlischt demzufolge.

III. Konfusion

965 Eine weitere Möglichkeit, die zum Erlöschen einer schuldvertraglichen Leistungspflicht führt, stellt die „Konfusion" dar. Sie ist im Gesetz nicht eigens geregelt, ergibt sich aber aus der Systematik des BGB und liegt vor, wenn Forderung und Schuld in ein und derselben Person zusammenfallen. Dies kann etwa beim Erbfall eintreten, wenn der Gläubiger den Schuldner beerbt oder umgekehrt auch der Schuldner den Gläubiger. Häufiger mag dies in gesellschaftsrechtlichen Zusammenhängen auftauchen, wenn zwei juristische Personen miteinander verschmelzen. Bei der Konfusion kommt es, insofern handelt es sich in der Konfusion um ein Erfüllungssurrogat, zum Erlöschen der Forderungen.[202]

IV. Kündigung

966 Die letzte Möglichkeit, ein Schuldverhältnis zu beenden, stellt die **Kündigung** dar. Durch sie kann man sich aus einem Dauerschuldverhältnis lösen, also insbesondere aus einem Miet- oder Pacht- sowie aus einem Arbeits- oder Dienstvertrag. Dauerschuldverhältnisse sind in der Regel dadurch gekennzeichnet, dass sie nicht nur einen einmaligen Leistungsaustausch zum Inhalt haben, sondern stattdessen darauf ausgerichtet sind, länger andauernd und wiederholt Leistungen einander zu gewähren. Im BGB ist an den jeweiligen Stellen die Kündigung eigens geregelt. Man unterscheidet in dem Zusammenhang zwischen einer ordentlichen sowie einer außerordentlichen Kündigung. Der Unterschied besteht darin, wie schnell die Wirkungen einer Kündigungserklärung greifen. Bei der außerordentlichen

---

200 *Larenz*, Schuldrecht I – Allgemeiner Teil, S. 267.
201 Näher zur Konstruktion vgl. *Gernhuber*, Die Erfüllung und ihre Surrogate, S. 390 ff.
202 *Brox/Walker*, Allgemeines Schuldrecht, § 17 Rn. 7.

Kündigung ist dies sofort der Fall, bei der ordentlichen Kündigung sind Auslauffristen zu beachten.

Die Kündigung als **Gestaltungserklärung** beendet das Schuldverhältnis im weiteren Sinne, sie ist also nicht lediglich darauf gerichtet, eine konkrete Leistungspflicht untergehen zu lassen. Darüber hinaus ist die Kündigung nicht in die Vergangenheit gerichtet. Sie führt, anders als der Rücktritt, nicht zur Rückabwicklung; vielmehr ist sie allein in die Zukunft gerichtet: In Zukunft bestehen keine Austauschpflichten mehr, sondern die Parteien sollen von der Wirksamkeit der Kündigung an getrennte Wege gehen. Weil dies zu vielen Schwierigkeiten führt, sind die Kündigungsgründe ausführlich in den jeweiligen Schuldverhältnissen geregelt. Auf die Voraussetzungen und Wirkungen der Kündigung für die einzelnen Vertragsverhältnisse ist daher hier nicht näher einzugehen.

Teil VI: Das Recht des Schadensersatzes

968 An unterschiedlichen Stellen des BGB finden sich Rechtsnormen, die einen Anspruch auf Schadensersatz entstehen lassen, etwa in § 823 Abs. 1 oder § 280 Abs. 1. Ihnen zufolge ist „jemand zum Ersatz des entstehenden Schadens" verpflichtet. Nähere Ausführungen darüber, welcher Schaden genau zu ersetzen ist, finden sich dann in den jeweiligen Normen indes nicht.[1] Der Umfang des zu ersetzenden Schadens wird für sämtliche Anspruchsgrundlagen des BGB gebündelt in den §§ 249 ff. näher beschrieben und geregelt. Diese Vorschriften bilden das **übergeordnete Recht des Schadensersatzes**, welches in diesem Abschnitt behandelt wird. Dabei sollen zunächst die Grundlagen, d. h. die Funktionen, grundlegende Strukturen und Prinzipien des Schadensrechts *(s. Rn. 969 ff.)* dargelegt werden; im Anschluss daran geht es um die Frage nach der Verursachung des Schadens als Haftungsgrund *(s. Rn. 992 ff.)*, und schließlich wird erläutert, welche Schäden im Einzelnen zu ersetzen sind *(s. Rn. 1040 ff.)*.

§ 17 Grundlagen

Literatur: *Armbrüster, C.*, Grundfälle zum Schadensrecht, JuS 2007, 411; *ders.*, Grundfälle zum Schadensrecht, JuS 2007, 508; *ders.*, Grundfälle zum Schadensrecht, JuS 2007, 605; *Benicke, C.*, Geldersatz wegen Unverhältnismäßigkeit der Restitutionsaufwendungen, JuS 1994, 1004; *Däubler, W.*, Die Reform des Schadensersatzrecht, JuS 2002, 625; *Homann, S.*, Typische Probleme des Schadensersatzrechts und ihre systematische Einordnung, JuS 2002, 554; *Keilmann, A.*, Oft unterschätzt: Allgemeines Schadensrecht, JA 2005, 700; *Lange, H./Schiemann, G.*, Schadensersatz, 3. Aufl. 2003; *Müller, G.*, Alles oder Nichts? – Schadensersatz und Schadensbegrenzung in der neueren Rechtsprechung des BGH, VersR 2005, 1461; *dies.*, Aktuelle Fragen des Haftungsrechts, ZfS 2005, 54.
Rechtsprechung: OLG Celle NJW-RR 1989, 791 (Zum Grundsatz der Totalreparation, wenn diese zur Existenzvernichtung eines Minderjährigen führt); **BGH NJW 1992, 302** (Naturalrestitution: Wirtschaftlichkeitspostulat und Dispositionsfreiheit); **BGH NJW 1994, 999** (Gebot der Wirtschaftlichkeit bei der Naturalrestitution); **BGH NJW 2004, 2526** (Zur Ausgleichsfunktion des Schadensersatzanspruches); **BGH NJW 1996, 985** (Präventionszweck des Schadensersatzes bei Verletzung von allgemeinen Persönlichkeitsrechten); **BVerfG NJW 1998, 3557** (Totalreparation und Haftung von Kindern und Jugendlichen); **BGH NJW 2005, 1108** (Integritätszuschlag bei Beschädigung eines Fahrzeuges).

---

[1] Dies ist nur in wenigen Fällen anders, wenn nämlich ein konkreter Umfang des Schadensersatzes bereits genannt ist, wie etwa der Schadensersatz, der bei einer Verzögerung der Leistung nach § 280 Abs. 1, Abs. 2 zu ersetzen ist.

In den §§ 249 ff. ist, wie soeben erläutert, das für das gesamte Gesetzbuch geltende Schadensersatzrecht niedergelegt. Die Schadensersatznormen im Allgemeinen Schuldrecht sollen dabei verschiedene Funktionen erfüllen und folgen bestimmten Strukturen und Prinzipien des Schadensrechts.

I. Funktionen des Schadensersatzanspruchs

Das Schadensersatzrecht verfolgt unterschiedliche Funktionen. Im Prinzip geht es stets um den Ersatz des Schadens, den jemand an seinen Rechten oder Rechtsgütern unfreiwillig erleidet und der ihm von einem anderen (schuldhaft) zugefügt wurde. Beim Schadensersatz soll also **nicht** jemand „**bestraft**" werden; vielmehr steht im Vordergrund des Schadensrechts, dass allein die Vermögenseinbuße und die Verschlechterung im Rechtsbereich des Geschädigten im Anschluss so weit wie möglich wieder ausgeglichen werden sollen.[2] Das Hauptziel des Schadensersatzes besteht infolgedessen **nicht** in einer **Sanktionierung** und Bestrafung, wie sie das StGB kennt, **sondern** es geht primär um einen **Ausgleich** der erlittenen Einbuße.[3]

Dem **Wiederherstellungsgrundsatz**, der in § 249 Abs. 1 beschrieben ist, sind alle anderen Funktionen des Schadensrechts nachgeordnet. § 249 Abs. 1 ordnet an, dass derjenige, der (aus welchen Gründen auch immer) zum Schadensersatz verpflichtet ist, den Zustand herzustellen hat, der bestehen würde, wenn der zum Ersatz verpflichtende Umstand nicht eingetreten wäre. Deutlicher kann man die eigentliche Funktion und den primären Zweck des Schadensersatzrechts letztlich nicht beschreiben.

Weil das Schadensersatzrecht primär dem Ziel der Wiederherstellung und der Wiedergutmachung folgt und zudem das pönale Element dem Zivilrecht fremd ist, ist dem zivilrechtlichen Schadensersatzanspruch stets auch ein **Verbot der Überkompensation** immanent.[4] Ein Schadensersatz, der zu leisten ist, darf regelmäßig nicht über die Wiederherstellung des ursprünglichen Zustands hinausgehen. Es soll durch einen Ersatzanspruch keine Bereicherung des Geschädigten eintreten.[5] Daneben soll das Schadensersatzrecht nicht dazu führen, dass unnötig unwirtschaftliche Vorgänge ausgelöst werden. Das Schadensersatzrecht ist stattdessen wesentlich dem **Prinzip der Wirtschaftlichkeit** untergeordnet.[6] Stehen mehrere Wege zur Schadensbeseitigung im gleichen Maße zur Verfügung, ist daher

---

2 MünchKomm/*Oetker*, BGB, § 249 Rn. 8 m.w.N.; Palandt/*Heinrichs*, BGB, vor § 249 Rn. 4; *Looschelders*, Schuldrecht Allgemeiner Teil, Rn. 873; *Brox/Walker*, Allgemeines Schuldrecht, § 28 Rn. 2.
3 S. dazu *Körner*, NJW 2000, 241; *Wagner*, NJW 2006, Beilage zu Heft 22, 5 (8); *Westermann/Bydlinski/Weber*, BGB – Schuldrecht Allgemeiner Teil, § 13 Rn. 2.
4 *Eckert*, Schuldrecht Allgemeiner Teil, Rn. 883.
5 BT-Drucks. 14/7752, 13; MünchKomm/*Oetker*, BGB, § 249 Rn. 20 m.w.N.; Staudinger/*Schiemann*, BGB, vor §§ 249 ff. Rn. 2; *Looschelders*, Schuldrecht Allgemeiner Teil, Rn. 876.
6 *Medicus*, Schuldrecht I, Rn. 619; *Eckert*, Schuldrecht Allgemeiner Teil, Rn. 883; BGH VersR 1992, 61 (62); BGH VersR 1992, 64 (65); BGH VersR 2003, 918 (919); BGH VersR 2005, 663 (665).

derjenige zu wählen, der wirtschaftlich für alle Beteiligten (d. h. dann wohl vor allem für den Schädiger) am vernünftigsten ist.[7] Auch hier macht sich bemerkbar, dass es beim Schadensersatzanspruch nicht um eine Bestrafung, sondern eben nur um eine Wiedergutmachung und einen Ausgleich geht.

973 Über die Ausgleichsfunktion hinaus gibt es auch **weitere Funktionen**, die das Schadensrecht verfolgt. So soll es in gewisser Weise auch eine **Präventivwirkung** haben. Durch die Androhung eines Schadensersatzes soll einer zukünftigen Schadensentstehung abschreckend entgegengewirkt werden.[8] Durch Verhaltenssteuerung und mithilfe eines Abschreckungseffekts soll zukünftiger Schaden verhindert werden, nämlich dadurch, dass man ein bestimmtes Verhalten, das zu Schäden führen könnte, mit einem Wiederherstellungsanspruch bewehrt.[9]

974 Des Weiteren ist zu beachten, dass der Grundsatz, dass nur eine schuldhafte Handlung zu einem Ersatzanspruch führen kann, von der sog. „**Gefährdungshaftung**" immer stärker verdrängt wird. An immer zahlreicheren Stellen im Zivilrecht wird jemand allein deshalb, weil er eine bestimmte Gefahrenquelle betreibt, zum Ersatz des daraus entstehenden Schadens verpflichtet, auch wenn ihn kein Verschulden trifft. Dies gilt etwa im Bereich des Straßenverkehrs, wo § 18 StVG einen entsprechenden Schadensersatzanspruch vorsieht, wenn der Fahrer eines Kraftfahrzeuges einen Unfall verursacht und jemanden verletzt, ohne dass ihn ein Verschulden trifft. Hier wird eine weitere Funktion des Schadensersatzanspruches deutlich: Bereits allein das Betreiben einer Gefahrenquelle soll bei einem eintretenden Schaden deshalb zu einem Schadensersatzanspruch führen, weil die Rechtsordnung das Betreiben dieser Gefahrenquelle als potentiell gefährlich ansieht. Hier wird rein präventiv eine Haftung verpflichtend eingeführt, um der Gefährdung, die etwa von dem Betreiben einer Anlage oder eines Autos ausgeht, schon von vornherein entgegenzuwirken.[10]

II. Strukturen und Prinzipien des Schadensrechts

975 Das Schadensrecht in den §§ 249 ff. ist übergreifend für sämtliche Schadensersatzansprüche vertraglicher und deliktischer Art geregelt. Das führt zu einer **einheitlichen Struktur** und zu **allgemeingültigen Prinzipien**. Dies ist vor allem der Grundsatz der sog. Totalreparation, darüber hinaus gilt für das gesamte Schadensrecht vorrangig das Prinzip der Naturalrestitution.

---

7 BT-Drucks. 14/7752, 13; s. zum Gebot der Wirtschaftlichkeit bei der Naturalrestitution auch BGH NJW 1994, 999.
8 AnwK-BGB/*Magnus*, vor §§ 249–255 Rn. 11; *Lange/Schiemann*, Schadensersatz, Einl. III 2 b, S. 11; *Larenz*, Schuldrecht I, S. 423.
9 BGH NJW 1996, 984; einschränkend: Palandt/*Heinrichs*, BGB, vor § 249 Rn. 4.
10 *Westermann/Bydlinski/Weber*, BGB – Schuldrecht Allgemeiner Teil, § 13 Rn. 4; *Brox/Walker*, Allgemeines Schuldrecht, § 28 Rn. 8.

Strukturen und Prinzipien

1. Grundstruktur

Abgesehen von der Gefährdungshaftung wird das Zivilrecht vom **Grundsatz** beherrscht, dass ein zu einem Schaden führendes Verhalten immer nur dann auch zu einem Schadensersatzanspruch führt, wenn es schuldhaft herbeigeführt worden ist.[11] Das führt zu einem „**doppelten Tatbestand**" und doppelten Prüfungsaufbau: Es bedarf eines haftungsbegründenden Tatbestandes auf der einen und eines haftungsausfüllenden Tatbestandes auf der anderen Seite.

a) **Der haftungsbegründende Tatbestand.** Der **haftungsbegründende Tatbestand** für einen Anspruch auf Schadensersatz ist stets in der jeweiligen konkreten Haftungsnorm zu suchen; dies kann also beispielsweise § 823 Abs. 1, genauso gut aber auch § 280 Abs. 1 sein. Diese Normen mit ihren jeweiligen Tatbeständen bilden dann den haftungsbegründenden Tatbestand. Seine Voraussetzungen müssen erfüllt sein, damit ein Schadensersatzanspruch begründet werden kann.

Dies bedeutet im Rahmen der Anspruchsprüfung, dass der haftungsbegründende Tatbestand den tatbestandlichen Voraussetzungen der jeweiligen Norm entspricht: § 823 Abs. 1 beispielsweise verlangt im haftungsbegründenden Tatbestand eine Rechtsgutsverletzung, eine rechtswidrige Handlung, die diese Verletzung kausal herbeiführt („haftungsbegründende Kausalität") und ein Verschulden. § 280 Abs. 1 wiederum verlangt als haftungsbegründenden Tatbestand die Pflichtverletzung, die schuldhaft stattgefunden haben muss.

Bsp.: A beschädigt mit seinem Fahrrad beim Vorbeifahren den Lack des Autos des B. B macht nun einen Anspruch nach § 823 Abs. 1 geltend. Der „haftungsbegründende Tatbestand" wird begründet durch die eingetretene Rechtsgutsverletzung (Eigentum), durch die Handlung des A (das Verkratzen); diese Handlung ist auch kausal für die Eigentumsverletzung; nun müssen noch Rechtswidrigkeit und Verschulden vorliegen.

b) **Der haftungsausfüllende Tatbestand.** Der haftungsbegründende Tatbestand für sich allein führt jedoch noch nicht zu einem Schadensersatzanspruch des Geschädigten. Er beantwortet vielmehr nur die Frage, wann jemand einem anderen zum Schadensersatz verpflichtet ist. **Keine Antwort** ist jedoch damit darauf gefunden, **welcher Schaden** konkret zu ersetzen ist.

Bsp.: A spielt vor dem Haus des B mit einem Ball und wirft den Ball so ungeschickt, dass die Fensterscheibe des B zerstört wird.

Nun stellen sich **verschiedene Fragen**. Zunächst ist natürlich diejenige zu beantworten, ob der A dem B (generell) zum Schadensersatz verpflichtet ist. Dies ist die Frage nach dem haftungsbegründenden Tatbestand. Sie ist anhand des Tatbestands des § 823 Abs. 1 zu beantworten: Liegen dessen Voraussetzungen vor, ist ein Anspruch dem Grunde nach gegeben.

---

11 *Brox/Walker*, Allgemeines Schuldrecht, § 28 Rn. 8; *Westermann/Bydlinski/Weber*, BGB – Schuldrecht Allgemeiner Teil, § 13 Rn. 6.

Bsp.: Dies ist im genannten Beispiel *(unter Rn. 979)* der Fall: A hat mit seiner Handlung, nämlich dem Werfen, das Eigentum des B verletzt, das Handeln des A war für die Rechtsgutsverletzung auch kausal, d. h. eine haftungsbegründende Kausalität liegt vor; weiterhin war das Verhalten des A mangels ersichtlicher Rechtfertigungsgründe rechtswidrig und schließlich hat er auch schuldhaft gem. § 276 gehandelt.

981 All dies zusammengenommen ergibt den haftungsbegründenden Tatbestand. Man findet auf diese Weise auch die Antwort auf die Frage, **ob** jemand **zum Schadensersatz verpflichtet** ist: Sie ist hier mit „Ja" zu beantworten, nämlich der A dem B, weil – wie dargelegt – der haftungsbegründende Tatbestand erfüllt ist.

982 Doch schließt sich eine zweite Frage an: Was ist nun zu ersetzen? § 823 Abs. 1 als Grundlage für den haftungsbegründenden Tatbestand hilft hier nicht weiter: Er beantwortet nämlich ganz abstrakt nur, dass der eine dem anderen „zum Ersatz des daraus entstehenden Schadens verpflichtet" ist. Aber welcher Schaden ist dies nun genau? Auf diese Frage antwortet der **haftungsausfüllende Tatbestand** – und genau dies ist die Antwort, die in den §§ 249 ff. gegeben wird. Diese Normen widmen sich also ausschließlich diesem zweiten Teil eines Schadensersatzanspruches, der Haftungsausfüllung.

983 **Haftungsausfüllung** ist deshalb ein guter Begriff, weil die Haftung als solche ja bereits durch die Anspruchsnorm begründet wurde, nun geht es darum, die einmal begründete Haftung mit Inhalt auszufüllen. In den Mittelpunkt rückt somit die Frage, welche konkreten Nachteile in der Interessensphäre des Verletzten ersatzfähig sind. Welche Schäden müssen vom Handelnden ersetzt werden, welche sind ihm zuzurechnen?

984 In einem Prüfungsaufbau folgt dies in einem zweiten Schritt: In einem ersten war die haftungsbegründende Ebene behandelt worden, nämlich durch den Tatbestand des § 823 Abs. 1. In einem zweiten Schritt geht es dann um den Inhalt des Schadensersatzanspruches. Welcher Schaden dann zu ersetzen ist, kann in vielen Fällen völlig unproblematisch sein, etwa weil der Sachverhalt Entsprechendes schon vorgibt. Doch häufig finden sich auch Probleme auf dieser zweiten Ebene, wenn nämlich nicht klar ist, **wie weit der konkrete Ersatzanspruch** dann tatsächlich **reicht**.

Bsp.: In dem vorangehenden Beispiel *(unter Rn. 979)* muss noch geklärt werden, ob allein die Fensterscheibe oder nicht darüber hinaus auch beispielsweise ein Aquarium zu ersetzen ist, das hinter der Fensterscheibe stand und durch den Ball ebenfalls zerstört wurde. Man kann den Fall weiterdenken und überlegen, ob etwa auch der mehrere einhunderttausend Euro wertvolle Zierfisch, der in diesem Aquarium schwamm und nun verendete, auch vom Schadensersatzanspruch gedeckt ist.

985 All diese Fragen sind solche des **haftungsausfüllenden Tatbestandes**. In diesem sind im Wesentlichen zwei Aspekte zu prüfen: Einerseits ist anzusprechen, ob ein ersatzfähiger Schaden vorliegt und darüber hinaus muss andererseits der konkret entstandene Schaden auch noch durch das Verhalten, d. h. durch die Rechtsguts- bzw. Rechtsverletzung verursacht worden sein. Auch hier kommt es also wieder zu einer Kausalitätsproblematik: Man spricht dann von der sog. **haftungsausfüllenden Kausalität**. Bei ihr geht es immer darum, ob der Schaden, der durch das

konkrete Verhalten, d. h. durch die haftungsbegründende Situation, entstanden ist, dem Schädiger auch noch zuzurechnen ist.

Bsp.: Sicherlich ist in dem vorangehenden Beispiel *(unter Rn. 984)* eine Kausalität hinsichtlich der Fensterscheibe zu bejahen. Aber was ist mit dem so unglaublich wertvollen Fisch? Kausal ist die Handlung des A auch für diesen Schaden. Es fragt sich allerdings, ob man nicht irgendwo zugunsten des Schädigers eine Grenze ziehen muss, weil sich Entwicklungen ergeben, die man ihm schlechterdings nicht mehr zurechnen kann. Man muss zwar noch damit rechnen, durch einen Ballschuss eine Fensterscheibe zu beschädigen, aber vielleicht nicht damit, einen so hohen Schaden zu verursachen, wie ihn der Tod des teuren Fischs darstellt.

Damit ist die **Grundstruktur** des Schadensersatzrechtes vorgestellt. Einer ersten Ebene, dem haftungsbegründenden Tatbestand mit den entsprechenden Anspruchsgrundlagen, steht eine zweite Ebene gegenüber, nämlich der haftungsausfüllende Tatbestand. Dieser wird näher in den §§ 249 ff. skizziert. Er ist davon geprägt, dass eine Kausalität zwischen der haftungsbegründenden Ebene und dem entstandenen Schaden bestehen muss. Zudem geht es darum, welcher Schaden im Einzelnen zu ersetzen ist. Dies stellt auch die Struktur für die folgenden Ausführungen dar, in denen es zunächst um die Verursachung des Schadens als Haftungsgrund geht und dann um die Bestimmung des ersatzfähigen Schadens.

2. Grundsatz der Totalreparation

Ein das gesamte Schadensersatzrecht beim haftungsausfüllenden Tatbestand beherrschender Grundsatz ist eng mit der Funktion der Wiedergutmachung bzw. des Ausgleichs verknüpft. Wenn nämlich das Hauptziel des Schadensersatzanspruches darauf ausgerichtet ist, den Zustand herzustellen, der bestehen würde, wenn der zum Ersatz verpflichtende Umstand nicht eingetreten wäre[12], führt dies dazu, dass für die Höhe des Schadensersatzes das Prinzip der „Totalreparation" adäquat erscheint. Diesem zufolge hat der Schädiger immer den gesamten Schaden zu ersetzen, und zwar unabhängig davon, welche Form des Verschuldens ihm vorgeworfen werden kann.[13] Sobald der haftungsbegründende Tatbestand gegeben, also die entsprechende Anspruchsgrundlage erfüllt ist, ist ein Schadensersatzanspruch gegeben. Dann ist auch der entstandene Schaden vollständig zu ersetzen. Diese Rechtsfolge ergibt sich unmittelbar aus den §§ 249 ff. Man spricht insofern vom „**Alles-oder-Nichts-Prinzip**".[14] Dies mag aus vielen Gründen zweifelhaft sein und vor allem dann zu Unbehagen führen, wenn es nur um leichteste Fahrlässigkeit geht und die Schadenshöhe die Grenzen der Leistungsfähigkeit des Schädigers darüber hinaus auch noch weit überschreitet.

---

12 Vgl. § 249.
13 AnwK-BGB/*Magnus*, vor §§ 249–252 Rn. 8; Staudinger/*Schiemann*, BGB, § 249 Rn. 1, 2 ff.; *Medicus*, Schuldrecht I, Rn. 585; *Westermann/Bydlinski/Weber*, BGB – Schuldrecht Allgemeiner Teil, § 13 Rn. 7; *Eckert*, Schuldrecht Allgemeiner Teil, Rn. 883.
14 *Medicus*, Schuldrecht I, Rn. 585; *Hirsch*, Allgemeines Schuldrecht, Rn. 870; Palandt/*Heinrichs*, BGB, vor § 249 Rn. 5.

Bsp.: Es macht nach dem Grundsatz der Totalreparation in dem obigen Beispiel *(unter Rn. 979)* keinen Unterschied, ob A nur aus bloßer Unachtsamkeit den Ball in die Scheibe geschossen hat oder mit voller Absicht; der Schadensersatz differenziert hier nicht.

988 Insbesondere dort, wo Kinder oder Jugendliche den haftungsbegründenden Tatbestand erfüllen (bei § 823 Abs. 1 ist dies möglich), wird es aus rechtspolitischen Gründen besonders problematisch.[15] Doch ist das Alles-oder-Nichts-Prinzip gleichwohl geltendes Recht, es wird nur an einer einzigen Stelle etwas abgeschwächt, nämlich dort, wo es um das Mitverschulden des Geschädigten geht, d. h. durch die Regelung in § 254.

989 Der Grundsatz der **Totalreparation beherrscht** das ganze **Schadensersatzrecht**: Der gesamte Schaden ist zu ersetzen. Geringe Abweichungen von diesem Grundsatz finden sich nur vereinzelt, insbesondere dort, wo ein Verschulden für eine Haftung überhaupt nicht mehr verlangt wird, sprich im Bereich der Gefährdungshaftung. Dort ist gelegentlich eine Oberhaftung, d. h. eine Höchstsumme als Begrenzung vorgesehen, etwa in §§ 12, 12a StVG. Darüber hinaus ist gerade im Arbeitsrecht versucht worden, den Grundsatz der Totalreparation aufzubrechen, was zu der sog. Privilegierung in der Arbeitnehmerhaftung führte.[16]

3. Prinzip der Naturalrestitution

990 Ein weiteres, das Schadensersatzrecht beherrschendes Prinzip ergibt sich ebenfalls aus § 249 Abs. 1. Danach ist nämlich der Schadensersatzanspruch in erster Linie darauf ausgerichtet, denjenigen Zustand wieder herzustellen, der ohne das schädigende Ereignis bestehen würde. Diese Wiedergutmachungsfunktion des Schadensersatzrechts macht sich dadurch besonders bemerkbar, dass insofern vom **Grundsatz der Naturalrestitution** auszugehen ist. Das Ziel eines Schadensersatzanspruches ist regelmäßig eine Wiederherstellung des ursprünglichen Zustands.[17] Das bedeutet umgekehrt, dass zunächst nicht davon auszugehen ist, dass ein Wertersatz, also eine Geldleistung im Vordergrund steht (sofern es nicht um Vermögensschäden geht).[18]

Bsp.: In dem Eingangsbeispiel *(unter Rn. 979)* muss A dem B seinen Schaden ersetzen. B, dessen Fensterscheibe zerstört ist, kann daher vom A verlangen, dass dieser den Zustand wieder herstellt, der bestehen würde, wenn die zum Schaden führende Handlung (das Werfen des Balls) nicht eingetreten wäre. Dann hätte B keine zerstörte Fensterscheibe – A ist also verpflichtet, die Fensterscheibe wieder herzustellen, d. h.: zu reparieren.

---

15 S. dazu auch die Entscheidung des Bundesverfassungsgerichts NJW 1998, 3557; OLG Celle NJW-RR 1989, 791 und *Westermann/Bydlinski/Weber*, BGB – Schuldrecht Allgemeiner Teil, § 13 Rn. 7.
16 Vgl. dazu näher die Ausführungen in der arbeitsrechtlichen Literatur.
17 *Medicus*, Schuldrecht I, Rn. 586; *Larenz*, Schuldrecht I – Allgemeiner Teil, S. 467 ff.; BGH NJW 1985, 793.
18 *Hirsch*, Allgemeines Schuldrecht, Rn. 870; MünchKomm/*Oetker*, BGB, § 249 Rn. 308; BGH NJW 1997, 520 (521).

Dies ist der **Grundsatz der Naturalrestitution**. Wenn nun der B verständlicherweise kein Vertrauen darin hat, dass der A dazu in der Lage ist, Fensterscheiben zu reparieren, ist dies ebenfalls nachvollziehbar. Ausnahmsweise sieht dann § 249 Abs. 2 vor, dass der Gläubiger statt der Wiederherstellung den zur Herstellung erforderlichen Geldbetrag verlangen kann. Doch sollte man sich der Struktur des Schadensersatzrechtes bewusst sein: Prinzipiell geht das BGB davon aus, dass eine Wiederherstellung erfolgen soll, d. h. eine Naturalrestitution. Nur dann, wenn es ausnahmsweise anders vom Gesetz ermöglicht wird, kann hiervon abgerückt werden. Dies ist bei einer Sachbeschädigung bzw. Personenverletzung in § 249 Abs. 2 angeordnet. Das grundsätzliche Prinzip der Naturalrestitution, welches sich aus § 249 Abs. 1 ergibt, bleibt hiervon jedoch unberührt.

§ 18 Die Verursachung des Schadens als Haftungsgrund

Literatur: *Armbrüster, C.*, Grundfälle zum Schadensrecht, JuS 2007, 411; *ders.*, Grundfälle zum Schadensrecht, JuS 2007, 508; *ders.*, Grundfälle zum Schadensrecht, JuS 2007, 605; *Coester-Waltjen, D.*, Probleme der Zurechenbarkeit bei Eigenschädigung und Fehlverhalten Dritter, Jura 2001, 412; *Deutsch, E.*, Aufklärungspflicht und Zurechnungszusammenhang, NJW 1989, 2313; *ders.*, Grundlagen des Haftungsrechts: Zurechenbarkeit, Rechtswidrigkeit, Verschulden und Gefährdungshaftung, JA 1981, 205; *ders.*, Das allgemeine Lebensrisiko als negativer Zurechnungsgrund, VersR 1993, 1041; *Frank, R.*, Grundfragen der überholenden Kausalität, JuS 1985, 689; *Homann, S.*, Typische Probleme des Schadensersatzrechts und ihre systematische Einordnung, JuS 2002, 554; *Lange, H.*, Adäquanztheorie, Rechtswidrigkeitszusammenhang, Schutzzwecklehre und selbständige Zurechnungsmomente, JZ 1976, 198; *ders./Schiemann, G.*, Schadensersatz, 3. Aufl. 2003; *Medicus, D.*, Die psychisch vermittelte Kausalität im Zivilrecht, JuS 2005, 289; *Michalski, L.*, Haftungsbeschränkung nach dem Schutzweck der Norm, Jura 1996, 393; *Müller, G.*, Aktuelle Fragen des Haftungsrechts, ZfS 2005, 54; *Raiser, T.*, Adäquanztheorie und Haftung nach dem Schutzzeck der verletzten Norm, JZ 1963, 462.

Rechtsprechung: BGH NJW 1968, 2287 (Zum Schutzzweck der Norm und dem Allgemeinen Lebensrisiko); BGH NJW 1976, 1143 (Gehirnblutung als Folge einer Beleidigung); OLG Düsseldorf NJW 1978, 2036 (Folgen der Panik eines anderen als des vom Beklagten unsachgemäß behandelten Pferdes); BGH NJW 1986, 246 (Zum Einwand des rechtmäßigen Alternativverhaltens); BAG NJW 1990, 3228 (Haftung des Diebes für Schäden, die aus der Verpfändung und späteren Versteigerung des Diebesgutes entstanden); BGH NJW 1995, 126 (Zum Filter der Adäquanz); BGH NJW 1996, 1533 (Verfolgerfälle im Rahmen der haftungsbegründenden Zurechnung); BGH NJW 1998, 810 (Zurechnung eines Schadens bei entsprechender Schadensanlage des Geschädigten); BGH NJW-RR 1999, 819 (Fahrradunfall; Haftung im Falle eines sog. Ursachenbündels); AG Regensburg NJW 2000, 1047 (Katze erschrickt durch in der Nacht eingehendes Telefax und verletzt sich); BGH ZfBR 2001, 286 (rechtswidrige Versagung einer Baugenehmigung, wobei bei rechtmäßiger Erteilung der Baugenehmigung mit Nachbarwidersprüchen zu rechnen gewesen wäre, die den Schaden – Verdienstentgang – möglicherweise ebenfalls verursacht hätten); BGH NJW 2004, 1945 (Zur Haftung für Zusatzschäden aufgrund anlagebedingter „psychischer Fehlverarbeitung" von Unfallfolgen durch den Verletzten).

Schon angesprochen wurde, dass die **Kausalität** einen der Schwerpunkte bildet, die für das Schadensersatzrecht insgesamt gelten, besondere Bedeutung kommt ihr aber im Bereich des **haftungsausfüllenden Tatbestands** im Rahmen der **§§ 249 ff.** zu. Im Gesetz wird dies zwar in den genannten Normen nicht angesprochen, doch verlangt die schon dargestellte Systematik des Schadensrechts eine

Kausalität nicht nur im Bereich des haftungsbegründenden, sondern auch des haftungsausfüllenden Tatbestands. Es kommt also zu einer zweifachen Kausalitätsprüfung. Die Kausalität im haftungsbegründenden Bereich ist im Rahmen des Tatbestands zu prüfen. Hier muss dann ein Verursachungszusammenhang zwischen der Handlung des Schädigers sowie der entstehenden Pflicht- bzw. Rechtsgutsverletzung bestehen. Die Einzelheiten und Probleme hierzu ergeben sich aus den jeweiligen Tatbeständen, die zu einem Schadensersatzanspruch führen, und sind daher nicht an dieser Stelle eigens darzustellen.

993 Doch auch im Rahmen der **Haftungsausfüllung** muss eine **Kausalitätsprüfung** erfolgen. Denn wenn man einen Schädiger zu einem Schadensersatzanspruch verpflichtet, muss ihm der konkret entstandene Schadensumfang auch als „sein Schaden" zugerechnet werden können. Dies kann unter unterschiedlichen Gesichtspunkten problematisch werden. Erforderlich ist aber stets ein Kausalzusammenhang zwischen dem pflichtverletzenden Verhalten auf der einen und dem Schaden auf der anderen Seite. Bei der haftungsausfüllenden Kausalität geht es demzufolge um die Zurechnung eines bestimmten Schadens zu einer Rechtsguts- bzw. Normverletzung. Sie gehört damit zum Schadensersatzrecht. Viele im Folgenden aufgegriffene Erwägungen werden dabei von der haftungsbegründenden Ebene bekannt sein, doch müssen sie gegebenenfalls auch im Rahmen der Haftungsausfüllung noch einmal eigens angesprochen und geprüft werden.

Bsp: A hat dem B die Fensterscheibe eingeworfen; unstreitig ist dann, dass A damit das Eigentum des B verletzt und dass er dies auch kausal herbeigeführt hat. Gleichwohl ist auf einer zweiten Ebene zu überlegen, welcher Schaden ihm zugerechnet werden kann. Damit ist man bei der Frage der Zurechnung, die ebenfalls als Kausalitätsproblem betrachtet wird, und zwar als Einschränkung einer möglicherweise ausufernden Kausalität.

Infolgedessen ist zunächst zu überlegen, was unter **Kausalität** zu verstehen ist; sodann geht es in einem zweiten Schritt darum, mögliche **Einschränkungen** in der Verursachung von Schäden vorzunehmen.

I. Der Kausalitätsbegriff

994 Wie beim haftungsbegründenden ist auch beim haftungsausfüllenden Tatbestand für die Zurechnung eines Schadens zu einem Verhalten des Schädigers eine **Kausalität** zu verlangen. Das Verhalten des Schädigers muss kausal für den entstandenen Schaden gewesen sein. Anders als im Rahmen des haftungsbegründenden Tatbestands ist dies bei der Haftungsausfüllung nicht unmittelbar aus dem Gesetz erkennbar. Im haftungsbegründenden Tatbestand kann man das Erfordernis der Kausalität zumindest noch ansatzweise erkennen, wenn etwa § 823 oder § 280 Abs. 1 normiert, dass der „daraus entstehende Schaden" zu ersetzen ist. Doch ist auf diese Weise, so muss man diese Vorschriften wohl lesen, nicht allein eine Kausalität in der Haftungsbegründung verlangt, sondern auch im Bereich der Haftungsausfüllung: Im Ergebnis muss das Verhalten des Schädigers für den konkret eingetretenen Schaden ursächlich sein.

1. Die Äquivalenztheorie

Für die Frage, ob ein Verhalten für einen entstandenen Schaden ursächlich ist, ist zunächst davon auszugehen, dass man auch im rechtswissenschaftlichen Bereich auf die Grundsätze der Naturwissenschaften zurückgreift. Daher gilt auch im Bereich der Haftungsausfüllung die Äquivalenztheorie.[19] Nach dieser ist für einen entstehenden Schaden jede Ursache gleichermaßen zu berücksichtigen, die zu dem jeweiligen Schaden geführt hat.[20] Deswegen spricht man von „Äquivalenz"-Theorie.[21] Ursächlich ist danach jede Bedingung, die nicht hinweggedacht werden kann, ohne dass der Erfolg entfiele. Lateinisch formuliert spricht man daher immer von einer „condicio sine qua non". Das Verhalten des Schädigers muss also eine Bedingung (condicio) sein, ohne die das entsprechende Schadensergebnis (sine qua non) nicht eingetreten wäre. Jede einzelne Bedingung, die zu dem Schadensereignis geführt hat, ist dabei gleichwertig, also äquivalent – das führt dazu, dass jede auch noch so entfernt liegende Ursache den konkret eingetretenen Schaden mit verursacht hat.

Bsp.: In dem Ausgangsbeispiel *(unter Rn. 979)* der zerstörten Fensterscheibe liegt eine Ursache im Sinne der Äquivalenztheorie jedenfalls darin, dass der A den Ball geworfen hat. Hätte er ihn nämlich nicht geworfen, wäre zum einen die Fensterscheibe nicht zerstört worden – dies betrifft die Ebene der haftungsbegründenden Kausalität! Doch wäre darüber hinaus, hätte der A den Ball nicht geworfen, dem B auch kein Schaden entstanden – dies ist die haftungsausfüllende Ebene. Auch auf dieser Ebene liegt also eine Kausalität entsprechend der Äquivalenztheorie vor, denn das Ballwerfen ist eine condicio sine qua non für den entstandenen Schaden des B.

Ursache für einen Schaden kann in diesem Zusammenhang letztlich jedes menschliche Verhalten sein, **jedes positive Tun** also genauso wie ein **Unterlassen**. Auch ein Unterlassen kann demzufolge einen Schaden herbeiführen. In diesem Fall wird die genannte „condicio sine qua non"-Formel etwas verändert: Man prüft die Kausalität nämlich dann danach, dass ein Unterlassen dann ursächlich ist, wenn die unterlassene Handlung nicht hinzugedacht werden kann, ohne dass zugleich der Erfolg mit einer an Sicherheit grenzenden Wahrscheinlichkeit entfiele.[22] Hier geht es also um einen gedachten Kausalzusammenhang:

Bsp.: A wirft nicht selbst den Ball, sondern sein fünfjähriger Sohn macht Anstalten, einen Ball in die Fensterscheibe des B zu werfen. A unternimmt nichts, um diesen Wurf zu verhindern. Hätte er etwas getan, hätte er es also nicht unterlassen, den Sohn von dem Wurf abzuhalten, wäre die Fensterscheibe nicht zerstört worden (haftungsbegründender Tatbestand), und zudem wäre der B nicht in seinem Eigentum verletzt worden, es wäre also kein Schaden eingetreten (haftungsausfüllende Kausalität).

---

19 Bamberger/Roth/*Schubert*, BGB, § 249 Rn. 45; *Eckert*, Schuldrecht Allgemeiner Teil, Rn. 931; *Medicus*, Schuldrecht I, Rn. 596.
20 Allgemeine Meinung, vgl. nur *Looschelders*, Schuldrecht Allgemeiner Teil, Rn. 895; *Westermann/Bydlinski/Weber*, BGB – Schuldrecht Allgemeiner Teil, § 13 Rn. 8 ff.
21 Äquivalenz meint gleichwertig.
22 BGH NJW 1984, 432 (434); *Brox/Walker*, Allgemeines Schuldrecht, § 30 Rn. 3; *Looschelders*, Schuldrecht Allgemeiner Teil, Rn. 895; Bamberger/Roth/*Schubert*, BGB, § 249 Rn. 45.

2. Bedürfnis nach Veränderung: Erweiterungen und Einschränkungen

997 Schnell war man sich jedoch bewusst, dass die **Äquivalenztheorie** auch auf der haftungsausfüllenden Ebene (ähnlich wie auf der haftungsbegründenden Ebene) **zu weit** gefasst ist. Allein der Rekurs auf die naturwissenschaftliche „condicio sine qua non"-Formel führt dazu, dass alle Ursachen, die irgendwann einmal gesetzt worden sind, zu einem Schaden führen können. Diese allein kann daher nicht ausreichen, um einen Schaden tatsächlich dem Schädiger zuzurechnen. Denn ließe man eine derartige weite Kette von Haftungsverursachung zu, würde nahezu jedes Verhalten einer Person irgendwann einmal zu Schäden führen.[23]

Bsp.: Man kann das Beispiel des zerstörten Fensters aufgreifen und erweitern: So könnte man über die Äquivalenztheorie auch der Frau des A den Schaden zurechnen, wenn sie den A zum Einkaufen losgeschickt hat und er beim Gang zum Einkauf den Ball gesehen hat, den er dann in die Fensterscheibe geworfen hat. Denn in diesem Fall ist der entstandene Schaden des B äquivalent durch den Auftrag der Frau verursacht worden: Denn dieser Auftrag ist eine Bedingung, die nicht hinweggedacht werden kann, ohne dass zugleich mit an Sicherheit grenzender Wahrscheinlichkeit der Erfolg entfiele. Hätte nämlich die Frau den A nicht losgeschickt, wäre er nicht an dem Ball vorbeigekommen und dann wäre es auch nicht zu einem entsprechenden Schaden des B gekommen.

998 Man sieht also, dass ein Bedürfnis nach Einschränkung für die Äquivalenztheorie vorhanden ist.[24] Dies entwertet die Äquivalenztheorie nicht vollständig: Vielmehr ist sie unverändert sinnvoll, um zum einen überhaupt einen Verursachungsbeitrag identifizieren zu können, zum anderen aber auch, um den äußeren Rahmen der Schadenszurechnung abzustecken. Doch ist eine Einschränkung der äquivalenten Kausalität heute **unumstritten**, fraglich sind nur die Möglichkeiten der **Einschränkung**, d. h. die Möglichkeiten weiterer Zurechnungskriterien. Auf diese wird im folgenden Abschnitt einzugehen sein.

999 Darüber hinaus besteht aber auch ein Bedürfnis nach Veränderungen in die andere Richtung. Es gibt nämlich **Erweiterungen** der Verursachungslehre im Hinblick auf die Äquivalenztheorie. Dies sind die Fälle der Gefährdungshaftung. Dort wird letztlich auf die Äquivalenztheorie verzichtet und jeder entstehende Schaden dem Verursacher bzw., genauer gesagt, dem Betreiber einer Gefahrenquelle zugerechnet. Man verzichtet also letztlich auf einen konkreten Nachweis einzelner Ursachentatbestände bzw. Ursachenelemente, um so dem aus einem bestimmten Verhalten entstehenden allgemeinen Gefahrpotential Rechnung zu tragen.[25]

---

[23] *Hirsch*, Allgemeines Schuldrecht, Rn. 1036; Palandt/*Heinrichs*, BGB, vor § 249 Rn. 58; *Brox/Walker*, Allgemeines Schuldrecht, § 30 Rn. 8.
[24] *Brox/Walker*, Allgemeines Schuldrecht, § 30 Rn. 7; *Eckert*, Schuldrecht Allgemeiner Teil, Rn. 931.
[25] *Eckert*, Schuldrecht Allgemeiner Teil, Rn. 931.

II. Notwendige Einschränkungen der Verursachung

Doch **welche Kriterien** sind nun heranzuziehen, um eine entsprechende Verursachungskette einzuschränken? Hier gibt es **unterschiedliche Ansätze**, im Ergebnis lässt sich nicht feststellen, dass nur eine einzige Einschränkung verfolgt wird. Es kann vielmehr auf verschiedene Art und Weise zu **Wertungsentscheidungen** kommen, die im Folgenden in ihren groben Linien vorgestellt werden sollen. Dabei muss man sich immer bewusst sein, dass es darum geht, wertend zu entscheiden, ob ein eintretender Schaden noch dem Handelnden zugerechnet werden „soll". Man könnte sich auch stur auf die Grundlage der Äquivalenztheorie stellen und sagen, jede Verursachung führe auch zu einer Schadensersatzpflicht. Doch wird dies dem Schadensersatzrecht insofern nicht gerecht, als hier nicht jeder, der irgendwie handelt oder agiert, mit Schadensersatzansprüchen überzogen werden soll. Vielmehr will man, so die hinter den Einschränkungen liegende Wertungsvorstellung, nur solche Schäden von einem Schädiger ersetzen lassen, die man ihm auch wertungsmäßig zuordnen kann.[26] Dies führt dann zu den im Folgenden aufgezeigten Möglichkeiten, Verursachungsbeiträge hinsichtlich des Schadensersatzanspruches einzuschränken.

1. Kriterien der objektiven Zurechnung

Insbesondere die Rechtsprechung versucht auf einem Weg der sog. **„objektiven Zurechnung"**, die Haftungsverursachungskette hinsichtlich des entstandenen Schadens, also auch der haftungsausfüllenden Ebene, einzuschränken. Dazu zieht sie insbesondere zwei Überlegungen heran: Zum einen geht sie von Adäquanzgedanken aus, zum anderen versucht sie, den Schutzzweck der verletzten Norm in den Mittelpunkt der Überlegungen zu rücken.

a) **Adäquanztheorie.** Der uferlosen Schadensersatzpflicht, die sich aus der bloßen Äquivalenztheorie ergeben würde, hat die Rechtsprechung zunächst eine erste Grenze gezogen. Ihr folgt auch ein Großteil der Literatur. Auf diese Weise soll geklärt werden, ob dem bloßen Verursacher die Folgen seines Verhaltens, d. h. der eingetretene Schaden, auch tatsächlich zuzurechnen sind. Die sog. **Adäquanztheorie**, die schon vom Reichsgericht entwickelt worden ist, will einen eingetretenen Schaden dem Handelnden nur dann zurechnen, wenn die von ihm gesetzte Bedingung (also die *condicio*) im Allgemeinen und nicht nur unter ganz besonders eigenartigen, ganz unwahrscheinlichen und nach dem regelmäßigen Verlauf der Dinge außer Betracht zu lassenden Umständen zur Herbeiführung eines Erfolges geeignet war.[27] Mit dieser sehr allgemein gehaltenen Formel versucht die Rechtsprechung, den Grad der logisch denkbaren Folgen eines schädigenden Ereignisses im Interesse eines billigen Ergebnisses auf die rechtlich entscheidenden Folgen zu

---

26 *Brox/Walker*, Allgemeines Schuldrecht, § 30 Rn. 7; *Medicus*, Schuldrecht I, Rn. 597; *Looschelders*, Schuldrecht Allgemeiner Teil, Rn. 900; *Schlechtriem/Schmidt-Kessel*, Schuldrecht Allgemeiner Teil, Rn. 307.
27 Vgl. schon RGZ 133, 126; heute noch BGH NJW 2002, 2232 (2233).

beschränken.²⁸ Dadurch werden zumindest im Rahmen der haftungsausfüllenden Kausalität die entferntesten Schadensfolgen schon einmal ausgeschlossen.²⁹ „Ausgeschlossen" meint dabei, dass dem Handelnden eine Schadensfolge nicht zugerechnet werden soll, wenn es sich bei ihr nur um eine ganz entfernte, nicht zu erwartende Folge handelt.³⁰ Gerade hier wird deutlich, dass man sich auf einer reinen Wertungsebene befindet. Es ist ein Wertungsakt, ob man einem Schädiger einen solchen Verursachungsbeitrag ausnahmsweise nicht zurechnen möchte, ob man ihn also für diesen Schaden, den er zweifellos verursacht hat, nicht haftbar machen möchte. Eine solche Einschränkung auf dem Weg der Adäquanz wird dabei allgemein für billig erachtet.

1003 Wann nun ist eine Schadensfolge „**adäquat**" in diesem Sinne? Negativ formuliert fehlt eine Adäquanz, wenn der Erfolg nach der allgemeinen Lebenserfahrung außerhalb aller Wahrscheinlichkeit liegt.³¹ Dies beurteilt sich im Ergebnis auf der Grundlage einer **objektiven Prognose**. Sämtliche Umstände, die ein erfahrener, über den Dingen stehender Beobachter zum Zeitpunkt des schädlichen Ereignisses hätte erkennen können, sind dabei zu berücksichtigen.³² Es kommt also nicht auf eine subjektive Prognose des Schädigers an, vielmehr entscheidend ist die objektive Vorhersehbarkeit für einen von außen die Sachlage beurteilenden Dritten, der ein umfassendes Wissen besitzt: Es geht also um den optimalen, nahezu allwissenden Beobachter.³³

1004 Weil die Rechtsprechung hier die Grenze sehr weit zieht, sehen viele mit Recht kaum noch eine Unterscheidung zur Äquivalenztheorie. Denn es werden ja nur ganz **außergewöhnliche Sachverhaltsketten** ausgeschlossen und dem Schädiger nicht mehr zugerechnet.³⁴ Hier merkt man, dass die Rechtsprechung zumindest in dieser Hinsicht noch sehr vorsichtig agiert, um eine Zurechnung nicht zu früh auszuschließen – denn prinzipiell soll ja nach § 249 Abs. 1 der Schädiger den Schadensersatz leisten.

Bsp. (1): A schießt auf den B. Dieser muss aufgrund der Verletzung in ein Krankenhaus, dort verstirbt er an einer Grippe. – Hier hat das RG vertreten, der Tod des B sei adäquat von A verursacht. Denn es liegt im Ergebnis nicht völlig außerhalb jeder Vorstellung und ist völlig unerwartbar, dass man sich in einem Krankenhaus eine derartige Virusinfektion zuzieht und daran auch stirbt; im Krankenhaus liegt man aber nach einer Schussverletzung jedenfalls.³⁵

---

28 BGHZ 3, 265; 18, 286 (288); *Eckert*, Schuldrecht Allgemeiner Teil, Rn. 932.
29 BGH NJW 2002, 2232 (2233); *Brox/Walker*, Allgemeines Schuldrecht, § 30 Rn. 7.
30 *Hirsch*, Allgemeines Schuldrecht, Rn. 1037; *Medicus*, Schuldrecht I, Rn. 598; *Westermann/Bydlinski/Weber*, BGB – Schuldrecht Allgemeiner Teil, § 13 Rn. 11 f.; Palandt/*Heinrichs*, BGB, vor § 249 Rn. 59 ff.
31 *Schlechtriem/Schmidt-Kessel*, Schuldrecht Allgemeiner Teil, Rn. 308; *Eckert*, Schuldrecht Allgemeiner Teil, Rn. 933; BGH NJW 1991, 3275.
32 Palandt/*Heinrichs*, BGB, vor § 249 Rn. 59 ff.; *Brox/Walker*, Allgemeines Schuldrecht, § 30 Rn. 9; AnwK-BGB/*Magnus*, vor §§ 249–255 Rn. 66.
33 BGH NJW 1972, 69; kritisch hierzu *Looschelders*, Schuldrecht Allgemeiner Teil, Rn. 903 ff.
34 *Eckert*, Schuldrecht Allgemeiner Teil, Rn. 933; *Looschelders*, Schuldrecht Allgemeiner Teil, Rn. 903 ff.
35 RGZ 105, 264.

Bsp. (2): P und seine ehemalige Lebensgefährtin H haben Streit, weil H nach der Trennung einen neuen Freund hat. Als P nun gewaltsam die Wohnung der H betritt, in der sich H mit dem Freund F aufhält, springt F vor lauter Schreck aus dem 8 m über dem Erdboden befindlichen Fenster und verletzt sich. – Der BGH hat hier eine Adäquanz ebenfalls bejaht. Denn dieser Geschehensablauf ist nicht völlig unwahrscheinlich: Insbesondere wenn der Partner sich zuvor so rabiat verhält und die Wohnung gewaltsam betritt, liegt es nicht völlig außerhalb des regelmäßigen Verlaufs der Dinge, dass dann der Bekannte so erschrickt, dass er meint, aus dem Fenster springen zu müssen.[36]

Man sieht an diesen Beispielen, wie **weitreichend** die Rechtsprechung die **Adäquanztheorie** auslegt. Sie geht heute unverändert davon aus, dass auch Schäden, die durch ein unsachgemäßes Eingreifen helfender Dritter entstehen, noch adäquat dem Erstschädiger zuzurechnen sind.[37] Ein derart weit reichendes Verständnis der eigenen Theorie hat zum Teil schon dazu geführt, den Adäquanzansatz gänzlich abzulehnen.[38] Doch wird von vielen Stimmen in der Literatur, ähnlich wie von der Rechtsprechung, nach wie vor an der Adäquanztheorie festgehalten, da auf diese Weise zumindest besonders außergewöhnliche Schadensketten beendet werden können.[39]

Entscheidend bleibt, dass ein Schaden nur dann noch dem Schädiger **zugerechnet** werden soll, wenn es sich um einen **adäquaten Kausalverlauf** handelt, also um einen Verlauf, der dem gewöhnlichen Lauf der Dinge entspricht. Es handelt sich im Ergebnis immerhin um eine erste Form der Einschränkung der Zurechnung aller Folgen einer ansonsten noch so zufälligen Kausalitätskette. Dieser kann durchaus zu einer Unterbrechung der Zurechnung führen.

Bsp.: Dem BGH lag ein Fall zur Entscheidung vor, in welchem es um eine infolge einer Beleidigung erlittenen Gehirnblutung ging: A hatte den B schwer beleidigt. Darüber regte sich B so auf, dass er eine Gehirnblutung erlitt. Der BGH hat hier die Beleidigung nicht mehr als adäquate Verursachung angesehen, insbesondere, weil bei einem jungen Menschen eine solche Folge völlig außerhalb des normalen Kausalverlaufs liegt.[40]

Im Ergebnis lässt sich daher zur Adäquanztheorie formulieren, dass sie zumindest erreicht, dass der Schädiger für in diesem Sinne „**inadäquate" Schäden nicht** mehr **haften** muss, weil sie ihm auf dieser Wertungsebene nicht mehr zuzurechnen sind. Doch ist man sich umgekehrt bewusst, dass der Schädiger auch nicht für alle adäquat verursachten Schäden haftbar zu machen ist. Eine solche Zurechnung wäre auch zu weit, daher bedarf es weiterer Einschränkungen.

b) **Schutzzweck der Norm.** Mit dem Rückgriff auf den **Schutzzweck der Norm** versucht insbesondere die Rechtsprechung, aber auch ein Großteil der Literatur, in einem weiteren Schritt, den Ursachenzusammenhang einzugrenzen und so zu einer Einschränkung der Haftung des Schadensverursachers auch im haftungsausfüllenden Bereich zu gelangen. Weil man sich im Klaren darüber ist, dass die

---

36 BGH NJW 2002, 2232 (2233).
37 RGZ 66, 407.
38 Vgl. etwa MünchKomm/*Oetker*, BGB, § 249 Rn. 110 ff. m. w. N.
39 Palandt/*Heinrichs*, BGB, vor § 249 Rn. 61; Staudinger/*Schiemann*, BGB, § 249 Rn. 17 ff. m.w.N.
40 BGH NJW 1976, 1143.

Adäquanztheorie im Ergebnis nicht zu einer gelingenden Einschränkung zu gelangen vermag, bemüht man sich um eine weitere Möglichkeit, die Haftung wertend einzuschränken. Eine dieser Möglichkeiten liegt in dem Weg, der den Schutzzweck der Norm in den Mittelpunkt der Überlegung rückt. Insbesondere der BGH vertritt, dass ein Schaden einem Schädiger auf der Wertungsebene nur dann zugerechnet werden kann, wenn er nach seiner Art und seiner Entstehungsweise in den Schutzbereich der verletzten Haftungsnorm fällt und vom Schutzzweck der konkret verletzten Rechtsnorm erfasst ist.[41] Dies ist nur der Fall, wenn der Schaden sich in Nachteilen zeigt, die aus dem Bereich derjenigen Gefahren herrühren, zu deren Abwendung genau die verletzte Norm ursprünglich erlassen wurde oder, sofern es sich um eine vertragliche Pflichtverletzung handelt, zu deren Abwendung die verletzte vertragliche bzw. vorvertragliche Pflicht ursprünglich übernommen wurde.[42]

1009 Beim Schutzzweck der Norm als entscheidendem **Wertungseingriff** in die Entscheidung über eine Zurechnung geht es also darum, ob vom Schädiger der von ihm zweifellos nach der „condicio sine qua non"-Formel verursachte Schaden auch dann zu ersetzen sein soll, wenn er bei einem rechtmäßigen Verhalten zwar nicht entstanden wäre, er von der verletzten Norm aber auch gar nicht verhindert werden sollte.[43] Diese Wertungsebene beruht auf der zutreffenden Überlegung, dass jede Pflicht in einem Vertragsverhältnis und jede Norm insgesamt sich auf einen ganz konkreten Interessensbereich bezieht. Deshalb soll der Schädiger nur für diejenigen Verletzungen einstehen, die aus diesem geschützten Bereich stammen.[44] Die Wertung hinsichtlich des Schutzzwecks der Norm fragt also immer danach, ob der Schaden, der entstanden ist und der nun ersetzt werden soll, im Bereich des gerade geschützten Interesses liegt. Wollte diese Norm, die vom Schädiger verletzt wurde, gerade auch diejenigen Nachteile verhindern, die nun als Schaden eingetreten sind? Ist dies der Fall, kommt es zu einer Zurechnung, d. h. der Schädiger muss dann auch für den entstandenen Schaden aufkommen. Ist dies hingegen nicht der Fall, entfällt eine Zurechnung, so dass trotz der unzweifelhaft vorliegenden Verursachung des Schädigers eine Haftung nicht in Betracht kommt, weil nämlich die haftungsausfüllende Kausalität im Wege einer Wertungsentscheidung entfällt. Dem Handelnden sind im Ergebnis nur diejenigen Schäden zuzurechnen, die innerhalb des Schutzbereichs der verletzten Norm liegen.[45]

---

41 Vgl. nur exemplarisch: BGH NJW 1968, 2287; BGH NJW-RR 2003, 1036; BGH NJW 2005, 1420.
42 BGH NJW 1990, 2052; BGH NJW 1997, 2946; Palandt/*Heinrichs*, BGB, vor § 249 Rn. 62; MünchKomm/*Oetker*, BGB, § 249 Rn. 115; *Looschelders*, Schuldrecht Allgemeiner Teil, Rn. 906; *Brox/Walker*, Allgemeines Schuldrecht, § 30 Rn. 12 f.
43 *Brox/Walker*, Allgemeines Schuldrecht, § 30 Rn. 12; *Eckert*, Schuldrecht Allgemeiner Teil, Rn. 934.
44 *Medicus*, Schuldrecht I, Rn. 598; *Looschelders*, Schuldrecht Allgemeiner Teil, Rn. 906; Palandt/*Heinrichs*, BGB, vor § 249 Rn. 62; MünchKomm/*Oetker*, BGB, § 249 Rn. 115 ff.
45 Aus der Literatur maßgeblich vgl. *von Caemmerer*, Das Problem des Kausalzusammenhangs im Privatrecht, 1956; *Hans Stoll*, Kausalzusammenhang und Normzweck im Deliktsrecht, 1968; *Lange*, JZ 1976, 198, (201 ff.).

Entscheidend ist für diese Wertungsebene, den „konkreten **Schutzumfang**" der verletzten Norm eigens zu bestimmen. Nur dann kann man feststellen, ob eine Zurechnung des eingetretenen Schadens erfolgen soll oder nicht. Dabei kann und sollte man danach differenzieren, ob es um eine Verletzung einer vertraglichen oder einer gesetzlichen Pflicht geht. **1010**

aa) **Verletzung einer vertraglichen Pflicht.** Relativ unproblematisch ist der Schutzzweck bei dem Verstoß gegen eine **vertragliche Pflicht** zu bestimmen. Wird nämlich in einem Vertrag beispielsweise eine Sorgfaltspflicht verletzt und führt dies unmittelbar zu einem Schaden, ist dann auch der Schutzzweck verletzt: Der Vertrag und die entsprechenden Nebenpflichten schützen ja gerade ganz bestimmte Interessen beider Vertragspartner. Insbesondere die jeweiligen Schutzpflichten sind gerade zum Schutz vor bestimmten Schäden vorgesehen. In der Regel fällt ein Schaden dann auch unter den Schutzzweck der Norm. **1011**

Bsp.: A verkauft dem B eine Heckenschere, vergisst aber, ihn darüber zu informieren, dass man bei Gebrauch jedenfalls eine Schutzbrille tragen muss, um Augenverletzungen zu vermeiden. Als B erstmals die Schere benutzt, fliegt ein Astteil in sein Auge und verletzt dieses. Hier hat A die Sorgfaltspflicht verletzt, und der entstandene Schaden sollte gerade auch von dieser Pflicht verhindert werden. Folglich ist er vom Schutzzweck der Norm erfasst.

Gleichwohl kann auch die Verletzung einer Vertragspflicht zu Schäden führen, die **außerhalb** des jeweils geschützten Schutzzwecks liegen können.[46] Entscheidend ist herauszufinden, vor welcher Schadenssituation die jeweilige Sorgfaltspflicht gerade schützen wollte. **1012**

Bsp.: Hat etwa ein Anwalt seinem Mandanten einen falschen Rat gegeben und ist diesem dadurch ein finanzieller Schaden entstanden, ist der Schutzzweck der Norm des § 280 Abs. 1 zweifellos betroffen, denn diese sollte den Mandanten gerade vor den eintretenden Vermögensschäden infolge einer falschen Beratung schützen. – Wie ist es aber, wenn sich der Mandant über diesen finanziellen Schaden so aufregt, dass er darüber einen Herzinfarkt bekommt? Ist auch dieser Schaden noch vom Schutzzweck des § 280 Abs. 1 und der Pflicht zur richtigen Beratung aus § 675 gedeckt? Zweifellos hat der Anwalt hier einen Verursachungsbeitrag gesetzt, aber ist auch eine Zurechnung des eingetretenen Schadens hinsichtlich des Herzinfarkts berechtigt?

Hier sieht man deutlich, dass es im Ergebnis um eine Wertungsfrage geht. Hält man es für berechtigt, dem Rechtsanwalt genau diesen Schaden an der Gesundheit auch noch zuzurechnen? Man wird dies wohl unter dem Gesichtspunkt des **Schutzzwecks der Norm** verneinen müssen: § 675 (Geschäftsbesorgungsvertrag), der den Anwalt dazu anhält, richtig zu beraten, beabsichtigt zwar sicher den Schutz vor Vermögensschäden, aber den Schutz vor Gesundheitsschäden will diese Norm wohl kaum verhindern, darauf ist sie nicht ausgerichtet – der Schutzzweck dieser verletzten Norm rechtfertigt hier also keine Zurechnung des Gesundheitsschadens des Mandanten; infolgedessen wird man mit Recht davon auszugehen haben, dass ein solcher Schaden vom Anwalt an dieser Stelle nicht zu ersetzen ist.[47] **1013**

---

46 Vgl. *Larenz*, Schuldrecht I – Allgemeiner Teil, S. 440; *Lange*, JZ 1976, 198 (202).
47 Vgl. zur Frage der Zurechnung im Anwaltszusammenhang BGH NJW 2002, 1117 (1120).

1014 bb) **Verletzung im Rahmen eines Delikts.** Der Schutzzweck der Norm spielt nicht nur im vertraglichen Bereich eine Rolle; im Gegenteil: Die Lehre vom Schutzzweck der Norm ist erst später auch auf Vertragsverletzung übertragen worden.[48] Noch später wurde dann auch die Ersatzpflicht bei der Verletzung einer vorvertraglichen Beratungspflicht aus den §§ 280 Abs. 1, 311 Abs. 2, 241 Abs. 2 unter den Gedanken vom Schutzzweck der verletzten Norm gestellt.[49] Ihren **eigentlichen Ursprung** hatte diese Lehre jedoch bei der Verletzung einer gesetzlichen Vorschrift, insbesondere der Verletzung des § 823 in seinen Absätzen 1 und 2. Gerade bei § 823 **Abs. 1** muss im Einzelfall genau geprüft werden, ob die verletzte Norm, d. h. ob der verletzte § 823 Abs. 1 tatsächlich den Zweck hatte, den eingetretenen Schaden zu verhindern, so dass dieser vom Schädiger zu ersetzen ist.

1015 Doch **Ausgangspunkt** war aber zunächst für die Rechtsprechung § 823 Abs. 2: Hier hat sie als erstes danach gefragt, inwieweit der Schutzzweck der Norm eine Zurechnungseinschränkung herbeiführen kann. Der Schaden muss nämlich, so der BGH, in den Haftungsumfang gerade des verletzten Schutzgesetzes hineinfallen.

Bsp.: Eine Entscheidung des BGH aus dem Jahre 1972 macht dies besonders deutlich: Das Kind des V lieh sich das Auto seines Vaters und wurde noch beim Herausfahren aus dem elterlichen Grundstück von dem viel zu schnell fahrenden Pkw des A erfasst. A wurde aus seinem Fahrzeug geschleudert. Der Vater, der dies gesehen hatte, eilte ihm zu Hilfe und wurde dabei von dem ebenfalls zu schnell fahrenden D noch auf der Straße erfasst und schwer verletzt. Kann der Vater nun A gegenüber einen Schadensersatz geltend machen?

1016 Abgesehen von einer möglichen Verletzung aus § 823 Abs. 1 hatte sich der BGH hier für eine **Schadensersatzpflicht nach § 823 Abs. 2 BGB** und zwar i. V. m. den §§ 1, 3 StVO entschieden. Der haftungsbegründende Tatbestand lag unproblematisch vor; ebenso wie ein Schaden, nämlich die Verletzung des V. Fraglich ist allein, ob dieser Schaden noch dem A zugerechnet werden kann. Ein Verursachungsbeitrag liegt sicher vor: Denn wäre der A nicht zu schnell gefahren und hätte er nicht den ersten Unfall verursacht, so dass er im Straßengraben lag, wäre der V ihm nicht zu Hilfe geeilt und der Schaden wäre nicht entstanden. Doch ist fraglich, ob die verletzte Schutzgesetznorm der §§ 1, 3 StVG hier auch gerade diesen Schaden verhindern wollte, d. h. den Schaden eines Helfers. Der BGH hat dies bejaht, denn in den Schutzbereich dieser genannten Normen fielen nicht nur diejenigen, die unmittelbar durch den dort geregelten Verkehrsverstoß betroffen seien, sondern auch alle anderen, sofern nur ein innerer Zusammenhang zu dem Verstoß bestünde.[50]

1017 Von dieser Grundlage ausgehend hat der BGH im Anschluss daran **auch bei § 823 Abs. 1** die Einschränkung der Haftung im Wege des Schutzzwecks der verletzten Norm angewandt.[51] Diesem Vorgehen ist die überwiegende Ansicht der Literatur

---

48 Vgl. für einen der ersten Fälle RGZ 42, 291.
49 *Eckert*, Schuldrecht Allgemeiner Teil, Rn. 934.
50 BGH NJW 1972, 1804.
51 BGH NJW 1977, 2264 (2265).

Notwendige Einschränkung **1018, 1019**

gefolgt.[52] Auch bei § 823 Abs. 1 ist also zu prüfen, ob die verletzte Norm den Zweck hatte, den konkret eingetretenen Schaden tatsächlich zu verhindern.[53] Gerade hier muss man aber besonders sorgfältig herausarbeiten, welcher Schutzzweck der haftungsbegründenden Norm tatsächlich genau verletzt ist. Besonders schwierig wird dies in den Fällen, in denen beim Geschädigten eine besondere Anfälligkeit für einen Schaden vorhanden war.

Bsp.: Der Schädiger hatte dem Geschädigten fahrlässig eine Wunde zugefügt, der Geschädigte litt jedoch an schweren Blutungsstörungen, und infolgedessen musste ihm wegen der vom Schädiger verursachten Wunde ein Bein amputiert werden.[54]

1018 Sieht man sich diesen Fall an, ist der haftungsbegründende Tatbestand in Form des § 823 Abs. 1 zweifellos gegeben. Fraglich ist jedoch, ob der extrem **große Schaden** hier noch dem Schädiger **zuzurechnen** ist. Fällt ein solch großer Schaden noch unter den Schutzzweck des § 823 Abs. 1? Prinzipiell wird man dies zu bejahen haben, denn die Norm des § 823 Abs. 1 hat ja gerade das Ziel, jede Körperverletzung zu verhindern und vor einer Verletzung zu schützen. Dies gilt dann unabhängig davon, ob der Geschädigte besonders verletzungsanfällig ist – mit Recht wird daher davon ausgegangen, dass sich ein Schädiger, und damit auch der Schädiger im genannten Beispielsfall, nicht dadurch entlasten kann, dass er auf die besondere Schadensanfälligkeit des Geschädigten verweist. Entsprechend den Vorstellungen vom Schutzbereich der Norm unterbricht diese besondere Anfälligkeit den Zurechnungszusammenhang demzufolge nicht.[55] Der Schutzzweck der hier verletzten Norm, also des § 823 Abs. 1, kann den Zurechnungszusammenhang nicht unterbrechen, denn es ist gerade Sinn und Zweck dieser Vorschrift, dass jeder vor Schädigungen an seinem Leben und seiner Gesundheit geschützt werden soll. Wenn gleichwohl das OLG Karlsruhe in seiner diesem Beispiel zugrunde liegenden Entscheidung eine Haftung des Schädigers abgelehnt hat, so ist dies nicht im Zusammenhang mit der Schutzzwecktheorie zu sehen, vielmehr hat es eine Haftung aus der Erwägung heraus abgelehnt, dass die entstandene Beschädigung beim Beschädigten nicht mehr als adäquat verursacht gelten kann – denn nach der Adäquanztheorie ist der weite Schaden bei dem Geschädigten deshalb nicht zu ersetzen, weil die besonders unwahrscheinlichen Umstände, die hier vorliegen, nämlich die besondere Anfälligkeit, konkret in diesem Fall hätten außer Betracht bleiben müssen.[56] Ob man dieser Entscheidung zustimmen kann, erscheint zweifelhaft. Nur aus dem Schutzzweck der Norm jedoch kann insofern für diesen Fall keine Einschränkung erreicht werden.

1019 Ein weiteres, sehr bekanntes Beispiel für die Schutzzweckerwägungen ist dasjenige, in dem ein Kontrolleur einen **Schwarzfahrer** erwischt.

---

[52] *Looschelders*, Schuldrecht Allgemeiner Teil, Rn. 906; MünchKomm/*Oetker*, BGB, § 249 Rn. 121 m.w.N.; aA vor allem *Larenz*, Schuldrecht I – Allgemeiner Teil, S. 444 ff.
[53] Palandt/*Heinrichs*, BGB, vor § 249 Rn. 63; *Schack*, JZ 1986, 305.
[54] OLG Karlsruhe VersR 1966, 741.
[55] BGH NJW 1956, 1108; BGH NJW 1971, 1883; BGH NJW 1974, 1510 f.; BGH NJW 1989, 2616; BGH NJW 2002, 504; Palandt/*Heinrichs*, BGB, vor § 249 Rn. 67.
[56] OLG Karlsruhe VersR 1966, 741.

Bsp.: A fährt mit der Straßenbahn, hat aber kein Ticket gelöst. Der Kontrolleur K erwischt den A, der zu fliehen versucht. K läuft hinterher und bricht sich bei der Verfolgung unglücklich das Bein.

1020 Hier stellt sich die Frage, inwieweit A hierfür verantwortlich ist. Die haftungsbegründende Ebene ist gegeben: Denn A hat einen Beförderungsvertrag konkludent geschlossen[57], sich aber der Pflicht, einen Beförderungsschein vorzuweisen, nicht gefügt. Hierin liegt eine Vertragspflichtverletzung. Diese kann im Übrigen auch darin liegen, dass er zwar einen Vertrag geschlossen hat, aber die Gegenleistung nicht erbracht hat. Inwieweit steht aber nun dieser haftungsbegründenden zugleich auch eine haftungsausfüllende Ebene gegenüber? Ist der entstandene **Schaden** des K, nämlich das gebrochene Bein, noch **von dem Schutzzweck der verletzten Vertragspflicht** gedeckt? Hierüber kann man in Wertungsdiskussionen sehr wohl streiten. Je nachdem, wie weit man den Schutzzweck der verletzten Vertragspflicht zieht, kommt man dann zu einer Zurechnung oder nicht.

1021 Auch im Rahmen des § 823 Abs. 1 kommt es zu einer vergleichbaren Diskussion, meist wird dies hier allerdings bei der Frage diskutiert, inwieweit schon der **haftungsbegründende Tatbestand** erfasst ist, ob also die eingetretene Verletzung beim Kontrolleur noch vom Schutzzweck der Norm des § 823 Abs. 1 erfasst ist. Hier wird man beide Ansichten vertreten können.[58]

1022 Prinzipiell gilt in dem Gesamtzusammenhang der Schutzzwecklehre, dass der Schädiger nicht das Risiko aufgebürdet bekommen soll, welches lediglich die Realisierung des allgemeinen Lebensrisikos darstellt. Dies vertritt der BGH generell: Solange ein Schaden nichts anderes darstellt als die Realisierung des allgemeinen Lebensrisikos, kommt eine Zurechnung zulasten eines Schädigers nicht in Betracht; verwirklicht sich nämlich eine Gefahr, die im täglichen Leben jeder erleiden kann und die infolgedessen von der Rechtsordnung gemeinhin in Kauf genommen werden muss, so soll hierfür nicht ein potentieller Schädiger, sondern jeder selbst einzustehen haben.[59]

Bsp.: Nach einem Verkehrsunfall vermutet die Polizei einen der Beteiligten deshalb als Schuldigen, weil der Gegner diesen wahrheitswidrig als solchen dargestellt hat. Daraufhin erleidet der fälschlicherweise Beschuldigte eine Gehirnblutung sowie einen Schlaganfall.

1023 Fraglich ist nun, ob sich derjenige Beteiligte, der den anderen wahrheitswidrig als Schuldigen benannt hat, einem Schadensersatzanspruch ausgesetzt sehen muss. Der BGH hat dies zu Recht verneint: Es entspricht **dem allgemeinen Lebensrisiko**, dass man in einer solchen Unfallsituation als Schuldiger hingestellt wird. Hier eine Schadensersatzpflicht anzunehmen, wäre mit den Zurechnungsgrundsätzen auch nach der Schutzzwecklehre nicht zu vereinbaren. Denn vor derartigen Schäden soll § 823 Abs. 1 nicht schützen.[60]

---

57 Vgl. dazu oben Rn. 84.
58 Vgl. zu diesem Fall BGH NJW 2000, 947; MünchKomm/*Oetker*, BGB, § 249 Rn. 161.
59 BGH NJW 1968, 2287 (2288); BGH NJW 1971, 1982 (1983); BGH NJW 1972, 904.
60 MünchKomm/*Oetker*, BGB, § 249 Rn. 188; *Armbrüster*, JuS 2007, 605 (606 f.).

2. Weitere Einschränkungsüberlegungen 1024

Auch mit dem Schutzzweck der Norm ist jedoch nicht jede Problematik in den Griff zu bekommen. Zum Teil wird sie explizit kritisiert, weil es häufig sehr schwierig sei, den Haftungsnormen einen speziellen Schutzzweck zu entnehmen.[61] Wenn die ganz überwiegende Auffassung gleichwohl davon ausgeht, dass die Lehre vom Schutzzweck der Norm neben der Adäquanztheorie unverändert angewendet werden kann, soweit sich nämlich beide Theorien ergänzen[62], so gibt es gleichwohl **weitere Fallkonstellationen,** in denen weder eine Äquivalenz noch eine Adäquanz noch der Schutzzweck der Norm einen zutreffenden bzw. befriedigenden Wertungsraum eröffnen. Dies sind die Fälle des sog. rechtmäßigen Alternativverhaltens, der hypothetischen Kausalität sowie bei der besonderen Situation der bloß mittelbaren Kausalität.

a) **Rechtmäßiges Alternativverhalten.** Beim **rechtmäßigen Alternativverhalten** 1025 geht es um einen zentralen Einwand, der die Zurechnung des entstandenen Schadens vermeiden soll: Der Schädiger beruft sich nämlich in bestimmten Situationen darauf, dass der Schaden auch dann eingetreten wäre, wenn er sich selber rechtmäßig verhalten hätte. Der Einwand liegt also darin begründet, dass der pflichtwidrig verursachte Schaden in gleicher Weise auch bei einem rechtmäßigen Verhalten des Schädigers entstanden wäre.[63] Hierbei handelt es sich um eine Problem der Schadenszurechnung, und zwar wieder um ein Wertungsproblem: Soll der entstandene Schaden allein deshalb nicht ersetzt werden, weil er ohnehin eingetreten wäre? Oder soll nicht das Schadensersatzrecht eingreifen, so dass derjenige, der einen Schaden konkret herbeigeführt hat (ganz unabhängig davon, ob er auch entstanden wäre, wenn er rechtmäßig gehandelt hätte), ihn auch ersetzen muss? Unbehagen bereitet eine solche Ersatzpflichtvorstellung deshalb, weil der Schaden ja gerade nicht auf der Rechtswidrigkeit der Vertragsverletzung bzw. Rechtsgutsverletzung beruht.

Bsp.: Der Arbeitnehmer A kündigt grundlos ohne Beachtung einer Frist und erscheint nicht mehr zur Arbeit. Nunmehr verlangt sein Arbeitgeber Ersatz der Kosten für eine Zeitungsannonce, mit der dieser einen Nachfolger sucht. Der Arbeitnehmer wehrt diesen Schadensersatzanspruch ab, weil seiner Ansicht nach (zutreffend) die Anzeigekosten auch dann entstanden wären, wenn er fristgerecht gekündigt hätte.

Ob der Arbeitnehmer mit seinem Einwand gehört werden kann, d. h. ob also eine 1026 solche Situation zu einer Ablehnung der Zurechnung führen kann, ist in der Literatur **umstritten.** Zum Teil wird eine Zurechnungsunterbrechung bejaht, d. h. der Einwand des rechtmäßigen Alternativverhaltens wird zugelassen.[64] Dieser befürwortenden Ansicht steht aber auch eine Ansicht entgegen, die diesen Einwand grundsätzlich ablehnt.[65] In der Regel geht heute die ganz überwiegende Auffas-

---

[61] Vgl. etwa *Larenz*, Schuldrecht I – Allgemeiner Teil, S. 440 ff.
[62] BGH VersR 1992, 499; *Jauernig/Teichmann*, BGB, vor § 249 Rn. 34.
[63] *Brox/Walker*, Allgemeines Schuldrecht, § 30 Rn. 16; *Looschelders*, Schuldrecht Allgemeiner Teil, Rn. 915; MünchKomm/*Oetker*, BGB, § 249 Rn. 211; *Armbrüster*, JuS 2007, 605 (606).
[64] So etwa von Palandt/*Heinrichs*, BGB, vor § 249 Rn. 106; MünchKomm/*Oetker*, BGB, § 249 Rn. 214; Staudinger/*Schiemann*, BGB, § 249 Rn. 102 ff.
[65] Vgl. etwa *Niederländer*, JZ 1959, 621.

1027 Was bedeutet dies konkret? Erheblich ist der Einwand dann, wenn die konkret verletzte Haftungsnorm nur die Rechtsgutsverletzung verhindern wollte, also die Herbeiführung eines bestimmten rechtswidrigen Erfolges. Umgekehrt ist jedoch davon auszugehen, dass der Einwand des rechtmäßigen Alternativverhaltens dann nicht gehört werden kann, wenn der konkret eingetretene Schaden dadurch herbeigeführt wird, dass zugleich **bestimmte Verfahrensgarantien** verletzt werden. Denn diese sollen garantieren, dass sich ein bestimmtes Verfahren genauso abspielt, wie es von den Normen vorgesehen ist.

Bsp. (1): Im vorherigen Beispiel *(unter Rn. 1025)* könnte der Arbeitgeber einen Schadensersatzanspruch aus einer Vertragspflichtverletzung gem. § 280 Abs. 1 geltend machen. Der Schaden der Zeitungsanzeige wäre ohnehin entstanden. Doch worum ging es bei der von dem Arbeitnehmer verletzten Pflicht zur Arbeitsleistung? Es ging allein darum, dass dieser seine Arbeit im Rahmen der vertraglichen Pflichterfüllung erbringt. Nicht erfasst werden sollte hingegen, ob ein Nachfolger fristgemäß oder ohne Beachtung einer Frist durch eine Zeitungsannonce gesucht werden kann. Die Kosten würden also ohnehin entstehen, der Schutzzweck der Norm der Vertragspflichtverletzung erfasst also diese Kosten in der Regel nicht. Infolgedessen kann der Arbeitgeber diese Kosten auch nicht ersetzt verlangen. Er kann allerdings solche Kosten vom Arbeitnehmer verlangen, die allein dadurch entstehen, dass der Arbeitnehmer den Vertrag überstürzt beendet, also einen sog. Verfrühungsschaden.[66]

Bsp. (2): Anders sieht es hingegen aus, wenn etwa ein Arzt sich der Verletzung seiner Aufklärungspflichten schuldig macht. Kommt es bei einer Operation zu einer Verletzung des Patienten und beruft sich der Arzt nun darauf, dass der Patient jedenfalls die Operation hätte durchführen lassen, auch wenn die Aufklärung vollständig erfolgt wäre, ist ihm nach der zuvor skizzierten überzeugenden Auffassung der Einwand des rechtmäßigen Alternativverhaltens abgeschnitten: Denn die Aufklärungspflicht soll ja gerade ein bestimmtes Verfahren garantieren, sie soll nämlich sicherstellen, dass der Patient seine Entscheidung für oder gegen ein Operation trifft, nachdem er vollständig über die Risiken aufgeklärt worden ist. Diese Pflicht ist durch den Arzt verletzt worden, so dass der Einwand des rechtmäßigen Alternativverhaltens nicht greifen kann.[67]

1028 b) **Die Problematik der hypothetischen Kausalität.** Eine weitere Problematik aus dem Bereich der Kausalität bewegt sich auf einer hypothetischen Ebene. Zwar handelt es sich hierbei nicht um eine Zurechnungs-, sondern um eine Berechnungsproblematik, gleichwohl ist auch hier darüber nachzudenken, inwieweit ein Schaden vom Schädiger tatsächlich zu ersetzen ist. Gemeint sind die Fälle der sog. „hypothetischen" Kausalität. In ihnen beruft sich der Schädiger darauf, dass der Schaden ganz oder teilweise auch ohne sein Verhalten eingetreten wäre, und zwar aufgrund anderer bereits vorhandener oder später eingetretener Umstände.[68] Bei der sog. hypothetischen Kausalität geht es also darum, dass der durch eine erste

---

[66] Vgl. BAG NJW 1976, 644; BAG NJW 1984, 2846.
[67] *Brox/Walker*, Allgemeines Schuldrecht, § 30 Rn. 16; *Looschelders*, Schuldrecht Allgemeiner Teil, Rn. 916; MünchKomm/*Oetker*, BGB, § 249 Rn. 216.
[68] *Westermann/Bydlinski/Weber*, BGB – Schuldrecht Allgemeiner Teil, § 13 Rn. 19; *Brox/Walker*, Allgemeines Schuldrecht, § 30 Rn. 16; Palandt/*Heinrichs*, BGB, vor § 249 Rn. 96.

Ursache eingetretene Schaden (nämlich der, der durch den Schädiger verursacht worden ist) mit Sicherheit auch durch ein späteres Ereignis, eine sog. Reserveursache, herbeigeführt worden wäre.

Bsp.: A hat die Scheibe des B eingeworfen *(unter Rn. 979).* – Der haftungsbegründende Tatbestand liegt auf der Hand, § 823 Abs. 1 ist gegeben. Auch die Haftungsausfüllung ist unproblematisch: Es liegt ein Schaden vor, auch die Kausalität ist nicht zu bestreiten. Hier treten auch keine Wertungsproblematiken auf, es kann also bei der ganz normalen Kausalitäts- und Adäquanzformel verbleiben. Gedanken zum Schutzzweck der Norm sind hier nicht erforderlich, da wie dargelegt Wertungsprobleme nicht auftreten. Was soll aber nun geschehen, wenn in der Nacht nach dem Fenstereinwurf ein Brand das Haus zerstört, so dass der Schaden mit dem zerstörten Fenster eben ohnehin eingetreten wäre, nur ein bisschen später? Kann sich der Schädiger, also A, hier auf diesen Brand, also diese Reserveursache berufen? Oder bleibt es nicht vielmehr dabei, dass A trotz des später hinzukommenden Brandes, der auch zu einer Zerstörung der Fensterscheibe geführt hätte, zum Schadensersatz verpflichtet ist?

Eine Zeit lang vertrat das RG die Auffassung, es ginge hier um eine **Frage der Kausalität und der Zurechnung**; infolgedessen hat es die Berücksichtigung solcher Reserveursachen in ständiger Rechtsprechung abgelehnt, so wie dies auch bereits in den Motiven des Gesetzes selbst angelegt war. Denn ein einmal bestehender Kausalzusammenhang könne nicht dadurch in Frage gestellt werden, dass später weitere Ereignisse hinzuträten. Es klingt plausibel, hier von einer Zurechnungsproblematik auszugehen, und daher liegt der Ansatz des Reichsgerichts auch nahe. Denn in der Tat entfällt ja die Kausalität oder Zurechnung nicht allein dadurch, dass irgendwann später einmal ein weiteres Ereignis geschieht.[69]

Heute hat man diese Vorstellung jedoch hinter sich gelassen. Man geht **nicht** mehr davon aus, dass hier eine **Zurechnungsproblematik** besteht, denn die Zurechnung dieser Schäden ist unstreitig. Fraglich ist vielmehr, ob der konkret eingetretene Schaden auch vom Schädiger zu ersetzen ist. Es geht also nicht mehr um die Haftungsbegründung, wie noch das Reichsgericht es verortet hatte, sondern um die **Haftungsausfüllung**. Soll, so die Wertungsfrage, dem Schädiger, dem unzweifelhaft die Verursachung des Schadens zuzurechnen ist, auch die Schadenshöhe vollständig angelastet werden? Es geht also um eine Frage der **Schadensberechnung**.[70]

Im Ergebnis gehen Rechtsprechung und Lehre heute davon aus, dass **bestimmte Fälle der hypothetischen Kausalität zu beachten** sind. Zwar wird gelegentlich vertreten, dass solche Reserveursachen grundsätzlich zu berücksichtigen seien, überwiegend wird jedoch davon ausgegangen, dass eine Differenzierung geboten ist.[71] Im Ergebnis verweist die Auffassung, dass die hypothetische Kausalität nicht von vornherein ausgeschlossen ist, darauf, dass sogar das Gesetz selbst an verschiedenen Stellen die hypothetische Kausalität berücksichtigt. Dies sei etwa der

---

69 Vgl. näher zu den entscheidenden Reichsgerichtsentscheidungen RGZ 141, 365; RGZ 144, 80; RGZ 169, 117 (120).
70 BGH NJW 1967, 552.
71 *Brox/Walker*, Allgemeines Schuldrecht, § 30 Rn. 17; *Looschelders*, Schuldrecht Allgemeiner Teil, Rn. 916; *Westermann/Bydlinski/Weber*, BGB – Schuldrecht Allgemeiner Teil, § 13 Rn. 19.

Fall, wenn beim Schuldnerverzug nach § 287 Satz 2 eine Zufallshaftung, die sonst eingreifen würde, dann nicht erfolgen soll, wenn die Unmöglichkeit oder der Untergang auch ohne das Verhalten des Schuldners eingetreten wäre. Unter Verweis auf diese gesetzlichen Regelungen werden von der überwiegenden Ansicht generell verschiedene Fallgruppen anerkannt, in denen hypothetische Ursachen grundsätzlich beachtet werden. Dies wird insbesondere deshalb als richtig angesehen, weil § 249 Abs. 1 ja nur verlangt, dass der Schädiger den Geschädigten so zu stellen hat, als hätte er die Schädigung nicht herbeigeführt. Das würde aber im Umkehrschluss auch bedeuten, dass es durch die Reserveursache zu demselben oder einem ähnlichen Schaden gekommen wäre.[72] Infolgedessen geht es also in den unterschiedlichen Fallgruppen um die Berechnung des dem Schädiger noch anzulastenden Schadensanteils.

1032 Eine **erste Fallgruppe** in diesem Zusammenhang, in der vorhandene Reserveursachen als beachtlich angesehen werden, sind die Fälle der sog. **Schadensanlage**. Erfasst sind insbesondere Fälle aus dem Bereich des Medizinrechts.

Bsp.: Einem Arzt unterläuft bei der Operation eines Patienten ein Behandlungsfehler. Infolge des Behandlungsfehlers wird der Magen stark beschädigt. Bei einer kurz darauf stattfindenden Untersuchung stellt sich heraus, dass der Magen ohnehin später in gleicher Weise durch eine Anomalie der Magenschleimhaut beschädigt worden wäre.

1033 Hier geht die überwiegende Auffassung davon aus, dass die Reserveursache, also die später ohnehin eintretende Beeinträchtigung des Magens, zu einer Minderung des Schadensersatzanspruches führt, nämlich dann, wenn bereits bei Eintritt des schädigenden Ereignisses eine Schadensanlage bestand, die innerhalb von kurzer Zeit ohnehin und unausweichlich denselben Schaden herbeigeführt hätte.[73] Dies bedeutet, dass die schadensträchtige Anlage bei dem Geschädigten bei der Schadenszurechnung berücksichtigt wird; der Schädiger hat dann nur noch den Wert des mit der Schadensanlage behafteten Gegenstandes zu ersetzen.[74] Dies kann sogar dazu führen, dass gelegentlich überhaupt keine Schadensersatzpflicht mehr besteht. Denn die Ersatzpflicht beschränkt sich im Ergebnis auf die durch die Verkürzung der Zeitspanne bis zum Eintritt des Schadens entstandenen Nachteile, die gegebenenfalls sogar besonders gering sein können.[75] Schwierig wird an dieser Stelle jedoch häufig, dass der Schädiger einen entsprechenden Beweis führen muss, was regelmäßig kaum möglich sein dürfte. Denn er muss nachweisen, dass das hypothetische Schadensereignis, also die Reserveursache, schon von vornherein angelegt war und sie darüber hinaus auch tatsächlich eingetreten wäre.[76]

1034 Eine **zweite Fallgruppe**, in der eine später eintretende Reserveursache unbeachtlich sein soll (also anders als bei der Schadensanlage zuvor), liegt vor, wenn eine **hypothetische Ersatzpflicht** Dritter besteht. Die Schadensersatzpflicht des Schädi-

---

72 *Jauernig/Teichmann*, BGB, vor § 249 Rn. 42; *Eckert*, Schuldrecht Allgemeiner Teil, Rn. 940.
73 Palandt/*Heinrichs*, BGB, vor § 249 Rn. 99; *Looschelders*, Schuldrecht Allgemeiner Teil, Rn. 916; BGH NJW-RR 1995, 936.
74 Vgl. MünchKomm/*Oetker*, BGB, § 249 Rn. 204.
75 BGH NJW 1985, 676.
76 BGH VersR 1969, 43.

gers bleibt dann bestehen, wenn das hypothetische Ereignis einen Schadensersatzanspruch gegen einen Dritten begründet hätte. Die Reserveursache bleibt also außer Betracht, wenn sie erst nach Entstehung der Schadensersatzpflicht des Schädigers eintritt, selbst wenn sie denselben Schaden herbeigeführt hätte.[77]

Bsp.: Kommt man also auf das Beispiel des eingeworfenen Fensters *(unter Rn. 979)* zurück, welches für die hypothetische Kausalität um den später eingetretenen Brand in der Nacht erweitert worden war, wäre die Schadensersatzpflicht des A unverändert gegeben, wenn sich auch später herausstellt, dass der Brand von dem D gelegt worden ist. Dieser hypothetische Kausalverlauf, der dann zu einer möglichen Ersatzpflicht eines Dritten geführt hätte, kann den Schädiger nicht entlasten.

Dies wäre aus Wertungsgesichtspunkten auch nicht nachvollziehbar und wird daher zu Recht abgelehnt. Dies ergibt sich auch aus einem **logischen Denkspiel**: Ließe man nämlich an dieser Stelle eine Beachtlichkeit der Reserveursache zu und erlaubte dem Schädiger, sich auf die hypothetische Kausalität des zweitverursachenden D zu berufen, würde man hier dazu kommen, dass der A den Schaden nicht ersetzen müsste. Umgekehrt müsste jedoch auch der D keinen Schadensersatz leisten, denn die Fensterscheibe war ja ohnehin zerstört, d. h. der Brand, den er herbeigeführt hat, hat das Eigentum des B überhaupt nicht verletzt, so dass hier schon vom Grunde her gesehen keine Schadensersatzpflicht bestünde.[78]

1035

Eine **dritte Fallgruppe** erfasst sämtliche Fälle, die von den ersten beiden Fallgruppen nicht erfasst sind; hier differenziert die ganz überwiegende Ansicht danach, ob es um **Objektschäden oder** um **Folgeschäden** geht.

1035a

Bsp.: Bei einem Autounfall wird der Pkw des A vollständig zerstört. A verlangt nun vom Schädiger Schadensersatz sowohl wegen der Schäden am Pkw als auch wegen der entgangenen Nutzung. Kurze Zeit darauf wäre das zerstörte Auto ohnehin bei einem Garagenbrand bei A vollständig zerstört worden. Kann dies nun zugunsten des Schädigers berücksichtigt werden?

Geht man mit der **überwiegenden Auffassung** davon aus, dass hier zu differenzieren ist, so ist die Reserveursache, d. h. der Brand der Garage, für den Anspruch auf den Ersatz des Objektschadens unerheblich, d. h. für den Anspruch auf den Ersatz des zerstörten Pkws. Dies ist deshalb zutreffend, weil in dieser Situation der geschädigte A schon mit der Schädigung selbst seinen Ersatzanspruch gegen den Schädiger erwirbt, durch den Unfall wird das Auto zerstört, in diesem Moment entsteht der Schadensersatzanspruch nach § 823 Abs. 1, und dieser Schadensersatzanspruch kann auch nicht durch eine später eintretende Reserveursache, also den später eintretenden Brand, wieder beseitigt werden. Denn der Brand hat ja keine schuldtilgende Wirkung.[79] Demgegenüber ist jedoch der mittelbare Folgeschaden im Vermögen anders zu beurteilen: Denn der Nutzungsausfall, wie hier im genannten Beispiel, unterscheidet sich von dem Objektschaden, weil der Schadensverlauf insoweit noch nicht abgeschlossen ist. In diesem Zusammenhang muss also die weitere Entwicklung, so die Rechtsprechung und ihr fol-

1036

---

[77] *Medicus*, Schuldrecht I, Rn. 604; BGH NJW 1958, 705; BGH NJW 1967, 551.
[78] BGH NJW 1967, 551 (552); *Medicus*, Schuldrecht I, Rn. 604; Staudinger/*Schiemann*, BGB, § 249 Rn. 95.
[79] So BGHZ 29, 207 (215).

gend ein Großteil der Lehre, einschließlich etwaiger hypothetischer Ereignisse noch berücksichtigt werden. Dies gilt für den Nutzungsausfall genauso wie für den Dienstausfall oder etwa Unterhaltsansprüche.[80]

1037 c) **Herausforderungsfälle.** Die Liste weiterer Einschränkungsüberlegungen und Wertungsaspekte wäre endlos fortzusetzen. Es sollte deutlich geworden sein, dass es bei all diesen Problemen immer darum geht, ob man einen entstandenen Schaden wertungsmäßig noch dem Schädiger zurechnen kann oder nicht. Dies ist das Ziel der Adäquanztheorie in gleicher Weise wie der Überlegungen zum Schutzzweck der Norm oder derjenigen beim rechtmäßigen Alternativverhalten. Eine weitere Gruppe, die immer wieder auch in Prüfungen relevant wird, wird unter dem Stichwort „Herausforderungsfälle" behandelt. Diese sind dadurch gekennzeichnet, dass die konkrete Entstehung des Schadens erst durch einen eigenen Willensentschluss des Geschädigten vermittelt wird, doch dieser Willensentschluss des Geschädigten letztlich auf dem Verhalten des Schädigers beruht. Kann man hier noch eine Zurechnung vornehmen?[81]

Bsp.: Das Beispiel für derartige Herausforderungsfälle ist die Verletzung des Polizisten, der einem flüchtigen Dieb nacheilt. Wenn der Dieb nun bei der Flucht durch ein Fenster springt und der Polizist ihm nacheilt, wobei er ebenfalls aus dem Fenster springt und sich dann den Fuß bricht, stellt sich die Frage, ob der dadurch entstandene Schaden auch dem Schädiger zuzurechnen ist.

1038 Dieser Fall war bereits zuvor bei der Schutzzwecktheorie angesprochen worden, dort ging es um einen Schwarzfahrer. Dieser Fall wird aber gelegentlich auch eigenständig unter der Rubrik „Herausforderungsfälle" aufgeführt. Daran merkt man, dass es im Ergebnis immer nur um eine Frage geht: Ist dem Schädiger ein Schaden zuzurechnen? Wie ist es zu bewerten, wenn weitere Ursachen hinzutreten, wenn also insbesondere ein freier Willensentschluss des Geschädigten hinzukommt, der letztlich erst konkret zu dem Schaden führt? Hier geht die Rechtsprechung mittlerweile davon aus, dass eine zurechnungsbegründende Herausforderung zu bejahen sei, wenn der Schädiger bei dem Dritten oder dem Verletzten eine „mindestens im Ansatz billigenswerte Motivation" zu dessen Verhalten hervorgerufen habe.[82] Dies wäre in dem vorgelegten Fall sicher gegeben. Denn der Polizist hat ja eine mindestens im Ansatz billigenswerte Motivation, nämlich den Dieb zu ergreifen. Auch hier bleibt es dabei, dass der Schädiger aber nur für das von ihm verursachte gesteigerte Risiko haften muss, nicht für das allgemeine Lebensrisiko.

1039 Man bewegt sich also gerade im Bereich der Herausforderungsfälle in einem reinen **Wertungs**- und normativen Bereich. Es geht darum abzuwägen, wessen Interessen stärker zu berücksichtigen sind – die des Schädigers oder des Geschädigten? Man kann diese Fälle der Herausforderung regelmäßig auch unter den Schutzzweck der Norm subsumieren; doch sollte deutlich werden, dass es im Ergebnis

---

[80] So BGHZ 29, 207 (215); gleichermaßen Palandt/*Heinrichs*, BGB, vor § 249 Rn. 102; *Medicus*, Schuldrecht I, Rn. 604; *Looschelders*, Schuldrecht Allgemeiner Teil, Rn. 914.
[81] *Medicus*, Bürgerliches Recht, Rn. 653; Soergel/*Mertens*, BGB, vor § 249 Rn. 13; Staudinger/*Schiemann*, BGB, § 249 Rn. 48.
[82] BGH NJW 2002, 2232 (2233); BGH NJW 1978, 421.

keine klare Struktur und keine einheitliche Vorgehensweise gibt. Zum Teil wird man Überlegungen zu diesen Herausforderungsfällen unter dem Stichwort „Schutzzweck der Norm" finden, zum Teil jedoch auch unter einer eigenen Rubrik. Wo man sie letztlich erörtert, ist unerheblich. Entscheidend ist, dass man sich im Rahmen der Fallprüfung bei Schäden, die nicht ohne weiteres sofort und unproblematisch dem Schädiger angelastet werden können, Gedanken macht: Wo und wie kann man sinnvoll zu einer Haftungsbegrenzung kommen? Ist man sich dieses Umstandes bewusst, werden auch nicht die unterschiedlichen Bezeichnungen, Begrifflichkeiten und Terminologien durcheinander gebracht werden, die in unterschiedlichen Lehrbüchern, Aufsätzen und in der Rechtsprechung vorherrschen und die den Eindruck vermitteln, dass es hier ein großes Durcheinander gäbe. Hinsichtlich der Begrifflichkeiten mag dies sein, aber die dahinter stehenden Überlegungen sind stets die gleichen.

§ 19 Der ersatzfähige Schaden

Literatur: *Armbrüster, C.*, Grundfälle zum Schadensrecht, JuS 2007, 411; *ders.*, Grundfälle zum Schadensrecht, JuS 2007, 508; *ders.*, Grundfälle zum Schadensrecht, JuS 2007, 605; *Coester-Waltjen, D.*, Der Ersatz immaterieller Schäden im Deliktsrecht, Jura 2001, 133; *dies.*, Die Naturalrestitution im Deliktsrecht, Jura 1996, 270; *Däubler, W.*, Sachen und Menschen im Schadensrecht, NJW 1999, 1611; *Hager, J.*, Das Mitverschulden von Hilfspersonen und gesetzlichen Vertretern des Geschädigten, NJW 1989, 1640; *Homann, S.*, Typische Probleme des Schadensersatzrechts und ihre systematische Einordnung, JuS 2002, 554; *Huber, C.*, Das neue Schadensersatzrecht, 2003; *Keilmann, A.*, Oft unterschätzt: Allgemeines Schadensrecht, JA 2005, 700; *Klinger, R.*, Schmerzensgeld für Hinterbliebene von Verkehrsopfern?, NZV 2005, 290; *Lange, H./Schiemann, G.*, Schadensersatz, 3. Aufl. 2003; *Lipp, M.*, „Fiktive" Herstellungskosten und Dispositionsfreiheit des Geschädigten, NJW 1990, 104; *Looschelders, D.*, Die Mitverantwortlichkeit des Geschädigten im Privatrecht, 1999; *Medicus, D.*, Naturalrestitution und Geldersatz, JuS 1969, 449; *Peters, F.*, Der Einwand des Mitverschuldens gegenüber Erfüllungsansprüchen, JZ 1995, 754; *Roth, A.*, Das Integritätsinteresse des Geschädigten und das Postulat der Wirtschaftlichkeit der Schadensbehebung, JZ 1994, 1091; *Schiemann, G.*, Die aktuelle Rechtsprechung des BGH zur Begrenzung von fiktiven Schadensposten, VersR 2006, 160; *Wagner, G.*, Prominente und Normalbürger im Recht der Persönlichkeitsverletzungen, VersR 2000, 1305; *Weber, R.*, „Dispositionsfreiheit" des Geschädigten und fiktive Reparaturkosten, VersR 1990, 934.
Rechtsprechung: BGH JZ 1975, 560 (Nutzungsentschädigung für privates Schwimmbad); BGH NJW 1984, 722 (Keine Nutzungsentschädigung für privates Schwimmbad); BGH NJW 1987, 2923 (Schadensersatzanspruch bei fehlerhafter genetischer Beratung während der Schwangerschaft); BGH NJW 1990, 1037 (Kosten für die Bezahlung eines während des Besuchs des Ehegatten im Krankenhaus engagierten Babysitters); BGH NJW 1992, 302 (Naturalrestitution: Wirtschaftlichkeitspostulat und Dispositionsfreiheit); BGH NJW 1993, 1793 (Keine Nutzungsentschädigung für Garage); BGH NJW 1995, 861 (Caroline von Monaco I); BGH NJW 1996, 984 (Caroline von Monaco II); BGH NJW 2004, 1476 (Schmerzensgeld für Angehörige von Verkehrs- oder Verbrechensopfern); BGH NJW 2005, 51 (Überhöhte Mietwagenkosten während der Reparaturzeit/Unfallersatztarif); BGH NJW 2005, 125 (Kriterien für die Höhe des Geldersatzes bei Persönlichkeitsverletzungen); OLG Koblenz NJW-RR 2005, 677 (Angehörigenansprüche bei Arzthaftung/Tod des Vaters nach Fehldiagnose); BGH NJW 2005, 1108 (Integritätszuschlag bei Beschädigung eines Fahrzeuges); BGH NJW 2006, 1426 (Zum noch nicht ersatzfähigen „Zukunftsschaden"); BGH NJW 2006, 1582 (Zur Bemessung des Wertes der Eigennutzung eines Grundstücks).

1040 Ist somit die Verursachung des Schadens als Haftungsgrund in dem vorangegangenen Abschnitt erläutert worden, stellt sich nun noch die Frage, **welcher Schaden ersatzfähig** ist. Wie bereits angesprochen, sind Art und Weise sowie Umfang des Schadens für alle Schadensersatzansprüche des BGB gebündelt in den §§ 249 ff. geregelt. Abschließend geht es daher jetzt noch um die Reichweite des Schadensersatzanspruches. Dabei liegt der Schwerpunkt auf der sachlichen Reichweite, d. h. auf Art und Umfang des Schadensersatzes. Zumindest kurz soll jedoch vorweg die personelle Reichweite angesprochen werden, also die Frage nach den ersatzberechtigten Personen.

I. Die personelle Reichweite: Ersatzberechtigte Personen

1041 Die **personelle Reichweite** des Schadensersatzes ergibt sich regelmäßig schon daraus, dass es sich bei dem Anspruch auf Schadensersatz um ein Anspruchsverhältnis, d. h. Schuldverhältnis handelt, also zwei Parteien betroffen sind, der Schädiger und der Geschädigte. Ersatzberechtigt ist stets allein der Geschädigte. Dies ist der Grundsatz des gesamten Schadensersatzrechts: Weil es sich um einen Anspruch handelt und weil und soweit es somit um ein Schuldverhältnis geht, ist der Geschädigte derjenige, der vom Schadensersatz profitiert. Er muss in seinen eigenen Rechtsgütern oder Rechten verletzt sein.[83] Das bedeutet im Umkehrschluss, dass regelmäßig Dritte nicht von dem Schadensersatzanspruch profitieren, sofern sie nicht selber eine eigene Anspruchsgrundlage für sich geltend machen können. Hier macht sich die Anspruchssystematik besonders bemerkbar. Nur derjenige, der selber eine Anspruchsgrundlage für sich in Anspruch nehmen kann, kann auch von dem entsprechenden Inhalt des Schadensersatzes profitieren.

Bsp.: Ist etwa das Haus des A durch einen von B vorsätzlich gelegten Brand beschädigt worden, hat zunächst der A als Eigentümer des Hauses einen Schadensersatzanspruch. Er profitiert von der personellen Reichweite, er kann den Anspruch, der ihm aus § 823 Abs. 1 zusteht, gegen B geltend machen. Wie ist es hingegen mit dem C, der Mieter des A in dem Haus ist? Er hat zunächst keinerlei Rechte, obwohl er sehr wohl einen Schaden erleiden wird, denn er kann in dem Haus nicht mehr wohnen. Prinzipiell kann er jedoch nicht von der Eigentumsverletzung des A profitieren, etwa insofern, als er nun einen Schaden, nämlich einen Vermögensschaden, daraus ziehen und geltend machen könnte. Er müsste vielmehr einen eigenen Schadensersatzanspruch gegen den Brandstifter finden, um dann selber gegen diesen vorgehen zu können.

1042 Nur in wenigen Fällen macht das BGB eine **Ausnahme** von diesem Grundsatz, dass nur derjenige einen Schadensersatzanspruch geltend machen kann, der in seinen eigenen Rechtsgütern oder Rechten verletzt ist. An wenigen Stellen sind Regelungen vorhanden, bei denen auch Dritte von einem Ersatzanspruch profitieren, obwohl sie selbst nicht unmittelbar in ihren Rechtsgütern geschädigt werden. Dies ist an wenigen Stellen im Deliktsrecht der Fall. So sieht § 844 Abs. 1 einen besonderen Anspruch hinsichtlich der Beerdigungskosten im Fall des Todes eines Menschen vor, obwohl der Anspruchsteller nicht in seinem Rechtsgut verletzt ist. Wird ein Mensch getötet, so hat derjenige, der die Beerdigungskosten

---

[83] Bamberger/Roth/*Schubert*, BGB, § 249 Rn. 141; AnwK-BGB/*Magnus*, vor §§ 249–255 Rn. 42; *Brox/Walker*, Allgemeines Schuldrecht, § 28 Rn. 1.

aufgrund dieses Todesfalles zu tragen hat, einen Ersatzanspruch gegen den Schädiger. § 844 Abs. 2 enthält eine weitere Ausdehnung der personellen Reichweite: Ist der Schädiger für den Tod einer unterhaltspflichtigen Person verantwortlich, so muss er auch den Unterhaltsschaden der Angehörigen nach dieser Vorschrift ersetzen. § 845 sieht einen Ersatzanspruch wegen entgangener Dienste in derartigen Fällen vor. All diesen Fällen gemeinsam ist, dass zwar der Schaden an einem Rechtsgut i. S.v. § 823 Abs. 1 bei einem anderen eingetreten ist (nämlich der Tod), doch der bloße Vermögensschaden eines Dritten wird hier ausnahmsweise Gegenstand einer eigenständigen Anspruchsgrundlage. Das ist aber eine Ausnahme von dem Grundsatz, dass nur derjenige, der für sich eine Rechtsgutsverletzung bzw. Rechtsverletzung reklamieren kann, auch ersatzberechtigt ist. Eine weitere Ausnahme von diesem Grundsatz ist die Konstruktion der sog. Drittschadensliquidation, auf die an späterer Stelle noch eigens eingegangen wird.[84]

II. Die sachliche Reichweite: Art und Umfang des Schadensersatzes

Neben der personellen Reichweite spielt die **sachliche Reichweite** eine große Rolle, wenn es um den ersatzfähigen Schaden geht. Dies bildet den eigentlichen Kern des Schadensersatzrechts, nämlich die Überlegungen dazu, welche Schäden im Einzelnen vom Schädiger zu ersetzen und wie diese zu berechnen sind. Dem Grundsatz des BGB, der von der Naturalrestitution ausgeht[85], stehen dabei verschiedene Einzelfälle gegenüber, in denen ausnahmsweise eine Entschädigung in Geld, d. h. Wertersatz, zu leisten ist. Dabei sind diese Ausnahmen jedoch entgegen der gesetzlichen Wertung heute die Regel. Dies liegt daran, dass die meisten zum Schadensersatz führenden Ereignisse in der Verletzung einer Person bzw. Beschädigung einer Sache liegen und gerade hierfür § 249 Abs. 2 Satz 2 eine entsprechende Ausnahme vorsieht. Doch muss man sich in allen Fällen bewusst sein, dass zunächst Naturalrestitution verlangt ist. Neben diesen beiden Grundsätzen der Naturalrestitution sowie des Wertersatzes geht es im Folgenden darum, den Umfang des Schadensersatzes im Einzelnen zu erläutern, d. h. es geht um die verschiedenen Facetten des Schadensbegriffs. Schließlich gilt es, verschiedene, typische Problemfelder aufzuzeigen, bevor anschließend das Verhalten des Geschädigten selbst in den Mittelpunkt rückt, nämlich sein möglicherweise vorliegendes Mitverschulden und wie sich dieses auf die Höhe des Schadensersatzes auswirkt.

1. Grundsatz: Naturalrestitution, § 249 Abs. 1

Der Grundsatz des gesamten Schadensersatzrechtes hinsichtlich der sachlichen Reichweite des vom Schädiger zu ersetzenden Schadens befindet sich in § 249 Abs. 1 und wurde bereits an früherer Stelle angesprochen.[86] Es ist der sog. „**Grundsatz der Naturalrestitution**", der das Schadensersatzrecht theoretisch beherrscht: Der Schädiger ist in der Regel dazu verpflichtet, den von ihm verur-

---

84 Vgl. unten Rn. 1223.
85 S. etwa BGH 1985, 793; *Medicus*, Schuldrecht I, Rn. 586.
86 Vgl. oben Rn. 990.

sachten und ihm zurechenbaren Schaden durch Naturalherstellung zu ersetzen. § 249 Abs. 1 formuliert diesbezüglich, dass vom Schädiger der Zustand herzustellen ist, der bestehen würde, wenn der zum Ersatz verpflichtende Umstand nicht eingetreten wäre.

1045 Zwar lässt sich Geschehenes nicht ungeschehen machen, infolgedessen ist auch nicht der frühere Zustand selbst in seiner ursprünglichen Form wieder herzustellen.[87] Doch ist die Herstellung eines wirtschaftlich gleichwertigen Zustandes gemeint.[88] Hinter diesem Prinzip der Naturalrestitution steht die Vorstellung, dass auf diese Weise der Schutz des Erhaltungs- bzw. Integritätsinteresses des Geschädigten am effektivsten bewirkt werden kann.[89] Der Geschädigte soll sich zunächst nicht mit Geld zufrieden geben müssen, sondern er soll das erhalten, was ihm durch die Beschädigung verloren gegangen ist, das bedeutet, er soll den ursprünglichen Zustand – soweit dies eben möglich ist – wiedererhalten.

Bsp.: A verkauft dem B 1 kg Zucker. Bevor er das Paket dem B übereignen kann, lässt er es aus Unachtsamkeit fallen, so dass es aufreißt. Der Zucker fällt heraus und wird unbrauchbar. – A wird nun von der Schuld befreit, § 275 Abs. 1. B seinerseits hat aber, da A die Unmöglichkeit zu vertreten hat, einen Schadensersatzanspruch gegen A aus §§ 280 Abs. 1 und 3, 283. Folglich geht der Anspruch auf Naturalrestitution: A muss ein anderes Paket Zucker leisten.

1046 Ist also eine vertretbare Sache gem. § 91 zerstört worden, ist sie im Wege der Naturalrestitution dadurch zu ersetzen, dass eine Sache von gleicher Art und Güte geliefert wird. Ist eine Sache beschädigt, muss diese **prinzipiell** wieder ausgebessert werden; es sei denn, die Ausnahme nach § 249 Abs. 2 greift. Unwahre oder beleidigende Äußerungen müssen widerrufen und der Widerruf muss gegebenenfalls ausreichend bekannt gemacht werden. Unerheblich ist dabei, ob das Rechtsgut, das beschädigt und nun wieder hergestellt werden soll, irgendeinen Vermögenswert darstellte – der Anspruch auf Naturalrestitution besteht grundsätzlich immer.

1047 Wenn also das Prinzip der Wiederherstellung im Vordergrund steht, heißt dies zugleich, dass der Geschädigte sich zwar nicht mit dem Ersatz des Wertinteresses begnügen muss, es darf aber umgekehrt auch nicht zu einer Bereicherung des Geschädigten kommen. Es gilt somit ein **Bereicherungsverbot**, welches auch schon aus der bereits angesprochenen Ausgleichsfunktion des Schadensersatzrechtes überhaupt folgt; man spricht insofern auch von dem Verbot der Überkompensation.[90]

2. Ausnahmsweise: Entschädigung in Geld

1048 Schon zuvor angesprochen wurde, dass es gegebenenfalls nicht zielführend ist, dem Geschädigten einen Anspruch auf Naturalrestitution zuzusprechen. Dies ist

---

87 So schon RGZ 165, 260.
88 RGZ 76, 146; *Brox/Walker*, Allgemeines Schuldrecht, § 31 Rn. 2.
89 Erman/*Kuckuk*, BGB, § 249 Rn. 1; *Medicus*, Schuldrecht I, Rn. 587; *Looschelders*, Schuldrecht Allgemeiner Teil, Rn. 949.
90 Vgl. oben Rn. 972.

insbesondere dann der Fall, wenn es um Sachverhalte geht, in denen eine Körperverletzung vorliegt, hier wird es besonders deutlich: Denn dem Geschädigten kann es kaum zugemutet werden, sich vom Schädiger „wiederherstellen zu lassen". Es gibt daher verschiedene Situationen, in denen der **Grundsatz** der Naturalrestitution **durchbrochen** wird und die **Ausnahme** eingreift, der zufolge statt der Naturalherstellung eine Entschädigung in Geld zu leisten ist. Dann kommt es zu einem Wertersatzanspruch des Geschädigten.

a) Bei Verletzung einer Person oder Beschädigung einer Sache – Wertersatz, § 249 Abs. 2. Besonders offensichtlich ist die Plausibilität eines Wertersatzanspruches anstelle der prinzipiell nur gegebenen Naturalrestitution dort, wo es um die **Verletzung einer Person** geht. **1049**

Bsp.: F verletzt den K durch einen gezielten Tritt vor das Schienbein, so dass dieses bricht. – K hat einen Anspruch auf Schadensersatz aus § 823 Abs. 1; dieser geht eigentlich auf Naturalrestitution, § 249 Abs. 1 – wenn nicht eine Ausnahme greift, hier § 249 Abs. 2.

Dies ist bereits angesprochen worden: Dem Geschädigten ist nicht zumutbar, vom Geschädigten Naturalrestitution zu verlangen bzw. zu erhalten. Daher sieht § 249 Abs. 2 vor, dass bei Verletzung einer Person der Gläubiger den für die Naturalrestitution **erforderlichen Geldbetrag** verlangen kann. Damit erhält der Gläubiger eine **Ersetzungsbefugnis,** die bereits an früherer Stelle erläutert worden ist.[91] Er hat die Möglichkeit, sich nicht auf den Anspruch auf Naturalrestitution zu berufen, sondern stattdessen vom Schuldner einen Geldbetrag zu verlangen, nämlich denjenigen, der erforderlich ist, um die Wiederherstellung durchzuführen. Der Gläubiger muss sich demzufolge nicht auf Herstellungsversuche durch den Schuldner einlassen. Gerade bei einer Verletzung der Person ist es sehr nahe liegend, den Gläubiger nicht hierauf zu vertrösten. **1050**

Bsp.: G fährt auf dem Fußgängerweg Rad und rempelt den H an. Hat nun G dabei H einen Arm gebrochen, soll H nicht darauf verwiesen werden, dass G ihm den Arm wiederherstellt. Stattdessen soll er einen Anspruch darauf haben, sich selber um die Heilung zu kümmern. Den dafür erforderlichen Geldbetrag kann er dann vom Schuldner verlangen.

Wichtig für diesen Wertersatzanspruch ist, dass es sich auch bei dem Anspruch aus § 249 Abs. 2 Satz 1 um eine Form der Naturalrestitution handelt – denn hier liegt ja eine Ersetzungsbefugnis vor. Infolgedessen setzt dieser Wertersatzanspruch seinerseits voraus, dass die **Herstellung noch möglich** ist.[92] Nur dann kann also ein Anspruch aus dieser Norm gegeben sein. Denn dies ist ja auch bei der Naturalrestitution Voraussetzung. Ist die Herstellung nicht mehr möglich, kommt nur eine Kompensation in Betracht, die sich nach § 251 Abs. 1 richtet. **1051**

Die gleiche Situation wie beim Anspruch wegen einer Körperverletzung liegt vor, wenn es um eine **Sachbeschädigung** geht. § 249 Abs. 2 Satz 1 spricht auch hier dem Geschädigten eine Ersetzungsbefugnis zu. **1052**

---

[91] Vgl. oben Rn. 991.
[92] *Looschelders*, Schuldrecht Allgemeiner Teil, Rn. 953; Palandt/*Heinrichs*, BGB, vor 249 Rn. 7; BGH NJW 1984, 2282; BGH NJW 1985, 2414; BGH NJW 1988, 1835.

Bsp.: I wirft beim Ballspielen das Fenster des K ein. – K hat nunmehr einen Anspruch aus § 823 Abs. 1. Er kann nun statt der Wiederherstellung den zur Wiederherstellung erforderlichen Geldbetrag vom Schädiger verlangen.

1053 Auch in diesem Fall gilt dieselbe Voraussetzung, dass die **Herstellung** dabei noch möglich sein muss.[93] Der Grund für diese Ersetzungsbefugnis liegt in gleicher Weise wie bei der Körperverletzung auch bei der Sachbeschädigung darin, dass der Gläubiger nicht darauf angewiesen sein soll, sich auf die Naturalrestitutionsversuche des Schuldners einzulassen.

Bsp.: Hat also in dem vorherigen Beispiel *(unter Rn. 1052)* I dem K die Fensterscheibe eingeworfen, so müsste eigentlich I Naturalrestitution nach § 249 Abs. 1 leisten; aber K hat eine Ersetzungsbefugnis nach § 249 Abs. 2 Satz 1, da es sich um eine Beschädigung einer Sache handelt, deren Wiederherstellung auch noch möglich ist: K kann also den zur Herstellung, d. h. zur Reparatur der Fensterscheibe benötigten Geldbetrag vom Geschädigten unmittelbar verlangen.

1054 Bei der Berechnung des zur Herstellung erforderlichen Geldbetrags ist entscheidend, dass es allein auf den **Wert der Herstellung** ankommt, nicht auf den Wert der Sache.[94] Die wiederherzustellende Sache kann also auch völlig wertlos sein, maßgeblich ist allein, welchen Aufwand die Herstellung erforderlich macht. Hinzu kommt bei Sachschäden eine zusätzliche Besonderheit: Nach ständiger Rechtsprechung ist nämlich der Geschädigte in seiner Entscheidung darüber frei, ob er die Herstellung dann auch noch vornimmt oder ob er sie unterlässt.[95] Diese ständige Rechtsprechung wird von der ganz überwiegenden Literatur unterstützt.[96]

Bsp.: K entscheidet sich in dem vorherigen Beispiel *(unter Rn. 1052)*, die Fensterscheibe nicht zu ersetzen, da er ohnehin Fenster in seinem Haus nicht mag.

1055 Es gilt also, dass nach § 249 Abs. 2 Satz 1 der Geschädigte die Kosten an der Wiederherstellung auch als sog. „fiktive Reparaturkosten" ersetzt verlangen kann. Der vom Schädiger zu ersetzende Geldbetrag, den der Geschädigte im Wege seiner Ersetzungsbefugnis verlangt, kann bei der Sachbeschädigung auch dann verlangt werden, wenn eine Reparatur durch den Geschädigten überhaupt nicht erfolgt. Dies ist vom Gesetzgeber mittlerweile durch die Schuldrechtsreform 2002 anerkannt. Denn in § 249 Abs. 1 Satz 2 findet sich eine zusätzliche Regelung gerade für diesen Fall: Die Umsatzsteuer ist in dieser Situation, in der der Gläubiger seine Ersetzungsbefugnis wahrnimmt, nur dann vom Schädiger zu ersetzen, wenn und soweit sie tatsächlich angefallen ist, wenn also eine Reparatur überhaupt erfolgt ist.[97] Infolge dieser gesetzlichen Erweiterung ist die Kritik an der Rechtsprechung, die hier Probleme mit dem Bereicherungsverbot gesehen hat,

---

93 MünchKomm/*Oetker*, BGB, § 249 Rn. 346.
94 BGH NJW 1984, 2282; BGH NJW 1988, 1835; BGH NJW 2001, 2250.
95 BGH NJW 1976, 1396; BGH VersR 1978, 182; BGH VersR 1978, 235; BGH NJW 1985, 2469.
96 Vgl. etwa Palandt/*Heinrichs*, BGB, § 249 Rn. 6; MünchKomm/*Oetker*, BGB, § 249 Rn. 348; *Brox/Walker*, Schuldrecht Allgemeiner Teil, § 31 Rn. 5; *Eckert*, Schuldrecht Allgemeiner Teil, Rn. 459.
97 Vgl. dazu BGH NJW 2004, 1943 (1944); BGH NJW 2005, 2220 (2221); MünchKomm/*Oetker*, BGB, § 249 Rn. 420; *Heinrich*, NJW 2004, 1916.

hinfällig geworden. Diese Kritik hatte sich darauf gestützt, dass der Geschädigte auf diesem Wege Schadenspositionen geltend machen kann, die tatsächlich gar nicht angefallen sind, weil er ja eine Reparatur unterließ. Doch hat der Gesetzgeber dies, wie aus § 249 Abs. 2 Satz 2 deutlich geworden ist, ausdrücklich in Kauf genommen. Gerechtfertigt ist dies unter dem Gesichtspunkt, dass das Vermögen des Gläubigers allein schon durch den an der Sache entstandenen Schaden gemindert wird, was insbesondere bei Kraftfahrzeugen der Fall ist, die nunmehr als „Reparaturwagen" bzw. „Unfallwagen" gelten.

1056 Der Anspruch aus § 249 Abs. 2 Satz 1 ist ausdrücklich auf den Ersatz des „**erforderlichen**" Geldbetrag beschränkt. Erforderlich sind nur diejenigen Mittel, die vom Standpunkt eines verständigen, wirtschaftlich denkenden Menschen in der Lage des Geschädigten zur Behebung des Schadens zweckmäßig und angemessen erscheinen.[98] Daraus folgt konsequenterweise, dass die Reparatur bei Sachschäden nur noch dann verlangt werden kann, wenn die Reparaturkosten den Wert der Sache vor dem Schadensfall nicht wesentlich übersteigen.[99] In einer Situation, in der die Reparatur so teuer wird, dass sie letztlich durch den Wert der Sache nicht mehr als gerechtfertigt erscheint, entfällt daher regelmäßig ein Anspruch auf den Wertersatz. Die Ersetzungsbefugnis zur Naturalrestitution ist dann nicht mehr gegeben. In dieser Situation kommt allenfalls noch ein Anspruch aus § 251 Abs. 2 in Betracht, d. h. auf Geldersatz.[100]

1057 Schwierig wird in diesen Fällen die **Abgrenzung** zwischen dem noch möglichen Wertersatz und dem anders gelagerten Geldersatz nach § 251 Abs. 2. Eine genaue Grenze lässt sich nicht ziehen, wann also eine Wertersatzregelung nach § 249 Abs. 2 noch möglich ist, weil die Wiederherstellung generell noch denkbar und im Ergebnis auch für den Schädiger verhältnismäßig ist. Die Rechtsprechung hat allerdings für die Beschädigung eines Kraftfahrzeugs besondere Grenzen entwickelt.

Bsp.: A beschädigt bei einem Unfall das Auto des B. Dieses hatte noch einen Wert von 3.000 €. Die Reparatur soll nun 2.000 € kosten.

1058 Die Rechtsprechung hat in diesem Zusammenhang seit langem betont, dass der Geschädigte die Reparatur verlangen kann, wenn diese den Wiederbeschaffungswert des Fahrzeugs übersteigt – hier ist die Rechtsprechung also recht großzügig; die Grenze soll erst bei 130 % des Wiederbeschaffungswerts des Fahrzeugs liegen. Erst in diesem Fall wird die Wiederherstellung nach § 249, d. h. der Wertersatzanspruch nach Absatz 2 dieser Vorschrift, unverhältnismäßig, so dass dann nur der Wiederbeschaffungswert nach § 251 Abs. 2 verlangt werden kann.[101] Der Grund für diese Vorstellung liegt darin, dass die Rechtsprechung es schon als eigenständigen Wert ansieht, die Sache selbst zu Eigentum zu haben, dies ist mehr wert als der bloße wirtschaftliche Verkehrswert. Der Geschädigte kann also bei einem Unfall mit seinem Kraftfahrzeug die Reparaturkosten nur dann ersetzt ver-

---

98 BGHZ 115, 364 (386).
99 *Hirsch*, Allgemeines Schuldrecht, Rn. 878.
100 Vgl. MünchKomm/*Oetker*, BGB, § 249 Rn. 359; dazu sogleich Rn. 1062.
101 Vgl. nur exemplarisch BGH NJW 1992, 1618 (1620); umfangreiche Darstellung der Rechtsprechung bei *Haug*, VersR 2000, 1329 und 1471.

langen, wenn diese nicht höher als 130 % des Wiederbeschaffungswerts selbst sind. Man spricht diesbezüglich auch von einem **wirtschaftlichen Totalschaden**[102]: Hier bleibt daher dem Geschädigten der Herstellungsanspruch aus § 249 mit dem Anspruch aus § 249 Abs. 2 Satz 1 erhalten, solange es ihm möglich ist, sich mit wirtschaftlich vernünftigem Aufwand ein gleichwertiges Ersatzfahrzeug zu beschaffen. Die Grenze liegt bei den genannten 130 %.

1059 b) **Der Anspruch auf Geldersatz nach § 250 und § 251.** Neben der Situation der Personenverletzung oder Sachbeschädigung, die zu einem Wertersatz nach § 249 Abs. 2 führen kann, bei der aber die Wiederherstellung stets noch möglich sein muss, regeln die §§ 250 und 251 nicht den Anspruch auf Wert-, sondern den **Anspruch auf Geldersatz**. Es geht in diesen Fällen also nicht um die Kosten der Naturalrestitution, wie es im Wege der Ersetzungsbefugnis nach § 249 Abs. 2 der Fall ist. Stattdessen geht es um einen Ersatz des Wert- bzw. Summeninteresses, also um Geldersatz. Dabei werden drei Situationen unterschieden: Der Anspruch auf Wertersatz kommt in Betracht bei einem möglichen Fristablauf, bei der Unmöglichkeit der Wiederherstellung oder bei der Unverhältnismäßigkeit der Naturalrestitution.

1060 aa) **Fristablauf gem. § 250.** Zunächst ist in § 250 vorgesehen, dass der Geschädigte vom Schädiger einen Schadensersatz in Geld verlangen kann, wenn er als Gläubiger dem Ersatzpflichtigen (als Schuldner) zur Herstellung eine **angemessene Frist** mit der Erklärung bestimmt hat, dass er die Herstellung nach dem Ablauf der Frist ablehne.

Bsp.: Der Fahrradhändler A beschädigt fahrlässig das Fahrrad des B; B setzt dem A eine Frist zur Reparatur, weil er davon ausgeht, dass der A als Fachmann die Wiederherstellung gut machen wird. Bis zum Fristablauf rührt sich A aber nicht.

1061 Ist nun die Frist fruchtlos abgelaufen, hat der Gläubiger einen **Anspruch auf Geldersatz**. Zugleich geht der Anspruch auf Naturalrestitution unter; dies folgt aus § 250 Satz 2 am Ende. Dort ist ausdrücklich vorgesehen, dass nach dem Fristablauf der Anspruch auf die Herstellung ausgeschlossen ist. Der Gläubiger hat dann nur noch einen Anspruch auf Geldersatz: Dessen Höhe ergibt sich aus der Differenz zwischen demjenigen Wert, den das Vermögen des Geschädigten ohne das schädigende Ereignis gehabt hätte, und demjenigen Wert, den es infolge des schädigenden Ereignisses dann tatsächlich hat.[103]

1062 bb) **Unmöglichkeit der Naturalrestitution, § 251 Abs. 1.** Neben dieser Möglichkeit greift der Anspruch auf Geldersatz ebenfalls ein, wenn die **Naturalrestitution unmöglich** ist. Dies ist Regelungsinhalt des § 251 Abs. 1: Soweit nämlich die Herstellung nicht möglich oder zur Entschädigung des Gläubigers nicht genügend ist, hat der Schädiger den Geschädigten in Geld zu entschädigen. Mit dieser Vorschrift sind also zwei Tatbestandsvarianten erfasst. Zunächst geht es um die Situation, dass die Wiederherstellung des schadensfreien Zustandes nicht möglich ist, dass also eine Naturalrestitution aus rein praktischen Gründen ausgeschlossen ist.

---

102 Palandt/*Heinrichs*, BGB, § 249 Rn. 23; Bamberger/Roth/*Schubert*, BGB, § 249 Rn. 213.
103 BGH NJW 1984, 2569 (2570); BGH NJW 1985, 2413 (2415).

Bsp.: Dies ist etwa der Fall, wenn eine nicht vertretbare Sache völlig zerstört worden ist, oder dann, wenn ein technischer Totalschaden beim Fahrzeug vorliegt.

In dieser **Situation** hilft dem Gläubiger das Prinzip der Naturalrestitution nicht. Denn er kann vom Schädiger als Schuldner die Wiederherstellung schlechterdings nicht verlangen. Dies wäre ein Anspruch auf eine unmögliche Handlung. Man müsste sich die Konsequenz klarmachen: Der Schädiger hat dem Geschädigten seinen Wagen völlig zerstört, nun verlangt der Geschädigte einen Anspruch auf Wiederherstellung, wie er ihm aus § 249 zustünde – damit wäre der Schädiger Schuldner des Ersatzanspruches, er könnte sich aber wegen der Unmöglichkeit hinsichtlich des Wiederherstellungsanspruches auf § 275 berufen, er würde also von seiner Verpflichtung zur Wiederherstellung befreit. Dies kann nicht sein.

Daher sieht für diesen Fall § 251 Abs. 1 in seiner 1. Alt. vor, dass der Geschädigte vom Schädiger eine **Entschädigung in Geld** verlangen kann. Ersetzt wird in diesen Fällen das Wertinteresse des Geschädigten.[104] Die Unmöglichkeit der Herstellung kann dabei, dies ist bereits verschiedentlich angeklungen, sowohl auf rechtlichen als auch auf tatsächlichen Gründen beruhen. Dabei ist die tatsächliche Unmöglichkeit nicht nur in den angesprochenen Fällen einer derartig starken Sachbeschädigung gegeben, dass eine befriedigende Reparatur überhaupt nicht mehr möglich ist.[105] Vielmehr dürfte eine tatsächliche Unmöglichkeit auch dann vorliegen, wenn eine Reparatur zwar noch möglich ist, sie aber letztlich nichts anderes als eine Neuherstellung darstellt.[106]

Entscheidend in diesem Zusammenhang ist, dass in den Fällen der Unmöglichkeit der Herstellung allein das **Wertinteresse des Geschädigten** ausgeglichen werden kann, Nichtvermögensschäden werden von § 251 Abs. 1 nicht erfasst.[107] Solche Nichtvermögensschäden können allenfalls über § 253, also auf der Grundlage eines Ersatzanspruches im Hinblick auf immaterielle Schäden ersetzt verlangt werden. Damit ist zugleich auch ausgeschlossen, dass der Geschädigte ein sog. „Affektionsinteresse" geltend macht, also einen solchen Schaden, den die beschädigte Sache gerade und ausschließlich für den Geschädigten hat, weil sie eben nur für ihn selbst einen besonderen Wert darstellt[108], wie dies etwa der Fall ist bei der Tötung eines Haustieres oder bei der Zerstörung von Gegenständen, die einen hohen Erinnerungswert haben.

Bsp.: G zerstört versehentlich das Fotoalbum des H, in dem dieser die Erinnerungen an sein gesamtes Leben gesammelt hat – hier geht der Schadensersatzanspruch allein auf den Wert des Albums und der Fotos. Das „Affektionsinteresse" des H bleibt unberücksichtigt.

---

104 *Eckert*, Schuldrecht Allgemeiner Teil, Rn. 960; *Looschelders*, Schuldrecht Allgemeiner Teil, Rn. 958; *Medicus*, Schuldrecht I, Rn. 589.
105 Bamberger/Roth/*Schubert*, BGB, § 251 Rn. 5 ff.
106 BGHZ 92, 88.
107 *Looschelders*, Schuldrecht Allgemeiner Teil, Rn. 959; *Medicus*, Schuldrecht I, Rn. 589.
108 *Mertens*, Der Begriff des Vermögensschadens im Bürgerlichen Recht 1967, 154 f.; *Oetker*, NJW 1985, 345 (346); Staudinger/*Schiemann*, BGB, § 251 Rn. 3.

1066 Des Weiteren tritt der Anspruch auf Geldersatz an die Stelle des Anspruchs aus § 249, wenn sich herausstellt, dass die Naturalrestitution **nicht zur Entschädigung genügt**. Dies ist die Fallgestaltung des § 251 Abs. 1, 2. Alt. Dieser bestimmt nämlich, dass der Schädiger den Gläubiger in Geld zu entschädigen hat, wenn die Herstellung nicht zur Entschädigung genügt. Damit sind diejenigen Sachverhaltsgestaltungen erfasst, in denen dem Geschädigten die Reparatur einer beschädigten Sache deshalb nicht zugemutet werden kann, weil der Schadensumfang zu groß ist[109], ein technischer oder merkantiler Minderwert auch nach einer erfolgten Reparatur verbliebe[110] oder schließlich die Wiederherstellung so lange dauern würde, dass sie dem Geschädigten schlechterdings nicht zumutbar wäre.[111] Die Abgrenzung zur Unmöglichkeit der Wiederherstellung ist häufig kaum möglich, im Ergebnis aber auch nicht erforderlich, da beide Varianten auf einen Geldersatzanspruch hinauslaufen.

1067 cc) **Unverhältnismäßigkeit, § 251 Abs. 2.** Schließlich ist ein Geldersatzanspruch auch unter den Voraussetzungen des § 251 Abs. 2 möglich: Der Schuldner kann nämlich den Geschädigten, also den Gläubiger, dann in Geld entschädigen, wenn die **Herstellung nur mit unverhältnismäßigen Aufwendungen möglich** ist. Diese Vorschrift dient dem Schuldnerschutz, der in der Situation, in der ihm eine Naturalrestitution ausnahmsweise nicht zumutbar ist, nicht zu einer solchen verpflichtet sein soll.[112] Hier werden die Interessen des Geschädigten also eingeschränkt, wenn die Naturalrestitution nur mit unverhältnismäßigen Aufwendungen zulasten des Schädigers möglich wäre.[113] Dann wird nicht das Herstellungsinteresse des Geschädigten ersetzt, sondern ausschließlich sein Wertinteresse.

1068 Dies gilt insbesondere beim sog. **„wirtschaftlichen Totalschaden"**. Dieser spielt eine besondere Rolle bei der Entschädigung eines Kraftfahrzeugs, was bereits zuvor angesprochen wurde.

Bsp.: Das Auto des G wird bei einem Unfall stark beschädigt; die Reparaturkosten würden den Wert des Fahrzeugs selbst überschreiten.

1069 Hier gilt die Grenze, die bereits erwähnt wurde, nämlich die 130 %. Der Geschädigte hat zwar prinzipiell ein Interesse daran, sein altes Fahrzeug weiter zu nutzen, es muss ihm also über die bloßen Reparaturkosten noch ein gewisser Zuschlag zugebilligt werden; doch geht die Rechtsprechung wie angesprochen von einem wirtschaftlichen Totalschaden dann aus, wenn die Reparaturkosten den Wert des

---

109 *Medicus*, Schuldrecht I, Rn. 591; Palandt/*Heinrichs*, BGB, § 251 Rn. 4.
110 Palandt/*Heinrichs*, BGB, § 251 Rn. 4 und Rn. 12; Bamberger/Roth/*Schubert*, BGB, § 251 Rn. 2.
111 Staudinger/*Schiemann*, BGB, § 251 Rn. 12; *Eckert*, Schuldrecht Allgemeiner Teil, Rn. 960.
112 *Eckert*, Schuldrecht Allgemeiner Teil, Rn. 961; *Medicus*, Schuldrecht I, Rn. 592; *Looschelders*, Schuldrecht Allgemeiner Teil, Rn. 961.
113 *Looschelders*, Schuldrecht Allgemeiner Teil, Rn. 961; Bamberger/Roth/*Schubert*, BGB, § 251 Rn. 11 ff.

Fahrzeugs vor dem Unfall um mehr als 30 % übersteigen.[114] Dann kommt eine Wiederherstellung nach § 249 nicht mehr in Betracht, stattdessen kann sich der Schuldner (also der Schädiger) auf die **Schuldnerschutzvorschrift** des § 251 Abs. 2 berufen und geltend machen, dass die Herstellung nur mit unverhältnismäßigen Aufwendungen möglich sei – in dieser Situation genügt also der Schuldner seiner Ersatzpflicht, wenn er den Geldersatz nach § 251 Abs. 2 leistet.

1070 Generell ist der Tatbestand des § 251 Abs. 2 sorgfältig zu prüfen. Ob also seine Voraussetzungen gegeben sind, ist nur im **Einzelfall** durch Abwägung der Schuldner- und Gläubigerinteressen festzustellen. Für den Bereich der Kraftfahrzeugschäden hat die Rechtsprechung allerdings die genannte Grenze gezogen. Generell wird die Grenze des § 251 Abs. 2 Satz 1, so kann man formulieren, erst dann überschritten, wenn die Herstellung für einen wirtschaftlich denkenden Geschädigten unternehmerisch unvertretbar ist.[115] Die Herstellungskosten sind also nur dann zu hoch, wenn sie ganz erheblich über dem Wiederbeschaffungswert liegen; die 130-%-Grenze aus dem Bereich der Kfz-Schäden kann hier als Richtschnur gelten.

1071 Nach § 251 Abs. 2 Satz 2 gelten **Besonderheiten**, wenn es um die Beschädigung eines Tieres geht. Hier wird der immaterielle Wert, den ein Tier für den Beschädigten in der Regel hat, in besonderer Weise berücksichtigt. Für die wie immer im Einzelfall vorzunehmende Prüfung der Verhältnismäßigkeit müssen diese besonderen Beziehungen, d. h. ausnahmsweise immaterielle Interessen des Geschädigten, mit in die Prüfung einfließen.[116]

3. Der Schadensbegriff – Umfang des Schadensersatzes

1072 Für die Berechnung des Schadensersatzes, also für die konkrete **Höhe** und seinen **Umfang**, sind verschiedene Aspekte zu berücksichtigen. Prinzipiell werden nur Vermögensschäden ersetzt. Dabei sollen jedoch gewisse Vorteile, die der Geschädigte durch das Schadensereignis gewinnt, ausgeglichen werden. Zu dem zu ersetzenden Vermögensschaden zählt in gewissen Grenzen, die § 252 zieht, auch ein entgangener Gewinn. Schließlich werden in Ausnahmefällen auch immaterielle Schäden ersetzt.

1073 a) **Vermögensschäden.** Der Umfang des Schadensersatzes konzentriert sich regelmäßig auf **Vermögensschäden**: Schäden werden also nur dann ersetzt, wenn sie das Vermögen des Geschädigten betreffen. Im Umkehrschluss sind prinzipiell Nichtvermögensschäden, also immaterielle Schäden, vom Schädiger nicht zu ersetzen. Etwas anderes gilt nur dann, wenn das Gesetz dies ausdrücklich vorsieht, wie aus § 253 deutlich wird. Für die Berechnung des Vermögensschadens gilt

---

114 Palandt/*Heinrichs*, BGB, § 249 Rn. 23; Bamberger/Roth/*Schubert*, BGB, § 249 Rn. 213; BGH NJW 1992, 305; BGH NJW 1999, 500.
115 MünchKomm/*Oetker*, BGB, § 251 Rn. 35.
116 Staudinger/*Schiemann*, BGB, § 251 Rn. 30; *Eckert*, Schuldrecht Allgemeiner Teil, Rn. 961.

dabei eine **Differenzregelung:** Die Höhe des Vermögensschadens wird dadurch ermittelt, dass man die gegenwärtige Lage mit derjenigen vergleicht, die ohne das Schadensereignis bestünde.[117] Dies folgt schon aus § 249 Abs. 1. Der Vermögensschaden besteht aus zwei Teilen: aus der Vermögenseinbuße auf der einen Seite (hier gilt die Differenzregelung) und dem entgangenen Gewinn auf der anderen Seite (dies folgt aus § 252, dazu später).

Bsp.: A verkauft dem B ein einmaliges, original signiertes Gemälde eines berühmten Künstlers, sagt dem B aber nicht, dass das Bild monatlich mit einer besonderen Wachslösung behandelt werden muss. Da B dies daher auch nicht tut, verblasst das Bild nach kurzer Zeit. – B macht nun dem A gegenüber einen Schadensersatz aus § 280 Abs. 1 BGB geltend. Er möchte vor allem 5.000 € erhalten, die er aus einem Weitererlös des Bildes erzielt hätte.

1074 Prinzipiell muss der **Schaden des Gläubigers konkret berechnet** werden, nur **in Ausnahmefällen** kann eine **abstrakte Berechnung** in Betracht kommen. Dies führt dazu, dass der Schädiger nur zum Ersatz des konkreten Schadens verpflichtet ist, also zum Ersatz desjenigen Schadens, der sich nach den besonderen Umständen des Einzelfalls ergibt.[118] Dabei kommt die angesprochene Differenzrechnung zum Tragen, so dass der Vermögensschaden in der konkreten Situation durch den Vergleich der beiden Parameter zu ermitteln ist.[119] Liegt ein vertraglicher Ersatzanspruch vor, gilt ebenfalls die Differenzrechnung. Dabei bildet sich der konkrete Schaden aus der **Differenz** zwischen dem **Preis des Deckungsgeschäfts** auf der einen und dem **Vertragspreis** auf der anderen Seite.

Bsp.: D verkauft dem E ein Fahrrad für 245 €. Vor der Übereignung wird das Rad aufgrund einer Unachtsamkeit des D gestohlen. D hat kein gleichwertiges Rad mehr, wohl aber der F, nur kostet es dort 276 €. E hat nun einen Anspruch aus §§ 280 Abs. 1 und 3, 283 auf Schadensersatz, also hier i.H.v. 31 €.

1075 Nur in **Ausnahmefällen** kommt eine **abstrakte Schadensberechnung** in Betracht. Dann erfolgt eine Schadensberechnung nach dem gewöhnlichen Verlauf der Dinge, die unabhängig von den besonderen Umständen des einzelnen, konkreten Schadensverlaufs besteht.[120] Von einer solchen abstrakten Schadensberechnung kann jedoch nur dann ausgegangen werden, wenn das Gesetz sie dem Gläubiger ausnahmsweise zubilligt. Dies ist etwa nach § 288 Abs. 1 der Fall.[121] Der wesentliche Unterschied im Verhältnis zur konkreten Schadensberechnung liegt in der Beweiserleichterung für den Geschädigten.[122] Denn beim konkreten Schaden ist

---

117 Vgl. MünchKomm/*Oetker*, BGB, § 249 Rn. 1; *Westermann/Bydlinski/Weber*, BGB – Schuldrecht Allgemeiner Teil, § 14 Rn. 11; BGH NJW 1994, 2357.
118 *Eckert*, Schuldrecht Allgemeiner Teil, Rn. 961; Bamberger/Roth/*Schubert*, BGB, § 249 Rn. 11.
119 BGHZ 27, 181 (183); BGH NJW 1994, 2357; insgesamt zu den Berechnungsmöglichkeiten *Bätz*, JA 2006, 60.
120 *Eckert*, Schuldrecht Allgemeiner Teil, Rn. 961; Schlechtriem/Schmidt-Kessel, Schuldrecht Allgemeiner Teil, Rn. 280.
121 Bamberger/Roth/*Schubert*, BGB, § 249 Rn. 14; AnwK-BGB/*Magnus*, §§ 249–255 Rn. 112.
122 BGH NJW 2000, 1409 (1410).

der Schädiger verpflichtet, die ihm entstandenen wirtschaftlichen Nachteile im Einzelnen darzulegen und zu beweisen.[123] Diese Darlegungs- und Beweislast entfällt beim abstrakten Schaden, der daher nur in sehr seltenen Fällen gesetzlich vorgesehen ist.

Für den Umfang des konkret zu berechnenden Schadens gilt **keine Beschränkung auf den objektiven Wert**: Der Gläubiger kann nicht nur den Ersatz des allgemeinen Werts verlangen, d. h. desjenigen Wertes, den der Gegenstand, der zu ersetzen ist, für jedermann hat und der nach rein objektiven Maßstäben zu bestimmen ist.[124] Der Geschädigte kann vielmehr auch Ersatz desjenigen Wertes verlangen, den der Gegenstand gerade für ihn hat. Dies ergibt sich unmittelbar aus §§ 249 ff. und auch aus dem Grundsatz der konkreten Berechnung. Nicht anders ist auch die Funktion des Schadensersatzrechts umzusetzen, die dem Ausgleich der eingetretenen Vermögensbuße dienen soll.[125]

Bsp.: B zerstört die Futtermaschine des Landwirts L; infolgedessen geht eine wertvolle, mehrfach prämierte Kuh des L ein. – L kann nun nicht bloß Ersatz für den Wert der Maschine und eine „gewöhnliche" Kuh verlangen, sondern gerade auch denjenigen für das eingegangene wertvolle Tier.

Davon **abzugrenzen** ist jedoch das bereits angesprochene **Affektionsinteresse**; der persönliche Liebhaber- oder Erinnerungswert ist also nicht zu ersetzen.[126] Es muss stets um eine Einbuße im Vermögen gehen! Diese Einbuße im Vermögensinteresse und dem Vermögenswert fehlt hingegen beim sog. Affektionsinteresse.

b) **Entgangener Gewinn**, § 252. Ebenfalls vom Schadensersatzanspruch erfasst und in die Berechnung des Umfangs des Schadensersatzes einzubeziehen ist in bestimmten Grenzen der **entgangene Gewinn**. Dies folgt aus § 252. Der Geschädigte soll ja gem. § 249 Abs. 1 so gestellt werden, wie er stünde, wenn das schädigende Ereignis nicht eingetreten wäre. Daraus folgt konsequenterweise, dass bei der Schadensberechnung auch der entgangene Gewinn mit einzubeziehen ist. Er beeinflusst die Höhe des zu ersetzenden Schadens.[127]

Bsp.: Hat A den Wagen des B zugeparkt, so dass dieser nicht mit seinem Wagen fahren kann, ist der B in seinem Eigentum an seinem Fahrzeug verletzt. Er hat einen Schadensersatzanspruch aus § 823 Abs. 1 gegen A. Die Höhe dieses Schadensersatzanspruchs folgt dann aus den §§ 249 ff. Hat nun B einen wichtigen Geschäftstermin auf diese Weise verpasst, weil er seinen Wagen nicht nutzen konnte, und ist ihm dadurch ein Auftrag i.H.v. 10.000 € entgangen, so ist dies ein entgangener Gewinn. § 252 Satz 1 stellt in diesem Zusammenhang klar, dass der zu ersetzende Schaden auch diesen entgangenen Gewinn, d. h. den Auftragsverlust und den Verdienstausfall, umfasst.

---

123 *Schlechtriem/Schmidt-Kessel*, Schuldrecht Allgemeiner Teil, Rn. 280; *Eckert*, Schuldrecht Allgemeiner Teil, Rn. 961.
124 *Brox/Walker*, Allgemeines Schuldrecht, § 31 Rn. 12 f.
125 BGH VersR 2004, 1180 (1181); BGH NJW 2004, 2526 (2528).
126 *Brox/Walker*, Allgemeines Schuldrecht, § 31 Rn. 14.
127 *Eckert*, Schuldrecht Allgemeiner Teil, Rn. 964.

1079 An diesem Beispiel wird deutlich, dass § 252 BGB nicht nur für vertragliche Ersatzansprüche gilt, sondern **für alle Schadensersatzansprüche**, die sich aus dem BGB ergeben können. Insbesondere sind also auch deliktische Ansprüche hier erfasst.[128]

1080 **Entgangen** ist ein Gewinn, sobald eine tatsächliche Erwerbsaussicht vorliegt.[129] Dies war in dem vorher genannten Beispiel der Fall. Hier gilt jedoch nach der ganz überwiegenden Ansicht zumindest eine Einschränkung. Denn ein entgangener Gewinn, der durch einen Verstoß gegen ein gesetzliches Verbot oder gegen die guten Sitten erzielt werden soll, wird als nicht ersatzfähig angesehen.[130] Entscheidend für die Beurteilung, ob ein Gewinn angefallen wäre, ist nach dem zuvor Gesagten, ob eine **tatsächliche Erwerbsaussicht** besteht. Doch muss deutlich werden, dass nicht ausschließlich der Gewinn zu ersetzen ist, der zur Zeit des schädigenden Ereignisses mit Wahrscheinlichkeit vorauszusehen ist. Vielmehr ist die Wahrscheinlichkeit des Gewinns aus einer nachträglichen Prognose heraus zu beurteilen.[131] Maßgeblich ist eine Sicht ex post: Aus ihr heraus ist zu bestimmen, ob ein möglicher Vermögenszuwachs beim Geschädigten aufgrund des schädigenden Ereignisses ausgeblieben ist.

1081 Da eine solche Beurteilung im Nachhinein häufig sehr schwierig ist, sieht § 252 Satz 2 eine **Beweiserleichterung** zugunsten des Geschädigten vor.[132] Nach dieser Beweiserleichterung ist der Geschädigte nur verpflichtet, diejenigen Umstände zu beweisen, aus denen sich die Wahrscheinlichkeit des Gewinneintritts ohne das Schadensereignis ergibt. Der Gläubiger muss, mit anderen Worten, die Umstände darlegen und gegebenenfalls beweisen, aus denen der Gewinn mit Wahrscheinlichkeit erwartet werden konnte.[133] Kann der Geschädigte diese Wahrscheinlichkeit und diese Umstände darlegen, wird vermutet, dass der Gewinn auch tatsächlich gemacht worden wäre.[134] Gegen diese Umstände kann der Schädiger seinerseits antreten und darlegen bzw. beweisen, dass der Gewinn dann tatsächlich aus bestimmten Gründen nicht erzielt worden wäre.

Bsp.: Beschädigt A bei B Waren, die dieser üblicherweise zu einem gewissen Marktpreis verkauft, hat B einen Schadensersatzanspruch gegen A aus § 823 Abs. 1, dessen Höhe nach §§ 249 ff. berechnet wird. Hinsichtlich des entgangenen Gewinns, den B auch geltend machen kann, wird nun vermutet, dass er sie zum regulären Marktpreis hätte absetzen können. Legt er diesen regulären Marktpreis dar, greift die Vermutung des § 252 Satz 2 zu seinen Gunsten ein. Nun kann sich der Schädiger A nur dann aus diesem Schadensersatzanspruch hinsichtlich des entgangenen Schadens befreien, wenn er seinerseits bestimmte Umstände darlegt und gegebenenfalls auch beweist, dass etwa der marktübliche Preis des-

---

128 Vgl. hierzu *Armbrüster*, JuS 2007, 508 (509).
129 *Eckert*, Schuldrecht Allgemeiner Teil, Rn. 965.
130 BGHZ 67, 127; BGHZ 75, 268; Palandt/*Heinrichs*, BGB, § 252 Rn. 3; MünchKomm/*Oetker*, BGB, § 252 Rn. 7.
131 Bamberger/Roth/*Schubert*, BGB, § 252 Rn. 4; MünchKomm/*Oetker*, BGB, § 252 Rn. 6.
132 BGH NJW 1970, 1411; BGH NJW-RR 2001, 1542; BGH NJW 2002, 2553; BGH NJW 2004, 1389.
133 BGH NJW 1964, 661.
134 Bamberger/Roth/*Schubert*, BGB, § 252 Rn.32.

c) **Vorteilsausgleichung.** Angesichts der grundlegenden Prinzipien des Schadensrechts, insbesondere des Prinzips der Naturalrestitution und der Vorstellung vom Bereicherungsverbot ist unter bestimmten Umständen zu berücksichtigen, dass der **Geschädigte** aus einem Schadensereignis auch **Vorteile** zieht. Diese sollen dann vom Schädiger nicht ersetzt werden müssen. Man spricht in diesem Zusammenhang von der sog. „Vorteilsausgleichung". Damit meint man genau diese Situation, dass nämlich das zum Schadensersatz verpflichtende Ereignis dem Geschädigten neben den Nachteilen auch gewisse Vorteile gebracht hat.[135] Dies ist grundsätzlich bei der Schadensberechnung mit zu berücksichtigen, weil ja der erlittene Schaden zwar wieder gut gemacht, der Geschädigte aber auf der anderen Seite nicht besser gestellt werden soll, als er ohne das Ereignis stünde (vgl. den Wortlaut des § 249 Abs. 1). **1082**

„Vorteilsausgleichung" darf aber nicht falsch verstanden werden, so, als hätte der Schädiger nun seinerseits einen Gegenanspruch gegen den Geschädigten. Dies würde zu weit führen – stattdessen geht man davon aus, dass der **Wert des Vorteils**, den der Geschädigte ausnahmsweise durch das Schadensereignis erhält, einen **Rechnungsposten** bei der gesamten Schadensberechnung darstellt.[136] Das bedeutet, dass der Schädiger im Ergebnis nur die Differenz von Schaden und Vorteil ersetzen muss[137], wobei die entscheidende Frage ist, inwieweit diese Vorteile auch auf den Schaden anzurechnen sind. **1083**

Bsp.: A verletzt den B, so dass dieser mehrere Tage im Krankenhaus liegen muss. Nun erspart B während dieses Krankenhausaufenthaltes diejenigen Kosten, die er sonst üblicherweise zu Hause für Nahrung und Getränke aufwenden müsste, die ihm nun aber die Krankenkasse zahlt. Er spart genauso die Kosten für die Beheizung seiner Wohnung. Sind diese Kosten als Vorteile von dem Schaden abzuziehen?

Die **Einzelheiten** zu der Frage des Umfangs der Vorteilsausgleichung sind sehr **umstritten**. Es werden sehr unterschiedliche Ansätze vertreten. Die Rechtsprechung hat versucht, die Vorteilsausgleichung in gewisse Bahnen zu lenken. Sie macht deren Berücksichtigung im Wesentlichen von zwei Voraussetzungen abhängig. Bei der Schadensberechnung sind nach der Rechtsprechung erstens von vornherein solche Vorteile nicht zu berücksichtigen, die mit dem Schadensereignis nicht in einem adäquaten Kausalzusammenhang stehen.[138] Für die Vorteilsausgleichung muss der Vorteil also adäquat durch das schadensstiftende Ereignis verursacht worden sein. Darüber hinaus verlangt die Rechtsprechung zweitens, dass die Anrechnung des erhaltenen Vorteils dem Geschädigten auch zumutbar ist, dass sie dem Zweck des Schadensersatzes entspricht und schließlich auch den Schädiger nicht unbillig entlastet.[139] Das bedeutet, dass selbst adäquat verursachte **1084**

---

135 *Looschelders*, Schuldrecht Allgemeiner Teil, Rn. 929; s. hierzu auch *Henke*, in: Festschr. für Horst Hagen, 1999, S. 371.
136 RGZ 146, 275.
137 *Westermann/Bydlinski/Weber*, BGB – Schuldrecht Allgemeiner Teil, § 14 Rn. 28.
138 BGHZ 49, 61; BGHZ 81, 275; zum Begriff der Adäquanz vgl. oben Rn. 1002.
139 BGH NJW 1990, 1360.

Vorteile nur dann anrechenbar sind, wenn dies im Ergebnis dem Sinn und Zweck der Schadensersatzpflicht entspricht.[140] Die Interessenlage aller Beteiligten ist dabei nach den zuvor genannten Parametern ausreichend zu würdigen.[141]

1085 Wann diese beiden Voraussetzungen, wann vor allem die zweite Voraussetzung mit ihren drei Bereichen erfüllt sind, lässt sich nicht abstrakt benennen; die Rechtsprechung hat daher weitgehend versucht, sich mit einer **Fallgruppenbildung** schwierige Abgrenzungsprobleme zu ersparen. Es gibt also unterschiedliche Fallgruppen, in denen nach gesetzlicher Rechtsprechung eine Anrechnung erfolgt bzw. abgelehnt wird.

1086 Eine **erste Fallgruppe** ergibt sich im Hinblick auf **Leistungen Dritter**, die nach Ansicht der Rechtsprechung nicht in die Vorteilsausgleichung mit einzubeziehen sind. Vertraglich oder gesetzlich geschuldete Leistungen Dritter, die der Geschädigte anlässlich des Schadensfalls von diesem Dritten erhält, haben regelmäßig nur ein Ziel, nämlich die Hilfe für den Geschädigten. Sie sollen aber nicht den Schädiger von seiner Ersatzpflicht entlasten.

Bsp.: In dem obigen Beispiel *(unter Rn. 1083)* erhält B Leistungen seiner Krankenkasse, die als Leistungen Dritter in diesem Sinne angesehen werden können.

1087 Hier ist die Rechtsprechung seit jeher der Ansicht, dass **keine Anrechnung** erfolgt.[142] Diese Überlegungen gelten insbesondere für Versicherungsleistungen. Häufig wird jedoch hier schon ohnehin kein Vorteil vorliegen, denn meist ist in diesem Zusammenhang eine Legalzession angeordnet. Erhält etwa der Geschädigte aufgrund des Schadensereignisses von einer Unfall- oder Sachversicherung einen Ersatzanspruch, durch den er den entstandenen Schaden wieder gutmachen kann, so geht meist aufgrund einer gesetzlichen Bestimmung der Anspruch des Geschädigten gegen den Schädiger auf die Versicherung über. Da es hier also einen gesetzlichen Forderungsübergang gibt, stellt sich das Problem der Vorteilsausgleichung in aller Regel nicht, da der Geschädigte keinen Vorteil erlangt. Doch kann es hier auch zu freiwilligen Leistungen Dritter kommen; dann greift keine Legalzession ein, doch sollen diese freiwilligen Leistungen nicht anzurechnen sein, weil auch sie nur dem Geschädigten zugute kommen sollen, nicht hingegen dem Schädiger Entlastung verschaffen.[143]

1088 Eine **zweite Fallgruppe** wird im Hinblick auf **eigene Leistungen des Geschädigten** gebildet. Ist ein Schaden eingetreten und hat der Geschädigte selbst dazu beigetragen, diesen Schaden zu beseitigen, so hängt es von einer Wertungsentscheidung ab, ob der Schädiger hierdurch entlastet werden soll. Diese wird regelmäßig anhand des Gedankens des § 254 Abs. 2 vorgenommen. Daraus folgt, dass schadensmindernde Leistungen des Geschädigten selbst nur dann zu berücksichtigen

---

140 BGHZ 10, 107.
141 *Eckert*, Schuldrecht Allgemeiner Teil, Rn. 971; *Brox/Walker*, Allgemeines Schuldrecht, § 31 Rn. 22.
142 BGHZ 7, 30.
143 BGHZ 21, 117; BGH NJW 1970, 1122.

sind, soweit sie auch nach § 254 Abs. 2 bzw. dessen Wertungen geboten waren.[144] Das bedeutet insbesondere, dass solche Anstrengungen zur Schadensbeseitigung oder Schadensminderung, die über diese dort postulierte Pflicht hinausgehen, den Schädiger nicht entlasten sollen.[145] Ohne weiteres angerechnet werden jedoch ersparte Aufwendungen, eigentlich ein Grundfall der Vorteilsausgleichung.

Bsp.: Hat etwa der im Krankenhaus liegende B aus dem vorherigen Beispiel *(unter Rn. 1083)* entsprechende Aufwendungen wie Nahrungsmittel oder Heizkosten erspart, so sind solche ersparte Lebenshaltungskosten während eines Krankenhausaufenthaltes in den Vorteilsausgleich mit einzubeziehen, der Geschädigte kann derartige Kosten nicht vom Schädiger ersetzt verlangen.[146] Dies gilt etwa auch, wenn ein Arbeitnehmer verletzt wird, er infolgedessen seine Arbeitsstelle nicht mehr aufsuchen kann und er somit Wegekosten erspart – in diesem Fall sind auch diese ersparten Nebenkosten in die Vorteilsausgleichung mit einzubeziehen.[147]

Eine besonders **schwierige Fallgruppe** in diesem Zusammenhang sind Fälle, in denen eine Wertsteigerung eingetreten ist. Gemeint sind solche Fälle, in denen der Geschädigte beim Ersatz von Alt durch Neu nicht nur einen Schadensausgleich erhält, sondern zugleich auch noch einen Vermögensvorteil.[148] Wie mit dieser Situation umzugehen ist, ist sehr schwierig und dogmatisch kaum stringent zu lösen. Die Rechtsprechung versucht hier, einen pragmatischen Weg zu gehen. **1089**

Bsp.: Hat der A das Auto des B dadurch beschädigt, dass er einen Lackschaden verursacht hat und erhält nunmehr B statt einer Neulackierung eine neue Tür, so ist diese mehr wert als die ursprüngliche alte, möglicherweise schon verbeulte Tür. Muss nun dieser Vorteil ausgeglichen werden, der darin liegt, dass der Geschädigte eine neue Sache bekommen hat, die mehr wert ist als die ursprüngliche alte?

Kommt in diesem Zusammenhang ausschließlich eine Lieferung einer neuen Sache in Betracht, dann geht zumindest der BGH davon aus, dass bei einer Naturalherstellung, die eigentlich geboten wäre, regelmäßig ein Ausgleich vom Geschädigten an den Schädiger zu leisten ist, und zwar in Höhe des Mehrwerts: Der Geschädigte muss sich also, wenn sich eine gebrauchte Sache ausschließlich durch eine neue ersetzen lässt, damit abfinden, dass er dem Schädiger einen **Abzug „Neu für Alt"** leisten muss, der nach der Billigkeit zu bemessen ist.[149] Dieser Ausgleich hat dann in Geld zu erfolgen – dabei bleibt jedoch völlig offen, auf welcher Grundlage dieser Ausgleich zu leisten ist. Der BGH ist jedoch in dieser Wertung eindeutig.[150] Bei Geldersatz ist dieser Vorgang etwas einfacher, da dann vom Wiederbeschaffungspreis für eine neue Sache lediglich ein entsprechender Abzug gemacht werden muss. Doch auch hier ist die dogmatische Begründung unklar. **1090**

---

144 *Eckert*, Schuldrecht Allgemeiner Teil, Rn. 971; Palandt/*Heinrichs*, BGB, vor § 249 Rn. 125.
145 BGH NJW 2005, 1047.
146 BGH NJW 1971, 240.
147 BGH NJW 1980, 1787.
148 Palandt/*Heinrichs*, BGB, vor § 249 Rn. 119; Westermann/Bydlinski/Weber, BGB – Schuldrecht Allgemeiner Teil, § 14 Rn. 28.
149 BGH NJW 1997, 520; MünchKomm/*Oetker*, BGB, § 249 Rn. 333; Staudinger/*Schiemann*, BGB, § 175 f.
150 BGHZ 102, 331.

1091 d) **Immaterielle Schäden, § 253.** Neben den materiellen Vermögensschäden kann der Geschädigte **unter bestimmten Voraussetzungen**, die allerdings nur eng umgrenzt vom BGB vorgesehen und zugelassen sind, auch **immaterielle Schäden** ersetzt verlangen. Dabei sind diese Nichtvermögensschäden zunächst von den Vermögensschäden abzugrenzen, bevor über ihre Ersatzfähigkeit nachgedacht werden kann. Darüber hinaus sieht § 253 Abs. 2 noch zusätzlich die Möglichkeit eines Schmerzensgelds in bestimmten Fällen vor.

1092 aa) **Nichtvermögensschäden in Abgrenzung zu Vermögensschäden.** Die grundlegende Systematik des BGB geht davon aus, dass **regelmäßig nur Vermögensschäden** zu ersetzen sind. Dies folgt aus der Regelung in § 253 Abs. 1, der vorsieht, dass wegen eines Schadens, der nicht Vermögensschaden ist, Entschädigung in Geld nur in den durch das Gesetz bestimmten Fällen gefordert werden kann. Diese Regelung macht die Vorstellung des Gesetzgebers deutlich, dass allein Vermögenseinbußen zu einem Schadensersatzanspruch berechtigen, wenn er nicht selbst etwas anderes ausnahmsweise in seinen Regelungen vorgesehen hat. Immaterielle Schäden sind also prinzipiell von dem Schadensersatzrecht ausgeschlossen.[151] Hinter § 253 Abs. 1 steht die Idee, dass immaterielle Lebensgüter nicht in gleicher Weise dem Schadensersatz zugänglich seien wie Vermögensgüter; immaterielle Schäden könnten mit Geld letztlich nicht aufgewogen werden.[152] Immaterielle Schäden, die sich nicht in einer konkreten Vermögensminderung wieder finden, können also prinzipiell nicht vom Schadensersatz erfasst sein.

1093 Zwar hat sich dies infolge der **Schuldrechtsreform** insofern geändert, als § 253 Abs. 2 einen konkreten Schmerzensgeldanspruch für bestimmte Fälle vorgesehen hat. Doch sind diese Ansprüche, die dort geregelt sind und ausnahmsweise einen Schadensersatzanspruch auch im Hinblick auf immaterielle Schäden eröffnen, nur für seltene bzw. wenige Ausnahmegruppen vorgesehen, so dass es bei dem Grundprinzip bleibt: Schäden werden nur erfasst, sofern es sich um Vermögensschäden handelt.

1094 Die zuvor schon dargelegte **Differenzberechnungsmethode**[153] kann nur bei Vermögensschäden eingreifen. Nun stellt sich allerdings aufgrund der strikten Ablehnung des BGB, auch immaterielle Schäden dem Schadensersatz zu unterwerfen, wenn dies nicht eigens angeordnet ist, die Frage, ob nicht möglicherweise verschiedene **Schadensposten als Vermögensschäden** zu qualifizieren sind, **obwohl** sie **zunächst als Nichtvermögensschaden** erscheinen. Es gibt in der Tat in der Rechtsprechung und Literatur die Tendenz, den Begriff des Vermögensschadens insofern auszudehnen. Diese Ausdehnung hat ein bestimmtes Ziel: Eigentlich als Nichtvermögensschäden einzuordnende Einbußen sollen auf diese Weise dem Schadensersatz zugänglich gemacht werden.

1095 Es haben sich daher **unterschiedliche Fallgruppen** gebildet, die eigentlich als Nichtvermögensschaden anzusehen wären, die jedoch unter bestimmten Gesichtspunkten mittlerweile als Vermögensschäden gelten. Infolgedessen sind sie dann

---

151 *v. Mayenburg*, VersR 2002, 278 (280).
152 Protokolle I, S. 622.
153 Vgl. oben Rn. 1073.

auch nach § 251 vom Schadensersatz erfasst. Dies gilt zunächst dann, wenn ein Arbeitnehmer oder ein im Haushalt tätiger Ehepartner verletzt wird.

Bsp.: A verletzt den Ehegatten der F, der regelmäßig im Haushalt tätig ist. – In diesem Fall haben die im Haushalt erbrachten Tätigkeiten, die eigentlich keinen Vermögenswert darstellen, gleichwohl als Unterhaltsleistung Vermögenswert, so dass dann auch ein Schaden des verletzten Ehegatten selbst vorliegt, wenn er aufgrund einer Verletzung nicht seinen Pflichten aus §§ 1356, 1360 Satz 2 nachkommen kann.[154]

Wichtiger ist, dass bestimmte immaterielle Vorteile im Wege der **Kommerzialisierung** heute als Vermögenswerte gelten, wenn sie im wirtschaftlichen Verkehr nur gegen ein Entgelt zu erlangen sind. Dies ist insbesondere im Hinblick auf **Gebrauchsvorteile** der Fall.

Bsp.: A beschädigt den Pkw des B. Dieser kann seinen Wagen nun einige Tage nicht nutzen. – Die Nutzungsmöglichkeit des eigenen Pkw ist aber nun ein Gebrauchsvorteil in diesem Sinne: Die Nichtnutzungsmöglichkeit stellt zwar eigentlich einen immateriellen Wert dar; doch ist die Rechtsprechung hier dazu übergegangen, auch die fehlende Nutzungsmöglichkeit als Vermögenswert anzusehen – und schon ist man im Bereich des Vermögensschadens, obwohl eine konkret messbare Vermögenseinbuße in erster Linie und auf den ersten Blick nicht erkennbar ist.[155]

Schließlich macht sich die Kommerzialisierung im Hinblick auf Nichtvermögensschäden auch bei entgangenen **Urlaubs- und Freizeitfreuden** bemerkbar. Auch hier steht eigentlich in erster Linie die Verletzung immaterieller Güter im Vordergrund, wenn etwa ein Urlaub nicht wie geplant durchgeführt werden kann. Auch hier ist die Rechtsprechung jedoch dazu übergegangen, eine Vermögenseinbuße zu sehen. Infolgedessen handelt es sich hierbei häufig nicht um immaterielle Schäden i. S.v. § 253, sondern um einen Fall eines Vermögensschadens.[156]

Liegt trotz der zuvor vorgestellten bzw. angesprochenen Fälle der Kommerzialisierung ein **Schaden im rein immateriellen Bereich** vor, so ist ein Ersatzanspruch in Geld in diesen Fällen ausgeschlossen, sofern das Gesetz nicht ausnahmsweise die Ersatzfähigkeit vorsieht. Dies ist die Kernaussage des § 253 Abs. 1. Einige wenige Ausnahmen kennt das Gesetz tatsächlich, in denen also ein immaterieller Anspruch ausnahmsweise auszugleichen ist: Der Wichtigste ist § 253 Abs. 2, also ein Anspruch auf Schmerzensgeld, der sogleich ausführlich angesprochen wird. Wichtig ist darüber hinaus ein Entschädigungsanspruch aus den Regelungen des Allgemeinen Gleichbehandlungsgesetzes in § 15 Abs. 2 AGG sowie in § 651f Abs. 2. Doch handelt es sich hierbei um seltene Ausnahmen, in der Regel bleibt es bei dem Grundsatz, dass immaterielle Schäden nicht zu ersetzen sind.

bb) **Schmerzensgeld.** Die Regelung des § 253 **Abs. 2** stellt eine zentrale **Ausnahme** von dem zuvor geschilderten Grundsatz dar, dass Nichtvermögensschäden regelmäßig nicht zu ersetzen sind. Denn hier sieht das Gesetz selbst eine Norm vor, der zufolge eine billige Entschädigung in Geld vom Schädiger verlangt werden

---

154 BGHZ 50, 306.
155 Zum Verlust von Gebrauchsvorteilen vgl. unten Rn. 1107.
156 Dazu sogleich ausführlich in Rn. 1114.

kann, obwohl kein Vermögensschaden vorliegt. Voraussetzung ist jedoch, dass eine der eng umgrenzten Tatbestandsvarianten dieser Vorschrift erfüllt ist.

1100 § 253 Abs. 2 ist **nicht als eigenständige Anspruchsgrundlage** zu sehen, vielmehr setzt die Norm bereits voraus, dass ein Schadensersatzanspruch gegeben ist, dass also ein Schädiger einem Geschädigten aus § 823 Abs. 1 zum Schadensersatz verpflichtet ist. Der Schadensersatz folgt dann ja in seinem Umfang den Vorschriften der §§ 249 ff. In den besonderen Fällen des § 253 Abs. 2 kann über den reinen Vermögensschaden hinaus noch ein weiterer, immaterieller Schaden ersetzt werden, nämlich durch die Zahlung eines sog. „Schmerzensgeldes". Es genügt also für einen solchen Anspruch auf Schmerzensgeld nicht, dass irgendein Rechtsgut verletzt ist, vielmehr muss eines der in § 253 Abs. 2 genannten Rechtsgüter vom Schädiger in Mitleidenschaft gezogen worden sein.[157] Es muss also entweder eine Verletzung des Körpers vorliegen, der Gesundheit oder der Freiheit, oder es muss zu einer Verletzung der sexuellen Selbstbestimmung gekommen sein. Dies führt umgekehrt dazu, dass ein Schadensersatzanspruch wegen einer Vertragsverletzung ohne Verletzung einer der in § 253 Abs. 2 genannten Lebensgüter keinen Anspruch auf Schmerzensgeld nach sich ziehen kann.[158] Die inhaltliche Ausfüllung der in § 253 Abs. 2 genannten Tatbestandsmerkmale richtet sich dabei nach denjenigen Kriterien, die auch in § 823 Abs. 1 zum Tragen kommen. Dies gilt also für die Verletzung der körperlichen Integrität ebenso wie für die Frage der Freiheitsverletzung.

Bsp.: A hat den B an seiner Gesundheit verletzt, indem er ihm in einer Schlägerei das Nasenbein gebrochen hat. – Der haftungsbegründende Tatbestand des § 823 Abs. 1 liegt vor. Nach § 253 Abs. 2 kann dann der Umfang des zu ersetzenden Schadens über den bloßen Vermögensschaden hinaus erweitert werden: B kann daher neben den Reparaturkosten bzw. den Heilungskosten für seine gebrochene Nase auch eine billige Entschädigung in Geld verlangen.

1101 Bei der **Berechnung** der **Höhe** dieser „**billigen Entschädigung in Geld**" muss die **Funktion** des Schmerzensgeldanspruchs in den Blick genommen werden. Diese ist allerdings nicht ganz klar. Nach Ansicht des BGH herrschte lange Zeit die Vorstellung vor, dass es um den Ausgleich des immateriellen Schadens ginge.[159] Doch ist die Rechtsprechung nunmehr davon überzeugt, dass es sich vielmehr um einen Anspruch eigener Art handele, der insbesondere von einem reinen Schadensersatzanspruch abzugrenzen sei. Denn der Schmerzensgeldanspruch habe neben der Ausgleichsfunktion im Wesentlichen **Genugtuungsfunktion** zu verfolgen, so dass es um eine Doppelfunktion des Schmerzensgeldes gehe. Dies führt nach Ansicht des BGH dazu, dass bei der Bemessung des Schmerzensgeldes „alle in Betracht kommenden Umstände des Falles" zu berücksichtigen seien, insbesondere auch der Grad des Verschuldens sowie die wirtschaftlichen Verhältnisse der Parteien.[160]

---

[157] MünchKomm/*Oetker*, BGB, § 249 Rn. 10; Palandt/*Heinrichs*, BGB, § 253 Rn. 4.
[158] Palandt/*Heinrichs*, BGB, § 253 Rn. 8.
[159] S. BGHZ 7, 223 (226).
[160] BGHZ 18, 149 (157).

Wie hoch im Einzelnen die zu gewährende billige Entschädigung in Geld dann ist, muss also einer Einzelfallentscheidung vorbehalten sein. Gewisse Richtwerte hat die Rechtsprechung im Laufe der Zeit entwickelt. Besondere Schwierigkeiten hat immer eine ganz besondere Form der immateriellen Schäden bereitet, nämlich ein Schmerzensgeld im Hinblick auf eine Persönlichkeitsverletzung. Durch die Schuldrechtsreform im Jahre 2002 und die dort erfolgte Einführung des § 253 Abs. 2 hat sich insofern Neues ergeben, als die allgemeine Persönlichkeit und ihre Verletzung in dieser Norm nicht genannt sind. Gleichwohl herrscht unverändert die Auffassung vor, dass auch die **Verletzung des allgemeinen Persönlichkeitsrechts** eine Entschädigung nach sich zieht, obwohl es sich hier stets nur um Nichtvermögensschäden handelt. Doch diese Einschätzung, dass es sich „nur" um Nichtvermögensschäden handelt, stimmt nur auf den ersten Blick! Denn im Wege der oben bereits angedeuteten Kommerzialisierung ist gerade auch beim Persönlichkeitsrecht immer stärker die Tendenz festzustellen, dass man bei Verletzungen dieses Rechts auch von einem Vermögensschaden ausgeht. Unabhängig von § 253 Abs. 2 besteht also in diesen Fällen unmittelbar aus § 823 Abs. 1 i. V. m. § 249 bzw. § 251 ein Schadensersatzanspruch. Rechtsgrundlage für diesen Anspruch ist also die Verletzung des als absoluten Rechts i. S. d. § 823 Abs. 1 anerkannten allgemeinen Persönlichkeitsrechts.

1102

Bsp.: Eine solche kommerzialisierte Einschätzung liegt insbesondere dort vor, wo Fotos von Prominenten in Zeitschriften veröffentlicht werden, ohne dass entsprechende Grenzen beachtet werden. Hier kann also eine Ersatzforderung geltend gemacht werden, auch wenn hier eigentlich ein immaterieller Schaden vorliegt und § 253 Abs. 2 das allgemeine Persönlichkeitsrecht nicht erwähnt.

Doch war schon vor der Schuldrechtsreform, durch die sich insofern nichts geändert hat, anerkannt, dass das **allgemeine Persönlichkeitsrecht** besonders geschützt werden muss, was sich nach der Rechtsprechung des Bundesverfassungsgerichts aus dem Schutzauftrag der Art. 1 und 2 GG ergeben hat.[161] An dieser grundlegenden Orientierung wollte der Gesetzgeber der Schuldrechtsreform nichts ändern und hat daher darauf verzichtet, einen Anspruch auf Schmerzensgeld aus der Verletzung des allgemeinen Persönlichkeitsrechts in § 253 Abs. 2 einzugliedern, weil es sich eben nicht um ein Schmerzensgeld, sondern letztlich um ein Rechtsinstitut eigener Art handele. Hier kämen eher die Grundsätze der Schadensersatzberechnung im Hinblick auf die Kommerzialisierung des Persönlichkeitsrechts zum Tragen.[162]

1103

Wie hoch Schmerzensgeldansprüche wegen einer Körperverletzung oder auch im Hinblick auf eine Freiheitsverletzung sind, ist, wie bereits angesprochen, aus den Umständen des Einzelfalls zu ermitteln. Dabei haben für die billige Entschädigung unterschiedliche Kriterien mit in die Berechnung einzufließen, wie Ausmaß und Schwere der Verletzung, Schmerzen, Leiden, Entstellungen, Arbeitsunfähigkeit, Dauer einer ärztlichen Behandlung etc.[163] Die Praxis orientiert sich insbesondere

1104

---

161 BVerfGE 34, 269; BGH NJW 1996, 984.
162 BT-Drucks. 14/7752, S. 24.
163 Vgl. den umfassenden Überblick bei Bamberger/Roth/*Schubert*, BGB, § 253 Rn. 29 ff.

an sog. **Schmerzensgeldtabellen**, die die von der Rechtsprechung bislang zuerkannten Beträge für typische Verletzungen auflisten.[164]

1105 **Im Ergebnis** bleibt also hinsichtlich der immateriellen Schäden Folgendes festzuhalten: Ist vom Gesetz nichts anderes vorgeschrieben, fallen immaterielle Schäden nicht in den Bereich des Schadensersatzrechts. Nach § 253 Abs. 1 sind sie, wo gesetzlich nicht ausdrücklich erfasst, vom Schadensersatz nicht erreicht. Eine besondere Ausnahmevorschrift ist jedoch § 253 Abs. 2. Nach dieser Vorschrift ist ein immaterieller Schaden durch ein Schmerzensgeld zu ersetzen, wenn die dort genannten Tatbestände erfüllt sind. § 253 Abs. 2 ist dann allerdings keine eigene Anspruchsgrundlage, sondern füllt nur einen bestehenden Schadensersatzanspruch etwa aus § 823 Abs. 1 aus. Darüber hinaus gibt es die besonderen Regelungen und Entwicklungen zur Verletzung des allgemeinen Persönlichkeitsrechts. Dieses ist in § 253 Abs. 2 nicht genannt, daher ist unverändert davon auszugehen, dass ein Anspruch auf einen Ersatz dieser Schäden unmittelbar aus der Verfassung folgt, nämlich aus Art. 1, 2 GG.[165]

4. Problemfelder

1106 Schon in dem vorangegangenen Abschnitt wurde deutlich, dass vor allem durch eine Kommerzialisierung in unterschiedlichen Bereichen die eigentlich als Nichtvermögensschäden anzusehenden immateriellen Schäden mehr und mehr zu Vermögensschäden geworden sind. Auf diese Weise wird versucht, die strikte Anordnung und Vorstellung des BGB, der zufolge immaterielle Schäden prinzipiell nicht zu ersetzen sind, zu relativieren und zu umgehen. Es gibt **verschiedene Fallgruppen**, in denen gerade die Rechtsprechung eine starke Tendenz dazu zeigt, Nichtvermögensschäden dem Bereich der Vermögensschäden zuzuordnen. Dies ist insbesondere bei dem Verlust von Gebrauchsvorteilen der Fall, ähnlich auch bei Schäden im Bereich des Urlaubsrechts sowie bei Fallgestaltungen im Hinblick auf die Ersatzfähigkeit von Vorsorgeaufwendungen. Schließlich sind auch fehlgeschlagene Aufwendungen immer wieder im Hinblick auf das Schadensrecht problematisch.

1107 a) **Verlust von Gebrauchsvorteilen.** Eine **erste Fallgruppe**, in der die Kommerzialisierung von Nichtvermögensgütern eine starke Gewichtung bekommen hat, liegt in dem **Verlust von Gebrauchsvorteilen.** Gemeint sind die Fälle, in denen etwa ein Pkw beschädigt wird.

Bsp.: E beschädigt mit seinem Rad den Lack des Wagens des K so schwer, dass dieser für eine Woche in der Werkstatt repariert werden muss.

1108 Zunächst hat der Schädiger unproblematisch den konkreten Sachschaden zu ersetzen, dies folgt aus § 249 Abs. 1 bzw. Abs. 2. Doch kommt ein weiteres hinzu:

---

164 Vgl. zum Beispiel die Schmerzensgeldtabellen von *Hacks/Ring/Böhm*, Schmerzensgeldbeträge (ADAC-Tabelle), 26. Aufl. 2007 und *Slizyk*, Beck'sche Schmerzensgeldtabelle, 5. Aufl., 2006.
165 S. zu dieser Entwicklung beim allgemeinen Persönlichkeitsrecht *Larenz/Canaris*, Schuldrecht II/2, § 80 I.

Denn der Geschädigte hat nun für mehrere Tage, in denen sich der Wagen in der Reparatur befindet, keine Möglichkeit mehr, den Wagen zu nutzen. Es **entgeht** ihm also die **Möglichkeit**, sein **Rechtsgut** so zu **nutzen**, wie es ihm eigentlich zusteht. Ist eine solche fehlende Nutzungsmöglichkeit ebenfalls ein zu ersetzender Schaden?

Eigentlich handelt es sich hierbei um einen **Nichtvermögensschaden**, denn die bloße Nutzungsmöglichkeit stellt kein Vermögensgut dar, das verletzt sein könnte bzw. zu ersetzen wäre. Doch steht man bei dem **Verlust von Gebrauchsvorteilen** stark unter dem Eindruck, dass sich unterschiedliche Lebensgüter und Lebenserwartungen kommerzialisiert haben. Entscheidend muss aber darauf geachtet werden, dass zwar eine Kommerzialisierung zweifellos stattgefunden hat, dass also gerade auch die Nutzbarkeit entweder des Fahrzeugs oder auch einer Wohnung von gewissem wirtschaftlichem Interesse sind, so dass sie ein Vermögensgut im weitesten Sinne des Schadensersatzrechts darstellen.[166] Doch muss auf der anderen Seite eine zu weite Ausdehnung des Vermögensschadens verhindert werden, um auch schon der Systematik des BGB ausreichend gerecht zu werden. Dies hat die Rechtsprechung dadurch versucht, dass sie bei einem Nutzungsausfall nur dann einen zu ersetzenden Vermögensschaden gesehen hat, wenn es sich bei dem Gegenstand, den man vorübergehend nicht nutzen kann, um einen solchen handelt, auf dessen ständige Verfügbarkeit der Berechtigte für die eigenwirtschaftliche Lebenshaltung **typischerweise angewiesen** ist.[167]

1109

Angesichts dieser Grundüberlegungen ist die Anerkennung eines ausnahmsweise ersatzfähigen Vermögensschadens (nicht nur eines immateriellen Schadens!) auf Wirtschaftsgüter beschränkt, die von allgemeiner, zentraler Bedeutung für die Lebenshaltung des Geschädigten sind.[168] Entscheidend ist, dass nicht lediglich solche Schäden durch den Nutzungsausfall zu ersetzen sind, die sich bei einer erwerbswirtschaftlich genutzten Sache ergeben. Denn dann schlägt sich die Nichtnutzbarkeit schon regelmäßig in einem entgangenen Gewinn nach § 252 nieder.[169] Entscheidend ist vielmehr, dass **auch** beim **Ausfall des privat genutzten Pkw**, also bei fehlenden Nutzungsmöglichkeiten zu privaten Zwecken, die Rechtsprechung nach den oben skizzierten Grundsätzen von einem Vermögensschaden ausgeht. Denn auch hier stellt allein die Nutzungsmöglichkeit einen Vermögenswert dar, so dass dann ein entsprechender Schadensersatzanspruch nach § 249 Abs. 2 Satz 1 (natürlich immer zusammen mit der entsprechenden Haftungsbegründungsnorm, etwa § 823 Abs. 1) gegeben ist.[170]

1110

---

166 Vgl. die umfassende Darstellung zum Verlust von Gebrauchsvorteilen und den entgangenen Nutzungsmöglichkeiten bei MünchKomm/*Oetker*, BGB, § 249 Rn. 58–77.
167 BGHZ 98, 212 (215); BGH NJW 1994, 442; s. hierzu auch *Medicus*, Jura 1987, 240; *Schiemann*, JuS 1988, 20.
168 *Westermann/Bydlinski/Weber*, BGB – Schuldrecht Allgemeiner Teil, § 14 Rn. 37; BGH NJW 1987, 50.
169 Bamberger/Roth/*Schubert*, BGB, § 249 Rn. 25.
170 BGH NJW 1987, 50; Staudinger/*Schiemann*, BGB, § 251 Rn. 85; AnwK-BGB/*Magnus*, § 251 Rn. 55; Palandt/*Heinrichs*, BGB, vor § 249 Rn. 20.

1111 Es geht also bei der Frage des Verlusts von Gebrauchsvorteilen stets um die **Ersatzfähigkeit von entgangenen Nutzungsmöglichkeiten**. Häufig ist dies bei privat genutzten Fahrzeugen relevant, aber darüber hinaus auch bei allen anderen Sachen, die eben nicht erwerbswirtschaftlich genutzt werden. Im Ergebnis bleibt einem nichts anderes übrig, als hier die Kasuistik der Rechtsprechung zu akzeptieren. Zumindest in der Situation einer Falllösung kann man verschiedene Entscheidungen der Rechtsprechung heranziehen, die herausgearbeitet haben, welche Wirtschaftsgüter hier von diesen Nutzungsausfallregelungen erfasst sind, bei denen also eine entgangene Nutzung schon als Vermögensschaden ausnahmsweise anerkannt ist.

1112 Dies ist insbesondere bei Kraftfahrzeugen der Fall[171], aber auch bei Wohnraum, den der Geschädigte nutzen möchte und nicht kann, weil ein Schadensereignis eingetreten ist.[172] Gleiches gilt für die Nutzung von Fahrrädern[173] sowie die Nutzung von Fernsehern[174], Gleiches gilt auch für die Nutzung unverzichtbarer Einrichtungsgegenstände wie etwa der Kücheneinrichtung.[175] **Nicht** hingegen von den Regelungen **zum Nutzungsausfall** als **Vermögensschaden** erfasst sind reine **Luxusgüter** – denn es geht ja stets darum, dass nur solche Sachen von den Nutzungsausfallregelungen erfasst sind, auf deren ständige Verfügbarkeit die eigenwirtschaftliche Lebenshaltung typischerweise angewiesen ist. – Gerade dies ist bei Luxusgütern jedoch nicht der Fall, also beim privaten Schwimmbad genauso wenig wie bei einem Pelzmantel.[176]

1113 Kann also ein Privatmann einen solchen typischerweise zu seiner Verfügung stehenden Gegenstand nicht nutzen, so ist der **Nutzungsausfall**, der damit einhergeht, **als Vermögensschaden** anzusehen. Bei der Höhe des Anspruchs kann man sich an den durchschnittlichen Mietkosten orientieren, die für einen entsprechenden Gegenstand anfallen. Man kann auch alternativ auf anteilige Vorhaltekosten abstellen.[177]

1114 b) **Urlaub und Freizeit.** Von ebenfalls immer größer werdender Bedeutung sind Schadensersatzansprüche, die im Zusammenhang mit Urlaub und Freizeit auftreten. Stellen **Beeinträchtigungen von Urlaub und Freizeit** einen ersatzfähigen Vermögensschaden dar? Prinzipiell wird man auch hier immer davon ausgehen müssen, dass es sich eigentlich um immaterielle Schäden handelt, die also nach § 253 Abs. 1 prinzipiell nicht zu ersetzen wären.

Bsp.: Bucht jemand eine Urlaubsreise über einen Pauschalanbieter und stellt vor Ort fest, dass die Urlaubswohnung wegen Insekten- und Kakerlakenbefall nicht nutzbar ist, mag er sich sehr aufregen und ärgern. – Doch es handelt sich hier zunächst allein um einen imma-

---

171 BGHZ 66, 239 (249); BGHZ 98, 212 (216).
172 BGHZ 98, 212 (222); BGHZ 117, 260 (262).
173 KG NJW-RR 1993, 1438.
174 Vgl. etwa Amtsgericht Darmstadt, ZfS 1989, 160.
175 LG Kiel, NJW-RR 1996, 549.
176 BGHZ 76, 179; BGHZ 63, 393.
177 BGH NJW 1987, 50; BGH NJW 2005, 277; Bamberger/Roth/*Schubert*, BGB, § 249 Rn. 28.

teriellen Schaden, so etwas wie eine entgangene Urlaubsfreude. Einen Anspruch daraus kann es eigentlich nach § 253 nicht geben.

1115 Doch sieht das **Gesetz** selbst etwas anderes vor, so dass die **Ausnahmeregelung** in § 253 Abs. 1 greifen kann. Dies ist nämlich in § 651f Abs. 2 geregelt, wo das Reisevertragsrecht eine eigenständige Grundlage für Ersatzansprüche auch im immateriellen Bereich vorsieht, nämlich für den Ersatz von nutzlos aufgewendeter Urlaubszeit. Auch hier macht sich deutlich bemerkbar, dass der Kommerzialisierungsgedanke weit in das BGB eingedrungen ist.[178]

1116 Anders wird dies jedoch unverändert gesehen, sofern es nur um **vertane Freizeit** geht. Dies lässt sich mit der Überlegung begründen, dass praktisch jedem Schadensfall ein Verlust auch an Freizeit innewohnt – daher lehnt die Rechtsprechung und mit ihr auch die herrschende Ansicht in der Literatur die Annahme eines Vermögensschadens in diesem Fall ab. § 651 f ist insofern aus dem Reisevertragsrecht her nicht entsprechend anwendbar. Es bleibt also im Hinblick auf vertane Freizeit bei einem nichtersetzbaren Nichtvermögensschaden.[179]

Bsp.: V möchte mit seinem Wagen zu einer nachmittäglichen Wandertour aufbrechen, kann aber nicht losfahren, da D ihn zugeparkt hat. – Die entfallene Wandertour ist als reine Freizeitbeschäftigung nicht ersatzfähig, sondern bleibt ein bloßer Nichtvermögensschaden, der nicht zu ersetzen ist.

1117 c) **Ersatzfähigkeit von Vorsorgeaufwendungen.** Ebenfalls eines der klassischen Problemfelder des Schadensersatzrechts, bei dem die Frage der Ersatzfähigkeit umstritten ist, sind die Vorsorgeaufwendungen. Hier ist streitig, ob solche Vorsorgekosten vom Schädiger zu ersetzen sind. Gemeint sind unter diesem Begriff der Vorsorgekosten solche Aufwendungen, die schon vor der Schädigung vom später Geschädigten gemacht werden, gerade um spätere Schäden zu vermeiden oder doch zumindest zu verringern. Auch hier stellt sich die Frage, ob solche Kosten einen ersatzfähigen Vermögensschaden begründen können.

Bsp.: Die Jenaer Nahverkehrsgesellschaft hält eine Reihe von Reservefahrzeugen vor, um diese bei unfallbedingten Ausfällen eingesetzter Fahrzeuge möglichst reibungslos und schnell einsetzen zu können.[180] Nun beschädigt A einen Bus des Verkehrsbetriebs derart, dass der Bus nicht mehr weiterfahren kann und stattdessen ein Reservefahrzeug ausrücken muss. – Hat A nun diejenigen Kosten zu tragen, die für die Vorhaltung des Reservewagens anfallen? Was wiederum gilt im Hinblick auf die Kosten, die einem Kaufhaus dadurch entstehen, dass es Hausdetektive beschäftigt bzw. Videokameras installiert, um Ladendiebe von ihrem Diebstahl abzuhalten? Sind solche Kosten wie die des Detektivs oder die für die Kameras, die als Vorsorgeaufwendungen gelten, von einem später gefassten Dieb zu ersetzen?

1118 Die Lösung dieser Problematik ist hoch **umstritten.** Häufig wird in der Literatur eine Ersatzpflicht schon aus dogmatischen Gründen abgelehnt: Es fehlt nämlich an einem Kausalzusammenhang zwischen dem Verhalten des Schädigers und dem eintretenden Schaden. Denn es handelt sich allein um freiwillige Aufwendungen, die „vor" dem Schadensfall aufgetreten sind. Hier kann es also schon keinen

---

178 Palandt/*Sprau*, BGB, § 651f Rn. 6.
179 BGHZ 106, 31 (32).
180 Vgl. dazu BGHZ 32, 284.

Schadensersatzanspruch geben, allenfalls sei eine Anspruchsregelung über die Geschäftsführung ohne Auftrag denkbar.[181] Darüber hinaus sei zu berücksichtigen, dass sich in der Regel einem einzigen Schadensfall überhaupt kein konkreter Anteil der Gesamtkosten zurechnen lasse. Allenfalls könne hier § 254 Abs. 2 als ein gewisser Ausgleich dienen.[182] Dieser Literatur hat sich die Rechtsprechung nur zum Teil angeschlossen. Allgemein anerkannt, auch von der Rechtsprechung, ist aber mit Recht, dass die Kosten von allgemeinen Sicherungsmaßnahmen keinen ersatzfähigen Schaden darstellen, also von solchen Maßnahmen, die allgemein zur Vermeidung von Diebstählen dienen, wie beispielsweise die Vorhaltung von Alarmanlagen oder den Einsatz eines Wachdienstes.[183]

1119 Anders sieht die Rechtsprechung es jedoch dort, wo es um **konkrete Vorhaltekosten** geht, insbesondere im Bereich der oben bereits genannten Ersatzfahrzeuge. Hier geht sie nämlich von einer Pflicht des Schädigers aus, dem Geschädigten die anteiligen Kosten für die vorsorgliche Bereithaltung des Ersatzfahrzeuges zu zahlen.[184] Dafür spricht in der Tat, dass die Bereithaltung von Ersatzfahrzeugen zu einer Entlastung des Schädigers führt, denn ansonsten wäre der zu ersetzende Schaden häufig sehr viel höher.[185]

1120 Genauso problematisch ist im Ergebnis die Erstattung von **Fangprämien**. Sind diese von den zu ersetzenden Schäden erfasst? Hier geht der BGH davon aus, dass ein ausreichend konkreter Bezug zum Schadensereignis vorliegt, weil der bestimmte, vom Täter begangene Diebstahl die Auszahlung der Fangprämie erst bewirkt.[186] Infolgedessen bleibt der BGH hier bei seiner Linie, dass bei einer konkreten Verbindung zwischen Schadensereignis und Vorsorgeprämie eine Ersatzmöglichkeit besteht. Dies ist insbesondere unter dem Gesichtspunkt vertretbar, dass spätere Schäden sehr viel höher ausfielen, wenn solche Vorsorgemaßnahmen nicht vorhanden wären. Es liegt also letztlich auch im Interesse des Schädigers, hier solche Kosten in den Schadensberechnungsprozess mit einzubeziehen.[187]

1121 d) **Fehlgeschlagene Aufwendungen.** Ein letzter Bereich, in dem sich Probleme bei der Schadensberechnung ergeben und der hier angesprochen werden soll, bezieht sich auf sog. fehlgeschlagene Aufwendungen. Gemeint sind solche Fälle, in denen der Geschädigte bereits vor dem Schadensfall Gebrauchsvorteile erworben hat, die er nach dem schädigenden Ereignis, etwa infolge der Verletzung seiner

---

181 *Brox/Walker*, Allgemeines Schuldrecht, § 31 Rn. 34; MünchKomm/*Oetker*, BGB, § 249 Rn. 195; *Thiele*, in: Festschr. für Wilhelm Felgentraeger, 1969, S. 383, 405.
182 Vgl. etwa Staudinger/*Schiemann*, BGB, § 249 Rn. 122.
183 S. BGHZ 75, 230, 237; so auch Palandt/*Heinrichs*, vor § 249 Rn. 44; MünchKomm/ *Oetker*, BGB, § 249 Rn. 194.
184 BGHZ 30, 280; BGHZ 70, 199 (201).
185 In diesem Sinne auch *Medicus*, Schuldrecht I, Rn. 637; *Brox/Walker*, Schuldrecht Allgemeiner Teil, § 31 Rn. 34; Staudinger/*Schiemann*, BGB, § 249 Rn. 110.
186 BGHZ 75, 232 (238); Palandt/*Heinrichs*, BGB, vor § 249 Rn. 44; *Deutsch*, JZ 1980, 102.
187 BGH NJW 1980, 119; *Hagmann*, JZ 1978, 133 (135); *Mertins*, JR 1980, 357, (358); *Deutsch*, JZ 1980, 102 (103); Staudinger/*Schiemann*, BGB, § 249 Rn. 121; Soergel/ *Mertens*, BGB, § 249 Rn. 58.

Person, nicht mehr nutzen kann. Liegt hierin ein ersatzfähiger Vermögensschaden i. S.v. § 251 Abs. 1 vor?

Bsp.: Ein Jäger hatte für mehrere Jahre ein Jagdrecht gepachtet. Kurz darauf wurde er bei einem Verkehrsunfall verletzt, den der S verschuldet hatte. Daraufhin kann der Jäger das Jagdrecht ein Jahr lang nicht ausüben. – Kann nun er von dem Unfallverursacher S einen Ersatz der Aufwendungen geltend machen, die ihm im Jahr nach dem Unfall für die Pacht entstanden sind?[188]

Ob hier ein Ersatzanspruch bestehen kann, ist höchst **zweifelhaft**. Hier geht es nämlich um solche Aufwendungen, die bereits vorab getätigt worden sind. Es handelt sich hier um sog. „fehlgeschlagene Aufwendungen" bzw. „**frustrierte Aufwendungen**". Diese müssten als Vermögensschaden qualifiziert werden, was jedoch von der ganz überwiegenden Ansicht mit Recht abgelehnt wird. Denn würde man dies gelten lassen, drohte eine letztlich unübersehbare Ausdehnung der Schadensersatzpflicht.[189] Dies ist deshalb zutreffend, weil in diesen Fällen die Sache selbst nicht unbrauchbar wird, denn die Pacht könnte ja durchaus von dem Jäger noch genutzt werden, wenn er nicht verletzt worden wäre. Hier tritt also allein das Problem auf, dass der Berechtigte selbst die Sache nicht nutzen kann, der Vermögensvorteil der Gebrauchsmöglichkeit ist hier unverändert vorhanden. Dies unterscheidet die Situation vom Nutzungsausfall, denn hier kann der Gebrauch nicht mehr durch den Eigentümer selbst erfolgen.[190] **1122**

Diese Vorstellung wird jedoch nicht durchgehend gehalten. Zum Teil findet man **Differenzierungen**, etwa im Hinblick darauf, ob es sich bei den frustrierten Aufwendungen um **Luxusgüter** oder um Wirtschaftsgüter mit zentraler Bedeutung für die allgemeine Lebensführung handelt, also etwa um ein Kraftfahrzeug. Doch erscheint eine solche Differenzierung nicht plausibel, zumindest müsste der Ersatzanspruch, selbst wenn man in diesen Fällen von einem Vermögensschaden ausginge, daran scheitern, dass der Verlust von Gebrauchsmöglichkeiten bei der Körperverletzung letztlich nicht im Schutzbereich der verletzten Norm liegt.[191] **1123**

III. Das Mitverschulden, § 254

Der Umfang des ersatzfähigen Schadens wird durch einen weiteren Faktor gekennzeichnet und eingegrenzt: Gemeint ist das sog. „Mitverschulden", das in § 254 seine Regelung gefunden hat. Dieser Regelung liegt ein nahe liegender **Gedanke** zugrunde. Hat die Schadensentstehung ihre Ursache nicht nur beim Schädiger, sondern ist in einer bestimmten Weise auch der Geschädigte selbst am **1124**

---

188 Vgl. BGHZ 55, 146.
189 S. BGHZ 55, 146 (151); *Medicus*, Schuldrecht I, Rn. 629; Staudinger/*Schiemann*, BGB, vor § 249 Rn. 125; Soergel/*Mertens*, BGB, vor § 249 Rn. 95 ff.; aA jedoch *Löwe*, VersR 1963, 307 (308 ff.); *ders.*, NJW 1964, 701; *Esser/Schmidt*, Schuldrecht Allgemeiner Teil/2, § 31 III, S. 194 ff.; *Schmidt*, in: Festschr. für Joachim Gernhuber, 1993, S. 423 ff.; *Köndgen*, AcP 177 (1977), 26.
190 *Larenz*, Schuldrecht I – Allgemeiner Teil, S. 495.
191 *Looschelders*, Schuldrecht Allgemeiner Teil, Rn. 991; aA jedoch *Eckert*, Schuldrecht Allgemeiner Teil, Rn. 899.

eingetretenen Schaden mitbeteiligt, wäre es unbillig, den Schadensersatz vollständig auf den Schädiger zu verlagern. Vielmehr sollte in einer solchen Situation auch der Geschädigte in gewisser Weise für die Schadensentstehung einstehen. Dies kann nun nicht dadurch geschehen, dass er einen Schadensersatzanspruch gegen sich selbst hätte. Stattdessen wird der Umfang des Schadensersatzanspruches, den der Schädiger zu tragen hat, reduziert. Es kommt also zu einer **Quotelung**: Nach § 254 ist die Grundidee des Mitverschuldensrechts, dass der Schaden quotenmäßig nach dem Maß der jeweiligen Verantwortlichkeit zwischen den Beteiligten zu verteilen ist. Es kommt also zu einer Aufweichung des Alles-oder-Nichts-Prinzips[192]: Zwar bleibt es dabei, dass der Schädiger in der Regel Schadensersatz zu leisten hat, doch wird dieser quotenmäßig um den Betrag gemindert, der dem Verursachungsbeitrag des Geschädigten entspricht.

1125 Die eigentlich hinter dem Mitverschuldensprinzip stehende Idee ist damit angesprochen, **nicht geklärt** ist jedoch der **dogmatische Grund** für die Berücksichtigung des Mitverschuldens. Meist wird hier auf den Grundsatz von Treu und Glauben abgestellt.[193] Danach wäre es unbillig, wenn ein ebenfalls vorliegender Verursachungsbeitrag des Geschädigten bei der Schadensberechnung außer Betracht bliebe, dies verstieße gegen Treu und Glauben. Auf der anderen Seite wird jedoch auch der innere Grund für die Berücksichtigung des Mitverschuldens in der Idee der Verantwortlichkeit gesehen: Nach diesem Ansatz beruht die Regelung des § 254 wie der Schadensersatzanspruch selbst auf der Vorstellung der Verantwortlichkeit des Einzelnen für die Folgen des eigenen Verhaltens.[194] Im Ergebnis gehe es daher in diesem Zusammenhang vor allem um ein Zurechnungsproblem.

1126 Wie auch immer man den inneren Grund der Berücksichtigung des Mitverschuldens verortet, bildet § 254 jedenfalls die **zentrale Regelungsnorm**. Sie stellt bestimmte Voraussetzungen auf, die dazu führen, dass der Geschädigte quotenmäßig einen Anteil am Schaden zu tragen hat, darüber hinaus ordnet sie dann die einzelnen Rechtsfolgen der Verantwortlichkeit an. Die Fälle des Mitverschuldens lassen sich dabei für alle Schadensereignisse denken.

Bsp.: A lässt von B seine Waschmaschine reparieren. Als dem A die Waschmaschine wieder zurückgebracht wird, fällt diesem zwar auf, dass die Wasserschlauchbefestigung nicht mehr so ist wie vorher, doch kümmert er sich nicht weiter darum. Als er nun das erste Mal die Waschmaschine in Betrieb nimmt, springt der nicht ordnungsgemäß befestigte Schlauch ab und setzt die Wohnung des A unter Wasser. – Der Schadensersatzanspruch des A aus dem Werkvertrag mit dem B liegt auf der Hand, der haftungsbegründende Tatbestand ist gegeben. Fraglich ist jedoch, ob der Schadensumfang zu reduzieren ist, weil dem A ein Mitverschulden gem. § 254 vorzuwerfen ist.

---

192 Dazu oben in Rn. 987.
193 S. etwa BGHZ 34, 355 (363); BGHZ 76, 216 (217); Palandt/*Heinrichs*, BGB, § 254 Rn. 1; *Brox/Walker,* Schuldrecht Allgemeiner Teil, § 31 Rn. 36.
194 S. etwa Staudinger/*Schiemann*, BGB, § 254 Rn. 4; *Looschelders*, Schuldrecht Allgemeiner Teil, Rn. 1016.

Mitverschulden

1127 Im **Prüfungsaufbau** wird das Mitverschulden erst am Ende angesprochen, nachdem der Schaden festgestellt worden ist – denn das Mitverschulden kann ja im Ergebnis dazu führen, dass der Umfang des festgestellten und bejahten Schadens noch einmal zu mindern ist.

1. Voraussetzungen

1128 Nach § 254 Abs. 1 muss als **Voraussetzung**, dass auch der Geschädigte einen Teil des Schadens zu tragen hat, bei Entstehung des Schadens ein **Verschulden** des Geschädigten mitgewirkt haben. Der Begriff des Verschuldens darf dabei jedoch nicht falsch, d. h. zu eng verstanden werden – es geht insbesondere nicht um ein Verschulden gem. § 276: Denn dabei handelt es sich ja um ein Verschulden einer vertraglichen Pflicht, die hier gerade nicht relevant ist. Denn Verschulden i. S. d. § 276 meint ja immer ein Verschulden gegenüber einem anderen. Hier besteht jedoch keine Rechtspflicht des Geschädigten gegenüber dem Schädiger, die der Geschädigte schuldhaft verletzt haben könnte. Es ist daher anerkannt, dass es im Rahmen des § 254, sofern dort von „Mitverschulden" die Rede ist, nur um eine sog. „Obliegenheitsverletzung" geht.

1129 § 254 stellt also auf ein **Verschulden gegen sich selbst** ab. Auf diese Weise wird versucht, eine Balance zwischen den unterschiedlichen Interessen zu finden. Zum einen kann man dem Geschädigten nicht vorwerfen, dass er sich so verhält, wie er möchte, denn ihn trifft keine Rechtspflicht zur Schadensvermeidung an seinen eigenen Gütern. Auf der anderen Seite kann man dem Geschädigten aber auch nicht jedes Verhalten vorwerfen, ihm also jeden Schaden anlasten, den er in vorhersehbarer und vermeidbarer Weise mitverantwortet hat. Schließlich muss jedoch auch von der Rechtsordnung der Schädiger im Blick behalten werden, auch ihm kann nicht jeder Schaden zugerechnet werden, wenn der Geschädigte selbst mitgewirkt hat. Infolgedessen ist die Ausrichtung auf das „Verschulden gegen sich selbst" sehr gut vertretbar: Im Ergebnis heißt dies nämlich, dass man dem Geschädigten dort, wo er die im Verkehr erforderliche Sorgfalt zur Vermeidung eigenen Schadens außer Acht gelassen hat, zwar keinen Vorwurf machen kann, doch soll er in diesen Fällen zumindest nicht vollumfänglich einen Schaden ersetzt verlangen können, den er auch mit verursacht hat.[195]

1130 Folgt man der ganz überwiegenden Auffassung, bedarf es also grundsätzlich eines Verschuldens gegen sich selbst, das man dem Geschädigten vorwerfen bzw. vorhalten kann. Dies setzt, wie jeder **Verschuldenstatbestand**, auch hier **Verschuldensfähigkeit** voraus.[196] Gegebenenfalls kann jedoch in besonderen Ausnahmefällen der Rechtsgedanke des § 829 herangezogen werden, wenn es um Minderjährige geht, die einen Schaden erleiden.[197]

---

195 So etwa BGHZ 3, 49; BGHZ 57, 149; Palandt/*Heinrichs*, BGB, § 254 Rn. 1; *Eckert*, Schuldrecht Allgemeiner Teil, Rn. 977; anderer Auffassung etwa *Medicus*, Bürgerliches Recht, Rn. 869; *Looschelders*, Schuldrecht Allgemeiner Teil, Rn. 1018.
196 So jedenfalls RGZ 108, 89; BGHZ 9, 317; BGHZ 24, 327; Palandt/*Heinrichs*, BGB, § 254 Rn. 13; anderer Auffassung jedoch *Medicus*, Bürgerliches Recht, Rn. 869.
197 BGHZ 37, 102.

1131 Das Verschulden des Geschädigten muss „bei der Entstehung des Schadens" mitgewirkt haben. Mit dieser offenen Formulierung bezieht das Gesetz ein Verschulden des Geschädigten, also ein Verschulden gegen sich selbst in Form einer Obliegenheitsverletzung, sowohl bei einem positiven Tun als auch beim Unterlassen mit ein. Es kann sogar erst nach Eintritt des schädigenden Ereignisses eintreten. Erforderlich ist allerdings, dass die allgemeinen Grundsätze für die Verursachung des Schadens im Sinne der haftungsbegründenden Kausalität vorliegen.[198]

1132 Insbesondere nach Eintritt des Verletzungserfolges kann das Mitverschulden des Geschädigten in einer Unterlassung bestehen. Dies macht § 254 Abs. 2 besonders deutlich. Nach dessen Satz 1 greift der Mitverschuldenstatbestand mit seiner Rechtsfolge nämlich insbesondere auch dann ein, wenn sich das Verschulden des Geschädigten darauf beschränkt, es unterlassen zu haben, den Schuldner auf die Gefahr eines ungewöhnlich hohen Schadens aufmerksam zu machen, die der Schuldner weder kannte noch kennen musste. Hier geht es also um eine Obliegenheit des Geschädigten, was allerdings voraussetzt, dass der drohende Schaden und seine Höhe für den Geschädigten überhaupt besser erkennbar waren als für den Schädiger. Der Geschädigte hat in diesem Zusammenhang eine Rechtspflicht, den konkret drohenden höheren Schaden näher darzustellen.[199]

1133 Nach § 254 Abs. 2 Satz 1, 2. Alt. ist im Rahmen des Mitverschuldens ein **weiterer Unterlassungstatbestand** relevant, wenn nämlich der Geschädigte unterlassen hat, den Schaden abzuwenden oder zu mindern. Hier trifft den Geschädigten letztlich eine Rechtspflicht, alles zu tun, um einen Schaden zu mindern oder gar in seiner Entstehung zu verhindern. Dies gilt also bereits im Vorfeld des Schadensereignisses: Hier muss der Geschädigte alle zumutbaren Maßnahmen treffen, um das Eintreten des Schadens zu verhindern, auch wenn er hierzu keine Rechtspflicht im engeren Sinne hat. Dies gilt aber gleichermaßen auch dann, wenn der Schaden bereits eingetreten ist. Dann muss der Geschädigte alles tun, um eine weitere Schadensausuferung zu verhindern. Was dem Geschädigten hier zumutbar ist, ist im Einzelnen nur sehr schwer zu bestimmen. Es geht letztlich ausschließlich um eine Einzelfallregelung. Eine Interessenabwägung ist daher vorzunehmen, bei der zum einen die Handlungsfreiheit des Geschädigten zu berücksichtigen ist, zum anderen aber auch, dass der Schädiger nur solche Kosten tragen muss, die durch das von ihm verursachte Schadensereignis auch zwingend veranlasst sind.[200]

1134 Besonders schwierig wird dies immer dann, wenn es um **Operationen** geht, der sich ein Geschädigter – etwa nach Anraten der Ärzte – unterziehen soll.

Bsp.: A hat den B so getreten, dass seine Fußbänder gerissen sind. – Muss B sich einer Operation unterziehen, um so eine Schadensminderung zu erreichen? Was, wenn der Ausgang der Operation nur sehr ungewiss ist?

1135 Gerade hier hat die **Rechtsprechung** versucht, eine Schneise zu schlagen; sie hält eine Operation nur dann für zumutbar und somit für eine Obliegenheit des Geschädigten, wenn der Eingriff nach dem Stand der Wissenschaft einfach,

---

198 *Schlechtriem/Schmidt-Kessel*, Schuldrecht Allgemeiner Teil, Rn. 314.
199 Vgl. näher zu einem Fallbeispiel OLG Celle, VersR 1980, 633.
200 *Soergel/Mertens*, BGB, § 249 Rn. 23.

gefahrlos und schmerzlos durchgeführt werden kann und wenn darüber hinaus auch eine sichere Aussicht auf Heilung oder zumindest wesentliche Besserung gegeben ist. Doch selbst hier ist immer noch ein Einwand des Geschädigten denkbar, der auf besondere Umstände verweist, so dass man doch von einer Unzumutbarkeit ausgehen kann.[201]

1136 Eine besondere Problematik bei § 254 Abs. 1 liegt darin, dass auf Seiten des Geschädigten möglicherweise eine **Sach- oder Betriebsgefahr** mit in die Berechnung des Schadensumfangs einzubeziehen ist. Dies ist deshalb problematisch, weil § 254 Abs. 1 ja vom „Verschulden" des Geschädigten spricht. Kann man dann auch die Sach- oder Betriebsgefahr mit berücksichtigen, die dem Geschädigten etwa aus dem Gesichtspunkt der **Gefährdungshaftung** zuzurechnen ist? Zwar ist sich die ganz überwiegende Auffassung darin einig, dass das Mitverschulden jedenfalls eine Obliegenheitsverletzung, zumindest im Grundsatz, voraussetzt, doch ist sie sich ebenfalls darin einig, dass sich der Geschädigte die von ihm gesetzte Sach- oder Betriebsgefahr als Mitverursachung selbst dann anrechnen lassen muss, wenn der Schädiger schuldhaft gehandelt hat. Hier wendet die Rechtsprechung und ihr folgend ein Großteil der Literatur § 254 zumindest analog an.[202] Diese Fallgruppe betrifft insbesondere Unfälle im Straßenverkehr.

Bsp.: Hat etwa der Radfahrer F beim Überqueren der Straße eine rote Ampel übersehen und einen Unfall mit dem Kraftfahrzeugfahrer K, und wird K dabei erheblich verletzt, hat er einen Anspruch aus § 823 Abs. 1. Nun stellt sich die Frage nach dem Umfang des Schadensersatzanspruches. § 249 und die anschließenden Paragraphen geben hierzu wie stets Auskunft. Fraglich ist, ob sich K ein Mitverschulden vorwerfen lassen muss. Wenn er keinerlei Obliegenheitsverletzung begangen hat, würde dies regelmäßig ausscheiden, weil dann der Tatbestand des § 254 nicht greift. Doch ist entsprechend den zuvor gemachten Ausführungen unstreitig, dass sich K auch die Betriebs- bzw. Sachgefahr aus seiner Pkw-Benutzung zurechnen lassen muss, denn nach § 7 Abs. 1 StVG hat K die Betriebsgefahr seines Pkw stets einzustehen, unabhängig von seinem Verschulden.[203] Etwas anderes gilt nach § 7 Abs. 2 StVG nur dann, wenn der Zusammenstoß mit F für K durch höhere Gewalt verursacht wurde, K also nachweisen kann, dass der Unfall durch diese höhere Gewalt verursacht wurde.

1137 Dass die Betriebs- bzw. Sachgefahr des Geschädigten zu berücksichtigen ist und infolgedessen § 254 zumindest analog angewandt werden muss, auch wenn kein Verschulden im eigentlichen Sinne vorliegt, folgt aus der Vorstellung, dass der Schaden von allen Beteiligten zu tragen ist, denen die Ursachen, die den Schaden herbeiführen, zuzurechnen sind, und zwar unabhängig davon, aus welchem Grund die **Zurechnung** erfolgt. Gerade die Sach- oder Betriebsgefahr stellt einen solchen Zurechnungsgrund dar.[204]

---

201 Vgl. RGZ 139, 131 (134); BGH VersR 1987, 408 (409).
202 BGHZ 6, 320; BGHZ 12, 128; Palandt/*Heinrichs*, BGB, § 254 Rn. 3.
203 BGHZ 20, 262; BGHZ 26, 75.
204 *Schlechtriem/Schmidt-Kessel*, Schuldrecht Allgemeiner Teil, Rn. 313; *Brox/Walker*, Allgemeines Schuldrecht, § 31 Rn. 42.

2. Insbesondere: Die Verantwortlichkeit für Dritte, § 254 Abs. 2 Satz 2

1138 Nach § 254 Abs. 2 Satz 2 findet die Vorschrift des § 278 entsprechende Anwendung. Aufgrund der Formulierung bestehen hier jedoch zahlreiche Missverständnisse. Viele Streitigkeiten, die um diese Norm geführt worden sind, können heute als geklärt angesehen werden. Die Rechtsprechung und insbesondere auch ein Großteil der Literatur haben sich daher auf folgende Grundzüge im Hinblick auf das Verständnis dieser Norm verständigt: Zunächst gilt, dass die Anordnung des § 254 Abs. 2 Satz 2, die ausdrücklich nur für diesen Absatz zu lesen ist, nach ganz überwiegender Auffassung sinngemäß auch für § 254 Abs. 1 gilt. Die Vorschrift ist also, dies kann mittlerweile als geklärt angesehen werden, so zu lesen, als wäre sie ein eigenständiger Absatz 3. Infolgedessen ist die Verweisung auf § 278 gleichermaßen auf Absatz 1 wie auf Absatz 2 anzuwenden.[205]

1139 Ist dies noch eindeutig, stellt sich unverändert die Frage, wie diese Norm im Einzelnen auszulegen ist, insbesondere, was mit der Formulierung „entsprechende Anwendung" genau gemeint ist. **Ganz überwiegend** wird dieser Verweis als Rechtsgrundverweisung auf § 278 verstanden. Das hat zur Folge, dass diese Vorschrift danach zulasten des Geschädigten nur dann anwendbar ist, wenn zwischen den Beteiligten bereits vor dem Schadensereignis ein Schuldverhältnis oder eine ähnliche rechtliche Sonderverbindung bestand. Ist dies nicht der Fall, kommt lediglich eine entsprechende Anwendung des § 831 in Betracht.[206] Begründet wird dies vor allem damit, dass auch der Schädiger nach § 278 nur dann haftet, wenn bereits ein Schuldverhältnis besteht.

Bsp.: Der Rechtsanwalt R bittet seinen Referendar K darum, eine Klageschrift zum nahe gelegenen Amtsgericht zu bringen. Da dies besonders dringlich ist, soll K hierfür das Rennrad des R nutzen. Ein anderer Radfahrer M nimmt dem K die Vorfahrt und es kommt zum Zusammenstoß, wobei das Rad des R beschädigt wird. – M ist dem R gem. § 823 zum Schadensersatz verpflichtet. Selbst wenn K durch Unachtsamkeit den Zusammenstoß mitverschuldet hat, ist § 278 nach § 254 Abs. 2 Satz 2 deshalb nicht entsprechend anzuwenden, weil kein Schuldverhältnis zwischen R und M bestand.

1140 Demgegenüber wird in der **Literatur** zum Teil vertreten, dass es sich hier bei § 254 Abs. 2 Satz 2 lediglich um eine Rechtsfolgenverweisung handele. Da § 278, so der Wortlaut der Vorschrift, ja nur „entsprechend" anwendbar sei, müsse ein Schuldverhältnis nicht verlangt werden, darauf könne verzichtet werden.[207] Im Ergebnis vermag die Ansicht der Rechtsprechung zu überzeugen, und zwar auch insofern, als sie die Vorschrift des § 831 in die Vorschrift ebenfalls mit hineinliest. Dies lässt sich damit begründen, dass der Haftungsmaßstab unterschiedslos wohl auch dann gelten muss, wenn dem Geschädigten das Handeln seines Verrichtungsgehilfen als

---

205 RGZ 62, 107; BGHZ 1, 248; 3, 46 (48); Palandt/*Heinrichs*, BGB, § 254 Rn. 49; *Brox/Walker*, Allgemeines Schuldrecht, § 31 Rn. 46.
206 RGZ 77, 211 (212); BGHZ 3, 46 (49); 103, 338 (344); Palandt/*Heinrichs*, BGB, § 254 Rn. 49; Staudinger/*Schiemann*, BGB, § 254 Rn. 99.
207 Vgl. etwa *Deutsch*, Allgemeines Haftungsrecht, Nr. 577; *Enneccerus/Lehmann*, Schuldrecht, § 16 II 2.

mitwirkendes Verschulden entgegengehalten werden kann, denn wertungsmäßig liegen hier gleiche Situationen vor.[208]

3. Rechtsfolgen

Liegen die Voraussetzungen des § 254 vor, ist das Entscheidende schon zuvor gesagt worden: Es kommt zu einer **Quotelung**: Die Verpflichtung zum Ersatz sowie der Umfang des zu leistenden Ersatzes hängen dann von den Umständen, insbesondere davon ab, inwieweit er vorwiegend von dem einen und von dem anderen Teil verursacht worden ist. Es geht also in dieser Situation darum, dass der den Ersatz festlegende Richter im Streitfall sämtliche Einzelfallumstände heranziehen und würdigen muss. Denkbar ist sogar, dass es zu einer Quote von 100 zu Null kommt, dass also der Schädiger den vollen Schaden ersetzen muss, obwohl ein Mitverschulden des Geschädigten festgestellt werden kann. Dies ist insbesondere möglich, wenn etwa der Schädiger vorsätzlich den Schaden herbeigeführt hat, der Geschädigte seinerseits aber nur leicht fahrlässig gehandelt hat. Dann liegt zwar ein Mitverschulden vor, weil der Geschädigte eine Obliegenheitsverletzung begangen hat, doch tritt dann der Anteil des Geschädigten am Schaden soweit hinter den Anteil des Schädigers zurück, dass man von einer Quote 100 zu Null in solchen Fällen ausgehen kann.[209] Die Quote 100 zu Null kann jedoch auch umgekehrt wirken, dass nämlich der Anteil des Geschädigten so stark zu werten ist, dass der Anspruch gegen den Schädiger sogar gänzlich entfällt. § 254 sieht insofern für die Quotelung im Ergebnis keine Grenzen vor. Entscheidend sind und bleiben die Verursachungsbeiträge. In der Regel wird jedoch eine anteilige Verteilung das Ergebnis der Quotelung sein.

---

208 RGZ 77, 211; BGHZ 1, 248.
209 S. BGH NJW 1982, 1756.

Teil VII: Dritte im Schuldverhältnis

1142 Das Schuldverhältnis ist dadurch geprägt, dass zwei Parteien aufeinander treffen, Schuldner und Gläubiger. **Von dieser Zwei-Parteien-Konstellation kann** jedoch in unterschiedlicher Hinsicht **abgewichen** werden. Zwei wesentliche Differenzierungen finden sich hier: Zum einen kann es darum gehen, dass die vertragliche Zweierbeziehung erweitert bzw. in personeller Hinsicht verändert wird. Es können insbesondere **Dritte** in die Zweierkonstellation derart hinzutreten, dass sie **zusätzlich** zu den beiden ursprünglichen Vertragsparteien Ansprüche aus der Vertragsbeziehung herleiten können. Zudem kann sich nach Vertragsschluss die personelle Konstellation dadurch ändern, dass ein Dritter, der zuvor nicht von dem Vertrag betroffen war, nun an die Stelle eines der ursprünglichen Vertragsparteien tritt. Diese Formen der Vertragserweiterung bzw. Vertragsänderungen werden im Folgenden in *Rn. 1144 ff.* angesprochen.

1143 Darüber hinaus können **Dritte** auch in anderer Form im Schuldverhältnis beteiligt sein. Das Schuldverhältnis ist zwar in diesen Situationen unverändert durch eine Gläubiger-Schuldner-Konstellation geprägt, auf einer oder sogar auf beiden Seiten des Vertrages steht jedoch nicht nur eine, sondern **mehrere Personen**. Es geht also um eine Mehrheit von Gläubigern bzw. eine Mehrheit von Schuldnern. Auf beiden Seiten müssen also nicht notwendigerweise nur einzelne Personen stehen, sondern das Gesetz selbst sieht vor, dass Dritte in der Form in das Schuldverhältnis eingebunden sein können, dass Gläubiger- und bzw. oder Schuldnerseite durch mehrere Personen besetzt ist. Dies steht im Mittelpunkt der Ausführungen in *Rn. 1344 ff.*

§ 20 Unterschiedliche Formen der Vertragserweiterungen bzw. Vertragsänderungen

Literatur: *Bayer, W.*, Der Vertrag zugunsten Dritter, 1995; *ders.*, Vertraglicher Drittschutz, JuS 1996, 473; *Canaris, C.-W.*, Die Haftung des Sachverständigen zwischen Schutzwirkungen für Dritte und Dritthaftung aus culpa in contrahendo, JZ 1998, 603; *ders.*, Schutzwirkungen zugunsten Dritter bei „Gegenläufigkeit" der Interessen, JZ 1995, 441; *Coester-Waltjen, D.*, Der gesetzliche Forderungsübergang, Jura 1997, 609; *dies.*, Der Dritte und das Schuldverhältnis, Jura 1999, 656; *dies.*, Aufrechnung bei Abtretung, Jura 2004, 391; *Faust, F.*, Anmerkung zu BGH NJW 2007, Heft 14 (Kind als Schaden, Vertrag mit Schutzwirkung für Dritte), JuS 2007, 282; *Finn, M.*, Zur Haftung des Sachverständigen für fehlerhafte Wertgutachten gegenüber Dritten, NJW 2004, 3752; *Glöckner, J.*, Zur Sittenwidrigkeit und ihren Rechtsfolgen bei Globalzessionen zugunsten Warenlieferanten, DZWIR 2001, 70; *Goerth, A.*, Die Drittschadensliquidation, JA 2005, 28; *Haertlein, L.*, Die Rechtsstellung des Schuldners einer abgetretenen Forderung, JuS 2007, 1073; *Hänseler, P.*, Die Globalzession (1991); *Hübner, U.*, Vertrag mit Schutzwirkung für Dritte und Ersatz von Vermögensschäden, VersR 1991, 497; *Kannowski, B./Zeller, C.*, Anfängerhausarbeit - Bürgerliches Recht: Sekundäransprüche beim Vertrag zugunsten Dritter, JuS 2006, 983; *Lange, H.*, Die

Unterschiedliche Formen

Auswirkung von Leistungsstörungen beim echten Vertrag zugunsten Dritter im Rechtsbereich des Dritten, NJW 1965, 675; *Lüke, G.*, Grundfragen des Zessionsrechts, JuS 1995, 90; *Lüke, W.*, Das rechtsgeschäftliche Abtretungsverbot, JuS 1992, 114; *Mansel, H.-P./ Stürner, M.*, Zwischenprüfungshausarbeit – Bürgerliches Recht: Transportprobleme (u. a. zur Drittschadensliquidation), JuS 2006, 608; *Neef, S.*, Zur Kollision von Vorauszessionen, WM 2005, 2365; *Opalka, J.*, Ausgewählte Probleme der Grundschuldbestellung, -abtretung und der Schuldübernahme, NJW 1991, 1796; *Petersen, J.*, Der Verstoß gegen die guten Sitten, Jura 2005, 387; *Raab, T.*, Austauschverträge mit Drittbeteiligung, 1999; *Schmitz, C.*, Zur Wirksamkeit einer Globalzession bei nachfolgender Sicherheitsabtretung, EWiR 2002, 325; *Schwab, M.*, Gründfälle zur c.i.c., Sachwalterhaftung und Vertrag mit Schutzwirkung zugunsten Dritter, JuS 2002, 773.
Rechtsprechung: BGH NJW 1970, 38 (Grundsätze der Drittschadensliquidation); **BGH NJW 1976, 1843** (Mietvertrag als Vertrag mit Schutzwirkung zugunsten Dritter); **BGH NJW-RR 1988, 1012** (Wirksamkeit einer Globalzession); **BGH NJW-RR 1990, 1459** (Sittenwidrigkeit einer Globalzession); **BGH NJW 1992, 2080** (Expertenhaftung); **BGH NJW 1993, 2617** (Zur analogen Anwendbarkeit der §§ 328 ff. BGB auf insbesondere dingliche Verfügungsgeschäfte); **BGH NJW 1996, 2927** (Zur Schutzbedürftigkeit des Dritten, hier: bei Durchführung eines Werkvertrages wird Gut des einen Bestellers durch das ungeeignete Gut eines anderen zerstört); **BGH NJW 1998, 671** (Sittenwidrigkeit; Kreditsicherung; Freigabe; Deckungsgrenze; Sicherheiten); **BGH NJW 1998, 1059** (Schutzwirkung eines Gutachtervertrages zugunsten eines Dritten); **BGH NJW-RR 1998, 1744** (Beweislast für schuldbefreiende Zahlung); **BGH NJW 1999, 940** (Sittenwidrigkeit einer Globalzession); **BGH NJW-RR 2003, 1690** (Zur Auslegung einer Abtretungsvereinbarung hinsichtlich künftiger Forderungen); **BGH NJW 2003, 1938** (Nichtigkeit der Abtretung wegen Umgehung von Vorschriften des Rechtsberatungsgesetzes); **BGH NJW 2004, 3035** (Zum Schutzzweck eines Vertrages über die Erstattung eines Grundstückswertgutachtens); **BGH NJW-RR 2004, 1347** (Einwendungen des Schuldners gegenüber dem Neugläubiger); **BGH NJW-RR 2004, 1145** (Zur Wirksamkeit einer Abtretungsanzeige); **LG Memmingen NJW-RR 2004, 1175** (Zur Begünstigung des Dritten aus dem Abschluss eines Frachtvertrages); **BGH NJW 2005, 1505** (Pfändbarkeit privatärztlicher Honorarforderungen); **BGH NJW 2005, 3778** (Zu den Pflichten des Dritten beim Vertrag zugunsten Dritter); **BGH NJW-RR 2006, 611** (Zum begünstigten Personenkreis im Rahmen des Vertrages mit Schutzwirkung zugunsten Dritter, hier: künftige Genussrechtserwerber hinsichtlich des vom Wirtschaftsprüfer geprüften Jahresabschlusses); **BGH NJW 2006, 1434** (Zum Anspruch des begünstigten Dritten neben dem Anspruch auf die Versicherungsleistung auch den Fortbestand des Versicherungsverhältnisses gerichtlich geltend machen zu lassen).

Ein Schuldverhältnis besteht regelmäßig aus zwei Parteien, nämlich dem Gläubiger auf der einen und dem Schuldner auf der anderen Seite. Auf diese **Grundkonstellation** ist das Allgemeine Schuldrecht im BGB ausgerichtet. Die Zweiseitigkeit des Schuldverhältnisses ist ein prägendes Charakteristikum des Allgemeinen Schuldrechts überhaupt. Gleichwohl ist diese Zweiseitigkeit nicht unumstößlich. Denn auch hier macht sich wieder bemerkbar, dass das BGB insgesamt sowie das Allgemeine Schuldrecht im Besonderen von dem Grundsatz der Vertragsfreiheit geprägt sind. Dieser ermöglicht es den beteiligten Parteien nämlich auch, in einem Vertrag zu vereinbaren, dass Dritte in diese Rechtsbeziehung mit hinein genommen werden – auf diese Weise führt die Vertragsfreiheit dazu, dass das Schuldverhältnis in besonderen Fällen und bei Vorliegen entsprechender Vereinbarungen auch über die zwei ursprünglich von dem Schuldverhältnis betroffenen Parteien hinausgehen kann. Die Vertragsfreiheit kann also die prinzipielle Relativität des Schuldverhältnisses erweitern bzw. verändern.

1145 Diese **Erweiterung** ist auf verschiedene Weise möglich. Zunächst können die Parteien vereinbaren, dass ein Dritter durch ihre Vereinbarung unmittelbar begünstigt werden soll – vor allem dadurch, dass er (wie der Gläubiger) einen eigenen Anspruch gegen den Schuldner erhält, obwohl er gar nicht Vertragspartei ist. Dies ist die Situation beim Vertrag zugunsten Dritter. Des Weiteren gibt es Situationen, in denen ein Dritter zwar nicht einen eigenen Anspruch erlangen soll, aber gleichwohl dem Vertragsinhalt so nahe steht, dass er zumindest gewisse Schutzansprüche geltend machen kann; diesbezüglich hat sich die Konstruktion des „Vertrags mit Schutzwirkung zugunsten Dritter" entwickelt. Schließlich ist die sog. „Drittschadensliquidation" zu behandeln.

I. Der Vertrag zugunsten Dritter, §§ 328 ff.

1146 Eine erste Form der Vertragserweiterung in personeller Hinsicht stellt der **Vertrag zugunsten Dritter** dar. Dieser hat eine eigenständige Regelung in den §§ 328 ff. gefunden.

1. Überblick

1147 Die Relativität des Schuldverhältnisses ist im Hinblick auf die Leistungspflicht unveränderlich. Eine Vereinbarung, in der zwei Parteien einen Dritten zu einer Leistung verpflichten, ist rechtlich ausgeschlossen. Auf diese Weise lässt sich das Schuldverhältnis nie erweitern: Ein **Vertrag zulasten Dritter** wird von der Rechtsordnung mit guten Gründen für **unzulässig** erachtet.[1] Wird ein solcher Vertrag vereinbart, in dem zwei Parteien sich darüber einigen, dass ein Dritter, der vom Vertragsverhältnis nicht betroffen ist, eine Leistung zu erbringen hat, ist eine solche Vereinbarung stets unwirksam.[2] Dies ist auch unmittelbar einleuchtend: Denn es wäre nicht erklärbar, warum zwei Menschen miteinander vereinbaren könnten, dass ein Dritter etwas zu tun oder zu lassen hätte. Ein Vertrag mit einer belastenden Wirkung für einen Dritten kann es also nicht geben.[3]

1148 Anders ist dies jedoch aus nahe liegenden Gründen, wenn es nicht darum geht, einem Dritten eine Last aufzubürden, sondern darum, einen **Dritten** zu **begünstigen**. Zwar muss sich nach der Vorstellung des BGB niemand etwas aufdrängen lassen[4]; sogar die Schenkung, als eigentlich etwas ausschließlich Positives, ist ja nach den Vorstellungen des BGB an einen Vertrag gebunden. Auch hier muss der Beschenkte zuvor seine Einwilligung gegeben haben, sich also insbesondere keine

---

[1] *Looschelders*, Schuldrecht Allgemeiner Teil, Rn. 1050; BVerGE 73, 261 (270); BGHZ 54, 145 (147); Bamberger/Roth/*Janoschek*, BGB, § 328 Rn. 5.
[2] *Westermann/Bydlinski/Weber*, BGB – Schuldrecht Allgemeiner Teil, § 15 Rn. 1; BAG ZIP 2004, 729 (731).
[3] *Medicus*, Schuldrecht I, Rn. 759; Palandt/*Grüneberg*, BGB, vor § 328 Rn. 10; Bamberger/Roth/*Janoschek*, BGB, § 328 Rn. 5.
[4] Bamberger/Roth/*Janoschek*, BGB, § 328 Rn. 5.

Vertrag zugunsten Dritter 1149–1152

Schenkung aufdrängen lassen. Dahinter steht die Vorstellung, dass die freiheitliche Rechtsordnung es jedem selbst anheim stellen möchte, darüber zu entscheiden, ob man etwas erhalten möchte oder nicht.[5]

1149 Doch von dieser grundsätzlichen Vorstellung rückt das Allgemeine Schuldrecht an einer Stelle ab: Es kennt nämlich die **Möglichkeit**, dass sich zwei Parteien über ein Schuldverhältnis einigen und zugleich festlegen, dass aus diesem Schuldverhältnis nicht nur der Gläubiger, sondern auch noch ein **Dritter** einen **Anspruch** auf die konkret vereinbarte Leistung erhalten soll. Der Schuldner bleibt also aus diesem Schuldverhältnis unverändert zur Leistung verpflichtet. Doch kann nunmehr die Leistung nicht nur der Gläubiger selbst verlangen, sondern auch noch bzw. ausschließlich der Dritte.

Bsp.: A und B schließen einen Kaufvertrag über ein Auto. Dabei vereinbaren sie, dass auch der C, ein Freund des Käufers B, berechtigt sein soll, vom A die Lieferung des Autos zu verlangen.

1150 Hier geht die Rechtsordnung davon aus, dass man eine solche Begünstigung des Dritten rechtfertigen kann, auch wenn er nicht gefragt worden ist. Anders als beim Schenkungsvertrag ist hier nämlich die **Durchbrechung der Privatautonomie** deshalb gerechtfertigt, weil der Dritte keinesfalls Nachteile erleiden kann (anders als der Beschenkte, wenn nämlich etwa das Geschenk mit Nachteilen verbunden ist!). Der Dritte erhält bei dieser Konstellation des Vertrages zugunsten Dritter ausschließlich einen Vorteil: Er erhält einen Anspruch, den er geltend oder eben nicht geltend machen kann. Und dennoch hat man sogar in dieser Situation eine Schutzklausel zugunsten des Dritten eingebaut, auch hier muss er sich also nicht begünstigen lassen, § 333 enthält insofern ein Zurückweisungsrecht des Dritten.

1151 Diese besondere Konstellation, die zuvor angesprochen worden ist, wird als „**Vertrag zugunsten Dritter**" bezeichnet und auch vom Gesetz selbst in § 328 in der Überschrift so benannt. Kennzeichen eines solchen Vertrages zugunsten Dritter ist, dass es sich um einen zweiseitigen schuldrechtlichen Vertrag zwischen einem Schuldner und einem Gläubiger handelt, der zwar ohne Mitwirkung des begünstigten Dritten zustande kommt, aus dem jedoch der Dritte berechtigt ist.[6] Der Vertrag zugunsten Dritter ist dabei kein eigener Vertragstypus, er ist also nicht so etwas wie ein Kauf- oder ein Werkvertrag. Vielmehr kann jeder zwischen den Parteien mögliche Vertrag als ein Vertrag zugunsten Dritter ausgestaltet werden.

Bsp.: Es kann also bei dem Vertrag zugunsten Dritter um einen Kaufvertrag gehen ebenso wie um einen Dienst- oder Werkvertrag; auch ist ein Vertrag möglich, der überhaupt keinem der vom Gesetz vorgesehenen Typen entspricht, sondern allein auf der Vertragsfreiheit der Vertragsparteien beruht.

1152 Dies hat für den **Prüfungsaufbau** zur Folge, dass sich aus § 328 alleine nie ein Anspruch ergeben kann. Die Anspruchsgrundlage ergibt sich vielmehr aus dem zwischen den beiden Vertragsparteien geschlossenen Vertrag, also etwa aus § 433

---

5 Vgl. zum Grundsatz der Privatautonomie nur exemplarisch BGHZ 78, 374.
6 Palandt/*Grüneberg*, BGB, vor § 328 Rn. 1; *Looschelders*, Schuldrecht Allgemeiner Teil, Rn. 1045.

Abs. 1 oder § 611 BGB. Fordert nun der Dritte die Leistung ein, so ist diese Anspruchsgrundlage zusammen mit § 328 zu nennen und zu prüfen. Daraus folgt, dass sich die **Prüfung in zwei Schritten** vollzieht.

Bsp.: In dem zuvor genannten Beispiel *(unter Rn. 1149)* müsste ein Anspruch des C aus § 433 Abs. 1 geprüft werden. Dazu bedarf es eines Kaufvertrages. Dieser Kaufvertrag ist jedoch nicht zwischen A und C (als dem Dritten) geschlossen. C könnte jedoch gleichwohl einen Anspruch unmittelbar gegen den Schuldner A haben, nämlich dann, wenn der zwischen A und B geschlossene Kaufvertrag ein Vertrag zugunsten Dritter gem. § 328 ist. An dieser Stelle sind dann die Voraussetzungen des § 328 eigens zu prüfen. Danach kann man dann wieder auf die Ebene des Kaufvertrages in der Prüfung zurückkehren.[7]

1153 Genauso wenig wie § 328 eine konkrete Anspruchsgrundlage darstellt und diese stattdessen aus dem Vertrag herzuleiten ist, der zwischen Gläubiger und Schuldner (zugunsten des Dritten) geschlossen ist, enthalten § 328 bzw. die nachfolgenden Vorschriften irgendeinen Hinweis darauf, warum der Dritte begünstigt werden soll. Im Gesetz ist also nicht geregelt, worauf bzw. auf welchen Vertragstypen das Versprechen zugunsten des Dritten beruhen soll. Meist wird hier eine Schenkung im Hintergrund stehen, der Gläubiger möchte dem Dritten eine bestimmte Leistung schenken und vereinbart deshalb einen Kaufvertrag mit dem Schuldner, der zugunsten des Dritten wirken soll. Doch dies ist im Ergebnis nicht Gegenstand der §§ 328 ff. Die **Erweiterung** des Schuldverhältnisses, die hier geregelt ist, ist also insofern zunächst einmal **unabhängig von dem Versprechen** zugunsten des Dritten zu sehen.[8]

2. Abgrenzungen

1154 Wesentlich ist schließlich, zwischen **zwei Typen** des Vertrages zugunsten Dritter zu differenzieren, denn nur der sog. „echte Vertrag zugunsten Dritter" ist in dem § 328 geregelt. Demgegenüber ist der sog. „unechte Vertrag zugunsten Dritter" nicht Gegenstand dieser Regelungen. Beim echten Vertrag zugunsten Dritter ist das entscheidende Charakteristikum, dass der Dritte durch den schuldrechtlichen Verpflichtungsvertrag zwischen Gläubiger und Schuldner, also zwischen den eigentlichen Vertragsparteien, einen eigenen Anspruch auf die Leistung des Schuldners erhält. Der Dritte erwirkt also aus dem Vorgang zwischen Gläubiger und Schuldner selber einen Anspruch gegen den Schuldner; dies ist die Kernaussage des § 328 Abs. 1.

Bsp.: In dem zuvor geschilderten Beispiel *(unter Rn. 1149)* kann C einen Lieferanspruch auf das Auto eigenständig gegen A durchsetzen. Es handelt sich um einen echten Vertrag zugunsten Dritter.

1155 Anders ist dies hingegen bei dem sog. unechten Vertrag zugunsten Dritter. Ein solcher liegt vor, wenn der Schuldner zwar berechtigt sein soll, an einen Dritten zu leisten, die Parteien aber nicht zugleich vereinbaren, dass der Dritte einen eigenen Anspruch auf die Leistung haben soll. Hier liegt dann gerade nicht eine

---

[7] *Medicus*, Schuldrecht Allgemeiner Teil, Rn. 759; *Eckert*, Schuldrecht Allgemeiner Teil, Rn. 1001.
[8] *Looschelders*, Schuldrecht Allgemeiner Teil, Rn. 1048.

Situation vor, die von § 328 geregelt wäre. Vielmehr ist dies eine Frage der Erfüllungswirkung, d.h. des § 362. Dessen Abs. 2 sieht ja vor, dass die Parteien vereinbaren können, dass der Schuldner auch an einen Dritten leistungsbefreiend, d.h. mit Erfüllungswirkung leisten kann, dass der Schuldner also vereinbarungsgemäß die Möglichkeit hat, an einen Dritten so zu leisten, dass seine Leistungspflicht untergeht. In dieser Situation des § 362 Abs. 2 hat der Dritte also kein eigenes Recht, die Leistung zu fordern, der Schuldner hat vielmehr nur ein Recht, die Leistung auch an den Dritten zu bewirken.[9]

Bsp.: Hätten A und B vereinbart, dass A seine Lieferpflicht (etwa wegen eines längeren Auslandsaufenthalts) auch dadurch erfüllen kann, dass er dem C das Auto übergibt, läge ein unechter Vertrag zugunsten Dritter vor – denn C sollte ersichtlich keinen eigenen Leistungsanspruch erwerben.

1156 Der **entscheidende Unterschied** zwischen einem echten und unechten Vertrag zugunsten Dritter liegt also in der Stellung des Dritten. Nur dann, wenn dieser einen eigenen Anspruch gegen den Schuldner erwirbt, liegt ein echter Vertrag zugunsten Dritter vor. Dieser Erwerb des Forderungsrechts ist regelmäßig unmittelbar, d.h., dass das Forderungsrecht, das der Dritte aus dem Schuldvertrag der beiden Parteien erwirbt, niemals zum Vermögen des Gläubigers gehört hat. Dies führt insbesondere dazu, dass der Anspruch dann auch dem Vollstreckungszugriff der Gläubiger des Vertragsgläubigers entzogen ist.[10]

1157 Nur bei einem echten Vertrag zugunsten Dritter kann es ein eigenes Forderungsrecht des Dritten geben. Dies ist für den **Prüfungsaufbau** entscheidend: Nur in dieser Situation kann man also überhaupt eine Anspruchsprüfung mit Erfolg zugunsten des Dritten durchführen; ist lediglich ein unechter Vertrag zugunsten Dritter vereinbart, ist der Dritte nie Anspruchsinhaber!

1158 Ob nun ein echter oder unechter Vertrag zugunsten Dritter vereinbart worden ist, ist dort, wo es nicht eindeutig erkennbar ist, durch Auslegung der Vereinbarung zu entscheiden. Hier gibt § 328 Abs. 2 eine (wenn auch nicht sehr überzeugende) Auslegungshilfe: So sollen für die Frage, ob der Dritte das Recht erwerben, ob also ein echter oder unechter Vertrag zugunsten Dritter vorliegen soll, die „Umstände" entscheidend sein, insbesondere, so heißt es dort, der Zweck des Vertrages.[11] Ist also keine ausdrückliche Vereinbarung getroffen, wird man anhand der Auslegungsregel des § 328 Abs. 2 nur in wirklich eindeutigen Fällen den mutmaßlichen Willen der Parteien ermitteln können.

Bsp. (1): Die Eltern gehen mit ihrem minderjährigen Kind zu einem Arzt und bitten diesen um die Behandlung des Kindes. – Daraufhin kommt regelmäßig ein Vertrag zwischen den Eltern und dem Arzt zustande, und zwar ein Behandlungsvertrag i.S.d. § 611. Aus diesem

---

9 *Medicus*, Schuldrecht I, Rn. 765; *Brox/Walker*, Allgemeines Schuldrecht, § 32 Rn. 2; *Westermann/Bydlinski/Weber*, BGB – Schuldrecht Allgemeiner Teil, § 15 Rn. 4.
10 Palandt/*Grüneberg*, BGB, vor § 328 Rn. 6; BGHZ 91, 291.
11 S. zu einzelnen Beispielen Palandt/*Heinrichs*, BGB, § 328 Rn. 8 ff. und zur Auslegungsregel des § 328 Abs. 2 den umfassenden Überblick bei MünchKomm/*Gottwald*, BGB, § 328 Rn. 31 ff.

Behandlungsvertrag ist dann, dies ergeben die Umstände bzw. der Zweck des Vertrages, das Kind unmittelbar berechtigt, die Behandlungsleistung zu fordern. Hier wird also regelmäßig ein echter Vertrag zugunsten des Kindes vorliegen.[12]

Bsp. **(2)***:* Als weiteres typisches Beispiel für einen echten Vertrag zugunsten Dritter, der sich aus der Auslegung bzw. insbesondere aus dem Vertragszweck ergibt, wird von der Rechtsprechung darüber hinaus der Vertrag zwischen einem Reiseveranstalter und einer Fluggesellschaft gesehen – hier hat der Reisende nämlich ein eigenes Forderungsrecht gegen die Fluggesellschaft auf Beförderung.[13] Ähnlich wird als ein echter Vertrag zugunsten Dritter die Mitversicherung der privaten Krankenversicherung des Partners angesehen, auch hier entsteht ein eigener Leistungsanspruch gegen die Versicherung zugunsten des Ehepartners.[14]

1159 Als Regelbeispiel für einen **unechten Vertrag zugunsten Dritter** wird die Konstellation angesehen, in der die Parteien lediglich den Lieferweg abkürzen wollen; dann wird allgemein davon ausgegangen, dass der Dritte kein eigenes Forderungsrecht haben soll.

Bsp: Dies ist die Situation, wenn bei der Abwicklung von Kaufverträgen die Transportkosten vermieden werden sollen, und zwar dadurch, dass der Verkäufer den mit ihm zusammenarbeitenden Großhändler bittet, das verkaufte Auto direkt dem Kunden auszuliefern. – In dieser Situation entstehen zwar zwei Kaufverträge, doch kann man kaum davon ausgehen, dass der Großhändler sich unmittelbar auch gegenüber dem Kunden verpflichten wollte. Auch der Zweck des Vertrages gibt dafür keine Hinweise, denn die Lieferung vom Großhändler direkt an den Kunden stellt eine bloße Verkürzung des Leistungsweges dar, so dass hier regelmäßig ein unechter Vertrag zugunsten Dritter zustande kommt.[15]

1160 Über die Auslegungsregel in § 328 Abs. 2 hinaus sind **weitere Auslegungsregeln** in den anschließenden Vorschriften enthalten, die verschiedene Situationen einordnen und für den Zweifelsfall entscheiden. Dies gilt zunächst für die Situation der Erfüllungsübernahme (**§ 329**). Hier geht es maßgeblich um das Interesse des Schuldners, so dass im Zweifel ein unechter Vertrag zugunsten Dritter vorliegt: Gemeint ist die Situation, in der sich ein Dritter dem Schuldner gegenüber dazu verpflichtet, dessen Verbindlichkeit beim Gläubiger zu erfüllen.

Bsp.: A und B haben einen Kaufvertrag geschlossen. Als B etwas knapp bei Kasse ist, bittet er den F, ihm unter die Arme zu greifen. Dazu ist dieser auch bereit und verpflichtet sich dem B gegenüber, den Kaufpreis an den A zu zahlen.

1161 Hier wird man regelmäßig, so auch die Auslegungsregel in § 329, allein davon ausgehen, dass der Dritte den Schuldner besser stellen möchte. Er möchte eine **Erfüllungsverpflichtung** übernehmen – er will aber in der Regel **nicht** zugleich auch dem Gläubiger durch diese Vereinbarung mit dem Schuldner ein **eigenes Forderungsrecht** einräumen. So weit geht das Interesse des Dritten in aller Regel nicht. Daher liegt im Zweifel ein unechter Vertrag zugunsten Dritter vor.[16]

---

12 *Medicus*, Schuldrecht II, Rn. 348 ff.
13 BGHZ 93, 273 ff.; dazu *Gottwald*, JZ 1985, 575; *Gitter*, JR 1985, 460.
14 BGH NJW 2006, 1434; *Pannenbecker*, VersR 1998, 1322; *Sieg*, VersR 1994, 249; *Wriede*, VersR 1994, 251.
15 Vgl. dazu etwa BGH NJW 1998, 1552.
16 MünchKomm/*Gottwald*, BGB, § 329 Rn. 1; Bamberger/Roth/*Janoschek*, BGB, § 329 Rn. 2.

Eine **weitere Auslegungsregel** findet sich in § 330; sie betrifft einen praktisch sehr **1162** wichtigen Fall, nämlich den der **Lebensversicherung**. Dort wird regelmäßig ein Dritter als ein weiterer Begünstigter genannt, oder sogar als einziger Zahlungsempfänger. Die Benennung eines Dritten als Zahlungsempfänger im Rahmen einer Lebensversicherung wird regelmäßig, d. h. in Zweifelsfällen, als eine echte Drittbegünstigung zu verstehen sein. So lautet dann auch die Auslegungsregel in § 330. Hier kann also der Dritte auch unmittelbar gegenüber der Versicherung einen Anspruch geltend machen; dies macht auch Sinn, denn wenn er Begünstigter sein soll, wäre es nicht nachvollziehbar, wenn er nicht auch zugleich einen eigenen Anspruch gegen die Versicherungsgesellschaft erhielte.[17]

Damit ist allerdings nicht gesagt, dass der einmal benannte Dritte auch dauerhaft **1163** Begünstigter und Anspruchsinhaber sein soll. Vielmehr gibt auch hier § 328 Abs. 2 vor, dass durch Auslegung zu entscheiden ist, ob der Dritte das Recht dauerhaft erhalten soll. Auch muss durch Auslegung ermittelt werden, ob den beiden eigentlichen Vertragsparteien unverändert die Befugnis zustehen soll, das Recht des Dritten ohne dessen Zustimmung aufzuheben oder zu ändern. Gerade dies ist bei Versicherungsverträgen die Regel – hier hat nämlich gem. § 159 Abs. 1 VVG der Versicherungsnehmer (also der Gläubiger) in aller Regel das Recht, den Begünstigten zu jeder Zeit zu ändern. Die Konstellation bei der **Lebensversicherung** ist also diejenige eines **echten Vertrages zugunsten Dritter**, sofern ein Dritter zusätzlich oder ausschließlich begünstigt sein soll, doch der Dritte erhält dieses Recht nur so lange, wie die Parteien dies nicht ändern oder aufheben.

Eine besondere **Auslegungsregel** enthält schließlich § 331. Doch spielt dies in **1164** erster Linie eine Rolle in Abgrenzung zu der Sondervorschrift in § 2301, also zum Schenkungsversprechen von Todes wegen. Der entscheidende Inhalt der Vorschrift von § 331 ist eine Auslegungsregel hinsichtlich des Zeitpunkts, in dem das konkrete Recht zugunsten des Dritten anfällt. Es geht hier also nicht um die Abgrenzung zwischen echt und unecht, sondern lediglich darum, wann der Dritte das Recht auf die Leistung erhalten soll, sofern es sich um einen echten Vertrag zugunsten Dritter handelt.[18] In diesem Zusammenhang bestimmt die Vorschrift, dass die Leistung an den Dritten, sofern sie nach dem Tod des Gläubigers aus dem Schuldverhältnis erfolgen soll, im Zweifel von dem Dritten erst mit dem Tod des Gläubigers verlangt werden kann.

3. Der echte Vertrag zugunsten Dritter, § 328

Entsprechend der zuvor ausgeführten Erläuterungen ist also der **echte Vertrag** **1165** **zugunsten Dritter,** der in § 328 geregelt ist, dadurch gekennzeichnet, dass der Dritte aus dem Schuldverhältnis zwischen Schuldner und Gläubiger einen eigenen Anspruch gegen den Schuldner erwerben soll. Aufgrund der nunmehr drei beteiligten Personen kommt es hier zu unterschiedlichen Rechtsverhältnissen, die

---

[17] Vgl. nur exemplarisch BGH NJW 1954, 1115; BGH NJW 1960, 912; BGH NJW 1981, 2245; OLG Frankfurt NJW-RR 2003, 1586.
[18] Bamberger/Roth/*Janoschek*, BGB, § 331 Rn. 1; MünchKomm/*Gottwald*, BGB, § 331 Rn. 1.

eigene Begrifflichkeiten nach sich ziehen, diese werden unter *Rn. 1166* erläutert. Die konkreten Voraussetzungen des Vertrags zugunsten Dritter sind in *Rn. 1176* vorgestellt. Liegt ein Vertrag zugunsten Dritter vor, so ergeben sich daraus unterschiedliche Rechtsfolgen über die Tatsache hinaus, dass der Dritte einen eigenen Anspruch gegen den Schuldner geltend machen kann. Diese werden in *Rn. 1182* geschildert.

1166 a) **Begrifflichkeiten: Die entstehenden Rechtsbeziehungen.** Das Charakteristische eines echten Vertrages zugunsten Dritter liegt darin, dass nicht mehr bloß zwei, sondern nunmehr drei Parteien in das Schuldverhältnis einbezogen sind. Dies führt dazu, dass man eine **Dreieckskonstellation** vor Augen haben muss, was die Angelegenheit schon begrifflich etwas schwieriger macht. Noch schwieriger wird dies dadurch, dass sich nicht mehr die ursprünglichen Bezeichnungen Schuldner, Gläubiger, Dritter durchgesetzt haben, sondern man stattdessen von anderen Begrifflichkeiten ausgeht, die für die beteiligten Personen sowie für die zwischen diesen Personen bestehenden Rechtsverhältnisse üblicherweise angewandt werden. Sie werden deutlich in folgender Übersicht:

Übersicht 18:

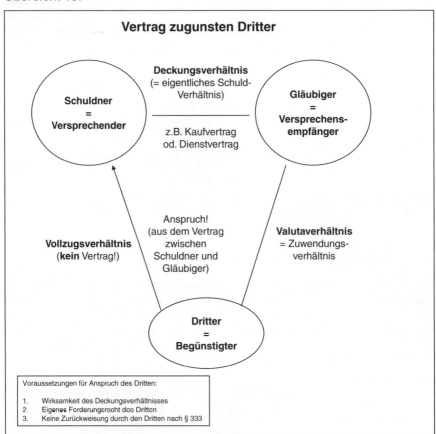

Vertrag zugunsten Dritter

Beginnt man mit dem ursprünglichen eigentlichen Vertragsverhältnis, so besteht dieses zwischen dem Schuldner und dem Gläubiger und kann etwa in einem Kauf- oder einem Dienstvertrag bestehen.

Bsp.: E und F sind die Eltern von K. Als dieses erkrankt, gehen die Eltern mit K zum Arzt und bitten diesen um eine Behandlung.

In dem Dienstvertrag zwischen Eltern und dem Arzt ist, wie bereits angesprochen, ein Vertrag zugunsten des Kindes zu sehen. Die Eltern sind die Gläubiger dieses Dienstvertrages, der Arzt ist Schuldner. Da aber nun eine dritte Person ins Spiel kommt, liegt ein echter Vertrag zugunsten des Kindes vor. Dann verspricht der Arzt als Schuldner des Dienstvertrages, den er mit den Eltern abgeschlossen hat, diesen, die Behandlung am Kind vorzunehmen: Daher heißt der Arzt in dieser Dreieckskonstellation nunmehr „**Versprechender**". Die Eltern wiederum, die dieses Leistungsversprechen des Arztes erhalten, sind die „**Versprechensempfänger**". Diese Vertragsbeziehung zwischen den Parteien, d. h. das eigentliche Schuldverhältnis in Form eines Dienstvertrages in unserem Beispiel, bekommt nun ebenfalls noch einen weiteren Namen: Es wird das **Deckungsverhältnis** genannt, gemeint ist also der ursprüngliche Verpflichtungsvertrag zwischen Gläubiger und Schuldner, zwischen Eltern und Arzt, zwischen Versprechensempfänger und Versprechendem, aus dem der Dritte, also hier das Kind, unmittelbar einen eigenen Leistungsanspruch gegen den Schuldner (also den Versprechenden) erwirbt.

Dieses **Deckungsverhältnis**, also das ursprüngliche Schuldverhältnis, ist dasjenige, aus dem sich der gesamte Vertrag zugunsten Dritter entwickelt. Denn hier ist ja die Besonderheit gegenüber anderen Schuldverhältnissen begründet, dass nämlich der Schuldner (Versprechende) nicht mehr allein oder sogar überhaupt nicht zur Leistungserbringung an den Gläubiger verpflichtet ist, sondern dass nunmehr der Dritte (das Kind) berechtigt ist, die Leistung, nämlich die Behandlung zu verlangen. Genau das Gleiche wäre auch bei einem Kauf- oder Mietvertrag oder sonstigen Verträgen möglich.

Für diesen Vertrag zwischen Schuldner und Gläubiger, oder besser gesagt zwischen Versprechendem und Versprechensempfänger, gelten die **allgemeinen Regeln des Vertragsrechts**. Darüber hinaus sind sämtliche **Voraussetzungen für die Vertragsabwicklung** ebenfalls **allein aus** diesem **Deckungsverhältnis** herleitbar, denn dieses ist die einzige, für den Vertrag zugunsten Dritter entscheidende Vertragskonstellation. Dies gilt etwa für Art und Weise der Leistungserbringung oder die Fälligkeit. Dem Deckungsverhältnis, also dem ursprünglichen Schuldverhältnis, müssen die Rechtsfolgen entnommen werden. Dies gilt dann insbesondere auch für die Form: Die Wirksamkeit des Vertrages richtet sich ja nach den allgemeinen Regeln, d. h. auch die zu beachtende Form muss nach dem Inhalt des Vertrages in diesem Dekungsverhältnis beurteilt werden.[19] Sobald der Vertrag im Deckungsverhältnis wirksam ist, erhält der Dritte seinen Anspruch gegen den

---

19 BGHZ 54, 145; Staudinger/*Jagmann*, BGB, § 328 Rn. 52.

Schuldner (Versprechenden), für dessen Wirksamkeit es allein auf die zwischen den Parteien des Deckungsverhältnisses getroffenen Vereinbarungen ankommt.[20] Lediglich hinsichtlich der Einwendungen sieht § 334 eine Besonderheit vor. Darauf wird an späterer Stelle eingegangen.

1171 § 335 macht schließlich deutlich, dass es auch dann auf das Deckungsverhältnis ankommt, wenn es darum geht, ob der Gläubiger vom Schuldner Leistung an den Dritten fordern kann. Dies muss sich nämlich ebenfalls aus dem Verhältnis zwischen Gläubiger und Schuldner (zwischen Versprechensempfänger und Versprechendem) ergeben.

1172 Neben dieser Beziehung zwischen den beiden Vertragsparteien tritt beim Vertrag zugunsten Dritter eine weitere Rechtsbeziehung, nämlich zwischen dem Gläubiger des eigentlichen Schuldverhältnisses (also dem Versprechensempfängern, hier den Eltern) und dem Dritten als Begünstigtem. Der Dritte wird in der Regel vom Gläubiger ja nicht „einfach so" begünstigt, sondern es steht meistens ein **Grund für die Zuwendung** im Raum. Man spricht in diesem Zusammenhang häufig vom **„Valutaverhältnis"** und meint damit das zwischen dem Gläubiger und dem Dritten bestehende Rechtsverhältnis. Da es den Grund für die Begünstigung und die Zuwendung des Gläubigers an den Dritten beinhaltet, findet man häufig auch die Bezeichnung „Zuwendungsverhältnis". Dieses Valuta- bzw. Zuwendungsverhältnis charakterisiert und beschreibt also die rechtliche Beziehung, die zwischen dem Gläubiger und dem Dritten, d. h. zwischen Versprechensempfänger und Begünstigten (hier zwischen Eltern und Kind), besteht. In diesem liegt der Rechtsgrund, wieso der Gläubiger dem Dritten eine solch günstige Rechtsposition verschafft.[21]

1173 Was **Gegenstand des Valutaverhältnisses** ist, ist nicht gesetzlich festgelegt, es kann sich aus unterschiedlichen Quellen ergeben. Häufig wird dies ein Schenkungsvertrag sein, doch kann es, wie im vorliegenden Beispiel *(unter Rn. 1167)*, auch eine gesetzliche Fürsorgepflicht der Eltern für ihr Kind sein. Auch die Tilgung einer eigenen vertraglichen oder gesetzlichen Verpflichtung des Versprechensempfängers gegenüber dem Dritten kann den Rechtsgrund darstellen. Ist das Rechtsverhältnis, also das Valutaverhältnis, unwirksam, hat dies keinerlei Auswirkungen auf den Vertrag zugunsten Dritter bzw. seine Wirksamkeit – denn diese wird ja allein von dem Deckungsverhältnis bestimmt. Doch kann der Versprechensempfänger in dieser Situation das ohne Rechtsgrund an den Dritten Geleistete dann von diesem gem. § 812 Abs. 1 Satz 1, 1. Alt. wieder herausverlangen. Denn der Dritte hat dann eine Leistung erhalten, für die kein Rechtsgrund vorliegt.[22]

1174 Die Unwirksamkeit des Valutaverhältnisses bleibt nach dem zuvor Gesagten regelmäßig **ohne Auswirkung auf den Vertrag zugunsten Dritter.** Etwas anderes kann nur dann gelten, wenn von diesem Grundsatz der Unabhängigkeit aus-

---

20 Bamberger/Roth/*Janoschek*, BGB, § 328 Rn. 13; BGH NJW 1970, 2157; *Westermann/Bydlinski/Weber*, BGB – Schuldrecht Allgemeiner Teil, § 15 Rn. 11.
21 Soergel/*Hadding*, BGB, § 328 Rn. 21.
22 MünchKomm/*Gottwald*, BGB, § 328 Rn. 28; *Looschelders*, Schuldrecht Allgemeiner Teil, Rn. 1055.

nahmsweise deshalb abgewichen werden muss, weil das Valutaverhältnis etwa nach Vorstellungen der Parteien die Geschäftsgrundlage für den eigentlichen Vertrag zugunsten Dritter gewesen ist.[23]

Die **dritte Achse** beim Vertrag zugunsten Dritter besteht **zwischen** dem **Schuldner und** dem **Dritten**, d. h. zwischen Versprechendem und Begünstigtem, im Beispiel zwischen Arzt und Kind. Hier liegt kein Vertragsverhältnis vor; der Dritte hat vielmehr allein einen Anspruch gegen den Schuldner auf die Erbringung der Leistung; es besteht also allein ein Forderungsrecht des Dritten, hier des Kindes gegen den Arzt.[24] Auch wenn hier kein Vertrag zwischen den beiden Beteiligten zustande kommt, geht die ganz überwiegende Auffassung gleichwohl davon aus, dass die Beziehungen zwischen Schuldner und Drittem zumindest vertragsähnlich sind, da jedenfalls in gewisser Weise eine schuldrechtliche Sonderverbindung besteht, nämlich die, dass der Dritte vom Schuldner ja eine Leistung verlangen kann.[25] Daraus ergeben sich zumindest **vertragsähnliche Konsequenzen**, d. h. insbesondere beiderseitige Sorgfaltspflichten.[26] Deren Verletzung kann zu eigenständigen Ansprüchen des Begünstigten gegen den Versprechenden führen, nämlich aus §§ 280, 311 Abs. 2, Abs. 3, § 241 Abs. 2; Gleiches kann gelten für einen Anspruch aus den §§ 280, 241 Abs. 2. Durch eine derartige vertragsähnliche Beziehung entstehen also zumindest gewisse Schutzpflichten, so dass hier auch das Leistungsstörungsrecht eingreifen kann.

b) **Voraussetzungen.** In § 328 Abs. 1 sind nur wenig **Voraussetzungen** für einen wirksamen Vertrag zugunsten Dritter enthalten. Dies ist deshalb konsequent, weil ja, wie dargelegt, der eigentliche Vertrag zugunsten Dritter kein eigener Vertragstyp ist. Vielmehr erhält ein Schuldverhältnis die besondere zusätzliche Komponente, dass ein Dritter berechtigt sein soll, einen Anspruch geltend zu machen. Das führt dazu, dass sich die eigentlichen Wirksamkeitsvoraussetzungen für diesen Vertrag ausschließlich aus dem Deckungsverhältnis ergeben.[27] Daraus folgt, dass dann, wenn der Dritte als Begünstigter aus einem Vertrag zugunsten Dritter einen Anspruch geltend macht, nur drei Voraussetzungen vorliegen müssen:

Die **erste Voraussetzung**, die gegeben sein muss, ist die **Wirksamkeit des Deckungsverhältnisses** selbst. Denn aus diesem folgt ja erst das Recht des Begünstigten. Dafür gelten, wie schon angedeutet, die üblichen Vertragsregelungen, die auf dieses Verhältnis Anwendung finden. Insbesondere muss also etwa die Formvorschrift beachtet werden, die für das Deckungsverhältnis möglicherweise gilt. Darüber hinaus muss das Deckungsverhältnis auch sonst allen Erfordernissen für

---

23 Vgl. dazu MünchKomm/*Gottwald*, BGB, § 328 Rn. 28; Staudinger/*Jagmann*, BGB, § 328 Rn. 48.
24 So die überwiegende Ansicht; vgl. MünchKomm/*Gottwald*, BGB, § 328 Rn. 29; Soergel/*Hadding*, BGB, § 328 Rn. 21.
25 So zumindest BGHZ 9, 316 (318); Palandt/*Grüneberg*, BGB, vor § 328 Rn. 5; Staudinger/*Jagmann*, BGB, § 328 Rn. 30.
26 *Westermann/Bydlinski/Weber*, BGB – Schuldrecht Allgemeiner Teil, § 15 Rn. 9; *Medicus*, Schuldrecht I, Rn. 764; *Bayer*, Der Vertrag zugunsten Dritter, 1995, S. 286; Staudinger/*Jagmann*, BGB, § 328 Rn. 30.
27 Bamberger/Roth/*Janoschek*, BGB, § 328 Rn. 12

einen wirksamen Vertrag entsprechen. Insbesondere sind neben der Form die §§ 134, 138 zu beachten. Darüber hinaus darf das Deckungsverhältnis nicht wirksam angefochten worden sein, so dass es nach § 142 nichtig wäre. Sämtliche der Wirksamkeit des Deckungsverhältnisses entgegenstehenden Gegenrechte kann der Schuldner nach § 334 nämlich ausdrücklich auch dem Dritten gegenüber entgegenhalten.[28] § 334 ist also letztlich die eigentliche dogmatische Grundlage dafür, dass die Wirksamkeit des Deckungsverhältnisses die erste Voraussetzung dafür ist, dass ein Dritter einen Anspruch aus einem Vertrag zugunsten Dritter geltend machen kann.

1178 **Besonderheiten** ergeben sich hinsichtlich der Form des Vertrages: Es wurde bereits angesprochen, dass auch für die Form des Vertrages zugunsten Dritter die allgemeinen Regeln gelten, dass es also allein auf die Wirksamkeit des Deckungsverhältnisses ankommt. Denn dieses ist das ausschlaggebende Rechtsgeschäft, das die Form bestimmt. Nicht einheitlich zu beantworten ist jedoch die Frage, ob der Vertrag zugunsten Dritter nicht ausnahmsweise auch im Deckungsverhältnis einer Form bedarf, wenn er nämlich zur Deckung eines formbedürftigen Rechtsgeschäfts im Valutaverhältnis geschlossen wird. Es könnte also sein, dass die Formbedürftigkeit im Verhältnis zwischen Gläubiger und Dritten ausnahmsweise auch eine Formbedürftigkeit des Vertrages zugunsten Dritter insgesamt verlangt. Dies ist etwa von Bedeutung, wenn es um einen Schenkungsvertrag geht.

Bsp.: V möchte seinem Sohn S ein Auto schenken. – Der Schenkungsvertrag ist nach § 518 formbedürftig. Wenn der Vater mit dem Autohändler einen entsprechenden Kaufvertrag zugunsten des S schließt, stellt sich die Frage, ob auch der Kaufvertrag formbedürftig ist.

1179 Doch herrscht **Einigkeit** darüber, dass in dieser Situation die Grundregel weiter gilt, dass also das Deckungsverhältnis von den Formerfordernissen des Valutaverhältnisses unberührt bleibt.[29] Entscheidend bleibt also der **Grundsatz der Trennung**, der dazu führt, dass das Valutaverhältnis für den eigentlichen Vertrag zugunsten Dritter keine Rolle spielt. Problematisch wird dies indes dann, wenn es nicht allein um einen Vertrag zugunsten Dritter geht, sondern wenn hier noch die Besonderheiten des Erbrechts mit hineinspielen. Dabei hält jedoch eine überwiegende Auffassung an dem Grundsatz fest. Auch hier bleibt das Deckungsverhältnis von den Formerfordernissen des Valutaverhältnisses selbst dann unberührt, wenn vereinbart ist, dass die Leistung an den begünstigten Dritten nach dem Tod des Versprechensempfängers erfolgen soll, also ein Fall des § 331 Abs. 1 vorliegt, und im Valutaverhältnis eine Schenkung von Todes wegen nach § 2301 gegeben ist.[30]

1180 Die **zweite Voraussetzung**, die erfüllt sein muss, ist ein **eigenes Forderungsrecht** des Dritten. Im Deckungsverhältnis muss also zwischen Gläubiger und Schuldner (zwischen Versprechensempfänger und Versprechendem) vereinbart worden sein,

---

28 *Looschelders*, Schuldrecht Allgemeiner Teil, Rn. 1060; *Schlechtriem/Schmidt-Kessel*, Schuldrecht Allgemeiner Teil, Rn. 726.
29 BGHZ 54, 1457; 66, 9 (12).
30 Vgl. hierzu *Brox/Walker*, Schuldrecht Allgemeiner Teil, § 32 Rn. 9; zu dieser außerordentlich komplexen Frage auf hohem Examensniveau vgl. BGHZ 46, 198; *Brox*, Erbrecht, Rn. 728 ff.; *Medicus*, Bürgerliches Recht, Rn. 394 ff.

Vertrag zugunsten Dritter 1181–1184

dass der Dritte ein eigenes Forderungsrecht haben soll. An dieser Stelle muss also möglicherweise eine Auslegung vorgenommen und herausgefunden werden, ob ein echter oder nicht nur ein unechter Vertrag zugunsten Dritter zwischen den Parteien gewollt ist. Die oben dargestellten Auslegungsgrundsätze hätten hier also ihren Prüfungsort.

Die **dritte Voraussetzung** dafür, dass der Begünstigte einen Anspruch aus dem Vertrag zugunsten Dritter für sich selber geltend machen kann, ist schließlich, dass der Dritte **keinen Gebrauch von** seinem **Zurückweisungsrecht** gem. § 333 gemacht hat – wie bereits dargelegt, ist nämlich der Dritte nicht verpflichtet, die ihm angetragene Begünstigung anzunehmen, er kann sie vielmehr zurückweisen. Hat er dies gem. § 333 getan, so kann er daraufhin natürlich nicht mehr einen eigenen Anspruch gegen den Schuldner geltend machen.

c) **Rechtsfolgen.** Liegen die zuvor genannten drei Voraussetzungen vor, ist ein echter Vertrag zugunsten Dritter gegeben. Die wesentliche **Rechtsfolge** ist zunächst, dass der Begünstigte einen **eigenen Anspruch** gegen den Versprechenden, d.h. gegen den Schuldner, geltend machen kann. Welchen Inhalt dieser Anspruch hat, ergibt sich wie erläutert nicht aus § 328. Vielmehr erfolgt der konkrete Leistungsinhalt dann aus dem Deckungsverhältnis, denn dieses bestimmt ja darüber, was der Schuldner überhaupt versprochen und was er demzufolge auch zu leisten hat.

Bsp.: Haben S und G einen Kaufvertrag zugunsten des D vereinbart, aus dem der S zur Lieferung eines Autos verpflichtet ist, kann der D nunmehr, wenn die Voraussetzungen des § 328 Abs. 1 vorliegen, vom S die Lieferung des Autos verlangen.

aa) **Einwendungen und Einreden des Versprechenden.** Neben der grundsätzlichen Rechtsfolge, dass der Dritte nunmehr die Leistung verlangen kann, ergeben sich aus einem wirksamen Vertrag zugunsten Dritter **weitere Konsequenzen**. Zunächst ist nämlich zu berücksichtigen, inwieweit Einwendungen und Einreden des Versprechenden (also des Schuldners) zu berücksichtigen sind, die dieser ja immer unproblematisch dann geltend machen kann, wenn es sich um eine bloße Zweierbeziehung handelt. Fraglich ist indes, inwieweit sie auch dann zugunsten des Schuldners sprechen können, wenn nicht der Gläubiger allein, sondern auch noch ein Dritter dem Schuldner gegenübersteht.

Bsp.: A und B haben einen Kaufvertrag zugunsten des D abgeschlossen. A zahlt den Kaufpreis nicht. – Wenn er gleichwohl von B die Lieferung verlangt, kann dieser ihm die Einrede des nicht erfüllten Vertrages nach § 320 entgegenhalten. Gilt dies auch, wenn D die Lieferung verlangt?

Die **entscheidende Norm** ist bereits angesprochen worden: Es ist § 334, der hier eine Regelung enthält. Nach dieser Vorschrift bestehen Einwendungen aus dem Vertrag dem Versprechenden auch gegenüber dem Dritten zu. Was aber ist damit gemeint? Es geht hier um die Situation, dass der Schuldner ja eigentlich Einwendungen aus dem Deckungsverhältnis nur seinem Vertragspartner, also dem Gläubiger bzw. Versprechensempfänger, gegenüber geltend machen kann. Denn nur mit diesem ist er vertraglich verbunden, so dass es auch nur Sinn macht, hier Einwendungen bzw. Einreden zu suchen, die der Schuldner gegen eine Leistungsverpflichtung erheben kann.

403

Bsp.: Ist etwa zwischen Schuldner und Gläubiger ein Kaufvertrag als Vertrag zugunsten eines Dritten vereinbart und macht der Schuldner die Sittenwidrigkeit des vereinbarten Vertrages geltend, so wäre dies grundsätzlich nur gegenüber dem Gläubiger möglich. Doch nunmehr kann der Schuldner diese Sittenwidrigkeit auch dem Dritten entgegenhalten, wenn dieser seinen Anspruch aus dem (sittenwidrigen) Vertrag gegen den Schuldner versucht durchzusetzen. Obwohl also zwischen den beiden keine vertragliche Verbindung besteht, kann der Schuldner hier die Sittenwidrigkeit des Deckungsverhältnisses für sich in Anspruch nehmen.

1185 Der **Wortlaut** des § 334 ist dabei eindeutig auf „**Einwendungen**" beschränkt. Gleichwohl gehören zu diesen Einwendungen **unstreitig auch** die mit dem Vertrag in rechtlichem Zusammenhang stehenden **Einreden**, also solche Rechte wie das Zurückbehaltungsrecht aus § 320 bzw. § 273.[31] Zu den vom Schuldner gegen den Dritten zu äußernden Einwendungen gehören daher nicht nur diejenigen der Sittenwidrigkeit, sondern auch die der Anfechtbarkeit oder auch die Einrede des nicht erfüllten Vertrages, wenn sich nämlich der Versprechensempfänger im Deckungsverhältnis zur Vor- oder Zug-um-Zug-Leistung verpflichtet hat.[32]

Bsp.: Im zuvor genannten Beispiel *(unter Rn. 1183)* kann B also dem D (wie auch dem A) die Einrede aus § 320 entgegenhalten.

1186 § 334 **setzt** jedoch nach der Rechtsprechung **voraus**, dass der Schuldner nicht zuvor auf eine derartige Einrede verzichtet hat. Möglich ist ihm dies, denn die Vertragsfreiheit setzt hier keine Grenzen, § 334 ist abdingbar.[33] Entscheidend ist, dass § 334 **allein Einwendungen des Schuldners aus dem Deckungsverhältnis** betrifft, nur diese kann der Schuldner dem Dritten entgegenhalten. Einwendungen aus dem Valutaverhältnis, d. h. aus der Rechtsbeziehung zwischen dem Gläubiger und dem Dritten, kann der Schuldner nicht für sich reklamieren. Hier ist die Trennung zwischen Valutaverhältnis und Vertrag zugunsten Dritter zu beachten.[34]

1187 **Ausgeschlossen** ist zumindest nach Ansicht des BGH die Möglichkeit für den Versprechenden, mit einer Forderung, die er gegen den Versprechensempfänger hat, gegenüber dem Anspruch des Dritten **aufzurechnen**. Hier fehlt es nämlich an einer Gegenseitigkeit der Forderungen, die stets für eine Aufrechnung bzw. Aufrechnungslage erforderlich ist. Der Schuldner kann also nicht dem Dritten in einem Vertrag zugunsten Dritter eine Forderung entgegenhalten, die er selbst gegenüber dem Gläubiger hat. Eine Aufrechnung ist hier nicht möglich.[35]

1188 bb) **Leistungsstörungen.** Besonderheiten sind schließlich zu beachten, wenn in der Vertragsabwicklung Störungen auftreten, also dann, wenn **Leistungsstörungen** in einem der von einem Vertrag zugunsten Dritter betroffenen Rechtsverhältnisse auftreten. Dies ist deshalb schwieriger als bei einem bloßen Zwei-Personen-Vertrag, weil hier Rechtsbeziehungen nicht allein zwischen diesen beiden betrof-

---

31 Zur Unterscheidung zwischen Einreden und Einwendungen oben Rn. 259.
32 *Westermann/Bydlinski/Weber*, BGB – Schuldrecht Allgemeiner Teil, § 15 Rn. 15; vgl. Palandt/*Grüneberg*, BGB, § 334 Rn. 3; BGH NJW 1998, 1552.
33 BGHZ 93, 271; BGH JR 1995, 306 (307).
34 Bamberger/Roth/*Janoschek*, BGB, § 334 Rn. 2; *Looschelders*, Schuldrecht Allgemeiner Teil, Rn. 1060; *Schlechtriem/Schmidt-Kessel*, Schuldrecht Allgemeiner Teil, Rn. 762.
35 BGH MDR 1961, 481.

fen sind, sondern immer auch ein Dritter von der Leistungsstörung berührt wird. Denn der Dritte hat ja einen eigenen Anspruch gegen den Schuldner, so dass auch er von einer möglichen Leistungsstörung unmittelbar in Mitleidenschaft gezogen werden kann. Entscheidend für die Konsequenzen aus einer Leistungsstörung in einer solchen Dreieckskonstellation ist daher, von wem die Leistungsstörung ausgeht, wer also umgekehrt konkret die Leistungsstörungsrechte für sich in Anspruch nimmt und vor allem, gegen wen er sie zu richten hat.

(1) Durch den Versprechensempfänger. Einfach ist noch die Situation, wenn die Leistungsstörung durch den Versprechensempfänger erfolgt. Denn in dieser Situation kommt zunächst voll umfänglich § 334 zum Tragen: Dem Versprechenden stehen nämlich dann gegen den Versprechensempfänger die gewöhnlichen Einwendungen aus dem Deckungsverhältnis zu; diese Einwendungen kann er dann ja auch gem. § 334 dem Dritten gegenüber geltend machen.

Darüber hinaus kann der Versprechende auch dem Versprechensempfänger gegenüber alle ihm zustehenden **Sekundärrechte** ausüben, also etwa Schadensersatzansprüche aus § 280 Abs. 1 in Verbindung mit den einschlägigen Vorschriften wie §§ 280 Abs. 2, 286, 281 geltend machen. Er kann schließlich auch vom Vertrag zurücktreten, wenn die entsprechenden Voraussetzungen aus dem Leistungsstörungsrecht für das Deckungsverhältnis vorliegen.

Bsp.: A und B schließen einen Kaufvertrag über einen Pkw und vereinbaren ein eigenes Forderungsrecht des C. Der A (Versprechungsempfänger) zahlt den Kaufpreis in der Folgezeit jedoch nicht. Daraufhin setzt ihm der B (Versprechender) eine erfolglose Nachfrist und tritt vom Kaufvertrag zurück. – Der begünstigte C kann keine Lieferung des Pkw verlangen.

Tritt der Versprechende in dieser Situation von dem Vertrag wirksam **zurück**, verliert der Dritte infolgedessen zwangsläufig auch seine Rechte, die ihm eigentlich aus dem Vertrag zugunsten Dritter zustanden. Denn diese hängen am Schicksal des Deckungsverhältnisses. Hat der Versprechende bereits seine Leistung erbracht, ist lediglich zu klären, ob er sie unmittelbar vom Dritten zurückverlangen kann. Doch wird man hier an dem Grundsatz festhalten, dass die Rückabwicklung grundsätzlich im Deckungsverhältnis zu erfolgen hat, nicht hingegen in dem Verhältnis zwischen Versprechendem und Begünstigten, weil zwischen diesen beiden ja im Ergebnis keinerlei Beziehungen bestanden.[36]

(2) Durch den Versprechenden. Sehr viel schwieriger und daher auch umstritten ist hingegen die Situation, wenn die Leistungsstörung beim Versprechenden erfolgt, wenn er also seine Pflichten, die ihn aus dem Deckungsverhältnis treffen, nicht so erfüllt, wie es ihm obliegt. Bei einer solchen Leistungsstörung durch den Versprechenden können dann Rechte sowohl des Dritten als auch des eigentlichen Vertragspartners, des Versprechensempfängers, entstehen.

Bsp.: A und B schließen einen Kaufvertrag zugunsten des D über ein Auto ab. A liefert das Auto jedoch nicht zum vereinbarten Zeitpunkt. – Welche Rechte stehen nun wem zu?

---

[36] *Brox/Walker*, Schuldrecht Allgemeiner Teil, § 32 Rn. 15; vgl. den umfassenden Überblick bei MünchKomm/*Lieb*, BGB, § 812 Rn. 129 ff.; BGH NJW 1972, 864; *Schmidt*, JZ 1971, 601 (604); *Pinger*, AcP 179 (1979), 301 (322 ff.); Staudinger/*Lorenz*, BGB, § 812 Rn. 38.

1193 Man muss dabei entscheidend darauf achten, dass je nach ausgeübtem Recht Konsequenzen auch für den zugrunde liegenden Primäranspruch entstehen. Daher **differenziert** die ganz überwiegende Ansicht zwischen den unterschiedlichen Leistungsstörungsrechten.

1194 Zunächst ist noch unstreitig, dass der **Dritte** Ansprüche aus diesen Leistungsstörungen geltend machen kann, sofern sie auf den **Ersatz des Integritätsinteresses** sowie des **Verzugsschadens** gerichtet sind, also Ansprüche aus den §§ 280 Abs. 1, Abs. 2, 286.[37] Verletzt der Schuldner, also der Versprechende, seine Leistungspflicht, so verletzt er sie ja genau auch dem Dritten gegenüber, der Forderungsinhaber ist. Rechte aus solchen Leistungsstörungen stehen daher wie stets dem Forderungsinhaber zu. Er kann sie geltend machen, der eigentliche Vertrag, nämlich das Deckungsverhältnis, bleibt davon ja auch unberührt. Darüber hinaus kann diese Rechte übrigens auch der Versprechensempfänger reklamieren, § 335: Er muss dann jedoch die Leistung an den Dritten verlangen.[38]

1195 Schwieriger und umstritten ist es jedoch, wie es sich mit den Rechten verhält, die den Vertrag im Ganzen berühren. Insbesondere das Rücktrittsrecht ist umstritten. Auch dieses ist ja eine Folge aus einer Leistungsstörung.[39] Dies gilt für den Rücktritt in gleicher Weise wie für den Anspruch auf Schadensersatz statt der Leistung aus §§ 280 Abs. 1, Abs. 3, 281. Das Problem liegt darin, dass mit der Geltendmachung dieses Ersatzanspruches bzw. Gestaltungsrechtes das Schuldverhältnis selbst tangiert wird. Billigt man dem Dritten diese Leistungsstörungsrechte zu und gestattet ihm etwa, vom Vertrag zurückzutreten oder wegen der Leistungsstörung durch den Versprechenden einen Schadensersatzanspruch statt der Leistung geltend zu machen, hätte dies unmittelbar Auswirkungen auf das Deckungsverhältnis: Denn dieses würde dadurch erlöschen. Dies erscheint zu weitgehend: Denn der Dritte war ja von dem Deckungsverhältnis überhaupt nicht betroffen, er war nicht in diesen Vertrag involviert. Soll man ihm dann trotzdem ein solch starkes Recht zusprechen, das zu einem Untergang des Deckungsverhältnisses führt?

1196 Die ganz **überwiegende Auffassung verneint** dies zu Recht. Sie spricht diese Rechte vielmehr allein dem Versprechensempfänger zu, der der eigentliche Vertragspartner im Deckungsverhältnis sei. Dies ist auch konsequent, denn die Geltendmachung der den Vertrag in seiner Substanz betreffenden Rechte kann ausschließlich den Vertragsparteien selbst vorbehalten sein, denn nur ihre Leistungen sind ja auch miteinander synallagmatisch verknüpft.[40]

1197 Hat der Dritte allerdings aus dem Vertrag zu seinen Gunsten **bereits** eine **unentziehbare Forderung** erworben, können also die eigentlichen Vertragsparteien seinen Anspruch nicht mehr beseitigen, ist dann zu seinem Schutz jedoch zu verlan-

---

37 OLG Köln NJW-RR 1997, 542 (543); Jauernig/*Teichmann*, BGB, § 328 Rn. 16.
38 *Brox/Walker*, Schuldrecht Allgemeiner Teil, § 32 Rn. 17; BGH NJW 1967, 2260 (2262); BGH NJW 1974, 502.
39 Vgl. oben Rn. 487.
40 Vgl. RGZ 101, 276; Palandt/*Grüneberg*, BGB, § 328 Rn. 6; Jauernig/*Vollkommer*, BGB, § 328 Rn. 17; *Gottwald*, JZ 1985, 575 (576).

gen, dass der Versprechensempfänger für die Ausübung seines Rücktrittsrechts oder seines Anspruchs auf Schadensersatz statt der Leistung die Zustimmung des Dritten einholt. Anderenfalls würde nämlich der Rücktritt bzw. der Schadensersatzanspruch durch den Versprechensempfänger zugleich dazu führen, dass der Dritte ein Forderungsrecht verliert, das eigentlich unentziehbar ist. Daher wird man ihm mit Recht hier ein Zustimmungsrecht einräumen müssen.[41]

Dieser Ansicht, dass bei einem Leistungsstörungsrecht, das sich auf die Gesamtheit des Vertrages bezieht, nur der Versprechensempfänger zu handeln befugt ist, wird jedoch auch widersprochen. **Zum Teil** wird **vertreten, dass auch diese Gestaltungsrechte bzw. Schadensersatzansprüche dem Dritten zustünden. Dabei wird mit seinem Forderungsinteresse argumentiert;** dadurch, dass die Vertragsparteien ihm einen eigenen Anspruch eingeräumt haben, hätten sie letztlich das Schicksal auch ihres Schuldverhältnisses mit in seine Hand gelegt. Insbesondere hätten sie ihn dadurch konkludent ermächtigt, entsprechende Gestaltungsrechte bzw. den gesamten Vertrag umgestaltende Schadensersatzansprüche geltend zu machen.[42] Dies kann jedoch nicht überzeugen: In dem Deckungsverhältnis eine so weitgehende konkludente Ermächtigung zu sehen, die das gesamte Synallagma aufsprengt, übersteigt wohl regelmäßig das, was die Parteien miteinander vereinbaren.

(3) Durch den Dritten. Schließlich kann die **Leistungsstörung** auch **durch den Dritten** erfolgen, der durch den Vertrag zwischen Versprechendem und Versprechensempfänger begünstigt wird. Hier kommt vor allem ein Annahmeverzug in Betracht, wenn nämlich der Dritte seine Abnahmepflicht verletzt.

Bsp.: Ist etwa in einem Kaufvertrag bestimmt, dass der Versprechende den Kaufgegenstand unmittelbar an den Dritten zu liefern hat und nimmt der Dritte dann die Lieferung nicht an, kommt es zu einem Annahmeverzug.

Der Versprechende kann sich in dieser Situation jedoch, da ihm mit dem Dritten keinerlei vertragliche Verknüpfung verbindet, ausschließlich an den Versprechensempfänger, d. h. an seinen Vertragspartner halten. Dieser muss sich dann auch das Verhalten des Dritten anrechnen lassen.[43]

II. Der Vertrag mit Schutzwirkung zugunsten Dritter

Eine weitere Konstellation, in der die klassische Zweierbeziehung des Schuldvertrages auf Dritte erweitert wird, liegt in der Konstruktion des sog. **„Vertrages mit Schutzwirkung zugunsten Dritter"**. Diese Erweiterung ist im Gesetz selbst nicht unmittelbar geregelt. Doch hat sich dieser anspruchsbegründende Vertragstypus

---

[41] So auch Palandt/*Grüneberg*, BGB, § 328 Rn. 6; Jauernig/*Vollkommer*, BGB, § 328 Rn. 17.
[42] Soergel/*Hadding*, BGB, § 328 Rn. 42; Staudinger/*Jagmann*, BGB, § 328 Rn. 30.
[43] *Brox/Walker*, Schuldrecht Allgemeiner Teil, § 33 Rn. 18; *Lange*, NJW 1965, 660.

im Laufe der Jahre so weit durch Rechtsprechung und Lehre verfestigt, dass man mittlerweile gewohnheitsrechtlich davon auszugehen hat, dass hier eine anspruchsbegründende Situation gegeben sein kann. Dabei muss man zunächst verstehen, in welchen Situationen dieser Vertrag mit Schutzwirkung zugunsten Dritter überhaupt eingreifen kann (dazu der Überblick *Rn. 1202*). Sodann sind die entscheidenden Voraussetzungen zu skizzieren *(Rn. 1207)*, schließlich ergibt sich bei deren Voraussetzungen die Rechtsfolge: ein Schadensersatzanspruch des geschützten Dritten *(Rn. 1219)*.

Übersicht 19:

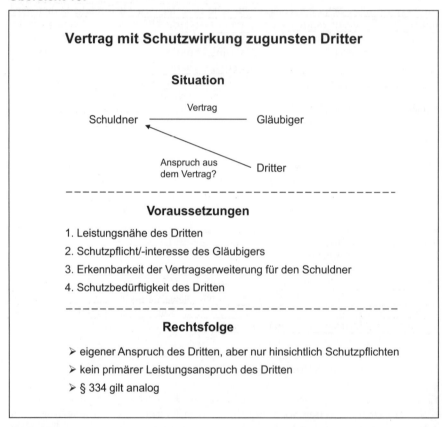

1. Überblick

1202 Der Vertrag mit Schutzwirkung zugunsten Dritter hat eine ganz **bestimmte Konstellation** vor Augen: Das Schuldverhältnis ist regelmäßig insofern eine relative Beziehung, als durch sie zwei Personen miteinander verbunden werden, Schuldner und Gläubiger. Nur zwischen ihnen bestehen die entscheidenden Primärleistungs-, also Austauschpflichten, die Inhalt des Schuldverhältnisses sind. Wie bereits dargelegt, besteht das Schuldverhältnis jedoch nicht nur aus den primären Leistungspflichten, vielmehr ergeben sich auch zahlreiche Sekundärleistungspflichten, wobei insbesondere die Schutzpflichten von Bedeutung sind.[44] Nach § 241 Abs. 2 sind nämlich beide Vertragsparteien dazu verpflichtet, die Güter des Vertragspartners so zu behandeln, dass sie keinen Schaden erleiden. Verletzt eine der beiden Parteien diese Schutzpflichten, entstehen konsequenterweise wegen einer Schutzpflichtverletzung Schadensersatzansprüche des Geschädigten aus § 280 Abs. 1.[45] Es kommt also zu vertraglichen Schadensersatzansprüchen, die gegenüber den deliktischen Ansprüchen aus § 823 Abs. 1 große Vorzüge aufweisen. Dies gilt insbesondere im Hinblick darauf, dass bei vertraglichen Ansprüchen die Zurechnung für das Verhalten Dritter über § 278 deshalb wesentlich effektiver und zuverlässiger erfolgt als bei § 831, weil im vertraglichen System keine Exkulpationsmöglichkeit besteht.[46] Darüber hinaus werden im vertraglichen Bereich auch reine Vermögensschäden ersetzt, was im Bereich des Deliktsrechts gerade nicht der Fall ist.

Nun ist auch für die Schutzpflichten wesentlich, dass sie nur von den Vertragsparteien geltend gemacht werden können. Nur sie fallen unter diese Haftungsregelungen, nur die Vertragsparteien sind durch sie geschützt. **Andere**, nicht in das Vertragsverhältnis einbezogene **Personen** können lediglich deliktische Ansprüche geltend machen, die aus den genannten Schwächen heraus häufig nicht befriedigend sind. **1203**

Bsp.: In einem Mietverhältnis sind die Vertragsparteien Mieter M und Vermieter V. Der V ist nun dafür verantwortlich, dass die Rechtsgüter des M keinen Schaden erleiden. So ist der V etwa dafür verantwortlich, dass im Flur des Mietshauses nicht Bauschutt herumliegt, an dem sich das Kind K des M verletzen könnte. Was geschieht aber nun, wenn sich K gleichwohl daran verletzt? Zunächst könnte K einen Anspruch aus § 823 gegen V geltend machen. Wenn aber V selber hier überhaupt nicht tätig war, sondern nur sein stets sorgfältig überwachter und ausgewählter Gehilfe, so wird sich V über § 831 exkulpieren können. K ginge dann leer aus, wenn beim Gehilfen nichts zu holen ist. Anders wäre es hingegen, wenn man K einen vertraglichen Anspruch zubilligen könnte. Denn dann müsste V für seinen Gehilfen über § 278 einstehen, eine Exkulpation wäre dann nicht möglich. Das Problem ist jedoch, dass K mit V keinen Vertrag abgeschlossen hat. Der Vertrag läuft ja ausschließlich zwischen dem Vater des K als Mieter und dem V. Damit ist zwar eine vertragliche Grundlage da, doch K profitiert zunächst nicht von den sich hieraus ergebenden Schutzpflichten des § 241 Abs. 2. Denn im Verhältnis zu anderen Personen als den Vertragsparteien besteht grundsätzlich kein vertraglicher, sondern allenfalls ein deliktischer Rechtsschutz.

Diese **Ausgangssituation** hat schon früh dazu geführt, dass man auch Dritte unter bestimmten Umständen in den vertraglichen Haftungsraum hineinziehen wollte. Schon früh haben daher Rechtsprechung und Lehre begonnen, die Voraussetzungen dafür zu definieren, wann eine vertragliche Rechtsbeziehung, die eine Schutzwirkung eigentlich nur zwischen den von dem Vertrag betroffenen Personen entfaltet, ausnahmsweise auch auf Dritte ausstrahlen kann. Diese muss naheliegenderweise sehr eng begrenzt sein, denn hier wird auf einmal der Haftungsraum für die Schutzpflichten deutlich erweitert, und die Relativität des Schuldverhältnisses wird aufgebrochen. Daher sind die Voraussetzungen für eine derartige Erweiterung sehr eng gefasst. **1204**

---

44 Vgl. oben Rn. 144.
45 S. oben Rn. 654.
46 Dazu oben Rn. 340.

1205 Eine **konkrete dogmatische Anknüpfung** ist bis heute nicht einheitlich zu finden. Vor der Schuldrechtsreform hat man seitens der Rechtsprechung in der Regel mit einer ergänzenden Vertragsauslegung gearbeitet. Diese sei Rechtsgrundlage der Einbeziehung Dritter in den Schutzbereich eines Vertrages, die ergänzende Vertragsauslegung müsse daher wie stets an §§ 133 und 157 anknüpfen, zudem sei § 328 Abs. 2 in seiner Wertung mit heranzuziehen.[47] Demgegenüber hat die überwiegende Literatur stets einen anderen Weg bevorzugt und die Rechtsgrundlage einer solchen Schutzkonstruktion regelmäßig in § 242 erkannt.[48] Nach der Schuldrechtsreform sind viele der Ansicht, dass der Gesetzgeber in § 311 Abs. 3 auch den Vertrag mit Schutzwirkung zugunsten Dritter mit aufgenommen habe, denn nach dieser Vorschrift könne ein Schuldverhältnis mit den Pflichten nach § 241 Abs. 2 (und um die geht es alleine) auch zu Personen entstehen, die nicht selbst Vertragspartei werden sollen.[49] Der Verweis auf diese Norm ist zwar nicht verkehrt, doch letztlich kann man hieraus allenfalls herleiten, dass eine solche Erweiterung des Schuldverhältnisses denkbar ist. Die genauen Voraussetzungen und inhaltlichen Umrisse einer solchen Schutzkonstruktion sind jedoch im BGB unverändert auch nach der Schuldrechtsreform nicht erkennbar. Man wird daher weiterhin darauf angewiesen sein, die entsprechenden Voraussetzungen für einen Vertrag mit Schutzwirkung zugunsten Dritter in den bisher von Rechtsprechung und Lehre vorgeschlagenen Argumentationen zu finden.

Bsp.: Es geht hier stets darum herauszufinden, ob K (*vgl. oben Rn. 1203*) eine eigene Anspruchsgrundlage gegen den Vermieter geltend machen kann. Schon angesprochen wurde, dass ein deliktischer Anspruch zwar möglich, aber häufig nicht zielführend ist. K könnte aber auch einen eigenen Schadensersatzanspruch aus einer vertraglichen Anspruchsgrundlage haben. Entscheidend dafür ist, dass die Anspruchsgrundlage (wie beim Vertrag zugunsten Dritter![50]) nicht abstrakt in einem „Vertrag mit Schutzwirkung zugunsten Dritter" zu suchen ist. Denn es geht nicht um einen eigenständigen Vertragstypus. Vielmehr muss eine Anspruchsgrundlage auch hier immer in einer konkreten vertraglichen Verknüpfung zwischen den Vertragsparteien zu suchen sein, im Beispiel also in dem Mietvertrag zwischen dem Vater des K und dem V.

1206 Die Anspruchsgrundlage lautet dann für den **Prüfungsaufbau**, dass K einen Anspruch etwa aus § 280 Abs. 1 des konkreten Mietvertrages in Verbindung mit der Lehre vom Vertrag mit Schutzwirkung zugunsten Dritter haben könnte; anders formuliert: K könnte einen Anspruch aus § 280 Abs. 1 in Verbindung mit dem Mietvertrag als Vertrag mit Schutzwirkung zugunsten Dritter haben. Dazu sind die im Folgenden noch darzustellenden vier Voraussetzungen erforderlich. Anspruchsgrundlage ist also genau diejenige, die dem konkreten Vertragspartner eigentlich zustünde, wenn er sich verletzt hätte, also in der Regel § 280 Abs. 1.

---

[47] BGHZ 56, 269 (273); BGH NJW 1996, 2927; BGH NJW 1998, 1948; BGH NJW 2004, 3035 (3036).

[48] Jauernig/*Vollkommer*, BGB, § 328 Rn. 21; *Brox/Walker*, Allgemeines Schuldrecht, § 33 Rn. 6; zur Entwicklung ausführlich: *Bayer*, Der Vertrag zugunsten Dritter, 1995, S. 182 ff.

[49] Mit Verweis hierauf etwa *Dauner-Lieb/Heidel/Lepa/Ring*, Das neue Schuldrecht, § 3 Rn. 45; *Canaris*, JZ 2001, 499 (520).

[50] S. oben Rn. 1182.

2. Voraussetzungen

Mangels einer gesetzlichen Regelung des Schuldverhältnisses mit Schutzwirkung zugunsten Dritter muss man sich dessen **Voraussetzungen** ohne gesetzliche Grundlage herleiten. Denn auch in § 311 Abs. 3 sind ja die Voraussetzungen nicht enthalten, wenn man denn aus dieser Norm überhaupt eine entsprechende rechtliche Grundlage dafür sehen möchte. Die Voraussetzungen sind dabei so zu fassen, dass diese Erweiterung des Schuldverhältnisses nicht zu sehr ausufert, denn man muss sich des Umstandes bewusst sein, dass auch durch diese Konstruktion entgegen der Grundsätze der Relativität des Schuldverhältnisses eine Erweiterung des begünstigten Personenkreises erfolgt. Diese Erweiterung geht zudem auch immer zu Lasten einer Person, nämlich des Schädigers. Die Grundregel des BGB wird hier überspielt: Denn eigentlich ist für die Fälle, in denen keine vertragliche Beziehung zwischen zwei Personen besteht, das Deliktsrecht zuständig. Kommt man also ausnahmsweise zu einer anderen Wertung, weil nämlich manche Personen besonders nahe in die Vertragsverhältnisse hineingezogen sind, muss diese Ausnahmesituation stets sehr eng geführt werden. Entsprechend der Voraussetzungen soll eine solche Schutzwirkung daher nur dann eingreifen, wenn ausnahmsweise eine bestimmte Person aufgrund bestimmter Umstände so nah in den Wirkungsbereich des Schuldverhältnisses hineingerät, dass es berechtigt ist, dieser Person auch besondere Schutzrechte zuzubilligen, nämlich aus §§ 241 Abs. 2, 280.

Eine vorgelagerte **Grundvoraussetzung** liegt darin, dass eine vertragliche Verbindung zwischen zwei Personen besteht. Diese ist konkret zu benennen, wie dies im vorangehenden Beispielsfall *(unter Rn. 1203)* zur Miete geschehen ist. Wenn eine solche Beziehung besteht, ist die Anspruchsgrundlage für einen entsprechenden Schadensersatzanspruch ja in der Regel § 280 Abs. 1. Die erste Voraussetzung für einen entsprechenden Schadensersatzanspruch (hier des K) müsste dann eine bestehende Vertragsbeziehung zwischen den Parteien sein. Eine solche kann jedoch, um in unserem Beispiel zu bleiben, zwischen K und V nicht festgestellt werden. Damit schiede eigentlich ein Anspruch aus § 280 Abs. 1 unwillkürlich aus.

Etwas anderes könnte jedoch dann gelten, wenn ausnahmsweise der Mietvertrag zwischen dem Vater auf der einen und dem V auf der anderen Seite als ein Vertrag mit Schutzwirkung zugunsten Dritter, hier nämlich des K, gelten könnte. Dann hätte man eine entsprechende **vertragliche Brücke**, um zur Anwendung des § 280 Abs. 1 gelangen zu können. Dies setzt jedoch voraus, dass eine gewisse Leistungsnähe des Dritten vorhanden ist *(s. dazu Rn. 1210)*, es müsste der Gläubiger, d. h. hier der Vater, ein Schutzinteresse zugunsten der Kinder haben *(s. dazu Rn. 1212)*. Diese Vertragserweiterung, die hier vorgenommen würde, nämlich zugunsten des K, müsste für den Schuldner der Schutzpflichten, also für den Vermieter, erkennbar gewesen sein *(s. dazu Rn. 1216)*. Schließlich müsste K als begünstigter Dritter schutzbedürftig sein *(s. dazu Rn. 1218)*. Liegen diese vier Voraussetzungen vor, die im Ergebnis von der Rechtsprechung entwickelt und von der Literatur auch weitgehend übernommen wurden, besteht eine vertragliche Sonderverbindung, so dass es dann im fortlaufenden Prüfungsaufbau um die weiteren Voraussetzungen des § 280 Abs. 1 gehen kann.

1210 a) **Leistungsnähe.** Die **erste Voraussetzung** ist eine gewisse „Leistungsnähe" des Dritten zu dem entsprechenden Vertrag. Es ist dieses Tatbestandsmerkmal, das in erster Linie dafür sorgen soll, dass nur diejenigen Dritten von der Erweiterung des Vertrages profitieren, die in einer gewissen Nähe zu dem Schuldverhältnis stehen. Diese Leistungsnähe ist gegeben, wenn der Dritte, der den Anspruch geltend machen möchte, bestimmungsgemäß den Gefahren des Schuldverhältnisses in gleicher Weise ausgesetzt ist wie der Gläubiger.[51] Man kann auch formulieren, dass der Dritte mit der vom Schuldner zu erbringenden Leistung bzw. mit dem Leistungsgegenstand bestimmungsgemäß in gleicher Weise in Berührung kommen muss, wie der Gläubiger. Auf diese Weise soll vor allem verhindert werden, dass Dritte, die zufällig, oder aber ohne Berechtigung, in die Nähe zum Leistungsverhältnis kommen, nicht gleich auch in den Schutzbereich des Vertrages mit einbezogen werden.[52]

Bsp.: Im Mietbeispiel *(unter Rn. 1203)* ist die Leistungsnähe deutlich erkennbar, denn die Gefährdung in einem Mietverhältnis durch Pflichtverletzungen seitens des Vermieters treffen in aller Regel nicht nur den konkreten Vertragspartner, also den Mieter, sondern immer auch dessen Ehepartner bzw. Lebensgefährten und Lebenspartner sowie die in der Wohnung lebenden Kinder. Kinder und Lebenspartner des Mieters stehen also immer in einer Leistungsnähe zum Mietvertrag, sofern sie wie der Mieter auch in der Wohnung wohnen.[53] Anders ist dies hingegen, wenn etwa die Eheleute getrennt leben und die frühere Ehefrau nur ab und zu oder zufällig zu Besuch ist. Denn diejenigen, die nur kurz zu Besuch sind, stehen nicht in einer Nähe zum Austauschverhältnis.[54] Der einbezogene Personenkreis muss aufgrund des Ausnahmecharakters der gesamten Konstruktion eng und überschaubar bleiben.

1211 Wenn in der zuvor genannten Definition die Leistungsnähe bejaht wird, sobald der Dritte in gleicher Weise wie der „Gläubiger" **in Berührung mit der Leistungserfüllung** gerät, so folgt daraus: Im Beispiel *(unter Rn. 1203)* ist der Mieter der Gläubiger der Schutzpflichten, die der Vermieter beachten muss. Also muss man stets Bezug nehmen zu demjenigen, der eigentlich Vertragspartei ist und der eigentlich von seinem Vertragspartner die Beachtung der Schutzpflichten aus § 241 Abs. 2 verlangen kann. Das ist dann in der oben genannten Definition der Gläubiger. Einen Anspruch über die Konstruktion des Vertrages mit Schutzwirkung zugunsten Dritter setzt also voraus, dass der Anspruchsteller in gleicher Weise wie derjenige, der eigentlich Vertragspartner ist, von dem anderen die Beachtung der Schutzpflichten verlangen kann.[55]

1212 b) **Schutzpflicht bzw. Schutzinteresse des Gläubigers.** Als **zweite Voraussetzung** für eine Vertragserweiterung muss der Gläubiger ein Interesse an der Einbezie-

---

51 *Looschelders*, Schuldrecht Allgemeiner Teil, Rn. 205; *Brox/Walker*, Allgemeines Schuldrecht, § 33 Rn. 8; *Medicus*, Schuldrecht I, Rn. 774; Bamberger/Roth/*Janoschek*, BGB, § 328 Rn. 51.
52 BGHZ 70, 329; BGH NJW 1956, 1193.
53 MünchKomm/*Gottwald*, BGB, § 328 Rn. 168.
54 *Medicus*, Schuldrecht I, Rn. 774: BGHZ 2, 94 (97); MünchKomm/*Gottwald*, BGB, § 328 Rn. 168.
55 BGHZ 49, 354; BGHZ 70, 329; BGHZ 129, 168.

Vertrag mit Schutzwirkung zugunsten Dritter **1213, 1214**

hung des Dritten in den Schutzbereich des Vertrages haben.[56] Anders als früher genügt heute ein entsprechendes Schutz*interesse*. Demgegenüber hatte ursprünglich die Rechtsprechung verlangt, dass eine besondere Schutz*pflicht* bestehen müsse, nämlich eine Schutzpflicht des Gläubigers für den Dritten. Um den Kreis der Anspruchsberechtigten weiter einzugrenzen, hatte die Rechtsprechung lange Zeit verlangt, dass der Vertragspartner (also der Gläubiger der Schutzpflicht) gegenüber dem Dritten eine Schutz- und Fürsorgepflicht innehaben musste; man fand dann **früher** immer die Formulierung, er müsse für dessen „**Wohl und Wehe**" verantwortlich sein. Diese Voraussetzung sah der BGH regelmäßig dann als gegeben an, wenn es zwischen dem Gläubiger und dem Dritten besondere Rechtsbeziehungen mit einem sog. „**personenrechtlichen Einschlag**" gab, also insbesondere bei familien-, arbeits- und mietrechtlichen Beziehungen.[57]

Bsp.: Nach dieser alten Rechtsprechung wäre im Beispiel *(unter Rn. 1203)* diese Voraussetzung ohne weiteres gegeben; denn der Vater ist für seine Kinder aus familienrechtlichen Gründen zum Schutz und zur Fürsorge verpflichtet. Er ist gleichsam für ihr „Wohl und Wehe" verantwortlich; entsprechend liegt diese Voraussetzung für einen Vertrag mit Schutzwirkung zugunsten Dritter vor.

Im Laufe der Zeit haben jedoch Rechtsprechung und Literatur dieses enge Verständnis der zweiten Voraussetzung gelockert. Sie rekurrierten **mittlerweile** nicht mehr auf ein solch enges Fürsorgeerfordernis; vielmehr ist die zweite Voraussetzung bereits bei einem bestimmten Gläubigerinteresse gegeben, nämlich dann, wenn der Dritte mit der im Vertrag versprochenen Leistung **bestimmungsgemäß in Kontakt kommen soll** oder wenn zumindest im Einzelfall durch die Auslegung des Vertrages ersichtlich wird, dass der Gläubiger auch den Schutz des Dritten in den Vertrag hinein nehmen wollte.[58] Die allgemeinen Auslegungsgrundsätze müssen dazu führen können, dass die Vertragsparteien letztlich den Willen hatten, zugunsten des Dritten eine Schutzpflicht zu begründen.[59] **1213**

Diese **Erweiterung** ist insbesondere auf verschiedene klassische **Fallgruppen** gerichtet. So ist im Rahmen des Sachverständigenrechts inzwischen von der Rechtsprechung anerkannt, dass der Sachverständige, der ein fehlerhaftes Gutachten erstellt, hier nicht allein seinem Auftraggeber gegenüber haftet, der für eine Gruppe handelt. Vielmehr haben auch die anderen Mitglieder dieser Gruppe unmittelbar einen Schadensersatzanspruch aus dem Auftragsverhältnis gegen den Sachverständigen. Denn sie sind erkennbar im Wege der ergänzenden Vertragsauslegung in das Vertragsverhältnis mit einbezogen, so dass der Gläubiger ein vertragliches Schutzinteresse hat.[60] Ähnlich wird vom BGH vertreten, dass ein aus- **1214**

---

56 Palandt/*Grüneberg*, BGB, § 328 Rn. 17; BGH NJW 1977, 1916; BGH NJW 1985, 489; BGH NJW 1996, 2927 (2928); BGH NJW 2001, 3115 (3116); BGH VersR 1996, 1518 (1519).
57 Vgl. BGHZ 51, 91 (96); 66, 51 (57).
58 Palandt/*Grüneberg*, BGB, § 328 Rn. 17a; *Westermann/Bydlinski/Weber*, BGB – Schuldrecht Allgemeiner Teil, § 16 Rn. 11; *Canaris*, in: Festschr. für Karl Larenz, 1983, S. 97 ff.; MünchKomm/*Gottwald*, BGB, § 328 Rn. 112.
59 S. nur BGH NJW 2004, 3037; BGH NJW 1984, 355; BGH NJW 2001, 514 (516).
60 BGH NJW 1984, 355 (356).

reichendes Schutzinteresse des Gläubigers besteht, wenn der Gläubiger eine Obhutspflicht für eingebrachte Sachen eines Dritten hat.[61]

1215 Diese **Ausdehnung** der Schutzpflichten wird jedoch im Schrifttum **nicht uneingeschränkt geteilt**. Vielmehr wird immer wieder auch vorgebracht, dass die vom BGH erfolgte Abkehr von der „Wohl und Wehe"-Formel zu weitgehend sei, da auf diese Weise das Haftungsrisiko des Vertragspartners unkalkulierbar erhöht würde; darüber hinaus würden die Grenzen zwischen Vertrags- und Deliktshaftung mehr und mehr verschwimmen.[62]

1216 c) **Erkennbarkeit der Vertragserweiterung für den Schuldner.** Als **dritte Voraussetzung** verlangt ein Vertrag mit Schutzwirkung zugunsten Dritter eine gewisse „**Erkennbarkeit**": Die Einbeziehung des Dritten in das Vertragsverhältnis muss **für den Schuldner** erkennbar sein.[63] Der Vertragspartner soll erkennen können, dass sein Haftungsrisiko größer wird, er soll es insgesamt überschauen können.[64] Der Schuldner muss diejenigen Umstände erkennen können, aus denen sich die Voraussetzungen für die Vertragserweiterungen ergeben, also die Leistungsnähe sowie das Schutzinteresse des Gläubigers. Der entscheidende Zeitpunkt ist diesbezüglich der Vertragsschluss bzw. die Anbahnung der Vertragsverhandlungen.[65] Die Erkennbarkeit muss zu einem Zeitpunkt gegeben sein, in dem der Schuldner noch eine Chance gehabt hätte, das erhöhte Risiko, welches er mit dem Vertragsschluss eingeht, abzuschätzen und gegebenenfalls abzuwenden.[66]

1217 Erkennbarkeit verlangt dabei, dass es sich bei den in den Vertrag einbezogenen Dritten im Ergebnis um einen **objektiv abgrenzbaren Personenkreis** handelt.[67] Dies darf jedoch nicht zu eng verstanden werden: Denn es ist nicht erforderlich, dass der Schuldner im Zeitpunkt des Vertragsschlusses bereits die Zahl oder die Namen derjenigen Personen kennt, die in den Vertrag mit hinein genommen werden. Vielmehr genügt es im Sinne der Rechtsprechung, wenn die Schutzpflicht auf eine zumindest **klar abgrenzbare Personengruppe** beschränkt ist.[68]

Bsp.: Bei einem Fall wie im zuvor dargestellten Mietverhältnis *(unter Rn. 1203)* ist für den Vermieter privater Wohnräume stets erkennbar, dass nicht allein der Mieter in der Wohnung wohnt, sondern auch dessen Angehörige. Insofern ist Erkennbarkeit gegeben. Schwieriger ist es bei Vermietern gewerblicher Räume; doch auch hier ist für den Vermieter erkennbar, dass sowohl mit der Aufbewahrung fremder Sachen als auch mit Publikumsverkehr zu rechnen ist.[69]

---

61 BGHZ 49, 350 (354).
62 S. etwa MünchKomm/*Gottwald*, BGB, § 328 Rn. 111; *Medicus*, Bürgerliches Recht, Rn. 842.
63 BGHZ 75, 323; BGH NJW 1985, 2411.
64 MünchKomm/*Gottwald*, BGB, § 328 Rn. 116.
65 BGH NJW 1968, 885; BGH NJW-RR 1986, 484 (486); BGH NJW 1996, 2927 (2929); BGH NJW 2004, 3035 (3038); BGH VersR 1996, 1518 (1519); *Strauch*, JuS 1982, 823 (827).
66 Bamberger/Roth/*Janoschek*, BGB, § 328 Rn. 53.
67 BGH NJW 1984, 355; Jauernig/*Vollkommer*, BGB, § 328 Rn. 26; *Eckert*, Schuldrecht Allgemeiner Teil, Rn. 1018.
68 BGH NJW 1998, 1059 (1062); *Kiss*, WM 1999, 117 ff.
69 BGH NJW 1970, 419; NJW 1968, 885.

d) **Schutzbedürftigkeit des begünstigten Dritten.** Die **vierte Voraussetzung** verlangt schließlich eine **Schutzbedürftigkeit** des Dritten, der in den Vertrag mit einbezogen werden soll. Er muss schutzbedürftig sein. Dieses Tatbestandsmerkmal wird meist über eine negative Definition beschrieben: Danach ist er nicht schutzbedürftig, wenn ihm eigene vertragliche Ansprüche (gleich gegen wen) zustehen, die denselben oder doch zumindest einen gleichwertigen Inhalt haben wie diejenigen Ansprüche, die ihm über eine Einbeziehung in den Schutzbereich des Vertrages zukämen.[70] Der Dritte ist also nur dann in den Vertrag mit einzubeziehen, wenn er **keinen eigenen vertraglichen Anspruch** geltend machen kann.[71] **Nicht ausreichend** ist, wenn ihm allein ein **deliktischer Anspruch** zusteht – ein solcher Anspruch beseitigt das Schutzbedürfnis nämlich nicht.[72] Dies liegt daran, dass gerade die deliktischen Ansprüche, wie dargelegt, häufig nicht zum Ziel führen. Die vertraglichen Ansprüche werden hier also als ausschlaggebend angesehen.

1218

Bsp.: In dem genannten Beispiel *(unter Rn. 1203)* steht K kein Anspruch gegen V zu, zumindest kein eigener vertraglicher Anspruch – der möglicherweise bestehende Anspruch aus § 823 genügt hier nicht, um die Schutzbedürftigkeit zu beseitigen.

3. Rechtsfolge: Schadensersatzanspruch des Dritten

Liegen die genannten Voraussetzungen vor, ist der **Dritte** als **Begünstigter** in den Vertrag zwischen Schuldner und Gläubiger mit hinein genommen; es handelt sich dann bei dem zwischen den Parteien geschlossenen Vertrag um einen Vertrag mit Schutzwirkung zugunsten Dritter. Dies führt dann dazu, dass der Dritte entsprechende Schutzansprüche geltend machen kann; umgekehrt ist der Vertragspartner bei Beachtung seiner Schutzverpflichtungen gehalten, diese auch auf die einbezogenen Dritten auszudehnen.

1219

Bsp: In unserem Beispiel *(unter Rn. 1203)* muss V also seine Schutzpflichten nicht nur gegenüber dem Vertragspartner M, sondern vielmehr auch dem einbezogenen Dritten K gegenüber walten lassen. Verletzt er diese Schutzpflicht, etwa indem er nicht dafür sorgt, dass der Bauschutt im Flur beseitigt wird, macht er sich K gegenüber schadensersatzpflichtig. K kann dann einen vertraglichen (!) Anspruch gegen V aus § 280 Abs. 1 geltend machen, obwohl er nicht unmittelbar mit ihm vertraglich verbunden ist. Es genügt dann, dass der Vater einen Mietvertrag hat, der als Vertrag mit Schutzwirkung zugunsten Dritter gilt.

Der Anspruch des Dritten ist aber **allein auf** einen **Ersatzanspruch** im Hinblick auf die **Schutzpflichten beschränkt**. Ersetzt wird ihm jeder Schaden, also auch der Sach- oder ein reiner Vermögensschaden.[73] Hinsichtlich des Anspruches aus der Schutzpflichtverletzung besteht zwischen dem Dritten und dem Schuldner eine eigenständige schuldvertragliche Verbindung; es handelt sich um einen eigenen vertraglichen Schadensersatzanspruch. Nähere Einzelheiten hinsichtlich des

1220

---

70 BGHZ 133, 168 (173); Palandt/*Grüneberg*, BGB, § 328 Rn. 18; *Looschelders*, Schuldrecht Allgemeiner Teil, Rn. 209; *Westermann/Bydlinski/Weber*, BGB – Schuldrecht Allgemeiner Teil, § 16 Rn. 14.
71 OLG Köln NJW-RR 2003, 101; *Neuner*, JZ 1999, 126 (129).
72 Vgl. BGH NJW 1996, 2927 (2928).
73 Palandt/*Grüneberg*, BGB, § 328 Rn. 19; Bamberger/Roth/*Janoschek*, BGB, § 328 Rn. 55; BGH NJW 1977, 1916; BGH NJW 1994, 2417; *Hübner*, VersR 1991, 497 (498).

Umfangs bzw. der Ausgestaltung dieser besonderen Beziehung ergeben sich dann aber wieder, wie beim Vertrag zugunsten Dritter, aus dem eigentlichen Schuldvertrag zwischen den ursprünglichen Vertragsparteien, also im Beispiel zwischen dem Vater und dem Vermieter. Denn der Vermieter soll gegenüber dem einbezogenen Dritten ja nicht weiter haften als er gegenüber dem eigentlichen Vertragspartner einstehen müsste.[74] Entscheidend ist, dass der **Dritte keinesfalls ein Erfüllungsinteresse** geltend machen kann; denn er wird ja nicht Vertragspartner oder Inhaber eines Anspruchs gem. § 328.

1221 Die Einbeziehung eines Dritten in ein Schuldvertragsverhältnis ist von Rechtsprechung und Lehre insbesondere am Mietvertrag entwickelt worden. Doch ist die Rechtsprechung darüber hinaus weitergegangen. Es hat sich im Ergebnis eine **Kasuistik** entwickelt. Einbezogen sind etwa bei einem Kaufvertrag in die Schutzpflichten des Verkäufers die Kinder des potentiellen Käufers, wenn sie diesen zum Einkauf begleiten.[75] Bei einem Werkvertrag ist die Einbeziehung Dritter davon abhängig, ob diese zum Vertragspartner in einer engen rechtlichen und tatsächlichen Beziehung stehen. Hier gibt es also wenig klare Leitlinien, vielmehr kommt es auf die genaue Subsumtion unter die vier Voraussetzungen, insbesondere die zweite Voraussetzung der vertraglichen Einbeziehung, an. Besonderheiten bestehen bei Dienstleistungsverträgen bestimmter Berufsgruppen. Hinsichtlich des Gutachters ist dies schon angesprochen worden. Auch beim Anwalt bestehen bestimmte Schutzwirkungen zugunsten Dritter, wenn es etwa um familienrechtliche Mandate und erbrechtliche Angelegenheiten geht. Dann wird von der Rechtsprechung häufig ein entsprechender Beratungsvertrag mit Schutzwirkung zugunsten Dritter, nämlich der Verwandten des Mandanten, bejaht.[76]

1222 Eine Besonderheit hinsichtlich der Rechtsfolgen ist noch im Bezug auf mögliche **Einwendungen** des Schuldners zu berücksichtigen. § 334 regelt hier für den Vertrag zugunsten Dritter, dass Einwendungen des Schuldners auch gegenüber dem Dritten bestehen.[77] Diesen Rechtsgedanken wendet die ganz überwiegende Auffassung auch auf den Vertrag mit Schutzwirkung zugunsten Dritter an. Dem geschädigten Dritten dürfen also, wie dies bereits angedeutet worden ist, nicht mehr Rechte zustehen, als sie auch dem Gläubiger selbst aus dem Schuldverhältnis zustünden. Das bedeutet insbesondere, dass eine Haftungsbeschränkung, die zwischen Schuldner und Gläubiger vereinbart worden ist, auch insofern nach außen wirkt, als der in dem Vertrag einbezogene Dritte hiervon erfasst ist. Der geschützte Dritte kann sich aber in dem Fall, dass eine vertragliche Haftungsbeschränkung besteht, nicht mehr an den Schuldner halten.[78]

---

74 BGH NJW 1968, 1929 (1931); NJW 1977, 2073; Erman/*Westermann*, BGB, § 328 Rn. 13 f.
75 BGHZ 66, 51.
76 BGH NJW 1965, 1955; BGH NJW 1977, 2073; BGH NJW 1988, 201; BGH NJW 1995, 52.
77 Vgl. oben Rn. 1186.
78 BGHZ 56, 269 (272); Bamberger/Roth/*Janoschek*, BGB, § 334 Rn. 5.

III. Die Drittschadensliquidation

Auf den ersten Blick ähnlich, aber im Kern ganz anders, ist eine weitere Form der Vertragserweiterung, die man als „**Drittschadensliquidation**" bezeichnet. Bei dem Vertrag mit Schutzwirkung zugunsten Dritter war entscheidend, dass der Dritte aufgrund der vorgenommenen Erweiterung einen eigenen Ersatzanspruch erhält, nämlich gegen den Schädiger, d. h. den Schuldner der Schutzpflichten aus der Vertragsbeziehung zu dem Gläubiger. Bei der Drittschadensliquidation ist dies anders: Hier geht es um Sachverhaltsgestaltungen, in denen der Gläubiger einen Anspruch geltend macht, allerdings nicht für sich, sondern einen Anspruch des Dritten. Es ist zwar ebenfalls ein Anspruch des Dritten vorhanden, doch macht nicht er, sondern der Gläubiger ihn geltend. **1223**

1. Überblick

Prinzipiell kann man immer nur einen eigenen Anspruch geltend machen: Bei Vertrag wie Delikt kann nur der eigene Anspruch Gegenstand eines Verlangens sein. Nun gibt es allerdings auch Situationen, in denen sich eine Pflichtverletzung nicht auf das Vermögen des Vertragspartners, sondern auf das eines Dritten auswirkt. Dann muss regelmäßig dieser versuchen, eigene Ansprüche geltend zu machen, entweder aus Delikt oder aber über die Konstruktion des Vertrages mit Schutzwirkung zugunsten Dritter. **1224**

Doch hat sich daneben eine **besondere Fallgestaltung** entwickelt, in der ausnahmsweise der Vertragspartner einen Drittschaden geltend machen kann, also einen Schaden, der bei einem anderen entstanden ist. Dies wird dann zugelassen, wenn der Schaden typischerweise nicht beim Ersatzberechtigten selbst, sondern bei einem Dritten eintritt; wenn also, wie man üblicherweise formuliert, eine zufällige Schadensverlagerung eingetreten ist.[79] **1225**

In einer solchen **Situation**, in der der **Schaden bei** einem **Dritten** entsteht, dieser aber **keinen eigenen Anspruch** hat, soll der Schuldner keinen Vorteil daraus ziehen dürfen, dass zufälligerweise sein Vertragspartner selbst keinen eigenen Schaden erlitten hat. Hier wird dann der Schaden des Dritten zum Anspruch des Verletzten gezogen, um auf diese Weise dessen Schadensersatzanspruch zu begründen. Es ist also deutlich, wo der **Unterschied zum Vertrag mit Schutzwirkung zugunsten Dritter** besteht: Dort weitet man den vertraglichen Haftungsbereich personell aus; bei der Drittschadensliquidation hingegen wird eine Schadensposition verschoben, nämlich weg vom Geschädigten hin zum Anspruchsberechtigten, der ihn dann konkret geltend machen kann. Die Drittschadensliquidation ist also dadurch gekennzeichnet, dass in bestimmten Fallgruppen der Anspruchsinhaber den Schaden des Dritten für diesen geltend machen kann. Diese Fallgruppen sind von Rechtsprechung und Lehre eng umgrenzt entwickelt worden. Allen gemeinsam ist, dass der Schaden nicht beim Vertragsgläubiger, sondern aus Sicht des Schädigers zufällig bei einem Dritten eintritt.[80] **1226**

---

[79] Mit dieser Formulierung *Eckert*, Schuldrecht Allgemeiner Teil, Rn. 1020.
[80] BGHZ 133, 36 (41).

1227 Es liegt nahe, dass eine derartige Verschiebung eines Schadens hin zu einem Anspruchsinhaber eine **große Ausnahme** für die Fälle bleiben muss, in denen der Schuldner nicht davon profitieren soll, dass ausnahmsweise eine zufällige Verlagerung entstanden ist. Daher sind die Voraussetzungen, die man für die Drittschadensliquidation nennt, eng gefasst und auch in der Regel nicht analogiefähig.

2. Voraussetzungen. Fallgruppen

1228 Die zuvor geschilderten abstrakten Überlegungen werden deutlicher, wenn man sich die **drei Voraussetzungen** für die Drittschadensliquidation ansieht; dabei ist zu berücksichtigen, dass die Rechtsprechung hier mit bestimmten Fallgruppen arbeitet, in denen allein sie eine solche Drittschadensliquidation angenommen wird.

1229 a) **Voraussetzungen.** Zunächst muss der **Ersatzberechtigte** einen **Ersatzanspruch haben, sei es aus Vertrag oder aus Gesetz**, er darf **aber keinen eigenen Schaden** erlitten haben. Zudem muss zweitens der geschädigte **Dritte** einen Schaden erlitten haben; doch darf er seinerseits **keinen eigenen Schadensersatzanspruch** gegen den Schädiger besitzen.

1230 Drittens, und dies ist die entscheidende Voraussetzung, muss eine **zufällige Schadensverlagerung** eingetreten sein: Aus der Sicht des Schädigers muss es sich um eine zufällige oder atypische Schadensverlagerung handeln, was nur dann gegeben ist, wenn zwischen Schädiger und Ersatzberechtigtem eine vertragliche Beziehung besteht – genau dies ist also die Besonderheit, so dass außerhalb vertraglicher Beziehungen eine Drittschadensliquidation generell nicht möglich ist.[81]

1231 b) **Fallgruppen.** Es haben sich vor allem **drei Fallgruppen** gebildet, in denen derartige zufällige Gefahrverschiebungen erfolgen: beim Handeln für eine fremde Rechnung, bei der obligatorischen Gefahrentlastung und drittens bei sog. Obhutsverhältnissen.

1232 Die erste Fallgruppe, in der regelmäßig die Möglichkeit einer Drittschadensliquidation anerkannt wird, sind diejenigen, in der jemand für fremde Rechnung handelt, also die Fälle der **mittelbaren Stellvertretung**.[82] Welche Fälle sind gemeint? Es geht hier darum, dass etwa ein Kommissionär oder Treuhänder in eigenem Namen, aber für fremde Rechnung einen Vertrag schließt.

Bsp.: B wird im Auftrag seines Freundes A bei einer Versteigerung tätig und ersteigert einen Tisch. Weil A nicht erkannt werden möchte, gibt B nicht an, dass er für einen anderen handelt. – In diesem Fall kommt mangels einer Beachtung des Offenkundigkeitsprinzips nach § 164 Abs. 2 ein Vertrag nur zwischen B und dem Auktionshaus zustande. Was passiert aber nun, wenn der gekaufte Tisch untergeht? In dieser Situation hätte der bietende Freund

---

[81] Jauernig/*Teichmann*, BGB, vor § 249 Rn. 21; *Looschelders*, Schuldrecht Allgemeiner Teil, Rn. 942.
[82] So schon RGZ 90, 246; BGHZ 49, 356; BGH NJW 1989, 3099; MünchKomm/*Oetker*, BGB, § 249 Rn. 284 ff.

Drittschadensliquidation

zwar einen Anspruch gegen das Auktionshaus, aber er hätte keinen Schaden, denn er hat ja für einen anderen gehandelt. Der im Hintergrund stehende A hätte jedoch einen Schaden, allerdings keine Anspruchsgrundlage, denn er ist nicht in das Vertragsgeschäft mit einbezogen. In dieser Situation greift die Systematik der Drittschadensliquidation: Die Anspruchsgrundlage verbleibt bei dem bietenden B, der Schaden, der beim A liegt, wird zum B gezogen, der ihn nunmehr geltend machen kann. Der handelnde B kann also als Gläubiger den Schaden seines Auftraggebers liquidieren.

1233 Eine weitere Fallgruppe sind die Fälle der sog. **obligatorischen Gefahrentlastung**.[83] Dies ist insbesondere beim sog. Versendungskauf gem. § 447 möglich, der Gegenstand der Darstellung im besonderen Schuldrecht ist, auf die hier verwiesen wird.[84] An dieser Stelle genügt der kurze Hinweis darauf, welche Situation gemeint ist.

Bsp.: Wenn der Verkäufer auf Verlangen des Käufers den Kaufgegenstand versendet und der Kaufgegenstand beim Transport untergeht, so ist die Situation ähnlich wie bei der mittelbaren Stellvertretung. – Der Verkäufer hat nämlich gegen den Schädiger der Sache einen Anspruch aus Delikt, nämlich aus § 823 Abs. 1, doch hat er keinen Schaden; denn wie bereits dargelegt, ist er ja nach § 275 Abs. 1 durch den Untergang der Kaufsache von seiner Leistungspflicht befreit worden, trotzdem behält er nach der Regelung des § 447 den Anspruch auf die Kaufpreiszahlung, denn die Preisgefahr ist mit der Übergabe an die Transportperson übergegangen.[85] In dieser Situation hat allein der Käufer den Schaden, denn er muss zahlen, weil er die Preisgefahr bereits trägt, er erhält aber die Kaufsache nicht mehr – denn der Verkäufer ist ja durch den Untergang der Sache von der Verpflichtung, die Kaufsache zu übertragen, freigeworden. Der Käufer hat aber seinerseits keinen Anspruch gegen den den Untergang verursachenden Dritten. Dies hängt damit zusammen, dass er noch nicht Eigentümer der Sache geworden ist, denn sie war ihm ja noch nicht übergeben worden. Hier greifen nun, da es sich um eine typische Fallgruppe handelt, die Grundsätze der Drittschadensliquidation: Man geht also davon aus, dass der Schaden, den der Käufer erlitten hat, weil er noch weiter zahlen muss, zur Anspruchsgrundlage des Verkäufers gezogen wird – dieser kann also nunmehr nach § 823 Abs. 1 den Schaden des Käufers bei dem Untergang herbeiführenden Dritten liquidieren.

1234 Diese **klassische Fallgruppe der Drittschadensliquidation** hat indes heute aufgrund neuerer gesetzlicher Vorschriften, insbesondere in § 474 Abs. 2, **an Bedeutung verloren**, da nach dieser Vorschrift § 447 bei einem Verbrauchsgüterkauf gerade nicht gilt. Doch vergleichbar mit dieser Situation ist die Fallgruppe, in der die Kaufsache im Annahmeverzug des Käufers durch einen Dritten beschädigt oder zerstört wird. Denn auch hier findet ein Übergang der Preisgefahr gem. § 446 Satz 3 statt. Und auch in dieser Situation treten die gleichen Folgen auf wie bei § 447 in seinem ursprünglichen Geltungsbereich.[86]

---

83 *Medicus*, Schuldrecht I, Rn. 614; *Looschelders*, Schuldrecht Allgemeiner Teil, Rn. 945;
84 *Looschelders*, Schuldrecht Besonderer Teil, Rn. 190 ff. *Brox/Walker*, Schuldrecht Besonderer Teil, § 3 Rn. 19 ff.; zur Problematik insgesamt: *Wertenbruch*, JuS 2003, S. 625 ff.
85 Vgl. oben Rn. 352.
86 Vgl. näher hierzu *Westermann/Bydlinski/Weber*, BGB – Schuldrecht Allgemeiner Teil, § 16 Rn. 23.

1235 Eine **dritte Fallgruppe**, in der eine Drittschadensliquidation regelmäßig bejaht wird, sind die sog. Obhutsfälle.[87] Gemeint sind die Fälle, in denen jemand eine Sache, die einem Dritten gehört, in Verwahrung oder sonst in Obhut gibt. Wird bei einer solchen Verwahrung die Pflicht zur ordnungsgemäßen Aufbewahrung der Sache verletzt, kann derjenige, der die dem Dritten gehörende Sache weitergegeben hat, denjenigen Schaden liquidieren, der dem Dritten entstanden ist.

Bsp.: Der Wageneigentümer verleiht sein Auto an einen Freund, der aufgrund eines Defektes das Auto in eine Werkstatt bringt. Bei der Reparatur wird das Auto beschädigt. – Der Eigentümer hat nun keinen Anspruch aus § 280, da kein Vertrag mit dem Werkstatteigentümer bestand; der Freund, dem er das Auto geliehen hatte, hat zwar einen Anspruch, aber er hat keinen (Substanz-)Schaden, denn dieser liegt ja allein bei dem Eigentümer. In dieser Situation kann der Freund den Schaden des Eigentümers beim Werkstattbesitzer liquidieren.

3. Rechtsfolgen

1236 Die **Rechtsfolgen** der Drittschadensliquidation sind schon genannt: Der Anspruchsinhaber kann in diesen Fällen den Schaden, den nicht er, sondern ein Dritter erlitten hat, ausnahmsweise für diesen liquidieren. Hier wird also letztlich der Schaden zur Anspruchsgrundlage hin gezogen. Der Anspruchsinhaber, der den Schaden geltend macht, ist dann seinerseits verpflichtet, seinen Schadensersatzanspruch, gegebenenfalls als stellvertretendes commodum, an den tatsächlich Geschädigten abzutreten. Dies folgt schon aus § 285 Abs. 1.[88]

1237 Fraglich ist die **Höhe des Schadensersatzanspruches**. Ganz überwiegend wird hier eine volle Ersatzpflicht des Schädigers bejaht, es kommt daher für die Höhe des Ersatzanspruches allein auf die beim Dritten entstandenen Nachteile an.[89] Ein mögliches Mitverschulden des Anspruchsinhabers muss sich der Dritte dabei aber anrechnen lassen.[90]

IV. Wechsel des Vertragspartners

1238 Die grundsätzliche Zweierkonstellation im Schuldverhältnis kann auch auf andere Art und Weise als im Abschnitt zuvor dargestellt verändert werden, es kann nämlich auch ein **Dritter** in das Schuldverhältnis eintreten, so dass er **an die Stelle einer der beiden bisherigen Parteien** tritt. Der Wechsel des Vertragspartners stellt eine weitere wichtige Kategorie für die Möglichkeit dar, dass Dritte von einem Schuldverhältnis betroffen sind. Im Unterschied zu der zuvor genannten Gruppierung ist nunmehr jedoch zu beachten, dass der Dritte nicht neben die bisherigen Parteien tritt, sondern er löst eine der beiden Parteien ab. Der Wechsel des Vertragspartners kann sowohl auf Seiten des Gläubigers als auch auf Seiten

---

[87] Palandt/*Heinrichs*, BGB, vor § 249 Rn. 116; *Schlechtriem/Schmidt-Kessel*, Schuldrecht Allgemeiner Teil, Rn. 335.
[88] *Medicus*, Schuldrecht I, Rn. 609; MünchKomm/*Emmerich*, BGB, § 285 Rn. 1.
[89] BGHZ 49, 356 (361); Palandt/*Heinrichs*, BGB, vor § 249 Rn. 114; Erman/*Kuckuk*, BGB, vor § 249 Rn. 145; MünchKomm/*Oetker*, BGB, § 249 Rn. 286.
[90] BGH NJW 1972, 289.

Wechsel des Vertragspartners

des Schuldners erfolgen. Erfolgt er auf der Seite des Gläubigers, erhält der Schuldner also einen neuen Vertragspartner, so spricht man von der „Abtretung"; erfolgt der Wechsel auf der Schuldnerseite, so dass der Gläubiger es mit einem neuen Partner zutun bekommt, spricht man von der Schuldübernahme bzw. vom Schuldbeitritt.

1. Die Abtretung, §§ 398 bis 413

Die **Abtretung** stellt die erste Möglichkeit dar, bei der es zu einem Wechsel des Vertragspartners innerhalb eines Schuldverhältnisses kommt. Bei ihr wird der Gläubiger ausgetauscht, der Schuldner erhält einen **neuen Vertragspartner**, dem er fortan zur Leistung verpflichtet ist. **1239**

a) **Überblick und Begrifflichkeiten.** Der Kerninhalt des Vorgangs ist in § 398 umschrieben: In dessen Satz 2 lautet die zentrale Regelung, dass mit Abschluss des **Abtretungsvertrages** der neue Gläubiger an die Stelle des bisherigen Gläubigers tritt. Es kommt also zu einem vollständigen Personenaustausch. Ebenfalls in dieser Norm schon angesprochen ist eine Möglichkeit, wie es zu der Abtretung kommen kann, nämlich „durch Vertrag". Dies ist die rechtsgeschäftliche Möglichkeit des Forderungsübergangs, die Abtretung, wie auch die gesetzliche Überschrift zu § 398 diesen Vorgang bezeichnet. Im Anschluss an diese Vorschrift finden sich die einzelnen, im Folgenden noch vorzustellenden Regelungen, die den vertraglichen Forderungsübergang ausgestalten. **1240**

Neben der Möglichkeit, dass ein Vertrag Grundlage des Forderungsübergangs ist, steht als weiterer Übertragungsweg der gesetzliche Forderungsübergang. Dieser ist nicht eigenständig im Gesetz geregelt, vielmehr finden die Vorschriften, die sich mit dem vertraglichen Forderungsübergang in den §§ 398 ff. befassen, auf den gesetzlichen Forderungsübergang entsprechende Anwendung. Dies regelt § 412. Beim gesetzlichen Forderungsübergang spricht man in der Rechtssprache von einer *cessio legis*, auf deutsch Legalzession. Wann diese erfolgen soll, ist in den entsprechenden Vorschriften eigens angeordnet. Sobald man also eine solche Anordnung für den gesetzlichen Forderungsübergang findet, muss man für die einzelnen Rechtsfolgen und insbesondere für die einzelnen Schutzbestimmungen zugunsten des Schuldners auf die §§ 398 ff. zurückgreifen. **1241**

Besonders häufig findet sich die Legalzession im Bereich des **Versicherungsrechts**. Immer dann, wenn eine Versicherung einen Schaden ihres Mitglieds begleicht, gehen regelmäßig etwaige Ersatzansprüche, die das Mitglied gegen einen Dritten hat, auf die Versicherung kraft gesetzlicher Anordnung über. **1242**

Eine **dritte Möglichkeit**, wie ein Gläubigerwechsel vor sich gehen kann, ist der **staatliche Hoheitsakt**: Auch hier kann vorgesehen sein, dass ein Gläubigerwechsel eintritt, dies ist insbesondere im Rahmen der Zwangsvollstreckung der Fall, wie sich aus den §§ 829, 835 ZPO ergibt. **1243**

Bei der Forderungsübertragung sind **mehrere Parteien** beteiligt, auch wenn im Ergebnis das Schuldverhältnis **unverändert** nur durch eine **Zwei-Personen-Konstellation** gekennzeichnet ist, nämlich nach Abschluss des Forderungsübergangs **1244** unverändert durch den Schuldner sowie den neuen Gläubiger. Doch zuvor spielt auch der alte Gläubiger eine Rolle. Der alte sowie der neue Gläubiger erhalten beim Vorgang der Abtretung eine eigene Bezeichnung, die vor allem auch darauf zurückzuführen ist, dass man statt von „Abtretung" häufig auch von der „Zession" spricht. Die Zession ist also ein zwischen dem alten und dem künftigen Gläubiger geschlossener Vertrag, durch den der bisherige Gläubiger seine ihm gegen den Schuldner zustehende Forderung auf einen neuen Gläubiger überträgt.[91]

Übersicht 20:

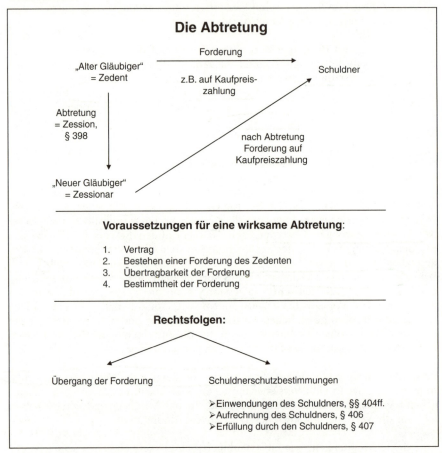

1245 Bei der Zession treten also zwei Personen auf der Gläubigerseite auf, auf der Schuldnerseite bleibt der alte Schuldner zugleich auch der neue – hier tritt keine Änderung ein. Der alte Gläubiger, der seine Forderung abgibt, wird häufig als „Zedent" bezeichnet; dieser Begriff stammt aus dem Lateinischen und stellt das

---

91 *Brox/Walker*, Schuldrecht Allgemeiner Teil, § 34 Rn. 2.

Partizip Präsens Aktiv des Verbs „cedere" (= abtreten, weggehen) dar. Er ist also derjenige, der den Vertrag verlässt. Auf der anderen Seite steht der neue Gläubiger, er wird regelmäßig als „Zessionar" bezeichnet.

1246 Wenn man hier vom alten und neuen Gläubiger spricht, ist dies etwas irreführend – denn der alte Gläubiger ist nach Abtretung überhaupt kein Gläubiger mehr, er hat vielmehr, so das Ergebnis des Abtretungsvorgangs, jegliche Rechtsstellung im Hinblick auf die Forderung verloren. Gleichwohl spricht man unverändert immer vom alten Gläubiger, man muss sich eben nur bewusst sein, dass es sich hierbei dann nicht mehr um einen Gläubiger handelt, sobald die Abtretung abgeschlossen ist. Beim Vorgang der Zession kommt es also zu einem **Dreiecksverhältnis**. Dieses löst sich aber im Hinblick auf eine neue Zweierkonstellation auf, nämlich zwischen Schuldner und neuem Gläubiger; grafisch lässt sich die Übertragung der Forderung, wie in Übersicht 20 geschehen, darstellen.

Bsp.: Der G hat ursprünglich eine Kaufpreisforderung gegen den S, beispielsweise auf die Zahlung des Kaufpreises i.H.v. 500 € für einen PC. Eigentlich müsste nun der S, um seine Leistungspflicht zu erfüllen, dem Gläubiger die 500 € zahlen. Wenn aber nun G sich dazu entschließt, die Forderung gegen S zu veräußern, kann er sie auf Z im Wege der Abtretung nach § 398 übertragen. Nimmt er diese Übertragung auf Z vor, spricht man von einer Zession; Z wird auf diese Weise zum Zessionar: Er ist dann, wenn die Abtretung erfolgreich war, der einzige und wahre Gläubiger der Kaufpreisforderung. Nach der Abtretung steht also die Forderung auf Zahlung von 500 € allein noch dem Z zu, er ist der Gläubiger des S geworden, allein zwischen diesen beiden Parteien besteht nunmehr das Schuldverhältnis über die Zahlung von 500 €.

1247 b) **Verfügungsgeschäft.** Bei der Abtretung muss man auf die genaue dogmatische Einordnung achten. Wenn man davon spricht, dass der alte Gläubiger seine Kaufpreisforderung an den neuen Gläubiger überträgt, wird unwillkürlich deutlich, dass hier keine Verpflichtung im Raume steht, sondern es um eine Verfügung geht. Die Abtretung ist nämlich, obwohl sie im Allgemeinen Schuldrecht des BGB geregelt ist, ein **„abstraktes Verfügungsgeschäft"**.[92] Es ist deshalb ein Verfügungs- und kein Verpflichtungsgeschäft, weil durch die Abtretung gem. § 398 eine Forderung übertragen wird, d. h. der konkrete Vorgang wird schon durch die Abtretung vorgenommen – hier verpflichtet sich niemand dazu, etwas zu tun, sondern durch das Rechtsgeschäft wird ein bestehendes Recht unmittelbar übertragen. Dies ist aber im Ergebnis nichts anderes als ein Verfügungsgeschäft, so dass schon mit Abschluss des Abtretungsvertrags der bisherige Gläubiger seine Rechtsstellung sofort verliert.[93]

1248 Man muss sich dies immer deutlich vor Augen führen, um die einzelnen Regelungen in den §§ 398 ff. auch inhaltlich nachvollziehen zu können: Der **Abtretungsvertrag** ist ein **Verfügungsgeschäft**, kein Verpflichtungsgeschäft! Dies bedeutet aber nicht, dass der Abtretung nicht regelmäßig auch ein Verpflichtungsgeschäft zugrunde liegt. Denn der alte Gläubiger wird ja nicht aus lauter Barmherzigkeit seine Forderung an den neuen Gläubiger abtreten und sie an ihn verfügen.

---

92 Palandt/*Grüneberg*, BGB, vor § 398 Rn. 3; Bamberger/Roth/*Rohe*, BGB, § 398 Rn. 27.
93 Vgl. nur BGH NJW 1984, 492.

Bsp.: Um in unserem Beispiel *(unter Rn. 1246)* zu bleiben, wird der G als Zedent nicht völlig grundlos einen Abtretungsvertrag mit dem Z über die Kaufpreisforderung gegen den S i.H.v. 500 € abschließen. Denkbar ist vielmehr, dass G und Z zuvor einen Vertrag geschlossen haben, durch den sich G verpflichtet, anschließend eine Abtretung mit Z zu vereinbaren.

1249 Liegt ein solches Geschäft der Abtretung zugrunde, so spricht man diesbezüglich von einem **Kausalvertrag** – Kausalvertrag deshalb, weil er die Grundlage für die spätere Verfügung im Wege der Abtretung ist. Wie stets bei dem Vorkommen von Kausal- und Verfügungsgeschäft muss man auch hier strikt das **Abstraktionsprinzip** beachten. Das bedeutet, dass die Gültigkeit der Abtretung unabhängig von dem zugrunde liegenden Kausalgeschäft zu beurteilen ist. Ist das Kausalgeschäft aus welchen Gründen auch immer unwirksam, hat dies für die Wirksamkeit der Abtretung keinerlei Folgen; dies zumindest dann, wenn in den konkreten vorliegenden Abreden nichts anderes erkennbar ist.[94] Möglich ist nämlich, dass die Parteien ausnahmsweise das wirksame Zustandekommen des Grundgeschäfts zur Bedingung auch für die Abtretung machen können; für derartige Abreden müssen jedoch besondere Anhaltspunkte vorliegen.[95]

1250 Regelmäßig wird man – wie häufig – nur ein einziges Geschäft vorfinden, nämlich den Abtretungsvertrag; dann bleibt nichts anderes übrig, als das **Kausalgeschäft konkludent** auch in diesem Vorgang zu sehen. Im Ergebnis ist also die Abtretung sehr vergleichbar mit dem Verfügungsgeschäft für eine sachenrechtliche Übereignung eines Gegenstandes nach § 929. Auch dort gilt das Abstraktionsprinzip, auch dort sind zwei Geschäfte auseinander zu halten, nämlich die Verpflichtung zur Übereignung auf der einen und die sachenrechtliche Übereignung auf der anderen Seite.

1251 Der **Anwendungsbereich** der §§ 398 ff. betrifft nach der Definition in § 398 zunächst ausschließlich die Übertragung einer Forderung. Es geht also immer um Ansprüche eines Gläubigers gegen einen konkreten Schuldner auf eine Leistung. Doch können einem Gläubiger andererseits auch andere Rechte zustehen, denkbar sind etwa Gesellschaftsrechte, Materialgüterrechte, gewerbliche Schutzrechte etc. Auch diese Rechte können übertragen werden; nach § 413 finden daher die Regeln über die Forderungsabtretungen regelmäßig auch auf die Übertragung dieser Rechte Anwendung.

1252 c) **Voraussetzungen.** Die Abtretung als ein Verfügungsgeschäft, welches ausnahmsweise im Schuldrecht geregelt ist, ist nur dann wirksam, wenn vier Voraussetzungen gegeben sind, die sich aus den §§ 398 ff. ergeben. Aus diesen wird deutlich, dass bei der rechtsgeschäftlichen Abtretung zunächst ein Vertrag erforderlich ist, darüber hinaus muss die Forderung, die übertragen wird, bestehen; sie muss zudem übertragbar und schließlich auch bestimmbar sein.

1253 aa) **Vertrag.** Die rechtsgeschäftliche Abtretung wird durch einen **Vertrag** bewirkt. Dies ergibt sich unmittelbar aus § 398. Es ist also ein Vertrag zwischen dem alten und dem neuen Gläubiger erforderlich, zwischen Zedent auf der einen

---

94 Bamberger/Roth/*Rohe*, BGB, § 398 Rn. 53; *Medicus*, Schuldrecht I, Rn. 711.
95 BGH NJW 1982, 275.

und Zessionar auf der anderen Seite. Nach § 398 Satz 1 ist einziger Inhalt dieses Vertrages die Vereinbarung zwischen beiden Parteien, dass nunmehr dem neuen Gläubiger, d. h. dem Zessionar, die Forderung des alten Gläubigers (des Zedenten) gegen den Schuldner zustehen soll. Es ist dabei nicht erforderlich, dass der Schuldner sich mit dem Gläubigerwechsel einverstanden erklärt; er ist in diesem Abtretungsvorgang in keiner Weise eingebunden, ihm muss der Forderungsübergang nicht einmal angezeigt werden, damit er wirksam werden kann.[96] Der Schuldner muss also von dem Abtretungsgeschäft zwischen Zedenten und Zessionar noch nicht einmal etwas wissen. Erforderlich sind vielmehr ausschließlich die Willenserklärungen der beiden in den Abtretungsvertrag involvierten Parteien, also des Zedenten und des Zessionars.

Weil es sich um einen Vertrag handelt, finden sämtliche **Wirksamkeitsregeln** über Verträge aus dem Allgemeinen Teil des BGB Anwendung.[97] Daran ändert auch die Tatsache nichts, dass es sich bei dem Abtretungsvertrag um einen dinglichen, keinen schuldrechtlichen Vertrag handelt – denn auch auf dingliche Verträge, die ja üblicherweise im Sachenrecht des BGB geregelt sind, finden die Bestimmungen des Allgemeinen Teils aufgrund des Klammerprinzips des BGB Anwendung. Das bedeutet insbesondere, dass die Regelungen über die Geschäftsfähigkeit sowie die Vorschriften der §§ 138 und 134 Anwendung finden. Auch kann eine Abtretung im Nachhinein durch eine Anfechtung wieder beseitigt werden, wenn die entsprechenden Voraussetzungen der §§ 119 ff. vorliegen.

Zu beachten ist an dieser Stelle jedoch noch einmal – und darauf sei eindrücklich hingewiesen – dass man differenzieren muss zwischen der Wirksamkeit bzw. Unwirksamkeit des Kausalgeschäfts auf der einen und des Verfügungsgeschäfts auf der anderen Seite! Denn das für das BGB charakteristische **Trennungs- und Abstraktionsprinzip** gilt hier uneingeschränkt. Denn die Forderungsübertragung selbst stellt eine Verfügung dar, der aber ein Kausalgeschäft zugrunde liegt. Grundsätzlich bewirkt die Unwirksamkeit des Kausalgeschäfts nicht zugleich auch die Unwirksamkeit der Abtretung. Dies kann nur dann anders zu beurteilen sein, wenn die Abtretung selbst ausnahmsweise am gleichen Fehler leidet wie das zugrunde liegende Kausalgeschäft, wenn also einer der seltenen Fälle der Fehleridentität gegeben ist.[98]

Bsp.: Im vorangehenden Beispiel *(unter Rn. 1246)* müssten also G und Z volljährig sein, damit die Abtretung wirksam ist; auch dürfte der G den Z nicht etwa hinsichtlich des Abtretungsgeschäfts getäuscht haben, um nicht eine Anfechtbarkeit des Vertrages herbeizuführen.

Eine bestimmte **Form** ist für die Abtretung nicht vorgeschrieben, der Abtretungsvertrag ist also regelmäßig formfrei möglich.[99] Diese Formfreiheit gilt sogar dann, wenn die Begründung der Forderung ursprünglich formbedürftig war.[100]

---

96 Bamberger/Roth/*Rohe*, BGB, § 398 Rn. 52.
97 *Looschelders*, Schuldrecht Allgemeiner Teil, Rn. 1090.
98 Dazu ausführlich *Medicus*, BGB Allgemeiner Teil, Rn. 231 ff.
99 BGH NJW 1991, 1821 (1822); BGH NJW 1997, 729 (730).
100 BGH NJW 1984, 973.

Bsp.: Stellt man sich also bei unserem Beispiel *(unter Rn. 1246)* vor, dass zwischen G und S ursprünglich ein Kaufvertrag über ein Grundstück geschlossen wurde, welcher ausnahmsweise gem. § 311 b Abs. 1 formbedürftig ist, so ist die spätere Abtretung der Kaufpreisforderung aus diesem Grundstückskaufvertrag, die G an den Z vornimmt, nicht mehr formbedürftig, diese Abtretung der ursprünglich formbedürftigen Forderung selber ist also formfrei. Etwas anderes gilt nur in den Fällen, in denen das Gesetz etwas anderes vorsieht, wie etwa im Bereich des Hypothekenrechts, wo § 1154 für die Abtretung einer Hypothekenforderung eine eigenständige Form vorsieht.

1257 bb) **Bestehen einer Forderung beim Zedenten.** Die zweite Voraussetzung ist das **Bestehen einer Forderung beim Zedenten.** Voraussetzung für eine wirksame Forderungsübertragung ist also, dass die zu übertragende Forderung zum einem tatsächlich besteht, und dass sie vor allem auch beim Zedenten liegt, dass also der Zedent tatsächlich der bisherige Gläubiger dieser zur Übertragung vorgesehenen Forderung ist.[101] Aus dem Tatbestand des § 398 lässt sich dies nur dann herauslesen, wenn man sich die Vorschrift ganz genau anschaut; dort ist eindeutig die Rede davon, dass eine Forderung von dem „Gläubiger" abgetreten werden kann – wenn aber der Gläubiger der Handelnde ist, dann muss die Forderung zum einen tatsächlich bestehen und zum anderen tatsächlich beim Gläubiger liegen.

1258 Das Nichtbestehen der Forderung kann bei der Abtretung nicht kompensiert werden. Es existiert mit anderen Worten **keine Abtretung einer vermeintlichen Forderung**; es gibt vor allem keinen gutgläubigen Erwerb einer nicht bestehenden Forderung.[102] Dies kann es aus mehreren Gründen nicht geben. Zum einen ist zu beachten, dass es keine entsprechenden Gutglaubensregelungen im Rahmen der Abtretungsvorschriften gibt. Dies müsste es aber, entsprechend etwa § 932 oder § 892, sollte auch dieses Verfügungsgeschäft mit einem Gutglaubensschutz versehen sein. Auch bei der Abtretung handelt es sich ja um eine Verfügung, doch nur dann, wenn das Gesetz ausdrücklich eine Gutgläubigkeit des Erwerbers schützt, kann man auch von einem solchen Schutz ausgehen. Dies ist aber bei der Abtretung gerade nicht der Fall – es ist also derjenige, der auf das Bestehen einer abgetretenen Forderung vertraut, nicht geschützt, wenn die abgetretene Forderung tatsächlich nicht besteht.[103]

1259 Dies ist auch, und das ist der eigentlich dahinter liegende dogmatische Grund, folgerichtig: Denn die **Gutglaubensvorschriften** sowohl des § 932 als auch des § 892 gründen in erster Linie auf einem Rechtsschein: Dies ist bei der Übertragung von beweglichen Gegenständen der Besitz, bei der Übertragung von Grundstücken hingegen das Grundbuch. Beide Male wird der gute Glaube deshalb geschützt, weil der Erwerber auf eine Situation trifft, in welcher der Veräußerer zumindest durch den Rechtsschein als Berechtigter ausgewiesen ist. Weil der Veräußerer, der nicht Eigentümer einer Sache ist, diese besitzt, kann der Erwerber wegen des Besitzes beim Veräußerer darauf vertrauen, dass dieser dann wohl auch Eigentümer sei (auch wenn er es tatsächlich gar nicht ist). Der Besitz wird von der Rechtsordnung als so hohes Gut anerkannt, dass man ihn als ausreichend ansieht,

---

101 *Brox/Walker*, Schuldrecht Allgemeiner Teil, § 34 Rn. 10; *Schlechtriem/Schmidt-Kessel*, Schuldrecht Allgemeiner Teil, Rn. 773.
102 Bamberger/Roth/*Rohe*, BGB, § 398 Rn. 31; *Medicus*, Schuldrecht I, Rn. 715.
103 MünchKomm/*Roth*, BGB, § 398 Rn. 28.

um den Rechtsschein für eine tatsächliche Berechtigung zur Eigentumsveräußerung beim Veräußerer anzusiedeln.[104] Eine solche Rechtsscheinsituation gibt es bei der Forderungsabtretung jedoch nicht: Eine Forderung ist immateriell, so dass der Besitz als rechtsscheinbegründend ausscheidet; auch existiert kein Verzeichnis wie das Grundbuch, das das Bestehen der Forderung zumindest im Rechtsscheinsinne begründen würde. Daher gibt es keinen gutgläubigen Erwerb einer nicht bestehenden Forderung. Der Veräußerer muss also tatsächlich Inhaber der Forderung sein, die Forderung muss in der Tat bestehen, damit sie abgetreten werden kann.

1260 Der **Forderungsveräußerer**, d. h. der Zedent, muss, dies ist zweite Konsequenz aus dem zuvor Gesagten, auch **Inhaber der Forderung** sein. Es nützt dem Erwerber also nichts, wenn die Forderung tatsächlich bestünde, aber der Veräußerer nicht Inhaber der Forderung wäre, sondern ein anderer.[105] Auch hier wirkt sich die fehlende Möglichkeit des gutgläubigen Erwerbs einer Forderung aus. An der Berechtigung fehlt es jedoch, wenn der Zedent eine Forderung wiederholt abtritt; hier gilt dann der schlichte Prioritätsgrundsatz[106]: Mit der ersten wirksamen Abtretung verliert der alte Gläubiger, der Zedent, seine Forderungsinhaberschaft, eine später erfolgende, zweite Abtretung geht daher ins Leere. Sie ist wirkungslos, weil der alte Gläubiger gar nicht mehr Inhaber der Forderung war.

Bsp.: Wenn im Ausgangsbeispiel *(unter Rn. 1246)* G die Forderung zunächst an den Z abtritt, einen Tag später dann auch noch mit T eine Abtretung vereinbart, so geht diese zweite Abtretung ins Leere – denn G war nicht mehr Inhaber der Forderung gegen S.

1261 Etwas anderes kann es nur in ganz seltenen **Ausnahmefällen** geben: Das Gesetz sieht an wenigen Stellen zum Schutz des Schuldners unter eng begrenzten Voraussetzungen vor, dass eine Forderung auf einen Rechtsschein hin gutgläubig erworben werden kann; dann muss jedoch ein Rechtsscheintatbestand tatsächlich gegeben sein, also ein Tatbestand, der dem Erwerber nahe legt, dass tatsächlich eine Forderung in der Welt ist und sie auch dem Zedenten zusteht; dies ist etwa der Fall, wenn eine **Schuldurkunde ausgestellt wurde** – zum Schutz des Schuldners wird dann ein Übergang der Forderung fingiert, dies ergibt sich aus § 405. Da es sich hier aber in erster Linie um eine Schuldnerschutzbestimmung handelt, wird sie an späterer Stelle noch ausführlich erläutert.[107]

1262 cc) **Übertragbarkeit der Forderung.** Die **Forderung**, die durch den Vertrag übertragen werden soll, muss des Weiteren **übertragbar** sein. Dies ist für ein Recht eigentlich eine Selbstverständlichkeit – denn prinzipiell ist jedes Recht übertragbar. Etwas anderes kann nur dann gelten, wenn sich dies aus der Natur des Rechts selbst ergibt oder wenn das Gesetz eine Übertragbarkeit unmöglich macht. Einen solchen Fall sieht zunächst § 399 vor: Danach ist eine Forderung nicht abtretbar, wenn die Leistung an einen anderen als den ursprünglichen Gläubiger nicht ohne

---

[104] *Medicus*, Jura 2001, 294 ff.
[105] *Looschelders*, Schuldrecht Allgemeiner Teil, Rn. 1093; *Brox/Walker*, Schuldrecht Allgemeiner Teil, § 34 Rn. 10; *Schlechtriem/Schmidt-Kessel*, Schuldrecht Allgemeiner Teil, Rn. 773.
[106] MünchKomm/*Roth*, BGB, § 398 Rn. 79; *Hänseler*, Die Globalzession, 1991, 156 ff.
[107] Vgl. unten Rn. 1285.

Veränderung ihres Inhalts erfolgen könnte. Gemeint sind hier insbesondere solche Forderungen, die sich aus höchstpersönlichen Berechtigungen ergeben. Als Regelbeispiel hierfür kann eine Vereinbarung über eine Dienstleistung gelten, die im Zweifel gem. § 613 Satz 2 höchstpersönlich ist.[108] Ähnliches gilt im Rahmen des Auftragsrechts, denn auch der Auftrag soll in der Regel nur von dem ausgeführt werden, der sich dazu verpflichtet hat und auch nur dem gegenüber, dem gegenüber sich der Auftragnehmer zur Auftragsausführung verpflichtet hat, wie sich aus § 664 Abs. 2 ergibt.[109]

1263 Ebenfalls gesetzlich ausgeschlossen ist die Übertragung einer Forderung, die der **Pfändung nicht unterworfen** ist, wie es in § 400 heißt: Das bedeutet, dass unpfändbare Forderungen generell nicht abtretbar sind. Auf diese Weise soll in erster Linie das Existenzminimum des Gläubigers abgesichert werden.[110] Der zur Abtretung entschlossene Gläubiger kann also, so Sinn dieser Vorschrift, auf seinen Schutz aus § 400 nicht wirksam verzichten. Wann eine Forderung unpfändbar ist, folgt aus den Vorschriften der §§ 850 ff. ZPO.

1264 Eine dritte Situation, in der eine Forderung nicht abtretbar und damit nicht übertragbar ist, ist in § 399 in seiner 2. Alt. geregelt: Eine Abtretung ist danach ausgeschlossen, wenn die Übertragung der Forderung durch eine Vereinbarung zwischen dem alten Gläubiger, d. h. dem Zedenten und dem Schuldner, ausgeschlossen ist. Es können also die beiden Parteien des ursprünglichen Schuldverhältnisses bereits miteinander vereinbaren, dass die Forderungen, die der Gläubiger gegen den Schuldner hat, nicht abgetreten werden dürfen. Sie schließen dann einen sog. *„pactum de non cedendo"*.[111] Ein derartiges Abtretungsverbot hat also zur Folge, dass die Forderung mit der Eigenschaft versehen ist, nicht übertragbar zu sein.

Bsp.: In unserem oben *(unter Rn. 1246)* genannten Beispiel könnten also G und S vereinbaren, dass diese Kaufpreisschuld vom Gläubiger nicht übertragen werden darf.

1265 Dieses Übertragungs- und Abtretungsverbot **gilt absolut**, eine später erfolgende Abtretung ist **gegenüber jedermann** unwirksam.[112]

Bsp.: Nimmt G nun gleichwohl eine Abtretung der Kaufpreisforderung an einen Dritten vor, ist dieser Abtretungsversuch unwirksam. § 399 in seiner 2. Alt. ist insofern vorrangig gegenüber § 137 Satz 1, demzufolge die Befugnis zur Verfügung über veräußerliche Rechte nicht durch rechtsgeschäftliche Vereinbarung ausgeschlossen werden kann. Bei einer Forderung ist dies jedoch gleichwohl möglich.[113]

---

108 Näher hierzu *Joussen*, in: Rolfs/Udsching, BeckOK-ArbR, § 613 BGB.
109 Palandt/*Sprau*, BGB, § 664 Rn. 7.
110 *Esser/Schmidt*, Schuldrecht I/2, § 37 I 2 e.
111 Vgl. hierzu die umfassende Darstellung bei MünchKomm/*Roth*, BGB, § 398 Rn. 30 ff.
112 S. BGHZ 40, 156 (159); BGHZ 108, 172 (176); MünchKomm/*Roth*, BGB, § 399 Rn. 36; Staudinger/*Busche*, BGB, § 399 Rn. 65.
113 Erman/*Westermann*, BGB, § 399 Rn. 3; *Looschelders*, Schuldrecht Allgemeiner Teil, Rn. 1107; *Lüke*, JuS 1992, 114; lediglich als relativ unwirksam einer gleichwohl erfolgenden Abtretung sehen diesen Vorgang etwa Erman/*Westermann*, BGB, § 399 Rn. 3a; *Canaris*, in: Festschr. für Rolf Serick, 1992, S. 9 ff.

Wird eine derartige **Abtretung trotz** vorliegendem **Abtretungsverbot** vorgenommen, genehmigt aber der Schuldner diesen Vorgang später, wird man darin ein Angebot des Schuldners zum Abschluss eines Änderungsvertrages bezüglich des Abtretungsausschlusses sehen können.[114] Dies führt aber auch dazu, dass eine einseitige Zustimmung des Schuldners allgemein als nicht genügend angesehen werden kann, § 185 Abs. 1 findet nämlich keine Anwendung. Der Schuldner kann also eine Abtretung, die gegen ein vereinbartes Abtretungsverbot verstößt, nicht rückwirkend genehmigen. Vielmehr wird die Abtretung nur mit Abschluss des Änderungsvertrags ex nunc wirksam.[115]

1266

dd) **Bestimmbarkeit der Forderung.** Nach einer letzten Voraussetzung, die sich nicht ausdrücklich aus dem Gesetzestext ergibt, muss die übertragene Forderung **hinreichend bestimmt genug** sein. Die abzutretende Forderung muss also bestimmt oder aber zumindest bestimmbar sein.[116] Dies ergibt sich aus den Bedürfnissen der Rechtssicherheit und Rechtsklarheit, denen zufolge für alle Beteiligten Gewissheit darüber vorhanden sein muss, ob und in welchem Umfang eine Forderung noch dem alten oder schon dem neuen Gläubiger zusteht.[117] Dies ist deshalb von besonderer Bedeutung, weil anders als bei dinglichen, körperlichen Gegenständen eine Forderung schon mangels ihrer Körperlichkeit nicht in gleicher Weise einfach individualisierbar ist wie eine Sache. Deshalb ist eine Abtretung immer nur dann wirksam, wenn der Gegenstand der Abtretung genügend bestimmt ist. Wenn man darüber hinaus die Bestimmbarkeit ausreichen lässt, so müssen die abgetretenen Forderungen von den Parteien zumindest so genau bezeichnet werden, dass sie individualisierbar sind.[118]

1267

Bsp.: A ist Eigentümer eines sich noch im Bau befindlichen Mehrfamilienhauses und tritt alle künftigen Mietzinsforderungen an den B ab. – Die Mietzinsforderungen sind hier vorliegend bestimmbar.

Nicht verlangt wird dabei jedoch, dass die Forderung bereits im Zeitpunkt der Abtretung besteht; vielmehr sind auch Abtretungen künftiger Forderungen möglich. Dann muss jedoch spätestens bei Entstehung der Forderung feststehen, ob sie auch von der Abtretung erfasst wird.[119] Dies bedeutet, dass die Abtretung dann nichtig ist, wenn nicht im Zeitpunkt der Entstehung der Forderung feststellbar ist, ob und in welchem Umfang die betreffende Forderung von der Abtretung erfasst wird. Man spricht hier von **Vorausabtretungen**, die man im Hinblick auf § 185 Abs. 2 Satz 1, 2. Alt. als gerechtfertigt ansieht. Entscheidend ist dabei, dass die Abtretungsvereinbarung so getroffen wird, dass ohne weiteres Zutun der Parteien Inhalt, Höhe und Schuldner der Forderung spätestens im Zeitpunkt ihrer Entste-

1268

---

114 BGHZ 108, 176; Palandt/*Grüneberg*, BGB, § 399 Rn. 11.
115 BGHZ 70, 299; *Eckert*, Schuldrecht Allgemeiner Teil, Rn. 1043.
116 *Westermann/Bydlinski/Weber*, BGB – Schuldrecht Allgemeiner Teil, § 17 Rn. 11; *Schlechtriem/Schmidt-Kessel*, Schuldrecht Allgemeiner Teil, Rn. 774 ff.
117 *Brox/Walker*, Schuldrecht Allgemeiner Teil, § 34 Rn. 15.
118 BGHZ 26, 185 (189); Staudinger/*Busche*, BGB, § 398 Rn. 53.
119 BGHZ 7, 365; BGH NJW 1985, 800 (802); Palandt/*Grüneberg*, BGB, § 398 Rn. 14.

hung bestimmt sind, d. h. dies gilt auch bei Abtretung über künftige Forderungen.[120]

Bsp.: A plant, an den B sein Motorrad zu verkaufen. Vor dem Abschluss des Vertrages überträgt A die zukünftig entstehende Kaufpreisforderung aus § 433 Abs. 2 an den C.

1269 **Bestimmbarkeit** ist insbesondere auch dann gegeben, wenn eine **Globalzession** vereinbart ist, wenn also alle künftigen Forderungen aus einem Geschäftsbetrieb an einen neuen Gläubiger abgetreten werden sollen. Hier ist deshalb eine Bestimmbarkeit gegeben, weil auf diese Weise klar erkennbar ist, welchen Inhalt, welchen Grund und welchen Schuldner die Forderungen haben.[121] Es geht nämlich um *alle* entstehenden Forderungen; dies ist bestimmbar. Gleichwohl kann sich bei Globalzessionen ein Problem hinsichtlich ihrer Wirksamkeit ergeben. Derartige Globalzessionen werden nämlich gelegentlich deshalb als sittenwidrig angesehen, weil sie den Gläubiger, der sich auf eine derartige Globalzession einlässt, über Gebühr knebeln und im wirtschaftlichen Betrieb bewegungsunfähig machen können.[122]

1270 d) **Rechtsfolgen.** Ist eine Abtretung nach den zuvor genannten Voraussetzungen wirksam erfolgt, ergeben sich daraus verschiedene **Rechtsfolgen.** Im Vordergrund steht der Übergang der Forderung und damit der Wechsel in der Position des Gläubigers. Darüber hinaus sind verschiedene Bestimmungen zu beachten, die den Schuldner zu schützen beabsichtigen: Denn weil er ja möglicherweise nicht weiß, dass eine Abtretung stattgefunden hat, da er nicht informiert zu werden braucht, muss er in unterschiedlicher Hinsicht geschützt werden. Dies gilt etwa, wenn er an den alten Gläubiger leistet, der gar nicht mehr sein Gläubiger ist, oder wenn er eine Einwendung geltend machen könnte, die ihm aber nur gegen den alten, nicht hingegen gegen den neuen Gläubiger zusteht. Diverse Schuldnerschutzbestimmungen sind also ebenfalls als Rechtsfolge des Forderungsübergangs zu beachten.

1271 aa) **Übergang der Forderung. Wechsel in der Position des Gläubigers.** Die erste Wirkung einer wirksamen Abtretung liegt darin, dass gem. § 398 Satz 2 mit dem Abschluss des Vertrages der neue Gläubiger an die Stelle des bisherigen Gläubigers tritt. Es kommt also zu einem Wechsel in der Position des Gläubigers. Der **Wechsel** erfolgt **mit Abschluss des Vertrages**: Dies macht noch einmal deutlich, dass es sich hier um ein Verfügungsgeschäft handelt. Es bedarf also keines weiteren Aktes, sondern schon im Vertragsschluss selbst erfolgt die Veränderung der Zuordnung in der Rechtsposition.[123] Ist die Abtretung wirksam erfolgt, ist der bisherige Gläubiger nicht mehr Gläubiger. Er kann nicht mehr über die Forderung verfügen, er ist nicht mehr Berechtigter im Hinblick auf einen späteren Verfügungsakt. Er ist vielmehr nur noch der „alte Gläubiger", was aber begrifflich nicht zur Verwirrung führen darf: Denn er ist überhaupt kein Gläubiger mehr.

---

120 BGH NJW 2000, 276 (278); BGHZ 71, 75 (78); BGHZ 108, 98 (105); *Coester-Waltjen*, Jura 2003, 23 (25).
121 *Brox/Walker*, Schuldrecht Allgemeiner Teil, § 34 Rn. 16; *Schlechtriem/Schmidt-Kessel*, Schuldrecht Allgemeiner Teil, Rn. 776.
122 S. dazu etwa BGHZ 109, 240 (245 ff.); dazu auch noch zugleich in Rn. 1303.
123 Bamberger/Roth/*Rohe*, BGB, § 398 Rn. 46 ff.

Wechsel des Vertragspartners

1272 Die Wirkung der Abtretung **beschränkt** sich allerdings auf den konkret von dem Abtretungsvertrag bezogenen Anspruch. Nur im Hinblick auf diesen einen Anspruch, d. h. **auf das Schuldverhältnis im engeren Sinne, tritt der Zessionar an die Stelle des Zedenten.** Der Zedent selbst bleibt unverändert Vertragspartner des Schuldners.

Bsp.: In dem Eingangsbeispiel *(unter Rn. 1246)* bedeutet dies, dass der Zedent G, der seine Kaufpreisforderung gegen S an Z abtritt, zwar nicht mehr die Kaufpreiszahlung vom S verlangen kann. Doch ist er im Schuldverhältnis im weiteren Sinne unverändert Vertragspartner des S: Zwischen beiden besteht also noch ein Kaufvertragsband, so dass S seinerseits von G unverändert die Lieferung der Kaufsache verlangen kann, auch bestehen die übrigen kaufvertraglichen Pflichten zwischen den Parteien noch fort. Hieran ändert die Abtretung selbst nichts.

1273 Eine **Abtretung** führt also **nicht zu einer Übertragung sämtlicher Vertragsbeziehungen,** sondern sie ist beschränkt auf einen konkreten, von den Abtretungsvertragsparteien näher bestimmten einzelnen Anspruch.

1274 Zu erinnern ist an dieser Stelle an das **Trennungsprinzip:** Die Rechtswirkung der Abtretung tritt auch dann ein, wenn das Kausalgeschäft, also das der Abtretung zugrunde liegende Rechtsgeschäft zwischen Zedent und Zessionar, unwirksam war. Denn die Wirksamkeit der Abtretung wird durch eine Unwirksamkeit des Kausalgeschäfts nicht berührt. Allenfalls kann in diesen Fällen dem bisherigen Gläubiger gegen den neuen Gläubiger ein Bereicherungsanspruch auf Rückabtretung nach § 812 zustehen.

Bsp.: Wenn also im Beispiel *(unter Rn. 1246)* die der Abtretung zugrunde liegende Vereinbarung zwischen G und Z unwirksam war, kann G seine alte Forderung auf Zahlung des Kaufpreises gegen S i.H.v. 500 €, die aufgrund der wirksamen Abtretung an Z übergegangen war, von diesem zurückfordern. Denn Z hätte dann, wenn das Kausalgeschäft unwirksam war, etwas ohne Rechtsgrund von G erlangt, und dies durch Leistung. Deshalb könnte G von Z die Rückübertragung der abgetretenen Forderung verlangen.

1275 **Mit Abtretung** der Forderung geht gem. **§ 401** zugleich ein Übergang der Nebenund Vorzugsrechte einher. Gemeint sind hiermit insbesondere akzessorische Sicherungsrechte, wie etwa ein Pfandrecht oder eine Bürgschaft.[124]

Bsp.: Ist die Kaufpreisforderung, die der Zedent gegen den Schuldner hatte und die er auf den Zessionar durch Abtretung übertragen hat, mittels einer Bürgschaft gesichert, sichert diese Bürgschaft weiterhin die Forderung, nunmehr ist allerdings der Bürgschaftsgläubiger durch die Abtretung der Zessionar geworden. Dies liegt daran, dass nach § 401 diese Sicherungsrechte eben mit der Abtretung zugleich auch auf den neuen Gläubiger übergehen.

1276 Dies macht deshalb **Sinn,** weil der alte Gläubiger ja nun keinerlei Interesse mehr an den Sicherungsrechten hat, denn er ist ja auch nicht mehr Gläubiger der Forderung. Was soll er dann mit einer Sicherung? Etwas anderes gilt nur dann, wenn § 401 insofern ausgeschlossen ist, als die ursprünglichen Parteien, also Zedent und Schuldner, den Nichtübergang beispielsweise eines Pfandrechts vereinbart haben. In diesen Fällen erlischt es, wie beispielsweise § 1250 Abs. 2 näher erläu-

---

124 BGH NJW 1987, 2075; BGH WM 2003, 969 (971).

tert.[125] Wie die akzessorischen Nebenrechte nach § 401 Abs. 1 auf den neuen Gläubiger übergehen, gilt Vergleichbares auch für die Vorzugsrechte bei der Zwangsvollstreckung und dem Insolvenzverfahren, wie sich aus § 401 Abs. 2 ergibt: Auch diese gehen mit der Forderung auf den neuen Gläubiger über.

1277 Neben der genannten Rechtswirkung im Hinblick auf den konkreten Anspruch muss der **Zedent** bei der Abtretung darüber hinaus **bestimmten Verpflichtungen** zusätzlich nachkommen. Diese ergeben sich vor allem aus § 402: So muss er dem Erwerber der Forderung, also dem Zessionar, die zur Geltendmachung der Forderung erforderlichen Auskünfte erteilen; darüber hinaus ist er verpflichtet, diejenigen Urkunden, die sich in seinem Besitz befinden und die zum Beweis der Forderung geeignet sind, dem Zessionar herauszugeben. Dies gilt allerdings nicht für Schuldurkunden wie Schuldscheine, Sparbücher oder Grundpfandrechtsbriefe – nach § 952 erwirbt der Zessionar an diesen schon kraft Gesetzes dadurch Eigentum, dass er die zugrunde liegende Forderung erwirbt.

1278 bb) **Schuldnerschutzbestimmungen.** Weil der Schuldner in die Abtretung in keiner Weise involviert ist bzw. involviert sein muss, muss er **geschützt** werden. Denn er ist von der Abtretung besonders betroffen. Der Schuldner kann nicht verhindern, dass sein Gläubiger ausgetauscht wird. Dann muss er zumindest, wenn er von diesem Vorgang nichts erfährt, etwa im Hinblick darauf geschützt werden, dass er an denjenigen seine Leistung erbringt, den er unverändert für seinen Gläubiger halten durfte. Zu diesem Zweck sehen die §§ 404 ff. bestimmte Schutzbestimmungen zugunsten des Schuldners vor. Diese haben also den Zweck, mögliche Nachteile, die sich für den Schuldner aus dem Wechsel in der Position seines Vertragspartners ergeben könnten und die zu seinen Lasten gehen, auszugleichen.

1279 (1) **Einwendungen des Schuldners, § 404 f.** Durch die Abtretung erhält der Schuldner einen neuen Gläubiger. Zentrale Rechtsfolge des Abtretungsvertrages war ja, dass der Zessionar nunmehr an die Stelle des Zedenten tritt und als neuer Gläubiger vom Schuldner die Erbringung der Leistung verlangen kann.

Bsp.: In unserem Beispiel *(unter Rn. 1246)* tritt der Zessionar insofern an die Stelle des Zedenten, dass er nunmehr vom Schuldner die Zahlung der 500 €, also die Kaufpreissumme, verlangen kann. Die eigentliche Veränderung geschieht im Rahmen der Abtretung jedoch auf Seiten des Gläubigers.

1280 Schon aus der Übersicht[126] wird deutlich, dass der **Schuldner unverändert** bleibt, seine Person bleibt von dem Abtretungsvorgang genauso unberührt wie seine Rechtsstellung. Denn Rechtsfolge der Abtretung ist ja allein, dass die Forderung so, wie sie in der Person des Altgläubigers bestanden hat, auf den Erwerber übergeht.

1281 Das ist der Grund für die Regelung in § 404. Danach bleiben auch alle **Einwendungen und Einreden** bestehen, die der Schuldner gegen den bisherigen Gläubiger hatte. Auf diese Weise wird sichergestellt, dass sich die Rechtsstellung des Schuldners durch die Abtretung selbst nicht verschlechtert. § 404 umfasst letztlich alle

---

125 Vgl. auch RGZ 85, 363.
126 Vgl. oben Rn. 1246.

Verteidigungsrechte des Schuldners, das bedeutet, es sind nicht nur Einwendungen im engeren Sinne von § 404 erfasst, sondern auch Einreden.[127]

1282 Genauso wenig wie einen gutgläubigen Erwerb einer Forderung kann es einen gutgläubigen „lastenfreien" Erwerb einer Forderung geben. Daraus folgt, dass der neue Gläubiger, also der Zessionar, die Gegenrechte des Schuldners auch dann gegen sich gelten lassen muss, wenn er sie bei der Abtretung nicht kannte.[128] Denn ob er sie kannte oder nicht, spielt für den Schutz des Schuldners keine Rolle.

Bsp.: Aus § 404 folgt daher z. B., dass der Schuldner dem neuen Gläubiger gegenüber geltend machen kann, die Forderung, also beispielsweise die Kaufpreisforderung, sei bereits verjährt oder aber vom Zedenten gestundet worden. Mit beiden „Einwendungen" dringt der Schuldner gem. § 404 durch; der Zessionar kann also seine Kaufpreisforderung in diesem Fall genauso wenig durchsetzen, wie es der Zedent hätte tun können. Beiden gegenüber gelten nämlich die Einwendungen des Schuldners: dem Zedenten gegenüber vor der Abtretung, dem Zessionar gegenüber nach ihr.

1283 § 404 verlangt, dass die Einwendung, die der Schuldner dem Gläubiger entgegensetzen möchte, „zur Zeit der Abtretung der Forderung gegen den bisherigen Gläubiger begründet war". Hinsichtlich des **Zeitpunkts** ist die Rechtsprechung allerdings recht großzügig: Es wird von ihr, und ihr folgend auch von einem Großteil der Literatur, nämlich nicht verlangt, dass bereits im Zeitpunkt der Abtretung alle Tatbestandsvoraussetzungen der Einwendungen schon erfüllt waren. Nach ganz überwiegender Ansicht genügt vielmehr, dass die Einwendungen zur Zeit der Abtretung „ihrem Rechtsgrund nach im Schuldverhältnis angelegt waren".[129] Dies spielt insbesondere beim **Rücktritt** eine Rolle.

Bsp.: S kann daher im vorherigen Beispiel *(unter Rn. 1246)* etwa geltend machen, er sei wegen eines Umstandes vom Kaufvertrag zurückgetreten, der erst nach der Abtretung eingetreten sei. Denn die Grundlage für den Rücktritt liegt bereits vor der Abtretung, so dass S in der Tat nunmehr den abgetretenen Kaufpreisanspruch gegenüber dem Z nicht mehr zu erfüllen braucht.

1284 Ähnlich wie beim Gestaltungsrecht des Rücktritts spielt diese weite Auslegung des § 404 eine besondere Rolle im Rahmen der **Anfechtung**. Gleiches gilt für die Verjährung, wenn nämlich die Verjährungsfrist erst nach der Abtretung abläuft.[130] Mit Recht wird diese weite Auslegung der Norm mit Schuldnerschutzüberlegungen begründet. Der Schuldner soll davor geschützt werden, dass die Abtretung zu seinem Nachteil vorgenommen wird. Da aber die Entwicklung des Schuldverhältnisses durch den Gläubigerwechsel insgesamt nicht zu seinem Nachteil beeinflusst werden darf, muss man auch die Einwendungen, die bereits vorher in ihrem Grund angelegt waren, hier zu seinen Gunsten berücksichtigen.[131]

---

127 Vgl. Palandt/*Grüneberg*, BGB, § 404 Rn. 3; Staudinger/*Busche*, BGB, § 404 Rn. 10.
128 Bamberger/Roth/*Rohe*, BGB, § 404 Rn. 2; Palandt/*Grüneberg*, BGB, § 404 Rn. 1.
129 S. etwa BGHZ 25, 27 (29); BGHZ 58, 327 (330); BGH NJW-RR 1994, 880 (881); Palandt/*Grüneberg*, BGB, § 404 Rn. 4; *Brox/Walker*, Allgemeines Schuldrecht, § 34 Rn. 20; *Westermann/Bydlinski/Weber*, BGB – Schuldrecht Allgemeiner Teil, § 17 Rn. 20.
130 BGHZ 48, 181 (183); *Medicus*, Schuldrecht I, Rn. 730.
131 BGH NJW 1985, 863; BGH NJW 1992, 2221 (2222); MünchKomm/*Roth*, BGB, § 404 Rn. 10.

1285 § 404 ist jedoch in zweierlei Hinsicht einzuschränken. Zunächst ist zu beachten, dass diese **Vorschrift dispositiv** ist, der Schuldner kann also grundsätzlich in einem Vertrag auf den Schutz dieser Vorschrift verzichten, so dass § 404 abbedungen wird.[132] Darüber hinaus enthält § 405 eine Sondervorschrift und eine Ausnahme zu § 404: Durch diese Vorschrift werden Einwendungen in zwei Fällen gegenüber dem Neugläubiger ausgeschlossen. Voraussetzung für einen derartigen Einwendungsausschluss ist jedoch jedenfalls, dass dem Zessionar bei der Abtretung eine Schuldurkunde vorgelegt worden ist, die der Schuldner über die Forderung ausgestellt hat. Diese Grundvoraussetzung lässt sich unmittelbar aus § 405 entnehmen.

1286 Der erste Fall eines **Einwendungsausschlusses** betrifft den zugegebenermaßen sehr seltenen Fall, dass der Schuldner die entsprechende Schuldurkunde nur zum Schein ausgestellt hat, dass also eine Scheinerklärung gem. § 117 vorliegt. Ist dies gegeben, so wird der neue Gläubiger ausnahmsweise in seinem Vertrauen auf den vom Schuldner veranlassten Rechtsschein geschützt – dies ist einer der äußerst seltenen Fälle eines gutgläubigen Erwerbs einer Forderung. Ausnahmsweise kann also der Gläubiger einredefrei eine Forderung erwerben, die möglicherweise mit Einreden behaftet war. Dies ist deshalb möglich, weil ein Rechtsscheintatbestand vorliegt, nämlich eine Schuldurkunde, mag sie auch nur zum Schein gem. § 117 ausgestellt worden sein. Der Zessionar hat in dieser Situation also die Möglichkeit, die Einwendungen des Schuldners zurückzuweisen, es sei denn, er kannte den Sachverhalt oder kannte ihn fahrlässig nicht.[133]

1287 Ebenfalls ausgeschlossen sind Einwendungen nach § 405 in seiner 2. Alt. in der Situation, in der zwischen Schuldner und Zedenten, also dem alten Gläubiger, vertraglich ein Abtretungsverbot vereinbart worden war, das aber in der **Schuldurkunde**, die ausgestellt worden ist, nicht erwähnt wurde. Auch hier gibt es wieder einen Rechtsscheintatbestand, auch hier kann der Schuldner daher dem neuen Gläubiger nicht entgegenhalten, dass eine gleichwohl erfolgte Abtretung nach § 399 unwirksam sei.[134]

1288 **Beide Regelungen**, die den guten Glauben des Erwerbers schützen, sind aber richtigerweise ausschließlich **auf den rechtsgeschäftlichen Forderungserwerb** beschränkt. Denn nur hier kann es um einen Rechtsscheintatbestand gehen, der im Rahmen des gesetzlichen Forderungserwerbs bzw. des Forderungserwerbs kraft staatlichen Hoheitsaktes keine Rolle spielen kann: Dort geht es ja nicht um einen guten Glauben des Erwerbers, sondern um einen gesetzlichen Übergangstatbestand. Eine analoge Anwendung dieser Vorschrift ist daher abzulehnen.[135]

---

132 Palandt/*Grüneberg*, BGB, § 404 Rn. 7; BGH BB 1956, 830.
133 *Brox/Walker*, Schuldrecht Allgemeiner Teil, § 34 Rn. 21.
134 *Brox/Walker*, Schuldrecht Allgemeiner Teil, § 34 Rn. 21.
135 Dies gilt für die gesamten Fälle des gesetzlichen Erwerbs bzw. des Erwerbs kraft Hoheitsaktes uneingeschränkt, für sonstige äußerst begrenzte Sondersituationen, in denen eine analoge Anwendung denkbar ist, vgl. RGZ 90, 273; MünchKomm/*Roth*, BGB, § 405 Rn. 13; *Medicus*, Schuldrecht I, Rn. 731.

Wechsel des Vertragspartners 1289–1291

(2) Aufrechnung des Schuldners, § 406. Wenn das Ziel der Schuldnerschutzvorschriften in den §§ 404 ff. darin liegt, den Schuldner beim Wechsel seines Gläubigers, von dem er möglicherweise gar nichts weiß, in seinen Rechtspositionen zu schützen, gilt dies in besonderem Maße dann, wenn der Schuldner aufrechnen möchte. Bei der **Aufrechnung** kann der Schuldner **in unterschiedlichen Situationen** von einem Gläubigerwechsel negativ betroffen sein: Dies kann zum einen der Fall sein, wenn er ursprünglich gegen den alten Gläubiger, gegen den Zedenten also, eine Aufrechnungsmöglichkeit hatte. Soll diese nun fortwirken, so dass er auch gegenüber dem neuen Gläubiger eine Aufrechnung erklären kann? Eine andere Fallgestaltung betrifft die, dass der Schuldner, der nun einen neuen Gläubiger vor sich hat, erst nach der Abtretung eine Forderung gegen den alten Gläubiger, also den Zedenten, erwirbt. Kann bei einer solchen neuen Aufrechnungslage mit dem Zessionar eine Aufrechnung zugunsten des Schuldners möglich sein? Beide Fallgruppen finden sich in § 406 geregelt, der aufgrund seiner Formulierungen und Konstruktionen nicht ganz einfach zu verstehen ist. Entscheidend ist, dass man für das Verständnis dieser Vorschrift die beiden unterschiedlichen Fallgruppen, die gerade schon angesprochen worden sind, auseinander hält. **1289**

Nicht unter § 406 fallen jedoch Fallgestaltungen, die ebenfalls mit einer Aufrechnung zu tun haben, jedoch bereits aus anderen Gründen aus dem Anwendungsbereich des § 406 herausfallen. Dies ist etwa der Fall, wenn der Schuldner eine Aufrechnung gegenüber dem Zedenten bereits zu einem Zeitpunkt vor der Abtretung erklärt hat: Dann hat er mit seiner Aufrechnung ja ein Erfüllungssurrogat in der Hand; die gleichwohl abgetretene Forderung ist bereits erfüllt, so dass der Schuldner dies dem Zessionar nach § 404 entgegenhalten kann. Auch nicht von § 406, sondern von der Folgevorschrift in § 407 erfasst sind diejenigen Situationen, in denen der Schuldner eine Aufrechnung nach der Abtretung erklärt, er aber von der Abtretung noch keine Kenntnis hatte – dann wird der Schuldner auch geschützt, allerdings über den § 407 Abs. 1.[136] Schließlich unterfällt § 406 auch nicht die ganz normale Aufrechnungslage zwischen Schuldner und Zessionar, also wenn der Schuldner gegen den Zessionar selbst eine Forderung hat, die er nunmehr aufrechnend geltend machen möchte. **1290**

(a) Fallgruppe 1: Fortwirkung der alten Aufrechnungslage. § 406 regelt zunächst in seiner **ersten Alternative**, dass die bisher gegenüber dem Zedenten **bestehende Aufrechnungslage** nunmehr auch **gegenüber dem Zessionar fortwirken** soll. Gemeint ist die Situation, dass der Schuldner gegenüber dem alten Gläubiger mit einer Gegenforderung aufrechnen konnte. **1291**

Bsp.: In unserem Beispiel wäre dies also etwa der Fall, wenn S gegenüber dem Z, der ja eine Kaufpreisforderung i.H.v. *(unter Rn. 1246)* 500 € geltend machen möchte, mit einer Forderung aus einem alten Kaufvertrag oder aus einem Mietvertrag i.H.v. 500 € aufrechnen würde, den er mit G abgeschlossen hatte. Nun soll sich die Rechtsstellung des S, dies ist ja Grundgedanke sämtlicher Schuldnerschutzvorschriften im Abtretungsrecht, nicht durch die Abtretungsvereinbarung zwischen Zedenten G und Zessionar Z verschlechtern.

---

[136] Dazu sogleich in Rn. 1297.

1292 Daher ordnet § 406 in seiner ersten Alternative an, dass der Schuldner eine ihm gegen den bisherigen Gläubiger, d. h. gegen den Zedenten zustehende Forderung (in dem Beispiel also seine Kauf- oder Mietpreisforderung), auch dem neuen Gläubiger, d. h. dem Zessionar aufrechnend entgegenhalten kann. Dies ist eine **Durchbrechung der Aufrechnungsregeln:** Denn dort ist ja immer von einer Gegenseitigkeit der Forderung als Voraussetzung die Rede, beide Parteien müssen gegeneinander Schuldner und Gläubiger sein. Dies ist nun anders: Hier geht der Schuldnerschutz den Aufrechnungsgrundsätzen vor; obwohl eine Gegenseitigkeit der Forderung nicht mehr besteht, bleibt dem Schuldner die Aufrechnungsmöglichkeit erhalten. Zwar ist der Schuldner nunmehr verpflichtet, dem Zessionar die Kaufpreisforderung zu zahlen, doch ist umgekehrt der Zessionar ja nicht Schuldner des Mietpreisanspruchs des ursprünglichen Schuldners, sondern diese muss unverändert der Zedent leisten. Hier fallen also die Forderungen durch den Abtretungsvertrag auseinander.

1293 Doch § 406 stellt den Schuldnerschutz an erste Stelle: Es wird auf die **Gegenseitigkeit von Haupt- und Gegenforderung verzichtet**. Zu beachten ist indes, dass alle anderen Voraussetzungen der Aufrechnung, insbesondere die Fälligkeit und Durchsetzbarkeit der Forderungen, im Zeitpunkt der Aufrechnungserklärung unverändert gegeben sein müssen. § 406 bestimmt also in dieser Situation, in der die Aufrechnungsfrage bereits vor der Abtretung entstanden ist, dass der Schuldner auch dem neuen Gläubiger gegenüber aufrechnen kann.

Bsp.: In unserem Beispiel *(unter Rn. 1246)* könnte also S seine Mietpreisforderung, die er gegen G hat, auch dem Z entgegenhalten, so dass er die Kaufpreisforderung, die Z von G erworben hat, nicht mehr zu erfüllen braucht. Denn sie ist durch die Aufrechnung (bei der die Gegenseitigkeitsvoraussetzung aufgehoben ist) gem. § 406 untergegangen.

1294 (b) **Fallgruppe 2: Fiktion bei neuer Aufrechnungslage.** § 406 sieht darüber hinaus noch eine **zweite Fallgruppe** vor: Unter bestimmten Voraussetzungen erlaubt diese Vorschrift nämlich eine Aufrechnung, obwohl die **Gegenseitigkeit von Anfang an fehlte**, wenn nur der Schuldner irgendwann darauf vertrauen durfte, dass er die gegen ihn gerichtete Forderung durch Aufrechnung würde tilgen können. Gemeint ist also die Situation, in der der Schuldner seine Gegenforderung gegen den bisherigen Gläubiger erst nach der Abtretung erwirbt – dies ist deshalb ein besonderer Vorgang, weil sich hier, anders als in der ersten Fallgruppe, die beiden Forderungen überhaupt nie aufrechenbar gegenübergestanden haben.[137]

1295 Gleichwohl sieht § 406 vor, dass der Schuldner geschützt werden soll und aufrechnen kann, wenn **drei Voraussetzungen** vorliegen: Zum einen ist Voraussetzung, dass der Schuldner zur Zeit der Abtretung keinerlei Gegenforderung gegen den alten Gläubiger, also den Zedenten, hatte. Zudem ist zweitens zu verlangen, dass bei Erwerb der Gegenforderung der Schuldner keinerlei Kenntnis von der bereits erfolgten Abtretung der Hauptforderung hatte; schließlich wurde die Gegenforderung nicht später als die abgetretene Forderung oder vor Kenntnis von der Abtretung fällig.[138]

---

137 *Brox/Walker*, Schuldrecht Allgemeiner Teil, § 34 Rn. 30.
138 BGH NJW 2003, 1182.

Bsp.: In unserem Beispiel *(unter Rn. 1246, 1291)* müsste also der Schuldner die eigene Kaufpreisforderung erst zu einem Zeitpunkt erworben haben, als der Gläubiger die 500 €-Kaufpreisforderung bereits an den Zessionar abgetreten hatte, ohne dass der Schuldner bei Erwerb seiner Forderung gegen den Zedenten etwas von diesem Vorgang wusste. Darüber hinaus muss die Gegenforderung, also die Forderung des Schuldners gegen den Zedenten, rechtzeitig entsprechend der dritten genannten Voraussetzung fällig geworden sein.

1296 Bedeutsam ist also in dieser zweiten Fallgruppe insbesondere der Umstand, dass der Schuldner die **Forderung gegen den Altgläubiger erst nach der Abtretung erworben** hat. Ist der Schuldner dann schutzwürdig, weil er beim Erwerb seiner Gegenforderung von der Abtretung keine Kenntnis hatte, er also von der Entstehung einer Aufrechnungslage ausgehen konnte, dann wird er auch geschützt. Dies geschieht dadurch, dass ausnahmsweise eine Aufrechnung dieser Forderung gegen den Neugläubiger unverändert möglich ist. Man muss sich nur immer wieder vor Augen führen, dass dies deshalb ein besonders weit reichender Schutz ist, weil hier die beiden Forderungen nie einander gegenüberstanden! Der Schutz ist aber dann nicht mehr berechtigt, wenn der Schuldner beim Erwerb seiner Gegenforderung (also unser Käufer beim Erwerb seiner eigenen Mietpreisschuld gegen den Zedenten) gewusst hat, dass die Hauptforderung abgetreten worden ist; denn dann wusste er, dass eine Aufrechnung gegenüber dem Zessionar von vornherein nicht in Betracht kommen kann. In diesen Fällen muss er dann auch nicht geschützt werden.

1297 (3) **Erfüllung durch den Schuldner, § 407.** Eine dritte Gruppe von Schutzregelungen zugunsten des Schuldners findet sich in § 407. Nach dessen Absatz 1 muss der neue Gläubiger eine Leistung, die der Schuldner nach der Abtretung an den bisherigen Gläubiger bewirkt hat, gegen sich gelten lassen, wenn der Schuldner die Abtretung bei der Leistung nicht kennt. Gemeint sind also die Situationen, in denen der Schuldner in Unkenntnis der Abtretung an seinen bisherigen Gläubiger leistet.

Bsp.: Erfasst sind hierbei entsprechend der weiten Formulierungen in § 407 Abs. 1 sämtliche Erfüllungshandlungen, d. h. nicht nur die Erfüllung selbst, sondern auch Aufrechnungen und weitere Surrogate gegenüber dem Altgläubiger.[139]

1298 Hier wird die **Schutzfunktion** des § 407 Abs. 1 und der gesamten Schuldnerschutzvorschriften bei der Abtretung besonders deutlich: Geht man auf unser Beispiel zurück, so ist von § 407 Abs. 1 insbesondere erfasst, dass der Schuldner die von ihm verlangten 500 € noch an den Zedenten zahlt, obwohl der Zedent bereits an den Zessionar die Forderung abgetreten hat. Diese Abtretung ist ja ohne Mitwirkung des Schuldners möglich und wirksam, der Schuldner muss nicht einmal wissen, dass eine Abtretung erfolgt ist – weil er aber dies nicht wissen muss, muss er in seinem Vertrauen darauf geschützt werden, dass sein Gläubiger unverändert sein Gläubiger ist. Deshalb kann er an den Zedenten, also an seinen Gläubiger, mit Erfüllungswirkung, d. h. schuldbefreiend leisten, sofern er von dem Abtretungsvorgang keine Kenntnis hat. Der neue Gläubiger muss dann diese Leistung, d. h. diese Erfüllungshandlung oder Aufrechnung etc. gegen sich gelten lassen. Das bedeutet konkret, dass die Forderung erlischt. Nunmehr muss sich der

---

[139] Bamberger/Roth/*Rohe*, BGB, § 407 Rn. 4; Palandt/*Grüneberg*, BGB, § 407 Rn. 6.

Zessionar, möchte er unverändert in den Genuss seiner Forderung kommen, an den Zedenten halten, Anspruchsgrundlagen sind hier insbesondere § 816 Abs. 2, je nach Art und Weise des Vorgangs auch § 826.

1299 § 407 Abs. 1 greift entsprechend seinem Wortlaut auch noch **weitergehend** zugunsten des Schuldners ein, wenn er nämlich mit dem bisherigen Gläubiger ein Rechtsgeschäft hinsichtlich der Forderung vornimmt, ohne dass er von der Abtretung etwas weiß. Damit erstreckt § 407 Abs. 1 die Wirkung, die hinsichtlich der Erfüllung und ihrer Surrogate beschrieben worden sind, auch noch auf entsprechende Rechtsgeschäfte zwischen Zedenten und Schuldner, beispielsweise auf eine Stundung oder eine Vereinbarung über den Forderungserlass.[140] Auch hier kann also der neue Gläubiger nichts anderes tun, als zu akzeptieren, dass die Forderung insoweit für ihn gegen den Schuldner nicht durchsetzbar ist, der neue Gläubiger kann sich also auch hier wieder nur an seinen eigenen Vertragspartner, also an den Zedenten halten.

1300 **Voraussetzung** für die befreiende Wirkung in § 407 Abs. 1 ist jedoch stets die Gutgläubigkeit des Schuldners. Er darf also nichts über den Vorgang der Abtretung wissen; § 407 Abs. 1 macht deutlich, dass ihm allein positive Kenntnis von der Abtretung bei Vornahme der Leistung schadet. Eine grob fahrlässige Unkenntnis ist nicht erfasst. Insbesondere trifft den Schuldner keine Nachforschungspflicht.[141]

1301 § 407 Abs. 2 dehnt den Schutz des Schuldners auch noch für den Fall eines **rechtskräftigen Urteils** aus: Danach muss nämlich der Zessionar auch ein rechtskräftiges Urteil zwischen Schuldner und Zedenten gegen sich gelten lassen, das einen nach der Abtretung anhängig gewordenen Rechtsstreit beendet.

1302 Schließlich ist der **Schuldnerschutz** nach § 408 noch **zusätzlich erweitert** auf die Situation, dass der alte Gläubiger, der Zedent, nach der Abtretung der Forderung an den Zessionar noch eine **weitere Abtretung** hinsichtlich dieser Forderung vornimmt. Wie bereits geschildert, ist diese zweite Abtretung zwar unwirksam, denn der Zedent ist in dieser Situation ja nicht mehr verfügungsberechtigt. Doch leistet nun der Schuldner in Kenntnis der zweiten Abtretung an den vermeintlich neuen Gläubiger, wird er durch § 408 Abs. 1 ebenso geschützt wie im Fall des § 407.

1303 d) **Typisches Anwendungsgebiet der Abtretung: Die Globalzession.** Die Abtretung hat eine sehr hohe praktische Relevanz, gerade im Wirtschaftsleben nimmt sie eine besondere Bedeutung ein, weil sie als Sicherungsmittel dient. Besondere Fallgestaltungen treten dabei immer wieder auf. Insbesondere die Globalzession und die Sicherungsabtretung sind hier von Bedeutung. Bei der **Globalzession** werden alle künftigen Forderungen, die einer Person in ihrem Geschäftsbetrieb entstehen, abgetreten. Hier wird die Sicherungsfunktion der Abtretung besonders deutlich, denn diese Globalzession wird in der Regel zur Sicherung eines Geldkredits zugunsten einer Bank vorgenommen.

---

140 *Looschelders*, Schuldrecht Allgemeiner Teil, Rn. 1135.
141 Erman/*Westermann*, BGB, § 407 Rn. 5; *Looschelders*, Schuldrecht Allgemeiner Teil, Rn. 1134.

Bsp.: Eine Bank gewährt etwa einem Einzelhandelskaufmann einen Kredit, den dieser dringend benötigt. Im Gegenzug möchte die Bank Sicherheiten haben, diese Sicherheiten erhält sie dann dadurch, dass der Einzelhandelskaufmann sämtliche in seinem Geschäft entstehenden Kaufpreisforderungen bereits vorab an die Bank abtritt.

1304 Hier entsteht nicht das Problem, dass die Forderungen zu unbestimmt seien, dies wurde bereits angesprochen. Denn die Abtretung sämtlicher Forderungen in einem Geschäftsverkehr genügt dem Bestimmbarkeitskriterium der Rechtsprechung *(unter Rn. 1269)*. Stattdessen entstehen jedoch regelmäßig Bedenken hinsichtlich der Wirksamkeit dieser Globalzessionsvereinbarung, denn auf diese Weise kann es zu einer Übersicherung kommen, so dass die Verabredung einer Globalzession als sittenwidrig gem. § 138 Abs. 1 angesehen werden kann. Dies ist dann der Fall, wenn diese Vereinbarung über eine vollständige Abtretung sämtlicher künftiger Forderungen die wirtschaftliche Bewegungsfreiheit des Abtretenden derart beeinträchtigt, dass dieser letztlich zum Werkzeug des Zessionars wird. Hier gibt es eine intensiv ausgestaltete Rechtsprechung, die insbesondere mit der Überlegung arbeitet, inwieweit ausdrücklich eine konkrete Deckungsgrenze für die abgetretenen Forderungen vereinbart wird oder nicht.

1305 Ursprünglich vermutete die **Rechtsprechung** eine Unwirksamkeit der Globalzession wegen Sittenwidrigkeit dann, wenn weder eine konkrete Deckungsgrenze vorgesehen noch eine Freigabepflicht der meistens ja agierenden Bank bestand.[142] Besonders brisant wurde diese Problematik dadurch, dass bei Sicherungsgeschäften regelmäßig zugleich auch noch andere Sicherungsinstrumente eine Rolle spielen, nämlich insbesondere ein dinglicher Sicherungsvertrag, so dass eine Globalzession mit einem verlängerten Eigentumsvorbehalt aufeinander traf. Im Ergebnis hat die Rechtsprechung hier in einer Entscheidung aus dem Jahre 1997 durch den Großen Senat des BGH einigermaßen Rechtsklarheit geschaffen.[143] Die entscheidenden Schlagworte hierbei sind die Freigaberegelung, Übersicherung sowie die Knebelung des Vertragspartners. Durch das Zusammentreffen der unterschiedlichen Kreditsicherungsmittel kommt darüber hinaus der Verleitung zum Vertragsbruch ebenfalls eine eigenständige Rolle zu.[144]

2. Die Schuldübernahme, §§ 414 ff.

1306 Mit der **Schuldübernahme** stellt das Allgemeine Schuldrecht in den §§ 414 ff. das **Gegenstück zur Abtretung** vor: Die Schuldübernahme führt dazu, dass der neue Schuldner an die Stelle des alten Schuldners tritt. Dadurch wird der alte Schuldner von seiner Leistungspflicht befreit – auf diese Weise wird also das, was bei der Abtretung auf Gläubigerseite erfolgt, auf die Schuldnerseite übertragen: Ein Dritter kommt dergestalt in das Schuldverhältnis hinein, dass er eine der beiden Vertragsparteien, nunmehr den Schuldner, ablöst und an ihre Stelle tritt.

---

[142] Vgl. BGHZ 109, 240 (245); 124, 380 (385).
[143] Vgl. BGHZ 137, 212 ff.
[144] Zu den Einzelheiten dieser hoch relevanten Examensprobleme vgl. eingehend die Literaturhinweise zu Beginn dieses Abschnitts.

1307 a) **Begriff und Abgrenzung.** Nach § 414 kann eine Schuld von einem Dritten übernommen werden mit der Folge, dass der Dritte an die Stelle des bisherigen Schuldners tritt. Dies umschreibt im Ergebnis die in den folgenden Vorschriften normierte „Schuldübernahme". Entscheidend hierbei ist, dass anders als bei der Abtretung und somit anders als bei dem Wechsel auf der Gläubigerseite der **Gläubiger eingebunden sein muss**. Bei der Abtretung musste der Schuldner nicht einmal wissen, dass der Gläubiger wechselt, er musste in keiner Weise beteiligt werden. Dies ist bei der Schuldübernahme aus nahe liegenden Gründen anders geregelt: Hier kann ein Austausch auf Schuldnerseite überhaupt nur dadurch erfolgen, dass – wie § 414 verlangt – ein Vertrag mit dem Gläubiger geschlossen wird.

1308 Dies ist deshalb nahe liegend, weil sich der Gläubiger durch einen solchen Austausch auf Seiten des Schuldners plötzlich in der Situation befindet, von jemandem ganz anderem als ursprünglich vereinbart die Leistung verlangen zu können. Dies tangiert den Gläubiger erheblich mehr als es bei der umgekehrten Situation der Abtretung der Fall war: Denn dem Schuldner kann es im Ergebnis gleich sein[145], an wen er seine Leistung zu erbringen hat. Der **Gläubiger** hingegen hat ein hohes **Interesse** zu wissen, wer die Person ist, von der er eine Leistung verlangen kann; dies gilt insbesondere im Hinblick auf die Insolvenz, denn der Gläubiger hat verständlicherweise ein Interesse daran, sich aussuchen zu können, mit wem er eine vertragliche Leistungsverpflichtung insbesondere finanzieller Natur eingeht.

1309 § 414 enthält somit **zwei zentrale Aussagen**: Zum einen macht die Vorschrift deutlich, dass der Austausch des Schuldners prinzipiell möglich ist, hier ist also kein Unterschied zu der Möglichkeit des Austausches auf der Gläubigerseite zu sehen. Unterschiedlich zeigt sich jedoch zum anderen die Art und Weise des Austausches: Denn der Austausch auf Schuldnerseite ist daran gebunden, dass der Gläubiger mit eingebunden ist, und zwar durch einen Vertrag.

1310 Inhaltlich ist bei der Schuldübernahme zu **differenzieren**. Es muss nämlich unterschieden werden zwischen der sog. befreienden (privativen) Schuldübernahme auf der einen Seite und der kumulativen Schuldübernahme (auch Schuldbeitritt genannt) auf der anderen Seite. Während es um den Schuldbeitritt erst im nachfolgenden Abschnitt geht[146], steht hier allein die sog. **privative Schuldübernahme** im Mittelpunkt, d. h. die befreiende Schuldübernahme nach § 414. Ähnlich wie bei der Abtretung wird in diesem Fall der Altschuldner von seiner Verpflichtung befreit, er ist also ab dem Zeitpunkt der wirksam erfolgenden befreienden Schuldübernahme überhaupt kein Schuldner mehr. Auch hier ist also begrifflich wieder Vorsicht walten zu lassen, denn der Begriff „Altschuldner" suggeriert ja, dass der Betreffende überhaupt noch ein Schuldner ist – er ist es aber nach wirksamer privativer Schuldübernahme nicht mehr.

1311 Die privative Schuldübernahme ist jedoch nicht nur vom Schuldbeitritt abzugrenzen (den man auch kumulative Schuldübernahme nennt), sondern auch noch von

---

145 Abgesehen von den wenigen Ausnahmen der höchstpersönlichen Leistung.
146 Vgl. unten Rn. 1337.

weiteren, ähnlich wirkenden Verträgen. So ist insbesondere eine Unterscheidung von der sog. **Vertragsübernahme** vorzunehmen, bei der der Dritte nicht nur eine bestimmte Forderungsschuld übernimmt, sondern vollständig an die Stelle der bisherigen Vertragspartei tritt.[147] Dies ist aus den Grundsätzen der Vertragsfreiheit ohne weiteres möglich, sofern sich alle Beteiligten einigen. Im Unterschied zur privativen Schuldübernahme tritt jedoch der Dritte in dieser Situation derart an die Stelle des bisherigen Vertragspartners, dass er sämtliche Rechte und Pflichten nebst sämtlichen Einwendungen und Einreden aus dem Vertrag übernimmt. Das schuldrechtliche Leistungsverhältnis im weiteren Sinne zwischen dem Gläubiger und dem alten Schuldner besteht also nunmehr zwischen ihm und dem Gläubiger.[148]

In der Wirkung liegt eine derartige Vertragsübernahme sehr nahe bei einer **Kumulation von Schuldübernahme und Abtretung**; entscheidend ist aber, dass sich die Parteien, und zwar alle drei beteiligten Parteien, darauf einigen, dass tatsächlich der gesamte Vertrag übergehen soll, nicht lediglich eine Forderung bzw. zwei Forderungen. Gesetzlich geregelt ist die Vertragsübernahme nicht, doch ist sie auf der Grundlage der Vertragsfreiheit möglich. Voraussetzung ist und bleibt aber die Beteiligung sämtlicher drei betroffenen Parteien.[149]

Ebenfalls abzugrenzen ist die privative Schuldübernahme von der sog. **Erfüllungsübernahme**, die in § 329 ihre Regelung findet. Diese spielte im Rahmen des Vertrages zugunsten Dritter eine Rolle, gemeint war mit der Erfüllungsübernahme die Pflicht eines Dritten gegenüber dem Schuldner, dessen Schuld gegenüber dem Gläubiger zu erfüllen.[150] Anders als bei der Schuldübernahme ist hier jedoch nur eine Konsequenz für die beiden Parteien auf der Schuldnerseite zu bemerken. Der Gläubiger kann sich zwar bei der Erfüllungsübernahme ausschließlich an seinen eigenen Schuldner halten. Doch kann sich dieser mit dem Dritten auseinandersetzen, was die Befreiung von der Verbindlichkeit angeht. Denn der Schuldner, der dem Gläubiger zur Leistung verpflichtet ist, hat nunmehr einen Anspruch gegen den Dritten, der ihm ja versprochen hat, die Erfüllung zu übernehmen. Anders als bei der privativen Schuldübernahme ist der Gläubiger von dieser Absprache jedoch nicht betroffen.

Eine weitere Abgrenzung muss gegenüber dem **Garantievertrag** erfolgen, indem sich jemand unabhängig von anderen Verträgen dazu verpflichtet, die Gewähr zur Erreichung eines bestimmten Ziels zu bieten.[151] Der Dritte verpflichtet sich also, in der Regel formlos, unabhängig von irgendeiner Verbindlichkeit für einen bestimmten Erfolg einzustehen, in gleicher Weise ist denkbar, dass er die Pflicht

---

147 *Medicus*, Schuldrecht I, Rn. 751; *Looschelders*, Schuldrecht Allgemeiner Teil, Rn. 1166; *Westermann/Bydlinski/Weber*, BGB – Schuldrecht Allgemeiner Teil, § 18 Rn. 6.
148 Vgl. hierzu BGH NJW 1985, 2528.
149 BGHZ 95, 88 (93); *Medicus*, Schuldrecht I, Rn. 755.
150 *Brox/Walker*, Schuldrecht Allgemeiner Teil, § 35 Rn. 4.
151 *Westermann/Bydlinski/Weber*, BGB – Schuldrecht Allgemeiner Teil, § 18 Rn. 11; Palandt/*Sprau*, BGB, vor § 765 Rn. 16.

übernimmt, für einen künftigen, noch nicht entstandenen Schaden die Gewähr zu übernehmen.[152]

1315 b) **Voraussetzungen. Ziel** der privativen Schuldübernahme ist nach dem zuvor Gesagten, dass der neue Schuldner an die Stelle des bisherigen alten Schuldners tritt, der seinerseits aus dem Schuldverhältnis ausscheidet; infolgedessen kann sich der Gläubiger ausschließlich an den neuen Schuldner halten. Wie bei der Abtretung liegt auch hier ein **abstraktes Verfügungsgeschäft** vor. Zu dessen Wirksamkeit bedarf es letztlich nur eines Vertrages zwischen dem Neuschuldner und dem Gläubiger; ausnahmsweise genügt auch ein Vertrag zwischen Alt- und Neuschuldner, dann bedarf es jedoch zusätzlich der Genehmigung des Gläubigers.

1316 aa) Vertrag zwischen Gläubiger und Neuschuldner, § 414. Nach § 414 erfolgt die privative Schuldübernahme in erster Linie durch einen **Vertrag** zwischen dem Gläubiger und dem Dritten, der nunmehr an die Stelle des bisherigen Schuldners treten möchte. Dieser Schuldübernahmevertrag zwischen dem Gläubiger und dem übernehmenden Dritten ist regelmäßig ohne Beachtung einer Form wirksam.[153] Der Vertrag wird ausschließlich zwischen den beiden genannten Parteien geschlossen. Der alte Schuldner ist in dieser Situation nicht mitwirkungsberechtigt, dies folgt auch aus § 267 Abs. 1 Satz 2; der Altschuldner hat daher auch kein Zurückweisungsrecht, etwa aus einer entsprechenden Anwendung des § 333.[154] Die **Formfreiheit ist eingeschränkt,** wenn die übernommene Verpflichtung selbst formbedürftig ist – anders als bei der Abtretung wird man hier an einer Formpflicht schon deshalb festhalten müssen, weil ja ein Schuldner neu in die Verpflichtung eintritt, demgegenüber die Funktionen der Formvorschriften in gleicher Weise zur Geltung kommen müssen.[155] Daher ist etwa die Übernahme einer Schuld aus einem formbedürftigen Grundstücksverkaufsgeschäft aus Gründen des § 311 b Abs. 1 auch hinsichtlich der privativen Schuldübernahme formbedürftig.

1317 Dogmatisch handelt es sich bei dem Vertrag über die privative Schuldübernahme wie auch bei der Abtretung um die **Übertragung eines Forderungsrechts**. Daher stellt auch der Übernahmevertrag für eine Schuldübernahme nach § 414 ein abstraktes Verfügungsgeschäft dar; das zugrunde liegende Rechtsgeschäft ist hiervon unabhängig, es gilt also auch hier das Trennungs- und Abstraktionsprinzip.[156]

1318 Doch ist zu unterscheiden. Denn die Schuldübernahme ist zwar ein **Verfügungsgeschäft,** doch hat sie zugleich regelmäßig im Wege einer **Doppelnatur** einen **verpflichtungsvertraglichen Charakter.** Sie enthält nämlich zugleich auch die Leistungspflicht des Dritten, der sich nunmehr zur Leistung an den Gläubiger verpflichtet.[157] Doch darf man dies nicht durcheinander bringen – denn der Ver-

---

152 BGH NJW 1958, 1483.
153 Bamberger/Roth/*Rohe*, BGB, § 415 Rn. 16; BGH NJW 1974, 852.
154 So auch Palandt/*Grüneberg*, BGB, § 414 Rn. 1.
155 MünchKomm/*Möschel*, BGB, § 414 Rn. 4; BGH NJW 1999, 2664 (2665); BGH NJW 1993, 584; BGH NJW 1996, 2503 (2504).
156 *Medicus*, Schuldrecht I, Rn. 746.
157 *Looschelders*, Schuldrecht Allgemeiner Teil, Rn. 1152.

fügungscharakter der Schuldübernahme steht insofern im Vordergrund, als er von dem Verpflichtungsgeschäft zwischen dem alten und neuen Schuldner, das regelmäßig vorhanden sein wird, zu trennen ist.

bb) Vertrag zwischen Altschuldner und Neuschuldner, § 415. Neben der Schuldübernahme im Wege des Vertrages zwischen dem Gläubiger und dem Neuschuldner besteht eine zweite Möglichkeit, die das BGB ausdrücklich in § 415 vorsieht: Zwar ist regelmäßig, wie dargelegt, ein Vertrag mit dem Gläubiger erforderlich, weil dessen Position in besonderer Weise zu schützen ist. Doch kann, wie § 415 Abs. 1 deutlich macht, auch ein Vertrag zwischen dem alten und dem neuen Schuldner genügen, um eine privative Schuldübernahme wirksam werden zu lassen. Doch muss dann der Gläubiger unbedingt in einer bestimmten Art und Weise beteiligt werden. Anders kann seinen berechtigten Schutzinteressen nicht Genüge getan werden. § 415 Abs. 1 Satz 1 ordnet daher an, dass der **Gläubiger** diesen Vertrag **genehmigen muss**, wenn die privative Schuldübernahme durch einen Vertrag zwischen altem und neuem Schuldner erfolgen soll; denn ansonsten würde er ja gegen seinen Willen oder zumindest ohne seinen Willen seinen bisherigen, von ihm gewählten Schuldner verlieren. Dies kann jedoch die Rechtsordnung nicht hinnehmen. **1319**

Inhaltlich ist der Vorgang nach § 415 relativ eindeutig: Es wird zwischen dem Altschuldner und dem Neuschuldner ein **Übernahmevertrag** abgeschlossen; der Alt- oder der Neuschuldner teilt dann dem Gläubiger mit, dass eine Schuldübernahme stattgefunden hat bzw. stattfinden soll. Der Gläubiger kann dann seine Genehmigung erteilen. Diese Genehmigung kann seitens des Gläubigers, wie aus § 415 Abs. 1 Satz 2 deutlich wird, erst nach der entsprechenden Mitteilung durch eine der beiden Vertragsparteien erfolgen.[158] **1320**

Schwierig ist indes, wie man eine derartige Schuldübernahme nach § 415 **dogmatisch erklären** bzw. einordnen kann. **Lange Zeit** herrschend waren in diesem Zusammenhang die sog. Angebots- bzw. **Vertragstheorie**. Ihr zufolge kam ähnlich wie bei § 414 der Übernahmevertrag ausschließlich zwischen Gläubiger und Drittem, also dem Übernehmer zustande. Demgegenüber war die Vereinbarung zwischen Alt- und Neuschuldner lediglich als Kausalgeschäft hierfür anzusehen; infolgedessen konstruierte man die privative Schuldübernahme hier in der Weise, dass der Gläubiger mit seiner Genehmigung das in der Mitteilung nach § 415 Abs. 1 Satz 2 liegende Vertragsangebot des Übernehmers annehme.[159] **1321**

Diese Auffassung wird jedoch heute kaum mehr vertreten. Stattdessen geht die **heute** ganz herrschende **Verfügungstheorie** davon aus, dass in dem Vertrag zwischen dem alten und dem neuen Schuldner eine Verfügung liegt, und zwar eine Verfügung vom Nichtberechtigten über die Forderung des Gläubigers. Dieser **1322**

---

158 Bamberger/Roth/*Rohe*, BGB, § 415 Rn. 7 ff.; *Brox/Walker*, Schuldrecht Allgemeiner Teil, § 35 Rn. 9.
159 So noch *Heck*, Schuldrecht, S. 222 ff.

kann die Verfügung des nicht berechtigten Altschuldners später genehmigen.[160] Tatsächlich sprechen sowohl der Wortlaut des § 415 als auch die gesetzgeberischen Motive[161] für diese Auffassung.[162]

1323 Eine **Auswirkung** hat dieser alte Streit nur in seltenen Fällen. Er spielt eine Rolle, wenn der Übernehmer gegen die Schuldübernahme Einwände aus dem Grundgeschäft mit dem Altschuldner erhebt. Hat nämlich etwa der Neuschuldner den Übernahmevertrag nach § 123 wegen einer arglistigen Täuschung durch den Altschuldner angefochten, wären die Konsequenzen abhängig davon, welcher Ansicht man folgt: Folgt man nämlich der nicht mehr vertretenen früheren Angebotstheorie, wäre die Täuschung durch einen Dritten, nämlich durch den nicht am Vertragsschluss beteiligten Altschuldner erfolgt, daraus würde folgen, dass die Erklärung des Neuschuldners nur anfechtbar wäre, wenn der Gläubiger als Erklärungsempfänger die Täuschung kannte oder kennen musste; dies ergibt sich aus der schlichten Anwendung des § 123 Abs. 2 Satz 1. Die Verfügungstheorie käme hingegen zu einer anderen Schlussfolgerung: Danach könnte nämlich der Neuschuldner seine Erklärung unabhängig davon anfechten, ob der Gläubiger die Täuschung kannte und kennen musste – dies folgt daraus, dass hier der täuschende Altschuldner selbst Vertragspartner ist.[163]

1324 Folgt man also der Verfügungstheorie, muss man davon ausgehen, dass der Vertrag zwischen Alt- und Neuschuldner eine **Verfügung vom Nichtberechtigten über die Forderung des Gläubigers** darstellt. Dieser muss dann diese Vertragsverfügung als Berechtigter genehmigen. Die Genehmigung kann, dies ist in § 415 Abs. 1 Satz 2 festgelegt, erst nach Mitteilung an den Gläubiger erfolgen. Da es sich um eine Genehmigung i.S.d. §§ 182 ff. handelt, gilt nach § 184 Abs. 1, dass die Genehmigung ex tunc wirkt, d. h. sie wirkt auf den Zeitpunkt des Vertragsschlusses zwischen Alt- und Neuschuldner zurück.

1325 Zusätzlich gilt, dass für eine wirksame privative Schuldübernahme sogar die **vorherige Zustimmung**, die Einwilligung des Gläubigers ausreicht, dies folgt aus den §§ 183, 185 Abs. 1.[164] Darüber hinaus kann die Zustimmung nach § 182 Abs. 2 regelmäßig ohne Beachtung einer Form erteilt werden; das gilt auch dann, wenn das übernommene Rechtsgeschäft selbst formbedürftig ist. Die Genehmigung kann auch konkludent erfolgen, dies folgt aus der Formfreiheit. Dann muss allerdings der Wille des Gläubigers, den ursprünglichen Schuldner aus seiner schuldvertraglichen Haftung zu entlassen, deutlich werden – ein bloßes Schweigen des Gläubigers genügt daher bei § 415 nicht.[165]

---

160 So etwa RGZ 134, 185 (187); BGHZ 31, 321 (326); *Schlechtriem/Schmidt-Kessel*, Schuldrecht Allgemeiner Teil, Rn. 652; *Brox/Walker*, Allgemeines Schuldrecht, § 35 Rn. 11.
161 Motive II, S. 144 ff.
162 Vgl. auch MünchKomm/*Möschel*, BGB, § 415 Rn. 1.
163 S. dazu BGHZ 31, 321.
164 Vgl. RGZ 60, 415 (416); BGH NJW-RR 1996, 193 (194); Palandt/*Grüneberg*, BGB, § 415 Rn. 3; HK-BGB/*Schulze*, § 415 Rn. 3.
165 BGH ZIP 1996, 845 (846).

Wechsel des Vertragspartners

1326 Ähnlich wie bei der Genehmigung nach den §§ 182 ff. ist zudem in den §§ 415 ff. eine Vorschrift enthalten, die vermeiden soll, dass unangenehme **Schwebezustände** entstehen: Nach § 415 Abs. 2 Satz 2 können nämlich der Alt- sowie der Neuschuldner dem Gläubiger bei oder nach der Mitteilung eine Frist zur Erklärung über die Genehmigung setzen. Auf diese Weise soll erreicht werden, dass ein Schwebezustand möglichst schnell beendet wird.[166] Verweigert der Gläubiger die Genehmigung, gilt die Schuldübernahme nach § 415 Abs. 2 Satz 1 als nicht erfolgt – dies ist die logische Konsequenz aus der gesamten Konstruktion, dass der Gläubiger bei der privativen Schuldübernahme durch den Vertrag zwischen Alt- und Neuschuldner aus Gläubigerschutzgründen zu beteiligen ist.

1327 Ist durch die Verweigerung der Genehmigung die Schuldübernahme **gescheitert**, greift im Zweifel eine **Auslegungsregel**, nämlich die des § 415 Abs. 3: In diesem Fall ist der Vertrag zwischen dem Alt- und Neuschuldner, der vergeblich versucht hat, eine Schuldübernahme herbeizuführen, zumindest so auszulegen, dass er eine Erfüllungsübernahme enthält: Der Neuschuldner soll sich nämlich dann im Zweifel zumindest dem Altschuldner gegenüber dazu verpflichtet haben, den Gläubiger zu befriedigen. § 415 Abs. 3 führt also über eine Zweifelsregelung zu § 329 und der dort geregelten Erfüllungsübernahme. Da es sich hier lediglich um eine Vermutungsregel handelt, kann diese Vermutung auch widerlegt werden, etwa dadurch, dass die Parteien für genau den Fall, dass der Gläubiger seine Genehmigung verweigert, eine andere Regelung vorsehen.[167]

1328 cc) **Übernahme einer Hypothekenschuld, § 416.** Eine besondere **Fallgestaltung** der privativen Schuldübernahme sieht § 416 für den Fall vor, dass der Erwerber eines Grundstücks die auf dem Grundstück lastenden **Hypotheken** übernimmt. Dies tut er freilich nicht aus lauter Gutherzigkeit, sondern regelmäßig nur unter Anrechnung auf den Kaufpreis. Mit anderen Worten: Der vom Käufer zu zahlende Kaufpreis für das Grundstück wird dadurch niedriger, dass sich der Käufer bereit erklärt, die Hypotheken, die auf dem Grundstück lasten, zu übernehmen und später gegebenenfalls auszulösen.

1329 Da eine Hypothek jedoch stets mit einer Forderung verbunden ist, sieht § 416 eine **erleichterte privative Schuldübernahme** für die entsprechenden Forderungen vor. Nach der Vorschrift des § 416 erfolgt dann nämlich nach Eintragung des Erwerbers in das Grundbuch die Schuldübernahme der Forderung, die der Hypothek zugrunde liegt, wenn der Veräußerer den Gläubiger von der Schuldübernahme unterrichtet und der Gläubiger nicht innerhalb von sechs Monaten seine Weigerung diesbezüglich erklärt hat. Hier gilt also, dies ist der entscheidende Unterschied zu § 415, bereits das bloße Schweigen des Gläubigers als eine Genehmigung.

1330 c) **Rechtsfolgen.** Die **Wirkung** der privativen Schuldübernahme ist in § 414 deutlich geregelt: Ist die vertragliche Vereinbarung zwischen Gläubiger und Übernehmer wirksam oder ist die Vereinbarung zwischen altem und neuem Schuldner durch den Gläubiger wirksam genehmigt worden, tritt der neue Schuldner an die

---

[166] Palandt/*Grüneberg*, BGB, § 415 Rn. 7; MünchKomm/*Möschel*, BGB, § 415 Rn. 18.
[167] BGH WM 1991, 1131.

Stelle des bisherigen Schuldners.[168] Dies ist die Konsequenz daraus, dass hier eine abstrakte Verfügung über die Forderung stattgefunden hat. Das bedeutet, dass bereits mit der Einigung bzw. mit der Genehmigung der Schuldnerwechsel erfolgt. Infolgedessen wird der alte Schuldner von seiner Leistungsverpflichtung frei; umgekehrt ist der neue Schuldner nunmehr derjenige, der dem Gläubiger gegenüber ausschließlich zur Erfüllung verpflichtet ist. Inhaltlich entspricht die übergegangene Schuld, die nunmehr von dem neuen Schuldner zu erfüllen ist, vollständig derjenigen, die ursprünglich der alte Schuldner hätte erbringen müssen. Denn sofern keine anderen Abmachungen vertraglich festgelegt sind, geht die Schuld mit demselben Inhalt und derselben Beschaffenheit, die sie auch bislang hatte, auf den neuen Schuldner über.[169]

1331 Wie bei der Abtretung ist auch bei der Schuldübernahme, deren Gegenstück sie ja ist, entscheidend, dass der **Dritte** mit dem Eintritt in die Forderungsposition **nicht in die Rechtsbeziehung** zwischen Schuldner und Gläubiger **eintritt**.[170] Das bedeutet, dass auch bei der privativen Schuldübernahme die Vertragspartei des Gläubigers unverändert der alte Schuldner bleibt. Der neue Schuldner erwirbt insbesondere keinerlei Rechte aus dem Schuldverhältnis im weiteren Sinne, wenn also ein gegenseitiger Vertrag zwischen dem alten Schuldner und dem Gläubiger besteht.

1332 Weil sich durch den Schuldnerwechsel die Forderung des Gläubigers inhaltlich nicht verändert, regelt § 417 konsequenterweise, dass der Übernehmer, also der Neuschuldner, dem Gläubiger diejenigen **Einwendungen** entgegensetzen kann, welche sich aus dem Rechtsverhältnis ergeben, das zwischen dem Gläubiger und dem alten Schuldner bestand. Dies zielt etwa auf die Einrede der Verjährung, aber auch auf die übrigen Einwendungen, die bestehen können, wie etwa eine Stundung.[171] Doch kann der neue Schuldner dem Gläubiger keine Einwendungen entgegenhalten, die sich aus dem Rechtsverhältnis zwischen dem Alt- und dem Neuschuldner ergeben; dies ergibt sich aus § 417 Abs. 2 und dem dieser Regelung zugrunde liegenden Abstraktionsprinzip. Denn das Rechtsverhältnis zwischen altem und neuem Schuldner ist von dem übernommenen Schuldverhältnis strikt zu trennen. Der Neuschuldner kann also dem Gläubiger keinerlei Einwendungen aus dem Grundgeschäft entgegenhalten, das ihn im Verhältnis zum Schuldner zur Schuldübernahme veranlasst hat.[172]

1333 Anders als bei der Abtretung ist eine entsprechende Regelung hinsichtlich der **Aufrechnung** bei der Schuldübernahme nicht vorhanden. Im Gegenteil: § 417 Abs. 1 Satz 2 sieht vielmehr vor, dass der neue Schuldner mit einer dem alten Schuldner zustehenden Forderung dem Gläubiger gegenüber nicht aufrechnen kann. Dies ist auch konsequent, denn ließe man eine solche Aufrechnung zu, hätte dies ja nur zur Folge, dass die übernommene Schuld aus dem Vermögen des

---

168 *Westermann/Bydlinski/Weber*, BGB – Schuldrecht Allgemeiner Teil, § 18 Rn. 2.
169 BGHZ 58, 251 (254).
170 *Looschelders*, Schuldrecht Allgemeiner Teil, Rn. 1162.
171 Bamberger/Roth/*Rohe*, BGB, § 417 Rn. 4; MünchKomm/*Möschel*, BGB, § 417 Rn. 4.
172 MünchKomm/*Möschel*, BGB, § 417 Rn. 4; OLG Hamburg NJW 1966, 985.

Altschuldners getilgt würde, dies ist jedoch ersichtlich nicht Sinn der Schuldübernahme.

1334 § 418 sieht schließlich vor, dass bei einer privativen Schuldübernahme die für die Forderung bestehenden **Sicherungsrechte** erlöschen. Dies gilt namentlich für die Bürgschafts- und Pfandrechte. Auch diese Regelung ist konsequent. Denn ließe man derartige Nebenrechte bestehen, hätte dies nachteilige Auswirkungen auf die Rechtsstellung derjenigen, die diese Rechte bestellt haben.

Bsp.: Hat sich jemand etwa zu einer Bürgschaft für eine bestimmte Forderung bereiterklärt, wollte er dies ja gerade im Hinblick darauf tun, dass er den Schuldner unterstützen möchte. Wenn nun eine Schuldübernahme stattfindet und ein anderer Schuldner an die Stelle des ursprünglichen Schuldners tritt, ist dies möglicherweise nicht im Interesse des Bürgen, der vielleicht den neuen Schuldner überhaupt nicht kennt, ihn aber jedenfalls nicht absichern möchte.

1335 Daher sieht das Gesetz vor, dass nach § 418 Abs. 1 derartige Sicherungsrechte wie eine **Bürgschaft** oder ein **Pfandrecht** für die übernommene Forderung erlöschen. Ist eine Hypothek bestellt, geht diese auf den Eigentümer über, wie § 418 Abs. 1 Satz 2 regelt. Der Gläubiger, dies ist die Kehrseite dieser Vorschrift, verliert diese Sicherungsrechte. Da er die Schuldübernahme ohnehin genehmigen muss oder sogar selbst vertraglich vereinbart, besteht auch kein Interesse, ihn zu schützen, da seine Zustimmung ja jedenfalls vorhanden ist.

1336 Die genannten **Nebenrechte gehen** jedoch **mit** der **Forderungsübernahme ausnahmsweise über**, wenn der Bürge bzw. Pfandrechtsbesteller hierin eingewilligt hat, denn dann bedarf er wiederum keines Schutzes, dies folgt aus § 418 Abs. 1 Satz 3. Da § 418 lediglich von „bestellten" Sicherheiten spricht, ist davon auszugehen, dass hiermit nur vertraglich vereinbarte Sicherheiten gemeint sind, gesetzliche Pfandrechte hingegen bleiben beim Übergang der Forderung bestehen.[173]

3. Der Schuldbeitritt

1337 Der **Schuldbeitritt** stellt neben der Schuldübernahme eine weitere Möglichkeit dar, durch die ein Dritter auf Seiten des Schuldners in das Schuldverhältnis mit eintritt. Im Gesetz ist der Schuldbeitritt, den man gelegentlich auch als kumulative Schuldübernahme bezeichnet, nicht geregelt. Doch ist unstreitig, dass er infolge der Vertragsfreiheit grundsätzlich zulässig ist. Bei einer solchen Vereinbarung tritt ein Dritter neben den Altschuldner in das Schuldverhältnis mit ein. Als Folge einer solchen Vereinbarung haftet der weitere Schuldner neben dem bisherigen Schuldner. Im Ergebnis wird auf diese Weise eine **Gesamtschuld** begründet.

1338 Inhaltlich ist hier im Unterschied zur Schuldübernahme von entscheidender Bedeutung, dass die **Gläubigerstellung nicht tangiert** wird – im Gegenteil: Er erhält einen weiteren Schuldner, an den er sich gegebenenfalls halten kann. Weil hier aber keine Interessen des Gläubigers nachteilig verletzt sein können, ist auch dies

---

173 Vgl. Palandt/*Grüneberg*, BGB, § 418 Rn. 1.

bei den Voraussetzungen zu berücksichtigen, die gesetzlich nicht fixiert, aber von Rechtsprechung und Wissenschaft ausreichend entwickelt worden sind.

1339 Im Ergebnis bedarf es zu einem kumulativen Schuldbeitritt lediglich eines **Vertrages**, und zwar entweder zwischen dem Beitretenden und dem Gläubiger oder zwischen dem Altschuldner und dem weiteren, neu hinzutretenden Schuldner.[174] Eine Mitwirkung des Gläubigers im letztgenannten Fall ist anders als bei der privativen Schuldübernahme wie dargelegt nicht erforderlich. Die Wirksamkeit des Vertrages richtet sich dann nach den allgemeinen Voraussetzungen.[175] Eine besondere Form ist beim kumulativen Schuldbeitritt nicht zu beachten, es sei denn, hier verlangen andere Vorschriften aus dem BGB eine entsprechende Beachtung einer Form.[176]

Bsp.: Tritt also beispielsweise ein weiterer Schuldner zu einem Bürgschaftsschuldner hinzu, wird man hier die gleichen Formvorschriften anzuwenden haben, wie bei der Begründung der Bürgschaft.

1340 Anders als bei der privativen Schuldübernahme, die ja ein abstraktes Verfügungsgeschäft ist, liegt beim **Schuldbeitritt** dogmatisch ein **Verpflichtungsgeschäft** vor. Denn hier wird keine Forderung transferiert, sondern es erklärt sich lediglich ein weiterer Schuldner inhaltlich dazu bereit, eine Forderung zu erfüllen.[177]

1341 **Zu unterscheiden** ist dieser Vorgang dann vor allem von der Vereinbarung einer **Bürgschaft** nach §§ 765 ff. Der entscheidende Unterschied kann im Ergebnis nur durch die Auslegung des Vorgangs herausgearbeitet werden: Bei der Bürgschaft will der Bürge ausschließlich für eine fremde Schuld eintreten, nämlich dann, wenn der Primärschuldner ausfällt. Das führt vor allem dazu, dass die Bürgschaftsschuld stets akzessorisch zur Hauptschuld ist. Doch dies ist im Rahmen des kumulativen Schuldbeitritts anders: Dort übernimmt nämlich derjenige, der einer fremden Schuld beitritt, diese als eigene Schuld. Er möchte völlig unabhängig von der Schuld des primären Schuldners haften. Hier liegt also **keine Akzessorietät** in irgendeiner Hinsicht vor.[178]

1342 Was im Einzelnen gewollt ist, ist durch **Auslegung** zu ermitteln, wobei von dem Vorliegen eines Schuldbeitritts nur in seltenen Fällen ausgegangen werden kann, weil hier der neue Schuldner ja eine viel höhere Haftungsgefahr trägt. Denn es fehlt das Akzessorietätsmerkmal. Daher wird man nur dann von einer kumulativen Schuldübernahme ausgehen können, wenn der neue Schuldner damit ein eigenes rechtliches oder wirtschaftliches Interesse verfolgt.[179] Maßgebend ist in der

---

174 Palandt/*Grüneberg*, BGB, vor § 414 Rn. 2; *Westermann/Bydlinski/Weber*, BGB – Schuldrecht Allgemeiner Teil, § 18 Rn. 11.
175 Vgl. BGHZ 65, 49 (51); BGHZ 97, 394 (397); BGH WM 1998, 767 (768).
176 BGH NJW 1991, 3098.
177 Bamberger/Roth/*Rohde*, BGB, § 414 Rn. 42.
178 *Brox/Walker*, Schuldrecht Allgemeiner Teil, § 35 Rn. 21; *Westermann/Bydlinski/ Weber*, BGB – Schuldrecht Allgemeiner Teil, § 18 Rn. 13.
179 Vgl. *Brox/Walker*, Schuldrecht Allgemeiner Teil, § 35 Rn. 21.

Regel nicht die Formulierung, sondern entscheidend sind die gesamten Umstände, vor allem der genannte Zweck der vertraglichen Vereinbarung.[180]

Ist eine wirksame Vereinbarung über einen kumulativen Schuldbeitritt erfolgt, führt dies dazu, dass der **Gläubiger** nunmehr **zwei Schuldner** hat, an die er sich halten kann, nämlich den Altschuldner und den neuen Schuldner. Beide sind gemeinsam als Gesamtschuldner anzusehen. Der Gläubiger kann sich also an jeden von beiden halten, intern muss zwischen den beiden ein Ausgleich erfolgen.[181] Zwar finden die §§ 414 ff. keine direkte Anwendung, da diese nur für die privative Schuldübernahme gelten, doch kann man mit Recht davon ausgehen, dass zumindest § 417 Abs. 1 entsprechende Anwendung findet: Daher kann sich der Beitretende, weil sich seine Verpflichtung nach dem Inhalt der mit übernommenen Schuld richtet, auf diese Vorschrift berufen und dem Gläubiger alle Einwendungen des Altschuldners entgegenhalten, die im Zeitpunkt des Beitritts bereits begründet waren.[182] Für Einwendungen, die später entstehen, also nach dem kumulativen Beitritt, gelten dann die allgemeinen Vorschriften aus der Gesamtschuld, d. h. aus den §§ 422–425.[183]

1343

§ 21 Mehrheit von Gläubigern und Schuldnern

Literatur: *Aderhold, L.*, Grundstrukturen der Gesamthand, JA 1908, 136; *Bartels, K.*, Die Sicherungsgesamtschuld als akzessorische Kreditsicherheit, JZ 2000, 608; *Coester-Waltjen, D.*, Gesamthandsgemeinschaften, Jura 1990, 469; *Derleder, P.*, Zession und Gesamtschuld, in: Festschr. für Helmut Heinrichs, 1998, S. 155; *Gernhuber, J.*, Oder-Konten von Ehegatten, WM 1997, 645; *Jürgens, H.*, Teilschuld-Gesamtschuld-Kumulation, 1988; *Langenfeld, H.*, Das Innenverhältnis bei den Gläubigermehrheiten nach §§ 420 bis 432 BGB, 1994; *Medicus, D.*, Mehrheit von Gläubigern, JuS 1980, 697; *Meier, S.*, Die Gesamtgläubigerschaft – ein unbekanntes, weil überflüssiges Wesen?, AcP 205 (2005), 858; *Muscheler, K.*, Die Störung der Gesamtschuld: Lösung zu Lasten des Zweitschädigers, JR 1994, 441; *Schmidt, K.*, Quotenhaftung von BGB-Gesellschaftern, NJW 1997, 2201; *Schreiber, K.*, Die Gesamtschuld, Jura 1989, 353; *Selb, W.*, Mehrheiten von Gläubigern und Schuldnern, 1984; *Stamm, J.*, Die Gesamtschuld auf dem Vormarsch, NJW 2003, 2940; *ders.*, Die Bewältigung der gestörten Gesamtschuld, NJW 2004, 811; *Weber-Grellet, H.*, Die Gesamthand – ein Mysterienspiel, AcP 182 (1982), 316.
Rechtsprechung: BGH NJW 1976, 1931 (Rücktrittsgrund nur in der Person eines Beteiligten); OLG **Schleswig NJW 1982, 2672** (Wohnraummietverhältnis); OLG **Köln FamRZ 1987, 1139** (Zur Gesamtgläubigerschaft beim „Oder-Konto"); **BGH NJW 1989, 2386** (Verhältnis der Gesamtschuldner zum Gläubiger); **BGH NJW 1990, 705** (Zur vertraglichen Gesamtgläubigerschaft); **BGH NJW 1990, 827** (Steuerberater und Gesamtschuld); **BGH NJW 1991, 97** (Zum gesetzlichen Forderungsübergang); **BGH NJW 1992, 2817** (Gleicher Rechtsgrund der einzelnen Verpflichtungen bei der Gesamtschuld nicht erforderlich); OLG **München NJW-RR 1995, 814** (Zur entsprechenden Anwendung von § 255 BGB); **BGH NJW 1998, 537** (Zur Identität des Leistungsinteresses und der Gleichstufigkeit der Verpflichtungen); **BGH NJW 2001, 1056** (Zwangsvollstreckung in das Vermögen einer BGB-

---

180 Vgl. näher dazu BGH NJW 1986, 580.
181 Vgl. näher zur Gesamtschuld unten Rn. 1383.
182 *Schlechtriem/Schmidt-Kessel*, Schuldrecht Allgemeiner Teil, Rn. 667; *Esser/Schmidt*, Schuldrecht I/2, §§ 37 II 2 a.
183 Vgl. dazu unten Rn. 1412.

Gesellschaft); **BGH NJW** 2003, 348 (Zum Gesamtschuldverhältnis kraft gesetzlicher Anordnung); **BGH NJW** 2003, 2984 („Gestörter Gesamtschuldnerausgleich"); **BGH NJW** 2004, 951 (Zum nicht freigestellten Zweitschädiger; Personenschäden im arbeitsrechtlichen Zusammenhang); **BGH NJW** 2005, 2307 (Darlehen für Renovierung und Möblierung der Ehewohnung); **BGH NJW-RR** 2006, 1174 („Schubserei-Fall"; zur gestörten Gesamtschuld: Haftung nach StVG, § 823 BGB und die Haftungsprivilegierung aus §§ 106, 104, 105 SGB VII unter Schülern).

1344 War bislang von „**Dritten im Schuldverhältnis**" die Rede, war damit gemeint, dass ein neuer Schuldner oder Gläubiger in das bisherige Zweierverhältnis hineintritt, und zwar ergänzend oder ablösend. Dritte können jedoch darüber hinaus auch noch in das Schuldverhältnis dergestalt involviert sein, dass es allein um eine Quantitätsfrage geht: Gemeint ist, dass zwar die Bipolarität des Schuldverhältnisses aufrechterhalten bleibt, dass sich also unverändert nur zwei Parteien gegenüber stehen, nämlich Schuldner auf der einen und Gläubiger auf der anderen Seite. Doch wie vom Gesetz in den §§ 420 ff. vorgesehen, kann eine der beiden Parteien oder können sogar beide Parteien nicht lediglich aus einer Person, sondern aus einer Mehrheit bestehen: Es kann also das Schuldverhältnis dadurch geprägt sein, dass entweder auf einer oder sogar auf beiden Seiten eine Personenmehrheit betroffen ist.

1345 Diese **Mehrheit von Gläubigern bzw. die Mehrheit von Schuldnern** kann unterschiedlich ausgestaltet sein. Auf beiden Seiten kann es durch die Vervielfachung der Betroffenen zu unterschiedlichen Konstruktionen kommen, die begrifflich einander entsprechen: So gibt es die Teilgläubigerschaft bzw. Teilschuldnerschaft; es kann zudem zu einer gemeinschaftlichen Gläubigerschaft bzw. gemeinschaftlichen Schuldnerschaft kommen; schließlich kann, was die wichtigste Konstruktion darstellt – auch eine Gesamtgläubigerschaft bzw. Gesamtschuldnerschaft durch die Mehrheit von Gläubigern bzw. Schuldnern entstehen.

1346 Die **verschiedenen Konstruktionen** unterscheiden sich vor allem dadurch, dass jeweils die rechtlichen Folgen voneinander abweichen. Das entscheidende Differenzierungskriterium zwischen den einzelnen Konstruktionen auf Seiten des Gläubigers bzw. auf Seiten des Schuldners ist also in den unterschiedlichen Rechtsfolgen zu sehen, die sich aus dem Agieren der Gegenseite ergeben: So ist etwa die Erfüllungshandlung eines Schuldners je danach zu beurteilen, ob er sich einer Teilgläubigerschaft, einer gemeinschaftlichen Gläubigerschaft oder einer Gesamtgläubigerschaft gegenüber sieht.

I. Auf Seiten des Gläubigers

1347 Rechtlich meist nicht sehr schwierig und auch von der Bedeutung her nicht so weitreichend wie die Mehrheit auf Seiten des Schuldners stellt sich die **Mehrheit auf Seiten des Gläubigers** dar. Unterschieden werden bei der Gläubigerschaft, ähnlich wie auf Seiten des Schuldners, drei mögliche Konstruktionen: Das Aufeinandertreffen von mehreren Gläubigern gegenüber einem Schuldner (oder auch einer Mehrheit von Schuldnern) kann eine Teilgläubigerschaft sein, es kann sich um eine gemeinschaftliche Gläubigerschaft handeln oder schließlich um eine Gesamtgläubigerschaft.

1. Teilgläubigerschaft, § 420

Die erste Norm, die eine Aussage über die Mehrheit von Gläubigern trifft, findet sich in § 420: Dieser regelt die sog. „Teilgläubigerschaft". Davon spricht man, wenn mehreren Gläubigern eine Forderung, die regelmäßig für den Schuldner eine rechtliche Einheit bildet, in der Weise zusteht, dass jeder von ihnen einen realen Teil der Forderung geltend machen kann. § 420 ist also allein auf eine teilbare Leistung ausgerichtet. Auf diese Weise kann § 420 überhaupt nur dann Anwendung finden, wenn die Leistung ohne Wertminderung und ohne Benachteiligung des Leistungszwecks in Teilleistungen zerlegt werden kann.[184]

Bsp. (1): A, B, C und D, alle stolze Eigentümer eines Kamins, bestellen in Form einer Sammelbestellung Brennholz bei E, um einen Mengenrabatt zu erhalten und die Transportkosten zu verringern. – Hier haben A, B, C und D jeweils einen Anspruch auf Auslieferung der auf ihren Anteil entfallenen Teilmenge an Brennholz und sind insoweit Teilgläubiger.

Bsp. (2): Anlässlich der Ehescheidung von seiner dritten Frau verpflichtet sich Millionär M in einem Unterhaltsvergleich zur Leistung von Unterhalt an seine Frau und das gemeinsame Kind. – Obwohl die Unterhaltsverpflichtung des M in einer Summe festgesetzt wird, steht jedem Unterhaltsgläubiger eine im Einzelnen bezifferte Geldforderung zu.

Umgekehrt lässt sich formulieren, dass die Auslegungsregel des § 420 nicht zum Tragen kommen kann, wenn es sich um eine **unteilbare Leistung** handelt, die der Schuldner mehreren Gläubigern zu leisten verpflichtet ist und die nicht ohne Wertminderung zerlegt werden kann. Darüber hinaus wird eine Unteilbarkeit auch dann angenommen, wenn zwar eine tatsächliche Teilbarkeit möglich wäre, aber eine rechtliche Unteilbarkeit vorliegt; rechtlich unteilbar ist eine Leistung, wenn aufgrund des Innenverhältnisses zwischen den Gläubigern eine gemeinsame Empfangszuständigkeit besteht.[185]

Bsp.: A und B sind Miteigentümer eines Mietshauses in Jena (Bruchteilsgemeinschaft, §§ 741 ff.). Ihre Mietzinsforderungen gegen die Mieter sind als Forderungen unteilbar, weil deren Einziehung zur Verwaltung des gemeinschaftlichen Gegenstands gehört und gem. § 744 die Verwaltung den Teilhabern nur gemeinschaftlich zusteht.

Daraus folgt, dass § 420 mit seiner Auslegungsregel dann nicht mehr greift, wenn eine Gesamtgläubigerschaft nach § 428 vorliegt – § 428 ist also zumindest nach Ansicht der Rechtsprechung insofern vorrangig. Das führt dazu, dass eine Teilgläubigerschaft überhaupt nur dann angenommen werden kann, wenn es sich um **faktisch teilbare Leistungen** handelt, bei denen die Gläubiger nicht durch besondere Rechtsbeziehungen miteinander verbunden sind.[186] Teilbare Leistungen sind daher regelmäßig nur Leistungen von Geld oder anderer vertretbarer Sachen.

---

184 Vgl. Palandt/*Grüneberg*, BGB, § 420 Rn. 1; *Looschelders*, Schuldrecht Allgemeiner Teil, Rn. 1180; *Brox/Walker*, Allgemeines Schuldrecht, § 36 Rn. 1; Bamberger/Roth/ *Gehrlein*, BGB, § 420 Rn. 1.
185 BGH NJW 1992, 182 (183).
186 *Medicus*, Schuldrecht I, Rn. 789; *Looschelders*, Schuldrecht Allgemeiner Teil, Rn. 1181; vgl. auch die Beispiele bei Bamberger/Roth/*Gehrlein*, BGB, § 420 Rn. 3.

Voraussetzung ist dann aber, wie erläutert, dass zwischen den Gläubigern keine anderen Rechtsbeziehungen bestehen, die die Teilgläubigerschaft gerade ausschließen.[187]

1351 Liegt ausnahmsweise eine Teilgläubigerschaft vor, ist im Zweifel nach § 420 anzunehmen, dass **jeder Gläubiger ein eigenes Forderungsrecht** geltend machen kann. Dieses besteht unabhängig von den Forderungen der anderen Teilgläubiger. Er kann insbesondere über sein eigenes Forderungsrecht selbstständig verfügen.[188] Dies führt dazu, dass er eigene Sekundärrechte aus seinem Forderungsrecht geltend machen kann, wie etwa Verzugsfolgen etc.

Bsp.: Ist in obigem Beispiel *(unter Rn. 1349)* der Brennholzlieferant E mit der Bestellung des A in Verzug, kann dieser unabhängig von den Forderungen der anderen Teilgläubiger B, C und D einen bei ihm entstandenen Verzugsschaden geltend machen.

1352 Letztlich besteht bei einer Teilgläubigerschaft durch die Trennung der einzelnen Gläubigerforderungen **kein** großer **Unterschied zu der Stellung eines Einzelgläubigers**. Nur beim Rücktritt ist dies anders: Denn nach § 351 kann das Rücktrittsrecht im Falle einer Teilgläubigerschaft nur von allen Teilgläubigern gemeinsam ausgeübt werden – dies ist deshalb konsequent, weil der Rücktritt ja alle Teilgläubiger gemeinsam berührt. Es soll jedoch mit Recht ausreichen, dass der Rücktrittsgrund in einem solchen Fall schon bei einem einzigen Teilgläubiger vorliegt.[189]

2. Gemeinschaftliche Gläubigerschaft

1353 Die **gemeinschaftliche Gläubigerschaft** ist eine weitere Form, in der eine Mehrheit von Gläubigern dem Schuldner gegenübertreten kann. Anders als bei der Teilgläubigerschaft ist hier jedoch das Charakteristikum, dass die Gläubiger in ihrer Gesamtheit berechtigt werden. Die gemeinschaftliche Gläubigerschaft ist also vor allem dadurch gekennzeichnet, dass der Schuldner mit befreiender Wirkung nur an alle gemeinschaftlich leisten kann und jeder einzelne Gläubiger zugleich nur die Leistungen an alle gemeinschaftlich verlangen kann. Die gemeinschaftliche Gläubigerschaft tritt in **drei verschiedenen Formen** auf: Sie kann als Bruchteilsgläubigerschaft, bei unteilbaren Leistungen gem. § 432 und schließlich auch – häufiger – als Gesamtgläubigerschaft entstehen. Letztgenannte Variante ist in §§ 428 ff. eigens geregelt und wird daher auch hier besonders erläutert.

1354 a) **Bruchteilsgläubigerschaft.** Eine erste Möglichkeit, in der die Gläubiger nur gemeinschaftlich zur Entgegennahme einer Leistungsverpflichtung berufen sind, ist die sog. **Bruchteilsgläubigerschaft**. Diese ist nicht im Allgemeinen Schuldrecht geregelt, sondern findet sich in den §§ 741 ff. im Besonderen Schuldrecht.[190]

---

187 Palandt/*Grüneberg*, BGB, vor § 420 Rn. 1.
188 *Looschelders*, Schuldrecht Allgemeiner Teil, Rn. 1182; *Brox/Walker*, Allgemeines Schuldrecht, § 36 Rn. 5; *Schlechtriem/Schmidt-Kessel*, Schuldrecht Allgemeiner Teil, Rn. 865.
189 HK-BGB/*Schulze*, § 351 Rn. 2; BGH NJW 1976, 1931.
190 *Medicus*, Schuldrecht II, Rn. 496 ff.

Gleichwohl soll kurz auf diese Form der gemeinschaftlichen Gläubigerschaft eingegangen werden. Bei dieser Bruchteilsgläubigerschaft steht, wie in § 741 normiert ist, ein Recht mehreren gemeinschaftlich zu, und zwar zu einem ideellen Bruchteil.

Bsp.: A und B erwerben und verwalten gemeinsam ein Mischpult, mit welchem sie jeweils einzeln bei Veranstaltungen als DJ tätig sind. – Nun kann man nicht sagen, dem A gehört die linke, dem B die rechte Hälfte des Mischpultes – das wäre erkennbar sinnlos. Stattdessen gehört beiden das Mischpult zur Hälfte, doch diese Hälfte ist nicht real, sondern gedacht.

1355 Der **Unterschied zur Teilgläubigerschaft** liegt hier also entscheidend darin, dass der Gegenstand, auf den die Gemeinschaft der Gläubiger gerichtet ist, nicht real geteilt ist; vielmehr hat jeder der Gläubiger nur ein durch die Mitberechtigung der übrigen beschränktes, ideelles Recht an dem Gegenstand, der in der Realität ungeteilt ist.[191] Kennzeichen für die Bruchteilsgläubigerschaft ist also, dass jedem Gläubiger nur ein ideeller Anteil an der gesamten Forderung zusteht.[192] Jede Verfügung über die Forderung gehört zur Verwaltung des gemeinschaftlichen Gegenstandes, so dass eine Verfügung nur gemeinschaftlich möglich ist. Denn die gemeinschaftliche Verwaltung steht nach § 744 Abs. 1 nur allen Teilhabern gemeinsam zu.

1356 Üblicherweise entsteht bei **Forderungen** keine Bruchteilsgemeinschaft, denn nach der überwiegenden Auffassung werden die §§ 741 ff. regelmäßig durch die Sonderregelungen der §§ 420 ff. verdrängt.[193] Dies ist jedoch dann anders, wenn es um Forderungen geht, die aus einer bereits bestehenden Bruchteilsgemeinschaft, etwa dem Miteigentum, erwachsen.[194] Die Einzelheiten zur Bruchteilsgläubigerschaft finden sich jedoch in den Erläuterungen zum Besonderen Schuldrecht.

1357 b) **Bei unteilbaren Leistungen, § 432.** Wie bei der Bruchteilsgläubigerschaft geht es auch bei der **gemeinschaftlichen Gläubigerschaft** i. S. v. § 432 um eine **unteilbare Leistung**, die mehrere Gläubiger zu fordern haben.

Bsp.: A, B und C wollen einen Ausflug machen und bestellen gemeinsam einen Bus mitsamt Fahrer zu diesem Zweck. – In dieser Situation ist die Leistungserbringung durch den Schuldner unteilbar, denn er kann nur alle befördern, um so seine dienstvertraglichen Verpflichtungen zu erfüllen.

1358 Schon der **Wortlaut** des § 432 macht deutlich, dass es sich bei dieser Vorschrift um eine **subsidiäre Vorschrift** handelt: Sie greift, wie auch von der ganz überwiegenden Auffassung zu Recht vertreten wird, nur dann ein, wenn zwischen den verschiedenen Gläubigern nicht bereits eine andere Rechtsgemeinschaft besteht, die dann vorrangig die Rechtsverhältnisse zwischen ihnen und dem Schuldner normiert.[195]

---

191 *Brox/Walker*, Schuldrecht Allgemeiner Teil, § 38 Rn. 7.
192 Palandt/*Sprau*, BGB, § 741 Rn. 3; *Medicus*, Schuldrecht II, Rn. 496.
193 Palandt/*Sprau*, BGB, § 741 Rn. 1.
194 *Brox/Walker*, Schuldrecht Allgemeiner Teil, § 37 Rn. 9.
195 *Looschelders*, Schuldrecht Allgemeiner Teil, Rn. 1183; *Brox/Walker*, Schuldrecht Allgemeiner Teil, § 37 Rn. 10.

1359 Liegt eine solche unteilbare Leistung vor und ist nicht eine Gesamtgläubigerschaft nach § 428 gegeben[196], greift die Bestimmung des § 432 ein. Der Schuldner ist also dann allein berechtigt, an alle gemeinschaftlich zu leisten, zugleich dürfen die Gläubiger die Leistung nur gemeinschaftlich an alle fordern.

Bsp.: Also kann nicht ein Gläubiger, etwa der A, für sich alleine verlangen, in dem genannten Beispiel *(unter Rn. 1357)* transportiert zu werden. Vielmehr kann jeder nur verlangen, dass alle gemeinschaftlich in dem Kleinbus gefahren werden.

1360 Das führt als Rechtsfolge dazu, dass der Schuldner dadurch, dass er nur einem der Gläubiger die Leistung erbringt, von seiner schuldvertraglichen Pflicht nicht frei wird.[197] Denn die schuldvertragliche Pflicht liegt ja gem. § 432 Abs. 1 gerade darin, dass der Schuldner die Leistung an alle gleichzeitig zu erbringen hat. Infolgedessen befreit die Leistung an nur einen der Gläubiger den Schuldner von seiner Leistungspflicht nicht.

1361 Mangels einer anderen Regelung ist bei § 432 und der dort geregelten gemeinschaftlichen Gläubigerschaft davon auszugehen, dass jeder der Gläubiger **über seine Mitberechtigung frei verfügen** kann, d. h. über seinen Anspruch darauf, dass auch ihm gegenüber die Leistung durch den Schuldner erfolgt.[198] Dies folgt aus zwei Überlegungen: Zum einen ist auf diese Weise eine Unterscheidung zur Gesamtgläubigerschaft möglich, die in § 428 speziell geregelt ist; darüber hinaus macht § 432 Abs. 2 deutlich, dass eine Tatsache, die nur in der Person eines der Gläubiger eintritt, nicht für und gegen die übrigen Gläubiger wirkt – das bedeutet aber doch letztlich auch, dass die unterschiedlichen Anteile der verschiedenen Gläubiger nicht so miteinander verbunden sind, dass sie nicht voneinander gelöst werden könnten.[199] Infolgedessen kann auch jeder Gläubiger einzeln über seinen Anteil verfügen.

Bsp.: Im obigen Beispiel *(unter Rn. 1357)* kann etwa einer der Gläubiger seinen Beförderungsanspruch an einen Dritten abtreten.

1362 Im Ergebnis ist aber der **Anwendungsbereich** des § 432 **sehr begrenzt**: Da es sich hier, wie angedeutet, um einen bloßen Ausnahmetatbestand handelt, gehen meist die Regelungen der §§ 428 ff. vor.[200] Auch dort geht es um eine unteilbare Leistung, doch ist dort noch Zusätzliches zu beachten, wie im Folgenden deutlich wird. Im Ergebnis ist § 432 hinsichtlich seines Anwendungsbereichs deshalb nur sehr beschränkt, weil die Gläubiger, zumindest bei einer rechtlichen Unteilbarkeit, zwingend in einer besonderen Rechtsbeziehung stehen, so dass § 428 vorrangig eintritt.

---

196 Dazu sogleich Rn. 1363.
197 Palandt/*Grüneberg*, BGB, § 432 Rn. 8; *Brox/Walker*, Schuldrecht Allgemeiner Teil, § 37 Rn. 4; *Schlechtriem/Schmidt-Kessel*, Schuldrecht Allgemeiner Teil, Rn. 868.
198 *Schlechtriem/Schmidt-Kessel*, Schuldrecht Allgemeiner Teil, Rn. 868; *Brox/Walker*, Schuldrecht Allgemeiner Teil, § 37 Rn. 11.
199 MünchKomm/*Bydlinski*, BGB, § 432 Rn. 1.
200 *Looschelders*, Schuldrecht Allgemeiner Teil, Rn. 1188.

3. Gesamtgläubigerschaft, §§ 428 ff.

Wie bereits deutlich geworden, ist auch die **Gesamtgläubigerschaft eine Form der gemeinschaftlichen Gläubigerschaft, die auf einen gemeinschaftlichen Leistungsempfang gerichtet ist.** Daher hätte man sie auch im vorangegangenen Abschnitt darstellen können. Doch da es sich um eine vom Gesetz eigenständig geregelte und in §§ 428 ff. normierte Gemeinschaft handelt, ist sie auch hier besonders hervorgehoben: Darüber hinaus wird auf diese Weise die Parallelität zu der Situation deutlich, in der es auf Seiten des Schuldners zu einer Mehrheit von Personen kommt. Dort jedoch ist die Gesamtschuldnerschaft in § 421 die eigentlich zentrale Regelungsmaterie. **1363**

Bei der Gesamtgläubigerschaft in § 428 ist ähnlich wie bei den zuvor genannten Fallgruppen (nicht zwingend) von einer **unteilbaren Leistung** auszugehen. Ist eine unteilbare Leistung gegeben, dann besteht ohnehin gem. § 432 regelmäßig eine Gemeinschaftsforderung.[201] Entscheidend ist, dass die auf § 311 Abs. 1 beruhende vertragliche Vereinbarung zu einer Gesamtgläubigerschaft führt. Dies ist der Fall, wenn sie gem. § 428 ausgestaltet ist: Es muss vereinbart sein, dass jeder der Gläubiger die ganze Leistung verlangen kann, umgekehrt muss der Schuldner von seiner Verpflichtung bereits durch Leistung an einen Mitgläubiger vollständig befreit werden. Nach § 428 existiert aber keine entsprechende Auslegungsregel, der zufolge dann, wenn mehrere Gläubiger einem Schuldner gegenüberstehen, dies bereits eine Gesamtgläubigerschaft darstellte. Vielmehr muss die Auslegung der entsprechenden vertraglichen Vereinbarung zwischen dem Schuldner und den Gläubigern Entsprechendes ergeben. **1364**

Bsp.: A und B haben bei der C-Bank ein gemeinsames Konto errichtet. Vertraglich wurde vereinbart, dass jeweils A und B allein über das Kontoguthaben verfügen dürfen.

Liegt eine Gesamtgläubigerschaft vor, hat dies Auswirkungen sowohl gegenüber dem Schuldner als auch **Auswirkungen** innerhalb der Gläubigergruppe. Gegenüber dem Schuldner ist entscheidend, was § 428 anordnet: Demzufolge hat jeder Gesamtgläubiger dem Schuldner gegenüber ein vollständiges Forderungsrecht, d.h. jeder der Gläubiger kann einzeln, ohne die anderen insofern zu beteiligen, vom Schuldner die ganze Leistung verlangen. Doch ist der Schuldner nur verpflichtet, die Leistung einmal zu erbringen. Dabei steht dem Schuldner ein **Wahlrecht** zu, er kann also entscheiden, an welchen der Gläubiger, die ihm gegenüberstehen, er die Leistung erbringen will.[202] **1365**

Bsp.: Im zuvor genannten Beispiel *(unter Rn. 1364)* verlangt A von der C-Bank nach Kündigung des Vertrages die Auszahlung des Restguthabens. Aufgrund des ihr zustehenden Wahlrechts könnte die C-Bank die Auszahlung des Restguthabens jedoch auch gegenüber B vornehmen.

---

[201] Dazu soeben in Rn. 1357.
[202] Palandt/*Grüneberg*, BGB, § 428 Rn. 1; *Looschelders*, Schuldrecht Allgemeiner Teil, Rn. 1185; *Medicus*, Schuldrecht I, Rn. 785.

1366 Diese besondere Konstellation in der Gesamtgläubigerschaft macht sich für den Schuldner im Außenverhältnis in verschiedener Hinsicht bemerkbar: So sieht § 429 Abs. 3 vor, dass der Schuldner mit der Befriedigung eines Gläubigers seine Leistung erbracht hat. Er hat erfüllt: Dementsprechend gelten die **Erfüllung**, die Leistung an Erfüllungs statt sowie sonstige **Erfüllungssurrogate**, die der Schuldner einem der Gläubiger erbringt, auch gegenüber allen anderen Gläubigern.²⁰³ Dies gilt in gleicher Weise, wenn der Schuldner mit einem der Gläubiger einen Erlassvertrag schließt.²⁰⁴

1367 Weil jeder der Gläubiger bei der Gesamtgläubigerschaft mit Wirkung für alle die Leistung annehmen kann, wirkt es sich negativ zu Lasten aller Gläubiger aus, wenn einer der Gesamtgläubiger in **Annahmeverzug** gerät: Nach § 429 Abs. 1 gilt nämlich der Annahmeverzug eines Gesamtgläubigers auch für die übrigen Gläubiger. Dies ist deshalb konsequent, weil dadurch, dass der Schuldner einem der Gläubiger die Leistung zur Erfüllung anbietet, er auch seine Leistungsverpflichtung erlöschend erbringen könnte; lehnt nun dieser Gläubiger, dem er die Leistung anbietet, die Entgegennahme ab und gerät dadurch in Annahmeverzug, muss dieses konsequenterweise für alle anderen Gläubiger in gleicher Weise wirken.²⁰⁵

1368 Die zuvor genannten Rechtswirkungen ergeben sich jedoch nur im Hinblick auf Erfüllungshandlungen. Denn § 428 ordnet ja bei der Gesamtgläubigerschaft allein bei der Erfüllungsvornahme bzw. ihren Surrogaten durch den Schuldner bei einem der verschiedenen Gläubiger eine alle Gläubiger betreffende Wirkung an. **Alle anderen** mit der Person eines der mehreren Gläubiger zusammenhängenden **Tatsachen** wirken demgegenüber allein in dem Verhältnis zwischen diesem Gläubiger und dem Schuldner. Hier kommt es also nicht zu einer übergreifenden Wirkung. Dies hängt damit zusammen, dass § 428 allein auf die Leistungserbringung rekurriert.

Bsp.: Ist daher beispielsweise das Rechtsverhältnis zwischen einem der Gläubiger und dem Schuldner nichtig, weil es etwa auf einem fehlerhaften Vertrag zwischen diesen beiden beruht, berührt dies nicht die Gläubigerstellung der anderen Gläubiger. Hier gilt stattdessen, dass dieser konkrete Gläubiger aus der Gläubigergemeinschaft herausfällt, wenn und soweit seine Vertragsbeziehung zu dem Schuldner unwirksam ist. Dies ergibt sich letztlich aus § 429 Abs. 3 Satz 1, sofern dieser auf § 425 verweist.

1369 Schließlich enthält das Gesetz auch noch Regelungen, die sich als Konsequenz daraus ergeben, dass der Schuldner mit befreiender Wirkung bereits an einen der Gläubiger seine Leistung vollständig erbringen kann. Denn wenn der **Schuldner** durch diesen Vorgang von **seiner Leistungspflicht frei** wird, kann es zur **Bevorzugung eines Gläubigers** kommen, nämlich desjenigen, der die Leistung alleine oder überwiegend empfangen hat. Dies soll jedoch ausgeglichen werden. Für das Innen-

---

203 *Schlechtriem/Schmidt-Kessel*, Schuldrecht Allgemeiner Teil, Rn. 871; *Brox/Walker*, Schuldrecht Allgemeiner Teil, § 37 Rn. 3.
204 MünchKomm/*Bydlinski*, BGB, § 428 Rn. 3; *Schlechtriem/Schmidt-Kessel*, Schuldrecht Allgemeiner Teil, Rn. 871; BGH VersR 1986, 810 (811); vgl. hierzu auch *Wacke*, AcP 170 (1970), 42 (73).
205 *Looschelders*, Schuldrecht Allgemeiner Teil, Rn. 1186; Palandt/*Grüneberg*, BGB, § 429 Rn. 1; Bamberger/Roth/*Gehrlein*, BGB, § 429 Rn. 1.

verhältnis sieht daher § 430 eine eigenständige Regelung vor: Dieser Vorschrift zufolge entsteht nämlich dann, wenn einer der Gläubiger alleine die Leistung erhält, für diesen gegenüber seinen Mitgläubigern eine Ausgleichspflicht. Danach sind sämtliche Gesamtgläubiger in der Regel untereinander zu gleichen Anteilen berechtigt, es sei denn, hier finden sich andere vertragliche Vereinbarungen. Auf diese Weise entsteht infolge der Leistung des Schuldners unter den Gläubigern ihrerseits eine Ausgleichspflicht je zu gleichen Teilen.

Bsp.: C schuldet A und B als Gesamtgläubigern 1.000 € aus einem Kaufvertrag. Wenn C nun diese 1.000 € an A zahlt, ist dieser dem B i.H.v. 500 € zum Ausgleich verpflichtet.

Genau diese interne **Ausgleichspflicht** macht die Begründung einer Gesamtgläubigerschaft für die Gläubigerseite in der Regel **wenig attraktiv**: Denn aufgrund des Umstands, dass der Schuldner mit befreiender Wirkung an einen der Gläubiger leisten kann, sind die übrigen Gläubiger hinsichtlich ihrer Ansprüche auf ihren Ausgleichsanspruch gegen den einen Gläubiger angewiesen, der Empfänger der Leistung durch den Schuldner war. Infolgedessen tragen die übrigen Gläubiger das Insolvenzrisiko eines von ihnen. Das hat auch dazu geführt, dass die rechtsgeschäftliche Begründung der Gesamtgläubigerschaft insgesamt sehr selten ist.[206]

II. Auf Seiten des Schuldners

Wie auf Seiten des Gläubigers kann es **auch auf Seiten des Schuldners** dazu kommen, dass dem Gläubiger als Partei des Schuldverhältnisses nicht bloß eine Person als Schuldner gegenübersteht, sondern eine Mehrheit von Schuldnern. Und ebenso wie auf Seiten des Gläubigers kann es auch hier zu unterschiedlichen rechtlichen Konstruktionen kommen, die je nach Art und Weise dazu führen, dass sich aus einem Leistungsbegehren bzw. aus einer tatsächlichen Entwicklung unterschiedliche Folgen für die Schuldnerstellung ergeben. Man spricht, ähnlich wie auf Seiten des Gläubigers, von einer Teilschuldnerschaft, die in § 420 geregelt ist, von einer gemeinschaftlichen Schuldnerschaft sowie von einer Gesamtschuldnerschaft nach §§ 421 ff., die den mit Abstand größten und bedeutendsten Anteil bei den Konstruktionen zu einer Mehrheit von Schuldnern hat.

1. Teilschuldnerschaft, § 420

Die **Teilschuldnerschaft** ist wie die Teilgläubigerschaft in § 420 geregelt. Wie bei der Teilgläubigerschaft ist hier Voraussetzung, dass es um eine teilbare Leistung geht, die das Schuldverhältnis bestimmt. Sie liegt vor, wenn jeder der Schuldner nur zu einem Teil der (teilbaren) Leistung verpflichtet ist.

a) **Voraussetzungen.** Die **einzige Vorschrift**, die sich im BGB zur Teilschuldnerschaft findet, ist § 420. Aus dieser Norm sind daher sämtliche Voraussetzungen für eine Teilschuldnerschaft zu entnehmen. Entsprechend dem Wortlaut der Norm gilt § 420 – dies ist die erste Voraussetzung – ausschließlich für teilbare Leistungen.

---

206 Vgl. Palandt/*Grüneberg*, BGB, vor § 420 Rn. 2; *Larenz*, Schuldrecht I – Allgemeiner Teil, S. 628.

Daraus folgt, dass § 420 nicht anwendbar ist, wenn die Leistung, aus welchen Gründen auch immer (tatsächlichen oder rechtlichen), unteilbar ist.[207] Es muss zudem ein entsprechender Vertrag, d. h. eine Vereinbarung vorliegen, dass eine Teilschuldnerschaft gelten soll.[208]

1374 Schwierig ist hier insbesondere die **Abgrenzung zur Gesamtschuldnerschaft**. Diese ist nämlich bei teilbaren Leistungen nach der gesetzlichen Systematik der Regelfall. Wie aus § 427 folgt, ist dann, wenn sich mehrere durch Vertrag gemeinschaftlich zu einer teilbaren Leistung verpflichtet haben, im Zweifel eine Gesamtschuld anzunehmen. Diese wird an späterer Stelle (s. Rn. 1383) ausführlich erläutert, doch muss schon an dieser Stelle eines deutlich werden: Aufgrund dieser gesetzlichen Vermutung für eine vertragliche Einigung ist regelmäßig davon auszugehen, dass bei einer von mehreren geschuldeten teilbaren Leistung im Zweifel gerade keine Teilschuldnerschaft, sondern eine Gesamtschuldnerschaft vorliegt.[209]

Bsp.: A und B wollen sich auf einem Grundstück am Stadtrand von Jena den Traum von einem Eigenheim erfüllen. Sie möchten daher ein Doppelhaus errichten, das aus zwei nebeneinander liegenden Wohneinheiten besteht. Deshalb beauftragen sie den Bauunternehmer U mit der Errichtung eines Doppelhauses zu einem Gesamtpreis von 600.000 €.

1375 Eine teilbare Leistung ist insbesondere bei der Leistung auf Geld, d. h. bei einer geschuldeten Geldzahlung gegeben. Die Auslegungsregel des § 427 ist aber nur für den Zweifelsfall relevant; darüber hinaus kann die Auslegung eben gerade auch ergeben, dass ausnahmsweise, d. h. abweichend von der gesetzlichen Regelvermutung, auch bei einer teilbaren Leistung von einer Teilschuld auszugehen ist. Dies ist nach Ansicht des BGH insbesondere dann der Fall, wenn nach den beiderseitigen Erwartungen der Vertragspartner jeder Schuldner nur anteilig verpflichtet sein soll.[210]

1376 b) **Rechtsfolgen.** Liegt nach dem zuvor Gesagten ausnahmsweise eine Teilschuldnerschaft und keine Gesamtschuldnerschaft vor, ist jeder Schuldner gem. § 420 nur zu einem Teil der Leistung verpflichtet. Für den Gläubiger hat dies zur Konsequenz, dass er gegen jeden Schuldner einen selbstständigen Anspruch auf die jeweilige Teilleistung hat.

Bsp.: Im soeben erwähnten Beispiel *(unter Rn. 1374)* der sog. Bauherrengemeinschaft liegt eine Teilschuld vor. U kann somit nicht von einem der beiden Bauherren die Gesamtsumme fordern, sondern jeweils nur denjenigen Teil der Vergütung, der auf die jeweilige Haushälfte entfällt. Die Teilschulden sind voneinander unabhängig.

---

207 *Larenz*, Schuldrecht I – Allgemeiner Teil, S. 627; *Looschelders*, Schuldrecht Allgemeiner Teil, Rn. 1190.
208 *Looschelders*, Schuldrecht Allgemeiner Teil, Rn. 1190; *Larenz*, Schuldrecht I – Allgemeiner Teil, S. 627 f.
209 *Larenz*, Schuldrecht I – Allgemeiner Teil, S. 627; vgl. Palandt/*Grüneberg*, BGB, § 420 Rn. 2; *Schlechtriem/Schmidt-Kessel*, Schuldrecht Allgemeiner Teil, Rn. 833; Bamberger/Roth/*Gehrlein*, BGB, § 420 Rn. 1.
210 BGHZ 75, 26 (28).

Dabei sind die einzelnen **Verpflichtungen** der beiden Teilschuldner **unabhängig voneinander** zu werten und in ihrem Schicksal unabhängig voneinander gestaltet; das bedeutet insbesondere, dass bei der Erfüllung durch einen der Teilschuldner nur dessen Teilschuld untergeht. Auch Leistungsstörungen durch einen der beiden Teilschuldner sind unabhängig und ohne Auswirkungen für den anderen Teilschuldner. Es gilt also das Prinzip der Einzelwirkung.[211] **1377**

Bsp.: Haben A und B gemeinsam bei C jeweils ein Auto gekauft, um einen Rabatt zu erhalten und ist ausdrücklich zwischen den drei Parteien vereinbart, dass eine Teilschuld begründet werden sollte, so hat dies zur Folge, dass der Gläubiger C nunmehr von jedem der beiden Teilschuldner, A und B, getrennt die Kaufsumme verlangen kann.

Nach § 420 soll dann aber die **Teilschuldnerschaft mit gleichen Anteilen die Regel** sein: D.h. jeder der beiden Schuldner ist zu einem gleichen Anteil verpflichtet, es sei denn, es ist ausdrücklich etwas anderes vereinbart.[212] **1378**

Die Teilschuldner können schließlich nicht nur jeweils eigene Schuld durch beispielsweise Zahlung oder Aufrechnung tilgen. Zugleich ist vielmehr zu berücksichtigen, dass immerhin noch ein gemeinsames Schuldverhältnis zugrunde liegt, denn die Teilschulden beruhen auf einer einheitlichen Vereinbarung. Das führt dazu, dass etwa ein Rücktritt nur von allen oder gegenüber allen erklärt werden kann. Dies folgt letztlich aus § 351.[213] **1379**

2. Gemeinschaftliche Schuldnerschaft

Die **gemeinschaftliche Schuldnerschaft** findet im Gesetz **keine eigene Regelung**. Entscheidend bei ihr ist, dass das Interesse des Gläubigers an der von einer Mehrheit von Schuldnern zu erbringenden Leistung unteilbar ist. Zugleich kann die Gesamtleistung der Schuldner nicht von einem einzigen Schuldner allein und vollständig erbracht werden, vielmehr ist dazu das gemeinsame Zusammenwirken aller Schuldner erforderlich.[214] Eine Schuldnergemeinschaft liegt daher vor, wenn sich eine Forderung gegen eine Mehrheit von Schuldnern gemeinsam richtet, diese Forderung und die dahinter stehende Leistung allerdings nur von allen Schuldnern gemeinsam erbracht werden kann. **1380**

Bsp.: Die Laienschauspieltruppe S verpflichtet sich zur Aufführung eines bestimmten Theaterstückes. Diese Verpflichtung kann nur gemeinsam von allen Schauspielern übernommen werden.

---

[211] So *Looschelders*, Schuldrecht Allgemeiner Teil, Rn. 1193; *Schlechtriem/Schmidt-Kessel*, Schuldrecht Allgemeiner Teil, Rn. 834; Bamberger/Roth/*Gehrlein*, BGB, § 420 Rn. 4; *Larenz*, Schuldrecht I – Allgemeiner Teil, S. 628.

[212] *Larenz*, Schuldrecht I – Allgemeiner Teil, S. 627 f.; Palandt/*Grüneberg*, BGB, § 420 Rn. 1; *Schlechtriem/Schmidt-Kessel*, Schuldrecht Allgemeiner Teil, Rn. 833; *Looschelders*, Schuldrecht Allgemeiner Teil, Rn. 1189.

[213] *Schlechtriem/Schmidt-Kessel*, Schuldrecht Allgemeiner Teil, Rn. 834; *Looschelders*, Schuldrecht Allgemeiner Teil, Rn. 1193; *Larenz*, Schuldrecht I – Allgemeiner Teil, S. 627 f.

[214] *Larenz*, Schuldrecht I – Allgemeiner Teil, S. 630; *Schlechtriem/Schmidt-Kessel*, Schuldrecht Allgemeiner Teil, Rn. 835.

1381 Eine eigenständige Regelung liegt zwar nicht vor, doch gibt es in den verschiedenen Büchern des BGB insgesamt **drei Grundmodelle** einer solchen Schuldnergemeinschaft, die dort in der besonderen Form der „Gesamthandsgemeinschaft" auftreten: Gemeint sind die Gesellschaft nach § 704, die Gütergemeinschaft gem. § 1415 sowie die Erbengemeinschaft nach § 2032. Allen diesen Gemeinschaften ist gemeinsam, dass hier eine gemeinschaftliche Schuldnerschaft vorliegt, also Forderungen gegen diese Gesamthandsgemeinschaften nur durch das gemeinsame Zusammenwirken aller Schuldner erfüllt werden können.[215]

Bsp. (1): Im Erbrecht etwa können sich die Nachlassgläubiger bis zur Teilung des Nachlasses an die Erbengemeinschaft halten; dazu müssten sie dann sämtliche Miterben gemeinschaftlich in Anspruch nehmen; sie können sich nicht an einen Erben halten, sondern können ihre Forderungen gegen den Nachlass nur dann durchsetzen, wenn sie alle Miterben gemeinschaftlich belangen, wie aus § 2059 Abs. 2 deutlich wird.

Bsp. (2): Bei der familienrechtlichen Gesamthandsgemeinschaft gilt Vergleichbares: Hier wird durch die Eheschließung das Vermögen der beiden Ehegatten im Wege der eintretenden Gütergemeinschaft zur Gesamtschuld in Form der Gesamthandsgemeinschaft. Aus diesem gemeinschaftlichen Gut können Gläubiger, wenn nichts anderes vereinbart ist, für die Forderung Befriedigung erlangen, die sie auch gegen nur einen der beiden Ehegatten haben. Denn dieses gemeinschaftliche Gut haftet für die Forderungen beider Gatten, so § 1437 Abs. 1.

1382 Im Ergebnis bedeutet dies, dass für eine derartige Gesamthandsschuld alle Gesamthänder gemeinsam einzustehen haben, und zwar mit dem gesamthänderisch gebundenen Sondervermögen. Ideellerweise muss man sich bei einer derartigen Gesamthandsgemeinschaft als gemeinschaftlicher Schuldnerschaft vorstellen, dass jedem der Gesamthänder **nur ein Anteil an dem zweckgebundenen Sondervermögen** insgesamt zusteht, nicht hingegen an den einzelnen materiellen, zum Vermögen gehörenden Gegenständen, also an einer einzelnen Sache oder an einer einzelnen Forderung. So können die gemeinsamen Erben etwa nicht für sich an einer bestimmten Nachlasssache Eigentum geltend machen.

3. Gesamtschuldnerschaft, §§ 421 ff.

1383 Die **wichtigste Konstruktion** einer Mehrheit von Schuldnern ist zweifellos die **Gesamtschuldnerschaft**, die in den §§ 421 ff. geregelt ist. Dies gilt nicht nur hinsichtlich ihrer Prüfungs-, sondern vor allem auch hinsichtlich ihrer tatsächlichen Relevanz. Bei der Gesamtschuldnerschaft ist charakteristisch, dass mehrere Schuldner eine Leistung derart zu bewirken haben, dass der Gläubiger nach seinem Belieben von jedem Schuldner ganz oder teilweise die Leistung verlangen kann, insgesamt jedoch nur ein einziges Mal. Leistet einer der Schuldner, werden zugleich auch die anderen befreit. Der leistende Schuldner hat in diesem Fall jedoch einen Ausgleichsanspruch gegen seine Mitschuldner.

1384 Der **Vorteil der Gesamtschuldnerschaft** liegt für den Gläubiger auf der Hand: Denn er hat auf diese Weise eine besonders große Sicherheit bei einer Schuldnermehrheit, kann er sich doch aussuchen, an wen er sich halten möchte. Er wird

---

[215] *Brox/Walker*, Schuldrecht Allgemeiner Teil, § 37 Rn. 1.

Auf Seiten des Schuldners

sich in der Regel den solventesten Schuldner aussuchen, dies ist ihm unbenommen. Durch die Leistung dieses einen Schuldners ist seine Forderung erfüllt und er damit befriedigt. Den Ausgleich untereinander müssen dann die Schuldner herstellen, damit hat der Gläubiger nichts mehr zu tun. Die Konstruktion der Gesamtschuldnerschaft ist also recht klar: Auf der einen Seite steht der Gläubiger, auf der anderen Seite stehen mehrere Schuldner; der Gläubiger kann von jedem der Schuldner die volle Leistung einzeln verlangen, wenn auch nur einmal (er soll ja nicht mehr erhalten, als ihm zusteht. Hat er seine Leistungsansprüche durchgesetzt, ist in einem zweiten Schritt ein interner Ausgleich zwischen den einzelnen Schuldnern herzustellen. Die Entstehung einer derartigen Gesamtschuld ist an bestimmte Voraussetzungen gebunden, sie kann gesetzlich oder vertraglich erfolgen. Ist sie entstanden, kommt es zu den Rechtsfolgen: zum einen im Außenverhältnis, also im Hinblick darauf, was mit der Schuld gegenüber dem Gläubiger geschieht, zum anderen im Innenverhältnis, dabei ist insbesondere der Ausgleichsanspruch gem. § 426 bedeutsam.

a) **Voraussetzungen.** Die Gesamtschuld, die ihre konkreten Regelungen in den §§ 421 ff. findet, muss zunächst **entstehen.** Dies ist in den genannten Vorschriften selbst nicht explizit geregelt, es findet sich lediglich eine Auslegungsregel in § 421, wann eine vertragliche Vereinbarung zwischen einer Mehrheit von Personen und einem Gläubiger als Gesamtschuld anzusehen ist. Darüber hinaus gibt es verschiedene gesetzliche Begründungstatbestände, die ebenfalls zu einer Gesamtschuld führen. 1385

aa) **Gesetzliche Entstehung.** Eine erste Möglichkeit, in der eine Gesamtschuldnerschaft entstehen kann, ist der Weg über eine **gesetzliche Anordnung.** Im BGB und auch in anderen Gesetzen finden sich viele Vorschriften, in denen eine Haftung mehrerer Schuldner in der Form der Gesamtschuldnerschaft ausdrücklich vorgesehen und angeordnet ist. Schon in § 427 findet sich eine entsprechende Auslegungsregel für den Fall, dass mehrere Personen sich durch Vertrag gemeinschaftlich zu einer teilbaren Leistung verpflichten: Ist hier nichts anderes explizit vereinbart, liegt eine Gesamtschuld vor. 1386

Bsp.: Haben mehrere gemeinsam einen Kaufvertrag abgeschlossen und ist nichts anderes vereinbart, ist dies im Zweifelsfalle gem. § 420 als eine Gesamtschuld der Käufer im Hinblick auf die Geldzahlung zu verstehen, denn bei einer Geldforderung handelt es sich um eine teilbare Leistung. Die Käufer sind dann in dieser Situation gem. § 427 Gesamtschuldner.

Ähnlich gibt § 431 vor, dass zwingend eine Gesamtschuld vorliegt, wenn **mehrere Schuldner zu einer unteilbaren Leistung** verpflichtet sind. Dies ist konsequent, denn eine Teilschuld nach § 420 scheidet schon deshalb aus, weil hier eine teilbare Leistung Voraussetzung wäre. 1387

Ebenfalls gesetzlich angeordnet ist eine Gesamtschuldnerschaft (aus nahe liegenden Gründen) in dem Fall, in dem mehrere an einer **unerlaubten** Handlung beteiligt sind und hieraus ein Schaden entstanden ist. Dies ergibt sich aus § 840 Abs. 1. 1388

Bsp.: Verursachen A und B gemeinsam einen Schaden, etwa indem sie beide gemeinsam auf einem Tandem sitzen den C, der den Fahrradweg überschreiten will, anfahren, so sind sie nach der Regel des § 840 für den entstandenen Schaden nicht nur nebeneinander verantwortlich, sondern haften für den Ersatz des ganzen Schadens als Gesamtschuldner. Das bedeutet, dass der verletzte C sich aussuchen kann, ob er von A oder B jeweils seinen gesamten entstandenen Schaden oder jeweils von beiden nur die Hälfte verlangt. Je nach seiner Wahl kommt es dann zu einem Ausgleich: Nimmt C etwa A vollständig in Anspruch, weil er diesen für solvent hält, kann A im Nachhinein, also in einem zweiten Schritt, von dem anderen Gesamtschuldner, dem B, einen Ausgleich verlangen. In welcher Höhe dieser Ausgleich dann zu zahlen ist, hängt von den Verursachungsbeiträgen intern ab, hier greift gegebenenfalls die Ausgleichsbestimmung des § 426, dazu später mehr.[216]

1389 Ebenfalls gesetzlich angeordnet wird eine Gesamtschuld im Rahmen des **Bürgschaftsrechts**: Nach § 769 haften nämlich mehrere Bürgen sogar dann als Gesamtschuldner, wenn sie die Bürgschaft ursprünglich nicht gemeinsam übernommen haben.

Bsp.: Hat A einen Kredit bei der Bank B beantragt und diesen erhalten, weil seine Freunde C und D jeweils unabhängig voneinander und ohne voneinander zu wissen eine Bürgschaft für diesen Kredit übernommen haben, und kann der A diesen Kredit später nicht zurückzahlen, so ist die Bank B auf der Grundlage des § 769 in einer komfortablen Situation: Sie hat nunmehr in C und D zwei Gesamtschuldner vor sich. Sie kann also wählen, ob sie nur einen oder beide hälftig in Anspruch nimmt; nimmt sie nur einen in Anspruch, kommt es wieder zu einem Ausgleichsverfahren zwischen C und D.

1390 Auch über diese genannten Beispiele hinaus finden sich im Gesetz **zahlreiche weitere Entstehungstatbestände** für eine Gesamtschuldnerschaft, denen hier nicht weiter nachgegangen wird. Zu denken ist etwa an die Situation des § 613a Abs. 2 beim Betriebsübergang, wo eine Gesamtschuldnerschaft von bisherigem Arbeitgeber und neuem Inhaber des Betriebs angeordnet wird; oder an § 2058, wo es um die Gesamtschuldnerschaft der Miterben geht. Gleiches gilt im Rahmen des Handelsrechts nach § 25 Abs. 1 Satz 1 HGB sowie bei der persönlichen Haftung in verschiedenen Gesamthandsgemeinschaften, etwa bei der Gütergemeinschaft zwischen Ehegatten nach § 1437 Abs. 2 Satz 1 etc.

1391 bb) **Vertragliche Entstehung, gegebenenfalls nach der Auslegungsregel des § 421.** Neben einer gesetzlichen Entstehung ist es die **vertragliche Vereinbarung**, die eine ganz besondere Bedeutung bei der Entstehung einer Gesamtschuld einnimmt. Dies gilt zum einen im Bereich des Schuldbeitritts, der bereits an früherer Stelle dargelegt worden ist.[217] Darüber hinaus kann jedoch bei jeder Schuld gegenüber einem Gläubiger eine Gesamtschuld dadurch entstehen, dass mehrere Personen auf der Schuldnerseite dies mit dem Gläubiger vertraglich vereinbaren. Ob dies der Fall ist, richtet sich allein und ausschließlich nach der vertraglichen Vereinbarung selbst. § 427 gibt für den Fall einer teilbaren Leistung eine entsprechende Auslegungshilfe. In diesen Fällen ist nämlich im Zweifel eine Gesamtschuldnerschaft anzunehmen.[218]

1392 Von überragender Bedeutung ist indes **§ 421**, der über die genannten besonderen Fälle der gesetzlichen Entstehung und über § 427 hinaus eine **allgemeine Regelung** für die Begründung eines Gesamtschuldverhältnisses enthält. Auch wenn also

---

216 Vgl. Rn. 1423.
217 S. oben Rn. 1337.
218 Dazu bereits oben Rn. 1374.

keine spezielle gesetzliche Regelung einschlägig ist, nach der eine Gesamtschuld entsteht, können mehrere Personen gemeinsam als Schuldner nach der allgemeinen Vorschrift und den dort enthaltenen allgemeinen Kriterien des § 421 als Gesamtschuldner einzuordnen sein. Entsprechend dieser als allgemeiner Entstehungstatbestand der Gesamtschuld verstandenen Norm[219] liegt daher eine Gesamtschuld vor, wenn mehrere eine Leistung in der Weise schulden, dass jeder die ganze Leistung zu bewirken verpflichtet, der Gläubiger aber die Leistung nur einmal zu fordern berechtigt ist. Diesen allgemein geschriebenen Voraussetzungen des § 421 fügt die ganz herrschende Ansicht darüber hinaus ein weiteres Tatbestandsmerkmal zu, nämlich das der Gleichstufigkeit.

(1) Die geschriebenen Voraussetzungen des § 421. Es sind für das Entstehen einer Gesamtschuld **vier Voraussetzungen** erforderlich, die sich im Einzelnen aus der Norm, insbesondere aus ihrem Satz 1 herauslesen lassen. **1393**

Zunächst müssen **mehrere schulden** – es muss also dem Gläubiger eine Mehrheit an Personen gegenüberstehen. Ihm müssen mehrere Schuldner verpflichtet sein. Dies ist unabhängig davon, auf welchem Rechtsgrund die jeweiligen Verpflichtungen beruhen.[220] Es ist also insbesondere nicht erforderlich, dass die Ansprüche des Gläubigers gegen die einzelnen Schuldner auf einem einheitlichen Schuldgrund, etwa auf demselben Vertrag gründen. **1394**

Bsp.: Es genügt beispielsweise, dass einer der Schuldner deshalb nach den §§ 437 Nr. 3, 280 Abs. 1, Abs. 3, § 281 zum Schadensersatz verpflichtet ist, weil eine garantierte Eigenschaft nicht vorliegt, der andere jedoch aus einer deliktischen Haftung gem. § 823 Abs. 1.

Die **zweite Voraussetzung** ergibt sich daraus, dass die Schuldner „eine Leistung" schulden müssen. Die Ansprüche des Gläubigers müssen auf ein gleiches Leistungsinteresse gerichtet sein.[221] Auch hier ist der Tatbestand nicht zu eng auszulegen, es ist nämlich nicht unbedingt Voraussetzung, dass es sich um identische Leistungsgegenstände handelt. Vielmehr reicht es aus, wenn die verschiedenen Leistungen auf ein gleiches Leistungsinteresse gerichtet sind, d. h. dazu bestimmt sind, dasselbe Interesse des Gläubigers zu befriedigen.[222] Dies ist unabhängig davon, ob eine Identität von Leistungsinhalt und -umfang vorliegt. **1395**

Bsp.: Nimmt der Bauherr wegen eines vorliegenden Baumangels den Bauunternehmer auf Nachbesserung, den Architekten hingegen auf Schadensersatz in Anspruch, liegt zwar eine Gesamtschuld nicht schon nach § 427 vor. Denn die Verpflichtungen des Bauunternehmers und des Architekten beruhen nicht auf einem gemeinschaftlichen Vertrag. Doch kann sich eine Gesamtschuld aus § 421 ergeben: Denn eine Mehrheit von Schuldnern liegt vor, und

---

219 Vgl. etwa *Brox/Walker*, Schuldrecht Allgemeiner Teil, § 37 Rn. 7; Staudinger/*Noack*, BGB, § 421 Rn. 8.
220 OLG Karlsruhe VersR 1990, 1281 (1282); MünchKomm/*Bydlinski*, BGB, § 421 Rn. 10.
221 *Larenz*, Schuldrecht I – Allgemeiner Teil, S. 632 f.; *Schlechtriem/Schmidt-Kessel*, Schuldrecht Allgemeiner Teil, Rn. 839.
222 *Brox/Walker*, Schuldrecht Allgemeiner Teil, § 37 Rn. 8; *Larenz*, Schuldrecht I – Allgemeiner Teil, S. 632 f.; BGH NJW 1965, 1175.

diese Mehrheit schuldet auch „eine Leistung", denn das Leistungsinteresse des Bauherrn ist hier identisch. Ihm geht es nämlich letztlich um die Leistung Naturalherstellung und Geldersatz durch beide Schuldner.[223]

1396 Als **weitere Voraussetzung** verlangt § 421 für das Entstehen einer Gesamtschuld, dass **jeder Schuldner zur Bewirkung der ganzen Leistung verpflichtet** sein muss. Dies unterscheidet die Gesamtschuld maßgeblich von der gemeinschaftlichen Schuld und der Teilschuld: Denn bei dieser ist jeder der Schuldner nicht für die ganze Leistung, sondern nur für seinen eigenen Teil verantwortlich bzw. beide Schuldner können die Leistung überhaupt nur gemeinschaftlich erbringen.[224] In dieser Situation ist nicht jeder einzelne zur ganzen Leistung verpflichtet, was aber Voraussetzung für die Gesamtschuld ist.

1397 Schließlich darf der Gläubiger die Leistung **nur einmal zu fordern berechtigt** sein. Es darf also keine Kumulation von Schuldnern vorliegen, etwa wenn der Gläubiger eine Ware, die er jedenfalls benötigt, bei verschiedenen Lieferanten gleichzeitig bestellt. Hier liegt keine Gesamt-, sondern eine kumulierte Schuld vor, weil die Schuldner letztlich das Leistungsinteresse des Gläubigers aus Sicherheitsgründen mehrfach befriedigen sollen.[225]

1398 (2) Zusätzlich erforderlich: „Gleichstufigkeit". Die zuvor genannten Voraussetzungen lassen sich unmittelbar aus § 421 Satz 1 herleiten. Doch ist mittlerweile **ganz überwiegend Auffassung**, dass in § 421 allein die **Mindestvoraussetzungen** für eine Gesamtschuld geregelt sind. Man geht gemeinhin davon aus, dass zusätzlich ein weiteres Kriterium erforderlich ist, um von einer Gesamtschuld auszugehen.

1399 Dies ergibt sich aus folgender Überlegung: Im Gesetz gibt es verschiedene Stellen, die es nicht als wahrscheinlich erscheinen lassen, dass hier bereits eine Gesamtschuld entstehen soll, obwohl die vier in § 421 genannten Voraussetzungen sämtlich erfüllt sind. Man geht in diesen Fällen deshalb nicht von einer Gesamtschuld aus, weil dies nach § 426 dazu führen würde, dass eine Ausgleichspflicht der Gesamtschuldner untereinander zu erfolgen hätte. Das scheint jedoch in vor allem zwei Fällen eine Rechtsfolge zu sein, die nicht der **gesetzlichen Intention** entspricht. Gemeint sind verschiedene Fälle der *cessio legis* sowie vor allem die Regelung des § 255.

1400 In verschiedenen Fällen der Legalzession liegen regelmäßig die Voraussetzungen des § 421 vor. Gleichwohl hat schon das Gesetz selbst in bestimmten Fällen, obwohl die Voraussetzungen des § 421 gegeben sind, vorgeschrieben, dass **kein Ausgleich nach § 426** erfolgen soll, sondern stattdessen ein einseitiger Regressanspruch bestehen soll. Dies gilt besonders im Fall der Bürgenhaftung.

---

[223] S. dazu BGHZ 43, 227 (230); BGHZ 51, 275.
[224] Vgl. oben Rn. 1380.
[225] Palandt/*Grüneberg*, BGB, § 421 Rn. 4; BGH NJW 1994, 443; Bamberger/Roth/*Gehrlein*, BGB, § 421 Rn. 3.; *Brox/Walker*, Schuldrecht Allgemeiner Teil, § 37 Rn. 8.

Auf Seiten des Schuldners

Bsp.: Ein Kunde hat sich bei der Bank Geld geliehen, es kommt ein Vertrag nach § 488 zustande. Für diesen Kredit hat der Bürge B eine Bürgschaft gem. § 765 übernommen, und zwar eine selbstschuldnerische Bürgschaft. Nun kann die Bank als Gläubigerin bei Fälligkeit der Rückzahlungspflicht als Gläubigerin wählen, ob sie den eigentlichen Schuldner, d. h. ihren Kunden, oder den Bürgen in Anspruch nehmen möchte. Hier liegen die vier Voraussetzungen für eine Gesamtschuld nach § 421 unstreitig vor, denn es schulden mehrere eine Leistung, und jeder der beiden Schuldner, d. h. Kunde und Bürge, sind zur Bewirkung der ganzen Leistung verpflichtet, auch kann der Gläubiger die Leistung nur einmal fordern.

Gleichwohl ist die **Regelungssystematik im Bürgschaftsrecht eine andere.** Hier soll es nicht zu einem Ausgleich nach § 426 kommen, vielmehr ist in dem Innenverhältnis zwischen Kunde und Bürge, d. h. zwischen Hauptschuldner und dem Bürgen der Hauptschuldner allein zur Leistung verpflichtet. § 774 Abs. 1 Satz 1 weist hier den Weg: Befriedigt nämlich der Bürge den Gläubiger, erlischt allein seine Bürgschaftsschuld, die Hauptschuld hingegen bleibt bestehen und wird im Wege der Legalzession auf den Bürgen übergeleitet. Hier wird also deutlich, dass § 421 nicht immer schon dann eingreifen soll, wenn die vier Voraussetzungen gegeben sind. **1401**

Problematisch im Hinblick auf die Tatbestandsvoraussetzungen des § 421 ist auch der Tatbestand des § 255. Auch hier wird deutlich, dass nicht allein das Vorliegen der vier genannten Voraussetzungen schon zu einer Gesamtschuld führen soll. Denn wie bei einer Legalzession soll auch unter Geltung des § 255 nicht bereits allein aufgrund des Vorliegens einer Mehrheit von Schuldnern, die nach § 421 miteinander verbunden sind, ein Ausgleich über § 426 stattfinden. Auch § 255 enthält also eine Regelung, wo mehrere zu einer Leistung verpflichtet sind, nämlich zu einer Schadensersatzleistung. Nach dieser Vorschrift kann der Geschädigte bei mehreren Schädigern nicht jeden voll in Anspruch nehmen: Wer nämlich für den Verlust einer Sache oder eines Rechts Schadensersatz zu leisten hat, so § 255, ist zum Ersatz nur gegen Abtretung der Ansprüche verpflichtet, die dem Ersatzberechtigten aufgrund des Eigentums an der Sache oder aufgrund des Rechts gegen Dritte zustehen. **1402**

Was bedeutet nun diese Vorschrift?[226] Auch hier ist davon auszugehen, dass die Schädiger nicht als Gesamtschuldner haften sollen. Vielmehr soll **ein Schuldner vor- und ein anderer nachrangig** haften, denn § 255 ordnet hier ausdrücklich einen Übergang des Anspruchs an. Es geht auch bei § 255 darum, dem Schädiger, der in Anspruch genommen wird, gegen einen anderen Verantwortlichen einen Regressanspruch zu verschaffen, so dass der andere letztlich im Innenverhältnis allein haften soll. Hier kommt es zwar nicht zu einer Legalzession, aber immerhin erhält der Schuldner, der eigentlich nur nachrangig haften soll, einen Regressanspruch, d. h. einen Anspruch auf Abtretung. **1403**

Wie bei der *cessio legis* steht auch im Fall des § 255 dem Gläubiger eine Mehrheit von **Verantwortlichen** gegenüber, doch soll im Innenverhältnis nur einer von ihnen endgültig haften. Dies ist bei der Gesamtschuld jedoch anders: Denn dort stehen **1404**

---

226 Zu einem Beispiel s. sogleich in Rn. 1407.

zwar auch mehrere Schuldner dem Gläubiger gegenüber, doch soll es intern zu einer Ausgleichspflicht kommen, die § 426 explizit regelt.

1405 Im Ergebnis wird also deutlich, dass die Legalzession und § 255, obwohl sie den Tatbestand des § 421 erfüllen, nicht zu dessen Systematik, insbesondere nicht zu dessen Ausgleichsanspruch nach § 426 passen. Daher hat sich von jeher die Frage gestellt, wie die **unterschiedlichen Regelungssystematiken** der Legalzession und des § 255 auf der einen und der Gesamtschuld auf der anderen Seite **in Übereinklang zu bringen** sind. Es stellt sich die konkrete Frage nach der Abgrenzung.

1406 Nach langer Diskussion hat sich mittlerweile **ganz überwiegend die Ansicht** herausgebildet, dass § 421 um ein **zusätzliches Tatbestandsmerkmal zu** erweitern ist: Ganz überwiegend wird insofern für das Vorliegen einer Gesamtschuld zusätzlich verlangt, dass die Verbindlichkeiten **gleichstufig bzw. gleichrangig** sind.[227] Entscheidend ist also, dass es aus der Sicht des Gläubigers nicht einen Primärleistungspflichtigen gibt. Es liegt daher keine Gesamtschuld vor, wenn einer der Schuldner nur subsidiär haften soll, wie dies etwa bei der Bürgschaft der Fall ist, wo lediglich einer für die Liquidität des anderen im Notfall einstehen soll. Es darf demzufolge nicht von vornherein eindeutig sein, dass letztlich einer der Schuldner die gesamte Leistung erbringen muss, sei es, dass zu seinen Gunsten eine Legalzession vorgesehen ist (wie in § 774 Abs. 1), sei es, dass § 255 zu seinen Gunsten einen Anspruch auf Abtretung konstruiert.

1407 Gleichstufigkeit ist in diesem Sinne daher insbesondere bei den Verursachern desselben Schadens wie etwa bei Nebentätern anzunehmen. Das Gleiche gilt für Schuldner, die aus einem gemeinsamen Kaufvertrag einem Gläubiger gegenüber zur Zahlung verpflichtet sind, oder für Mieter, die aus einem Mietvertrag dem Vermieter gegenüber zur Mietzinszahlung verpflichtet sind.[228] Keine Gleichstufigkeit liegt demgegenüber immer dann vor, wenn es um das Verhältnis zwischen einem Primärschuldner und einem Sekundärschuldner geht.[229] Dies gilt, wie dargelegt, insbesondere dann, wenn ein Bürge eingeschaltet ist; dies gilt in gleicher Weise dort, wo § 255 eingreift. Keine Gleichstufigkeit ist etwa in folgendem Beispiel gegeben.

Bsp.: Hat A dem C ein Buch geliehen und wird dem C das Buch von B gestohlen, stellt sich die Frage, ob C und B hier als Gesamtschuldner anzusehen sind. Nach § 421 und den dort genannten Voraussetzungen wäre dies der Fall, denn sie liegen unbestreitbar vor. Gleichwohl mangelt es an der Gleichstufigkeit, denn § 255 steht mit seiner Wertung hier entgegen: Dies ergibt sich aus folgender Überlegung: A kann von C zwar nach §§ 283, 280 Abs. 1 Schadensersatz verlangen, weil C dem A das geliehene Buch nicht zurückerstatten kann, hier also

---

227 Vgl. etwa BGHZ 106, 319; BGHZ 137, 77; *Medicus*, Schuldrecht I, Rn. 798; Palandt/*Grüneberg*, BGB, § 421 Rn. 6; MünchKomm/*Bydlinski*, BGB, § 421 Rn. 12.
228 *Brox/Walker*, Schuldrecht Besonderer Teil, § 43 Rn. 12.
229 *Looschelders*, Schuldrecht Allgemeiner Teil, Rn. 1189; MünchKomm/*Bydlinski*, BGB, § 421 Rn. 12; Soergel/*Wolf*, BGB, § 421 Rn. 8; s. zum Kriterium der Gleichstufigkeit auch *Medicus*, Bürgerliches Recht, Rn. 917; Palandt/*Grüneberg*, BGB, § 421 Rn. 6 ff.; *Selb*, Schadensbegriff und Regressmethoden, S. 20; *Wendehorst*, Jura 2004, 505 (511 f.); Bamberger/Roth/*Gehrlein*, § 421 Rn. 8.

Unmöglichkeit vorliegt. Wenn nun aber C seiner Schadensersatzpflicht nachkommt, soll A nicht weiterhin auch von B die Rückgabe des Buches verlangen können, was er gem. § 985 prinzipiell könnte. Dies ist die Situation, die § 255 vor Augen hat: Diese Vorschrift ordnet nämlich an, dass C dem A nur dann Schadensersatz leisten muss, wenn zugleich A seinen Anspruch gegen B aus § 985 abtritt. Hier ist also keine Gleichstufigkeit gegeben, sondern im Ergebnis soll ausschließlich der Dieb, d. h. B haften müssen, C haftet allein subsidiär, d. h. wenn B nicht zu greifen ist. Da eine gestufte Haftung vorliegt, die die eigentliche Haftung dem Dieb B überantwortet, fehlt es an der Gleichstufigkeit. Nur subsidiär soll C in die Haftung eintreten, dies aber dann eben nur, wenn er zugleich einen Ausgleichsanspruch, nämlich den nach § 985 abgetreten bekommt.

Die **fünfte Voraussetzung**, die in § 421 nicht eigenständig vorhanden ist, sich aber aus der Systematik des BGB insgesamt ergibt, ist also das der **Gleichstufigkeit**: Die Schuldner müssen im Ergebnis für dieselbe Schuld „gleichstufig" haften. Diese Ansicht, die sich mittlerweile weitgehend durchgesetzt hat[230], ist allerdings nicht ganz unumstritten. Insbesondere in der älteren Rechtsprechung wurde nicht auf die Gleichstufigkeit, sondern darauf abgestellt, ob eine rechtliche Zweckgemeinschaft zwischen den Schuldnern in Bezug auf die Verbindlichkeit und deren Erfüllung vorliege.[231] Im Ergebnis ist dies jedoch deshalb nicht weiterführend, weil hier kein großer Unterschied zu der Tatbestandsvoraussetzung des § 421 „Identität des Leistungsinteresses" besteht. Daher hat sich diese Auffassung genauso wenig wie andere, in der Lehre zum Teil vertretene Ansichten durchgesetzt, so dass man ohne weiteres von dem fünften Tatbestandsmerkmal der „Gleichstufigkeit" ausgehen kann.

b) **Rechtsfolgen.** Sind mehrere Schuldner auf der Schuldnerseite vorhanden, die einem Gläubiger gegenüber als Gesamtschuldner anzusehen sind, treten **unterschiedliche Rechtsfolgen** ein. Dabei ist danach zu differenzieren, ob es um das Außen- oder das Innenverhältnis geht: Um das Außenverhältnis geht es, wenn die Rechtsfolgen im Hinblick auf den Gläubiger angesprochen sind. Die Folgen im Innenverhältnis spielen darauf an, wie intern zwischen den Gesamtschuldnern zu verfahren ist, wenn einer der Gesamtschuldner die Leistung erfüllt hat. Hier geht es also um einen möglichen und den das Gesamtschuldnerverhältnis maßgeblich charakterisierenden Ausgleichsanspruch nach § 426.

aa) **Im Außenverhältnis.** Liegt eine Gesamtschuld vor, ergeben sich die Rechtsfolgen für das Außenverhältnis, d. h. für das Verhältnis zwischen den Gesamtschuldnern auf der einen und dem Gläubiger auf der anderen Seite aus den Vorschriften der §§ 421–425. Die **grundsätzliche Rechtsfolge** ist bereits in der Definition des § 421 enthalten: Der Gläubiger ist berechtigt, jeden der Gesamtschuldner auf einen Teil oder auf die ganze Leistung in Anspruch zu nehmen. Diese Rechtsfolge beherrscht das gesamte Außenverhältnis sozusagen vorab. Der Gläubiger kann nach § 421 also die gesamte Leistung nach seinem Belieben fordern, entweder vollständig von einem oder von jedem der Gesamtschuldner zum

---

[230] Bamberger/Roth/*Gehrlein*, BGB, § 421 Rn. 8; *Larenz*, Schuldrecht I – Allgemeiner Teil, S. 635 f.; BGH NJW 1989, 2127; BGH NJW 1998, 537; BGH NJW 2003, 2980; BGH NJW 2004, 2892.
[231] BGH NJW 1954, 1153; BGH NJW 1956, 217; BGH NJW 1965, 1175.

Teil, insgesamt jedoch nur einmal. Er hat ein freies Wahlrecht, welchen der Gesamtschuldner er in Anspruch nehmen möchte[232]; Vorgaben dazu, welchen er auswählt, gibt es nicht. Allenfalls kann hier der Gedanke des Rechtsmissbrauchs eingreifen, wenn der Gläubiger aus rechtlich nicht zu billigenden Motiven sich gerade an einen bestimmten Gesamtschuldner hält, weil er weiß, dass er damit gerade diesen Schuldner besonders belastet. Doch ist von einer solchen Ausnahme in der Regel nicht auszugehen. Sie kann nur unter ganz außergewöhnlichen, seltenen Umständen eingreifen.[233]

1411 Über diese Rechtsfolge hinaus stellt sich zusätzlich die Frage, wie **bestimmte Tatsachen**, die sich im Laufe des Schuldverhältnisses ergeben, auf die Gesamtschuld wirken und welche Folgen solche einzelnen Tatsachen für die Gesamtschuld haben. Zu unterscheiden sind hier solche Tatsachen, die eine Wirkung auf die gesamte Schuld haben, sog. gesamtwirkende Tatsachen, die in den §§ 422–424 geregelt sind, und die Tatsachen, die sich nur auf den einzelnen Schuldner bzw. die einzelne Schuld auswirken, sog. einzelwirkende Tatsachen, die ihre Regelung in § 425 haben.

1412 (1) Gesamtwirkende Tatsachen, §§ 422 bis 424. Die Konstruktion der Gesamtschuld, so wie sie in § 421 angelegt ist, führt in erster Linie im Hinblick auf die **Außenwirkung** dazu, dass die Tilgung der Schuld durch einen der Gesamtschuldner zu einer Tilgung der gesamten Schuld führt – dies ist in § 422 als erste sog. „gesamtwirkende Tatsache" ausdrücklich geregelt: Danach wirkt die Erfüllung durch einen der Gesamtschuldner auch für die übrigen Schuldner, § 422 Abs. 1 Satz 1. Dies ist im Ergebnis die konsequente Umsetzung der Idee der Gesamtschuld. Wenn nämlich bei der Gesamtschuld alle Schuldner dazu berechtigt, aber auch dazu verpflichtet sind, die ganze Leistung zu bewirken, so ist es konsequent, wenn in der Situation, in der einer der Schuldner die ganze Leistung bewirkt, diese Bewirkung dann auch für die übrigen Schuldner gilt. Infolgedessen erlischt mit der Leistung durch einen der Schuldner auch der gesamte Anspruch des Gläubigers. Er geht unter, sobald einer der Schuldner den Gläubiger vollständig befriedigt hat.[234]

1413 Dabei ordnet § 422 Abs. 1 diese Erfüllungswirkung **nicht nur für die Erfüllung** selbst an, **sondern auch für** die Surrogate, wie aus § 422 Abs. 1 Satz 2 folgt: Demnach tritt die Wirkung des § 422 Abs. 1 Satz 1, d. h. die Untergangswirkung, auch bei der Leistung an Erfüllungs statt, der Hinterlegung sowie der Aufrechnung ein.[235] Bei der Aufrechnung ist indes § 422 Abs. 2 als Besonderheit zu berücksichtigen: Danach kann nämlich eine Aufrechnung nur von demjenigen Gesamtschuldner erklärt werden, dem die Gegenforderung auch tatsächlich zusteht. Hier bleibt es also bei der Vorstellung, dass auch in der Gesamtschuld jeder Schuldner

---

[232] *Looschelders*, Schuldrecht Allgemeiner Teil, Rn. 1194; *Brox/Walker*, Allgemeines Schuldrecht, § 37 Rn. 1.
[233] Vgl. BGH MDR 1991, 945; *Schmidt*, JuS 1991, 778; Bamberger/Roth/*Gehrlein*, BGB, § 421 Rn. 12.
[234] Bamberger/Roth/*Gehrlein*, BGB, § 422 Rn. 1; *Brox/Walker*, Allgemeines Schuldrecht, § 37 Rn. 13; *Looschelders*, Schuldrecht Allgemeiner Teil, Rn. 1200.
[235] *Looschelders*, Schuldrecht Allgemeiner Teil, Rn. 1200.

eine eigene Schuld gegenüber dem Gläubiger zu erbringen hat, es kann also nicht jeder Schuldner eine Forderung in die Aufrechnung einbringen, die ihm überhaupt nicht zusteht.[236]

1414 Ebenfalls zum Untergang einer Forderung kann, wie bereits zuvor dargelegt wurde[237], auch ein **Erlassvertrag** führen. Hier sieht nun § 423 eine eigenständige Regelung vor. Danach wirkt ein zwischen dem Gläubiger und einem der Gesamtschuldner vereinbarter Erlassvertrag nur dann auch für die übrigen Schuldner, wenn die Vertragschließenden mit ihrem Erlassvertrag zugleich das ganze Schuldverhältnis aufheben wollten. Ob der zwischen dem Gläubiger und einem Gesamtschuldner vereinbarte Erlass nach § 397 auch für die übrigen Schuldner eine Wirkung erzielt, hängt also davon ab, was die den Erlassvertrag schließenden Parteien genau wollten.[238] Dies ist durch Auslegung gem. §§ 133, 157 zu ermitteln. Nur dann, wenn die Auslegung des Erlasses dazu führt, dass die Parteien das gesamte Schuldverhältnis aufgehoben wissen wollten, kann dem Erlass auch eine befreiende Wirkung für alle Beteiligten zugesprochen werden.[239] Die Ansprüche des Gläubigers erlöschen dann nicht nur gegenüber dem einen Gesamtschuldner, mit dem er den Erlass geschlossen hat, sondern gegenüber allen Schuldnern. Erbringt die Auslegung demgegenüber, dass der Erlassvertrag allein Wirkung zwischen dem Gläubiger und dem Gesamtschuldner haben soll, der den Vertrag geschlossen hat, führt dies dazu, dass die Schuld der übrigen Gesamtschuldner unverändert bestehen bleibt. Der Gläubiger kann aber den Gesamtschuldner, der mit ihm den Erlassvertrag geschlossen hat, nicht mehr in Anspruch nehmen. Dieser hätte dann bei einem entsprechenden Vorgehen des Gläubigers eine Einrede, nämlich die aus dem Erlassvertrag.[240]

1415 Im Ergebnis führt ein solcher, **nur auf den einzelnen Gesamtschuldner bezogener Erlassvertrag nicht sehr weit**. Denn nun kann sich der Gläubiger nach seiner Wahl entsprechend § 421 ja an einen anderen Gesamtschuldner halten und von diesem die gesamte Schuld verlangen. In einem zweiten Schritt käme es aber auch hier wieder intern zu einem Ausgleich, nämlich nach § 426. Und im Rahmen dieses Ausgleichsanspruchs wird sich der in Anspruch genommene Gesamtschuldner in gleicher Weise auch an denjenigen halten können, der den Erlassvertrag geschlossen hat. Denn im Innenverhältnis kann ein solcher Erlassvertrag keine Auswirkungen haben.[241]

1416 Eine weitere gesamtwirkende Tatsache ist in § 424 im Hinblick auf den **Gläubigerverzug** geregelt: Danach wirkt nämlich der Verzug des Gläubigers gegenüber einem der Gesamtschuldner auch für die übrigen Schuldner. Diese Regelung er-

---

236 *Schlechtriem/Schmidt-Kessel*, Schuldrecht Allgemeiner Teil, Rn. 847; Bamberger/Roth/*Gehrlein*, BGB, § 422 Rn. 4.
237 Vgl. oben Rn. 962.
238 *Looschelders*, Schuldrecht Allgemeiner Teil, Rn. 1201; Bamberger/Roth/*Gehrlein*, BGB, § 429 Rn. 2.
239 *Schlechtriem/Schmidt-Kessel*, Schuldrecht Allgemeiner Teil, Rn. 871; *Looschelders*, Schuldrecht Allgemeiner Teil, Rn. 1201; BGH NJW 2000, 1942.
240 Bamberger/Roth/*Gehrlein*, BGB, § 429 Rn. 2.
241 HK-BGB/*Schulze*, § 423 Rn. 3; *Looschelders*, Schuldrecht Allgemeiner Teil, Rn. 1201.

scheint deshalb konsequent, weil der Gläubigerverzug eine sehr enge Verbindung zur Erfüllung hat, die ebenfalls eine gesamtwirkende Tatsache darstellt. Kommt also der Gläubiger gegenüber einem Gesamtschuldner in Annahmeverzug nach § 293, etwa indem er die von dem einen Gesamtschuldner angebotene Leistung unberechtigter Weise nicht annimmt, wirkt dieser Annahmeverzug in gleicher Weise im Verhältnis zu allen Gesamtschuldnern. Denn die vom Gläubiger nicht angenommene Leistung hätte ja auch die anderen Schuldner in gleicher Weise befreit wie denjenigen, der die Leistung konkret angeboten hat.

1417 (2) **Einzelwirkende Tatsachen, § 425.** Neben den zuvor genannten sog. gesamtwirkenden Tatsachen, die Auswirkungen auf das Rechtsverhältnis zwischen dem Gläubiger und allen Gesamtschuldnern haben, wirken **alle übrigen Tatsachen regelmäßig nur für und gegen den Gesamtschuldner, in dessen Person sie eintreten.** Dies ist die Grundregel, die sich aus § 425 Abs. 1 ergibt. Eine solche Einzelwirkung wird in § 425 Abs. 2 für einige Fallbeispiele exemplarisch aufgeführt, wobei die Verwendung des Wortes „insbesondere" deutlich macht, dass dies nur Beispiele einzelwirkender Tatsachen sind.[242] So sind insbesondere die Kündigung, der Schuldnerverzug, die Unmöglichkeit der Leistung in der Person eines Gesamtschuldners oder die Verjährung einzelwirkende Tatsachen.[243] Das führt beispielsweise dazu, dass der Gläubiger etwa den Ersatz eines Verzögerungsschadens nach §§ 280 Abs. 1, Abs. 2, 286 nur von demjenigen Gesamtschuldner verlangen kann, der die Leistungserbringung tatsächlich verzögert hat.

Bsp.: Beschädigt etwa ein Mieter einer Wohngemeinschaft, die in Gesamtschuldnerschaft für die Mietpreiszahlung dem Vermieter gegenüber haftet, Rechtsgüter des Vermieters, können nicht für die Folgen, nämlich den Schadensersatzanspruch nach §§ 280 Abs. 1, 241 Abs. 2, nach § 425 Abs. 1, Abs. 2 grundsätzlich nicht die übrigen Mitbewohner dafür in Anspruch genommen werden.[244]

1418 Doch ist zu berücksichtigen, dass § 425 Abs. 1 eine **Ausweichklausel** insofern vorsieht, als sich nicht aus dem Schuldverhältnis „ein anderes" ergibt. So können etwa die Gesamtschuldner auch mit dem Gläubiger vereinbart haben, dass jeder Schuldner für ein Fehlverhalten des anderen Gesamtschuldners mit einzustehen hat. Hier kann also eine Zurechnung insbesondere über § 278 gewollt sein. Ob im Einzelnen eine solche, auch konkludent mögliche Vereinbarung gewollt ist, muss bei Fehlen einer ausdrücklichen Vereinbarung durch Auslegung der vorliegenden Vereinbarung ermittelt werden.[245]

---

[242] Bamberger/Roth/*Gehrlein*, BGB, § 425 Rn. 2; *Brox/Walker*, Allgemeines Schuldrecht, § 37 Rn. 14; *Larenz*, Schuldrecht I – Allgemeiner Teil, S. 640 f.

[243] *Brox/Walker*, Allgemeines Schuldrecht, § 37 Rn. 14; *Larenz*, Schuldrecht I – Allgemeiner Teil, S. 639 f.; *Looschelders*, Schuldrecht Allgemeiner Teil, Rn. 1202.

[244] Palandt/*Grüneberg*, BGB, § 425 Rn. 4; *Eckert*, Schuldrecht Allgemeiner Teil, Rn. 1108.

[245] Vgl. etwa zu typischen Beispielen von Verträgen mit Anwaltssozietäten oder ärztlichen Gemeinschaftspraxen BGHZ 56, 355; BGH JZ 1986, 899 (901); HK-BGB/*Schulze*, § 425 Rn. 3; Staudinger/*Noack*, BGB, § 425 Rn. 40; *Larenz*, Schuldrecht I – Allgemeiner Teil, S. 641 f.

Zu beachten ist darüber hinaus, dass die **Aufzählung** in § 425 nicht erschöpfend ist, so dass auch weitere Tatsachen, die in §§ 422–425 nicht genannt sind, hierunter fallen können, etwa die Verwirkung. Hat etwa der Gläubiger einem Schuldner gegenüber eine Leistungsverpflichtung nicht eingefordert, so dass hier eine Verwirkung eingetreten ist, gilt dies nicht gegenüber den anderen Gesamtschuldnern.[246] In gleicher Weise wird auch die Abtretung einer Forderung gegen nur einen Gesamtschuldner regelmäßig für möglich angesehen, sie wirkt dann entsprechend der Grundregel des § 425 Abs. 1 im Zweifel nur für und gegen den Gesamtschuldner, dessen Verbindlichkeit von der Abtretung erfasst ist.[247] Aufgrund der dabei eintretenden Schwierigkeiten wird allerdings häufig vermutet, dass hier gem. § 425 Abs. 1 „ein anderes" vereinbart gewesen sein soll: Üblicherweise wird nämlich die Abtretung mit Wirkung für alle Gesamtschuldner vereinbart sein.

bb) **Im Innenverhältnis.** Eine Gesamtschuld führt nicht nur zur Wirkung im Außenverhältnis, sondern sie hat insbesondere eine **Konsequenz auch im Innenverhältnis**, d. h. zwischen den einzelnen Gesamtschuldnern. Dies ergibt sich daraus, dass der Gläubiger nach § 421 das Recht hat, die Leistung nach seiner Wahl zu verlangen, nämlich von wem er möchte.

Bsp.: Haben nun der A und der B gemeinsam eine Wohnung angemietet und sind sie entsprechend der Tatbestandsmerkmale des § 421 sowie der Erweiterung um die Gleichstufigkeit Gesamtschuldner, so kann der Gläubiger, d. h. der Vermieter, die Mietzinsforderung von jedem der beiden, d. h. von A oder wahlweise auch von B, ganz einfordern. Tut er dies, wird er durch die Zahlung etwa des B, von dem er die gesamte Mietforderung einverlangt hat, befriedigt, so dass die Erfüllungswirkung des § 362 hinsichtlich dieser Forderung eintritt: Der Anspruch des Gläubigers auf die Mietzinszahlung geht dadurch unter.

Doch ist damit **nur der erste Schritt** im Gesamtschuldverhältnis gelöst, denn nun stellt sich unwillkürlich die Frage, wie B, der in Anspruch genommen worden ist, im Verhältnis zu dem anderen Gesamtschuldner zu stellen ist. Denn A hätte ja genauso wie der B in Anspruch genommen werden können. Wie hoch ist die Quote dessen, was jeder einzelne der Gesamtschuldner zu leisten hat?

Hier trifft § 426 eine Regelung, die jedenfalls dann zum Tragen kommt, wenn keine andere vertragliche Vereinbarung vorliegt. Darüber hinaus kann jedoch eine Situation eintreten, in der hinsichtlich des Ausgleichsanspruchs dadurch Probleme auftreten, dass zwar zwei Personen prinzipiell als Gesamtschuldner dem Gläubiger gegenüberstehen, doch eine der beiden aus vertraglichen oder gesetzlichen Gründen dem Gläubiger gegenüber gar nicht zur Leistung verpflichtet ist. Man spricht dann von einer gestörten Gesamtschuld.

(1) Ausgleichsanspruch, § 426. § 426 Abs. 1 sieht zunächst als **zentrale Regelung** vor, dass die Gesamtschuldner im Verhältnis zueinander prinzipiell zu gleichen Anteilen verpflichtet sind. Etwas anderes gilt nach Abs. 1 Satz 1 am Ende nur dann, wenn Entsprechendes anderweitig vereinbart ist. Das Gesetz hat hier also eine klare Vorstellung: Vorrangig ist die vertragliche Vereinbarung, erst sub-

---

246 BGH ZIP 2002, 85 (86); BGH NJW-RR 2002, 478; Bamberger/Roth/*Gehrlein*, BGB, § 425 Rn. 7.
247 Vgl. näher zu den Schwierigkeiten hierbei OLG Hamm MDR 1998, 205 (206).

sidiär greift die Ausgleichungsregelung nach § 426 Abs. 1 ein; ihr zufolge sind dann, wenn keine andere vertragliche Regelung auffindbar ist, die Schuldner untereinander gleichermaßen von der Leistungspflicht betroffen, so dass jeder gleich viel leisten muss.

Bsp.: A, B und C sind Gesamtschuldner. A hat die dem Z geschuldete Summe von 1.500 € vollständig selbst geleistet. Im Innenverhältnis kann A von B und C daher je 500 € Ausgleich verlangen.

1424 Doch enthält § 426 Abs. 1 mit seiner Formulierung nicht allein eine Vorstellung und Anordnung darüber, wie viel jeder Schuldner intern zu leisten hat, sondern die eigentliche Regelung des § 426 Abs. 1 Satz 1 ist darin zu sehen, dass **jeder Gesamtschuldner**, der vom Gläubiger für seine Befriedigung ausgesucht worden ist, nunmehr einen selbstständigen Ausgleichsanspruch gegen die anderen Gesamtschuldner erlangt. § 426 Abs. 1 Satz 1 ist damit eine eigenständige Anspruchsgrundlage! In einer Prüfungssituation ist daher diese Vorschrift als entsprechende Einstiegsnorm möglich, wenn nämlich nach einem Ausgleichsanspruch zwischen verschiedenen Gesamtschuldnern gefragt ist. Voraussetzung dieser Anspruchsgrundlage ist dann allein das Vorliegen einer Gesamtschuldnerschaft.

1425 Wendet man sich zunächst § 426 Abs. 1 zu, ist entscheidend, dass der selbstständige **Ausgleichsanspruch** aus dieser Norm **nicht erst dann** entsteht, **wenn** der einzelne Gesamtschuldner den Gläubiger **befriedigt hat**, wenn der Gläubiger sich also entschieden hat, einen der Gesamtschuldner zur Leistung heranzuziehen. Vielmehr ist anerkannt, dass sich dieser Ausgleichsanspruch auch bereits zuvor ergibt, nämlich mit der Begründung der Gesamtschuld selbst.[248] In diesem Fall handelt es sich um einen Befreiungsanspruch: Der Gesamtschuldner, der vom Gläubiger in Anspruch genommen werden soll, kann schon in diesem Zeitpunkt von seinen Mitschuldnern einen entsprechenden Ausgleich verlangen, so dass er dann damit auch den Gläubiger befriedigen kann.[249]

1426 Über den Ausgleichsanspruch sowie den Befreiungsanspruch hinaus enthält diese Vorschrift eine **Mitwirkungspflicht**: Nach der Norm sind nämlich alle Gesamtschuldner bei Fälligkeit der Gläubigerforderung dazu verpflichtet, an der Erfüllung mitzuwirken. Die Mitwirkungspflicht erfüllen sie dann gemäß dem zuvor skizzierten Befreiungsanspruch dadurch, dass sie den vom Gläubiger ausgewählten Gesamtschuldner ihren Anteil vorab zukommen lassen.[250] Diese Mitwirkungspflicht lässt sich nur indirekt aus dem Wortlaut der Norm herauslesen. Die Gesamtschuld stellt ja ihrerseits ein Schuldverhältnis dar. Daraus entstehen Ansprüche, nämlich Regressansprüche. Innerhalb dieses Schuldverhältnisses sind nun die Gesamtschuldner untereinander dazu verpflichtet, daran mitzuwirken, dass erst gar keine Regresssituation entsteht, sondern der vom Gläubiger ausge-

---

248 Palandt/*Grüneberg*, BGB, § 426 Rn. 3; BGH NJW 1981, 667; BGH NJW 1991, 1733; *Larenz*, Schuldrecht I – Allgemeiner Teil, S. 648 f.
249 BGHZ 35, 317 (325); BGHZ 114, 117 (122).
250 BGH NJW 1995, 652 (654); Palandt/*Grüneberg*, BGB, § 426 Rn. 4.

wählte Schuldner bereits mit den übrigen Anteilen der Gesamtschuldner die Leistungsverpflichtung erfüllen kann.[251]

Die Höhe des Ausgleichsanspruchs ergibt sich zunächst grundsätzlich aus den entsprechenden vertraglichen Absprachen. Dies folgt aus dem Wortlaut „soweit nicht ein anderes bestimmt ist". D.h. die Schuldner untereinander können vorab vereinbaren, wie viel jeder zur Befriedigung des Gläubigers beitragen muss.[252] Fehlt eine solche ausdrückliche vertragliche Absprache, kann auch eine gesetzliche Bestimmung dazu führen, dass die Höhe des Ausgleichsanspruchs bezifferbar ist. Dies ist etwa im Deliktsrecht nach §§ 840 Abs. 2, Abs. 3, 841 der Fall. Schließlich greift, wenn keine vertragliche Absprache oder eine andere gesetzliche Bestimmung vorliegen, im Zweifel die Auslegungsregel in § 426 Abs. 1 Satz 1 ein. Dieser zufolge erfolgt eine Verteilung nach Kopfteilen, d. h. jeder hat den gleichen Anteil an der Gesamtschuld zu erbringen.

1427

Bsp.: Bleibt man bei dem Beispiel der Mietwohnung *(unter Rn. 1420)*, muss daher, sofern nicht vertraglich zwischen den Gesamtschuldnern etwas anderes vereinbart worden ist, mangels anderweitiger gesetzlicher Regelungen jede der beiden Mietparteien, d. h. A und B, einen gleich hohen Beitrag zur Mietzinszahlung erbringen. Wird nun etwa der A vom Vermieter auf Zahlung des vollen Mietzinses in Anspruch genommen, hat A gegen seinen Mietpartner B aus dem Gesamtschuldverhältnis nach § 426 Abs. 1 Satz 1 einen Ausgleichsanspruch i.H.v. 50 %. Denn sie sind mangels anderweitiger Vereinbarungen zu gleichen Anteilen verpflichtet.

Kann nun von einem Gesamtschuldner der auf ihn fallende Betrag nicht erlangt werden, ist er also beispielsweise insolvent, hat dies **keinerlei Auswirkungen im Außenverhältnis**, denn der Gläubiger kann sich ja nach Belieben an einen Gesamtschuldner halten, der zur Zahlung in der Lage ist. Stattdessen ist nach § 426 Abs. 1 Satz 2 das Ausfallrisiko in das Innenverhältnis verlagert: Denn nunmehr sind die übrigen Gesamtschuldner entsprechend höher beteiligt, ihre Quote erhöht sich um denjenigen Teil, der von dem ausfallenden Gesamtschuldner zu tragen wäre.[253]

1428

Man darf in diesem Zusammenhang, d. h. beim Ausgleichsanspruch, nicht einem Trugschluss unterliegen: Hat einer der Gesamtschuldner nämlich die Leistung erbracht, haften ja nunmehr die übrigen Gesamtschuldner ihm gegenüber gem. § 426 Abs. 1. Im Hinblick auf diesen Ausgleichsanspruch sind aber nunmehr die übrigen Gesamtschuldner nicht mehr als Gesamtschuldner desjenigen anzusehen, der bereits geleistet hat, sondern sie sind lediglich seine **Teilschuldner**.[254] Sie haften ihm auch nicht auf die volle Regresssumme, sondern nur noch in Höhe des auf sie entfallenden Anteils. Denn der Gesamtschuldner, der bereits geleistet hat, soll sich ja nicht schadlos halten dürfen, sondern muss seinen Anteil jedenfalls auch noch bezahlen.

1429

---

251 *Looschelders*, Schuldrecht Allgemeiner Teil, Rn. 1205; *Larenz*, Schuldrecht I – Allgemeiner Teil, S. 649.
252 Palandt/*Grüneberg*, BGB, § 426 Rn. 7 f.; *Schlechtriem/Schmidt-Kessel*, Schuldrecht Allgemeiner Teil, Rn. 875.
253 Palandt/*Grüneberg*, BGB, § 426 Rn. 6.
254 *Brox/Walker*, Allgemeines Schuldrecht, § 37 Rn. 17; *Looschelders*, Schuldrecht Allgemeiner Teil, Rn. 1205.

Bsp.: Ist also in einer Wohngemeinschaft nicht eine Zweier-, sondern eine Dreierkonstellation gegeben, mieten also A, B und C eine Wohnung von D, kann sich D hinsichtlich der zu leistenden Miete i.H.v. 450 € an den A halten. Leistet A nun die Zahlung von 450 €, hat er einen Ausgleichsanspruch gegenüber den anderen beiden Gesamtschuldnern, also seinen Mitbewohnern, § 426 Abs. 1; hinsichtlich dieses Ausgleichsanspruchs sind nun B und C keine Gesamtschuldner, sondern sie haften nun nur noch in Höhe des auf sie entfallenden Anteils als Teilschuldner, d. h. jeweils i.H.v. 150 €.[255]

1430 Eine weitere Konsequenz aus der Erfüllung des Anspruchs des Gläubigers durch einen der Gesamtschuldner, der nach Belieben vom Gläubiger ausgesucht worden ist, findet sich in § 426 Abs. 2. Hier ist zu seinen Gunsten und zu seinem Schutz eine **Legalzession** angeordnet: Soweit ein Gesamtschuldner den Gläubiger befriedigt und entsprechend der zuvor genannten Grundsätze von den übrigen Gesamtschuldnern einen Ausgleich verlangen kann, geht die Forderung des Gläubigers gegen die übrigen Schuldner auf ihn über. Dieser gesetzliche Forderungsübergang sichert den leistenden Gesamtschuldner also noch zusätzlich ab.[256] Er erhält eine **zweite Anspruchsgrundlage** neben derjenigen, die ihm schon aus § 426 Abs. 1 zusteht.

1431 Durch die Leistung eines der Gesamtschuldner **erlischt** also **nicht das gesamte Schuldverhältnis** nach § 362. Vielmehr bleibt die Forderung des Gläubigers stattdessen bestehen. Sie geht aber kraft Gesetzes auf denjenigen über, der geleistet hat und somit zum Ausgleich berechtigt ist.[257] Auch hier gilt natürlich wieder, dass die Höhe der übergehenden Forderung vermindert ist um denjenigen Anteil, den der Gesamtschuldner selbst zu tragen hat. Der Vorteil dieses zweiten Anspruchs aus § 426 Abs. 2 und des dort enthaltenen gesetzlichen Forderungsübergangs ist darin zu sehen, dass die für die Forderung bestellten akzessorischen Sicherungsrechte, etwa eine Bürgschaft oder ein Pfandrecht, nach den Vorschriften der §§ 412, 401 mit auf den Gesamtschuldner übergehen, der geleistet hat.

1432 Die beiden **Anspruchsgrundlagen** aus § 426 Abs. 1 und § 426 Abs. 2 sind also **strikt auseinander zu halten**. Beide sind in einer Prüfungssituation anzusprechen und zu prüfen. Sie haben auch je ihre eigenen Vorteile: So ist der **Vorteil** des Ausgleichsanspruchs aus **§ 426 Abs. 1** darin zu sehen, dass diesem keine Einwendungen aus dem Verhältnis zum Gläubiger entgegengehalten werden können. Denn auch wenn einer der Gesamtschuldner sich etwa dem Gläubiger gegenüber auf Verjährung seiner Forderung berufen kann, hat dies keine Auswirkungen auf den Ausgleichsanspruch. Dieser Ausgleichsanspruch ist nämlich unabhängig von dem ursprünglichen Anspruch des Gesamtschuldners gegen den Gläubiger zu sehen.

1433 Andererseits hat **auch § 426 Abs. 2 eigene Vorzüge**: Dieser Anspruch, der ebenfalls das Ziel des Ausgleiches verfolgt und der sich auf die im Wege der Legalzession übergegangene Gläubigerforderung stützt, kann zwar durch die anderen

---

255 S. auch Soergel/*Wolf*, BGB, § 426 Rn. 36; Staudinger/*Noack*, BGB, § 426 Rn. 27.
256 *Looschelders*, Schuldrecht Allgemeiner Teil, Rn. 1207; Palandt/*Grüneberg*, BGB, § 426 Rn. 13.
257 Palandt/*Grüneberg*, BGB, § 426 Rn. 13.

Gesamtschuldner mit den Einwendungen bekämpft werden, die gegen diesen ursprünglichen Anspruch des Gläubigers bestehen. Dies folgt aus den §§ 404, 412. Doch der Vorteil des Anspruchs des § 426 Abs. 2 liegt in dem genannten zugleich erfolgenden Übergang der akzessorischen Sicherungsrechte.[258] Der ausgleichsberechtigte Gesamtschuldner kann sich nämlich dann ohne weiteres auch an einen Bürgen halten, sofern ein solcher für einen Teil der Schuld bestellt war. Im Ergebnis stehen also die beiden Ausgleichsansprüche aus § 426 Abs. 1 und § 426 Abs. 2 (also aus der übergegangenen Forderung) selbstständig nebeneinander.[259]

(2) **Gestörte Gesamtschuld.** Eine besondere Situation kann im Rahmen der Gesamtschuld dann entstehen, wenn von zwei Gesamtschuldnern der eine im Verhältnis zu dem Gläubiger in der Haftung privilegiert ist. Man spricht dann von einer **gestörten Gesamtschuld**. Diese liegt vor, wenn die Haftung eines von mehreren Gesamtschuldnern, insbesondere von Mitschädigern, gegenüber dem Geschädigten vertraglich oder gesetzlich ausgeschlossen oder beschränkt ist.

(a) **Vertragliche Privilegierung.** Eine erste Gruppe erfasst diejenige Situation, in der eine **vertragliche Haftungsprivilegierung** besteht. Als Beispiel diene eine Situation der Mitfahrgelegenheit.

Bsp.: A wird von B mitgenommen; sie vereinbaren ausdrücklich bei Antritt der Fahrt einen Haftungsausschluss zugunsten des B, der das Auto fährt und den A mitnimmt. B soll für entstehende Schäden bei A nur dann haften, wenn er vorsätzlich oder grob fahrlässig handelt. Nun kommt es zu einem Unfall, den B in gleicher Weise wie C verursacht. – Fraglich ist nun, wie in diesem Zusammenhang die Ansprüche des A zu bewerten sind. Sicherlich hat der A einen Anspruch gegen C, aus § 823 Abs. 1. Grundsätzlich hätte A auch einen Anspruch gegen den B, denn dieser hat ja den Unfall in gleicher Weise mitverschuldet, auch hier ist die Anspruchsgrundlage § 823 Abs. 1, zudem ist § 280 Abs. 1 hinsichtlich des Vertrages auf die Mitnahme gegeben. Doch kann dieser Anspruch des A gegen B deshalb nicht durchgreifen, weil hier eine Haftungsprivilegierung vertraglich vereinbart worden war. A hat zwar prinzipiell zwei Gesamtschuldner vor sich, doch kann er sich an B nicht halten, sondern ist zur Realisierung seines Anspruchs gehalten, sich an C zu wenden, denn § 421 ordnet dies ja an: Zudem sind B und C nach § 840 von gesetzlicher Seite her Gesamtschuldner. Folglich wird der A von dem C den gesamten Schaden ersetzt verlangen. Kann nun der C von B einen Ausgleich verlangen?

Hier lassen sich **verschiedene Lösungsmöglichkeiten** denken. Zum einen könnte man vertreten, starr an der Gesetzeslage festzuhalten. Dann bliebe es dabei, dass der A als Geschädigter nur den nicht privilegierten Schädiger C gem. § 421 in Anspruch nehmen könnte. Doch der C hätte dann keinen Rückgriffsanspruch gegen B, denn dieser ist aus dem Gesamtschuldverhältnis ja ausgenommen, weil er privilegiert ist. Es fehlen nämlich schon deshalb, weil der B dem A gegenüber nicht haftet, die Voraussetzungen für die Gesamtschuld nach § 840 Abs. 1. Dies würde jedoch im Ergebnis dazu führen, dass die Privilegierung des B zulasten des C ginge. Dies erscheint kaum tragbar, denn im Ergebnis wäre dann die Vereinbarung der Privilegierung zwischen A und B ein Vertrag zulasten des Dritten, des C.

---

258 Vgl. näher hierzu HK-BGB/*Schulze*, § 426 Rn. 1.
259 BGH NJW 1991, 97 (98); Palandt/*Grüneberg*, BGB, § 426 Rn. 13; BGH NJW 1981, 681.

Diese Ansicht wird daher heutzutage nicht mehr vertreten.²⁶⁰ Stattdessen versucht man heute auf der Grundlage von Wertungsgesichtspunkten einen anderen Weg zu gehen. Dabei unterscheiden sich Rechtsprechung und die überwiegende Ansicht der Lehre allerdings.

1437 Nach der **Ansicht des BGH** wirkt in einer solchen Situation der vertraglich vereinbarten Haftungsfreistellung dieser Vereinbarung ausschließlich intern zwischen dem Gläubiger und dem privilegierten Schädiger, d. h. in unserem Beispiel zwischen dem A und dem B. Diese beiden haben eine Privilegierung vereinbart und der Sinn der Privilegierung wird auch erreicht, wenn der A sich nicht an den B hält, sondern allein an den C. Dies kann er gem. § 421 ohne weiteres. Nun wäre es aber unbillig, die interne Vereinbarung zwischen A und B auch zulasten des C auszuweiten. Daher billigt der BGH in einer solchen Situation dem C gleichwohl einen Ausgleichsanspruch gegen den anderen Schädiger, d. h. gegen den B zu. Hier liegt zwar *de facto* keine Gesamtschuld vor, da wie dargelegt der B ja privilegiert ist. Doch der BGH fingiert in dieser Situation eine Gesamtschuld. Über den Weg der Fiktion kommt er also zu einer Wertungsentscheidung, die auf den ersten Blick auch sehr überzeugend ist. Denn auf diese Weise ist B zwar nicht von A in Anspruch genommen worden, wie es der Vereinbarung entsprach, aber dies wirkt nicht zulasten des C, der seinen Anteil von dem B im Wege der Fiktion erstattet verlangen kann.²⁶¹

1438 Der **Nachteil** dieser Lösung ist sicherlich darin zu sehen, dass zum einen mit einer Fiktion gearbeitet werden muss. Darüber hinaus wird die Haftungsprivilegierung des B in dieser Situation deutlich entwertet, denn er muss ja nun doch haften, obwohl er gerade einen Haftungsausschluss vereinbart hat. Dies führt zu einem Wertungswiderspruch: Hätte er nämlich alleine den Schaden verursacht, wäre er von der Haftung völlig befreit. Nur weil er gemeinsam mit einem anderen den Schaden herbeigeführt hat, muss er nun zur Hälfte haften. Dies ist nicht sinnvoll.

1439 Man kann dieses Dilemma nur dann auflösen, wenn man, wie zum Teil versucht wird, einen sog. **Regresskreisel** konstruiert: Das bedeutet, dass man in dieser Situation dem B als privilegiertem Schädiger einen weiteren Rückgriff einräumt, diesmal gegen den Gläubiger, d. h. dem A, zumindest dann, wenn er von dem nicht privilegierten Schädiger in Regress genommen wird. Das wirkt in der Tat ganz plausibel, denn auf diese Weise sind die Schäden so verteilt, wie gedacht: Der B ist völlig befreit, der A erhält mehr als er bei einer Verursachung allein durch den B erhalten würde und der C muss ebenfalls nur die Hälfte zahlen, wie bei einer Gesamtschuld vorgesehen. Doch eine solche Konstruktion ist derart konstruiert, dass sie mit den gesetzlichen Vorgaben kaum in Einklang zu bringen ist.²⁶²

---

260 Früher noch OLG Düsseldorf NJW 1972, 113; *Brox/Walker*, Allgemeines Schuldrecht, § 37 Rn. 21; Palandt/*Grüneberg*, BGB, § 426 Rn. 14.
261 Vgl. BGHZ 12, 213; 58, 216 (220); BGH NJW 1989, 2386 (2387).
262 So aber MünchKomm/*Bydlinski*, BGB, § 426 Rn. 57; BGH NJW 1954, 875.

1440 Wegen dieser Mängel, insbesondere wegen der Konstruktion über die Fiktion, geht die **überwiegende Lehre** davon aus, dass der Gläubiger A in unserem Beispiel *(unter Rn. 1435)* von C von vornherein nicht den vollen Schadensanteil verlangen kann. Stattdessen kann er gegen den nicht privilegierten Schädiger nur einen gekürzten Anteil verlangen: Denn der Anspruch des Gläubigers gegen den nicht privilegierten Schädiger müsse, so die überwiegende Lehre, von vornherein in Höhe des Verantwortungsanteils des privilegierten Schädigers gekürzt werden. Das bedeutet, dass A in unserem Fall von C von vornherein lediglich 50 % verlangen kann, denn C hätte intern ja einen Ausgleich i.H.v. 50 % gegen B. Dieser Ausgleichsanspruch fällt dann weg. Auf diese Weise ist B vollständig von der Haftung befreit, A erhält immerhin 50 %, also mehr, als wenn er von dem B alleine geschädigt wäre. Begründet wird diese Auffassung damit, dass C, wenn er gemeinsam mit einem anderen hafte, nicht schlechter stehen dürfe, als bei alleiniger Verantwortlichkeit. Darüber hinaus hält die überwiegende Lehre es auch für gerechtfertigt, dass der Geschädigte die Folgen seines Haftungsverzichts letztlich selber tragen muss.[263]

1441 Die von der überwiegenden Lehre vertretene Ansicht mag zwar auf den ersten Blick überzeugen, weil auf diese Weise eine scheinbar gerechte Verteilung der Schadenshöhe erfolgt. Doch leidet diese Auffassung vor allem daran, dass sie **keinerlei Stütze in den gesetzlichen Vorschriften** findet. Sie ist eine **reine Wertungsentscheidung**, die danach schaut, auf wessen Kosten der Konflikt aufzulösen ist. Deshalb ist zu Recht mit der Rechtsprechung davon auszugehen, dass dem Zweitschädiger in solchen Fällen ein Ausgleichsanspruch gegen den Erstschädiger aus § 426 zur Verfügung steht, auch wenn die Lösung über eine Fiktion ebenfalls nicht richtig befriedigend ist. Man wird hier dem Umstand Rechnung tragen müssen, dass es keine perfekte Lösung gibt. Wie man sich im Ergebnis entscheidet, ist daher jedem selbst überlassen.

1442 (b) **Gesetzliche Privilegierung.** Im Falle der **gesetzlichen Privilegierung** ist die Konstellation vergleichbar. Doch muss man hier durch Auslegung der zur Privilegierung führenden Vorschrift herauszufinden versuchen, welche Lösung vorzugswürdig ist: Die Lösung, die mit der Fiktion arbeitet, wie die Rechtsprechung es beim vertraglichen Ausschluss tut, oder diejenige Lösung, die dem Geschädigten nur einen anteiligen Anspruch gegen den nicht privilegierten Schädiger einräumt. In dieser Konstellation geht die Rechtsprechung regelmäßig zusammen mit der überwiegenden Literatur von der Lösung aus, die dem Geschädigten nur einen gekürzten Anspruch einräumt, und zwar gegenüber dem nicht privilegierten Zweitschädiger. Dies spielt besonders im Arbeitsrecht eine Rolle.

Bsp.: Der Arbeitnehmer A wird durch einen Kollegen und einen Fremden verletzt. – Hier ist gem. § 105 SGB VII der Kollege von der Haftung befreit, der Fremdschädiger jedoch nicht. Fraglich ist nun, in welcher Höhe der Arbeitnehmer seinen Anspruch gegen den Fremdschädiger geltend machen kann.

1443 Letztlich liegt **dieselbe Konstruktion** wie beim vertraglichen Haftungsausschluss vor, mit dem Unterschied, dass nunmehr die Privilegierung des Kollegen auf einer gesetzlichen Anordnung beruht. Diese Anordnung hat ihren Sinn vor allem darin,

---

263 Vgl. etwa *Brox/Walker*, Schuldrecht Allgemeiner Teil, § 37 Rn. 24.

dass innerhalb einer Belegschaft keine Ausgleichsansprüche geltend gemacht werden sollen, damit der Betriebsfriede nicht gestört wird. Kann nun der Arbeitnehmer sich vollständig an den nicht privilegierten Fremden halten? Und hat dann der Fremde seinerseits einen Regressanspruch gegen den Kollegen?

1444 Hier geht **die Rechtsprechung zusammen mit der Literatur** davon aus, dass der **Anspruch** des Arbeitnehmers gegen den Fremdschädiger **zu kürzen** ist und zwar in der Höhe, wie der Fremdschädiger einen Ausgleichsanspruch gegen den Kollegen hätte.[264] Hier ist die Wertung aber auch eine grundsätzlich andere als im Bereich des vertraglichen Haftungsausschlusses: Denn im Rahmen einer gesetzlichen Privilegierung spielen meist noch andere Überlegungen eine Rolle – so ist im vorgenannten Beispiel *(unter Rn. 1442)* zu berücksichtigen, dass zwar der Arbeitnehmer gegen seinen Kollegen keinen Schadensersatzanspruch hat, aber stattdessen springt die Unfallversicherung ein. A wird also in jedem Fall vor einem Schaden durch die Versicherungsleistung geschützt. Dann ist es auch gerechtfertigt, einen nur reduzierten Anspruch gegen den Fremdschädiger zuzulassen. Hier kann man nämlich eine Lösung zulasten des Geschädigten als angemessen ansehen, weil er keinen wirklichen Nachteil erleidet, sondern entstehende Nachteile durch die entsprechenden sozialversicherungsrechtlichen Ansprüche gegen die Unfallversicherung ausgeglichen werden.[265]

1445 Im Ergebnis ist also **bei der gesetzlichen Privilegierung ein anderer Weg einzuschlagen als bei der vertraglichen Haftungsprivilegierung**. Dies ist deshalb berechtigt, weil bei der gesetzlichen Privilegierung stets noch Sonderwertungen mit zu berücksichtigen sind. Entscheidend ist daher, dass bei der gesetzlichen Privilegierung das interessengerechte Ergebnis durch eine Kürzung des Anspruches des Geschädigten erreicht werden kann, weil hier im Regelfall andere Haftungsgrundlagen im Hintergrund stehen. Dies ist jedoch bei der vertraglichen Privilegierung nicht der Fall.

---

[264] BGHZ 51, 37; BGH NJW 1996, 2023; Palandt/*Grüneberg*, BGB, § 426 Rn. 19.
[265] Vgl. auch OLG Hamm VersR 1998, 328; Palandt/*Grüneberg*, BGB, § 426 Rn. 19.

Entscheidungen   **1446, 1447**

A. Wichtige Entscheidungen

1. Bundesverfassungsgericht

BVerfG NJW 1958, 257 – *Lüth-Urteil* – (Grundrechte als objektive Wertordnung   **1446**
– Einwirkung über Generalklauseln)

BVerfG NJW-RR 1993, 764 (Aufrechnungserklärung; Erkennbarkeit des Aufrechnungswillens)

BVerfG NJW 1994, 2749 (Richterliche Inhaltskontrolle von Bürgschaftsverträgen bei gestörter Vertragsparität)

BVerfG NJW 1998, 3557 (Totalreparation und Haftung von Kindern und Jugendlichen)

2. Bundesgerichtshof

BGH NJW 1960, 669 (Haftung des Meisters für den Lehrling „wie für eigenes   **1447**
Verschulden"; § 278 BGB)

BGH NJW 1963, 1823 (Verzug des Unternehmers beim Werkvertrag)

BGH NJW 1971, 1126 (Rechtsmissbräuchliche Geltendmachung der Vertragsstrafe)

BGH NJW 1976, 1843 (Mietvertrag als Vertrag mit Schutzwirkung zugunsten Dritter)

BGH NJW 1983, 929 (Grundstückskaufvertrag und Rücktrittsrecht)

BGH NJW 1984, 429 (Inzahlunggabe eines Gebrauchtwagens – Wandelung – Rückabwicklung)

BGH NJW 1984, 1746 (Lieferung von Dosenbier in den Iran und Wegfall der Geschäftsgrundlage)

BGH NJW 1984, 2282 (Schadenersatzanspruch bei Zerstörung eines Unikats)

BGH NJW 1985, 794 (Keine Haftungsmilderung nach § 521 BGB, wenn Schutzpflichten nicht im Zusammenhang mit dem Gegenstand der Schenkung stehen)

BGH NJW 1987, 831 (Rücktrittsklausel in Mietvertrag über Stadthalle: Auslegung; bei Vertragsschluss erkennbarer Rücktrittsgrund; wegen Nichterfüllung nutzlos gewordene Aufwendungen für ideelle Zwecke kein ersatzfähiger Vermögensschaden)

BGH NJW 1987, 2923 (Schadensersatzanspruch bei fehlerhafter genetischer Beratung während der Schwangerschaft)

BGH NJW- RR 1988, 1012 (Wirksamkeit einer Globalzession)

BGH NJW 1989, 1276 (Vertragsfreiheit: Zulässigkeit risikoreicher Geschäfte)

BGH NJW 1989, 1792 (Irrtumsanfechtung der Tilgungsbestimmung)

BGH NJW 1989, 2386 (Aufrechnung; Ausnahme vom Erfordernis der Wechselseitigkeit wegen § 242 BGB)

BGH NJW-RR 1990, 270 (Bestimmtheitsanforderungen an vertragliche Vereinbarung einer Leistung)

BGH NJW 1990, 1289 – *Marder* – (Missbräuchliches Herausgabebegehren betreffend Geschäftsunterlagen)

BGH NJW-RR 1991, 914 (Annahmeverzug bei Schweigen des Subunternehmers auf Bitte des Hauptunternehmers um Einverständnis zur Gesamtabnahme)

BGH NJW 1991, 2629 (Tilgungsreihenfolge bei Zahlungen des Bestellers auf die an den Vorbehaltslieferanten teilweise vorausabgetretene Werklohnforderung des Unternehmers; Rangabrede bei Vorbehaltskauf)

BGH NJW 1992, 498 (Abgrenzung von Geschäftsbesorgung und Gefälligkeitsverhältnis bei Nachhausebringen eines Kollegen während der Arbeitszeit)

BGH NJW 1992, 556 (Zurückbehaltungsrecht des Schuldners und Einrede des nichterfüllten Vertrages im Prozess)

BGH NJW 1992, 683 (Kfz-Leasingvertrag: Abtretung der Rechte aus der Vollkaskoversicherung erfüllungshalber)

BGH NJW 1992, 2817 (Gleicher Rechtsgrund der einzelnen Verpflichtungen bei der Gesamtschuld nicht erforderlich)

BGH NJW 1993, 1704 (Haftung des Beauftragten: Gestattung der Ausführungsübertragung an Dritten; Beweislastverteilung bei Verletzung von Mitteilungs-, Auskunfts- und Rechenschaftspflichten)

BGH NJW 1995, 518 (Zusicherung von Eigenschaften beim Neuwagenkauf; Umfang des großen Schadensersatzes, hier: Verrechnung des Altfahrzeuges)

BGH NJW 1997, 581 (Annahmeverzug des Schuldners auf wörtliches Angebot bei Zug-um-Zug-Leistung)

BGH NJW 1997, 3164 (Rücktritt; der gekaufte PKW wird beim Käufer polizeilich beschlagnahmt; Verantwortlichkeit des Gläubigers für den Schaden)

BGH NJW 1997, 3304 („Benetton I"; Leistungstreuepflicht)

BGH NJW 2000, 3130 (Stillschweigende Eigenschaftszusicherung beim Gebrauchtwarenkauf)

BGH NJW 2001, 2878 (Fixgeschäft; Verzugseintritt; Interessewegfall – Musikproduktionsvertrag)

BGH NJW 2001, 3781 (Leistung der Stammeinlage für eine GmbH: Erfüllung durch Leistung eines bestimmten, der Einlageschuld als einer von mehreren offenen Verbindlichkeiten zuzuordnenden Betrags auch ohne ausdrückliche Tilgungsbestimmung)

BGH NJW 2002, 595 (Konkludente Übernahme des Risikos eines Leistungshindernisses durch den Gläubiger bei einem Dienstvertrag)

Entscheidungen

BGH NJW-RR 2003, 1318 (Kein Schuldnerverzug bei Zurückbehaltungsrecht)

BGH NJW 2003, 1600 (Werkvertrag: Schadensersatzanspruch vor Eintritt der Fälligkeit, wenn ein vertraglich bestimmter Termin zur Erfüllung nicht eingehalten werden kann)

BGH NJW 2003, 2984 („Gestörter Gesamtschuldnerausgleich")

BGH NJW 2004, 58 (Wegfall der Geschäftsgrundlage; gemeinsamer Erwerb einer Immobilie durch nichteheliche Lebensgefährten als Alterssitz)

BGH NJW 2004, 1945 (Zur Haftung für Zusatzschäden aufgrund anlagebedingter „psychischer Fehlverarbeitung" von Unfallfolgen durch den Verletzten)

BGH NJW 2005, 51 (Überhöhte Mietwagenkosten während der Reparaturzeit/ Unfallersatztarif)

BGH NJW 2005, 1108 (Integritätszuschlag bei Beschädigung eines Fahrzeuges)

BGH NJW 2005, 2848 (Rückabwicklung eines Kaufvertrages über einen mangelhaften Neuwagen)

BGH NJW 2006, 51 (Nichteintritt von Verzug bzgl. der Mietzahlungen während der Ungewissheit über die Person des Mietgläubigers nach dem Tod des Vermieters)

BGH NJW 2006, 362 (Schutzpflichten der Spielbank nach Annahme eines Antrags auf Eigensperre)

BGH NJW 2006, 769 (Werkvertrag: Unwirksamkeit von Mahnungen bezüglich Zuvielforderungen)

BGH NJW-RR 2006, 1174 (Zur gestörten Gesamtschuld: Haftung nach StVG, § 823 BGB und die Haftungsprivilegierung aus §§ 106, 104, 105 SGB VII unter Schülern)

BGH NJW 2007, 2761 (Werkvertrag: Angemessenheit einer Fristsetzung zur Mängelbeseitigung bei vorangegangenem Annahmeverzug des Bestellers)

3. Bundesarbeitsgericht

BAG NJW 1990, 3228 (Haftung des Diebes für Schäden, die aus der Verpfändung und späteren Versteigerung des Diebesgutes entstanden)

BAG NZA 1999, 925 (Annahmeverzug des Arbeitgebers)

BAG NJW 2003, 3005 (Anpassung einer Ruhestandsvereinbarung an geänderte sozialrechtliche Umstände)

BAG BB 2006, 720 (unzulässige Vertragsstrafenabrede in einem Formulararbeitsvertrag wegen unangemessener Übersicherung zugunsten des Klauselverwenders).

B. Schemata

1449 Schema 1: Verschulden bei Vertragsverhandlungen (c.i.c.)

Voraussetzungen des Anspruchs aus §§ 280 Abs. 1, 311 Abs. 2 und/oder Abs. 3, § 241 Abs. 2:

I. Anwendbarkeit

1. nach h.M. Anfechtung nach §§ 119, 123 neben c.i.c. möglich (arg.: unterschiedliche Schutzrichtungen, denn §§ 119 ff. schützen die freie Willensbildung und die c.i.c. das Vermögen; außerdem ist im Rahmen des § 123 der arglistig Täuschende nicht schutzwürdig)
2. grundsätzlicher **Vorrang des Gewährleistungsrechts** (§§ 434 ff., 633 ff.), wenn sich die Pflichtverletzung auf einen Mangel bezieht; Ausnahme bei arglistigem Verhalten des Verkäufers (bspw. bei unrichtigen Angaben über die Sache): dann Haftung aus c.i.c. neben Gewährleistungsrecht

II. Bestehen eines vorvertraglichen Schuldverhältnisses durch:

1. Aufnahme von **Vertragsverhandlungen** (§ 311 Abs. 2 Nr. 1)
2. **Anbahnung eines Vertrages** (§ 311 Abs. 2 Nr. 2), wenn der eine Teil dem anderen die Einwirkung auf seine Rechte, Rechtsgüter und Interessen gewährt oder ihm diese anvertraut (bspw. Betreten eines Kaufhauses mit Kaufabsicht)
3. **ähnliche geschäftliche Kontakte** (§ 311 Abs. 2 Nr. 3)

III. Beteiligte des Schuldverhältnisses:

1. grundsätzlich **nur der Vertragspartner**
2. ausnahmsweise **Haftung Dritter**, also des **Stellvertreters und sonstiger Sachwalter** bei:
a) **Inanspruchnahme besonderen Vertrauens** des Sachwalters (§ 311 Abs. 3 Satz 2): nicht ausreichend ist, dass der Dritte bloß den Eindruck **eigener besonderer Sachkunde** erweckt; vielmehr kommt eine Eigenhaftung nur in Betracht, wenn er **zusätzliche, besondere Merkmale** aufweist, die zu einer besonderen Vertrauenssituation ihm gegenüber führen
b) **wirtschaftlichem Eigeninteresse** des Dritten (§ 311 Abs. 3 Satz 1): nicht ausreichend ist bloßes Provisionsinteresse, sondern der Dritte muss „gleichsam in eigener Sache" tätig werden

IV. Pflichtverletzung gem. § 241 Abs. 2:

Im vorvertraglichen Schuldverhältnis existieren **keine Leistungspflichten**, daher Verletzung von Schutzpflichten, Aufklärungs- und Beratungspflichten; Fallgruppen des Abbruchs von Vertragsverhandlungen bzw. Zustandekommen eines ungünstigen Vertrages.

V. Rechtswidrigkeit:

wird i.d.R. durch die Pflichtwidrigkeit indiziert

VI. Verschulden

gem. § 276 Vorsatz und Fahrlässigkeit, evtl. Haftungszurechnung gem. § 278

VII. Schaden

VIII. adäquate Kausalität zwischen Pflichtverletzung und Schaden

IX. Rechtsfolge: Schadensersatzanspruch

Umfang nach den §§ 249 ff.:
– Grundsätzlich Haftung auf das **negative Interesse**, also auf den **Vertrauensschaden**: der Verletzte ist also so zu stellen, wie er ohne die Pflichtverletzung stünde
– Ist das **Vermögen als solches** betroffen (insbesondere: Fälle des Zustandekommen eines ungünstigen Vertrages), muss Geschädigter so gestellt werden, als wäre dessen Vertrauen auf eine richtige Aufklärung und Beratung erfüllt.

Schema 2: **Die Vertragsstrafe nach § 339**

Voraussetzungen:

I. Wirksame Vereinbarung einer Vertragsstrafe

kein Unwirksamkeitsgrund nach § 309 Nr. 6, **keine** anderen **Unwirksamkeitsgründe** (bspw. nach § 138)

II. Bestehende und wirksame Hauptverbindlichkeit

III. Verstoß des Schuldners gegen die der Vertragsstrafe zugrunde liegende Pflicht

1. Positives Tun: Pflichtverstoß bei Verzug des Schuldners mit Handlungspflicht (§ 339 Satz 1)
2. Unterlassen: Pflichtverstoß bei Zuwiderhandlung des Schuldners gegen die Unterlassungspflicht (§ 339 Satz 2)

IV. eigene Vertragstreue des Gläubigers

resultiert aus dem Grundsatz von Treu und Glauben

V. **Rechtsfolge:**

1. Entstehen des Strafanspruches; Höhe und Umfang des Vertragsstrafenanspruchs richten sich nach der Vertragsstrafenvereinbarung, evtl. jedoch **richterliche Herabsetzung** auf den angemessenen Betrag (§ 343 Abs. 1 Satz 1, aber nur auf Antrag des Schuldners)

2. **Verhältnis von Erfüllung, Schadensersatz und Vertragsstrafe:**
a) **Vertragsstrafe für Nichterfüllung:** Vertragsstrafe nur statt Erfüllung, nicht jedoch neben der Erfüllung (§ 340 Abs. 1 Satz 1 und Satz 2)
b) **Vertragsstrafe für nicht gehörige Erfüllung:** Vertragsstrafe auch neben der Erfüllung (§ 341 Abs. 1); beachte aber § 341 Abs. 3

1451 Schema 3: **Das Zurückbehaltungsrecht nach § 273**

§ 273 ist eine Einrede, wird also nur beachtet, wenn sich der Schuldner auf diese im Prozess beruft.

Prüfungsaufbau:

I. Anspruch entstanden?

II. Anspruch nicht untergegangen?

III. Anspruch durchsetzbar:

Prüfung des § 273:

1. **Gegenseitigkeit der Ansprüche:**
a) d.h. jede der Parteien (Gläubiger und Schuldner) muss einen Anspruch gegen die jeweils andere haben
b) keine Gleichartigkeit der Ansprüche erforderlich und **keine synallagmatischen Pflichten** betreffend

2. **Fälligkeit des Gegenanspruchs des Schuldners:**
a) Verjährung schließt Recht des Schuldners nicht aus, solange die Verjährung noch nicht eingetreten war, als Anspruch des Gläubigers entstanden ist.
b) Ausreichend ist es für die Fälligkeit des Gegenanspruches, dass dieser erst mit der Erfüllung des Anspruchs durch den Schuldner fällig wird (BGH).

3. **Konnexität der Ansprüche:**
a) Anspruch und Gegenanspruch müssen aus demselben rechtlichen Verhältnis resultieren, also es muss ein **„innerlich zusammenhängendes, einheitliches Lebensverhältnis"** vorliegen; nicht jedoch ein und dasselbe Rechtsgeschäft
b) bei **§ 273 Abs. 2,** also bei Verwendungen auf die Sache, wird die Konnexität kraft Gesetzes vermutet und nicht mehr geprüft

4. kein Ausschluss des Zurückbehaltungsrechts
a) **vertraglicher Ausschluss** durch die Parteien möglich, insbesondere durch Vereinbarung einer Vorleistungspflicht; ein Ausschluss durch AGB ist gem. § 309 Nr. 2 lit. b unwirksam
b) **gesetzlicher Ausschluss** durch § 175
c) Ausschluss des Zurückbehaltungsrechtes, wenn es einer **unzulässigen Aufrechnung gleichkäme** (§ 393 analog)
d) Ausschluss des Zurückbehaltungsrechtes **nach Treu und Glauben**, § 242, wenn das Zurückbehaltungsrecht kein geeignetes oder angemessenes Mittel darstellt, da bspw. der Gegenanspruch des Schuldners bereits anderweitig gesichert wurde

5. Rechtswirkung:
a) bei Erhebung der Einrede keine Klageabweisung, sondern „**Zug-um-Zug**"-Verpflichtung (§ 274 Abs. 1)
b) Möglichkeit der **Abwendungsbefugnis** durch den Gläubiger, § 273 Abs. 3

Schema 4: **Die Einrede des nicht erfüllten Vertrages nach § 320**   1452

Prüfungsaufbau:

I. Anspruch entstanden?

II. Anspruch nicht untergegangen?

III. Anspruch durchsetzbar:

Prüfung des § 320:

1. Gegenseitiger Vertrag

2. Gegenseitigkeitsverhältnis der geschuldeten Leistungen
a) Es muss sich also um synallagmatische Leistungsverpflichtungen handeln, also nach dem Willen der Parteien soll die Leistung des einen nur erbracht werden, weil sich auch der andere zu einer Leistung verpflichtet.
b) **Synallagmatische Verknüpfung von Forderung und Gegenforderung** liegt bei den Hauptleistungspflichten vor, nicht jedoch bei Nebenleistungs- und Schutzpflichten.

3. Fälligkeit des Gegenanspruches
a) Die Gegenforderung des Schuldners muss fällig sein; Verjährung schließt Recht des Schuldners nicht aus, solange Verjährung noch nicht eingetreten war, als Anspruch des Gläubigers entstand
b) **Ausreichend** ist es für die Fälligkeit des Gegenanspruches, dass dieser erst **mit der Erfüllung des Anspruchs** durch den Schuldner fällig wird.

4. kein Ausschluss der Einrede
a) **Ausschluss wegen Vorleistungspflicht** des Schuldners aus § 320 Abs. 1 Satz 1 a.E. aus vertraglicher Vereinbarung oder aus Gesetz (bspw. § 579 oder § 614); aber Möglichkeit der Unsicherheitseinrede des § 321

b) **Ausschluss aus Treu und Glauben**, beispielsweise bei verhältnismäßiger Geringfügigkeit des rückständigen Teils (§ 320 Abs. 2) oder wenn ein Vertragspartner die **Leistung des anderen endgültig ablehnt**

5. **Rechtswirkungen**
a) **prozess-rechtlich**
aa) keine Klageabweisung, aber „**Zug um Zug**"-Verurteilung des Schuldners, wenn der Schuldner die Einrede erhebt (§ 322)
bb) **Ausschluss der Abwendungsbefugnis** des Gläubigers (§ 320 Abs. 1 Satz 3 i.V.m. § 273 Abs. 3)
b) **materiell-rechtlich**
Auch ohne Geltendmachung der Einrede durch den Schuldner ist der **Schuldnerverzug ausgeschlossen**, solange das Zurückbehaltungsrecht besteht.

1453 Schema 5: Der Untergang der Primärleistungspflicht nach § 275 Abs. 1

A. Prüfungsstandort des § 275

I. Primäranspruch entstanden?

a) Wirksamer Vertragsschluss?
b) § 275 Abs. 1 bis 3 als rechtshindernde Einwendung bei anfänglicher Unmöglichkeit!

II. Primäranspruch erloschen?

§ 275 Abs. 1 bis 3 als rechtsvernichtende Einwendung bei nachträglicher Unmöglichkeit!

B. Tatbestand des § 275 Abs. 1 bis 3

I. Tatbestand des § 275 Abs. 1

– lässt bei Vorliegen von Unmöglichkeit die Leistungspflicht automatisch entfallen;
– ist vorrangig vor § 275 Abs. 2 und 3 zu prüfen;
– für den Ausschluss der Primärleistungspflicht spielt eine Unterscheidung der verschiedenen Unmöglichkeitsarten keine Rolle – *Ausnahme*: teilweise/vollständige Unmöglichkeit;
– erfasst sind:

1. **Objektive und subjektive Unmöglichkeit**
a) **Objektive Unmöglichkeit**
Der geschuldete Leistungserfolg kann von niemanden erbracht werden (= für jedermann unmöglich).
b) **Subjektive Unmöglichkeit**
aa) Die Herbeiführung des Leistungserfolgs ist für den Schuldner unmöglich (= Unvermögen).

Schemata

bb) Besonderheit: Erbringung einer höchstpersönlichen Leistungspflicht
cc) Hier führt individuelles Unvermögen zugleich zur objektiven Unmöglichkeit.
dd) subjektive Unmöglichkeit ist in dem Fall = objektive Unmöglichkeit

2. Anfängliche und nachträgliche Unmöglichkeit
a) Ausgangspunkt: etwas Unmögliches kann nicht geschuldet sein.
b) Von Bedeutung ist die Differenzierung allein für die Ebene der Sekundäransprüche (s. Schema 3/4).
c) Abzustellen ist auf den Zeitpunkt der Entstehung des Schuldverhältnisses, also i.d.R. auf den Vertragsschluss (Wortlaut des § 311a Abs. 1).
d) Zeitpunkt = auch dann entscheidend, wenn der Vertrag unter einer aufschiebenden Bedingung/Befristung geschlossen wurde.

3. Nicht zu vertretende und zu vertretende Unmöglichkeit
a) Für den Ausschluss der Leistungspflicht auf Tatbestandsseite = ist unerheblich, ob der Schuldner die Unmöglichkeit zu vertreten hat oder nicht.
b) Erst bei den Sekundäransprüchen kommt es auf das Vertretenmüssen an.

4. Teilweise und vollständige Unmöglichkeit
a) Bei vollständiger Unmöglichkeit besteht ein Leistungshindernis hinsichtlich der „ganzen" Leistung, bei der Teilunmöglichkeit kann nur ein Teil der Leistung nicht erbracht werden.
b) Der Primäranspruch ist ausgeschlossen, „soweit" die Unmöglichkeit besteht.
c) Besonderheiten ergeben sich auch hier wieder auf der Ebene der Sekundärrechte.

5. Sonderfälle der Unmöglichkeit
a) Zweckerreichung
aa) Der geschuldete Leistungserfolg tritt zwar ein, jedoch nicht durch eine Leistungshandlung des Schuldners.
bb) Hier kann der Leistungserfolg durch den Schuldner nicht mehr erbracht werden.
cc) z.B. gescheiterte Erfüllungsübernahme
b) Zweckfortfall
Das sog. Leistungssubstrat fällt weg oder wird untauglich.
c) Zweckstörung
aa) i.d.R. kein Fall der Unmöglichkeit
bb) Ausnahme: Unmöglichkeit (+), wenn Zweck zum Inhalt der Leistung gemacht wurde.
cc) Lösung der Zweckstörungsfälle erfolgt dann über das Institut der Störung der Geschäftsgrundlage, § 313.
d) Zeitliche Unmöglichkeit beim absoluten Fixgeschäft
aa) Grundsatz: Schuldnerverzug
bb) Ausnahme: Vereinbarung eines absoluten Fixgeschäfts (die Erbringung der Leistung ist nach dem vereinbarten Termin nicht mehr möglich)
cc) *Beachte:* bei Vereinbarung eines relativen Fixgeschäfts (Leistung bleibt mit Verstreichen der Leistungszeit noch möglich) tritt keine Unmöglichkeit ein, hier können die Voraussetzungen des Schuldnerverzugs gegeben sein.

1453

e) Vorübergehende Unmöglichkeit

aa) Wenn damit zu rechnen ist, dass ein zunächst eingetretenes Leistungshindernis später wieder wegfällt, ist umstritten, ob es sich um Unmöglichkeit handelt.

bb) Teilweise geht man davon aus, dass die Unmöglichkeitsregelung des § 275 Abs. 1 für diese Fälle insoweit eingreift, als das Hindernis besteht.

cc) Zum Teil wird angenommen, die Durchsetzung der Leistungspflicht sei in diesem Zusammenhang gehemmt, solange das Leistungshindernis bestehe.

dd) Zum Teil wird bei der vorübergehenden Unmöglichkeit § 275 für unanwendbar gehalten.

6. Rechtsfolge des § 275 Abs. 1

a) Ausschluss der Leistungspflicht (Einwendung i.e.S. gegen den Primäranspruch)

b) bei Unmöglichkeit von Anfang an entsteht der Primäranspruch erst gar nicht (rechtshindernde Einwendung)

c) bei nachträglicher Unmöglichkeit erlischt der Primäranspruch (rechtsvernichtende Einwendung)

II. **Tatbestand der faktischen (praktischen) Unmöglichkeit gem. § 275 Abs. 2**

Bei der faktischen oder auch praktischen Unmöglichkeit geht es um Fälle, in denen die Behebung des Leistungshindernisses zwar theoretisch möglich wäre, dies jedoch vom Gläubiger nicht ernsthaft erwartet werden kann.

1. Voraussetzungen

a) grobes Missverhältnis

aa) Erforderlich ist ein grobes Missverhältnis zwischen dem erforderlichen Aufwand des Schuldners und Leistungsinteresse des Gläubigers.

bb) Wertungsfrage

b) Vertretenmüssen des Schuldners

aa) Hat der Schuldner das Leistungshindernis zu vertreten, sind ihm nach § 275 Abs. 2 höhere Anstrengungen zuzumuten.

bb) gewisse Abkehr davon, dass Unmöglichkeit vom Vertretenmüssen des Schuldners unabhängig ist

cc) gilt zwar weiterhin, aber das Vertretenmüssen ist i. R. der Abwägung des § 275 Abs. 2 von Bedeutung

c) nicht erfasst: sog. wirtschaftliche Unmöglichkeit

Diese wird vom Institut der Störung der Geschäftsgrundlage erfasst (§ 313).

2. Rechtsfolge

a) Kein Ausschluss der Leistungspflicht kraft Gesetzes

Erforderlich ist, dass der Schuldner von seinem Leistungsverweigerungsrecht nach § 275 Abs. 2 Gebrauch macht, also eine entsprechende Einrede erhebt.

b) Ausschluss des Primäranspruchs

Leistungsverweigerungsrecht des § 275 Abs. 2 führt zum Ausschluss, d.h. zum Erlöschen bzw. Nichtentstehen des Primäranspruchs.

c) Abgrenzung von anfänglicher und nachträglicher Unmöglichkeit
Es kommt nicht auf den Zeitpunkt der Geltendmachung des Leistungsverweigerungsrechts an, sondern auf den Zeitpunkt des Vorliegens der Voraussetzungen des § 275 Abs. 2.

d) Keine Einrede erhoben
In dem Fall ist der Schuldner so zu behandeln, als ob ein Leistungshindernis nicht bestünde.

III. Tatbestand der moralischen Unmöglichkeit gem. § 275 Abs. 3

1. Nur bei persönlicher Leistungspflicht
a) § 275 Abs. 3 ist seinem Wortlaut nach nur auf solche Leistungspflichten anwendbar, die der Schuldner persönlich, also in eigener Person, zu erbringen hat.

b) z.B. Hauptleistungspflicht von Dienstverpflichteten und Arbeitnehmern, § 613 Satz 1

c) maßgeblich = konkreter Inhalt der Leistungspflicht (durch Auslegung zu ermitteln, §§ 133, 157)

2. Unzumutbarkeit der Leistung
a) Diese ist im Wege einer Abwägung der der Leistung entgegenstehenden Hindernisse und des Leistungsinteresses des Gläubigers zu ermitteln.

b) Auf Seiten des Schuldners sind insbesondere auch persönliche Umstände zu berücksichtigen.

c) Auch in die Abwägung einzustellen sind etwaige Gewissenskonflikte des Schuldners.

3. Rechtsfolge
wie bei § 275 Abs. 2 – Leistungsverweigerungsrecht

C. Sonderfall – Unmöglichkeit bei Gattungsschulden

– Problematisch ist, wann bei der Gattungsschuld Unmöglichkeit vorliegen kann.
– Unmöglichkeit liegt vor, wenn der Leistungserfolg nicht mehr erbracht werden kann;
– dabei bestimmt der Inhalt des Schuldverhältnisses die geschuldete Pflicht.
– Bei der Gattungsschuld sind mehrere erfüllungstaugliche Leistungsgegenstände vorhanden.
– Die Erbringung des Leistungserfolges bleibt also auch dann möglich, wenn einzelne Gattungsgegenstände untergehen, es sei denn:

I. Wirkliche Unmöglichkeit, § 275 Abs. 1

1. Ganze Gattung bzw. Vorrat (bei eingeschränkter Gattungsschuld) geht unter, oder

2. Untergang nach Konkretisierung, § 243 Abs. 2
a) Hat der Schuldner das seinerseits Erforderliche getan, wird die Gattungsschuld zur Stückschuld.

b) Wann der Schuldner das „seinerseits Erforderliche" getan hat, bestimmt sich vor allem danach, ob

aa) eine Holschuld
bb) eine Schickschuld
cc) oder eine Bringschuld vereinbart wurde, oder

3. Untergang nach Annahmeverzug, § 300 Abs. 2, oder

4. Sonderfall: Geldschuld, § 270 bzw. qualifizierte Schickschuld, oder

5. Zeitablauf bei absolutem Fixgeschäft

II. Faktische Unmöglichkeit, § 275 Abs. 2

– Grundsätzlich sind Gattungsschulden Beschaffungsschulden, d.h. der Schuldner kann sich grundsätzlich nicht auf § 275 Abs. 2 berufen.
– Ausnahmsweise kann Unmöglichkeit im Fall des Vorliegens atypischer Beschaffungshindernisse (z.B. Bürgerkrieg/Katastrophen) eintreten bzw. dem Schuldner die Einrede gem. § 275 Abs. 2 geben.

Schema 6: Der Untergang der Gegenleistungspflicht nach § 326 Abs. 1

A. Prüfungsstandort des § 326

– Primäranspruch entstanden? – § 326 Abs. 1 Satz 1 als rechtshindernde Einwendung bei anfänglicher Unmöglichkeit!
– Primäranspruch erloschen? – § 326 Abs. 1 Satz 1 als rechtsvernichtende Einwendung bei nachträglicher Unmöglichkeit!

B. Voraussetzungen des § 326 Abs. 1 Satz 1 im Überblick

I. Gegenseitiger Vertrag

1. Erfordernis ist aus systematischen Gründen anzunehmen.
2. Nicht jeder Vertrag ist gegenseitig i.S.d. § 320 ff., nur weil er beiden Parteien Leistungspflichten auferlegt.
3. Mindestens ein Paar von wechselseitigen Leistungspflichten muss vorhanden sein, die im Gegenseitigkeitsverhältnis stehen

II. Ausschluss der synallagmatischen Hauptleistungspflicht nach § 275 Abs. 1 bis 3

1. Bei der Frage des Erlöschens der Gegenleistungspflicht ist – inzident – das Erlöschen der Sachleistungspflicht wegen Unmöglichkeit nach § 275 Abs. 1 bis 3 zu prüfen.
2. Gerade die synallagmatische Leistungspflicht muss unmöglich geworden sein.
3. Handelt es sich um einen Fall des § 275 Abs. 2, Abs. 3, muss der Schuldner die entsprechende Einrede erhoben haben, denn nur dann braucht der Schuldner nicht zu leisten.

Schemata

III. Ausnahme (kein Untergang der Gegenleistungspflicht)

1. Vertretenmüssen des Gläubigers, § 326 Abs. 2 Satz 1, 1. Alt.
a) Ist der Gläubiger für die Unmöglichkeit allein oder weit überwiegend verantwortlich, so bleibt er zur Erbringung der Gegenleistung verpflichtet.
b) Der Anspruch auf die Gegenleistung erlischt also in Abweichung zu § 326 Abs. 1 Satz 1 nicht.
c) § 326 Abs. 2 Satz 1, 1. Alt. = anspruchserhaltende Norm
d) Wann der Gläubiger für den Umstand, der zur Unmöglichkeit führte, weit überwiegend verantwortlich ist, ergibt sich aus § 276 analog, so dass der Gläubiger analog § 278 auch das Fehlverhalten seiner Hilfspersonen zu vertreten hat.
e) Betrifft auch den Fall des „weit überwiegenden" Vertretenmüssen (anzunehmen bei einem Verschuldensanteil des Gläubigers von ca. 80–90 %).

2. Annahmeverzug, § 326 Abs. 2 Satz 1, 2. Alt.
a) Der Gläubiger befand sich im Zeitpunkt des Eintritts des zur Unmöglichkeit führenden Leistungshindernisses im Annahmeverzug gem. §§ 293 ff.
b) Voraussetzungen des Annahmeverzugs:
aa) wirksamer erfüllbarer Anspruch
bb) keine Unmöglichkeit der Leistung
cc) tatsächliches Angebot bzw. Ausnahme, §§ 295–296 (Beachte: § 297)
dd) Nichtannahme der Leistung durch den Gläubiger
c) In dem Fall geht die Preisgefahr auf den Gläubiger über.
d) Wird die Leistung nun unmöglich, bleibt er zur Gegenleistung verpflichtet.

3. Kein Übergang der Preisgefahr nach anderen Vorschriften, z.B.:
a) §§ 446, 447 (Kaufrecht)
b) §§ 644, 645 (Werkvertrag)
c) § 2380

C. Rechtsfolge:
– Gegenleistungspflicht entfällt, § 326 Abs. 1 Satz 1 Halbsatz 1
– bei Teilunmöglichkeit gem. § 326 Abs. 1 Satz 1 Halbsatz 2

Schema 7: Schadensersatz statt der Leistung bei anfänglicher Unmöglichkeit gem. § 311a Abs. 2

I. Anwendbarkeit
– § 311a Abs. 2 = eigene Anspruchsgrundlage im Fall der anfänglichen Unmöglichkeit
– Umkehrschluss aus §§ 281–283, da fehlende Bezugnahme auf § 280 Abs. 1

II. **Voraussetzungen**

1. **Bestehen eines vertraglichen Schuldverhältnisses**
a) Gem. § 311a muss ein wirksamer Vertrag vorliegen.
b) Es kommen vertragliche und vorvertragliche Schuldverhältnisse in Frage.
c) Auch wenn ein Leistungsanspruch wegen anfänglicher Unmöglichkeit nach § 275 Abs. 1 nicht besteht, bleibt der Vertrag ohne primäre Leistungspflicht wirksam.

2. **Unmöglichkeit der Leistungserbringung, § 275 Abs. 1 bis 3**

3. **(schon) bei Vertragsschluss – anfänglich**
a) Im Gegensatz zu § 283 muss die Unmöglichkeit bereits bei Vertragsschluss vorgelegen haben.
b) Ob die Unmöglichkeit objektiv oder subjektiv ist, ist irrelevant.

4. **zu vertreten**
a) In Anbetracht der vor Vertrag dominierenden Informationspflichten wird auf die Kenntnis des Schuldners vom Leistungshindernis abgestellt.
b) Da das Leistungshindernis aus der Sphäre des Schuldners stammt, wird eine diesbezügliche Kenntnis bzw. ein Kennenmüssen (§ 122) vermutet und die Beweislast umgekehrt.
c) Der Schuldner kann sich aber exkulpieren.
d) Die Kenntnis von Wissensvertretern wird gem. § 166 Abs. 1 (analog) zugerechnet.

5. **Kein Ausschluss des Anspruchs, § 311a Abs. 2 Satz 2**

III. **Rechtsfolge**

1. Primärleistungspflicht des Schuldners erlischt, soweit Unmöglichkeit besteht.
2. In diesem Umfang kann Schadensersatz gefordert werden.
3. Dies gilt nicht, wenn gem. §§ 311a Abs. 2 Satz 2, 281 Abs. 1 Satz 3 eine unerhebliche Pflichtverletzung hinsichtlich der noch möglichen Leistung vorliegt.
4. Wahlrecht des Gläubigers:
a) **Schadensersatz statt der Leistung, § 311a Abs. 2 Satz 1, 1. Alt.**
Obwohl der Vertrag von vornherein auf eine unmögliche Leistung gerichtet ist, wird das positive Interesse ersetzt,
oder
b) **Ersatz der Aufwendungen, § 311a Abs. 2 Satz 1, 2. Alt.** → gem. § 284
aa) die im Vertrauen auf den Erhalt der Leistung gemacht wurden
bb) *Beachte:* § 284 ist eine eigene Anspruchsgrundlage

Schema 8: **Schadensersatz statt der Leistung bei nachträglicher Unmöglichkeit gem. §§ 280 Abs. 1, Abs. 3, 283**

I. Voraussetzungen

1. Bestehendes Schuldverhältnis
§ 280 meint mit Schuldverhältnis alle Arten von Schuldverhältnissen.

2. Pflichtverletzung: Leistungsstörung
a) Verweisung gem. § 280 Abs. 3 auf § 283
b) nachträgliche Unmöglichkeit gem. § 275 Abs. 1 bis 3 einer Primärleistungspflicht = Leistungsbefreiung
c) Im Fall des § 275 Abs. 2, Abs. 3 muss der Schuldner die Einrede erheben.
d) Eintritt **nach** Vertragsschluss

3. Vertretenmüssen der Leistungsstörung durch den Schuldner, §§ 276–278
a) Beweislast: § 280 Abs. 1 Satz 2
b) Mittels Gegenbeweis kann die in § 280 Abs. 1 Satz 2 enthaltene Vermutung widerlegt werden.
c) *Beachte:* § 287 Satz 2 – Haftung des Schuldners während des Schuldnerverzugs auch für Zufall (= weder vom Schuldner noch vom Gläubiger zu vertretendes Ereignis, z.B. Blitzschlag, schuldhaftes Verhalten Außenstehender)

4. Spezialfall: Zusammentreffen von Schuldner- und Gläubigerverzug
a) Schuldnerverzug endet mit dem Vorliegen der Voraussetzungen des Gläubigerverzugs.
b) Bietet Schuldner dem Gläubiger die Leistung an (§ 294), liegt eine Nichtleistung nicht mehr vor.
c) Bei einem Angebot gem. §§ 295, 296 entfällt jedenfalls die Voraussetzung des Vertretenmüssens auf Seiten des Schuldners.

II. Rechtsfolge

1. Primärleistungspflicht des Schuldners erlischt, soweit Unmöglichkeit besteht.
2. Schadensersatz statt der Leistung

Schema 9: **Schadensersatz statt der Leistung gem. §§ 280 Abs. 1, Abs. 3, 283 bei weit überwiegender Verantwortlichkeit des Gläubigers**

I. Voraussetzungen

1. Bestehendes Schuldverhältnis
§ 280 meint mit Schuldverhältnis alle Arten von Schuldverhältnissen.

2. Pflichtverletzung: Leistungsstörung
a) Verweisung gem. § 280 Abs. 3 auf § 283

1457

b) nachträgliche Unmöglichkeit gem. § 275 Abs. 1 bis 3 einer Primärleistungspflicht
c) = Leistungsbefreiung
d) im Fall des § 275 Abs. 2, Abs. 3 muss der Schuldner die Einrede erheben
e) Eintritt *nach* Vertragsschluss

3. Sonderfall: Weit überwiegende Verantwortlichkeit des Gläubigers
a) „Weit überwiegende Verantwortlichkeit" wird nicht durch die Konstellation der beiderseits zu vertretenden Unmöglichkeit geregelt.
b) Die ganz überwiegende Ansicht geht davon aus, dass die von beiden Seiten zu vertretende Unmöglichkeit **nicht vom Gesetz geregelt** ist, d.h. insbesondere nicht von § 326 Abs. 2 Satz 1, 1. Alt. erfasst wird.
c) Diese Norm erfasst ausschließlich den Fall der alleinigen oder der dieser gleichzustellenden weit überwiegenden Verantwortlichkeit des Gläubigers.
d) Lösung:
aa) 1. Ansicht: § 326 Abs. 2 soll zumindest entsprechend Anwendung finden.
bb) 2. Ansicht: keine Anwendung des § 326 Abs. 2 Satz 1
cc) 3. Die **Rechtsprechung** wählt einen dritten Weg: Sie geht von dem Anspruch desjenigen aus, der den geringeren Verschuldensanteil hat.
→ Wie man mit einer solchen Situation umgeht, ist davon abhängig, welcher Auffassung man folgen möchte.
→ Das beeinflusst auch maßgeblich den Prüfungsaufbau.

II. **Rechtsfolge**

je nachdem, welcher Ansicht man folgt:

1. Ansicht
a) Dem nicht reduzierten Gegenleistungsanspruch des Verkäufers ist ein Schadensersatzanspruch des Käufers (also des Gläubigers der unmöglich gewordenen Verschaffungspflicht) entgegenzuhalten.
b) Dies ergibt sich aus den §§ 280 Abs. 1, Abs. 3, 283.
c) Es stehen sich zwei Ansprüche gegenüber, die sich im Ergebnis miteinander verrechnen lassen.

2. Ansicht
a) Der Gegenleistungsanspruch ist nach § 326 Abs. 1 Satz 1 erloschen.
b) Beide Vertragsparteien haben einen Schadensersatzanspruch.
c) Diese werden miteinander verrechnet.
d) Nach dieser Auffassung werden also die um das jeweilige Mitverschulden gekürzten Schadensersatzansprüche des Gläubigers und des Schuldners gegeneinander saldiert.

3. Rechtsprechung
a) Anspruch desjenigen, der den geringeren Verschuldensanteil hat.
b) Hier wäre der Anspruch aus §§ 280 Abs. 1, Abs. 3, 283 um entsprechend abzuziehende Mitverschuldensanteile zu kürzen.
c) Die Rechtsprechung stellt also im Ergebnis eine umfassende Gewichtung des Verschuldens an und kürzt den Anspruch anschließend allein nach § 254.

d) Entscheidend ist, dass letztlich auch die Rechtsprechung die Ansicht verfolgt, dass § 326 Abs. 1 hier eingreift.

Schema 10: **Aufwendungsersatz bei nachträglicher Unmöglichkeit gem. §§ 280 Abs. 1, Abs. 3, 283, 284**

I. Voraussetzungen

1. Bestehendes Schuldverhältnis
§ 280 meint mit Schuldverhältnis alle Arten von Schuldverhältnissen.

2. Pflichtverletzung: Leistungsstörung
a) Verweisung gem. § 280 Abs. 3 auf § 283
b) nachträgliche Unmöglichkeit gemäß § 275 Abs. 1 bis 3
c) = Leistungsbefreiung
d) Eintritt <u>nach</u> Vertragsschluss

3. Vertretenmüssen der Leistungsstörung durch den Schuldner, §§ 276–278
a) Beweislast: § 280 Abs. 1 Satz 2
b) Mittels Gegenbeweis kann die in § 280 Abs. 1 Satz 2 enthaltene Vermutung widerlegt werden.

II. Rechtsfolge

1. Ersatz der Aufwendungen gem. § 284, die im Vertrauen auf den Erhalt der Leistung getätigt wurden.
2. Zweckverfehlung besteht allein aufgrund der Leistungsstörung.

Schema 11: **Anspruch auf das Surrogat (stellvertretendes commodum) bei nachträglicher Unmöglichkeit gem. §§ 280 Abs. 1, Abs. 3, 285**

I. Voraussetzungen

1. Bestehendes Schuldverhältnis
§ 280 meint mit Schuldverhältnis alle Arten von Schuldverhältnissen.

2. Leistungsanspruch des Gläubigers auf einen Gegenstand

3. Leistungsbefreiung des Schuldners
a) Unmöglichkeit gem. § 275 Abs. 1 bis 3
b) = Leistungsbefreiung

4. unabhängig vom Vertretenmüssen

5. Erlangung eines Surrogats:
a) = Ersatz oder Ersatzanspruch
b) sowohl commodum ex re als auch ex negatione

6. Identität von geschuldetem und ersetztem Gegenstand

II. **Rechtsfolge**

1. Anspruch auf Herausgabe **oder** Abtretung des Ersatzanspruchs
2. *Beachte:* Nach § 285 Abs. 2 ist das erhaltene commodum auf einen eventuellen Schadensersatzanspruch aus §§ 275 Abs. 4, 280 ff. bzw. 311a Abs. 2 anzurechnen.

Schema 12: **Rücktritt beim gegenseitigen Vertrag im Fall der Unmöglichkeit gem. §§ 326 Abs. 5, 323 Abs. 5**

I. Rücktrittserklärung, § 349

II. Rücktrittsgrund, §§ 326 Abs. 5, 323

1. Gegenseitiger Vertrag

2. Befreiung des Schuldners von einer Leistungspflicht gem. § 275 Abs. 1 bis 3

3. Bei Teilunmöglichkeit: §§ 326 Abs. 5, 323 Abs. 5
a) In dem Fall tritt die Befreiung von der Leistungspflicht nur insoweit ein, als die Unmöglichkeit reicht.
b) Ist die noch mögliche Teilleistung für den Schuldner aber nicht mehr von Interesse, so kann er vom gesamten Vertrag zurücktreten.
c) Die sonst für die Ausübung des Rücktrittsrechts erforderliche Fristsetzung entfällt.

4. Kein Ausschluss des Rücktrittsrechts gem. § 323 Abs. 6

5. Kein Ausschluss des Rücktrittsrechts gem. § 218 Abs. 1 Satz 1

III. Rechtsfolge

1. vollständiges Erlöschen der Primärleistungspflichten
2. Bereits erbrachte Leistungen werden gem. §§ 346 ff. abgewickelt

Schema 13: **Der Verzug des Schuldners nach § 280 Abs. 2, §§ 286–291**

Definition des Schuldnerverzugs: Schuldhaftes Nichtleisten trotz Fälligkeit und Mahnung

I. Anspruch des Gläubigers auf Schadensersatz wegen Verzögerung der Leistung (§§ 280 Abs. 1, Abs. 2, 286)

1. Wirksamer Anspruch des Gläubigers (vgl. § 286 Abs. 1: „Gläubiger")
Vertragsschluss, keine Nichtigkeitsgründe, keine Erlöschensgründe

2. Fälligkeit der Forderung
a) Fälligkeit ist der Zeitpunkt, zu dem der Schuldner leisten muss.

b) s. Vertragsvereinbarung, nachrangig § 271 Abs. 1

3. Durchsetzbarer Anspruch (ungeschriebenes Tatbestandsmerkmal)
a) Definition: Dem Anspruch darf keine Einrede des Schuldners (z.B. Einrede der Verjährung, § 214 Abs. 1; Einrede des nicht erfüllten Vertrages, § 320; Zurückbehaltungsrecht, § 273 Abs. 1) entgegenstehen, da der Schuldner dann zu Recht die Erfüllung verweigern darf).
b) **Voraussetzungen:**
aa) Grundsätzlich muss sich der Schuldner im vorgerichtlichen Bereich nicht auf die Einrede berufen.
bb) Die Einrede ist also automatisch zu überprüfen.
cc) Bei gegenseitigen Verträgen ist immer § 320 zu beachten.

4. Fristverstreichung bei Entgeltforderungen, § 286 Abs. 3 Satz 1
a) Zugang einer Rechnung oder gleichwertigen Zahlungsaufforderung und Verstreichen von 30 Tagen
b) Verzug tritt in dem Fall ohne Mahnung ein.

5. (oder) Mahnung des Schuldners durch den Gläubiger (§ 286 Abs. 1)
a) Voraussetzungen
aa) Mahnung auch bei Geldschulden möglich („spätestens" § 286 Abs. 3)
bb) Eindeutige, nachdrückliche und bestimmte Aufforderung an den Schuldner, die geschuldete Leistung zu erbringen
cc) Gleichgestellt: Klage und Mahnbescheid
dd) Rechtsgeschäftliche Handlung, auf die Vorschriften über empfangsbedürftige Willenserklärungen analog Anwendung finden
ee) formlos möglich
ff) Entgegen dem Wortlaut ist eine Mahnung bereits ab Fälligkeit möglich.
b) Ausnahmen: Umstände, die eine Mahnung ausnahmsweise entbehrlich machen:
aa) Mahnung dient dem Schutz des Schuldners.
bb) Bedarf der Schuldner keines Schutzes, ist die Mahnung entbehrlich:
(1) § 286 Abs. 2 Nr. 1, 2: für die Leistung ist eine kalendermäßig bestimmte oder bestimmbare Leistungszeit vereinbart, Berechenbarkeit der Leistungszeit ist ausreichend
(2) § 286 Abs. 2 Nr. 3: endgültige und ernsthafte Erfüllungsverweigerung
(3) § 286 Abs. 2 Nr. 4: die Dringlichkeit der Leistung ergibt sich aus dem Vertrag (z.B. relatives Fixgeschäft)
(4) § 286 Abs. 2 Nr. 4: Selbstmahnung des Schuldners
(5) Merke: § 309 Nr. 4: Unwirksamkeit eines Verzichts auf die Mahnung durch AGB

6. Vertretenmüssen des Schuldners, § 286 Abs. 4
a) Haftung für eigenes Verschulden
aa) Haftungsmaßstab ergibt sich aus § 276, gegebenenfalls existieren Haftungsmilderungen (§ 277), vertragliche Einschränkung oder Ausschluss (aber: § 309 Nr. 7 lit. b).
bb) § 286 Abs. 4 enthält Beweislastumkehr – das Verschulden wird daher grundsätzlich vermutet.
b) Haftung für fremdes Verschulden nach § 278

II. **Rechtsfolge: Anspruch des Gläubigers auf Ersatz des Verzögerungsschadens**

1. Der Anspruch auf Erfüllung besteht fort.
2. zusätzlich: Anspruch auf Ersatz von Verzugsschäden (§ 280 Abs. 1, Abs. 2). Das sind:
a) durch den Verzug adäquat verursachte Schäden einschließlich des entgangenen Gewinns (§§ 249–255)
b) Anspruch auf Verzugszinsen (§ 288 Abs. 1, Abs. 2)
c) Haftungsverschärfung (§ 287)

III. **Beendigung des Verzugs, u. a.**

1. aufgrund von Erfüllung durch ordnungsgemäße Leistung, § 362
2. Mit Eintritt des Gläubigerverzugs endet der Schuldnerverzug (fraglich, ob der Schuldner für ein ordnungsgemäßes Angebot i.S.v. §§ 294–296 auch den Ersatz des Verzugsschadens anbieten muss).
3. Rücknahme der Mahnung
4. Rücknahme der Klage
5. Stundung
6. Verjährung

Schema 14: **Nichtleistung trotz Möglichkeit und Fälligkeit I – Schadensersatz statt der Leistung gem. §§ 280 Abs. 1, Abs. 3, 281 Abs. 1 Satz 1**

I. **Anwendungsbereich**

1. § 281 Abs. 1 Satz 1 regelt den Schadensersatz statt der Leistung in den wichtigsten Fällen einer Leistungsstörung – u. a. für die Fälle des Verzugs.
2. Vorrang der §§ 283, 311a bei Unmöglichkeit
3. Anwendbarkeit durch Verweisungen des besonderen Schuldrechts (§§ 437, 634)
4. Nachrangig gilt § 282 für Nebenpflichtverletzungen.

II. **Voraussetzungen des § 280 Abs. 1 Satz 1**

1. wirksames Schuldverhältnis
2. auch bei vorvertraglichen Schuldverhältnissen leistungsbezogene Pflichten möglich

III. **Voraussetzungen der §§ 280 Abs. 3, 281**

1. Fällige und noch mögliche leistungsbezogene Pflichtverletzung
kein Ausschluss der Leistungspflicht nach § 275 Abs. 1 bis 3

2. Nichtleistung/Leistung nicht wie geschuldet

Schemata

3. **Leistungsaufforderung unter erfolgloser Bestimmung einer angemessenen Nachfrist**
a) Angemessenheit der Frist?
b) wenn Fristsetzung nicht möglich: Abmahnung, § 281 Abs. 3?
c) Fruchtloser Ablauf der Frist?
4. **Ansonsten: Fristsetzung entbehrlich, § 281 Abs. 2?**
a) aus Spezialnormen, etwa § 440 Satz 1
b) ernsthafte und endgültige Leistungsverweigerung des Schuldners, § 281 Abs. 2, 1. Fall
c) besondere Umstände, § 281 Abs. 2, 2. Fall
5. **Vom Schuldner zu vertreten, § 280 Abs. 1 Satz 2**
Der Schuldner muss die Nichtleistung trotz Fälligkeit und (grundsätzlich) Nachfristsetzung zu vertreten haben.

IV. **Rechtsfolge**

1. Erlöschen der Primäransprüche, § 281 Abs. 4
2. Schadensersatz statt der Leistung

Schema 15: **Nichtleistung trotz Möglichkeit und Fälligkeit II – Rücktritt vom Vertrag gem. § 323**

I. **Anwendungsbereich**

keine Spezialnormen

II. **Rücktrittserklärung gem. § 349**

– formlose, empfangsbedürftige Willenserklärung des Rücktrittsberechtigten gegenüber dem Rücktrittsgegner
– Angabe des Grundes ist nicht erforderlich.

III. **Rücktrittsgrund gem. § 323**

1. **Gegenseitiger Vertrag**

2. **Fällige und durchsetzbare Leistungspflicht des Schuldners (Ausnahme: § 323 Abs. 4)**
a) *Merke!* Die Pflicht selbst muss nicht im Synallagma stehen.
b) Die Einredefreiheit des Anspruchs ist auch hier Voraussetzung des Rücktrittsrechts.

3. **Nichtleistung (oder nicht vertragsgemäße Leistung)**
Möglichkeit der Leistung (sonst § 326)

4. **Leistungsaufforderung unter erfolgloser Bestimmung einer angemessenen Nachfrist**
a) Angemessene Frist bestimmt?

aa) An die Stelle der Nachfristsetzung kann auch eine Abmahnung treten, § 323 Abs. 3.
bb) Kommt insbesondere bei einer Primärpflicht auf Unterlassen in Betracht.
b) Ablauf ohne (vertragsgemäße) Leistung?
c) Ansonsten: Frist entbehrlich, § 323 Abs. 2?
aa) Entbehrlichkeitsgründe aus Spezialnormen, etwa § 440 Satz 1, oder aus dem Vertrag selbst?
bb) Ernsthafte und endgültige Leistungsverweigerung, § 323 Abs. 2 Nr. 1?
cc) Relatives Fixgeschäft, § 323 Abs. 2 Nr. 2?
dd) Besondere (gewichtige!) Umstände, § 323 Abs. 2 Nr. 3?

5. Eigene Vertragstreue des Gläubigers

6. Kein Ausschluss des Rücktritts, § 323 Abs. 6
a) Überwiegendes Verschulden des Gläubigers, § 323 Abs. 6
b) Gläubiger im Verzug der Annahme (nur bei Nichtvertretenmüssen des Schuldners – Haftungsmilderung nach § 300 beachten!), § 323 Abs. 6
c) Lediglich unerhebliche Pflichtverletzung bei nicht vertragsgemäßer Leistung, § 323 Abs. 5 S. 2 – kein Verschulden erforderlich!

7. Kein Ausschluss des Rücktritts, § 218 Abs. 1 Satz 1

IV. Rechtsfolgen

1. Untergang der Primäransprüche
2. Rückgewähr
3. gegebenenfalls Schadensersatzansprüche gem. § 325

Schema 16: Nichtleistung trotz Möglichkeit und Fälligkeit III – Rücktritt vom ganzen Vertrag bei Teilleistung des Schuldners

I. Gegenseitiger Vertrag

II. Fällige und durchsetzbare Leistungspflicht des Schuldners

III. Nicht vollständige = (Teil-)Leistung

IV. Leistungsaufforderung unter erfolgloser Bestimmung einer angemessenen Nachfrist?

V. Erfolgloser Ablauf der Frist

VI. Ansonsten: Frist entbehrlich, § 323 Abs. 2?

VII. Eigene Vertragstreue des Gläubigers

VIII. Kein Interesse an der Teilleistung, § 323 Abs. 5 Satz 1

IX. Kein Ausschluss des Rücktritts, § 323 Abs. 6

X. Kein Ausschluss des Rücktritts, § 218 Abs. 1 Satz 1

XI. Rechtsfolge
1. Untergang der Primäransprüche
2. Rücktritt vom ganzen Vertrag möglich

Schema 17: Schadensersatz wegen Verletzung einer nichtleistungsbezogenen Nebenpflicht gem. § 280 Abs. 1

I. Voraussetzungen

1. Schuldverhältnis
Das Schuldverhältnis kann auf einer **vertraglichen oder gesetzlichen** Grundlage beruhen. Ebenso kann es sich um ein **vorvertragliches Schuldverhältnis** handeln.

2. Pflichtverletzung
a) Verletzung von Aufklärungspflichten
Sowohl im vorvertraglichen Bereich als auch während des Schuldverhältnisses treffen die Vertragsparteien bestimmte Aufklärungspflichten; grundsätzlich muss jeder Vertragsteil dem (potentiellen) Vertragspartner diejenigen Informationen mitteilen und über diejenigen Umstände aufklären, die den **Vertragszweck vereiteln** könnten und die daher für den Entschluss des anderen Vertragsteils von **wesentlicher Bedeutung** sein könnten.
b) Verletzung von Leistungstreuepflichten
Jede Vertragspartei hat die Verpflichtung, den Vertragszweck und den **Leistungserfolg nicht zu gefährden**, zu vereiteln oder sonst zu beeinträchtigen. Hierunter fällt insbesondere die Verpflichtung beider Parteien, die Leistung nicht unberechtigt zu verweigern oder von Forderungen abhängig zu machen, die ersichtlich unberechtigt und zusätzlich gestellt werden.
c) Verletzung von Schutzpflichten
Beide Parteien haben eine **Fürsorge- und Obhutspflicht** im Hinblick auf das Leben, den Körper, die Gesundheit, die Freiheit und das Eigentum des Vertragspartners.

3. Vertretenmüssen
Der Schuldner muss die Pflichtverletzung gem. § 280 Abs. 1 zu **vertreten** haben (§ 276, ggf. § 278). Beachte die **Vermutung** in § 280 Abs. 1 Satz 2.

4. Schaden
Dem Gläubiger muss durch die Pflichtverletzung **adäquat kausal** ein Schaden entstanden sein.

II. Rechtsfolge

Der Gläubiger hat Anspruch auf Ersatz des entstandenen Schadens; die Berechnung erfolgt nach der **Differenzhypothese**. Denkbar ist auch ein Anspruch auf das **Erfüllungsinteresse**, wenn der Vertrag ohne die Pflichtverletzung wirksam zustande gekommen wäre.

Schema 18: Schadensersatz statt der Leistung bzw. Aufwendungsersatz wegen Verletzung einer nichtleistungsbezogenen Nebenpflicht gem. §§ 280 Abs. 1, Abs. 3, 282, 284

I. Voraussetzungen

1. Schuldverhältnis

Das Schuldverhältnis kann auf einer **vertraglichen oder gesetzlichen** Grundlage beruhen. Ebenso kann es sich um ein **vorvertragliches Schuldverhältnis** handeln.

2. Pflichtverletzung

a) **Verletzung von Aufklärungspflichten**
Sowohl im vorvertraglichen Bereich als auch während des Schuldverhältnisses treffen die Vertragsparteien bestimmte Aufklärungspflichten; grundsätzlich muss jeder Vertragsteil dem (potentiellen) Vertragspartner diejenigen Informationen mitteilen und über diejenigen Umstände aufklären, die den **Vertragszweck vereiteln** könnten und die daher für den Entschluss des anderen Vertragsteils von **wesentlicher Bedeutung** sein könnten.

b) **Verletzung von Leistungstreuepflichten**
Jede Vertragspartei hat die Verpflichtung, den Vertragszweck und den **Leistungserfolg nicht zu gefährden**, zu vereiteln oder sonst zu beeinträchtigen. Hierunter fällt insbesondere die Verpflichtung beider Parteien, die Leistung nicht unberechtigt zu verweigern oder von Forderungen abhängig zu machen, die ersichtlich unberechtigt und zusätzlich gestellt werden.

c) **Verletzung von Schutzpflichten**
Beide Parteien haben eine **Fürsorge- und Obhutspflicht** im Hinblick auf das Leben, den Körper, die Gesundheit, die Freiheit und das Eigentum des Vertragspartners.

3. Unzumutbarkeit der Leistung

Dem Gläubiger darf die Leistung durch den Schuldner **nicht mehr zuzumuten** sein. Hierbei handelt es sich um eine **Wertungsfrage**; an die Unzumutbarkeit sind wegen der Nebenpflichtverletzung hohe Anforderungen zu stellen. Bei weniger schwerwiegendem Pflichtverstoß ist eine vorherige **Abmahnung** des Schuldners notwendig (streitig).

4. Vertretenmüssen

Der Schuldner muss die Pflichtverletzung gem. § 280 Abs. 1 zu **vertreten** haben (§ 276, ggf. § 278). Beachte die **Vermutung** in § 280 Abs. 1 Satz 2.

5. Schaden
Dem Gläubiger muss durch die Pflichtverletzung **adäquat kausal** ein Schaden entstanden sein.

II. Rechtsfolge
Der Gläubiger hat Anspruch auf Schadensersatz statt der Leistung bzw. alternativ den Aufwendungsersatzanspruch nach § 284.

Schema 19: **Rücktritt wegen Verletzung einer nicht-leistungsbezogenen Nebenpflicht gem. § 324**

I. Voraussetzungen

1. Gegenseitiger Vertrag
Zwischen den Parteien muss ein wirksamer, gegenseitiger Vertrag bestehen (**Synallagma**).

2. Pflichtverletzung
Es muss eine Pflichtverletzung erfolgt sein; diese Pflichtverletzung kann sich nur auf eine Pflicht aus § 241 Abs. 2 beziehen.

3. Unzumutbarkeit
Dem Gläubiger muss es unzumutbar sein, am Vertrag festzuhalten. Hierbei handelt es sich um eine **Wertungsfrage**; an die Unzumutbarkeit sind wegen der Nebenpflichtverletzung hohe Anforderungen zu stellen. Der Gläubiger selbst hat sich auch **vertragstreu** zu verhalten.

4. Rücktrittserklärung
Der Gläubiger muss den Rücktritt erklären.

II. Rechtsfolge
Es kommt zu einem **Rückgewährschuldverhältnis**; die einzelnen Rechtsfolgen des Rücktritts entsprechen dabei denjenigen des § 323 (vgl. Schema 15, Rn. 1463).

Schema 20: **Gläubigerverzug, §§ 293 ff.**

I. Voraussetzungen

1. Erfüllbarer Anspruch
Es muss ein **erfüllbarer Anspruch** des Gläubigers bestehen, § 271. „Leistung" i.S.d. § 293 ist **jede vertragliche oder gesetzliche Leistungspflicht** des Schuldners, sofern es irgendeiner Mitwirkung durch den Gläubiger bedarf. Eine bloße Schutzpflicht nach § 242 Abs. 2 kann, da es sich um eine nichtleistungsbezogene Nebenpflicht handelt, nicht Gegenstand eines Gläubigerverzugs sein.

1468

2. Angebot des Schuldners

a) tatsächliches Angebot, § 294

Grundsatz: Der Schuldner muss die Leistung **so anbieten, wie sie zu bewirken ist**. Er muss sie zur rechten Zeit, am rechten Ort und in der rechten Weise anbieten. Dies bestimmt sich nach der Art der zu erbringenden Leistungsschuld. Bei der **Bringschuld** ist der Schuldner verpflichtet, die geschuldete Sache dem Gläubiger an dessen Wohnsitz bzw. Niederlassungsort anzubieten. Bei der **Schickschuld** muss die eingeschaltete Transportperson die Sache dem Gläubiger anbieten (streitig).

b) wörtliches Angebot, § 295

Es kann auch ein wörtliches Angebot genügen. Dies ist möglich, wenn der Gläubiger (vor dem wörtlichen Angebot) die Annahme der Leistung **abgelehnt** hat. Das wörtliche Angebot ist **vollständig entbehrlich**, wenn es nur als sinnlose Formalität erschien, weil der Gläubiger offenkundig auf der Annahmeverweigerung beharrt. Weiterhin reicht ein wörtliches Angebot aus, wenn der Gläubiger eine erforderliche Mitwirkungshandlung unterlässt.

c) Entbehrlichkeit des Angebots, § 296

Ein Angebot ist ganz entbehrlich, wenn eine Mitwirkungshandlung des Gläubigers **kalendarisch bestimmt (bzw. bestimmbar) ist** und er die Handlung nicht vornimmt.

3. Leistungsfähigkeit und Leistungsbereitschaft des Schuldners, § 297

Gem. § 297 ist ein Gläubigerverzug ausgeschlossen, wenn der Schuldner zum Zeitpunkt der durch den Gläubiger erforderlichen Abnahme- und Mitwirkungshandlung **nicht zur Leistung bereit oder nicht in der Lage** ist.

4. Nichtannahme der Leistung durch den Gläubiger

Der Gläubiger darf die Leistung nicht angenommen haben. Der Nichtannahme stehen das Unterlassen einer Mitwirkungshandlung bzw. die Verweigerung einer **Zug um Zug** zu erbringenden Gegenleistung gleich. Wenn der Gläubiger mit einer Leistung allerdings noch gar nicht rechnen muss und nur **vorübergehend** daran **gehindert** ist, die Leistung anzunehmen, tritt gem. § 299 kein Gläubigerverzug ein.

II. Rechtsfolgen

1. Haftungsmilderung, § 300 Abs. 1

Der Schuldner hat während des Annahmeverzugs bezüglich des Leistungsgegenstandes nur **Vorsatz und grobe Fahrlässigkeit** zu vertreten.

2. Übergang der Leistungsgefahr, § 300 Abs. 2

Während eines **Gattungskaufs** geht die Gefahr mit dem Zeitpunkt auf den Gläubiger über, in dem er dadurch in Verzug kommt, dass er die angebotene Sache nicht annimmt. Grundsätzlich muss der Schuldner einer Gattungsschuld so lange aus der Gattung leisten, wie die gesamte Gattung noch nicht untergegangen ist. Erst nach der Konkretisierung gemäß § 243 Abs. 2 beschränkt sich die Schuld auf eine ganz bestimmte Sache.

3. Aufwendungsersatzanspruch des Schuldners, § 304
Der Schuldner kann bei vorliegendem Annahmeverzug des Gläubigers Ersatz derjenigen Mehraufwendungen verlangen, die er für das erfolglose Angebot sowie die Aufbewahrung und Erhaltung des geschuldeten Gegenstands machen musste.

4. Sonstige Rechtsfolgen
Aus den §§ 301, 302, 326 Abs. 2 Satz 1, § 323 Abs. 6, 2. Alt. ergeben sich weitere Rechtsfolgen.

Schema 21: Störung und Wegfall der Geschäftsgrundlage, § 313

I. Voraussetzungen

1. Vertrag
Zwischen den Parteien muss ein **Vertrag** bestehen; § 313 ist ausschließlich auf **vertragliche Schuldverhältnisse** anwendbar.

2. Anwendbarkeit des § 313
§ 313 ist **subsidiär**: Anderweitige gesetzliche Regelungen und die vertraglichen Vereinbarungen sind vorrangig.

3. Störung der Geschäftsgrundlage
a) Geschäftsgrundlage
Als Geschäftsgrundlage werden sowohl **objektive als auch subjektive Umstände** angesehen.
b) „Störung"
aa) Entscheidende Änderung (§ 313 Abs. 1) oder anfängliches Fehlen (§ 313 Abs. 2)
Die Umstände, die Geschäftsgrundlage des Vertrags geworden sind, müssen sich entscheidend geändert oder von Anfang an gefehlt haben. Hierbei muss es sich bei § 313 Abs. 1 um eine **schwerwiegende Veränderung** oder bei § 313 Abs. 2 um die **Unrichtigkeit wesentlicher Vorstellungen** handeln.
bb) Kein Vertragsschluss bei vorhersehbarer Änderung
Die Parteien müssten darauf verzichtet haben, einen Vertrag abzuschließen, wenn sie die entscheidende Änderung vorhergesehen hätten; **hypothetischer Abwägungsakt**.
cc) Unzumutbarkeit des Festhaltens am unveränderten Vertrag
Das Festhalten am unveränderten Vertrag muss für eine der Parteien **unzumutbar** sein. Im Rahmen dieser Zumutbarkeitsprüfung müssen **sämtliche Umstände des Einzelfalls**, insbesondere die vertragliche und gesetzliche **Risikoverteilung** berücksichtigt werden.

II. Rechtsfolgen

1. Primär: Anspruch auf Vertragsanpassung
In erster Linie kann die benachteiligte Partei einen Anspruch auf **Anpassung des Vertrags** an die geänderten Umstände geltend machen; Beispiel: Herabsetzung des Kaufpreises.

2. Subsidiär: Rücktritt bzw. Kündigung
Wenn eine Anpassung des Vertrages an die neuen Verhältnisse nicht möglich oder für einen Teil unzumutbar ist, besteht gem. § 313 Abs. 3 Satz 1 ein **Rücktrittsrecht**; dieses ist für Dauerschuldverhältnisse gem. § 313 Abs. 3 Satz 2 als **Kündigungsrecht** ausgestaltet.

1470 Schema 22: **Aufrechnung, §§ 387 ff.**

I. Voraussetzungen

1. Aufrechnungslage, § 387
a) Gegenseitigkeit der Forderungen
Die beiden Forderungen, die aufgerechnet werden sollen, müssen zwischen denselben Parteien bestehen, d.h. jeder der beiden Beteiligten muss also sogleich Gläubiger und Schuldner des anderen sein. Beachte aber **§ 406**!
b) Gleichartigkeit der Forderungen
Die Forderungen müssen nach ihrem Gegenstand **gleichartig** sein. Gleichartig in diesem Sinne sind letztlich nur Geld- oder Gattungsschulden. Das Erfordernis der Gleichartigkeit setzt **keine Konnexität** voraus.
c) Durchsetzbarkeit der Gegenforderung
Die Gegenforderung des Aufrechnenden, mit der aufgerechnet wird, muss **bestehen, fällig und einredefrei** sein. Beachte aber **§ 215**!
d) Erfüllbarkeit der Hauptforderung
Der Aufrechnende muss berechtigt sein, die Hauptforderung schon jetzt zu erfüllen. Anders als bei der Gegenforderung ist keine Einredefreiheit erforderlich.

2. Kein Aufrechnungsausschluss
a) durch Vertrag
Den Parteien steht wegen der Vertragsfreiheit offen, eine Aufrechnung **vertraglich** auszuschließen; Beachte jedoch § 309 Nr. 3 und § 307! Im Einzelfall kann das Berufen auf das Aufrechnungsverbot gegen § 242 verstoßen.
b) durch Gesetz
aa) Hauptforderung aus Delikt, § 393
Die Hauptforderung darf nicht aus einer **vorsätzlich unerlaubten Handlung** stammen; Aufrechnungsverbot greift jedoch nicht ein, wenn **auch die Gegenforderung auf einer vorsätzlichen unerlaubten Handlung beruht** (streitig).
bb) Hauptforderung unpfändbar, § 394
Gegen eine **unpfändbare Hauptforderung** kann nicht aufgerechnet werden. Unpfändbar sind Forderungen, soweit sie nicht abtretbar sind, vgl. §§ 851 ZPO, § 399.
cc) Hauptforderung beschlagnahmt, § 392
Ist eine Forderung **gepfändet**, darf der Schuldner diese nicht erfüllen.

3. Aufrechnungserklärung, § 388
Die Aufrechnungserklärung ist eine **einseitige, empfangsbedürftige Willenserklärung**. Sie kann gem. § 388 Satz 2 grundsätzlich weder **bedingt** noch **befristet** erklärt werden.

II. Rechtsfolge

Nach § 389 gelten die Forderungen, soweit sie sich decken, als in dem Zeitpunkt **erloschen**, in welchem sie zur Aufrechnung geeignet einander gegenübergetreten sind. Die Aufrechnung wirkt also auf den Zeitpunkt des Entstehens der Aufrechnungslage **zurück**.

Schema 23: **Rücktritt**

I. Voraussetzungen

1. Rücktrittsrecht
a) Vertraglich
Die Parteien können aufgrund der **Vertragfreiheit** ein vertragliches Rücktrittsrecht vereinbaren; dies ist auch **konkludent** möglich. Beachte bei der **formularmäßigen Vereinbarung** einer Rücktrittsklausel § **308 Nr. 3**, dessen Rechtsgedanke über § 307 Abs. 2 Nr. 1 auch im unternehmerischen Verkehr gilt.
b) Gesetzlich
Ein gesetzliches Rücktrittsrecht kann sich beispielsweise ergeben aus §§ 313 Abs. 3, 323 Abs. 1, 326 Abs. 5, 437 Nr. 2, 634 Nr. 3.

2. Rücktrittserklärung
Als Gestaltungsrecht bedarf der Rücktritt einer Rücktrittserklärung, § 349, die grundsätzlich **bedingungs- und befristungsfeindlich**, **formfrei** und **unwiderruflich** ist.

II. Rechtsfolgen

1. Erlöschen der Leistungspflichten
Die Leistungspflichten **erlöschen**; es bestehen nach einem wirksam erklärten Rücktritt **keine Ansprüche mehr auf die bisherigen Leistungen**.

2. Rückabwicklung des Vertrages
a) Rückgabeansprüche
Nach erfolgtem Rücktritt sind gem. § 346 Abs. 1 die empfangenen Leistungen zurückzugewähren. Es handelt sich um eine Leistungspflicht, die auf die Leistungen „in natura" gerichtet sind. Es erfolgt **keine dingliche Rechtsänderung**, vielmehr kommt es zu einem **Rückgewährschuldverhältnis**. Die Rückgabe hat gem. § 348 Satz 1 **Zug um Zug** zu erfolgen; jede Partei kann daher nach § 320 Abs. 1 Satz 1 die ihr obliegende Rückgabe solange verweigern, bis auch die Gegenseite ihrerseits die Rückgabe der empfangenen Leistung anbietet.
b) Wertersatzansprüche
aa) Grundsatz, § **346 Abs. 2**
(1) Rückgewähr ausgeschlossen nach § 346 Abs. 2 Satz 1
(2) Rückgewähr sonst unmöglich, § 346 Abs. 2 Satz 1 Nr. 2 und 3
bb) Ausschluss des Wertersatzes, § **346 Abs. 3**

(1) § 346 Abs. 3 Nr. 1
(2) § 346 Abs. 3 Nr. 2
(3) § 346 Abs. 3 Nr. 3
(4) Herausgabe der Bereicherung, § 346 Abs. 3 Satz 2
c) **Nutzungsersatzansprüche**
aa) Gezogene Nutzungen, § 346 Abs. 1, 2. Alt.
bb) Nicht gezogene Nutzungen, § 347 Abs. 1
d) **Schadensersatzansprüche**
Der Gläubiger kann wegen **Verletzung einer Pflicht aus § 346 Abs. 1** gem. § 346 Abs. 4 nach Maßgabe der §§ 280–283 Schadensersatz verlangen.
e) **Verwendungsersatzansprüche**
Gem. § 347 Abs. 2 hat der Rückgewährschuldner Anspruch auf Ersatz seiner „**notwendigen**" Verwendungen. Notwendig sind solche Verwendungen, die zur Erhaltung oder ordnungsgemäßen Bewirtschaftung der Sache objektiv erforderlich sind und die dem Rückgewährgläubiger infolgedessen eigene Aufwendungen ersparen.

1472 Schema 24: **Die Verursachung des Schadens als Haftungsgrund**

I. Haftungsbegründender Tatbestand

Der haftungsbegründende Tatbestand für einen Anspruch auf Schadensersatz ist in der jeweiligen Haftungsnorm zu suchen, also bspw. in § 823 Abs. 1.

II. Haftungsausfüllender Tatbestand

1. Kausalität
Auch im Rahmen der Haftungsausfüllung hat eine Kausalitätsprüfung zu erfolgen: Nach der **Äquivalenztheorie** ist für einen entstehenden Schaden jede Ursache gleichermaßen zu berücksichtigen, die zu dem jeweiligen Schaden geführt hat. Ursächlich ist im Falle des positiven Tuns danach jede Bedingung, die nicht hinweggedacht werden kann, ohne dass der Erfolg entfiele, „**condicio sine qua non**". Ein Unterlassen ist dann ursächlich, wenn die unterlassene Handlung nicht hinzugedacht werden kann, ohne dass sogleich der Erfolg mit an Sicherheit grenzender Wahrscheinlichkeit entfiele.

2. Kriterien der objektiven Zurechnung
a) **Adäquanz**
Nach der **Adäquanztheorie** ist der eingetretene Schaden dem Handelnden nur dann zuzurechnen, wenn die von ihm gesetzte Bedingung im Allgemeinen und nicht nur unter ganz besonders eigenartigen, ganz **unwahrscheinlichen** und nach dem regelmäßigen Verlauf der Dinge außer Betracht zu lassenden Umständen zur Herbeiführung eines Erfolgs geeignet war: Es werden also ganz außergewöhnliche Sachverhaltsketten ausgeschlossen.
b) **Schutzzweck der Norm**
Ein Schaden soll dem Schädiger nur dann zugerechnet werden, wenn er nach seiner Art und seiner Entstehungsweise in den **Schutzbereich der ver-**

letzten **Haftungsnorm** fällt und vom Schutzzweck der konkret verletzten Rechtsnorm erfasst ist. Es ist also danach zu fragen, ob die verletzte Norm gerade den eingetretenen Schaden verhindern wollte.

3. Rechtmäßiges Alternativverhalten
Der pflichtwidrig verursachte Schaden wäre in gleicher Weise auch bei einem **rechtmäßigen Verhalten** des Schädigers entstanden. Dieser Einwand ist zulässig (streitig).

4. Hypothetische Kausalität
Der Schädiger beruft sich darauf, dass der Schaden ganz oder teilweise auch ohne sein Verhalten aufgrund anderer, bereits vorhandener oder später eingetretener Umstände eingetreten wäre. Insbesondere die **Schadensanlage** ist als **Reserveursache** anerkannt.

5. Herausforderungsfälle
Die konkrete Entstehung des Schadens wird erst durch einen **eigenen Willensentschluss des Geschädigten** vermittelt, doch dieser beruht letztlich auf dem Verhalten des Schädigers. Ob hier eine Zurechnung des Schadens erfolgen kann, ist letztlich eine Wertungsfrage: Durfte sich der Verletzte **herausgefordert** fühlen?

Schema 25: Art und Umfang des Schadensersatz, §§ 249 ff.

I. Art des Schadensersatzes

1. Grundsatz: Naturalrestitution, § 249 Abs. 1
Der Schädiger ist in der Regel dazu verpflichtet, den von ihm verursachten und ihm zurechenbaren Schaden durch **Naturalrestitution** zu ersetzen, d.h. einen **wirtschaftlich gleichwertigen Zustand** herzustellen.

2. Ausnahmsweise: Entschädigung in Geld
a) Wertersatz gem. § 249 Abs. 2
Der Gläubiger kann bei Verletzung einer Person oder Beschädigung einer Sache den für die Naturalrestitution erforderlichen Geldbetrag verlangen; der Gläubiger hat insoweit eine **Ersetzungsbefugnis**. Dieser Wertersatzanspruch setzt voraus, dass die **Herstellung noch möglich** ist.
b) Geldersatz nach §§ 250, 251
aa) Fristablauf gem. § 250
Der Geschädigte kann vom Schädiger Schadensersatz in Geld verlangen, wenn er dem Ersatzpflichtigen zur Herstellung eine **angemessene Frist mit der Erklärung** bestimmt hat, dass er die Herstellung nach dem Ablauf der Frist **ablehne**.
bb) Unmöglichkeit der Naturalrestitution, § 251 Abs. 1
Soweit die **Herstellung nicht möglich** oder zur Entschädigung des Gläubigers **nicht genügend** ist, hat der Schädiger den Geschädigten in Geld zu entschädigen.
cc) Unverhältnismäßigkeit, § 251 Abs. 2
Der Schuldner kann den Geschädigten dann in Geld entschädigen, wenn die Herstellung nur mit **unverhältnismäßigen Aufwendungen** möglich ist.

II. Umfang des Schadensersatzes

1. Vermögensschaden
Der Umfang des Schadensersatzes konzentriert sich regelmäßig auf Vermögensschäden; bei der Berechnung gilt die **Differenzregelung**: Die Höhe des Vermögensschadens wird dadurch ermittelt, dass man die gegenwärtige Lage mit derjenigen vergleicht, die ohne das Schadensereignis bestünde.

2. Entgangener Gewinn, § 252
Entgangen ist ein Gewinn, sobald eine **tatsächliche Erwerbsaussicht** vorliegt. Beachte die **Beweiserleichterung** in § 252 Satz 2!

3. Vorteilsausgleichung
Wenn das zum Schadensersatz verpflichtende Ereignis dem Geschädigten auch **Vorteile** gebracht hat, sind diese grundsätzlich bei der Schadensberechnung mit zu berücksichtigen. Der Vorteil muss adäquat kausal durch das schadensstiftende Ereignis verursacht worden und die Anrechnung des Vorteils dem Geschädigten **zumutbar** sein.

4. Immaterielle Schäden, § 253
Gem. § 253 Abs. 1 kann wegen eines **Nichtvermögensschadens** eine Entschädigung in Geld nur in den durch das Gesetz bestimmten Fällen gefordert werden. § 253 Abs. 2 normiert den Anspruch auf **Schmerzensgeld**.

5. Gegebenenfalls Mitverschulden, § 254

Schema 26: **Der echte Vertrag zugunsten Dritter, § 328**

I. Voraussetzungen

1. Wirksamkeit des Deckungsverhältnisses
Für die **Wirksamkeit des Deckungsverhältnisses** gelten diejenigen Vertragsregelungen, die auf dieses Verhältnis Anwendung finden, also insbesondere auch **Formvorschriften**. Beachte auch §§ 134, 138!

2. Eigenes Forderungsrecht des Dritten
Im Deckungsverhältnis muss zwischen Gläubiger und Schuldner (zwischen Versprechungsempfänger und Versprechendem) vereinbart worden sein, dass der Dritte ein **eigenes Forderungsrecht** haben soll; dies kann sich gegebenenfalls auch aus einer Auslegung ergeben.

3. Keine Zurückweisung, § 333
Weist der Dritte das aus dem Vertrag erworbene Recht dem Versprechenden gegenüber **zurück**, so gilt das Recht als nicht erworben.

II. Rechtsfolge
Der Begünstigte hat einen **eigenen Anspruch** gegen den Versprechenden. Der Inhalt dieses Anspruchs ergibt sich aus dem Deckungsverhältnis. Beachte auch § 334!

Schema 27: **Der Vertrag mit Schutzwirkung zugunsten Dritter**

I. Voraussetzungen

1. Leistungsnähe
Die Leistungsnähe ist gegeben, wenn der Dritte, der den Anspruch geltend machen möchte, **bestimmungsgemäß** den Gefahren des Schuldverhältnisses so ausgeliefert ist wie der Gläubiger. Der Dritte muss also mit der vom Schuldner zu erbringenden Leistung bzw. dem Leistungsgegenstand in gleicher Weise in Berührung kommen.

2. Schutzpflicht bzw. Schutzinteresse des Gläubigers
Der Gläubiger muss ein **Interesse an der Einbeziehung** des Dritten in den Schutzbereich des Vertrages haben.

3. Erkennbarkeit der Vertragserweiterung für den Schuldner
Die Einbeziehung des Dritten in das Vertragsverhältnis muss für den Schuldner **erkennbar** sein: Der Vertragspartner soll erkennen können, dass sein **Haftungsrisiko** größer wird.

4. Schutzbedürftigkeit des begünstigten Dritten
Der Dritte muss schutzbedürftig sein: Dies ist er nur dann, wenn er keinen eigenen **vertraglichen** Anspruch geltend machen kann.

II. Rechtsfolge

Der Dritte hat unter den Voraussetzungen des § 280 einen **eigenen Schadensersatzanspruch**. Beachte den Rechtsgedanken von § 334: Einwendungen des Schuldners aus dem Vertrag wirken auch gegenüber dem Dritten.

Schema 28: **Die Drittschadensliquidation**

I. Voraussetzungen

1. Anspruch ohne Schaden
Der Ersatzberechtigte muss einen **Ersatzanspruch**, aber **keinen eigenen Schaden** erlitten haben.

2. Schaden ohne Anspruch
Der geschädigte Dritte hat einen **Schaden** erlitten, jedoch gegenüber dem Schädiger **keinen eigenen Schadensersatzanspruch**.

3. Zufällige Schadensverlagerung
Es muss eine **zufällige Schadensverlagerung** eingetreten sein: Aus der Sicht des Schädigers muss es sich um eine zufällige oder atypische Schadensverlagerung handeln. Hier haben sich insbesondere drei Fallgruppen herausgebildet: die **obligatorische Gefahrentlastung**, die **mittelbare Stellvertretung** und die **Obhutsverhältnisse**.

II. Rechtsfolge

Der Schaden wird **zum Anspruch gezogen**, d.h. der Anspruchsberechtigte darf den Drittschaden liquidieren. Der Anspruchsberechtigte ist zur Abtretung des Anspruchs oder zur Herausgabe des Schadensersatzes an den Geschädigten verpflichtet.

Schema 29: Die Abtretung, §§ 398 ff.

I. Voraussetzungen

1. Vertrag
Die rechtsgeschäftliche Abtretung wird durch einen **Vertrag** zwischen Zedent und Zessionar bewirkt, § 398. Es finden sämtliche **Wirksamkeitsregelungen** aus dem Allgemeinen Teil Anwendung. Der Abtretungsvertrag ist grundsätzlich **formfrei** möglich.

2. Bestehen der Forderung beim Zedenten
Die zu übertragende Forderung muss tatsächlich **bestehen** und der Zedent muss auch tatsächlich **der bisherige Gläubiger** der zu übertragenden Forderung sein. Die Abtretung einer **vermeintlichen Forderung** ist nicht möglich. Beachte § 405!

3. Übertragbarkeit der Forderung
Die Forderung muss **übertragbar** sein. Dies ist gem. § 399 1. Alt. nicht der Fall, wenn die Leistung an einen anderen als den ursprünglichen Gläubiger nicht ohne Veränderung ihres Inhalts erfolgen könnte; hiermit sind insbesondere Forderungen aus **höchstpersönlichen Berechtigungen** gemeint. Gem. § 399 2. Alt. ist eine Abtretung ausgeschlossen, wenn eine **Vereinbarung** zwischen dem Zedenten und dem Schuldner diesbezüglich besteht. Beachte auch § 400 bezüglich unpfändbarer Forderungen!

4. Bestimmbarkeit der Forderung
Die abzutretende Forderung muss **bestimmt oder bestimmbar** sein. Bestimmbarkeit ist insbesondere bei der **Globalzession** gegeben. Auch **künftige Forderungen** können abgetreten werden, wenn spätestens bei Entstehung der Forderung feststeht, dass sie von der Abtretung erfasst wird.

II. Rechtsfolgen

1. Übergang der Forderung
Die **Forderung geht über** und es erfolgt ein **Wechsel** in der Position des Gläubigers. Es liegt also ein Verfügungsgeschäft vor.

2. Schuldnerschutzbestimmungen
a) § 404
Es bleiben alle **Einwendungen und Einreden** bestehen, die der Schuldner gegen den bisherigen Gläubiger hatte. Ein **gutgläubiger lastenfreier Erwerb** einer Forderung ist nicht möglich.
b) **Aufrechnung des Schuldners**, § 406

Gem. § 406 1. Alt. **wirkt** die bisher gegenüber dem Zedenten bestehende Aufrechnungslage nunmehr auch gegenüber dem Zessionar **fort**. Ebenso erlaubt die Vorschrift eine Aufrechnung dann, wenn der Schuldner seine Gegenforderung gegen den bisherigen Gläubiger erst **nach der Abtretung** erwirkt.

c) Erfüllung durch den Schuldner, § 407 Abs. 1
Gem. § 407 Abs. 1 muss der neue Gläubiger eine Leistung, die der Schuldner nach der Abtretung **an den bisherigen Gläubiger bewirkt** hat, gegen sich gelten lassen, wenn der Schuldner die Abtretung bei der Leistung **nicht kannte**.

d) Rechtskräftiges Urteil, § 407 Abs. 2 und mehrfache Abtretung, § 408
Nach § 407 Abs. 2 muss der Zessionar ein **rechtskräftiges** Urteil zwischen Schuldner und Zedenten gegen sich gelten lassen, das einen nach der Abtretung anhängig gewordenen Rechtsstreit beendet. Leistet der Schuldner in Kenntnis der zweiten Abtretung an den vermeintlich neuen Gläubiger, wird er durch § 408 Abs. 1 ebenso geschützt wie im Fall des § 407.

Schema 30: **Die Schuldübernahme, §§ 414 ff.**   1478

I. Voraussetzungen

1. Vertrag zwischen Gläubiger und Nichtgläubiger, § 414
Gem. § 414 erfolgt die privative Schuldübernahme in erster Linie durch einen Vertrag zwischen dem **Gläubiger** und einem **Dritten**, der an die Stelle des bisherigen Schuldners treten will. Der Schuldübernahmevertrag ist regelmäßig **formfrei** möglich. Diese Formfreiheit ist jedoch **eingeschränkt**, wenn die übernommene Verpflichtung selbst formbedürftig ist, bspw. bei § 311b Abs. 1 (Übernahme einer Schuld aus einem formbedürftigen Grundstücksverkaufsgeschäft). Die Schuldübernahme ist ein **Verfügungsgeschäft**, doch hat sie regelmäßig auch verpflichtungsvertraglichen Charakter (**Doppelcharakter**), da sie zugleich auch die Leistungspflicht des Dritten enthält.

2. Vertrag zwischen Altschuldner und Neuschuldner, § 415
Gem. § 415 Abs. 1 kann auch ein Übernahmevertrag zwischen **Alt- und Neuschuldner** genügen, um eine privative Schuldübernahme wirksam werden zu lassen. Hierbei ist nach § 415 Abs. 1 Satz 1 jedoch wegen des berechtigten Schutzinteresses die **Genehmigung** des Gläubigers erforderlich. Diese Genehmigung kann gem. § 415 Abs. 1 Satz 2 erst nach Mitteilung an den Gläubiger erfolgen. Sie wirkt gem. § 184 Abs. 1 **ex tunc**, d.h. auf den Zeitpunkt des Vertragsschluss zwischen Alt- und Neugläubiger zurück. Aus §§ 183, 185 Abs. 1 ergibt sich, dass auch die **vorherige Zustimmung** ausreicht. Die Zustimmung kann nach § 182 Abs. 2 **formfrei** erteilt werden; dies gilt auch dann, wenn das übernommene Rechtsgeschäft selbst formbedürftig ist. Auch eine **konkludente** Genehmigung ist möglich. Nach § 415 Abs. 2 Satz 2 können der Alt- oder der Neuschuldner dem Gläubiger bei oder nach der Mitteilung der Schuldübernahme eine **Frist** zur Erklärung über die Genehmigung setzen. Verweigert der Gläubiger diese, so gilt sie als nicht erteilt. Beachte die **Auslegungsregel des § 415 Abs. 3**, die zu § 329 und der dort geregelten Erfüllungsübernahme führt!

3. Übernahme einer Hypothekenschuld, § 416

§ 416 regelt den besonderen Fall der privativen Schuldübernahme, indem der Erwerber eines Grundstücks die auf **diesem lastenden Hypotheken** übernimmt. Da die Hypothek stets mit einer Forderung verbunden ist, sieht § 416 eine erleichterte Schuldübernahme für die entsprechende Forderung vor: Nach Eintragung des Erwerbers in das Grundbuch erfolgt die **Schuldübernahme der Forderung**, die der Hypothek zugrunde liegt, wenn der Veräußerer den Gläubiger von der Schuldübernahme unterrichtet und der Gläubiger nicht innerhalb von sechs Monaten seine Weigerung erklärt. Das Schweigen gilt daher als Genehmigung, sog. **Genehmigungsfiktion**.

II. Rechtsfolgen

Der neue Schuldner tritt **an die Stelle des bisherigen Schuldners**. Der alte Schuldner wird von seiner Leistungsverpflichtung **frei**. Ausschließlich der neue Schuldner ist dem Gläubiger gegenüber zur Erfüllung **verpflichtet**. Der Dritte tritt jedoch nicht in die Rechtsbeziehung zwischen Schuldner und Gläubiger ein, d.h. der **alte Schuldner ist nach wie vor Vertragspartei des Gläubigers**. Der Neuschuldner kann gem. § 417 dem Gläubiger diejenigen **Einwendungen** entgegensetzen, welche sich aus dem Rechtsverhältnis ergeben, das zwischen dem Gläubiger und dem alten Schuldner bestand. Aus § 417 Abs. 2 ergibt sich, dass jedoch solche Einwendungen ausgeschlossen sind, die sich aus dem Verhältnis Alt- und Neuschuldner ergeben. Gem. § 418 erlöschen die für die Forderung bestehenden **Sicherungsrechte**. Dies gilt jedoch nicht, wenn eine Einwilligung vorliegt, § 418 Abs. 1 Satz 3.

Schema 31: **Der Schuldbeitritt**

I. Voraussetzungen

Der Schuldbeitritt ist nicht ausdrücklich im Gesetz geregelt. Er kommt durch einen **Vertrag** (§§ 311, 241) des Beitretenden mit dem Gläubiger oder durch einen Vertrag der beiden Schuldner zugunsten des Gläubigers zustande. Eine **Mitwirkung des Gläubigers** ist im letztgenannten Fall nicht erforderlich. Die Wirksamkeit des Vertrages richtet sich nach den **allgemeinen Voraussetzungen**. Eine besondere **Form** ist nicht zu beachten, es sei denn, hier verlangen andere Vorschriften eine entsprechende Beachtung, bspw. der Schuldbeitritt im Rahmen einer Bürgschaft.

II. Rechtsfolge

Der Gläubiger erhält einen **weiteren Schuldner**, auf den er zurückgreifen kann. Beide sind gemeinsam als **Gesamtschuldner** anzusehen, d.h. der Gläubiger kann sich an jeden von beiden halten. Intern muss dann zwischen den Schuldnern ein Ausgleich erfolgen. § **417 Abs. 1** findet entsprechende Anwendung: Der Beitretende kann dem Gläubiger gegenüber alle **Einwendungen** des Altschuldners entgegenhalten, die im Zeitpunkt des Beitritts begründet waren. Für Einwendungen, die später entstehen, gelten die allgemeinen Vorschriften zur Gesamtschuld, §§ **422–425**.

Schemata

Schema 32: **Die Gesamtschuldnerschaft, §§ 421 ff.**

I. Voraussetzungen

1. Gesetzliche Entstehung
Eine Gesamtschuld kann kraft Gesetzes **infolge besonderer Anordnung** entstehen, bspw. gem. §§ 840 Abs. 1.

2. Vertragliche Entstehung
Bei jeder Schuld gegenüber einem Gläubiger kann eine Gesamtschuld dadurch entstehen, dass mehrere Personen auf der Schuldnerseite dies mit dem Gläubiger **vertraglich** vereinbaren. § 427 gibt für den Fall einer teilbaren Leistung eine entsprechende Auslegungshilfe. § 421 enthält eine allgemeine Regelung für die Begründung eines Gesamtschuldverhältnisses.

3. Die Voraussetzungen des § 421
a) „Schulden mehrere"
Dem Gläubiger müssen **mehrere Schuldner** verpflichtet sein; der **Rechtsgrund** der jeweiligen Verpflichtungen braucht demgegenüber nicht identisch zu sein.

b) „eine Leistung"
Die Ansprüche des Gläubigers müssen auf ein **gleiches Leistungsinteresse** gerichtet sein. **Leistungsinhalt und -umfang** müssen nicht identisch sein.

c) „Jeder die ganze Leistung"
Jeder Schuldner muss zur Bewirkung **der ganzen Leistung** verpflichtet sein. *Beachte:* Hier erfolgt die **Abgrenzung** zur gemeinschaftlichen Schuld und zur Teilschuld!

d) „Der Gläubiger die Leistung nur einmal zu fordern berechtigt ist"
Es darf **keine Kumulation** von Schuldnern gegeben sein. Der Gläubiger darf die Leistung nur einmal zu fordern berechtigt sein.

e) „Gleichstufigkeit"
Hierbei handelt es sich um eine **zusätzliche Voraussetzung** zum Wortlaut des § 421, um eine Abgrenzung zur „cessio legis" und § 255 zu ermöglichen. Die Verbindlichkeiten sind **gleichstufig**, wenn es aus der Sicht des Gläubigers nicht einen Primärleistungspflichtigen gibt. Daher liegt keine Gesamtschuldnerschaft vor, wenn **ein Schuldner nur subsidiär** haften soll, bspw. bei der Bürgschaft. Gleichstufigkeit ist daher z.B. bei **Nebentätern** gegeben.

II. Rechtsfolgen

1. Im Außenverhältnis
Der Gläubiger ist berechtigt, jeden der Gesamtschuldner auf einen Teil oder auf die ganze Leistung in Anspruch zu nehmen; er hat insofern ein **Wahlrecht**.

a) Gesamtwirkende Tatsachen, §§ 422–424
Gem. §§ 422–424 haben die Erfüllung, das Surrogat, der Erlassvertrag und der Gläubigerverzug **Gesamtwirkung**, d.h. diese wirken auch für die übrigen Gesamtschuldner. Im Rahmen des **Erlassvertrages nach § 423** muss jedoch ein entsprechender Wille, ggf. durch Auslegung, dahingehend fest-

gestellt werden, ob die Vertragsschließenden zugleich das ganze Schuldverhältnis aufheben wollen.

b) Einzelwirkende Tatsachen, § 425
Alle übrigen Tatsachen, die **nicht von den §§ 422–424** erfasst sind, haben demgegenüber **Einzelwirkung**, d.h. sie wirken nur für den einzelnen Gesamtschuldner, in dessen Person sie eintreten. Nach § 425 Abs. 2 sind **insbesondere** die Kündigung, der Schuldnerverzug, die Unmöglichkeit der Leistung in der Person eines Gesamtschuldners oder die Verjährung einzelwirkende Tatsachen. Eine anders lautende vertragliche Vereinbarung ist jedoch wegen § 425 Abs. 1 möglich.

2. Im Innenverhältnis
Jeder Gesamtschuldner, der vom Gläubiger für seine Befriedigung ausgesucht worden ist, hat einen **selbstständigen Ausgleichsanspruch** gegen die anderen Gesamtschuldner. Die **Höhe** des Ausgleichsanspruchs ergibt sich aus den vertraglichen Absprachen oder einer gesetzlichen Bestimmung, z.B. aus §§ 840 Abs. 2, Abs. 3, 841. Im Zweifel greift die **Auslegungsregel** in § 426 Abs. 1 Satz 1, d.h. es erfolgt eine Verteilung nach Kopfteilen. Nach **§ 426 Abs. 2** ist zugunsten des in Anspruch genommenen Gesamtschuldners eine **Legalzession** angeordnet; dieser gesetzliche Forderungsübergang sichert den leistenden Gesamtschuldner zusätzlich ab.

C. Definitionen

Abmahnung: die ernsthafte Aufforderung an den Schuldner, eine weitere Zuwiderhandlung gegen seine vertragliche Verpflichtung zu unterlassen.

Abschlussfreiheit: Teil der Vertragsfreiheit; sichert dem Einzelnen zu, dass er frei entscheiden kann, ob er überhaupt, und dann, auf einer zweiten Ebene, mit wem er einen Vertrag abschließen will.

Absolutes Fixgeschäft: liegt vor, wenn die Einhaltung der Leistungszeit so wesentlich ist, dass die verspätete Leistung keine Erfüllung mehr darstellt; abzugrenzen von dem relativen Fixgeschäft.

Abstrakte Schadensberechnung: kommt nur in Ausnahmefällen in Betracht; bei ihr erfolgt eine Schadensberechnung nach dem gewöhnlichen Verlauf der Dinge, die unabhängig von den besonderen Umständen des einzelnen, konkreten Schadensverlaufs bestehen; regelmäßig Vorrang hat jedoch die konkrete Schadensberechnung.

Abstraktionsprinzip: verlangt, dass die Wirksamkeit von Verpflichtungs- und Verfügungsgeschäft unabhängig voneinander beurteilt wird; kennzeichnet zusammen mit dem Trennungsgrundsatz das Verhältnis der beiden Geschäfte zueinander.

Abtretung: abstraktes Verfügungsgeschäft gem. § 398, durch das ein neuer Gläubiger an die Stelle des bisherigen Gläubigers tritt; es kommt also zu einem vollständigen Personenaustausch und zwar durch Rechtsgeschäft, ohne dass der Schuldner zu beteiligen ist; im Gegensatz dazu steht die Legalzession, bei der es aufgrund gesetzlicher Regelung zum Gläubigeraustausch kommt.

Abtretungsverbot: s. pactum de non cedendo

Adäquanztheorie: dient der Einschränkung der Verursachungslehre; sie will einen eingetretenen Schaden dem Handelnden nur dann zurechnen, wenn die von ihm gesetzte Bedingung (also die *condicio*) im Allgemeinen und nicht nur unter ganz besonders eigenartigen, unwahrscheinlichen und nach dem regelmäßigen Verlauf der Dinge außer Betracht zu lassenden Umständen zur Herbeiführung eines Erfolges geeignet war.

Äquivalenztheorie: nach dieser ist für einen entstehenden Schaden jede Ursache gleichermaßen zu berücksichtigen, die zu dem jeweiligen Schaden geführt hat.

Affektionsinteresse: ist ein Schaden, den die beschädigte Sache gerade und ausschließlich für den Geschädigten hat, weil sie eben nur für ihn selbst einen besonderen Wert darstellt.

Aktivforderung: s. Gegenforderung

Alles-oder-Nichts-Prinzip: s. Totalreparation

Anfängliche Unmöglichkeit (gelegentlich auch *ursprüngliche Unmöglichkeit* genannt): liegt vor, wenn diese Art der Leistungsstörung bereits bei der Entstehung des Schuldverhältnisses vorhanden war; das Leistungshindernis muss bereits bei Vertragsschluss vorgelegen haben.

Definitionen

Annahmeverzug (auch *Gläubigerverzug* genannt): Situation, in der der Gläubiger die Leistung des Schuldners nicht annimmt, obwohl der Schuldner sie ihm ordnungsgemäß, insbesondere zum rechten Zeitpunkt, angeboten hat. Unterlässt der Gläubiger die ihm obliegende Annahme der Leistung, gerät er unter den in § 293 normierten Voraussetzungen in den sog. Annahmeverzug.

Anspruch: Recht, von einem anderen ein Tun oder Unterlassen zu verlangen; legaldefiniert in § 194 Abs. 1.

Aufrechnung: ist ein Erfüllungssurrogat; der Schuldner kann dadurch das Schuldverhältnis zum Erlöschen bringen, wenn er seinerseits eine eigene Forderung gegen den Gläubiger hat. Aus Vereinfachungsgründen können die beiden Forderungen, die einander gegenüberstehen, nämlich gem. den §§ 387 ff. miteinander verrechnet werden.

Aufrechnungslage: ergibt sich aus § 387; verlangt ist die Gegenseitigkeit der Forderungen, zum anderen müssen die Forderungen gleichartig sein, des Weiteren muss die sog. Gegenforderung durchsetzbar sein, schließlich muss die Hauptforderung erfüllbar sein.

Ausgleichsanspruch: relevant im Gesamtschuldverhältnis; nach § 426 Abs. 1 erhält jeder Gesamtschuldner, der vom Gläubiger für seine Befriedigung ausgesucht worden ist, nunmehr einen selbstständigen Ausgleichsanspruch gegen die anderen Gesamtschuldner.

Austauschtheorie (auch *Surrogationstheorie* genannt): bei der Berechnung eines Schadensersatzanspruchs relevant: Hier geht man davon aus, dass die Leistung und die Gegenleistung unverändert auszutauschen sind, auch wenn eine der beiden Leistungen unmöglich geworden ist. Unabhängig von der Gegenleistung tritt also allein der vom Schuldner zu erbringende Schadensersatzanspruch an die Stelle seiner unmöglich gewordenen eigentlichen Leistung. Es kommt unverändert zum Austausch zweier Leistungen: Der Schuldner leistet nunmehr den Schadensersatz, der Gläubiger hingegen ist unverändert berechtigt und verpflichtet, seine Gegenleistung zu erbringen.

Befreiende Schuldübernahme: s. privative Schuldübernahme

Beiderseitig zu vertretende Unmöglichkeit: Fälle, in denen nicht nur eine, sondern beide Vertragsparteien die Unmöglichkeit zu verantworten haben, und die v. a. aufbautechnisch schwierig in den Griff zu bekommen sind.

Bestimmtheitsgrundsatz: bezieht sich auf das Erfordernis der Bestimmtheit der Leistung: Aus dem Grundsatz folgt, dass bei jedem vertraglichen Schuldverhältnis die Leistungsinhalte beider Parteien im Hinblick auf die zu erbringende Primärleistungspflicht genau bestimmt sein müssen; denn nur dann weiß der jeweilige Schuldner der einzelnen Leistung, was er zu tun hat.

Bewirken: der Leistung führt zur Erfüllung, wenn der richtige Schuldner die richtige Leistung zur richtigen Zeit am richtigen Ort und an den richtigen Gläubiger erbringt.

Bringschuld: Leistungsvereinbarung, der zufolge der Schuldner die Leistung zum Gläubiger bringen muss.

Definitionen

Bruchteilsgläubigerschaft: Form der gemeinsamen Gläubigerschaft, bei der der Gegenstand, auf den die Gemeinschaft der Gläubiger gerichtet ist, nicht real geteilt ist; vielmehr hat jeder der Gläubiger nur ein durch die Mitberechtigung der Übrigen beschränktes, ideelles Recht an dem Gegenstand, der in der Realität ungeteilt ist.

commodum ex re/ex negotiatione: relevant beim stellvertretenden commodum; die allgemeinen Surrogate, also der Ersatzgegenstand sowie ein Ersatzanspruch werden als „**commodum ex re**" bezeichnet, sie sind unproblematisch vom stellvertretenden commodum erfasst; umstritten ist, ob auch solche Vermögenswerte erfasst sind, die der Schuldner infolge eines Rechtsgeschäfts als Entgelt erzielt, also das sog. „**commodum ex negotiatione**".

condicio-sine-qua-non: relevant für die Zurechnung von Schäden und Verletzungen; ursächlich ist danach jede Bedingung, die nicht hinweggedacht werden kann, ohne dass der Erfolg entfiele.

culpa in contrahendo: Umschreibung für das vorvertragliche Schuldverhältnis; schon in der vorvertraglichen Situation besteht zwischen den künftigen Vertragspartnern ein Schuldverhältnis mit bestimmten Rechten und Pflichten; ursprünglich nicht vom BGB vorgesehen, mittlerweile ausdrücklich in § 311 Abs. 2 normiert.

Deckungsverhältnis: im Vertrag zugunsten eines Dritten der ursprüngliche Verpflichtungsvertrag zwischen Gläubiger und Schuldner, also zwischen Versprechensempfänger und Versprechenden, aus dem der Dritte unmittelbar einen eigenen Leistungsanspruch gegen den Schuldner (also den Versprechenden) erwirbt.

Differenztheorie: relevant beim Schadensersatzanspruch; hier tritt der Schadensersatz an die Stelle von Leistung und Gegenleistung. Man geht also nicht von den beiden Einzelleistungen aus, sondern stattdessen von einer vertraglichen Einheit. Der Gläubiger hat in dieser Situation nur noch eine einseitige Geldforderung, die sich auf die Höhe der Differenz zwischen Leistung und Gegenleistung beläuft. Das führt dazu, dass im Ergebnis der Wert derjenigen Leistung, die unmöglich ist bzw. geworden ist, und der Wert der Gegenleistung, die nun nicht mehr erbracht werden muss, zu bloßem Rechnungsposten eines einzigen, dem Gläubiger zustehenden Schadensersatzanspruches werden.

Drittschadensliquidation: greift in Sachverhaltsgestaltungen ein, in denen der Gläubiger einen Anspruch geltend macht, allerdings nicht für sich, sondern für einen Dritten; bedeutsam in einigen Konstellationen (zufällige Schadensverlagerung, mittelbare Stellvertretung, Obhutsfälle), in denen zwar der Gläubiger einen Anspruch, aber keinen Schaden, der Dritte einen Schaden, aber keinen Anspruch hat.

Durchsetzbarkeit: Anspruch ist durchsetzbar, wenn keine dauernden oder hemmenden Einreden für den Schuldner bestehen, die ihn dazu berechtigen, die Leistung zu verweigern.

Echter Vertrag zugunsten Dritter: ist ein Vertrag zugunsten eines Dritten, bei dem dieser einen eigenen Anspruch auf die Leistung durch den Schuldner erhält; geregelt ist er in § 328; *Gegenbegriff:* unechter Vertrag zugunsten eines Dritten, bei dem der Dritte keinen eigenen Anspruch erhält.

Definitionen

Einzelwirkende Tatsachen: relevant bei der Gesamtschuldnerschaft; gemeint sind Tatsachen, die Auswirkungen auf das Rechtsverhältnis nur zwischen dem Gläubiger und demjenigen Gesamtschuldner haben, in dessen Person sie eintreten; geregelt ist dies in § 425.

Entgangener Gewinn: relevant bei der Schadensberechnung; entgangen ist ein Gewinn, sobald eine tatsächliche Erwerbsaussicht vorliegt; er ist gem. § 252 zu ersetzen.

Erfüllung: stellt den Regelfall für das Erlöschen eines Schuldverhältnisses dar und ist in §§ 362–371 geregelt; sie setzt voraus, dass der Schuldner seine Leistung ordnungsgemäß bewirkt, das heißt erbringt.

Erfüllungsgehilfe: wer nach den tatsächlichen Gegebenheiten des Falles mit Willen des Schuldners bei der Erfüllung der diesem obliegenden Pflichten als seine Hilfsperson tätig wird, relevant v. a. im Rahmen des § 278.

Erfüllungsübernahme: nach § 329 die Pflicht eines Dritten gegenüber dem Schuldner, dessen Schuld gegenüber dem Gläubiger zu erfüllen.

Erfüllungsort: s. Leistungsort

Erlass: in § 397 Abs. 1 geregelt; der Gläubiger verzichtet auf die Erbringung der Leistungspflicht.

Erlöschen der Schuld: meint ihren Untergang – regelmäßig durch Erfüllung oder eines ihrer Surrogate, auch durch Unmöglichkeit.

Ersetzungsbefugnis (auch als *„alternative Ermächtigung"*, *facultas alternativa*, bezeichnet): diese ist gegeben, wenn zwar nur eine Leistung geschuldet wird, wenn aber andererseits der Schuldner gleichwohl berechtigt ist, an deren Stelle eine andere Leistung zu erbringen.

Essentialia negotii: meint die wesentlichen Vertragsbestandteile, also Leistung, Gegenleistung und die beiden Vertragsparteien.

Facultas alternativa: s. Ersetzungsbefugnis

Fälligkeit: liegt vor, wenn Gläubiger berechtigt ist, die Leistung zu fordern – dies ergibt sich regelmäßig aus dem, was die Parteien vereinbart haben. Im Zweifel ist die Leistung, wie § 271 bestimmt, sofort fällig.

Fahrlässigkeit: gesetzlich in Absatz 2 des § 276 legaldefiniert; danach handelt fahrlässig, wer die im Verkehr erforderliche Sorgfalt außer Acht lässt; dabei gilt nach ganz überwiegender Auffassung im Zivilrecht ein objektivierter Fahrlässigkeitsmaßstab; unterteilt sich in verschiedene Stufen, v. a. grobe und leichteste Fahrlässigkeit.

Fehlgeschlagene (frustrierte) Aufwendungen: relevant im Schadensersatzrecht; gemeint sind solche Fälle, in denen der Geschädigte bereits vor dem Schadensfall Gebrauchsvorteile erworben hat, die er nach dem schädigenden Ereignis, etwa infolge der Verletzung seiner Person, nicht mehr nutzen kann; umstritten, ob hier ein ersatzfähiger Vermögensschaden gem. § 251 Abs. 1 vorliegt.

Fiktive Reparaturkosten: können nach § 249 Abs. 2 ersetzt verlangt werden; der vom Schädiger zu ersetzende Geldbetrag, den der Geschädigte im Wege seiner Ersetzungsbefugnis verlangt, kann nämlich bei der Sachbeschädigung auch dann verlangt werden, wenn eine Reparatur durch den Geschädigten überhaupt nicht erfolgt.

Formfreiheit: eine besondere Ausgestaltung der Inhaltsfreiheit; beherrscht das gesamte Schuldrecht und legt fest, dass die Parteien grundsätzlich dazu berechtigt sind, einen schuldrechtlichen Vertrag formlos abzuschließen; eingeschränkt ist sie dort, wo Formvorschriften bestehen.

Garantievertrag: jemand verpflichtet sich unabhängig von anderen Verträgen dazu, die Gewähr zur Erreichung eines bestimmten Ziels zu bieten.

Gattungsschuld: liegt vor, wenn die geschuldete Leistung nicht konkret, sondern nur nach generellen, allgemeinen Merkmalen bestimmt ist, also etwa nach der Sorte, dem Gewicht, der Herkunft oder dem Typ. Der Schuldner kann seine Leistungspflicht dadurch erbringen, dass er irgendeinen Gegenstand aus der Gattung liefert, sofern dieser Gegenstand gem. § 243 eine mittlere Art und Güte aufweist.

Gefährdungshaftung: an immer zahlreicheren Stellen im Zivilrecht wird unter Abkehr vom Verschuldensprinzip jemand allein deshalb, weil er eine bestimmte Gefahrenquelle betreibt, zum Ersatz des daraus entstehenden Schadens verpflichtet, auch wenn ihn kein Verschulden trifft.

Gefälligkeitsverhältnis: vertragliche oder quasivertragliche Verbindung, die eine bloße Gefälligkeit zum Gegenstand hat; je nach Gestaltung bestehen Primär- oder lediglich Nebenleistungs- oder sogar keine Pflichten.

Gegenforderung (auch *Aktivforderung* genannt): wird bei der Aufrechnung als Forderung des Aufrechnenden angesehen.

Gegenseitig der Forderungen: relevant bei der Aufrechnung; die beiden Forderungen, die aufgerechnet werden sollen, müssen zwischen denselben Parteien bestehen; jeder der beiden Beteiligten muss also sogleich Gläubiger und Schuldner des anderen sein; zwischen den von der Aufrechnung betroffenen Personen ist eine strenge Identität verlangt.

Gemeinschaftliche Gläubigerschaft: Konstellation, in der Gläubiger in ihrer Gesamtheit berechtigt werden; der Schuldner kann also mit befreiender Wirkung nur an alle gemeinschaftlich leisten und jeder einzelne Gläubiger kann zugleich nur die Leistungen an alle gemeinschaftlich verlangen; die gemeinschaftliche Gläubigerschaft tritt in drei verschiedenen Formen auf: als Bruchteilsgläubigerschaft, bei unteilbaren Leistungen gem. § 432 und schließlich auch als Gesamtgläubigerschaft.

Gemeinschaftliche Schuldnerschaft: im Gesetz nicht geregelt; bei ihr ist das Interesse des Gläubigers an der von einer Mehrheit von Schuldnern zu erbringenden Leistung unteilbar; zugleich kann die Gesamtleistung der Schuldner nicht von einem einzigen Schuldner allein und vollständig erbracht werden, vielmehr ist dazu das gemeinsame Zusammenwirken aller Schuldner erforderlich; sie liegt vor, wenn sich eine Forderung gegen eine Mehrheit von Schuldnern gemeinsam richtet, diese Forderung und die dahinter stehende Leistung allerdings nur von allen Schuldnern gemeinsam erbracht werden kann.

Gesamtgläubigerschaft: eine Form der gemeinschaftlichen Gläubigerschaft, die auf einen gemeinschaftlichen Leistungsempfang gerichtet ist; geregelt in § 428.

Definitionen

Gesamtschuldnerschaft: Form der Mehrheit von Schuldnern, bei der mehrere Schuldner eine Leistung derart zu bewirken haben, dass der Gläubiger nach seinem Belieben von jedem Schuldner ganz oder teilweise die Leistung verlangen kann, insgesamt jedoch nur ein einziges Mal; leistet einer der Schuldner, werden auch die anderen befreit; der leistende Schuldner hat in diesem Fall einen Ausgleichsanspruch gegen seine Mitschuldner.

Gesamtwirkende Tatsachen: relevant bei der Gesamtschuld; geregelt in den §§ 422–424; diejenigen Tatsachen (wie etwa Erfüllung), die bei Eintritt gegenüber allen Gesamtschuldnern wirken (im Gegensatz zu den einzelwirkenden Tatsachen).

Gestörte Gesamtschuld: liegt vor, wenn die Haftung eines von mehreren Gesamtschuldnern, insbesondere von Mitschädigern, gegenüber dem Geschädigten vertraglich oder gesetzlich ausgeschlossen oder beschränkt ist.

Gläubiger: der Inhaber eines Leistungsanspruchs aus einem Schuldverhältnis.

Gläubigerverzug: s. Annahmeverzug

Gleichartigkeit der Forderungen: relevant bei der Aufrechnung; gleichartig sind letztlich nur Forderungen auf Geld bzw. Forderungen bei Gattungsschulden, wenn es um dieselbe Gattung geht

Gleichrangigkeit: s. Gleichstufigkeit

Gleichstufigkeit (auch *Gleichrangigkeit* genannt): bei der Gesamtschuldnerschaft zusätzliche, ungeschriebene Voraussetzung; entscheidend ist danach, dass es aus der Sicht des Gläubigers nicht einen Primärleistungspflichtigen gibt; es liegt daher keine Gesamtschuld vor, wenn einer der Schuldner nur subsidiär haften soll, wie dies etwa bei der Bürgschaft der Fall ist, wo lediglich einer für die Liquidität des anderen im Notfall einstehen soll.

Globalzession: umfassende Abtretung, bei der alle künftigen Forderungen vom Zedenten, die in seinem Geschäftsbetrieb entstehen, an den Zessionar abgetreten werden.

Haftungsausfüllende Kausalität: bei ihr geht es immer darum, ob der Schaden, der durch das konkrete Verhalten, d.h. durch die haftungsbegründende Situation entstanden ist, dem Schädiger auch noch zuzurechnen ist.

Haftungsausfüllender Tatbestand: beschreibt, welcher Schaden bzw. Schadensumfang zu ersetzen ist; geregelt allgemein in den §§ 249 ff.; diese Normen widmen sich also ausschließlich diesem zweiten Teil eines Schadensersatzanspruches, der Haftungsausfüllung.

Haftungsbegründende Kausalität: fragt danach, ob eine rechtswidrige Handlung ursächlich für eine Verletzung war.

Haftungsbegründender Tatbestand: relevant für einen Anspruch auf Schadensersatz; ist in der konkreten Haftungsnorm zu suchen; also etwa in § 823 Abs. 1, genauso gut auch in § 280 Abs. 1; deren Voraussetzungen müssen erfüllt sein, damit ein Schadensersatzanspruch begründet werden kann.

Hauptforderung (auch *Passivforderung* genannt): bei der Aufrechnung die Forderung, gegen die aufgerechnet wird.

Definitionen

Hauptleistungspflicht: diejenige *Leistungspflicht*, die für das konkrete Schuldverhältnis wesentlich ist und es zentral ausmacht; Hauptleistungspflichten bestimmen insofern den gesamten Schuldvertragstypus.

Herausforderungsfälle: relevant für die Verursachungszurechnung; dadurch gekennzeichnet, dass die konkrete Entstehung des Schadens erst durch einen eigenen Willensentschluss des Geschädigten vermittelt wird, doch dieser Willensentschluss des Geschädigten letztlich auf dem Verhalten des Schädigers beruht.

Holschuld: Leistungsvereinbarung, der zufolge der Gläubiger die Leistung beim Schuldner abholen muss.

Hypothetische Kausalität: relevant für die Verursachungszurechnung; der Schädiger beruft sich darauf, dass der Schaden ganz oder teilweise auch ohne sein Verhalten eingetreten wäre, und zwar aufgrund anderer bereits vorhandener oder später eingetretener Umstände.

Immaterielle Schäden: sind Nichtvermögensschäden; im Schadensersatzrecht regelmäßig nicht zu ersetzen, wenn nicht das Gesetz anderes vorsieht; zudem zu beachten: der Kommerzialisierungsgedanke führt dazu, dass eigentlich immaterielle Schäden als Vermögensschäden gewertet werden (z.B. Nutzungsausfall, vertaner Urlaub).

Inhaltsfreiheit (häufig auch als *Gestaltungsfreiheit* bezeichnet): darunter versteht man die Ausprägung der Vertragsfreiheit, der zufolge die Vertragsparteien frei darüber entscheiden können, was sie als Inhalt des Vertrages vereinbaren möchten.

Klammerprinzip: Aufbau- und Strukturprinzip des BGB; danach wurden jeweils die allgemeinen Regelungen „vor die Klammer" gezogen und gelten für alle besonderen Teile gleichermaßen; dies gilt für das 1. Buch des BGB gegenüber allen anderen Büchern ebenso wie für das Allgemeine Schuldrecht, das für alle besonderen Schuldrechtsverhältnisse gilt.

Konfusion: liegt vor, wenn Forderung und Schuld bei ein und derselben Person zusammenfallen.

Konkrete Schadensberechnung: ist der Regelfall; der Schädiger ist daher nur zum Ersatz des konkreten Schadens verpflichtet, also zum Ersatz desjenigen Schadens, der sich nach den besonderen Umständen des Einzelfalls ergibt; dabei kommt es zu einer Differenzrechnung, so dass der Vermögensschaden in der konkreten Situation durch den Vergleich der beiden Situationen mit und ohne Schadensereignis zu ermitteln ist; Gegenbegriff ist die abstrakte Schadensberechnung.

Konkretisierung: Vorgang, durch den eine Gattungsschuld im Nachhinein durch bestimmte Umstände auf einen ganz bestimmten Gegenstand beschränkt wird; liegt gem. § 243 Abs. 2 vor, wenn der Schuldner „das zur Leistung einer solchen Sache seinerseits Erforderliche getan" hat.

Kontrahierungszwang: im Wege des Verlusts der Vertragsfreiheit besteht die Verpflichtung, einen Vertrag abzuschließen, etwa für einen Monopolisten.

Kumulative Schuldübernahme: s. Schuldbeitritt

Definitionen

Legalzession (auch *Cessio legis* genannt): bei ihr kommt es aufgrund gesetzlicher Regelung durch Forderungsübergang zum Gläubigeraustausch, im Gegensatz zur Abtretung, wo dies durch Vertrag geschieht.

Lehre vom faktischen Vertrag: früher sehr weit verbreitet; sie besagte, dass auch Verträge ohne das Vorhandensein von konkreten Willenserklärungen allein durch sozialtypisches Verhalten zustande kommen könnten; heute überholt und nicht mehr vertreten; statt dessen Rückgriff auf allgemeine Vertragsabschlusslehre.

Leistung an Erfüllungs statt: gemeint ist, dass der Gläubiger eine andere als die geschuldete Leistung (an Erfüllungs statt) annimmt; diese Entscheidung beruht auf dem freien Willen des Gläubigers: Er muss nicht verlangen, was ihm zusteht, vielmehr kann er auch das annehmen, was er möchte, und dadurch den gleichen Erfolg herbeiführen, als hätte er die eigentlich geschuldete Leistung angenommen hätte. Geschieht dies, erlischt das Schuldverhältnis.

Leistung erfüllungshalber: der Schuldner übernimmt bei diesem Erfüllungssurrogat gegenüber dem Gläubiger „neben" der bereits bestehenden noch zusätzlich eine neue Verbindlichkeit. Ist dies der Fall, so bleibt nach § 364 Abs. 2 im Zweifel die bisherige Verbindlichkeit bestehen.

Leistungsangebot: relevant besonders beim Gläubigerverzug; Schuldner muss die Leistung dem Gläubiger so offerieren, dass dieser nichts anderes mehr tun muss, als die Leistung anzunehmen; die Rechtsprechung formuliert sehr griffig, dass der Schuldner die Leistung dem Gläubiger so anbieten muss, dass er „nichts weiter zu tun hat als zuzugreifen"; tatsächliches Angebot ggf. ersetzbar durch wörtliches Angebot, ggf. sogar entbehrlich.

Leistungsort: wo die Leistung zu erbringen ist, ist Frage des Leistungsorts, vom Gesetz gelegentlich auch als Erfüllungsort bezeichnet; abhängig davon, ob Hol-, Schick- oder Bringschuld vereinbart ist.

Leistungsstörungen: im weitesten Sinne die Verletzung derjenigen schuldrechtlichen Pflichten, die der Schuldner gegenüber dem Gläubiger beachten bzw. erfüllen muss.

Leistungsverweigerungsrecht (auch *Zurückbehaltungsrecht* genannt): selbst wenn der Schuldner eigentlich zur Leistung verpflichtet ist, sie also insbesondere fällig ist, kann er möglicherweise seine Leistung zurückhalten, wenn er seinerseits einen Anspruch gegen den Gläubiger hat; geregelt vor allem in §§ 273, 320.

Leistungszeit: derjenige Zeitpunkt, in dem der Schuldner auf der einen Seite die Leistung erbringen darf, zudem jedoch auf der anderen Seite auch der Schuldner spätestens seine Leistung erbringen muss, also wann die Leistung fällig ist.

Mahnung: ist eine einseitige empfangsbedürftige, an den Schuldner gerichtete Aufforderung, die Leistung zu erbringen; sie muss eindeutig und bestimmt sein.

Nachfristsetzung: ist gem. § 281 Abs. 1 Satz 1 keine Willenserklärung, vielmehr eine rechtsgeschäftsähnliche Handlung; inhaltlich muss sie eine Aufforderung zur Leistung enthalten, der zugleich eine Frist hinzugefügt ist. Da es sich auch hier um eine rechtsgeschäftsähnliche Handlung handelt, sind die Vorschriften über Willenserklärungen zwar nicht direkt, aber analog anwendbar.

Definitionen

Nachträgliche Unmöglichkeit: Leistungsstörung, welche erst nach Abschluss des Vertrages eintritt.

Naturalrestitution, Grundsatz der: relevant im Schadensersatzrecht; Ziel eines Schadensersatzanspruches ist regelmäßig eine Wiederherstellung des ursprünglichen Zustands; das bedeutet umgekehrt, dass zunächst nicht davon auszugehen ist, dass ein Wertersatz, also eine Geldleistung im Vordergrund steht (sofern es nicht um Vermögensschäden geht).

Nebenleistungspflicht: Nebenleistungspflichten, die selbstständig einklagbar sind, dienen regelmäßig der Vorbereitung und leichteren Erbringung der Hauptleistungspflicht. Sie ergänzen diese, stellen aber anders als die Hauptleistungspflicht nicht die zentrale Regelungsmaterie der Vereinbarung oder des gesetzlichen Schuldverhältnisses dar. Sie können sich aus verschiedenen Rechtsquellen ergeben.

Nichtleistung trotz Möglichkeit und Fälligkeit: wie beim Schuldnerverzug leistet der Schuldner seine Verpflichtung nicht, obwohl sie ihm möglich und fällig ist; doch der Gläubiger verfolgt ein anderes Interesse: er zielt nicht auf den Verzögerungsschaden, sondern möchte einen weitergehenden Schaden geltend machen, nämlich einen Anspruch statt der Leistung; in diesem Fall kann er einen solchen Schadensersatz gem. §§ 280 Abs. 1, Abs. 3, 281 verlangen – oder sogar zurücktreten.

Notwendige Verwendungen: Verwendungen, die zur Erhaltung oder ordnungsgemäßen Bewirtschaftung der Sache objektiv erforderlich sind und die dem Rückgewährgläubiger infolge dessen eigene Aufwendungen ersparen.

Nutzungsausfallersatz: relevant im Schadensersatzrecht; regelmäßig kein vermögenswerter Schaden, aufgrund des Kommerzialisierungsgedankens wird jedoch der Verlust von Gebrauchsvorteilen (etwa eines Pkw) regelmäßig als Vermögensschaden gewertet.

Obliegenheiten: keine Pflichten im Sinne eines Schuldverhältnisses, d.h. im Sinne eines Anspruchs. Bei den Obliegenheiten kann nicht der eine etwas von dem anderen verlangen, vielmehr handelt es sich lediglich um „Pflichten gegen sich selbst". Sie bestehen ausschließlich im Eigeninteresse, sie sind daher insbesondere auch nicht einklagbar, auch können sie nicht Grundlage für einen Sekundäranspruch sein.

Objektive Unmöglichkeit: erfasst alle Fälle, in denen die Leistung für jedermann, also objektiv unmöglich geworden ist; die Leistung kann in dem Fall von niemandem mehr erbracht werden.

Pactum de non cedendo (auch *Abtretungsverbot* genannt): Vertrag zwischen zwei Schuldvertragsparteien, in dem diese vereinbaren, dass eine Forderung nicht abgetreten werden darf.

Passivforderung: s. Hauptforderung

Präventivwirkung: relevant beim Schadensersatz; durch die Androhung eines Schadensersatzes soll einer zukünftigen Schadensentstehung abschreckend entgegengewirkt werden.

Primärpflicht (hier auch *Hauptleistungspflicht* genannt): s. dort.

Definitionen

Privative Schuldübernahme (auch *befreiende Schuldübernahme* genannt): geregelt in § 414; ähnlich wie bei der Abtretung wird in diesem Fall eines abstrakten Verfügungsgeschäfts der Altschuldner von seiner Verpflichtung befreit, er ist also ab dem Zeitpunkt der wirksam erfolgenden befreienden Schuldübernahme überhaupt kein Schuldner mehr; der Gläubiger ist hieran aber zu beteiligen (anders als bei der Abtretung der Schuldner).

Rechtmäßiges Alternativverhalten: relevant für die Verursachungszurechnung; es geht um den Einwand, der die Zurechnung des entstandenen Schadens vermeiden soll: Der Schädiger beruft sich nämlich in bestimmten Situationen darauf, dass der Schaden auch dann eingetreten wäre, wenn er sich selbst rechtmäßig verhalten hätte.

Rechtliche Unmöglichkeit: die Leistungserbringung ist dem Schuldner aufgrund rechtlicher Gegebenheiten unmöglich.

Relative Fixschuld: wenn zwar eine Leistungszeit vereinbart ist, doch durchaus auch noch eine spätere Leistung erfolgen kann, auch wenn sie für den Gläubiger dann nicht mehr den gleichen Sinn hat wie vorher; abzugrenzen von der absoluten Fixschuld.

Rentabilitätsvermutung: insbesondere die Rechtsprechung geht davon aus, dass Aufwendungen bei ordnungsgemäßer Erfüllung rentabel gewesen wären.

Schadensersatz statt der Leistung: der Schuldner hat dem Gläubiger das „positive Interesse" zu ersetzen; er muss ihn so stellen, wie dieser ohne Leistungsstörung bei ordnungsgemäßer Erfüllung der Leistungspflicht stünde; es soll der durch die Nichterfüllung entstandene Schaden ersetzt werden; dies ist im Ergebnis die Umschreibung dessen, was „positives Interesse" oder auch „Nichterfüllungsschaden" meint.

Schickschuld: Leistungsvereinbarung, der zufolge der Schuldner verpflichtet ist, den Leistungsgegenstand zum Gläubiger zu schicken.

Schlechtleistung: Oberbegriff, bei Verträgen ohne Gewährleistungsrecht Verletzung der Hauptleistungspflicht durch eine mangelhafte Leistung; zudem diejenige Situation, in der der Schuldner nicht seine Hauptleistungspflicht schlecht oder gar nicht oder zu spät erbringt, sondern Nebenpflichten verletzt, die sich nicht direkt auf die Leistung selbst beziehen.

Schuldbeitritt (auch als *kumulative Schuldübernahme* bezeichnet): stellt neben der privativen Schuldübernahme eine weitere Möglichkeit dar, durch die ein Dritter auf Seiten des Schuldners in das Schuldverhältnis mit eintritt; im Gesetz nicht geregelt; bei einer solchen Vereinbarung tritt ein Dritter neben den Altschuldner in das Schuldverhältnis mit ein; infolgedessen haftet der weitere Schuldner neben dem bisherigen Schuldner, beide werden Gesamtschuldner.

Schuldner: der aus einem Schuldverhältnis zur Leistung Verpflichtete.

Schuldnerverzug: Situation der Leistungsstörung, in der der Schuldner seine Leistungspflicht nicht zu dem Zeitpunkt erbringt, die vereinbart war, obwohl es ihm möglich ist; dem Gläubiger entsteht ein reiner Verzögerungsschaden; er hat dann einen Anspruch auf Schadensersatz aus den Vorschriften der §§ 280 Abs. 1, Abs. 2, 286.

Definitionen

Schuldübernahme: eine Schuld wird von einem Dritten übernommen mit der Folge, dass der Dritte an die Stelle des bisherigen Schuldners oder neben diesen tritt; differenziert wird zwischen privativer und kumulativer Schuldübernahme.

Schuldverhältnis im weiteren Sinn: gemeint ist das Schuldverhältnis als Ganzes, also die vertragliche Vereinbarung zwischen den Parteien, sofern es sich um ein vertragliches Schuldverhältnis handelt.

Schuldverhältnis im engeren Sinn: im Gegensatz zum Schuldverhältnis im weiteren Sinne ist hiermit nicht das gesamte Verhältnis zwischen den Parteien gemeint, sondern nur der konkrete einzelne Anspruch des Gläubigers gegen den Schuldner. Als Schuldverhältnis im engeren Sinne ist daher das Recht auf eine Leistung zu verstehen, die sich aus § 241 Abs. 1 Satz 1 ergibt, d.h. gemeint ist damit der einzelne, konkrete schuldrechtliche Anspruch, also die Forderung, die der Gläubiger gegen den Schuldner hat.

Schutzzweck der Norm: relevant für die Verursachungsproblematik; nach dieser Lehre kann ein Schaden einem Schädiger auf der Wertungsebene nur dann zugerechnet werden, wenn er nach seiner Art und seiner Entstehungsweise in den Schutzbereich der verletzten Haftungsnorm fällt und vom Schutzzweck der konkret verletzten Rechtsnorm erfasst ist.

Sekundärpflichten: diese ergeben sich nicht (wie die Primärpflichten) unmittelbar aus dem Schuldverhältnis. Vielmehr treten sie erst dann an die Stelle der Primärpflichten, wenn diese gestört werden oder untergehen. Solche Sekundärpflichten treten dann entweder neben die ursprüngliche Primärpflicht, denkbar ist aber auch, dass sie diese Primärpflicht ersetzen und an ihre Stelle treten. Näheres folgt aus der Vorschrift des § 280 Abs. 1 bis 3.

Sonstige Nebenpflichten: ergeben sich insbesondere aus § 241 Abs. 2. Diese Pflichten sind anders als die Haupt- und Nebenleistungspflichten nicht auf die konkrete Anspruchserfüllung gerichtet, sie haben also nicht unmittelbar das Ziel, die vom Schuldner zu erbringende Leistung durchzuführen bzw. zu erleichtern oder zu ermöglichen. Vielmehr dienen diese sonstigen Verhaltenspflichten in erster Linie dem Schutz der Rechte und Rechtsgüter des Vertragspartners; es geht also bei den sonstigen Verhaltens- und Schutzpflichten um das „Integritätsinteresse" des anderen.

Stückschuld (auch *Speziesschuld* genannt): liegt vor, wenn die geschuldete Sache nach individuellen Merkmalen konkret bestimmt ist.

Speziesschuld: s. Stückschuld

Stellvertretendes commodum: wenn der Schuldner bei einer Leistungsstörung für den geschuldeten, nun nicht mehr zu leistenden Gegenstand einen Ersatz oder einen Ersatzanspruch erlangt hat, spricht man vom stellvertretenden commodum, gelegentlich auch von Surrogat.

Subjektive Unmöglichkeit (auch *Unvermögen* genannt): der Schuldner ist außerstande, die (einem Dritten noch mögliche) Leistung zu erbringen.

Surrogationstheorie: s. Austauschtheorie

Synallagma: die Primärpflichten der beiden Parteien stehen in einem Gegenseitigkeitsverhältnis im Sinne des § 320; dies gilt etwa für die Pflicht des Käufers zur

Definitionen

Kaufpreiszahlung und die Pflicht des Verkäufers zur Übergabe und Eigentumsverschaffung.

Teilgläubigerschaft: mehreren Gläubigern steht eine Forderung, die regelmäßig für den Schuldner eine rechtliche Einheit bildet, in der Weise zu, dass jeder von ihnen einen realen Teil der Forderung geltend machen kann; geregelt in § 420; kann nur bei einer teilbaren Leistung vorliegen.

Teilleistung: Leistung nicht der ganzen, sondern nur eines Teils der Schuld durch den Schuldner; nach der Auslegungsregel des § 266 im Zweifel nicht zulässig.

Teilschuldnerschaft: geregelt in § 420; Form der Mehrheit von Schuldnern, wobei es hier um eine teilbare Leistung geht, die das Schuldverhältnis bestimmt; sie liegt vor, wenn jeder der Schuldner nur zur Erbringung eines Teils der (teilbaren) Leistung verpflichtet ist.

Teilweise Unmöglichkeit: gemeint ist, dass die Unmöglichkeit nur für einen Teil der Leistungsverpflichtung eintritt; sie kann nur in Betracht kommen, wenn die Leistung selbst teilbar ist.

Totalreparation, Grundsatz der: auch „Alles-oder-Nichts-Prinzip"; diesem zufolge hat der Schädiger immer den gesamten Schaden zu ersetzen, und zwar unabhängig davon, welche Form des Verschuldens ihm vorgeworfen werden kann; sobald der haftungsbegründende Tatbestand gegeben, also die entsprechende Anspruchsgrundlage erfüllt ist, ist ein Schadensersatzanspruch gegeben; dann ist auch der entstandene Schaden vollständig zu ersetzen, wie sich unmittelbar aus §§ 249 ff. ergibt.

Trennungsgrundsatz: kennzeichnet zusammen mit dem Abstraktionsgrundsatz das Verhältnis von Verpflichtungs- und Verfügungsgeschäft; er besagt, dass beide Rechtsgeschäfte voneinander zu trennen sind, auch wenn das Verpflichtungsgeschäft den Rechtsgrund für das Verfügungsgeschäft darstellt.

Unechter Vertrag zugunsten Dritter: Vertrag zugunsten eines Dritten, bei dem der Schuldner zwar berechtigt sein soll, an einen Dritten zu leisten, die Parteien aber nicht zugleich vereinbaren, dass der Dritte einen eigenen Anspruch auf die Leistung haben soll; ist gerade nicht eine Situation, die von § 328 geregelt wäre (s. echter Vertrag zugunsten Dritter); vielmehr ist dies eine Frage der Erfüllungswirkung, d.h. des § 362.

Unmöglichkeit: Form der Leistungsstörung; es geht um die Situation, in der der Schuldner die Leistung unter keinen Umständen erbringen kann; aufgeteilt in verschiedene Formen, zum Teil abhängig davon, wann Unmöglichkeit eintritt (anfängliche oder nachträgliche), zum Teil davon, welcher Art sie ist (echte, wirtschaftliche, rechtliche, moralische, teilweise), zum Teil danach, wie umfassend sie ist (objektiv oder subjektiv).

Unvermögen: s. subjektive Unmöglichkeit

Valutaverhältnis: im Vertrag zugunsten Dritter das zwischen dem Gläubiger und dem Dritten bestehende Rechtsverhältnis; da es den Grund für die Begünstigung und die Zuwendung des Gläubigers an den Dritten beinhaltet, findet man auch die Bezeichnung „Zuwendungsverhältnis".

Definitionen

Verfügungsgeschäft: Rechtsgeschäft, durch das unmittelbar auf ein bestehendes Recht eingewirkt wird, indem es übertragen, aufgehoben, belastet oder in seinem Inhalt verändert wird; vom Verpflichtungsgeschäft (seinem Kausalgeschäft) ist es hinsichtlich seiner Wirksamkeit zu trennen und zu abstrahieren (Trennungs- bzw. Abstraktionsgrundsatz).

Verpflichtungsgeschäft: Rechtsgeschäft, durch das sich ein Rechtsträger zur Vornahme eines Tuns, Duldens oder Unterlassens verpflichtet; aus ihm resultiert dann ein entsprechender Anspruch des Begünstigten; vom Verfügungsgeschäft, welches die Verpflichtung erfüllt, ist es hinsichtlich seiner Wirksamkeit zu trennen und zu abstrahieren (Trennungs- bzw. Abstraktionsgrundsatz).

Verschulden (auch *Verantwortlichkeit* genannt): unterteilt in Vorsatz und Fahrlässigkeit; prinzipiell erforderlich, sofern es um eine Pflichtverletzung geht; nicht erforderlich im Rahmen der Gefährdungshaftung.

Verschuldensfähigkeit: prinzipiell sind alle Personen verschuldensfähig, es sei denn, in den §§ 827 und 828 findet sich eine davon abweichende Regelung.

Versprechender: im Vertrag zugunsten Dritter der Schuldner des Deckungsvertrags, also der, der (dem Gläubiger als dem Versprechensempfänger) die Leistung verspricht.

Versprechensempfänger: im Vertrag zugunsten Dritter der Gläubiger des Deckungsvertrags, also der, der vom Schuldner (dem Versprechenden) die Leistung an den Dritten verlangen kann.

Vertrag mit Schutzwirkung zugunsten Dritter: im Gesetz nicht geregelt; in bestimmten Fallkonstellationen anerkannt: Schutzpflichten des Schuldners erstrecken sich dann nicht allein auf den Gläubiger, sondern auch noch auf einen weiteren (schutzbedürftigen) Personenkreis, der mit der Leistung bestimmungsgemäß in Berührung kommt, was der Schuldner auch erkennen konnte.

Vertrag zugunsten Dritter: zwei Parteien einigen sich über ein Schuldverhältnis und legen zugleich fest, dass aus diesem Schuldverhältnis nicht nur der Gläubiger, sondern auch noch ein Dritter einen Anspruch auf die konkret vereinbarte Leistung erhalten soll; der Schuldner bleibt also aus diesem Schuldverhältnis unverändert zur Leistung verpflichtet, doch kann die Leistung nicht nur der Gläubiger verlangen, sondern auch noch bzw. ausschließlich der Dritte; unterschieden wird zwischen einem „echten" und einem „unechten Vertrag zugunsten Dritter".

Vertrag zulasten Dritter: Vereinbarung, in der zwei Parteien einen Dritten zu einer Leistung verpflichten; rechtlich unzulässig.

Vertragsfreiheit: die jedermann zustehende Freiheit, einen Vertrag abzuschließen oder es nicht zu tun; unterteilt sich in die Abschluss-, Inhalts- und Formfreiheit.

Vertragsstrafe (gelegentlich auch als *Konventionalstrafe* bezeichnet): eine zwischen Gläubiger und Schuldner vereinbarte bedingte Schuld; Bedingung liegt in der Nichterfüllung oder Schlechterfüllung einer anderen, der eigentlichen Hauptleistungsschuld.

Verzögerungsschaden (auch *Schäden „wegen Verzögerung der Leistung"* genannt): diejenigen Schäden, die vom Schuldner gerade durch die verspätete Leistung verursacht worden sind.

Definitionen

Vorsatz: keine gesetzliche Definition; doch nach der ganz überwiegenden Auffassung in Rechtsprechung und Lehre wird hierunter das „Wissen und Wollen" des Erfolges und das Bewusstsein der Rechtswidrigkeit verstanden; unterteilt in *dolus directus* und *dolus eventualis*

Vorsorgeaufwendungen, Ersatz von: relevant im Schadensersatzrecht; gemeint sind solche Aufwendungen, die schon vor der Schädigung vom künftigen Geschädigten gemacht werden, gerade um spätere Schäden zu vermeiden oder doch zumindest zu verringern; hier stellt sich die Frage, ob solche Kosten einen ersatzfähigen Vermögensschaden begründen können.

Vorteilsausgleichung: relevant bei der Schadensberechnung; gemeint ist die Situation, in der das zum Schadensersatz verpflichtende Ereignis dem Geschädigten neben den Nachteilen auch gewisse Vorteile gebracht hat; grundsätzlich ist dies bei der Schadensberechnung mit zu berücksichtigen, weil der erlittene Schaden zwar wieder gut gemacht, der Geschädigte aber auf der anderen Seite nicht besser gestellt werden soll, als er ohne das Ereignis stünde (vgl. den Wortlaut des § 249 Abs. 1).

Vorvertragliches Schuldverhältnis: s. culpa in contrahendo

Wahlschuld: von mehreren ungleichartigen Sachen muss alternativ nur eine erbracht werden, die von einer der beiden Parteien auszuwählen ist; Vermutungsregel in § 262

Wegfall der Geschäftsgrundlage: geregelt in § 313; liegt vor, wenn bestimmte Veränderungen des Schuldverhältnisses konkrete Auswirkungen auf die Leistungsansprüche beider Vertragsparteien haben, so dass die eigentliche Grundlage des Austauschverhältnisses in Mitleidenschaft gezogen worden ist.

Wiederherstellungsgrundsatz: im Schadensersatzrecht in § 249 Abs. 1 beschrieben; derjenige, der (aus welchen Gründen auch immer) zum Schadensersatz verpflichtet ist, hat den Zustand herzustellen, der bestehen würde, wenn der zum Ersatz verpflichtende Umstand nicht eingetreten wäre.

Wirtschaftlicher Totalschaden: liegt regelmäßig vor, wenn die Reparaturkosten für eine beschädigte Sache höher als 130 % des Wiederbeschaffungswerts sind; da insofern ein wirtschaftlicher Totalschaden vorliegt, kann der Geschädigte die Reparaturkosten dann nicht mehr ersetzt verlangen.

Wirtschaftliche Unmöglichkeit: Situation, in der zwar keine tatsächliche Unmöglichkeit gegeben ist, jedoch die Leistungserbringung dem Schuldner deshalb nicht zumutbar ist, weil hier das Äquivalenzverhältnis von Leistung und Gegenleistung gestört ist; problematisch ist die Einordnung insbesondere im Hinblick auf den Wegfall der Geschäftsgrundlage.

Zedent: bei der Abtretung der alte Gläubiger, der seine Forderung an den neuen Gläubiger abgibt.

Zessionar: bei der Abtretung der neue Gläubiger, der die Forderung vom alten Gläubiger (dem Zedenten) erhält.

Zurückbehaltungsrecht: s. Leistungsverweigerungsrecht

Zuwendungsverhältnis: s. Valutaverhältnis

Sachverzeichnis

Das Sachverzeichnis verweist auf die Randnummern.

Abbruch von Vertragsverhandlungen
– Schadensersatzanspruch 118 f.
– Ablösungsrecht des Dritten 231
– Abschlussfreiheit 11, 52 ff.
– Schranken 53 ff.
Abschlussgebote 54
– s. auch Kontrahierungszwang
Abschlussverbote 53
Abstraktionsprinzip 5, 897, 1249, 1255
Abtretung 1239 ff.
– Abstraktionsprinzip 1249, 1255
– Abtretungsverbot 1264 ff.
– Abtretungsvertrag 1240, 1248, 1253 ff.
– Anfechtung 1284
– Anwendungsbereich 1241
– Aufrechnung des Schuldners 1289 ff.
– Befreiungswirkung 1297 ff.
– Bestehen der Forderung 1257 ff.
– Bestimmbarkeit der Forderung 1267 ff.
– Einwendungen des Schuldners 1279 ff.
– Erfüllung durch den Schuldner 1297 ff.
– Forderungsinhaber 1260 f.
– Form 1256
– gesetzlicher Forderungsübergang 1241
– Globalzession 1269, 1303 ff.
– Kausalvertrag 1249 f.
– lastenfreier Erwerb 1282
– Nebenrechte 1275 f.
– Rechtsfolgen 1270 ff.
– Schuldnerschutz 1278 ff.
– Schuldurkunde 1287
– Überblick 1240 ff.
– Übertragbarkeit der Forderung 1262 ff.
– Verfügungsgeschäft 1247
– Vorausabtretung 1268
– Voraussetzungen 1252ff.
– Zedent 1245
– Zessionar 1245
– Zwangsvollstreckung 1243
Adäquanztheorie 1002 ff.

Affektionsinteresse 1077
Aktivforderung
– s. Gegenforderung
allgemeines Lebensrisiko 1022 f.
allgemeines Persönlichkeitsrecht 1102 f.
Anfechtung
– Abtretung 1284
Annahmeverzug 369, 430 ff.
– Gesamtgläubigerschaft 1367
Anspruch
– Definition 22
Äquivalenztheorie 995 f.
– Einschränkung 997 f.
– Erweiterung 999
Aufklärungspflichten 659, 663, 665 ff.
– besondere Umstände 669
– Interessenwiderstreit 667
– Rechtsprechung 671
– Schadensersatz statt der Leistung 685
– Schuldverhältnis 670
– Verkehrsauffassung 668
– Verletzung 665 ff.
– wesentliche Bedeutung 668
– Aufklärungs- und Hinweispflichten 147
Aufrechnung 825 ff.
– Abtretung 1289 ff.
– Ausschluss 849 ff.
– Funktionen 828 f.
– Rechtsfolgen 864 ff.
– Schuldübernahme 1333
– Vertrag zugunsten Dritter 1187
– Voraussetzungen 831 ff.
Aufrechnungserklärung 860 ff.
Aufrechnungslage 832 ff.
Aufrechnungsverbote 849 ff.
– durch Gesetz 853 ff.
– durch Vertrag 850 f.
Aufwendungen
– frustrierte 1122 f.
– unverhältnismäßige 1067
Aufwendungsersatz 296, 465 ff., 729 ff.
– Annahmeverzug 729 ff.
– billigerweise 474
– Definition 472

531

Sachverzeichnis

- Ersatz von Mehraufwendungen 729 f.
- frustrierte Aufwendungen 469
- gegenseitiger Vertrag 470
- immaterielle Schäden 468 f.
- Nichtleistung trotz Möglichkeit und Fälligkeit 569, 611
- Rechtsfolge 471 ff.
- Rentabilitätsvermutung 467
- Schlechtleistung 690
- Überblick 469
- Ursächlichkeit 475
- vergebliche Aufwendungen 469
- Vertrauen 473
- Vertrauensschaden (negatives Interesse) 469
- Voraussetzungen 470 ff., 730 ff.
- Wertungselement 474

Ausgleichsanspruch
- Gesamtschuldnerschaft 1423 ff.

Ausgleichspflicht
- Gesamtgläubigerschaft 1369 f.

Auslegung
- Vertrag zugunsten Dritter 1158 ff.
- Schuldbeitritt 1342
- Schuldübernahme 1327

Auslobung 86

Austauschtheorie 457, 465
- anfängliche Unmöglichkeit 457
- Leistung gegen Geld 458
- nachträgliche Unmöglichkeit 465
- Nichtleistung trotz Möglichkeit und Fälligkeit 601
- Rücktritt 644
- Tauschvertrag 459

Bargeldverschaffung 203
- *s. auch Geldschuld*

beiderseits zu vertretende Unmöglichkeit 436 ff.
- enge Auslegung 437
- fehlende gesetzliche Regelung 437
- Prüfungsaufbau 441
- Rechtsprechung 441
- Wertungsfrage 438 f.

Bestimmtheitsgrundsatz 139

Betriebsgefahr 1136 f.

Beweiserleichterung 1081

Bewirken der geschuldeten Leistung 766 ff.
- Begriff 771
- *s. auch Erfüllung*

Beweislast
- bei Erfüllung 792

Bringschuld
- Konkretisierung 184 f.
- Leistungsort 247

Bürgschaft
- Abgrenzung Schuldbeitritt 1341
- Gesamtschuldnerschaft 1389, 1401

cessio legis
- *s. gesetzlicher Forderungsübergang*

commodum ex negotiatione 482

commodum ex re 482

Culpa in contrahendo (c.i.c.)
- *s. Verschulden bei Vertragsverhandlungen*
- *s. vorvertragliches Schuldverhältnis*
- Darlegungs- und Beweislast 452

Deckungsverhältnis 1169 ff., 1177, 1186

Differenzhypothese 1073 f., 1094

Differenztheorie 458 f., 465
- anfängliche Unmöglichkeit 458
- Leistung gegen Geld 458
- nachträgliche Unmöglichkeit 465
- Nichtleistung trotz Möglichkeit und Fälligkeit 601
- Rücktritt 644
- Schlechtleistung 682
- Tauschvertrag 459

dolo-agit-Einrede 242

Dritte
- Haftung Dritter 102 ff.
- *s. auch Sachwalterhaftung*
- *s. auch wirtschaftliches Eigeninteresse*

Drittschadensliquidation 1223 ff.
- Fallgruppen 2131 ff.
- Rechtsfolgen 1236 f.
- Überblick 1224 ff.
- Voraussetzungen 1228 ff.

Einrede
- des Zurückbehaltungsrechtes 259
- des nicht erfüllten Vertrages 267 ff.

Einrede des nicht erfüllten Vertrages 267 ff.
- Rechtswirkungen 273
- Voraussetzungen 268 ff.

Empfangszuständigkeit 782 f., 788

Erfüllbarkeit 254

Erfüllung 758, 760 ff.
- Begriff 31 f., 761
- Beweislast 792
- Erfüllungssurrogate 808 ff.
- Erfüllungswirkung gegenüber Minderjährigen 782
- Leistung an einen Dritten 762, 787
- Leistung durch Dritte 762, 786
- prozessuale Wirkung 791
- Rechtsfolgen 763, 789 ff.
- Rechtsnatur 764, 774 ff.

Sachverzeichnis

- Theorie der realen Leistungsbewirkung 781 f.
- Tilgungsbestimmung 763
- Vertragstheorie 777 ff.
- Voraussetzungen 765 ff.

Erfüllungsgehilfe 326 ff.
- Abgrenzung zu § 831 BGB 340
- bei Gelegenheit 335 f.
- Betroffenheit der Pflicht 331
- Erfüllungsgehilfenbegriff 333
- Fahrlässigkeitsmaßstab 338
- Nebenpflichtverletzung 676
- Pflichtenkonstellation 333
- Pflichtenkreis des Schuldners 329
- Pflichtverletzung des Erfüllungsgehilfen 334
- Rechtsfolge 339
- sachlicher Zusammenhang 335
- Tätigwerden bei Erfüllung 330
- Verschulden 337
- Wille des Schuldners 332

Erfüllungsinteresse (positives Interesse) 455, 465, 600, 683

Erfüllungsort
- s. *Leistungsort*

Erfüllungsübernahme 1313
Erlass 32, 962 f.
Erlassvertrag
- Gesamtschuldnerschaft 1414 f.

Ersetzungsbefugnis 195 ff., 823
- Abgrenzung zur Wahlschuld 196

Eventualaufrechnung 863

Fahrlässigkeit 307, 309
- diligentia quam in suis 315
- eigenübliche Sorgfalt 315
- Legaldefinition 309
- Sorgfaltsmaßstab 309
- Stufungen 310
- unentgeltliche Geschäfte 313

Faktische Vertragsverhältnisse 82 ff.
- Begriff 50, 82

Fälligkeit
- Begriff 254
- bei Aufrechnung 845

Fangprämien 1120
Fixschuld 377 ff.
- absolutes Fixgeschäft 377
- relative Fixschuld 378

Forderungsübergang
- gesetzlicher 1241

Formbedürftigkeit
- Abtretung 1256
- Schuldübernahme 1316
- Vertrag zugunsten Dritter 1178

Formfreiheit 11, 58 ff.
Formzwang 59
- bei Grundstücksgeschäften 65 ff.
- bei Übertragung des ganzen Vermögens 71
- bei Übertragung des künftigen Erbes 72
- Beispiele 61
- gesetzlicher 61
- gewillkürter 60, 63
- Heilung von Formfehlern 70
- Nichtbeachtung einer Formvorschrift 60 ff.
- Rechtsfolgen bei Nichtbeachtung 62, 69
- Zweck des § 311b BGB 66

Fremdtilgungswillen
- Leistung durch Dritte 226

Garantievertrag 1314
Gattungsschuld 169, 365 ff.
- Annahmeverzug 369, 726
- Beschaffungsrisiko 395
- beschränkte Gattungsschuld 367
- Besonderheiten bzgl. § 275 Abs. 2 BGB 395
- Konkretisierung 178 ff., 370, 726
- rechtliche Konsequenzen 174 ff.
- Untergang der Gattung 176 f.
- Vertragsauslegung 368
- Vorrat, Vorratsschuld 173, 177, 367 f.
- Surrogatsanspruch 479

Gebrauchsvorteile 1096, 1107 ff.
Gefährdungshaftung 974
Gefahrentlastung
- obligatorische 1233 f.

Gefälligkeitsfahrten im Straßenverkehr 128
Gefälligkeitsverhältnis 121 ff.
- alltägliche Gefälligkeit 122
- Gefälligkeitsvertrag 124
- Kategorien 122 ff.
- Lottotippgemeinschaft 126
- Rechtsfolgen 129

Gefälligkeitsvertrag
- s. *Gefälligkeitsverhältnis*

Gegenforderung 833,
- Durchsetzbarkeit 843 ff.

Gegenleistungspflicht 407 ff.
- Ausnahmen vom Untergang 420 f., 423 f.
- Annahmeverzug 430 ff.
- beiderseitige Unmöglichkeit 436
- Besonderheiten 411
- gegenseitiger Vertrag 415
- Grundsystematik 409 f.

533

Sachverzeichnis

- Obliegenheit 426
- Preisgefahr 434
- Prüfungsaufbau 422
- Rechtsfolgen 432
- Regelfall 414
- Teilunmöglichkeit 419
- Untergang gem. § 326 Abs. 1 BGB 413
- Verantwortlichkeit 424 ff.
- Versendungskauf 435
- Voraussetzungen 415 ff.
- weit überwiegend 427

Gegenseitigkeitsverhältnis
- *s. Synallagma*

Geldschuld 200 ff.
- Bargeldverschaffung 203
- Leistungsort 253
- Zinsschulden 204

gemeinschaftliche Gläubigerschaft 1353 ff.
- Bruchteilsgläubigerschaft 1354 ff.
- unteilbare Leistungen 1357 ff.

gemeinschaftliche Schuldnerschaft 1380 ff.
- Grundmodelle 1381
- Sondervermögen 1382

Generalklausel
- *s. Treu und Glauben*

Gesamtgläubigerschaft 1363 ff.
- Annahmeverzug 1367
- Ausgleichspflicht 1369 f.
- Erfüllung 1366
- Erfüllungssurrogate 1366
- Rechtswirkungen 1365 ff.
- unteilbare Leistung 1364
- Wahlrecht 1365

Gesamtschuldnerschaft 1383 ff.
- Abtretung der Ersatzansprüche 1402 ff.
- Ausgleichsanspruch 1423 ff.
- Außenverhältnis 1410 ff.
- Bürgschaft 1389
- einzelwirkende Tatsachen 1417 ff.
- Erlassvertrag 1414 f.
- gesetzliche Anordnung 1386 ff.
- gesamtwirkende Tatsachen 1412 ff.
- gestörte Gesamtschuld 1434 ff.
- Gläubigerverzug 1416
- Gleichstufigkeit 1398 ff.
- Innenverhältnis 1420 ff.
- Legalzession 1430
- Mitwirkungspflicht 1426
- Rechtsfolgen 1409 ff.
- Teilschuldner 1429
- unerlaubte Handlung 1388
- unteilbare Leistung 1387
- vertragliche Entstehung 1391 ff.
- Voraussetzungen 1385 ff.

- Vorteil 1384
- Wahlrecht des Gläubigers 1410

Gesetzliches Schuldverhältnis 130 ff.
- Hauptleistungspflicht 37

Gesetzlicher Vertreter 326 ff.
- Abgrenzung zu § 831 BGB 340
- Fahrlässigkeitsmaßstab 338
- Rechtsfolge 339
- Verschulden 337

Gestaltungsfreiheit
- *s. Inhaltsfreiheit*

gestörte Gesamtschuld 1434 ff.
- gesetzliche Privilegierung 1442 ff.
- vertragliche Privilegierung 1435 ff.

Gewinn
- entgangener 1078 ff.

Gläubigerverzug (Annahmeverzug) 696 ff.
- Annahmeverhinderung 721
- Annahmeverzug 698 ff.
- Anspruch 703 ff.
- Aufwendungsersatzanspruch 729 ff.
- Bringschuld 709
- Doppelirrtum 751
- Erfüllbarkeit 706
- Entbehrlichkeit des Angebots 713, 716
- Gattungsschuld 726 ff.
- Gegenleistung 725
- Geldschulden 728
- Gesamtschuldnerschaft 1416
- geschäftsähnliche Handlung 715
- grobe Fahrlässigkeit 723 ff.
- Grundnorm 701
- Haftungsmilderung 723 f.
- Holschuld 714
- leichte Fahrlässigkeit 725
- Leistungsfähigkeit bzw. -bereitschaft 703, 718
- Leistungsgefahr 726 ff.
- Leistungspflicht 705
- Möglichkeit 706
- Nichtannahme der Leistung 719 ff.
- Obliegenheit 696
- ordnungsgemäßes Angebot 703, 707 ff.
- Preisgefahr 731
- Realakt 710
- Rechtsfolgen 722 ff., 731 f.
- Rücktritt 731
- Schickschuld 709
- Struktur 697 ff.
- tatsächliches Angebot 708
- Überblick 697 ff.
- Verpflichtung der Leistungsannahme 702

Sachverzeichnis

- Vertretenmüssen 699
- Voraussetzungen 700 ff.
- Vorsatz 723 ff.
- wörtliches Angebot 711 f.
- Zinszahlungspflicht 732
- Zug-um-Zug-Leistung 720
- Zweckstörung 755

Gleichartigkeit der Forderungen 837 ff.
Globalzession 1269, 1303 ff.
Grundprinzipien im Schuldrecht
- s. *Vertragsfreiheit*
- s. *Treu und Glauben*

Grundprinzip im Leistungsstörungsrecht 295
Gutglaubensvorschriften 1259

Haftung für eigenes Verschulden 303, 311
haftungsausfüllender Tatbestand 997 ff.
haftungsbegründender Tatbestand 977 f.
Hauptforderung 833, 848 f.
Hauptleistungspflichten 36 ff., 136 ff.
- Begriff 36
- Bestimmtheit 139 ff.
- Grenzen 136
- im gesetzlichen Schuldverhältnis 37
- Synallagma 38, 137

Heilung von Formfehlern 70
Herausforderungsfälle 1037 ff.
Herausgabe des Ersatzes 433
Hinterlegung 957 ff.
Holschuld
- Konkretisierung 184 f.
- Leistungsort 246

hypothetische Kausalität 1028 ff.
- Ersatzpflicht Dritter 1034 f.
- Folgeschäden 1035 ff.
- Objektschaden 1035 ff.
- Schadensanlage 1032 f.

immaterieller Schaden 1091 ff.
- Abgrenzung zum Vermögensschaden 1092 ff.
- Gebrauchsvorteile 1096
- Kommerzialisierungsgedanke 1096
- Urlaubs- und Freizeitfreuden 1097, 1114 f.

Inhaltsfreiheit 55 ff.
- AGB
- Begriff 55
- Typenfreiheit 26, 56
- Schranken 26, 57, 81 ff
- Verbraucherverträge 81

Inzahlungnahme eines Gebrauchtwagens 819 ff.

Kausalität 992 ff.
- Adäquanztheorie 1002 ff.
- Äquivalenztheorie 995 f.
- Begriff 994 ff.
- Ersatzpflicht Dritter 1034 f.
- Folgeschäden 1035 ff.
- Herausforderungsfälle 1037 ff.
- hypothetische Kausalität 1028 ff.
- inadäquater Schaden 1007
- objektive Zurechnung 1001 ff.
- Objektschaden 1035 ff.
- Prüfungsstandort 992 f.
- rechtmäßiges Alternativverhalten 1025 ff.
- Schadensanlage 1032 f.
- Schutzzweck der Norm 1008 ff.

Kfz
- Ausfall des privat genutzten 1110
- Wiederbeschaffungswert 1058
- wirtschaftlicher Totalschaden 1058, 1068 f.

Klammertechnik 2
Konfusion 965
Konkretisierung 370, 479
Konkretisierung der Gattungsschuld 178 ff.
- Rechtsfolgen 186 ff.
- Voraussetzungen 181 ff.

Konnexität 839
- beim Zurückbehaltungsrecht 263

Kontrahierungszwang 49, 74 ff.
- Abgrenzung zum „diktierten Vertrag" 73, 79 f.
- allgemeiner 77 ff.
- Zweck 75

Konventionalstrafe
- s. *Vertragsstrafe*

Kündigung 966 f.

Legalzession
- Gesamtschuldnerschaft 1430

Leistender 223 ff.
Leistung
- Bestimmtheit 139 ff.
- durch Dritte 225, 786 f.
- an Dritte 787 f.
- nach Treu und Glauben 232 ff.
- Ratenvereinbarung 221
- Teilleistung 219 ff.
- Umfang 219
- unbestellte Ware 89
- s. auch *Erfüllung*
- s. auch *Leistungsort*
- s. auch *Leistungszeit*

Leistung an Erfüllungs statt 809 ff.

Sachverzeichnis

Leistung erfüllungshalber 814 ff.
Leistungsbestimmung 800 f.
 – billiges Ermessen 158, 164
 – durch Dritte 162 ff.
 – durch Vertragspartei 153 ff.
 – Rechtsnatur 802
 – Schiedsgutachter 165
Leistungserfolg 168, 181, 767
Leistungshandlung 768, 770
Leistungsort 244 ff., 899
 – bei gegenseitigen Verträgen 252
 – s. Bringschuld
 – s. Holschuld
 – s. Schickschuld
Leistungspflichten
 – Bestimmung der Leistungspflichten 150 ff.
 – höchstpersönliche 224
 – Inhalt 135 ff.
 – s. auch Hauptleistungspflichten
 – s. auch Leistung
 – s. auch Leistungsbestimmung
 – s. auch Nebenpflichten
Leistungsstörungsrecht 274 ff.
 – Auswirkungen 275
 – Definition 274
 – erfolglose Fristsetzung 280
 – Fallgruppen 283
 – Hauptleistungspflichten 276
 – Nebenleistungspflichten 276
 – Nebenpflicht 284
 – Nichtleistung trotz Fälligkeit 279
 – Rechtsfolgen 285 ff.
 – Rücksichtnahmepflicht 284
 – Schadensersatzanspruch gem. § 280 Abs. 1 BGB 282
 – Struktur 276
 – Überblick über das System 275
 – Unmöglichkeit 278
 – Verletzung 277
 – Vertrag zugunsten Dritter 1188 ff.
 – Verzug 281
Leistungstreuepflicht 148, 659, 663
 – Beeinträchtigung des Vertragszwecks 674
 – culpa post pactum finitum 674
 – culpa post pactum perfectum 674
 – Schadensersatz statt der Leistung 685
 – unberechtigte Forderungen 673
 – unberechtigte Leistungsverweigerung 673
 – Vereitelung des Vertragszwecks 674
 – Verletzung 672
Leistungszeit 254 ff., 497, 770, 772
 – Begriff 254

 – s. auch Erfüllbarkeit
 – s. auch Fälligkeit
Linoleumrollenfall 92, 114 f.
Lottotippgemeinschaftsfall 126

Mahnung 508, 521 ff.
 – AGB 530
 – Angemessenheit 535
 – Auffangtatbestand 538
 – Aufforderung zur Leistung 523, 528
 – Auslegung 529
 – Beweislastverteilung 542
 – Dies interpellat pro homine 532
 – endgültige Leistungsverweigerung 537
 – Entbehrlichkeit 531, 539
 – Entgeltforderungen 539 f.
 – Ereignis 534
 – Frist 543
 – geschäftsähnliche Handlung 524
 – Klage 527
 – Leistungszeitpunkt 532 ff., 536
 – Mahnbescheid 527
 – Rechnung 541
 – Rechnungszugang 542
 – salvatorische Klausel 538
 – Verbraucher 544
 – Verhältnis zur Fälligkeit 525 f.
 – Voraussetzungen 522 ff.
 – Warnfunktion 522
 – Willenserklärung 524
 – Zahlungsaufstellung 541
 – Ziel 522
 – Zuvielforderung 529
Mangelfolgeschaden 650
Minderjährige
 – s. Empfangszuständigkeit
Mitverschulden 1124 ff.
 – Betriebsgefahr 1136 f.
 – Dritte 1138 ff.
 – Operation 1134 f.
 – Prüfungsaufbau 1127
 – Quotelung 1124, 1141
 – Regelungsnorm 1126
 – Unterlassen 1132 f.
 – Voraussetzungen 1128 ff.

Nachfristsetzung 567, 570, 577 ff., 623 ff.
 – Abmahnung 591 ff., 631
 – AGB 586
 – Angemessenheit 581 f., 625
 – Bestimmtheit 580
 – endgültige Leistungsverweigerung 588, 627
 – Entbehrlichkeit 585 ff., 589, 593, 621, 626, 629

Sachverzeichnis

- erfolgloser Fristablauf 594 f.
- gesetzliche Bestimmung 587
- Interessenfortfall 590
- Just-in-time-Verträge 589
- Leistungsaufforderung 580, 624
- mangelhafte Leistungserbringung 596
- nochmalige Fristsetzung 597
- rechtsgeschäftsähnliche Handlung 579
- relatives Fixgeschäft 589, 628
- Saisonartikel 590
- teilweise Leistungserbringung 594 f.
- vertragliche Vereinbarung 586, 630
- Vertretenmüssen 598, 633
- Voraussetzungen 579
- Zeitpunkt 582 ff.
- Zuvielforderung 580

Naturalrestitution 990 f., 1044 ff.
Nebenpflichten 143 ff., 654 ff.
- Abgrenzung Nebenleistungspflichten und Nebenpflichten 143
- Definition 655
- Fallgruppen 146 ff.
- Rechtsfolgen 656
- vorvertragliche Situation 657
- s. auch Verhaltenspflichten

Nebenleistungspflichten
- Begriff 39
- Rechtsquellen 39

Negatives Interesse (Vertrauensschaden) 469, 682
Nichtleistung trotz Möglichkeit und Fälligkeit 497 ff., 519 ff., 565 ff.
- Abgrenzung 503 f.
- Aufwendungsersatzanspruch 569, 611
- Ausgangssituation 566
- Austauschtheorie 601
- Differenztheorie 601
- Durchsetzbarkeit 576
- Fortbestand der Leistungspflicht 498, 519 f.
- gegenseitiger Vertrag 568, 572, 612
- Interessenfortfall 607 ff.
- kleiner Schadensersatz 606 f.
- Leistungsaufforderung 624
- Leistungszeit 497
- Mahnung 521 ff.
- Nachfristsetzung 567, 570, 577 f., 623
- Nichterfüllungsschaden 603
- Nichtleistung 520
- Pflichtverletzung 573, 610
- Rechtsfolgen 500, 599 ff.
- Rücktritt 612 ff.
- Schadensersatz statt der Leistung 499, 600 ff., 607
- Schuldverhältnis 568, 572

- Surrogationstheorie 601
- Teilleistung 605 ff.
- Terminologie 500
- Überblick 497 ff., 519 ff., 566 ff.
- Vertragstreue des Gläubigers 602
- Verzögerungsschaden 499, 604
- Voraussetzungen 519 ff., 522 ff., 571 ff.
- Wahlrecht des Gläubigers 599, 609
- Ziel 566

Nutzungsersatz 939 ff.

Obhutsfälle 1235
objektive Zurechnung 1001 ff.
- Kriterien 1002 ff.

Obliegenheiten 44
- Beispiele 44

Operation 1134 f.

Parkplatzfall 82 ff., 241
Passivforderung
- s. *Hauptforderung*
Pflichten gegen sich selbst
- s. *Obliegenheiten*
Positives Interesse (Erfüllungsinteresse) 455, 465, 600, 683
Preisgefahr 434 f.
- Übergang 434
- Versendungskauf 435
Primärpflichten 35
- Hauptleistungspflichten 36
- Nebenleistungspflichten 39
- sonstige Verhaltenspflichten 40 ff.
Quittung 794 f.

Ratenvereinbarung 221
- s. *auch Leistung*
rechtmäßiges Alternativverhalten 1025 ff.
rechtsethisches Minimum 232
Rechtsfolgenverweisung 1140
Rechtsgrundverweisung 1139
Rechtsfolgen der Unmöglichkeit 404 ff., 454 ff., 485 ff.
- Besonderheiten 411
- Erfüllungsinteresse (positives Interesse) 455, 465
- Erlöschen der Leistungspflicht 404 ff.
- Gegenleistungspflicht 407
- gegenseitiger Vertrag 408, 415
- Grundsystematik 409 f.
- positives Interesse (Erfüllungsinteresse) 455, 465
- Wahlrecht 454
Rechtsfolgen einer Pflichtverletzung 285 ff.
- Aufwendungsersatz 296

537

Sachverzeichnis

- Erlöschen der Leistungspflicht 290 ff.
- Erweiterung der Voraussetzungen 288 f.
- Gegenleistungspflicht 293 f., 407
- Grundnorm, § 280 Abs. 1 BGB 287
- Herausgabeanspruch, § 285 BGB 297
- Leistungsanspruch des Gläubigers 290
- Nichtleistung trotz Möglichkeit und Fälligkeit 599 ff.
- Rücktritt 299
- Schadensersatzanspruch 292
- Synallagma 294
- Zusatzverantwortung bzgl. des Leistungsgegenstandes 298

Rentabilitätsvermutung 467
Reparaturkosten
- fiktive 1055

Rücksichtnahmepflichten 144
- s. auch Verhaltenspflichten

Rückgabeansprüche 896 ff.
Rückgewährschuldverhältnis 894 ff.
Rücktritt 868 ff.
- s. auch Nutzungsersatzansprüche
- s. auch Verwendung
- s. auch Wertersatz
- Rückabwicklung des Vertrages 895 ff.
- Rücktrittserklärung 883 ff.
- Rechtsfolgen 891 ff.
- Rücktrittsrecht 873 ff.
- Schadensersatz 901, 944 ff.
- Vertrag zugunsten Dritter 1191, 1195
- Voraussetzungen 872 ff.

Rücktrittsrecht 299, 487 ff., 612 ff.
- Annahmeverzug 638
- Angemessenheit 625
- Ausschluss 495, 635
- Austausch- bzw. Surrogationstheorie 644
- Differenztheorie 644
- eigenständige Bedeutung 489
- Erlöschensgründe 641
- Fallgestaltungen 490
- fälliger, durchsetzbarer Anspruch 619 ff.
- gegenseitiger Vertrag 693
- Gestaltungsrecht 639
- Kombination mit Schadensersatz 644
- Leistungsaufforderung 624
- Nachfristsetzungserfordernis 491, 623
- gegenseitiger Vertrag 487, 491, 612, 617
- Nebenpflichtverletzung 691 ff.
- Nichtleistung trotz Möglichkeit und Fälligkeit 612 ff., 618

- Rechtsfolgen 496, 639 ff., 695
- Rückabwicklungsschuldverhältnis 640
- Rücktrittserklärung 492
- Rücktrittsgrund 492
- Schlechtleistung 691
- Schwebezustand 639
- systematische Besonderheit 621
- Teilleistung 636, 642
- Teilunmöglichkeit 493
- Überblick 491, 615
- Unzumutbarkeit der Leistungserbringung 694
- Verantwortlichkeit des Gläubigers 637
- Vermutung 494
- Vertragstreue des Gläubigers 633 f., 694
- Vertretenmüssen 633
- Voraussetzungen 492, 616 ff.
- Wertung 643

Sachenrecht
- Abgrenzung zum Schuldrecht 4 f., 55

Sachwalterhaftung 106 ff.
Schadensersatz 969 ff.
- abstrakte Schadensberechnung 1075
- Adäquanztheorie 1002 ff.
- Affektionsinteresse 1077
- Alles-oder-Nichts-Prinzip 987
- Äquivalenztheorie 995 f.
- Ausgleichsfunktion 970
- Bereicherungsverbot 1047
- Differenzhypothese 1073 f., 1094
- entgangener Gewinn 1078 ff.
- Ersatzberechtigter 1041 f.
- Ersatzpflicht Dritter 1034 f.
- Fangprämien 1120
- fiktive Reparaturkosten 1055
- Folgeschäden 1035 ff.
- frustrierte Aufwendungen 1122 f.
- Gebrauchsvorteile 1096, 1107 ff.
- Geldersatz 1059 ff.
- Grundsatz der Totalreparation 987, 989
- haftungsausfüllender Tatbestand 997 ff.
- Herausforderungsfälle 1037 ff.
- Höhe und Umfang 1072 ff.
- hypothetische Kausalität 1028 ff.
- immaterieller Schaden 1091 ff.
- inadäquater Schaden 1007
- Kausalität 992 ff.
- Mitverschulden 1124 ff.
- Naturalrestitution 990 f., 1044 ff.
- objektive Zurechnung 1001 ff.

Sachverzeichnis

- objektiver Wert 1076
- Objektschaden 1035 ff.
- Präventivwirkung 973
- Prinzip der Wirtschaftlichkeit 972
- rechtmäßiges Alternativverhalten 1025 ff.
- Schadensanlage 1032 f.
- Schmerzensgeld 1099 ff.
- Schutzzweck der Norm 1008 ff.
- Strafcharakter 970
- Urlaubs- und Freizeitfreuden 1097, 1114 f.
- Verbot der Überkompensation 972
- Vermögensschaden 1073 ff.
- Vorsorgekosten 1117 ff.
- Vorteilsausgleichung 1082 ff.
- Wertersatz 1049 ff.
- Wiederbeschaffungswert 1058
- Wiederherstellungsgrundsatz 971
- wirtschaftlicher Totalschaden 1058, 1068 f.

Schadensersatzanspruch 282, 292, 449 ff.
- Abbruch von Vertragsverhandlungen 118 f.
- Austausch- bzw. Surrogationstheorie 457, 465
- beim Rücktritt 901, 944 ff.
- Differenztheorie 458
- entgangener Gewinn 460
- Leistung gegen Geld 458
- Tauschvertrag 459
- Verletzung von Verhaltenspflichten 42

Schadensersatz statt der Leistung bei anfänglicher Unmöglichkeit 449 ff.
- Austausch- bzw. Surrogationstheorie 457
- Darlegungs- und Beweislast 452
- Differenztheorie 458
- entgangener Gewinn 460
- Informationspflicht des Schuldners 451
- Nachforschungspflicht des Schuldners 453
- Rechtsfolgen 454 ff.
- Schuldverhältnis 450
- Teilunmöglichkeit 461
- Voraussetzungen 450
- Voraussetzungen 450 ff.

Schadensersatz statt der Leistung bei nachträglicher Unmöglichkeit 462 ff.
- Aufwendungsersatzanspruch 465
- Austausch- bzw. Surrogationstheorie 465
- Erfüllungsinteresse (positives Interesse) 465

- Pflichtverletzung 464
- Schuldverhältnis 463
- Vertretenmüssen 464a
- Voraussetzungen 462 ff.
- Wahlrecht 465

Schadensersatz statt der Leistung bei Nichtleistung trotz Möglichkeit und Fälligkeit 499, 570
- endgültige Leistungsverweigerung 574
- Gesamtvermögensvergleich 601
- Nachfristsetzung 570
- Offensichtlichkeit 575
- Positives Interesse (Erfüllungsinteresse) 600

Schadensersatz statt der Leistung wegen Schlechtleistung 684 ff.
- Abmahnung 688
- Aufwendungsersatz 690
- Pflichtverletzung 685
- Rechtsfolgen 690
- Schuldverhältnis 685
- Unzumutbarkeit der Leistung 686 ff.
- Vertretenmüssen 689
- Voraussetzungen 685 ff.
- Wertungsfrage 686

Schadensersatz wegen Schlechtleistung 658 ff.
- Differenztheorie 682
- Negatives Interesse (Vertrauensschaden) 682
- Positives Interesse (Erfüllungsinteresse) 683
- Schuldverhältnis 660 f.
- zentrale Anspruchsnorm 658

Scheck
- Leistung erfüllungshalber 814

Schickschuld
- Konkretisierung 184 f.
- Leistungsort 248
- qualifizierte 253
- Rechtzeitigkeit der Leistungshandlung 770

Schiedsgutachter 165

Schlechtleistung 645 ff.
- Arbeitsvertrag 651 f.
- Aufklärungspflichten 659, 663, 665 ff., 685
- Aufwendungsersatz 690
- Beweislastumkehr 680
- Darlegungs- und Beweislast 679
- Dienstvertrag 651 f.
- Fallgruppen 663
- Gewährleistungsrecht 647 f.
- Hauptleistungspflicht 646
- Integritätsinteresse 663 f.

539

Sachverzeichnis

- Kausalität 681
- Leistungstreuepflicht 659, 663, 672 ff., 685
- Mangelfolgeschaden 650
- Nebenpflichten 654 ff.
- Pflichtengruppen 653 ff.
- Pflichtverletzung 646 ff., 659, 662
- Rechtsfolgen 656 ff., 682 ff.
- Rücktritt 691 ff.
- Schaden 681
- Schadensersatz 658 ff., 682 ff.
- Schadensersatz statt der Leistung 684 ff., 690
- Schuldverhältnis 660 f.
- Schutzpflichten 675 ff., 685
- Sonderregelung 647 ff.
- Überblick 645
- Verschulden 678
- Vertretenmüssen 677 ff.
- zentrale Anspruchsnorm 658

Schmerzensgeld 1099 ff.
- allgemeines Persönlichkeitsrecht 1102 f.
- Anspruchsgrundlage 1100
- Berechnung 1101
- Genugtuungsfunktion 1101
- Tabellen 1104

Schuldanerkenntnis
- negatives 964

Schuldbeitritt 1337 ff.
- Auslegung 1342
- Abgrenzung zur Bürgschaft 1341
- Gesamtschuld 1337
- Gläubigerstellung 1338
- Verpflichtungsgeschäft 1340
- Vertrag 1339

Schuldnerschutzvorschrift 1069, 1278 ff.
Schuldschein 797
Schuldübernahme 1306 ff.
- abstraktes Verfügungsgeschäft 1315
- Aufrechnung 1333
- Auslegungsregel 1327
- Begriff und Abgrenzung 1307 ff.
- dogmatische Einordnung 1321 ff.
- Doppelnatur 1318
- Einwendungen 1332 f.
- Forderungsrecht 1317
- Form 1316
- Genehmigung 1319
- Hypothekenschuld 1328 f.
- Rechtsfolgen 1330 ff.
- Schwebezustände 1326
- Sicherungsrechte 1334 ff.
- Übernahmevertrag 1320

- verpflichtungsvertraglicher Charakter 1318
- vorherige Zustimmung 1325
- Voraussetzungen 1315 ff.

Schuldurkunde 1287
Schuldverhältnis
- Anspruch 22
- Begründung 23, 45 ff.
- Begriff 20 ff.
- Bipolarität 22
- Einbeziehung Dritter 102 ff.
- einseitiger Akt als Entstehungsgrund 85 ff.
- Entstehung (gesetzlich) 25, 130 ff.
- Entstehung (vertraglich) 46 ff.
- Erlöschen 757 ff.
- Synallagma 38
- vorvertragliches Schuldverhältnis 90 ff.
- Zweiseitigkeit 22
- s. auch Erfüllung
- s. auch Gattungsschuld
- s. auch Gefälligkeitsverhältnis
- s. auch Obliegenheiten
- s. auch Primärpflichten
- s. auch Schuldverhältnis im engeren Sinne
- s. auch Schuldverhältnis im weiteren Sinne
- s. auch Sekundärpflichten
- s. auch Stückschuld
- s. auch vorvertragliches Schuldverhältnis

Schuldverhältnis im engeren Sinne
- Begriff 30
- Erfüllung 31, 790 f.

Schuldverhältnis im weiteren Sinne 28 f., 790, 793
- Begriff 28
- Obliegenheiten 34, 44
- Pflichten 34 ff.
- s. auch Erfüllung

Schutzpflichten 40 f., 675 ff.
- culpa in contrahendo 675
- Fürsorge- und Obhutspflicht 675
- Integritätsinteresse 675
- Schadensersatz statt der Leistung 685
- Verletzung 675 ff.

Schutzzweck der Norm 1008 ff.
- allgemeines Lebensrisiko 1022 f.
- Schutzumfang 1010
- Verletzung bei Delikt 1014 ff.
- Verletzung einer vertraglichen Pflicht 1011 f.
- Wertungseingriff 1009

Sachverzeichnis

Schwarzfahrer 1019 f.
Sekundärleistungsansprüche 442 ff.
- gegenseitiger Vertrag 447
- stellvertretendes commodum 446
- Struktur 448
- Überblick 443 ff.
- Unmöglichkeit bei Vertragsschluss 444
- Unmöglichkeit nach Vertragsschluss 445
Sekundärpflichten 43
- Verhältnis zu Primärpflichten 43
Selbsthilfeverkauf 961
Sicherungsrechte
- Schuldübernahme 1334 ff.
Sonderverbindung
- *s. Schuldverhältnis*
Sorgfaltspflichten
- beim Rücktritt 948
sozialtypisches Verhalten
- *s. faktische Vertragsverhältnisse*
Speziesschuld
- *s. Stückschuld*
stellvertretendes commodum
- *s. Surrogatsanspruch*
Stellvertretung
- mittelbare 1232
Störung der Geschäftsgrundlage 300, 733 ff.
- anfängliches Fehlen 747
- Anfechtungsrecht 742
- Anwendbarkeit 739
- Äquivalenzstörung 754
- Auslegung 739
- Durchbrechung des Grundsatzes der Vertragstreue 735
- entscheidende Änderung 747
- Geschäftsgrundlage 744
- Gewährleistungsrecht 741
- hypothetischer Abwägungsakt 748
- Kündigung 753
- lex specialis 742
- pacta sunt servanda 734
- Rechtsfolgen 751 ff.
- Risikoverteilung 750
- Rücktritt 753
- Situationen 736
- Störung 743 ff., 746 f.
- Subsidiarität 739
- Überblick 734 ff.
- Umstände 745, 747
- Unmöglichkeit 740
- Unzumutbarkeit 749
- Vertrag 737 f.
- Vertragsanpassung 751 f.

- Voraussetzungen 737 ff.
- vorhersehbare Änderung 748
- Ziel 734 ff.
Störungen im Schuldverhältnis 274 ff.
Stückschuld 167 f.
- Begriff 167
- Untergang 175
Surrogationstheorie 457, 465
- anfängliche Unmöglichkeit 457
- Leistung gegen Geld 458
- nachträgliche Unmöglichkeit 465
- Nichtleistung trotz Möglichkeit und Fälligkeit 601
- Rücktritt 644
- Tauschvertrag 459
Surrogatsanspruch 477 ff.
- commodum ex negotiatione 482
- commodum ex re 482
- eigenständige Rechtsgrundlage 478
- Einrede 480
- Ersatz 481
- Ersatzanspruch 481
- Gattungsschuld 479
- Gegenstand 479
- Handlungen 479
- Identität 484
- Konkretisierung 479
- Leistungsanspruch des Gläubigers 479
- Minderung des Schadensersatzanspruch 486
- Rechtsfolgen 485 ff.
- Schuldverhältnis 479
- stellvertretendes commodum (Surrogat) 446, 477, 479, 481
- Überblick 478
- Veräußerungserlös 483
- Veräußerungsgewinn 483
- Vertretenmüssen 480
- Voraussetzungen 479 ff.
Synallagma 38, 294
- Einrede des nicht erfüllten Vertrages 269

Teilgläubigerschaft 1348 ff.
- eigenes Forderungsrecht 1351
- teilbare Leistung 1350
- unteilbare Leistung 1349
Teilleistung 219 ff.
- *s. auch Leistung*
Teilschuldnerschaft 1372 ff.
- Abgrenzung Gesamtschuldnerschaft 1374
- Rechtsfolgen 1376 ff.
- teilbare Leistung 1373, 1375
- Voraussetzungen 1373

541

Sachverzeichnis

Tilgungsbestimmung 763, 798 ff.
Treu und Glauben 17 ff.
- Allgemeines Prinzip 17
- dolo-agit-Einrede 242
- Fallgruppen 19, 232 ff.
- Konkretisierung des Grundsatzes 234 ff.
- Leistungserbringung 232 ff.
- rechtsethisches Minimum 232
- Schutzpflichten 41
- venire contra factum proprium 241
- Verwirkung von Rechten 243
Typenfreiheit
- s. *Vertragsfreiheit*

Übersicherung
- Globalzession 1304 f.
unerlaubte Handlung
- Gesamtschuldnerschaft 1388
Unmöglichkeit 278, 291, 343 ff.
- Abgrenzung zu § 313 BGB 396 f.
- anfängliche Unmöglichkeit 362
- Äquivalenzstörung 397 ff.
- Ausschluss der Unmöglichkeit 359
- beiderseitig zu vertretende Unmöglichkeit 436
- beim Rücktritt 908 ff.
- echte Unmöglichkeit 350 f.
- Dauerschuldverhältnisse 380
- Fixschuld 377 ff.
- Formen 356
- Gattungsschuld 365 ff.
- Geldschulden 361
- gegenseitiger Vertrag 408
- Hemmung der Leistungspflicht 384
- höchstpersönliche Leistungspflicht 372 f.
- Leistungsstörung 343
- Leistungssubstrat 353
- moralische Unmöglichkeit 350
- nachträgliche Unmöglichkeit 362 f.
- objektive Unmöglichkeit 357
- rechtliche Unmöglichkeit 358
- rechtliche Schranken 374
- Rechtsfolgen 364, 404 ff., 442 ff.
- Schicksal der Gegenleistungspflicht 345
- Stückschuld 352
- struktureller Zusammenhang 348
- subjektive Unmöglichkeit 360 f.
- Teilunmöglichkeit 375 f., 419
- Terminsvereinbarung 380
- Überblick 343 ff.
- Unmöglichkeitsbegriff 355
- Unvermögen 360
- Voraussetzungen 349 ff.
- vorübergehende Unmöglichkeit 384 ff.
- wirtschaftliche Unmöglichkeit 350, 396
- Zeitablauf 380
Unsicherheitseinrede 271
Unverhältnismäßigkeit der Leistungserbringung 388 ff.
- Äquivalenzstörung 397 ff.
- Aufwand 392
- Abgrenzung zu § 313 BGB 396 f.
- Beschaffungsrisiko 395
- dogmatische Einordnung 389
- Gattungsschuld 395
- Gegenleistungspflicht 391
- grobes Missverhältnis 393
- Interessenabwägung 394
- Leistungsverweigerungsrecht 390 f.
- Rechtsfolgen 390
- rechtsvernichtende Einrede 389 ff.
Unzumutbarkeit der Leistungserbringung 293, 388, 400 ff.
- Anwendungsbereich 401
- Ausnahmeregelung 402
- dogmatische Einordnung 389
- Gegenleistungspflicht 391
- Leistungsverweigerungsrecht 390 f., 400
- Rechtsfolgen 390
- rechtsvernichtende Einrede 389 ff., 403
- Voraussetzungen 403
Urteil
- rechtskräftiges Urteil bei Abtretung 1301

Valutaverhältnis 1172 ff.
„venire contra factum proprium" 241
Verantwortlichkeit 301, 424 ff.
- beiderseits zu vertretende Unmöglichkeit 436
Verhaltenspflichten, sonstige 40 ff., 144 ff.
- Schadensersatzanspruch 42
Verfahrensgarantien 1027
Verfügungsgeschäft 1247
Vermächtnis 87
Verrichtungsgehilfe 341 f.
- Exkulpationsmöglichkeit 341 f.
- Nebenpflichtverletzung 676
- Zurechnungsbrücke 341
Verschulden bei Vertragsverhandlungen
- Abbruch von Vertragsverhandlungen 118 ff.
- „ähnliche geschäftliche Kontakte" 101

Sachverzeichnis

- Anspruchsgrundlage 114
- Anspruchsprüfung 113 ff.
- Dritte im Schuldverhältnis 102 ff.
- Schaden 115
- unwirksamer Vertrag 120
- Vertragsanbahnung 98 ff.

Verschuldensfähigkeit
- Mitverschulden 1130

Verschuldensprinzip 302
- Ausnahmen 305
- Beschaffungsrisiko 320
- Beweislastumkehr 680
- Darlegungs- und Beweislast 679
- deliktische Haftung 306
- diligentia quam in suis 315
- Dreierkonstellation 325
- eigenes Verhalten 303
- eigenübliche Sorgfalt 315
- Fahrlässigkeit 307, 309 ff., 723 ff.
- gesetzliche Haftungsmilderung 312
- gesetzliche Haftungsverschärfung 321
- Haftung für eigenes Verschulden 303, 311
- Haftung für fremdes Verschulden 322
- Haftungsmilderung 311 ff., 723 ff.
- Nebenpflichtverletzung 678
- sonstiger Inhalt des Schuldverhältnisses 316, 319
- Schuldverhältnis 325
- Sorgfaltsmaßstab 309
- Stufungen 310
- unentgeltliche Geschäfte 313
- Verschärfung der Haftung 317
- verschuldensunabhängige Haftung 319
- Verschuldens- und Verantwortungsfähigkeit 304
- Verschuldensunfähigkeit 305 f.
- vertragliche Vereinbarung 312, 318
- Voraussetzungen 324 ff.
- Vorsatz 307 f., 723 ff.
- Zurechnungsnorm 323

Versicherungsrecht 1242

Vertrag mit Schutzwirkung zugunsten Dritter 1201 ff.
- dogmatische Anknüpfung 1205
- Erkennbarkeit 1216 f.
- Fallgruppen 1214 f.
- Leistungsnähe 1210 f.
- Prüfungsaufbau 1206
- Rechtsfolge 1219 ff.
- Schutzbedürftigkeit des Dritten 1218
- Schutzinteresse des Gläubigers 1212 ff.
- Überblick 1202 ff.
- Voraussetzungen 1207 ff.

Vertragsanbahnung 98 ff.
- s. auch Verschulden bei Vertragsverhandlungen

Vertragsfreiheit 11 ff., 24, 47 ff.
- Abschlussfreiheit 11, 52 ff.
- Formfreiheit 11, 58 ff.
- Gestaltungsfreiheit 11, 55 ff., 136
- Inhaltsfreiheit 11, 55 ff., 136
- Kontrahierungszwang 49, 73 ff.
- Schranken 13 f., 49, 73 ff.
- Typenfreiheit 16
- verfassungsrechtliche Grundlage 12, 51
- Vertragsgerechtigkeit 15

Vertragsgerechtigkeit 15, 48
- Vertrags- und Gerechtigkeitskontrolle 233

Vertragsstrafe 205 ff.
- Verhältnis von Erfüllung, Schadensersatz und Vertragsstrafe 214 ff.
- Voraussetzungen 209 ff.

Vertragstheorie
- s. Erfüllung

Vertragübernahme 1311 f.

Vertrag zugunsten Dritter 1146 ff.
- Aufrechnung 1187
- Auslegungsregeln 1159 ff.
- Deckungsverhältnis 1169 ff., 1177, 1186
- echter Vertrag zugunsten Dritter 1154, 1165 ff.
- Einwendungen und Einreden 1183 ff.
- Forderungsrecht des Dritten 1180
- Form 1178
- Leistungsstörungen 1188 ff.
- Prüfungsaufbau 1152 f.
- Rücktritt 1191, 1195
- Rechtsfolgen 1182 ff.
- Sekundärrechte 1190
- unechter Vertrag zugunsten Dritter 1155 ff.
- unentziehbare Forderung 1197 f.
- Valutaverhältnis 1172 ff.
- Versprechender 1168, 1192 ff.
- Versprechensempfänger 1168, 1189 ff., 1200
- Voraussetzungen 1176 ff.
- Zurückweisungsrecht des Dritten 1181
- Zuwendungsverhältnis 1175

Vertrag zulasten Dritter 1147

Vertrauensschaden 115
- Ersatz bei c.i.c. 91
- negatives Interesse 469

Sachverzeichnis

Vertretenmüssen 464a, 480, 510, 545 ff., 598, 677 ff., 689, 699
Verwendung
- Begriff 954
- Verwendungsersatzansprüche 950 ff.

Verwirkung von Rechten 243
Verzug des Schuldners 502
- Abgrenzung 503 f.
- Annahmeverzug 552 f.
- Beendigung 551 f.
- Durchsetzbarkeit 515 ff.
- Einrede des nicht erfüllten Vertrages 518
- entgangener Gewinn 557
- entgangene Nutzungsmöglichkeit 558
- fälliger, durchsetzbarer Anspruch 513 ff.
- Haftungsverschärfung 551, 562 ff.
- Kausalzusammenhang 555
- Leistungshindernisse 547
- Leistungsverweigerungsrecht 515 f.
- Mahnung 508
- Mindestschaden 561
- Nichtleistung trotz Fälligkeit 507 f., 514
- Pflichtverletzung 507, 512
- Primärleistungspflicht 550
- Rechtsfolgen 549
- Rechtsirrtum 548
- Schuldverhältnis 511
- Tatsachenirrtum 548
- Überblick 506, 510
- Vertretenmüssen 510, 545 ff.
- Verzögerungsschaden 510, 550, 553 ff.
- Verzugszinsen 550, 560 f.
- Voraussetzungen 508 ff.
- Ziel 506
- Zufall 564
- Zurückbehaltungsrecht 517

Vorratsschuld 173, 177
- s. auch Gattungsschuld

Vorsatz 307 f.
- dolus directus 308
- dolus eventualis 308

Vorsorgekosten 1117 ff.

Vorteilsausgleichung 1082 ff.
- Fallgruppen 1086 ff.

Vorvertragliches Schuldverhältnis 90 ff.
- gesetzliche Grundlage 95
- Entstehung 96 ff.
- Pflichten 112
- Rechtsfolgen bei Pflichtverletzung 113
- s. auch Verschulden bei Vertragsverhandlungen

Wahlschuld 189 ff.
- Abgrenzung zur Ersetzungsbefugnis 196

Wechsel
- Leistung erfüllungshalber 815

Wegfall der Geschäftsgrundlage
- s. Störung der Geschäftsgrundlage

Wertersatz 905
- Ausschluss 921 ff
- Berechnung des Wertersatzes 917 ff.
- Verantwortlichkeit des Gläubigers 927 ff.
- Wertersatzansprüche 906 ff.
- s. auch Nutzungsersatz

Wirtschaftliches Eigeninteresse 109 f.

Zedent 1245
Zessionar 1245
Zinsschulden 204
- Begriff 204
- s. auch Geldschuld
- Zug um Zug Leistung
- bei der Einrede des nicht erfüllten Vertrages 273
- beim Rücktritt 898
- beim Zurückbehaltungsrecht nach § 273 BGB 259, 266

Zurechnungsnorm 323
Zurückbehaltungsrechte 258 ff.
- bei Verweigerung einer Quittungserteilung 795
- § 273 BGB 259 ff.
- § 320 BGB 267 ff.
- Rechtswirkung des § 273 BGB 265

Zusendung unbestellter Ware 89
Zuwendungsverhältnis 1175
Zwangsvollstreckung 1243

In der
Studienreihe Rechtswissenschaften
sind bislang erschienen:

Winfried Boecken
BGB – Allgemeiner Teil
Von Prof. Dr. Winfried Boecken, Konstanz
2007. 536 Seiten. Kart. € 29,80
ISBN 978-3-17-018392-6

Jacob Joussen
Schuldrecht I – Allgemeiner Teil
Von Prof. Dr. Jacob Joussen, Jena
2008. 572 Seiten. Kart. € 28,–
ISBN 978-3-17-019563-9

Bernd Heinrich
Strafrecht – Allgemeiner Teil I
Grundlagen der Strafbarkeit, Aufbau der Straftat beim Vollendungs- und Versuchsdelikt
Von Prof. Dr. Bernd Heinrich, Berlin
2005. XXVII, 301 Seiten. Kart. € 24,80
ISBN 978-3-17-018395-7

Bernd Heinrich
Strafrecht – Allgemeiner Teil II
Besondere Erscheinungsformen der Straftat, Unterlassungs- und Fahrlässigkeitsdelikt, Irrtums-, Beteiligungs- und Konkurrenzlehre
Von Prof. Dr. Bernd Heinrich, Berlin
2005. XVIII, 328 Seiten. Kart. € 24,80
ISBN 978-3-17-019062-7

Jörg Eisele
Strafrecht – Besonderer Teil I
Straftaten gegen die Person und die Allgemeinheit
Von Prof. Dr. Jörg Eisele, Konstanz
2007. 468 Seiten. Kart. € 24,80
ISBN 978-3-17-018396-4

Stefan Enchelmaier
Europäisches Wirtschaftsrecht
Von Priv.Doz. Dr. Stefan Enchelmaier, München
2005. XX, 342 Seiten. Kart. € 24,80
ISBN 978-3-17-018586-9

Hailbronner/Jochum
Europarecht I
Grundlagen und Organe
Von Prof. Dr. Kay Hailbronner und
Priv.Doz. Dr. Georg Jochum, Konstanz
2005. XX, 308 Seiten. Kart. € 24,80
ISBN 978-3-17-018581-4

Hailbronner/Jochum
Europarecht II
Binnenmarkt und Grundfreiheiten
Von Prof. Dr. Kay Hailbronner und
Priv.Doz. Dr. Georg Jochum, Konstanz
2006. XVII, 316 Seiten. Kart. € 24,80
ISBN 978-3-17-018582-1

Kay Hailbronner
Asyl- und Ausländerrecht
Von Prof. Dr. Kay Hailbronner, Konstanz
2006. XIV, 320 Seiten. Kart. € 24,80
ISBN 978-3-018981-2

Heinrich Wilms
Staatsrecht I
Staatsorganisationsrecht unter Berücksichtigung der Föderalismusreform
Von Prof. Dr. Heinrich Wilms, Friedrichshafen
2006. 360 Seiten. Kart. € 24,80
ISBN 978-3-17-018394-0

Besuchen Sie auch die **Homepage der Studienreihe Rechtswissenschaften!**
www.studienreihe-recht.de